2016ANTIQUES AUCTION RECORDS

拍卖年鉴 全彩版

2015.1.1～2015.12.31

欣弘 主编

cns 湖南美术出版社

图书在版编目(CIP)数据

2016古董拍卖年鉴·书画 / 欣弘主编. —长沙：湖南美术出版社，2015.12
ISBN 978-7-5356-7521-7

Ⅰ.①2… Ⅱ.①欣… Ⅲ.①历史文物－拍卖－价格－中国－2016－年鉴②中国画－拍卖－价格－中国－2016－年鉴③汉字－法书－拍卖－价格－中国－2016－年鉴
Ⅳ.①F724.787-54

中国版本图书馆CIP数据核字(2016)第308430号

2016古董拍卖年鉴·书画

主　　编：欣　弘
策　　划：易兴宏　李志文
责任编辑：李　坚

湖南美术出版社出版发行(长沙市东二环一段622号)
湖南省新华书店经销
雅昌文化(集团)有限公司制版、印刷
(本书采用CTP工艺制版、印刷)
开本：787×1092　1/16　印张：35
版次：2015年12月第1版　印次：2016年1月第1次印刷
ISBN 978-7-5356-7521-7
定价：248.00元

邮购联系：0731-84787105　邮编：410016　网址：http://www.arts-press.com/
电子邮箱：market@arts-press.com
如有倒装、破损、少页等印装质量问题，请与印刷厂联系斢换。

目 录

中国书画

唐代作者

五代作者

宋代作者

元代作者

明代作者

清代作者

近现代作者

年代不详作者

素　描

版　画

水粉水彩

油　画

凡 例

1.《2016古董拍卖年鉴》分瓷器卷、玉器卷、杂项卷、珠宝翡翠卷、书画卷共五册。收录了纽约、伦敦、香港、澳门、台北、北京、上海、广州、昆明、天津、重庆、成都、安徽、云南、南京、西安、沈阳、济南等城市或地区的几十家拍卖公司几百个专场的2015年度拍卖成交记录与拍品图片。

2.本书内文条目原则上保留了原拍卖记录，按拍品号、朝代、品名、估价、成交价、尺寸、拍卖公司名称、拍卖日期等排序，部分原内容缺或不详的，即不注明，书画卷内文条目还有作者姓名、作品形式、创作年代等内容。

3.因境外拍卖公司宿地不同，本书拍品中有多种币种：RMB人民币，USD美元，EUR欧元，GBP英磅，HKD港币，TWD台币。但本书所有拍品成交价均采用按汇率转换成RMB(人民币)币种。

4.需查看更多图片资料，请登陆“www.artron.net”进入“中国艺搜”栏目，输入要查看拍品的完整名称或名称的关键词语点击搜索即可。

中国书画

唐代作者

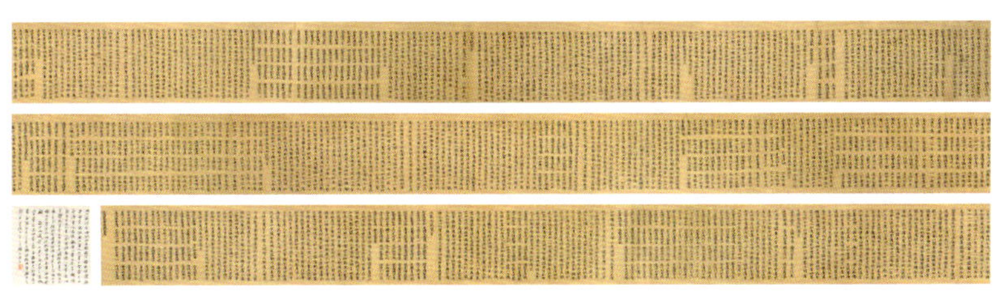

428 佚名 无款 妙法莲华经·第五 手卷
估 价：USD 15,000～20,000
成交价：RMB 172,178
25.5cm×862cm 纽约苏富比 2015.03.19

五代作者

349 徐熙（传） 吉祥天趣图 立轴
估 价：RMB 1,800,000～2,200,000
成交价：RMB 2,530,000
129cm×61cm 中鸿信 2015.07.29

宋代作者

2232 白良玉 僧释悟禅图 立轴
来源：潘仕成旧藏。
估 价：RMB 800,000～1,200,000
成交价：RMB 920,000
108cm×46cm 北京保利 2015.06.06

8016 陈居中 松泉高士图 立轴
著录：1.《穰梨馆过眼录》，清陆心源编著；2.《历代著录画目》P298，（美）福开森编，人民美术出版社1993年出版；……。
估 价：RMB 380,000～580,000
成交价：RMB 724,500
115.5cm×50.5cm 上海嘉禾 2015.05.08

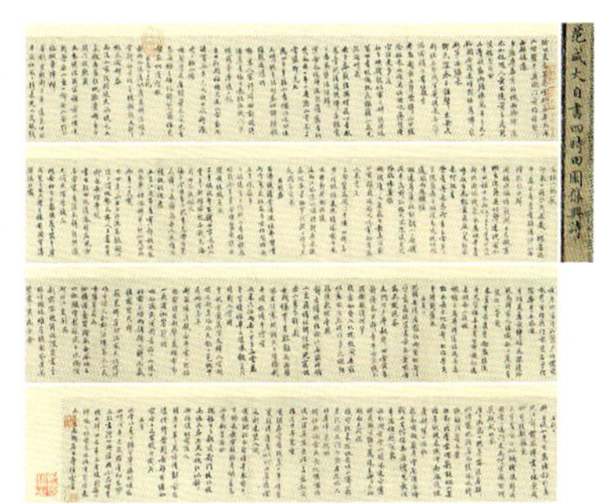

22 范成大 自书四时田园杂兴诗 手卷
来源：东北一位重要藏家所收。
估 价：RMB 18,000,000～28,000,000
成交价：RMB 20,700,000
16cm×321cm 华艺国际 2015.05.24

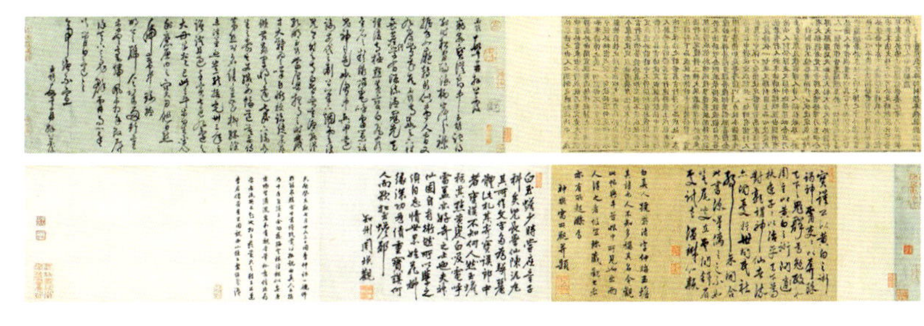

327 白玉蟾 行书 手卷
来源：牟益、高濂、毕泷递藏，1992年纽约佳士得拍品。
估 价：RMB 1,200,000～1,500,000
成交价：RMB 2,587,500
画心26cm×98cm；题跋26cm×157cm
中鸿信 2015.07.29

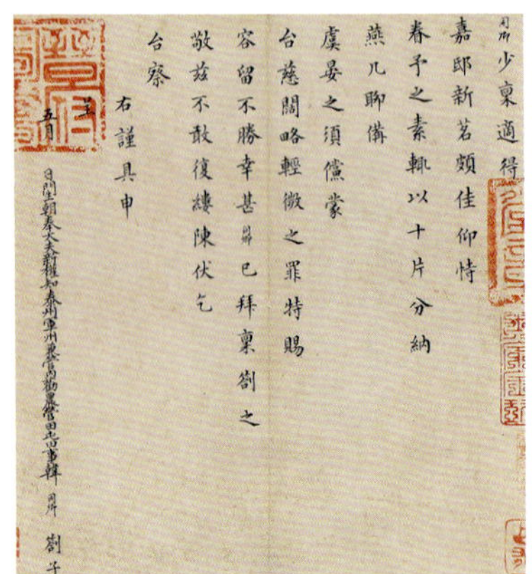

16311 韩同卿（传） 楷书新茗帖 镜心
估　价：RMB 300,000～500,000
成交价：RMB 368,000
28cm×26cm 北京保利 2015.12.08

849 徽宗（传） 晴竹图 立轴
来源：项墨林（项元汴，1525–1590）旧藏；大风堂旧藏；附张大千题跋立轴一幅。
估　价：HKD 1,000,000～1,500,000
成交价：RMB 5,155,880
123.5cm×54.5cm 佳士得 2015.11.30

707 郭忠恕（传） 楼台仕女图 镜心
来源：项元汴、伍元蕙旧藏。
估　价：RMB 5,000,000～6,000,000
成交价：RMB 5,750,000
28.5cm×31cm 北京匡时 2015.12.04

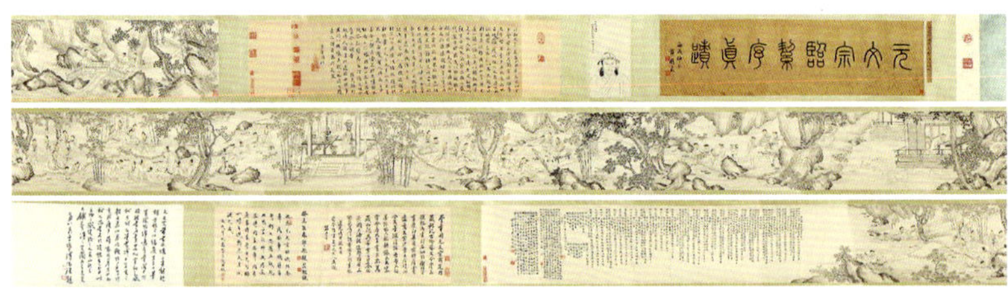

2231 柯九思 花元 陶运百 等 元文宗临兰亭真迹 手卷
估　价：RMB 200,000～300,000
成交价：RMB 736,000
画心25cm×608cm；跋25cm×140cm 北京保利 2015.06.06

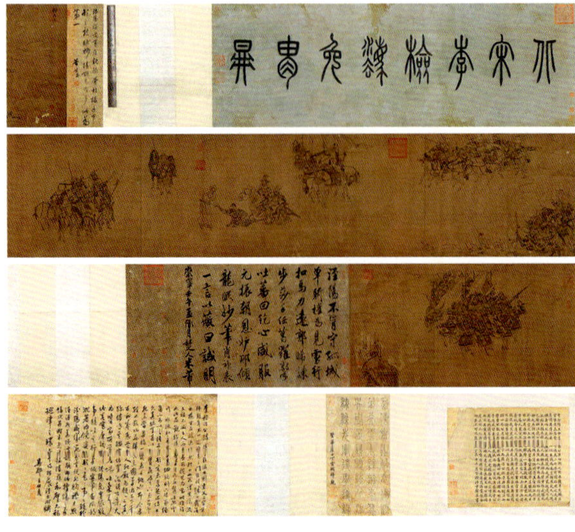

16416 李公麟（传）
免胄图 手卷
成交价：RMB 598,000
55cm×410cm
北京保利 2015.12.08

2021 李公麟 人物 镜心
估　价：RMB 50,000～100,000
成交价：RMB 460,000
27.5cm×56cm 北京至诚 2015.12.20

332 刘松年（款） 高士图 镜片
来源：本幅曾为曹溶所藏。
估　价：RMB 10,000～20,000
成交价：RMB 230,000
27.5cm×24.5cm 上海明轩 2015.06.21

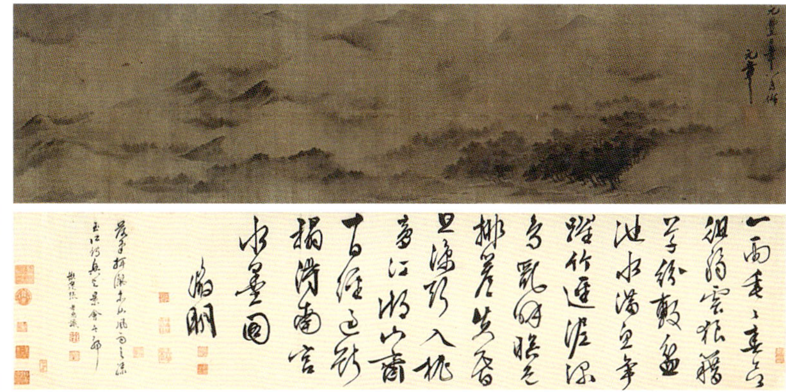

465 米芾（传） 山水氤氲 手卷
估　价：USD 10,000～20,000
成交价：RMB 1,017,413
28.5cm×113cm 纽约苏富比 2015.03.19

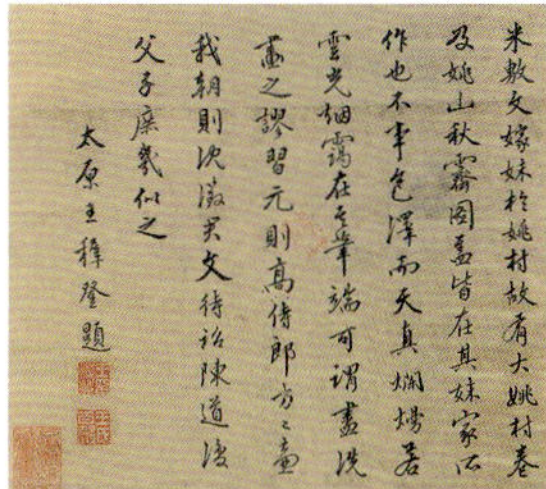

1908 米友仁（款） 姚山秋霁 立轴
估　价：RMB 100,000～200,000
成交价：RMB 437,000
48cm×28cm 中国嘉德 2015.04.03

1492 马麟（款） 锦上添花 立轴
估　价：RMB 50,000～80,000
成交价：RMB 218,500
167cm×94cm 中国嘉德 2015.06.28

1702 马远（款） 雪山行旅 立轴
估　价：RMB 15,000～25,000
成交价：RMB 161,000
168cm×65cm 中国嘉德 2015.04.03

913 佚名 宋人摹郭忠恕四猎骑图 手卷
来源：南宋末年何梦然收藏，清代乾隆年间始收入宫廷，于1922年被溥仪盗运出宫后流往国外，颠沛七十余年后又重回祖国。
成交价：RMB 80,500,000
39.5cm×192cm 北京匡时 2015.06.06

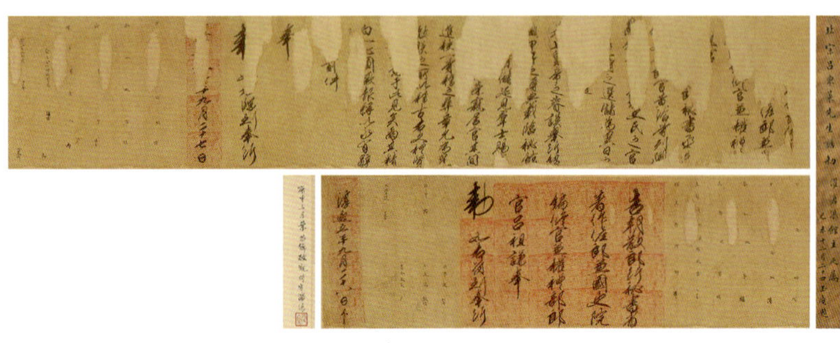

1037 南宋文思院 1178年作 南宋吕祖谦告身 手卷
著录：《吕祖谦年谱》P232，中华书局，2007年。
成交价：RMB 28,750,000
26cm×226.5cm 北京匡时 2015.06.06

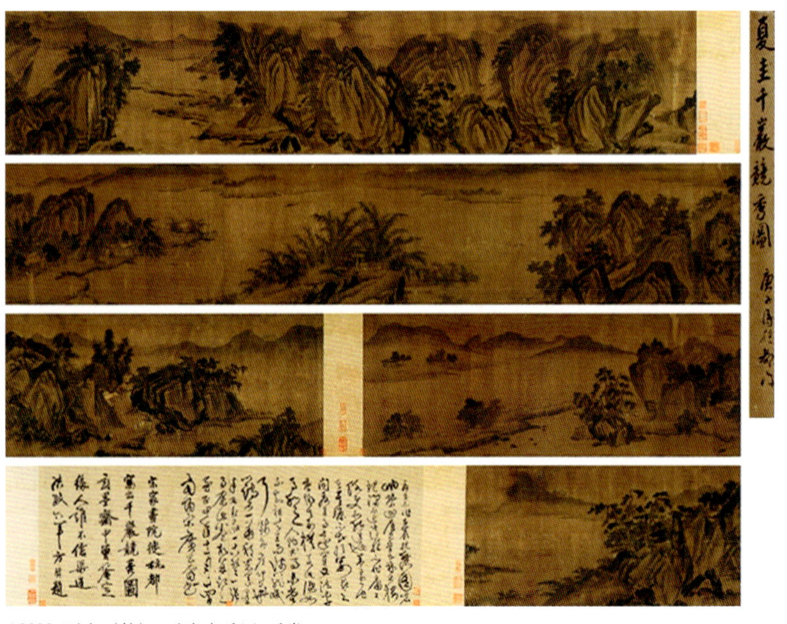

16608 夏圭（款） 千岩竞秀图 手卷
估　价：RMB 5,000～10,000
成交价：RMB 552,000
38cm×671cm 北京保利 2015.12.08

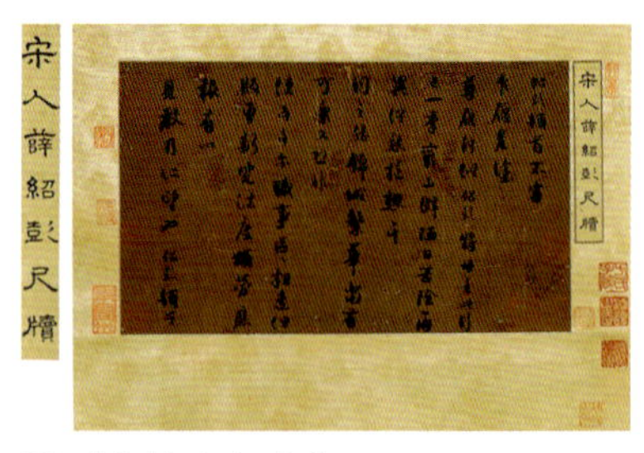

321 薛绍彭 行书 镜芯
来源：张廷济、吴荣光、方浚颐旧藏。
估　价：RMB 200,000～300,000
成交价：RMB 460,000
20cm×35cm 中鸿信 2015.07.29

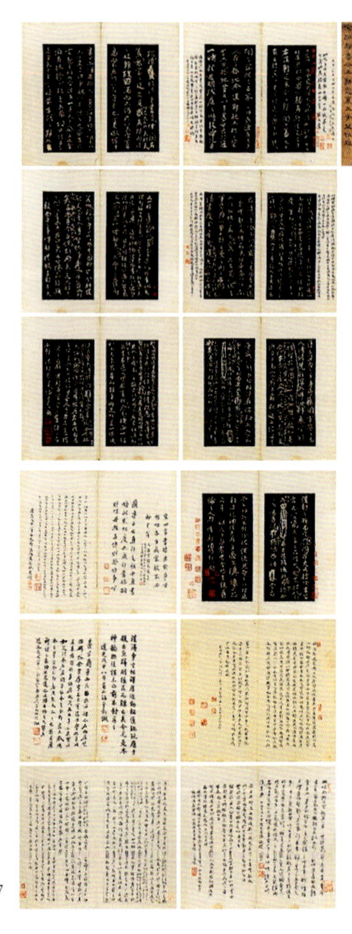

2132 宋拓 颜鲁公争坐位帖 册页
来源：由郑子展亲属提供。
估　价：RMB 600,000～800,000
成交价：RMB 805,000
31cm×15cm×12 北京保利 2015.12.07

362 佚名 宋人写经图 立轴
来源：光孝寺旧藏。
估　价：RMB 8,000,000～12,000,000
成交价：RMB 18,170,000
115.5cm×49cm 上海明轩 2015.06.21

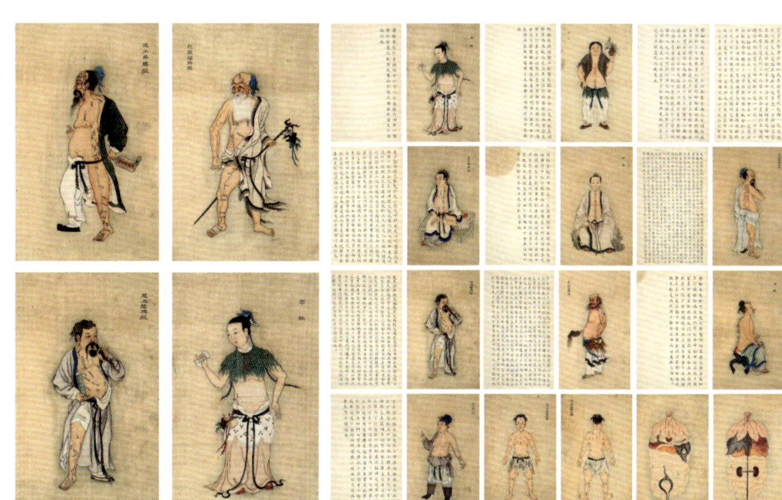

348 佚名 铜人全图 册页
来源：民国时随皇室从天津流出，被山东富商购藏。
估　价：RMB 2,000,000～3,000,000
成交价：RMB 8,050,000
36.5cm×23cmcm×46 中鸿信 2015.07.29

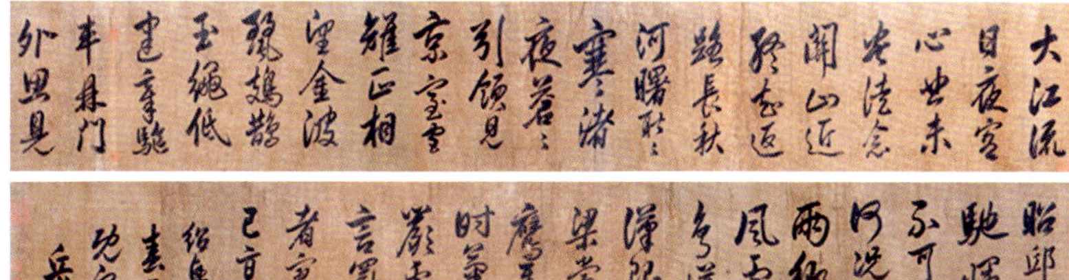

240 岳飞 书法长卷
成交价：RMB 6,574,960
尺寸不一 台北艺流 2015.04.25

706 佚名 婴戏图 立轴
估　价：RMB 300,000～400,000
成交价：RMB 3,910,000
22cm×22cm 北京匡时 2015.12.04

708 佚名 御苑市朝图 立轴
估　价：RMB 6,000,000～8,000,000
成交价：RMB 9,660,000
107cm×52cm 北京匡时 2015.12.04

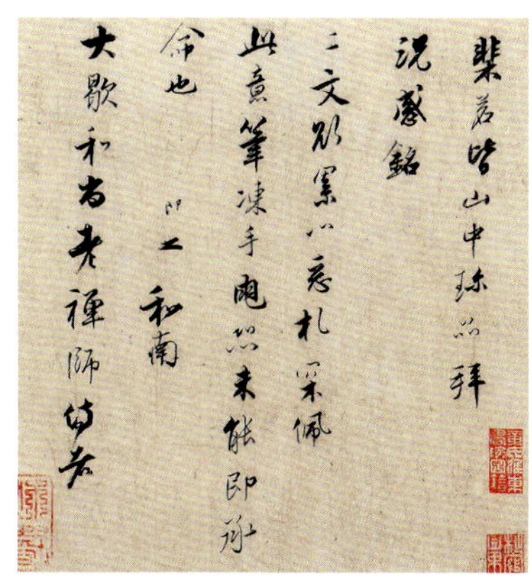

2264 张即之（传） 棐茗帖　镜心
估　价：RMB 500,000～800,000
成交价：RMB 1,667,500
26cm×24cm 北京保利 2015.06.06

元代作者

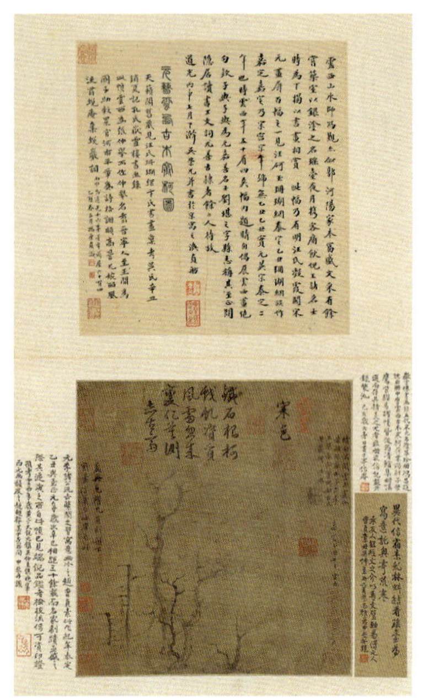

1278 曹知白（传） 1325年作 古木寒柯图 镜心
估　价：HKD 10,000～20,000
成交价：RMB 1,357,944
画28cm×26cm；书27cm×25.5cm 中国嘉德 2015.10.07

16480 胡廷晖（款） 青绿山水 立轴
估　价：RMB 40,000～50,000
成交价：RMB 3,680,000
103cm×45cm 北京保利 2015.12.08

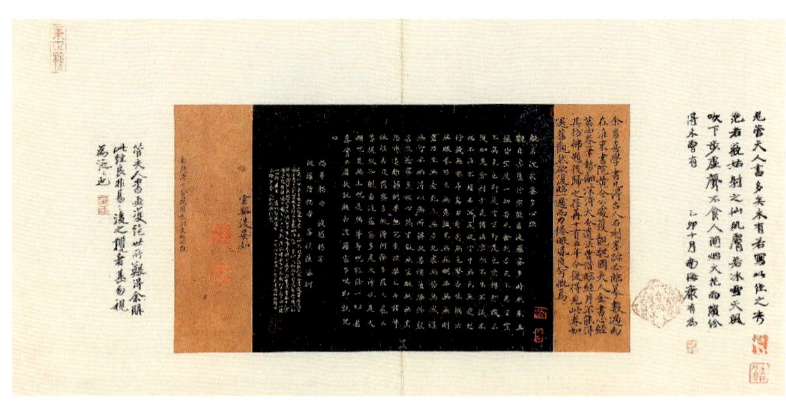

2135 管道昇（传） 小楷《般若波罗蜜多心经》 镜心
估　价：RMB 350,000～600,000
成交价：RMB 437,000
33cm×57cm 北京保利 2015.12.07

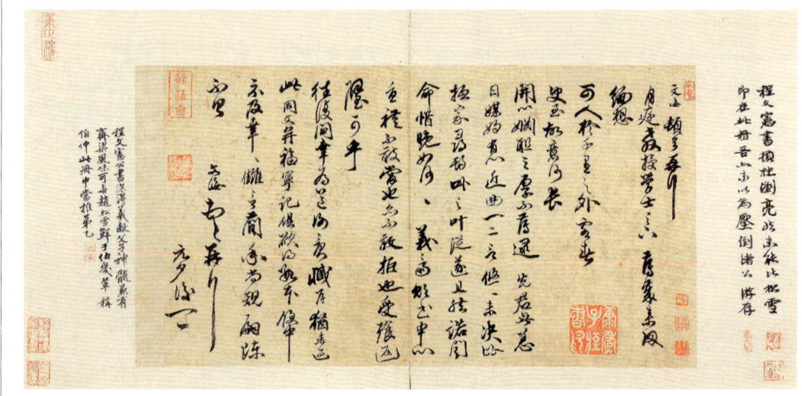

2136 程文海（传） 可人帖 镜心
估　价：RMB 350,000～600,000
成交价：RMB 402,500
33cm×57cm 北京保利 2015.12.07

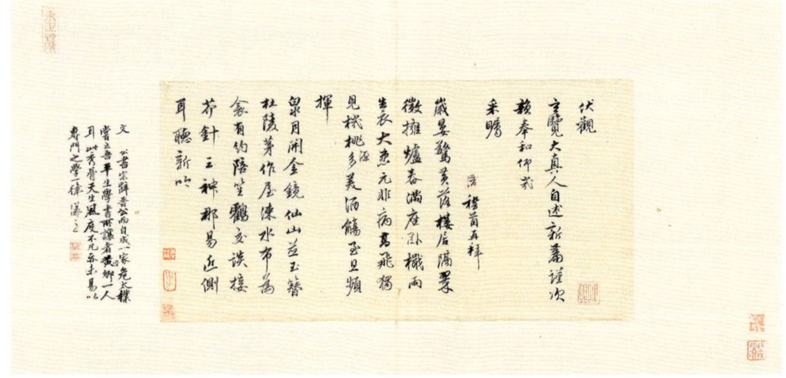

2140 黄溍（传） 伏觀札 镜心
估　价：RMB 350,000～600,000
成交价：RMB 402,500
33cm×57cm 北京保利 2015.12.07

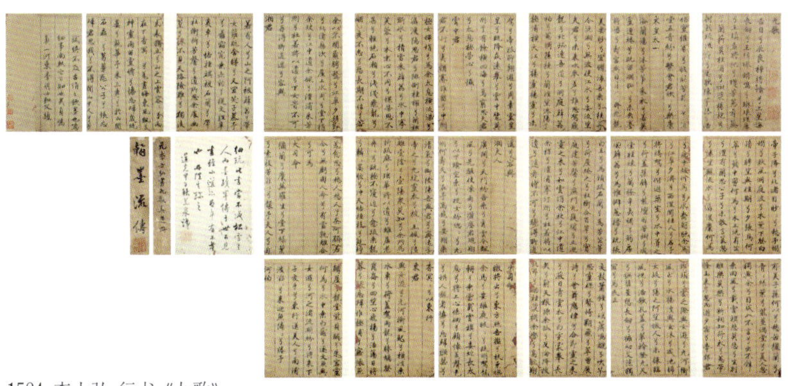

1584 李士弘 行书《九歌》
册页 （十三开二十五页）
估 价：RMB 500,000～800,000
成交价：RMB 2,300,000
23cm×15.5cm×25 中国嘉德 2015.11.16

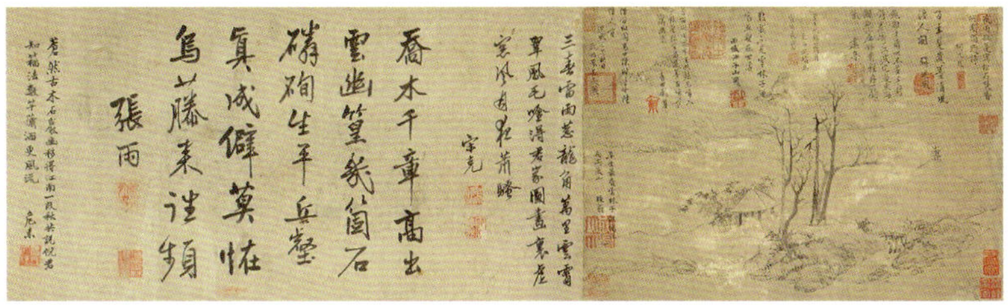

1624 倪瓒 晚亭图 手卷
估 价：RMB 1,800,000～2,000,000
成交价：RMB 2,300,000
画心27cm×40.5cm；题跋27cm×56cm
北京匡时 2015.03.31

2266 乔达 寒江钓艇图 立轴
来源：藏家旧藏。
成交价：RMB 575,000
126cm×70cm 北京保利 2015.06.06

1994 盛懋（款） 湖上讲经图 立轴
估 价：RMB 5,000～8,000
成交价：RMB 184,000
102cm×42cm 中国嘉德 2015.04.03

822 盛洪（款） 1326年作 山水 立轴
估 价：HKD 80,000～120,000
成交价：RMB 2,003,240
91.5cm×35.5cm 佳士得 2015.11.30

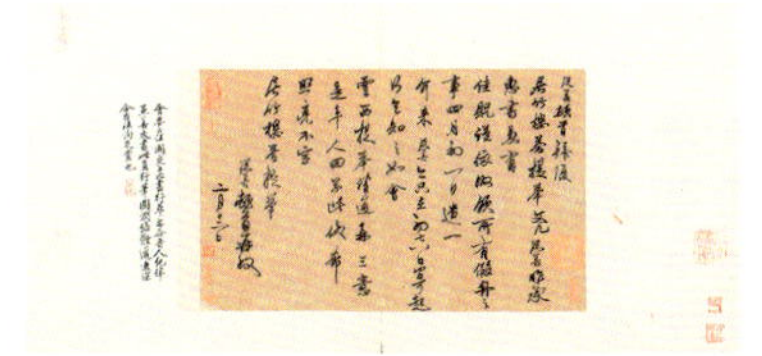

2147 汪从善（传） 假舟帖 镜心
估 价：RMB 350,000～600,000
成交价：RMB 402,500
33cm×57cm 北京保利 2015.12.07

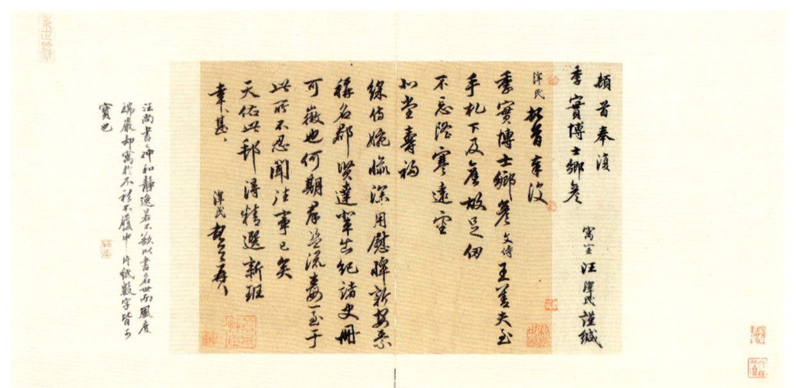

2139 汪泽民（传） 下及帖 镜心
估 价：RMB 350,000～600,000
成交价：RMB 402,500
33cm×57cm 北京保利 2015.12.07

812 吴镇 雨歇空山 立轴
来源：上海博物馆馆藏编号：43817，属国家二级文物，庞莱臣藏品。
成交价：RMB 35,650,000
51cm×27cm 上海工美 2015.06.28

831 王蒙（款） 蓬莱仙馆 手卷
估 价：HKD 100,000～200,000
成交价：RMB 225,775
26cm×191.5cm 佳士得 2015.11.30

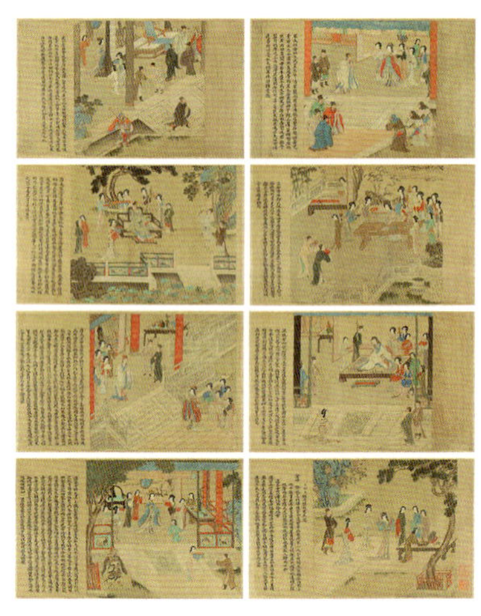

1776 王振鹏（款） 历代贤妃图 册页
估 价：RMB 150,000～180,000
成交价：RMB 161,000
31cm×48cm×10 北京匡时 2015.06.07

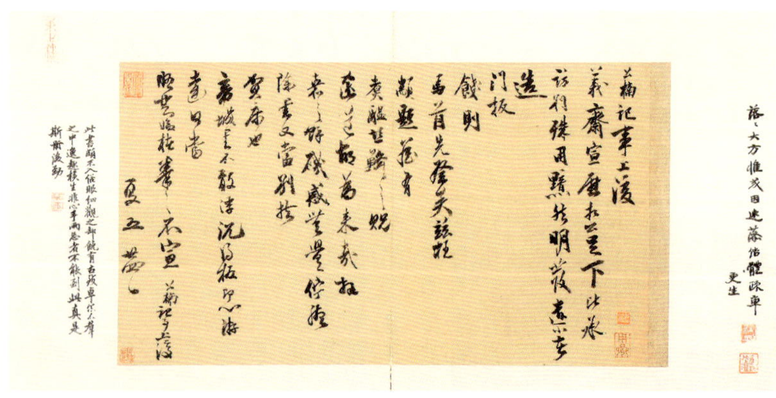

2142 燕公楠（传） 扳饯帖 镜心
估 价：RMB 350,000～600,000
成交价：RMB 402,500
33cm×57cm 北京保利 2015.12.07

772 佚名 元/明 彩绘菩萨壁画
估　价：USD 30,000～50,000
成交价：RMB 18,563,865
99.6cm×78.7cm 纽约佳士得 2015.03.20

2092 张逊 竹石图 立轴
成交价：RMB 7,590,000
132cm×52cm 中国嘉德 2015.04.03

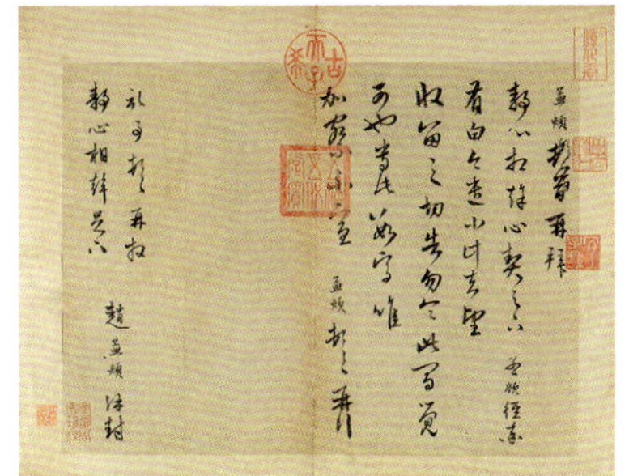

1684 赵孟頫（款） 行书静心帖 镜心
估　价：RMB 150,000～180,000
成交价：RMB 310,500
27cm×36.5cm 北京匡时 2015.06.07

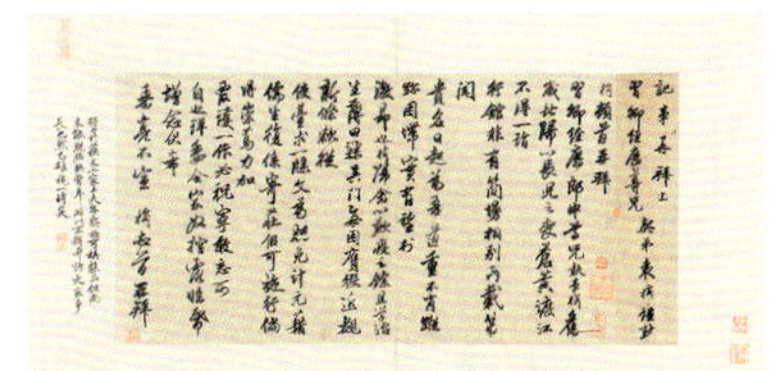

2144 袁桷（传） 旧岁北归帖 镜心
估　价：RMB 350,000～600,000
成交价：RMB 402,500
33cm×57cm 北京保利 2015.12.07

1487 赵雍 秋郊行骑图 立轴
著录：1.《改订历代流传绘画编年表》，徐邦达著，人民美术出版社，1994年，P.40；2.《书画集》卷三，吴其贞著，人民美术出版社，1963年，P.232；3.《历代著录画目》下册，人民美术出版社，1996年，P.313；……。
估　价：RMB 3,800,000～5,000,000
成交价：RMB 4,025,000
101cm×48cm 北京翰海 2015.06.27

明代作者

265 卞文瑜 笪重光 层峦烟水图 手卷
来源：戴植、王养度、韩绳夫等旧藏。
估　价：RMB 1,500,000～1,800,000
成交价：RMB 1,840,000
画心27cm×350cm；题跋27cm×25cm 西泠拍卖 2015.07.04

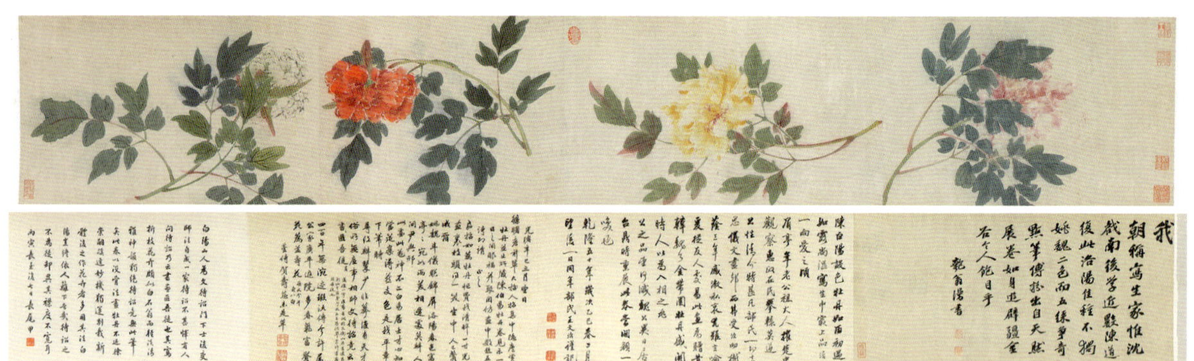

717 陈淳 四季牡丹 手卷
来源：宝亲王弘历、沈树镛、徐渭仁递藏。
估 价：RMB 6,000,000～7,000,000
成交价：RMB 7,475,000
引首28.5cm×91cm；本幅29cm×179cm；题跋29cm×237cm 北京匡时 2015.12.04

1702 陈淳 瑞珠仙影 立轴
来源：王世杰旧藏。
估 价：RMB 2,500,000～3,000,000
成交价：RMB 3,680,000
334cm×102cm 北京匡时 2015.06.07

901 蔡羽 草书郑谷《曲江春草》 扇面
估 价：HKD 120,000～160,000
成交价：RMB 476,130
16cm×51cm 保利香港 2015.04.07

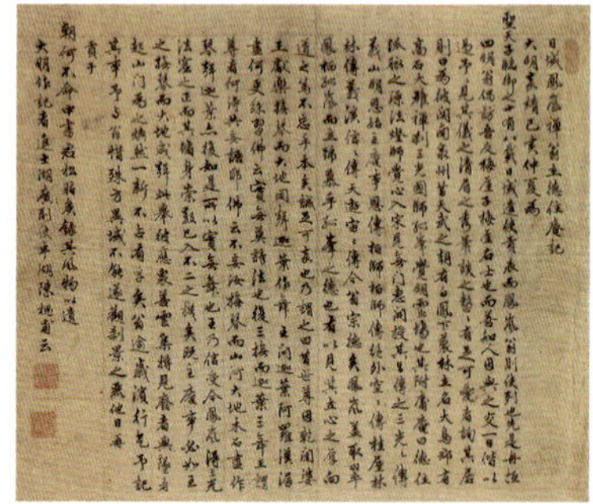

1831 陈半湖 行书《日域凤岚禅翁主德住庵记》 立轴
估 价：RMB 240,000～260,000
成交价：RMB 471,500
52cm×62cm 北京匡时 2015.06.07

303 蔡远 仿洪谷子山水 立轴
估 价：RMB 380,000～500,000
成交价：RMB 437,000
184cm×94cm 保利厦门 2015.05.03

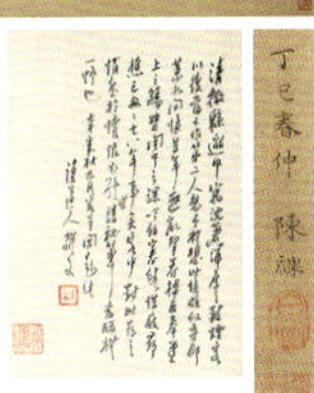

1622 陈裸 1617年作 山居访隐图卷 手卷
估　价：RMB 100,000~150,000
成交价：RMB 575,000
本幅31cm×170cm；题跋31cm×30cm 北京匡时 2015.12.05

1007 陈焕明 1602年作 泛舟访友 扇面镜框
估　价：HKD 150,000~200,000
成交价：RMB 500,625
15.7cm×49.2cm 佳士得 2015.06.01

907 陈洪绶 1641年作 幽亭听泉 立轴
估　价：RMB 2,200,000~2,500,000
成交价：RMB 5,175,000
64.5cm×26.5cm 北京匡时 2015.06.06

702 陈洪绶 桐下授教图 立轴
来源：佳士得2008春，重要藏家中国书画珍藏专场封二作品。
估　价：RMB 3,000,000~3,500,000
成交价：RMB 5,290,000
162cm×54.5cm 北京匡时 2015.12.04

562 陈洪绶 严湛 仙人图 立轴
估　价：RMB 6,000,000~8,000,000
成交价：RMB 6,900,000
216cm×99cm 中贸圣佳 2015.05.19

16327 陈焕 1595年作 雪中访友 立轴
估　价：RMB 70,000~100,000
成交价：RMB 207,000
122cm×29cm 北京保利 2015.12.08

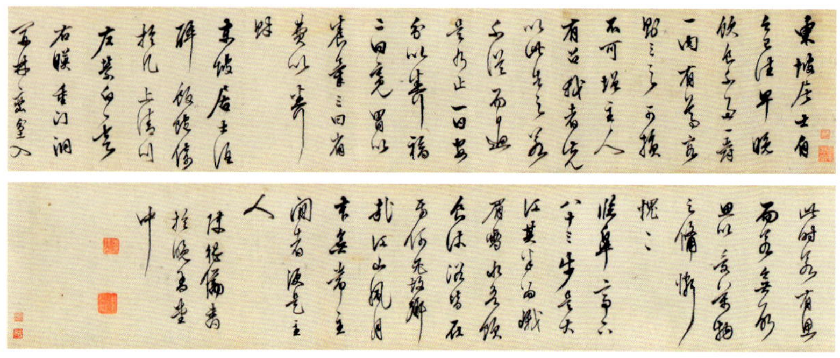

2058 陈继儒 行书东坡《节饮食说》卷 手卷
来源：王闻善旧藏。
估 价：RMB 1,000,000～1,500,000
成交价：RMB 2,185,000
26cm×265cm 北京保利 2015.06.05

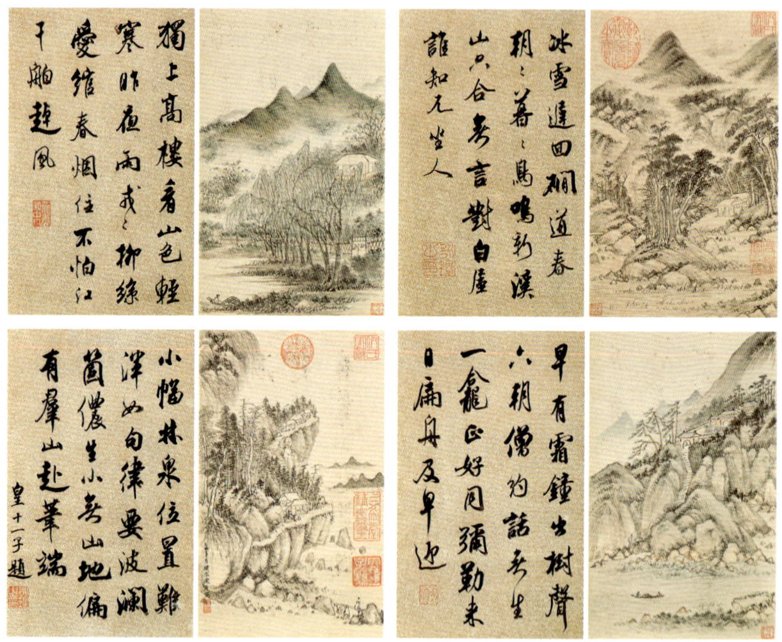

903 陈廉 永瑆 1745年作 山水书画 册页（三十二开）
估 价：HKD 240,000～300,000
成交价：RMB 1,904,720
24.8cm×15.6cm×32 佳士得 2015.11.30

2027 陈栝 1526年作 四时花卉图 立轴
来源：方葆愚印、吴江史氏励斋珍藏书画印。
估 价：RMB 2,000,000～3,000,000
成交价：RMB 2,645,000
画29cm×550cm；跋29cm×10cm 北京保利 2015.06.05

1454 陈嘉言 1677年作 清溪双凫 扇面
出版：《聚墨留香—攻玉山房藏中国古代书画》图4，香港大学美术博物馆，2004年出版。
估 价：RMB 30,000～50,000
成交价：RMB 333,500
17cm×51cm 中国嘉德 2015.11.16

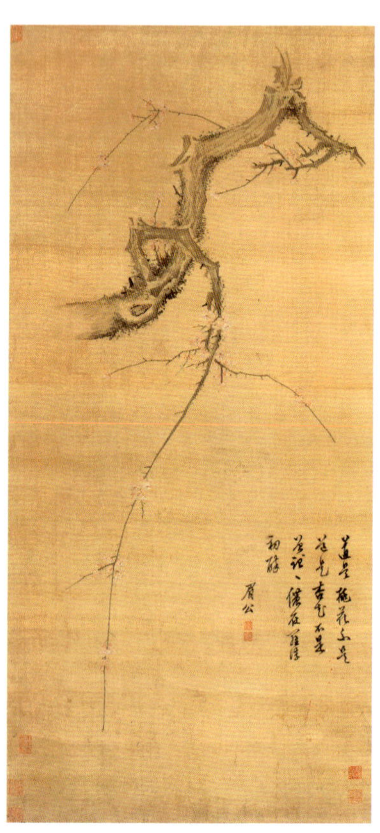

443 陈继儒 梅花 立轴
估 价：USD 60,000～80,000
成交价：RMB 1,017,413
113.8cm×53.5cm 纽约苏富比 2015.03.19

1495 程嘉燧 天启1627年作 西涧图 镜心
出版：1.《中国名画·第六集》，第4图，有正书局，1917年版；2.《晋唐五代宋元明清名家书画集》，第194页，商务印书馆，1943年版；3.《支那南画大成》，日本兴文社，1936年版；4.《沙可乐藏画研究》，第100页，普林斯顿大学出版社，1973年版；5.《历代名画大观·山水轴》，第167页，上海书店出版社，1997年版；……。
估　价：RMB 9,000,000～10,000,000
成交价：RMB 10,350,000
126.5cm×49.5cm 中国嘉德 2015.11.16

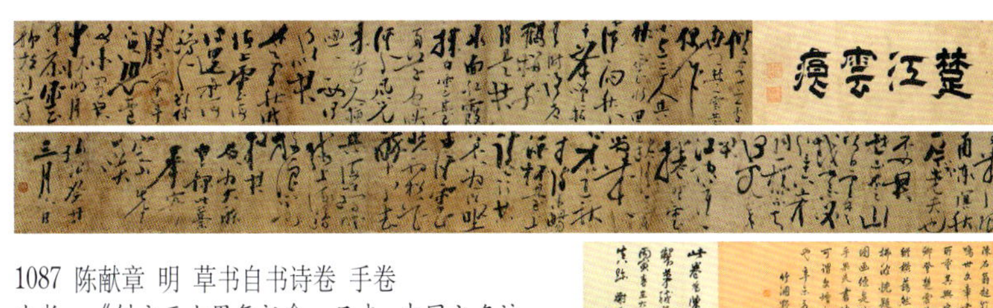

1087 陈献章 明 草书自书诗卷 手卷
出版：《创立五十周年记念·日本-中国之名迹展图册》，日本书艺院，大阪，1996年4月4日，第132-133页。
估　价：HKD 500,000～1,000,000
成交价：RMB 1,954,440
29cm×486cm 佳士得 2015.06.01

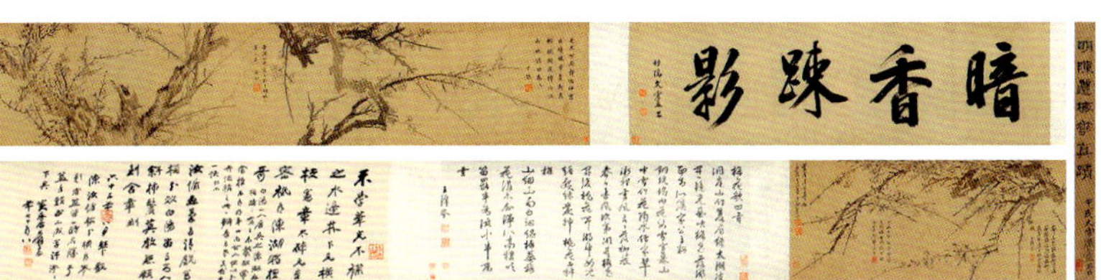

16032 陈遵 暗香踈影图 手卷
著录：《穰梨馆过眼录》卷二十五；《中国书画全书》卷十八，P663。
估　价：RMB 2,600,000～3,000,000
成交价：RMB 4,025,000
29cm×209cm 北京保利 2015.12.07

1540 陈献章 秋山闲话 立轴
来源：载铨行有恒堂旧藏。
估　价：RMB 800,000～1,000,000
成交价：RMB 1,840,000
220cm×46.5cm 北京匡时 2015.12.05

577 成化帝 1481年作 鹰隼图 立轴
估　价：RMB 3,500,000～4,500,000
成交价：RMB 4,025,000
107cm×54cm；19cm×54cm 中贸圣佳 2015.05.19

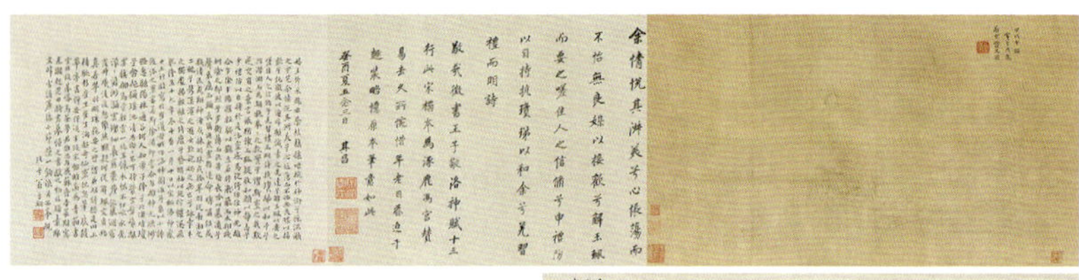

718 崔子忠 董其昌 洛神赋书画合璧卷 手卷
估 价：RMB 2,000,000～3,000,000
成交价：RMB 6,785,000
绘画31.5cm×56cm；书法28.5cm×37.5cm；题跋29cm×37.5cm；33cm×121cm 北京匡时 2015.12.04

1628 戴进 溪山胜境图 手卷
估 价：RMB 350,000～500,000
成交价：RMB 552,000
38cm×314cm 北京匡时 2015.12.05

475 戴进（款） 桃柳春耕 立轴
估 价：USD 10,000～20,000
成交价：RMB 1,017,413
178.5cm×102cm 纽约苏富比 2015.03.19

4067 戴明说 竹石图（四帧） 镜心
成交价：RMB 580,750
102cm×51cm×4 北京保利 2015.08.12

287 丁云鹏 煮茗图 扇框
估 价：RMB 1,500,000～1,800,000
成交价：RMB 2,645,000
上海明轩 2015.06.21

1114 丁云鹏 1695年作 扫象图 立轴
来源：纽约苏富比1986年6月3日拍卖，编号28。
估 价：HKD 1,800,000～2,800,000
成交价：RMB 5,318,640
126cm×49cm 佳士得 2015.06.01

1814 董其昌（款）1631年作 秋林图 立轴
来源：陈德仁旧藏。
估 价：RMB 150,000~250,000
成交价：RMB 4,945,000
308cm×98cm 中国嘉德 2015.09.21

875 董其昌 1622年作 仿倪瓒山水 镜框
来源：日本私人收藏。
估 价：HKD 800,000~1,000,000
成交价：RMB 5,155,880
113cm×55.5cm 佳士得 2015.11.30

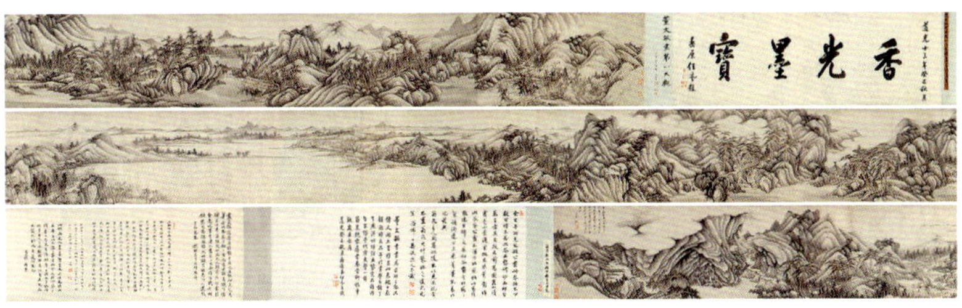

2029 董其昌 仿巨然山水 手卷
来源：陈继儒、菊泉主人、程桢义、金传声、泗州杨氏、龙犹、王伯元、庞元济、尤伦斯夫妇等递藏。
估 价：RMB 12,000,000~18,000,000
成交价：RMB 30,475,000
画43.5cm×945cm；题跋43cm×258cm 北京保利 2015.06.05

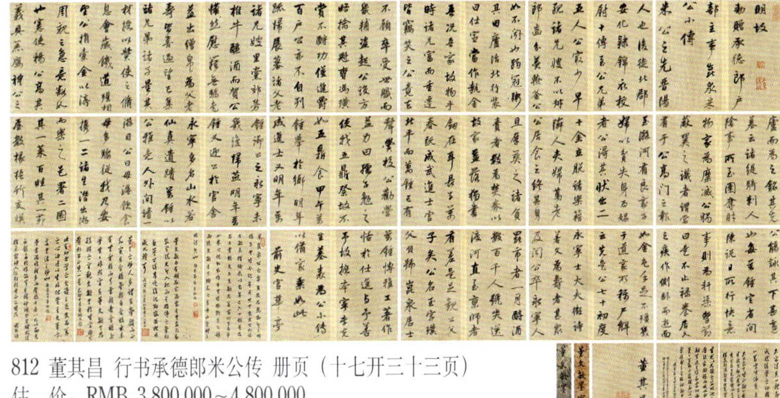

812 董其昌 行书承德郎米公传 册页（十七开三十三页）
估 价：RMB 3,800,000~4,800,000
成交价：RMB 9,430,000
35.1cm×20cm×33 中国嘉德 2015.05.17

1327 董其昌 疏林茅屋图 手卷
展览："承古融今·星汉灿烂—中国嘉德艺术品拍卖20年精品回顾展"，中国国家博物馆，2013年11月12日—30日。
估 价：RMB 60,000,000~80,000,000
成交价：RMB 69,000,000
26.3cm×146cm 中国嘉德 2015.11.15

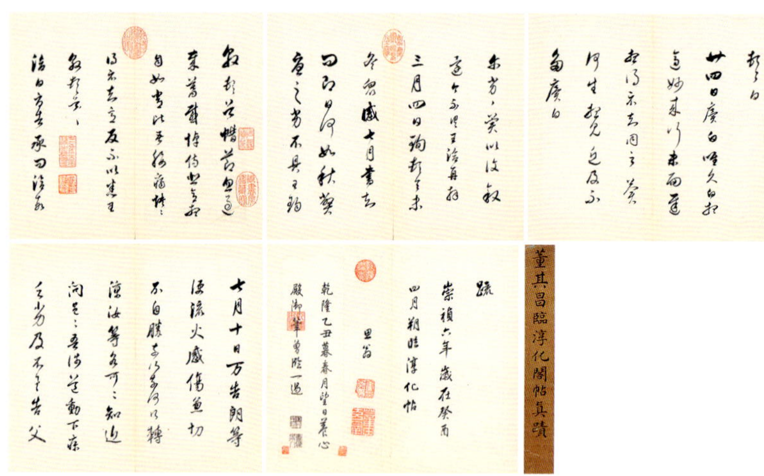

988 董其昌 临《淳化阁帖》 册页
著录：1.《秘殿珠林石渠宝笈合编》（第二册）《石渠宝笈初编》830页，上海书店；2.《历代流传书画作品编年表》，第104页，徐邦达编，1963年，上海人民美术出版社；3.乾隆御笔著录于《秘殿珠林石渠宝笈合编》（第五册）《石渠宝笈续编》2268页，上海书店。
估 价：HKD 8,000,000～10,000,000
成交价：RMB 12,379,380
25cm×13cm×10 保利香港 2015.04.07

1632 方以智 陆嗚 卧游五岳册（八开）
备注：胡小琢、严信厚、李玉棻旧藏。
估 价：RMB 650,000～700,000
成交价：RMB 747,500
册首25cm×33cm×2；
本幅24.5cm×35cm×4；20cm×25cm×4；
题跋25cm×33cm×2 北京匡时 2015.12.05

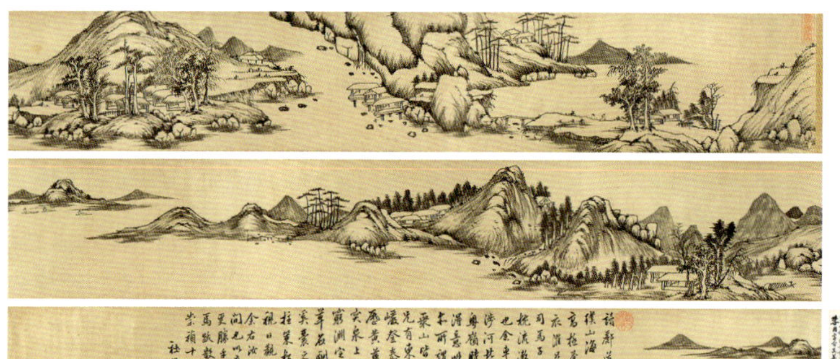

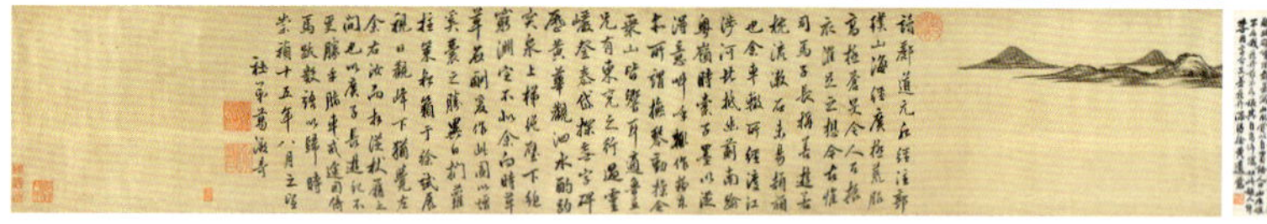

916 葛征奇 1642年作 灵岩泰岱图 手卷
来源：陈希濂、哈麟递藏。
估 价：RMB 1,000,000～1,200,000
成交价：RMB 3,047,500
本幅26cm×480cm；题跋30cm×11cm 北京匡时 2015.06.06

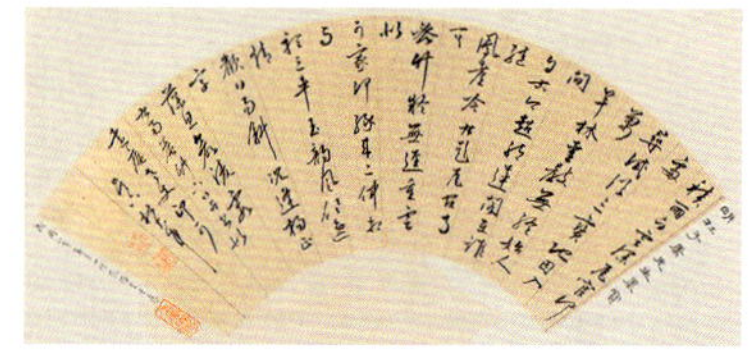

16229 杜大中 行书五言诗 扇面
出版：《朵云轩藏品第八集》p.17，上海书画出版社，2009年1月。
估 价：RMB 180,000～300,000
成交价：RMB 218,500
18cm×56cm 北京保利 2015.12.08

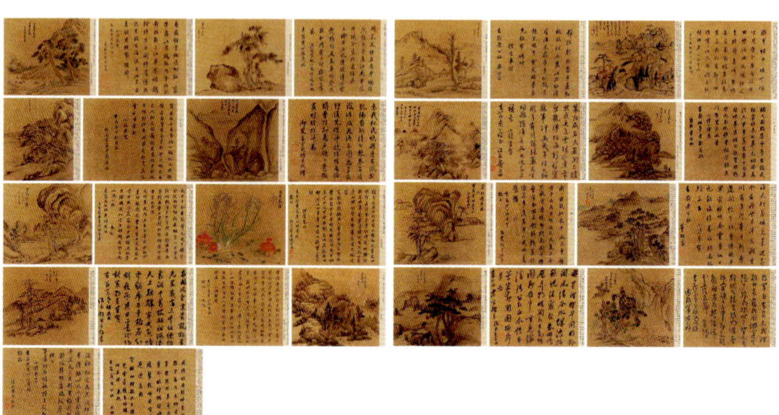

2034 董羽宸 胤光 羽宸等为吉翁作书画合璧 册页（三十四开）
估 价：RMB 2,000,000～3,000,000
成交价：RMB 2,415,000
33cm×38cm×34 北京保利 2015.06.05

596 傅峑 踏雪寻梅 镜框
来源：纽约州斯卡斯戴尔卡特夫妇旧藏；纽约中国瓷器公司，2000年。
估　价：USD 20,000～30,000
成交价：RMB 254,920
162.5cm×94cm 纽约苏富比 2015.09.17

842 顾起元 行书《金陵泉品》 手卷
著录：《客座赘语·卷七·金陵人与金陵诸志》，顾起元；……。
估　价：RMB 600,000～800,000
成交价：RMB 897,000
31cm×696cm 北京匡时 2015.12.04

1619 顾知 1635年作 江山无尽 手卷
备注：蔡世松、陈式金、张燕卿旧藏。
估　价：RMB 55,000～65,000
成交价：RMB 345,000
20.5cm×267cm 北京匡时 2015.12.05

1121 龚贤 空山无客 立轴
来源：日本私人收藏。
估　价：HKD 200,000～280,000
成交价：RMB 565,125
23.2cm×52.3cm 香港苏富比 2015.10.05

1334 顾大希 2014年作 夏山高隐图 镜心
估　价：RMB 350,000～400,000
成交价：RMB 529,000
167cm×74.5cm 中国嘉德 2015.05.18

130 关思 1629年作 松岭横云图 立轴
估　价：RMB 400,000～600,000
成交价：RMB 460,000
115.5cm×61.5cm 西泠拍卖 2015.07.04

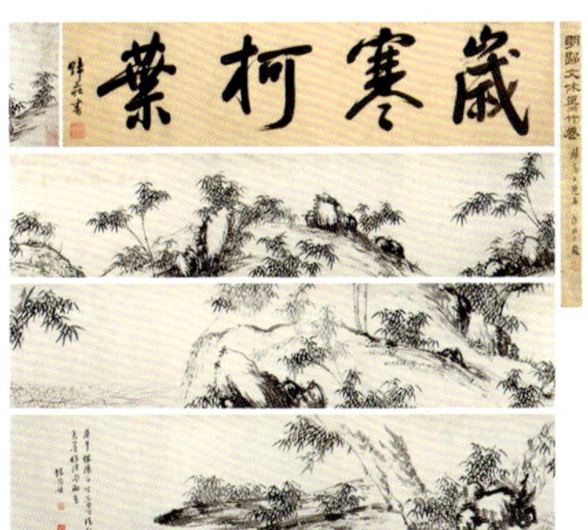

1545 归昌世 1630年作 岁寒柯叶 卷
估　价：RMB 550,000～800,000
成交价：RMB 632,500
27.5cm×394cm 北京翰海 2015.06.27

906 何吾驺 西风万里 立轴
估　价：RMB 150,000～180,000
成交价：RMB 402,500
202.5cm×38.5cm 朵云轩 2015.06.18

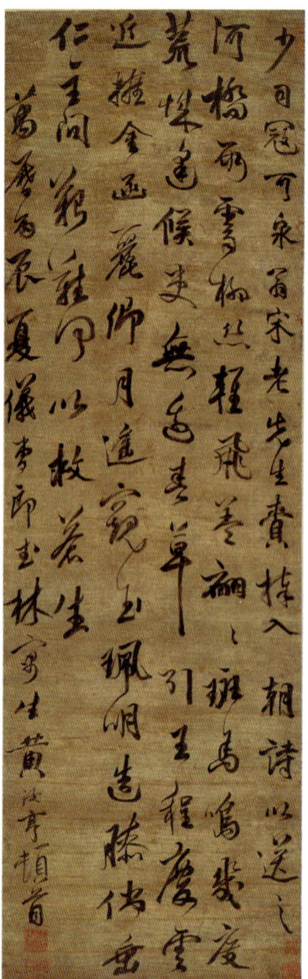

306 黄汝亨 1616年作 行书 七言诗 立轴
来源：赵渭卿、潘景郑等旧藏。
估　价：RMB 250,000～280,000
成交价：RMB 287,500
165.5cm×52cm 西泠拍卖 2015.07.04

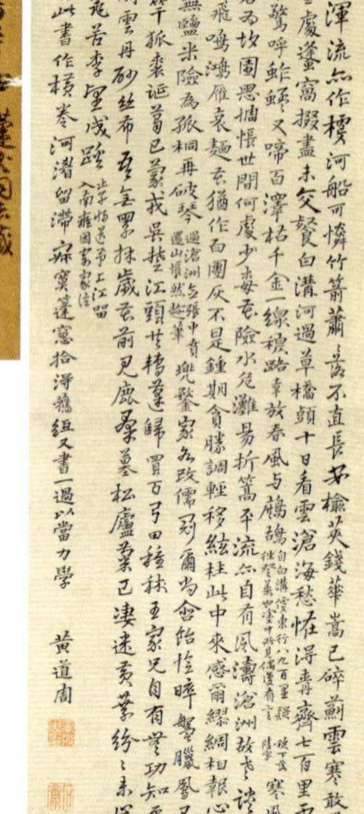

326 黄道周 行书 立轴
来源：曾经韩蓬飞收藏。
估　价：RMB 800,000～1,200,000
成交价：RMB 2,300,000
113cm×33cm 中鸿信 2015.07.29

597 黄道周 楷书《孝经正文》（十八开册）
估　价：USD 100,000～150,000
成交价：RMB 3,122,770
22.7cm×26.5cm 纽约苏富比 2015.09.17

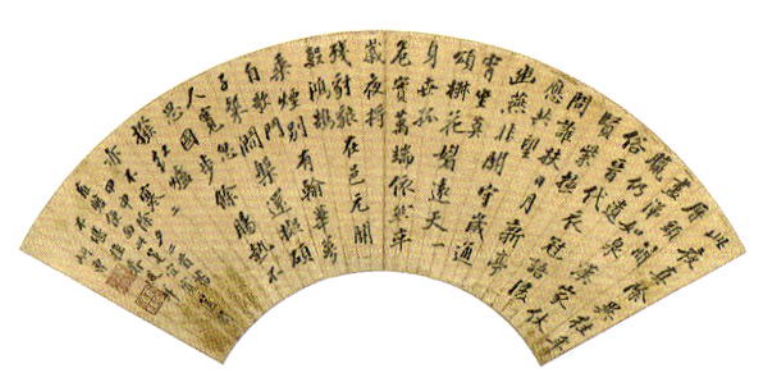

1240 侯峒曾 行书七言诗 扇面
估　价：HKD 80,000～120,000
成交价：RMB 349,186
17.5cm×53cm 中国嘉德 2015.10.07

595 居节 雨歇山青 立轴
估 价：USD 30,000～50,000
成交价：RMB 2,510,962
61cm×21.6cm 纽约苏富比 2015.09.17

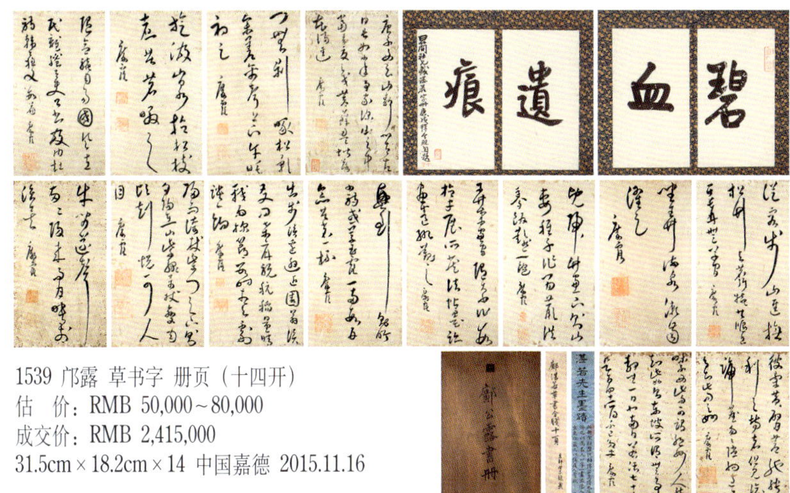

1539 邝露 草书字 册页（十四开）
估 价：RMB 50,000～80,000
成交价：RMB 2,415,000
31.5cm×18.2cm×14 中国嘉德 2015.11.16

860 惠孟臣 山水 册页（十二开）
估 价：HKD 50,000～70,000
成交价：RMB 266,825
7.5cm×11cm×12 佳士得 2015.11.30

13 金兆熊 江上泛舟 立轴
估 价：RMB 180,000～250,000
成交价：RMB 322,000
175cm×100cm 上海嘉禾 2015.05.08

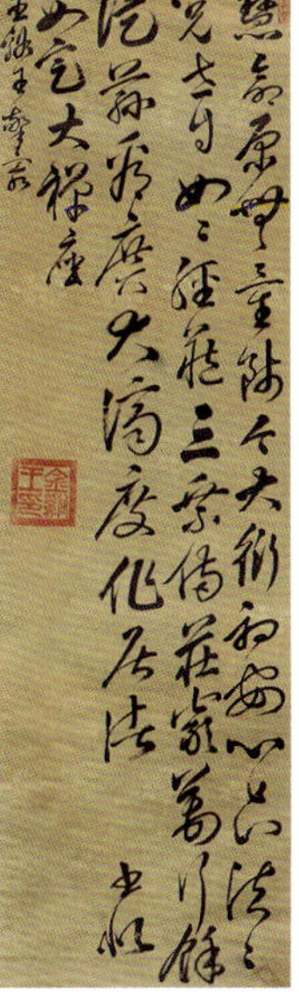

75 金溪王 草书 佛经句 立轴
估 价：RMB 350,000～500,000
成交价：RMB 506,000
178.5cm×53.5cm 西泠拍卖 2015.07.04

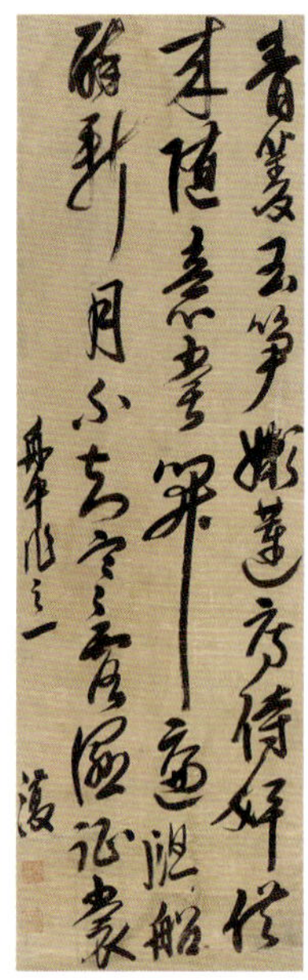

1362 来复 行书自作诗 立轴
估 价：RMB 360,000~400,000
成交价：RMB 483,000
165.5cm×52cm 北京匡时 2015.12.05

2033 蓝瑛 1646年作 秋山红叶 立轴
估 价：RMB 4,000,000~5,000,000
成交价：RMB 4,600,000
171cm×68cm 北京保利 2015.06.05

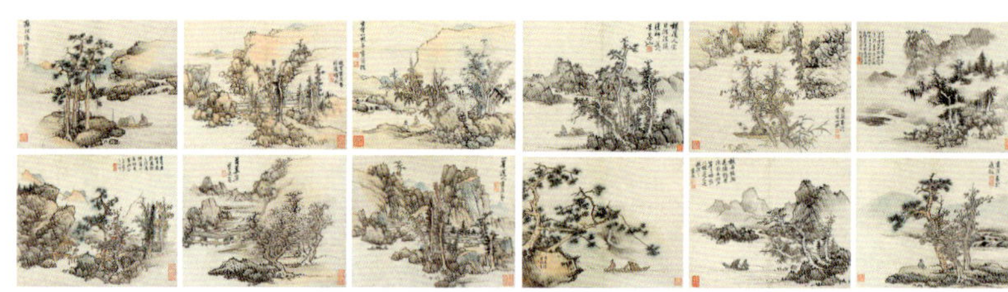

16030 蓝瑛 仿古山水 册页（十二开）
说明：戴植旧藏。
估 价：RMB 3,000,000~3,500,000
成交价：RMB 3,910,000
30cm×38cm×12 北京保利 2015.12.07

119 蓝瑛 拟古山水 四屏
估 价：RMB 3,800,000~5,000,000
成交价：RMB 5,290,000
160.5cm×44.5cm×4 西泠拍卖 2015.07.04

16029 蓝瑛 九夏清泉图 立轴
说明："语石斋藏书画"为杨伯润鉴藏印。
估 价：RMB 1,500,000~2,200,000
成交价：RMB 3,105,000
225cm×96cm 北京保利 2015.12.07

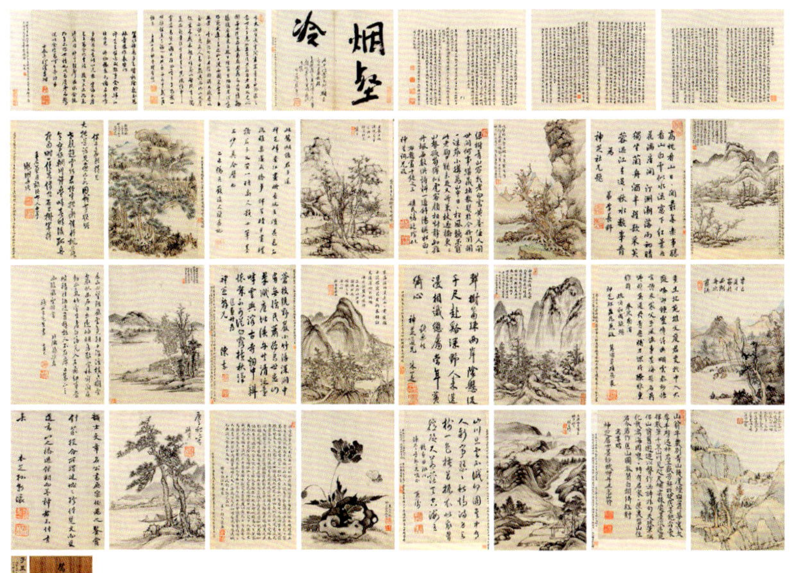

16031 蓝瑛 项圣谟 等 鸳湖社名贤妙迹 册页（十八开）
著录：《唯自勉斋长物志》，第36页，江苏省立苏州图书馆(吴中文献小丛书)，1942年出版，或《丛书集成续编 第八十七册 子部》《唯自勉斋长物志》第756页，上海书画出版社，1994年。
估　价：RMB 3,500,000～5,500,000
成交价：RMB 20,700,000
29cm×39cm×18 北京保利 2015.12.07

438 李东阳 楷书李纲《游王原山》诗 册（十二开）
来源：纽约佳士得1986年12月1日拍品，编号10。
估　价：USD 80,000～120,000
成交价：RMB 2,466,834
每开38cm×75cm 纽约苏富比 2015.03.19

437 李流芳 江山萧木 册（八开）
来源：纽约佳士得1990年5月31日拍品，编号25。
估　价：USD 120,000～160,000
成交价：RMB 7,200,150
每开24cm×50cm 纽约苏富比 2015.03.19

16234 李梦阳 行书七言诗 扇面
估　价：RMB 200,000～400,000
成交价：RMB 253,000
18cm×48cm 北京保利 2015.12.08

1006 李士达 1614年作 举杯邀月 扇面镜框
估　价：HKD 100,000～150,000
成交价：RMB 350,438
15.7cm×48.7cm 佳士得 2015.06.01

511 李东阳 致仕诗卷 自书诗卷 卷
估　价：RMB 6,000,000～8,000,000
成交价：RMB 6,900,000
26cm×270cm；26cm×610cm；25cm×393cm 北京翰海 2015.11.27

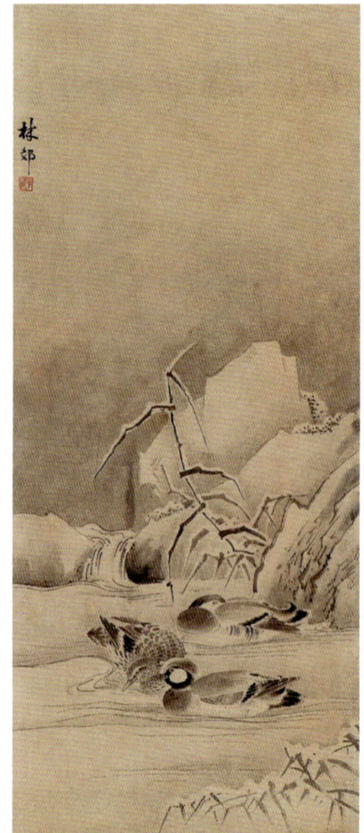

296 林郊 寒凫图 立轴
估　价：RMB 480,000～600,000
成交价：RMB 575,000
118.5cm×51cm 保利厦门 2015.05.03

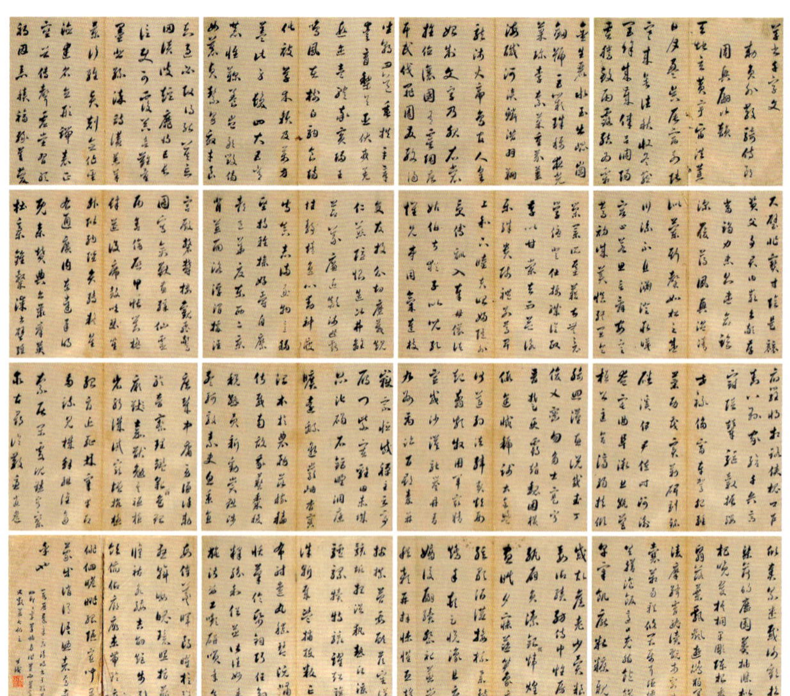

2060 娄坚 草书千字文 册页
出版：1.《明娄坚草书千字文》（单行本），上海书店出版社，2002年5月版；2.《守研斋珍藏》，江苏省泰州市博物馆，2002年版。
估　价：RMB 600,000～800,000
成交价：RMB 690,000
28cm×32cm×16 北京保利 2015.06.05

252 林良 烈鹰擒兔图 立轴
估　价：RMB 500,000～550,000
成交价：RMB 977,500
140.5cm×76cm 天津同方 2015.06.06

1451 刘原起 1632年作 草阁待客图 扇面
估　价：RMB 40,000～60,000
成交价：RMB 322,000
16.5cm×50cm 中国嘉德 2015.11.16

30 陆士仁 湖山访友图 扇页
来源：顾麟士旧藏。
估　价：RMB 60,000～100,000
成交价：RMB 310,500
47cm×17cm 西泠拍卖 2015.07.04

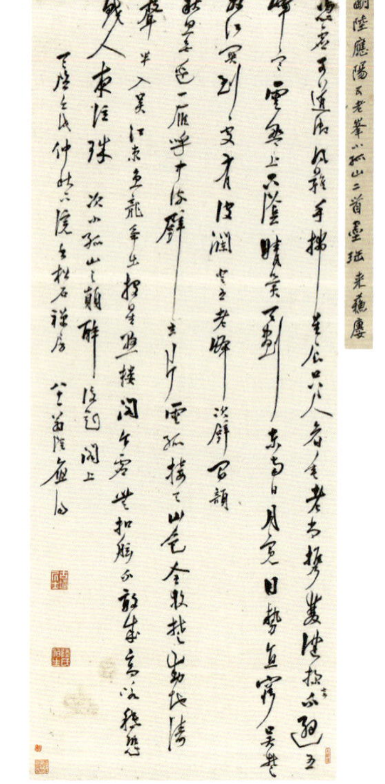

1528 陆应阳 天启1622年作 草书七言诗 立轴
来源：旧藏者吴璧城、韩绳夫。
估　价：RMB 150,000～250,000
成交价：RMB 494,500
137.5cm×55cm 中国嘉德 2015.11.16

1325 马守真 王穉登 1599年作 水仙顽石图 手卷
来源：笪重光、孔广陶、潘佩裳、冯公度旧藏。
估　价：RMB 3,800,000~4,800,000
成交价：RMB 16,100,000
画39.5cm×473cm；跋39.5cm×64cm 中国嘉德 2015.11.15

297 陆治 翠岚晴江 扇面
估　价：RMB 200,000~350,000
成交价：RMB 483,000
上海明轩 2015.06.21

364 吕纪 松树黄鹊图 立轴
来源：明代孝宗弘治皇帝宫廷旧藏。
估　价：RMB 1,800,000~2,500,000
成交价：RMB 3,220,000
114.5cm×73cm 上海明轩 2015.06.21

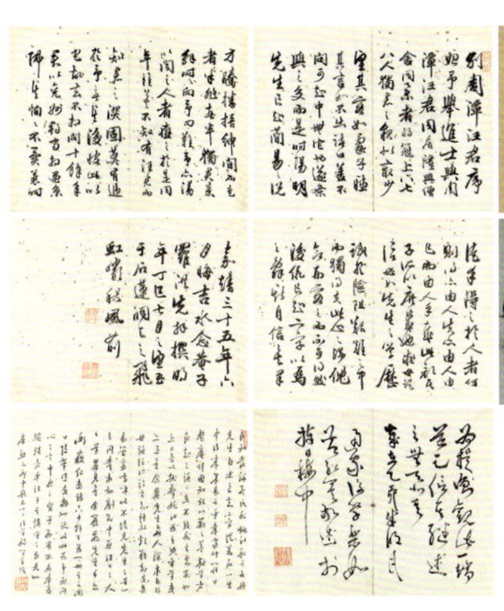

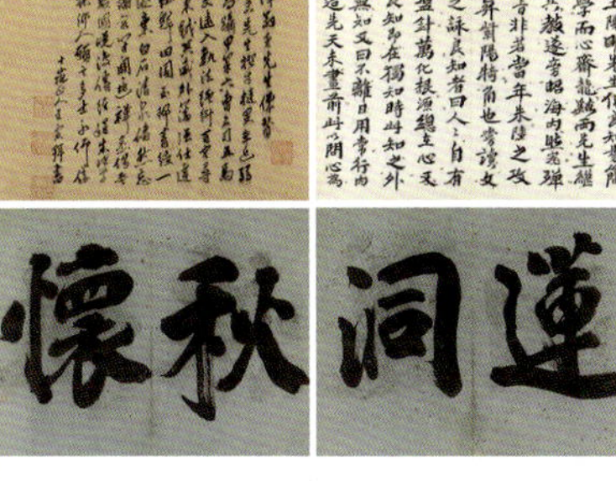

1908 罗洪先 1557年作 行书《别周潭汪君序》 册页
估　价：RMB 360,000~400,000
成交价：RMB 1,012,000
29cm×38cm×45 北京匡时 2015.06.07

841 茅坤 草书西湖诗卷 手卷
估　价：RMB 800,000~1,200,000
成交价：RMB 1,725,000
25cm×315cm 北京匡时 2015.12.04

1562 陆远 金笺山水 四屏立轴
估　价：RMB 500,000~800,000
成交价：RMB 920,000
221cm×50.5cm×4 北京匡时 2015.12.05

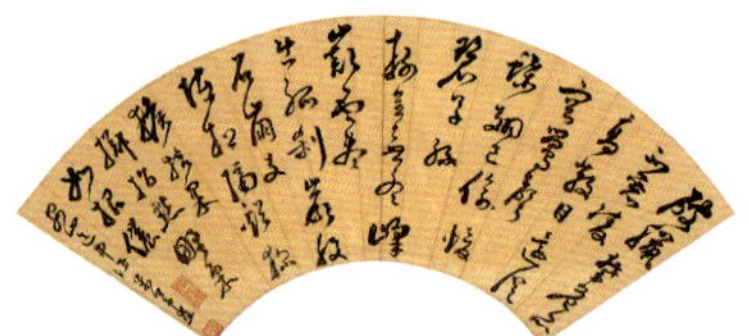

289 米万钟 草书七言诗 扇面立轴
来源：原香港佳士得拍品。
估 价：RMB 200,000～300,000
成交价：RMB 529,000
上海明轩 2015.06.21

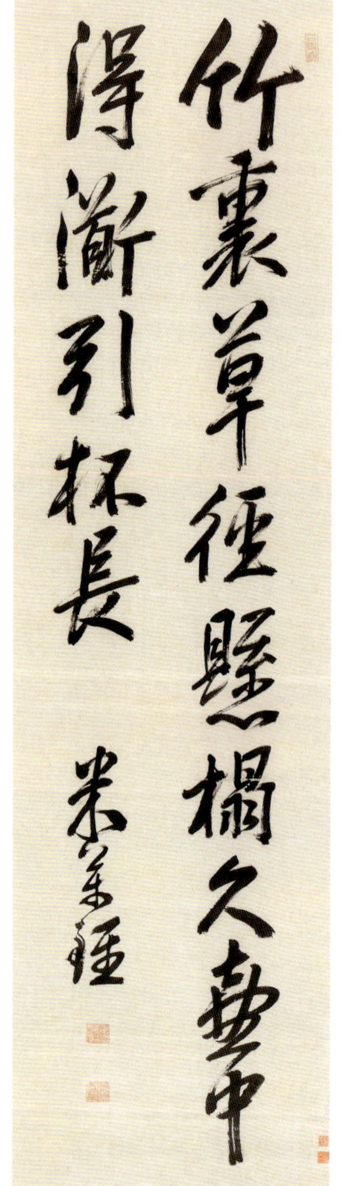

845 米万钟 行书七言句 立轴
估 价：RMB 500,000～600,000
成交价：RMB 575,000
210cm×60cm 北京匡时 2015.12.04

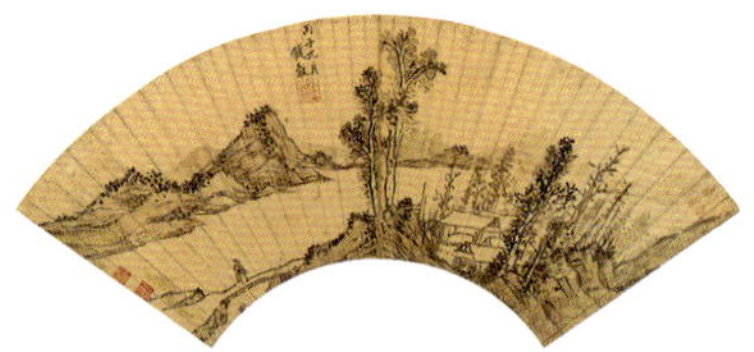

18 钱穀 1576年作 江岸闲居图 扇页
来源：孙毓汶、惠均旧藏。
估 价：RMB 50,000～70,000
成交价：RMB 322,000
50.5cm×16.5cm 西泠拍卖 2015.07.04

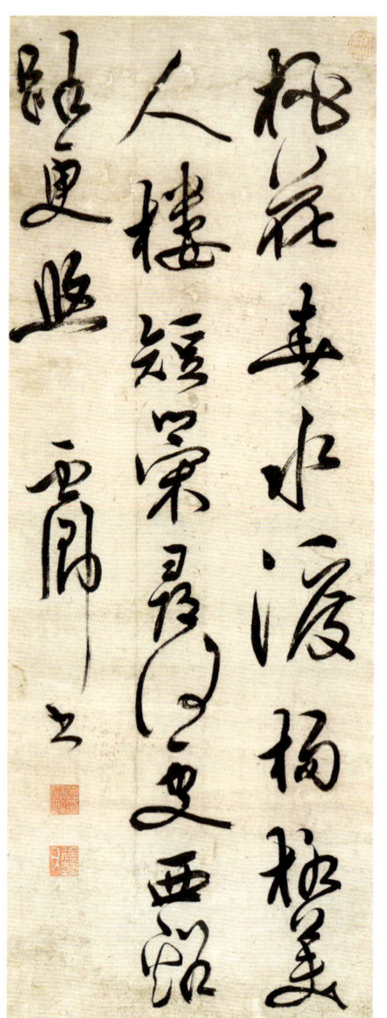

1086 莫是龙 1493年作 草书 立轴
估 价：HKD 260,000～400,000
成交价：RMB 550,688
126cm×47.3cm 佳士得 2015.06.01

809 倪元璐 行书五言诗 立轴
来源：周梦坡旧藏。
估 价：RMB 8,000,000～10,000,000
成交价：RMB 9,200,000
189cm×47.5cm 中国嘉德 2015.05.17

1330 钱谦益 行书五言诗 镜心
估 价：RMB 100,000～120,000
成交价：RMB 207,000
17.5cm×53cm 北京匡时 2015.12.05

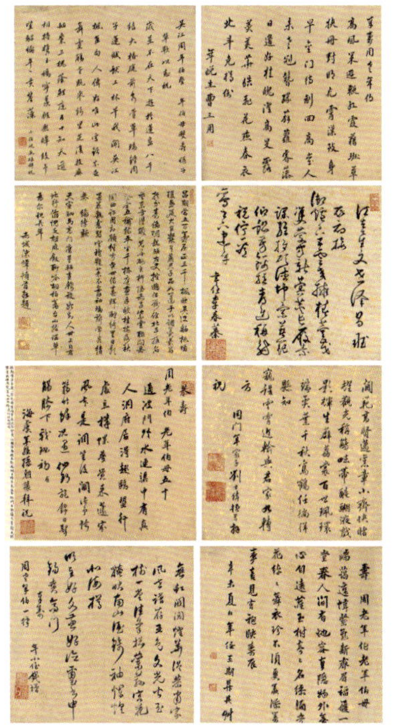

250 钱增 孙朝让 等 祝寿诗（八帧） 镜片
估　价：RMB 350,000～450,000
成交价：RMB 437,000
34.5cm×32cm×8 西泠拍卖 2015.07.04

16338 仇英 1551年作 云海观涛 立轴
估　价：RMB 900,000～1,200,000
成交价：RMB 3,450,000
111cm×60cm 北京保利 2015.12.08

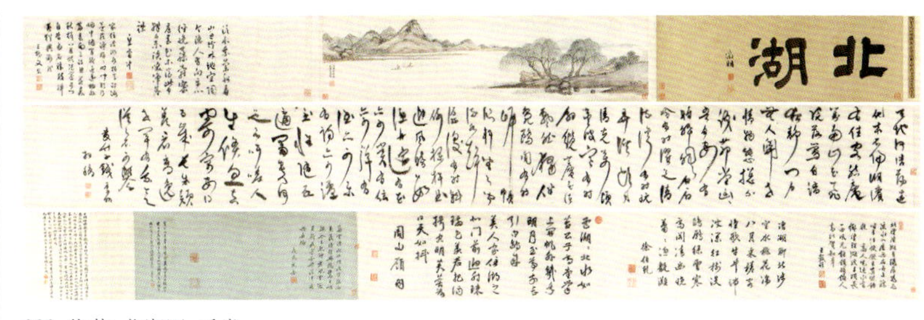

920 仇英 北湖图 手卷
来源：吴云、费子诒、张珩递藏。
估　价：RMB 1,500,000～1,800,000
成交价：RMB 5,980,000
引首21cm×65cm；本幅21cm×81.5cm；题跋21cm×483cm 北京匡时 2015.06.06

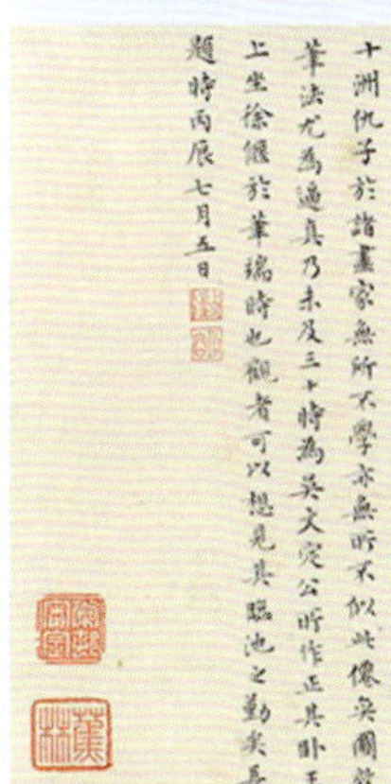

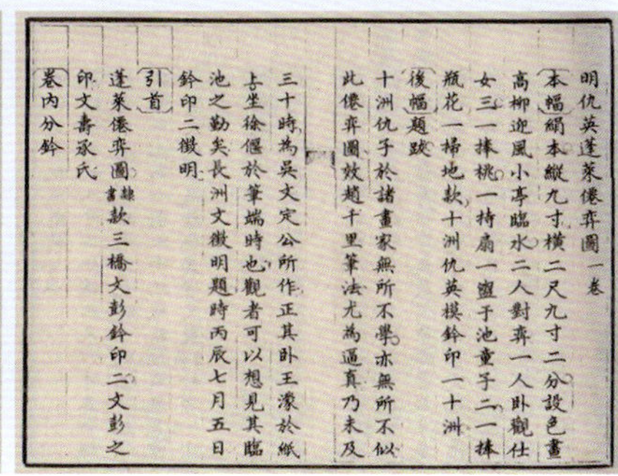

明仇英蓬萊僊弈圖一卷

本幅絹本縱九寸橫二尺九寸二分設色畫高柳迎風小亭臨水二人對弈一人臥觀仕女三一捧桃一持扇一盥于池童子二一抹瓶花一掃地款十洲仇英摹鈐印一十洲

後幅題跋

十洲仇子於諸畫家無所不學亦無所不似此僊弈圖效趙千里筆法尤為逼真乃未及三十時為吳文定公所作正其卧王濛於紙上坐徐僊於筆端時也觀者可以想見其臨池之勤矣長洲文徵明題時丙辰七月五日鈐印二徵明

引首

蓬萊僊弈圖隸書款三橋文彭鈐印二文彭之印文壽承氏

卷內分鈐

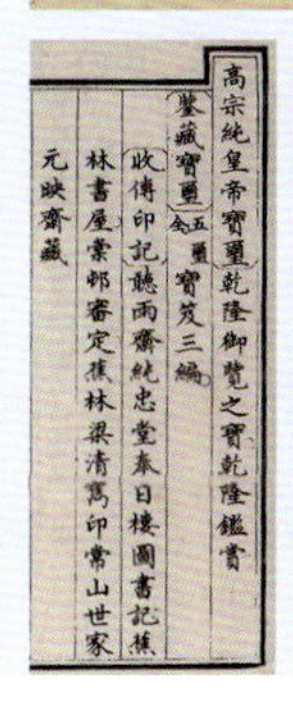

高宗純皇帝寶璽乾隆御覽之寶乾隆鑑賞

鑒藏寶璽五璽全寶笈三編

收傳印記聽雨齋純忠堂春日樓圖書記蕉林書屋棠邨審定蕉林梁清寫印常山世家

元映齋藏

411 仇英 蓬莱仙弈图 手卷
来源：美国私人珍藏。
估　价：USD 300,000～400,000
成交价：RMB 11,503,265
29cm×93.5cm 纽约佳士得 2015.09.16

293 仇英 云里帝城 扇面
估　价：RMB 1,800,000～2,800,000
成交价：RMB 4,025,000
上海明轩 2015.06.21

814 仇英 1550年作 仙山楼阁 立轴
来源：张大千先生收藏。
成交价：RMB 34,500,000
113cm × 42cm 上海工美 2015.06.28

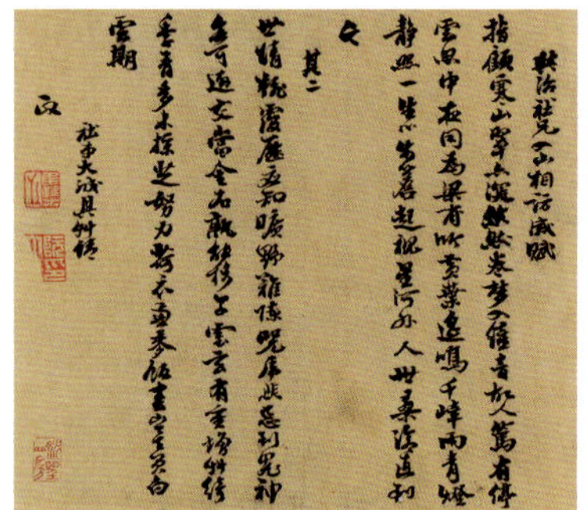

1047 阮大铖 行书诗稿 镜心
估　价：RMB 500,000 ~ 800,000
成交价：RMB 1,265,000
28cm × 32.5cm 中国嘉德 2015.05.18

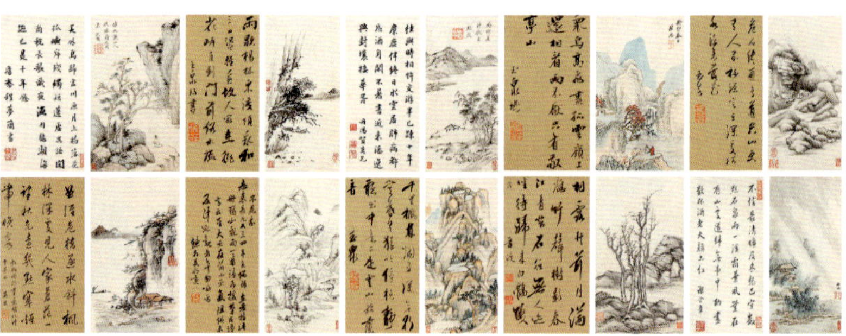

16329 沈灏 高简 陆鸿 等 山水书法 册页（十开）
著录：《中国古代书画图目》第1册，第204、205、306页，京12-173。
估　价：RMB 400,000 ~ 600,000
成交价：RMB 897,000
21cm × 12cm × 10 北京保利 2015.12.08

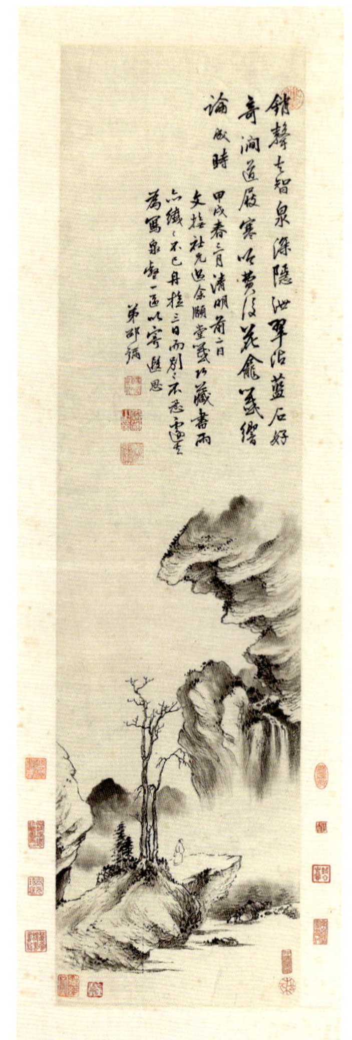

1085 邵弥 1634年作 泉壑幽思 立轴
来源：曾经汪士元、韩慎先、赵叔彦递藏。
估　价：RMB 500,000 ~ 1,000,000
成交价：RMB 667,000
111cm × 29cm 中国嘉德 2015.05.18

922 沈士鲠 秋江赏吟图 立轴
估　价：RMB 900,000 ~ 1,500,000
成交价：RMB 943,000
212cm × 96.5cm 保利厦门 2015.05.02

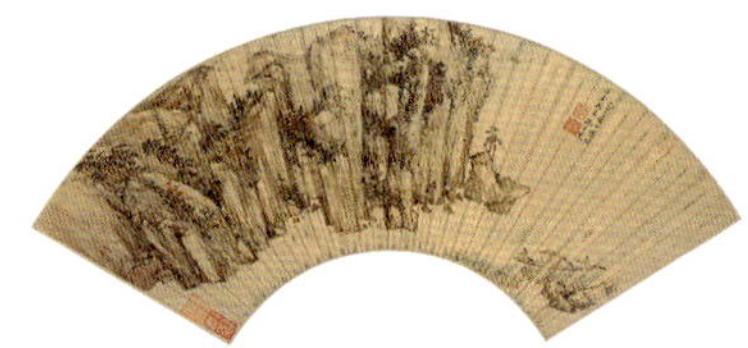

2168 沈士充 1629年作 赤壁夜游 扇面
估　价：RMB 480,000 ~ 680,000
成交价：RMB 552,000
17cm × 54cm 北京保利 2015.06.06

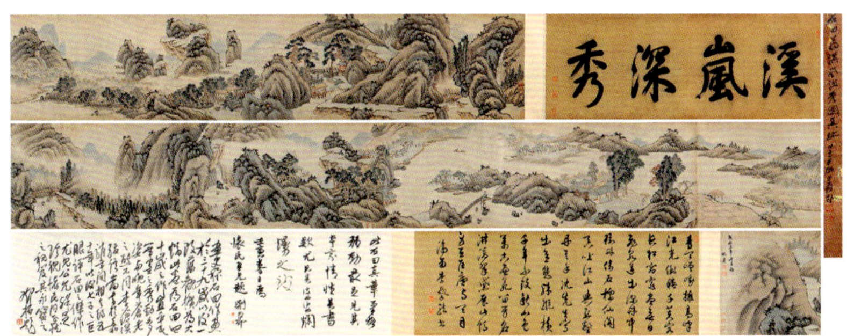

16024 沈周 溪山深秀图卷 手卷
估 价：RMB 20,000,000～35,000,000
成交价：RMB 27,600,000
46cm×634cm 北京保利 2015.12.07

980 沈硕 秋山卧游图 立轴
估 价：RMB 900,000～1,500,000
成交价：RMB 1,150,000
346.5cm×103.6cm 保利厦门 2015.05.02

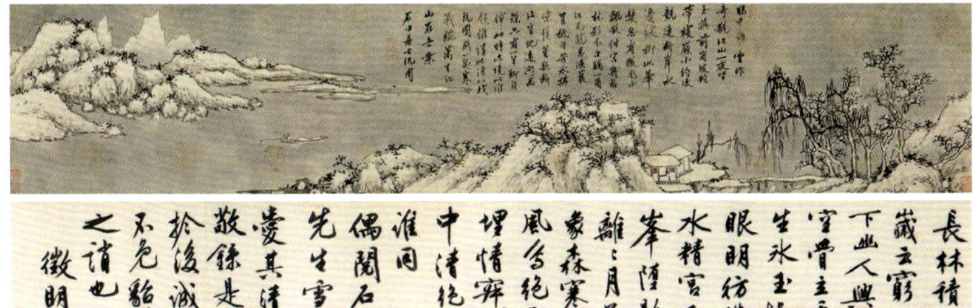

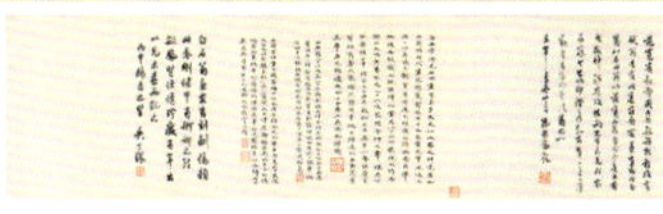

918 沈周 文徵明 钓雪图书画合璧卷 手卷
来源：吴湖帆旧藏。
估 价：RMB 12,000,000～15,000,000
成交价：RMB 40,825,000
本幅29cm×150cm；题跋29cm×290cm
北京匡时 2015.06.06

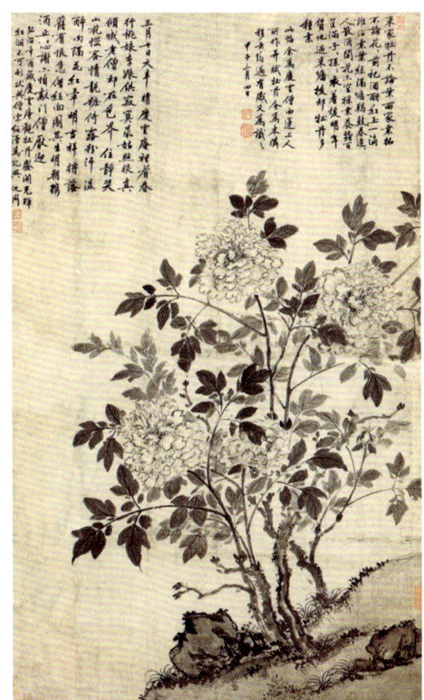

333 沈周 墨牡丹 立轴
估 价：RMB 2,200,000～2,800,000
成交价：RMB 4,025,000
135cm×83cm 中鸿信 2015.07.29

549 沈周 1491年作 支硎冒云图 立轴
出版：1.《改订历代书画编年表》，徐邦达著，人民美术出版社，1995年；2.《佩文斋书画谱》；3.《式古堂书画汇考》；4.《福开森历代书画著录画目》，P.306；5.《明清中国画大师·沈周》。
估 价：RMB 3,200,000～5,000,000
成交价：RMB 3,680,000
133cm×60.5cm 北京翰海 2015.11.27

509 沈周 乾坤雪意 立轴
出版：《宋元明清名画大观》，日华古今绘画展览会，东京：大冢巧艺社，昭和六年（1931），第97页。
估　价：USD 150,000~250,000
成交价：RMB 5,171,586
243cm×120cm 纽约苏富比 2015.03.19

870 盛茂烨 1628年作 雪山访友 立轴
估　价：HKD 300,000~500,000
成交价：RMB 431,025
157.5cm×54cm 佳士得 2015.11.30

1706 宋旭 1594年作 入峨积雪 立轴
出版：1.《首届山东民间收藏精品展》书画101，山东省文物保护与收藏协会，2014年；2.《翰墨丹青·中国明清书画品鉴》P12-13，山东美术出版社，2013年。
估　价：RMB 2,200,000~2,400,000
成交价：RMB 4,082,500
诗堂45cm×95.5cm 北京匡时 2015.06.07

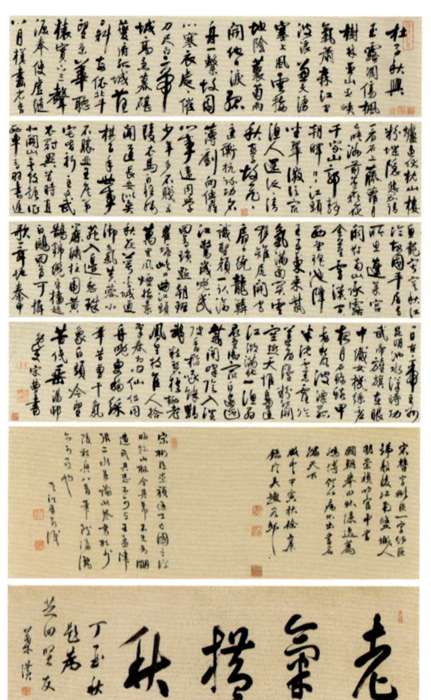

1038 宋曹 草书杜诗卷 手卷
估　价：RMB 250,000~450,000
成交价：RMB 1,610,000
引首30.5cm×81cm；跋30.5cm×80cm；书法30.5cm×516cm 中国嘉德 2015.05.18

16292 宋曹 草书节临羲之诸帖 立轴
估　价：RMB 800,000~1,200,000
成交价：RMB 920,000
201cm×103cm 北京保利 2015.12.08

266 孙隆 等 1571年作 进太子陈善图册（共四十二页） 册页
估 价：RMB 1,200,000～1,800,000
成交价：RMB 2,185,000
57cm×31cm×2；31cm×27cm×40 西泠拍卖 2015.07.04

1328 谈志伊 1586年作 桃花图轴 立轴
出版：《中国古代书画图目》（六），第180页，苏6-046图，文物出版社，1996年。
估 价：RMB 800,000～1,200,000
成交价：RMB 1,495,000
80.5cm×34cm 中国嘉德 2015.11.15

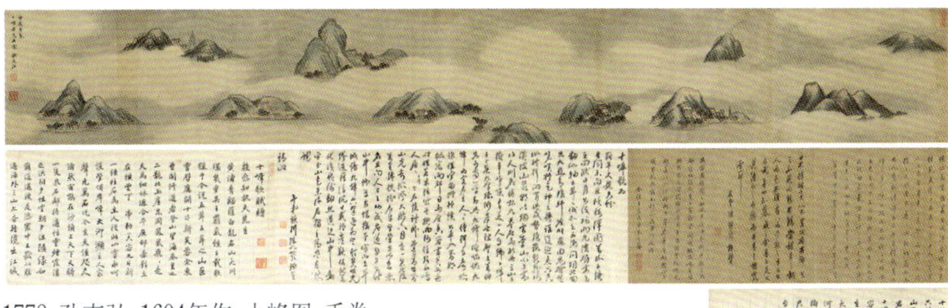

1778 孙克弘 1604年作 十峰图 手卷
著录：1.《澄怀堂书画目录》卷三，P124-125，山本悌二郎编；2.《宋元明清书画家年表》P190，人民美术出版社，1958年。
估 价：RMB 450,000～500,000
成交价：RMB 2,070,000
本幅32cm×227cm；题跋32cm×291cm 北京匡时 2015.06.07

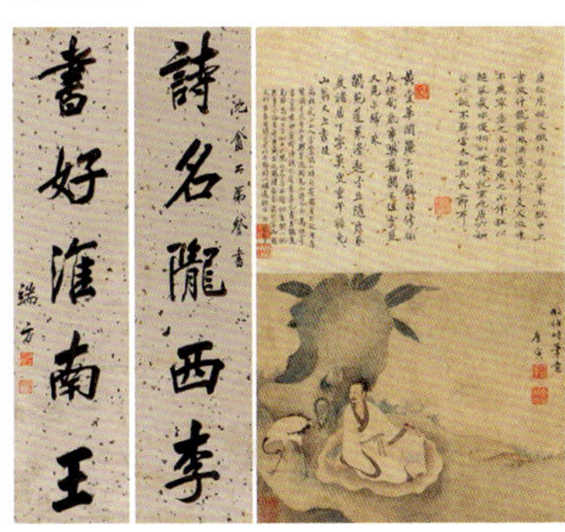

2424 唐寅 端方 训鹤图 行书五言联 立轴
估 价：RMB 1,000,000～1,500,000
成交价：RMB 5,520,000
40cm×26cm；130cm×32cm×2
北京保利 2015.06.06

16025 唐寅 碧山诗意图 立轴
估 价：RMB 4,500,000～6,000,000
成交价：RMB 6,670,000
141cm×72cm 北京保利 2015.12.07

1062 唐寅 秋葵图 扇面
来源：曾经潘正炜、孔广陶递藏。
估 价：RMB 1,200,000～2,200,000
成交价：RMB 4,715,000
17cm×47.7cm 中国嘉德 2015.05.18

890 唐寅（传） 红树秋山 立轴
估　价：HKD 800,000～1,000,000
成交价：RMB 24,465,800
164cm×71cm 佳士得 2015.11.30

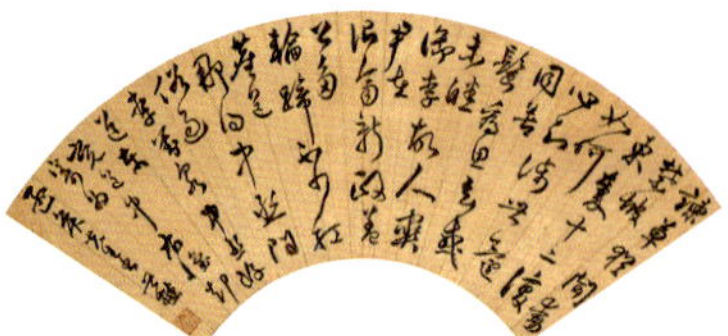

1244 王世懋 草书 扇面
估　价：HKD 80,000～120,000
成交价：RMB 339,486
18.5cm×55cm 中国嘉德 2015.10.07

296 文伯仁 1570年作 山色清隐 扇片
估　价：RMB 250,000～350,000
成交价：RMB 621,000
上海明轩 2015.06.21

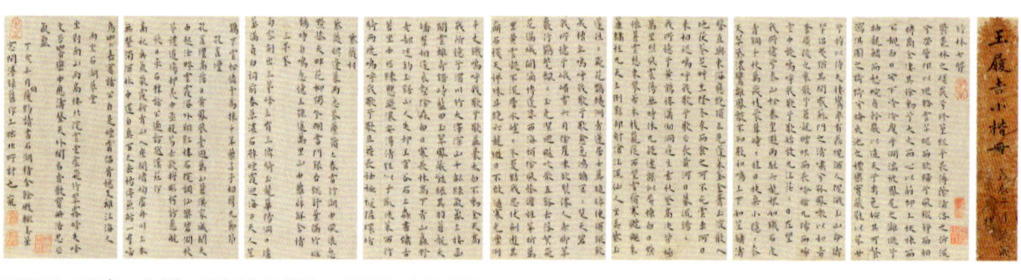

16054 王宠 小楷《竹林七贤》 册页（八开）
估　价：RMB 500,000～800,000
成交价：RMB 575,000
23cm×11cm×8 北京保利 2015.12.07

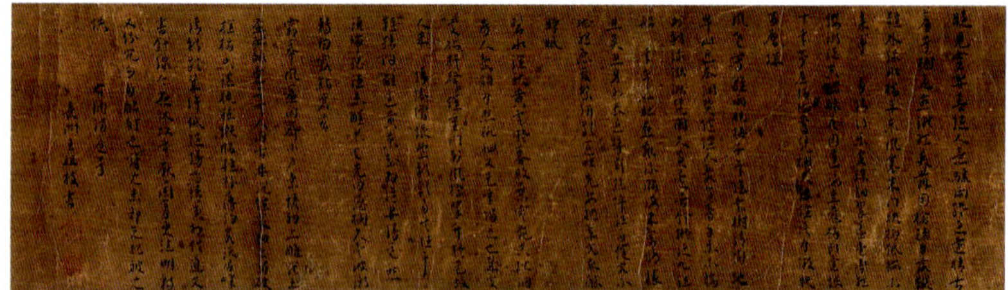

2246 王祖枝 满庭芳词上阕 横批
估　价：RMB 300,000～500,000
成交价：RMB 345,000
24cm×85cm 北京保利 2015.06.06

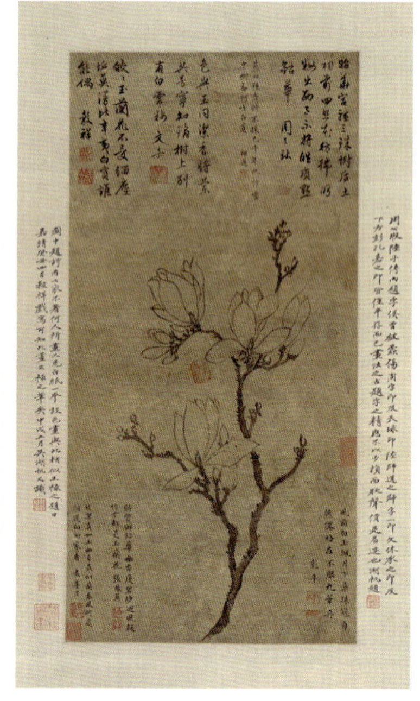

117 王穀祥 玉兰图 立轴
来源：吴湖帆题跋并旧藏。
估　价：RMB 800,000～1,200,000
成交价：RMB 1,725,000
57.5cm×29cm 西泠拍卖 2015.07.04

1361 王穉登 1593年作 行书《兰亭记》 立轴
估　价：RMB 500,000～600,000
成交价：RMB 805,000
74.5cm×31.5cm 北京匡时 2015.12.05

823 魏之璜 1635年作 竹石图 立轴
估　价：HKD 300,000～500,000
成交价：RMB 919,520
307cm×100cm 佳士得 2015.11.30

1246 文彭 草书七言诗 扇面
估　价：HKD 80,000～120,000
成交价：RMB 504,379
17.5cm×50cm 中国嘉德 2015.10.07

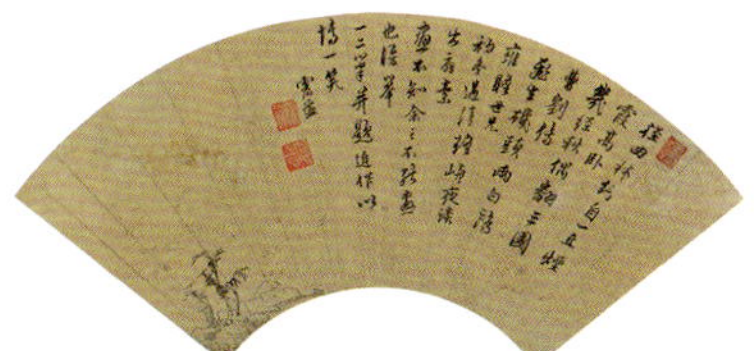

991 文震孟 径曲林纡 扇面
估　价：RMB 20,000～50,000
成交价：RMB 506,000
18cm×49.5cm 中国嘉德 2015.05.18

403 文俶 1631年作 惜花春起早图 立轴
来源：王南屏旧藏、重要私人珍藏。
估　价：USD 70,000～100,000
成交价：RMB 2,632,049
111.8cm×57cm 纽约佳士得 2015.09.16

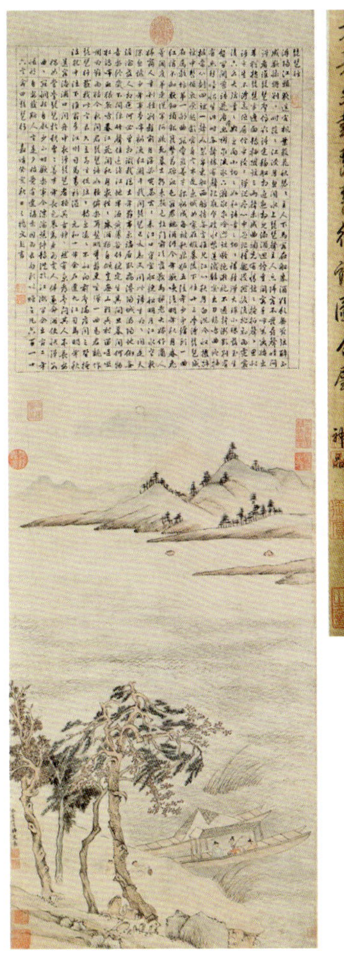

893 文嘉（款） 1563年作 琵琶行 立轴
估　价：HKD 100,000～200,000
成交价：RMB 1,953,980
131cm×44cm 佳士得 2015.11.30

2006 文嘉 1561年作 湖畔幽居 扇面
来源：此扇曾经江苏泰州宫本昂、宫昱兄弟收藏。
估　价：RMB 900,000～1,200,000
成交价：RMB 1,207,500
17cm×46cm 北京保利 2015.06.05

2016 文徵明 1534年作 夏山观瀑图 镜心
估　价：RMB 2,800,000～3,800,000
成交价：RMB 3,680,000
130cm×32cm 北京保利 2015.06.05

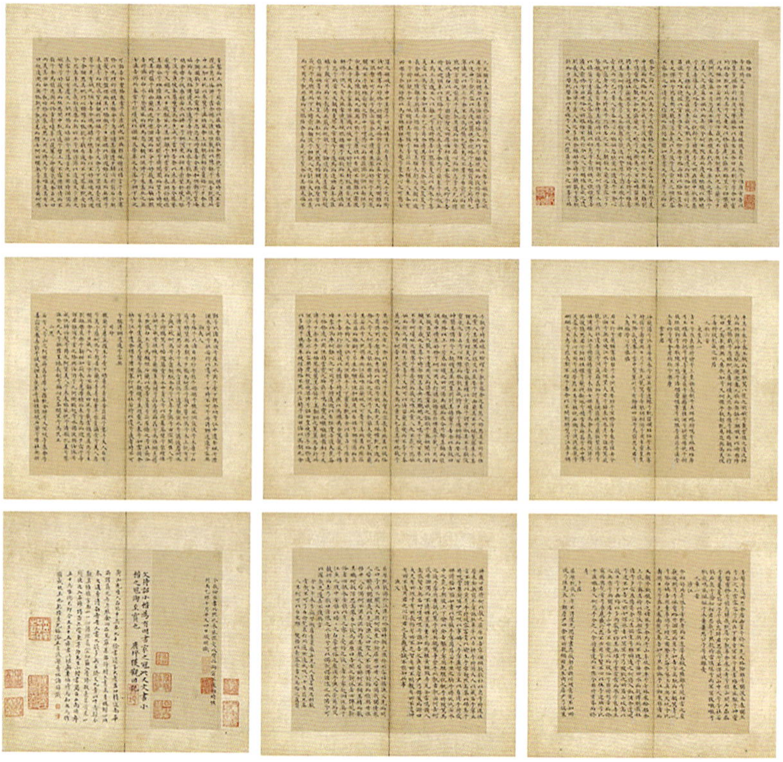

251 文徵明 1555年作 楷书 楚辞精品册（画心九页，跋一页） 册页
来源：毕沅、毕泷、李祖年、吴南生等鉴藏。
估　价：RMB 8,000,000～12,000,000
成交价：RMB 14,950,000
画心22.5cm×21cm×8；
8.5cm×21cm；题跋15cm×21cm
西泠拍卖 2015.07.04

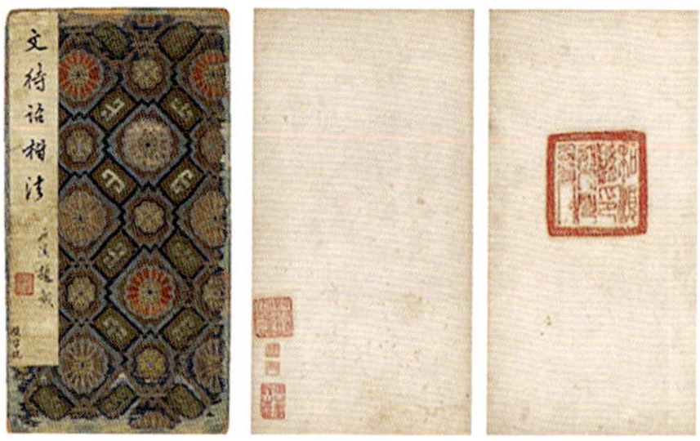

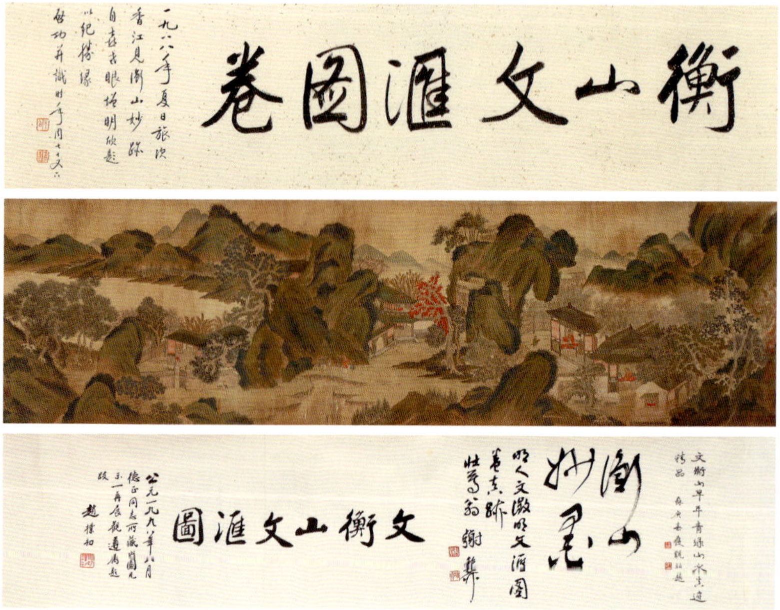

2106 文徵明 衡山文汇图卷 手卷
估　价：RMB 150,000～180,000
成交价：RMB 1,725,000
36.5cm×130cm 北京至诚 2015.12.20

839 文徵明 行书自作诗 手卷
来源：孙爱棠旧藏。
估　价：RMB 4,500,000～5,000,000
成交价：RMB 6,095,000
本幅33.5cm×610cm；题跋33.5cm×80cm 北京匡时 2015.12.04

16023 文徵明 杂咏诗卷 手卷
估　价：RMB 38,000,000～58,000,000
成交价：RMB 81,650,000
25cm×258cm 北京保利 2015.12.07

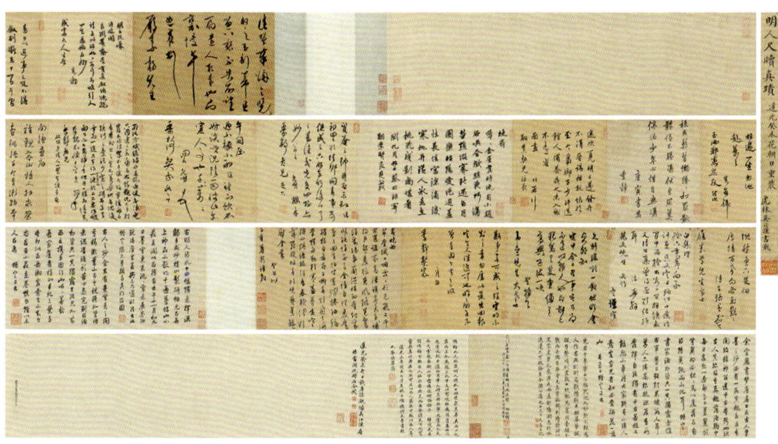

813 吴宽 祝允明 唐寅 蔡羽 文徵明 陈淳 等 吴门名士手柬 手卷
来源：本卷为项子京所藏。
估　价：RMB 7,000,000～9,000,000
成交价：RMB 37,375,000
书24cm×368.5cm；跋24cm×228cm
中国嘉德 2015.05.17

993 吴彬 层岫霜林 扇面
来源：章绍庭旧藏。
估　价：RMB 280,000～380,000
成交价：RMB 402,500
19.5cm×57.5cm 中国嘉德 2015.05.18

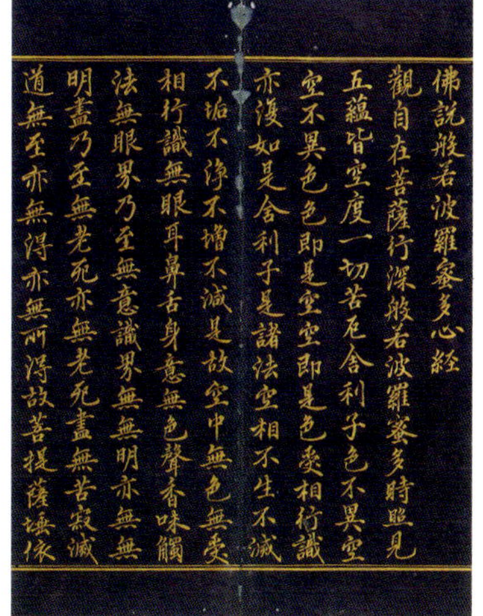

427 无款 楷书佛经 册（三十九开）
估　价：USD 100,000～150,000
成交价：RMB 87,816,786
每开33cm×24cm 纽约苏富比 2015.03.19

2026 谢时臣 麦舟兼赠 立轴
出版：1.《神州大观续编·第七集》，1928年出版；2.《历代名画大观·山水轴》，130页，上海书店出版社，1997出版；3.《南画大成》（第六卷），1384页，广陵书社，2004年出版。
估　价：RMB 6,000,000～8,000,000
成交价：RMB 16,675,000
184cm×101cm 北京保利 2015.06.05

917 徐贲 平林远岫图 立轴
来源：吴湖帆旧藏。
估 价：RMB 2,000,000～3,000,000
成交价：RMB 4,025,000
54.5cm×24.5cm 北京匡时 2015.06.06

525 杨大临 禽戏图 立轴
估 价：RMB 400,000～600,000
成交价：RMB 713,000
183cm×86cm 中贸圣佳 2015.05.19

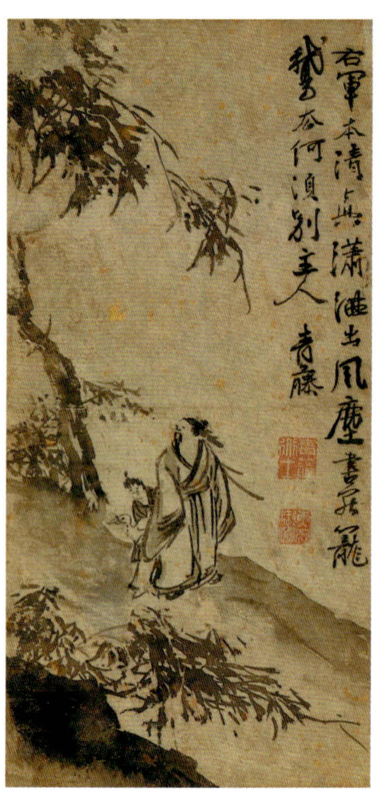

1159 徐渭 1764年作 羲之笼鹅图 立轴
估 价：HKD 500,000～1,000,000
成交价：RMB 1,666,080
49.5cm×24.3cm 佳士得 2015.06.01

952 徐渭 清秋芬芳 立轴
估 价：HKD 300,000～500,000
成交价：RMB 307,875
173.8cm×45.2cm 佳士得 2015.11.30

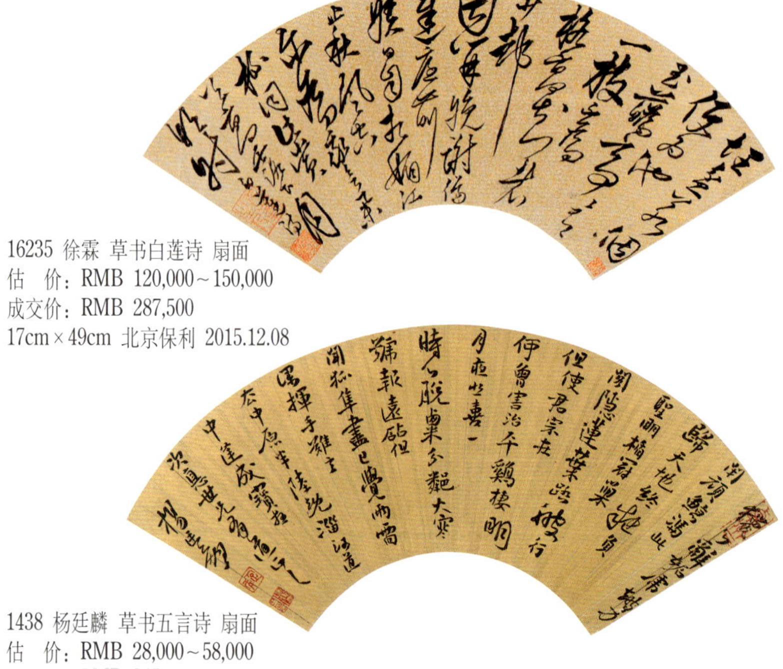

16235 徐霖 草书白莲诗 扇面
估 价：RMB 120,000～150,000
成交价：RMB 287,500
17cm×49cm 北京保利 2015.12.08

1438 杨廷麟 草书五言诗 扇面
估 价：RMB 28,000～58,000
成交价：RMB 345,000
17cm×52cm 中国嘉德 2015.11.16

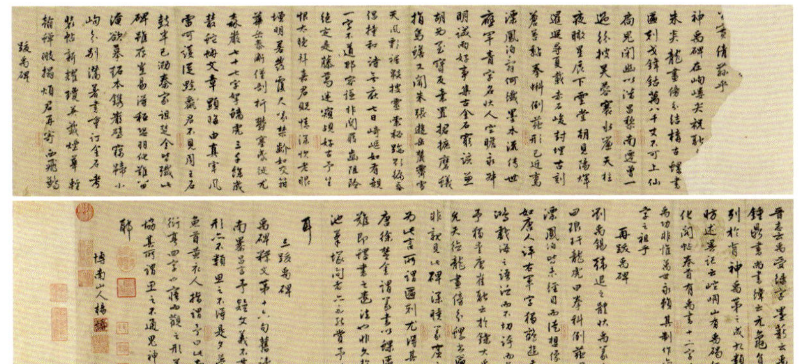

814 杨慎 行书《禹碑考证》卷 手卷
来源：卞永誉旧藏、清宫旧藏。
估 价：RMB 6,800,000~8,000,000
成交价：RMB 20,125,000
29.5cm×230cm 中国嘉德 2015.05.17

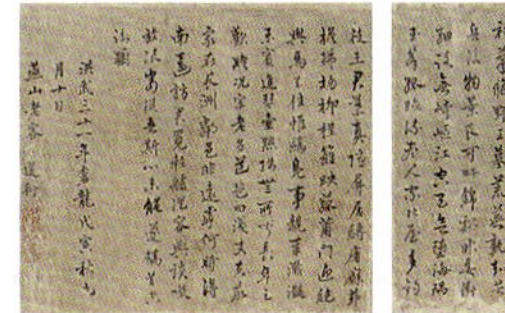

290 姚广孝 1398年作 行书 东郭草堂诗（二帧） 镜片
估 价：RMB 180,000~250,000
成交价：RMB 667,000
31cm×26.5cm×2 西泠拍卖 2015.07.04

1326 尤求 龙王礼佛图 手卷
估 价：RMB 1,800,000~2,800,000
成交价：RMB 3,910,000
40cm×730cm 中国嘉德 2015.11.15

2023 姚绶 竹石图 立轴
出版：伦敦艺术委员会《明代艺术品展》，图录编号第3号。
估 价：RMB 1,000,000~1,500,000
成交价：RMB 1,265,000
79cm×33cm 北京保利 2015.06.05

470 袁尚统 古木深山 镜片
估 价：USD 3,000~5,000
成交价：RMB 313,050
62.5cm×35.5cm 纽约苏富比 2015.03.19

609 恽向 1639年作 林壑幽居图 立轴
来源：金传声、严信厚旧藏。
估 价：RMB 800,000～1,200,000
成交价：RMB 2,012,500
133cm×49.5cm 西泠拍卖 2015.04.22

1545 张复 1628年作 江深消暑 立轴
估 价：RMB 400,000～450,000
成交价：RMB 460,000
192cm×98.5cm 北京匡时 2015.12.05

426 张弼 草书千字文 手卷
估 价：USD 180,000～220,000
成交价：RMB 5,472,114
24cm×829.6cm 纽约苏富比 2015.03.19

1025 张翮 1633年作 携琴探梅 扇面镜框
估 价：HKD 120,000～150,000
成交价：RMB 300,375
16.7cm×53.5cm 佳士得 2015.06.01

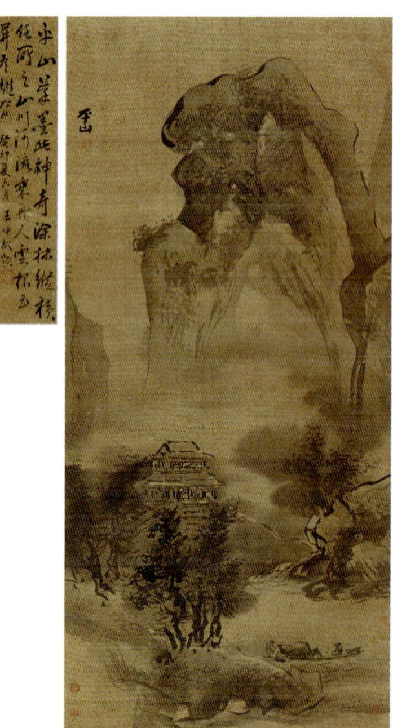

1549 张路 林泉归舟图 立轴
来源：邵松年、王屺、唐云、邓散木递藏。
估 价：RMB 350,000～450,000
成交价：RMB 621,000
140.5cm×65cm 北京匡时 2015.12.05

290 张翀 夜宴图 扇面立轴
估 价：RMB 300,000～400,000
成交价：RMB 931,500 上海明轩 2015.06.21

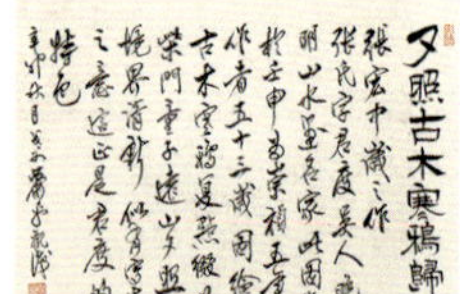

15 张宏 1632年作 古木寒鸦图 立轴
出版：《翰墨丹青》中国明清书画品鉴P20，山东美术出版社，2013年8月。
估 价：RMB 380,000～580,000
成交价：RMB 862,500
画143cm×60cm；书45cm×60cm
上海嘉禾 2015.05.08

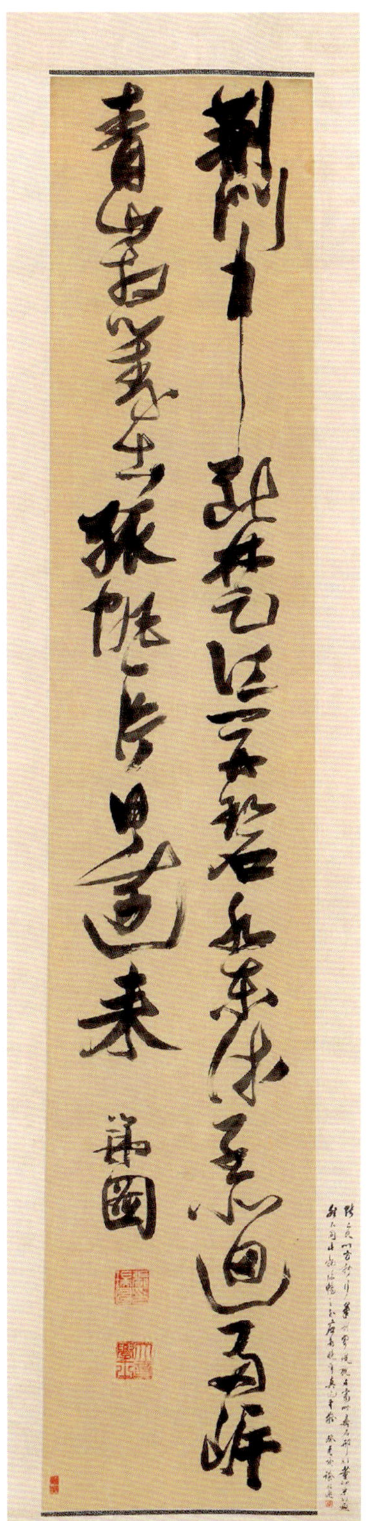

16050 张瑞图 行草唐人诗 立轴
估　价：RMB 4,000,000～6,000,000
成交价：RMB 9,430,000
258cm×50cm 北京保利 2015.12.07

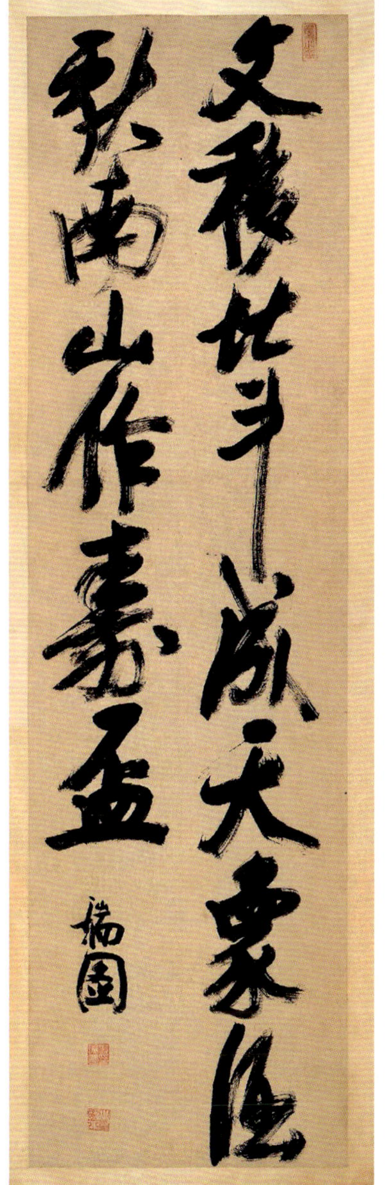

6208 张瑞图 巨笔如椽　南山北斗行书巨轴
估　价：RMB 6,000,000～8,000,000
成交价：RMB 14,375,000
画心：长338cm；宽96cm
北京保利 2015.06.06

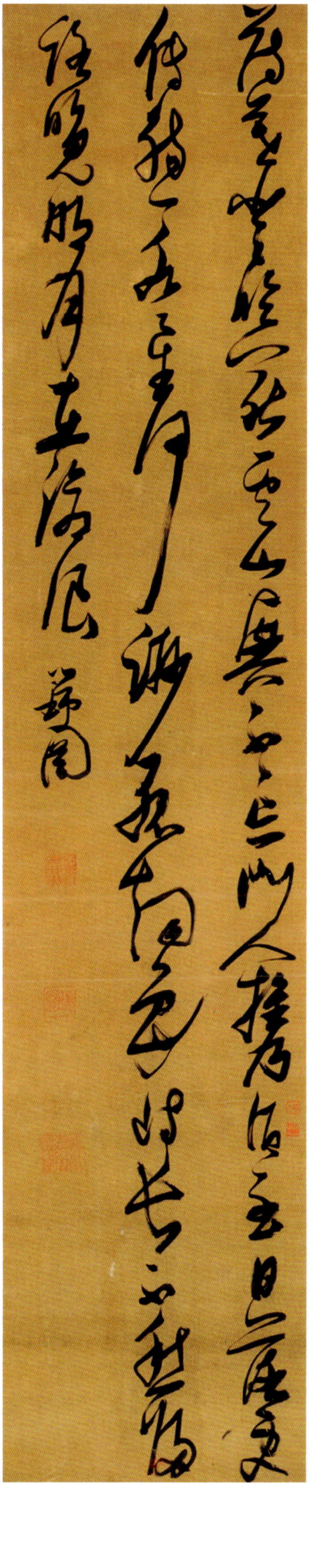

1065 张瑞图 行草五言诗 立轴
估　价：HKD 1,000,000～2,000,000
成交价：RMB 6,760,440
248cm×53cm 佳士得 2015.06.01

799 郑重 江山胜览图 手卷
来源：画家赠予徐弘基，清代为伍元蕙、盛宣怀等鉴藏，近则为程伯奋收得。
估 价：RMB 9,000,000～12,000,000
成交价：RMB 46,000,000
27.5cm×406cm 中国嘉德 2015.05.17

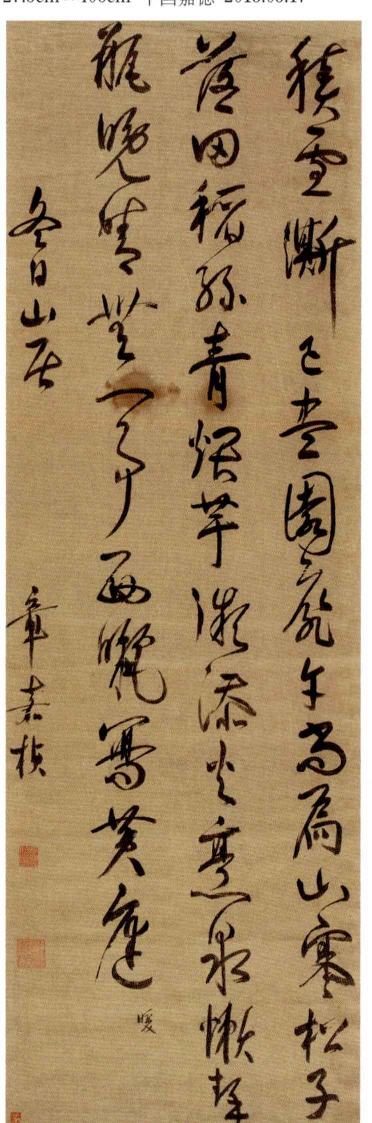

1363 章嘉祯 行书冬日山居 立轴
估 价：RMB 720,000～800,000
成交价：RMB 920,000
243cm×81cm 北京匡时 2015.12.05

2270 赵左 山村水野图 手卷
来源：藏家旧藏。
成交价：RMB 1,265,000
画33cm×268cm；跋33cm×70cm 北京保利 2015.06.06

55 赵均 篆书 五言联 对联
来源：张正学旧藏。
估 价：RMB 70,000～90,000
成交价：RMB 575,000
121cm×21.5cm×2 西泠拍卖 2015.07.04

411 赵宧光 篆书王维《木兰寨》 立轴
估 价：USD 20,000～25,000
成交价：RMB 344,355
144.5cm×33.7cm 纽约苏富比 2015.03.19

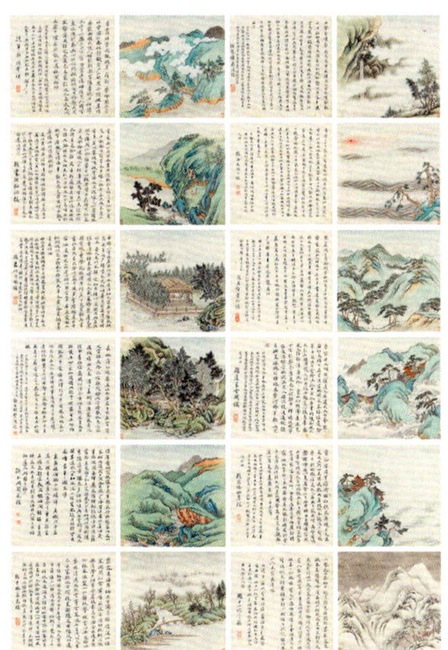

16039 郑重 吴靖 青绿山水行书对题 册页（十二开）
估 价：RMB 1,000,000～1,800,000
成交价：RMB 2,300,000
21cm×22cm×12 北京保利 2015.12.07

938 周臣 秋江独钓 扇面
著录：1.《北京翰海拍卖有限公司五周年纪念册》第368图，1999年；2.《中国古代书画艺术典藏大展作品集》第43页，西泠印社出版社，2010年；……。
估 价：RMB 400,000～600,000
成交价：RMB 782,000
19.5cm×52.5cm 中国嘉德 2015.05.18

2331 钟惺 长江倒影图 手卷
估 价：RMB 300,000～500,000
成交价：RMB 598,000
27cm×300cm 北京保利 2015.06.06

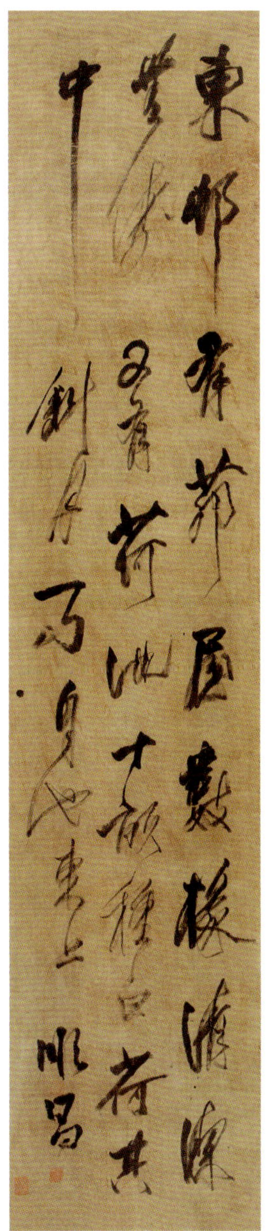

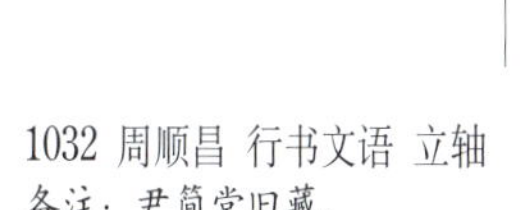

1032 周顺昌 行书文语 立轴
备注：尹简堂旧藏。
估 价：RMB 800,000～1,000,000
成交价：RMB 2,070,000
251cm×55.5cm 北京匡时 2015.06.06

994 周之冕 竹雀山花 扇面
来源：曾经吴鸣、梁慧吾、邓苍梧递藏。
估 价：RMB 20,000～50,000
成交价：RMB 368,000
18cm×55cm 中国嘉德 2015.05.18

1245 周天球 草书七言诗 扇面
估 价：HKD 80,000～120,000
成交价：RMB 339,486
16cm×48cm 中国嘉德 2015.10.07

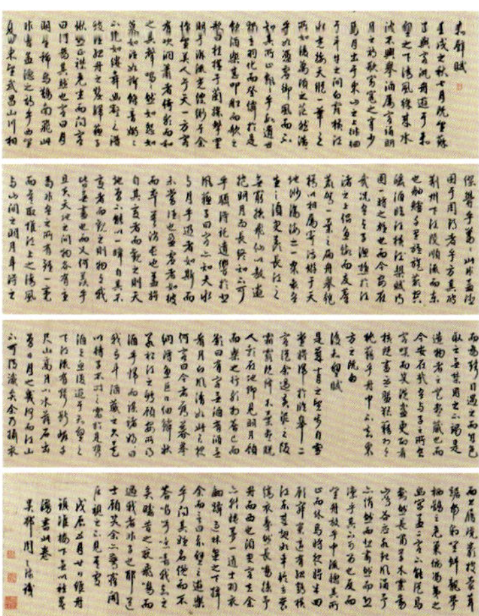

1018 周天球 1568年作 行书《赤壁赋》 手卷
估 价：RMB 1,000,000～1,500,000
成交价：RMB 1,437,500
30cm×382cm 中国嘉德 2015.05.18

873 朱端 山中会友 立轴
估　价：HKD 800,000~1,000,000
成交价：RMB 821,000
150cm×99cm 佳士得 2015.11.30

116 朱朗 1531年作 白燕图 镜片
来源：金城鉴赏。
估　价：RMB 250,000~400,000
成交价：RMB 862,500
88cm×27.5cm 西泠拍卖 2015.07.04

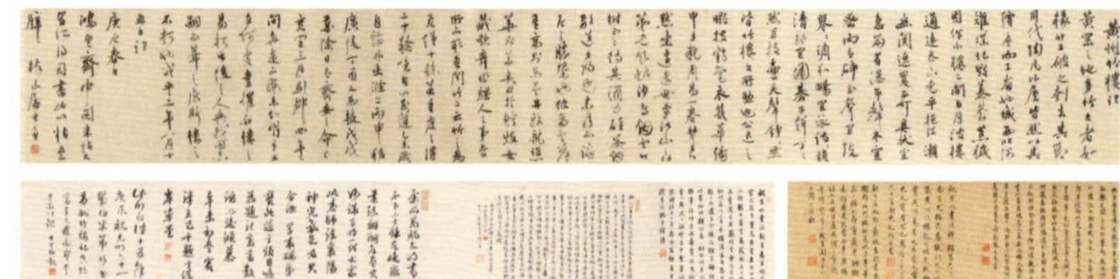

510 祝允明 仿米芾《黄州竹楼记》 手卷
来源：纽约苏富比1990年11月26日拍品，编号17。
估　价：USD 100,000~120,000
成交价：RMB 5,472,114
23.7cm×168cm 纽约苏富比 2015.03.19

838 祝允明 楷书《陈情表》 手卷
出版：玉斋珍藏明清书画精选P85.87，
耶鲁大学艺术博物馆，1994年。
估　价：RMB 3,000,000
成交价：RMB 5,520,000
引首34cm×72cm；本幅33cm×410cm；
题跋33cm×55cm 北京匡时 2015.12.04

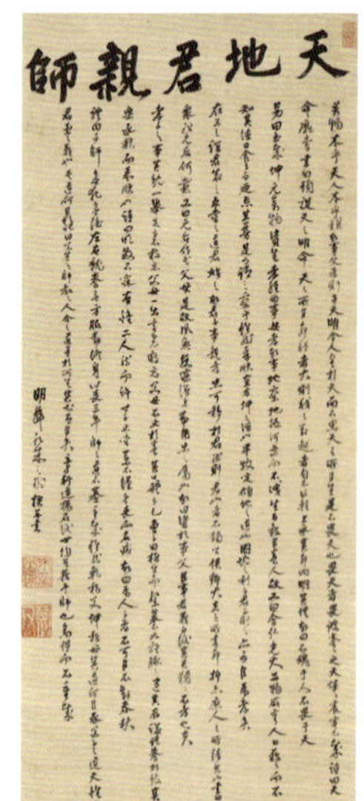

78 朱之瑜 行书 天地君亲师解 立轴
估　价：RMB 600,000~800,000
成交价：RMB 690,000
128.5cm×55.5cm 西泠拍卖 2015.07.04

清代作者

2019 八大山人 荷花翠鸟 立轴
来源：清李佐贤、徐恕旧藏。
估　价：RMB 15,000,000~20,000,000
成交价：RMB 17,250,000
121cm×66cm 北京保利 2015.06.05

906 八大山人 江山清远 立轴
出版：1.《八大山人书画集》（上册），香港开发股份有限公司，1969年；2.《八大山人全集》，艺术图书公司，1974年；3.《八大山人书画集》（上册），东京堂，昭和五十年（1975年）。
估　价：RMB 4,500,000～5,000,000
成交价：RMB 6,900,000
187cm×48.5cm 北京匡时 2015.06.06

2018 八大山人 莲石图 立轴
来源：桑名铁城旧藏。
估　价：RMB 12,000,000～15,000,000
成交价：RMB 22,425,000
164cm×77cm 北京保利 2015.06.05

16341 蔡嘉 1727年作 苍岩亭溪 立轴
估　价：RMB 150,000～250,000
成交价：RMB 828,000
182cm×92cm 北京保利 2015.12.08

2259 宝熙 悦古斋 横批
估　价：RMB 200,000～300,000
成交价：RMB 1,265,000
53cm×130cm 北京保利 2015.06.06

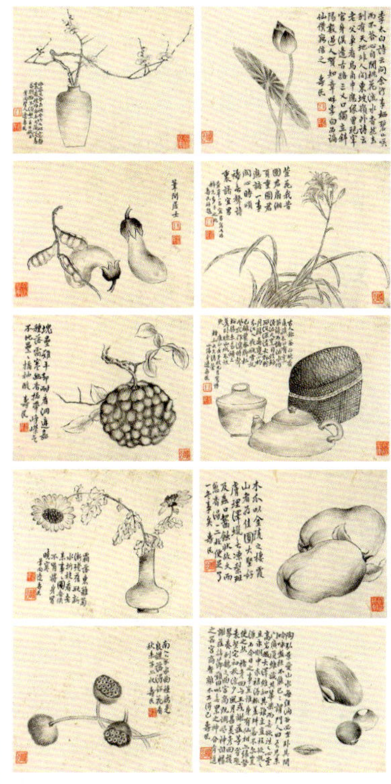

16393 边寿民 花果 册页 （十开）
出版：《宋元明清中国古代书画选集（三）》，第103页，保利艺术博物馆，2011年4月。
估　价：RMB 1,000,000～2,000,000
成交价：RMB 1,150,000
23cm×30cm×10 北京保利 2015.12.08

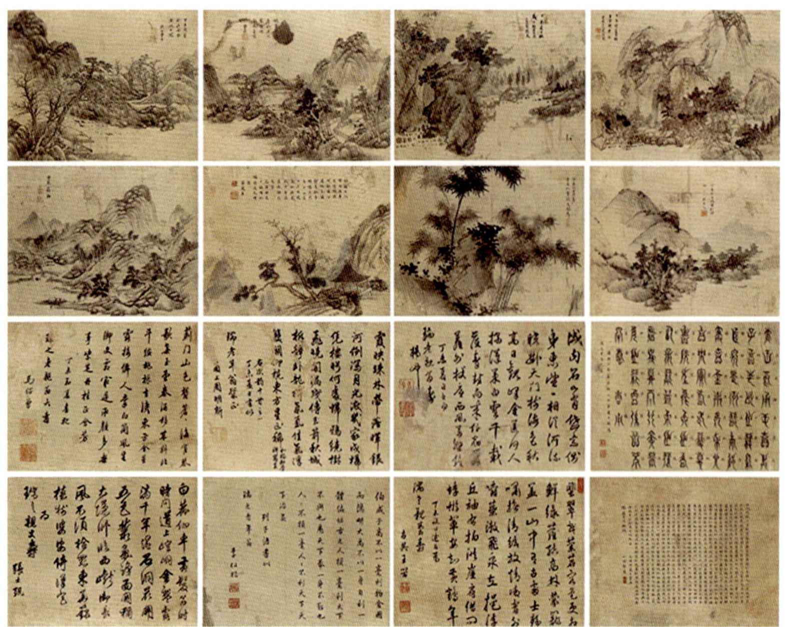

351 曹岳 陆定 蒋勋 史颜节 郭运昌 张士甄 李仙根 施余泽 马绍曾 千岩竞秀 册页 （十六开）
来源：天津杨柳青画社旧藏。
估 价：RMB 1,200,000～1,500,000
成交价：RMB 1,725,000
33cm×42.5cm×16 上海明轩 2015.06.21

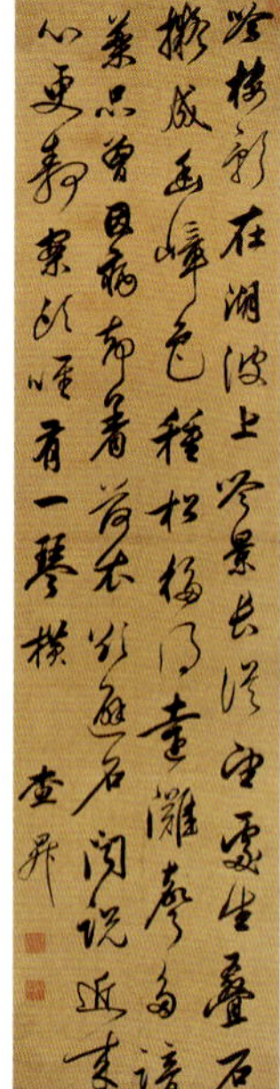

1842 查升 行书七言诗 立轴
估 价：RMB 540,000～600,000
成交价：RMB 1,012,000
186cm×45.5cm 北京匡时 2015.06.07

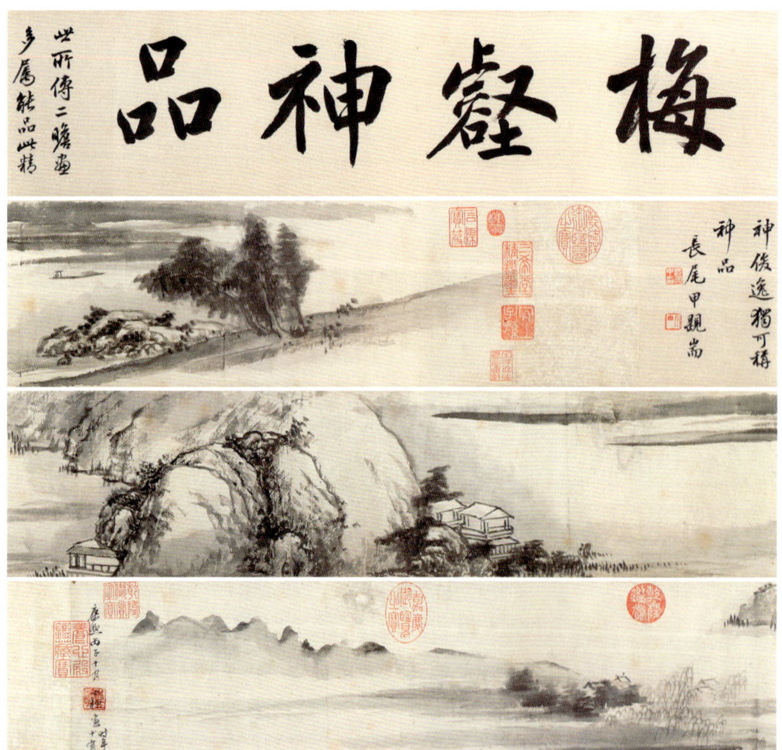

512 查士标 1696年作 烟江独泛 卷
来源：出自清宫的山水“神品”。
估 价：RMB 20,000,000 28,000,000
成交价：RMB 23,000,000
13cm×145.5cm 北京翰海 2015.11.27

904 查士标 富春大岭图 立轴
来源：王季迁旧藏。
估 价：RMB 1,500,000～2,000,000
成交价：RMB 4,370,000
115cm×52cm 北京匡时 2015.06.06

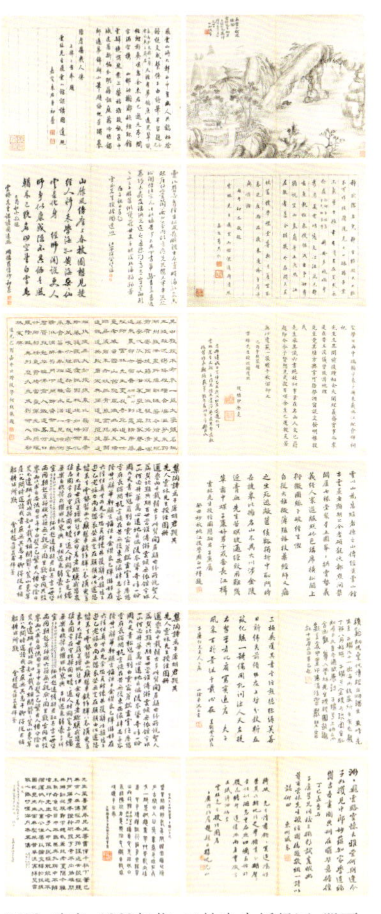

1423 陈豪 1869年作 云林先生授经图 册页
估　价：RMB 800,000～1,000,000
成交价：RMB 1,265,000
35cm×45cm×31 北京匡时 2015.03.31

547 陈三立 行书自作诗 立轴
估　价：RMB 60,000～100,000
成交价：RMB 345,000
109cm×41cm 中国嘉德 2015.05.17

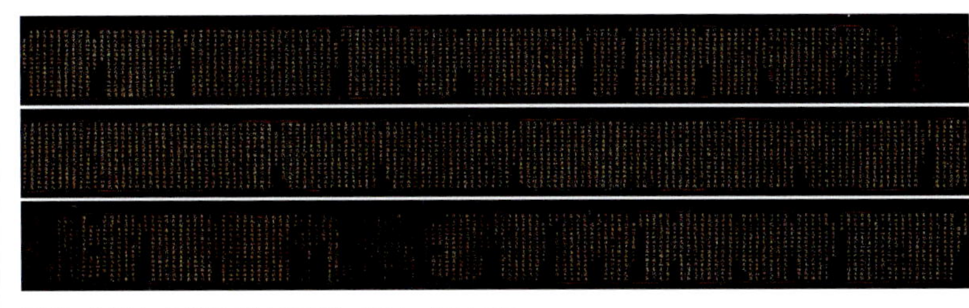

2069 成亲王 金刚般若波罗密经 册页 （四十开）
来源：北京市文物局旧藏。
估　价：RMB 1,500,000～2,000,000
成交价：RMB 1,725,000
16cm×17cm×40 北京保利 2015.06.05

267 陈鸿寿 1812年作 花卉册
（共十三页） 册页
估　价：RMB 500,000～700,000
成交价：RMB 920,000
31.5cm×19cm×13 西泠拍卖 2015.07.04

911 陈枚 松崖论道 立轴
出版：《翰墨丹青·中国明清书画品鉴》P212.213，山东美术出版社，2013年。
估　价：RMB 1,200,000～1,500,000
成交价：RMB 3,162,500
诗堂33cm×77cm；本幅133.5cm×77cm 北京匡时 2015.06.06

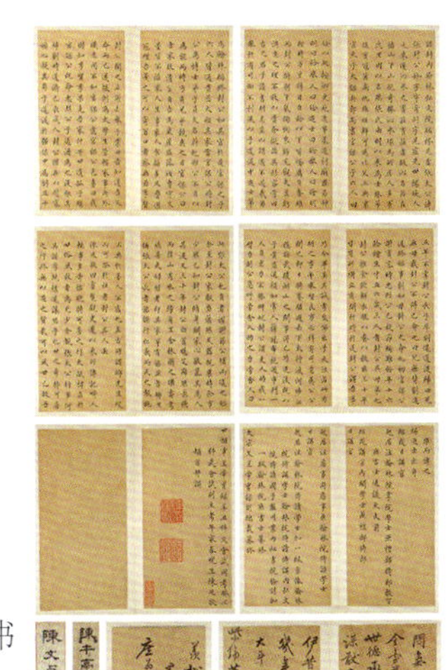

1594 陈廷敬 鲁之裕 楷书《张鈞传》、行书五律（14帧） 册页
估　价：RMB 150,000～180,000
成交价：RMB 782,000
27cm×13.5cm×11 北京匡时 2015.06.07

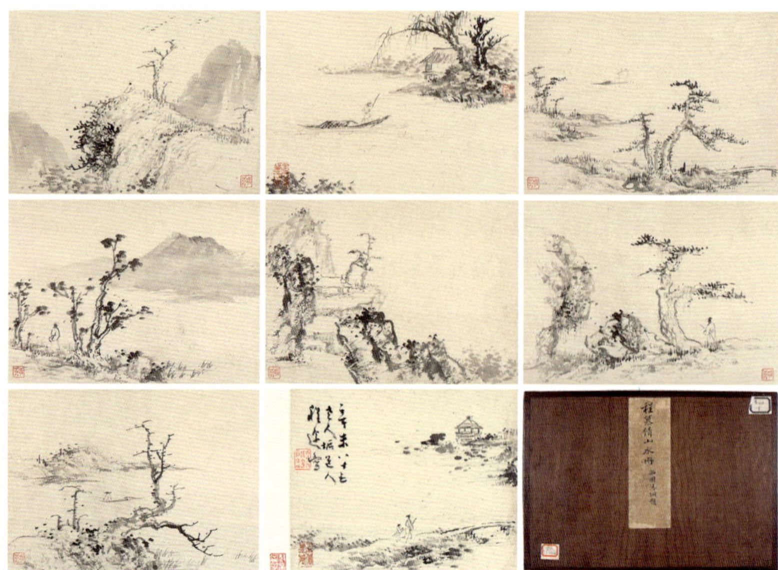

672 程邃 1691年作 山水图 册页 （一册八开）
来源：蒋汝藻收藏。
估 价：RMB 80,000~120,000
成交价：RMB 402,500
17cm×24cm×8 上海工美 2015.06.28

1812 程正揆 山水
估 价：RMB 300,000~500,000
成交价：RMB 1,380,000
100.5cm×41cm 北京翰海 2015.06.27

767 慈禧太后 1904年作 迎福图 镜心
来源：懋隆工艺品公司旧藏。
估 价：RMB 10,000
成交价：RMB 747,500
123cm×60cm 北京翰海 2015.07.19

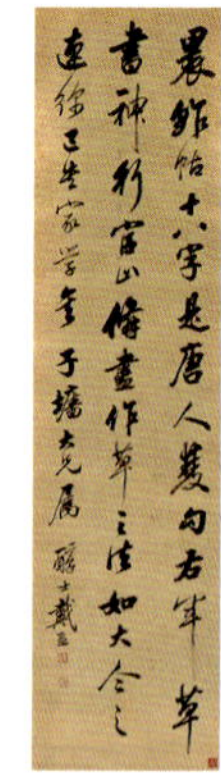

1358 戴熙 行书 立轴
来源：平湖葛氏“爱日吟庐”旧藏。
估 价：HKD 150,000~200,000
成交价：RMB 431,550
163.5cm×41.7cm 香港苏富比 2015.10.06

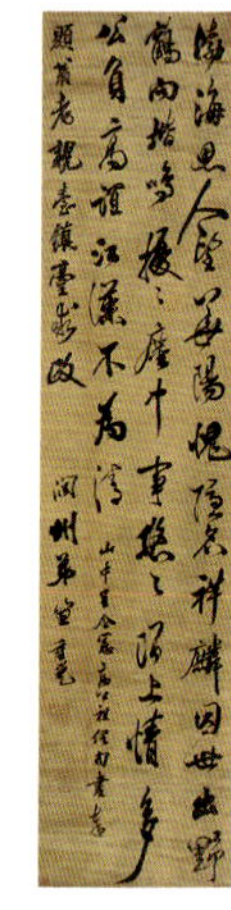

1845 笪重光 行书五言诗 立轴
估 价：RMB 540,000~600,000
成交价：RMB 747,500
205.5cm×47cm 北京匡时 2015.06.07

270 道光帝 楷书七言联 立轴
估 价：RMB 300,000~500,000
成交价：RMB 575,000
151cm×33cm×2 北京翰海 2015.06.26

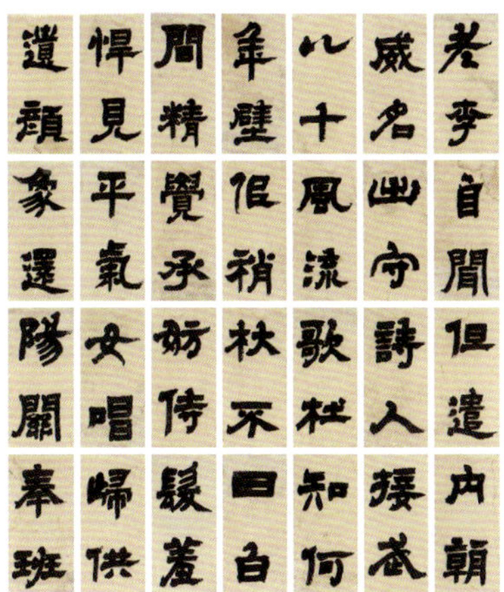

248 邓石如 1803年作 隶书
苏轼诗册（画心二十九页，题跋一页） 册页
来源：吴云、左桢旧藏。
估 价：RMB 1,800,000～2,500,000
成交价：RMB 3,220,000
30cm×14.5cm×30 西泠拍卖 2015.07.04

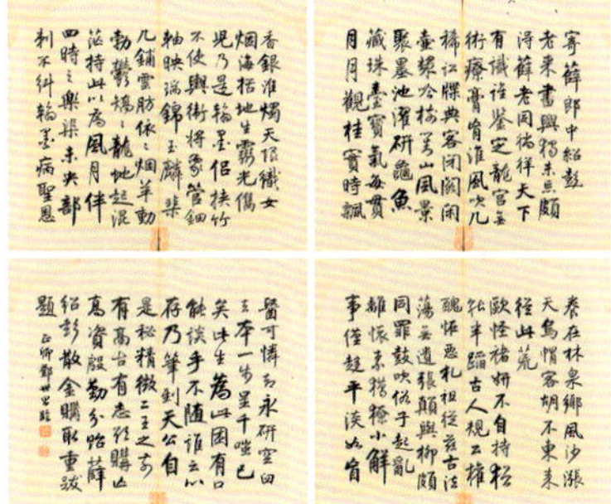

16461 邓世昌 行书诗 册页
估 价：RMB 20,000～50,000
成交价：RMB 598,000
25cm×32cm×4 北京保利 2015.12.08

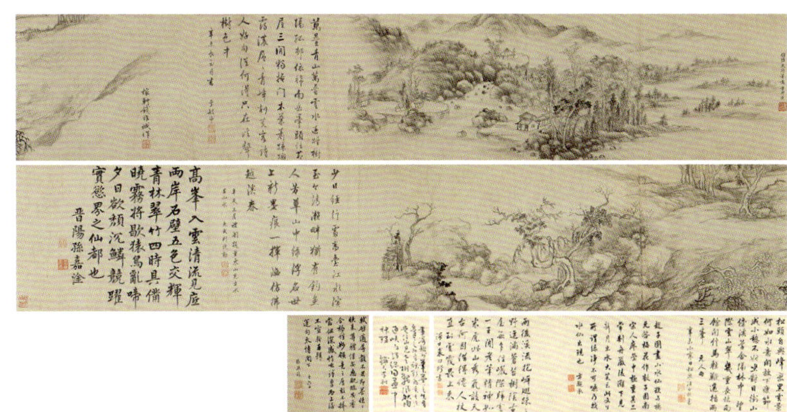

1783 董邦达 钱维城 仿元人山水 手卷
来源：法国驻华外交官杜伯秋旧藏。
估 价：RMB 1,200,000～1,500,000
成交价：RMB 1,380,000
本幅19cm×203cm；题跋19cm×88cm
北京匡时 2015.06.07

16016 董诰 仿古山水 册页（八开）
说明：北京市文物商店旧藏。
估 价：RMB 750,000～1,200,000
成交价：RMB 1,207,500
18cm×36cm×8 北京保利 2015.12.07

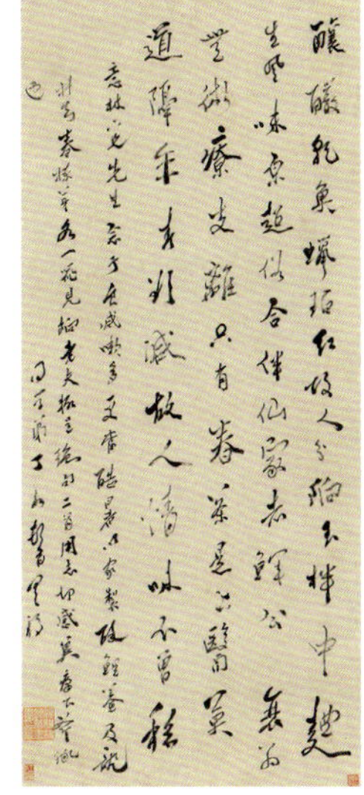

1713 丁敬 行书七言诗 立轴
出版：《西泠八家の书画篆刻》，第15页，二玄社，1996年。
估 价：RMB 300,000～500,000
成交价：RMB 2,990,000
64cm×28.5cm 中国嘉德 2015.11.16

1945 丁观鹏 1745年作 萧翼赚兰亭序 手卷
来源：清宫旧藏。
估 价：RMB 12,000,000～25,000,000
成交价：RMB 17,825,000
28cm×89cm 北京保利 2015.06.05

298 樊圻 1687年作 松山野溪 扇片
估 价：RMB 300,000～400,000
成交价：RMB 920,000 上海明轩 2015.06.21

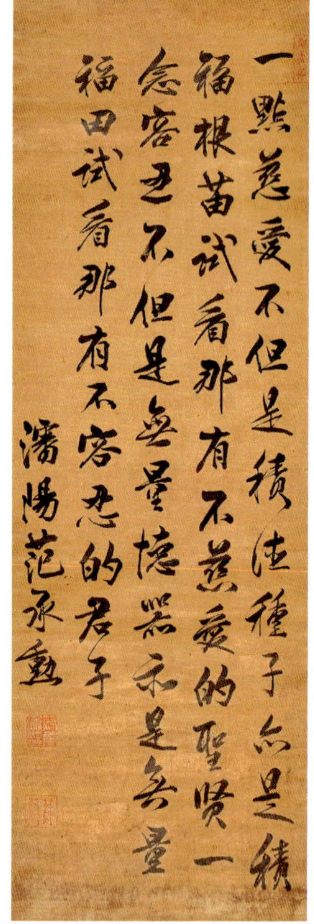

57 范承勋 书法（一轴）立轴
估 价：RMB 3,000～4,000
成交价：RMB 207,000
151cm×49.5cm 北京保利 2015.12.07

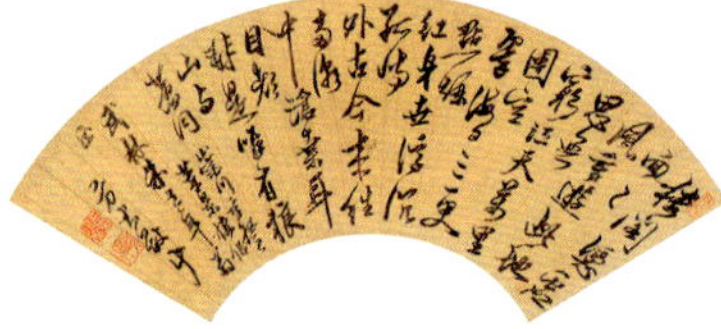

16230 方大猷 行书七言诗 扇面
出版：《朵云轩藏书画精品集》，图版363，上海书画出版社，1994年12月。
估 价：RMB 260,000～500,000
成交价：RMB 299,000
17cm×51cm 北京保利 2015.12.08

93 方亨咸 秋逸图卷 手卷
估 价：RMB 180,000～250,000
成交价：RMB 322,000
27cm×78cm×2 上海嘉禾 2015.05.08

1400 方琮 秋山访友图 立轴
估 价：RMB 100,000～150,000
成交价：RMB 437,000
188.5cm×46.5cm 中国嘉德 2015.11.16

123 方士庶 1749年作 晴麓秋光图 立轴
估 价：RMB 800,000～1,000,000
成交价：RMB 3,105,000
264cm×166cm 西泠拍卖 2015.07.04

506 费丹旭 1839年作 云鬟相亚 册页 （十二开）
来源：钱镜塘旧藏。
估 价：RMB 800,000～1,200,000
成交价：RMB 1,667,500
21cm×33cm×12 上海工美 2015.06.28

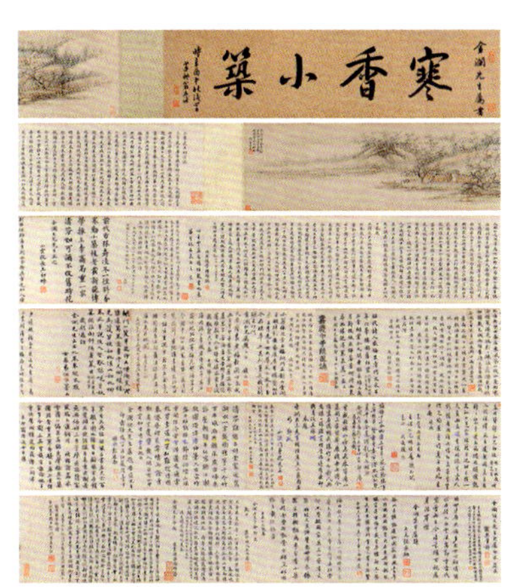

966 方熏 寒香小筑 手卷
估 价：HKD 100,000～120,000
成交价：RMB 809,421
画19cm×33cm 保利香港 2015.04.07

996 冯宁 金陵图 手卷
著录：1.《清宫内务府造办处档案总汇》第五十三册，第221页。人民出版社；2.《秘殿珠林石渠宝笈汇编》第九册，第591页。北京出版社；……。
成交价：RMB 42,678,240
35cm×1050cm 保利香港 2015.10.05

16036 冯仙湜 玉壑潜舟图 立轴
估　价：RMB 800,000~1,200,000
成交价：RMB 1,610,000
184cm×98cm 北京保利 2015.12.07

1146 改琦 1882年作 诗舲 立轴
估　价：HKD 150,000~200,000
成交价：RMB 450,563
79.5cm×32cm 佳士得 2015.06.01

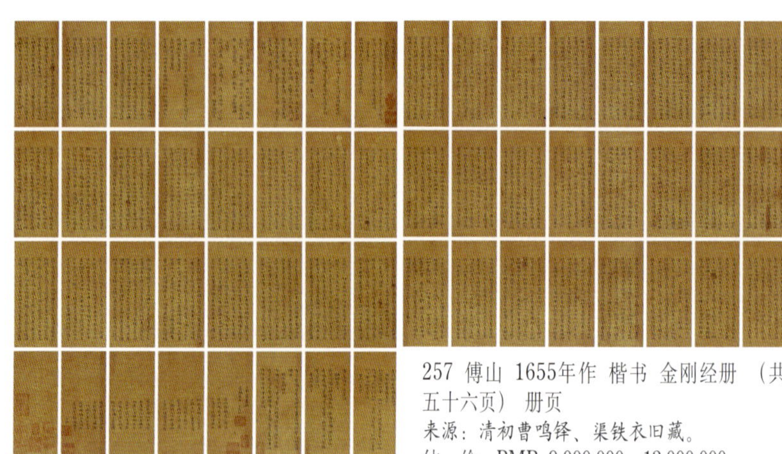

257 傅山 1655年作 楷书 金刚经册 （共五十六页） 册页
来源：清初曹鸣铎、渠铁衣旧藏。
估　价：RMB 9,000,000~12,000,000
成交价：RMB 17,825,000
15cm×6.5cm×56 西泠拍卖 2015.07.04

539 傅山 草书七言诗 立轴
估　价：RMB 3,000,000~5,000,000
成交价：RMB 6,325,000
185cm×47cm 中贸圣佳 2015.05.19

446 高岑 秋山高隐 立轴
来源：高居翰、景元斋旧藏。
估　价：USD 30,000~50,000
成交价：RMB 939,150
157.4cm×50.6cm 纽约苏富比 2015.03.19

1032 高凤翰 山水花卉集锦 册页
说明：史梦兰鉴藏印。
估　价：HKD 1,800,000~2,000,000
成交价：RMB 2,094,972
22cm×32cm×12 保利香港 2015.04.07

715 高简 仿唐寅笔意 立轴
备注：徐文达旧藏。
估　价：RMB 800,000~1,000,000
成交价：RMB 1,150,000
162cm×61.5cm 北京匡时 2015.12.04

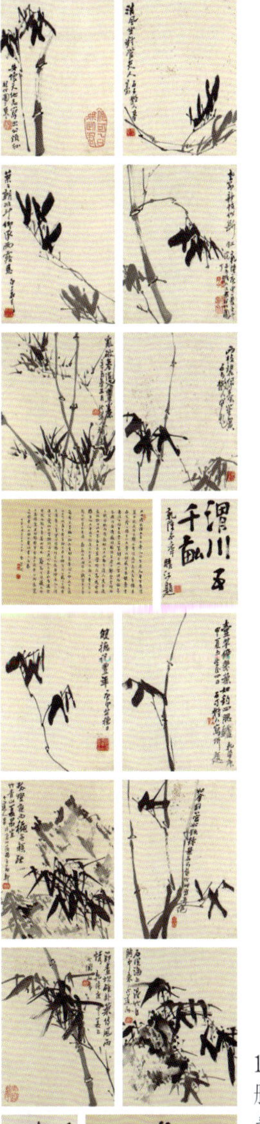

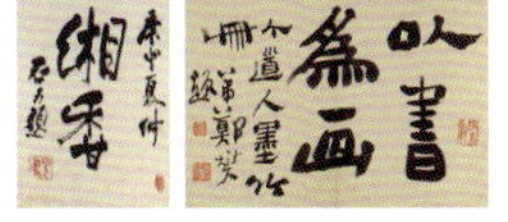

101 个道人 1740年作、1741年作 墨竹（共十六页） 册页
来源：费范九旧藏。
估　价：RMB 600,000~800,000
成交价：RMB 828,000
册页36.5cm×26.5cm 西泠拍卖 2015.07.04

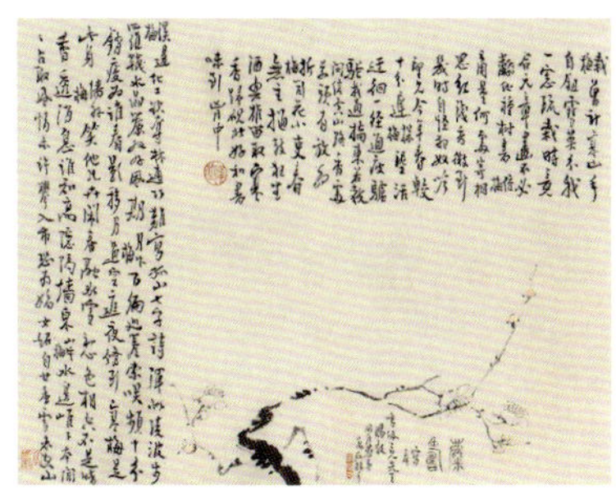

660 高翔 麋寿图 镜框
估　价：RMB 25,000~40,000
成交价：RMB 425,500
23cm×31cm 朵云轩 2015.06.18

532 高其佩 1702年作 山君图 立轴
估　价：RMB 500,000~800,000
成交价：RMB 1,081,000
114cm×59cm 中贸圣佳 2015.05.19

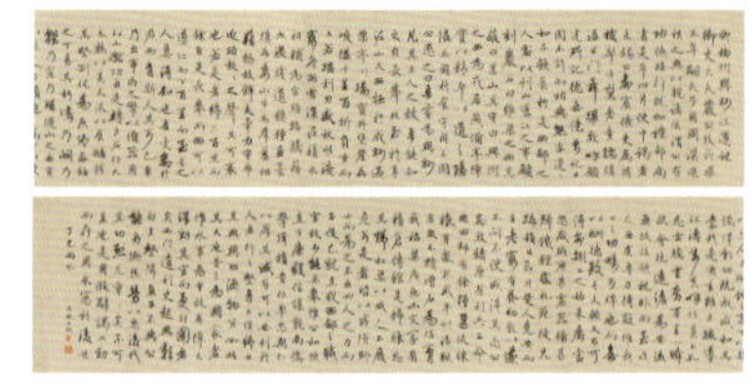

1900 恭亲王 1857年作 行书《兴州江运记》 手卷
估 价：RMB 100,000~150,000
成交价：RMB 368,000
27cm×219cm 北京匡时 2015.06.07

16038 龚贤 山居图 镜心
估 价：RMB 1,000,000~2,200,000
成交价：RMB 1,380,000
37cm×60cm 北京保利 2015.12.07

505 龚贤 溪山渔隐 手卷
著录：《澄兰室古缘萃录》，邵松年，第8卷，"龚半千溪山隐居图卷"。
估 价：USD 600,000~800,000
成交价：RMB 15,089,010
31.6cm×918cm 纽约苏富比 2015.03.19

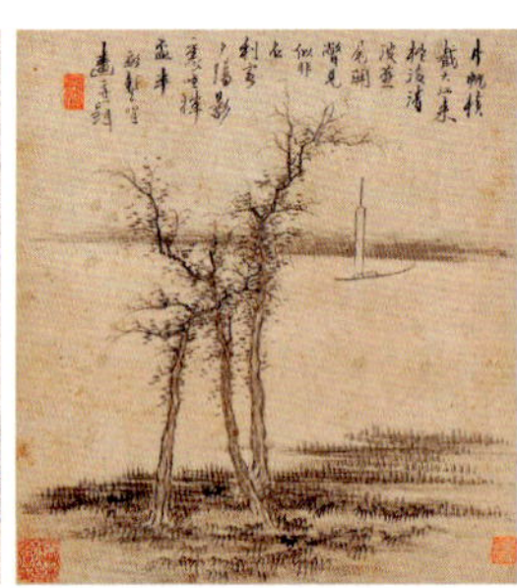

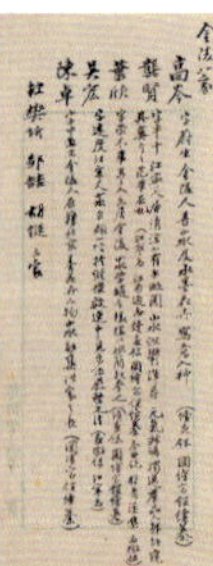

2036 龚贤 高岑 吴宏 陈卓 叶欣 金陵诸家山水 册页
来源：陈夔麟、史兆琳鉴藏。
估 价：RMB 1,800,000~2,800,000
成交价：RMB 4,140,000
27cm×27cm×8 北京保利 2015.06.05

1126 顾符稹 清 山水人物 册页 （七开）
估 价：HKD 500,000~1,000,000
成交价：RMB 4,838,040
34cm×27.5cm×7 佳士得 2015.06.01

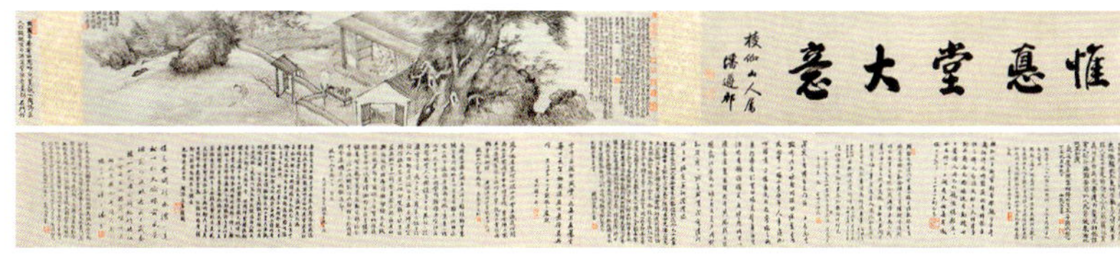

2171 顾沅 惟德堂赏鹤图 手卷
来源：香港苏富比2008年春拍编号203号。
估 价：RMB 100,000~200,000
成交价：RMB 632,500
画26cm×138cm 北京保利 2015.06.06

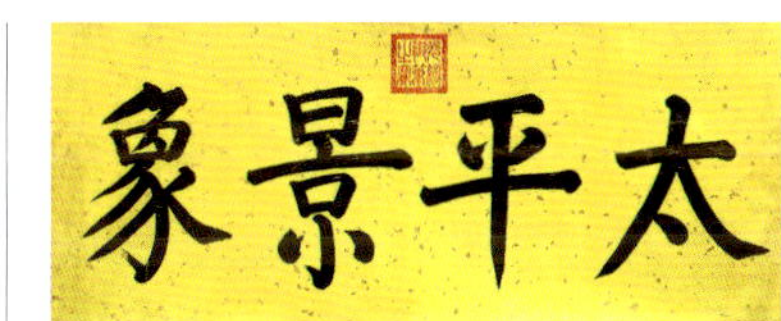

770 光绪帝 御笔《太平景象》 镜心
来源：懋隆工艺品公司旧藏。
估 价：RMB 10,000
成交价：RMB 356,500
67cm×166cm 北京翰海 2015.07.19

1477 顾升 闵贞 1756年作 芭蕉图 双树图 扇面
估 价：RMB 10,000~30,000
成交价：RMB 230,000
17.5cm×48.5cm；17.5cm×50cm 中国嘉德 2015.11.16

32 顾见龙 梅花彩禽图 扇页
估 价：RMB 150,000~180,000
成交价：RMB 379,500
50cm×16cm 西泠拍卖 2015.07.04

16035 顾符稹 云山飞瀑图 立轴
说明：《中国书画家印鉴款识顾符稹》5、6印即取自本幅。
估 价：RMB 800,000~1,200,000
成交价：RMB 2,530,000
178cm×92cm 北京保利 2015.12.07

1239 归庄 行书五言诗 扇面
估 价：HKD 80,000~120,000
成交价：RMB 339,486
16.5cm×50.7cm 中国嘉德 2015.10.07

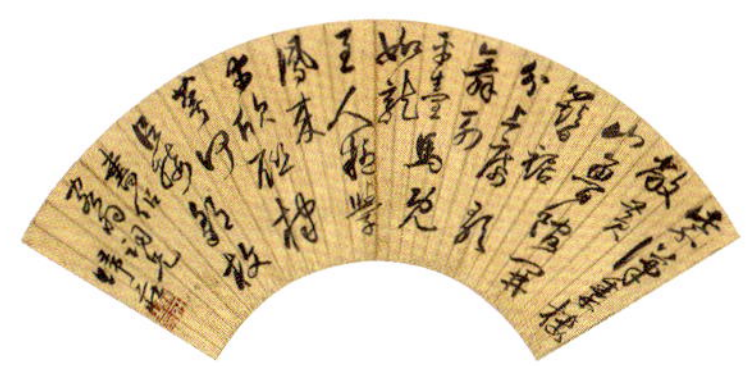

306 桂馥 1796年作 隶书“阅微草堂” 镜框
来源：曾经余绍宋、应野平等鉴藏。
估 价：RMB 380,000~480,000
成交价：RMB 437,000
40cm×130cm 上海道明 2015.05.09

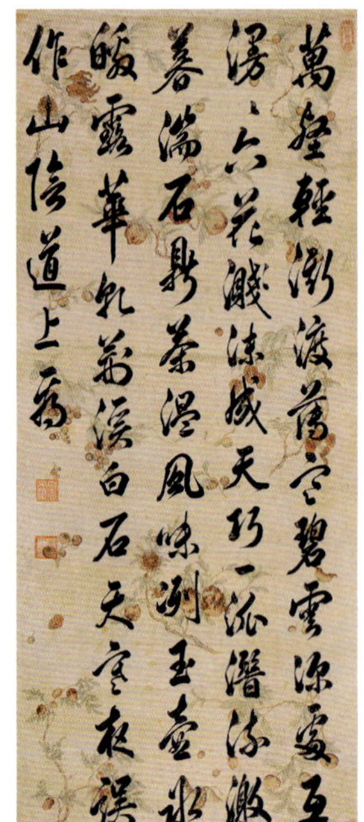

2122 果亲王弘瞻 行书七言诗 立轴
来源：上海市博物馆退赔。由翁仁荪后人提供。
估　价：RMB 60,000～100,000
成交价：RMB 460,000
155cm×65cm 北京保利 2015.06.06

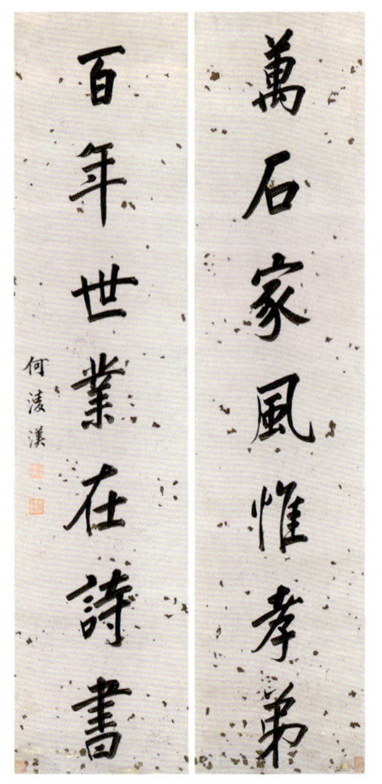

1718 何凌汉 楷书七言联 立轴
估　价：RMB 20,000～30,000
成交价：RMB 218,500
124cm×29cm×2 中国嘉德 2015.11.16

914 杭世骏 1732年作 梅花诗卷 手卷
来源：程伯奋、何惠鉴、林朗庵旧藏。
估　价：RMB 1,300,000～1,500,000
成交价：RMB 2,530,000
本幅26cm×133cm；29.5cm×537cm；题跋
29.5cm×79cm 北京匡时 2015.06.06

2070 何绍基 楷书《进学解》 手卷
著录：《何猿叟日记钞》，茶陵谭泽闿摘抄，广陵聂绣君校录。上海图书馆藏；……。
估　价：RMB 800,000～1,200,000
成交价：RMB 2,185,000
29cm×305cm 北京保利 2015.06.05

854 和珅 楷书《佛说无量寿经》 手卷
估　价：RMB 800,000～1,000,000
成交价：RMB 1,380,000
47cm×484cm 北京匡时 2015.12.04

1137 弘历 澄观千古 （二件） 镜框
来源：日本私人旧藏。
估 价：HKD 1,800,000~2,200,000
成交价：RMB 3,024,960
63cm×98.5cm×2 香港苏富比 2015.10.05

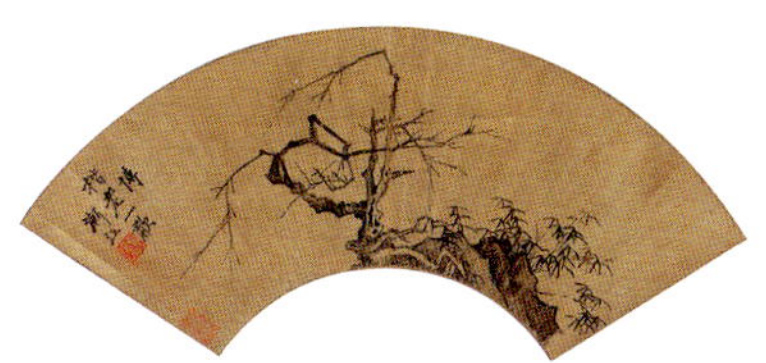

2008 弘仁 古柯竹石图 扇面
出版：1.内藤虎次郎编《清朝书画谱》，第三十六页，日本博文堂，大正五年（1926）出版。2.郑振铎编《域外所藏中国古画集·明画》，第二十四页，1947年上海出版公司珂罗版印行。
估 价：RMB 2,800,000~3,800,000
成交价：RMB 3,220,000
16cm×48cm 北京保利 2015.06.05

16320 胡桂 山水 册页 （八开）
著录：《清宫内务府造办处档案总汇》51册，第19页，人民出版社，2007年版。
估 价：RMB 400,000~600,000
成交价：RMB 483,000
23cm×43cm×8 北京保利 2015.12.08

1407 弘旿 1794年作 仿古山水 册页 （十二开）
估 价：RMB 180,000~280,000
成交价：RMB 402,500
24cm×27cm×12 中国嘉德 2015.11.16

1446 胡公寿 1878年作 龙洞探奇 立轴
来源：上海文物商店旧藏。
估 价：HKD 40,000~60,000
成交价：RMB 359,625
107.6cm×39.4cm 香港苏富比 2015.10.06

977 胡楣 锦绣前程 立轴
著录：《墨缘—古今水墨秀作图览》P19，天六书房出版，平成25年。
估 价：RMB 900,000~1,500,000
成交价：RMB 1,150,000
222.5cm×96cm 保利厦门 2015.05.02

16012 华胥 神仙图卷 手卷
估　价：RMB 300,000～500,000
成交价：RMB 575,000
37cm×355cm 北京保利 2015.12.07

1402 胡澍 1868年作 篆书“说文解字叙” 立轴 四屏
来源：香港集古斋旧藏。
估　价：HKD 300,000～500,000
成交价：RMB 504,375
126cm×30.8cm×4 香港苏富比 2015.04.06

1771 胡锡珪 美人 四屏立轴
估　价：RMB 75,000～85,000
成交价：RMB 931,500
101cm×20cm×4 北京匡时 2015.06.07

2046 华喦 1734年作 重阳秋光图 立轴
来源：2010秋香港佳士得封面作品。
估　价：RMB 2,800,000～3,800,000
成交价：RMB 5,060,000
121cm×55cm 北京保利 2015.06.05

1059 华喦 1746年作 柳禽图 镜心
来源：孔广陶、赵从衍旧藏。
估　价：RMB 800,000～1,200,000
成交价：RMB 7,475,000
118cm×52.5cm 中国嘉德 2015.05.18

1565 华嵒 1750年作 五伦图 立轴
估　价：RMB 1,500,000～2,000,000
成交价：RMB 4,025,000
268cm×138cm 北京匡时 2015.12.05

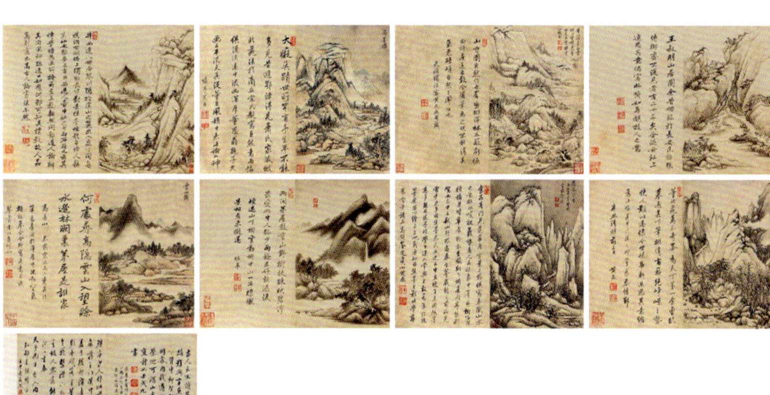

16019 黄鼎 仿古山水 册页（八开）
估　价：RMB 1,800,000～3,200,000
成交价：RMB 2,242,500
27cm×36cm×8 北京保利 2015.12.07

428 黄慎 1747年作 顾瞻图 立轴
估　价：RMB 1,800,000～2,000,000
成交价：RMB 2,070,000
173cm×94cm 上海敬华 2015.06.29

921 黄慎 1756年作 杂画 册页 （十二开）
来源：孙阜昌旧藏。
估　价：RMB 800,000～1,000,000
成交价：RMB 5,865,000
25.5cm×35cm×12 北京匡时 2015.06.06

1811 黄鞠 山水
估　价：RMB 100,000～150,000
成交价：RMB 345,000
127cm×36.5cm 北京翰海 2015.06.27

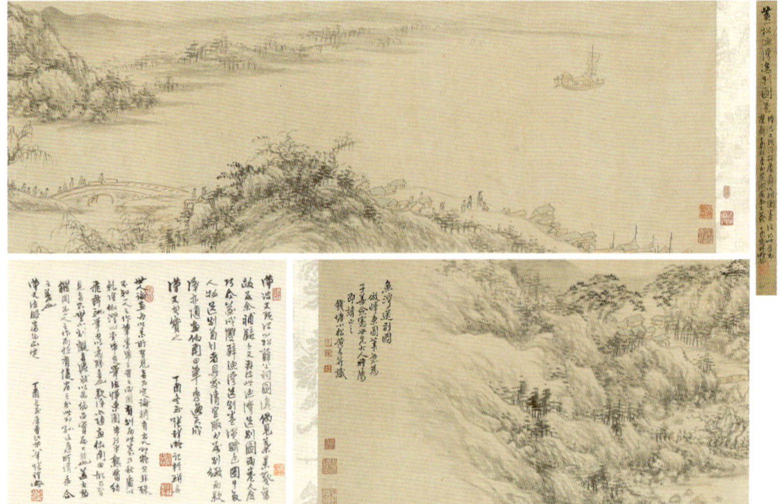

1423 黄易 鱼湾送别图 手卷
说明：香港近代收藏家区汉波旧藏。
估　价：RMB 100,000~150,000
成交价：RMB 276,000
画27.5cm×120cm；跋33cm×34cm 中国嘉德 2015.11.16

1412 黄士陵 1897年作 篆书《圣主得贤臣颂》 六屏
估　价：HKD 200,000~250,000
成交价：RMB 2,195,040
162.8cm×57cm×6 香港苏富比 2015.04.06

445 黄应谌 梅月双清 立轴
来源：高居翰、景元斋旧藏。
估　价：USD 12,000~15,000
成交价：RMB 860,888
153.2cm×55.1cm 纽约苏富比 2015.03.19

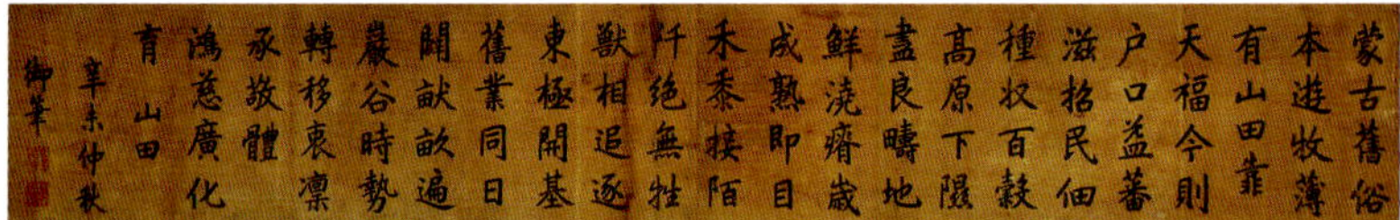

774 嘉庆帝 1811年作 御笔 横幅
估　价：RMB 600,000
成交价：RMB 690,000
44cm×280cm 北京翰海 2015.07.19

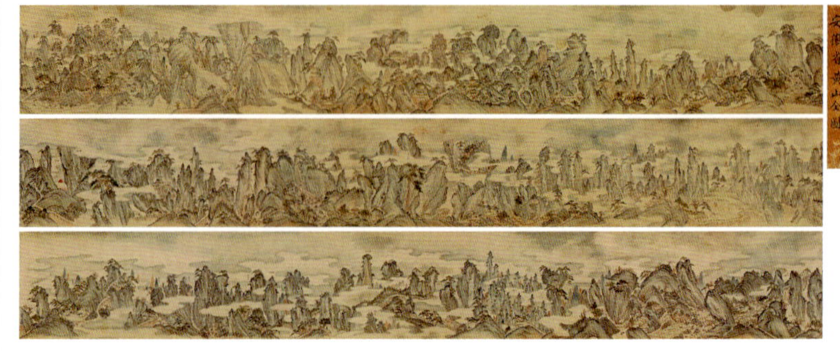

16354 寄尘 黄山图 手卷
估　价：RMB 50,000~100,000
成交价：RMB 287,500
72cm×757cm 北京保利 2015.12.08

23 渐江 秋山双瀑 立轴
来源：原为故宫博物院收藏。
估　价：RMB 25,000,000~35,000,000
成交价：RMB 27,600,000
111cm×53cm 华艺国际 2015.05.24

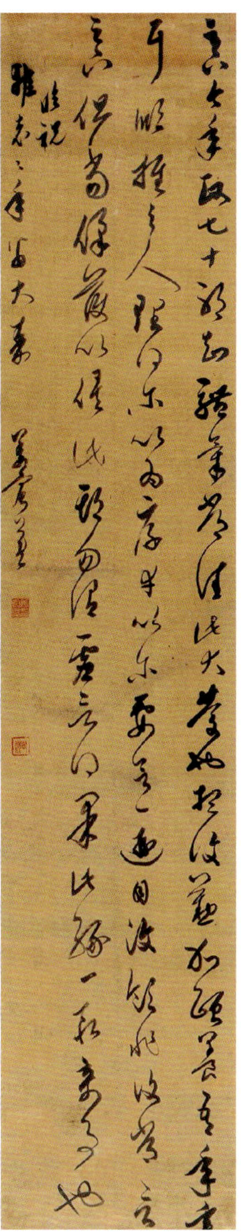

16053 姜宸英 草书临阁帖 立轴
估　价：RMB 600,000~800,000
成交价：RMB 862,500
228cm×45cm 北京保利 2015.12.07

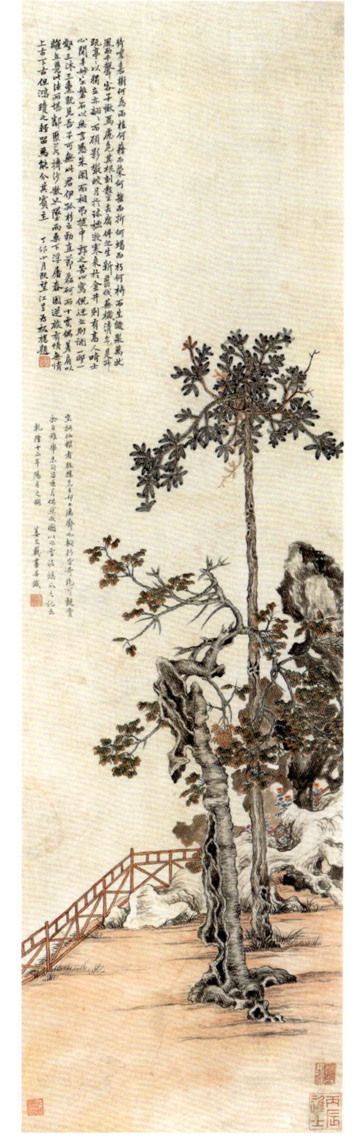

1760 姜文载 1747年作 郑板桥空桐仙馆图 立轴
估　价：RMB 320,000~350,000
成交价：RMB 368,000
127cm×38cm 北京匡时 2015.06.07

203 江文棣 人物 （二帧） 扇页
来源：吴湖帆旧藏并题跋。
估　价：RMB 150,000~180,000
成交价：RMB 345,000
50cm×17.5cm；53cm×18.5cm 西泠拍卖 2015.07.04

1609 姜筠 1906年作 静观图 手卷
估　价：RMB 180,000~200,000
成交价：RMB 345,000
引首47cm×80cm；本幅47cm×60cm；题跋47cm×590cm 北京匡时 2015.06.07

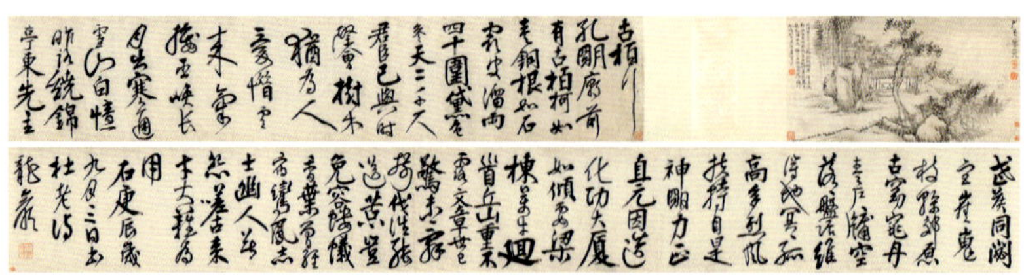

16033 姜实节 米万钟 古柏行图卷 手卷
估　价：RMB 800,000~1,200,000
成交价：RMB 1,207,500
画30cm×58cm；题跋30cm×417cm 北京保利 2015.12.07

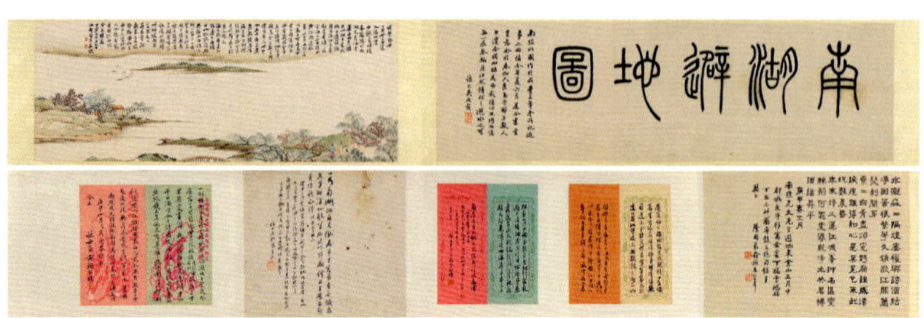

16250 蒋宝龄 1854年作 南湖避地图 手卷
估　价：RMB 250,000~500,000
成交价：RMB 368,000
26cm×70cm；题26cm×158cm 北京保利 2015.12.08

16009 蒋廷锡 仿宣和画 册页（二十四开）
著录：《古代书画精品录》（贰）第297.321页，长城出版社出版。
估　价：RMB 650,000~1,200,000
成交价：RMB 3,277,500
尺寸不一 北京保利 2015.12.07

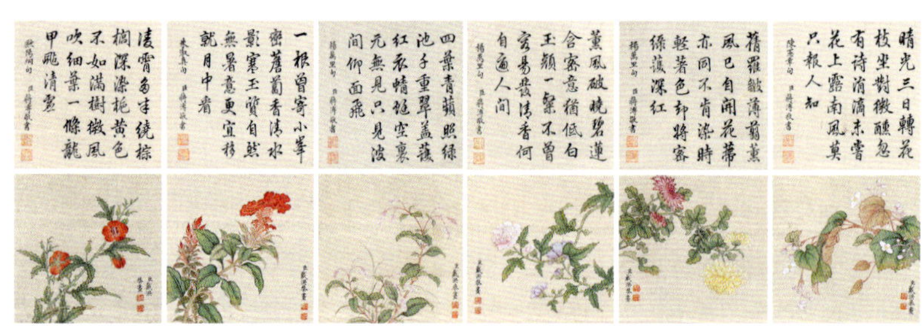

26 蒋溥 戴洪 活色飘香 册页 （十二开）
估　价：RMB 300,000~500,000
成交价：RMB 805,000
13cm×13cm×12 上海嘉禾 2015.05.08

1503 蒋莲 1836年作 广成子谈玄图 立轴
估　价：RMB 70,000~120,000
成交价：RMB 207,000
110.5cm×52cm 中国嘉德 2015.11.16

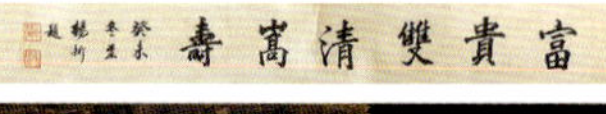

2105 蒋廷锡 富贵双清高寿图 镜心
估　价：RMB 600,000~800,000
成交价：RMB 1,840,000
192.4cm×95.3cm 北京至诚 2015.12.20

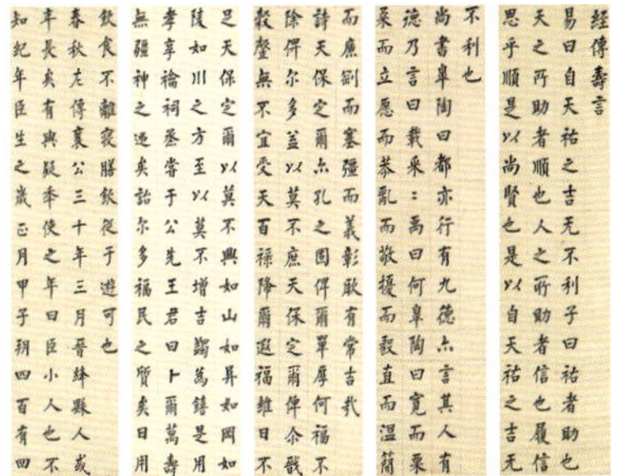

487 蒋衡 楷书《经传寿言》 十二屏
估 价：USD 20,000~30,000
成交价：RMB 313,050
每屏206.2cm×50.1cm 纽约苏富比 2015.03.19

1040 居廉 1894年作 花鸟 立轴
估 价：RMB 450,000~550,000
成交价：RMB 465,750
157cm×41cm 广州皇玛 2015.01.18

803 金农 隶书《华山庙碑》 册页 （五十四开109页）
来源：黄易、武寿龄、张盘、邵松年鉴藏。
成交价：RMB 40,250,000
29cm×15.5cm×109 中国嘉德 2015.05.17

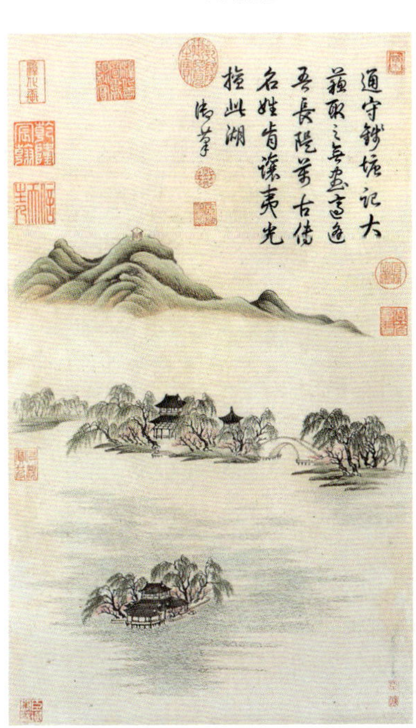

590 焦秉贞 西湖图 立轴
估 价：RMB 1,800,000~2,800,000
成交价：RMB 1,840,000
59cm×35cm 北京翰海 2015.11.27

16040 金俊明 文柟 徐枋等 山水册
来源："瑞庭鉴赏书画之印"或为清末民初实业家章瑞廷鉴藏印。
估 价：RMB 500,000~800,000
成交价：RMB 1,035,000
30cm×23cm×10 北京保利 2015.12.07

793 金廷标 听泉图 立轴
来源：清宫旧藏。
估 价：RMB 25,000,000～35,000,000
成交价：RMB 36,800,000
112.7cm×148.3cm 中国嘉德 2015.05.17

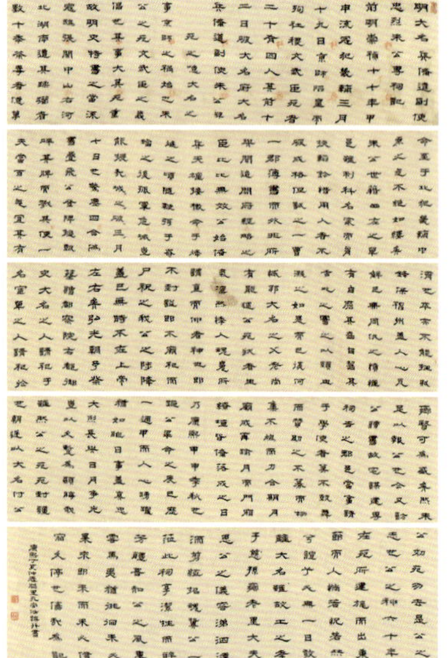

859 金农 1758年作 漆书《鹤赋》 立轴
来源：吴湖帆旧藏。
估 价：RMB 4,000,000～4,500,000
成交价：RMB 6,325,000
190cm×60cm×4 北京匡时 2015.12.04

1039 孔尚任 1707年作 隶书朱公专祠记 手卷
估 价：RMB 800,000～1,200,000
成交价：RMB 4,600,000
42.5cm×703cm 中国嘉德 2015.05.18

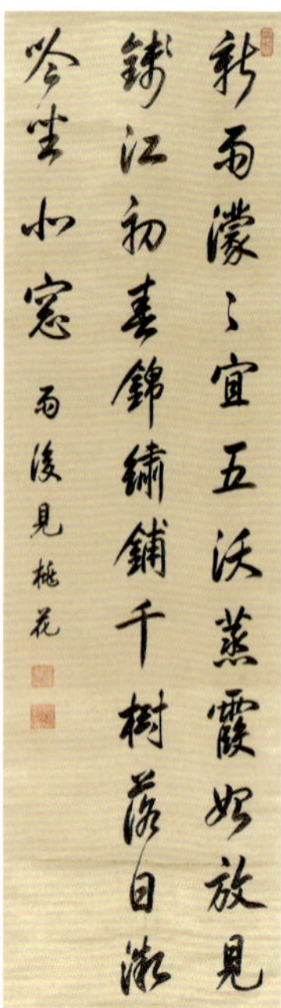

1006 康熙帝 行书《雨后见桃花诗》 立轴
来源：清宫旧藏。
估 价：RMB 3,200,000～5,200,000
成交价：RMB 6,210,000
206cm×57.5cm 中国嘉德 2015.05.18

120 蓝孟 1663年作 玉映羣峯图 立轴
估 价：RMB 900,000～1,200,000
成交价：RMB 1,150,000
253.5cm×92.5cm 西泠拍卖 2015.07.04

3202 郎世宁 等 清乾隆 《纯惠皇贵妃朝服像》 镜框
成交价：RMB 112,942,800
198cm×123cm 香港苏富比 2015.10.07

2108 郎世宁 双狮图 镜框
估 价：RMB 200,000～300,000
成交价：RMB 977,500
66cm×36cm 北京至诚 2015.12.20

699 郎世宁 蔬果图 镜心
来源：懋隆工艺品公司旧藏。
估 价：RMB 5,000
成交价：RMB 3,898,500
76cm×49cm 北京翰海 2015.09.13

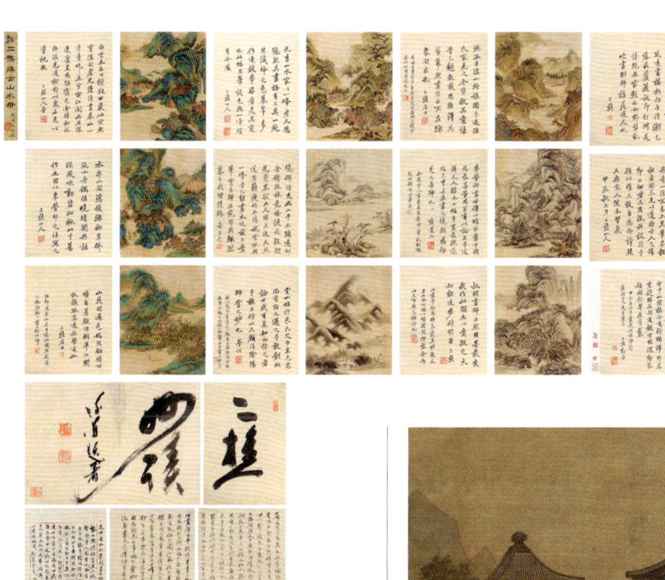

2049 黎简 拟古山水 册页 （十二开）
来源：九华印室珍藏、朗庵秘玩、林氏家藏、铁城藏记、宝米斋珍藏印
估 价：RMB 800,000～1,200,000
成交价：RMB 920,000
32cm×26cm×30 北京保利 2015.06.05

1500 冷枚 重光大荒落 1701年作 四美图 立轴
估 价：RMB 600,000～800,000
成交价：RMB 1,782,500
153.5cm×100cm 中国嘉德 2015.11.16

1483 冷枚 三娘教子 立轴
估 价：RMB 600,000～800,000
成交价：RMB 690,000
138cm×68.5cm 北京翰海 2015.06.27

1099 李方膺 1745年作 梅兰对屏 立轴
来源：旧藏者承名世。
估 价：RMB 1,200,000～2,200,000
成交价：RMB 1,380,000
140cm×47.5cm×2 中国嘉德 2015.05.18

863 李鸿章 1901年作 行书《圣教序》 《心经》 手卷
估　价：RMB 1,500,000~2,000,000
成交价：RMB 3,335,000
引首32cm×97cm；本幅35.5cm×428cm 北京匡时 2015.12.04

731 李嘉福 禅国山访碑图 横披
来源：吴昌硕上款并题跋，由其家属友情提供。
估　价：RMB 300,000~500,000
成交价：RMB 782,000
23.5cm×79.5cm 东方大观 2015.05.20

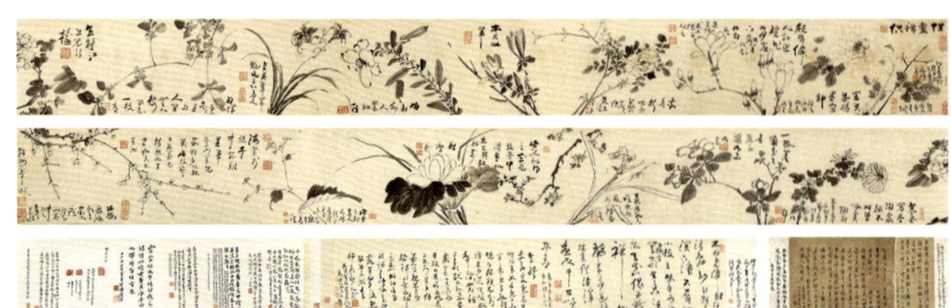

1787 李世锡 高凤翰 书画合卷 手卷
来源：姚华、王石经旧藏。
估　价：RMB 900,000~1,000,000
成交价：RMB 1,265,000
引首21cm×40.5cm；本幅21cm×418cm；题跋29cm×112cm；24.5cm×138cm 北京匡时 2015.06.07

212 李蕙仙 谭嗣同 1896年作 秋山隐居图 隶书临汉碑 成扇
估　价：RMB 250,000~300,000
成交价：RMB 287,500
19.5cm×55cm 北京匡时 2015.12.04

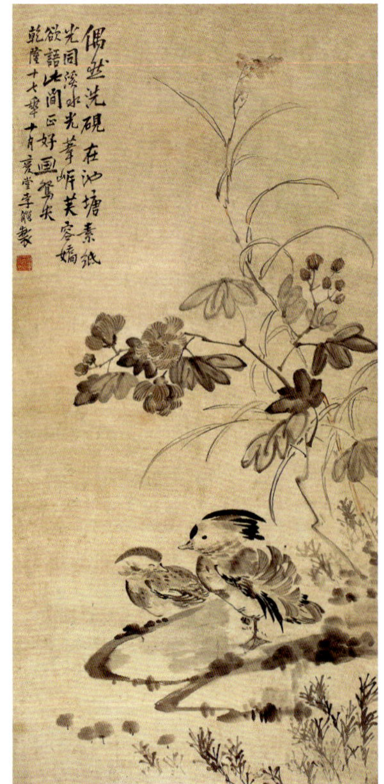

533 李鱓 1752年作 芙蓉鸳鸯 立轴
估　价：RMB 1,000,000~1,500,000
成交价：RMB 2,070,000
110cm×51cm 中贸圣佳 2015.05.19

981 李世倬 观瀑图 扇面
说明：章绍庭旧藏。
估　价：RMB 100,000～150,000
成交价：RMB 299,000
16.3cm×48cm 中国嘉德 2015.05.18

685 李文田 楷书十言联 立轴
估　价：RMB 300,000～500,000
成交价：RMB 701,500
361cm×46cm×2 东方大观 2015.05.20

1736 李寅 关山行旅图 立轴
估　价：RMB 80,000～120,000
成交价：RMB 1,495,000
182cm×98cm 中国嘉德 2015.09.21

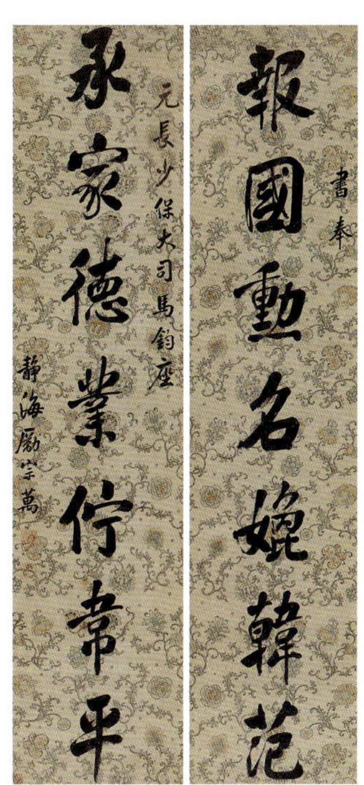

1569 励宗万 行书七言联 立轴
估　价：RMB 50,000～80,000
成交价：RMB 276,000
146.5cm×33.5cm×2 中国嘉德 2015.11.16

734 梁德润 荷花 镜心
来源：懋隆工艺品公司旧藏。
估　价：RMB 20,000
成交价：RMB 506,000
80cm×438cm 北京翰海 2015.07.18

224 梁同书 1809年作 行书 元遗山诗卷 手卷
估　价：RMB 250,000～350,000
成交价：RMB 506,000
239cm×24cm 西泠拍卖 2015.07.04

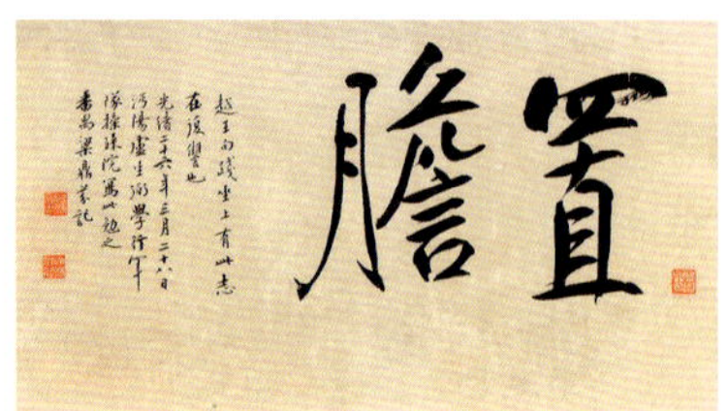

219 梁鼎芬 1900年作 书法 置胆 镜框
来源：原香港佳士得拍品。
估　价：RMB 150,000～200,000
成交价：RMB 483,000
31cm×57.5cm 上海明轩 2015.06.21

249 林则徐 林文忠公遗札（共二十四页） 册页
来源：张鸿诰鉴藏。
估　价：RMB 800,000～1,200,000
成交价：RMB 1,782,500
尺寸不一（册页32cm×17.5cm）
西泠拍卖 2015.07.04

1019 刘度 1627年作 泛舟 扇面镜框
估　价：HKD 150,000～200,000
成交价：RMB 400,500
17.6cm×53cm 佳士得 2015.06.01

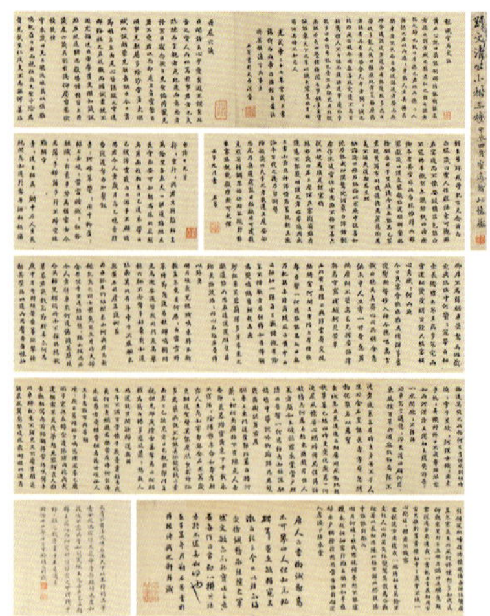

1701 刘墉（古） 1792年作 小楷三种 手卷
估　价：RMB 900,000～1,200,000
成交价：RMB 2,415,000
21.5cm×138cm；21.5cm×273.5cm；
跋27cm×27.5cm 中国嘉德 2015.11.16

322 陆恢 1916年作 秋山晴爽 立轴
著录：《中国近代绘画》第78页，九雅堂出版，1991年1月。
估　价：RMB 250,000～300,000
成交价：RMB 425,600
149.5cm×81cm 北京荣宝 2015.06.21

1594 陆鸿 1663年作 幽居图 立轴
估　价：RMB 200,000～250,000
成交价：RMB 253,000
216cm×54cm 北京匡时 2015.12.05

16011 陆恢 侍慈礼佛图卷 手卷
估　价：RMB 500,000～600,000
成交价：RMB 2,070,000
30cm×147cm 北京保利 2015.12.07

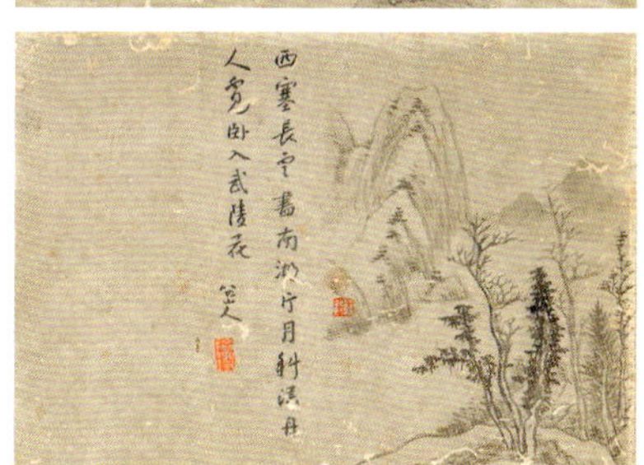
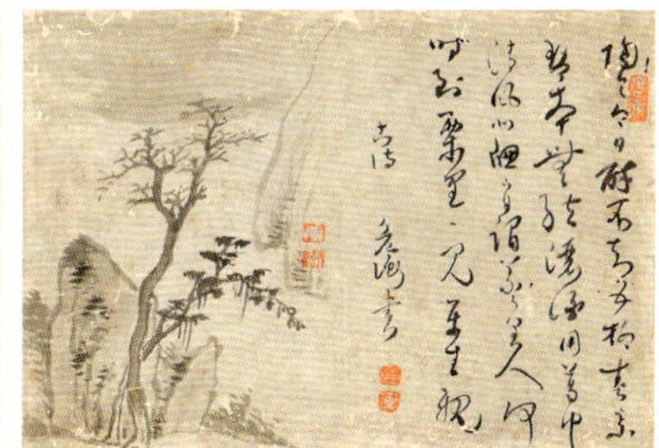

1092 罗牧 云山 册页 （十二开）
估　价：HKD 100,000～200,000
成交价：RMB 3,107,880
22.5cm×32cm×12 佳士得 2015.06.01

1329 罗牧 宋荦 1692年作、1693年作 匡庐烟雨诗画图并诸家跋 手卷
估　价：RMB 1,800,000～2,800,000
成交价：RMB 4,370,000
罗牧画27.5cm×205cm；宋荦书27.5cm×209cm；后跋29.5cm×900cm
中国嘉德 2015.11.15

1542 罗聘 1783年作 兰石图 立轴
出版：《玉莲斋藏画集》，荣宝斋出版社，2006年12月，P.263。
估　价：RMB 1,200,000～1,800,000
成交价：RMB 1,380,000
145.5cm×36.5cm 北京翰海 2015.06.27

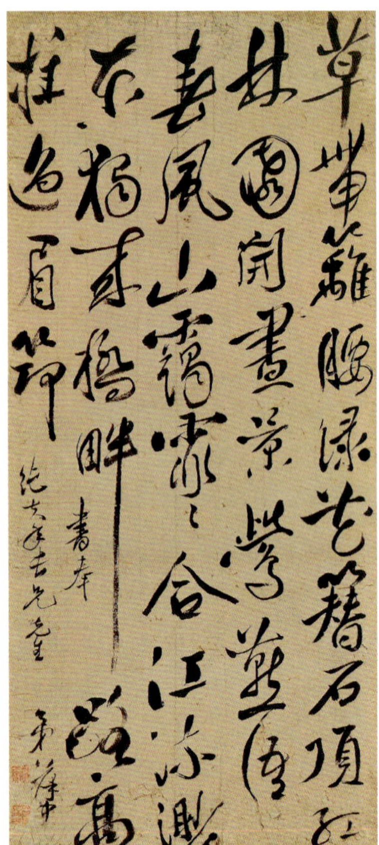

16293 吕葆中 行书七言诗 镜心
估 价：RMB 500,000~700,000
成交价：RMB 575,000
84cm×38cm 北京保利 2015.12.08

1739 吕焕成 1674年作 秋暮深山 立轴
估 价：RMB 280,000~300,000
成交价：RMB 460,000
177cm×90cm 北京匡时 2015.06.07

458 吕潜 青山飞瀑 立轴
估 价：USD 15,000~20,000
成交价：RMB 665,231
123.7cm×50.3cm 纽约苏富比 2015.03.19

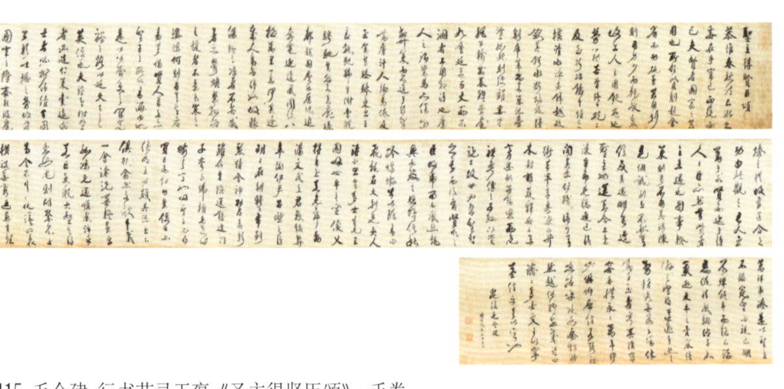

415 毛会建 行书节录王褒《圣主得贤臣颂》 手卷
估 价：USD 25,000~30,000
成交价：RMB 1,017,413
52.7cm×928cm 纽约苏富比 2015.03.19

16328 马荃 1702年作 龙麟虬枝 立轴
估 价：RMB 500,000~700,000
成交价：RMB 575,000
61cm×34cm 北京保利 2015.12.08

1796 马士英 行书七言诗 镜心
估 价：RMB 320,000~350,000
成交价：RMB 402,500
17cm×53cm 北京匡时 2015.06.07

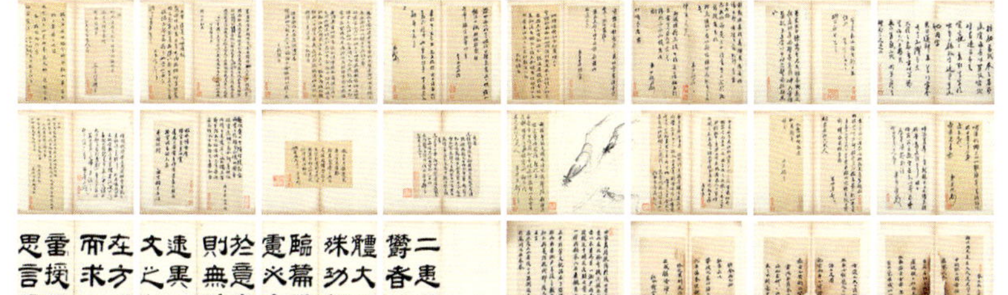

1537 毛晋 文震孟 查士标 王思任 陆世廉 等 明人手简 册页 （四十开）
来源：旧藏者王凤琦。
估　价：RMB 80,000~120,000
成交价：RMB 713,000
尺寸不一 中国嘉德 2015.11.16

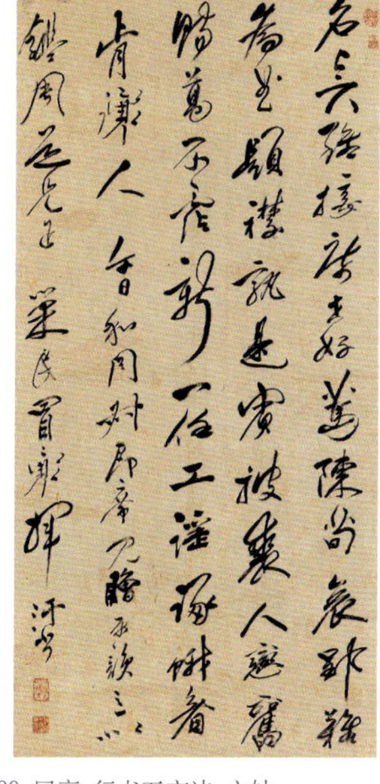

16289 冒襄 行书五言诗 立轴
出版：《碎金集》（一）P81，许礼平主编，翰墨轩出版有限公司。
估　价：RMB 250,000~350,000
成交价：RMB 322,000
114cm×55cm 北京保利 2015.12.08

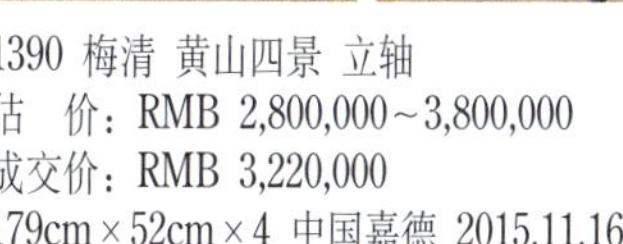

1390 梅清 黄山四景 立轴
估　价：RMB 2,800,000~3,800,000
成交价：RMB 3,220,000
179cm×52cm×4 中国嘉德 2015.11.16

270 梅清 1693年作 仿古图（十二页） 册页
估　价：RMB 3,500,000~6,000,000
成交价：RMB 5,577,500
27.5cm×20.5cm×12 西泠拍卖 2015.07.04

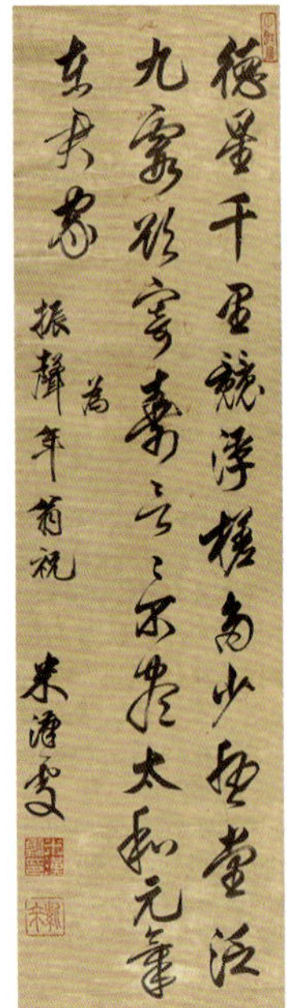

1550 米汉雯 行书七言诗 立轴
估 价：RMB 80,000~120,000
成交价：RMB 621,000
180cm × 49cm 中国嘉德 2015.11.16

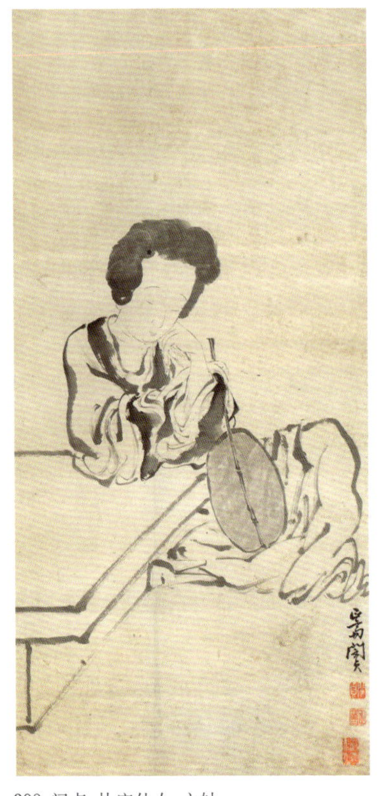

398 闵贞 执扇仕女 立轴
估 价：RMB 600,000~800,000
成交价：RMB 1,897,500
99cm × 46.5cm 东方大观 2015.05.20

1585 潘恭寿 群芳争艳 手卷
估 价：RMB 300,000~400,000
成交价：RMB 713,000
本幅29cm × 606cm；题跋29.5cm × 50cm
北京匡时 2015.12.05

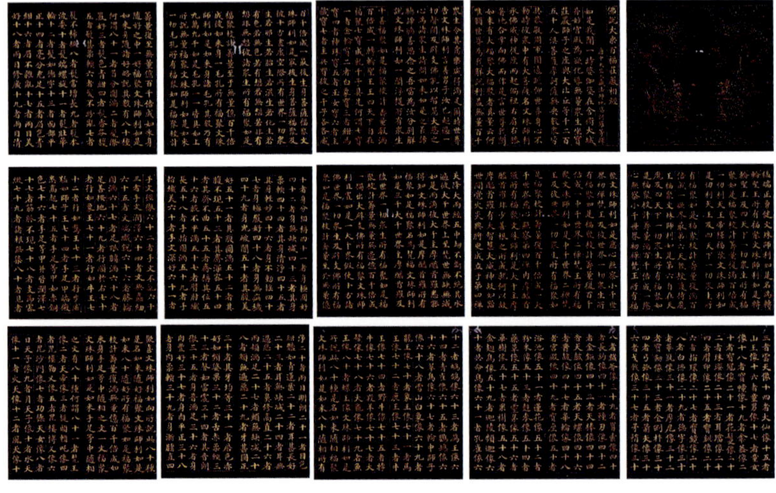

1141 彭树葵 楷书《佛说大乘百福庄严相经》册（廿三开）
来源：日本私人收藏
估 价：HKD 150,000~200,000
成交价：RMB 513,750
19.5cm × 15.8cm × 23
香港苏富比 2015.10.05

608 潘祖荫 行书 镜心
来源：懋隆工艺品公司旧藏。
估 价：RMB 8,000
成交价：RMB 506,000
138cm × 131cm 北京翰海 2015.07.18

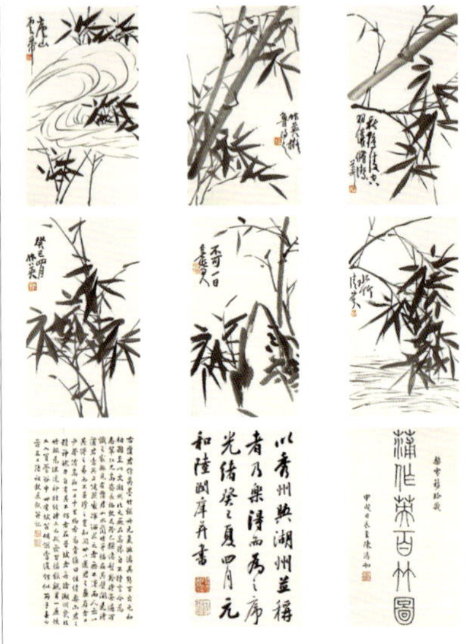

1274 蒲华 1896年作 百竹图 百开分装二册
估 价：HKD 250,000~350,000
成交价：RMB 2,630,400
画心 45.8cm × 26.7cm × 100
香港苏富比 2015.10.06

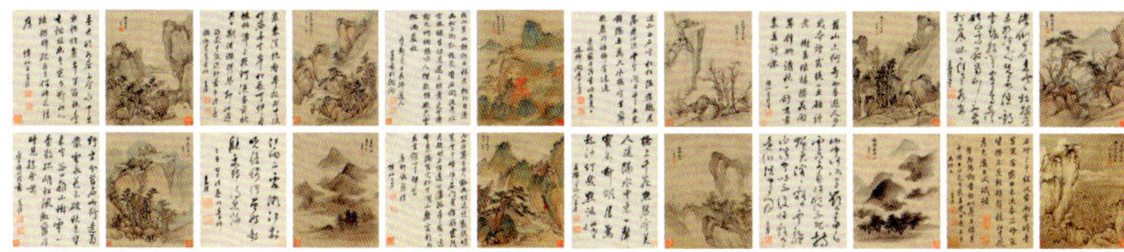

2037 祁豸佳 书画合璧 册页 （十二开）
著录：《宝迂阁书画录》，见于《历代书画录辑刊》第十三册，424页，北京图书馆出版社，2007年出版。
估　价：RMB 1,600,000～2,600,000
成交价：RMB 2,990,000
32cm×24cm×12 北京保利 2015.06.05

1583 钱东 1795年作 三朵花 立轴
来源：南京文物公司友情提供。
估　价：RMB 50,000～80,000
成交价：RMB 218,500
127cm×44cm 北京匡时 2015.12.05

1411 钱杜 道光1835年作 松溪夜泛图 立轴
估　价：RMB 800,000～1,200,000
成交价：RMB 1,380,000
95cm×30.5cm 中国嘉德 2015.11.16

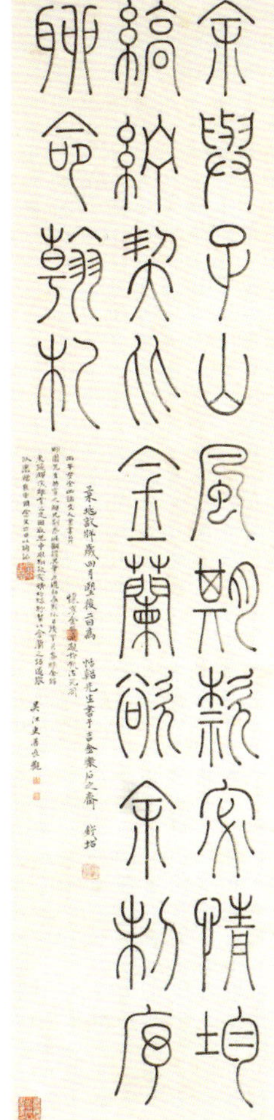

135 钱坫 篆书节录宇文逌《庾子山集序》 立轴
估　价：USD 10,000～12,000
成交价：RMB 352,181
130cm×32cm 纽约苏富比 2015.03.17

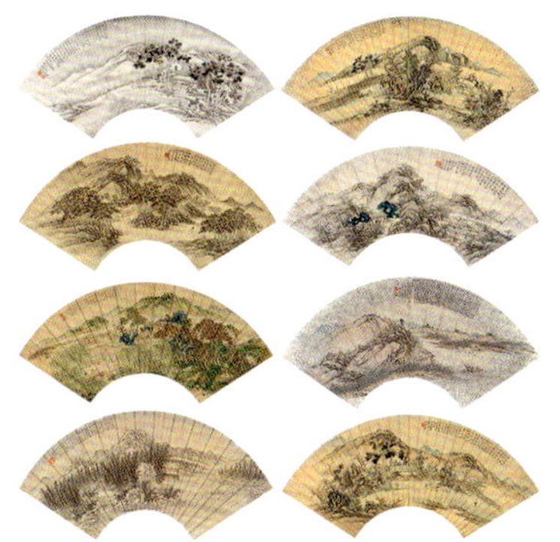

268 钱杜 1813.1816年作 山水集锦 扇面镜心 （八开）
估　价：RMB 2,200,000～2,800,000
成交价：RMB 3,565,000
18.5cm×51.5cm×8 北京翰海 2015.06.26

1077 钱维城 清 泽普瀛壖图 恩周两淀图 （二卷） 手卷
估 价：HKD 600,000～800,000
成交价：RMB 13,488,840
29cm×138cm×2 佳士得 2015.06.01

1596 钱沣 楷书节录《荀子》 手卷
估 价：RMB 150,000～180,000
成交价：RMB 506,000
本幅30cm×245cm；题跋30cm×30cm
北京匡时 2015.06.07

2076 钱维城 默林踈雨 镜框
估 价：RMB 800,000～900,000
成交价：RMB 2,760,000
163cm×92.5cm 北京至诚 2015.12.20

309 钱维城 菊花图 镜框
来源：清宫旧藏。
估 价：RMB 12,000,000～15,000,000
成交价：RMB 29,325,000
180cm×83cm 上海明轩 2015.06.21

940 钱维乔 1795年作 密林徙壑 立轴
估 价：HKD 200,000～300,000
成交价：RMB 328,400
150cm×50cm 佳士得 2015.11.30

2392 钱棨 行书七言对联
估 价：RMB 5,000～8,000
成交价：RMB 517,500
36cm×151cm×2 中国嘉德 2015.11.16

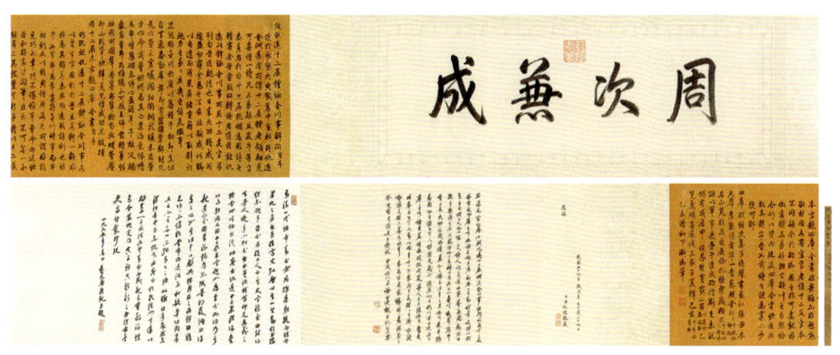

541 乾隆帝 行书御制诗并序 手卷
估 价：RMB 4,000,000～6,000,000
成交价：RMB 25,300,000
正文34.5cm×89.5cm 中贸圣佳 2015.05.19

325 屈兆麟 花鸟 四屏
估 价：RMB 60,000～80,000
成交价：RMB 368,000
115cm×40.5cm×4 西泠拍卖 2015.07.04

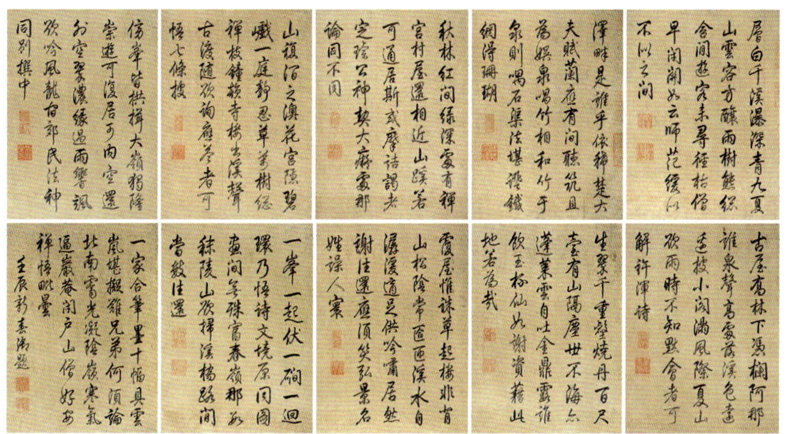

1331 乾隆帝 1772年作 行书题画诗 册页（十开）
著录：《石渠宝笈续编》《秘殿珠林石渠宝笈合篇》第六册3402.3403页，上海书店，1988年出版。
估 价：RMB 3,000,000～5,000,000
成交价：RMB 15,525,000
31cm×23cm×10 中国嘉德 2015.11.15

812 任伯年 1888年作 天仙赐福 立轴
展览：“承古融今星汉灿烂...中国嘉德艺术品拍卖20年精品回顾展”，中国国家博物馆，2013年，北京。
估 价：RMB 3,500,000～4,500,000
成交价：RMB 9,430,000
245cm×120cm 北京匡时 2015.06.06

2014 乾隆帝 御笔平定台湾二十功臣像赞 水墨 设色纸本
著录：《秘殿珠林石渠宝笈汇编·续编》，第七册，第3678页－3681页，北京出版社，2004年；……。
成交价：RMB 74,750,000
31cm×186cm 北京保利 2015.06.05

705 任伯年 1890年作 许由洗耳图 立轴
来源：邓氏苍梧鉴藏。
估 价：RMB 1,800,000~2,800,000
成交价：RMB 3,047,500
178cm×93cm 北京保利 2015.06.04

1122 任伯年 1886年作 山窗清供 镜心
说明：新加坡著名收藏家陈之初先生旧藏。
估 价：HKD 2,000,000~3,000,000
成交价：RMB 2,424,900
148cm×84cm 中国嘉德 2015.10.07

811 任伯年 花鸟三屏 立轴
估 价：RMB 5,000,000~6,000,000
成交价：RMB 12,650,000
133.5cm×64cm×2；135cm×66cm 北京匡时 2015.06.06

693 任熏 春溪鸣禽 立轴
估 价：RMB 50,000~80,000
成交价：RMB 552,000
178.5cm×48cm 中国嘉德 2015.11.14

1632 任监 史积中 袁紫兰等以乾隆御赐五色金花绢为田烳六十寿初度书设十二锦屏（十二屏）
估 价：RMB 3,000,000~4,000,000
成交价：RMB 4,370,000
北京翰海 2015.06.27

1321 任熊 咸丰1853年作 福禄寿三星图 立轴
说明：原藏家1982年得自香港集古斋。
估 价：RMB 2,800,000~3,800,000
成交价：RMB 8,050,000
231.5cm×116cm 中国嘉德 2015.11.15

16013 任熊 山水人物 册页（十二开）
说明：此册原藏家任家丰。
估　价：RMB 2,200,000～3,200,000
成交价：RMB 3,565,000
26cm×33cm×12 北京保利 2015.12.07

7577 如意馆 1767年制 华严三圣－释迦牟尼、文殊与普贤 立轴
出版：《中国佛教寺庙宝藏－散华聚念》（应真藏，2014年）18.29页。
估　价：RMB 5,800,000～8,800,000
成交价：RMB 8,625,000
201cm×111.5cm×3 北京保利 2015.06.07

948 上睿 1711年作 山水画稿 册页 （十二开）
估　价：HKD 60,000～80,000
成交价：RMB 1,806,200
21cm×16.5cm×12 佳士得 2015.11.30

656 阮元 隶书“履祥頤吉室” 横批
估　价：RMB 120,000～180,000
成交价：RMB 517,500
30cm×100cm 东方大观 2015.05.20

1129 沈铨 双鹤三友 立轴
来源：日本私人收藏。
估　价：HKD 300,000～400,000
成交价：RMB 1,233,000
205.5cm×96.7cm 香港苏富比 2015.10.05

456 沈铨 猿戏图 镜框
估　价：USD 70,000～100,000
成交价：RMB 1,715,514
189.5cm×96.3cm 纽约苏富比 2015.03.19

101 盛宣怀 行书“含英咀华” 镜片
估　价：RMB 60,000～100,000
成交价：RMB 310,500
32cm×89.5cm 上海道明 2015.05.09

158 沈增植 章草七言联 立轴
估　价：RMB 300,000～400,000
成交价：RMB 448,500
131cm×31cm×2 保利山东 2015.02.01

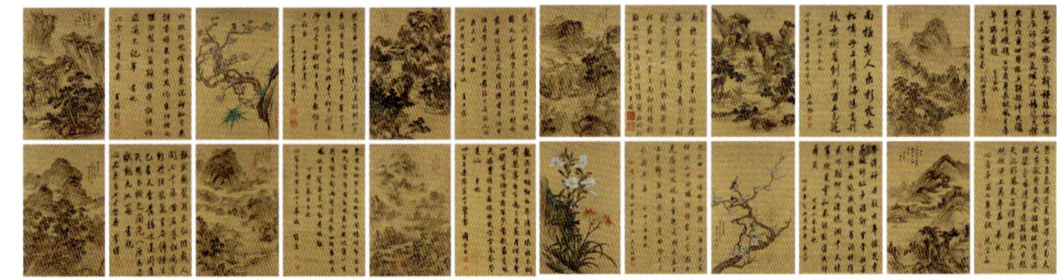

118 沈宗敬 王顼龄 王日藻 王九龄 许缵曾 等 书画合璧 （二十四帧） 屏风（十二屏）
估　价：RMB 2,000,000～2,500,000
成交价：RMB 2,300,000
69.5cm×45cm×24 西泠拍卖 2015.07.04

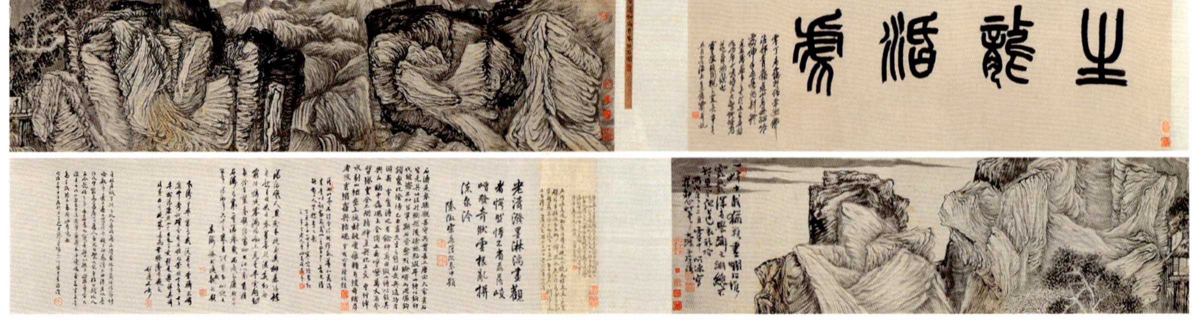

2020 石涛 1706年作 奇峰怪石图 手卷
估　价：RMB 26,000,000～32,000,000
成交价：RMB 64,400,000
画心31cm×245cm；题跋31cm×120cm 北京保利 2015.06.05

1324 石涛1680年作 双骥图 镜心
说明：是作曾经张大千大风堂、杨凡谪仙馆递藏。
估　价：RMB 4,000,000～5,000,000
成交价：RMB 32,200,000
88.5cm×44cm 中国嘉德 2015.11.15

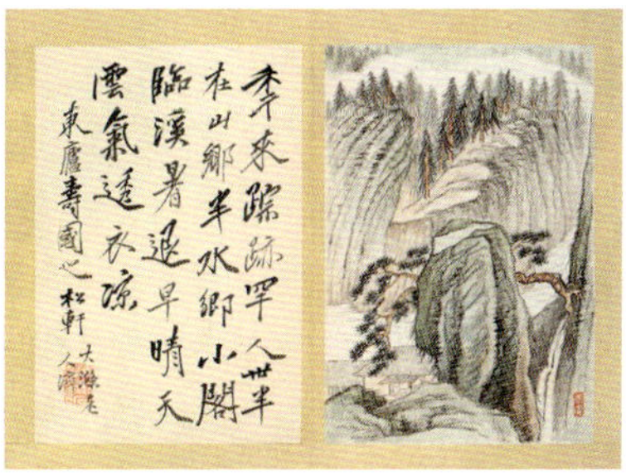

497 石涛 诗书画三绝 册 （二十四开）
来源：顾文彬、颜世清、凌叔华旧藏。
估　价：USD 1,000,000～1,500,000
成交价：RMB 24,705,906
每开23.7cm×16.4cm
纽约苏富比 2015.03.19

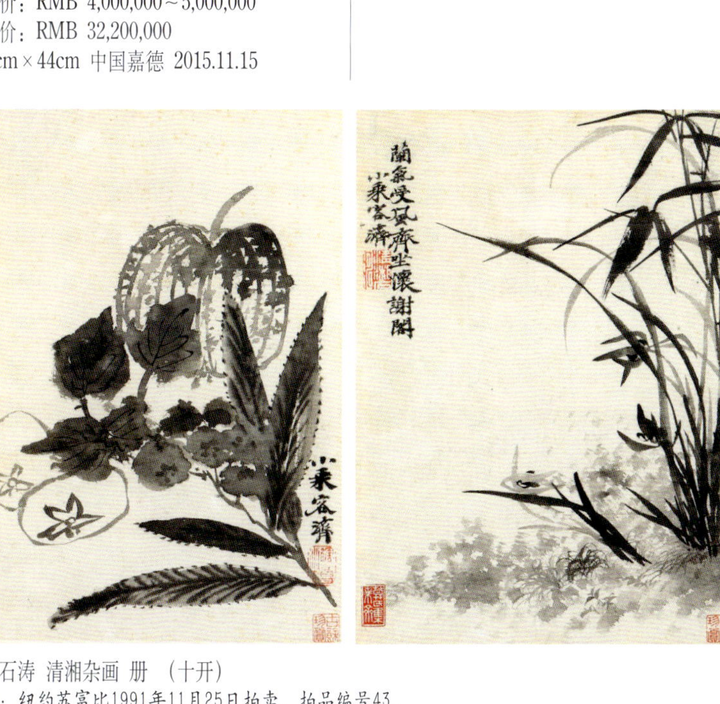

464 石涛 清湘杂画 册 （十开）
来源：纽约苏富比1991年11月25日拍卖，拍品编号43。
估　价：USD 800,000～1,200,000
成交价：RMB 21,850,890
每开33.5cm×24.5cm×10 纽约苏富比 2015.03.19

496 石溪 秋山萧寺 立轴
估　价：USD 120,000～150,000
成交价：RMB 939,150
110cm×30.8cm 纽约苏富比 2015.03.19

1405 四鼎甲 楷书 镜框 四屏
估 价：HKD 40,000～60,000
成交价：RMB 353,063
135cm×33cm×4 香港苏富比 2015.04.06

1108 孙祜 秋山书屋 立轴
估 价：RMB 380,000～580,000
成交价：RMB 529,000
47cm×27.5cm 中国嘉德 2015.05.18

1116 汤贻汾 1844年、1845年作 四季山水 立轴
估 价：RMB 180,000～280,000
成交价：RMB 345,000
111.5cm×39cm×4 中国嘉德 2015.05.18

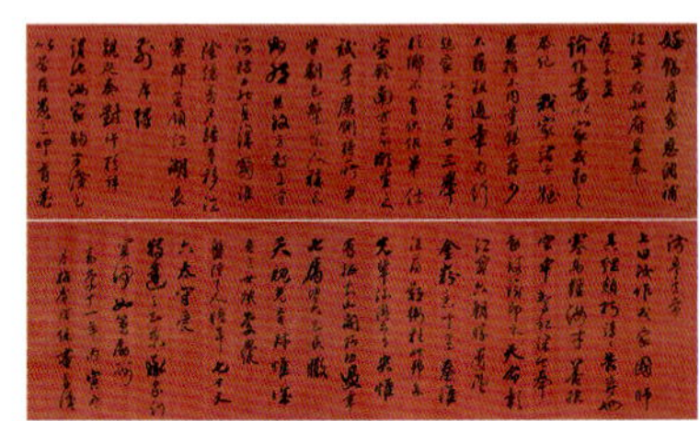

962 铁保 1806年作 行书家训 手卷
估 价：RMB 30,000～50,000
成交价：RMB 356,500
43.5cm×306cm 中国嘉德 2015.05.18

307 孙家鼐 楷书八言联 对联
估 价：RMB 200,000～300,000
成交价：RMB 437,000
222cm×49cm×2 上海明轩 2015.06.21

216 宋大业 书法 册页
估 价：RMB 350,000～400,000
成交价：RMB 540,500
22.5cm×15cm×16 南京经典 2015.01.04

1601 童衡 柏鹿长春 立轴
估 价：RMB 250,000～400,000
成交价：RMB 345,000
179cm×98cm 北京匡时 2015.12.05

976 童垲 和平飘香 立轴
估　价：RMB 900,000~1,500,000
成交价：RMB 1,150,000
227.7cm×98.3cm 保利厦门 2015.05.02

1592 屠倬 1802年作 拟恽南田笔意 立轴
备注：葛昌楹旧藏。
估　价：RMB 180,000~200,000
成交价：RMB 207,000
128.5cm×38cm 北京匡时 2015.12.05

1561 万上遴 湖山胜境 立轴
备注：吴南生旧藏。
估　价：RMB 800,000~1,000,000
成交价：RMB 1,150,000
147cm×83cm 北京匡时 2015.12.05

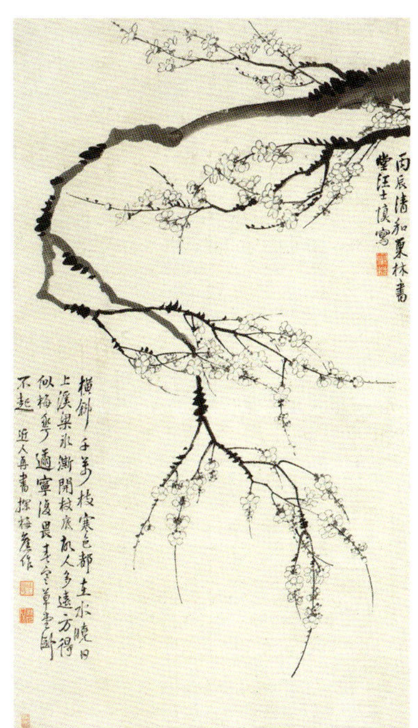

384 汪士慎 梅花 立轴
估　价：RMB 800,000~1,200,000
成交价：RMB 1,265,000
108cm×62c 东方大观 2015.05.20

16006 汪承霈 花卉杂蔬 册页（十二开）
说明：张学良旧藏。
估　价：RMB 500,000~800,000
成交价：RMB 1,035,000
27.5cm×32cm×12 北京保利 2015.12.07

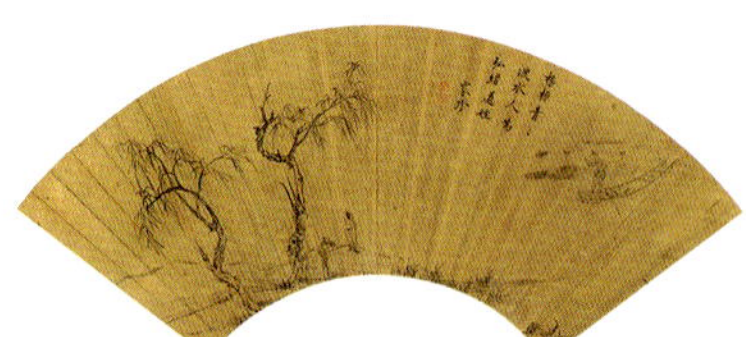

1070 汪家珍 柳岸渡水 扇面
估 价：RMB 30,000～50,000
成交价：RMB 460,000
15.8cm×47.3cm 中国嘉德 2015.05.18

1756 王宸 1795年作 高台飞瀑图 立轴
估 价：RMB 340,000～360,000
成交价：RMB 437,000
诗堂33cm×47cm 北京匡时 2015.06.07

805 王铎 行书诗文稿 册页 （二册，三十二开六十四页）
来源：经李玉棻、李在铣、孙梃递藏。
估 价：RMB 12,000,000～18,000,000
成交价：RMB 17,480,000
28cm×19.5cm×64 中国嘉德 2015.05.17

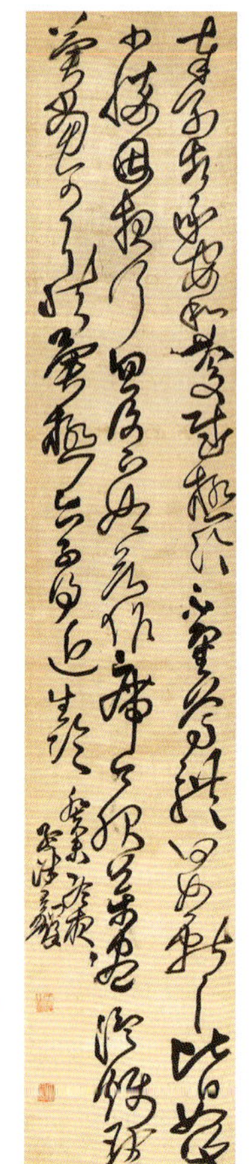

1135 王铎 草书节临王献之《安和帖》 立轴
来源：重要日本私人收藏。
估 价：HKD 1,600,000～2,600,000
成交价：RMB 6,970,560
273cm×51cm 香港苏富比 2015.10.05

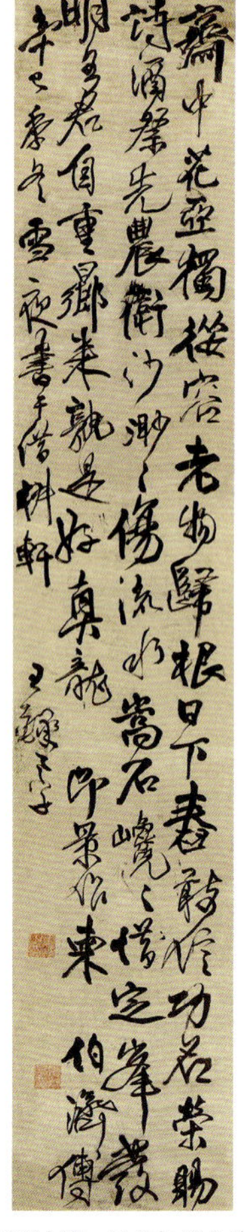

808 王铎 1641年作 行书与傅伯济诗 立轴
估 价：RMB 10,000,000～15,000,000
成交价：RMB 11,500,000
277.5cm×47.5cm 中国嘉德 2015.05.17

871 王概 1691年作 浓墨山水 立轴
估 价：HKD 200,000～400,000
成交价：RMB 389,975
190cm×64cm 佳士得 2015.11.30

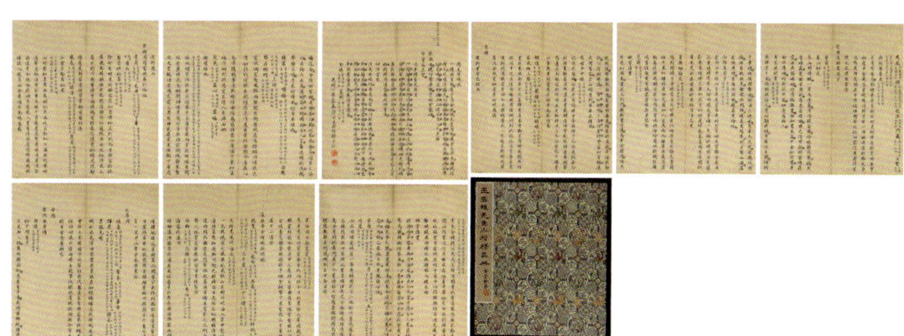

1635 王国维 1897年作 小楷诗 册页
估 价：RMB 3,000～6,000
成交价：RMB 310,500
25cm×24cm×9 中国嘉德 2015.06.28

477 王檗 杜甫诗意图 册 （三十开）
估 价：USD 12,000～18,000
成交价：RMB 3,218,154
每开13.6cm×19.6cm 纽约苏富比 2015.03.19

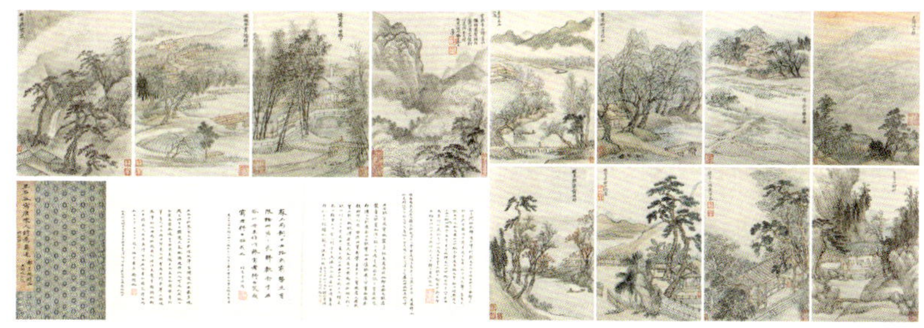

513 王翚 1713年作 宋人诗意 册 （十二开）
来源：吴湖帆旧藏并题跋。
估 价：RMB 20,000,000～28,000,000
成交价：RMB 23,000,000
18.5cm×13.5cm×12 北京翰海 2015.11.27

796 王翚 1703年作 临赵松雪《水村图》 手卷
来源：蔡琦、安岐递藏。
估 价：RMB 2,800,000～3,800,000
成交价：RMB 5,290,000
28cm×133.5cm 中国嘉德 2015.05.17

343 王时敏 溪山秀色图 立轴
估 价：RMB 600,000～800,000
成交价：RMB 1,725,000
画心：90.5cm×33cm.诗堂：21cm×33cm.
中鸿信 2015.07.29

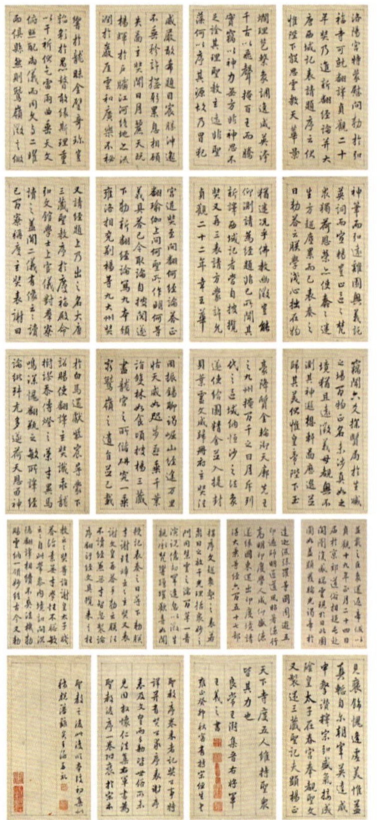

245 王澍 行书 临王羲之书 （二十一页） 册页
估 价：RMB 600,000～700,000
成交价：RMB 977,500
26cm×14cm×21 西泠拍卖 2015.07.04

1593 王学浩 仿大痴笔意 立轴
估 价：RMB 300,000～350,000
成交价：RMB 402,500
180cm×92.5cm 北京匡时 2015.12.05

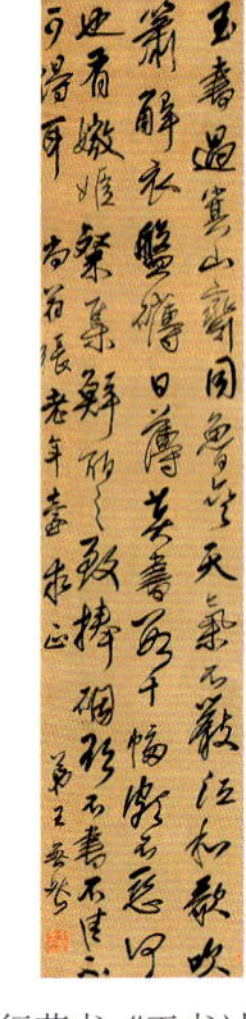

2131 王无咎 行草书《玉书过箕山齐》 立轴
估 价：RMB 1,450,000～1,800,000
成交价：RMB 1,725,000
233cm×48cm 北京保利 2015.12.07

670 王文治 快雨堂临书 快雨堂诗翰 册页 一函两册
估 价：RMB 180,000～220,000
成交价：RMB 540,500
15cm×24.5cm×24 上海工美 2015.06.28

16041 王武 花石虫鸟 册页 （十二开）
说明：陆润之旧藏。
估　价：RMB 500,000～800,000
成交价：RMB 920,000
30cm×43cm×12 北京保利 2015.12.07

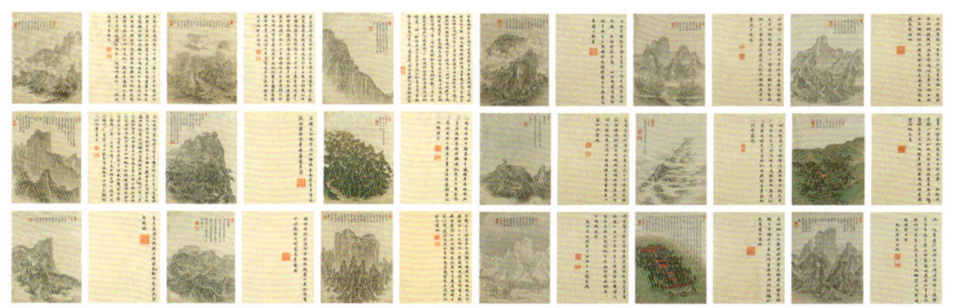

725 王雨公 1644.1666年作 华山图（98帧） 册页
著录：1.清·王弘撰《砥斋集》卷二，《续修四库全书》P398，清康熙十四年刻本；2.清·李榕辑《华岳志·华山图小引》。
估　价：RMB 1,500,000～1,800,000
成交价：RMB 2,415,000
绘画30cm×24cm×33；书法30cm×24cm×64 北京匡时 2015.12.04

136 王昱 1738年作 仿王蒙秋山萧寺图 立轴
来源：陈仲陶鉴赏。
估　价：RMB 180,000～250,000
成交价：RMB 483,000
94.5cm×46cm 西泠拍卖 2015.07.04

713 王原祁 1703年作 层峦耸秀 立轴
备注：钱培益、潘祖荫递藏。
估　价：RMB 2,000,000～3,000,000
成交价：RMB 3,450,000
101.5cm×52cm 北京匡时 2015.12.04

2048 王原祁 仿古山水 册页 （十二开）
估　价：RMB 1,600,000～2,600,000
成交价：RMB 5,060,000
33cm×21cm×12 北京保利 2015.06.05

2047 王原祁 仿黄大痴山水 立轴
来源：刘恕、邹珍、曹曾涵、密韵楼蒋汝藻、蒋祖怡递藏。
估　价：RMB 12,000,000～18,000,000
成交价：RMB 17,250,000
132cm×58cm 北京保利 2015.06.05

1399 王原祁 1703年作 平冈曲涧图 镜心
出版：1.《中国名画·第八集》，图11，有正书局，中华民国十五年（1926）版；2.《支那南画大成·第十卷》，第65页，兴文社（日本），1936年版；3.《王原祁画集》（上），图编159，人民美术出版社，1996年版；4.《历代名画大观·山水轴》，第282页，上海书店出版社，1997年版。
估　价：RMB 3,800,000～4,800,000
成交价：RMB 4,370,000
95.5cm×43cm 中国嘉德 2015.11.16

124 王云 1733年作 湖山清谈图 立轴
出版：《南画大成第七册》P1579，广陵书社，2004年。
估　价：RMB 800,000～1,000,000
成交价：RMB 1,127,000
111cm×53.5cm 西泠拍卖 2015.07.04

1733 翁同龢 1898年作 行书何绍基《游嵩诗》卷 手卷
说明：旧藏者袁安圃。
估 价：RMB 480,000～580,000
成交价：RMB 552,000
31.5cm×240cm 中国嘉德 2015.11.16

1394 翁方纲 1806年作 行书诗 立轴 四屏
估 价：HKD 500,000～700,000
成交价：RMB 605,250
130cm×31.7cm×4 香港苏富比 2015.04.06

1524 王撰 1671年作 秋山图 镜心
估 价：RMB 400,000～600,000
成交价：RMB 460,000
99cm×52cm 北京翰海 2015.06.27

979 吴达 仿李唐山水 立轴
估 价：RMB 1,500,000～2,000,000
成交价：RMB 1,610,000
389.8cm×94.5cm 保利厦门 2015.05.02

935 吴大澂 篆书 册页
估　价：HKD 380,000～450,000
成交价：RMB 1,904,520
47.3cm×24.4cm×104 保利香港 2015.04.07

1237 吴山涛 行书五言诗 扇面
估　价：HKD 80,000～120,000
成交价：RMB 310,387
17cm×52.5cm 中国嘉德 2015.10.07

1314 吴大澂 1885年作 篆书九言联 立轴
来源：吴大澂书此联赠袁世凯，后传袁克安。
估　价：HKD 300,000～500,000
成交价：RMB 4,325,520
164.5cm×43.8cm×2 香港苏富比 2015.04.06

1527 吴历 平畴远风图 镜心
来源：旧为常熟翁相国所藏。
估　价：RMB 2,800,000～3,800,000
成交价：RMB 3,220,000
80cm×41cm 北京翰海 2015.06.27

1781 吴伟业 1662年作 江山卧游图 手卷
来源：莫友芝、张可园旧藏。
估　价：RMB 1,800,000～2,000,000
成交价：RMB 2,645,000
35.5cm×750cm 北京匡时 2015.06.07

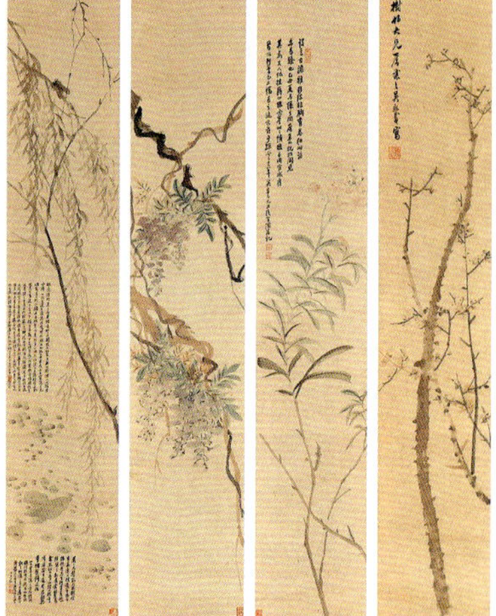

1149 吴熙载 吴云 清；1840年作 柳蝉新枝（四幅） 立轴
估　价：HKD 120,000～220,000
成交价：RMB 300,375
127cm×29.5cm×4 佳士得 2015.06.01

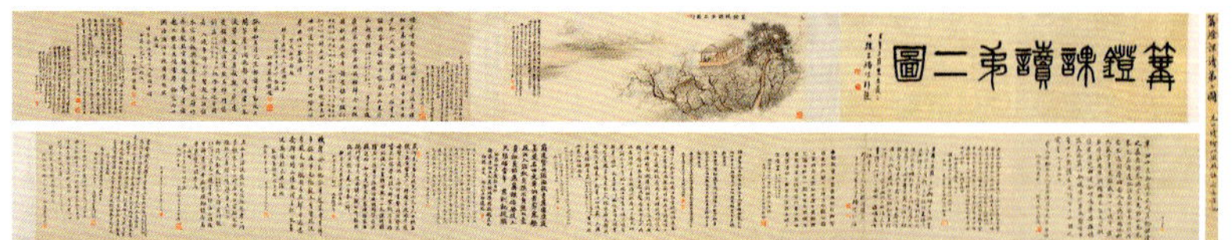

16242 吴云 篝灯课读第二图 手卷
估　价：RMB 800,000～1,000,000
成交价：RMB 1,437,500
画37cm×109cm；首37cm×124cm
北京保利 2015.12.08

1395 吴让之 草书《书谱》 立轴 四屏
来源：新加坡“虚怀斋”旧藏。
估　价：HKD 400,000～600,000
成交价：RMB 907,875
104.2cm×28cm×4 香港苏富比 2015.04.06

1029 吴石僊 1897年、1899年、1900年作 四季山水屏 四屏
估 价：RMB 80,000～120,000
成交价：RMB 299,000
103cm×41cm×4 中国嘉德 2015.09.20

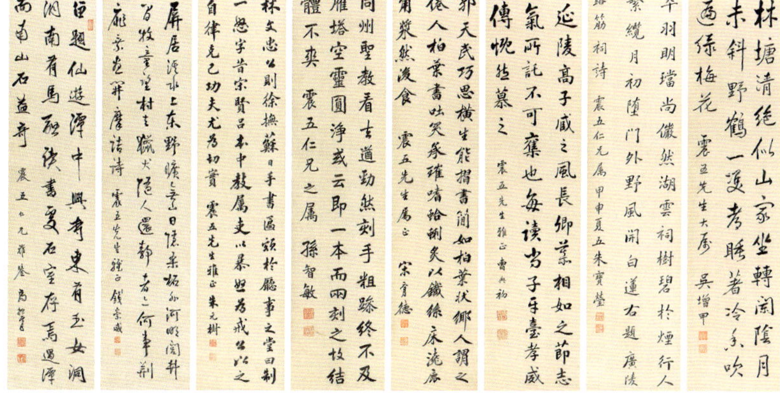

691 吴增甲 朱宝莹 曹典初 宋育德 孙智敏 朱元树 钱崇威 高振霄 行楷 八屏立轴
成交价：RMB 356,500
131cm×31cm×8 北京匡时 2015.10.17

771 咸丰帝 御笔《安身寡欲》 镜心
来源：懋隆工艺品公司旧藏。
估 价：RMB 8,000
成交价：RMB 356,500
47cm×111cm 北京翰海 2015.07.19

417 武丹 松壑水阁 立轴
估 价：RMB 500,000～600,000
成交价：RMB 667,000
138cm×72cm 上海敬华 2015.06.29

925 奚冈 1774年作 石湖记游图 立轴
说明：旧藏者章劲宇、高时敷。
估 价：RMB 80,000～120,000
成交价：RMB 287,500
92cm×32cm 中国嘉德 2015.11.15

813 项圣谟 临韩滉五牛图 手卷
来源：上海博物馆入库编号为：50806。
估　价：RMB 4,000,000～6,000,000
成交价：RMB 22,080,000
画芯29cm×185.5cm；尾跋29cm×54cm 上海工美 2015.06.28

2420 项圣谟 花卉 册页 （八开）
来源：清内府旧藏。
估　价：RMB 500,000～800,000
成交价：RMB 1,495,000
30cm×24cm×8 北京保利 2015.06.06

941 项德新 梅石图 扇面
来源：林则徐旧藏。
估　价：RMB 30,000～60,000
成交价：RMB 310,500
17cm×50cm 中国嘉德 2015.05.18

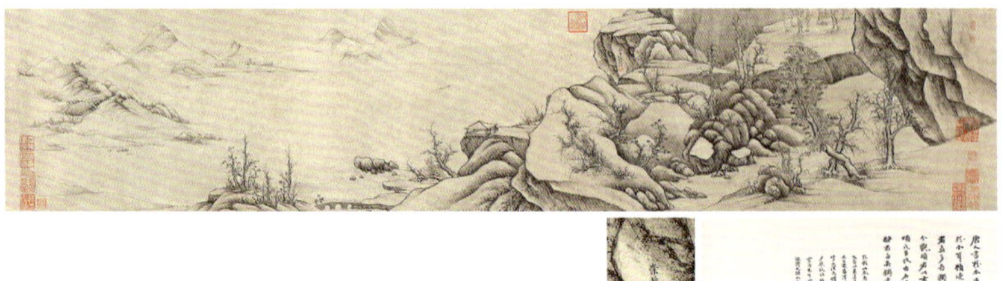

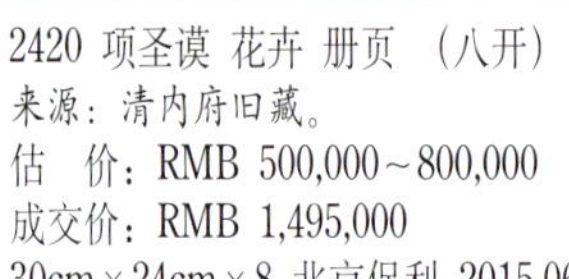

719 项圣谟 1639年作 江山雪霁图 手卷
备注：王永宁、恭亲王奕欣、况周颐、于莲客旧藏。
估　价：RMB 4,500,000～6,000,000
成交价：RMB 9,430,000
本幅28cm×137cm；题跋28cm×35cm
北京匡时 2015.12.04

435 萧云从 山水 手卷
来源：纽约佳士得1986年12月1日拍品，编号63。
估　价：USD 120,000～160,000
成交价：RMB 2,166,306
25cm×437.8cm 纽约苏富比 2015.03.19

1357 萧云从 1668年作 岁寒三友 立轴
说明：旧藏者瑛棨。
估 价：RMB 600,000～800,000
成交价：RMB 1,610,000
107cm×38.5cm 中国嘉德 2015.11.16

563 虚谷 松菊延年 立轴
著录：《虚谷画册》，图1，人民美术出版社，1986年7月；……。
估 价：RMB 2,500,000～3,500,000
成交价：RMB 2,990,000
132cm×63cm 北京保利 2015.06.04

16057 虚谷 三友图 镜心
估 价：RMB 8,800,000～12,000,000
成交价：RMB 10,120,000
264cm×122cm 北京保利 2015.12.07

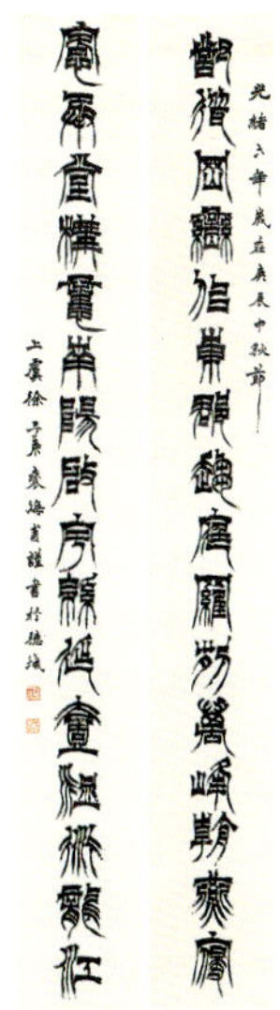

850 徐三庚 1880年作 篆书十六言联 立轴
估 价：RMB 1,500,000～2,000,000
成交价：RMB 2,472,500
359cm×48cm×2 中国嘉德 2015.05.18

2083 虚谷 花鸟 册页
估 价：RMB 300,000～800,000
成交价：RMB 2,070,000
32cm×28.5cm×10 北京至诚 2015.12.20

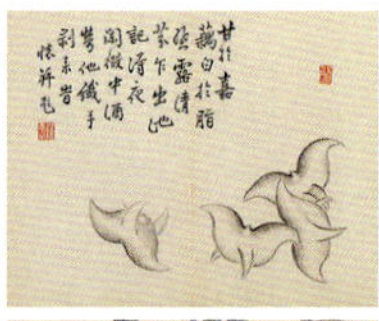

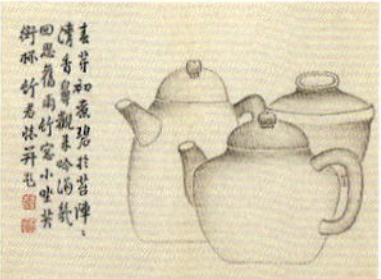
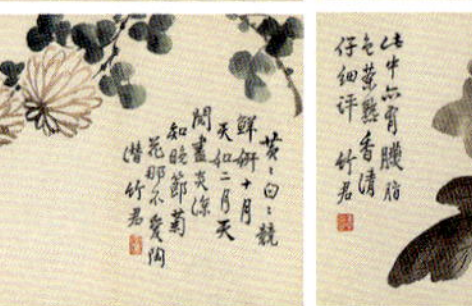

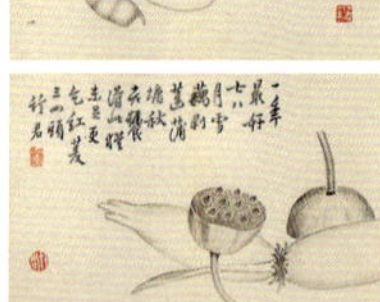

1640 薛怀 1759年作 乡居杂画 册页（十开）
估　价：RMB 360,000～400,000
成交价：RMB 632,500
23cm×30cm×10 北京匡时 2015.12.05

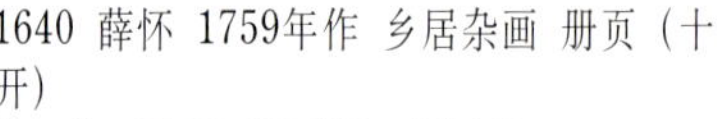

2130 颜光敏 行书五言诗轴 立轴
估　价：RMB 800,000～1,200,000
成交价：RMB 920,000
224cm×50cm 北京保利 2015.12.07

938 宣统帝 御笔“蹈仁” 立轴（本幅） 纸本 立轴（题跋）
出版：《艺苑集英—宝龙精选中国书画》P32，上海书画出版社，2011年。
估　价：RMB 250,000～300,000
成交价：RMB 460,000
135cm×33.5cm 北京匡时 2015.12.05

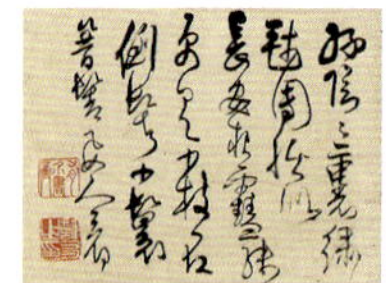
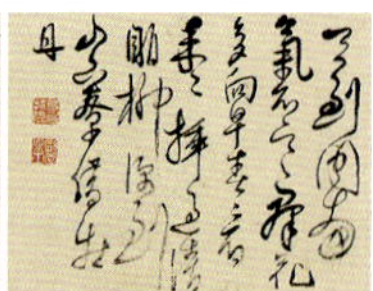
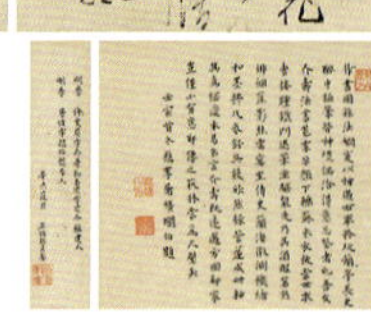

1034 许友 草书七言诗 立轴
估　价：RMB 180,000～380,000
成交价：RMB 1,035,000
书法18cm×23.5cm×2；跋26cm×28cm
中国嘉德 2015.05.18

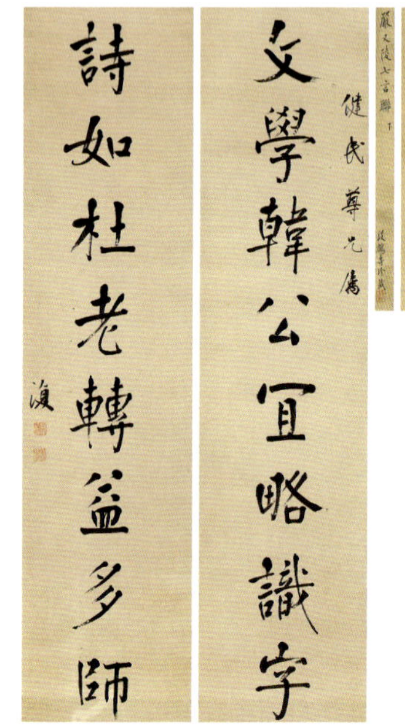

320 严复 楷书八言联 立轴
估　价：HKD 38,000～58,000
成交价：RMB 928,050
168cm×41cm×2 中国嘉德 2015.04.07

1512 燕铠 琵琶行诗意卷 手卷
估　价：RMB 80,000～120,000
成交价：RMB 368,000
42cm×189cm 中国嘉德 2015.11.16

1906 杨岘 集碑杂书 手卷
估 价：RMB 150,000~180,000
成交价：RMB 460,000
引首21.5cm×72cm；本幅22cm×261cm 北京匡时 2015.06.07

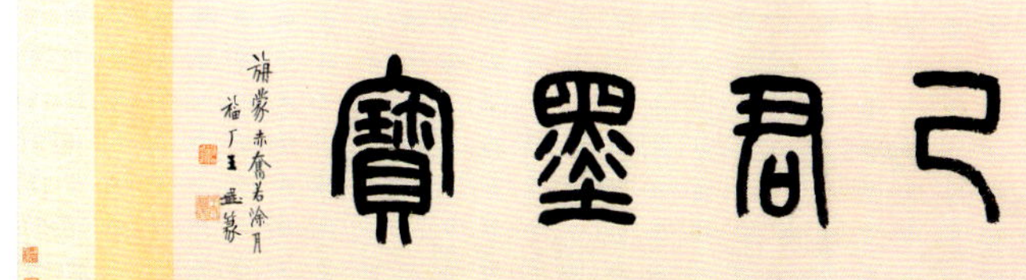

974 杨法 篆书 手卷
估 价：HKD 80,000~100,000
成交价：RMB 727,470
书32cm×232cm；跋32cm×87cm
保利香港 2015.10.05

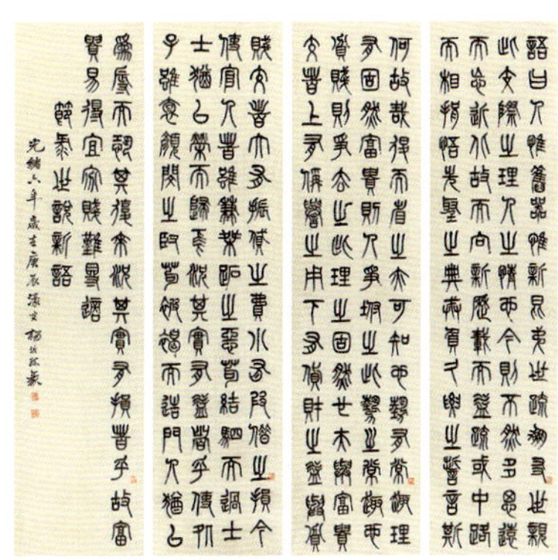

1431 杨沂孙 1880年作 篆书《潜夫论》 四屏立轴
估 价：RMB 300,000~350,000
成交价：RMB 345,000
150cm×37cm×4 北京匡时 2015.12.05

1118 杨晋 桃源图 立轴
估 价：HKD 150,000~200,000
成交价：RMB 1,335,750
185.5cm×99.5cm 香港苏富比 2015.10.05

1541 杨文骢 云山墨戏 立轴
备注：汪文柏、张燮、张蓉镜、褚德彝、陈景陶旧藏。
估 价：RMB 250,000~300,000
成交价：RMB 287,500
117cm×31cm 北京匡时 2015.12.05

3026 姚鼐 行书五言联 镜心
备注：吴湖帆旧藏并题签、题跋。
估 价：RMB 150,000～200,000
成交价：RMB 598,000
59cm×15cm×2 北京东正 2015.11.19

81 伊秉绶 行书 七言诗 立轴
来源：林熊光旧藏。
估 价：RMB 2,500,000～3,800,000
成交价：RMB 5,060,000
192.5cm×94cm 西泠拍卖 2015.07.04

718 伊立勋 金刚经 立轴
成交价：RMB 420,000
32.5cm×47cm 上海驰翰 2015.06.29

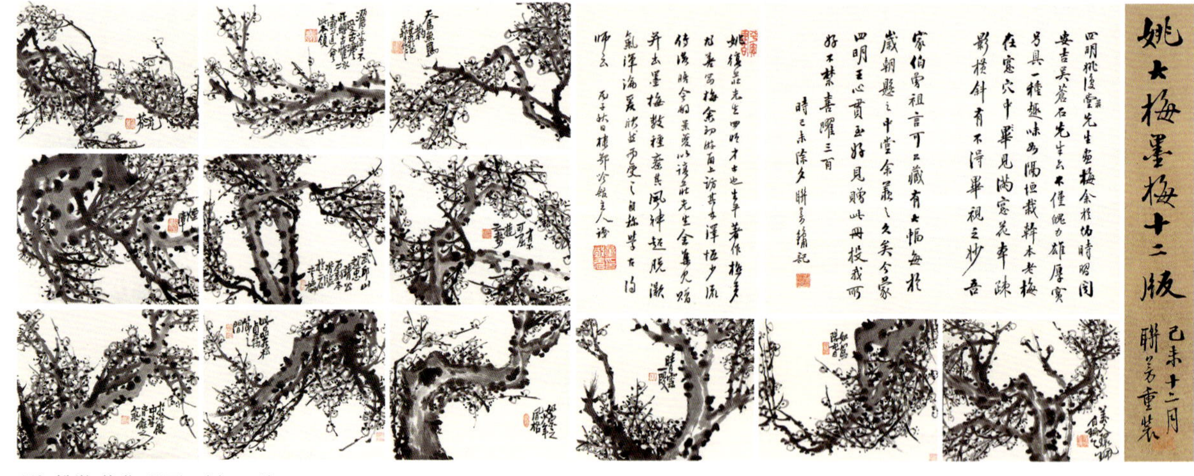

443 姚燮 梅花 册页 （十二开）
估 价：RMB 250,000～300,000
成交价：RMB 356,500
25cm×32cm×12 上海敬华 2015.06.29

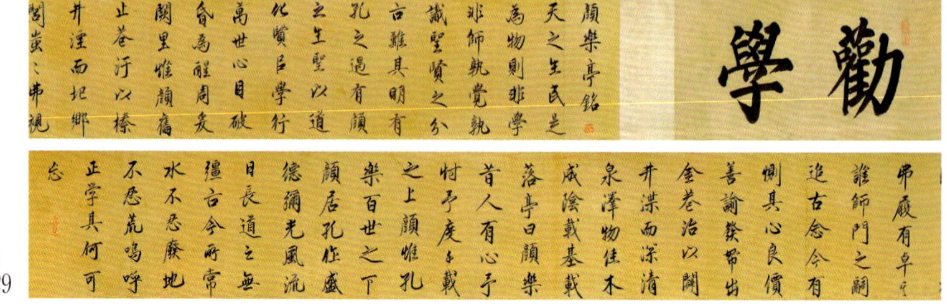

328 雍正 行书“颜乐亭” 手卷
估 价：RMB 600,000～800,000
成交价：RMB 1,035,000
诗堂：28.5cm×52cm.画心：28.5cm×294cm. 中鸿信 2015.07.29

16003 永瑢 山水 册页（二册二十开）
说明："迟庵审定"即孙毓汶鉴藏。
估 价：RMB 1,600,000~2,800,000
成交价：RMB 4,830,000
20cm×11cm×20 北京保利 2015.12.07

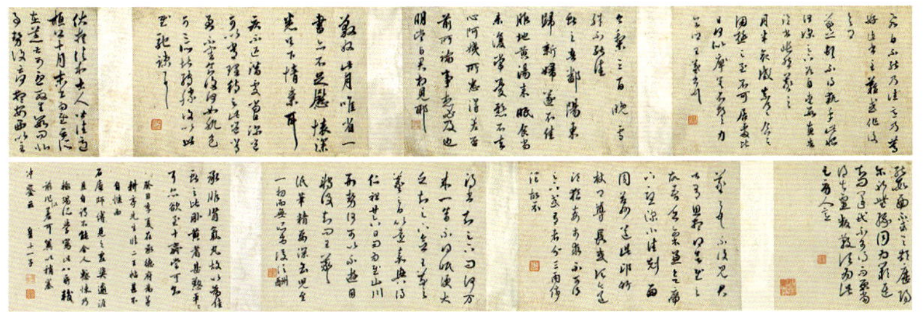

1012 永瑆 1793年作 行书临二王帖 手卷
估 价：RMB 300,000~500,000
成交价：RMB 345,000
30.5cm×47cm×7 中国嘉德 2015.05.18

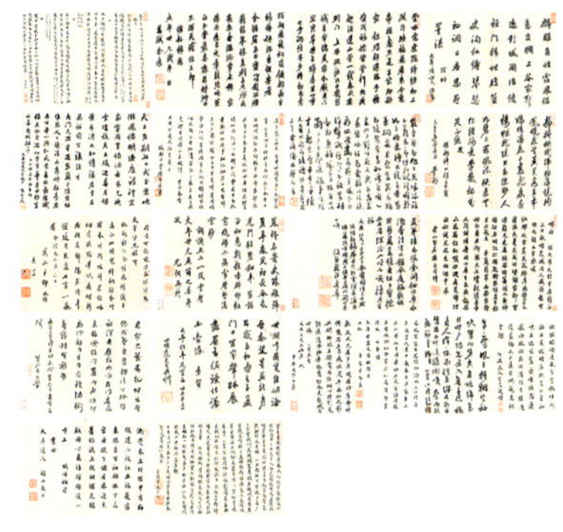

370 尤侗 彭孙遹 等 催妆诗 册页 （十八开）
估 价：RMB 350,000~450,000
成交价：RMB 517,500
19cm×26.5cm×18 上海工美 2015.06.28

254 俞樾 隶书节录《急就篇》 立轴
估 价：RMB 380,000~480,000
成交价：RMB 460,000
168.1cm×47cm×4 保利厦门 2015.05.03

954 俞龄 郊原牧马 立轴
估 价：RMB 30,000~50,000
成交价：RMB 437,000
150cm×66cm 中国嘉德 2015.05.18

631 俞宗礼 1765年作 昔贤行迹图 （32帧） 册页
估 价：RMB 50,000～80,000
成交价：RMB 1,150,000
42cm×31cm×32 北京匡时 2015.10.16

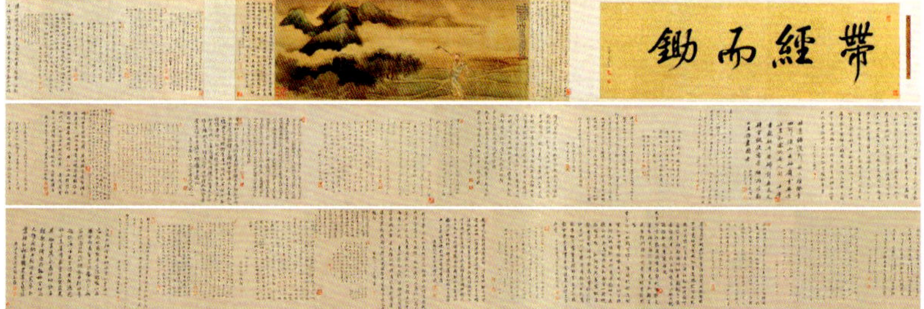

2010 禹之鼎 带经荷锄图 手卷
估 价：RMB 8,000,000～12,000,000
成交价：RMB 9,200,000
画心39cm×102cm；题跋39cm×821cm 北京保利 2015.06.05

522 袁江 视膳图 立轴
来源：新加坡重要私人收藏。
估 价：USD 100,000～120,000
成交价：RMB 2,434,486
187.5cm×100cm 纽约苏富比 2015.09.17

16 袁瑛 雪山行旅图 立轴
估 价：RMB 300,000～400,000
成交价：RMB 345,000
161cm×80cm 华艺国际 2015.05.24

1892 袁曜 湖山行旅 立轴
估 价：RMB 80,000～120,000
成交价：RMB 2,990,000
205cm×132cm 中国嘉德 2015.04.03

710 袁耀 九成宫图 立轴
估 价：RMB 1,200,000～1,500,000
成交价：RMB 3,910,000
183cm×60cm 北京匡时 2015.12.04

2215 恽冰 南山佳色 立轴
估 价：RMB 300,000~500,000
成交价：RMB 368,000
100cm×47cm 北京保利 2015.06.06

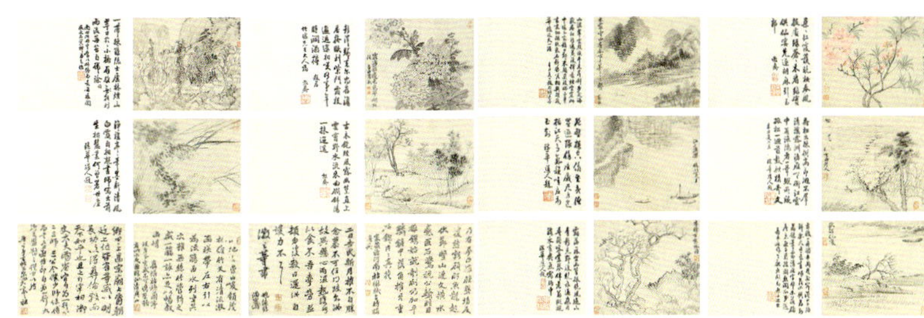

724 恽寿平 山水花卉书法合册 册页 （十二开）
备注：陆心源、高吹万曾藏。
估 价：RMB 1,800,000~2,500,000
成交价：RMB 3,450,000
本幅19cm×22cm×10；题跋19.5cm×22.5cm×10；18.5cm×22cm×4 北京匡时 2015.12.04

2044 恽寿平 墨梅 镜心
著录：《恽寿平画集》第209页，上海博物馆建馆35周年纪念，承名世主编，文物出版社，1987年9月出版；……。
估 价：RMB 1,200,000~1,500,000
成交价：RMB 4,830,000
112cm×53cm 北京保利 2015.06.05

2043 恽寿平 1684年作 枯木竹石 立轴
著录：1.《中国历代书画艺术论着丛编第33册吴越所见书画录》，第846页，中国大百科全书出版社，1997年5月版；2.《改订历代流传绘画编年表》，第193页，徐邦达编，人民美术出版社，1996年10月版；……。
估 价：RMB 1,500,000~2,000,000
成交价：RMB 1,725,000
138cm×58cm 北京保利 2015.06.05

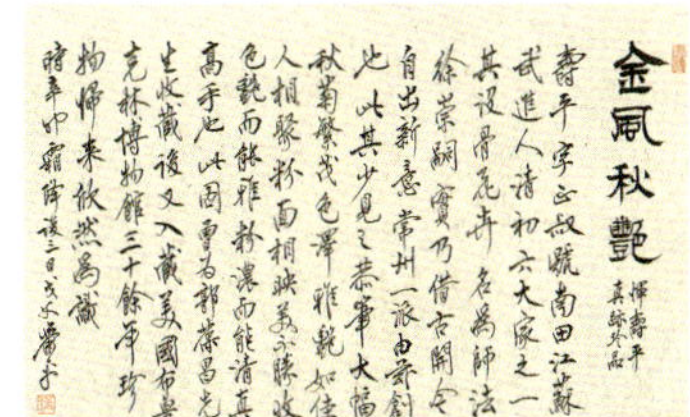

714 恽寿平 1689年作 艳秋图 镜心
备注：郭葆昌旧藏。
估 价：RMB 8,000,000~12,000,000
成交价：RMB 16,100,000
165cm×69.7cm 北京匡时 2015.12.04

1035 张庚 山水 册页
估 价：HKD 90,000～120,000
成交价：RMB 618,969
29cm×22cm×13 保利香港 2015.04.07

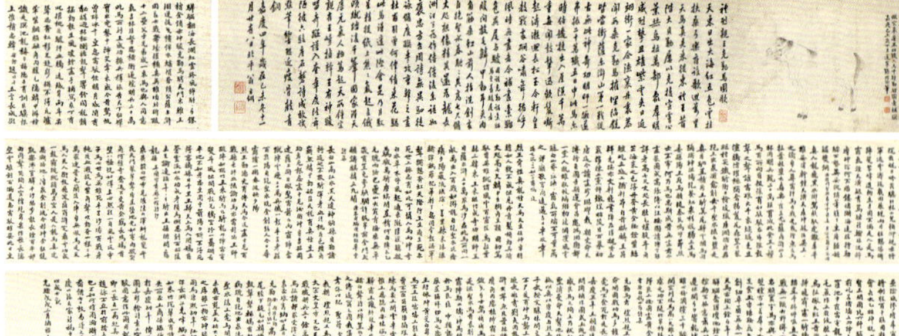

1644 张问陶 1799年作 克勒马图 手卷
来源：北京文物公司旧藏。
估 价：RMB 400,000～450,000
成交价：RMB 460,000
本幅25cm×131.5cm 北京匡时 2015.12.05

588 张洽 写董源山水 立轴
来源：纽约GRABER家族收藏。
估 价：USD 10,000～15,000
成交价：RMB 438,144
138cm×53.8cm 纽约苏富比 2015.09.17

1609 张肩 墨竹 立轴
估 价：RMB 80,000～100,000
成交价：RMB 299,000
140cm×63cm 北京匡时 2015.12.05

736 张恺 灵芝兰石图 镜心
来源：懋隆工艺品公司旧藏。
估　价：RMB 10,000
成交价：RMB 391,000
100cm×485cm 北京翰海 2015.07.18

1356 张尚思 南田遗韵 册页 （十二开）
来源：旧藏者哈少甫。
估　价：RMB 120,000~150,000
成交价：RMB 276,000
28cm×22cm×12 中国嘉德 2015.11.16

963 张廷济 楷书《诸暨县重修太平桥记》 镜框
估　价：HKD 200,000~300,000
成交价：RMB 513,125
166cm×84cm 佳士得 2015.11.30

3620 张若霭 清雍正/乾隆 《竹林高仕》图
估　价：HKD 300,000~400,000
成交价：RMB 585,075
104.2cm 香港苏富比 2015.04.07

52 张源 1766年作 七夕图 立轴
估　价：RMB 200,000～300,000
成交价：RMB 322,000
152.5cm×57cm 上海嘉禾 2015.05.08

1563 张崟 晴窗读书图 立轴
备注：钱镜塘、张重威旧藏。
估　价：RMB 280,000～300,000
成交价：RMB 391,000
120cm×57cm 北京匡时 2015.12.05

1531 张若澄 1786年作 摹宋人笔意 镜心
估　价：RMB 500,000～600,000
成交价：RMB 575,000
129.5cm×55cm 北京匡时 2015.12.05

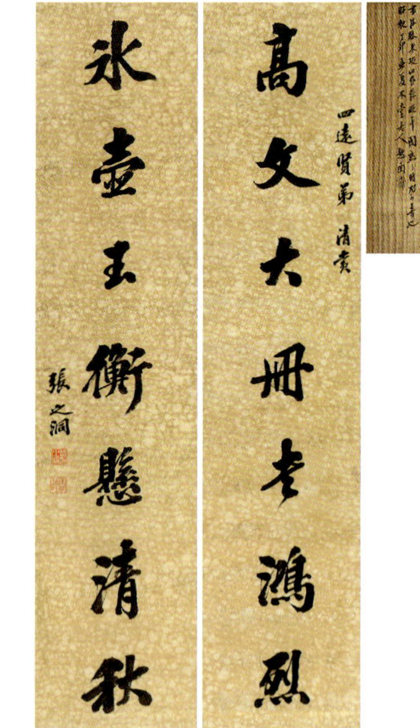

876 张之洞 行书七言联 立轴
估　价：RMB 800,000～1,000,000
成交价：RMB 920,000
156cm×36cm×2 中国嘉德 2015.05.18

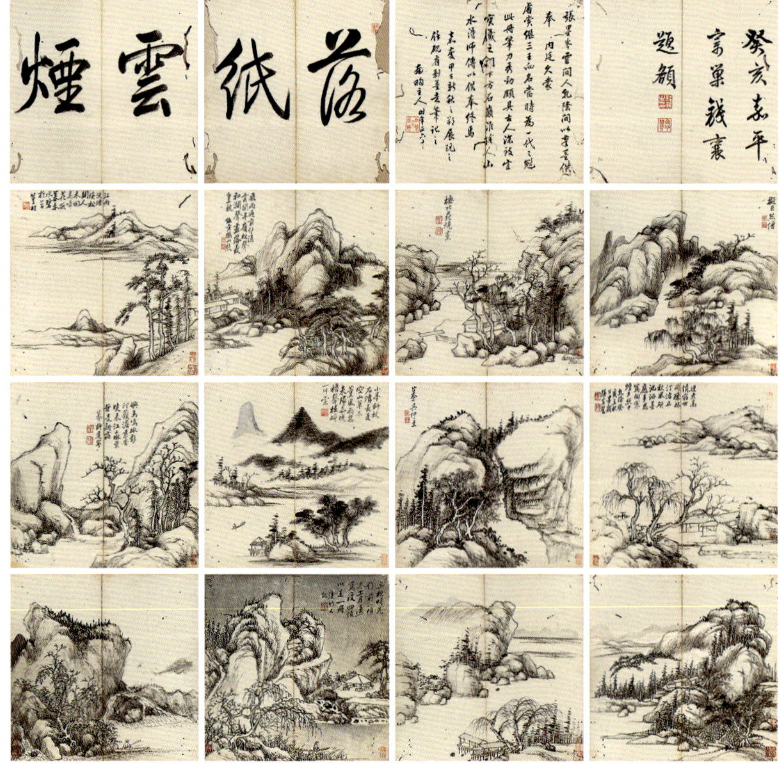

21 张宗苍 1743年作 落纸云烟 册页
估　价：RMB 600,000～800,000
成交价：RMB 1,092,500
28cm×30cm×12 上海嘉禾 2015.05.08

1404 张深 1827年作 鸳湖行旅图 立轴
估　价：RMB 80,000～120,000
成交价：RMB 345,000
160cm×46cm 中国嘉德 2015.11.16

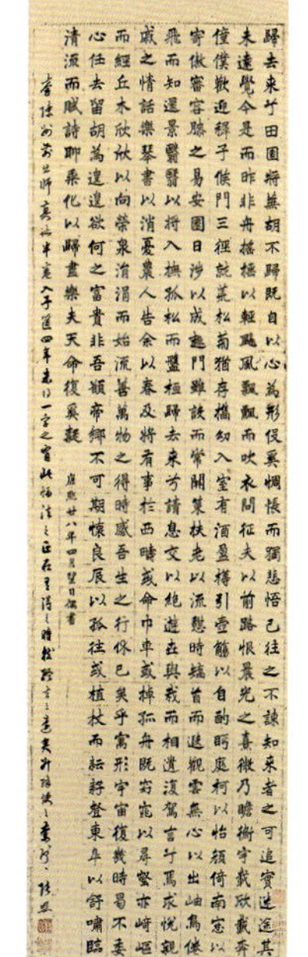

42 张照 楷书《归去来兮辞》 立轴
估　价：RMB 250,000～380,000
成交价：RMB 414,000
158cm×43cm 上海嘉禾 2015.05.08

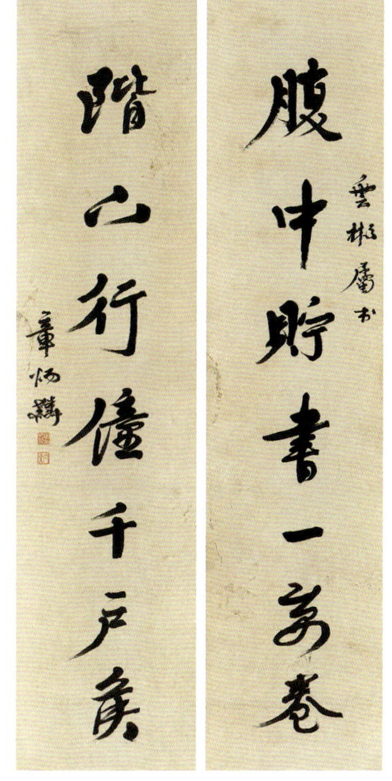

901 章炳麟 行书七言联 立轴
出版：1.《宋云彬旧藏书画图录》，33页，中华书局，2015年；2.《宋云彬旧藏书画本事考》，35页，2015年。
估　价：RMB 80,000～120,000
成交价：RMB 368,000
133.5cm×31.5cm×2 中国嘉德 2015.11.15

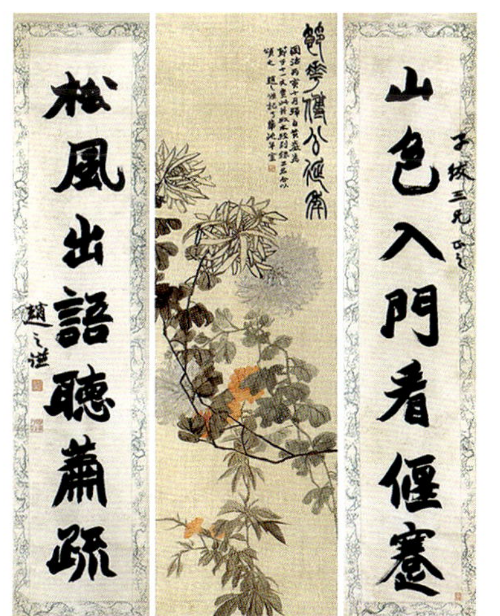

308 赵之谦 节花延年 行书七言联一堂 镜框 立轴
来源：傅节子旧藏。
估　价：RMB 4,800,000～6,800,000
成交价：RMB 8,797,500
画106cm×32.5cm；
对联129.5cm×30cm×2 上海明轩 2015.06.21

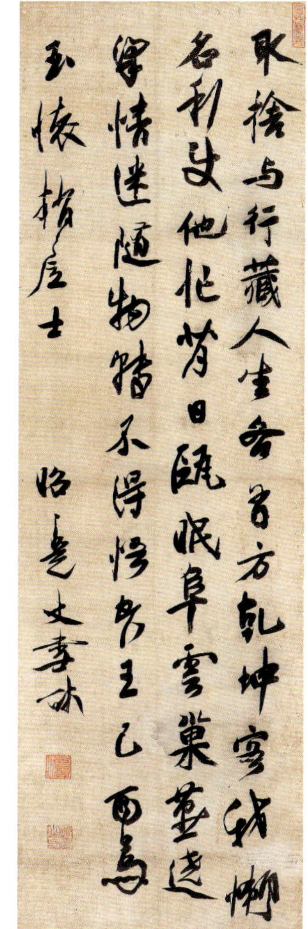

271 丈雪 1669年作 草书石屋清珙禅语 立轴
来源：北京文物公司旧藏。
估　价：RMB 150,000～180,000
成交价：RMB 460,000
156.5cm×50cm 北京翰海 2015.06.26

1039 赵之谦 隶书临《繁阳令阳君碑》 四屏立轴
来源：王晋玉上款。
估　价：RMB 3,500,000～4,000,000
成交价：RMB 5,577,500
170cm×44.5cm×4 北京匡时 2015.06.06

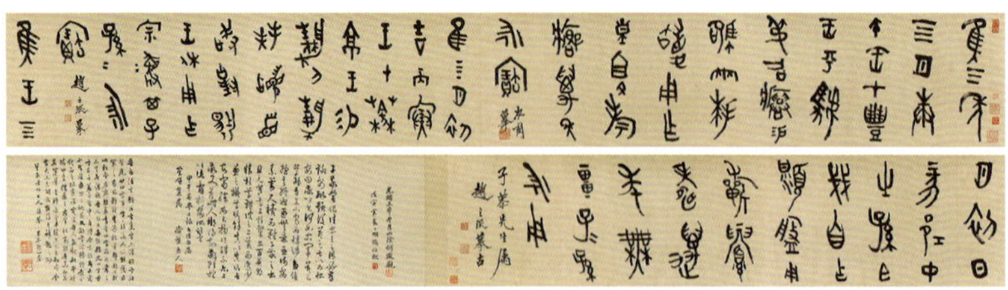

1907 赵之琛 节临金文 手卷
估　价：RMB 55,000～65,000
成交价：RMB 368,000
本幅33cm×390cm 北京匡时 2015.06.07

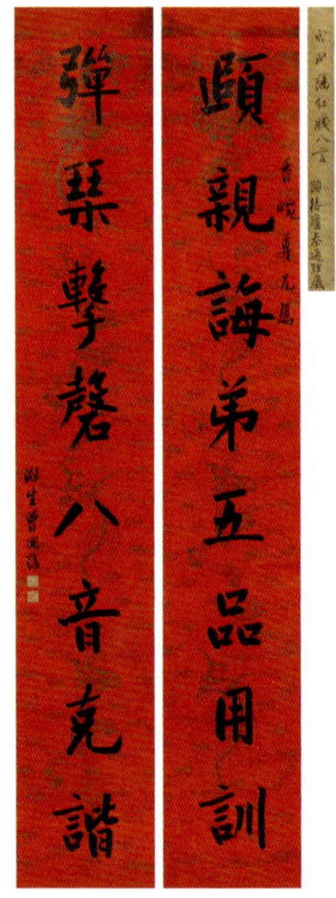

1023 曾国藩 行书八言联 立轴
来源：1.天津文物公司旧藏。2.秦中行旧藏。
估　价：RMB 800,000～1,200,000
成交价：RMB 3,105,000
232cm×38.5cm×2 北京匡时 2015.06.06

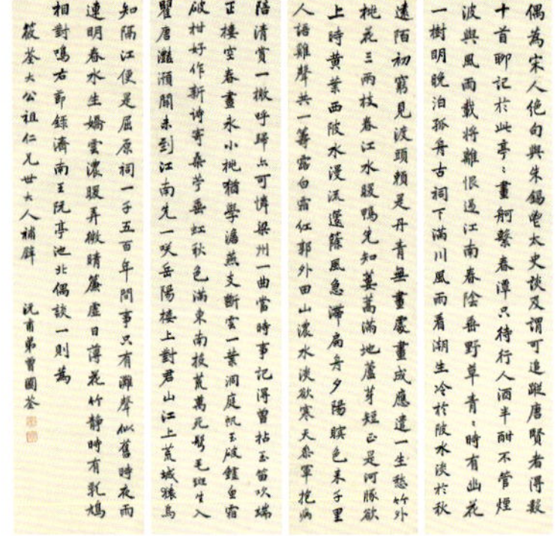

875 曾国荃 楷书节录池北偶谈 立轴
估　价：RMB 60,000～80,000
成交价：RMB 356,500
171cm×41.5cm×4 中国嘉德 2015.05.18

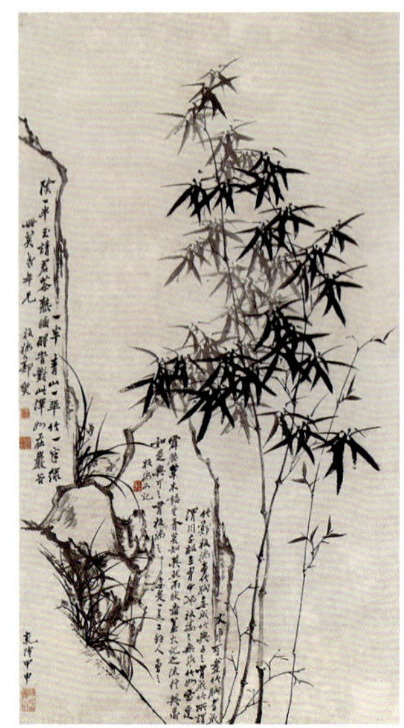

792 郑板桥 1764年作 竹石图 镜心
估　价：RMB 5,000,000～6,000,000
成交价：RMB 5,750,000
185cm×102cm 中国嘉德 2015.05.17

391 郑岱 松下对弈图 立轴
来源：文物商店旧藏。
估　价：RMB 250,000～450,000
成交价：RMB 450,000
172cm×92cm 上海驰翰 2015.05.09

414 郑簠 隶书《金人铭》 立轴
估　价：USD 15,000～20,000
成交价：RMB 430,444
170.5cm×44.7cm 纽约苏富比 2015.03.19

892 周琤 天禄图 立轴
录自：《中国美术家人名辞典》，上海人民美术出版社，第500至501页。
估　价：HKD 150,000～200,000
成交价：RMB 389,975
172cm×90.5cm 佳士得 2015.11.30

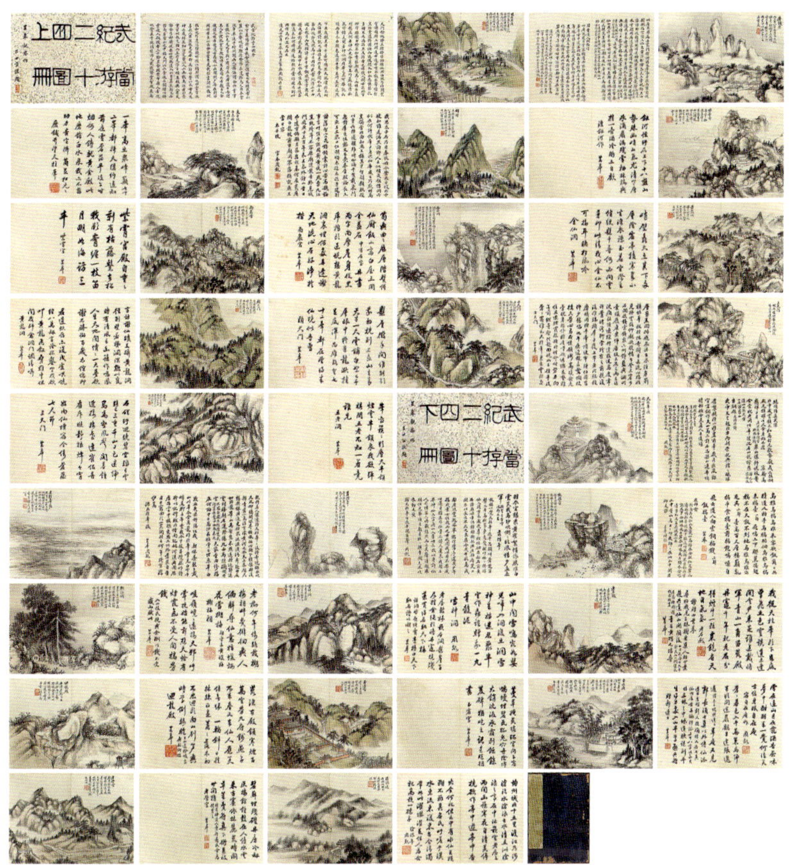

218 周凯 武当纪游二十四图 册页两册
估　价：RMB 300,000~500,000
成交价：RMB 800,000
21cm×29.5cm×52 上海驰翰 2015.05.09

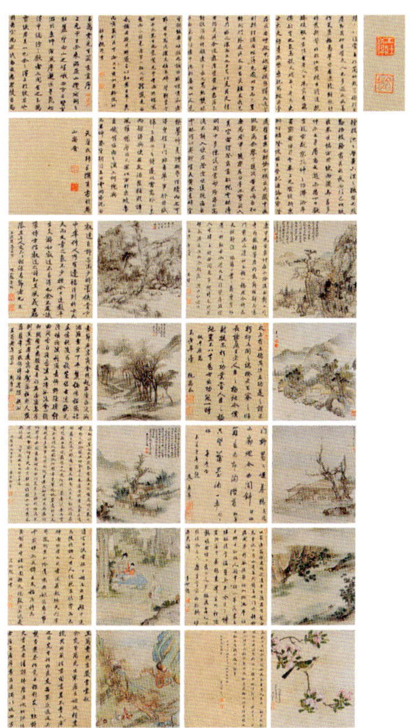

2170 朱彝尊 张学纯 沈白 等 书画合璧 册页（二十九开）
估　价：RMB 400,000~600,000
成交价：RMB 460,000
35cm×30cm×29 北京保利 2015.06.06

302 朱伦瀚 秋山鸣泉图 立轴
估　价：RMB 600,000~800,000
成交价：RMB 690,000
200.6cm×94.2cm 保利厦门 2015.05.03

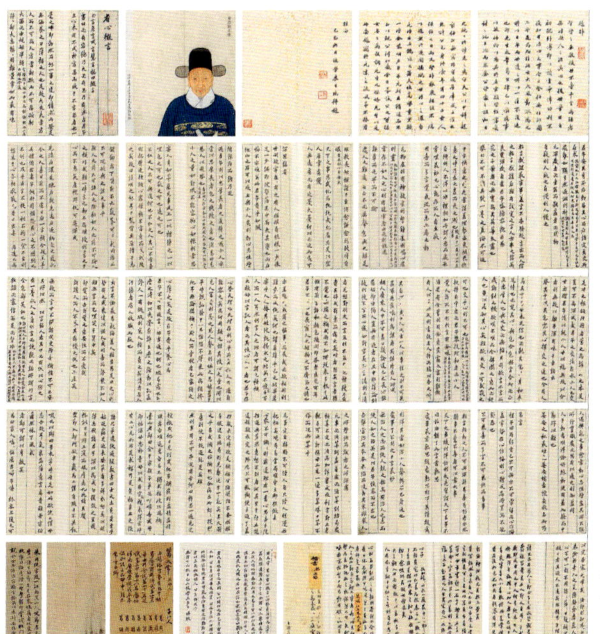

2177 朱柏庐 王步青 等 行书题葛太常小像 册页（二十五开）
估　价：RMB 80,000~120,000
成交价：RMB 828,000
26cm×21cm×25 北京保利 2015.06.06

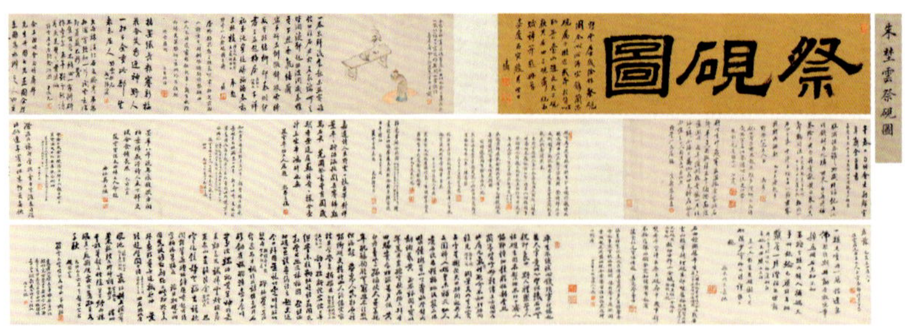

2012 朱鹤年 祭砚图 手卷
来源：徐氏竹隐庐藏。
估　价：RMB 1,200,000～1,800,000
成交价：RMB 1,380,000
心27cm×190cm；跋32cm×398cm 北京保利 2015.06.05

915 诸升 1689年作 万竿烟雨图 手卷
来源：王望霖旧藏。
估　价：RMB 3,000,000～3,500,000
成交价：RMB 5,290,000
引首47cm×116cm；本幅47cm×419cm 北京匡时 2015.06.06

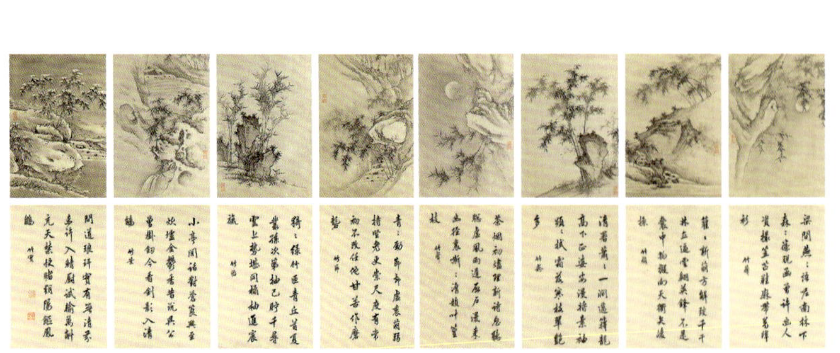

922 诸升 青溪十咏图 册页 （八开）
说明：浙江省博物馆退赔藏品。
估　价：RMB 1,000,000～1,200,000
成交价：RMB 2,472,500
书法32cm×22cm×8；绘画32cm×22cm×8 北京匡时 2015.06.06

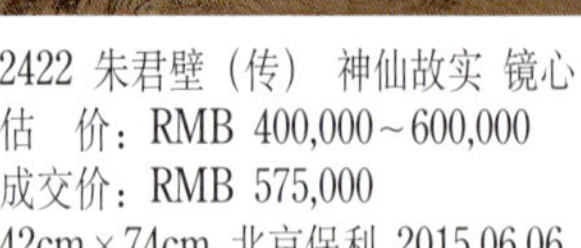

2422 朱君壁（传） 神仙故实 镜心
估　价：RMB 400,000～600,000
成交价：RMB 575,000
42cm×74cm 北京保利 2015.06.06

586 邹喆 倚杖寻芳 立轴
来源：维多利亚·孔达旧藏。
估　价：USD 60,000～80,000
成交价：RMB 2,510,962
192.8cm×79cm 纽约苏富比 2015.09.17

16008 邹一桂 四时花鸟 立轴 八屏
估　价：RMB 600,000～800,000
成交价：RMB 1,207,500
31cm×30cm×8 北京保利 2015.12.07

721 邹一桂 菊石图 镜心
估　价：RMB 5,000,000～6,000,000
成交价：RMB 9,200,000
118cm×63cm 北京匡时 2015.12.04

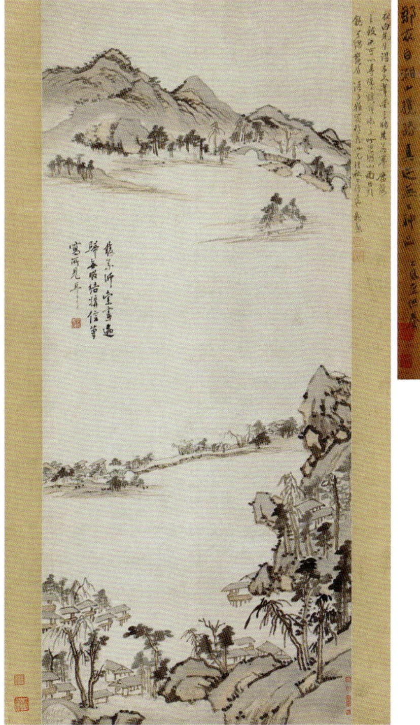

705 邹之麟 湖山览胜图 立轴
出版：1.《神州大观》续编第四集，神州国光社，民国十八年（1929年）；2.喜仁龙《中国画大师与风格》P244，1956年；……。
估　价：RMB 1,600,000～2,000,000
成交价：RMB 3,220,000
152cm×67.5cm 北京匡时 2015.12.04

873 左宗棠 篆书八言联 立轴
说明：上款“子久”或为袁宝龄。
估　价：RMB 120,000～180,000
成交价：RMB 529,000
169cm×21.2cm×2 中国嘉德 2015.05.18

近现代作者

262 阿海 2014年作 蓼汀
来源：亚洲私人收藏。
估　价：HKD 300,000～380,000
成交价：RMB 380,475
61cm×172cm 佳士得 2015.5.31

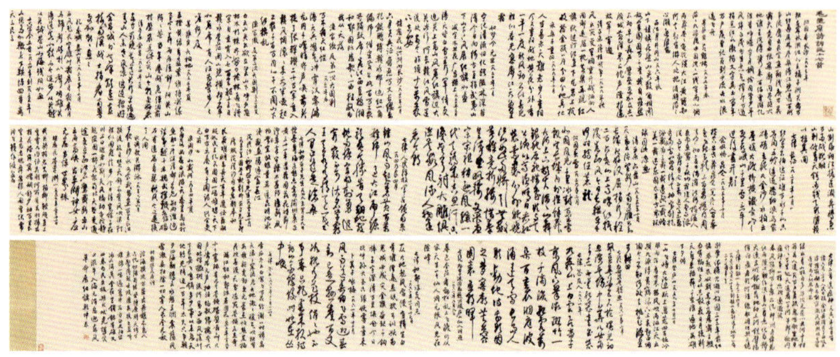

2003 白蕉 行书毛主席诗词三十七首 手卷
著录：《艺海名家书画精选》第322页，西泠印社出版，2005年出版。
估　价：HKD 280,000～380,000
成交价：RMB 1,380,000
31.5cm×703.5cm 北京保利 2015.6.5

931 艾轩 2013年作 冬雪 镜框
出版：《艾轩 － 粉墨登场》，季丰美术出版社，香港，2013年，第66－67页。
估　价：HKD 500,000～700,000
成交价：RMB 993,240
90cm×97cm 佳士得 2015.6.1

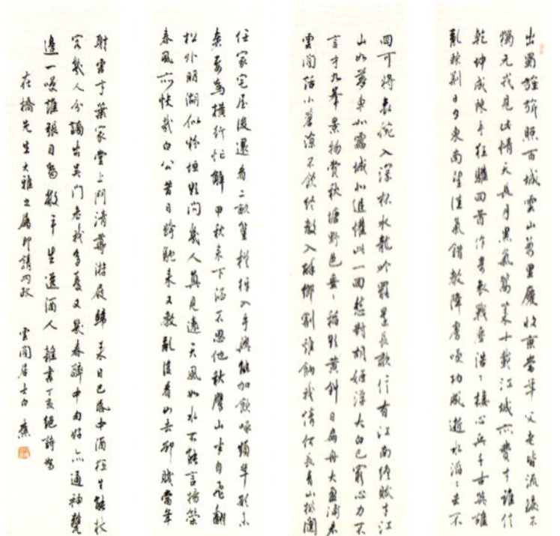

1410 白蕉 行书丁亥绝诗 立轴 四屏
来源："在桥"即闽籍收藏家吴在桥。
估　价：RMB 200,000～300,000
成交价：RMB 423,675
105.5cm×23cm×4 香港苏富比 2015.4.6

1072 白雪石 群峰叠翠 镜心
估　价：RMB 500,000～600,000
成交价：RMB 1,782,500
89cm×155cm 北京至诚 2015.12.20

721 白雪石 1993年作 漓江 镜框
著录：《揽翠山房·珍藏书画集》P103－104，广西美术出版社，2014年。
估　价：HKD 1,200,000～1,600,000
成交价：RMB 1,736,000
95cm×178cm 北京荣宝 2015.6.21

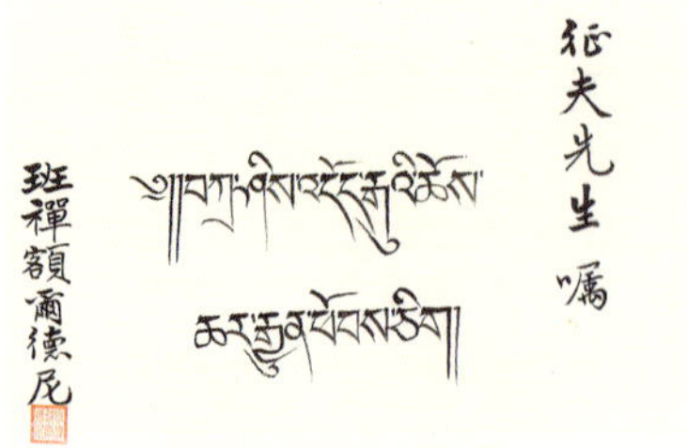

314 班禅额尔德尼 藏文书法 镜框
来源：此拍品直接得自张镇家属。
估　价：HKD 500,000～700,000
成交价：RMB 1,012,000
42cm×62cm 上海明轩 2015.6.21

207 北京新国画研究会集体合作 和平颂 镜心
来源：懋隆工艺品公司旧藏。
估　价：RMB 10,000
成交价：RMB 644,000
171cm×242cm 北京翰海 2015.7.18

543 蔡逸溪 2006年作 海鸥的季节
来源：2006年直接购自艺术家，新加坡私人收藏。
估 价：HKD 180,000～280,000
成交价：RMB 320,400
48.5cm×153cm 佳士得 2015.5.31

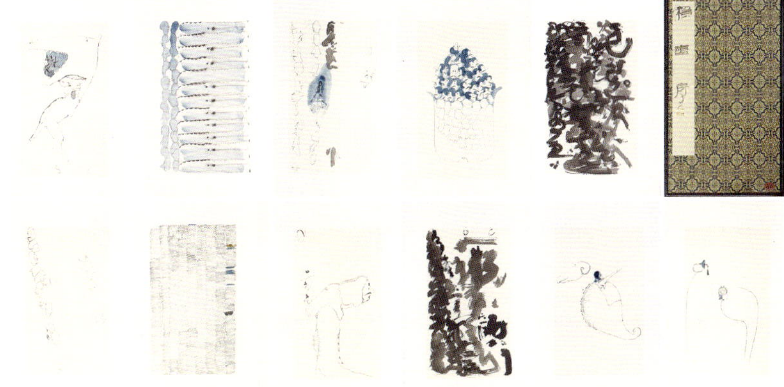

312 边平山 人物 册页 （二十四选十二）
估 价：RMB 150,000～200,000
成交价：RMB 322,000
32.5cm×19cm×24 凤凰拍卖 2015.5.15

307 蔡长奎 六骏图 镜片
估 价：RMB 400,000
成交价：RMB 649,600
70cm×137cm 上海天赐 2015.5.31

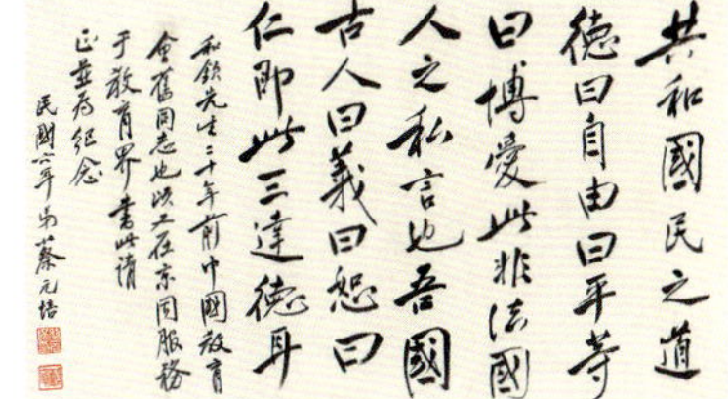

528 蔡元培 1917年作 行书横披 横披
估 价：RMB 300,000～400,000
成交价：RMB 2,415,000
56cm×98cm 中国嘉德 2015.5.17

961 蔡鹤汀 1941年作 双雄图 镜心
著录：《中国近现代百家画集》顺德日升堂1962年出版，第84页。
估 价：RMB 450,000～550,000
成交价：RMB 517,500
104.5cm×52.4cm 保利厦门 2015.5.2

231 常青 2013年作 画家齐白石 立轴
估 价：RMB 1,600,000~2,000,000
成交价：RMB 2,090,000
158cm×58cm 上海爱莲 2015.11.22

1200 陈半丁 1942年作 山水 立轴
估 价：RMB 300,000~500,000
成交价：RMB 345,000
94.5cm×44cm 北京翰海 2015.6.27

2111 陈伯达 1965年作 行书毛主席诗 立轴
估 价：RMB 1,800,000~2,200,000
成交价：RMB 2,070,000
175cm×87cm×2 北京保利 2015.12.7

278 晁海 卧牛 镜心
著录：1.《人民日报》海外版，第5—8版，2015年3月30日；2.《水墨·世纪变革与艺术新路》第73页，北京保利国际拍卖有限公司，2015年4月。
估 价：RMB 2,800,000~4,500,000
成交价：RMB 3,680,000
123cm×97cm 北京保利 2015.6.4

1077 陈传席 人文之源 镜心
估 价：RMB 650,000~1,200,000
成交价：RMB 1,725,000
270cm×97cm 北京保利 2015.12.6

163 陈达 1942年作 青绿山水 镜片
估 价：RMB 180,000~250,000
成交价：RMB 333,500
101.5cm×49.5cm 上海嘉禾 2015.5.8

27 陈大羽 万紫千红 镜心 八屏
来源：原陈列于陈大羽家中。
估　价：RMB 1,200,000～1,600,000
成交价：RMB 1,840,000
97cm×45cm×8 南京经典 2015.1.4

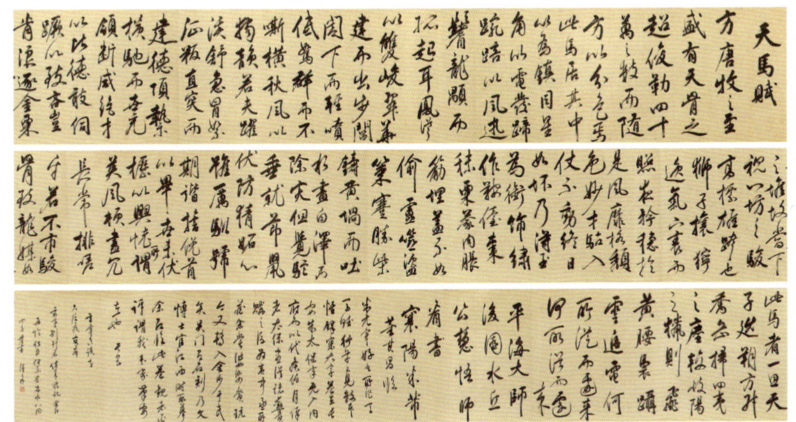

1510 陈公博 临董其昌《天马赋》 手卷
估　价：RMB 140,000～150,000
成交价：RMB 310,500
58.5cm×1012cm 北京匡时 2015.6.7

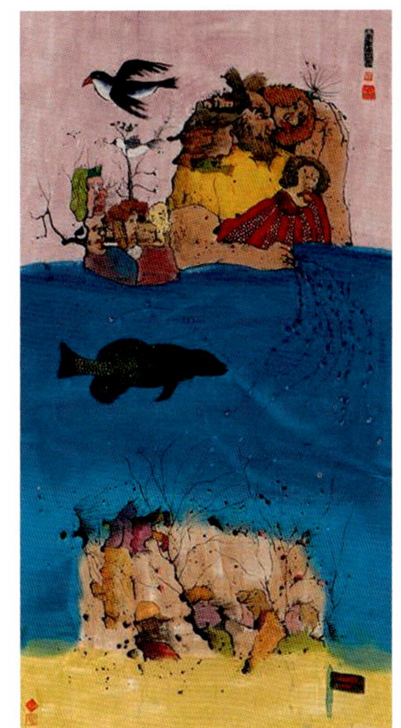

5082 陈福善 1979年作 下沉的人
来源：亚洲私人收藏。
估　价：HKD 250,000～350,000
成交价：RMB 226,050
151.5cm×81cm. 香港苏富比 2015.10.5

3495 陈良敏 2014年作 思乡图 镜心
估　价：RMB 350,000～450,000
成交价：RMB 460,000
69cm×69cm 北京保利 2015.6.3

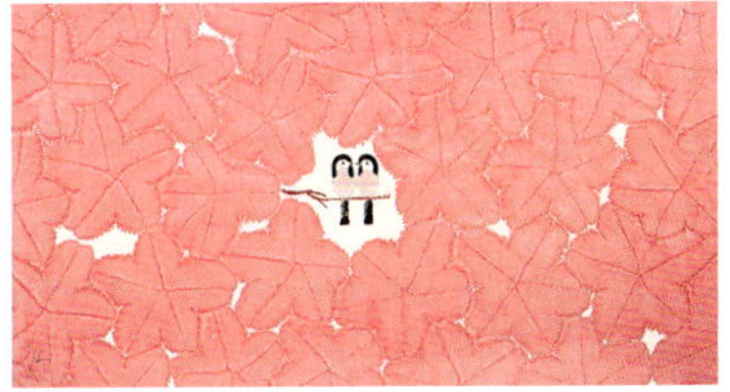

146 陈家泠 红叶小鸟 镜心
出版：《游心书画—玉堂藏中国历代名家书画集》，P116，上海书画出版社，2011年。
估　价：RMB 300,000～400,000
成交价：RMB 483,000
95.5cm×178cm 上海宝龙 2015.1.18

101 陈佩秋 1951年作 摹宋徽宗柳鸦芦雁图 手卷
来源：香港太古佳士得（CHRISTIE&＃39;S SWIRE）1990年3月19日拍品，编号268，附号签。
估　价：RMB 900,000～1,000,000
成交价：RMB 3,680,000
本幅34.5cm×232.5cm 北京匡时 2015.6.6

810 陈佩秋 2007年作 竹石双禽 镜片
估　价：RMB 1,200,000～2,200,000
成交价：RMB 1,782,500
50cm×145.5cm 上海工美 2015.6.28

845 陈其宽 1964年作 礁
来源：乐山堂收藏。
估　价：RMB 200,000～280,000
成交价：RMB 483,000
23cm×122.2cm 北京诚轩 2015.5.17

1160 陈少梅 简恩焕 1938年作 杏坛弦歌 楷书正气歌 成扇
著录：《守望经典——百年水墨精选》，第113页，天津人民美术出版社，2013年；……。
估　价：RMB 1,800,000～2,800,000
成交价：RMB 3,565,000
17cm×48cm 北京保利 2015.12.6

851 陈少梅 1942年作 水阁云瀑 立轴
出版：《陈少梅画集》P14，湖南美术出版社，1983年。
估　价：RMB 2,800,000～3,500,000
成交价：RMB 3,795,000
133cm×67cm 北京匡时 2015.6.6

1592 陈去病 楷书 三屏
估　价：RMB 15,000～25,000
成交价：RMB 356,500
145cm×39cm×3 中国嘉德 2015.4.2

561 陈平 2004年作 崂山行游 镜心
著录：《彩墨青岛—当代名家画崂山》，第104页—105页，人民美术出版社。
估 价：RMB 630,000～730,000
成交价：RMB 724,500
97cm×90cm 保利山东 2015.2.1

912 陈树人 陈之佛 徐悲鸿 傅抱石 1945年作 花鸟 四屏镜心
著录：《其命唯新·纪念傅抱石诞辰110周年，民间珍藏傅抱石作品集》，附录164，江苏凤凰美术出版社，2014年。
估 价：RMB 2,800,000～3,500,000
成交价：RMB 3,565,000
28cm×32cm×4 保利厦门 2015.5.2

646 陈师曾 花卉 六屏
估 价：USD 24,000～28,000
成交价：RMB 876,288
170.3cm×47.5cm 纽约苏富比 2015.9.17

322 陈文希 1969年作 猿 镜心
著录：1.《陈文希回顾展》，台北市立美术馆，1990年；2.《陈文希画集》，Grand Art Co. Ltd.，1991年，页87；……。
估 价：HKD 4,800,000～6,000,000
成交价：RMB 7,274,700
145cm×366cm 保利香港 2015.10.5

772 陈仕彬 江山形胜画图开
估 价：RMB 200,000～300,000
成交价：RMB 322,000
68cm×136cm 北京翰海 2015.6.26

301 陈文希 群居 立轴
著录：1.《与传统对话－陈文希八十年代的艺术》封面，新加坡国家博物馆，1992年；……。
估　价：HKD 500,000~800,000
成交价：RMB 1,891,422
137cm×69.5cm 保利香港 2015.10.5

552 陈湘波 1995年作 荷·澄辉
出版：1.《草木芳华·陈湘波画集》（广西美术出版社，2008年）；2.《中国画范本丛书·陈湘波现代花鸟》（天津杨柳青画社，2001年）；3.《当代美术家作品丛书·陈湘波》（湖北美术出版社，2005年）。
估　价：RMB 60,000~80,000
成交价：RMB 437,000
66cm×66cm 北京翰海 2015.6.26

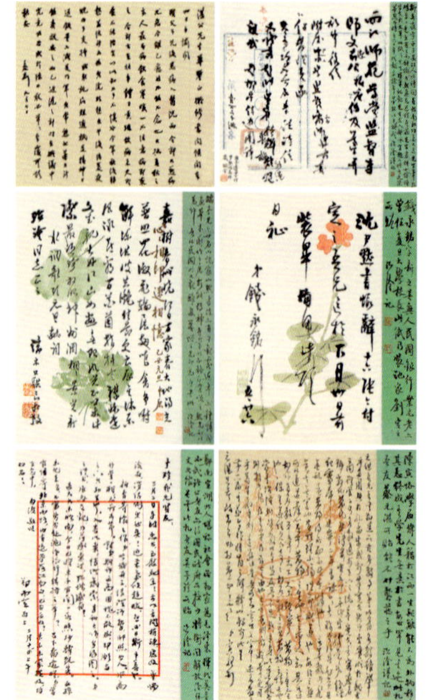

783 陈寅恪 柳亚子 等 名家书翰 册页 （八开选六）
来源：夏治淦（1917-？）所藏。
估　价：RMB 15,000~30,000
成交价：RMB 1,040,750
尺寸不一 朵云轩 2015.1.26

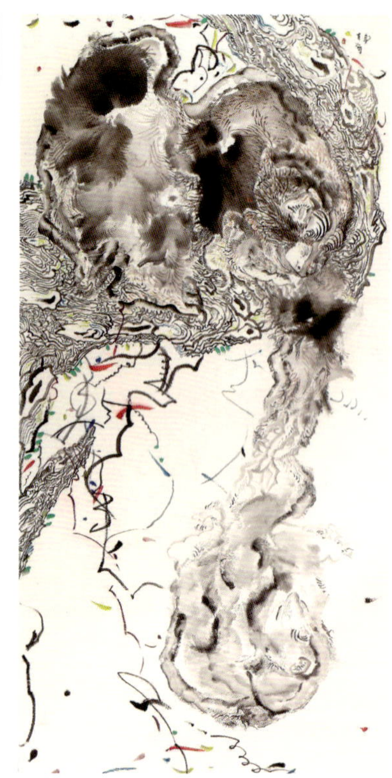

164 陈有炳 2014年作 母子
估　价：RMB 150,000~200,000
成交价：RMB 437,500
219.9cm×114cm 佳士得（上海） 2015.4.25

20 陈幼华 2014年作 江云飘素练 镜心
估　价：RMB 200,000
成交价：RMB 230,000
69cm×135cm 北京翰海 2015.9.13

2515 陈钰夫 2015年作 荷花系列之“交相辉映”No.6 镜心
估　价：HKD 500,000~700,000
成交价：RMB 484,980
68cm×137cm 保利香港 2015.10.5

1353 陈玉圃 2009年作 归去来辞书画合璧 手卷
估 价：HKD 600,000～700,000
成交价：RMB 1,380,000
画48cm×1060.5cm 中国嘉德 2015.5.18

1408 陈政明 2014年作 果市的女人们 镜片
出版：《拍卖视野01岭南在线》第130页，安徽美术出版社，2014年11月。
估 价：RMB 250,000～350,000
成交价：RMB 805,000
140cm×68cm 广州皇玛 2015.1.18

628 陈之佛 1945年作 竹雀图 立轴
备注：曾绍杰上款。
估 价：RMB 1,500,000～2,000,000
成交价：RMB 2,415,000
128cm×51.5cm 北京匡时 2015.12.4

1440 陈永锵 2014年作 雨露成甘果 镜框
估 价：RMB 100,000～150,000
成交价：RMB 552,000
137cm×68cm 广州皇玛 2015.1.18

1441 陈新华 金色家园 镜片
出版：《画风新象·当代岭南中国画作品集·花鸟卷》第48、49页，安徽美术出版社，2014年9月。
估 价：RMB 200,000～280,000
成交价：RMB 552,000
68cm×137cm 广州皇玛 2015.1.18

1125 陈振国 2010年作 歌舞升平 镜片
估 价：RMB 600,000～800,000
成交价：RMB 805,000
259cm×577cm 广州皇玛 2015.1.18

425 陈之佛 1945年作 雪里鸳鸯图 立轴
估 价：RMB 3,000～6,000
成交价：RMB 1,311,000
101cm×50cm 中国嘉德 2015.9.19

816 程十发 1960年作 傣村之晨 镜心
出版：1.《画坛拾徽—长石斋近现代名家绘画作品藏集》P114，西泠印社出版社，2006年；2.《近现代中国绘画名家名作赏析》P146，西泠印社出版社，2006年；3.《长石斋珍藏集》，中国美术学院出版社，2012年。
估 价：HKD 2,500,000～2,800,000
成交价：RMB 3,795,000
151cm×83cm 北京匡时 2015.6.6

773 陈忠洲 2014年作 访贤图
估 价：RMB 100,000～150,000
成交价：RMB 345,000
180cm×95cm 北京翰海 2015.6.26

427 陈治 武欣 吉祥 镜心
估 价：RMB 500,000～700,000
成交价：RMB 2,300,000
170cm×110cm 天津同方 2015.6.6

1238 陈元素 行书七言诗 扇面
估 价：HKD 80,000～120,000
成交价：RMB 387,984
18cm×51.5cm 中国嘉德 2015.10.7

1626 陈子庄 1962年作 邛崃山 手卷
说明："明珍"上款，"明珍"即田明珍，陈子庄的弟子。
估　价：RMB 760,000～900,000
成交价：RMB 4,140,000
17cm×140cm 北京保利 2015.6.5

692 程十发 1990年作 山水 册页 （十二开）
来源：中国嘉德2005春季拍卖会第1231号拍品。
估　价：RMB 2,600,000～3,200,000
成交价：RMB 5,060,000
49cm×30.5cm×12 中国嘉德 2015.5.17

8068 程十发 1989年作 秋山图 立轴
出版：《程十发》海派百年代表画家系列作品集P156，上海书画出版社2014年。
估　价：RMB 600,000～800,000
成交价：RMB 6,440,000
137cm×67cm 上海嘉禾 2015.5.8

1625 陈子庄 1975年作 白玉盘 立轴
著录：《陈子庄作品选》第15页，四川人民出版社，1982年，成都；……。
估　价：RMB 900,000～1,100,000
成交价：RMB 4,945,000
134cm×68cm 北京保利 2015.6.5

674 程十发 蒙族小姐妹 镜心
估　价：RMB 400,000～600,000
成交价：RMB 1,035,000
90cm×48.5cm 中国嘉德 2015.11.14

197 崔进 少女一 镜心
成交价：RMB 579,690
100cm×63cm 南京经典 2015.4.26

2822 仇德树 1983年作 自然的裂痕2号 镜框
来源：现藏者于1980年代中期直接购自艺术家。
成交价：RMB 328,800
114.4cm×117.1cm 香港苏富比 2015.10.5

2318 崔如琢 2012年作 黄叶漫山雪拥门 镜心
出版：《崔如琢大观》第三卷，故宫出版社，2014年，第132页。
估 价：HKD 5,200,000～6,000,000
成交价：RMB 7,618,080
75.5cm×144cm 保利香港 2015.4.6

1819 崔如琢 2014年作 飞雪伴春 镜心
估 价：HKD 20,000,000～25,000,000
成交价：RMB 25,300,000
146cm×370cm 中国嘉德 2015.11.16

619 崔如琢 2012年作 花似玉雕叶似烟
成交价：RMB 26,450,000
144cm×367cm 北京翰海 2015.11.27

6768A 崔如琢 2011年作 秋水一抹碧，残霞几缕红 镜心
出版：《崔如琢大观》第七卷P250，故宫出版社。
估 价：RMB 20,000,000～25,000,000
成交价：RMB 28,750,000
143cm×365cm 北京保利 2015.12.6

2309 崔如琢 2013年作 山水 四屏镜心
成交价：RMB 110,090,460
295cm×142cm×4 保利香港 2015.10.5

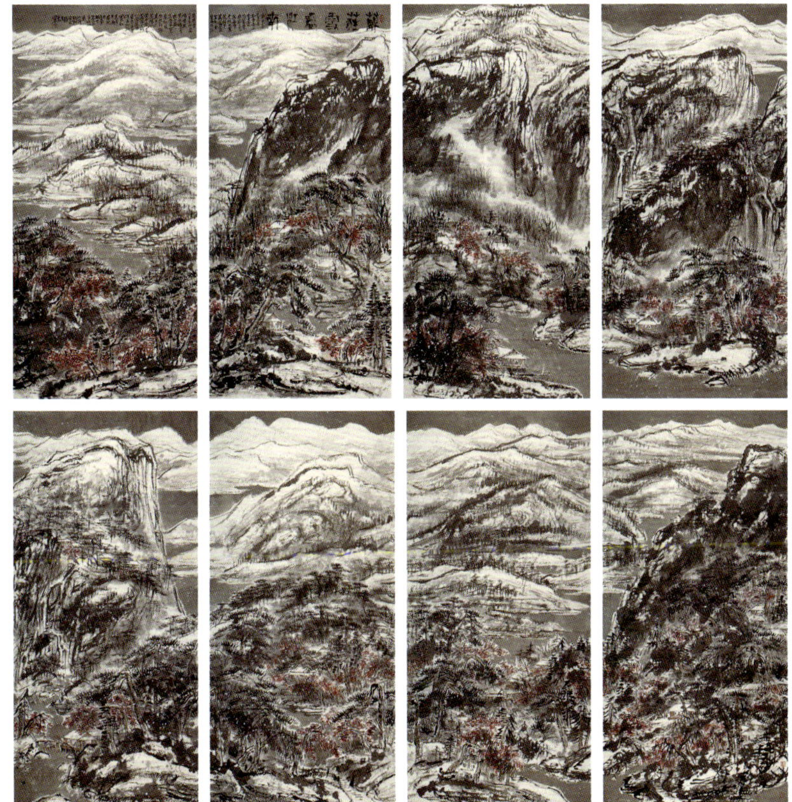

2314 崔如琢 2013年作 蒹葭雪意江南 镜心
成交价：RMB 190,452,000
292cm×143cm×8 保利香港 2015.4.6

2313 崔如琢 2010年作 石洁竹青好父母 镜心
估　价：HKD 8,500,000~9,200,000
成交价：RMB 9,699,600
211cm×72cm 保利香港 2015.10.5

784 崔自默 在上在下
估　价：RMB 150,000~180,000
成交价：RMB 322,000
18cm×21cm 北京翰海 2015.6.26

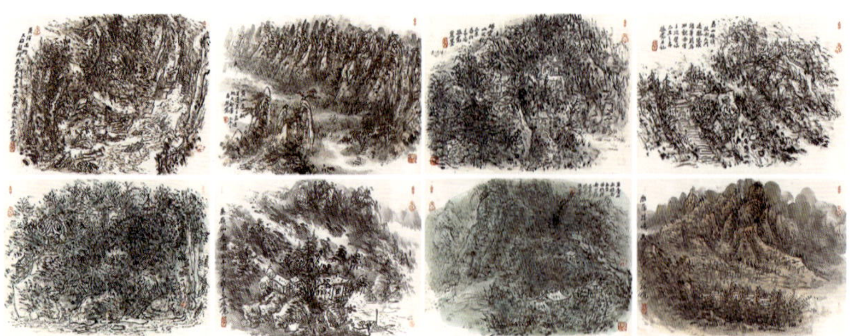

1332 崔振宽 2015年作 风景写生 （八帧） 镜心
估　价：RMB 1,000,000～1,500,000
成交价：RMB 1,150,000
41cm×55cm×8 中国嘉德 2015.5.18

712 大土三阳 2015年作 山水
估　价：RMB 2,600,000～3,000,000
成交价：RMB 3,680,000
247cm×123cm 北京翰海 2015.11.27

1276 崔子范 1992年作 迎春图 镜框
估　价：HKD 65,000～75,000
成交价：RMB 350,438
95cm×176.5cm 佳士得 2015.6.2

3662 大壶 2014年作 闲爱孤云静爱僧 镜心
估　价：RMB 190,000～250,000
成交价：RMB 368,000
82cm×68cm 北京保利 2015.6.3

1378 戴卫 2014年作 风骨堂人物扇面 镜心
估　价：RMB 900,000～1,100,000
成交价：RMB 1,667,500
20.5cm×60cm×6 中国嘉德 2015.5.18

628 戴敦邦 1962年作 大闹天宫（七十九帧）册页
著录：1.《大闹天宫》，江苏人民出版社，1962年；2.《博爱堂藏书画古玩艺术精品集》（第一卷），天津人民美术出版社，2012年。
估　价：RMB 150,000～250,000
成交价：RMB 690,000
27cm×20cm×79 北京匡时 2015.3.30

69 嶋本昭三 约1967年作 无题
来源：直接购自艺术家。
估　价：HKD 1,400,000～1,800,000
成交价：RMB 1,954,440
116cm×72.3cm 佳士得 2015.5.30

50 邓芬 1960年作 富贵白头 镜心
来源：曹峻安旧藏。
估　价：HKD 120,000～180,000
成交价：RMB 417,623
90cm×31cm 中国嘉德 2015.4.7

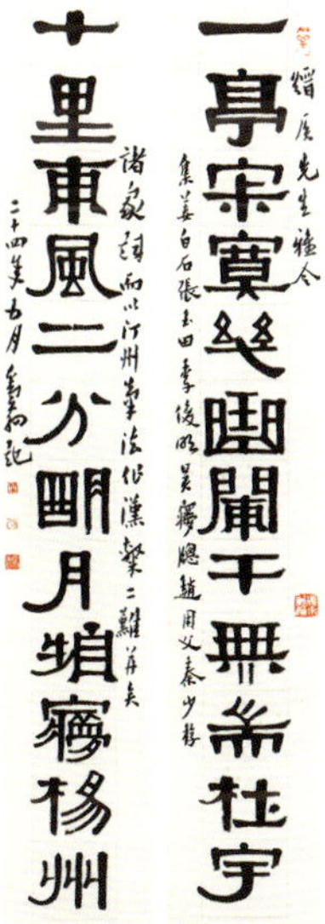

1521 邓散木 1935年作 隶书十二言联 立轴
估　价：RMB 30,000～40,000
成交价：RMB 402,500
160cm×26cm×2 北京匡时 2015.6.7

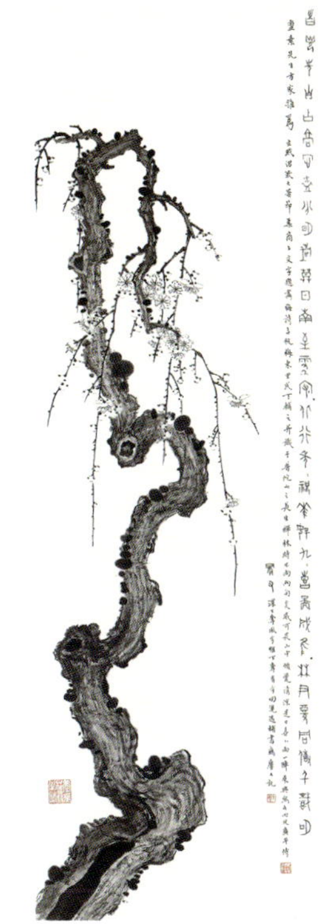

1433 丁辅之 1932年作 春梅先发 镜框
估　价：HKD 150,000～200,000
成交价：RMB 308,250
105cm×33.7cm 香港苏富比 2015.10.6

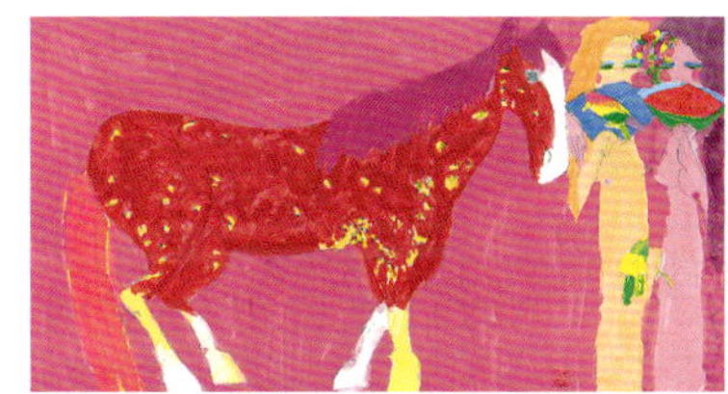

165 丁雄泉 粉红色的马与两个女人 镜心
估　价：RMB 550,000～650,000
成交价：RMB 943,000
129cm×248cm 上海宝龙 2015.1.18

1123 丁云鹏 仿米家山水 成扇
来源：香港佳士得《中国古代书画》2006年5月29日拍品，编号506。
估　价：HKD 300,000～400,000
成交价：RMB 431,550
16.3cm×43.5cm 香港苏富比 2015.10.5

410 丁衍庸 1976年作 水禽 （四帧） 四屏立轴
出版：《丁衍庸》图版16，加利福尼亚，1995年。
成交价：RMB 690,000
97cm×34cm×4 北京诚轩 2015.5.18

1519 董寿平 1940年作 叶茂花艳 立轴
估 价：HKD 250,000～350,000
成交价：RMB 2,146,680
86.4cm×41cm 佳士得 2015.6.2

9 董寿平 红梅图 镜心
估 价：RMB 500,000～700,000
成交价：RMB 2,070,000
83cm×147cm 荣宝斋（济南） 2015.11.21

1688 董寿平 1987年作 黄山松云 镜心
说明：此作由北京市海淀区原检察院检察长戴秋岩收藏，现由其家属提供。
估 价：RMB 1,200,000～1,800,000
成交价：RMB 1,955,000
97cm×179cm 北京保利 2015.12.7

811 董希源 2014年作 神铸黄山起烟云 镜心
著录：《盛世华章-当代最具学术价值与市场潜力国画家黄希源》封底作品，吉林大学出版社，2015年。
估　价：RMB 300,000～400,000
成交价：RMB 336,000
69cm×69cm 北京荣宝 2015.6.21

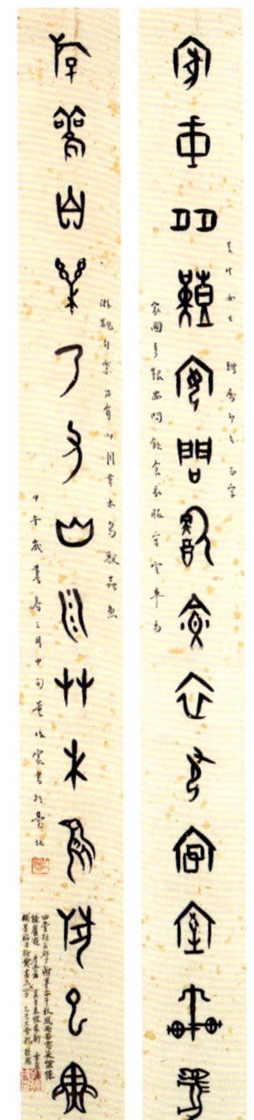

1313 董作宾 1954年作 甲骨文十四言联 立轴
来源：本幅乃董作宾写赠袁克安夫人张美生。
估　价：HKD 70,000～90,000
成交价：RMB 423,675
71cm×6.6cm×2 香港苏富比 2015.4.6

6761 杜滋龄 2000年作 雪韵高原 镜心
出版：《中国当代国画百位名家特展作品集》P50—51，山东美术出版社，2010年12月。
估　价：RMB 600,000～700,000
成交价：RMB 690,000
146cm×442cm 北京保利 2015.12.6

464 范曾 1978年作 唐人诗意图 镜心
估　价：RMB 2,300,000～2,800,000
成交价：RMB 2,070,000
178cm×96cm 北京匡时 2015.12.4

3638 段秀苍 城管来了 镜心
出版：《段秀苍作品集》P42，北京工艺美术出版社。
估　价：RMB 300,000～400,000
成交价：RMB 345,000
96cm×90cm 北京保利 2015.6.3

611 范曾 1984年作 华佗望切图 立轴
备注：中国红十字会上款。
估　价：RMB 1,200,000～1,600,000
成交价：RMB 1,782,500
97cm×69cm 北京匡时 2015.6.6

663 范曾 1993年作 林泉高致 镜心
出版：《范曾绘画集》P15，深圳美术馆，1996年。
估 价：RMB 3,500,000～4,000,000
成交价：RMB 6,440,000
142cm×346cm 北京匡时 2015.12.4

1386 范曾 2009年作 老子出关 镜心
估 价：RMB 800,000～1,100,000
成交价：RMB 1,725,000
68.7cm×137.5cm 中国嘉德 2015.5.18

32 范扬 禅悟图 镜心
估 价：RMB 450,000～550,000
成交价：RMB 885,500
70cm×137cm 上海宝龙 2015.1.18

6264 方凤富 2013年作 硕果飘香 镜心
估 价：RMB 60,000～100,000
成交价：RMB 345,000
68cm×68cm 北京保利 2015.8.12

641 方楚乔 2014年作 林杪重泉
估 价：RMB 220,000～280,000
成交价：RMB 368,000
180cm×97cm 北京翰海 2015.6.26

418 方楚雄 2014年作 十二生肖 镜框
估 价：RMB 2,000,000～2,800,000
成交价：RMB 2,760,000
61cm×45.5cm×12 华艺国际 2015.5.24

421 方楚雄 2014年作 雨林集珍 镜片
估 价：RMB 1,200,000～1,500,000
成交价：RMB 3,220,000
111cm×248cm 华艺国际 2015.5.24

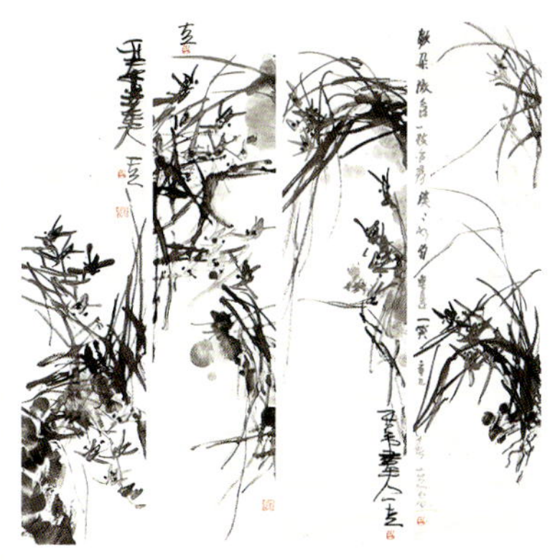

433 方土 花卉 四屏镜框
出版：《一格集——方土兰谱》，香港艺苑出版社，癸未年。
估 价：RMB 400,000～500,000
成交价：RMB 460,000
138cm×34cm×4 华艺国际 2015.5.24

288 方骏 暮云江南 手卷
估 价：RMB 300,000～350,000
成交价：RMB 517,500
画38cm×238cm 南京经典 2015.4.26

1648 方向 2014年作 南国秋意 镜框
估 价：RMB 220,000～280,000
成交价：RMB 598,000
83cm×96cm 广州皇玛 2015.1.18

910 方人定 1961年作 兰亭图 立轴
出版：《方人定画集》P79，岭南美术出版社，1983年7月；……。
估 价：RMB 600,000～800,000
成交价：RMB 713,000
132cm×66cm 保利厦门 2015.5.2

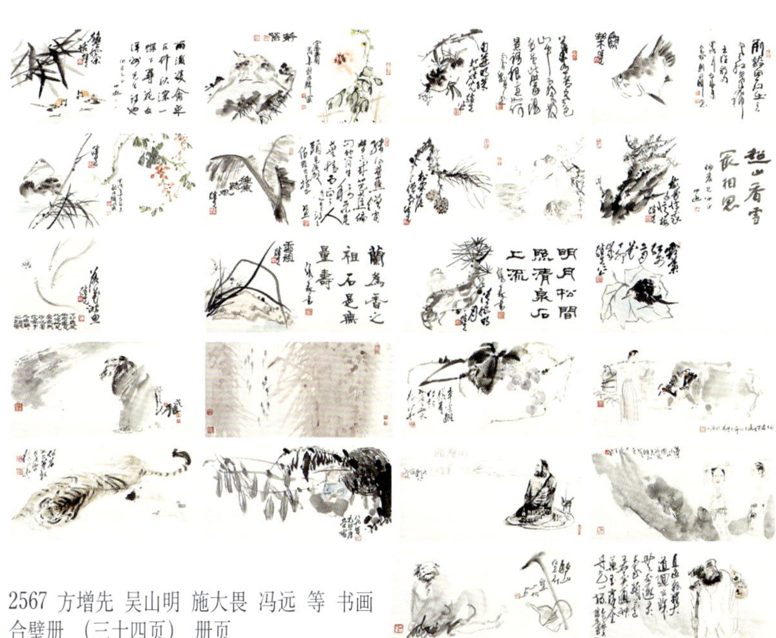

2567 方增先 吴山明 施大畏 冯远 等 书画合璧册 （三十四页） 册页
估 价：RMB 280,000～350,000
成交价：RMB 322,000
29.5cm×29.5cm×22；59cm×29.5cm×12
西泠拍卖 2015.7.5

950 方召麐 1985年作 窑洞安宁 镜框
来源：香港私人收藏。
估　价：HKD 150,000～200,000
成交价：RMB 450,563
124cm×76cm 佳士得 2015.6.1

815 丰子恺 1947年作 春风拂面 立轴
估　价：RMB 500,000～800,000
成交价：RMB 2,185,000
70.5cm×39cm 北京匡时 2015.6.6

1486 丰子恺 1948年作 水上青云 镜框
估　价：HKD 600,000～1,000,000
成交价：RMB 2,531,160
68.5cm×133.5cm 佳士得 2015.6.2

1067 丰子恺 1962年作 参天树 镜心
估　价：RMB 1,500,000～2,000,000
成交价：RMB 1,725,000
68cm×137cm 北京保利 2015.12.6

95 冯超然 1935年作 临王晋卿题壁图 立轴
估　价：RMB 500,000～600,000
成交价：RMB 943,000
133cm×65cm 上海明轩 2015.6.21

290 丰子恺 名山泉水香·行书七言联 镜心
来源：静远堂旧藏。
估　价：RMB 450,000～1,200,000
成交价：RMB 2,070,000
画102cm×36cm；对联101cm×21cm×2
北京保利 2015.6.4

233 冯超然 李营丘雪霁图 立轴
出版：1、《清末民初书画艺术集》P220，台湾历史博物馆，1998年；2、《近现代中国画名家·冯超然》P166—167、封底，上海书画出版社，2014年。
估　价：RMB 1,500,000～2,000,000
成交价：RMB 2,852,000
186cm×109cm 荣宝斋（济南） 2015.11.21

1293 冯建吴 1960年作 蜀江水碧蜀山青 立轴
著录：1.《冯建吴作品集》，第28页，重庆出版社，1999年版；2.《诗心画魂—冯建吴传》，第124页，巴蜀书社，2009年版。
估　价：RMB 950,000～1,200,000
成交价：RMB 1,092,500
198.5cm×145.5cm 中国嘉德 2015.11.15

463 冯大中 山川之魄 镜片
估　价：RMB 2,000,000～2,800,000
成交价：RMB 2,300,000
122cm×246cm 华艺国际 2015.5.24

608 冯远 2009年作 丰收图
估　价：RMB 1,000,000～1,200,000
成交价：RMB 1,150,000
79cm×136cm 北京翰海 2015.6.26

1572 冯一鸣 2010年作 清泉石上流 镜框
估　价：HKD 320,000～380,000
成交价：RMB 320,400
50cm×139cm 佳士得 2015.6.2

549 冯骥才 2013年作 四时秋色 镜心
估　价：RMB 150,000
成交价：RMB 517,500
96cm×89cm 鼎天国际 2015.7.5

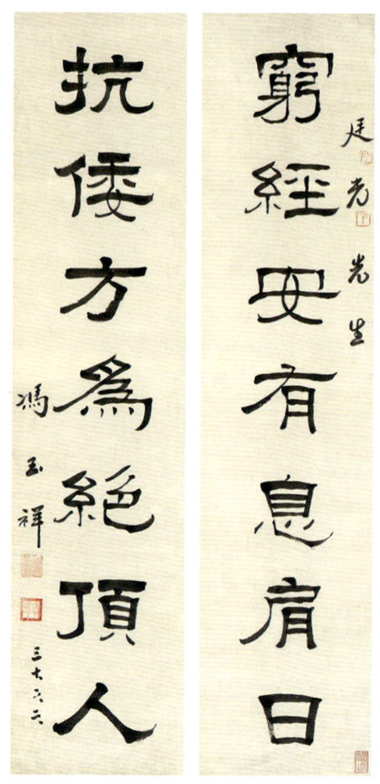

1986 冯玉祥 1941年作 致何廷光书对 对联
来源：王勇超鉴藏。
估　价：RMB 250,000～400,000
成交价：RMB 632,500
118cm×27.5cm×2 西泠拍卖 2015.7.5

1463 傅抱石 1945年作 二湘图 立轴
来源：画家写赠好友赵清阁女士；香港苏富比2003年4月《中国书画》拍卖，编号568。
估　价：HKD 15,000,000～20,000,000
成交价：RMB 29,164,560
90cm×61cm 香港苏富比 2015.10.6

1197 傅抱石 1941年作 云台山记图卷及设计稿 镜心
著录：《中国古代山水画史的研究》傅抱石著，附图一、图二，上海人民美术出版社，1960年3月版。
估　价：RMB 10,000,000～15,000,000
成交价：RMB 42,550,000
图卷33cm×117cm；设计稿33cm×115cm 北京保利 2015.12.6

1292 傅抱石 1957年作
将到西那亚火车中所见 镜框
估　价：HKD 8,000,000～12,000,000
成交价：RMB 12,888,960
48.3cm×57.3cm 香港苏富比 2015.10.6

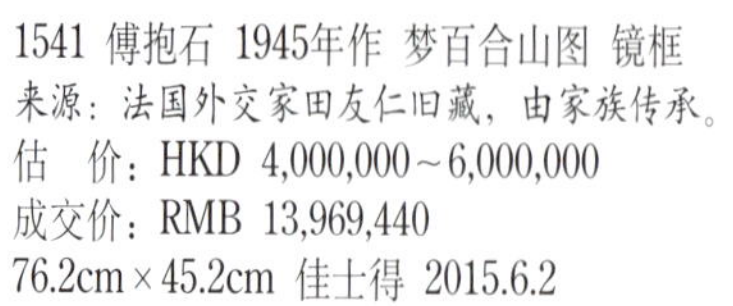

1541 傅抱石 1945年作 梦百合山图 镜框
来源：法国外交家田友仁旧藏，由家族传承。
估　价：HKD 4,000,000～6,000,000
成交价：RMB 13,969,440
76.2cm×45.2cm 佳士得 2015.6.2

1249 傅抱石 1945年作 郑庄公见母 立轴
估　价：RMB 35,000,000～45,000,000
成交价：RMB 79,925,000
105cm×60cm 中国嘉德 2015.11.15

826 傅抱石 1960年作 武则天 镜心
出版：1.《武则天·四幕史剧》P18—19，70—71，中国戏剧出版社，1962年；2.《傅抱石年谱》P262，上海古籍出版社，2004年；……。
估　价：RMB 8,000,000～12,000,000
成交价：RMB 13,225,000
30cm×23cm×2 北京匡时 2015.6.6

3106 高二适 书法 （一卷） 手卷
估　价：RMB 9,000～10,000
成交价：RMB 701,500
33cm×465cm 北京保利 2015.6.4

624 傅抱石 1964年作 芙蓉国里尽朝晖 立轴
出版：《荣宝斋》封面，深圳荣宝斋，1996年。
估　价：RMB 15,000,000～25,000,000
成交价：RMB 34,500,000
68cm×92cm 北京匡时 2015.12.4

817 高剑父 1933年作 白凤图 立轴
来源：香港佳士得2001春拍。
估　价：RMB 300,000～400,000
成交价：RMB 1,058,000
171.5cm×92.5cm 北京匡时 2015.6.6

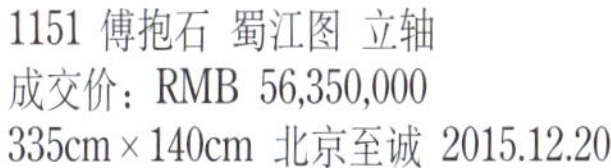

1151 傅抱石 蜀江图 立轴
成交价：RMB 56,350,000
335cm×140cm 北京至诚 2015.12.20

1143 关槐 乘舟访友 曳杖归晚 （一对） 手卷
来源：张允中旧藏。
估 价：HKD 800,000～1,200,000
成交价：RMB 1,335,750
16.2cm×98cm×2 香港苏富比 2015.10.5

216 高剑父 庭院夜色 立轴
估 价：RMB 800,000～1,000,000
成交价：RMB 920,000
56cm×60cm 华艺国际 2015.5.24

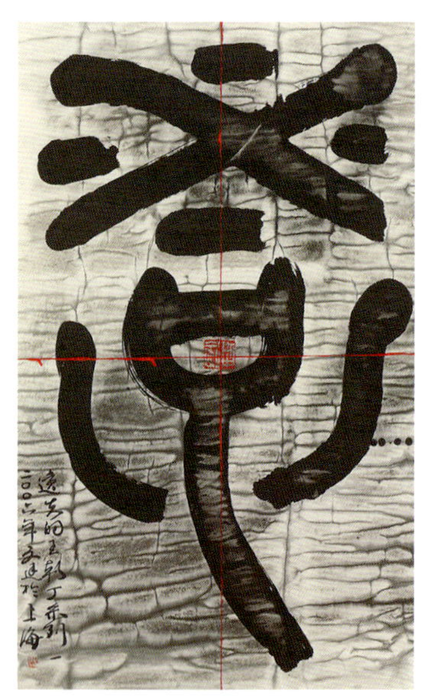

141 谷文达 《字》系列18号 镜心
来源：美国私人收藏。
估 价：USD 14,000～22,000
成交价：RMB 547,838
114cm×76cm 纽约苏富比 2015.3.17

1272 高奇峰 白莲过雨 立轴
来源：张坤仪旧藏。
估 价：HKD 400,000～600,000
成交价：RMB 625,425
112.2cm×33.3cm 香港苏富比 2015.4.6

611 顾炳鑫 1982年作 白居易问诗图 立轴
估 价：RMB 75,000～80,000
成交价：RMB 402,500
135cm×68cm 北京匡时 2015.3.30

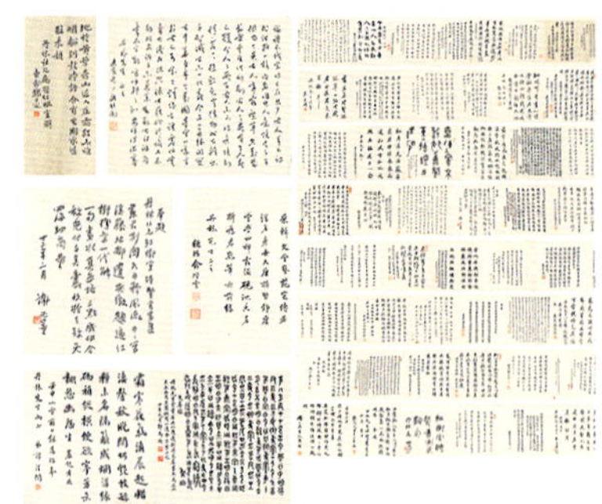

2221 顾颉刚 谢无量 邓尔雅 马衡 谭延闿 章梫 俞陛云 李经方 李烈钧 高吹万 等 1931至1950年作 致陆丹林书法长卷 手卷
估 价：RMB 250,000～350,000
成交价：RMB 552,000
1565.5cm×25cm 西泠拍卖 2015.7.5

441 管峻 毛泽东诗词 册页
估 价：RMB 300,000～400,000
成交价：RMB 582,400
31.5cm×21.5cm×16 十竹斋 2015.6.14

724 关良 朱屺瞻 1975年作 李逵扯招谤徽宗 镜心
估 价：RMB 2,600,000～3,600,000
成交价：RMB 7,360,000
142cm×131cm 中国嘉德 2015.5.17

1427 管平 昭君出塞 立轴
估 价：HKD 60,000～80,000
成交价：RMB 302,625
60.5cm×27cm 香港苏富比 2015.4.6

146 关良 1979年作 达摩面壁图 立轴
估 价：RMB 1,800,000～2,800,000
成交价：RMB 6,900,000
137.5cm×68cm 上海明轩 2015.6.21

0592A 关山月 1988年作 满山红 横批
估 价：RMB 6,000,000～8,000,000
成交价：RMB 6,900,000
121cm×244cm 北京保利 2015.6.4

829 关山月 1946年作 牧羊女 镜心
出版：《中国现代名家画集—关山月》P41，人民美术出版社，2004年。
估 价：RMB 2,000,000～3,000,000
成交价：RMB 6,555,000
133cm×65cm 北京匡时 2015.6.6

3523 关玉良 2014年作 中国牛 镜心
估 价：RMB 200,000～300,000
成交价：RMB 322,000
68cm×136cm 北京保利 2015.6.3

750 郭城 望月
估 价：RMB 900,000～1,200,000
成交价：RMB 1,265,000
96cm×180cm 北京翰海 2015.11.27

464 郭公达 1999年作 江山壮丽 镜片
估 价：RMB 2,000,000～2,800,000
成交价：RMB 2,300,000
96cm×291cm 华艺国际 2015.5.24

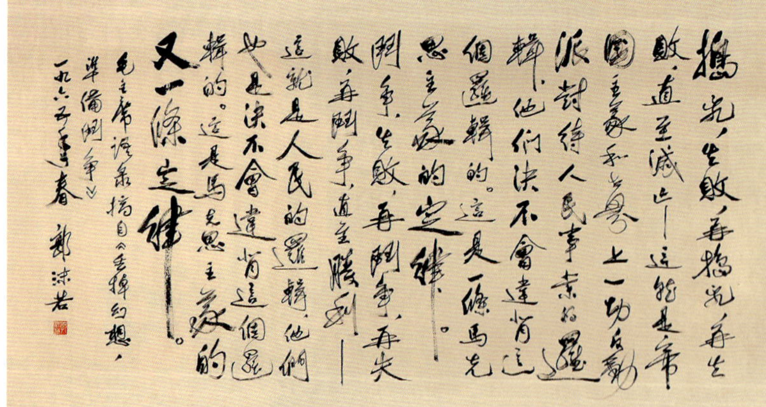

699 郭沫若 1965年作 草书毛主席语录 立轴
估 价：RMB 2,800,000～3,200,000
成交价：RMB 3,220,000
123cm×237cm 北京保利 2015.6.4

708 郭怡孮 2014年作 怡园春早 镜心
估 价：RMB 300,000～400,000
成交价：RMB 701,500
96cm×90cm 保利山东 2015.2.1

6121 韩硕 戏剧人物 （四帧） 镜心
估 价：RMB 300,000～500,000
成交价：RMB 402,500
48cm×45cm×4 北京保利 2015.1.24

783 韩伟华 2013年作 太行归隐图
估 价：RMB 300,000～350,000
成交价：RMB 517,500
96cm×180cm 北京翰海 2015.6.26

6888 郝竞存 2014年作 迎春 镜心
出版：《中国当代山水画经典——郝竞存卷》P7，天津人民美术出版社。
估 价：RMB 300,000～350,000
成交价：RMB 345,000
97cm×80cm 北京保利 2015.12.6

116 郝量 2010 年作 羽城化蝶
来源：亚洲私人收藏。
估 价：RMB 800,000～1,600,000
成交价：RMB 1,170,000
167.5cm×98.5cm 佳士得（上海） 2015.4.25

831 何海霞 1976年作 秦岭新貌 镜心
估 价：RMB 4,500,000～5,500,000
成交价：RMB 5,980,000
177.5cm×94.5cm 北京匡时 2015.6.6

2020 何海霞 万山红遍 镜心
估 价：RMB 10,000,000～15,000,000
成交价：RMB 33,350,000
141cm×363cm 北京保利 2015.12.7

6402 何海溪 2014年作 六君子图 镜心
估 价：RMB 800,000～1,200,000
成交价：RMB 3,450,000
96cm×175cm 北京保利 2015.1.24

136 何百里 2014年作 渔村烟晓
估 价：RMB 400,000～600,000
成交价：RMB 525,000
48cm×124.8cm 佳士得（上海） 2015.4.25

803 何海霞 1960年作 层层梯田 镜心
说明：本拍品由何海霞美术馆推荐。
估 价：RMB 3,000,000～3,800,000
成交价：RMB 3,450,000
136cm×68cm 北京保利 2015.6.5

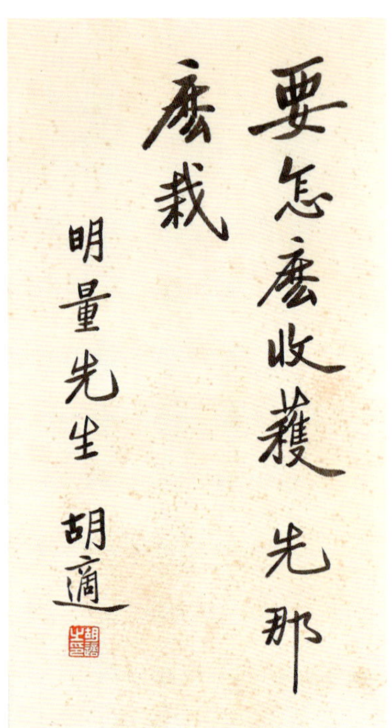

1595 胡适 书法 镜框
说明：上款人明量先生即舒明量。
估　价：HKD 100,000~200,000
成交价：RMB 650,813
53cm×28cm 佳士得 2015.6.2

2730 胡也佛 碧叶红颜图 立轴
说明：庞国钧题跋。
估　价：RMB 1,000,000~1,200,000
成交价：RMB 1,150,000
21cm×21cm 西泠拍卖 2015.7.5

1336 黄宾虹 1924年作 林泉高致图 立轴
著录：《澄怀古道—黄宾虹》（香港市政局，一九九五年），图版7。
估　价：HKD 3,500,000~5,000,000
成交价：RMB 10,916,160
178cm×94.3cm 香港苏富比 2015.10.6

1282 黄宾虹 1946年作 五十万卷楼图 立轴
估　价：HKD 3,500,000~5,000,000
成交价：RMB 9,554,880
117.5cm×52.8cm 香港苏富比 2015.4.6

672 黄宾虹 1944年作 拟董巨二米大意 立轴
著录：1.《黄宾虹先生画集》，第63页，香港艺林轩出版，1961年；2.《画家黄宾虹年谱》，第163页，人民美术出版社出版，1990年。
估　价：RMB 12,000,000~18,000,000
成交价：RMB 13,800,000
174cm×91.5cm 北京保利 2015.6.4

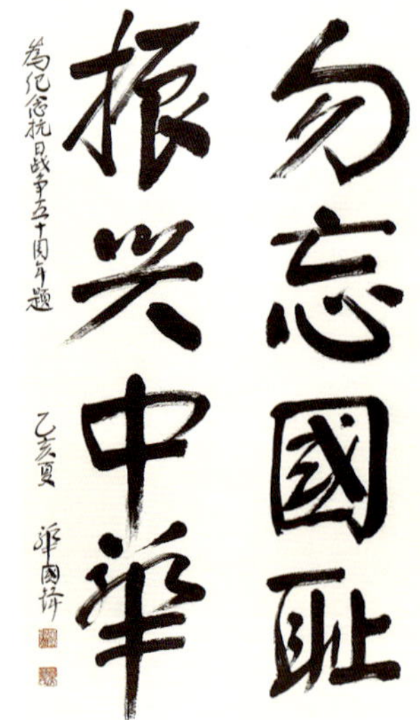

210 华国锋 行书 镜芯
估　价：RMB 180,000~250,000
成交价：RMB 565,000
134cm×68 cm. 中鸿信 2015.7.29

670 黄宾虹 1947年作 闽江泛舟 立轴
估　价：RMB 6,800,000～8,000,000
成交价：RMB 18,975,000
149cm×79cm 北京保利 2015.6.4

429 黄丹 2010年作 短笛
出版：《学院新方阵·当代中国画名家新作展》，文化艺术出版社，2010年版第112页。
估　价：RMB 250,000～350,000
成交价：RMB 345,000
180cm×97cm 上海明轩 2015.6.21

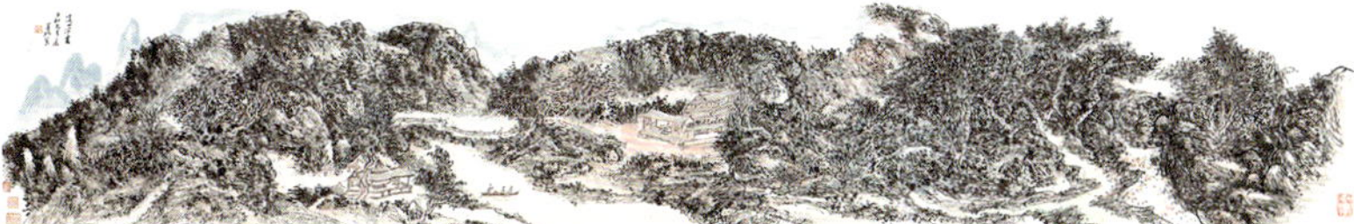

1512 黄宾虹 溪山深处图卷 手卷
来源：此卷初由陈子和珍藏；后递藏于“九华堂”刘淶、“梅洁楼”罗氏。
估　价：HKD 6,500,000～8,000,000
成交价：RMB 8,295,960
28.3cm×173cm 香港苏富比 2015.4.6

2649 黄宾虹 拟古山水 四屏
出版：1.《黄宾虹年谱》P106，上海书画出版社，2005年；2.《黄宾虹全集》三卷本，山东美术出版社，2006年；3.《黄宾虹全集》十卷本，河北教育出版社，2008年；4.《黄宾虹书画专集》P19—22，人民美术出版社，2009年；5.《二十世纪山水画研究文集》 P438，上海书画出版社，2006年。
估　价：RMB 5,000,000～8,000,000
成交价：RMB 9,315,000
160cm×40cm×4 西泠拍卖 2015.7.5

2512 黄幻吾 满园春色图 立轴
出版：《海上风·海内寓贤》P163，上海书画出版社，2013年。
估　价：RMB 280,000～350,000
成交价：RMB 379,500
133cm×58.5cm 西泠拍卖 2015.7.5

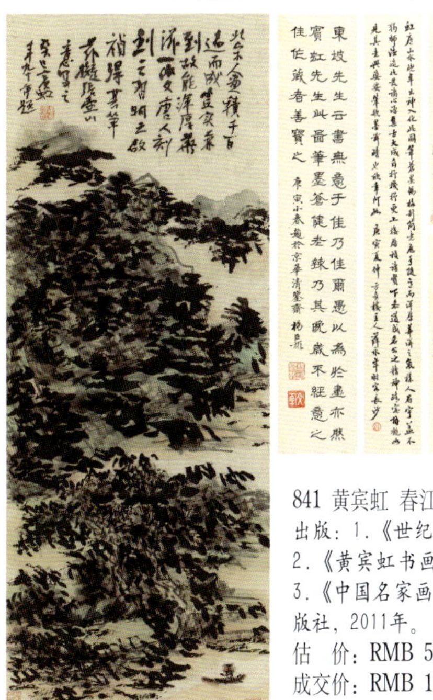

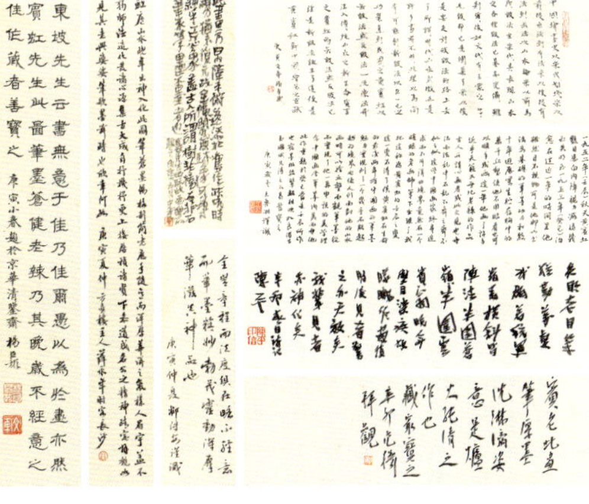

841 黄宾虹 春江归棹 立轴
出版：1.《世纪画坛大典》P9，岭南美术出版社，1999年；2.《黄宾虹书画专集》P195，人民美术出版社，2009年；3.《中国名家画集系列·黄宾虹书画集》P126，中国美术出版社，2011年。
估　价：RMB 5,000,000～6,500,000
成交价：RMB 10,580,000
86cm×32cm 北京匡时 2015.6.6

6856 黄建南 2014年作 金土地 镜心
估　价：RMB 4,600,000～5,500,000
成交价：RMB 5,290,000
123cm×129cm 北京保利 2015.12.6

807 黄今 南山春早图 镜心
估　价：RMB 180,000～200,000
成交价：RMB 392,000
165cm×69cm 北京荣宝 2015.6.21

1373 黄君璧 1961年作 江南春暮 立轴
著录：《黄君璧书画集》第三集（台北，国立历史博物馆，1987年10月），图版19。
估　价：HKD 700,000～900,000
成交价：RMB 2,388,720
95.5cm×48.3cm 香港苏富比 2015.4.6

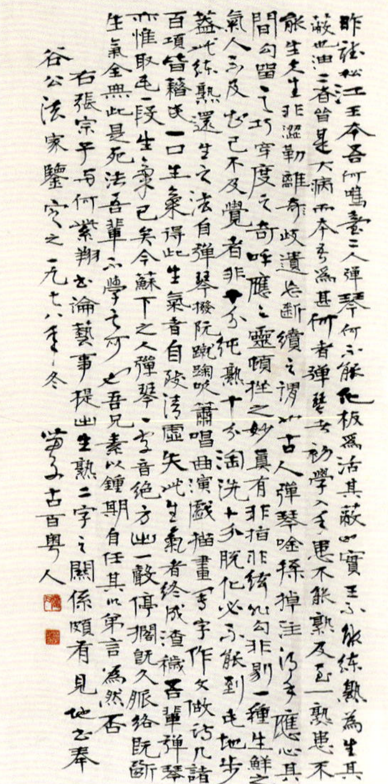

399 黄苗子 1978年作 行楷张岱《与何紫翔书》 镜片
估　价：RMB 50,000～100,000
成交价：RMB 805,000
138cm×70cm 广东崇正 2015.6.18

160 黄君璧 1981年作 黄山松云 镜框
著录：1.《时代与创作——黄君璧精品展》图版三，1987年台北市立美术馆；2.《渡海三家彩墨精华特展》P315，2010年长流美术馆。
估　价：RMB 1,500,000～2,500,000
成交价：RMB 1,725,000
95cm×218cm 华艺国际 2015.5.24

6912 黄玲玲 2014年作 芦塘清趣图 镜心
估　价：RMB 220,000～320,000
成交价：RMB 310,500
180cm×97cm 北京保利 2015.12.6

290 黄努卫 黄勤成 2014 江山如此多娇 立轴
估　价：RMB 80,000～120,000
成交价：RMB 330,000
96cm×178cm 中鸿信 2015.2.21

242 黄秋园 九峰雪霁图 镜心
出版：《黄秋园画集》图9，黄秋园纪念馆，2001年。
估　价：RMB 1,500,000～1,800,000
成交价：RMB 2,070,000
131cm×131cm 北京翰海 2015.6.26

105 黄显隆 1982年作 苏东坡诗意图 镜心
著录：《黄显隆工笔花鸟作品精选》，2009年天津杨柳青画社，封面。
估　价：RMB 460,000～550,000
成交价：RMB 529,000
180cm×80cm 北京隆琛 2015.11.21

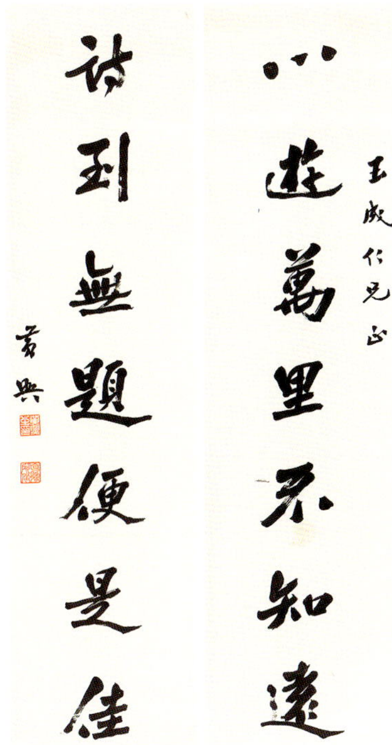

1344 黄兴 行书七言联 立轴
估　价：RMB 800,000～1,000,000
成交价：RMB 1,035,000
144.5cm×38cm×2 北京匡时 2015.6.7

1268 黄永玉 1978年作 韶山毛泽东故居 立轴
估　价：HKD 600,000～700,000
成交价：RMB 4,261,320
102cm×96cm 佳士得 2015.6.2

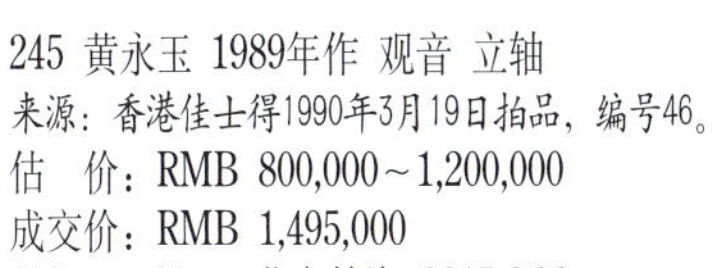

245 黄永玉 1989年作 观音 立轴
来源：香港佳士得1990年3月19日拍品，编号46。
估　价：RMB 800,000～1,200,000
成交价：RMB 1,495,000
132cm×67cm 北京翰海 2015.6.26

1122 黄一瀚 中国女兵 镜片
估　价：RMB 450,000～550,000
成交价：RMB 1,725,000
180cm×97cm 广州皇玛 2015.7.26

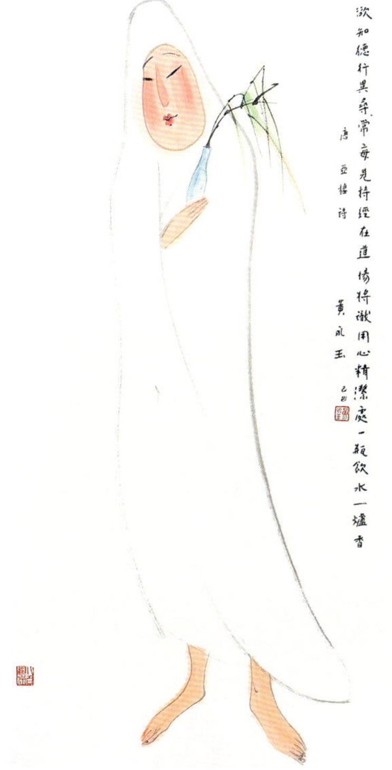

1715 黄永玉 酒中八仙 册页
估　价：RMB 5,200,000~5,800,000
成交价：RMB 4,600,000
67cm×67cm×9 北京保利 2015.12.7

1257 黄永玉 1975年作 荷花 镜心
著录：《美术作品选集》图7，人民美术出版社，1978年。
估　价：RMB 2,000,000~3,000,000
成交价：RMB 7,475,000
165cm×100.5cm 中国嘉德 2015.11.15

1363 黄胄 1976年作 出诊图 立轴
著录：《中国国画大师黄胄画集》第34页，北京五洲传播出版社，2001年10月；……。
估　价：RMB 7,000,000~8,000,000
成交价：RMB 10,350,000
173cm×95cm 北京保利 2015.6.5

721 黄胄 1976年作 飞雪迎春 镜心
著录：《黄胄作品集·附卷收藏卷上》，第94页，河北教育出版社，2005年版。
估　价：RMB 5,500,000~7,500,000
成交价：RMB 7,820,000
165cm×94cm 中国嘉德 2015.5.17

666 黄胄 1975年作 驯马图 镜心
备注：阎世增上款。
估　价：RMB 4,000,000~5,000,000
成交价：RMB 8,050,000
97.7cm×181cm 北京匡时 2015.12.4

1111 黄胄 1988年作 新疆风情组画 镜心
估　价：RMB 6,000,000～8,000,000
成交价：RMB 13,800,000
95cm×45cm×4 北京保利 2015.12.6

1112 黄胄 1986年作 草原逐戏图 镜心
说明：中国艺苑旧藏。
估　价：RMB 12,000,000～18,000,000
成交价：RMB 41,400,000
120cm×250cm 北京保利 2015.12.6

1236 黄胄 1985年作 听琴图 镜心
展览："中国现代画家—黄胄和他的作品"，日本酒田市美术馆，1998年4月。
估　价：RMB 12,000,000～22,000,000
成交价：RMB 40,825,000
94.5cm×251cm 中国嘉德 2015.11.15

607 黄胄 1976年作 日夜想念毛主席 镜心
备注：赵朴初上款。
估　价：RMB 7,500,000～10,000,000
成交价：RMB 10,925,000
166cm×96.5cm 北京匡时 2015.12.4

403 霍春阳 2011年作 花鸟 四屏托片
估　价：RMB 380,000
成交价：RMB 437,000
76cm×40cm×4 鼎天国际 2015.7.5

1100 吉林艺专美术系 新立城水库 立轴
估 价：RMB 20,000~40,000
成交价：RMB 529,000
218cm×98cm 中国嘉德 2015.4.2

6889 吉人 美丽中国 镜心
估 价：RMB 180,000~250,000
成交价：RMB 207,000
直径38cm×4 北京保利 2015.12.6

6928 纪怀昌 2015年作 书法 镜心
成交价：RMB 218,500
178cm×47cm 北京保利 2015.12.6

1477 贾浩义 写意山水人物 （六帧） 镜心
著录：《老甲大写意》，第6、191、207、249、250页，天津人民美术出版社，2015年。
估 价：RMB 200,000~400,000
成交价：RMB 2,070,000
34cm×34cm×6 北京保利 2015.12.7

432 贾广健 2015年作 富贵长春 镜片
估 价：RMB 600,000~800,000
成交价：RMB 1,265,000
137cm×68.5cm 鼎天国际 2015.7.5

6769 贾又福 2015年作 太行山乡 镜心
估 价：RMB 2,200,000~2,800,000
成交价：RMB 2,760,000
100cm×215cm×2 北京保利 2015.12.6

270 江宏伟 秋汀聚禽 镜心
著录：《江宏伟花鸟作品精选》，P16—17，天津杨柳青画社，2005年10月。
估　价：RMB 500,000~600,000
成交价：RMB 920,000
36cm×139cm 南京经典 2015.1.4

317 蒋风白 双栖图 立轴
估　价：RMB 180,000~280,000
成交价：RMB 460,000
68.5cm×45.2cm 中国嘉德 2015.5.16

3470 江明贤 2012年作 皇城相府 镜心
估　价：RMB 500,000~600,000
成交价：RMB 575,000
96.5cm×93cm 北京保利 2015.6.3

43 江兆申 1996年作 书画合璧 册页 （十二开、二十四帧）
来源：购自香港汉雅轩画廊。
估　价：RMB 380,000~450,000
成交价：RMB 977,500
35cm×22cm×24 北京诚轩 2015.5.18

660 江泽民 2004年作 行书自作诗 立轴
备注：萧卡上款。
估　价：RMB 160,000~180,000
成交价：RMB 506,000
135cm×66cm 北京匡时 2015.10.17

161 姜吉安 2010年作 隔壁No.4
出版：2010年《易·观·第1 回新工笔绘画提名展》；时代美术馆（图版，第75页）；2012年《三矾九染—2012中国当代工笔画、提名展》江西美术出版（图版，第54-55 页）。
估　价：RMB 380,000~580,000
成交价：RMB 990,000
67cm×163cm 佳士得（上海） 2015.4.25

928 蒋洽 1923年作 百美图 手卷
估　价：HKD 80,000～100,000
成交价：RMB 1,510,640
24cm×890.5cm 佳士得 2015.11.30

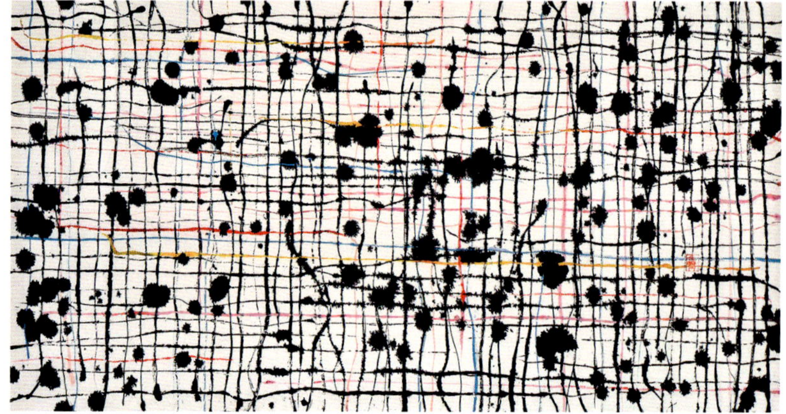

2509 蒋山青 珂旅 镜心
估　价：HKD 1,800,000～2,800,000
成交价：RMB 1,714,068
70cm×138cm 保利香港 2015.4.6

1083 金城 春意浓 镜框
估　价：RMB 200,000～300,000
成交价：RMB 690,000
50cm×101.5cm 北京至诚 2015.12.20

418 金城 1923年作 春塘浴鹅 立轴
著录：《金城——中国近现代绘画丛刊》，图37，雅墨文化事业有限公司，2008年1月。
成交价：RMB 632,500
151cm×41cm 北京保利 2015.6.4

1143 蒋兆和 1937年作 卖花生 立轴
来源：香港苏富比2008年春Lot0052。
估　价：RMB 800,000～1,200,000
成交价：RMB 4,600,000
98cm×52cm 北京保利 2015.12.6

0664A 蒋兆和 1960年作 在列宁的旗帜下奋勇迈进 镜心
著录：《纪念中国共产党成立九十周年作品展纪念册》，保利艺术博物馆，2011年。
估　价：RMB 600,000～900,000
成交价：RMB 2,645,000
81cm×68cm 北京保利 2015.6.4

892 金鸿钧 1991年作 雪霁 镜心
估　价：RMB 100,000～150,000
成交价：RMB 201,600
126cm × 113cm 北京荣宝 2015.11.29

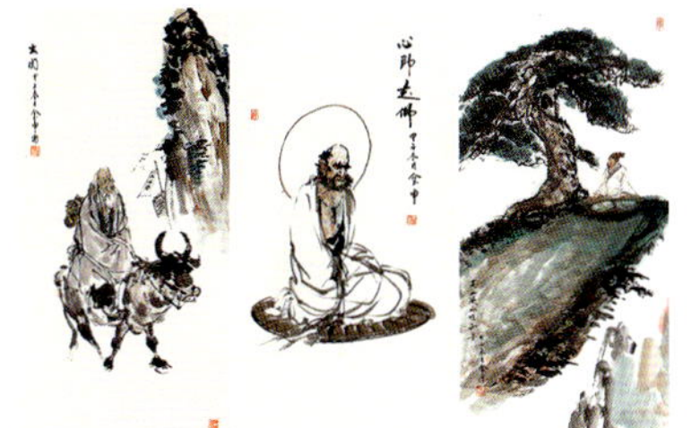

805 金申 2015年作 儒释道人物
估　价：RMB 400,000～500,000
成交价：RMB 460,000
100cm × 50cm × 3 北京翰海 2015.6.26

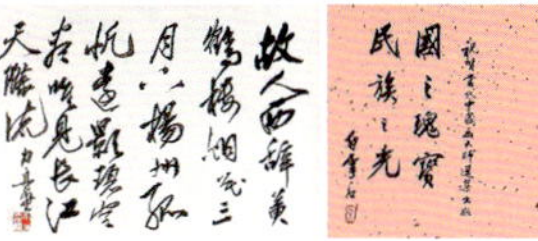

1357 君寿 2012年作 一枝独秀 镜心
估　价：RMB 500,000～550,000
成交价：RMB 2,300,000
172cm × 60.5cm 中国嘉德 2015.5.18

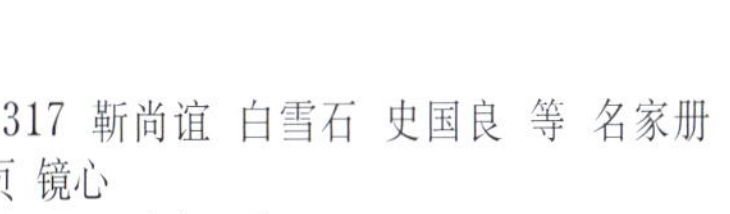

1317 靳尚谊 白雪石 史国良 等 名家册页 镜心
说明：王茂森旧藏。
估　价：RMB 58,000～68,000
成交价：RMB 414,000
38cm × 53cm × 12 北京保利 2015.12.7

915 经亨颐 1926年作 寿桃竹石图 立轴
出版：《宋云彬旧藏书画图录》，34页，中华书局，2015年。
估　价：RMB 20,000～30,000
成交价：RMB 460,000
148.5cm × 40.5cm 中国嘉德 2015.11.15

714 井上有一 一九六六年作 梦 镜框
来源：亚洲私人收藏。
估　价：HKD 300,000～400,000
成交价：RMB 770,625
215.5cm × 128cm. 香港苏富比 2015.10.5

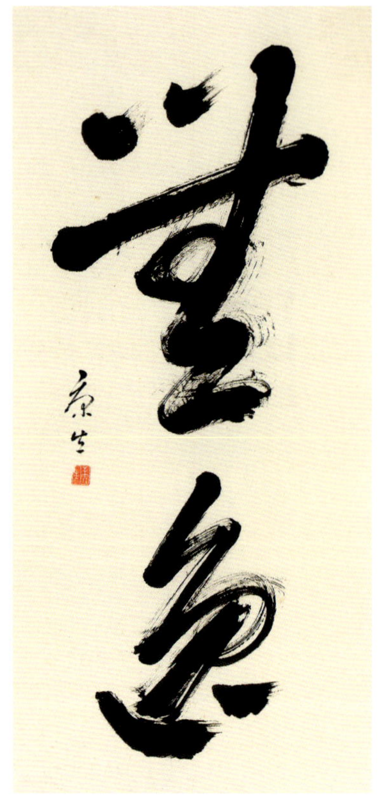

3024 康生 草书“无逸” 镜心
备注：原藏家直接得自作者本人。
估　价：RMB 300,000~400,000
成交价：RMB 3,680,000
125cm×40cm 北京东正 2015.11.19

378 寇月朋 礼佛图 镜片
估　价：RMB 600,000~800,000
成交价：RMB 1,265,000
102.5cm×184.3cm×3 北京上和 2015.11.13

6133 孔维克 2014年作 姜公独钓图 镜心
成交价：RMB 828,000
137cm×68cm 北京保利 2015.11.1

1148 来楚生 1943年作 笔参造化 册页
估　价：RMB 700,000~1,000,000
成交价：RMB 805,000
22cm×32.5cm×12 北京保利 2015.12.6

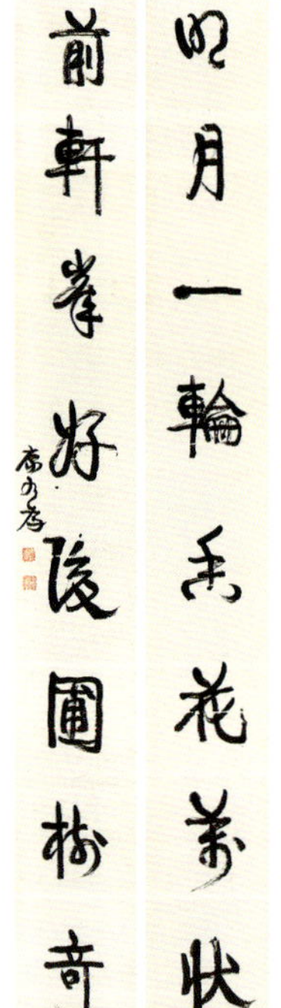

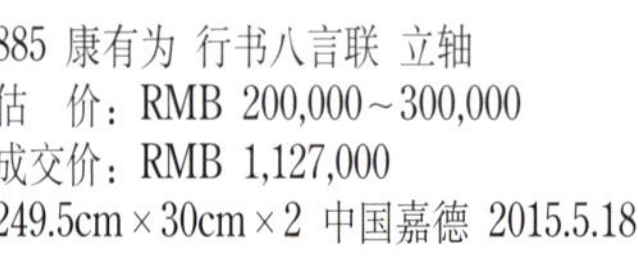

885 康有为 行书八言联 立轴
估　价：RMB 200,000~300,000
成交价：RMB 1,127,000
249.5cm×30cm×2 中国嘉德 2015.5.18

198 孔小瑜 1926年作 博古四季花卉图 立轴
估　价：RMB 400,000~600,000
成交价：RMB 460,000
145.5cm×39.1cm×4 保利厦门 2015.5.3

262 来楚生 花卉蔬果 （四件） 镜片
估　价：RMB 200,000～300,000
成交价：RMB 368,000
60cm×19cm×4 上海敬华 2015.6.29

665 赖少其 1980年作 风送十里香 镜心
出版：《世纪画坊大典》P85，岭南美术出版社，1999年8月。
估　价：RMB 2,000,000～2,500,000
成交价：RMB 2,645,000
121.5cm×246.5cm 北京匡时 2015.12.4

233 赖少其 1992年作 夜蒙蒙 镜框
估　价：RMB 1,500,000～2,500,000
成交价：RMB 2,875,000
82.5cm×72.5cm 华艺国际 2015.5.24

442 乐震文 2015年作 虹收云动 镜片
估　价：RMB 200,000～300,000
成交价：RMB 460,000
96cm×89.5cm 上海道明 2015.5.9

192 老舍 楷书《访日本归来诗》 立轴
出版：1.《中国现代书道展览》P6，日本二玄社发行，1966年2月；2.《特集·现代中国的书作品》P13，日本近现代书道研究所，1966年6月。
估　价：RMB 400,000～600,000
成交价：RMB 690,000
89.5cm×35.5cm 上海道明 2015.5.9

165 劳继雄 2014年作 云中千叠色
估　价：RMB 1,500,000～2,500,000
成交价：RMB 3,168,000
365cm×145cm 上海爱莲 2015.11.22

6913 雷甲寿 十里荷香照游人 镜心
估　价：RMB 30,000～80,000
成交价：RMB 241,500
180cm×47cm 北京保利 2015.12.6

366 黎雄才 1981年作 春满漓江 立轴
出版：《黎雄才作品欣赏》图版29，广州市文化局、荣宝斋（香港）有限公司，2000年。
估　价：RMB 1,500,000～2,000,000
成交价：RMB 3,450,000
137cm×68cm 广东崇正 2015.6.18

1321 黎雄才 关山月 1985年作 松瀑双喜 镜框
估　价：HKD 600,000～800,000
成交价：RMB 2,433,120
96.3cm×178.8cm 香港苏富比 2015.10.6

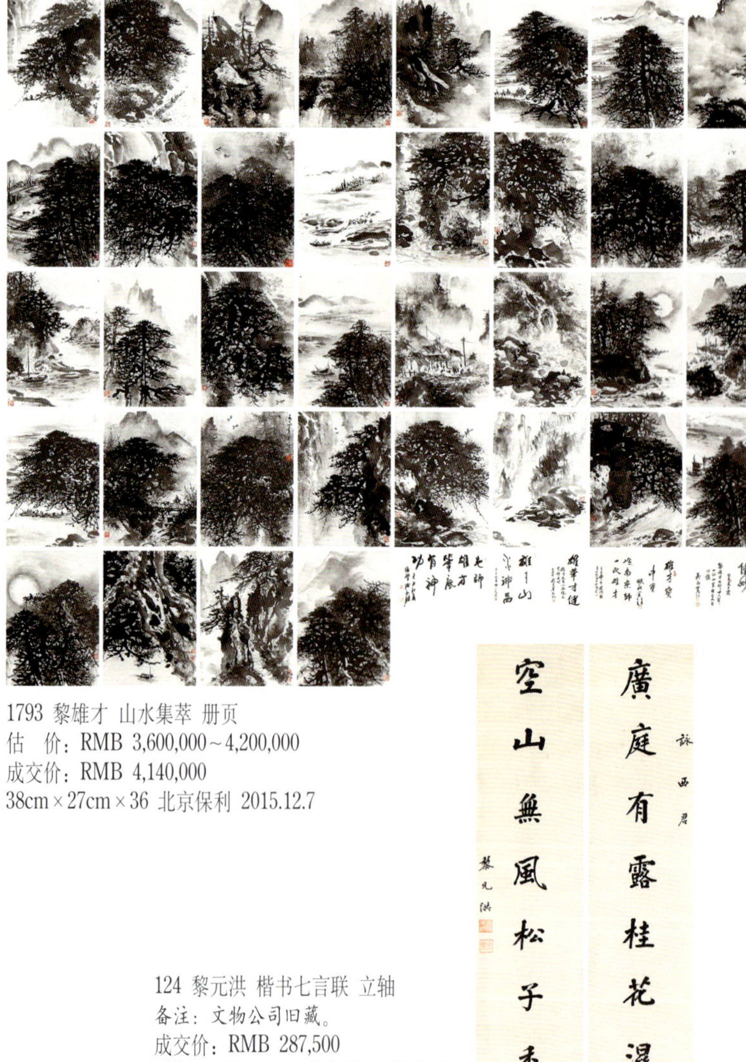

1793 黎雄才 山水集萃 册页
估　价：RMB 3,600,000～4,200,000
成交价：RMB 4,140,000
38cm×27cm×36 北京保利 2015.12.7

124 黎元洪 楷书七言联 立轴
备注：文物公司旧藏。
成交价：RMB 287,500
166cm×42cm×2 北京匡时 2015.12.4

1849 李爱国 2015年作 草原的风 镜心
估 价：RMB 350,000～400,000
成交价：RMB 460,000
140.5cm×68cm 中国嘉德 2015.11.16

378 李福茂 2015年作 轻歌曼舞美意延年花香鸟语和合如意
估 价：HKD 120,000～180,000
成交价：RMB 287,350
98cm×45cm；整体98cm×180cm 佳士得 2015.11.29

3473 李东伟 2014年作 松山春晓图 镜心
估 价：RMB 350,000～400,000
成交价：RMB 782,000
95cm×180cm 北京保利 2015.6.3

5002 李晨 《你永远是最可爱的人》连环画原稿 镜心
估 价：RMB 150,000～250,000
成交价：RMB 230,000
35cm×53cm×10 北京保利 2015.11.1

600 李东阳 尺牍 手卷
来源：香港佳士得《中国古代书画》2005年5月30日拍品编号944。
估 价：USD 70,000～90,000
成交价：RMB 2,510,962
尺寸不一 纽约苏富比 2015.9.17

3429 李宝民 2015年作 人生的梦 立轴
估 价：RMB 500,000～600,000
成交价：RMB 575,000
131cm×34cm 北京保利 2015.6.3

7 李凤公 1948年作 观音 镜片
估 价：RMB 150,000～200,000
成交价：RMB 322,000
80cm×41cm 广东崇正 2015.6.18

791 李斛 1940年代作 强种
来源：作品来源于艺术家家属。
估 价：RMB 600,000～1,000,000
成交价：RMB 690,000
58cm×129cm 北京翰海 2015.11.27

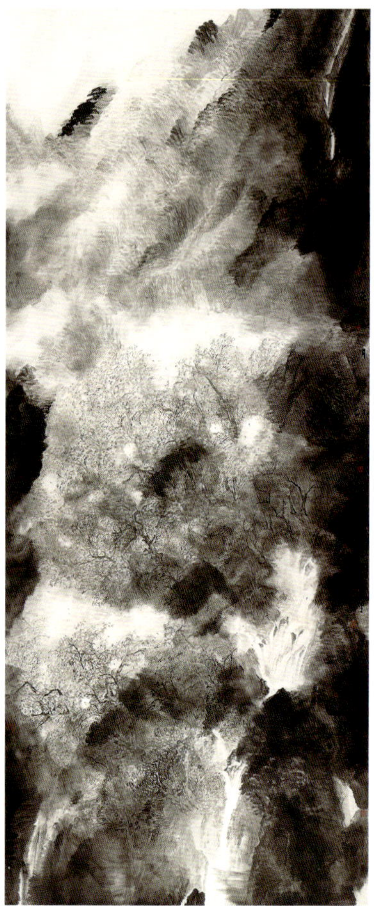

330 李劲堃 春花三月 镜心
著录：《当代岭南》，安徽美术出版社。
估 价：RMB 800,000～1,200,000
成交价：RMB 5,175,000
313cm×130cm 凤凰拍卖 2015.5.15

134 李津 2006 年作 两只蝴蝶
出版：2007年《李津：盛宴、食物、和性》Artside；画廊 首尔 韩国（图版，第28–33页）。
估 价：RMB 1,200,000～2,200,000
成交价：RMB 5,970,000
51.8cm×1389.2cm 佳士得（上海） 2015.4.25

2829 李华弌 1996年作 云溪孤松 镜框
来源：重要美国私人收藏。
估 价：HKD 3,500,000～4,500,000
成交价：RMB 3,453,960
96.5cm×170cm 香港苏富比 2015.4.5

2808 李华弌 1998年作 山上树 树上山 镜框
来源：香港苏富比2000年5月1日拍品编号330；亚洲私人收藏。
估 价：HKD 1,800,000～2,200,000
成交价：RMB 1,841,280
69cm×108cm 香港苏富比 2015.10.5

1166 李可染 1965年作 昆仑雪山图 立轴
著录：《嘉德20周年精品录·近现代书画卷四》图1146，故宫出版社，2014年5月版。
估 价：RMB 12,000,000～18,000,000
成交价：RMB 70,150,000
70.2cm×46.5cm 北京保利 2015.12.6

716 李可染 1976年作 井冈山 镜心
著录 1.《中华人民共和国现代美术》，图版第4页，长崎唐人馆（日本），1977年版；2.《二十世纪中国画家研究丛书—李可染》，第82页，天津杨柳青画社，1995年版；……。
估 价：RMB 35,000,000～45,000,000
成交价：RMB 126,500,000
181cm×129cm 中国嘉德 2015.5.17

666 李可染 1972年作 寄畅园图 立轴
著录：《侨氓华园藏画》，第286页，台北鸿禧美术馆，1994年1月……。
成交价：RMB 11,500,000
69cm×48cm 北京保利 2015.6.4

1237 李可染 1964年作 万山红遍 镜心
说明：荣宝斋旧藏。
估 价：RMB 68,000,000～88,000,000
成交价：RMB 184,000,000
75.5cm×45.5cm 中国嘉德 2015.11.15

2754 李可染 1978年作 长征 镜片
出版：1.《长征》，李可染艺术基金会，2010年；2.《第二届中国文物艺术品国际博览会：近现代书画》P146-147，2010年；3.《中国近现代书画十二大名家精品集》P265，保利艺术博物馆，2010年。
成交价：RMB 79,350,000
181cm×95cm 西泠拍卖 2015.7.5

724 李君毅 2015年作 同根 镜框
估 价：HKD 350,000～450,000
成交价：RMB 359,188
102cm×153cm 佳士得 2015.11.30

1207 李可染 1972年作 延安颂 镜心
著录：1.《荣宝斋》杂志，第202页，中国美术出版社总第28期；2.《嘉德20周年精品录·近现代书画卷四》图1154，故宫出版社，2014年5月版。
成交价：RMB 16,675,000
45cm×92cm 北京保利 2015.12.6

962 李可染 四季牧牛图 镜心
来源：黄顺民旧藏。
估 价：RMB 8,500,000～12,000,000
成交价：RMB 9,775,000
69cm×45cm×4 保利厦门 2015.5.2

665 李可染 1986年作 高岩飞瀑图 镜心
估 价：RMB 16,000,000～18,000,000
成交价：RMB 23,000,000
128cm×68cm 北京保利 2015.6.4

1166 李可染 春雨江南图 立轴
估 价：RMB 2,800,000～3,000,000
成交价：RMB 3,450,000
81cm×50cm 北京至诚 2015.12.20

1858 李强 西部 镜心
出版：《傅抱石奖·南京水墨画传媒三年展作品集》，第67页，天津人民美术出版社，2004年10月。
估 价：RMB 180,000～220,000
成交价：RMB 230,000
137cm×68.5cm 中国嘉德 2015.11.16

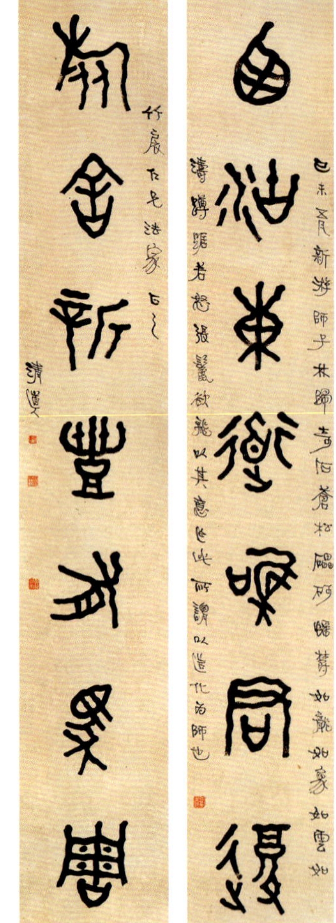

1317 李瑞清 1919年作 金文七言联
估 价：HKD 120,000～180,000
成交价：RMB 807,000
238.2cm×39.5cm×2 香港苏富比 2015.4.6

280 李苦禅 1979年作 绿雨之荫 立轴对屏
估 价：RMB 400,000～600,000
成交价：RMB 920,000
97cm×45.5cm×2 北京翰海 2015.11.27

385 李苦禅 1972年作 荷花翠鸟 镜片
估 价：RMB 1,000,000～2,000,000
成交价：RMB 6,440,000
96cm×180.5cm 广东崇正 2015.6.18

112 李苦禅 英雄独立 立轴
来源：藏家购自10秋北京荣宝渠维瑛夫人及其子女收藏专题。
估 价：RMB 1,200,000～1,800,000
成交价：RMB 1,437,500
138cm×68cm 保利山东 2015.9.13

711 李老十 人物 镜心
著录：《李老十·二十世纪下半叶中国画家丛书—新文人画》P65，河北教育出版社。
估 价：RMB 800,000～1,200,000
成交价：RMB 3,360,000
118cm×82cm 北京荣宝 2015.6.21

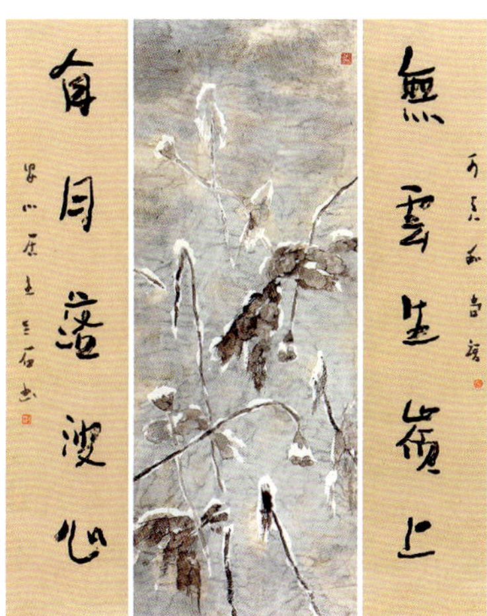

93 李铁夫 飞雁图 立轴
估 价：RMB 250,000～320,000
成交价：RMB 368,000
53cm×75cm 广东崇正 2015.6.18

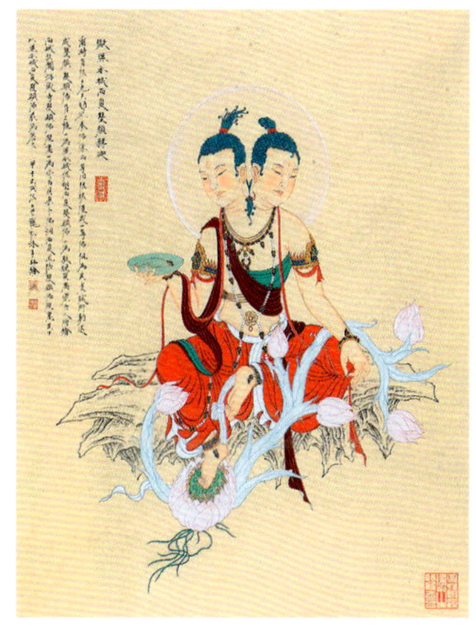

3492 李巍松 2014年作 双颜释迦 镜心
出版：1.《妙相梵容·李巍松佛释绘画》P9-11，河南美术出版社，2015年；2.《古质今妍·丹青供养·李巍松佛释绘画》，人民美术出版社，2015年。
估 价：RMB 300,000～350,000
成交价：RMB 345,000
87cm×67cm 北京保利 2015.6.3

6767 李老十 雪荷 镜心
出版：1.画出版于《李老十画集》P72，河北教育出版社；2.对联出版于《当代书法家精品集》P13，河北教育出版社。
估 价：RMB 800,000～1,000,000
成交价：RMB 1,012,000
画131cm×515cm；对联131cm×28.5cm×2
北京保利 2015.12.6

1803 李翔 2012年作 丁合村之二 镜心
估 价：RMB 300,000～350,000
成交价：RMB 667,000
66cm×66cm 中国嘉德 2015.11.16

6847 李小超 秦声 镜心
估 价：RMB 200,000～250,000
成交价：RMB 253,000
39cm×65cm 北京保利 2015.12.6

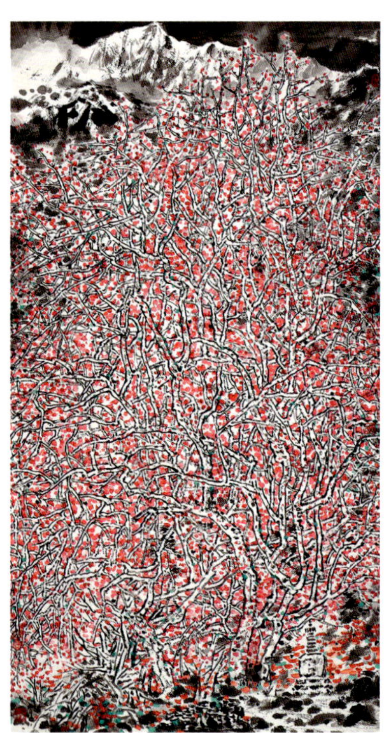

70 李孝萱 2013年作 山水 镜心 四屏
来源：现藏家得自艺术家本人。
估 价：RMB 500,000～600,000
成交价：RMB 690,000
138.5cm×23cm×4 上海宝龙 2015.1.18

553 李延声 灵瑞相伴图
估 价：RMB 350,000～450,000
成交价：RMB 402,500
68cm×68cm 北京翰海 2015.6.26

6772 李小可 2015年作 春月的雪 镜心
展览："水墨家园——李小可作品展"江苏省美术馆，2015年10月23日－11月4日。
估 价：RMB 1,000,000～1,200,000
成交价：RMB 1,207,500
180cm×97cm 北京保利 2015.12.6

1275 李研山 双钩竹石 立轴
著录：《李研山书画集》，李允鉌编（东方文物图籍出版社，一九七四年），页125；……。
估 价：HKD 250,000～350,000
成交价：RMB 1,614,000
150.4cm×63.8cm 香港苏富比 2015.4.6

653 李永文 2014年作 暖晨 镜心
估 价：RMB 320,000～400,000
成交价：RMB 368,000
68cm×68cm 保利山东 2015.2.1

858 李俞染 万山红遍
出版：《李可染国画艺术第三代传承人——李俞染书画精品集》，（华夏珍宝博物馆，2015年，P17）
估　价：RMB 390,000～420,000
成交价：RMB 471,500
155cm×95cm 北京翰海 2015.6.26

404 李宇超 墨竹双鸡 立轴
估　价：RMB 50,000～80,000
成交价：RMB 345,000
96cm×54cm 广东崇正 2015.6.18

562 李照东 2012年作 长潭光影 册页 （二十七开）
估　价：RMB 1,000,000～1,500,000
成交价：RMB 2,530,000
50cm×70cm×27 广州皇玛 2015.7.26

1360 李蒸蒸 2014年作 牡丹荷花枫叶梅花 镜心
估　价：RMB 150,000～180,000
成交价：RMB 598,000
76.5cm×51.5cm×4 中国嘉德 2015.5.18

596 李知弥 2015年作 那年
估　价：RMB 350,000～450,000
成交价：RMB 402,500
68cm×136cm 北京翰海 2015.6.26

1007 梁启超 行书《金刚经》 手卷
估　价：RMB 400,000～600,000
成交价：RMB 5,750,000
22.5cm×235cm 北京匡时 2015.6.6

696 梁连生 2014年作 花鸟 镜心 四屏
估　价：RMB 400,000～600,000
成交价：RMB 460,000
138cm×35cm×4 保利山东 2015.2.1

6919 梁时民 2014年作 迎春图 镜心
估　价：RMB 350,000～480,000
成交价：RMB 460,000
180cm×96cm 北京保利 2015.12.6

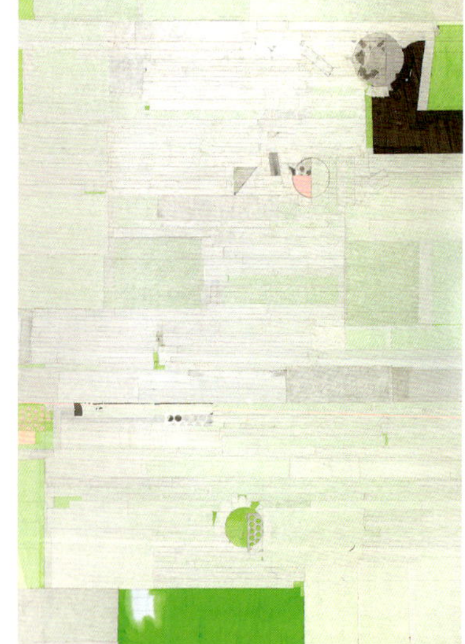

2166 梁铨 2011年作 无题
展览：淡茶——梁铨个展，索卡艺术中心台北，2014年
估　价：RMB 600,000～800,000
成交价：RMB 690,000
200cm×140cm 北京匡时 2015.12.4

136 梁漱溟 1981年作 行书五言联 立轴
成交价：RMB 724,500
69cm×10.5cm×2 北京匡时 2015.12.4

13 梁岩 1999年作 我的房东 镜心
著录：《邹传安、招务超、梁岩、周中耀作品选》，P29。
估　价：RMB 300,000～400,000
成交价：RMB 345,000
141cm×96cm 中贸圣佳 2015.5.19

404 林丰俗 1999年作 夔门 镜框
出版：1.《大家画风·当代国画大家教学研究·林丰俗·山水卷》P44-45，安徽美术出版社，2012年10月；2.《西风南格——长安·岭南当代大家中国画作品集》P100-101，安徽美术出版社，2012年10月；……。
估　价：RMB 800,000～1,200,000
成交价：RMB 1,495,000
97cm×180cm 华艺国际 2015.5.24

1256 林风眠 繁花群鸟 镜心
著录：《林风眠画集》，第22页，山艺文教基金会，1995年版。
估　价：RMB 4,000,000～6,000,000
成交价：RMB 6,670,000
69cm×138.5cm 中国嘉德 2015.11.15

3504 廖红球 2004年作 盘石绶带红 镜心
出版：《廖红球诗书画集》P98，荣宝斋出版社，2006年。
估　价：RMB 320,000～400,000
成交价：RMB 368,000
97cm×180cm 北京保利 2015.6.3

162 林风眠 宝莲灯
来源：美国私人收藏；香港苏富比2006年4月7日拍品 编号210。
估　价：HKD 8,000,000～12,000,000
成交价：RMB 8,760,792
66cm×65cm 保利香港 2015.4.6

1225 林风眠 霸王别姬 镜框
估　价：HKD 2,500,000～3,500,000
成交价：RMB 8,586,480
64.8cm×63.3cm 香港苏富比 2015.4.6

1241 林风眠 碧翠盈塘 镜框
来源：冯叶女士旧藏；香港苏富比2002年5月《中国书画拍卖》拍品，编号145。
估　价：HKD 3,800,000～5,000,000
成交价：RMB 9,436,560
66cm×65cm 香港苏富比 2015.10.6

4023 林风眠 拈花仕女
估　价：RMB 3,500,000～5,000,000
成交价：RMB 5,750,000
65cm×65cm 北京保利 2015.6.3

1025 林海钟 2015年作 江岸渔歌 手卷
估　价：HKD 450,000~600,000
成交价：RMB 2,070,000
画28cm×350cm 北京保利 2015.12.6

1226 林风眠 清荷 镜框
估　价：HKD 2,800,000~4,000,000
成交价：RMB 6,359,160
67.3cm×66cm 香港苏富比 2015.4.6

1376 林风眠 戏剧人物—鸿门宴 镜框
来源：现藏家1987年得自香港 Charlotte Horstmann & Gerald Godfrey 画廊。美国私人珍藏。
估　价：HKD 2,500,000~3,500,000
成交价：RMB 7,914,440
70.8cm×67.3cm 佳士得 2015.12.1

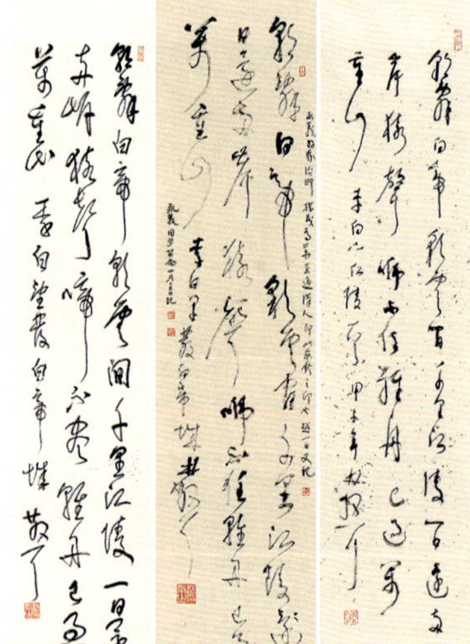

34 林散之 李白诗三首 镜心 立轴
著录：《林散之书画选集》，P122—123，江苏人民美术出版社，1985年第一版。
估　价：RMB 1,200,000~1,500,000
成交价：RMB 5,750,000
136cm×29cm；130cm×30cm；107cm×26cm 南京经典 2015.1.4

633 林墉 1988年作 鸟语
估　价：RMB 500,000~600,000
成交价：RMB 920,000
137cm×68cm 北京翰海 2015.6.26

709 林永松 2015年作 峨眉金顶
估　价：RMB 3,200,000~4,000,000
成交价：RMB 4,370,000
136cm×68cm 北京翰海 2015.11.27

775 林永松 2015年作 青山看不厌
估　价：RMB 2,800,000～3,000,000
成交价：RMB 3,680,000
137cm×68cm 北京翰海 2015.6.26

548 林语堂 1971年作 书法 镜心
估　价：RMB 300,000～400,000
成交价：RMB 345,000
110cm×50cm 厦门华辰 2015.6.20

801 刘伯骏 2013年作 追日 镜心
著录：《九十正当春刘伯骏指墨艺术展》，第70页，昆明元盛文化产权交易所，2014年9月。
估　价：RMB 400,000～600,000
成交价：RMB 747,500
69cm×69cm 保利山东 2015.2.1

25 林玉山 郑善禧 欧豪年 李奇茂 涂璨琳 郭大维 李义弘 1987-1993 钟馗集锦
成交价：RMB 365,256
51cm×19cm 罗芙奥 2015.6.2

1053 刘半农 隶书录《燕子笺弹词》 镜心
备注：台静农上款。
成交价：RMB 805,000
18cm×51cm 北京匡时 2015.10.17

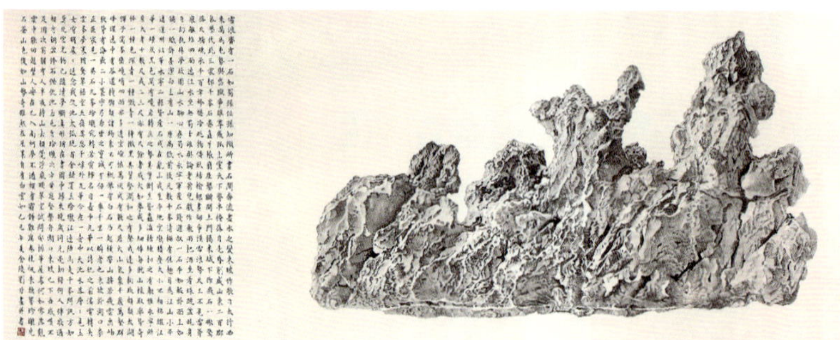

8144 刘丹 2009年作 雪浪斋石之壶中九天
估 价：RMB 2,000,000～3,000,000
成交价：RMB 3,105,000
225cm×99.5cm 北京保利 2015.12.8

534 刘大为 2003年作 唐人马球图 镜心
来源：海外回流。
估 价：RMB 2,600,000～2,800,000
成交价：RMB 3,220,000
120cm×245cm 保利山东 2015.2.1

2811 刘丹 浮云
来源：翦淞阁收藏；亚洲私人收藏。
估 价：HKD 2,500,000～3,500,000
成交价：RMB 2,235,840
195cm×250cm 香港苏富比 2015.10.5

619 刘大为 2009年作 吉祥草原 镜心
估 价：RMB 1,200,000～1,800,000
成交价：RMB 2,185,000
134cm×68cm 保利山东 2015.2.1

1235 刘旦宅 1978年作 天风海水图 立轴
估 价：RMB 600,000～900,000
成交价：RMB 1,127,000
95cm×58.5cm 北京翰海 2015.6.27

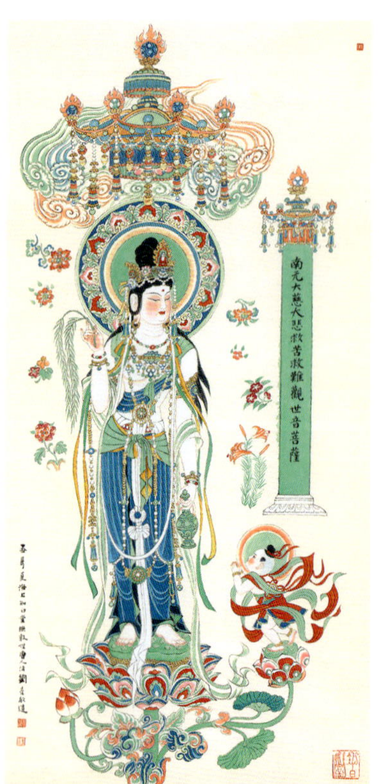

605 刘旦宅 1997年作 观世音造像 立轴
出版：1.《当代名家中国画全集——刘旦宅》P1，古吴轩出版 社，1997年6月；2.《海上名家书画集》封面及P356，上海书画出版社，2013年6月。
估 价：RMB 5,000,000～7,000,000
成交价：RMB 7,820,000
136cm×66.5cm 北京匡时 2015.12.4

389 刘旦宅 1997年作 如花丽人 立轴
来源：朵云轩1998年春拍第151号拍品。
估 价：RMB 500,000~700,000
成交价：RMB 1,437,500
100cm×53cm 朵云轩 2015.6.18

348 刘二刚 桃花源记 镜心
估 价：RMB 200,000~250,000
成交价：RMB 345,000
68cm×136cm 南京经典 2015.1.4

640 刘光夏 2013年作 故乡金秋 镜心
估 价：RMB 350,000~400,000
成交价：RMB 460,000
68cm×136cm 北京翰海 2015.11.27

122 刘国松 2009年作 水石清华
来源：亚洲私人收藏。
估 价：RMB 2,000,000~2,500,000
成交价：RMB 2,715,888
91cm×229cm；91cm×458cm 保利香港 2015.10.5

2831 刘国松 1969年作 寒山平远
来源：重要亚洲私人收藏；直接购自艺术家；水松石山房旧藏。
估 价：HKD 5,000,000~6,000,000
成交价：RMB 4,997,760
149cm×308.5cm 香港苏富比 2015.10.5

6869 刘广 2012年作 云山耸翠 镜心
估 价：RMB 280,000~350,000
成交价：RMB 322,000
68cm×136cm 北京保利 2015.12.6

1111 刘国辉 2010年作 竹林七贤图 镜片
出版：《大家风格·当代国画大家作品鉴赏一·人物卷》第80页，安徽美术出版社，2013年1月。
估 价：RMB 150,000~250,000
成交价：RMB 402,500
69cm×138cm 广州皇玛 2015.7.26

3654 刘国松 1968年作 窗里窗外 镜心
出版：1.《宇宙心印——刘国松创作集》P25，现代画廊；2.《一个东西南北人——刘国松80回顾展》P96，国立台湾美术馆。
估 价：RMB 1,500,000~1,800,000
成交价：RMB 1,725,000
152.2cm×73.2cm 北京保利 2015.6.3

4077 刘国松 2012年作 雪网山痕皆自然A—西藏组曲之181
出版：《极观无垠—刘国松》P68台湾现代画廊 2013年版；《一个东西南北人—刘国松80回顾展》P204国立台湾美术馆2013年版；《革命-复兴—刘国松绘画大展》P125 国立历史博物馆 2014年版 。
估　价：HKD 10,000,000～12,000,000
成交价：RMB 10,235,000
188cm×463cm 北京保利 2015.6.3

239 刘海粟 艳斗汉宫春 镜片
出版：《刘海粟精品珍藏集—纪念艺术大师刘海粟诞辰115周年》P130-131，2011年4月西泠印社出版社。
估　价：RMB 6,000,000～8,000,000
成交价：RMB 6,325,000
180.5cm×564cm 华艺国际 2015.5.24

1149 刘海粟 黄山绝峰 镜心
估　价：RMB 4,200,000～4,800,000
成交价：RMB 4,830,000
143.5cm×363cm 北京至诚 2015.12.20

101 刘海粟 1956年作 黄山图 立轴
估　价：RMB 900,000～1,050,000
成交价：RMB 1,265,000
133cm×69cm 上海明轩 2015.6.21

90 刘继卣 1982年作 莫愁女 镜心
来源：重要私人藏家。
估　价：RMB 250,000～350,000
成交价：RMB 690,000
66.5cm×46cm 中国嘉德 2015.5.16

703 刘继卣 动物 四屏镜心
著录：《刘继卣中国画选集》，图编4-7，山东美术出版社，1985年版。
估　价：RMB 1,800,000～2,800,000
成交价：RMB 4,025,000
120.5cm×34cm×4 中国嘉德 2015.5.17

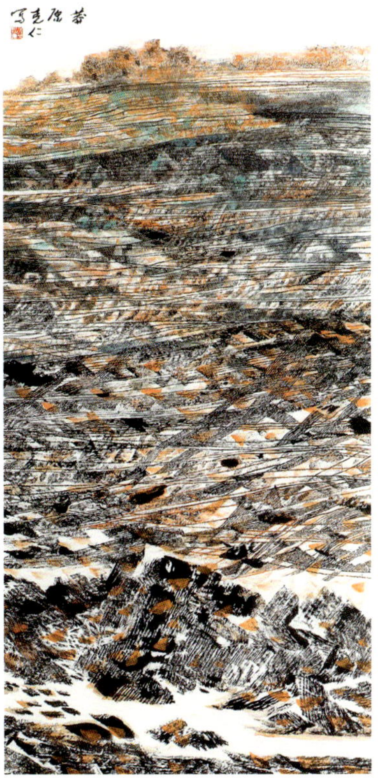

6185 刘克仁 莽原 镜心
估　价：RMB 150,000～300,000
成交价：RMB 201,250
136cm×68cm 北京保利 2015.11.1

803 刘巨德 白鹭 镜心
估　价：RMB 300,000～400,000
成交价：RMB 515,200
179cm×48.5cm 北京荣宝 2015.6.21

6230 刘珺 瑶池极境 镜心
估　价：RMB 180,000～300,000
成交价：RMB 310,500
206cm×242cm 北京保利 2015.11.1

561 刘奎龄 1932年作 农篱一隅 立轴
著录：《水墨新视觉——晚清民初水墨画集》，图116–117，台北历史博物馆，1997年1月；……。
估　价：RMB 1,200,000～1,800,000
成交价：RMB 1,495,000
107cm×52cm 北京保利 2015.6.4

1364 刘奎龄 1941年作 动物 立轴八屏
来源：郭瑞腾旧藏。
估　价：RMB 4,800,000～5,800,000
成交价：RMB 9,200,000
131cm×40cm×8 北京保利 2015.6.5

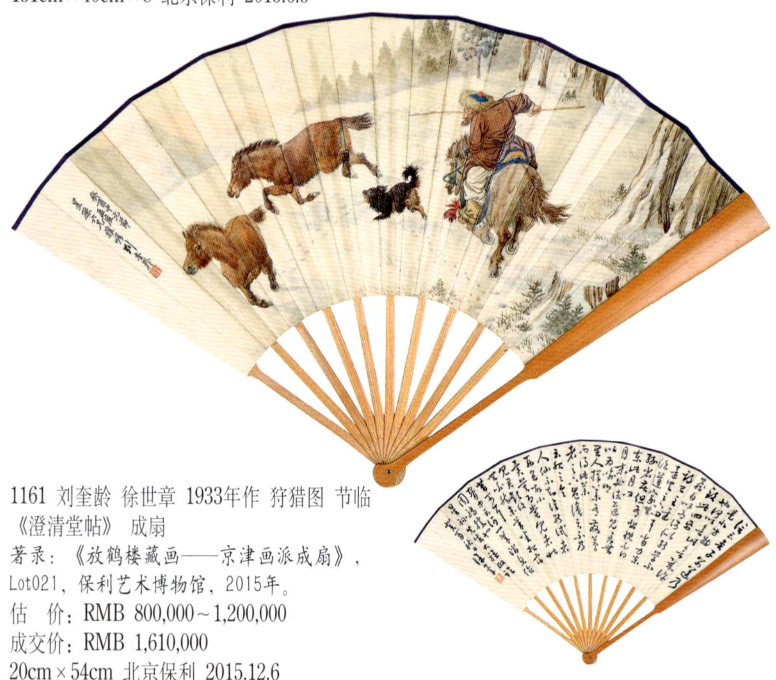

1161 刘奎龄 徐世章 1933年作 狩猎图 节临《澄清堂帖》 成扇
著录：《放鹤楼藏画——京津画派成扇》，Lot021，保利艺术博物馆，2015年。
估　价：RMB 800,000～1,200,000
成交价：RMB 1,610,000
20cm×54cm 北京保利 2015.12.6

40 刘庆和 玉兰花 镜框
估　价：RMB 500,000～600,000
成交价：RMB 575,000
125cm×90cm 上海宝龙 2015.1.18

3408 刘人岛 烟云里 镜心
估　价：RMB 500,000～600,000
成交价：RMB 920,000
95cm×89cm 北京保利 2015.6.3

6871 刘人岛 此景偏解索题诗 镜心
估　价：RMB 1,000,000～1,200,000
成交价：RMB 1,150,000
70cm×128cm 北京保利 2015.12.6

81 刘凌沧 游园雅集图 立轴
估　价：RMB 300,000～400,000
成交价：RMB 667,000
121.5cm×47.3cm 荣宝斋（济南） 2015.11.21

395 刘文西 1982年作 春江花月夜 镜心
估　价：RMB 300,000～500,000
成交价：RMB 537,600
133cm×65.5cm 北京荣宝 2015.8.30

2489 刘墉 2014年作 春融 镜框
估　价：HKD 550,000～800,000
成交价：RMB 533,478
75.5cm×116cm 保利香港 2015.10.5

1587 刘永明 冬天的诗 立轴
出版：《刘永明绘画作品集》，鸿禧艺术文教基金会，2013年2月，第182—183页。
估　价：HKD 280,000～400,000
成交价：RMB 492,600
67cm×65.6cm 佳士得 2015.12.1

1393 刘永明 晴雪 镜框
出版：《刘永明绘画作品集》，鸿禧艺术文教基金会，2013年2月，第148—149页。
估　价：HKD 280,000～400,000
成交价：RMB 400,500
64.8cm×64.8cm 佳士得 2015.6.2

6239 刘兆平 2015年作 呦呦鹿鸣 镜心
出版：《艺术市场》第106页，2015年8月刊。
估　价：RMB 100,000～200,000
成交价：RMB 368,000
69cm×69cm 北京保利 2015.8.12

69 刘子久 人物山水 四屏镜框
估　价：RMB 350,000～350,000
成交价：RMB 552,000
140cm×34cm×4 鼎天国际 2015.7.5

6855 刘紫岗 2011年作 云间行旅 镜心
估　价：RMB 800,000～900,000
成交价：RMB 920,000
132cm×67cm 北京保利 2015.12.6

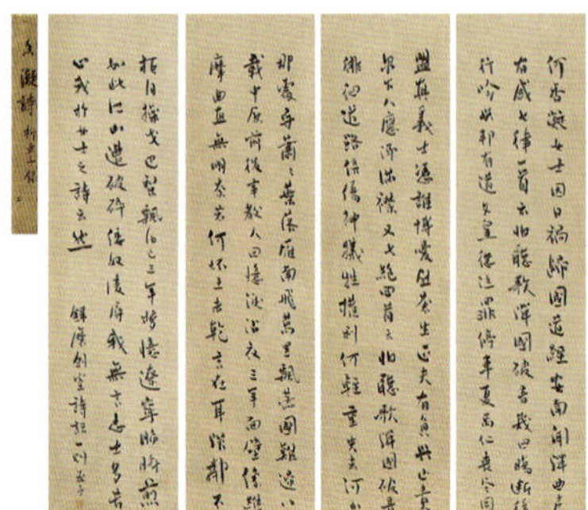

2053 柳亚子 行书 何香凝诗 四屏
估　价：RMB 450,000～600,000
成交价：RMB 782,000
145.5cm×38.5cm×4 西泠拍卖 2015.7.5

3608 卢辅圣 初生 镜心
估　价：RMB 800,000～1,000,000
成交价：RMB 1,782,500
70cm×140cm 北京保利 2015.6.3

113 柳子谷 松林雅集图 立轴
成交价：RMB 299,000
129cm×49.5cm 北京匡时 2015.12.4

3458 卢禹舜 2013年作 精神家园 镜心
估　价：RMB 800,000～1,500,000
成交价：RMB 1,380,000
35cm×205cm 北京保利 2015.6.3

521 卢沉 1988年作 李太白饮酒放歌图 镜心
来源：据藏家介绍，于80年代末购于澳大利亚文化交流会。
估　价：HKD 150,000～250,000
成交价：RMB 872,964
115cm×244cm 保利香港 2015.10.5

824 鲁迅 行书偈语 立轴
备注：清水安三旧藏并题盒。
估　价：RMB 800,000～1,000,000
成交价：RMB 3,047,500
24cm×20cm 北京匡时 2015.12.4

359 陆小曼 梅花仕女 立轴
估　价：RMB 80,000～120,000
成交价：RMB 310,500
65cm×30 cm. 中鸿信 2015.7.29

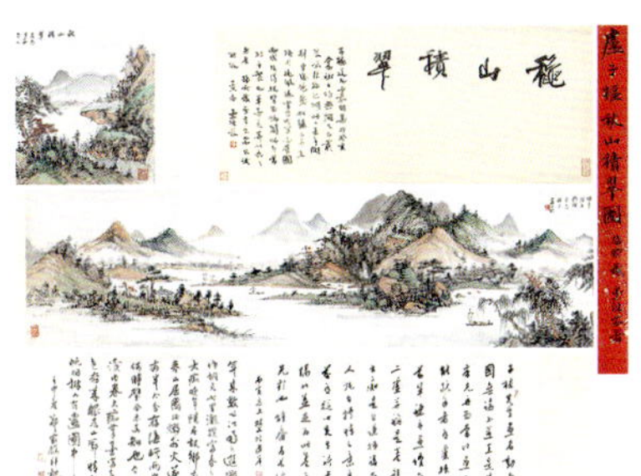

28 卢子枢 秋山积翠图 手卷
估　价：RMB 200,000～250,000
成交价：RMB 310,500
画心28cm×128cm 广东崇正 2015.6.18

1195 陆俨少 1977年作 娄山关雄姿 立轴
著录：《浙江四大家作品集》，第231－232页，西泠印社出版社，2013年3月。
估　价：RMB 5,500,000～6,500,000
成交价：RMB 6,325,000
138cm×69cm 北京保利 2015.12.6

558 陆俨少 1955年作 江山胜揽 立轴
说明：刘海粟上款。
估　价：RMB 6,000,000～8,000,000
成交价：RMB 13,225,000
89cm×45.3cm 北京保利 2015.6.4

67 卢振寰 1932年作 华严三圣图 镜片
估　价：RMB 280,000～380,000
成交价：RMB 667,000
125cm×66cm 广东崇正 2015.6.18

1447 陆俨少 1978年作 天台怀旧 立轴
来源：香港著名收藏家叶义医生旧藏；香港苏富比1984年11月拍卖，编号140。
估　价：HKD 2,800,000～3,500,000
成交价：RMB 5,874,960
133.5cm×66.8cm 香港苏富比 2015.4.6

311 陆俨少 1987年作 秋山黄叶 立轴
来源：中国嘉德2002秋季拍卖会第419号拍品。
估　价：RMB 3,000,000～4,000,000
成交价：RMB 5,980,000
138cm×69.5cm 中国嘉德 2015.5.16

2036 陆俨少 1984年作 轻舟千里图 立轴
著录：1.《麒麟画院藏品》第55页，北京工艺美术出版社，2006年10月；.....。
估　价：RMB 4,800,000～5,800,000
成交价：RMB 6,440,000
177cm×47cm 北京保利 2015.12.7

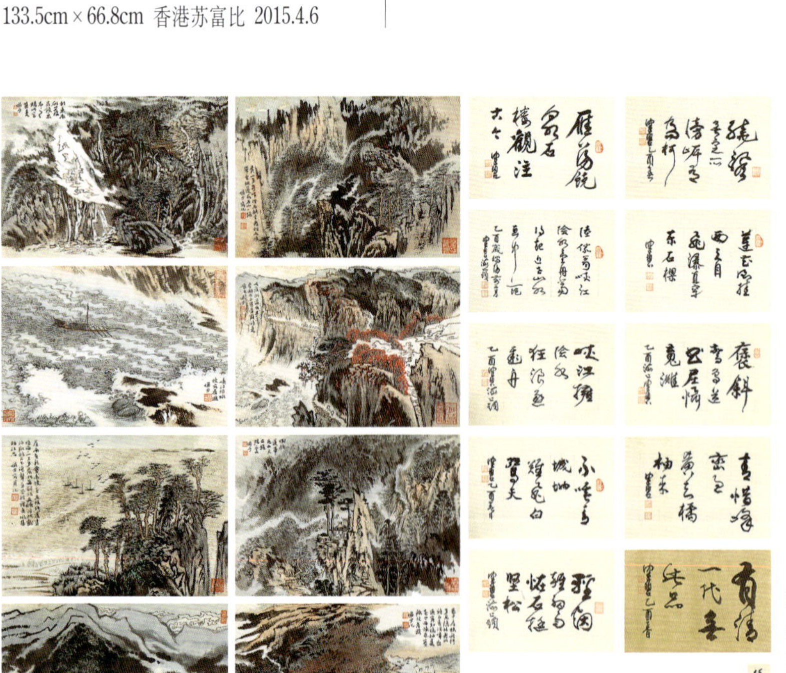

640 陆俨少 名山 册页 （八开）
备注：陈佩秋上款。
估　价：RMB 10,000,000～15,000,000
成交价：RMB 12,650,000
本幅25.5cm×37.5cm×8；题跋26cm×38cm×10 北京匡时 2015.12.4

1320 陆抑非 1952年作 花卉秀竹册 镜框 （一百〇三开）
来源：玉兰斋李爱维女士藏品。
估 价：HKD 100,000～150,000
成交价：RMB 968,780
24cm×46.8cm×103 佳士得 2015.12.1

661 路怀中 2012年作 雪林之一
估 价：RMB 300,000～380,000
成交价：RMB 345,000
半径33cm 北京翰海 2015.11.27

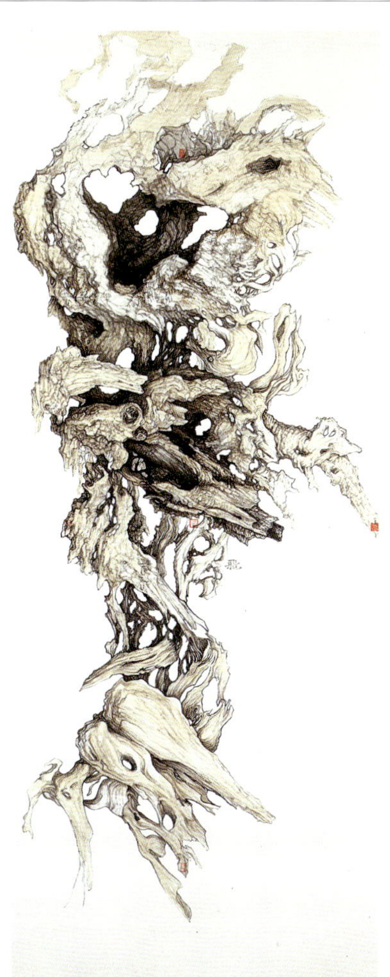

2897 罗建武 2006年作 飞龙在天 镜框
来源：香港苏富比2006年10月7日拍品，编号748。
估 价：HKD 400,000～600,000
成交价：RMB 403,500
175.5cm×69.5cm 香港苏富比 2015.4.5

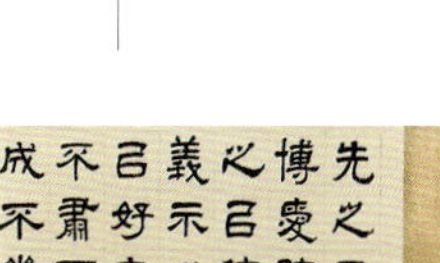

893 罗振玉 隶书临《西狭颂》 手卷
估 价：RMB 150,000～250,000
成交价：RMB 816,500
书法33cm×262cm 中国嘉德 2015.5.18

1134 罗一平 2015年作 鼎湖山纪游系列之二 镜片
估 价：RMB 250,000～350,000
成交价：RMB 632,500
180cm×49cm×2 广州皇玛 2015.7.26

2678 罗寒蕾 红狐
估 价：RMB 450,000～650,000
成交价：RMB 563,500
104cm×65cm 北京匡时 2015.6.6

2805 吕寿琨 禅画 镜框
来源：玛丽及庄智博珍藏。
估　价：HKD 250,000~350,000
成交价：RMB 924,750
180cm×97cm 香港苏富比 2015.10.5

1272 吕凤子 松柏图 立轴
估　价：HKD 60,000~80,000
成交价：RMB 350,438
112.1cm×45.1cm 佳士得 2015.6.2

903 吕寿琨 1963年作 香港写生-香港仔 横批
估　价：HKD 300,000~400,000
成交价：RMB 2,723,400
58.5cm×358.5cm 佳士得 2015.6.1

1499 马晋 春郊阅骏图 手卷
来源：2004年11月得于北京。
估　价：HKD 2,800,000~3,500,000
成交价：RMB 5,874,960
45.5cm×438cm 香港苏富比 2015.4.6

115 马晋 1962年作 马 镜心
估　价：HKD 800,000~1,200,000
成交价：RMB 742,440
132cm×132cm 中国嘉德 2015.4.7

6921 马高骧 2008年作 团团圆圆 镜心
估　价：RMB 300,000~400,000
成交价：RMB 345,000
136cm×69cm 北京保利 2015.12.6

209 马君武 行书五言联 对联
估　价：RMB 4,000～8,000
成交价：RMB 299,000
146cm×39cm×2 中国嘉德 2015.9.19

560 马新林 红红火火三月天
估　价：RMB 280,000～380,000
成交价：RMB 368,000
138cm×69cm 北京翰海 2015.6.26

1218 马文典 2007年作 雪亭抒怀 立轴
估　价：RMB 250,000～300,000
成交价：RMB 460,000
121cm×240cm 广州皇玛 2015.1.18

2518 马欣乐 2014年作 八骏图 镜心
估　价：HKD 380,000～420,000
成交价：RMB 484,980
68cm×136cm 保利香港 2015.10.5

1005 马一浮 篆书“兼善堂” 横披
估　价：RMB 600,000～800,000
成交价：RMB 1,265,000
56.5cm×167.5cm 北京匡时 2015.6.6

119 马寅初 1936年作 行书七言 对联
来源：藏家得自吴复初后代。
估　价：RMB 300,000～500,000
成交价：RMB 897,000
133cm×32.5cm×2 上海道明 2015.5.9

3422 马子恺 春晓 镜心
估　价：RMB 380,000～450,000
成交价：RMB 678,500
96cm×90cm 北京保利 2015.6.3

2505 闵庚灿 2015年作 常青 镜心
估　价：HKD 1,100,000～1,250,000
成交价：RMB 1,066,956
61cm×200cm 保利香港 2015.10.5

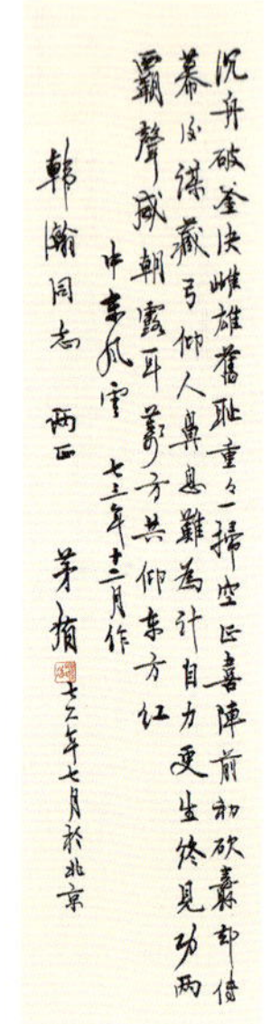

64 茅盾 1976年作 行书诗《中东风云》 镜片
说明：上款人韩瀚。
估　价：RMB 350,000～500,000
成交价：RMB 598,000
83.5cm×19.5cm 上海明轩 2015.6.21

1423 缪谷瑛 1936年作 东篱艳菊图 立轴
估　价：HKD 100,000～150,000
成交价：RMB 484,200
170.5cm×91.5cm 香港苏富比 2015.4.6

703 梅兰芳 1936年作 游鱼 镜心
估　价：RMB 350,000～550,000
成交价：RMB 1,207,500
129cm×66cm 中国嘉德 2015.11.14

730 莫言 毛泽东 沁园春·雪 镜心
估　价：RMB 600,000～800,000
成交价：RMB 977,500
97cm×184cm 南京经典 2015.1.4

1106 莫友芝 蛰安 镜框
估　价：HKD 20,000～26,000
成交价：RMB 616,500
34.5cm×116.5cm 香港苏富比 2015.10.5

766 牧野 2010年作 北京轶事
估　价：RMB 100,000～200,000
成交价：RMB 575,000
69cm×138cm 北京翰海 2015.6.26

1848 南海岩 2015年作 万籁金风 镜心
估　价：RMB 550,000～600,000
成交价：RMB 690,000
39cm×99.5cm 中国嘉德 2015.11.16

605 聂鸥 2008年作 牧趣
估　价：RMB 200,000～300,000
成交价：RMB 460,000
68cm×136cm 北京翰海 2015.6.26

1839 南溪 2014年作 纯粹的年代
估　价：RMB 400,000～500,000
成交价：RMB 460,000
140cm×70cm 朵云轩 2015.6.19

3645 聂危谷 2012年作 流金岁月 镜心
估　价：RMB 300,000～350,000
成交价：RMB 368,000
89cm×98cm 北京保利 2015.6.3

516 欧豪年 丙午（1966年作 水牛 立轴
著录：《欧豪年作品集》，第38页，时报出版文化有限公司（台湾），1982年版。
估　价：RMB 60,000～80,000
成交价：RMB 483,000
183cm×95cm 中国嘉德 2015.11.14

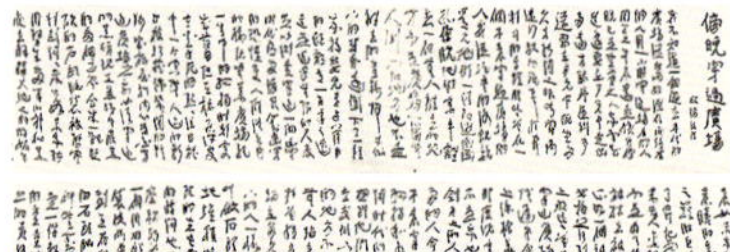

702 欧阳江河 2014年作 傍晚穿过广场 长卷
估　价：RMB 500,000～800,000
成交价：RMB 632,500
108cm×1915cm 南京经典 2015.1.4

775 欧阳中石 柳永《蝶恋花·伫倚危楼》 镜心
估　价：RMB 800,000～1,000,000
成交价：RMB 920,000
140cm×360cm 保利山东 2015.2.1

138 潘公凯 2000 年代作 穐酣图
估　价：RMB 360,000～560,000
成交价：RMB 575,000
67cm×135.5cm 佳士得（上海） 2015.4.25

533 潘恭寿 仿各家山水 （十二开册）
来源：纽约佳士得《中国书画》1994年11月30日拍品编号19；美国私人收藏。
估　价：USD 20,000～50,000
成交价：RMB 1,035,613
23cm×17.5cm×12 纽约苏富比 2015.9.17

800 潘慧敏 小楷王维诗 立轴
估　价：RMB 120,000～180,000
成交价：RMB 368,000
33cm×45cm 保利山东 2015.9.13

519 潘絜兹 1978年作 丽春 立轴
估 价：RMB 38,000~58,000
成交价：RMB 345,000
画46cm×34.5cm；字25cm×34.5cm
中国嘉德 2015.5.17

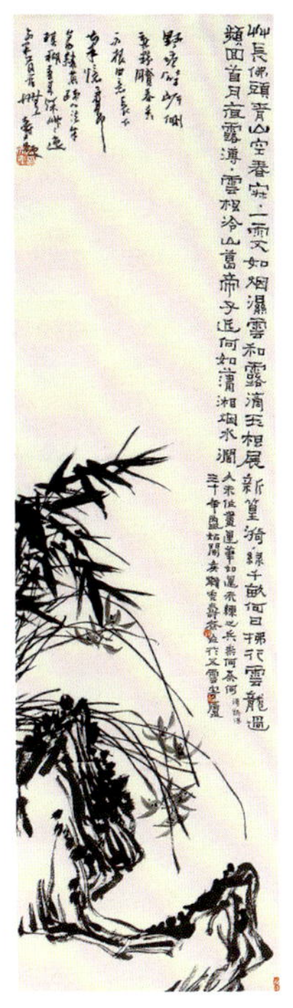

708 潘天寿 1941年作 兰石图 立轴
来源：德国著名插画艺术家维尔纳·克勒姆克（Wernen Klemke）旧藏。
估 价：RMB 5,000,000~8,000,000
成交价：RMB 7,820,000
179.7cm×49cm 中国嘉德 2015.5.17

842 潘天寿 1964年作 翠石双雀 立轴
备注：高冠华上款。
估 价：RMB 1,800,000~2,200,000
成交价：RMB 9,430,000
96.5cm×45cm 北京匡时 2015.6.6

393 潘素 峰海松涛 立轴
估 价：RMB 300,000~500,000
成交价：RMB 1,012,000
137cm×68cm 广东崇正 2015.6.18

1262 潘天寿 1961年作 朝霞 横披
著录：《二十世纪中国绘画》，第152、153页，香港艺术馆，1984年版；……。
估 价：RMB 52,000,000~62,000,000
成交价：RMB 69,000,000
144cm×195cm 中国嘉德 2015.11.15

707 潘天寿 鹰石山花图 镜心
来源：中国嘉德2005春季拍卖会第514号拍品。
成交价：RMB 279,450,000
182.3cm×141.8cm 中国嘉德 2015.5.17

667 潘天寿 荷花 镜心
备注：为倪贻德家属旧藏。
成交价：RMB 2,070,000
156cm×90cm 北京匡时 2015.10.17

1261 潘天寿 1964年作 劲松 立轴
著录：《潘天寿书画集·下》，图版第203，年谱着录，人民美术出版社，1982年版；……。
估　价：RMB 68,000,000～88,000,000
成交价：RMB 93,150,000
207cm×151cm 中国嘉德 2015.11.15

1002 潘玉良 1957年作 梦寐 彩墨纸本
来源：亚洲重要私人收藏。
成交价：RMB 11,201,160
70cm×90.5cm 香港苏富比 2015.4.4

1200 潘天寿 荷塘小鸟 镜框
估　价：RMB 2,000,000~3,000,000
成交价：RMB 6,900,000
130cm×67cm 北京至诚 2015.12.20

1098 潘天寿 花鸟 镜心
估　价：RMB 800,000~1,000,000
成交价：RMB 920,000
33.5cm×135cm 北京至诚 2015.12.20

49 庞熏琹　飞天
估　价：HKD 85,000~130,000
成交价：RMB 615,168
41cm×35cm 罗芙奥 2015.5.31

139 彭薇 2012年作 湖山春晓图
估　价：RMB 400,000~600,000
成交价：RMB 1,470,000
35.5cm×395.5cm
佳士得（上海） 2015.4.25

1373 彭连熙 1990年作 红楼群芳图
估　价：RMB 180,000~220,000
成交价：RMB 379,500
83cm×248cm 西泠拍卖 2015.7.4

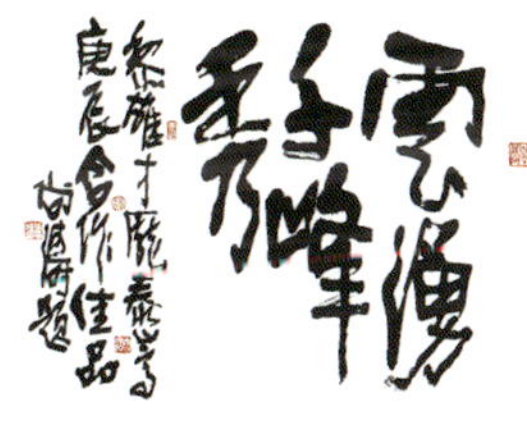

328 庞泰嵩 云涌千峰秀 镜片
估　价：RMB 200,000~280,000
成交价：RMB 805,000
画心72cm×366cm 广东崇正 2015.6.18

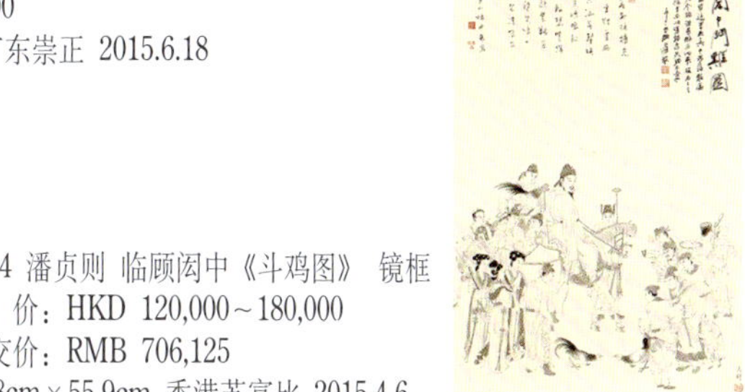

1514 潘贞则 临顾闳中《斗鸡图》 镜框
估　价：HKD 120,000~180,000
成交价：RMB 706,125
91.8cm×55.9cm 香港苏富比 2015.4.6

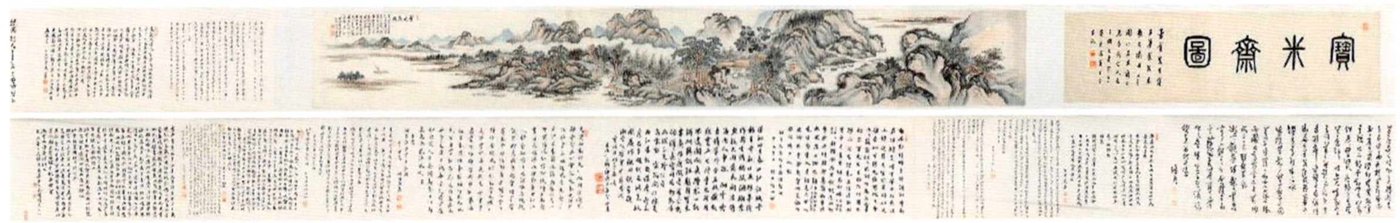

1755 溥伒 1936年作 宝米斋图卷 手卷
来源：香港梅洁楼旧藏。
估　价：RMB 1,000,000～1,500,000
成交价：RMB 1,322,500
画心：34cm×260cm 北京保利 2015.6.5

1033 彭先诚 2004年作 丽人行 镜心
估　价：RMB 150,000～250,000
成交价：RMB 218,500
34cm×139cm 北京保利 2015.12.6

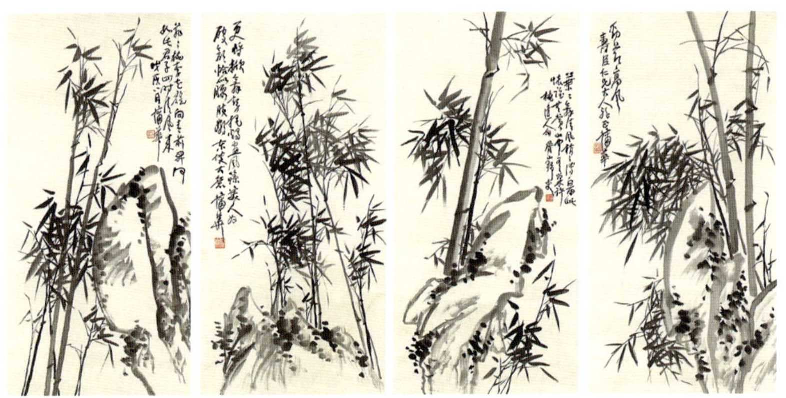

2759 蒲华 1898年作 竹石图 四屏
估　价：RMB 600,000～800,000
成交价：RMB 1,035,000
129cm×65cm×4 西泠拍卖 2015.7.5

1149 普明（雪窗） 光风转蕙 立轴
出版：《元时代の绘画 モンゴル世界帝国の一世纪展图录》，奈良：大和文华馆，1998，第63页，图版33
估　价：HKD 250,000～350,000
成交价：RMB 1,541,250
70cm×37cm 香港苏富比 2015.10.5

1381 溥儒 1956年作 书画合璧册 镜框　（十六开）
估　价：HKD 1,800,000～2,500,000
成交价：RMB 3,453,960
29.4cm×20.2cm×16 香港苏富比 2015.4.6

856 溥儒 罗汉图 横披
估　价：RMB 800,000～1,000,000
成交价：RMB 3,450,000
24.5cm×127cm 北京匡时 2015.6.6

1242 溥儒 山居著书图 立轴
估　价：RMB 2,800,000～4,800,000
成交价：RMB 5,980,000
255.5cm×104cm 中国嘉德 2015.11.15

1414 溥儒 巍岭重阁 立轴
来源：现藏家直接得自溥儒夫人李墨云女士。
估　价：HKD 800,000～1,600,000
成交价：RMB 4,170,680
116.3cm×34.3cm 佳士得 2015.12.1

934 溥仪 楷书五言句 立轴
估　价：RMB 1,000～2,000
成交价：RMB 586,500
109cm×42cm 北京匡时 2015.3.31

358 溥佐 八骏图 镜心
估　价：RMB 650,000
成交价：RMB 632,500
128cm×65cm 鼎天国际 2015.7.5

1485 齐白石 1922年作 四季山水 （四幅） 镜框
出版：《白石留韵 — 上卷》，人民美术出版社，北京，2008年2月，第48–55页，图版10–13；《中国美术家作品丛书．齐白石》，人民美术出版社，北京，2000年1月，第53–55页；郎绍君，《二十世纪中国画家研究丛书．齐白石》，天津杨柳青画社，1997年10月，第143页；《齐白石全集2：绘画》，湖南美术出版社，1996年10月，第88–91页，图版88–91；《齐白石绘画精品集》，人民美术出版社，北京，1991年10月，第6–7页。
估　价：HKD 3,500,000～4,500,000
成交价：RMB 16,190,120
137.5cm×31cm×4 佳士得 2015.12.1

1216 齐白石 1930年作 山间人家婴戏图 立轴
说明：唐云先生旧藏。
估　价：RMB 8,000,000～12,000,000
成交价：RMB 12,650,000
140cm×40cm 北京保利 2015.12.6

1192 齐白石 “叶隐闻声”花卉工笔草虫 册页 （十八开）
说明：荣宝斋旧藏，霍宗杰旧藏。
成交价：RMB 115,000,000
32cm×26cm×18 北京保利 2015.12.6

1246 齐白石 1942年作 九秋图 镜框
出版：《白石留韵一下卷》，人民美术出版社，北京，2008年2月，第288—289页，图版131；《齐白石绘画作品图录一下卷》，天津人民美术出版社，2006年7月，第46页；《齐白石画集》，台北文化艺术公司，1967年10月，第92页。
估 价：HKD 4,000,000～6,000,000
成交价：RMB 16,692,840
66.7cm×166.1cm 佳士得 2015.6.2

1244 齐白石 1941年作 蝶舞花间 立轴
出版：《齐白石绘画作品图录一下卷》，天津人民美术出版社，2006年7月，第33页；《齐白石全集5：绘画》，湖南美术出版社，1996年10月，第128页，图版122。；《齐白石绘画精品集》，人民美术出版社，北京，1991年10月，第83页。
估 价：HKD 3,000,000
成交价：RMB 13,969,440
150cm×66.8cm 佳士得 2015.6.2

1348 齐白石 多寿图 镜框
估 价：HKD 4,000,000～5,000,000
成交价：RMB 17,011,560
118.5cm×60.4cm 香港苏富比 2015.4.6

1253 齐白石 吉寿永昌 立轴
著录：《二十世纪美术作品档案 齐白石 1》，第238页，河北教育出版社，2011年版。
估 价：RMB 20,000,000～30,000,000
成交价：RMB 41,400,000
243cm×61.5cm 中国嘉德 2015.11.15

656 齐白石 双寿 镜心
说明：《齐白石全集》中注明此作为原北京市文物商店旧藏。
估 价：RMB 15,000,000～20,000,000
成交价：RMB 25,300,000
245cm×60cm 北京保利 2015.6.4

805 齐白石 1937年作 放牛 立轴
来源：须磨弥吉郎旧藏。
估 价：RMB 8,000,000～12,000,000
成交价：RMB 20,125,000
133cm×33.8cm 北京匡时 2015.6.6

1239 齐白石 宰相归田 镜框
展览：北京，皇城会，佳士得艺术空间，“奉文堂藏齐白石书画”，2014年4月1–19日；……。
估　价：HKD 4,000,000～6,000,000
成交价：RMB 18,935,640
94cm×50cm 佳士得 2015.6.2

186 启功 1987年作 同学少年时 镜心
成交价：RMB 2,300,000
178cm×96cm 北京保利 2015.6.4

6851 祁海峰 2015年作 古调西风 镜心
估　价：RMB 250,000～300,000
成交价：RMB 287,500
68cm×136cm 北京保利 2015.12.6

615 启功 1982年作 朱竹图 镜心
来源：苏富比2015.3.19拍卖图录P192，610号。
估　价：RMB 1,000,000～1,200,000
成交价：RMB 4,592,000
53cm×233.5cm 北京荣宝 2015.11.29

164 钱行健 1999年作 草虫卷 手卷
估　价：RMB 350,000～500,000
成交价：RMB 402,500
15.5cm×446cm 朵云轩 2015.6.18

88 钱化佛 临李公麟罗汉卷 手卷
展览：日本东京增上寺，1927年。
估　价：RMB 300,000～400,000
成交价：RMB 862,500
30cm×477cm
荣宝斋（济南） 2015.11.21

344 钱瘦铁 1952年作 黄山 横批
来源：现藏者90年代初购自钱瘦铁家属。
估 价：RMB 1,500,000～2,000,000
成交价：RMB 5,980,000
108cm×531cm 上海道明 2015.5.9

1243 钱瘦铁 1956年作 黄山秋色 镜心
展览："现当代中国水墨回望三十年（三）"，保利艺术博物馆，2012年11月。
估 价：RMB 900,000～1,200,000
成交价：RMB 1,035,000
107cm×106cm 中国嘉德 2015.11.15

687 钱松喦 香山秋晨 镜心
著录：《钱松喦画集》，第173页，人民美术出版社，2004年版。
估 价：RMB 1,500,000～2,500,000
成交价：RMB 3,450,000
68cm×79cm 中国嘉德 2015.5.17

1345 钱松喦 1980年作 丰沙途中 镜心
著录：《钱松喦画集下卷》，第361页，人民美术出版社；……。
估 价：HKD 1,800,000～2,800,000
成交价：RMB 2,645,000
67cm×131cm 北京保利 2015.6.5

1378 钱笑呆 沈曼云 赵宏本 颜梅华 陈光镒 等 1949年作 孟姜女连环画原稿（全）
出版：1.《孟姜女》、《剥皮老爷》、《杨娥传》、《海》，上海联益社书局，1949年初版、1952年修正版、1954年再版；2.《老连环书，海上四大名旦·选辑》，上海画报出版社，2004年。
估 价：RMB 450,000～550,000
成交价：RMB 598,000
西泠拍卖 2015.7.4

622 钱松喦 延安 镜心
出版：《中国近现代名家作品选粹——钱松喦》P40，人民美术出版社，2003年3月。
估 价：RMB 1,800,000～2,800,000
成交价：RMB 3,737,500
132.5cm×93.5cm 北京匡时 2015.12.4

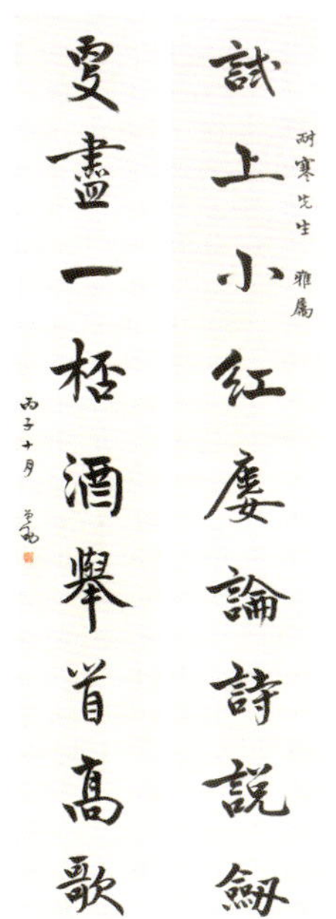

1145 乔大壮 1936年作 行书九言联 立轴
估 价：RMB 50,000～60,000
成交价：RMB 212,750
137cm×23cm×2 北京匡时 2015.12.5

806 乔通 红衣罗汉
估 价：RMB 1,050,000～1,200,000
成交价：RMB 1,265,000
138cm×70cm 北京翰海 2015.6.26

1300 乔晓光 吉祥的传说 镜心
出版：《乔晓光水墨艺术》，P154–155，灿艺术中心。
估 价：RMB 300,000～450,000
成交价：RMB 713,000
96cm×177cm 中国嘉德 2015.5.18

502 乔宜男 2015年作 静夏 镜心
估 价：RMB 200,000～250,000
成交价：RMB 253,000
69cm×137cm 北京匡时 2015.12.4

2605 秦艾 2012年作 全家福
估 价：RMB 550,000～650,000
成交价：RMB 736,000
90cm×170cm 北京匡时 2015.6.6

5007 秦龙 《中山狼》连环画原稿 镜心
估　价：RMB 200,000～300,000
成交价：RMB 230,000
91cm×67cm×13 北京保利 2015.11.1

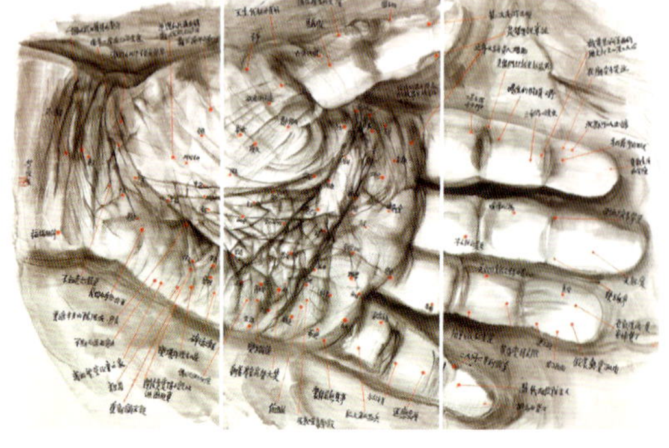

934 邱志杰 2013年作 被祝福的孩子 （三幅） 镜框
估　价：HKD 350,000～450,000
成交价：RMB 350,438
137.2cm×69.5cm×3 佳士得 2015.6.1

267 秦修平 2013年作 膨胀 镜心
估　价：RMB 200,000～350,000
成交价：RMB 345,000
直径95cm 北京保利 2015.6.4

667 邱汉桥 2014年作 问道名山揖祥云
估　价：RMB 550,000～600,000
成交价：RMB 1,725,000
68cm×69cm 北京翰海 2015.11.27

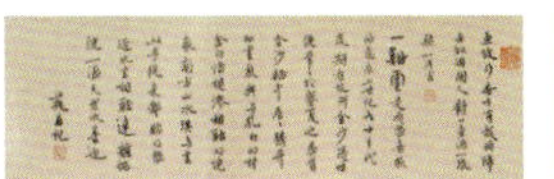

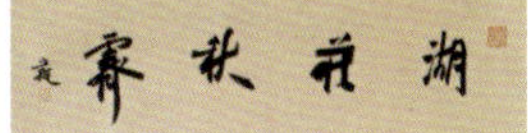

53 丘挺 湖庄秋霁图 手卷
来源：中国私人收藏。
估 价：RMB 280,000~380,000
成交价：RMB 377,600
画21cm×246.5cm 苏富比（北京） 2015.6.2

402 饶宗颐 1991年作 巴山夜雨 镜框
著录：《选堂书法作品集》P109，文理一堂，仰山楼丛书。
估 价：RMB 800,000~1,200,000
成交价：RMB 1,035,000
44.5cm×119cm 华艺国际 2015.5.24

6099 屈吟庵 春风 镜心
估 价：RMB 80,000~120,000
成交价：RMB 954,500
137cm×67cm 北京保利 2015.4.25

768 瞿谷量 2014年作 峡谷霞映 镜片
估 价：RMB 600,000~800,000
成交价：RMB 1,207,500
137.5cm×68.5cm 朵云轩 2015.6.18

1368 任重 菡萏覆华池 镜心
估 价：RMB 800,000~1,000,000
成交价：RMB 2,645,000
137cm×69cm 中国嘉德 2015.5.18

629 任重 红妆步幛
估　价：RMB 300,000～500,000
成交价：RMB 1,725,000
93cm×34cm 北京翰海 2015.6.26

1411 荣尔仁 夕阳光色 镜心
说明：荣毅仁家属旧藏。
估　价：RMB 120,000～180,000
成交价：RMB 2,990,000
37cm×94cm 北京保利 2015.12.7

113 容庚 山水四景 镜片
估　价：RMB 50,000～70,000
成交价：RMB 379,500
32cm×21cm×4 广东崇正 2015.6.18

5 阮嘉治 1956-1959年作 完美或越南花园中的女士
来源：法国藏家Claude Mahoudeau之旧藏；法国巴黎私人收藏；现藏者于1998年购自上述藏家。
估　价：HKD 800,000～1,000,000
成交价：RMB 1,377,720
50.6cm×65cm 佳士得 2015.5.30

852 瑞永德 2014年作 天龙下界图
成交价：RMB 322,000
68cm×136cm 北京翰海 2015.6.26

767 商文彬 2011年作 新疆维吾尔十二木卡姆
成交价：RMB 517,500
200cm×300cm 北京翰海 2015.6.26

2819 森田子龙 1963年作 渊 镜框
来源：纽约，米舟画廊；美国私人收藏。
估 价：HKD 100,000~200,000
成交价：RMB 565,125
香港苏富比 2015.10.5

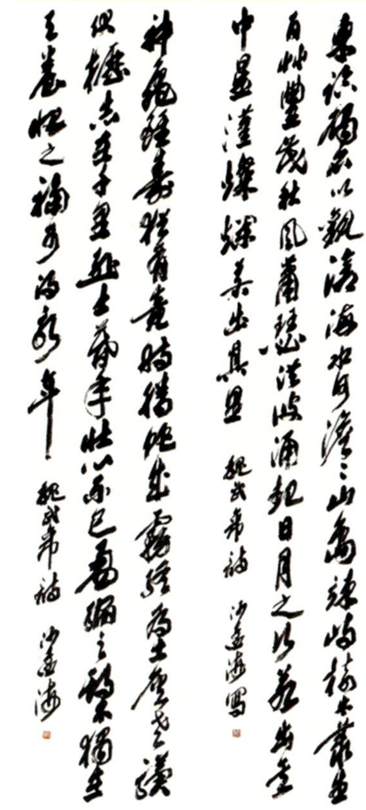

234 沙孟海 行书·魏武帝诗 镜框对屏
估 价：RMB 800,000~1,200,000
成交价：RMB 1,092,500
232.5cm×52.5cm×2 上海明轩 2015.6.21

360 商笙伯 吴昌硕 等 1916年作 瓜上八哥桐顶刻 立轴
估 价：RMB 50,000~60,000
成交价：RMB 264,500
56cm×23cm 北京诚轩 2015.11.13

292 尚涛 2003年作 九华图 镜片
估 价：RMB 450,000～650,000
成交价：RMB 2,530,000
77cm×438cm 广东崇正 2015.6.18

698 邵学军 2014年作 扭转乾坤 镜心
估 价：RMB 350,000～450,000
成交价：RMB 402,500
66cm×238.5cm 保利山东 2015.9.13

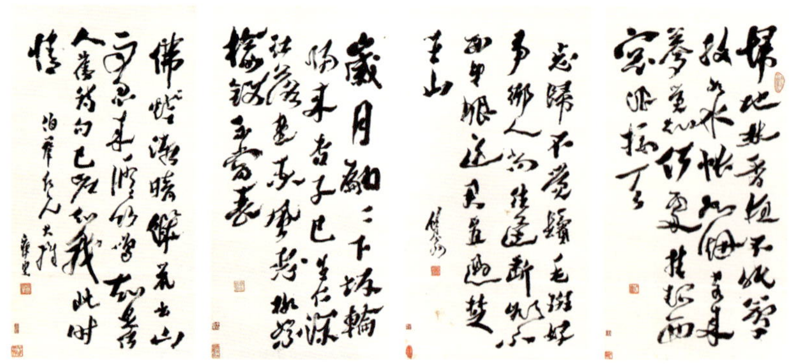

1400 沈曾植 行书东坡诗 立轴 四屏
来源：本副乃沈寐叟书赠王伯群，后转归丁念先“念圣楼”收藏。
估 价：HKD 350,000～450,000
成交价：RMB 1,210,500
87cm×46.5cm×4 香港苏富比 2015.4.6

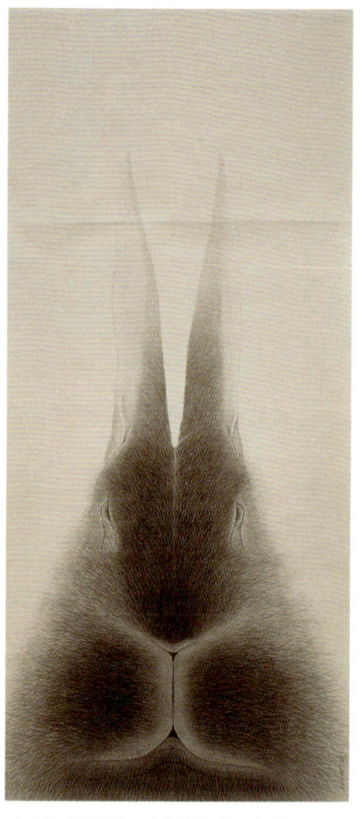

816 少番（邵帆） 2013年作 兔子
来源：现藏者直接购自艺术家。
估 价：RMB 180,000～380,000
成交价：RMB 453,938
171.5cm×80cm 香港苏富比 2015.4.5

1076 申石伽 1949年作 红莲消暑 立轴
估 价：RMB 10,000～20,000
成交价：RMB 322,000
87cm×34cm 北京保利 2015.6.5

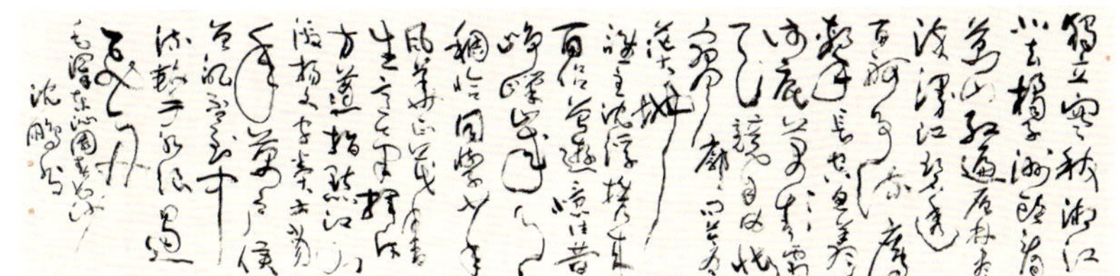

6845 沈鹏 书法 镜心
估　价：RMB 3,000,000～3,800,000
成交价：RMB 5,405,000
212cm×804cm 北京保利 2015.12.6

3522 沈三草 2015年作 醉翁亭记诗意 镜心
估　价：RMB 300,000～350,000
成交价：RMB 345,000
138cm×68cm 北京保利 2015.6.3

3501 沈威峰 葡萄 镜心
估　价：RMB 200,000～250,000
成交价：RMB 690,000
137cm×68cm 北京保利 2015.6.3

2601 沈勤 2006年作 三峡（四）
出版：《净界——沈勤水墨艺术》，广东人民出版社，2009年，第108页。
估　价：RMB 450,000～550,000
成交价：RMB 517,500
245cm×123cm 北京匡时 2015.6.6

671 沈塘 1912年作 百子图 册页
估　价：RMB 50,000～80,000
成交价：RMB 402,500
20.5cm×28cm×23 上海工美 2015.6.28

3474 师恩钊 2014年作 碧水霞光 镜心
估　价：RMB 400,000～450,000
成交价：RMB 460,000
69cm×134cm 北京保利 2015.6.3

304 沈尹默 书法 手卷
估　价：RMB 3,000,000～4,000,000
成交价：RMB 5,520,000
尺寸不一 华艺国际 2015.5.24

830 石鲁 桃妮 立轴
出版：1.《石鲁作品集——人物卷》P126，陕西人民美术出版社，1987年；2.《石鲁回顾展》图44，香港中华文化促进中心，1987年；3.《比利时尤伦斯夫妇藏中国书画选集》P118，故宫博物院编，紫禁城出版社，2002年；……。
估　价：RMB 10,000,000～12,000,000
成交价：RMB 21,850,000
134.5cm×69.5cm 北京匡时 2015.6.6

652 石鲁 仙寿 立轴
出版：《石鲁》P50，香港中华文化促进会，1987年。
估　价：RMB 6,800,000～8,000,000
成交价：RMB 9,085,000
127cm×63cm 北京匡时 2015.12.4

815 石鲁 李琼久 杂花册 花鸟 书法二帧 册页
著录：1.《石鲁艺术展》，第17页，颍川堂，1990年3月；2.其中春芽、老梅傲雪着录于《中国书画》（4），人民美术出版社，1980年2月。
估　价：RMB 4,000,000～6,000,000
成交价：RMB 10,005,000
35cm×45cm×10 北京保利 2015.6.5

656 石齐 黄金时节 镜心
估　价：RMB 400,000～500,000
成交价：RMB 483,000
85cm×77cm 北京匡时 2015.6.6

537 史国良 2000年作 回眸 镜心
著录：《画廊》，第44页，第五期（总第八十四期—2002年史国良专辑）。
估　价：RMB 800,000～1,000,000
成交价：RMB 1,150,000
96cm×87cm 保利山东 2015.2.1

浮舟滄海
立馬崑崙

6925 宋慧莹 楷书对联 立轴
著录：《慧心之境——宋慧莹书法作品集》第43页，2015年。
估　价：RMB 300,000～350,000
成交价：RMB 345,000
245cm×62cm×2 北京保利 2015.12.6

8047 舒同 1985年作 行书 镜片 二屏
估　价：RMB 300,000～500,000
成交价：RMB 345,000
179cm×96cm×2 上海嘉禾 2015.5.8

645 史国良 2001年作 赶集图 立轴
估　价：RMB 900,000～1,200,000
成交价：RMB 1,035,000
135cm×68cm 保利山东 2015.9.13

932 宋开强 2014年作 八骏图 镜心
估　价：RMB 800,000～1,000,000
成交价：RMB 2,464,000
69cm×137cm 北京荣宝 2015.11.29

263 宋陵 1993年作 无意义的选择？60号 （一组六件）
发表：《重现的镜子：宋陵 1985-2013》，P74-77，今日美术馆，2014年7月。
估　价：RMB 900,000～1,200,000
成交价：RMB 1,035,000
90cm×68cm×6 中国嘉德 2015.11.14

1427 宋美龄 福寿 镜心
估　价：RMB 80,000～120,000
成交价：RMB 310,500
91cm×29cm 北京翰海 2015.6.27

432 宋新江 月下双孤图
著录：1.《共和国六十位国画大家精品集-宋新江》P6，中国戏剧出版社，2009年9月；2.《宋新江中国画作品集》p29，人民美术出版社，2007年3月；……。
估　价：HKD 62,500～75,000
成交价：RMB 493,416
138cm×69cm 荣盛国际 2015.1.10

821 宋文治 1978年作 江南春 镜心
备注：荣毅仁上款。
估　价：RMB 1,000,000～1,200,000
成交价：RMB 2,300,000
67cm×113cm 北京匡时 2015.6.6

1214 宋文治 1981年作 黄山松云 镜心
估　价：RMB 1,200,000～1,500,000
成交价：RMB 1,380,000
94cm×177cm 北京保利 2015.12.6

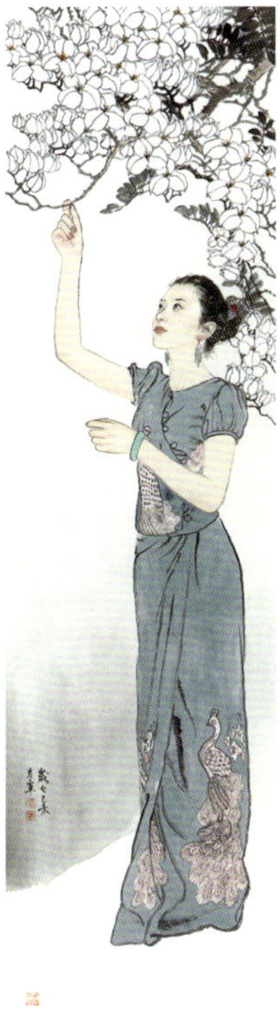

1377 宋彦军 2015年作 玉兰少女 镜心
估　价：RMB 250,000～300,000
成交价：RMB 345,000
180cm×48.5cm 中国嘉德 2015.5.18

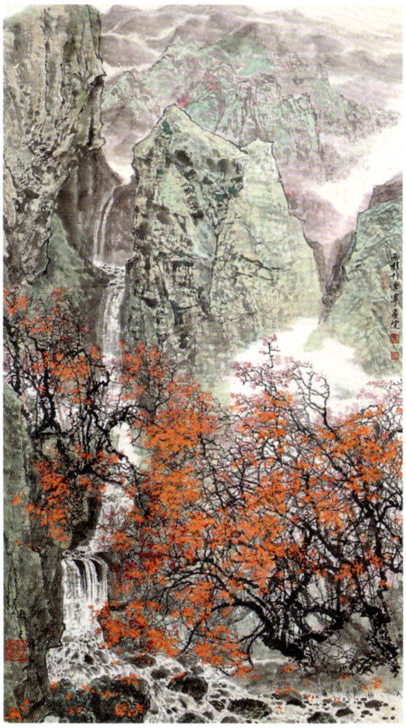

113 宋雨桂 秋山红叶 立轴
估　价：RMB 600,000～1,200,000
成交价：RMB 1,356,000
176cm×95.5cm 辽宁建投 2015.8.30

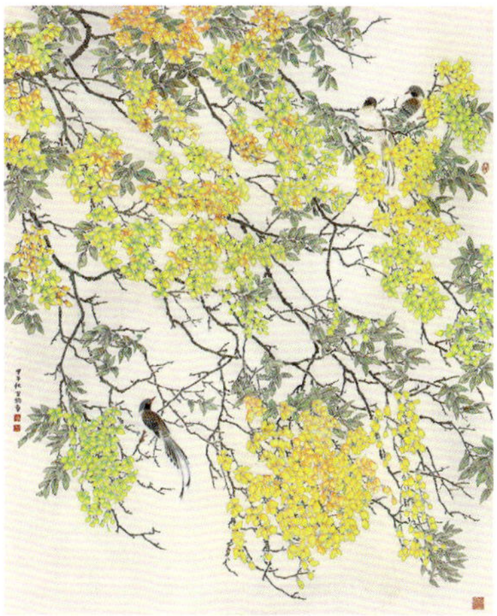

1361 苏百钧 2014年作 喜鹊春风 镜心
估　价：RMB 800,000～1,000,000
成交价：RMB 1,058,000
109cm×89cm 中国嘉德 2015.5.18

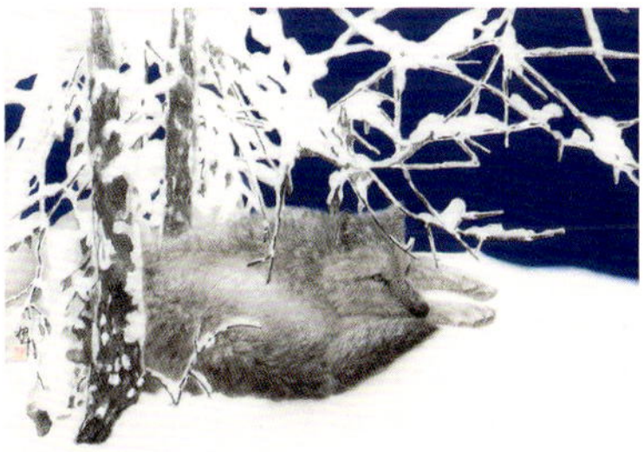

6420 苏柏斗 2014年作 冬日 镜心
估　价：RMB 350,000～450,000
成交价：RMB 402,500
50cm×60cm 北京保利 2015.1.24

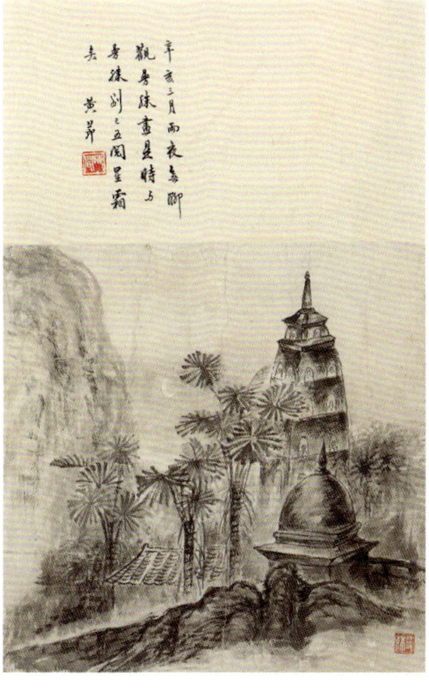

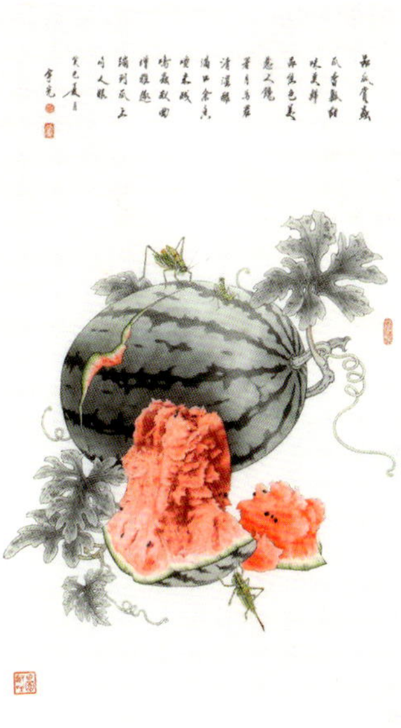

743 苏宇光 2013年作 品瓜赏虫 镜心
估　价：RMB 380,000～480,000
成交价：RMB 494,500
85cm×51cm 保利山东 2015.9.13

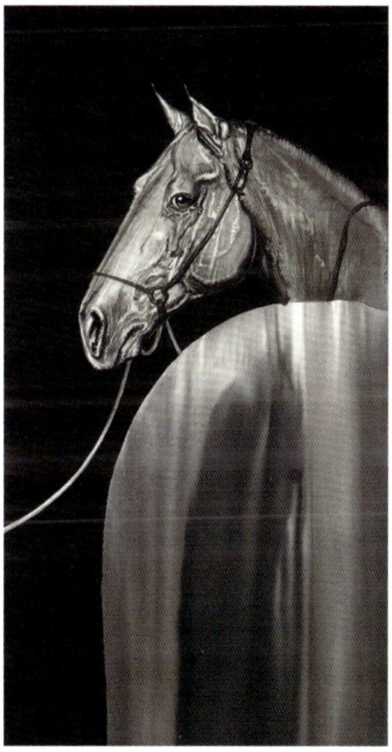

140 孙浩 2014年作 马 镜框
估　价：RMB 150,000～200,000
成交价：RMB 316,250
180cm×100cm 上海宝龙 2015.1.18

135 苏曼殊 异域钟声 立轴
来源：黄节、黄般若、传頵法师等先后收藏。
估　价：RMB 600,000～800,000
成交价：RMB 1,150,000
画36.5cm×37cm；诗堂21.5cm×37cm 上海道明 2015.5.9

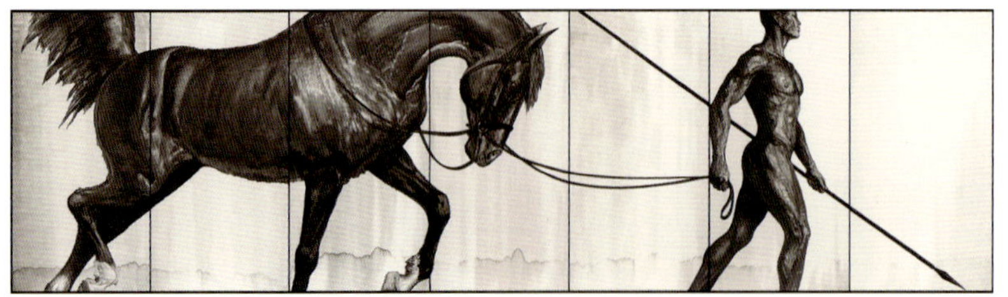

1877 孙浩 夜奔 镜心
出版：1.《中国当代青年水墨年鉴2014》，第198—199页，人民美术出版社，2015年8月；……。
估　价：RMB 600,000～800,000
成交价：RMB 1,437,500
200cm×700cm 中国嘉德 2015.11.16

948 孙家勤 1993年作 御龙天王 立轴
说明：黄天才先生旧藏。
估　价：HKD 100,000～150,000
成交价：RMB 484,980
142cm×74.5cm 中国嘉德 2015.10.7

643 孙菊生 双燕报春
估　价：RMB 150,000～180,000
成交价：RMB 287,500
75cm×48cm 北京翰海 2015.11.27

486 孙其峰 白鹰展翅 镜心
说明：藏家提供。
估　价：RMB 80,000～100,000
成交价：RMB 598,000
131.5cm×65cm 北京诚轩 2015.5.18

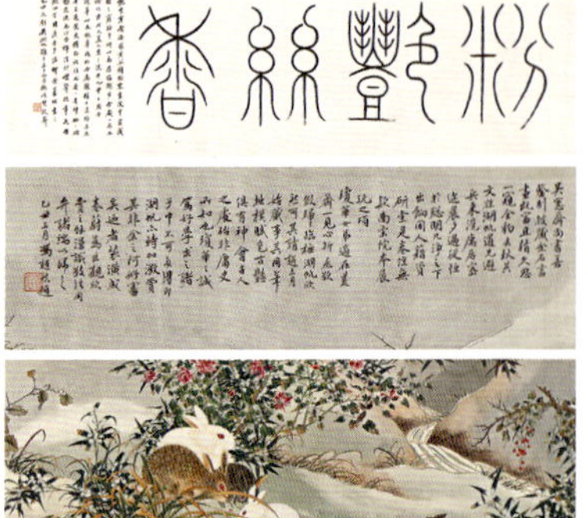

328 孙琼华 吴湖帆 冯超然 甲子（1924年）作 艳雪寒禽图卷 手卷
估　价：RMB 80,000～100,000
成交价：RMB 241,500
画心32cm×283cm 北京诚轩 2015.11.13

3774 孙文 书法 册页（六开）
估　价：USD 15,000～18,000
成交价：RMB 2,435,529
29.5cm×11.5cm 纽约佳士得 2015.3.17

4149 孙逊 2008年作 魔术师党（1-20）
展览：2015年 《目光所及——后金融危机时代的中国新绘画》 保利艺术博物馆 / 北京
估　价：RMB 240,000～320,000
成交价：RMB 345,000
北京保利 2015.6.3

2506 孙宗慰 蒙藏人物册 （八开）
来源：佐藤长、伊藤清司旧藏。
估　价：RMB 50,000～100,000
成交价：RMB 3,565,000
25.5cm×37cm×8 北京匡时 2015.6.6

2917 泰祥洲 梦幻仙境（二） 镜框
估　价：HKD 400,000～500,000
成交价：RMB 554,813
143cm×184cm 香港苏富比 2015.4.5

1625 台静农 1987年作 隶书 （四幅） 立轴
估　价：HKD 70,000～90,000
成交价：RMB 750,938
127.5cm×32.8cm×4 佳士得 2015.6.2

6911 汤立 花鸟 镜心
估 价：RMB 150,000～200,000
成交价：RMB 402,500
138cm×69cm 北京保利 2015.12.6

6908 唐坚 2011年作 雪域岁月 镜心
估 价：RMB 400,000～500,000
成交价：RMB 529,000
68cm×113cm 北京保利 2015.12.6

10 唐勇力 人物 镜心
估 价：RMB 350,000～380,000
成交价：RMB 483,000
70cm×138cm 天津同方 2015.6.6

1095 唐云 富春山居图 手卷
估 价：RMB 700,000～1,000,000
成交价：RMB 1,127,000
题跋33cm×126cm 北京保利 2015.6.5

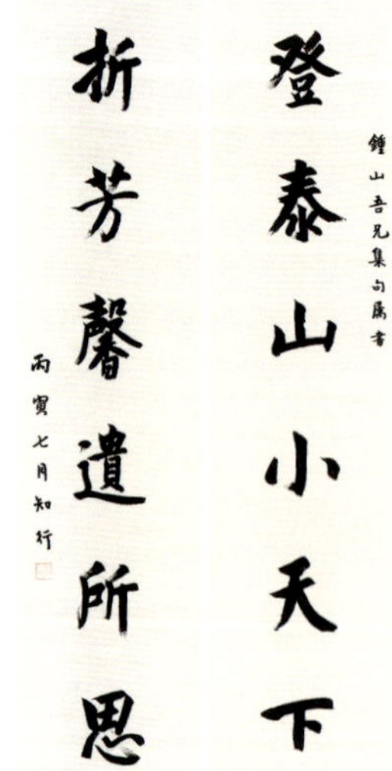

439 陶行知 1926年作 楷书六言 对联
估 价：RMB 200,000～300,000
成交价：RMB 759,000
132cm×32cm×2 上海工美 2015.6.28

814 唐云 1947年作 钟馗图 立轴
出版：《中国书画作品集》P283，西泠印社出版社，2012年。
估 价：RMB 1,200,000～1,500,000
成交价：RMB 1,610,000
134cm×69cm 北京匡时 2015.6.6

850 陶冷月 1981年作 寒江月夜 镜心
出版：1.《陶冷月年谱长编（下）》P746，上海书画出版社，2013年；2.《收藏投资导刊》P64，2014年9月下半月。
估 价：RMB 1,500,000～1,800,000
成交价：RMB 2,415,000
128.5cm×66.5cm 北京匡时 2015.6.6

611 陶冷月 高士观瀑图 立轴
著录：《陶冷月年谱下册》，第653页，上海书画出版社，2013年版。
估 价：RMB 300,000～500,000
成交价：RMB 1,207,500
122cm×40.5cm 中国嘉德 2015.11.14

1292 陶一清 1956年作 遵义旧城 镜心
估 价：RMB 150,000～250,000
成交价：RMB 437,000
60cm×85cm 中国嘉德 2015.11.15

686 陶一清 1972年作 毛主席词意图 镜心
估 价：RMB 450,000～650,000
成交价：RMB 1,437,500
145.5cm×79cm 中国嘉德 2015.5.17

3415 天池 2003年作 人体 立轴
估 价：RMB 300,000～400,000
成交价：RMB 345,000
179cm×96cm 北京保利 2015.6.3

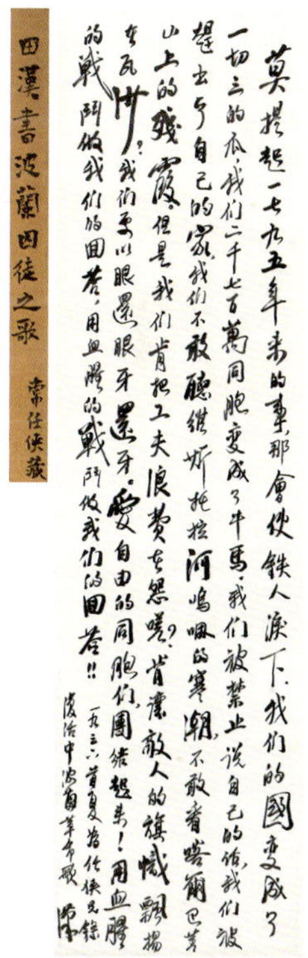

532 田汉 1936年作 波兰囚徒之歌 立轴
估 价：RMB 100,000～150,000
成交价：RMB 805,000
132cm×32cm 中国嘉德 2015.5.17

1303 田黎明 五月河 镜心
估 价：RMB 1,200,000～1,500,000
成交价：RMB 1,380,000
68cm×138cm 中国嘉德 2015.5.18

696 田世光 映山红 镜心
估 价：RMB 500,000～800,000
成交价：RMB 1,955,000
76cm×104cm 中国嘉德 2015.5.17

1286 田世光 春霞玉羽 镜框
来源：现藏者于一九八五至九七年间在日本向画家订制所得。
估 价：RMB 700,000～900,000
成交价：RMB 976,125
139.7cm×172cm 香港苏富比 2015.10.6

561 田世光 1981年作 孔雀 镜片
估 价：RMB 1,000,000～1,500,000
成交价：RMB 4,140,000
174cm×89cm 广东崇正 2015.6.19

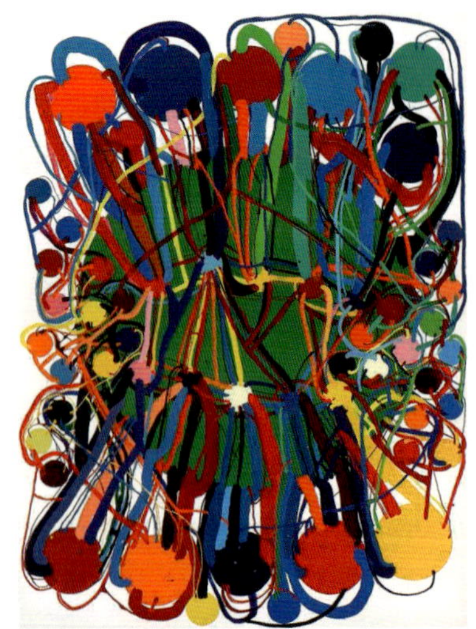

78 田中敦子 1975年作 作品
来源：亚洲重要私人收藏。
估 价：HKD 1,500,000～2,000,000
成交价：RMB 2,338,920
128.8cm×96.7cm 佳士得 2015.5.30

2579 童中焘 2009年作 江南园林图 镜片
出版：《江山系年·童中焘作品（一）》P102、P103，山海星云美术馆，2014年。
估 价：RMB 800,000～1,200,000
成交价：RMB 920,000
101cm×68.5cm 西泠拍卖 2015.7.5

441 汪家芳 太行崎岖 镜框
展览：上海中国画院2015年年展。
估 价：RMB 200,000～300,000
成交价：RMB 483,000
182cm×86cm 上海道明 2015.5.9

471 汪溶 王羽仪 刘半农 白荷蜻蜓·行书杂录贾至诗 成扇
估 价：RMB 8,000～12,000
成交价：RMB 460,000
19.5cm×54cm 中国嘉德 2015.5.17

235 汪慎生 写意花鸟 四屏
估 价：HKD 820,000～1,640,000
成交价：RMB 700,875
136cm×34cm×4 荣盛国际 2015.7.31

210 王成喜 铁骨傲雪图
估 价：HKD 375,000～750,000
成交价：RMB 300,375
68cm×68cm 荣盛国际 2015.7.31

1860 王传峰 鱼 镜心
出版：1.《王传峰画集》，封面、第1页，新华出版社，1997年5月；2.《王传峰画鱼二十年》，图版7，中国美术学院出版社，2007年11月；……。
估 价：RMB 2,800,000～3,000,000
成交价：RMB 5,175,000
68cm×71cm 中国嘉德 2015.11.16

942 王冬龄 2014年作 如水 镜框
估　价：HKD 280,000～350,000
成交价：RMB 380,475
181cm×97cm 佳士得 2015.6.1

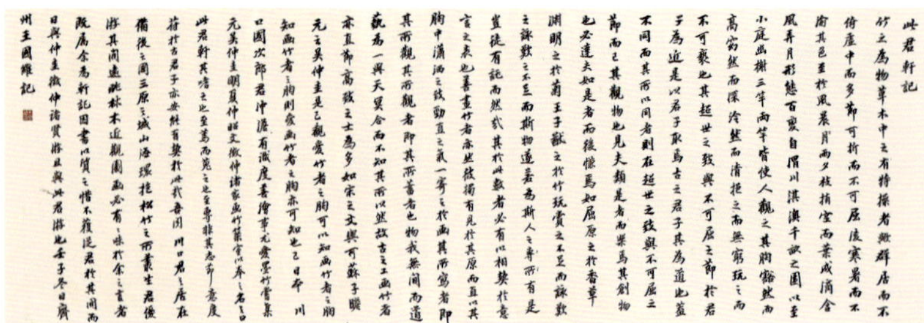

1270 王国维 1912年作 此君轩记 手卷
估　价：HKD 250,000～350,000
成交价：RMB 873,375
35.8cm×119.2cm 香港苏富比 2015.10.6

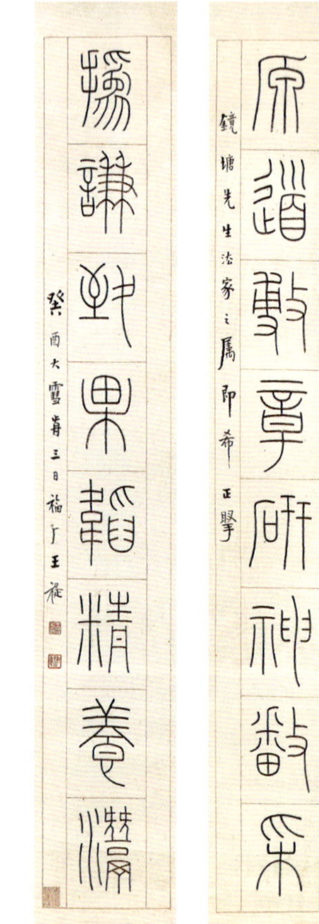

1366 王福厂 1933年作 篆书八言联 立轴
来源：钱镜塘数青草堂旧藏。
估　价：HKD 150,000～200,000
成交价：RMB 431,550
127cm×20.3cm×2 香港苏富比 2015.10.6

551 王冠龙 三羊开泰
估　价：RMB 480,000～580,000
成交价：RMB 575,000
136cm×68cm 北京翰海 2015.6.26

1278 王冠军 女人三十系列-艳阳 镜心
估　价：RMB 400,000～500,000
成交价：RMB 598,000
137cm×84.5cm 中国嘉德 2015.5.18

2053 王季迁 1995年作 无意之象 纸本水墨
来源：得自艺术家家属。
估　价：RMB 280,000～380,000
成交价：RMB 322,000
96.5cm×96.5cm 北京匡时 2015.12.4

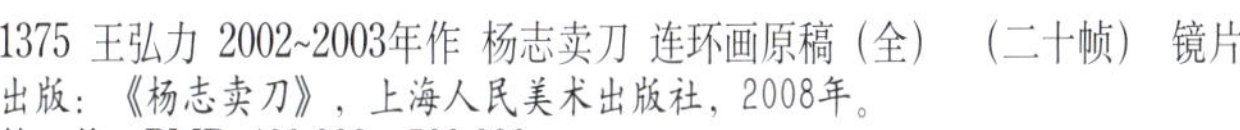

1375 王弘力 2002~2003年作 杨志卖刀 连环画原稿（全） （二十帧） 镜片
出版：《杨志卖刀》，上海人民美术出版社，2008年。
估　价：RMB 400,000～500,000
成交价：RMB 724,500
题端29cm×40cm×20 西泠拍卖 2015.7.4

1468 王明明 2010年作 高原金秋 镜心
估　价：RMB 400,000～600,000
成交价：RMB 954,500
68cm×136cm 北京保利 2015.12.7

778 王丽荣 2015年作 向阳花开
估　价：RMB 300,000～350,000
成交价：RMB 345,000
136cm×68cm 北京翰海 2015.6.26

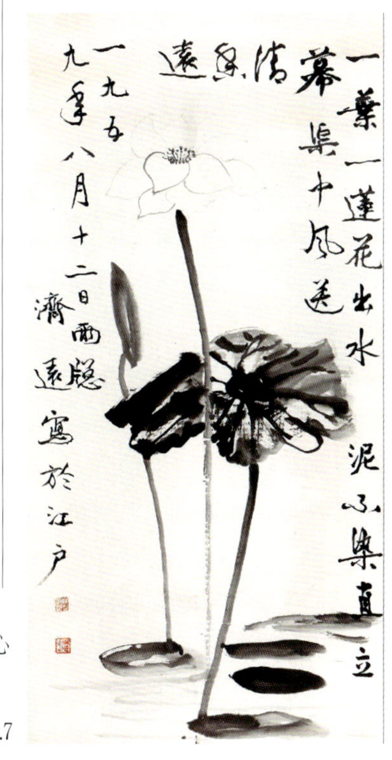

1416 王济远 1959年作 墨荷 镜心
估　价：RMB 120,000～180,000
成交价：RMB 460,000
136cm×69cm 北京保利 2015.12.7

2812 王己千 1988年作 山水八帧 八开册 镜框
来源：直接购自艺术家；水松石山房收藏；香港苏富比2004年4月26日拍品编号591，现藏者直接购自上述拍卖。
估　价：HKD 200,000～300,000
成交价：RMB 616,500
直径33.8cm×8 香港苏富比 2015.10.5

1104 王璜生 2014年作 飞花图 镜片
估　价：RMB 500,000～600,000
成交价：RMB 2,070,000
125cm×246cm 广州皇玛 2015.7.26

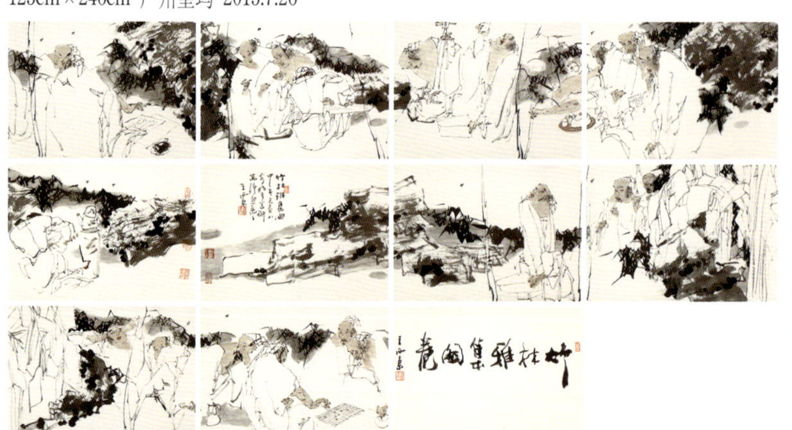

681 王西京 2014年作 竹林雅集图
估　价：RMB 2,500,000～3,000,000
成交价：RMB 2,990,000
45cm×63cm×11 北京翰海 2015.6.26

187 王美芳 工笔侍女图
估　价：HKD 625,000～1,350,000
成交价：RMB 1,602,000
130cm×66cm 荣盛国际 2015.7.31

1323 王明明 2008年作 碧翠浓荫谐趣图 镜心
估　价：RMB 700,000～900,000
成交价：RMB 1,380,000
105cm×58cm 中国嘉德 2015.5.18

363 王淑晖 仕女图 镜心
估 价：RMB 150,000～200,000
成交价：RMB 322,000
67cm×40cm 荣宝斋（济南） 2015.11.21

723 王天德 2014年作 后山图 No 14—HLST004 镜框
出版：《开门－王天德》，中国今日美术馆，北京，2014年5月，第111页。
估 价：HKD 240,000～350,000
成交价：RMB 287,350
157.5cm×87.5cm 佳士得 2015.11.30

671 王涛 2013年作 桐城六尺巷逸事图
出版：《梅花赋——中国当代著名画家主题作品邀请展作品集》（全国文联，2013年）；……。
估 价：RMB 160,000～180,000
成交价：RMB 552,000
139cm×69cm 北京翰海 2015.6.26

944 王无邪 1997年作 涤怀之七 镜框
估 价：HKD 200,000～300,000
成交价：RMB 350,438
97cm×80.5cm 佳士得 2015.6.1

219 王兰若 1986年作 欧阳修 立轴
估 价：RMB 300,000～400,000
成交价：RMB 345,000
136cm×68cm 广东崇正 2015.6.18

175 王雪涛 芭蕉锦鸡 镜心
估 价：RMB 1,600,000～2,200,000
成交价：RMB 1,840,000
136cm×68cm 中国嘉德 2015.5.16

1059 王雪涛 花鸟 手卷
估 价：RMB 1,000,000~1,500,000
成交价：RMB 2,990,000
画心28cm×912cm 北京上和 2015.5.16

658 王雪涛 松石奇禽图 镜心
出版：《银座风韵》P250，山东美术出版社，2007年。
估 价：RMB 2,800,000~3,500,000
成交价：RMB 3,220,000
117cm×203.5cm 北京匡时 2015.12.4

6725 王彦萍 扎堆·聚 镜心
估 价：RMB 650,000~750,000
成交价：RMB 747,500
1445cm×76cm 北京保利 2015.12.6

1711 王雪涛 鹦鹉 立轴
估 价：RMB 1,900,000~2,600,000
成交价：RMB 2,185,000
130cm×66cm 北京保利 2015.12.7

607 王镛 2001年作 深秋图
估 价：RMB 480,000~580,000
成交价：RMB 552,000
68cm×136cm 北京翰海 2015.6.26

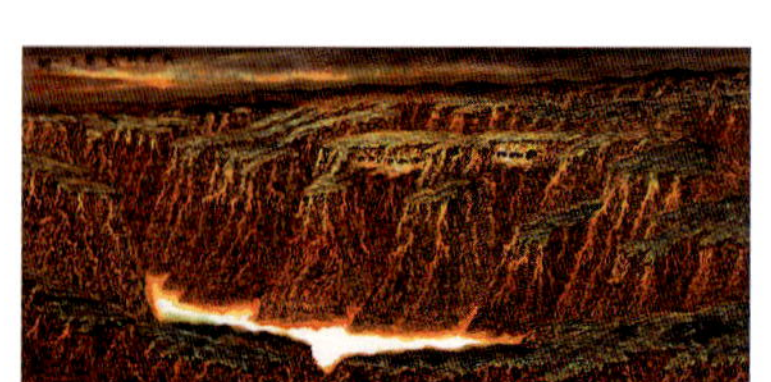

6848 王一明 天光彩影图 镜心
估 价：RMB 180,000~250,000
成交价：RMB 207,000
44.5cm×97cm 北京保利 2015.12.6

95 王震 1926年作 灵芝鹤寿 立轴
估　价：HKD 50,000～80,000
成交价：RMB 1,206,465
151cm×41cm 中国嘉德 2015.4.7

1514 王震 1934年作 说偈图 镜框
估　价：HKD 150,000～250,000
成交价：RMB 1,954,440
129.5cm×40.5cm 佳士得 2015.6.2

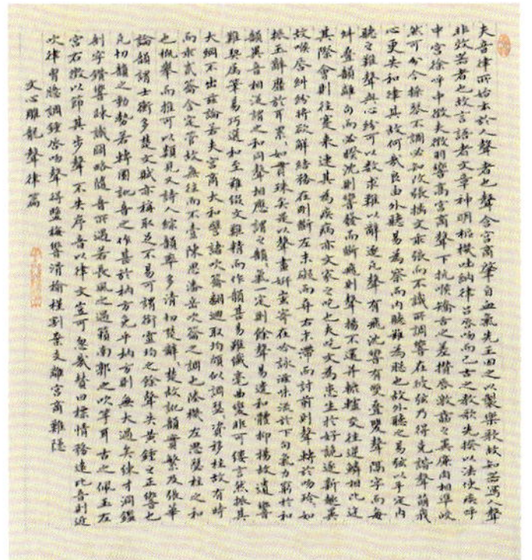

747 王云翔 2010年作 书法 手卷
估　价：RMB 300,000～400,000
成交价：RMB 437,000
37cm×488cm 朵云轩 2015.6.18

745 王子武 曹雪芹造像 立轴
估　价：RMB 1,000,000～1,500,000
成交价：RMB 1,456,000
142cm×78cm 北京荣宝 2015.6.21

462 王禔 1947年作 篆书 镜片
估　价：RMB 60,000～100,000
成交价：RMB 603,750
131cm×64cm 上海工美 2015.6.28

6854 魏云飞 2015年作 夏山清远 手卷
估　价：RMB 300,000～350,000
成交价：RMB 345,000
31cm×149cm 北京保利 2015.12.6

778 王忠民 富贵吉祥 立轴
估　价：RMB 320,000～350,000
成交价：RMB 575,000
138cm×34cm×4 北京翰海 2015.11.27

6853 卫德章 2015年作 杨家岭记事 镜心
估　价：RMB 400,000～500,000
成交价：RMB 460,000
145cm×96cm 北京保利 2015.12.6

348 魏传义 永恒的庄严 镜心
估　价：RMB 450,000～850,000
成交价：RMB 517,500
246cm×122cm 保利厦门 2015.5.3

1278 魏紫熙 1963年作 收获时节 镜心
著录：《大家鉴赏丛书—魏紫熙》，第70页，人民美术出版社，2005年版。
估　价：RMB 50,000～80,000
成交价：RMB 598,000
34.5cm×46cm 中国嘉德 2015.11.15

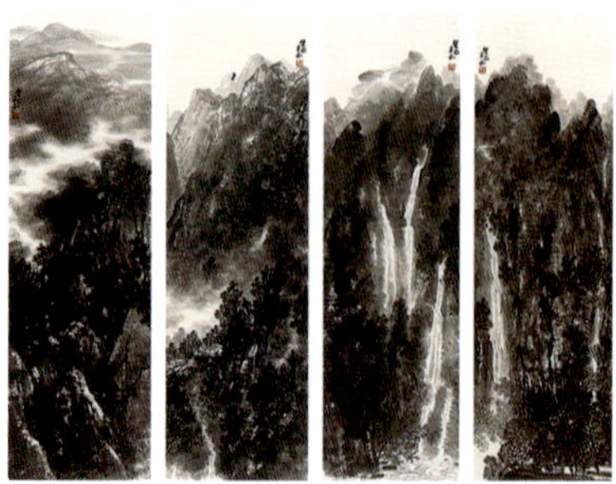

1427 王永 2013年作 山水 四屏镜框
估　价：RMB 180,000～250,000
成交价：RMB 402,500
145cm×45cm×4 广州皇玛 2015.1.18

2450 魏青吉 2012年作 远山 镜心
出版：《寓言—魏青吉作品2005-2013》，中国青年出版社，2013年，第258页。
估　价：HKD 200,000～280,000
成交价：RMB 271,589
136cm×70cm 保利香港 2015.10.5

1609 温永琛 张韶石 百蝶图 手卷
来源：温永琛家族收藏。
估 价：HKD 100,000～150,000
成交价：RMB 650,813
44cm×318cm 佳士得 2015.6.2

700 吴昌硕 1910年作 红梅寿石 立轴
来源：张宗宪旧藏。
估 价：RMB 3,200,000～3,800,000
成交价：RMB 5,980,000
176.5cm×96.5cm 北京保利 2015.6.4

254 吴昌硕 1918年作 虞山古藤 立轴
来源：中国嘉德1998秋季拍卖会第297号拍品。
估 价：RMB 6,500,000～8,500,000
成交价：RMB 9,200,000
179.5cm×95.5cm 中国嘉德 2015.5.16

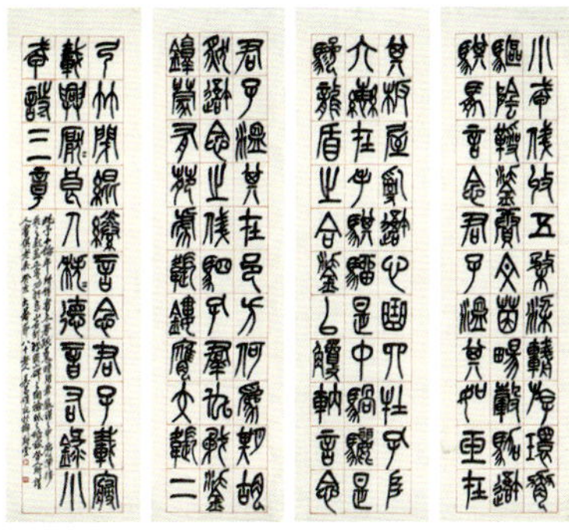

2627 吴昌硕 篆书 节录诗经 四屏
来源：吴长邺旧藏。
估 价：RMB 3,000,000～5,000,000
成交价：RMB 5,520,000
170.5cm×46cm×4 西泠拍卖 2015.7.5

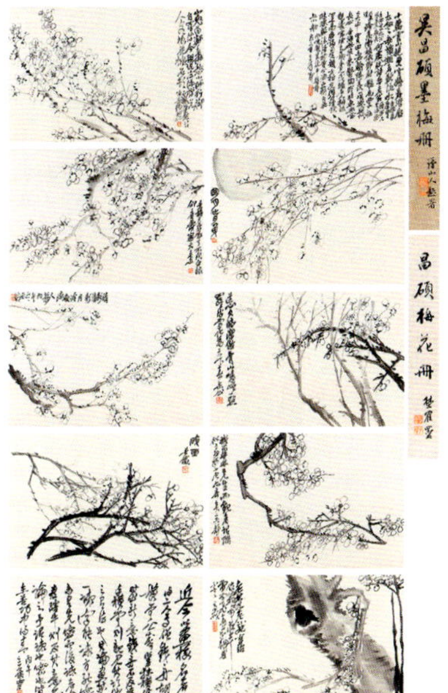

1146 吴昌硕 1906年作 墨梅 册页
估 价：RMB 1,800,000～2,800,000
成交价：RMB 8,625,000
365cm×245cm×10 北京保利 2015.12.6

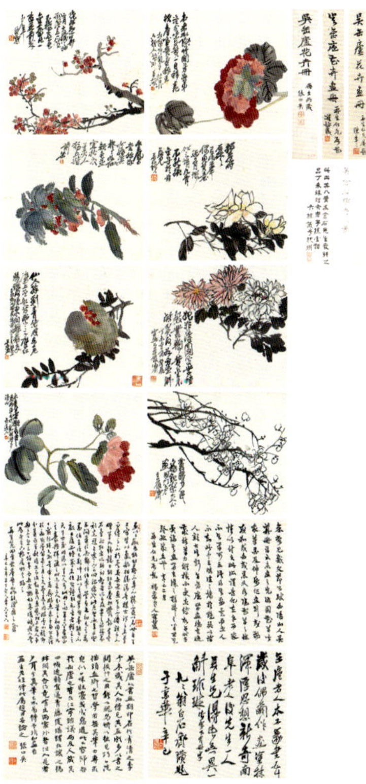

1266 吴昌硕 致三多花卉 册页 （四开八页）
来源：老舍、胡絜青伉俪旧藏。
估 价：RMB 12,000,000～18,000,000
成交价：RMB 43,700,000
27cm×32cm×8 中国嘉德 2015.11.15

829 无款 山水人物 立轴
估　价：HKD 400,000～600,000
成交价：RMB 2,200,280
201cm×100cm 佳士得 2015.11.30

2626 吴昌硕 1924年作 兰石花果 四屏
来源：吴长邺旧藏。
估　价：RMB 8,000,000～12,000,000
成交价：RMB 18,975,000
142cm×51.5cm×4 西泠拍卖 2015.7.5

1118 吴茀之 松鹤延年 镜心
估　价：RMB 500,000～600,000
成交价：RMB 690,000
143cm×363cm 北京至诚 2015.12.20

2456 吴茀之 1956年作 竹卉飞禽图 镜片
出版：《吴茀之作品掇英》，西泠印社，2001年。
估　价：RMB 180,000～220,000
成交价：RMB 322,000
135.5cm×48cm 西泠拍卖 2015.7.5

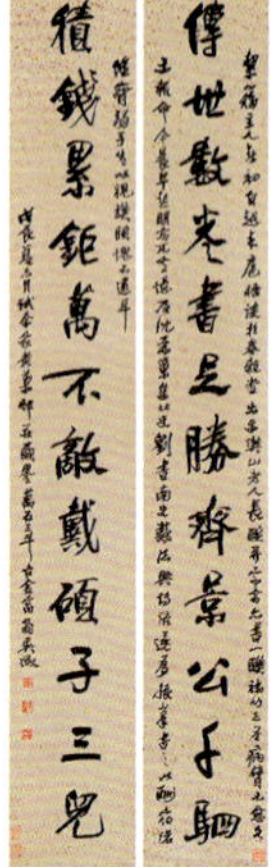

1119 吴待秋 1928年作 行书十二言长联 立轴
估　价：RMB 350,000～400,000
成交价：RMB 483,000
205cm×30cm×2 北京保利 2015.6.5

225 吴观岱 高士图 立轴
估　价：RMB 200,000～300,000
成交价：RMB 368,000
170cm×92cm 南京经典 2015.1.4

1234 吴冠中 故乡苇塘 镜框
估 价：HKD 8,000,000~12,000,000
成交价：RMB 14,590,560
70cm×140cm 香港苏富比 2015.4.6

1388 吴冠中 松魂 镜框
来源：The Low Gallery亚洲私人珍藏。
估 价：HKD 8,000,000~10,000,000
成交价：RMB 18,935,640
70cm×138cm 佳士得 2015.6.2

190 吴冠中 太湖之滨 镜框
来源：80年代直接得自荣宝斋。
估 价：RMB 12,000,000~22,000,000
成交价：RMB 18,400,000
82cm×150cm 华艺国际 2015.5.24

1230 吴冠中 1986年作 雪岭奔流 镜框
估 价：HKD 3,500,000~5,000,000
成交价：RMB 8,943,360
96.7cm×75.6cm 香港苏富比 2015.10.6

16 吴冠中 1984年作 白皮松
来源：亚洲重要私人收藏。
估 价：HKD 15,000,000~18,000,000
成交价：RMB 13,488,840
117.3cm×95.8cm 佳士得 2015.5.30

310 吴冠中 山村好风光 镜心
来源：原藏自香港“天民楼”。
估 价：RMB 8,500,000~10,000,000
成交价：RMB 9,890,000
96.5cm×179cm 北京保利 2015.6.4

1145 吴湖帆 1935年作 仿赵氏一门三马图 手卷
著录：《吴湖帆画集》第28—33页，荣宝斋出版社，2009年；……。
估　价：RMB 8,000,000～12,000,000
成交价：RMB 14,950,000
画31cm×65.5cm×3 北京保利 2015.12.6

802 吴湖帆 1955年作 危石青松 立轴
估　价：RMB 6,000,000～8,000,000
成交价：RMB 7,245,000
79cm×40cm 上海工美 2015.6.28

1852 吴浩 2015年作 人物 （四帧） 镜心
估　价：RMB 250,000～300,000
成交价：RMB 287,500
46.5cm×37cm×4 中国嘉德 2015.11.16

329 吴湖帆 1936年作 万壑松风 镜心
出版：《梅景画笈》图版13，梅景书屋，1943年；《博古斋藏书画集》图版84，上海书店出版社，1994年10月；《吴湖帆的艺术世界》第99页，文汇出版社，2004年8月；《吴湖帆画集·上卷》第80页，北京工艺美术出版社，2006年1月；《中国书画作品集·历代绘画》第61页，西泠印社出版社，2010年8月。
估　价：RMB 3,800,000～4,500,000
成交价：RMB 7,130,000
95cm×50cm 北京诚轩 2015.11.13

115 吴湖帆 1943年作 翠岚居隐 立轴
来源：香港苏富比1992年10月29日拍品，编号930；香港苏富比2008年10月6日拍品，编号1044。
估　价：RMB 12,000,000～15,000,000
成交价：RMB 15,525,000
108.5cm×53cm 北京诚轩 2015.5.18

311 吴湖帆 1965年作 花木 立轴 四屏
出版：1.部分出版于《吴湖帆画集》，上海人民美术出版社，1987年；2.《朱昌言藏吴湖帆书画目录》，朵云轩，2014年。
估　价：RMB 4,000,000～6,000,000
成交价：RMB 5,750,000
57cm×29cm×4 朵云轩 2015.6.18

115 吴青霞 1981年作 九鲤图 镜片
估　价：RMB 900,000～1,500,000
成交价：RMB 2,012,500
185cm×488cm 朵云轩 2015.6.18

118 吴青霞 1937年作 文姬归汉 成扇
来源：苏富比香港1994年11月3日拍品，编号608；北京诚轩2007年11月8日拍品，编号758。
估　价：RMB 35,000～45,000
成交价：RMB 310,500
18cm×51cm 北京诚轩 2015.11.13

78 吴琴木 松荫读书图 立轴
估　价：RMB 200,000～300,000
成交价：RMB 470,400
95cm×53cm 十竹斋 2015.6.14

3017 吴琴木 1933年作 雨后渔山 立轴
成交价：RMB 253,000
51cm×38.5cm 北京东正 2015.11.19

545 吴梅 1936年作 行书七言诗 立轴
估　价：RMB 5,000～8,000
成交价：RMB 345,000
138.5cm×25cm 中国嘉德 2015.5.17

569 吴光宇 1958年作 移山造海 立轴
来源：文物商店旧藏。
估　价：RMB 15,000～20,000
成交价：RMB 805,000
120cm×95cm 北京匡时 2015.3.30

202 吴作人 1975年作 雄鹰图 立轴
出版：1.《聚情集—刘平诗书画图册》P13，2011年；2.《开国上将李志民—纪念李志民将军诞辰一百周年》P249，2006年。
估　价：RMB 540,000～600,000
成交价：RMB 3,105,000
134cm×69.5cm 北京匡时 2015.6.6

1274 吴作人 1989年作 戈壁牧驼 手卷
估　价：HKD 400,000～600,000
成交价：RMB 1,377,720
36.8cm×302.5cm 佳士得 2015.6.2

1627 吴一峰 1954年作 岷江胜槩 手卷
展览：1. 第二届全国美术展览会，苏联展览馆，1955年3月，北京；2. 吴一峰百年诞辰画展：北京中国美术馆，杭州西湖美术馆，成都四川美术馆。
估　价：RMB 3,800,000～5,000,000
成交价：RMB 19,550,000
17cm×82cm 北京保利 2015.6.5

428 武欣 芳华 镜心
估　价：RMB 150,000～180,000
成交价：RMB 1,035,000
134cm×68cm 天津同方 2015.6.6

154 席德进 1980年作 双牛
出版：《席德进画集》席德进画室 台北 台湾 1981年（图版，第58页）；《席德进纪念全集Ⅲ水墨画》台湾省立美术馆 台中 台湾 1995年（图版，第341页）
估　价：HKD 250,000～350,000
成交价：RMB 562,577
60cm×137.5cm 保利香港 2015.10.5

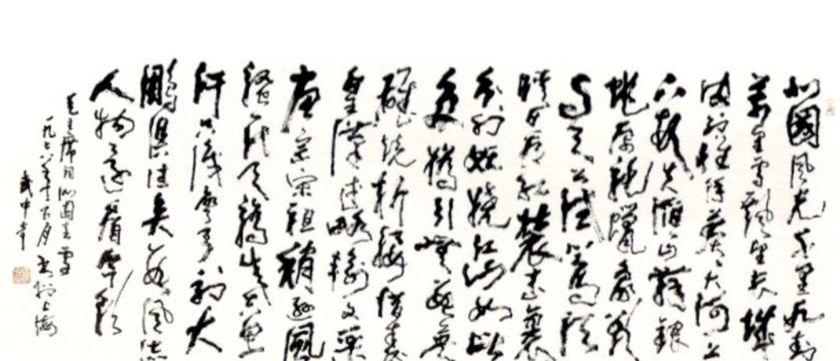

246 武中奇 1978年作 行书毛主席词 镜心
说明：上海大厦“摩天楼”旧藏
估　价：RMB 350,000～400,000
成交价：RMB 431,250
129cm×370cm 保利山东 2015.9.13

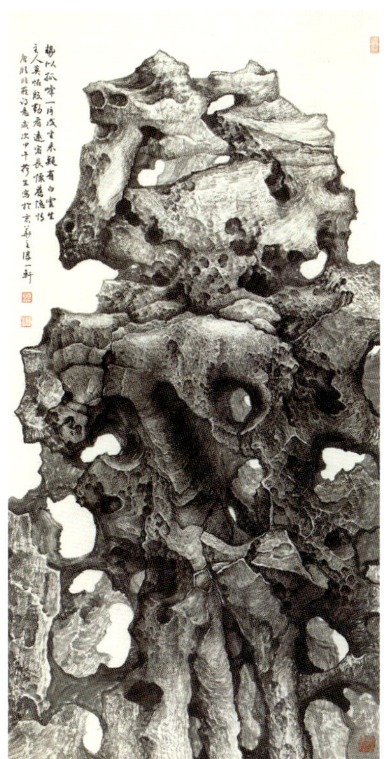

1260 夏荷生 2014年作 湖石图 镜心
估　价：RMB 270,000～320,000
成交价：RMB 356,500
138cm×70cm 北京匡时 2015.3.31

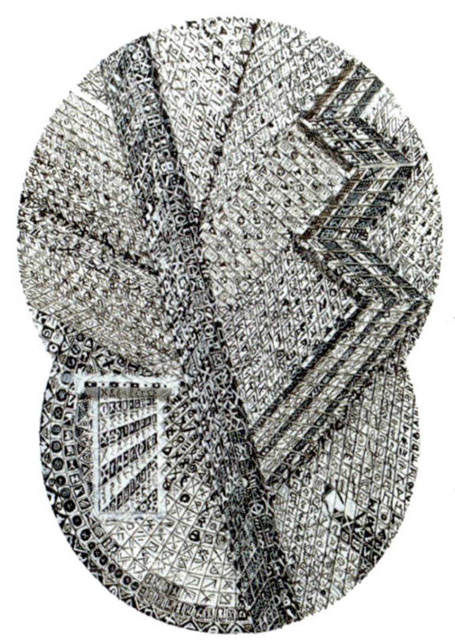

94 向井修二 1995年作 作品第52号
来源：直接购自艺术家。
估　价：HKD 600,000～800,000
成交价：RMB 580,725
182cm×130cm×7cm 佳士得 2015.5.30

1563 萧晖荣 2014年作 祥和图 镜框
出版：《香港美协首届会员作品集》，中华书局，2014年，第24–25页。
估　价：HKD 1,200,000～1,800,000
成交价：RMB 1,185,480
70cm×178.5cm 佳士得 2015.6.2

2408 萧如松 1981年作 绿荫 镜框
出版：《台湾美术全集萧如松》第二十四卷，艺术家出版社，2004年，第65页。
估　价：HKD 450,000～500,000
成交价：RMB 436,482
79cm×59cm 保利香港 2015.10.5

381 萧淑芳 山花烂漫 立轴
估　价：RMB 600,000～1,000,000
成交价：RMB 1,150,000
100cm×68cm 广东崇正 2015.6.18

1493 萧愻 1940年作 蕉林仙馆 镜框
来源：1997年5月得于北京。
估　价：HKD 150,000～250,000
成交价：RMB 453,938
103.5cm×32.5cm 香港苏富比 2015.4.6

3467 萧海春 2014年作 宋人诗意图 镜心
估　价：RMB 600,000～800,000
成交价：RMB 1,357,000
248cm×122cm 北京保利 2015.6.3

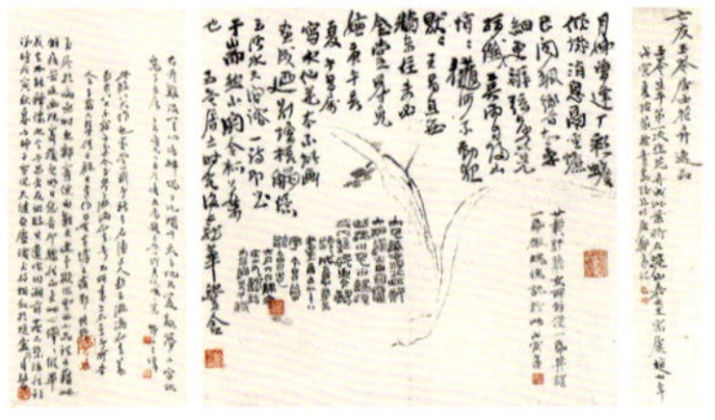

184 谢无量 1941年作 行书"敦悦斋" 立轴
估　价：RMB 150,000～250,000
成交价：RMB 529,000
34cm×113cm 保利山东 2015.2.1

1345 谢玉岑 1930年作 水仙 镜框
来源："墨宛鸳楼"郑午昌旧藏；上海文物商店旧藏。
估　价：RMB 30,000～50,000
成交价：RMB 287,700
画心30.8cm×32.3cm 香港苏富比 2015.10.6

1210 谢之光 穿紫衣抱犬女子 镜心
估　价：RMB 380,000～480,000
成交价：RMB 437,000
59cm×42cm 中国嘉德 2015.11.15

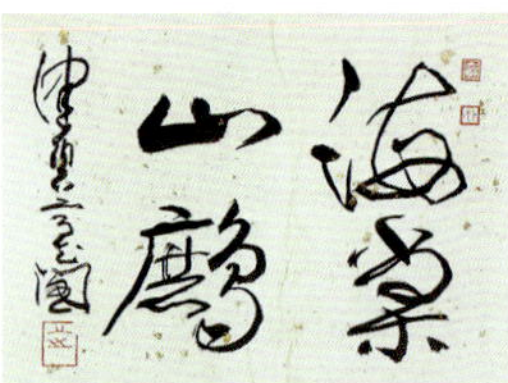

185 谢稚柳 海棠山鹛图 立轴
出版：1.《谢稚柳艺术生涯》图3及P192，1991年中华书局（新）有限公司；2.《谢稚柳诗画选集》P374－375，2005年11月文物出版社。
估　价：RMB 4,000,000～6,000,000
成交价：RMB 5,520,000
74cm×36.5cm 华艺国际 2015.5.24

254 谢稚柳 1946年作 秋山吟侣 立轴
著录：1946年"谢稚柳画展目录"，第10号拍品，《谢稚柳系年录（增补本）》，第59页，上海书店出版社，2009年9月第1版。
估　价：RMB 3,000,000～5,000,000
成交价：RMB 8,740,000
148cm×79.5cm 北京翰海 2015.6.26

801 谢稚柳 山村飞瀑 立轴
来源：赖少其先生收藏，赖少其先生家属提供。
估　价：RMB 4,500,000～6,000,000
成交价：RMB 10,465,000
113cm×66cm 上海工美 2015.6.28

1218 谢稚柳 1971年作 莲塘图 立轴
著录：《名家翰墨》第四十期，谢稚柳特集（香港翰墨轩，1993年9月），页67。
估 价：HKD 1,200,000~1,800,000
成交价：RMB 3,518,160
141.8cm×108cm 香港苏富比 2015.10.6

153 谢稚柳 上世纪60年代作 1990年重题 柳岸双骏图 镜框
出版：《谢稚柳诗画选集》P262-263，文物出版社，2005年。
估 价：RMB 2,600,000~3,800,000
成交价：RMB 11,500,000
102cm×68.5cm 上海明轩 2015.6.21

1212 邢诚爱 朋友 镜框
估 价：HKD 320,000~380,000
成交价：RMB 359,188
95cm×95cm 佳士得 2015.12.1

363 邢东 2010年作 抬头见喜 立轴
估 价：RMB 540,000~600,000
成交价：RMB 4,140,000
105cm×59cm 北京匡时 2015.6.6

6852 熊红钢 2015年作 山崖苍秀 镜心
估 价：RMB 320,000~400,000
成交价：RMB 368,000
180cm×96cm 北京保利 2015.12.6

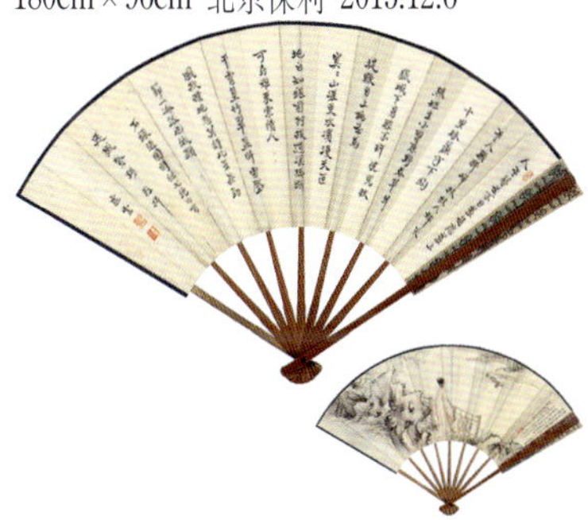

47 虚云 凌叔华 《随园诗画》七绝四首 美人倚栏图 成扇
成交价：RMB 253,000
17cm×49cm 北京匡时 2015.12.4

713 邢东 2013年作 吉祥喜事连又连
估 价：RMB 5,000,000~8,000,000
成交价：RMB 12,650,000
68cm×136cm 北京翰海 2015.11.27

1189 徐悲鸿 1934年作 饮马图 立轴
来源：香港佳士得《中国近现代画》2007年5月28日拍品，编号1123。
估 价：HKD 18,000,000～22,000,000
成交价：RMB 18,488,920
72.8cm×112cm 佳士得 2015.12.1

663 徐悲鸿 1935年作 醒狮图 镜心
来源：张宗宪旧藏。
估 价：RMB 14,000,000～18,000,000
成交价：RMB 17,825,000
112cm×81cm 北京保利 2015.6.4

1611 徐悲鸿 1944年作 双鹫图 立轴
来源：香港佳士得1991年9月30日拍卖，编号90。
估 价：HKD 1,800,000～2,600,000
成交价：RMB 24,318,360
120cm×91cm 佳士得 2015.6.2

656 徐悲鸿 1937年作 古柏双骏 镜心
著录：《中国艺术史》P42，内蒙古人民出版社，2006年。
估 价：RMB 10,000,000～15,000,000
成交价：RMB 17,825,000
128.5cm×76.3cm 北京匡时 2015.12.4

661 徐悲鸿 1939年作 1938年作 四鹅图 行书五言联 镜心 立轴
着录（画）：1.《徐悲鸿作品集》，第232—233页，徐悲鸿纪念馆审编，文物出版社，2007年；2.《中国艺坛巨匠——徐悲鸿》图版143，第218页，北京出版社，2005年9月。
估 价：RMB 12,000,000～15,000,000
成交价：RMB 23,000,000
102cm×82cm；153cm×38cm×2 北京保利 2015.6.4

1142 徐悲鸿 1944年作 落花人独立 立轴
著录：《徐悲鸿的艺术》第143页，香港市政局，1988年；……。
估 价：RMB 12,000,000～18,000,000
成交价：RMB 30,475,000
107cm×40cm 北京保利 2015.12.6

1248 徐悲鸿 1938年作 钟馗 立轴
著录：1.《侨岷华园藏画》，第240、241页，台北鸿禧艺术文教基金会，1994年版；2.《南洋华园藏画》，图版11，保利艺术博物馆，2013年版。
估 价：RMB 8,000,000～12,000,000
成交价：RMB 12,650,000
101cm×62cm 中国嘉德 2015.11.15

702 徐悲鸿 1941年作 紫兰 立轴
著录：1.《徐伯阳藏画展》，第16页，香港，1990年版；2.《中国艺坛巨匠-徐悲鸿》，第277页，北京出版社，2005年版；……。
估 价：RMB 10,000,000～15,000,000
成交价：RMB 13,800,000
74.5cm×41cm 中国嘉德 2015.5.17

810 徐冰 2007年作 新英文书法：狄兰托马斯-不要温和地走进那良夜
来源：现藏者购自伦敦Albion 画廊。
估 价：HKD 1,000,000～1,500,000
成交价：RMB 1,109,625
73.5cm×277cm 香港苏富比 2015.4.5

1279 徐华翎 不如归去 镜心
估 价：RMB 600,000～800,000
成交价：RMB 1,725,000
100cm×160cm 中国嘉德 2015.5.18

1165 徐悲鸿 哀鸣思战斗 立轴
估 价：RMB 3,000,000～4,000,000
成交价：RMB 4,600,000
109cm×60cm 北京至诚 2015.12.20

1 徐操 春风策马 立轴
来源：北美私人珍藏。
估 价：100,000～160,000
成交价：RMB 761,001
120cm×45cm 中国嘉德 2015.4.7

462 徐邦达 1932年作 龙池叠翠 立轴
展览："百年光华—徐邦达珍藏作品及艺术回顾展"，保利艺术博物馆，2011年。
估 价：RMB 200,000～400,000
成交价：RMB 828,000
131cm×36cm 北京保利 2015.6.4

1876 徐加存 夜晚的树 镜心
估　价：RMB 700,000~900,000
成交价：RMB 1,150,000
246cm×625cm 中国嘉德 2015.11.16

454 徐源绍 吴彦 陆俨少 1977年作 松龄鹤寿 松鹤长春 南山松柏 镜框
来源：严云泰私人珍藏。
估　价：USD 25,000~35,000
成交价：RMB 677,131
74cm×38.7cm 纽约佳士得 2015.9.16

2466 徐累 2009年作 月落 镜框
出版：《中国当代水墨》，Distributed Art Publishers，2010年，第206页；……。
估　价：4,000,000~5,500,000
成交价：RMB 4,761,300
114cm×208cm 保利香港 2015.4.6

3505 徐鸣 2012年作 荷塘 镜心
估　价：RMB 260,000~300,000
成交价：RMB 322,000
68cm×135cm 北京保利 2015.6.3

1016 徐希 1992年作 清漓之春 横幅
估　价：RMB 400,000
成交价：RMB 460,000
145.5cm×367.5cm 北京翰海 2015.3.15

252 徐累 龙骑士 镜心
著录：《徐累画集》第213页，文化艺术出版社，2013年；……。
估　价：RMB 1,800,000~2,800,000
成交价：RMB 2,070,000
65cm×84cm 北京保利 2015.6.4

150 徐乐乐 扑蝶图 镜心
来源：由画家本人提供或得自于画家本人。
估　价：RMB 200,000～300,000
成交价：RMB 690,000
70cm×46cm 南京经典 2015.4.26

707 许麟庐 1989年作 花卉 四屏镜心
估　价：RMB 1,200,000～1,800,000
成交价：RMB 2,300,000
69cm×45.5cm×4 北京保利 2015.6.4

275 薛亮 云幻岚影图 立轴
著录：《江苏省国画院精品画库山水卷·薛亮》，江苏美术出版社，2012.2版；……。
估　价：RMB 1,200,000～1,500,000
成交价：RMB 3,680,000
179cm×98cm 南京经典 2015.1.4

669 徐世昌 1934年作 草书《千字文》 手卷
来源：文物商店旧藏。
成交价：RMB 920,000
36cm×687cm 北京匡时 2015.6.6

71 薛亮 1998年作 唐人诗意图 镜心
著录：《墨林——唐诗诗意画欣赏》2000年挂历。
估　价：RMB 2,500,000～3,500,000
成交价：RMB 3,105,000
67cm×46cm×8 中贸圣佳 2015.5.19

639 许钦松 2011年作 景不盈尺
估　价：RMB 900,000～1,000,000
成交价：RMB 1,380,000
69cm×137cm 北京翰海 2015.6.26

822 亚明 魏紫熙 1973年作 麦收时节 镜心
估　价：RMB 800,000～1,000,000
成交价：RMB 3,565,000
141cm×252cm 北京匡时 2015.6.6

773 颜梅华 2005年作 四季山水 （四幅） 屏轴
来源：朵云轩旧藏。
估　价：RMB 400,000～600,000
成交价：RMB 506,000
179cm×55cm×4 朵云轩 2015.6.18

1286 亚明 1962年作 晚归 立轴
估　价：HKD 180,000～250,000
成交价：RMB 1,127,000
79cm×112.5cm 中国嘉德 2015.11.15

30 颜伯龙 百鸟图 镜心
估　价：RMB 600,000～800,000
成交价：RMB 862,500
82.5cm×265.5cm
荣宝斋（济南） 2015.11.21

1851 杨春华 2013年作 观音-般若波罗密多心经 镜心
出版：《澄怀味象—中国艺术研究院中国画院第三届院展作品集》，第59页，文化艺术出版社，2014年6月。
估　价：RMB 200,000～250,000
成交价：RMB 253,000
143.5cm×75cm 中国嘉德 2015.11.16

776 延悦 十八罗汉应真图
估　价：RMB 1,500,000～1,800,000
成交价：RMB 2,070,000
画心20.5cm×174cm；诗堂20cm×70cm 北京翰海 2015.6.26

2544 杨佴旻 中秋 镜心
出版：《他的史诗·杨佴旻新水墨画中国巡回展作品集》，荣宝斋出版社，2012年，第128页；……。
估　价：HKD 850,000～1,000,000
成交价：RMB 904,647
101cm×68cm 保利香港 2015.4.6

6192 杨革非 2013年作 江口云霁 镜心
估　价：RMB 150,000～250,000
成交价：RMB 201,250
178cm×97cm 北京保利 2015.11.1

3530 杨华山 2013年作 人文渊数 镜心
估　价：RMB 150,000～200,000
成交价：RMB 402,500
80cm×180cm 北京保利 2015.6.3

721 杨诘苍 1990年作 千层墨 （三幅） 布面镜框
估　价：RMB 240,000～300,000
成交价：RMB 246,300
45cm×44cm×3 佳士得 2015.11.30

277 杨福音 山水册页 镜心 （八开）
估　价：RMB 800,000～1,200,000
成交价：RMB 1,150,000
50cm×45cm×8 北京保利 2015.6.4

759 杨建华 2010年作 望山观水图
估　价：RMB 300,000～400,000
成交价：RMB 3,680,000
97cm×265cm 北京翰海 2015.11.27

3153 杨石朗 1984年作 黄洋界 横幅
估　价：RMB 300,000～400,000
成交价：RMB 1,150,000
93cm×176cm 景德镇华艺 2015.1.10

54 杨明义 2010年作 秋霭氤氲 镜心
来源：现藏家得自艺术家本人。
估　价：RMB 120,000～150,000
成交价：RMB 575,000
98cm×68.5cm 上海宝龙 2015.1.18

101 杨宇 2013年作 相从江海 镜框
估　价：RMB 150,000～200,000
成交价：RMB 345,000
108cm×72cm 上海宝龙 2015.1.18

1274 杨延文 1987年作 桥头 立轴
来源：北京懋隆工艺品公司旧藏。
估　价：RMB 200,000～300,000
成交价：RMB 230,000
87cm×93cm 北京翰海 2015.11.28

1584 杨善深 1981年作 麻雀 镜框
估　价：HKD 1,200,000～1,800,000
成交价：RMB 1,185,480
146.5cm×146.5cm 佳士得 2015.6.2

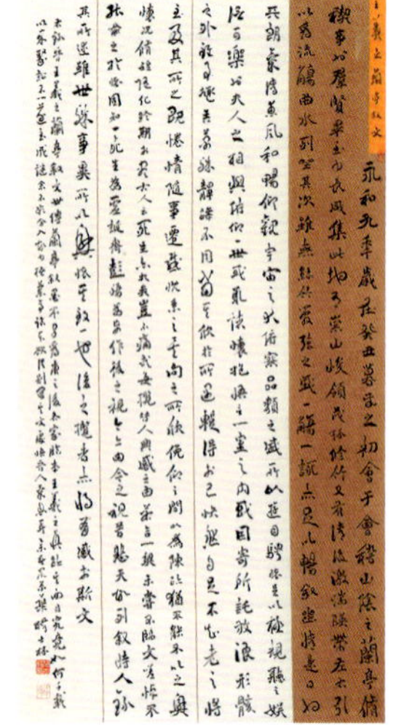

3546 杨士林 2015年作 书法 镜心
估　价：RMB 280,000～350,000
成交价：RMB 322,000
137cm×70cm 北京保利 2015.6.3

453 杨之光 1981年作 莲花台舞 立轴
估　价：RMB 800,000～1,000,000
成交价：RMB 920,000
136cm×67cm 华艺国际 2015.5.24

3496 姚迪雄 相约天山 镜心
估　价：RMB 600,000～700,000
成交价：RMB 1,150,000
68cm×68cm 北京保利 2015.6.3

188 姚逸之 千崖秋逸 镜片
出版：《连博》2014第二期封三。
成交价：RMB 322,000
76cm×110cm 上海工美 2015.1.25

6922 姚迪雄 我的白马王子 镜心
成交价：RMB 862,500
58cm×52cm 北京保利 2015.12.6

3456 姚鸣京 观云秋溪待渡图 镜心
成交价：RMB 368,000
69cm×69cm 北京保利 2015.6.3

201 叶昀 1959年作 四贤图 立轴四屏
成交价：RMB 437,000
97cm×31cm×4 上海明轩 2015.6.21

977 叶浅予 1979年作 哈达献给毛主席 立轴
估　价：RMB 1,200,000～1,800,000
成交价：RMB 1,380,000
179cm×96cm 北京保利 2015.6.5

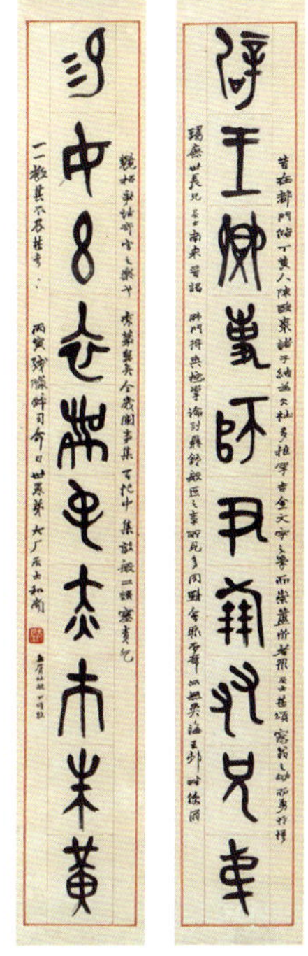

1263 易大厂 1926年作 金文十言联 立轴
估　价：HKD 50,000～70,000
成交价：RMB 534,300
136.3cm×19.3cm×2 香港苏富比 2015.10.6

131 殷梓湘 栈道行旅 立轴
估 价：RMB 200,000～280,000
成交价：RMB 632,500
144.5cm×70cm 北京诚轩 2015.5.18

20 应野平 1976年作 春满漓江 镜片
出版：1976年宣传画，上海书画社出版，新华书店上海发行所发行。
估 价：RMB 200,000～300,000
成交价：RMB 575,000
90cm×64cm 上海敬华 2015.6.29

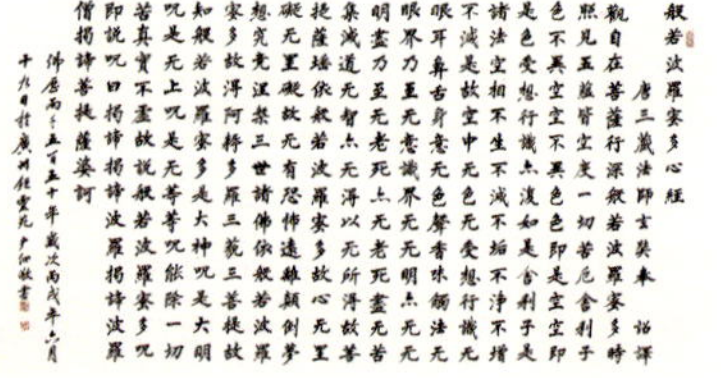

1208 于非闇 1945年作 花鸟草虫 手卷
估 价：HKD 1,500,000～2,500,000
成交价：RMB 5,799,240
26.5cm×462cm 佳士得 2015.6.2

627 于非闇 杏竹雪羽 镜心
备注：原藏家得自画家本人。
估 价：RMB 1,500,000～1,800,000
成交价：RMB 5,060,000
113cm×55cm 北京匡时 2015.12.4

734 尹佃法师 2006年作 心经
估 价：RMB 80,000～100,000
成交价：RMB 253,000
93cm×173cm 北京翰海 2015.11.27

1496 于非闇 1938年作 伊洛传芳 立轴
估 价：HKD 1,500,000～2,500,000
成交价：RMB 4,712,880
113.5cm×42.9cm 香港苏富比 2015.4.6

697 于非闇 1948年作 五色鹦鹉图 镜心
估　价：RMB 2,000,000～4,000,000
成交价：RMB 6,095,000
130cm×66cm 中国嘉德 2015.5.17

1171 于非闇 1948年作 时乐鸟 镜心
说明：嘉德2015年春拍编号697。
估　价：RMB 2,000,000～3,000,000
成交价：RMB 6,325,000
131cm×66cm 北京保利 2015.12.6

301 于彭 1999年作 欲望山水（二）手卷 纸本
估　价：NTD 2,400,000～3,400,000
成交价：RMB 824,160
67cm×1082cm 罗芙奥 2015.6.7

121 于希宁 1983年作 凌霄图 立轴
说明：上款人"惠桂"为惠荣才女儿。
估　价：RMB 250,000～300,000
成交价：RMB 437,000
88cm×68.5cm 上海明轩 2015.6.21

316 于希宁 白梅 镜心
估　价：RMB 500,000～600,000
成交价：RMB 782,000
67cm×180cm 荣宝斋（济南） 2015.11.21

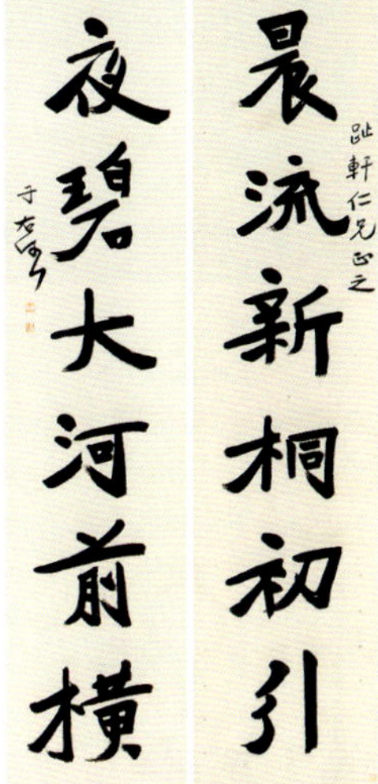

1419 于右任 魏碑六言联 立轴
著录：《旷世草圣——于右任书法墨存》，图18，陕西出版传媒集团、三秦出版社，2015年4月。
成交价：RMB 1,610,000
249cm×60cm×2 北京保利 2015.6.4

3464 于志学 2015年作 杳古神韵 镜心
估　价：RMB 400,000～500,000
成交价：RMB 460,000
137cm×69cm 北京保利 2015.6.3

2837 余承尧 约1960年代作 断崖横壑 镜框
来源：1988年香港汉雅轩收藏；欧洲私人收藏。
估 价：HKD 250,000～300,000
成交价：RMB 504,375
59.2cm×119.3cm 香港苏富比 2015.4.5

163 俞致贞 1978年作 御鹦鹉图 镜心
来源：中国嘉德2011秋季拍卖会第1617号拍品。
估 价：RMB 150,000～250,000
成交价：RMB 345,000
101.5cm×57cm 中国嘉德 2015.5.16

822 袁克文 隶书“有余闲室” 镜心
估 价：RMB 600,000～800,000
成交价：RMB 1,035,000
39cm×143cm 北京匡时 2015.12.4

2056 郁达夫 1938年作 书法 镜片
来源：王映霞鉴藏。
估 价：RMB 200,000～300,000
成交价：RMB 839,500
95cm×44cm 西泠拍卖 2015.7.5

49 喻仲林 1979年作 荔枝双鸟 镜框
估 价：HKD 4,000
成交价：RMB 576,720
49.5cm×63cm 罗芙奥 2015.6.2

53 喻继高 桃花水禽 镜心
估 价：RMB 300,000～500,000
成交价：RMB 920,000
133cm×68.5cm 凤凰拍卖 2015.5.15

600 喻慧 2014年作 花鸟
估 价：RMB 800,000～1,000,000
成交价：RMB 920,000
174cm×93cm 北京翰海 2015.6.26

470 袁晓岑 1984年作 南国春光 镜心
估　价：RMB 120,000～180,000
成交价：RMB 828,000
69cm×180cm 北京保利 2015.6.4

547 袁武 大昭寺系列-大昭寺的清晨 镜心
估　价：RMB 1,000,000～1,200,000
成交价：RMB 1,150,000
65cm×77cm 保利山东 2015.2.1

445 岳澜 吴振声 吴作人 熊猫戏竹图 年年有余 富贵有余 镜框
来源：严云泰私人珍藏。
估　价：USD 15,000～25,000
成交价：RMB 517,806
73.6cm×40cm 纽约佳士得 2015.9.16

6901 翟原良 观松图 立轴
出版：《走进老子——翟原良作品选》P86，北京燕山出版社。
估　价：RMB 150,000～180,000
成交价：RMB 207,000
136.5cm×68cm 北京保利 2015.12.6

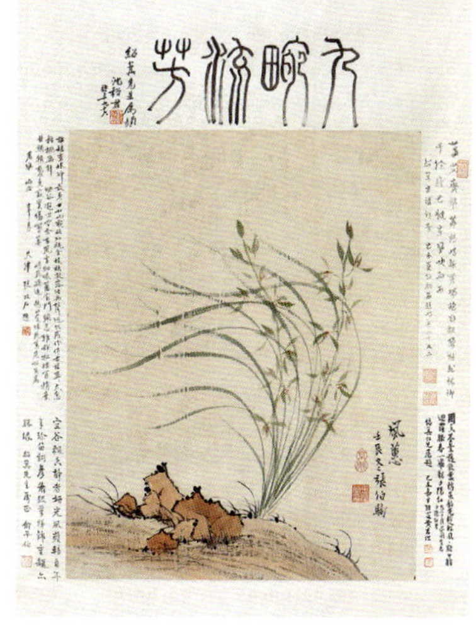

414 张伯驹 1952年作 风蕙 立轴
估　价：RMB 300,000～500,000
成交价：RMB 1,012,000
55cm×45cm 中国嘉德 2015.11.14

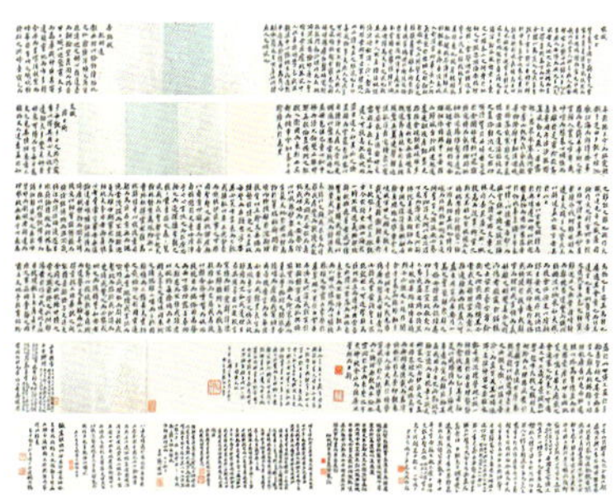

1933 张朝墉 1913年作 楷书《风赋》、《舞鹤赋》、《文赋》卷 手卷
说明：本作品为白崇禧旧藏，得自白氏后人。
估　价：RMB 180,000～280,000
成交价：RMB 207,000
书17cm×382cm 北京保利 2015.12.7

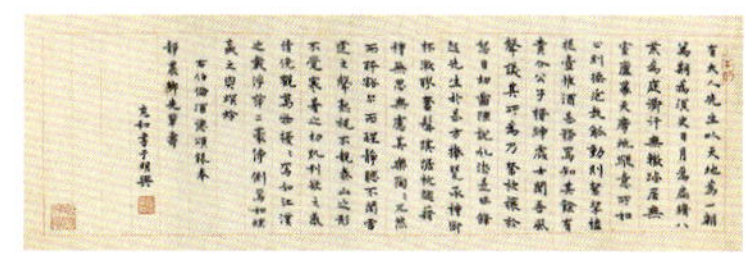

1068 张充和 楷书《酒德颂》 镜心
备注：台静农上款。
成交价：RMB 356,500
24.5cm×78cm 北京匡时 2015.10.17

1387 张伯英 1935年作 行书“食砚斋” 镜心
估　价：RMB 30,000～50,000
成交价：RMB 632,500
35cm×124.5cm 北京匡时 2015.6.7

1528 张大千 1969年作 云山居隐 镜框
来源：直接得自画家，并由家族传承至现藏家。
估 价：HKD 16,000,000~22,000,000
成交价：RMB 22,524,120
72cm×102.7cm 佳士得 2015.6.2

1451 张大千 1965年作 翠盖云裳香满塘 镜框
来源：现藏者得自画家送赠。
估 价：HKD 10,000,000~15,000,000
成交价：RMB 19,432,560
91.2cm×160.5cm 香港苏富比 2015.4.6

1250 张大千 1973年作 风荷 镜框
来源：原藏者直接得自画家，1988年转归德国私人藏家，保存至今。
估 价：HKD 7,000,000~9,000,000
成交价：RMB 20,286,960
65.8cm×209.3cm 香港苏富比 2015.10.6

616 张大千 1945年作 果洛番女礼佛图 立轴
出版：《南国翰墨缘》P136，大将出版社（马来西亚），2007年8月。
估 价：RMB 8,000,000~12,000,000
成交价：RMB 9,775,000
111cm×68cm 北京匡时 2015.12.4

1306 张大千 1950年作 拟唐人秋郊揽辔图 镜框
著录：《张大千画集》，高岭梅编（香港，东方学会，一九六七年一月），图版40。
估 价：HKD 10,000,000~15,000,000
成交价：RMB 41,286,120
100.2cm×54.3cm 香港苏富比 2015.4.6

1167 张大千 1973年作 云山依水 镜心
展览："中国近现代书画十二大名家精品展（三）"，保利艺术博物馆，2011年10月；……。
估　价：RMB 20,000,000～25,000,000
成交价：RMB 28,750,000
69cm×241cm 北京保利 2015.12.6

1486 张大千 1978年作 云泉古寺 镜框
估　价：RMB 18,000,000～25,000,000
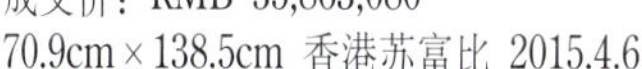
成交价：RMB 35,863,080
70.9cm×138.5cm 香港苏富比 2015.4.6

742 张大千 羲之换鹅图 立轴
来源：天津人民美术出版社旧藏。
估　价：RMB 10,000,000～15,000,000
成交价：RMB 19,550,000
172.5cm×75cm 中国嘉德 2015.5.17

693 张大千 人物山水 二十八屏镜心
来源：刘少旅的太乙楼三珍之一。
估　价：RMB 20,000,000～28,000,000
成交价：RMB 31,050,000
95cm×42cm×28 北京保利 2015.6.4

1164 张大千 五亭湖 镜心
估　价：RMB 2,800,000～5,000,000

成交价：RMB 4,940,000
95cm×61cm 北京至诚 2015.12.20

130 张大壮 1959年作 蔬果图 横披
估 价：RMB 700,000~800,000
成交价：RMB 805,000
94.5cm×179cm 北京匡时 2015.6.6

741 张东 2011年作 秋泉 镜片
出版：《中国书画》2012年9月，总第117期，第82页，中国书画杂志社。
估 价：RMB 150,000~180,000
成交价：RMB 322,000
97cm×180cm 广州皇玛 2015.7.26

1716 张仃 1984年作 泰山朝阳图 镜心
说明：原藏家得自作者本人
估 价：RMB 1,200,000~1,800,000
成交价：RMB 1,380,000
32cm×96cm 北京保利 2015.12.7

1148 张仃 藏寨瀑声喧 镜心
估 价：RMB 800,000~1,000,000
成交价：RMB 1,058,000
144cm×365cm 北京至诚 2015.12.20

3462 张仃 1988年作 神禾塬 镜心
出版：1.《张仃画室·焦墨设色山水》P18，河北教育出版社；2.《中国近现代名家画集·张仃》P72，人民美术出版社，2010年5月。
估 价：RMB 1,000,000~1,200,000
成交价：RMB 1,150,000
96cm×89cm 北京保利 2015.6.3

658 张尔宾 四季山水 （四帧）
估 价：RMB 250,000~300,000
成交价：RMB 345,000
45cm×70cm×4 北京翰海 2015.11.27

2013 张光宇 1955年作 神笔马良
来源：张光宇家属收藏。
估 价：RMB 800,000~1,200,000
成交价：RMB 1,127,000
27cm×36cm；36cm×27cm 北京匡时 2015.12.4

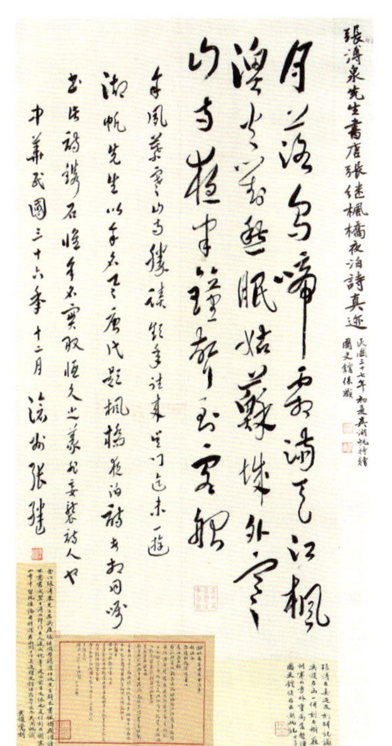

238 张继 吴湖帆 行书 立轴
来源：张继旧藏。
估 价：RMB 20,000～30,000
成交价：RMB 540,000
144cm×65cm 上海驰翰 2015.5.9

2463 张见 2000年作 幽闭 镜框
出版：《新工笔文献丛书：张见篇》，安徽美术出版社，2012年，第74页；……。
估 价：HKD 1,000,000～1,200,000
成交价：RMB 952,260
83cm×50cm 保利香港 2015.4.6

1512 张书旗 1940年作 春意盎然 立轴
说明：1940年，教育部委托张书旗完成一幅作品，由国民政府赠送给富兰克林．D．罗斯福，以庆祝他第三次当选总统。
估 价：HKD 200,000～300,000
成交价：RMB 4,069,080
66cm×132cm 佳士得 2015.6.2

1802 张捷 2014年作 春江 镜心
出版：《故园寻梦—张捷作品集》，第54—55页，中国书店，2014年。
估 价：RMB 160,000～200,000
成交价：RMB 218,500
45cm×96.5cm 中国嘉德 2015.11.16

128 张石园 1949年作 琼阁雅集 立轴
来源：上海拍卖会1995年6月18日拍品，编号303。
估 价：RMB 120,000～160,000
成交价：RMB 310,500
128cm×65cm 北京诚轩 2015.5.18

18 张跃华 1997年作 山高水长 镜心
估 价：RMB 500,000
成交价：RMB 828,000
35cm×34cm 北京翰海 2015.9.13

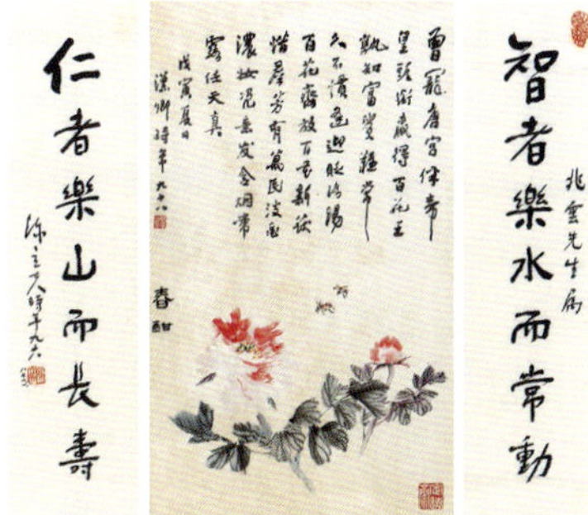

1988 张学良 陈立夫 1998年作 书画合璧 （三帧） 镜片、画心
来源：李兆云上款并收藏。
估 价：RMB 90,000～150,000
成交价：RMB 333,500
69cm×18cm×2；60.5cm×37cm 西泠拍卖 2015.7.5

1408 张善孖 伏虎图 立轴
说明：荣毅仁家属旧藏。
估　价：RMB 120,000～180,000
成交价：RMB 609,500
127cm×63cm 北京保利 2015.12.7

51 张晋 瑞意图 镜心
来源：张晋家属友情提供。
估　价：RMB 350,000～500,000
成交价：RMB 517,500
132cm×66cm 南京经典 2015.8.2

53 张羽 1996年作 灵光NO.45
来源：亚洲私人收藏。
估　价：RMB 380,000～480,000
成交价：RMB 368,585
109cm×102cm 中国嘉德 2015.10.6

66 张友宪 秋 镜心
估　价：RMB 180,000～200,000
成交价：RMB 368,000
123.5cm×82.5cm 上海宝龙 2015.1.18

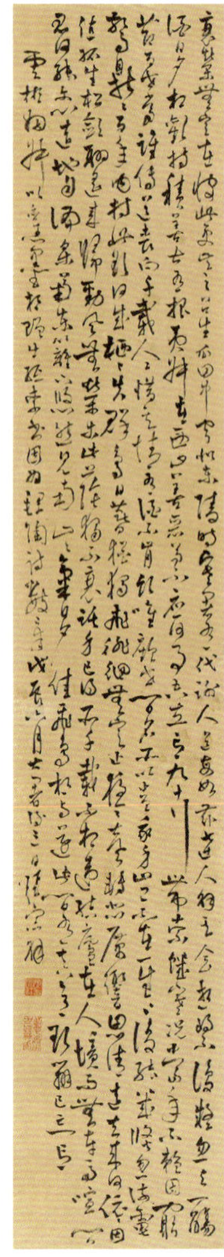

907 张宗祥 1928年作 草书陶渊明饮酒诗 立轴
出版：《宋云彬旧藏书画图录》，38页，中华书局，2015年。
估　价：RMB 40,000～60,000
成交价：RMB 690,000
131.5cm×23.5cm 中国嘉德 2015.11.15

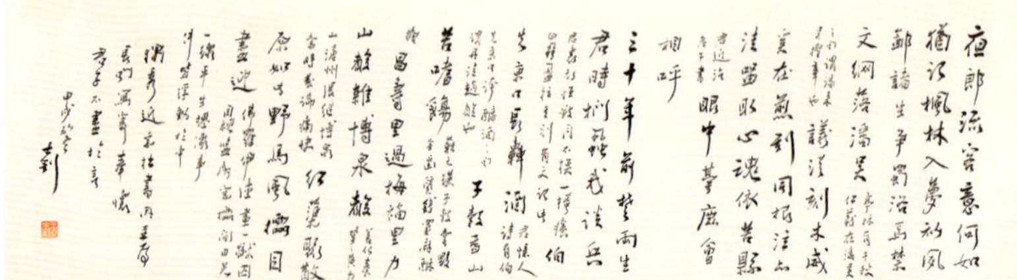

1380 章士钊 1934年作 行书自作诗 镜心
备注：陈独秀上款。
估　价：RMB 230,000～280,000
成交价：RMB 310,500
40cm×147cm 北京匡时 2015.6.7

6868 赵春秋 溪山雪后 镜心
估 价：RMB 150,000～200,000
成交价：RMB 270,250
68cm×138cm 北京保利 2015.12.6

10 赵春翔 1980年作 福荫一家
来源：艺术家直接赠予Mr. B.Mitchil；美国私人收藏。
估 价：HKD 400,000～600,000
成交价：RMB 368,585
75.5cm×54.5cm 中国嘉德 2015.10.6

6929 赵飞燕 2013年作 书法"千字文" 镜心
出版：《赵飞燕书画集》P44，天津人民美术出版社。
估 价：RMB 300,000～400,000
成交价：RMB 345,000
128cm×34cm×6 北京保利 2015.12.6

80 赵华胜 勇攀世界最高峰 镜片
估 价：RMB 500,000
成交价：RMB 1,150,000
130cm×62cm×6 辽宁省拍 2015.6.7

135 赵开雷 丝绸之路 镜心
估 价：RMB 450,000
成交价：RMB 632,500
70cm×138cm 北京翰海 2015.7.18

3694 赵建成 2014年作 梦汇春山 镜心
估 价：RMB 550,000～650,000
成交价：RMB 632,500
58cm×90cm 北京保利 2015.6.3

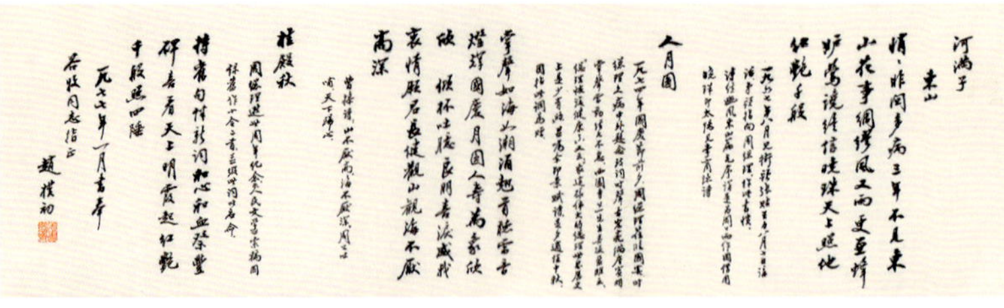

396 赵朴初 1977年作 行书自作词三首 镜片
估　价：RMB 300,000～500,000
成交价：RMB 2,645,000
23.5cm×83cm 广东崇正 2015.6.18

438 赵无极 约1952年作 无题
来源：艺术家赠送予现藏家之家属，法国私人收藏。
估　价：HKD 700,000～900,000
成交价：RMB 1,762,200
84.5cm×88.5cm 佳士得 2015.5.31

590 赵起 繁花奇石 四屏
估　价：USD 15,000～20,000
成交价：RMB 313,050
每轴153.7cm×40.5cm 纽约苏富比 2015.3.19

1297 赵望云 1959年作 巴山之晨 镜心
估　价：RMB 1,000,000～1,500,000
成交价：RMB 1,840,000
136cm×67.5cm 中国嘉德 2015.11.15

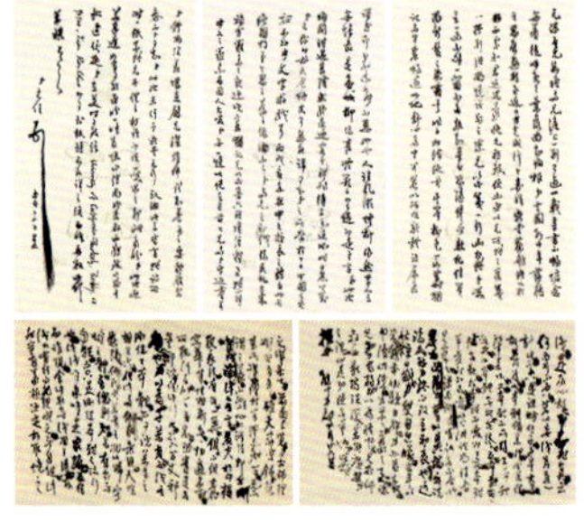

1213 赵元任 熊十力 等 名家书翰 册页（九开选五）
来源：夏治淦（1917-？）所藏。
估　价：RMB 10,000～20,000
成交价：RMB 356,500
尺寸不一 朵云轩 2015.4.27

828 赵望云 1944年作 天山薄暮 镜心
出版：《赵望云研究文集（下卷）》P765，人民美术出版社，2012年。
估　价：RMB 5,000,000～6,000,000
成交价：RMB 8,050,000
164.5cm×92cm 北京匡时 2015.6.6

263 赵之谦 1865年作 节书古训 册页 （十开）
估 价：RMB 900,000～1,200,000
成交价：RMB 1,035,000
31cm×32cm×10 保利山东 2015.9.13

275 赵云壑 荷韵 立轴
估 价：RMB 120,000～300,000
成交价：RMB 437,000
315cm×67cm 上海敬华 2015.6.29

322 赵绪成 钟馗图 立轴
估 价：RMB 1,500,000～2,000,000
成交价：RMB 3,350,000
180cm×95cm 南京经典 2015.4.26

6771 赵准旺 2015年作 西岳朝阳图 镜心
估 价：RMB 620,000～750,000
成交价：RMB 713,000
124cm×248cm 北京保利 2015.12.6

1265 赵少昂 1969年作 柳荫白鹭 镜框
估 价：HKD 400,000～600,000
成交价：RMB 2,001,360
141.8cm×47.6cm 香港苏富比 2015.4.6

6524 曹子玉 2014年作 草书 六屏镜心
估 价：RMB 300,000～500,000
成交价：RMB 494,500
184cm×53cm×6 北京保利 2015.1.24

512 曾健勇 假如你是唯一 镜心
著录：《曾健勇》，P227，湖南美术出版社，2001.9。
估　价：RMB 400,000～500,000
成交价：RMB 598,000
112cm×112cm 南京经典 2015.1.4

1345 曾宓 2014年作 他日的故事 镜心
出版：《他日的故事—曾宓作品林间第三回》，中国艺术出版社，2014年。
估　价：RMB 100,000～150,000
成交价：RMB 391,000
40cm×25cm×10 中国嘉德 2015.5.18

819 曾灶财 皇帝的地图
来源：现藏者直接购自艺术家本人。
估　价：RMB 50,000～70,000
成交价：RMB 322,800
28.2cm×43.5cm 香港苏富比 2015.4.5

1102 曾熙 1921年作 临古隶书 篆书 手卷
估　价：RMB 3,000,000～5,000,000
成交价：RMB 5,060,000
27cm×1192cm 北京保利 2015.6.5

57 曾我萧白 中国山水 （一对） 屏风
估　价：USD 250,000～300,000
成交价：RMB 1,083,153
154.3cm×358.8cm×2 纽约佳士得 2015.3.17

5065 曾海文 1967至1970年作 无题（双联作）
来源：现亚洲藏者购自台中哥德艺术中心。
估　价：HKD 80,000～120,000
成交价：RMB 484,200
70cm×100cm 香港苏富比 2015.4.5

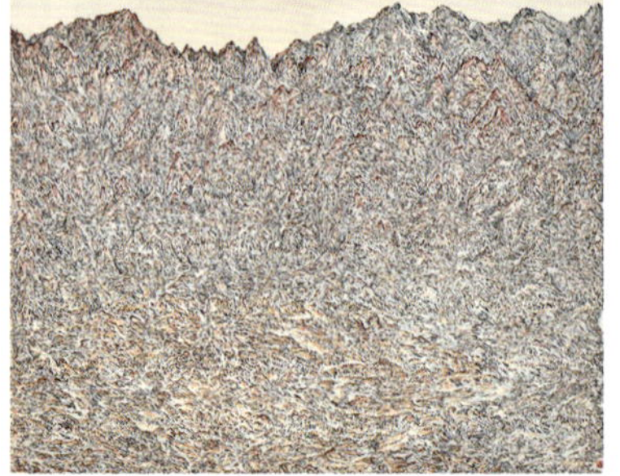

2815 曾小俊 1999年作 一万笔划 镜框
来源：美国收藏。
估　价：HKD 1,000,000～1,500,000
成交价：RMB 1,027,500
142cm×181.5cm 香港苏富比 2015.10.5

3479 郑百重 欧洲文明 镜心
估 价：RMB 600,000～800,000
成交价：RMB 805,000
50cm×60cm×4 北京保利 2015.6.3

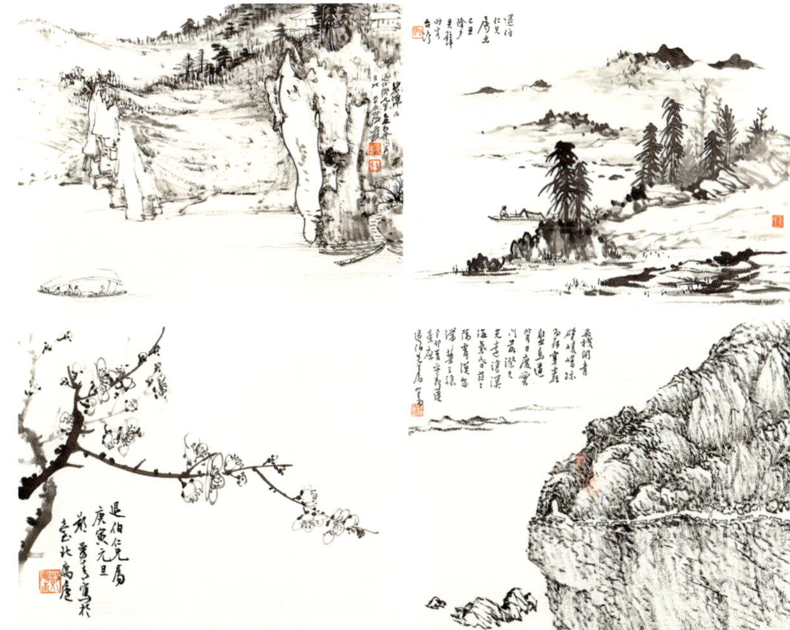

357 郑曼青 张大千 黄君璧 溥儒 1949年作 1950年作 1951年作 山水清音 册页 （四开）
估 价：RMB 150,000～180,000
成交价：RMB 483,000
20cm×25cm×4 朵云轩 2015.6.18

356 郑午昌 1947年作 知足居图 镜片
估 价：RMB 500,000～700,000
成交价：RMB 747,500
113cm×52.5cm 上海道明 2015.5.9

308 郑慕康 1964年作 读报声中选种忙 立轴
估 价：RMB 200,000～250,000
成交价：RMB 483,000
102cm×50cm 北京匡时 2015.3.30

391 郑乃珖 吴其珌 沈觐寿 潘主兰 等 1982年作 欣欣向荣 镜片
估　价：RMB 300,000～500,000
成交价：RMB 598,000
95cm×179cm 广东崇正 2015.6.18

314 钟泗滨 湖边女子
估　价：RMB 850,000～1,250,000
成交价：RMB 958,313
香港苏富比 2015.4.5

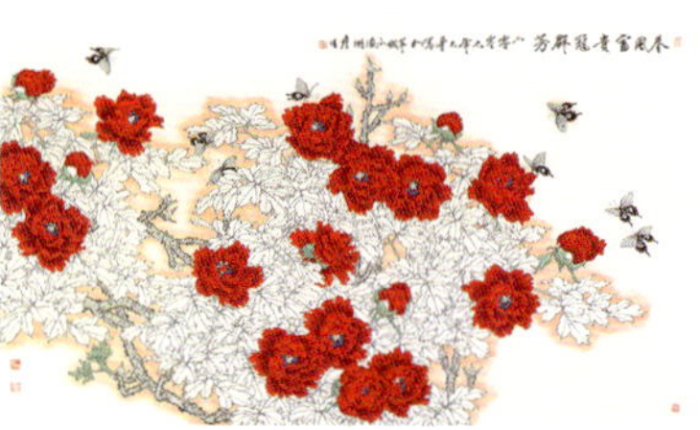

482 周彦生 春风富贵冠群芳 镜片
来源：藏家得自作者本人。
估　价：RMB 5,000,000～6,000,000
成交价：RMB 5,750,000
119.5cm×211cm 华艺国际 2015.5.24

1508 周思聪 1982年作 山色空蒙雨亦奇 镜框
估　价：HKD 800,000～1,200,000
成交价：RMB 822,000
65.8cm×111.7cm 香港苏富比 2015.10.6

6893 周国军 2014年作 峡江放歌 镜心
估　价：RMB 850,000～950,000
成交价：RMB 977,500
217cm×173cm 北京保利 2015.12.6

2081 郑孝胥 为吴昌硕作十言联 对联
来源：吴昌硕上款并题签，由吴昌硕家属友情提供。
估　价：RMB 50,000～80,000
成交价：RMB 2,415,000
249cm×30.5cm×2 西泠拍卖 2015.7.5

6099 周韶华 2005年作 天风吟 镜心
出版：1.《周韶华全集3.天地江山》第204页，湖北美术出版社，2010年12月；2.《周韶华艺术三部曲：长江》第92页，山东美术出版社，2009年9月；……。
估　价：RMB 250,000～500,000
成交价：RMB 1,725,000
68cm×136cm 北京保利 2015.11.1

279 周思聪 1990年作 高原风情 册页
著录：《水墨·世纪变革与艺术新路》第69页，北京保利国际拍卖有限公司，2015年4月。
估　价：RMB 3,600,000～4,600,000
成交价：RMB 6,900,000
37.6cm×54.3cm×18 北京保利 2015.6.4

1239 周思聪 秋收 横幅镜心
估　价：RMB 1,800,000～2,500,000
成交价：RMB 2,070,000
91.5cm×347cm 北京翰海 2015.6.27

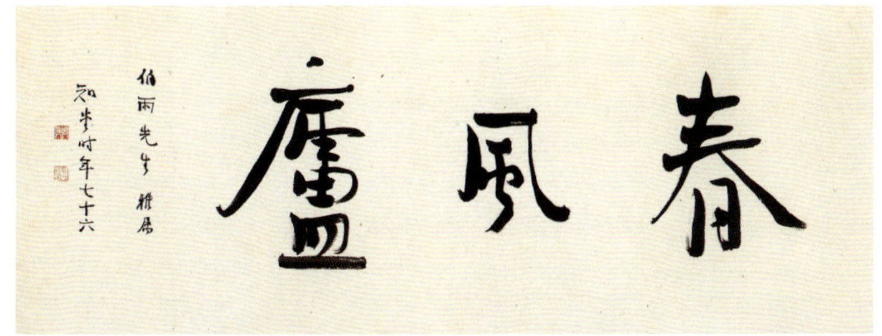

2212 周作人 为高伯雨题书匾 春风庐 镜片
说明：高伯雨上款。
估　价：RMB 150,000～180,000
成交价：RMB 667,000
80.5cm×30cm 西泠拍卖 2015.7.5

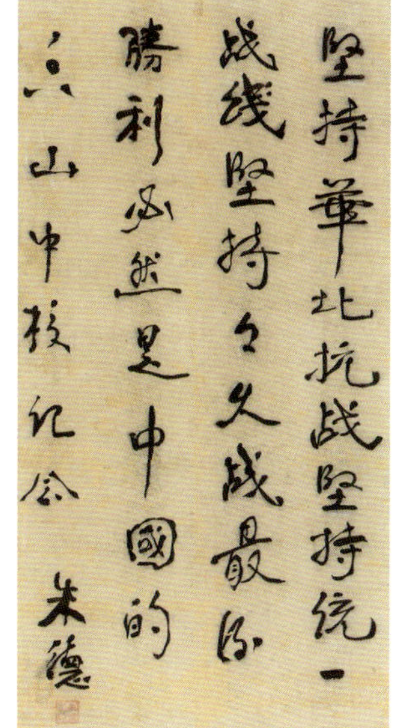

1200 朱德 行书赠语 镜心
备注：罗香山上款。
估　价：RMB 1,000,000～1,500,000
成交价：RMB 1,150,000
64cm×32cm 北京匡时 2015.12.5

206 朱德群 2008年作 三月八日第2号
来源：亚洲私人收藏。附美国纽约马尔伯勒画廊开立之原作保证书。
估　价：HKD 850,000～1,200,000
成交价：RMB 809,421
137cm×76cm 保利香港 2015.4.6

1096 朱屺瞻 1983年作 春夏秋冬 四屏镜心
说明：原藏家购于朱屺瞻在台北画展。
估　价：RMB 1,000,000～1,800,000
成交价：RMB 1,495,000
150cm×60cm×4 北京保利 2015.6.5

3511 朱修立 2014年作 明净 镜心
估　价：RMB 150,000～180,000
成交价：RMB 345,000
52cm×110cm 北京保利 2015.6.3

2877 朱伟 1994年作 二刻拍案惊奇图之饭前洗手 镜框
来源：香港万玉堂画廊。
估　价：HKD 1,000,000～1,500,000
成交价：RMB 1,027,500
134cm×67cm；134cm×64cm 香港苏富比 2015.10.5

1402 朱梅邨 朱大霖 临池仕女 行书 成扇
著录：《纪念朱梅邨诞辰一百周年 — 朱梅邨作品集》（法国东方艺文出版社，二〇一一年八月），页214。
估　价：HKD 100,000～150,000
成交价：RMB 976,125
18.3cm×47cm 香港苏富比 2015.10.6

91 朱新建 花鸟高士 镜心 四屏
著录：《事事大吉》和《鱼虾图》出版于《水墨品鉴》，P31，P35，四川美术出版社，2007。
估　价：RMB 800,000～1,200,000
成交价：RMB 1,851,500
137cm×34cm×4 南京经典 2015.4.26

3466 朱仁民 2014年作 云梢问寒瀑 镜心
估　价：RMB 550,000～650,000
成交价：RMB 977,500
136.5cm×70cm 北京保利 2015.6.3

669 朱松发 行尽崎岖路
估　价：RMB 350,000～400,000
成交价：RMB 402,500
137cm×69cm 北京翰海 2015.6.26

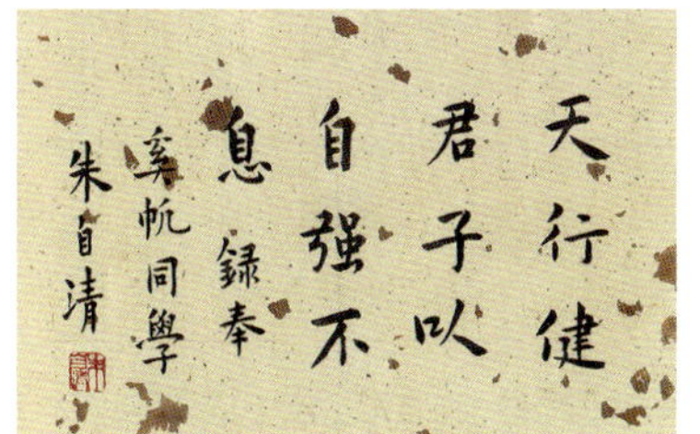

435 朱自清 楷书《孟子》章句 镜心
估　价：RMB 450,000～650,000
成交价：RMB 517,500
14.5cm×23cm 中国嘉德 2015.5.16

5048 祝大年 1981年作 荷花姑娘
来源：亚洲私人收藏。
估　价：HKD 450,000～650,000
成交价：RMB 462,375
66cm×98.5cm 香港苏富比 2015.10.5

2671 祝铮鸣 2009年作 中国石头
估　价：RMB 500,000～600,000
成交价：RMB 805,000
200cm×200cm 北京匡时 2015.6.6

560 庄小尖 2011年作 烟云供养 册页 （十三开）
估　价：RMB 350,000～450,000
成交价：RMB 402,500
41.5cm×56cm×13 广州皇玛 2015.7.26

855 庄毓聪 一朝鸡鸣秋风起
估　价：RMB 320,000～350,000
成交价：RMB 368,000
136cm×68cm 北京翰海 2015.6.26

490 邹传安 晓将清露付婵娟 镜片
出版：1.《邹传安 梁岩 招务超 周中耀 作品选》P6；2.《兴兰堂艺术家研究丛书——邹传安》P148 湖南美术出版社。
估　价：RMB 850,000～1,000,000
成交价：RMB 1,380,000
93cm×112cm 深圳市拍 2015.7.19

1341 卓鹤君 2014年作 树树皆秋色 镜心
出版：《那一棵松——卓鹤君写松作品集》，P193，天津人民美术出版社，2014年。
估　价：RMB 300,000～400,000
成交价：RMB 368,000
143cm×75cm 中国嘉德 2015.5.18

739 邹立颖 2014年作 水墨人物
估　价：RMB 350,000～400,000
成交价：RMB 402,500
138cm×68cm 北京翰海 2015.6.26

年代不详作者

45 佚名 江户时代 17世纪 马厩 （一对） 屏风
估　价：USD 200,000～250,000
成交价：RMB 3,186,849
157.5cm×360cm×12 纽约佳士得 2015.3.17

1338 佚名 明代 圣迹图 册页 （三十九开）
估　价：RMB 8,000,000～10,000,000
成交价：RMB 9,200,000
50cm×74cm×39 中国嘉德 2015.5.18

素描

169 艾轩 1998年作；2004年作 扎西次仁；及荒原父女
来源：现藏者家属直接购自艺术家本人。
估 价：RMB 100,000～150,000
成交价：RMB 125,000
38cm×26.5cm；50.5cm×36.5cm 佳士得（上海） 2015.4.25

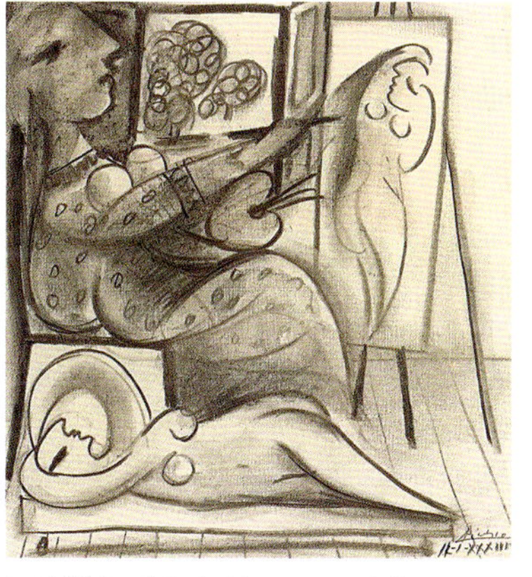

1 巴勃罗·毕加索 Drawn on 2 January 1933 Le peintre et son modèle
估 价：USD 1,200,000～1,800,000
成交价：RMB 10,699,750
28cm×25.7cm 纽约佳士得 2015.11.9

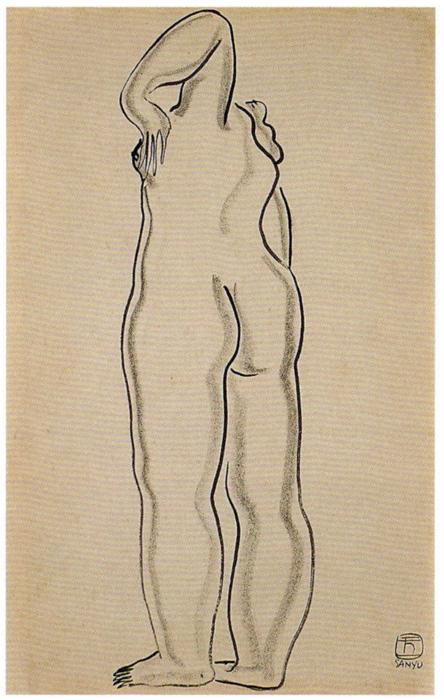

176 常玉 背面裸女
来源：现藏者购自香港佳士得2005年11月27日编号279拍品 。
估 价：HKD 80,000～120,000
成交价：RMB 135,794
44.5cm×28.5cm 保利香港 2015.10.5

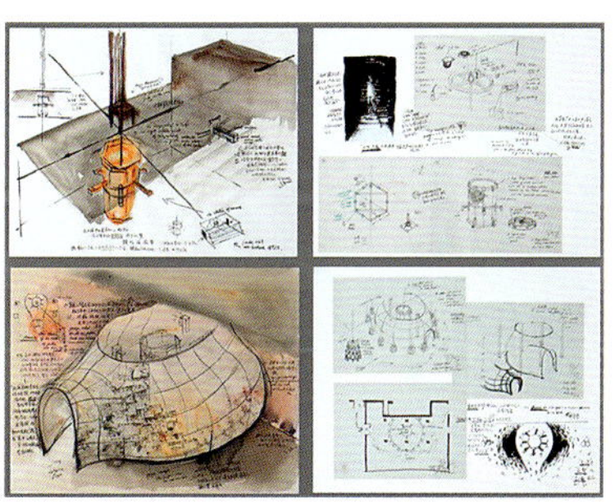

244 陈箴 1997年作 《经轮 - 有钱能使鬼推磨》草图 （共四件）
来源：现藏者家属直接购自于艺术家。
估 价：HKD 100,000～150,000
成交价：RMB 240,300
50.2cm×63.2cm 佳士得 2015.5.31

61 常书鸿 1947年作 哈萨克毡房
来源：原藏家得自艺术家家属。
估 价：RMB 150,000～200,000
成交价：RMB 287,500
27cm×39cm 中国嘉德 2015.11.14

737 丁乙 1995年作 十示95-7
来源：欧洲私人收藏。
估 价：HKD 1,200,000～1,800,000
成交价：RMB 2,235,840
140cm×160cm. 香港苏富比 2015.10.5

2685 德拉克罗瓦（法国著名画家） 卢浮宫阿波罗廊天顶中央雕像临摹稿
估 价：RMB 60,000～100,000
成交价：RMB 517,500
31.5cm×58.5cm 中国嘉德 2015.5.18

489 关良 速写 （十帧）
估 价：RMB 50,000～80,000
成交价：RMB 276,000
23cm×31.5cm×10 中国嘉德 2015.11.14

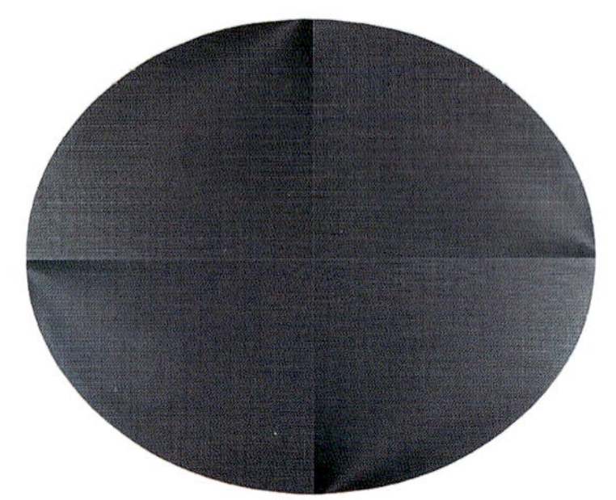

4087 刘文涛 2008年作 无题
估 价：RMB 250,000～350,000
成交价：RMB 287,500
200cm×250cm 北京保利 2015.6.3

1023 鲁道夫邦尼 南苏拉威西岛的三个民族（望加锡渔民、托雅族农夫及布吉族海员和商人）
来源：阿姆斯特丹，苏富比1996年11月5日拍品编号178；香港佳士得2003年7月6日拍品编号9；亚洲私人收藏。
估 价：HKD 1,400,000～2,500,000
成交价：RMB 2,776,080
152cm×76cm 香港苏富比 2015.4.4

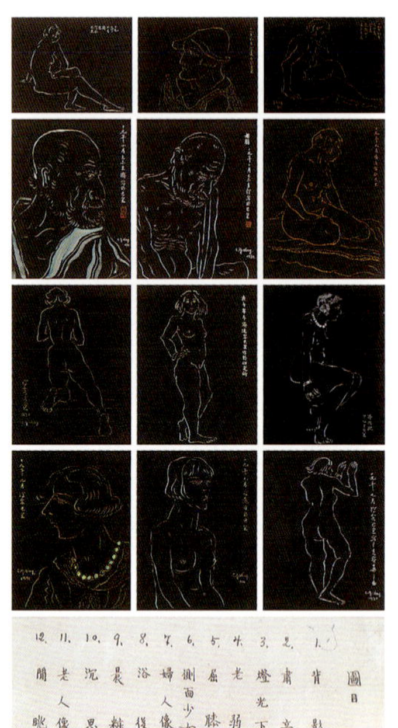

992 王济远 1930年作 王济远欧游作品—人体速写白描集 （十三帧）
估 价：RMB 200,000～300,000
成交价：RMB 552,000
封面27cm×24cm；
内页31.5cm×24cm×12 北京翰海 2015.6.26

2554 王沂东 2012年作 蒙山晨雾
估 价：RMB 600,000～800,000
成交价：RMB 805,000
92cm×69cm 北京匡时 2015.6.6

5809 王华祥 2000年作 垓下之战
出版：《巨匠中国当代艺术的十个个案—王华祥》P178 中国经济出版社 2010年版。
估 价：RMB 50,000～80,000
成交价：RMB 207,000
49.5cm×109.5cm 北京保利 2015.12.5

1007 吴大羽 约1950年作 无题180
出版：《吴大羽作品集》（中国，北京，人民美术出版社，2015年），233页。
估 价：HKD 400,000～600,000
成交价：RMB 616,500
39.4cm×27.4cm 香港苏富比 2015.10.4

1368 吴冠中 山东荣成成山角
出版：《中国画坛巨匠—吴冠中美术精品集》，第170页，上海人民出版社，2012年作6月等。
估 价：RMB 1,800,000～2,600,000
成交价：RMB 2,012,500
50cm×101cm 上海敬华 2015.6.30

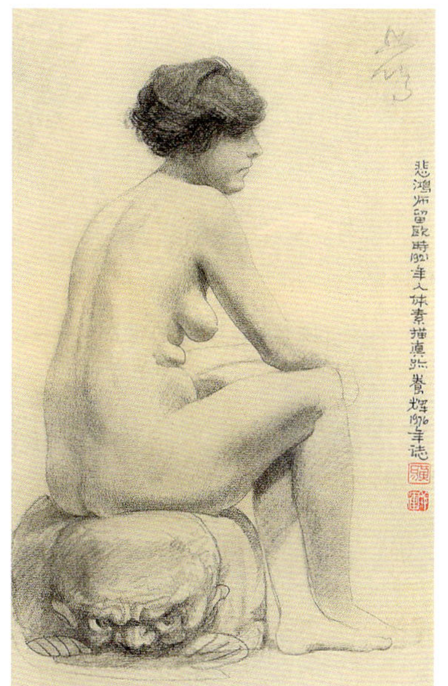

1817 徐悲鸿 1921年作 坐在盘石上的女人体
来源：现藏家得自黄养辉家属。
估　价：RMB 250,000～300,000
成交价：RMB 287,500
41cm×26cm 朵云轩 2015.6.19

5552 严培明 1990年作 头像
估　价：RMB 150,000～250,000
成交价：RMB 977,500
152cm×243cm 北京保利 2015.12.5

348 伊古斯蒂·纽曼·林帕德 罗摩衍那的故事
估　价：HKD 20,000～30,000
成交价：RMB 161,400
香港苏富比 2015.4.5

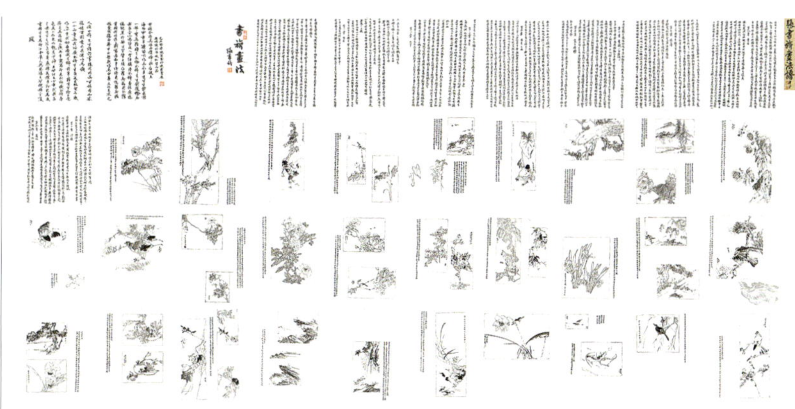

765 张书旗 张书旗画作原稿
估　价：RMB 380,000～400,000
成交价：RMB 425,600
尺寸不一 北京荣宝 2015.11.29

317 张云垚 2013年作 第一场哀悼
来源：亚洲私人收藏。
估　价：RMB 100,000～160,000
成交价：RMB 275,000
186cm×230cm 佳士得（上海） 2015.10.24

2580 周春芽 1988年作 藏族男子
来源：德国藏家旧藏。
估　价：RMB 500,000～600,000
成交价：RMB 667,000
120cm×84cm 北京匡时 2015.6.6

版 画

21 安迪·沃霍尔 Painted in 1981 Gun
估　价：USD 8,000,000～12,000,000
成交价：RMB 75,723,750
177.8cm×228.9cm 纽约佳士得 2015.11.9

122 安迪·沃荷 1983年作 《濒危物种》
估 价：RMB 2,200,000～2,800,000
成交价：RMB 3,150,000
96.5cm×96.5cm 佳士得（上海） 2015.4.25

903 草间弥生 1981年作 风野中的帽子
来源：亚洲私人收藏（直接购自艺术家）现藏者购自上述来源。
估 价：HKD 20,000～30,000
成交价：RMB 267,150
40.4cm×51.8cm 香港苏富比 2015.10.5

902 村上隆 2014年作 红球 （及其他共六张作品）
来源：亚洲私人收藏。
估 价：HKD 30,000～50,000
成交价：RMB 262,275
香港苏富比 2015.4.5

425 达米安·赫斯特 2010年作 大爱
出版：伦敦Other Criteria 出版。
估 价：RMB 150,000～250,000
成交价：RMB 250,000
154.6cm×151cm 佳士得（上海） 2015.10.24

466 达宛·都察尼 睡在林里的女孩
来源：直接购自艺术家本人 丹麦 私人收藏。
估 价：HKD 80,000～120,000
成交价：RMB 620,775
125cm×125cm 佳士得 2015.5.31

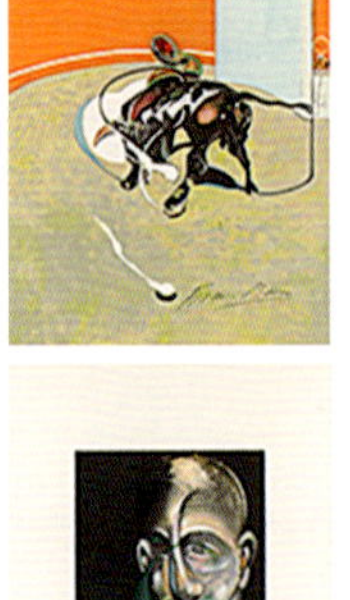

403 弗兰西斯·培根 1990年作 斗牛之镜
出版：巴黎Galerie Lelong 出版。
估 价：RMB 400,000～600,000
成交价：RMB 500,000
51cm×38.5cm 佳士得（上海） 2015.10.24

1457 古元 70年代作 重返延安
出版：1.《重返延安》挂画，人民美术出版社，1977年；2.《古元木刻选集》p98，人民美术出版社，1993年等。
估 价：RMB 150,000～200,000
成交价：RMB 184,000
59cm×70cm 西泠拍卖 2015.7.4

634 韩熙载 夜宴图 （一轴）
估 价：RMB 150,000~160,000
成交价：RMB 805,000
30cm×339.5cm 北京保利 2015.12.7

390 刘小东 《我这一家子》
估 价：RMB 220,000~320,000
成交价：RMB 300,000
41cm×58cm 诗婢家 2015.5.17

22 罗伊·利希滕斯坦 Executed in 1964 Crying Girl
估 价：USD 7,000,000~9,000,000
成交价：RMB 84,969,350
116.8cm×116.8cm 纽约佳士得 2015.11.9

661 赖少其 师松龄 陶天月 林之耀 1974年作 淮海战歌
估 价：RMB 120,000~280,000
成交价：RMB 195,500
105cm×90cm 华艺国际 2015.5.24

308 奈良美智 2002年作 Running Nose Brothers；Y.N.（Self -Portrait）；Green Eyes；Night Walker；On the F-word；Rainy Day；Stay Good；Straight Jacket；Spockie；Haze Day；Top of the World；& Become to Thinker （共十二件）
来源：亚洲私人收藏。
估 价：HKD 300,000~400,000
成交价：RMB 450,563
尺寸不一 佳士得 2015.5.31

275 阮嘉智 抽象构图
估　价：HKD 350,000～550,000
成交价：RMB 605,250
香港苏富比 2015.4.5

1450 赵延年 1985年作 狂人日记 （三十八帧）
说明：版数：40/50。本作品木刻原版已由浙江美术馆永久收藏。
估　价：RMB 380,000～500,000
成交价：RMB 632,500
29.5cm×19.5cm×38 西泠拍卖 2015.7.4

987 徐匡 1976年作 亲切的教导
估　价：RMB 200,000～300,000
成交价：RMB 402,500
80cm×114cm 北京翰海 2015.6.26

405 杨先让 1977年作 会师大庆
估　价：RMB 100,000～200,000
成交价：RMB 920,000
114cm×182cm 广东崇正 2015.6.18

502 应天齐 版画
著录：《应天齐》，黑龙江美术出版社。
估　价：RMB 100,000
成交价：RMB 805,000
94cm×122cm×10 河南鸿远 2015.4.12

水粉水彩

7 保罗塞尚 Painted in 1892-1896 (recto)；Drawn in 1890-1892 (verso) L' homme à la pipe (Étude pour un joueur de cartes) (recto)；Père Alexandre (verso)
估 价：USD 18,000,000～25,000,000
成交价：RMB 132,619,750
48.2cm×32cm 纽约佳士得 2015.11.09

156 蔡国强 1983年作 两个门
来源：现藏者直接购自艺术家。
估 价：HKD 150,000～200,000
成交价：RMB 564,438
55cm×77cm 佳士得 2015.11.29

831 草间弥生 1969年作 风野中的帽子
来源：亚洲私人收藏（直接购自艺术家本人）。
估 价：HKD 320,000～550,000
成交价：RMB 719,250
48.9cm×63cm. 香港苏富比 2015.10.5

64 常书鸿 1945年作 九层楼
来源：原藏家得自艺术家家属。
估 价：RMB 320,000～420,000
成交价：RMB 667,000
49cm×39cm 中国嘉德 2015.11.14

301 陈平禄 河景
估 价：HKD 150,000～250,000
成交价：RMB 565,125
39.5cm×75.5cm 香港苏富比 2015.10.5

175 常玉 约1920-1930年代作 红衣仕女
来源：台北苏富比1996年4月14日拍品编号17；香港佳士得2005年11月27日拍品编号278；现藏者购自上述拍卖。
估 价：HKD 250,000～350,000
成交价：RMB 969,960
47cm×32.7cm 保利香港 2015.10.5

224 崔令杰 2010年作 寻找春天
估 价：HKD 300,000～400,000
成交价：RMB 359,188
130.4cm×271.4cm 佳士得 2015.11.29

1424 成砺志 1981-1982年作 开国元勋
估 价：RMB 350,000～450,000
成交价：RMB 690,000
107cm×74.5cm 西泠拍卖 2015.7.4

5713B 董喜春 2010年作 温情
估 价：RMB 250,000～300,000
成交价：RMB 287,500
54cm×74cm 北京保利 2015.12.5

1000 古元 1970年作 黄河颂
估　价：RMB 250,000～350,000
成交价：RMB 517,500
77cm×103cm 北京翰海 2015.6.26

1001 古元 50年代至90年代作 水彩作品 （一百五十件）
成交价：RMB 17,020,000
尺寸不一 北京翰海 2015.6.26

703 黄中羊 2011年作 兵车行——秦陵梦魂
出版：《当代水彩名家——黄中羊》P254、255 艺海堂美术馆编 岭南美术出版社 2012年等。
估　价：RMB 280,000～300,000
成交价：RMB 322,000
65cm×131cm 华艺国际 2015.5.24

440 吉原治良 无题
来源：亚洲私人收藏。
估　价：HKD 200,000～300,000
成交价：RMB 266,825
37.2cm×45.2cm 佳士得 2015.11.29

1406 金梅生 戏曲人物 （八帧）
估　价：RMB 380,000～480,000
成交价：RMB 747,500
23.6cm×25.2cm×8 西泠拍卖 2015.7.4

707 柯法如拜雅斯 峇里地图
来源：新加坡 私人收藏。
估　价：HKD 700,000～1,000,000
成交价：RMB 700,875
34cm×37.5cm 佳士得 2015.5.31

557 黎谱 1945年作 母爱
来源：法国私人收藏。
估 价：HKD 600,000～800,000
成交价：RMB 1,904,720
41.5cm×27.5cm 佳士得 2015.11.29

1410 李慕白 金雪尘 1954年作 少年队夏令营（八帧）
出版：《年画珍藏第一辑》，中国大众艺术出版社等
估 价：RMB 500,000～600,000
成交价：RMB 943,000
22.5cm×30cm×8 西泠拍卖 2015.7.4

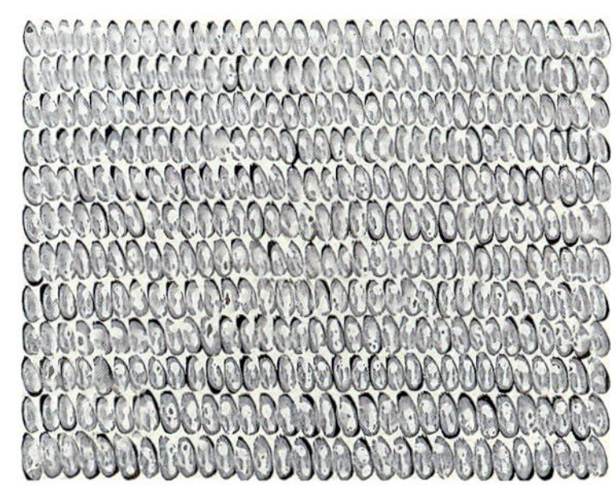

792 李禹焕 1977年作 从点
来源：东京，Hino 画廊；亚洲私人收藏。
估 价：HKD 400,000～600,000
成交价：RMB 403,500
54.2cm×70.7cm 香港苏富比 2015.4.5

1035 刘云生 2008年作 丰收歌
出版：《刘云生水彩作品集》，山东美术出版社，2014年，P.75。
估 价：RMB 400,000～500,000
成交价：RMB 460,000
74cm×109cm 北京翰海 2015.6.26

76 刘野 2014年作 无题.铅笔
来源：寒舍艺术中心，台北；亚洲私人收藏。
估 价：HKD 400,000～600,000
成交价：RMB 400,725
79.5cm×110cm 邦瀚斯 2015.10.3

321 林子平 驳船码头
估 价：HKD 100,000～150,000
成交价：RMB 383,325
香港苏富比 2015.4.5

4290 罗尔纯 风景组画
估 价：RMB 230,000～300,000
成交价：RMB 264,500
13cm×18cm×10 北京保利 2015.6.4

416 马克·夏卡尔 1959年作 恋人与调色盘
来源：1976年6月2日，凡尔赛乔治·布拉切拍卖，拍品编号136；肯尼斯歌德堡埃布尔格画廊，私人收藏（1976年10月购自上述收藏）；2010年2月3日伦敦佳士得拍卖，拍品编号253；现藏家购自上述拍卖。
估 价：RMB 1,900,000～3,200,000
成交价：RMB 1,950,000
62.5cm×48.3cm 佳士得（上海） 2015.10.24

1048 米高·柯瓦卢毕亚斯 约1932年作 每夜皆节庆
来源：亚洲私人收藏。
估 价：HKD 1,600,000～2,200,000
成交价：RMB 2,038,560
56cm×37cm 香港苏富比 2015.10.4

553 梅忠恕 1970年作 儿童音乐剧游行
估 价：HKD 180,000～280,000
成交价：RMB 1,806,200
92cm×32cm 佳士得 2015.11.29

316 孙逊 2006-2010年作 21克
来源：亚洲私人收藏。
估 价：RMB 400,000～500,000
成交价：RMB 562,500
160cm×130cm 佳士得（上海） 2015.10.24

2823 王无邪 1978年作 云序之二
来源：现藏者直接购自艺术家。
估 价：HKD 300,000～350,000
成交价：RMB 403,500
135.7cm×66cm 香港苏富比 2015.4.5

268 梅忠恕 饮茶
估 价：HKD 150,000～250,000
成交价：RMB 655,688
香港苏富比 2015.4.5

751 王济远 女人体 （四件一组）
来源：美国私人收藏。
估 价：HKD 8,000~12,000
成交价：RMB 259,854
43cm×35.5cm×2；35.5cm×43cm×2
中国嘉德 2015.4.6

388 威廉·杰拉德·贺夫卡 乌布宫殿
估 价：HKD 500,000~800,000
成交价：RMB 1,109,625
香港苏富比 2015.4.5

87 席德进 1981年作 山光出峡
来源：席德进基金会创会董事长 卢精华收藏。
估 价：NTD 900,000~1,600,000
成交价：RMB 566,400
57cm×76.5cm 台北中诚 2015.6.14

915 王肇民 1987年作 水仙
出版：《影响中国美术发展之水彩篇》P011，2015年，天津人民美术出版社。
估 价：RMB 800,000~1,000,000
成交价：RMB 977,500
64cm×45cm 华艺国际 2015.5.24

5045 吴冠中 1954年作 北京钟楼
来源：亚洲重要私人收藏。
估 价：HKD 600,000~800,000
成交价：RMB 1,233,000
46cm×29cm 香港苏富比 2015.10.5

2409 萧如松 50年代作 少女
出版：《台湾美术全集萧如松》第二十四卷，艺术家出版社，2004年，第65页。
估 价：HKD 780,000~1,000,000
成交价：RMB 756,569
100cm×72.5cm 保利香港 2015.10.5

4262 颜文梁 潘玉良 雷雨 钱延康 李咏森 张眉孙 刘海粟 陈抱一 吴作人 钱延康 等 百年华彩——二十世纪前辈优秀艺术家水彩作品专辑
出版：《百年华彩乐章—中国当代优秀水彩画家提名展论文集》 上海人民美术出版社 2008年3月版；《百年华彩乐章—第四届中国国际当代优秀水彩画家提名展作品集》 西泠印社出版社 2013年10月版。
估 价：RMB 3,800,000～4,800,000
成交价：RMB 5,520,000
尺寸不一 北京保利 2015.6.4

2008 张光宇 1955年作 无锡后山湾鱼塘
来源：张光宇家属收藏。
估 价：RMB 80,000～150,000
成交价：RMB 494,500
27cm×38cm 北京匡时 2015.12.4

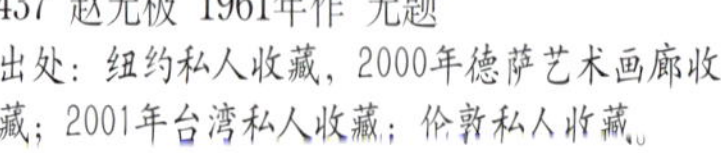

437 赵无极 1961年作 无题
出处：纽约私人收藏，2000年德萨艺术画廊收藏；2001年台湾私人收藏；价钱私人收藏。
估 价：HKD 1,600,000～2,000,000
成交价：RMB 1,762,200
75cm×57cm 佳士得 2015.5.31

2 曾海文 约1970年作 无题
来源：法国私人收藏 欧洲重要私人收藏。
估 价：HKD 500,000～700,000
成交价：RMB 500,625
70cm×50cm 佳士得 2015.5.30

387 钟泗宾 1963年作 抽象
来源：重要新加坡私人收藏。
估 价：HKD 350,000～500,000
成交价：RMB 821,000
70cm×101cm 佳士得 2015.11.29

338 钟泗滨 二女子
来源：林少明教授收藏。
估 价：HKD 250,000～380,000
成交价：RMB 513,750
较长直径：63cm 香港苏富比 2015.10.5

780 周铁海 1998年作 前卫不怕远征难
来源：购自上海香格纳画廊。
成交价：RMB 453,938
171.1cm×387.5cm 香港苏富比 2015.4.5

346 周刚 壬辰（2012）年作 邻家阳台上的女孩
成交价：RMB 483,000
106cm×75cm 保利厦门 2015.5.3

418 朱德群 1980年作 无题
来源：伦敦巴黎 Wanuxen画廊，私人收藏。
估　价：HKD 300,000～400,000
成交价：RMB 350,438
53cm×38cm 佳士得 2015.5.31

油 画

3 阿凡迪 1959年作 阿凡迪与孙儿
来源：藏家Alex Papadimitriou直接购自艺术家本人。
估　价：HKD 3,000,000～5,000,000
成交价：RMB 6,279,840
119cm×100.5cm 佳士得 2015.5.30

1033 阿凡迪 喝甜酒
来源：亚洲私人收藏。
估　价：HKD 2,000,000～3,000,000
成交价：RMB 4,906,560
120cm×136cm 香港苏富比 2015.4.4

539 阿莫索罗 1934年作 碧瑶市场
来源：原藏者1936年得自艺术家本人，现由原藏家家属收藏；美国私人收藏。
估　价：HKD 600,000～800,000
成交价：RMB 919,520
47.5cm×65.5cm 佳士得 2015.11.29

420 阿瑞·史密特 山坡
来源：内卡博物馆十周年之际直接购自艺术家。
估　价：HKD 350,000～550,000
成交价：RMB 585,675
92.5cm×95cm 香港苏富比 2015.10.5

17 阿图罗 · 卢兹 1952-1954年作 酒徒
来源：亚洲私人收藏。
估　价：HKD 1,600,000～2,200,000
成交价：RMB 3,684,600
71.5cm×87cm 佳士得 2015.5.30

18 阿莫索罗 1946年作 水稻收割
来源：美国密苏里州私人收藏。上述藏家于1987年捐献给美国堪萨斯城诸圣教会，美国堪萨斯城圣彼得与诸圣主教教会。
估　价：HKD 700,000～1,000,000
成交价：RMB 1,666,080
91cm×126cm 佳士得 2015.5.30

1080 埃尔南多 · 鲁伊斯 · 奥坎普 舞者
估　价：HKD 1,200,000～1,800,000
成交价：RMB 2,433,120
122.5cm×163cm 香港苏富比 2015.10.4

1361 艾中信 天之梦
估　价：RMB 280,000～380,000
成交价：RMB 310,500
50cm×60cm 上海敬华 2015.6.30

1034 阿曼德·萨达利 带一丝金色的板块，白色背景
来源：亚洲私人收藏。
估　价：HKD 500,000～700,000
成交价：RMB 3,163,440
99cm×135cm 香港苏富比 2015.4.4

709 艾利 · 斯密特 寺庙
出处：1998年5月18日 新加坡佳士得拍卖，编号19；亚洲私人收藏（现藏者购自上述拍卖）。
估　价：HKD 500,000～700,000
成交价：RMB 1,281,600
101cm×88cm 佳士得 2015.5.31

2552 艾轩 1999年作 冰板
估　价：RMB 2,000,000～2,600,000
成交价：RMB 2,990,000
80cm×80cm 北京匡时 2015.6.6

1676 艾轩 2005年作 冬日即将过去
估　价：RMB 2,600,000～3,200,000
成交价：RMB 4,025,000
90.2cm×90.1cm 中国嘉德 2015.5.17

1097 艾珠 · 克里丝汀 黑色1号
估　价：HKD 600,000～800,000
成交价：RMB 2,433,120
200cm×180cm 香港苏富比 2015.10.4

480 安格百迪 1940年作 吊床上的妇女
来源：艺术家家属收藏；2010年11月29日香港佳士得拍卖，编号1590；现藏者购自上述拍卖。
估　价：HKD 450,000～600,000
成交价：RMB 2,101,760
189cm×180cm 佳士得 2015.11.29

402 安德烈克·布拉吉利 2013年作 骑马溜达
来源：日内瓦歌剧画廊；现藏家于2013年购自上述收藏。
成交价：RMB 1,470,000
130cm×162cm 佳士得（上海） 2015.10.24

716 艾轩 2007年作 荒原的黎明
出版：《中国当代油画名集——艾轩》P124 人民美术出版社 2008年；《中国写实画派2008——中国写实画派五周年纪念版》 P15-16 吉林美术出版社 2008年等。
估　价：RMB 4,000,000～6,000,000
成交价：RMB 5,750,000
110cm×110cm 华艺国际 2015.5.24

362 安妮塔 · 马赛赛 · 何 水果贩
来源：美国私人收藏。
成交价：RMB 2,630,400
61cm×77cm 香港苏富比 2015.10.5

455 安妮塔·马赛赛·何 1977年作 采摘一品红
出处：原藏者得自艺术家本人，菲律宾马尼拉私人收藏。
估　价：HKD 1,400,000～2,000,000
成交价：RMB 2,915,640
65cm×91cm 佳士得 2015.5.31

4344 安静 2014年作 夏至-绣妹
估　价：RMB 280,000～400,000
成交价：RMB 322,000
150cm×120cm 北京保利 2015.6.4

690 安纳克·阿贡·格德·索布拉特 舞蹈者和印度尼西亚乐团
出处：2000年10月1日新加坡佳士得拍卖，编号102；亚洲私人收藏（现藏者购自上述拍卖）。
估　价：HKD 300,000～400,000
成交价：RMB 400,500
100cm×108cm 佳士得 2015.5.31

20 巴勃罗·毕加索 Painted on 25 July 1969 Homme à l' épée
成交价：RMB 143,287,750
145.6cm×114.3cm 纽约佳士得 2015.11.9

123 巴布罗·毕卡索 1969年6月22日作 男人头像
来源：瑞士私人收藏；现藏者购自上述收藏。
估　价：RMB 1,850,000～2,460,000
成交价：RMB 2,310,000
31cm×22cm 佳士得（上海） 2015.4.25

109 贝尔纳·布菲 1966年作 小丑乔乔
来源：美国棕榈滩及芝加哥沃利．F．芬德利艺廊（约1971年）；美国私人收藏；1990年5月16日纽约佳士得拍品编号238，现藏者购自上述拍卖。
估　价：RMB 740,000～1,100,000
成交价：RMB 1,830,000
65.7cm×49.8cm 佳士得（上海） 2015.4.25

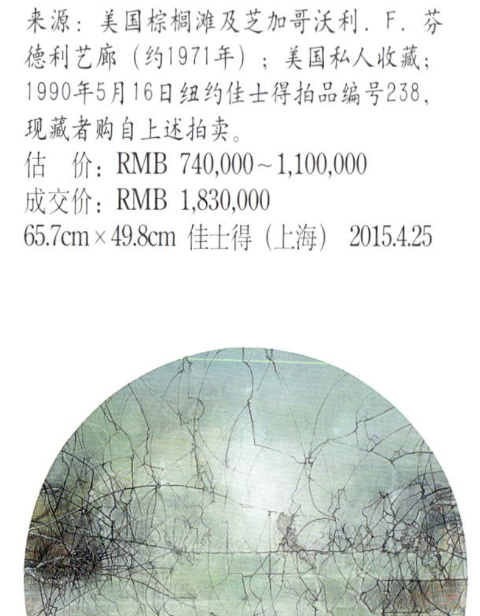

1592 卜镝 2014年作 秘色
估　价：RMB 120,000～150,000
成交价：RMB 276,000
直径180cm 中国嘉德 2015.5.17

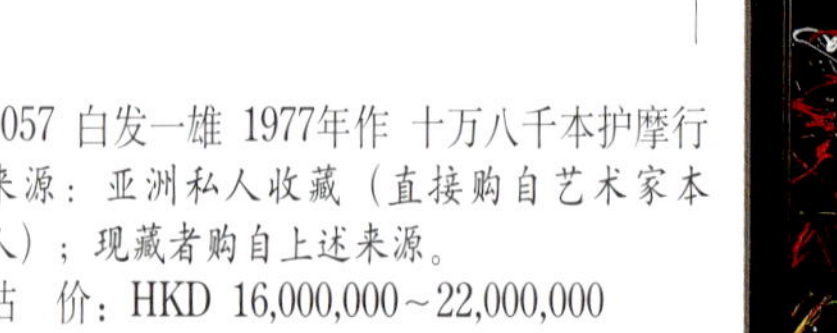

1057 白发一雄 1977年作 十万八千本护摩行
来源：亚洲私人收藏（直接购自艺术家本人）；现藏者购自上述来源。
估　价：HKD 16,000,000～22,000,000
成交价：RMB 19,432,560
130cm×162.3cm 香港苏富比 2015.4.4

157 白发一雄 1999年作 秘火
来源：直接得自艺术家本人；日本松本株式会社旧藏；英国伦敦安内雷朱达美术画廊收藏；亚洲重要私人收藏。
估 价：HKD 15,000,000~25,000,000
成交价：RMB 15,236,160
185cm×262.5cm 保利香港 2015.4.6

157 蔡国强 1984年作 未婚妻肖像
来源：现藏者直接购自艺术家。
估 价：HKD 200,000~300,000
成交价：RMB 328,400
89cm×65cm 佳士得 2015.11.29

1056 白发一雄 1961年作 T53
来源：巴黎施泰德画廊；私人收藏。
估 价：HKD 9,000,000~15,000,000
成交价：RMB 9,436,560
130cm×97.2cm 香港苏富比 2015.10.4

209 布莱恩·宇兴 奖赏之园
估 价：HKD 150,000~250,000
成交价：RMB 1,233,000
123cm×84cm 香港苏富比 2015.10.5

106 蔡锦 1992年作 美人蕉之八
来源：香港汉雅轩画廊；尤伦斯旧藏。
估 价：RMB 200,000~300,000
成交价：RMB 368,000
119.5cm×110cm 中国嘉德 2015.11.14

5796 曹辉 蜜桔
估 价：RMB 150,000~180,000
成交价：RMB 207,000
48cm×63cm 北京保利 2015.12.5

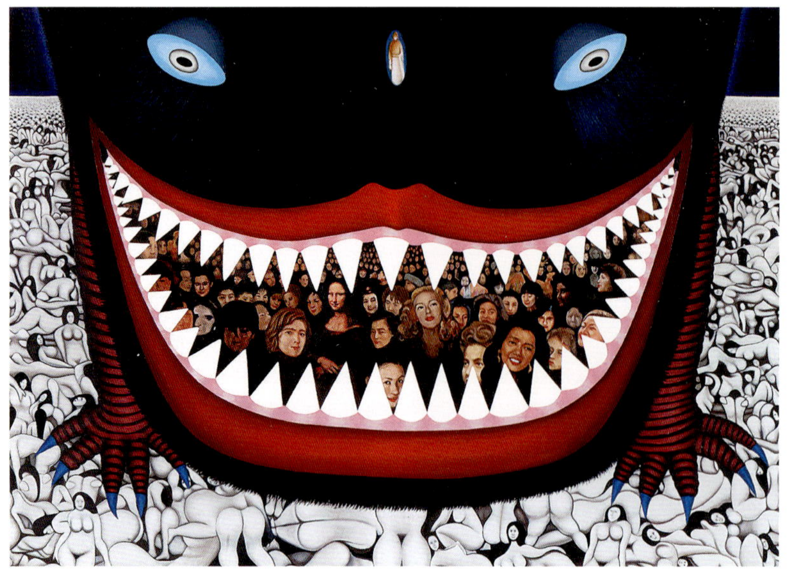

826 曹涌 1987年作 现代悲剧的图式之二
出版：1.《流产的中国现代艺术第一次专场拍卖会》2009年；2.《1989：365中德艺术》，北京思想乎文化有限公司，2009年；3.《思想者卡通—曹涌艺术三十年》，红出版，2013年，封面、P114。
估　价：RMB 1,200,000～1,500,000
成交价：RMB 2,530,000
129cm×182cm 北京翰海 2015.11.27

1062 草间弥生 1960年作 No. Red B
来源：华盛顿，Gres 画廊；康涅狄格州，Ellen Mckinley 收藏 （于1960年购自上述来源）；纽约，Robert Miller 画廊，私人收藏；纽约，D' Amelio 画廊；现藏者于2002年购自上述来源；重要私人收藏。
估　价：HKD 30,000,000～40,000,000
成交价：RMB 44,815,440
175.5cm×132.8cm 香港苏富比 2015.10.4

2740 曹俊 2013年作 空间直线—汇
估　价：RMB 700,000～800,000
成交价：RMB 1,759,500
85cm×105cm 北京匡时 2015.6.6

468 曹力 2003年作 逆光
估　价：RMB 1,200,000～1,800,000
成交价：RMB 1,552,500
140cm×110cm 上海明轩 2015.6.21

887 曹涌 1993年作 大围棋—现代病毒
出版：《思想者卡通——曹涌艺术30年》
估　价：RMB 350,000～450,000
成交价：RMB 575,000
126cm×156cm 北京翰海 2015.6.26

1067 草间弥生 2012年作 南瓜AA
来源：香港苏富比艺术空间；亚洲私人收藏。
估　价：HKD 4,000,000～6,000,000
成交价：RMB 8,973,840
145.5cm×145.5cm 香港苏富比 2015.4.4

1068 草间弥生 1995年作 无限星网
来源：纽约Robert Miller画廊；现藏者购自上述来源。
估 价：HKD 6,000,000～9,000,000
成交价：RMB 5,874,960
290.5cm×520.4cm 香港苏富比 2015.4.4

4033 常书鸿 李承仙 1993年作 敦煌春天
估 价：RMB 3,800,000～4,800,000
成交价：RMB 4,600,000
200cm×400cm 北京保利 2015.6.3

32 查克·克劳斯 Painted in 2007 Self-Portrait
估 价：USD 2,500,000～3,500,000
成交价：RMB 15,271,750
182.9cm×152.4cm 纽约佳士得 2015.11.9

236 常书鸿 1942年作 静物·鸡
来源：原藏家得自艺术家家属。
估 价：RMB 1,500,000～2,500,000
成交价：RMB 6,325,000
85.5cm×105.3cm 中国嘉德 2015.11.14

4382 柴小刚 2013年作 逃跑
估 价：RMB 550,000～650,000
成交价：RMB 632,500
80cm×100cm 北京保利 2015.6.4

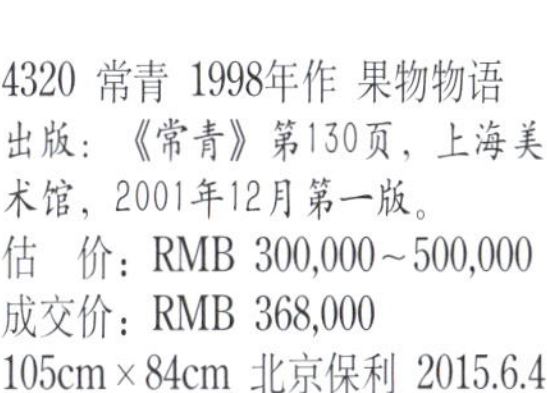

4320 常青 1998年作 果物物语
出版：《常青》第130页，上海美术馆，2001年12月第一版。
估 价：RMB 300,000～500,000
成交价：RMB 368,000
105cm×84cm 北京保利 2015.6.4

13 常玉 1950年作 蓝色辰星 （菊花与玻璃瓶）
来源：巴黎Jean-Claude Riedel画廊收藏；台北私人收藏；1998年4月12日台北佳士得拍卖，编号8。现藏者购自上述拍卖。
成交价：RMB 65,585,880
75cm×92cm 佳士得 2015.5.30

720 车建全 2007年作 犹在镜中
估　价：RMB 500,000~780,000
成交价：RMB 575,000
230cm×180cm 华艺国际 2015.5.24

133 常玉 1929年作 蔷薇花束
来源：法国 巴黎 昂利·皮耶·侯谢；路德迈巴黎1997年4月28日拍品，编号314；法国巴黎私人收藏；台北佳士得 1998年4月12日拍品，编号13。
成交价：RMB 48,498,000
73cm×50cm 保利香港 2015.10.5

14 常玉 1940年作 斑马之恋
来源：纽约罗伯．法兰克收藏；1997年10月19日“罗伯．法兰克之常玉”台北苏富比拍品，编号17；台湾私人收藏；1999年11月28日台北佳士得拍品，编号13；现藏者购自上述拍卖；亚洲重要私人收藏。
估　价：HKD 20,000,000~30,000,000
成交价：RMB 19,832,760
72.5cm×92cm 佳士得 2015.5.30

1693 陈承卫 2014年作 大民国·白玫瑰
发表：《2014年80写实油画作品展》《水墨元素杂志》。
估　价：RMB 300,000~500,000
成交价：RMB 1,380,000
160cm×170cm 中国嘉德 2015.5.17

902 朝戈 2006年作 暮
估　价：RMB 450,000~550,000
成交价：RMB 517,500
60cm×120cm 北京翰海 2015.6.26

110 陈丹青 2014年作 被瓦解的卡拉瓦乔之二
出版：2014年《静物：陈丹青画册写生1998-2014》；中信出版，中国北京，（图版，第124页）。
估　价：RMB 800,000～1,200,000
成交价：RMB 1,710,000
101cm×152cm；101cm×76cm 佳士得（上海） 2015.4.25

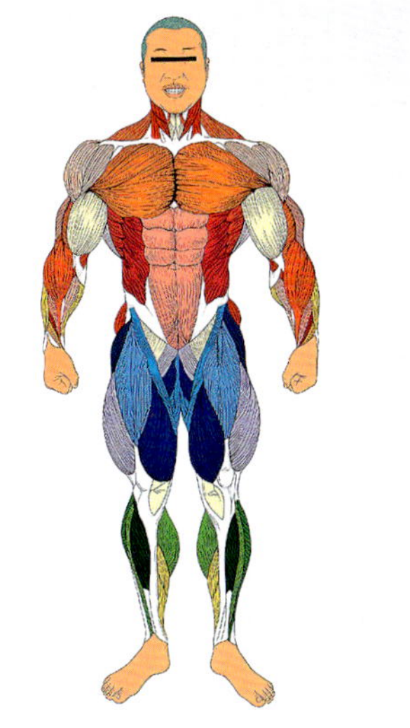

4177 陈飞 2010年作 只有傻瓜才悲伤
估　价：RMB 600,000～800,000
成交价：RMB 632,500
180cm×130cm 北京保利 2015.6.3

1666 陈丹青 1983年作 康巴汉子
估　价：RMB 2,200,000～2,800,000
成交价：RMB 4,830,000
100.5cm×75.5cm 中国嘉德 2015.5.17

72 陈德旺 观音山远眺
估　价：RMB 855,400～1,018,300
成交价：RMB 1,111,100
52cm×64cm 景熏楼 2015.6.21

788 陈钧德 2006年作 新加波总理大楼
出版：《陈钧德油画作品集》封面、p34，上海人民美术出版社，2006年。
估　价：RMB 550,000～650,000
成交价：RMB 690,000
68cm×87cm 西泠拍卖 2015.7.4

1031 陈澄波 1928年作 西湖泛舟
来源：亚洲重要私人收藏。
估　价：HKD 10,000,000～15,000,000
成交价：RMB 9,929,760
80.5cm×130cm 香港苏富比 2015.10.4

49 陈树中 2010年作 野草滩·春花烂漫
来源：中国私人收藏。
估 价：RMB 250,000~350,000
成交价：RMB 330,400
60.2cm×180cm 苏富比（北京） 2015.6.2

559 陈平禄 1933年作 河内端口日落
出处：荷兰私人收藏。
估 价：HKD 350,000~550,000
成交价：RMB 380,475
75cm×50cm 佳士得 2015.5.31

4165 陈可 2007年作 六层塔
出版：《和你在一起，远不孤单》 星空间出版 2007 年版。
估 价：RMB 1,000,000~2,000,000
成交价：RMB 1,035,000
215cm×215cm 北京保利 2015.6.3

840 陈文波 1993年作 王牌
估 价：RMB 300,000~400,000
成交价：RMB 805,000
170cm×160cm 北京翰海 2015.11.27

773 陈衍宁 2008年作 窗口
估 价：RMB 300,000~400,000
成交价：RMB 368,000
48.5cm×38.5cm 西泠拍卖 2015.7.4

379 陈瑞献 1993年作 熊猫
来源：重要亚洲私人收藏。
估 价：HKD 500,000~700,000
成交价：RMB 1,264,340
136cm×67cm 佳士得 2015.11.29

6035 陈滔 2014年作 苗族系列之一
估 价：RMB 300,000~450,000
成交价：RMB 402,500
90cm×60cm 北京保利 2015.1.24

5059 陈逸飞 1984年作 童年嬉戏过的地方
来源：纽约哈默画廊；美国私人收藏。
估 价：HKD 3,000,000～4,000,000
成交价：RMB 3,518,160
91.5cm×152.5cm. 香港苏富比 2015.10.5

5056 陈逸飞 1989年作 年轻人才
来源：东京西武画廊；现藏者于一九八九年购自上述来源。
估 价：HKD 2,000,000～3,000,000
成交价：RMB 4,208,640
61cm×51cm. 香港苏富比 2015.10.5

5556A 陈逸飞 1990年作 排练
出版：《CHEN YIFEI》P26 美国纽约汉默画廊 1990年版。
估 价：RMB 3,500,000～5,500,000
成交价：RMB 5,462,500
76.5cm×81.5cm 北京保利 2015.12.5

4017 陈荫罴 无题
估 价：RMB 720,000～900,000
成交价：RMB 2,070,000
126.3cm×182cm 北京保利 2015.6.3

771 陈逸飞 深闺
出版：《当代美术家》封底，总034期，2005年。
估 价：RMB 3,600,000～4,500,000
成交价：RMB 4,830,000
120cm×150cm 西泠拍卖 2015.7.4

110 陈荫罴 1970-1980年作 花园之光
出版：《时光积累的风华—陈荫罴海外珍藏精品展》保利香港拍卖有限公司；2015年（图版，第83页）。
估 价：HKD 2,800,000～3,800,000
成交价：RMB 3,394,860
234cm×173cm 保利香港 2015.10.5

32 陈文骥 2009年作 满意
来源：北京、东站画廊；现藏者购自上述来源。
估 价：RMB 600,000～800,000
成交价：RMB 1,180,000
197.3cm×351.5cm
苏富比（北京） 2015.6.2

241 陈文骥 2009年作 黑白换（两联作）
著录：《中国油画五百年（V）》，P854，湖南美术出版社，2014年8月初版；……。
估 价：RMB 1,500,000～2,500,000
成交价：RMB 1,725,000
120cm×240cm×2 中国嘉德 2015.11.14

384 陈文希 60-70年代作 海宫
来源：现藏者直接购自艺术家；重要亚洲私人收藏。
成交价：RMB 4,170,680
80cm×100cm 佳士得 2015.11.29

1030 陈文希 母与子
来源：亚洲私人收藏。
估 价：HKD 3,000,000～5,000,000
成交价：RMB 2,969,760
60.5cm×76cm 香港苏富比 2015.4.4

4141 陈彧凡 2014年作 真实的假像
出版：《艺术汇 I ART》P53 2014年12月刊。
估 价：RMB 180,000～280,000
成交价：RMB 218,500
直径170cm 北京保利 2015.6.3

4183 陈彧君 2011年作 亚洲地境6平方米
出版：《木兰溪》 中国美术学院出版社 2012年版。
估 价：RMB 300,000～400,000
成交价：RMB 425,500
200cm×300cm 北京保利 2015.6.3

1821 陈正雄 1994年作 红林系列之五
出版：《陈正雄回顾展》，上海中华艺术宫，第220页，2014年；《陈正雄绘画作品（1988-2012）》，凯华艺术投资有限责任公司，第17页。
估 价：RMB 1,100,000～1,500,000
成交价：RMB 1,380,000
97cm×145.5cm 朵云轩 2015.6.19

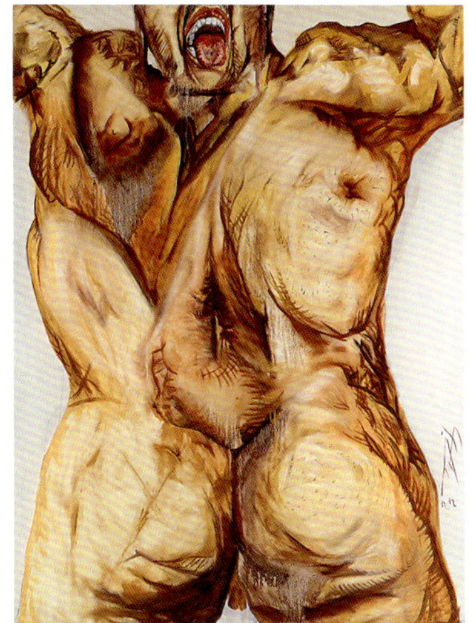

830 成力 1999年作 叫喊
估 价：RMB 400,000～500,000
成交价：RMB 575,000
200cm×150cm 北京翰海 2015.11.27

949 谌北新 1999年作 Autumn
估 价：RMB 200,000～300,000
成交价：RMB 345,000
76.4cm×101.5cm 北京翰海 2015.6.26

1638 晨晓 2014年作 彩色树林（4）
估 价：RMB 220,000～280,000
成交价：RMB 310,500
80cm×100cm 中国嘉德 2015.5.17

53 崔小冬 2008年作 冬至
估 价：RMB 8,000,000～12,000,000
成交价：RMB 10,120,000
160cm×136cm 山东春秋 2015.4.26

4047 村上隆 2011年作 命运无法躲避，我唯以笑对之
展览：2012年《村上隆—花与骷髅》，香港高古轩画廊。
估 价：RMB 6,500,000～7,500,000
成交价：RMB 7,705,000
146.9cm×120cm 北京保利 2015.6.3

1056 嶋本昭三 1998年作 无题
估　价：HKD 3,500,000～5,500,000
成交价：RMB 4,906,560
127.5cm×229cm 香港苏富比 2015.4.4

156 刁德谦 1992年作 巴奈特·纽曼：绘画
来源：台北佳士得 1999年4月18日拍品，编号50；现藏者购自上述拍卖。
估　价：HKD 500,000～700,000
成交价：RMB 484,980
152.5cm×229cm 保利香港 2015.10.5

448 邓箭今 1994年作 都市民谣
出版：1.《中国当代油画家十二人作品选》，天津人民美术出版社，1995年版第22页；2.《画廊》，广东岭南美术出版社，1995年第1期等。
估　价：RMB 800,000～1,200,000
成交价：RMB 1,840,000
160cm×170cm 上海明轩 2015.6.21

4287 邓邦镇 1973年作 新路
估　价：RMB 400,000～600,000
成交价：RMB 460,000
138cm×192cm 北京保利 2015.6.4

268 丁方 1993年作 悼歌（两联）
估　价：RMB 6,000,000～8,000,000
成交价：RMB 11,500,000
200cm×170cm×2 中国嘉德 2015.11.14

235 丁雄泉 1975年作 世界小姐
估　价：NTD 22,000,000～32,000,000
成交价：RMB 11,376,640
222cm×396cm 罗芙奥 2015.6.7

490 丁雄泉 1986年作 你爱我吗?

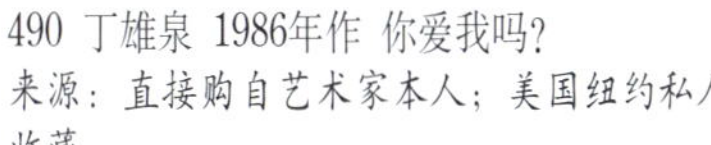

来源：直接购自艺术家本人；美国纽约私人收藏。

估 价：HKD 700,000～1,000,000

成交价：RMB 2,003,240

119.8cm×190cm 佳士得 2015.11.29

5014 丁衍庸 1971年作 静物瓶花

来源：丁衍庸学生周淑文旧藏；现亚洲藏者得此上述来源。

估 价：HKD 500,000～700,000

成交价：RMB 1,791,960

45.5cm×30.5cm. 香港苏富比 2015.10.5

234 丁衍庸 1973年作 笑里藏刀

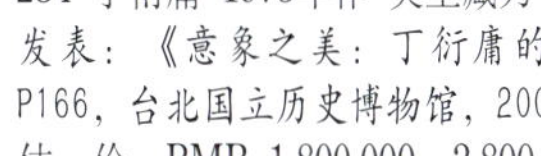

发表：《意象之美：丁衍庸的绘画艺术》，P166，台北国立历史博物馆，2003年8月初版。

估 价：RMB 1,800,000～2,800,000

成交价：RMB 2,070,000

91.5cm×61cm 中国嘉德 2015.11.14

1041 丁雄泉 1980年代初作 双美骏马图（三联作）

来源：现亚洲藏者直接购自艺术家本人。

估 价：HKD 1,000,000～1,700,000

成交价：RMB 1,541,250

183cm×294cm 香港苏富比 2015.10.4

(A)

(B)

1042 丁衍庸 1965年作（A）；1967年作（B） 女画家；仕女（双面画）

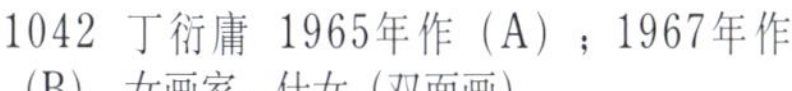

来源：台北苏富比1994年10月16日拍品，编号57；香港苏富比2004年4月26日拍品，编号523；香港苏富比2011年4月4日拍品，编号660；现亚洲藏者购自上述拍卖。

估 价：HKD 2,300,000～3,200,000

成交价：RMB 4,011,360

60.8cm×45.8cm 香港苏富比 2015.10.4

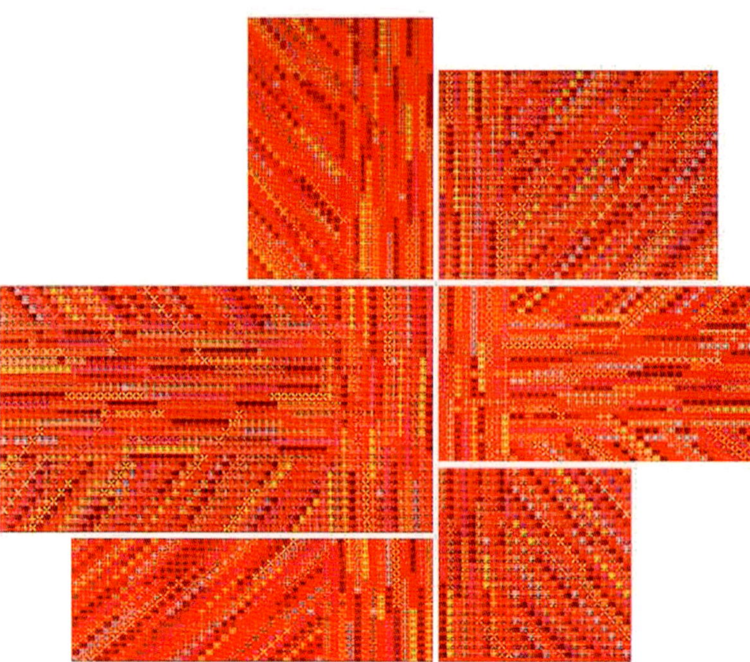

4082 丁乙 2005年作 十示之六 （一组）
出版：《丁乙》P105 全城出版社 北京 2001年版；《丁乙》P54-55 角屋出版社 (Cornerhouse Publications) 2005 年版；《丁乙》P74 四川美术出版社 四川 2007年版等等。
估 价：RMB 6,000,000～8,000,000
成交价：RMB 7,820,000
尺寸不一 北京保利 2015.6.3

275 渡部满 2015年作 纪子在御舟的花园歌唱
估 价：HKD 200,000～300,000
成交价：RMB 513,125
162cm×130cm 佳士得 2015.11.29

5743 董春凤 2015年作 已手留香
估 价：RMB 180,000～250,000
成交价：RMB 207,000
160cm×160cm 北京保利 2015.12.5

5031 董小蕙 2014年作 早春图—粉茶
来源：亚洲私人收藏。
估 价：HKD 200,000～400,000
成交价：RMB 221,925
145.5cm×97cm 香港苏富比 2015.4.5

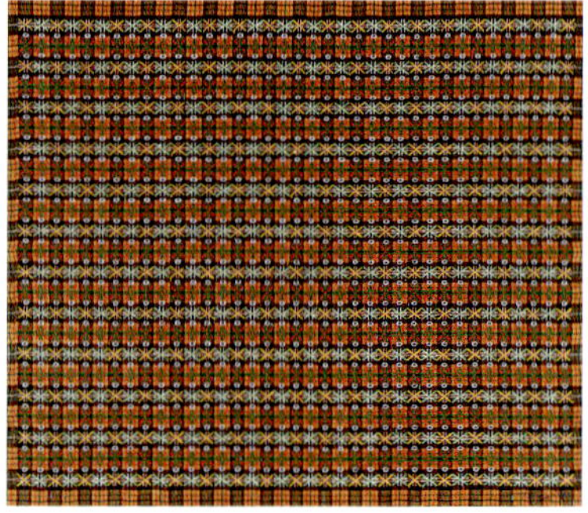

5534 丁乙 1997年作 十示
估 价：RMB 1,500,000～2,500,000
成交价：RMB 1,725,000
140cm×160cm 北京保利 2015.12.5

204 董文通 2013年作 反复涂写的记忆之黑板
出版：《第八届AAC艺术中国年度影响力评选特刊》雅昌文化集团 北京 中国 2014年（图版）。
估 价：HKD 150,000～250,000
成交价：RMB 193,992
120cm×200cm 保利香港 2015.10.5

2579 段建伟 1993年作 飞跃运动鞋
估　价：RMB 450,000~650,000
成交价：RMB 782,000
160cm×114.5cm 北京匡时 2015.6.6

707 段正渠 1991年作 东方红
估　价：RMB 3,800,000~5,800,000
成交价：RMB 4,600,000
125cm×150cm 西泠拍卖 2015.7.4

2185 段正渠 1996年作 出门
出版：1.《段正渠》，上海文艺出版社，第26页；2.《学院美术30年重点画家书系》，山东美术出版社，第342页。
估　价：RMB 650,000~850,000
成交价：RMB 747,500
180cm×90cm 北京匡时 2015.12.4

2578 段建宇 2007年作 姐姐10
估　价：RMB 700,000~900,000
成交价：RMB 1,897,500
217cm×181cm 北京匡时 2015.6.6

829 段玉海 1993年作 老板玛斯
出版：《流产的中国现代艺术第一次专场拍卖会》，2009年。
估　价：RMB 300,000~400,000
成交价：RMB 920,000
200cm×180cm 北京翰海 2015.11.27

5605 段建宇 2014年作 梅兰竹菊
出版：《艺术派》P111，2014年第七期。
估　价：RMB 1,000,000~1,500,000
成交价：RMB 2,300,000
180cm×250cm 北京保利 2015.12.5

5718 段江华 2009年作 城09.4
出版：《天空—段江华作品集》 今日美术馆出版 2009年版。
估　价：RMB 180,000～250,000
成交价：RMB 207,000
120cm×150cm 北京保利 2015.12.5

1031 范光厚 林间家庭
来源：欧洲私人收藏。
成交价：RMB 706,125
270cm×101cm；90cm×101cm 香港苏富比 2015.4.4

244 范勃 1999年作 疑是故人归（两联作）
发表：《广东当代油画艺术展作品》，广东美术馆，2000年出版等
估　价：RMB 1,500,000～2,000,000
成交价：RMB 1,725,000
175cm×157cm×2 中国嘉德 2015.11.14

717 范勃 2011年作 花开花落之十七
出版：《曳游——范勃作品》；《画廊》2011年11月刊等等。
估　价：RMB 1,800,000～2,200,000
成交价：RMB 2,185,000
230cm×120cm 华艺国际 2015.5.24

4161 范娅萍 2010年作 一念之间
出版：《形象译码——范娅萍作品展》今日美术馆出版 2015 年版。
估　价：RMB 200,000～400,000
成交价：RMB 460,000
200cm×200cm 北京保利 2015.6.3

2573 范明正 2014年作 童话系列之十
估　价：RMB 1,000,000～1,200,000
成交价：RMB 1,495,000
121cm×216cm 北京匡时 2015.6.6

1047 方力钧 1996年作 1996.4
来源：阿姆斯特丹，Serieuze Zaken 画廊；现藏者购自上述来源。
估　价：HKD 18,000,000～24,000,000
成交价：RMB 17,495,760
180.5cm×230cm 香港苏富比 2015.4.4

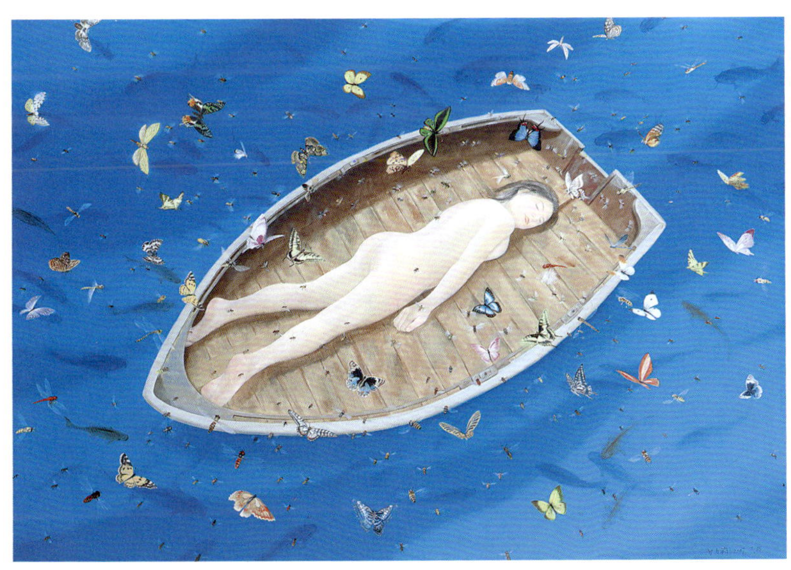

1855 方力钧 2007年作 无题
出版：《方力钧》，文化艺术出版社，第603页，2011年。
估　价：RMB 10,000,000～15,000,000
成交价：RMB 13,455,000
250cm×360cm 朵云轩 2015.6.19

2507 方君璧 1955年代 樱花
来源：附家属证书。
估　价：RMB 380,000～480,000
成交价：RMB 517,500
53.3cm×73.7cm 北京匡时 2015.6.6

457 费德列可·阿奎拉·艾库阿兹 1968年作 斗鸡
出处：本拍品附艺术家儿子Christian Aguilar亲签发之保证书。
估　价：HKD 450,000～650,000
成交价：RMB 877,896
98cm×130cm 佳士得 2015.5.31

448 费南度·索维尔 1983年作 序幕
出处：亚洲私人收藏。
估　价：HKD 550,000～700,000
成交价：RMB 500,625
81cm×81cm 佳士得 2015.5.31

1081 费南度·索培尔 横向风景
来源：美国私人收藏。
估　价：HKD 700,000～900,000
成交价：RMB 1,438,500
46cm×150cm 香港苏富比 2015.10.4

113 冯国栋 2003年作 最后的晚餐I
估　价：RMB 500,000～700,000
成交价：RMB 575,000
95cm×140cm 中国嘉德 2015.11.14

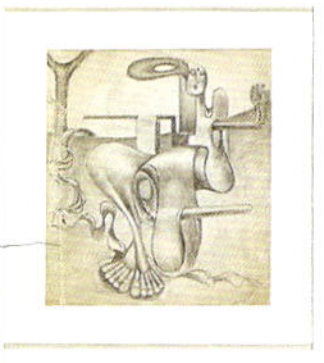

131 冯国东 1979年作 帷前仕女
估　价：RMB 500,000～800,000
成交价：RMB 625,000
150cm×150cm 佳士得（上海） 2015.4.25

765 冯法祀 1952年作 控诉
说明：本拍品由艺术家家属友情提供。
估　价：RMB 450,000～550,000
成交价：RMB 517,500
140cm×174.5cm 西泠拍卖 2015.7.4

884 傅强 1981年作 方圆的赞歌
出版：1.《原爆1981西安首届现代艺术展》；2.《傅强画集》，天津人民美术出版社，1993年。
估　价：RMB 120,000～180,000
成交价：RMB 287,500
65.5cm×66.5cm 北京翰海 2015.6.26

844 俸正杰 1992年作 极目楚天舒
估　价：RMB 700,000～800,000
成交价：RMB 1,725,000
150cm×125cm 北京翰海 2015.11.27

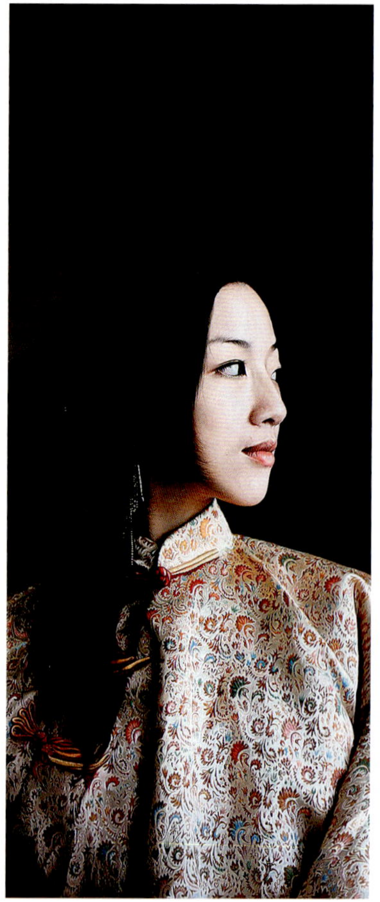

4336 高鸣峰 2007年作 中国姑娘
估　价：RMB 150,000～250,000
成交价：RMB 253,000
80cm×33cm 北京保利 2015.6.4

4176 高瑀 2008年作 达达
估　价：RMB 300,000～450,000
成交价：RMB 529,000
200cm×200cm 北京保利 2015.6.3

4164 高野绫 2010年作 Isezeki Explodes
估　价：RMB 700,000～900,000
成交价：RMB 805,000
181.8cm×227.3cm 北京保利 2015.6.3

806 谷文达 1982年作 无题
来源：旧金山Hatley M
估　价：HKD 400,000～600,000
成交价：RMB 403,500
84.8cm×119.8cm 香港苏富比 2015.4.5

430 古那弯 1960年作 议论
出处：2010年11月28日香港佳士得拍品，编号1610；现藏者购自上述拍卖。
估　价：HKD 1,500,000～2,500,000
成交价：RMB 1,666,080
194cm×83cm 佳士得 2015.5.31

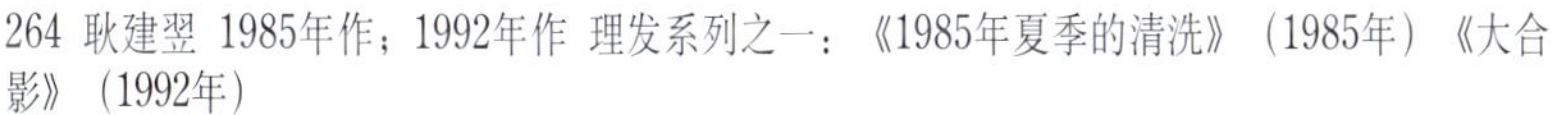

264 耿建翌 1985年作；1992年作 理发系列之一：《1985年夏季的清洗》（1985年）《大合影》（1992年）
发表：《中国当代艺术三十年（1979-2009）》，P50，P201，北京文化艺术出版社，2010年4月出版。
估　价：RMB 5,800,000～6,800,000
成交价：RMB 6,670,000
122cm×89cm；122cm×89cm 中国嘉德 2015.11.14

622 古那弯 1980年作 水果小贩
来源：1994年03月27日香港佳士得拍品，编号47；现藏者购自上述拍卖。
估　价：HKD 1,400,000～2,000,000
成交价：RMB 2,249,540
80cm×140cm 佳士得 2015.11.29

5103 宫立龙 1999年作 探戈
来源：林少明教授旧藏。
估 价：HKD 300,000～500,000
成交价：RMB 493,200
170cm×170cm 香港苏富比 2015.10.5

759 顾德新 1983年作 B27
来源：巴黎Chinese Century画廊收藏；现藏者购自上述来源。
估 价：HKD 100,000～150,000
成交价：RMB 423,675
68.8cm×90cm 香港苏富比 2015.4.5

2743 关旨越 2015年作 途1号
估 价：RMB 400,000～500,000
成交价：RMB 460,000
162cm×103cm 北京匡时 2015.6.6

1569 关良 新安水电站
来源：国巨基金会旧藏；香港佳士得2004年秋拍《国巨基金会藏品》专拍编号782；现藏家得自上述拍卖会。
估 价：RMB 3,500,000～4,500,000
成交价：RMB 5,750,000
61cm×82.5cm 中国嘉德 2015.5.17

5008 关良 A：唐僧与悟空；B：钟馗 （两件）
来源：广州名医尹秀莲收藏；家属继承自上述来源。
估 价：HKD 1,000,000～1,500,000
成交价：RMB 2,582,400
A：52.5cm×63cm；B：57.5cm×38.5cm 香港苏富比 2015.4.5

1557 关紫兰 1928年作 洋房
来源：亚洲私人收藏；香港佳士得2009年春拍《20世纪中国当代艺术》日场拍品第931，现藏家得自上述拍卖会。
估 价：RMB 1,200,000～1,800,000
成交价：RMB 3,450,000
37.8cm×45.6cm 中国嘉德 2015.5.17

5525 关良 30-40年代作 果蔬
说明：作品直接得自与艺术家家属。
估 价：RMB 1,800,000～2,800,000
成交价：RMB 2,185,000
64cm×78cm 北京保利 2015.12.5

1 管伟骏 江南情
成交价：RMB 6,272,000
140cm×160cm 上海宏大 2015.10.17

769 郭润文 1996年作 少女
出版：《当代中国中青年写实油画家——郭润文》p84，江西美术出版社，1999年。
估　价：RMB 500,000～600,000
成交价：RMB 897,000
91.5cm×72cm 西泠拍卖 2015.7.4

1680 郭北平 1993年作 旱冰
估　价：RMB 400,000～600,000
成交价：RMB 460,000
129cm×96cm 中国嘉德 2015.5.17

224 郭晋 2008年作 破晓 第17号
出处：亚洲私人收藏。
估　价：HKD 200,000～300,000
成交价：RMB 220,275
218.5cm×298.5cm 佳士得 2015.5.31

4096 郭润文 2006年作 遥望
出版：《中国现当代美术大系·油画卷·郭润文》吉林美术出版社2008年版；《形象对话—中国油画·工笔重彩·水墨肖像艺术作品集》广西美术出版社 2008年版等等。
估　价：RMB 2,800,000～3,800,000
成交价：RMB 4,025,000
130cm×50cm 北京保利 2015.6.3

223 郭维国 2005年作 沙发的暗语
估　价：NTD 1,000,000～2,000,000
成交价：RMB 242,400
112cm×145.5cm 罗芙奥 2015.6.7

4373 郭伟 2012年作 永恒的笑
估　价：RMB 400,000～600,000
成交价：RMB 460,000
120cm×100cm 北京保利 2015.6.4

66 韩永旭 2009年作 面容
估　价：HKD 600,000～900,000
成交价：RMB 576,720
112cm×162cm 罗芙奥 2015.5.31

976 韩植墨 母亲
估　价：RMB 200,000～300,000
成交价：RMB 345,000
85cm×102cm 北京翰海 2015.6.26

5555 何多苓 2009年作 失乐园
说明：亚洲私人收藏。
估　价：RMB 1,000,000～2,000,000
成交价：RMB 1,437,500
119.5cm×149.5cm 北京保利 2015.12.5

1180 何多苓 2004年作 偷窥
来源：此作品出自亚洲私人美术馆。
估　价：RMB 600,000～1,200,000
成交价：RMB 1,150,000
160cm×130cm 上海泛华 2015.6.19

5102 郝俪 2012年作 一个暖阳的下午：自画像
来源：美国私人收藏。
估　价：HKD 100,000～150,000
成交价：RMB 242,100
160cm×80cm 香港苏富比 2015.4.5

245 何多苓 1991年作 白衣彝女
发表：《中国当代艺术选集（4）何多苓》，封三，山美术馆，台湾高雄，1997年12月初版。
估 价：RMB 3,000,000～5,000,000
成交价：RMB 7,130,000
86cm×71.5cm 中国嘉德 2015.11.14

842 何森 1993年作 大锣鼓
出版：《流产的中国现代艺术第一次专场拍卖会》，2009年。
估 价：RMB 500,000～600,000
成交价：RMB 1,150,000
185cm×205cm 北京翰海 2015.11.27

2560 何红舟 1998年作 斜躺女人体NO.3
出版：《中国油画"国美之路"－传习篇》，2014年。
估 价：RMB 280,000～380,000
成交价：RMB 989,000
75cm×135cm 北京匡时 2015.6.6

238 何孔德 1964年作 枕戈待旦
来源：现藏家得自艺术家本人。
估 价：RMB 3,500,000～4,500,000
成交价：RMB 4,025,000
60.4cm×113.5cm 中国嘉德 2015.11.14

699 何岸 随想曲
估 价：RMB 260,000～280,000
成交价：RMB 299,000
80cm×100cm 华艺国际 2015.5.24

498 河钟贤 2002年作 接合2002-24
出处：亚洲私人收藏。
估 价：HKD 700,000～1,000,000
成交价：RMB 897,120
119.9cm×180.8cm 佳士得 2015.5.31

1563 贺慕群 1968年作 卖水果
发表：《贺慕群作品集》，P18，山美术馆，2001年3月出版；《贺慕群》，P159，吉林美术出版社，2007年9月出版。
估 价：RMB 450,000～550,000
成交价：RMB 1,840,000
116.4cm×81.6cm 中国嘉德 2015.5.17

5722 河上·高惠君 2006年作 秋山云起图
估 价：RMB 400,000～600,000
成交价：RMB 460,000
160cm×100cm 北京保利 2015.12.5

57 贺慕群 2001年作 花木系列
发表：《贺慕群画集》，P13，上海画报出版社，2002年8月出版；《贺慕群》，P74-75，吉林美术出版社，2007年9月出版等等。
估　价：RMB 900,000～1,500,000
成交价：RMB 1,150,000
200cm×130cm 中国嘉德 2015.11.14

447 荷西·荷雅 1963年作 海洋风景
出处：美国俄亥俄私人收藏。
估　价：HKD 800,000～1,000,000
成交价：RMB 1,473,840
70cm×150.5cm 佳士得 2015.5.31

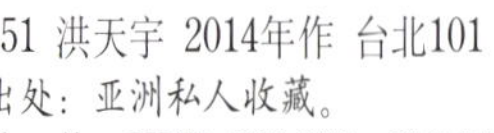

151 洪天宇 2014年作 台北101
出处：亚洲私人收藏。
估　价：HKD 220,000～320,000
成交价：RMB 220,275
174cm×174cm 佳士得 2015.5.31

1067 亨德拉·古拿温 濯洗瀑布下
来源：某石油公司总裁购得此画并带往美国，自此家族收藏；新加坡苏富比2004年4月4日拍品，编号138；印度尼西亚私人收藏。
成交价：RMB 7,956,960
140cm×200cm 香港苏富比 2015.10.4

1032 亨德拉·古拿温 摩诃婆罗多：班度的骰子
来源：亚洲私人收藏。
成交价：RMB 21,369,360
202cm×386cm 香港苏富比 2015.4.4

536 洪救国 1981年作 渔夫
来源：亚洲私人收藏。
估　价：HKD 550,000～750,000
成交价：RMB 1,806,200
88cm×101cm 佳士得 2015.11.29

454 洪救国 1995年作 瓶子
出处：亚洲私人收藏。
估 价：HKD 400,000～550,000
成交价：RMB 600,750
63cm×123.5cm 佳士得 2015.5.31

217 洪瑞麟 1956年作 地底之光
来源：亚洲私人收藏。
估 价：HKD 250,000～350,000
成交价：RMB 228,542
28cm×43cm 保利香港 2015.4.6

1670 胡建成 韦尔申 1987年作 土地—蓝色的和谐·黄色的和谐（两联作）
发表：《当代名家油画精品-胡建成》，北京朝华出版社，1994年出版；《20世纪中国油画展作品集-上海展》，第186页，广西美术出版社，《中国油画文献 1542-2000》，第1411页，湖南美术出版社，2005年出版等。
估 价：RMB 1,500,000～2,500,000
成交价：RMB 4,485,000
185cm×78.5cm×2 中国嘉德 2015.5.17

4076 洪凌 1994年作 秋水
出版：《山水精神 - 洪凌画集》 P80-81 少励画廊出版1995年版；《中国当代艺术家画传：洪凌 山水精神》P82-83 河北教育出版社出版 2006年版等等。
估 价：RMB 2,600,000～3,600,000
成交价：RMB 2,990,000
200cm×260cm 北京保利 2015.6.3

446 洪凌 2012年作 沁香
出处：索卡艺术中心：台北、台湾、欧洲，私人收藏。
估 价：HKD 600,000～900,000
成交价：RMB 2,146,680
80cm×200cm 佳士得 2015.5.31

422 洪凌 夕秋
来源：亚洲重要私人收藏。
估 价：HKD 1,200,000～2,200,000
成交价：RMB 2,988,440
150cm×160cm 佳士得 2015.11.29

3129 胡博·华士 1910年作 融融泄泄
来源：美国亚利桑那州私人收藏；Adamson-Duvannes艺廊，洛杉矶，2010年。
估 价：HKD 300,000～500,000
成交价：RMB 1,510,640
182.9cm×112.4cm 佳士得 2015.12.2

785 胡博·华士 1933年作 慈禧御赐之瓷瓶一
来源：美国私人收藏。
估　价：HKD 200,000~300,000
成交价：RMB 538,269
72.2cm×61cm 中国嘉德 2015.4.6

1551 胡善余 1944年作 国立艺专女学生像
来源：源自艺术家家属。
估　价：RMB 900,000~1,200,000
成交价：RMB 2,300,000
81cm×65cm 中国嘉德 2015.5.17

974 胡善余 1969年作 杜鹃花
来源：源出自画家家属。
估　价：RMB 480,000~600,000
成交价：RMB 552,000
58cm×71cm 北京诚轩 2015.11.14

5693 华庆 2014年作 思考者
估　价：RMB 200,000~250,000
成交价：RMB 230,000
150cm×150cm 北京保利 2015.12.5

546 黄丹龙 1961年作 女孩画像
来源：美国加州私人收藏。
估　价：HKD 80,000~120,000
成交价：RMB 595,225
68.6cm×55.3cm 佳士得 2015.11.29

718 黄锐 1991年作 红3号(L)
来源：亚洲私人收藏。
估　价：HKD 800,000~1,200,000
成交价：RMB 822,000
130.1cm×97cm. 香港苏富比 2015.10.5

950 黄乃源 1979年作 煮饭
出版：《黄乃源油画作品选》，天津人民美术出版社，1996年。
估　价：RMB 200,000~300,000
成交价：RMB 230,000
29cm×36cm 北京翰海 2015.6.26

4159 黄宇兴 2013年作 河流
估　价：RMB 250,000~400,000
成交价：RMB 575,000
135cm×230cm 北京保利 2015.6.3

5789 黄建南 2015年作 辉煌在即
估 价：RMB 2,800,000~3,500,000
成交价：RMB 3,220,000
73.5cm×110cm 北京保利 2015.12.5

450 黄建南 梦乡
估 价：RMB 1,500,000
成交价：RMB 3,584,000
79cm×205cm 中联环球 2015.10.23

224 黄铭昌 2010年作 蕉叶迎风
估 价：NTD 1,500,000~2,200,000
成交价：RMB 412,080
80cm×116cm 罗芙奥 2015.6.7

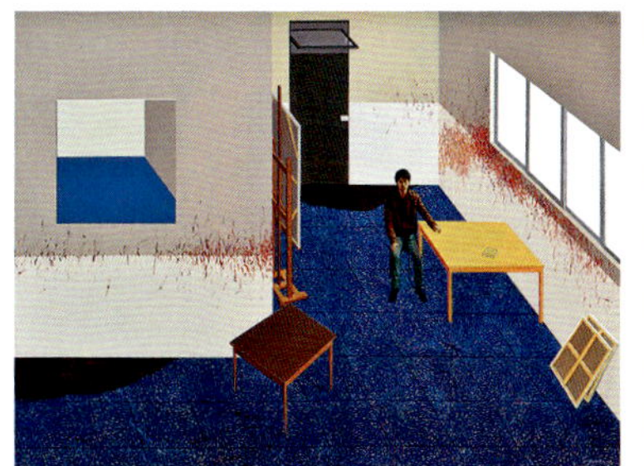

269 黄一山 2011年作 有红色颜料的画室
估 价：HKD 250,000~350,000
成交价：RMB 228,542
170cm×230cm 保利香港 2015.4.6

21 吉原治良 约1960年作 无题
估 价：HKD 2,000,000~3,000,000
成交价：RMB 4,011,360
194cm×130cm 香港苏富比 2015.10.5

236 吉格 · 克鲁斯 剪影与尖叫不安风景中的爵士乐
估 价：HKD 100,000~150,000
成交价：RMB 907,875
香港苏富比 2015.4.5

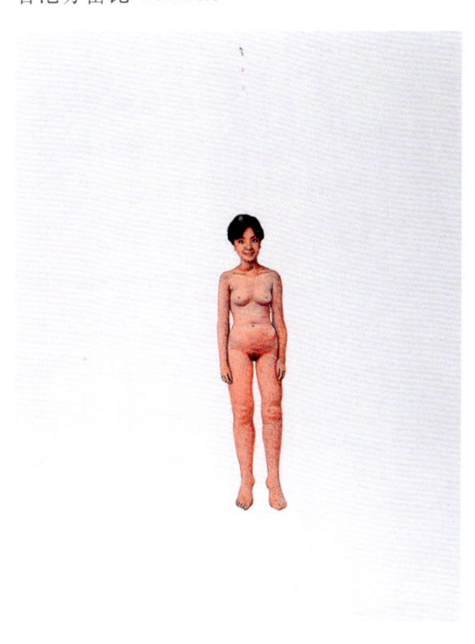

5689 季大纯 2005年作 我的歌星
估 价：RMB 150,000~200,000
成交价：RMB 402,500
150cm×110cm 北京保利 2015.12.5

3 基希纳 Painted in Moritzburg, 1909 Im See badende Mädchen, Moritzburg
估 价：USD 10,000,000～15,000,000
成交价：RMB 86,391,750
91.2cm×120cm 纽约佳士得 2015.11.9

19 贾科梅蒂 Painted in 1964 James Lord
估 价：USD 22,000,000～30,000,000
成交价：RMB 132,619,750
115.9cm×80.6cm 纽约佳士得 2015.11.9

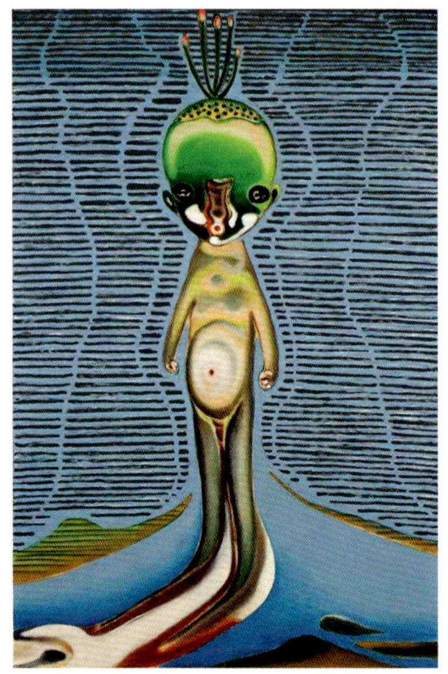

121 加藤泉 2009年作 无题
出处：亚洲私人收藏。
估 价：HKD 400,000～600,000
成交价：RMB 480,600
190cm×130.3cm 佳士得 2015.5.31

118 贾蔼力 2007年作 无名日 2
来源：中国北京站台中国当代艺术机构；现藏者购自上述来源。
估 价：RMB 6,300,000～9,300,000
成交价：RMB 9,390,000
267cm×400cm；267cm×200cm 佳士得（上海） 2015.4.25

5630 贾蔼力 2009年作 面包车
出版：《JAL贾蔼力》谷公馆当代艺术有限公司2009年版。
估 价：RMB 4,800,000～5,800,000
成交价：RMB 6,210,000
110cm×400cm 北京保利 2015.12.5

1043 贾蔼力 2010年作 早安，世界 （三联作）
来源：亚洲私人收藏。
估 价：HKD 7,000,000～9,000,000
成交价：RMB 10,716,960
200cm×1067cm；200cm×288cm；200cm×406cm；200cm×373cm 香港苏富比 2015.4.4

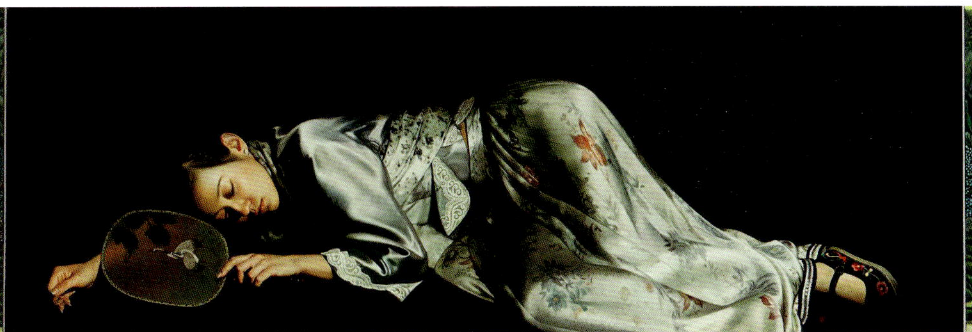

5049 姜国芳 2008年作 三月春思梦（三联作）
来源：亚洲私人收藏。
估　价：HKD 1,600,000~2,200,000
成交价：RMB 5,874,960
80cm×240.5cm；80cm×27cm×2
香港苏富比 2015.4.5

5050 姜国芳 2015年作 秋叶
来源：亚洲私人收藏。
估　价：HKD 600,000~1,000,000
成交价：RMB 2,291,880
108cm×54cm 香港苏富比 2015.4.5

764 蒋玄佁 母与女
估　价：RMB 180,000~220,000
成交价：RMB 218,500
75cm×49cm 西泠拍卖 2015.7.4

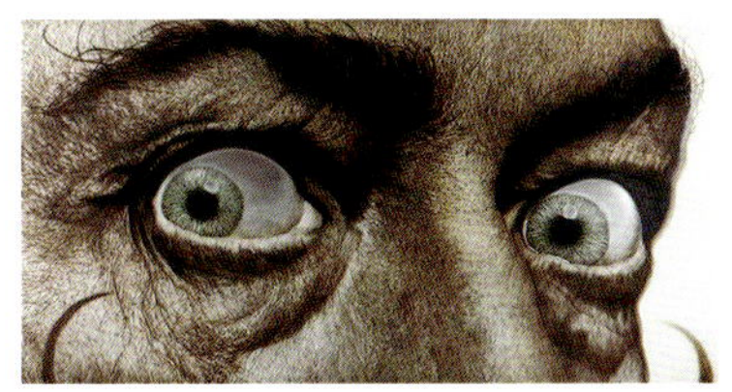

235 姜亨九 2014年作 达利（眼）
来源：亚洲私人收藏。
估　价：HKD 700,000~900,000
成交价：RMB 718,375
150cm×300cm 佳士得 2015.11.29

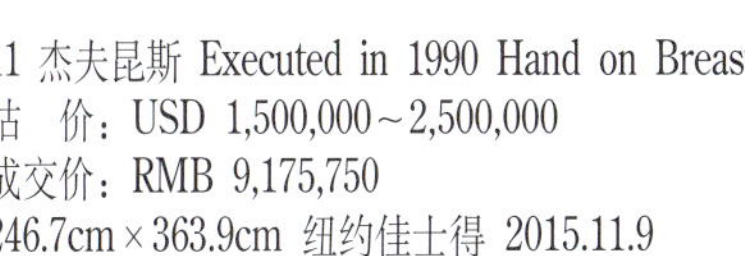

11 杰夫昆斯 Executed in 1990 Hand on Breast
估　价：USD 1,500,000~2,500,000
成交价：RMB 9,175,750
246.7cm×363.9cm 纽约佳士得 2015.11.9

157 江贤二 2004年作 对永恒的冥想 04-01
来源：亚洲私人收藏。
估　价：HKD 300,000~500,000
成交价：RMB 290,988
200cm×200cm 保利香港 2015.10.5

702 今井俊满 1973年作 春之祭典
来源：亚洲私人收藏。
估　价：HKD 450,000~650,000
成交价：RMB 1,130,250
130.5cm×162.1cm. 香港苏富比 2015.10.5

712 靳尚谊 2012年作 舞蹈演员
估　价：RMB 5,000,000～8,000,000
成交价：RMB 5,692,500
53cm×53cm 华艺国际 2015.5.24

7 金焕基 1956年作 蓝山
来源：法国私人收藏（原藏者之家属直接购自艺术家本人）；欧洲重要私人收藏。
估　价：HKD 1,500,000～2,500,000
成交价：RMB 11,085,840
99.8cm×64.6cm 佳士得 2015.5.30

472 靳尚谊 1988年作 沉思
出版：1.《美术向导》，1994年第2期，总第52期；2.《靳尚谊画集》，人民美术出版社，1997年版第15图等等。
估　价：RMB 3,000,000～3,800,000
成交价：RMB 5,750,000
65.3cm×53.5cm 上海明轩 2015.6.21

1672 靳尚谊 2006年作 背影
发表：《靳尚谊全记录》，P210，凤凰出版传媒集团、江苏美术出版社，2009年5月初版。
估　价：RMB 4,000,000～6,000,000
成交价：RMB 4,600,000
80cm×52.5cm 中国嘉德 2015.5.17

34 金东圃 2013年作 奥黛丽·赫本VS格里高利·帕克
估　价：HKD 400,000～600,000
成交价：RMB 605,250
145.5cm×116cm 佳士得 2015.3.15

501 金昌烈 1986年作 PA86006
来源：亚洲私人收藏。
估 价：HKD 800,000～1,200,000
成交价：RMB 1,089,360
161.3cm×130.5cm 佳士得 2015.5.31

334 金泰浩 2013年作 内在的节奏 2013-25
估 价：NTD 1,700,000～2,400,000
成交价：RMB 436,320
163.5cm×131cm 罗芙奥 2015.6.7

449 井上有一 1961年作 阿
来源：日本私人收藏。
估 价：HKD 360,000～450,000
成交价：RMB 307,875
92.5cm×172.5cm 佳士得 2015.11.29

91 鹫见康夫 1978年作 作品
来源：现藏者直接购自艺术家，日本东京白石画廊；亚洲重要私人收藏。
估 价：HKD 480,000～680,000
成交价：RMB 480,600
162cm×130.5cm 佳士得 2015.5.30

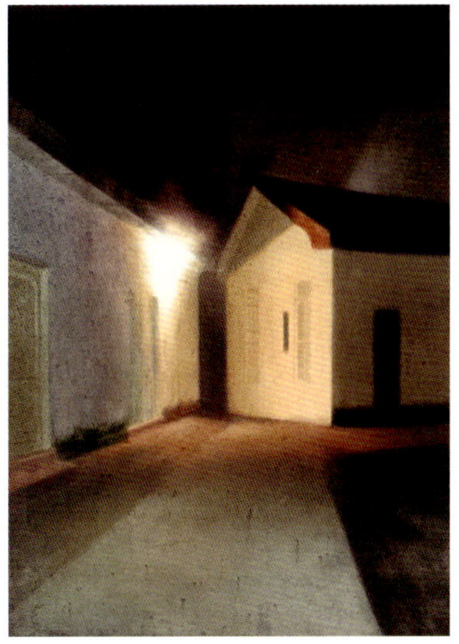

82 康海涛 2009年作 夜
估 价：RMB 100,000～150,000
成交价：RMB 253,000
107cm×77cm 中国嘉德 2015.11.14

10 居斯塔夫·库尔贝 Painted in 1862
Femme nue couchée
估 价：USD 15,000,000～25,000,000
成交价：RMB 97,059,750
74.9cm×97.1cm 纽约佳士得 2015.11.9

1026 卡洛斯·维亚鲁斯·弗朗西斯科 穆斯林订婚礼
来源：直接购自艺术家；加拿大私人收藏。
成交价：RMB 8,295,960
109.5cm×176cm 香港苏富比 2015.4.4

359 拉笛夫·莫希丁 无题
估　价：HKD 160,000～250,000
成交价：RMB 857,438
香港苏富比 2015.4.5

545 老赫 2015年作 老赫致敬毕加索NO.1
估　价：RMB 310,000～450,000
成交价：RMB 356,500
96cm×180cm 北京上和 2015.11.13

19 勒迈耶·德·莫赫普赫斯 屋里和窗边的峇里女子
来源：2007年5月27日香港佳士得拍品，编号39 现藏者购自上述拍卖；亚洲重要私人收藏。
估　价：HKD 4,000,000～5,000,000
成交价：RMB 5,799,240
73cm×89cm 佳士得 2015.5.30

1022 勒迈耶 舞者
来源：新加坡苏富比1998年10月3日拍品，编号27；林少明教授故藏。
估　价：HKD 4,000,000～6,000,000
成交价：RMB 16,527,360
100cm×119.5cm 香港苏富比 2015.4.4

1066 勒迈耶 约1948年作 荷花池畔九女子图
来源：新加坡佳士得1999年10月3日拍品，编号812，印度尼西亚，私人收藏。
成交价：RMB 10,916,160
100cm×120cm 香港苏富比 2015.10.4

2555 冷军 2013年作 画室中的提琴手
出版：《新快报·收藏周刊》，2013.10.27。
估 价：RMB 2,000,000～2,500,000
成交价：RMB 2,645,000
39cm×78cm 北京匡时 2015.6.6

626 黎谱 母子与两位女士在花园
估 价：HKD 300,000～500,000
成交价：RMB 320,400
81.5cm×102cm 佳士得 2015.5.31

554 黎氏秋 约1969年作 母与孩子
出处：黎氏秋儿子Ngo Manh Duc先生收藏。
估 价：HKD 100,000～140,000
成交价：RMB 380,475
92cm×73cm 佳士得 2015.5.31

264 黎文第 三个小男孩
估 价：HKD 150,000～200,000
成交价：RMB 403,500
香港苏富比 2015.4.5

28 李德 1983年作 望乡
图录：《李德 REED LEED—真放在精微》，台北市立美术馆，2011，图版，页45。
估 价：HKD 1,300,000～2,000,000
成交价：RMB 1,153,440
91cm×116.5cm 罗芙奥 2015.5.31

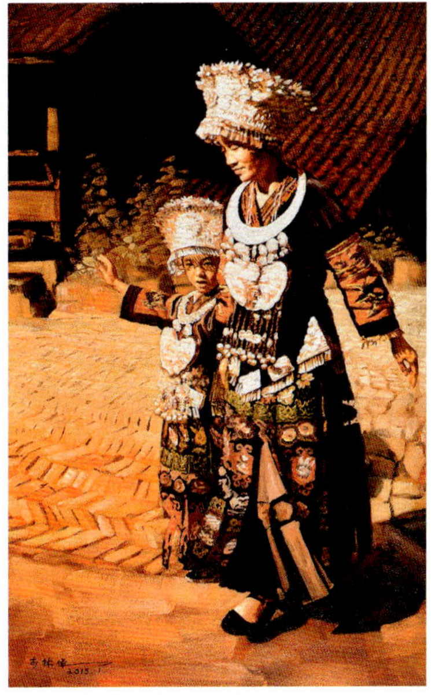

5795 李林倬 2015年作 回家路上
估 价：RMB 400,000～500,000
成交价：RMB 460,000
110cm×70cm 北京保利 2015.12.5

470 李贵君 2010年作 直觉
出版：1.《中国油画名家·李贵君》，吉林美术出版社，2012年版第96页；2.《2011中国写实画派七周年大展》，吉林美术出版社，2012年版第268页。
估 价：RMB 1,200,000～1,800,000
成交价：RMB 1,380,000
120cm×67cm 上海明轩 2015.6.21

1060 李曼峰 1960年作 破浪
来源：直接得自艺术家；印度尼西亚私人收藏；香港私人收藏。
估　价：HKD 6,000,000～9,000,000
成交价：RMB 6,773,280
82cm×320cm 香港苏富比 2015.10.4

443 李曼峰 吹笛牧童
估　价：HKD 400,000～600,000
成交价：RMB 3,357,120
香港苏富比 2015.4.5

1070 李曼峰 罗惹小贩
来源：印度尼西亚私人收藏。
估　价：HKD 1,000,000～2,000,000
成交价：RMB 2,433,120
122cm×60cm 香港苏富比 2015.10.4

4155 李揆哲 2014年作 我心光明
出版：《日间之火》P57 艺·凯旋艺术空间出版 2015年。
估　价：RMB 80,000～150,000
成交价：RMB 172,500
128cm×148cm 北京保利 2015.6.3

268 李昌龙 2013年作 继续表演 No. 3
估　价：HKD 120,000～180,000
成交价：RMB 133,316
120cm×160cm 保利香港 2015.4.6

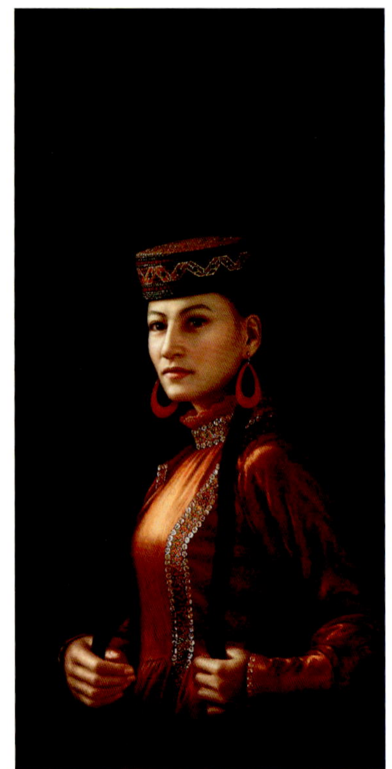

4341 李华琪 2015年作 塔吉克伴娘之三
估　价：RMB 130,000～180,000
成交价：RMB 149,500
120cm×60cm 北京保利 2015.6.4

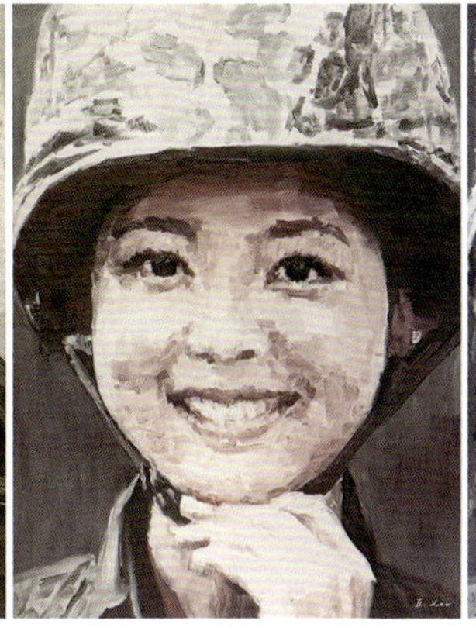

403 李青 2011年作 互毁而同一的像·女神
出版：《屋漏痕——形式的承载》，浙江美术馆编，中国美术学院出版社，2011年版第92/93页。
估　价：RMB 300,000～450,000
成交价：RMB 563,500
170cm×127cm×4 上海明轩 2015.6.21

5925A 李青萍 1980年代中期作 母与子
来源：源自艺术家家属李美璧女士。
估　价：RMB 250,000～350,000
成交价：RMB 287,500
54cm×39cm 北京保利 2015.12.5

705 李成民 2013年作 清莲（三联画）（三幅）
估　价：RMB 500,000～800,000
成交价：RMB 713,000
110cm×107cm×3 华艺国际 2015.5.24

265 李山（油） 1987年作 扩延续集之二
估　价：RMB 1,200,000～1,800,000
成交价：RMB 1,725,000
128cm×110cm 中国嘉德 2015.11.14

1625 李山 1988年作 花之十二
发表：《李山通往"胭脂帝国"之路1976–1992作品》，P58，香港艺倡画廊，1994年出版。
估　价：RMB 800,000～1,000,000
成交价：RMB 920,000
109cm×127cm 中国嘉德 2015.5.17

2081 李慕白 学文化
估　价：RMB 500,000～600,000
成交价：RMB 598,000
61.5cm×79.5cm 北京匡时 2015.12.4

5705 李少宏 2014年作 知秋
估　价：RMB 200,000～300,000
成交价：RMB 230,000
120cm×100cm 北京保利 2015.12.5

1545 李瑞年 1981年作 荷塘
来源：源自艺术家家属。
估 价：RMB 1,000,000～1,500,000
成交价：RMB 1,150,000
95cm×190cm 中国嘉德 2015.5.17

228 李绫瑄 天赋 II
估 价：HKD 250,000～350,000
成交价：RMB 822,000
121.5cm×152cm 香港苏富比 2015.10.5

401 李圣子 1962年作 黎明时分的星
来源：亚洲私人收藏。
估 价：HKD 500,000～700,000
成交价：RMB 1,510,640
91cm×73cm 佳士得 2015.11.29

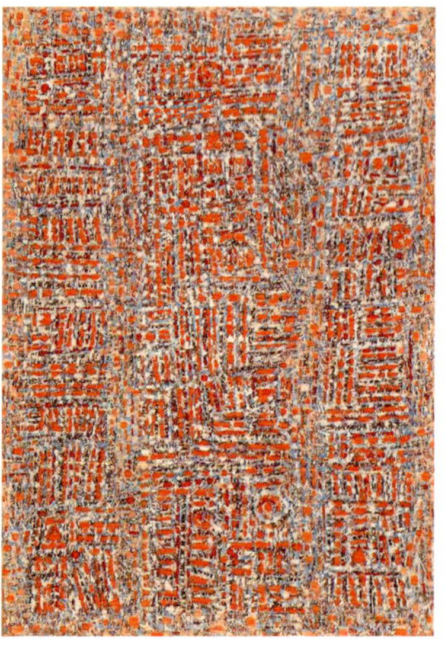

444 李圣子 1962年作 热闹的晚上
出处：亚洲私人收藏。
估 价：HKD 350,000～450,000
成交价：RMB 993,240
115cm×81cm 佳士得 2015.5.31

4140 李姝睿 2008年作 灯光No.77
估 价：RMB 80,000～180,000
成交价：RMB 149,500
140cm×140cm 北京保利 2015.6.3

180 李天元 1990年作 来信
估 价：HKD 900,000～1,200,000
成交价：RMB 857,034
200cm×150cm 保利香港 2015.4.6

974 李效成 龙门·相
估 价：RMB 200,000～300,000
成交价：RMB 345,000
60cm×50cm×4 北京翰海 2015.6.26

5799 李秀实 2010年作 京华遗韵系列：旧岁风景之一
估 价：RMB 180,000～220,000
成交价：RMB 207,000
73cm×92cm 北京保利 2015.12.5

1547 李宗津 1974年作 燕东院风景之二
发表：《凝固的激情·李宗津1916—1977》，P269，广东人民出版社，2011年8月出版。
估　价：RMB 550,000~650,000
成交价：RMB 1,150,000
73cm×60cm 中国嘉德 2015.5.17

2634 李新建 1987年作 梵呗哲蚌
出版：《从西藏开始：李新建1983—1988作品集》，观想艺术有限公司，2010年，第143页。
估　价：RMB 800,000~1,200,000
成交价：RMB 1,127,000
85cm×114.5cm 北京匡时 2015.6.6

473 李宗津 1965年作 毛泽东像
出版：《凝固的激情·李宗津1916—1977》，广东人民出版社 2011年版第91页。
估　价：RMB 2,800,000~3,800,000
成交价：RMB 5,635,000
73cm×60.5cm 上海明轩 2015.6.21

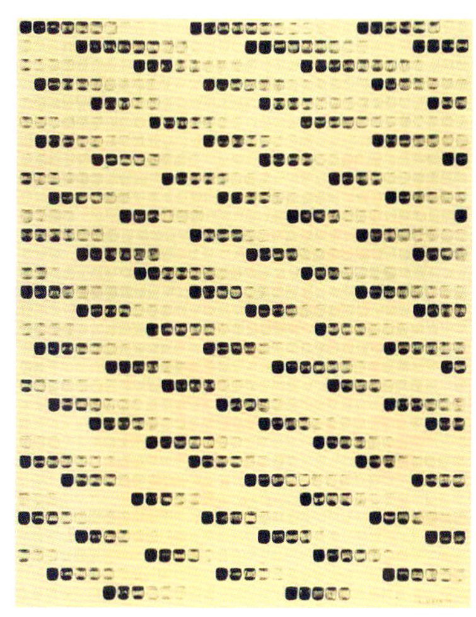

54 李禹焕 1979年作 始于点
来源：亚洲私人收藏（现藏者直接购自艺术家）。
估　价：HKD 9,000,000~14,000,000
成交价：RMB 6,952,680
161cm×129.5cm 佳士得 2015.5.30

2035 李铁夫 1947年作 鱼
来源：艺术家亲属（赵昱之女儿赵全枝女士）旧藏；台北佳士得1993年拍卖。
估　价：RMB 1,000,000~1,500,000
成交价：RMB 1,265,000
60.5cm×73cm 北京匡时 2015.12.4

246 李松松 2003年作 生辰纲之一
来源：2011年10月2日「尤伦斯重要中国艺术收藏：蜕变—当代中国艺术的革新与演化」苏富比香港 编号180，现藏者购自上述拍卖。
估　价：HKD 180,000~280,000
成交价：RMB 225,775
109cm×159cm 佳士得 2015.11.29

26 理查德·普林斯 Painted in 2002 He
估　价：USD 4,000,000～6,000,000
成交价：RMB 28,073,350
182.8cm×113.9cm 纽约佳士得 2015.11.9

79 廖继春 1953年作 淡水远眺
估　价：RMB 3,055,000～4,073,300
成交价：RMB 3,703,700
53cm×65cm 景薰楼 2015.6.21

2082 列赫特 1975年作 候车
估　价：RMB 750,000
成交价：RMB 920,000
86cm×87cm 际华春秋 2015.5.24

725 梁远苇 2011年作 椭圆 （两件作品）
估　价：HKD 100,000～150,000
成交价：RMB 287,700
each40.2cm×50.2cm. 香港苏富比 2015.10.5

718 莲轮友子 2013年作 超级英雄
来源：亚洲私人收藏。
估　价：HKD 35,000～55,000
成交价：RMB 302,625
194cm×130.5cm 香港苏富比 2015.4.5

2517 林达川 1950年代 上海街景
出版：1.《大璞不雕—林达川油画作品集》，中国美术学院出版社，2006年，第16-17页。
估　价：RMB 350,000～450,000
成交价：RMB 460,000
56.5cm×76.5cm 北京匡时 2015.6.6

12 林风眠 20世纪 中国戏曲系列：杨门女将
来源：英国汉普郡私人收藏 （1958-1961年间，现藏者之父亲于上海直接购自艺术家本人）；亚洲重要私人收藏。
估 价：HKD 5,000,000～6,000,000
成交价：RMB 8,202,240
52.8cm×43cm 佳士得 2015.5.30

66 林风眠 京剧系列 — 连环套 镜心
说明：作品源自沃尔特·迪克收藏。
估 价：RMB 5,000,000～8,000,000
成交价：RMB 6,900,000
55.5cm×43cm 华艺国际 2015.5.24

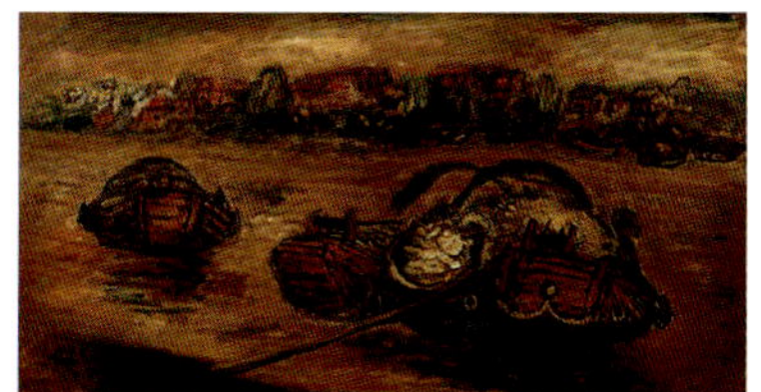

345 林子平 驳船码头
估 价：HKD 280,000～450,000
成交价：RMB 256,875
109cm×207cm 香港苏富比 2015.10.5

5787 林茂 2015年作 春涧
估 价：RMB 600,000～800,000
成交价：RMB 1,150,000
85cm×131cm 北京保利 2015.12.5

4081 林寿宇 2010年作 对比
出版：《艺术新闻》2009年7月刊 “林寿宇的白色系列—从绘画浮雕到低限艺术”；专文《典藏今艺术》第 233 期 “敬悼，追思林寿宇师”专文。
估 价：RMB 850,000～1,200,000
成交价：RMB 977,500
72cm×72cm 北京保利 2015.6.3

64 凌健 2009年作 绿装公主四号
估 价：HKD 800,000～1,200,000
成交价：RMB 913,140
250cm×180cm 罗芙奥 2015.5.31

4068 刘国夫 2013年作 敞 23
估 价：RMB 300,000～500,000
成交价：RMB 598,000
180cm×150cm 北京保利 2015.6.3

5043 刘海粟 1930年作 翡冷翠
来源：莫里斯·塔比托先生收藏；苏珊娜·奥弗雷女士约于1965年在法国伊西尼莱比阿得自上述来源；苏珊娜·奥弗雷之子帕特里克·奥弗雷继承；现欧洲藏者得自上述来源。
估 价：HKD 600,000～800,000
成交价：RMB 1,008,750
45.9cm×54.8cm 香港苏富比 2015.4.5

235 刘海粟 1954年作 黄山散花坞云海奇观
发表：《刘海粟油画选集》，P34，上海人民美术出版社，1981年4月初版；《刘海粟作品选集》，P122，人民美术出版社，1983年11月初版。
估 价：RMB 3,000,000～4,000,000
成交价：RMB 3,450,000
68cm×86cm 中国嘉德 2015.11.14

5981 刘国枢 2010年作 飞夺泸定桥
估 价：RMB 1,000,000～1,200,000
成交价：RMB 1,150,000
131cm×180cm 北京保利 2015.12.5

501 刘玖通 2014年作 山岛竦峙
来源：亚洲私人收藏。
估 价：HKD 550,000～750,000
成交价：RMB 1,116,560
120cm×360cm 佳士得 2015.11.29

532 刘绍荟 菩萨
出版：《刘绍荟现代重彩艺术》P91，广西美术出版社，2010年1月。
估 价：RMB 300,000～380,000
成交价：RMB 345,000
105cm×104cm 广东崇正 2015.6.19

355 刘抗 1983年作 乡村情景
来源：2000年10月1日新加坡佳士得拍品，编号45；新加坡私人收藏（现藏者购自上述拍卖）。
估 价：HKD 280,000～380,000
成交价：RMB 564,438
85cm×119cm 佳士得 2015.11.29

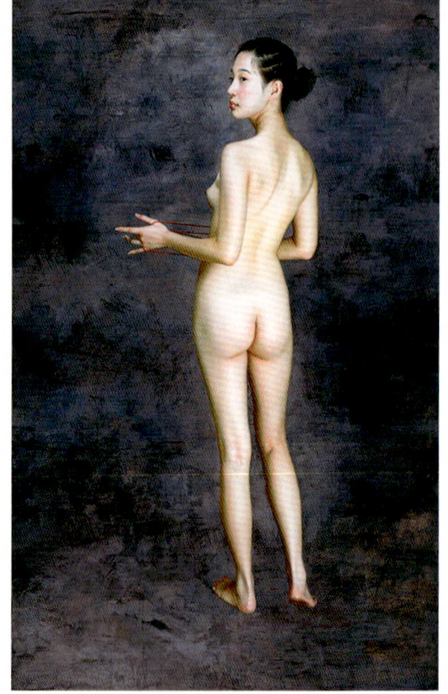

5810 刘溯 2014年作 色
估 价：RMB 500,000～700,000
成交价：RMB 575,000
180cm×100cm 北京保利 2015.12.5

2045 刘荣夫 1936年作 晨
出版：《美苑》，鲁迅美术学院学报，1985年第二期，封三。
估 价：RMB 150,000～250,000
成交价：RMB 632,500
94cm×126cm 北京匡时 2015.12.4

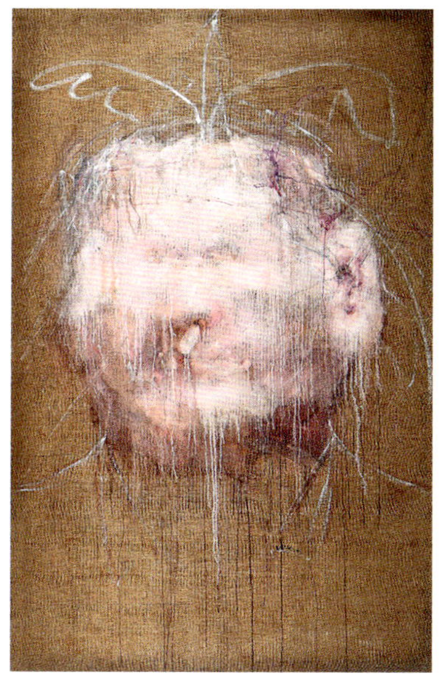

5541 刘炜 2001年作 无题
估　价：RMB 1,200,000～2,000,000
成交价：RMB 1,380,000
240cm×170cm 北京保利 2015.12.5

2576 刘炜 2001年作 猴子
估　价：RMB 4,000,000～5,000,000
成交价：RMB 5,520,000
252cm×166cm 北京匡时 2015.6.6

33 刘炜 2006年作 风景
来源：中国嘉德2011年11月16日拍品，编号2356；中国私人收藏。
估　价：RMB 3,500,000～4,500,000
成交价：RMB 4,130,000
199.5cm×200cm 苏富比（北京） 2015.6.2

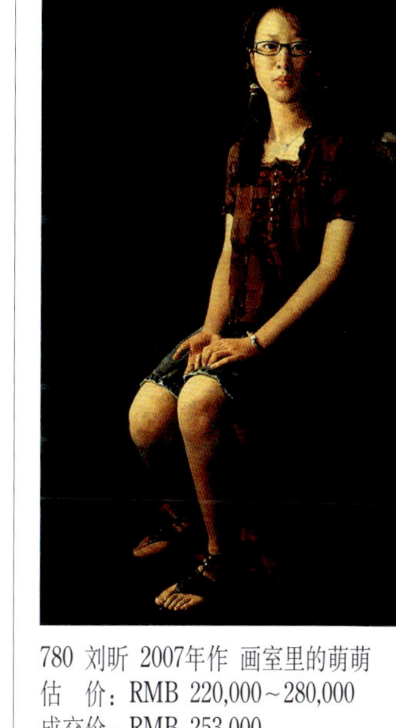

780 刘昕 2007年作 画室里的萌萌
估　价：RMB 220,000～280,000
成交价：RMB 253,000
110cm×73cm 西泠拍卖 2015.7.4

1077 刘炜 1994年作 游泳
来源：香港汉雅轩画廊，私人收藏；香港佳士得2014年5月24日拍品，编号47；现藏者购自上述拍卖。
估　价：HKD 10,000,000～15,000,000
成交价：RMB 12,888,960
149.8cm×200.2cm 香港苏富比 2015.10.4

5621 刘韡 2005年作 浪
估　价：RMB 800,000～1,200,000
成交价：RMB 1,437,500
200cm×420cm 北京保利 2015.12.5

1691 刘向东 2014年作 晚秋4
估　价：RMB 800,000～1,000,000
成交价：RMB 1,092,500
35cm×125cm 中国嘉德 2015.5.17

36 刘小东 1991年作 缠绵
来源：香港佳士得1991年9月30日拍品，编号62；亚洲私人收藏。
估　价：RMB 1,000,000～1,500,000
成交价：RMB 3,186,000
100.5cm×80.5cm 苏富比（北京） 2015.6.2

4041 刘小东 1992年作 行吟诗人
出版：《刘小东1990–2000》 P52 中央美术学院美术馆 2000年版。
估　价：RMB 3,500,000～6,000,000
成交价：RMB 4,255,000
152cm×172cm 北京保利 2015.6.3

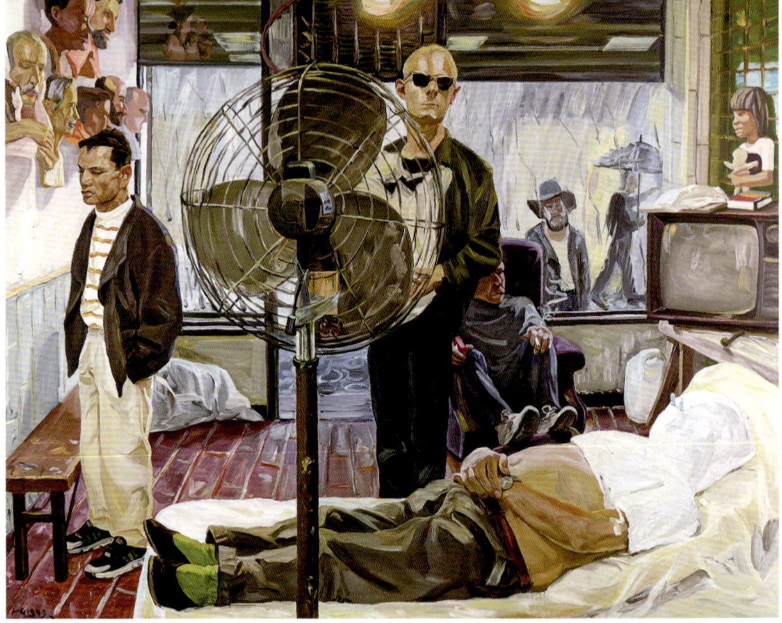

243 刘小东 1993年作 大雨（纽约）
来源：尤伦斯旧藏。
估　价：RMB 8,000,000～12,000,000
成交价：RMB 11,500,000
142cm×182cm 中国嘉德 2015.11.14

1089 刘野 2006年作 Boogie Woogie, Little Girl in New York
来源：重要亚洲私人收藏。
估　价：HKD 10,000,000～15,000,000
成交价：RMB 8,943,360
210cm×210cm 香港苏富比 2015.10.4

5546 刘小东 1991年作 白头到老
展览：1991年《中国油画年展》中国美术馆 / 北京；1998年。
估　价：RMB 7,000,000～9,000,000
成交价：RMB 10,350,000
150cm×120cm 北京保利 2015.12.5

227 刘野 2002年作 阮玲玉之三
来源：香港苏富比2012年10月7日拍品，编号855；现藏者购自上述拍卖。
成交价：RMB 2,424,900
60cm×45cm 保利香港 2015.10.5

699 刘野 2003年作 周璇
出版：《刘野：红黄蓝》p8，香港少励画廊，2004年。
成交价：RMB 4,025,000
60cm×45cm 西泠拍卖 2015.7.4

56 刘一菱 1991年作 惠女出嫁
成交价：RMB 345,000
62cm×101cm 厦门华辰 2015.6.20

4104 刘溢 2008年作 惊蛰
出版：《刘溢的油画》 P84-87 人民美术出版社2011年版；……。
估　价：RMB 2,800,000~3,500,000
成交价：RMB 3,220,000
120cm×150cm 北京保利 2015.6.3

5559 刘溢 2010年作 新西兰的花
展览：2012年《刘溢作品展》上海美术馆 / 上海。
估　价：RMB 1,200,000~2,200,000
成交价：RMB 1,150,000
120cm×150cm 北京保利 2015.12.5

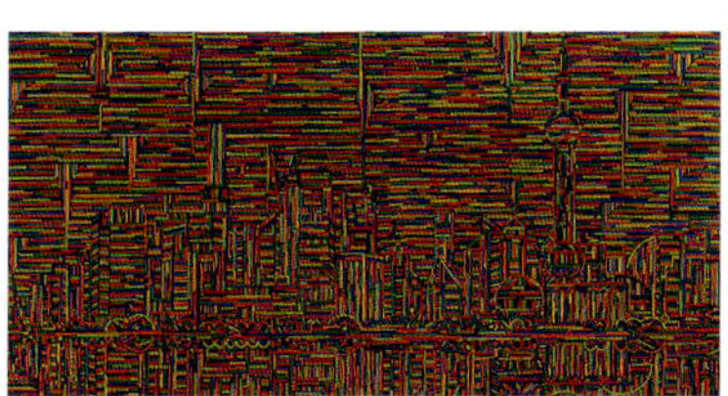

318 陆新建 2014年作 倒影——浦东不眠夜
来源：亚洲私人收藏。
估　价：RMB 200,000~300,000
成交价：RMB 375,000
200cm×400cm 佳士得（上海） 2015.10.24

4311 刘云生 2007年作 黄河上游
成交价：RMB 345,000
90cm×82cm 北京保利 2015.6.4

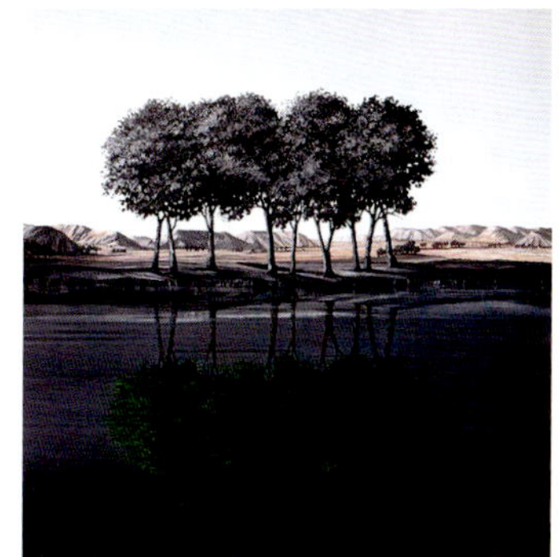

1095 鲁迪·曼度凡尼 阴影中
成交价：RMB 822,000
200cm×200cm 香港苏富比 2015.10.4

1163 龙力游 2012年作 放牧归来
估 价：RMB 1,000,000～1,200,000
成交价：RMB 1,150,000
100cm×120cm 北京华辰 2015.5.15

463 罗尔纯 2006年作 法国小镇
成交价：RMB 897,000
125cm×135cm 上海明轩 2015.6.21

4151 罗荃木 2008年作 采石
出版：《采蝶人——罗荃木个展》 P16 亦安画廊出版 2008年版。
估 价：RMB 350,000～550,000
成交价：RMB 529,000
275cm×180cm 北京保利 2015.6.3

396 罗穆尔多·罗格泰利 裸女像
估 价：HKD 400,000～600,000
成交价：RMB 625,425
香港苏富比 2015.4.5

1093 罗讷德·温杜拿 喧腾
估 价：HKD 1,000,000～1,500,000
成交价：RMB 5,786,880
152cm×213cm 香港苏富比 2015.10.4

5 罗穆尔多·罗格泰利 约1939年作 峇里岛女孩
成交价：RMB 5,951,280
155cm×117.5cm 邦瀚斯 2015.10.3

838 栾小杰 1991年作 干枝·影（三联）
出版：《流产的中国现代艺术第一次专场拍卖会》，2009年。
成交价：RMB 1,150,000
160cm×100cm×3 北京翰海 2015.11.27

1036 罗讷德·温杜拿 光环
估 价：HKD 900,000～1,500,000
成交价：RMB 6,359,160
235cm×366cm 香港苏富比 2015.4.4

13 罗伊·利希滕斯坦 Painted in 1964 Nurse
成交价：RMB 605,567,750
121.9cm×121.9cm 纽约佳士得 2015.11.9

711 罗中立 2000年作 过河系列之一
估　价：RMB 2,500,000~3,500,000
成交价：RMB 3,450,000
120.5cm×95cm 西泠拍卖 2015.7.4

4098 罗中立 1994年作 父与子
出版：《罗中立》P59 比利时皇家历史博物馆 1994年版。
估　价：RMB 1,800,000~2,500,000
成交价：RMB 2,185,000
90.5cm×116.5cm 北京保利 2015.6.3

1694 马精虎 2015年作 喜上梅枝
估　价：RMB 200,000~300,000
成交价：RMB 322,000
150cm×110cm 中国嘉德 2015.5.17

1665 罗中立 1982年作 新月
发表：《大陆美术选集1－罗中立专辑》，P68，台湾艺术家出版社，1992年初版。
估　价：RMB 1,800,000~2,500,000
成交价：RMB 2,415,000
120cm×95.5cm 中国嘉德 2015.5.17

487 罗中立 1994年作 浴
来源：亚洲 私人收藏。
估　价：HKD 1,800,000~2,500,000
成交价：RMB 1,707,680
99.5cm×130cm 佳士得 2015.11.29

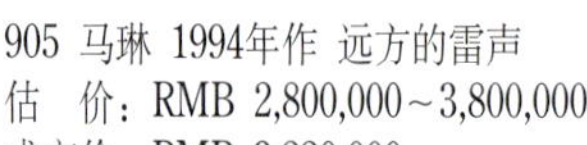

905 马琳 1994年作 远方的雷声
估 价：RMB 2,800,000~3,800,000
成交价：RMB 3,220,000
155cm×165cm 北京翰海 2015.6.26

121 马克· 奎安 2009年作 苏佛里耶尔火山下
来源：瑞士 私人收藏，原藏者直接购自艺术家；2014年6月10日香港苏富比拍卖，编号246；现藏家购自上述拍卖。
估 价：RMB 800,000~1,200,000
成交价：RMB 1,590,000
169.5cm×282.5cm 佳士得（上海） 2015.4.25

2043 吕斯百 1961年作 水坝
估 价：RMB 450,000~550,000
成交价：RMB 540,500
41.5cm×50.5cm 北京匡时 2015.12.4

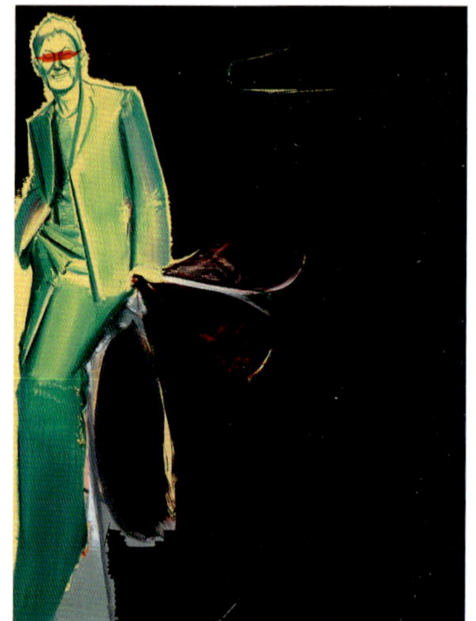

1594 马轲 2009年作 盲
发表：《中国当代艺术家画库·马轲》，图8，湖南美术出版社，2010年2月初版。
估 价：RMB 300,000~350,000
成交价：RMB 402,500
200cm×150cm 中国嘉德 2015.5.17

4184 马文婷 2011年作 金色的伟人塑像
估 价：RMB 200,000~250,000
成交价：RMB 230,000
180cm×250cm 北京保利 2015.6.3

5532 马可鲁 1985年作 “无题”之五
估　价：RMB 300,000～500,000
成交价：RMB 345,000
90cm×70cm 北京保利 2015.12.5

115 马克·夏卡尔 约1975-1980年作 粉红花丛
来源：意大利威尼斯卡特尼艺廊；现藏者1999年购自上述艺廊；马克·夏卡尔委员会已确定本作品的真实性。
估　价：RMB 2,400,000～2,800,000
成交价：RMB 3,150,000
41cm×27cm 佳士得（上海） 2015.4.25

261 毛旭辉 1990年作 90家长系列（三联）
估　价：RMB 3,000,000～4,000,000
成交价：RMB 3,450,000
120cm×90cm×3 中国嘉德 2015.11.14

1064 毛旭辉 1992年作 ‘92 家长 （三联作）
来源：香港佳士得2010年11月27日拍品，编号1044；现藏者购自上述拍卖。
估　价：HKD 6,000,000～10,000,000
成交价：RMB 5,874,960
180cm×110cm；180cm×330cm 香港苏富比 2015.4.4

5548 毛旭辉 1993年作 黑色古钟四号
估　价：RMB 500,000～700,000
成交价：RMB 920,000
162cm×112cm 北京保利 2015.12.5

146 毛栗子 2010年作 山水重构
估　价：RMB 280,000～480,000
成交价：RMB 1,050,000
195cm×114cm 佳士得（上海） 2015.4.25

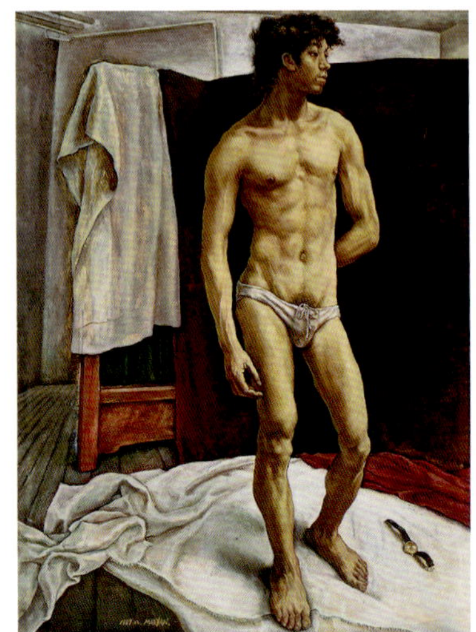

249 毛焰 1989年作 屏风前的遐思
估 价：RMB 2,500,000～3,500,000
成交价：RMB 2,875,000
98.5cm×73.5cm 中国嘉德 2015.11.14

215 毛焰 1995年作 尖角黑玫瑰
出版：《'96 上海美术双年展》上海美术馆出版 上海 中国 1996年（图版，第97图）；《首届当代艺术学术邀请展 1996-1997》广东岭南美术出版社 广州 中国；1996年（图版，第60页）等等。
估 价：HKD 3,800,000～4,800,000
成交价：RMB 7,080,708
200cm×100cm 保利香港 2015.10.5

4036 毛焰 1996年作 记忆或者舞蹈的黑色玫瑰
出版：《96·97首届当代艺术学术邀请展》P61 岭南美术出版社 1996年版；《二十世纪中国油画Ⅲ-2》P484 北京出版社 2001年版等等。
估 价：RMB 5,000,000～7,000,000
成交价：RMB 10,350,000
230cm×150cm 北京保利 2015.6.3

5790 孟新宇 2015年作 雪落太行
估 价：RMB 200,000～250,000
成交价：RMB 322,000
100cm×100cm 北京保利 2015.12.5

4090 孟禄丁 2007年作 势系列14
出版：P108 人民美术出版社 2012年版等。
估 价：RMB 1,800,000～2,400,000
成交价：RMB 2,300,000
200cm×400cm 北京保利 2015.6.3

1639 孟涛 2009年作 羽咒·冥想
估 价：RMB 500,000～700,000
成交价：RMB 690,000
120cm×195cm 中国嘉德 2015.5.17

4410 米巧铭 2014年作 贵妃醉酒
估 价：RMB 600,000～800,000
成交价：RMB 977,500
124cm×77cm 北京保利 2015.6.4

5710 米巧铭 2014年作 项羽
估 价：RMB 600,000～800,000
成交价：RMB 1,058,000
150cm×94cm 北京保利 2015.12.5

8A 莫迪利安尼 1917-1918年作 侧卧的裸女
成交价：RMB 1,086,263,713
59.9cm×92cm 纽约佳士得 2015.11.9

4379 墨客 2010年作 抽象
估 价：RMB 750,000~850,000
成交价：RMB 862,500
47.5cm×30cm 北京保利 2015.6.4

43 米斯尼亚迪 2013年作 在线
来源：新加坡Gajah画廊，亚洲私人收藏。
估 价：HKD 3,200,000~4,500,000
成交价：RMB 3,396,240
200cm×300cm 佳士得 2015.5.30

4306 莫大风 2015年作 幽径
估 价：RMB 400,000~600,000
成交价：RMB 552,000
85cm×150cm 北京保利 2015.6.4

1094 米斯尼亚迪 别催我
来源：印度尼西亚，私人收藏。
估 价：HKD 1,800,000~2,800,000
成交价：RMB 2,235,840
206cm×160cm 香港苏富比 2015.10.4

1021 莫也 1995年作 涩柿子与叶小姑儿
出版：1.《美术研究》，1997年第三期；2.《当代中国油画家·莫也油画作品》天津人民美术出版社，2003年。
估 价：RMB 350,000~400,000
成交价：RMB 392,000
100.5cm×82cm 北京荣宝 2015.6.21

1038 纳堤·尤塔瑞 桥
来源：亚洲私人收藏。
估 价：HKD 600,000~800,000
成交价：RMB 807,000
150cm×200cm 香港苏富比 2015.4.4

24 奈良美智 Painted in 2006 The Little Star Dweller
估 价：USD 3,000,000~5,000,000
成交价：RMB 21,672,550
227.3cm×181.3cm 纽约佳士得 2015.11.9

35 奈良美智 1995年作 Yr. Childhood
来源：2008年5月24日香港佳士得拍品；编号178；现藏者购自上述拍卖；亚洲重要私人收藏。
估 价：HKD 8,000,000~12,000,000
成交价：RMB 15,795,720
120cm×110cm 佳士得 2015.5.30

9 南宽 1963年作 佳节
来源：韩国私人收藏（现藏者于1960年代直接购自艺术家）；亚洲重要私人收藏。
估 价：HKD 1,000,000~2,000,000
成交价：RMB 1,089,360
128.3cm×160.5cm 佳士得 2015.5.30

2044 倪贻德 1960年代初作 建设工地
来源：得自艺术家家属。
估 价：RMB 450,000~650,000
成交价：RMB 1,955,000
73cm×60cm 北京匡时 2015.12.4

248 倪有鱼 2009年作 无忌桥
来源：亚洲私人收藏。
估 价：HKD 250,000~350,000
成交价：RMB 252,190
120cm×200cm 保利香港 2015.10.5

5797 聂明 2011年作 白菜
估 价：RMB 80,000~150,000
成交价：RMB 230,000
50cm×60cm 北京保利 2015.12.5

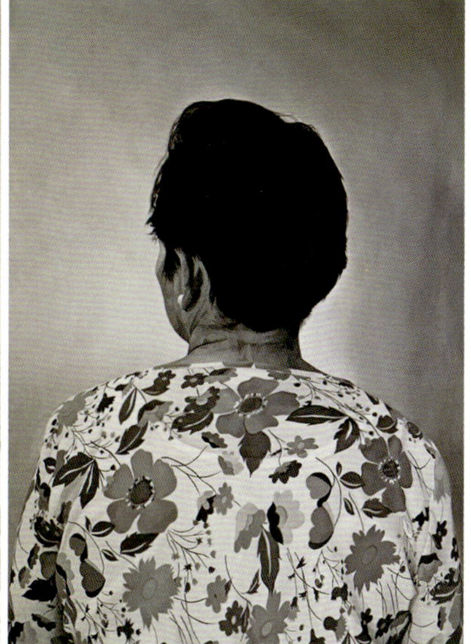

1037 依那·卡西亚 对话
来源：香港苏富比2008年10月4日拍品，编号13；亚洲私人收藏。
估 价：HKD 450,000～650,000
成交价：RMB 453,938
213.5cm×305cm；213.5cm×152.5cm 香港苏富比 2015.4.4

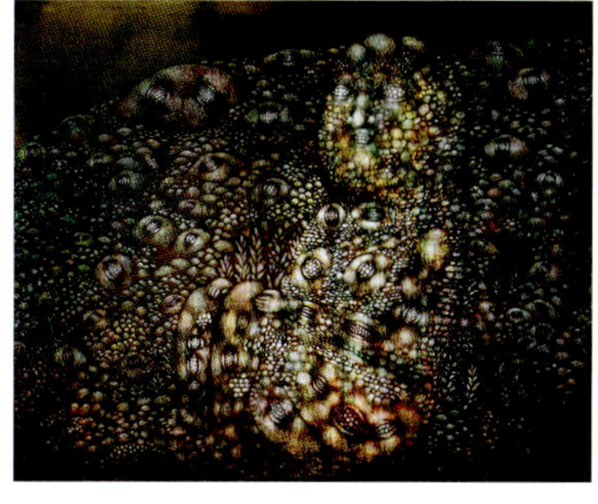

5549 潘德海 1989年作 掰开的苞米5号
估 价：RMB 600,000～800,000
成交价：RMB 690,000
130cm×160cm 北京保利 2015.12.5

954 鸥洋 2008年作 秋荷
估 价：RMB 280,000～320,000
成交价：RMB 345,000
80cm×100cm 北京翰海 2015.6.26

496 庞均 2015年作 春风细雨三月花
来源：亚洲私人收藏。
估 价：HKD 1,300,000～2,300,000
成交价：RMB 1,806,200
200cm×200cm 佳士得 2015.11.29

891 聂鸥 2006年作 夏日
估 价：RMB 220,000～240,000
成交价：RMB 253,000
80cm×120cm 北京翰海 2015.6.26

4163 欧阳春 2009年作 王土
出版：《王》德国柏林收藏家美术馆、奥地利国家美术馆出版 2011年版。
估 价：RMB 600,000～800,000
成交价：RMB 690,000
130cm×380cm 北京保利 2015.6.3

1558 潘玉良 1940年代作 巴黎湖景
来源：安妮·霍达安女士旧藏。
估 价：RMB 2,200,000～2,800,000
成交价：RMB 2,530,000
45.5cm×81.5cm 中国嘉德 2015.5.17

5078 庞均 2014年作 花间一渔舟
来源：亚洲私人收藏。
估　价：HKD 750,000～1,200,000
成交价：RMB 1,311,375
100cm×200cm 香港苏富比 2015.4.5

2559 庞茂琨 2004年作 OK中国
估　价：RMB 800,000～1,200,000
成交价：RMB 3,335,000
185cm×140cm 北京匡时 2015.6.6

28 庞熏琹 1979年作 杜鹃花
来源：2003年10月26日 佳士得香港 编号122 现藏者购自上述拍卖。
估　价：HKD 800,000～1,000,000
成交价：RMB 3,107,880
60cm×50cm 佳士得 2015.5.30

5788 彭常安 2014年作 云合暮色
估　价：RMB 1,350,000～1,500,000
成交价：RMB 1,552,500
60cm×80cm 北京保利 2015.12.5

4103 庞茂琨 2009年作 圆梦
展览：2011年《第十一届全国美术作品展》湖北美术馆/武汉。
估　价：RMB 2,900,000～3,500,000
成交价：RMB 3,335,000
200cm×160cm 北京保利 2015.6.3

4371 彭泓智 2013年作 后内经图之枫行
估　价：RMB 190,000～250,000
成交价：RMB 345,000
140cm×200cm 北京保利 2015.6.4

4147 彭斯 2006年作 那时花开
出版：《风：彭斯2005—2007》P21，保利艺术博物馆出版，2008年版。
估　价：RMB 800,000～1,200,000
成交价：RMB 920,000
188cm×118cm 北京保利 2015.6.3

50 平贺敬 1968-1969年作 H氏的优雅生活
来源：亚洲 私人收藏。
估　价：HKD 600,000～1,000,000
成交价：RMB 849,060
162.3cm×130.6cm 佳士得 2015.5.30

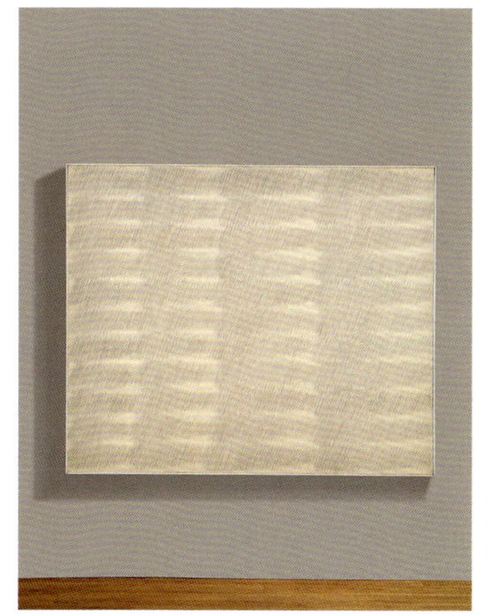

1051 朴栖甫 1975年作 描法9号 - 75
来源：东京画廊+BTAP，亚洲私人收藏；纽约苏富比2006年3月31日拍品，编号164，现藏者购自上述拍卖。
估　价：HKD 1,000,000～1,500,000
成交价：RMB 3,744,480
130.3cm×161cm 香港苏富比 2015.4.4

277 七户优 2011年作 无题
来源：亚洲私人收藏。
估　价：HKD 150,000～250,000
成交价：RMB 307,875
91cm×71.5cm 佳士得 2015.11.29

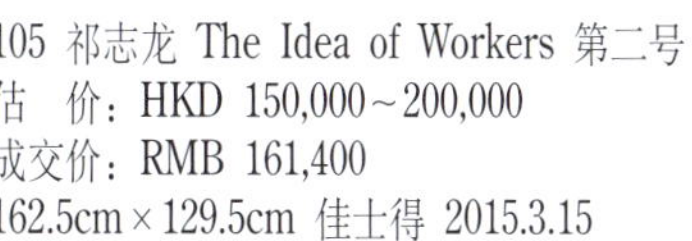

105 祁志龙 The Idea of Workers 第二号
估　价：HKD 150,000～200,000
成交价：RMB 161,400
162.5cm×129.5cm 佳士得 2015.3.15

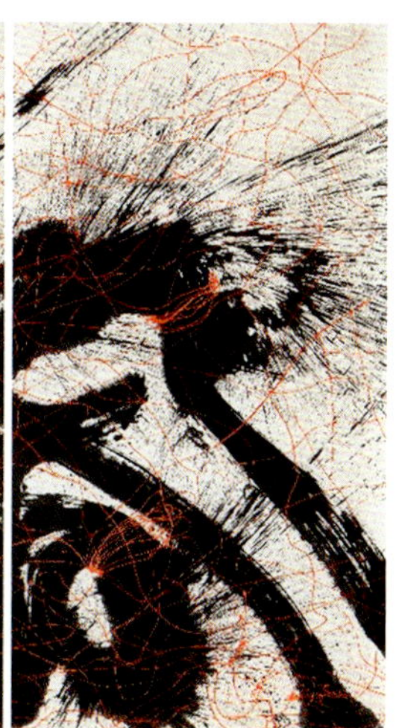

940 秦风 2014年作 欲望风景系列1514 （三幅）
估　价：HKD 2,000,000～3,000,000
成交价：RMB 1,762,200
300cm×160cm 佳士得 2015.6.1

73 奇斯林 1930年作 塔斯医生的小孩，路易和柔卡
图录：《奇斯林1981－1953》第一辑，尚．奇斯林出版乔瑟夫．卡索撰文，1982，黑白图版，编号121，页170。
估　价：HKD 850,000～1,300,000
成交价：RMB 1,345,680
101.5cm×74cm 罗芙奥 2015.5.31

50 秦大虎 2009年作 阿里女神
估　价：RMB 450,000～650,000
成交价：RMB 1,344,000
130cm×110cm 山东春秋 2015.4.26

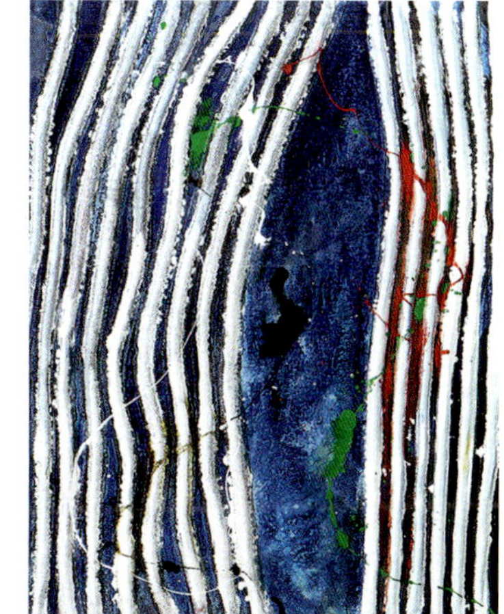

710 前川强 1994年作 无题
来源：现藏者直接购自艺术家本人。
估　价：HKD 120,000～180,000
成交价：RMB 801,450
100cm×80.5cm. 香港苏富比 2015.10.5

1554 秦宣夫 1957年作 和运常青——中苏友好运动会
发表：《秦宣夫画集》，P74，人民美术出版社，2005年12月出版。
估　价：RMB 1,200,000～1,500,000
成交价：RMB 1,380,000
114cm×146.5cm 中国嘉德 2015.5.17

781 秦琦 2000年作 南湖
来源：亚洲私人收藏。
估　价：HKD 400,000～600,000
成交价：RMB 411,000
187.4cm×250cm. 香港苏富比 2015.10.5

800 邱世华 1991年作 无题
来源：香港，汉雅轩画廊，亚洲私人收藏。
估　价：HKD 200,000～400,000
成交价：RMB 353,063
112.4cm×162cm 香港苏富比 2015.4.5

2440 秦树明 鸿蒙
估　价：HKD 300,000～400,000
成交价：RMB 290,988
94cm×176cm 保利香港 2015.10.5

260 邱炯炯 2006年作 学徒
来源：美国私人收藏。
成交价：RMB 190,452
170cm×210cm 保利香港 2015.4.6

182 邱亚才 盛装走到三更的原野
来源：亚洲私人收藏。
成交价：RMB 428,517
160cm×130cm 保利香港 2015.4.6

128 邱亚才 1990年作 娴静
来源：亚洲私人收藏。
成交价：RMB 993,240
160cm×128cm 佳士得 2015.5.31

977 邱拙 2010年作 蒸蒸日上 势不可挡
估　价：RMB 300,000～400,000
成交价：RMB 460,000
100cm×100cm 北京翰海 2015.6.26

779 仇德树 2013年作 裂变山水：紫色调九号
估　价：HKD 400,000～600,000
成交价：RMB 742,440
139.5cm×244cm 中国嘉德 2015.4.6

311 仇晓飞 2009年作 肢僵硬
来源：亚洲私人收藏。
估　价：RMB 1,200,000～1,500,000
成交价：RMB 1,950,000
280cm×360cm 佳士得（上海） 2015.10.24

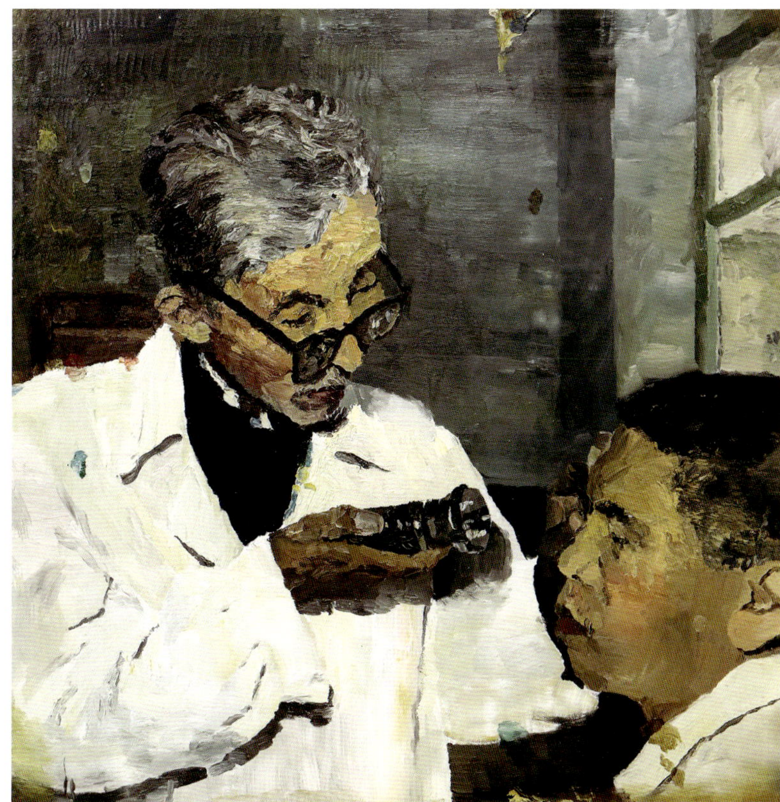

1588 仇晓飞 2009年作 看眼睛
估　价：RMB 1,800,000～2,500,000
成交价：RMB 2,070,000
200cm×200cm 中国嘉德 2015.5.17

247 任戬 1991-1992年作 集·邮（一组共二十四件）
估　价：HKD 1,500,000～2,500,000
成交价：RMB 1,428,390
50cm×50cm 保利香港 2015.4.6

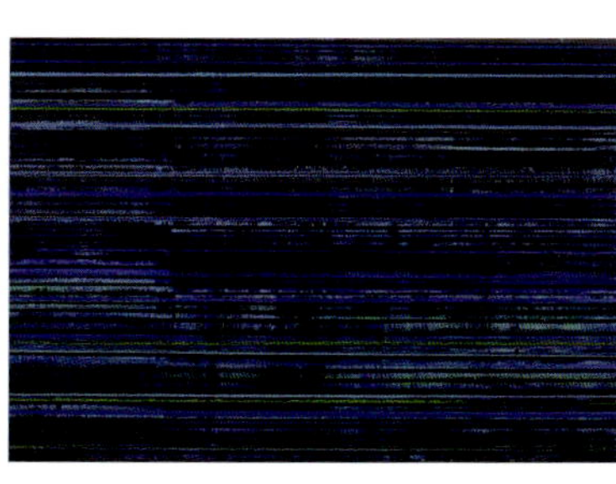

319 曲丰国 2012年作 四季 - 夜
估　价：RMB 150,000～250,000
成交价：RMB 300,000
135cm×200cm 佳士得（上海） 2015.10.24

141 瑞铎·塔帕亚 2008年作 巨型西瓜
来源：亚洲私人收藏。
估　价：HKD 220,000～280,000
成交价：RMB 410,500
佳士得 2015.11.29

599 塞萨·李加斯比 1986年作 高墙
出处：Rebecca Lopez私人收藏 艺术家家属收藏。
估　价：HKD 400,000～500,000
成交价：RMB 350,438
76cm×60.6cm 佳士得 2015.5.31

29 沙耆 1945年作 比利时女肖像（裸女）
来源：台湾私人收藏。
估　价：RMB 1,200,000～1,800,000
成交价：RMB 1,552,500
64cm×80cm 中国嘉德 2015.11.14

237 若兰多·（奥兰）·温杜拿 第14次裁剪后之精华
估　价：HKD 85,000～125,000
成交价：RMB 403,500
香港苏富比 2015.4.5

1541 沙耆 比利时同学像
来源：比利时私人收藏。
估　价：RMB 1,200,000～1,800,000
成交价：RMB 4,025,000
80cm×70cm 中国嘉德 2015.5.17

136 尚扬 1988年作 灶台
来源：佳士得 香港 2012年5月27日 编号2396，现藏者直接购自上述拍卖。
估　价：HKD 3,000,000～5,000,000
成交价：RMB 2,856,780
82cm×90cm 保利香港 2015.4.6

30 沙耆 1940年代作 端坐仕女
来源：台湾私人收藏。
估　价：RMB 1,000,000～1,500,000
成交价：RMB 1,150,000
80.4cm×70.2cm 中国嘉德 2015.11.14

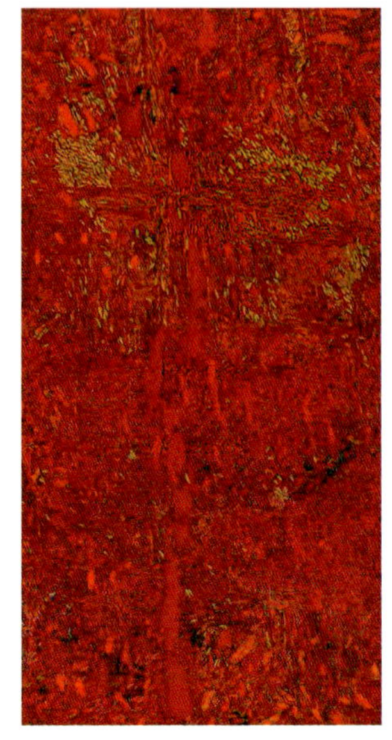

82 上前智佑 1964年作 无题
来源：日本 大阪 LADS画廊 英国 私人收藏 亚洲 重要私人收藏。
估　价：HKD 1,500,000～2,000,000
成交价：RMB 1,762,200
182cm×92cm 佳士得 2015.5.30

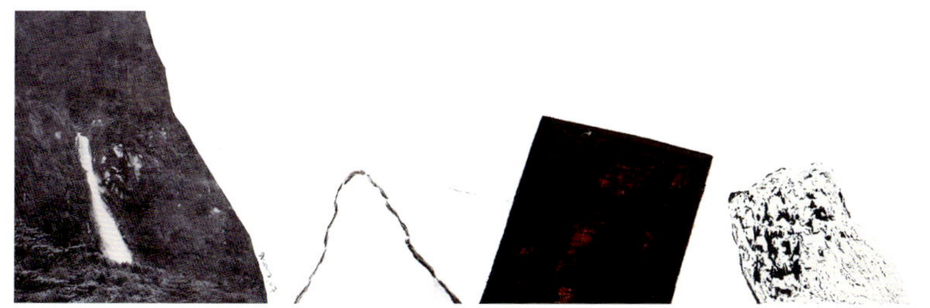

4072 尚扬 2007年作 董其昌计划-7
展览：2009年 尚扬 董其昌计划/天安时间当代艺术中心/北京；2014年 社会风景——中国当代绘画中的风景叙事 成都市国际文化艺术品交流中心/成都。
估 价：RMB 2,800,000～3,800,000
成交价：RMB 6,440,000
128cm×416cm 北京保利 2015.6.3

5526 尚扬 1995年作 95大风景-4
展览：1996年《首届上海美术双年展》上海美术馆/上海；1996年《首届中国油画年展》中国美术馆/北京；2012年《艺术北京博览会》全国农业展览馆/北京。
估 价：RMB 3,000,000～5,000,000
成交价：RMB 5,520,000
170cm×200cm 北京保利 2015.12.5

1305 邵增虎 2014年作 下午的树林
估 价：RMB 380,000～400,000
成交价：RMB 575,000
60cm×80cm 广东崇正 2015.6.19

1599 尚扬 1994年作 诊断-3
估 价：RMB 3,000,000～5,000,000
成交价：RMB 8,050,000
193cm×153cm 中国嘉德 2015.5.17

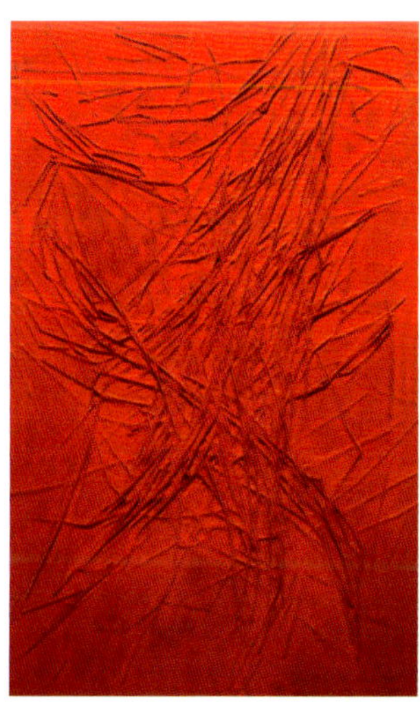

150 申凡 1991年作 1991-M-3
来源：中国 上海 香格纳画廊。
估 价：RMB 50,000～80,000
成交价：RMB 200,000
123.7cm×76.5cm 佳士得（上海） 2015.4.25

1192 申玲 1998年作 我和你
估 价：RMB 180,000～280,000
成交价：RMB 299,000
145cm×112cm 上海泛华 2015.6.19

5082 沈汉武 神圣的故宫
来源：现美国藏者直接购自艺术家本人。
估 价：HKD 300,000～400,000
成交价：RMB 302,625
122cm×91.5cm 香港苏富比 2015.4.5

364 沈雁 舞蹈混合泳
来源：现藏者得自艺术家家庭；新加坡私人收藏。
估 价：HKD 80,000～140,000
成交价：RMB 389,975
36cm×214cm 佳士得 2015.11.29

1171 施本铭 2003年作 女人体
估　价：RMB 180,000～280,000
成交价：RMB 322,000
110cm×165cm 上海泛华 2015.6.19

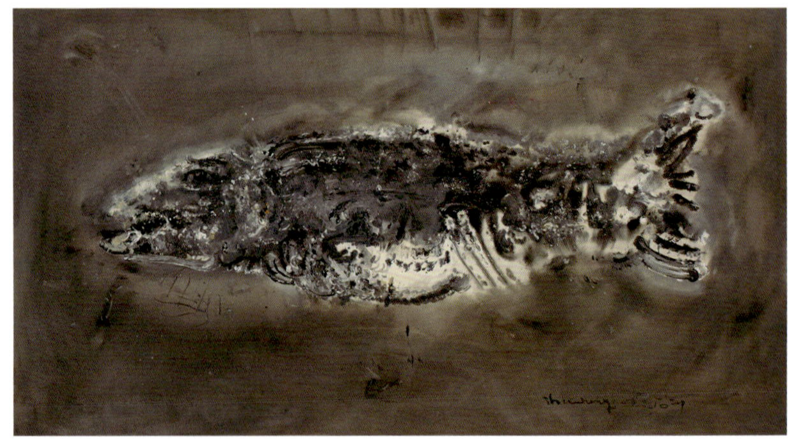

900 石冲 2003年作 鱼的表情
估　价：RMB 700,000～800,000
成交价：RMB 805,000
70cm×130cm 北京翰海 2015.6.26

246 石冲 1995年作 欣慰中的年青人
说明：此作荣获第三届中国油画年展银奖。
估　价：RMB 26,000,000～36,000,000
成交价：RMB 37,950,000
152cm×74cm 中国嘉德 2015.11.14

49 石田彻也 1998年作 无题
来源：亚洲重要私人收藏。
估　价：HKD 1,200,000～1,800,000
成交价：RMB 3,300,120
103cm×145.6cm 佳士得 2015.5.30

805 石良 1998年作 默
出版：《画廊》，画廊杂志社，新五期（总八十四期），2002年，114页。
成交价：RMB 483,000
100cm×80cm 北京翰海 2015.11.27

314 石至莹 2011-2012年作 海 II
来源：亚洲私人收藏。
估 价：RMB 180,000～300,000
成交价：RMB 375,000
200cm×200cm 佳士得（上海） 2015.10.24

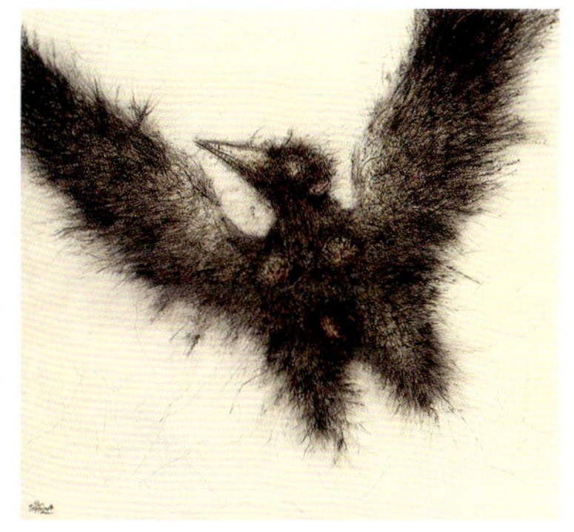

1388 石磊 2008年作 飞系列-10
估 价：RMB 200,000～250,000
成交价：RMB 230,000
120cm×130cm 广东崇正 2015.6.19

5051 司徒立 2004年作 银色古堡
来源：现亚洲藏者直接购自艺术家本人。
估 价：HKD 600,000～800,000
成交价：RMB 857,438
113cm×162cm 香港苏富比 2015.4.5

1035 斯里哈迪·苏达索诺 抽象风景画
来源：帕帕蒂米迪奥先生旧藏；亚洲私人收藏。
估 价：HKD 620,000～780,000
成交价：RMB 1,412,250
130cm×195cm 香港苏富比 2015.4.4

75 松谷武判 1965年作 作品 65-W
来源：亚洲私人收藏；日本东京白石画廊；亚洲私人收藏。
估 价：HKD 1,200,000～1,800,000
成交价：RMB 1,185,480
183cm×138cm 佳士得 2015.5.30

408 宋琨 2006-2012年作 南湖渠自画像—栖息花之催眠
估 价：RMB 180,000～280,000
成交价：RMB 322,000
90cm×125cm 上海明轩 2015.6.21

2125 舒群 1991年作 文化POP系列·崔健B
出版：1.《图像的辩证法·舒群的艺术》，岭南美术出版社，2009年，封二，第136页；2.《中国当代艺术文献1990-1991》，湖南美术出版社，1992年，第39页等等。
估 价：RMB 1,600,000～2,600,000
成交价：RMB 2,185,000
130cm×120cm 北京匡时 2015.12.4

1623 宋永红 1995年作 公共浴室
来源：香港汉雅轩画廊；香港苏富比2011年春拍编号890；现藏家得自上述拍卖会。
估 价：RMB 500,000~700,000
成交价：RMB 1,265,000
150cm×150cm 中国嘉德 2015.5.17

4034 苏天赐 1998年作 水边的幽篁
展览：1998年《当代中国山水画·油画风景展》中国美术馆/北京、上海油画雕塑院/上海。
估 价：RMB 1,500,000~2,000,000
成交价：RMB 2,530,000
60cm×110cm 北京保利 2015.6.3

2582 苏新平 2003年作 干杯24号
出版：《苏新平》，湖南美术出版社，2013年，第358页。
估 价：RMB 600,000~800,000
成交价：RMB 1,035,000
200cm×260cm 北京匡时 2015.6.6

707 宋元元 2010年作 多面体 （双联作）
来源：北京，01100001画廊，现藏者购自上述来源。
估 价：HKD 350,000~550,000
成交价：RMB 353,063
210cm×361cm 香港苏富比 2015.4.5

458 苏加那·克尔顿 吃肉丸
来源：直接购自艺术家；Hans Guyer收藏，瑞士；新加坡苏富比1997年3月29日拍品，编号69；印度尼西亚私人收藏；新加坡苏富比2003年10月12日拍品，编号149，现藏家购自上述拍卖会。印度尼西亚私人收藏。
估 价：HKD 500,000~700,000
成交价：RMB 873,375
65cm×95cm 香港苏富比 2015.10.5

880 苏天赐 1993年作 漓江新篁
来源：新加坡私人收藏。
估 价：RMB 800,000~1,000,000
成交价：RMB 920,000
59.5cm×109.5cm 北京诚轩 2015.5.17

155 苏笑柏 2006年作 相濡与沫
出版：《苏笑柏》上海书店出版社，2007年（图版，第96页）。
估 价：HKD 1,800,000~2,600,000
成交价：RMB 1,745,928
244cm×194cm 保利香港 2015.10.5

703 孙良 1987年作 黑灯光
估 价：RMB 800,000~1,000,000
成交价：RMB 1,035,000
75.5cm×110cm 西泠拍卖 2015.7.4

973 苏奕荣 2015年作 男男女女
估 价：RMB 400,000~600,000
成交价：RMB 517,500
130.5cm×97cm 北京翰海 2015.6.26

800 孙建平 1994年作 弘一法师李叔同
估 价：RMB 400,000~600,000
成交价：RMB 460,000
153cm×103cm 北京翰海 2015.11.27

1544 孙宗慰 1946年作 厨房
估 价：RMB 400,000~600,000
成交价：RMB 598,000
53.6cm×62.7cm 中国嘉德 2015.5.17

623 苏佐佐诺 1970年作
早晨在 Sirnagalih Megamendung
出处：印度尼西亚私人收藏。
估 价：HKD 700,000~800,000
成交价：RMB 849,060
61cm×101cm 佳士得 2015.5.31

1027 塔万·杜查尼 泰国兰纳农舍
来源：直接购自艺术家，家族传至现藏家；亚洲私人收藏。
估 价：HKD 600,000~800,000
成交价：RMB 907,875
100cm×180cm 香港苏富比 2015.4.4

2066 谭华牧 1960年代作 越秀山
出版：《失踪者的踪迹：谭华牧》，岭南美术出版社，2006年，第80页。
估　价：RMB 200,000～300,000
成交价：RMB 218,500
18.5cm×28cm 北京匡时 2015.12.4

203 谭平 2007年作 感动1号
来源：亚洲 私人收藏。
估　价：HKD 500,000～700,000
成交价：RMB 837,989
160cm×200cm 保利香港 2015.4.6

2583 唐晖 2008年作 长江大桥和北京站
出版：唐晖个展，东站画廊，北京，2011年。
估　价：RMB 250,000～350,000
成交价：RMB 437,000
100cm×150cm×2 北京匡时 2015.6.6

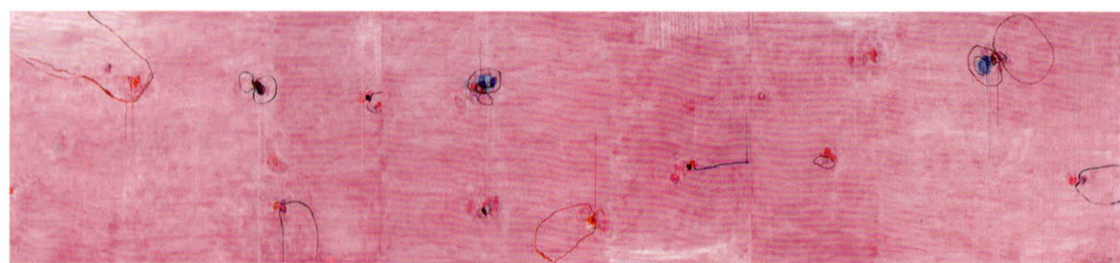

5536 谭平 2009年作 无题
估　价：RMB 600,000～1,000,000
成交价：RMB 3,507,500
200cm×300cm×3 北京保利 2015.12.5

4066 唐近豪 2003年作 银河0752
展览：2006年《第三届亚洲新意美术交流展》马来西亚创价学会展览馆/吉隆坡/马来西亚。
估　价：RMB 900,000～1,200,000
成交价：RMB 1,150,000
122cm×150cm 北京保利 2015.6.3

4305 唐一文 雪晴
估　价：RMB 500,000～700,000
成交价：RMB 644,000
100cm×140cm 北京保利 2015.6.4

193 唐伟民 2013年作 尘烟
展出：幻·留存，中国青年写实十人代表展，2013年10月。
估　价：RMB 580,000～780,000
成交价：RMB 713,000
180cm×90.4cm 中国嘉德 2015.11.14

42 唐蕴玉 1934年作 女子肖像
估 价：RMB 280,000～380,000
成交价：RMB 322,000
44cm×35cm 中国嘉德 2015.11.14

1560 唐蕴玉 1934年作 同学M君
来源：源自艺术家家属。
估 价：RMB 350,000～450,000
成交价：RMB 1,725,000
79cm×59cm 中国嘉德 2015.5.17

704 堂本尚郎 1960年作 绘画1960-14
来源：亚洲私人收藏，现藏者购自上述来源。
估 价：HKD 450,000～650,000
成交价：RMB 1,541,250
80.5cm×116.7cm. 香港苏富比 2015.10.5

943 陶冬冬 2007年作 水佛NO.2
估 价：RMB 400,000～600,000
成交价：RMB 1,495,000
186cm×143cm 北京翰海 2015.6.26

138 唐志冈 2003年作 儿童开会
来源：法国 巴黎 Galerie Enrico Navarra，现藏者购自上述画廊。
估 价：HKD 600,000～800,000
成交价：RMB 615,750
130cm×160cm 佳士得 2015.11.29

123 天明屋尚 2004年作 鵺
出处：亚洲 私人收藏。
估 价：HKD 500,000～800,000
成交价：RMB 500,625
150cm×119cm 佳士得 2015.5.31

1058 田中敦子 1993年作 93C
来源：米兰，Toselli 画廊，现藏者购自上述来源。
估 价：HKD 2,500,000～4,000,000
成交价：RMB 5,874,960
130cm×193.5cm 香港苏富比 2015.4.4

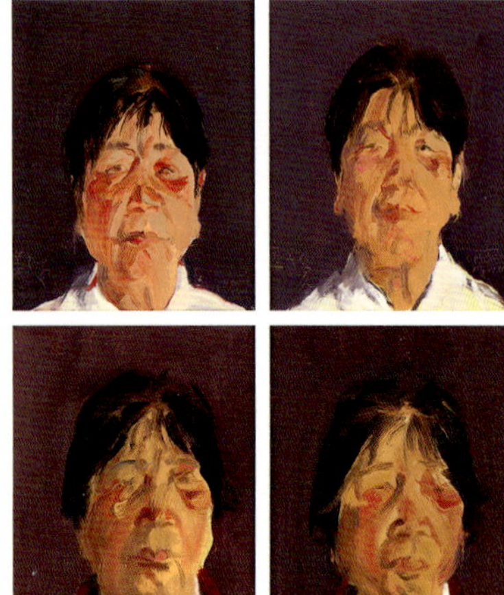

779 童雁汝南 2014年作 姜子爱
估　价：RMB 550,000~750,000
成交价：RMB 920,000
41cm×33cm×4 西泠拍卖 2015.7.4

254 屠宏涛 2011年作 东坡的一封信
估　价：RMB 800,000~1,200,000
成交价：RMB 943,000
180cm×280cm 中国嘉德 2015.11.14

4152 屠宏涛 2011年作 树下遇到荒木
出版：《植物的欲望：屠宏涛》P76 伊比利亚当代艺术中心出版，2011年。
估　价：RMB 1,300,000~1,800,000
成交价：RMB 2,185,000
270cm×210cm 北京保利 2015.6.3

866 佤山·斯迪克 2012年作 自杀
估　价：RMB 200,000~300,000
成交价：RMB 230,000
200cm×300cm 北京翰海 2015.11.27

5804 王承昊 风雪渡僧人
估　价：RMB 400,000~500,000
成交价：RMB 460,000
60cm×60cm 北京保利 2015.12.5

436 王川 2006年作 深圳地图
出版：《王川油彩作品》，朱屺瞻艺术馆，2006年版第48页。
估　价：RMB 400,000~600,000
成交价：RMB 977,500
140cm×200cm 上海明轩 2015.6.21

151 王岱山 2008年作 花园系列
估　价：RMB 180,000~280,000
成交价：RMB 350,000
160cm×120cm 佳士得（上海） 2015.4.25

4173 王光乐 2007年作 水磨石2007.12.27
出版：《China's Revision 演变》P92 Prestel Publishing 2009年版；《WANG GUANGLE》P46 A Ganske Publishing Group Company 2014年版。
估　价：RMB 1,600,000~2,600,000
成交价：RMB 2,875,000
180cm×130cm 北京保利 2015.6.3

913 王光乐 2011年作 寿漆111027
出版：《王光乐在台湾》，索卡当代艺术有限公司，台北，2011年12月，第32页至第33页。
估　价：RMB 500,000~600,000
成交价：RMB 713,000
90cm×90cm 北京诚轩 2015.11.14

1063 王广义 1987年作 红色理性——文艺复兴衰落原因之分析
来源：巴黎Chinese Century 画廊，现藏者购自上述来源。
估　价：HKD 1,200,000～2,000,000
成交价：RMB 2,291,880
89.2cm×64.4cm 香港苏富比 2015.4.4

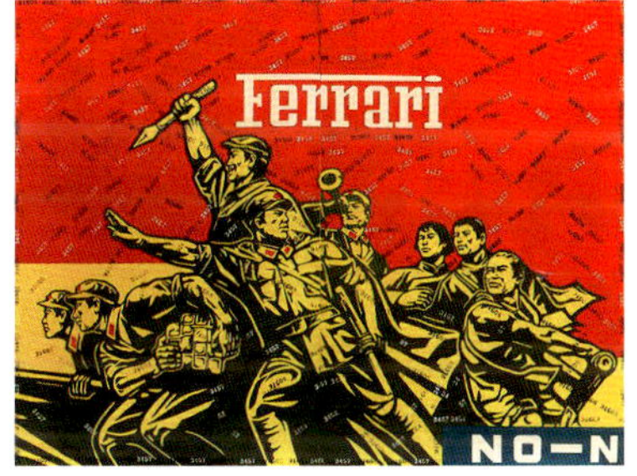

137 王广义 2004年作 大批判 - 法拉利
来源：2008年5月24日香港佳士得拍品，编号167，现藏者购自于上述拍卖；比利时私人收藏。
估　价：HKD 1,500,000～2,000,000
成交价：RMB 1,510,640
300cm×400cm 佳士得 2015.11.29

773 王怀庆 1999年作 榻
发表：《王怀庆专辑》，P86，2004年初版；《大河上下——新时期中国油画回顾展作品集》，P222，岭南美术出版社，2005年11月初版等等。
估　价：HKD 9,000,000～12,000,000
成交价：RMB 8,352,450
140cm×197cm 中国嘉德 2015.4.6

1014 王怀庆 1992年作 相对有声
来源：北京诚轩2011年5月22日拍品，编号858，现藏者直接购自上述拍卖。
估　价：HKD 12,000,000～18,000,000
成交价：RMB 11,685,360
130.5cm×143.5cm 香港苏富比 2015.4.4

719 王华祥 2014年作 耕种
估　价：RMB 800,000～1,000,000
成交价：RMB 1,380,000
100cm×300cm 华艺国际 2015.5.24

1536 王济远 读书少女
来源：美国私人收藏。
估　价：RMB 280,000～380,000
成交价：RMB 805,000
101.5cm×75.7cm 中国嘉德 2015.5.17

454 王劼音 1994年作 有云的风景
出版：《上海新架上画派》，上海书画出版社，1995年版第23页。
估　价：RMB 60,000～80,000
成交价：RMB 207,000
53cm×72cm 上海明轩 2015.6.21

2563 王克举 2009年作 秋风里的杨树
出版：《中国油画家王克举》，吉林美术出版社，2011年，第110页。
估　价：RMB 350,000～450,000
成交价：RMB 402,500
140cm×160cm 北京匡时 2015.6.6

6369 王默 2013年作 牡丹起舞
估　价：RMB 180,000～300,000
成交价：RMB 207,000
128cm×195cm 北京保利 2015.8.12

876 王其钧 北方佳人
估　价：RMB 800,000～1,200,000
成交价：RMB 1,265,000
187cm×136cm 北京翰海 2015.11.27

2187 王荣 2009年作 梅须逊雪三分白
估　价：RMB 700,000～1,000,000
成交价：RMB 805,000
98cm×78cm 北京匡时 2015.12.4

2825 王天德 圆系列 No.65
来源：直接购自艺术家，亚洲私人收藏。
估　价：HKD 100,000～150,000
成交价：RMB 123,300
diameter： 95cm 香港苏富比 2015.10.5

475 王文彬 1977年作 天安门广场的景观
出版：《王文彬画集》，吉林美术出版社，2010年版第265页。
估　价：RMB 100,000～200,000
成交价：RMB 218,500
30.4cm×50cm 上海明轩 2015.6.21

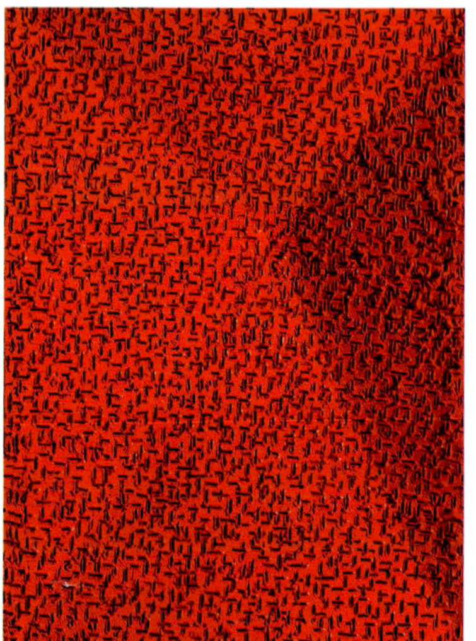

147 王小松 2013年作 棱镜
估　价：RMB 220,000～320,000
成交价：RMB 275,000
125.5cm×90cm×13.5cm
佳士得（上海） 2015.4.25

263 王晓勃 2014年作 胖女王的新构想 No. 3
估　价：HKD 250,000～350,000
成交价：RMB 285,678
103cm×113cm 保利香港 2015.4.6

37 王兴伟 2003年作 八女投江
来源：中国私人收藏。
估 价：RMB 2,500,000~3,500,000
成交价：RMB 3,068,000
195cm×300cm 苏富比（北京） 2015.6.2

568 王衍成 2009年作 无题
出处：法国巴黎 Patrice Trigano 画廊，法国私人收藏（现藏者购自于上述画廊）。
估 价：HKD 550,000~750,000
成交价：RMB 1,473,840
150cm×180cm 佳士得 2015.5.31

161 王兴伟 2006年作 无题（小划船）
来源：瑞士卢塞恩麦勒画廊，现藏者购自上述画廊。
估 价：HKD 450,000~650,000
成交价：RMB 870,260
100.5cm×120cm 佳士得 2015.11.29

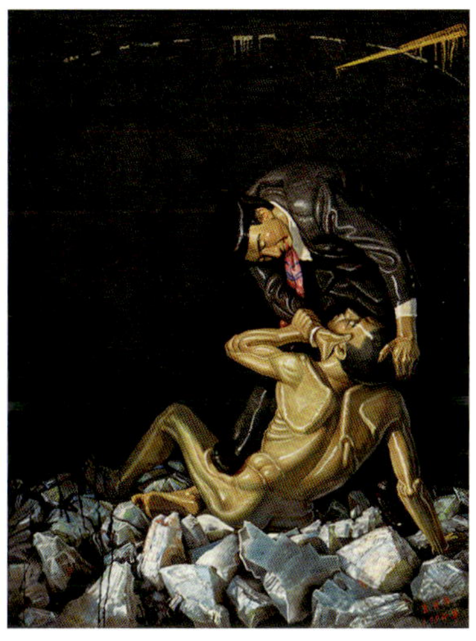

1087 王兴伟 1994年作 伤害
来源：重要欧洲私人收藏。
估 价：HKD 2,500,000~3,500,000
成交价：RMB 3,518,160
210cm×170cm 香港苏富比 2015.10.4

656 王亚彬 2014年作 客从远方来
估 价：RMB 450,000~550,000
成交价：RMB 575,000
150cm×180cm 西泠拍卖 2015.7.4

4156 王音 2000年作 沙尘暴
展览：2002年《王音 杨茂源作品展》艺术文件仓库 / 北京；2015年《目光所及——后金融危机时代的中国新绘画》保利艺术博物馆 / 北京。
估 价：RMB 1,000,000~1,500,000
成交价：RMB 1,207,500
180cm×290cm 北京保利 2015.6.3

783 王羽天 2004年作 静物
出版：1.《中国油画家》第6期封面，2012年；2.《境界——王羽天油画作品集》，2014年。
成交价：RMB 632,500
72cm×80cm 西泠拍卖 2015.7.4

252 王音 2011年作 父亲III
发表：《线索II：各行其是》，P294，今日美术馆出版社，北京，2011年7月初版；《王音》，P50，当代唐人艺术中心，2014年出版。
估 价：RMB 1,200,000~1,800,000
成交价：RMB 1,725,000
201cm×161cm 中国嘉德 2015.11.14

4095 王沂东 2008年作 初雪
出版：《中国写实画派 王沂东》 P64-65吉林美术出版社2009年版。
估 价：RMB 6,000,000~7,000,000
成交价：RMB 6,325,000
117cm×78cm 北京保利 2015.6.3

5557 王沂东 2015年作 弯弯的羊肠道
展览：2015年 中国写实画派十一年展 北京1+1艺术中心 / 北京。
估　价：RMB 2,200,000～3,200,000
成交价：RMB 2,530,000
60cm×60cm 北京保利 2015.12.5

450 王玉平 1998年作 云上的日子 1
估　价：RMB 400,000～600,000
成交价：RMB 690,000
190cm×220cm 上海明轩 2015.6.21

5723 王治平 2012年作 村口
估　价：RMB 200,000～250,000
成交价：RMB 230,000
100cm×180cm 北京保利 2015.12.5

20 威廉·杰拉德·贺夫卡 1942年作 Poeri Oeboed with Made Toewi
来源：希腊私人收藏 Maria Hofker-Rueter收藏；上述藏家赠予现藏者。
估　价：HKD 1,500,000～2,500,000
成交价：RMB 3,107,880
60.5cm×35cm 佳士得 2015.5.30

537 维参特·席尔瓦·马南萨拉 1980年作 蜡烛小贩
来源：原藏者得自艺术家本人，现由原藏家家属收藏。
估 价：HKD 800,000～1,000,000
成交价：RMB 1,707,680
109cm×78.5cm 佳士得 2015.11.29

456 维参特·马南萨拉 1973年作 斗鸡
出处：前藏者为J.V. Cruz大使 菲律宾马尼拉。
估 价：HKD 1,000,000～1,400,000
成交价：RMB 1,089,360
84cm×100cm 佳士得 2015.5.31

469 维达雅 明月下的丛林
来源：香港佳士得2007年11月25日拍品，编号9。
估 价：HKD 350,000～480,000
成交价：RMB 1,027,500
145cm×85cm 香港苏富比 2015.10.5

4185 韦嘉 2009年作 通往隐忧之地 I
展览：2015年《目光所及——后金融危机时代的中国新绘画》保利艺术博物馆 / 北京。
估 价：RMB 700,000～900,000
成交价：RMB 862,500
220cm×190cm×2 北京保利 2015.6.3

5963 韦启美 1998年作 蓬山
出版：《师·道—徐悲鸿及其学生作品展》 P162 2015年版。
成交价：RMB 333,500
80cm×100cm 北京保利 2015.12.5

1572 魏乐唐 1972年作 黄色之春
发表：《魏乐唐八十回顾》，P95，上海美术馆，2001年8月出版。
成交价：RMB 402,500
132.4cm×101.3cm 中国嘉德 2015.5.17

232 卫天霖 窗前向日葵
估 价：RMB 800,000~1,200,000
成交价：RMB 1,012,000
55cm×55cm 中国嘉德 2015.11.14

787 文金扬 1943年作 乞丐
来源：作品来源于艺术家家属。
估 价：RMB 600,000~800,000
成交价：RMB 977,500
57cm×40.5cm 北京翰海 2015.11.27

349 魏传义 天山北路
成交价：RMB 345,000
60cm×80cm 保利厦门 2015.5.3

1079 文森·席尔瓦·马南萨拉 丰收
成交价：RMB 3,419,520
91cm×183cm 香港苏富比 2015.10.4

5524 吴大羽 1982年作 春在
来源：北美私人藏家收藏。
估　价：RMB 2,800,000~3,500,000
成交价：RMB 3,910,000
34.5cm×34.5cm 北京保利 2015.12.5

231 吴大羽 约1980年作 飞羽
发表：《吴大羽作品集》，P168，人民美术出版社，2015年3月出版。
估　价：RMB 3,000,000~5,000,000
成交价：RMB 5,865,000
45.6cm×33cm 中国嘉德 2015.11.14

1570 吴大羽 约1980年作 谱韵-63
展出：《吴大羽师生展》大未来画廊，台北，1996年1月13日-2月6日；《吴大羽画展》国立历史博物馆，台北，2001年3月9日-4月8日。
估　价：RMB 3,500,000~4,500,000
成交价：RMB 11,500,000
53.7cm×37.3cm 中国嘉德 2015.5.17

4022 吴大羽 1980年作 无题-19
出版：《吴大羽》 P97 大未来画廊2006年版；《吴大羽作品集》人民美术出版社2015年版。
估 价：RMB 6,500,000~7,500,000
成交价：RMB 10,350,000
54cm×39cm 北京保利 2015.6.3

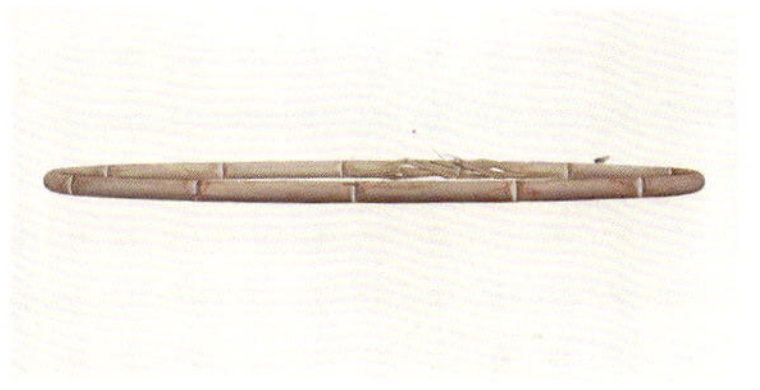

4394 吴笛笛 2015年作 隐秘的目的
估 价：RMB 200,000~300,000
成交价：RMB 230,000
120cm×240cm 北京保利 2015.6.4

4004 吴冠中 1959年作 井冈山小景
说明：新加坡美术馆提供，购自香港香港佳士得1991年秋季拍卖会Lot0008。
估 价：RMB 2,200,000~4,000,000
成交价：RMB 5,980,000
46cm×61.5cm 北京保利 2015.6.3

1008 吴冠中 1994年作 墙上秋色
来源：北京保利2010年6月2日拍品，编号1836，现藏者直接购自上述拍卖。亚洲重要私人收藏。
估 价：HKD 15,000,000~20,000,000
成交价：RMB 25,920,840
60.5cm×93cm 香港苏富比 2015.4.4

150 吴冠中 1975年作 滨海城市（青岛）
成交价：RMB 31,424,580
46cm×61cm 保利香港 2015.4.6

5509 吴冠中 1973年作 紫竹院的早春
展览：2012年 中国国际画廊博览会 全国农业展览馆/ 北京；2012年 艺术北京 全国农业展览馆/北京。
估 价：RMB 20,000,000~30,000,000
成交价：RMB 24,725,000
60cm×81cm 北京保利 2015.12.5

4006 吴冠中 1975年作 木槿
展览：2010年《风筝不断线——缅怀吴冠中先生经典作品收藏大展》保利艺术博物馆/北京；2011年《纪念吴冠中先生逝世一周年精品展》保利艺术博物馆/北京。
成交价：RMB 69,000,000
120cm×80cm 北京保利 2015.6.3

953 吴晓林 2014年作 海带欢歌
估 价：RMB 200,000~300,000
成交价：RMB 437,000
138cm×199cm 北京翰海 2015.6.26

890 吴燮勋 1982年作 男人体
出版：《吴燮勋画集》，广西美术版，1999年；《吴燮勋油画集》，人民美术出版社，2007年。
估 价：RMB 120,000~180,000
成交价：RMB 345,000
101cm×118cm 北京翰海 2015.6.26

5508 吴冠中 1961年作 大昭寺
出版：《吴冠中精品选集》P45 艺达作坊 1996年版；《吴冠中全集2》P105 湖南美术出版社 2007年版。
估 价：RMB 4,000,000~7,000,000
成交价：RMB 9,200,000
46cm×61cm 北京保利 2015.12.5

1543 吴作人 1939年作 嘉陵江边
来源：中国嘉德2004年春拍中国油画及雕塑专场Lot9，现藏家得自上述拍卖会；艺术家家属旧藏。
估　价：RMB 2,800,000～3,800,000
成交价：RMB 5,290,000
70cm×100cm 中国嘉德 2015.5.17

293 武元谈 神逸
估　价：HKD 100,000～150,000
成交价：RMB 359,625
136cm×115cm 香港苏富比 2015.10.5

568 西奥·梅耶 1976年作 JETTLI 和荷花
来源：瑞士 私人收藏。
估　价：HKD 450,000～650,000
成交价：RMB 461,813
120cm×100cm 佳士得 2015.11.29

472 武高谈 1971年作 骑士
估　价：HKD 50,000～70,000
成交价：RMB 359,188
50cm×61cm 佳士得 2015.11.29

1021 西奥·迈尔 巴隆舞
来源：艺术家馈赠；亚洲私人收藏。
估　价：HKD 400,000～600,000
成交价：RMB 1,807,680
150cm×100cm 香港苏富比 2015.4.4

21 西奥·梅耶 峇里女子 （共两件）
来源：前藏者Sanidh Rangsit王子直接得自艺术家本人；Christine Rangsit泰国公主私人收藏。
估　价：HKD 1,400,000～1,800,000
成交价：RMB 1,185,480
137.5cm×57cm；157.5cm×77.5cm 佳士得 2015.5.30

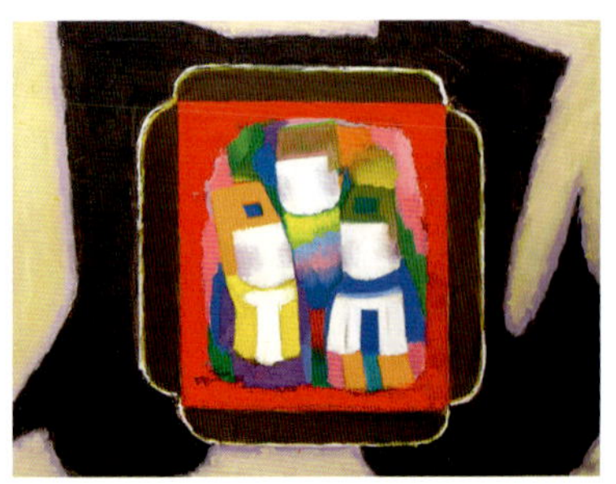

409 席德进 1964年作 抽象
出处：直接购自艺术家，法国私人收藏。
估　价：HKD 700,000～900,000
成交价：RMB 650,813
73.2cm×96.9cm 佳士得 2015.5.31

328 向庆华 2014年作 窗
来源：亚洲私人收藏。
估　价：RMB 160,000～260,000
成交价：RMB 200,000
105cm×260cm 佳士得（上海） 2015.10.24

901 夏俊娜 2013年作 风雨之后
估　价：RMB 200,000～300,000
成交价：RMB 345,000
80cm×60cm 北京翰海 2015.6.26

410 肖芳凯 2008年作 景·式 0828
估　价：RMB 180,000～280,000
成交价：RMB 287,500
200cm×150cm 上海明轩 2015.6.21

5087 萧勤 1994年作 永久的花园-1
来源：亚洲私人收藏。
估　价：HKD 500,000～800,000
成交价：RMB 873,375
110cm×140cm 香港苏富比 2015.10.5

1622 夏小万 1996年作 第一号动作
发表：《仰望的世界：夏小万画集》，SCHONEI画廊，香港，1998年初版；《唯美至上：表象注意油画名家系列》，P21，天津杨柳青画社，2007年6月初版。
估　价：RMB 450,000～650,000
成交价：RMB 552,000
162.5cm×130.3cm 中国嘉德 2015.5.17

5009 谢景兰 1978年作 不对称与对称
来源：欧洲私人收藏。
估　价：HKD 800,000～1,200,000
成交价：RMB 822,000
195cm×130cm. 香港苏富比 2015.10.5

698 谢楚余 2002年作 天籁
估 价：RMB 500,000~750,000
成交价：RMB 575,000
120cm×100cm 华艺国际 2015.5.24

917 谢墨凛 2011年作 辙之一
估 价：RMB 450,000~550,000
成交价：RMB 690,000
155cm×206cm 北京诚轩 2015.11.14

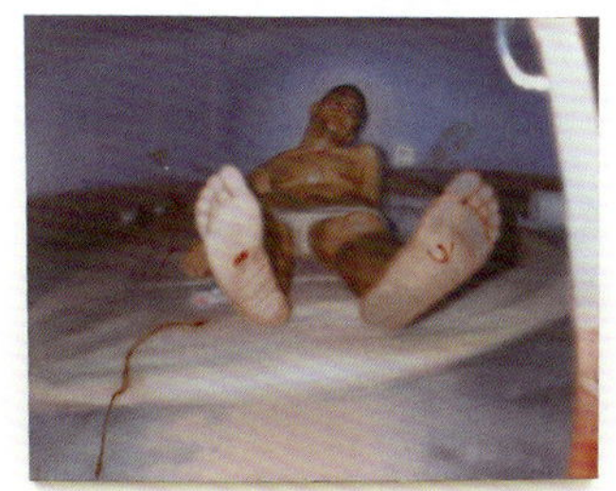

2115 谢南星 1999年作 无题系列 NO.4
出版：《谢南星：作品1992—2004》，Galerie Urs Meile and timezone 8 Ltd，2004年，第56页。
估 价：RMB 1,200,000~2,200,000
成交价：RMB 4,657,500
140cm×178.5cm 北京匡时 2015.12.4

751 谢南星 2007年作 无题3号
来源：北京麦勒画廊，现藏者购自上述来源。
估 价：HKD 700,000~1,200,000
成交价：RMB 1,710,840
220cm×385cm 香港苏富比 2015.4.5

372 谢玉谦 1954年作 新加坡河边
来源：1995年10月01日 新加坡佳士得拍品，编号690。新加坡私人收藏（现藏者购自上述拍卖）。
估 价：HKD 250,000~300,000
成交价：RMB 564,438
65cm×80cm 佳士得 2015.11.29

4178 熊宇 2015年作 漂流之地
估 价：RMB 200,000~250,000
成交价：RMB 345,000
200cm×150cm 北京保利 2015.6.3

4324 忻东旺 2005年作 朋友
出版：《村民列传—忻东旺》P34-35 今日美术馆书库 2005年。
估 价：RMB 500,000~600,000
成交价：RMB 598,000
160cm×65cm 北京保利 2015.6.4

338 徐里 1999年作 高原吉祥
估 价：RMB 280,000~350,000
成交价：RMB 345,000
150cm×80cm 保利厦门 2015.5.3

5793A 徐鸣 2012年作 秋枫
估 价：RMB 550,000~650,000
成交价：RMB 632,500
100cm×120cm 北京保利 2015.12.5

5018 许汉超 咖啡时光
来源：美国私人收藏，现亚洲藏者购自上述来源。
估 价：HKD 200,000~300,000
成交价：RMB 242,100
61cm×76.5cm 香港苏富比 2015.4.5

190 薛广陈 2015年作 慢……No.2
估 价：RMB 200,000~300,000
成交价：RMB 437,000
50cm×70cm 中国嘉德 2015.11.14

243 徐唯辛 2007年作 矿工康振国
来源：法国巴黎 55Bellechasse画廊，现藏者购自上述画廊。
估 价：HKD 160,000~280,000
成交价：RMB 205,250
247.7cm×199.1cm 佳士得 2015.11.29

144 许江 2000年作 大北京·紫禁城
来源：2007年5月27日 香港佳士得拍品，编号305，现藏家购自上述拍卖。
估 价：RMB 1,600,000~2,000,000
成交价：RMB 1,710,000
180cm×180cm 佳士得（上海） 2015.4.25

4143 徐震 2013年作 天下-20130509
展览：2015年《目光所及——后金融危机时代的中国新绘画》保利艺术博物馆 / 北京。
估 价：RMB 520,000~720,000
成交价：RMB 632,500
95cm×140cm 北京保利 2015.6.3

183 薛峰 2012年作 背景 2012-18
来源：亚洲私人收藏。
估 价：HKD 120,000~220,000
成交价：RMB 307,875
200cm×160cm 佳士得 2015.11.29

850 薛松 1998年作 中国风景及可口可乐（九张作品）
来源：上海香格纳画廊，尤伦斯夫妇收藏，香港苏富比2011年10月2日拍品，编号116。
估　价：HKD 350,000～450,000
成交价：RMB 403,500
each 61cm×50.5cm 香港苏富比 2015.4.5

272 严力 1982年作 我在画画之二
估　价：RMB 220,000～280,000
成交价：RMB 253,000
90cm×56cm 中国嘉德 2015.11.14

5783 严智龙 2011年作 游戏中的游戏
出版：《最绘画—中国新青年油画家邀请展作品集》P80，广西美术出版社2013年版。
估　价：RMB 800,000～1,000,000
成交价：RMB 920,000
120cm×198cm 北京保利 2015.12.5

4102 闫平 2009年作 听风
估　价：RMB 1,800,000～2,600,000
成交价：RMB 2,530,000
200cm×180cm 北京保利 2015.6.3

166 严培明 2007年作 黑色自画像
出处：美国纽约 David Zwirner画廊，美国私人收藏。
估　价：HKD 1,800,000～2,400,000
成交价：RMB 2,531,160
350cm×350cm 佳士得 2015.5.31

1367 颜文梁 40年作代末作 雪霁
来源：李咏森旧藏。现藏家购于李咏森女儿李寿春。
估 价：RMB 3,000,000～5,000,000
成交价：RMB 4,025,000
46cm×61cm 上海敬华 2015.6.30

4265 颜文梁 颐和园
来源：源自中国嘉德2008年秋季拍卖。
成交价：RMB 3,450,000
28cm×40cm 北京保利 2015.6.4

4086 颜磊 2006年作 彩轮
成交价：RMB 805,000
180cm×180cm 北京保利 2015.6.3

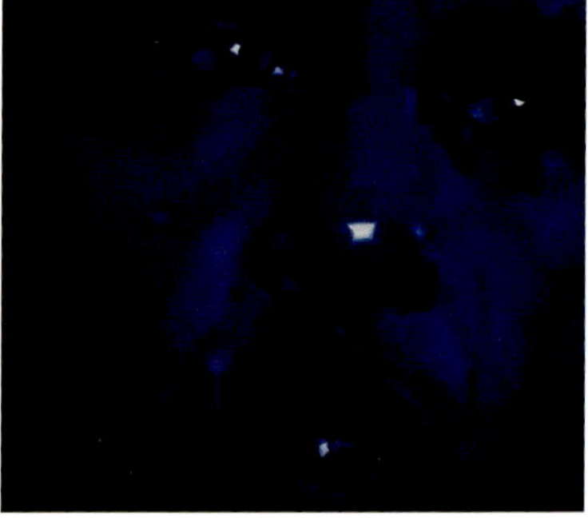

778 杨少斌 2010年至2011年作 蓝屋系列
来源：北京长征空间，现藏者购自上述来源。
估 价：HKD 300,000～400,000
成交价：RMB 322,800
195cm×223.2cm 香港苏富比 2015.4.5

109 杨三郎 流金秋雪
估 价：NTD 2,800,000～3,200,000
成交价：RMB 590,000
97cm×130.5cm 台北中诚 2015.6.14

515 杨识宏 2012年作 次日
出处：亚洲 私人收藏。
成交价：RMB 600,750
113cm×162cm 佳士得 2015.5.31

909 杨诘苍 2012年作 还是花鸟画1912-2012 还是花鸟画1912
来源：美国私人珍藏。
估 价：HKD 400,000～600,000
成交价：RMB 380,475
97cm×70.5cm；37cm×30cm 佳士得 2015.6.1

715 杨飞云 1988年作 穿毛衣的女子
估 价：RMB 1,500,000～2,200,000
成交价：RMB 1,840,000
52cm×44cm 华艺国际 2015.5.24

5558 杨飞云 1998年作 方式
展览：1998年《中国美术学院油画系作品展》北京；2001年《杨飞云个展》台湾山美术馆 巡回展 / 台北 高雄等等。
估 价：RMB 3,500,000~5,000,000
成交价：RMB 4,370,000
162cm×130cm 北京保利 2015.12.5

714 杨飞云 2010年作 唐韵
来源：原藏家得自艺术家本人。
估 价：RMB 6,000,000~8,000,000
成交价：RMB 8,050,000
180cm×150cm 华艺国际 2015.5.24

157 杨飞云 1988年作 小学教师
发表：《杨飞云》，P76-77，澳门苏斋出版社，1996年6月出版。
估 价：RMB 1,000,000~1,500,000
成交价：RMB 1,150,000
60.5cm×50cm 中国嘉德 2015.11.14

4144A 杨黎明 2012年作 2012 NO.1R
估 价：RMB 260,000~360,000
成交价：RMB 310,500
210cm×160cm 北京保利 2015.6.3

2551 杨飞云 2004年作 拉大提琴的女人
来源：原藏家得自艺术家本人。
估 价：RMB 3,000,000~3,500,000
成交价：RMB 3,335,000
146cm×97cm 北京匡时 2015.6.6

5614 杨勋 2010年作 碎忆1-6
出版：《游园惊梦》P40—51程昕东当代艺术空间2012年版。
估　价：RMB 400,000～550,000
成交价：RMB 632,500
直径50cm×6 北京保利 2015.12.5

194 叶子奇 2008-2009年作 台东海边·太麻里
出版：《叶子奇 风景·台湾》诚品股份有限公司 台北 台湾 2009年（图版，第42—43页）。
估　价：HKD 650,000～750,000
成交价：RMB 618,969
50.8cm×243.8cm 保利香港 2015.4.6

233 叶子奇 2014-2015年作 雾来·茎溪·花莲
估　价：NTD 5,500,000～7,500,000
成交价：RMB 2,908,800
102cm×223.5cm 罗芙奥 2015.6.7

210 杨永智 2014年作 立秋
估　价：RMB 100,000～200,000
成交价：RMB 218,500
90.5cm×180cm 中国嘉德 2015.11.14

5808 叶向明 2011年作 吉祥中国之如意荷
估　价：RMB 210,000～250,000
成交价：RMB 241,500
100cm×80cm 北京保利 2015.12.5

267 叶永青 1992年作 大招贴：公共形象的印痕
发表：《九十年代的中国美术：中国经验》，P83，四川美术学院，1993年初版。
估　价：RMB 600,000～800,000
成交价：RMB 1,012,000
153cm×92.7cm 中国嘉德 2015.11.14

877 杨云祥 绣花女
估　价：RMB 380,000～480,000
成交价：RMB 460,000
100cm×80cm 北京翰海 2015.11.27

112 尹朝阳 1999年作 伴侣
估 价：RMB 600,000～800,000
成交价：RMB 1,012,000
146cm×114cm 中国嘉德 2015.11.14

51 尹亨根 1975年作 棕色蓝色
来源：亚洲重要私人收藏。
估 价：HKD 800,000～1,500,000
成交价：RMB 1,666,080
130cm×181.3cm 佳士得 2015.5.30

2581 尹朝阳 2004年作 郊外系列之二
估 价：RMB 380,000～480,000
成交价：RMB 747,500
180cm×100cm 北京匡时 2015.6.6

907 应麦可 2013年作 中国式山水NO.3
估 价：RMB 100,000～200,000
成交价：RMB 287,500
147cm×147cm 北京翰海 2015.6.26

237 余本 1935年作 晚归
发表：《余本画集》，图2，上海人民美术出版社，1961年6月等。
估 价：RMB 2,800,000～3,800,000
成交价：RMB 6,325,000
82cm×94cm 中国嘉德 2015.11.14

5613 于向溟 2013年作 荒城21—一个人的战争
估 价：RMB 300,000～400,000
成交价：RMB 575,000
140cm×225cm 北京保利 2015.12.5

4340 余含兮 2013-2014年作 守望－家园
估 价：RMB 400,000～500,000
成交价：RMB 460,000
150cm×200cm 北京保利 2015.6.4

237 余友涵 1990-1991年作 1991.1
出版：《85新潮中国第一次当代艺术运动》世纪出版集团 上海人民出版社 ；2007 年（图版，第109页）。
估 价：HKD 1,500,000～2,500,000
成交价：RMB 7,427,628
118cm×167cm 保利香港 2015.4.6

211 余润德 模糊的光芒之二十五
发表：《余润德——疏离的诱惑》，P208，2015年出版。
估 价：RMB 120,000～180,000
成交价：RMB 345,000
183cm×95.7cm 中国嘉德 2015.11.14

897 俞晓夫 1998年作 钢琴课
出版：《中国油画》封面，天津人民美术出版社，1998年第4期。
估 价：RMB 4,600,000～5,600,000
成交价：RMB 5,290,000
135cm×180cm 北京翰海 2015.6.26

236 余友涵 2007年作 毛主席和韶山农民谈话
估 价：HKD 4,000,000～6,000,000
成交价：RMB 7,141,950
214cm×154cm 保利香港 2015.4.6

841 喻红 1991年作 烈日当空
来源：亚洲私人收藏。
估 价：HKD 1,200,000～1,600,000
成交价：RMB 1,335,750
160cm×200cm 香港苏富比 2015.10.5

5545 喻红 1999年作 黄昏的等待
出版：《夏天过去了》封面及封底 浙江人民美术出版社 2003年版。
估 价：RMB 650,000～850,000
成交价：RMB 885,500
178cm×152cm 北京保利 2015.12.5

1054 元永定正 1964年作 作品
来源：亚洲私人收藏 （1964年直接购自艺术家本人），现藏者购自上述来源。
估 价：HKD 2,000,000～4,000,000
成交价：RMB 5,984,160
91cm×116cm 香港苏富比 2015.10.4

4402 袁秋萍 2014年作 重新孵化
估 价：RMB 200,000～300,000
成交价：RMB 230,000
60cm×80cm 北京保利 2015.6.4

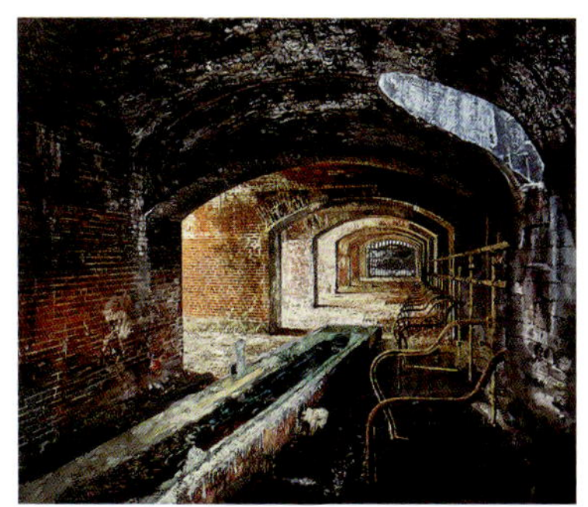

706 袁远 2012年作 城市的秘密
来源：上海香格纳画廊，现藏者购自上述来源 。
估 价：HKD 400,000～600,000
成交价：RMB 1,008,750
189.5cm×226cm 香港苏富比 2015.4.5

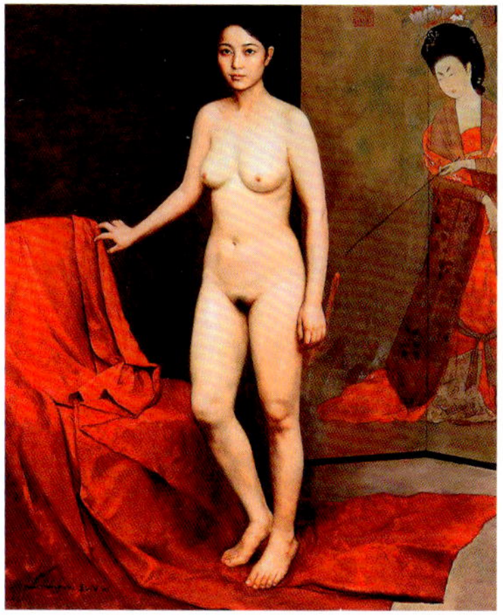

4328 袁正阳 2005年作 中国红之二
估 价：RMB 400,000～600,000
成交价：RMB 460,000
130cm×110cm 北京保利 2015.6.4

698 岳敏君 2004年作 Manipulation No.16
估 价：RMB 600,000～800,000
成交价：RMB 690,000
220cm×200cm 西泠拍卖 2015.7.4

1011 袁运甫 1981年作 江南水乡
来源：亚洲重要私人收藏。
估 价：HKD 3,000,000～5,000,000
成交价：RMB 2,776,080
100cm×200cm 香港苏富比 2015.4.4

4282 詹建俊 1989年作 泉
来源：源自中国嘉德2013年春季拍卖。
估　价：RMB 450,000~550,000
成交价：RMB 517,500
74cm×92cm 北京保利 2015.6.4

832 张濒 1992年作 红色娘子军
估　价：RMB 200,000~300,000
成交价：RMB 460,000
120cm×100cm 北京翰海 2015.11.27

735 张德瑞 2015年作 梦·荒野
估　价：RMB 460,000~560,000
成交价：RMB 529,000
145cm×130cm 华艺国际 2015.5.24

889 张保琪 2000年作 红白黄
估　价：RMB 120,000~180,000
成交价：RMB 402,500
81cm×61cm×3 北京翰海 2015.6.26

731 张恩利 1995年作 单身
来源：上海香格纳画廊，现藏者购自上述来源 。
估　价：HKD 2,500,000~3,500,000
成交价：RMB 2,485,560
170.3cm×140.5cm 香港苏富比 2015.4.5

1597 张恩利 2001年作 吸烟
说明：附香格纳画廊作品保证书。
估 价：RMB 5,000,000～7,000,000
成交价：RMB 5,750,000
200cm×220cm 中国嘉德 2015.5.17

2204 张广军 2015年作 日出
估 价：RMB 350,000～450,000
成交价：RMB 437,000
96cm×190cm 北京匡时 2015.12.4

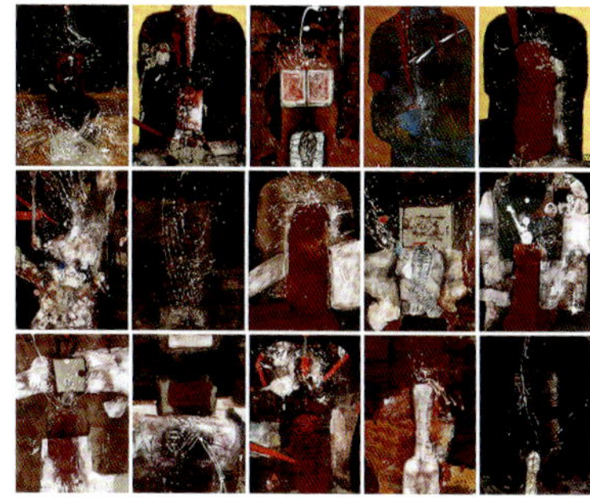

828 张国龙 1993年作 生命系列
出版：《中国艺术》，中国美术出版社，2006年第4期。
估 价：RMB 600,000～800,000
成交价：RMB 690,000
48cm×36cm×15 北京翰海 2015.11.27

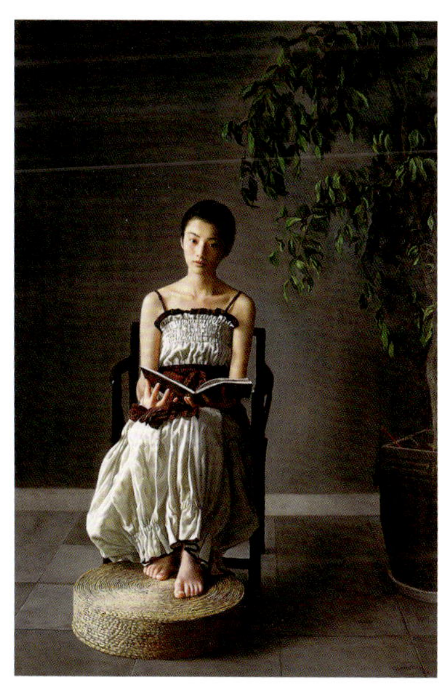

2188 张飞 2012年作 西风碧树
估 价：RMB 300,000～400,000
成交价：RMB 345,000
180cm×120cm 北京匡时 2015.12.4

1086 张恩利 2010年作 天空
来源：重要亚洲私人收藏。
估 价：HKD 1,800,000～2,500,000
成交价：RMB 2,630,400
250cm×300cm 香港苏富比 2015.10.4

227 张宏图 1999年作 赵孟頫-莫奈
来源：现藏者于2002年直接购自艺术家，美国纽约私人收藏。
估　价：HKD 300,000～500,000
成交价：RMB 307,875
76.2cm×243.8cm 佳士得 2015.11.29

223 张利 小女孩
说明：经作者本人鉴定为真迹。
估　价：RMB 700,000～800,000
成交价：RMB 977,500
80cm×65cm 天津同方 2015.6.6

4157 张慧 2006年作 请进来
出版：《局部地区》 长征空间出版2006年版。
估　价：RMB 450,000～550,000
成交价：RMB 575,000
193cm×220cm 北京保利 2015.6.3

4166 张凯 2014年作 寻觅或遇见你
出版：《知性图景》 P104 艺·凯旋艺术空间出版 2015年版。
估　价：RMB 380,000～500,000
成交价：RMB 517,500
100cm×100cm 北京保利 2015.6.3

1028 张荔英 自画像
来源：艺术家馈赠，亚洲私人收藏。
估　价：HKD 500,000～700,000
成交价：RMB 2,388,720
35cm×27cm 香港苏富比 2015.4.4

198 张江 2013年作 回眸
估　价：RMB 200,000～300,000
成交价：RMB 287,500
162cm×130cm 中国嘉德 2015.11.14

178 张利 1991年作 裸女
来源：美国格林威治骑士画廊，附艺术家亲签之原作信件。
估　价：HKD 300,000～400,000
成交价：RMB 285,678
100cm×80cm 保利香港 2015.4.6

209 张培力 1985年作 仲夏的泳者
成交价：RMB 13,676,436
173.5cm×170cm 保利香港 2015.10.5

4406 张新权 2013年作 月食
成交价：RMB 1,495,000
180cm×220cm 北京保利 2015.6.4

717 张伟 1984年作 AC12
来源：北京博而励画廊，现藏者购自上述来源。
成交价：RMB 924,750
221cm×119cm. 香港苏富比 2015.10.5

5547 张晓刚 1995年作 血缘——大家庭·全家福
出版：《中国当代艺术史1990–1999》湖南美术出版社 2002年版。
估　价：RMB 12,000,000~16,000,000
成交价：RMB 16,790,000
99.5cm×130cm 北京保利 2015.12.5

1076 张晓刚 1993年作 天安门3号
来源：重要欧洲私人收藏。
估　价：HKD 18,000,000~25,000,000
成交价：RMB 18,018,240
100cm×129cm 香港苏富比 2015.10.4

4106 张义波 2014年作 花季
展览：2014年《中国写实画派十周年》，中国美术馆/北京。
估　价：RMB 1,200,000～1,800,000
成交价：RMB 1,380,000
92cm×180cm 北京保利 2015.6.3

725 张业兴 2013年作 午后
来源：北京站台中国，现藏者购自上述来源。
估　价：HKD 300,000～400,000
成交价：RMB 423,675
160cm×240cm 香港苏富比 2015.4.5

827 张雨方 1980年作 人
出版：1.《张雨方作品集》，文化艺术出版社，2011年；2.《原爆1081西安首届现代艺术展》。
估　价：RMB 600,000～800,000
成交价：RMB 920,000
104cm×86cm 北京翰海 2015.11.27

949 张占山 虔诚的信仰
估　价：RMB 1,800,000～2,600,000
成交价：RMB 3,680,000
200cm×150cm 保利厦门 2015.5.2

476 赵春翔 约1980年代作 四海之内皆兄弟姊妹也
出处：新加坡私人收藏。
估　价：HKD 250,000～450,000
成交价：RMB 350,438
185cm×88cm 佳士得 2015.5.31

449 章剑 1995年作 窗前
估　价：RMB 300,000～400,000
成交价：RMB 483,000
200.2cm×139.6cm 上海明轩 2015.6.21

242 赵半狄 1990年作 涂口红的女孩
发表：赵半狄、李天元画展海报，1991年；《嘉德二十周年精品录：油画雕塑装置卷》，P391，故宫出版社，2014年5月出版。
估　价：RMB 4,000,000～6,000,000
成交价：RMB 13,800,000
170cm×109cm 中国嘉德 2015.11.14

5678 赵刚 2009年作 家里没鬼
估　价：RMB 150,000～250,000
成交价：RMB 552,000
180cm×230cm 北京保利 2015.12.5

704 赵立平 2014年作 余音
估　价：RMB 500,000～800,000
成交价：RMB 575,000
81cm×116cm 华艺国际 2015.5.24

841 赵能智 1993年作 正在上演的节目
出版：《流产的中国现代艺术第一次专场拍卖会》，2009年。
估　价：RMB 400,000～500,000
成交价：RMB 690,000
185cm×150cm 北京翰海 2015.11.27

195 赵梦歌 2014年作 内观（四联作）
展出：《理想国–赵梦歌油画作品展》，今日美术馆，2015年3月28日–4月8日。
估　价：RMB 850,000～1,200,000
成交价：RMB 1,150,000
100cm×95cm×4 中国嘉德 2015.11.14

4405 赵梦歌 2013年作 蒹葭苍苍
出版：《美术档案.意象案卷.②》 P29 四川美术出版社 2014年。
估　价：RMB 400,000～500,000
成交价：RMB 460,000
138cm×140cm 北京保利 2015.6.4

863 赵少若 2010年作 赵少若
估　价：RMB 150,000～200,000
成交价：RMB 230,000
160cm×200cm 北京翰海 2015.11.27

212 赵文华 2007年作 城市影像24
估　价：RMB 280,000～380,000
成交价：RMB 322,000
158cm×128cm 中国嘉德 2015.11.14

29 赵无极 1960年作 12.04.60
来源：亚洲私人收藏 2009年11月29日香港佳士得拍品，编号1002，现藏者购自上述拍卖。
估　价：HKD 25,000,000～35,000,000
成交价：RMB 28,803,960
100cm×80cm 佳士得 2015.5.30

(i)

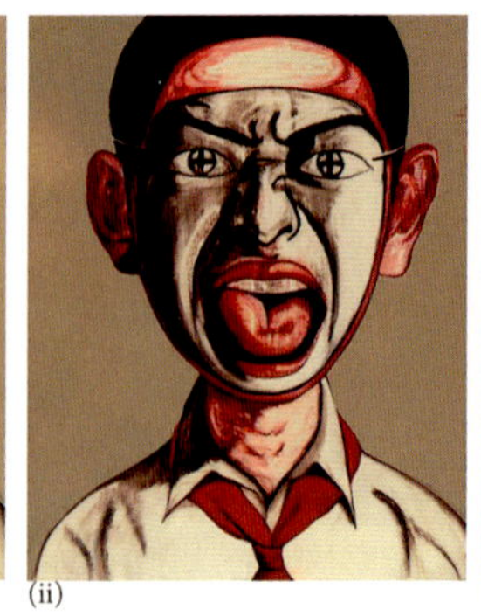

(ii)

(iii)

1060 曾梵志 1996年作 三年级一班 15，16及24号 （三张作品）
来源：香港少励画廊。
估　价：HKD 6,000,000～8,000,000
成交价：RMB 6,359,160
48cm×38cm 香港苏富比 2015.4.4

1071 曾梵志 马云 2014年作 桃花源
估　价：HKD 1,500,000～2,500,000
成交价：RMB 34,688,400
直径79.6cm 香港苏富比 2015.10.4

37 曾梵志 1998年作 面具系列
来源：中国 上海 香格纳画廊 现藏者于1998年购自上述画廊，亚洲重要私人收藏。
估　价：HKD 14,000,000～18,000,000
成交价：RMB 16,692,840
169cm×144.3cm 佳士得 2015.5.30

1016 赵无极 1961年作 07.04.61
来源：纽约库兹画廊，美国重要私人收藏；巴黎法兰西画廊，法国重要私人收藏；巴黎Calmels1996年6月10日拍卖，编号33，重要私人收藏；香港佳士得2003年10月26日拍品，编号133，亚洲重要私人收藏；香港苏富比2009年10月6日拍品，编号548，现藏者直接购自上述拍卖。
估　价：HKD 30,000,000～40,000,000
成交价：RMB 44,901,480
195cm×114cm 香港苏富比 2015.4.4

2532 曾海文 1966年作 风景
估　价：RMB 200,000～300,000
成交价：RMB 253,000
70cm×50cm 北京匡时 2015.6.6

(i)

(ii)

1052 郑相和 2005年作 无题 05-7-15及05-2-14 （两张作品）
来源：巴塞尔Beyeler画廊；首尔现代画廊，亚洲私人收藏。
估 价：HKD 1,600,000～2,600,000
成交价：RMB 3,938,160
162cm×130.6cm 香港苏富比 2015.4.4

2831 曾佑和 1991年作 距离之间
来源：香港汉雅轩，亚洲私人收藏。
估 价：HKD 220,000～260,000
成交价：RMB 302,625
117cm×60cm 香港苏富比 2015.4.5

221 中国外销画 清约1870年 母婴图
来源：1967年购自George Fenimore Johnson先生，藏品编号73.18。
估 价：USD 120,000～180,000
成交价：RMB 716,963
108.6cm×70.5cm 纽约苏富比 2015.9.15

1 钟泗宾 1953年作 头人
来源：现藏者于1960年代得自艺术家本人，亚洲重要私人收藏。
估 价：HKD 1,200,000～1,800,000
成交价：RMB 2,338,920
90cm×60cm 佳士得 2015.5.30

321 冢本智也 2014年作 游向黎明
估 价：NTD 550,000～1,000,000
成交价：RMB 1,793,760
130.5cm×162cm 罗芙奥 2015.6.7

10 钟泗宾 1976年作 采集
来源：1976年 新加坡艺术论坛画廊 美国得克萨斯州私人收藏，美国私人收藏。
估 价：HKD 1,000,000～1,400,000
成交价：RMB 1,954,440
92cm×92cm 佳士得 2015.5.30

1029 钟泗滨 女子肖像
来源：亚洲私人收藏。
估 价：HKD 1,400,000～2,200,000
成交价：RMB 1,513,125
50.5cm×35.5cm 香港苏富比 2015.4.4

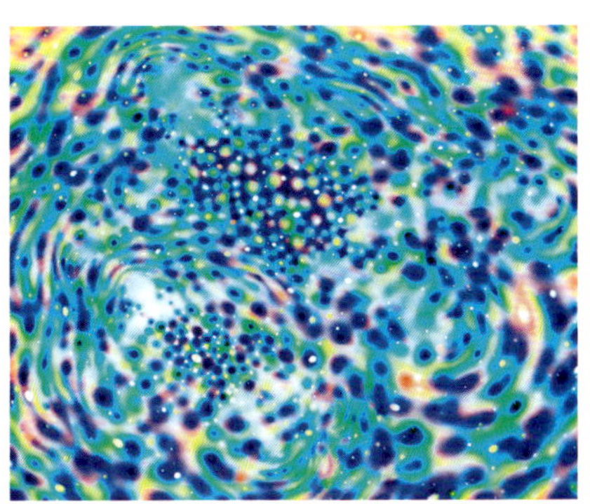

59 周碧初 1955年作 村舍（印尼）
来源：源自艺术家家属。
估 价：RMB 600,000～800,000
成交价：RMB 690,000
45cm×54.5cm 中国嘉德 2015.11.14

2508 周碧初 1975年作 西山矿区
出版：1.《周碧初作品与文献集》，索卡国际艺术有限公司，1998年，封面及内文，第97页；2.《嘉德二十年精品录》（油画·雕塑·装置卷），故宫出版社，2014年，第80页。
估 价：RMB 1,500,000～1,800,000
成交价：RMB 2,070,000
88cm×130cm 北京匡时 2015.6.6

845 周春芽 1996年作 奔跑的黑根
出版：《96-97首届当代艺术学术邀请展》，岭南美术出版社，1996年，P68；……。
估 价：RMB 1,600,000～2,000,000
成交价：RMB 2,242,500
200cm×150cm 北京翰海 2015.11.27

437 周春芽 2008年作 绿狗
估 价：RMB 4,500,000～5,500,000
成交价：RMB 6,325,000
200cm×250cm 上海明轩 2015.6.21

1066 周春芽 1997年作 月下情人 （绿狗2号）
来源：巴黎及香港Loft画廊，尤伦斯中国当代艺术收藏；北京保利拍卖2011年6月2日拍品，编号819，现藏者购自上述拍卖。
估 价：HKD 5,000,000～7,000,000
成交价：RMB 4,906,560
250.5cm×200cm 香港苏富比 2015.4.4

779 周铁海 2006年作 自我计划：辛迪雪曼
来源：日内瓦Art & Public – Cabinet PH，现藏者购自上述来源。
估　价：HKD 150,000～250,000
成交价：RMB 201,750
199.8cm×149.8cm 香港苏富比 2015.4.5

5520 朱德群 1977年作 夏
展览：1978年Chu Teh-Chun & Albert Féraud San Carlo画廊，意大利那不勒斯。
估　价：RMB 3,000,000～5,000,000
成交价：RMB 3,680,000
89cm×116cm 北京保利 2015.12.5

176 周长江 1999年作 互补99.2
估　价：RMB 60,000～120,000
成交价：RMB 750,000
105cm×75.8cm 佳士得（上海） 2015.4.25

26 朱德群 1985年作 冬季苏醒
来源：欧洲私人收藏（现藏者家属直接购自画家本人）。
估　价：HKD 12,000,000～18,000,000
成交价：RMB 18,038,520
129.5cm×96cm 佳士得 2015.5.30

136 朱德群 1985年作 冬之微妙
来源：法国私人收藏；香港佳士得 2007年5月27日拍品，编号269，现藏者购自上述拍卖。
成交价：RMB 28,128,840
130cm×100cm 保利香港 2015.10.5

2620 朱金石 2005年作 春与夏 （两张一组）
来源：藏家得自艺术家本人。
估 价：RMB 350,000～450,000
成交价：RMB 402,500
30cm×40cm×2 北京匡时 2015.6.6

4088 朱维彬 2013年作 线象系列-17
出版：《痕迹与线性》圣之空间艺术中心 2014年版。
估 价：RMB 200,000～300,000
成交价：RMB 230,000
215cm×100cm×4 北京保利 2015.6.3

4378 朱明弢 2013年作 园林系列之1306
估 价：RMB 250,000～320,000
成交价：RMB 322,000
155cm×155cm 北京保利 2015.6.4

2537 朱新建 1996年作 美人图
估 价：HKD 500,000～800,000
成交价：RMB 476,130
80cm×80cm 保利香港 2015.4.6

749 朱膺 1994年作 静物
估 价：RMB 220,000～280,000
成交价：RMB 276,000
60cm×72cm 西泠拍卖 2015.7.4

4026 朱沅芷 1955年作 罗杰夫妇画像
说明：现藏家购自北京瀚海2007年春拍Lot1524。
估 价：RMB 2,800,000～3,500,000
成交价：RMB 3,220,000
74cm×90cm 北京保利 2015.6.3

1030 朱沅芷 约1926至1927年作 正在阅读的男子
来源：朱礼银藏品，现藏者购自上述来源。亚洲重要私人收藏。
估 价：HKD 4,000,000～7,000,000
成交价：RMB 7,661,040
59cm×47cm 香港苏富比 2015.10.4

229 庄喆 2006年作 山光云影
估　价：NTD 3,600,000～4,600,000
成交价：RMB 848,400
168cm×406.5cm 罗芙奥 2015.6.7

雕 塑

237 KAWS 2007年作 同伴（咖啡、黑及灰）（共三件）
来源：亚洲私人收藏。
估　价：HKD 200,000～300,000
成交价：RMB 339,486
52cm×33cm×127cm 保利香港 2015.10.5

307 埃瓦里斯特 姜施尔 1935年作 辽国公主萨拉玛妮像
来源：艺术家家族旧藏。
成交价：RMB 205,500
头像29.5cm×19.5cm×24.5cm 香港苏富比 2015.10.5

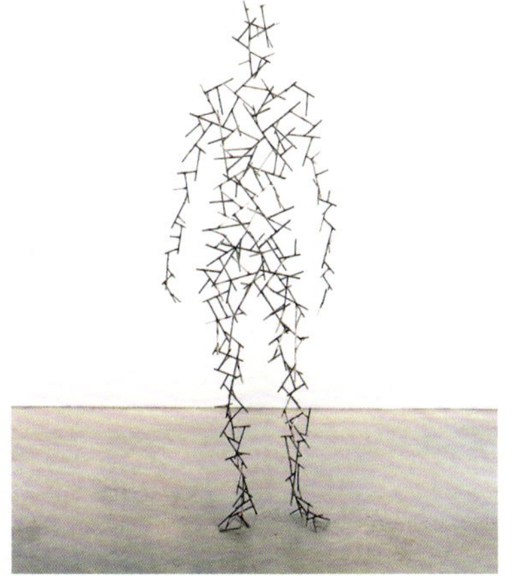

411 安东尼·葛姆雷 2004年作 领域 XXXIX
来源：纽约肖恩凯利画廊，现藏家购自上述画廊。
估　价：RMB 2,600,000～3,800,000
成交价：RMB 3,870,000
188cm×63cm×32cm
佳士得（上海） 2015.10.24

848 北川宏人 2008年作 花房丽子
来源：大阪Yoshiaki Inoue画廊，亚洲私人收藏。
估　价：HKD 100,000～150,000
成交价：RMB 322,800
166（H）cm×29cm×29cm 香港苏富比 2015.4.5

5 保罗·高更 Executed circa1902-1903; unique Thérèse
估　价：USD 18,000,000～25,000,000
成交价：RMB 196,627,750
高66cm 纽约佳士得 2015.11.9

225 蔡志松 2005年作 故国颂7
来源：亚洲 私人收藏。
估 价：HKD 280,000～350,000
成交价：RMB 271,589
122cm×31cm×121cm 保利香港 2015.10.5

838 草间弥生 1998年作 南瓜
来源：东京Soh画廊，美国私人收藏。
估 价：HKD 150,000～220,000
成交价：RMB 411,000
29.9cm×28.4cm×27.5cm
香港苏富比 2015.10.5

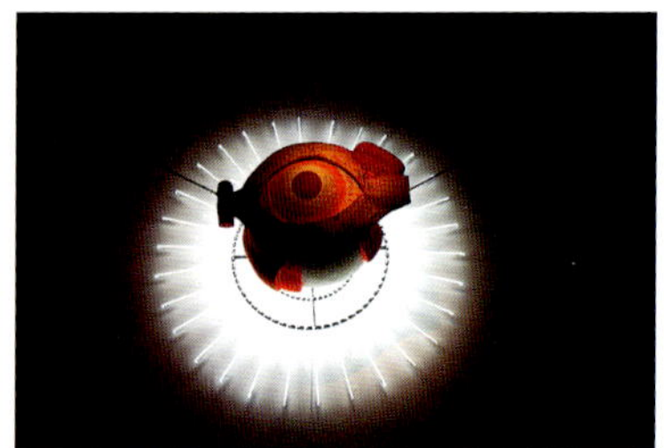

321 陈天灼 2013年作 眼
来源：亚洲 私人收藏。
估 价：RMB 80,000～120,000
成交价：RMB 275,000
240cm×240cm×100cm 3版 佳士得（上海） 2015.10.24

5633 段建宇 2003年作 艺术鸡 （一组十件）
估 价：RMB 200,000～400,000
成交价：RMB 425,500
北京保利 2015.12.5

2626 冯国东 1990年代 持吉他的男人
出版：《新潮》，四川画报社，2001年11月刊，第81页。
估 价：RMB 300,000～400,000
成交价：RMB 356,500
37.5cm×14cm×71cm 北京匡时 2015.6.6

794 胡学富 2013年作 高原之子
估 价：RMB 100,000～200,000
成交价：RMB 253,000
110cm×35cm×50cm 华艺国际 2015.5.24

1363 黄永玉 许鸿飞 2003年作 亚当 夏娃
估 价：RMB 500,000～600,000
成交价：RMB 575,000
26cm×24cm×32cm×2 广东崇正 2015.6.19

316 河内美术学院 约1930年代作 弹诗琴的越南人
估 价：HKD 40,000～60,000
成交价：RMB 226,050
像28.5cm×35.5cm×25.5cm
香港苏富比 2015.10.5

2 基希纳 Executed in 1913；unique Tänze rin mit gehobenem Bein
估 价：USD 3,500,000～5,500,000
成交价：RMB 50,831,750
高66.5cm 纽约佳士得 2015.11.9

14 贾科梅蒂 Conceived in 1956-1957 and cast in 1957 Femme debout
估 价：USD 4,000,000～6,000,000
成交价：RMB 47,275,750
高69.2cm 纽约佳士得 2015.11.9

401 吉姆·兰比 2010年作 金属盒
来源：格拉斯哥The Modem Institute/Toby Webster Ltd，现藏家购自上述画廊。
估 价：RMB 450,000～650,000
成交价：RMB 562,500
125cm×187.5cm×30cm
佳士得（上海） 2015.10.24

135 加藤泉 2012年作 无题
出处：日本东京Arataniurano，现藏者购自上述画廊。
估 价：HKD 500,000～700,000
成交价：RMB 450,563
50cm×182cm×48cm 佳士得 2015.5.31

5766A 解勇 2013年作 千针万痛
估 价：RMB 550,000～750,000
成交价：RMB 690,000
60cm×60cm×127cm 北京保利 2015.12.5

176 李桓权 2010年作 下雨天（长袜子皮皮）
来源：亚洲私人收藏。
成交价：RMB 380,475
143.5cm×42cm×40cm 佳士得 2015.5.31

4422 李小超 2014年作 回家
成交价：RMB 460,000
32cm×58cm×66cm 北京保利 2015.6.4

2086 刘士铭 2006年作 劈山引水
出版：《中国当代雕塑家：刘士铭》，人民美术出版社，2006年，第5页。
成交价：RMB 667,000
89cm×93.5cm×42cm 北京匡时 2015.12.4

130 李真 2002年作 飞行乐土
出处：亚洲私人收藏。
估　价：HKD 700,000～900,000
成交价：RMB 1,954,440
70cm×100cm×150cm 佳士得 2015.5.31

131 李真 2000年作 法界游子
来源：法国私人收藏。
估　价：HKD 550,000～800,000
成交价：RMB 769,688
86.5cm×53cm×47cm 佳士得 2015.11.29

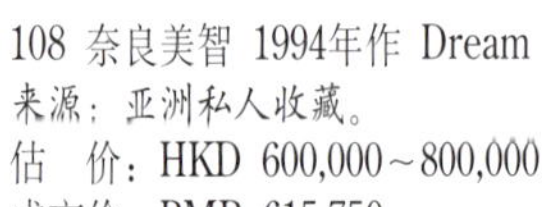

108 奈良美智 1994年作 Dream
来源：亚洲私人收藏。
估　价：HKD 600,000～800,000
成交价：RMB 615,750
73.3cm×21cm×19cm 佳士得 2015.11.29

35 罗伯特·印第安纳 1966年构思；2002年作 LOVE （金/蓝色）
出处：韩国首尔《现代画廊》现藏者购自上述画廊。
估　价：HKD 4,000,000～5,000,000
成交价：RMB 3,905,880
91.3cm×91.3cm×45.7cm 佳士得 2015.3.15

1065 名和晃平 2012年作 PixCell - 大弯角羚
来源：东京渫堂画廊，现藏者购自上述来源
估 价：HKD 1,800,000～2,800,000
成交价：RMB 2,926,320
高173cm；100cm×100cm
香港苏富比 2015.10.4

180 任哲 2012年作 望龙庭
发表：《ABOVE CLOUDS：Ren Zhe Sculpture》，作品图版：11。
估 价：RMB 100,000～150,000
成交价：RMB 299,000
118cm×48cm×32.8cm 中国嘉德 2015.11.14

124 萨尔凡多·达利 时间之舞 I
来源：瑞士私人收藏。
估 价：RMB 1,850,000～3,700,000
成交价：RMB 2,670,000
高210cm 佳士得（上海） 2015.4.25

133 三宅一树 2011年作 坐着的女孩
出处：亚洲私人收藏。
估 价：HKD 150,000～250,000
成交价：RMB 200,250
72cm×38cm×78cm 佳士得 2015.5.31

195 山崎史生 2013年作 沉默的邻居 （共两件）
出处：亚洲私人收藏。
估 价：HKD 150,000～250,000
成交价：RMB 290,363
62cm×23cm×18cm；62.5cm×28cm×15cm 佳士得 2015.5.31

4412 施力仁 2012年作 哈雷金钢
估 价：RMB 400,000～600,000
成交价：RMB 598,000
198cm×60cm×130cm 北京保利 2015.6.4

1628 隋建国 1991年作 结构系列—云石
来源：宋怀桂、万曼夫妇旧藏。
估 价：RMB 400,000～600,000
成交价：RMB 1,265,000
48cm×85cm×64cm 中国嘉德 2015.5.17

127 汤姆·韦塞尔曼 1988年作 卧室裸体涂鸦(3-D)
来源：纽约西德尼·詹尼斯画廊，现藏者于1988年购自上述画廊。
估 价：RMB 2,500,000～3,700,000
成交价：RMB 2,790,000
168.9cm×231.1cm×24.1cm 佳士得（上海） 2015.4.25

273 王克平 1988年作 一家之主
来源：香港10 Chancery Lane Gallery；亚洲私人收藏。
估　价：RMB 180,000～250,000
成交价：RMB 483,000
102cm×36cm×22cm 中国嘉德 2015.11.14

4418 魏小明 2014年作 飞黄
成交价：RMB 517,500
71cm×39.5cm×118cm 北京保利 2015.6.4

173 向京 1998年作 空房间
估　价：RMB 50,000～80,000
成交价：RMB 310,500
72cm×55cm×43cm 中国嘉德 2015.11.14

139 徐冰 2003年作 鸟语
出处：现藏者直接购自艺术家，美国纽约私人收藏。
估　价：HKD 400,000～600,000
成交价：RMB 300,375
佳士得 2015.5.31

468 武高谈 1956年作 少女
来源：艺术家家属收藏。
估　价：HKD 80,000～120,000
成交价：RMB 205,250
34cm×16cm×12cm 佳士得 2015.11.29

108 徐道濩 2003年作 门
出处：美国纽约立木画廊，现藏者购自上述画廊。
估　价：HKD 2,000,000～3,000,000
成交价：RMB 2,146,680
326.5cm×211.5cm×100cm 佳士得 2015.5.31

1372 许鸿飞 2004年作 一江春水
估　价：RMB 400,000～480,000
成交价：RMB 460,000
190cm×135cm×40cm 广东崇正 2015.6.19

821 (i)

821 (ii)

821 杨茂源 2005年作 往里看系列：(i) 帕特农神像 (ii) 罗马青年（两件作品）
估　价：HKD 60,000～80,000
成交价：RMB 201,750
54cm×36cm×25 cm；
55cm×30cm×35 cm；香港苏富比 2015.4.5

5039 杨英风 1962年作 梅花鹿
来源：旧金山SOMA Fine Art，现美国藏者直接购自上述来源。
估 价：HKD 280,000~380,000
成交价：RMB 390,450
132.5cm×73cm×73cm 香港苏富比 2015.10.5

142 展望 2006年作 假山石第94号
来源：佳士得 香港 2011年11月27日 编号 1454，现藏者购自上述拍卖。
估 价：HKD 1,200,000~1,800,000
成交价：RMB 1,163,952
51cm×33cm×105cm；
28cm×29cm×16cm 保利香港 2015.10.5

46 展望 2010年作 假山石 第一百五十号
出处：亚洲私人收藏。
估 价：HKD 2,400,000~3,000,000
成交价：RMB 1,954,440
234cm×90cm×75cm；8.5cm×160cm×94cm
佳士得 2015.5.30

509 张大力 2015年作 艺术自杀
估 价：RMB 360,000~500,000
成交价：RMB 414,000
72cm×65cm×26cm 北京上和 2015.11.13

2642 郑国谷 再锈2000年 （一组23件）
估 价：RMB 350,000~450,000
成交价：RMB 483,000
尺寸不一 北京匡时 2015.6.6

125 周春芽 2006年作 桃园结义
估 价：RMB 450,000~600,000
成交价：RMB 562,500
75cm×69cm×50cm 佳士得（上海） 2015.4.25

654 朱炳仁 2012年作 厚德涵韵
出处：亚洲私人收藏。
估 价：HKD 300,000~450,000
成交价：RMB 300,375
62cm×47cm×87cm 佳士得 2015.5.31

549 张建华 2015年作 《黑金》系列之一
估 价：RMB 350,000~490,000
成交价：RMB 402,500
60cm×35cm×30cm 北京上和 2015.11.13

1005 朱铭 1994年作 太极系列：单鞭下势
出版：《朱铭雕塑作品展：太极人间》民政总署画廊，澳门，2005年，封面、三页、及十二页，彩图；《朱铭雕塑展》时代广场，香港，2006年，封面及三十七页，彩图。
成交价：RMB 7,956,960
122.5cm×189cm×90cm 香港苏富比 2015.10.4

装 置

1075 艾未未 2003年作 永久自行车
来源：直接购自艺术家，纽约Friedman Benda画廊，欧洲私人收藏。
成交价：RMB 4,652,520
高275；450cm 香港苏富比 2015.10.4

807 朱伟 2002年作 中国中国
来源：重要亚洲私人收藏。
估 价：HKD 550,000~650,000
成交价：RMB 565,125
尺寸不一 香港苏富比 2015.10.5

4054 李晖 2007年作 游离
估 价：RMB 1,100,000~1,600,000
成交价：RMB 3,105,000
450cm×200cm×1000cm 北京保利 2015.6.3

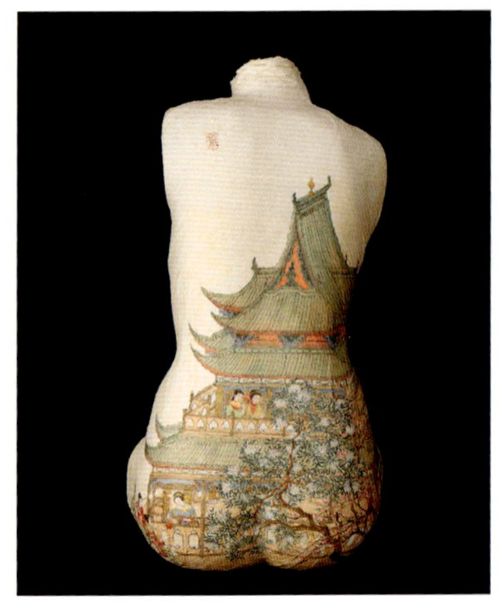

256 彭薇 汉宫春色
著录：1.《概念超越-2012新工笔文献集》天津人民美术出版社，2012年；2.《水墨·世纪变革与艺术新路》第225页，北京保利国际拍卖有限公司，2015年4月。
成交价：RMB 402,500
高69cm 北京保利 2015.6.4

综合媒材

1082 阿曼德·萨达利 天定形，风定性
来源：新加坡苏富比2002年10月6日拍品，编号162，香港私人收藏。
估 价：HKD 450,000～550,000
成交价：RMB 1,130,250
100cm×110cm 香港苏富比 2015.10.4

243 艾珠 · 克里丝汀 小恶棍
估 价：HKD 220,000～350,000
成交价：RMB 390,450
120cm×70cm 香港苏富比 2015.10.5

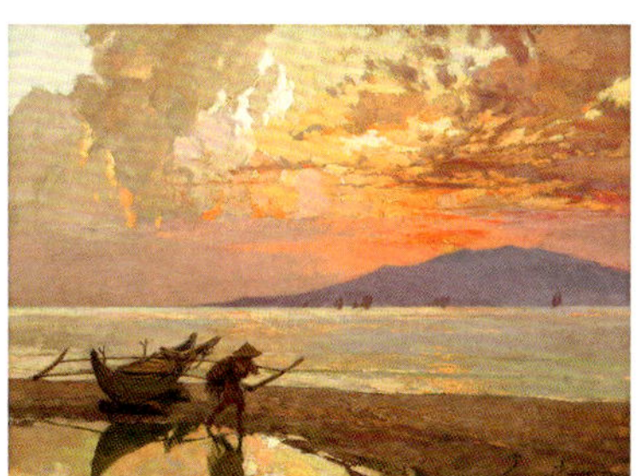

309 阿莫索罗 海边的日落
估 价：HKD 200,000～300,000
成交价：RMB 403,500
香港苏富比 2015.4.5

44 白南准 1993年作 Route 66
来源：艺术家赠予现藏者，德国重要私人收藏。
估 价：HKD 2,500,000～3,500,000
成交价：RMB 2,242,800
130cm×150cm×120cm 佳士得 2015.5.30

301 班内蒂托 · 雷耶斯 · 卡布雷拉 马尼拉绅士 1900
估 价：HKD 80,000～120,000
成交价：RMB 554,813
香港苏富比 2015.4.5

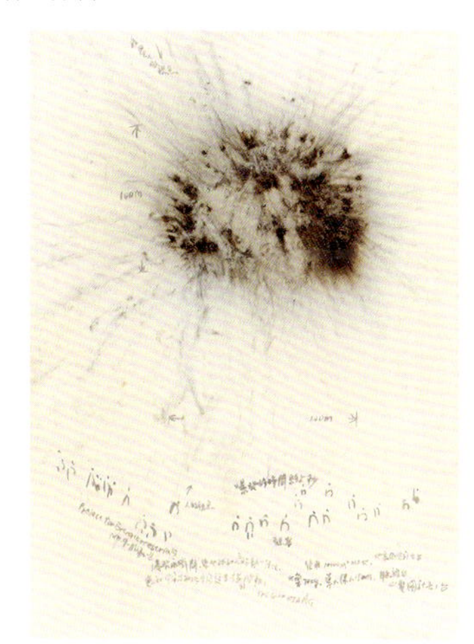

420 蔡国强 1991年作 胎动二：为外星人作的计划第九号
估 价：RMB 500,000～700,000
成交价：RMB 575,000
89cm×66cm 上海明轩 2015.6.21

1061 草间弥生 2010年作 南瓜
来源：东京大田画廊，现藏者购自上述来源。重要私人收藏。
估 价：HKD 2,800,000～3,500,000
成交价：RMB 4,997,760
高126.5cm；129.3cm×131cm 香港苏富比 2015.10.4

5022 陈荫罴 20世纪70年代作 超于象外（非狂草-I）
来源：亚洲私人收藏。
估 价：HKD 900,000～1,200,000
成交价：RMB 1,412,250
133.5cm×131.5cm 香港苏富比 2015.4.5

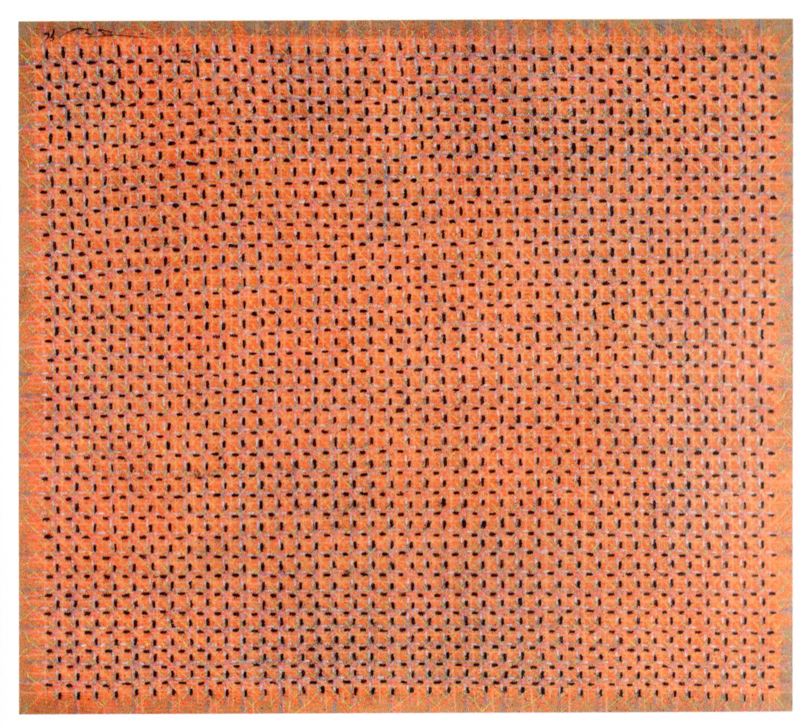

4083 丁乙 1996年作 十示之96-33
估 价：RMB 1,500,000～2,200,000
成交价：RMB 2,760,000
139cm×160cm 北京保利 2015.6.3

1399 管策 2010年作-2011年作 二十四节气 （二十四幅）
估 价：RMB 480,000～580,000
成交价：RMB 517,500
60cm×24cm×24 上海敬华 2015.6.30

109 崔素荣 2014年作 美食街 II
出处：亚洲私人收藏。
估 价：HKD 600,000～800,000
成交价：RMB 1,089,360
116.5cm×91cm 佳士得 2015.5.31

2643 何翔宇 2009-2010年作 可乐计划 （两件一组）
估　价：RMB 120,000～180,000
成交价：RMB 356,500
34cm×23cm×27cm×2 北京匡时 2015.6.6

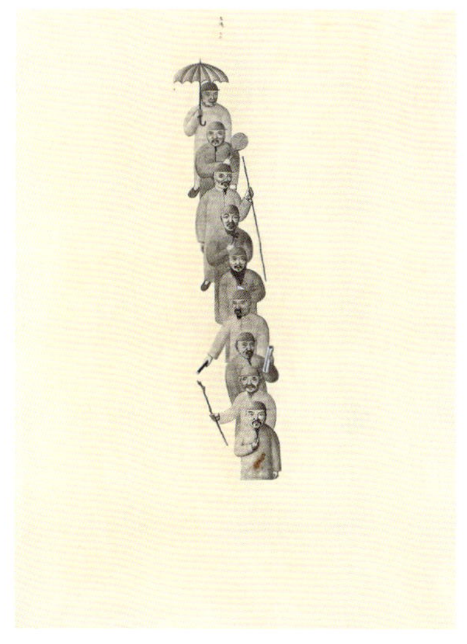

813 季大纯 2002年作 星期天的老头
出版：《季大纯》，东八时区，北京，2004年9月，第53页及第169页。
估　价：RMB 250,000～320,000
成交价：RMB 402,500
150cm×110cm 北京诚轩 2015.5.17

5030 黄冠余 2009年作 荷恋
来源：亚洲私人收藏。
估　价：HKD 300,000～500,000
成交价：RMB 423,675
200cm×138cm 香港苏富比 2015.4.5

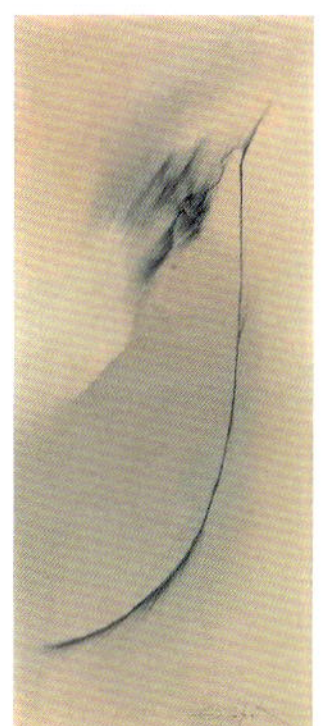

25 费南度·索维尔 1966年作；约1967年作 La Raya；Cuenca
来源：殿下巴伐利亚王子费迪南德西班牙皇子之后裔收藏。
估　价：HKD 140,000～200,000
成交价：RMB 302,625
60cm×26.6cm；32.3cm×30.4cm 佳士得 2015.3.15

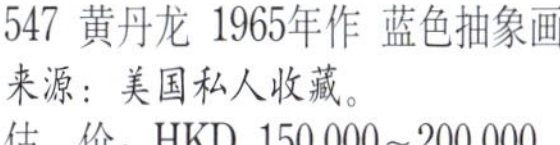

547 黄丹龙 1965年作 蓝色抽象画
来源：美国私人收藏。
估　价：HKD 150,000～200,000
成交价：RMB 359,188
69.5cm×69cm 佳士得 2015.11.29

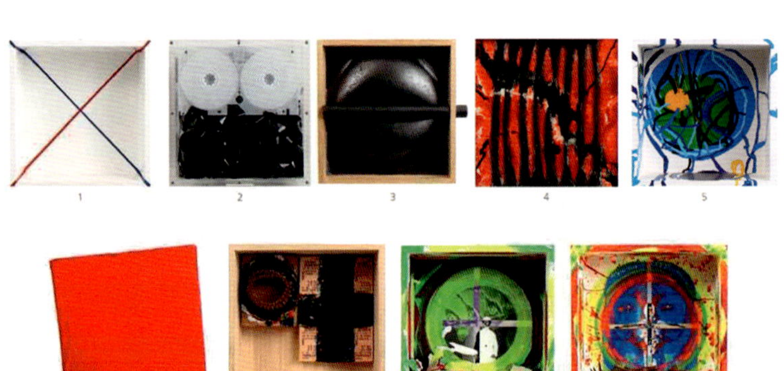

16 金山明 今井祝雄 松谷武判 前川 强 田中敦子 浮田要三 堀尾贞治 ヨシダミノル 2003-2012年作 八位日本具体艺术之九件作品 （一套共九个）
出处：日本私人收藏。
估 价：HKD 350,000~550,000
成交价：RMB 403,500
24cm×24cm×11cm×9 佳士得 2015.3.15

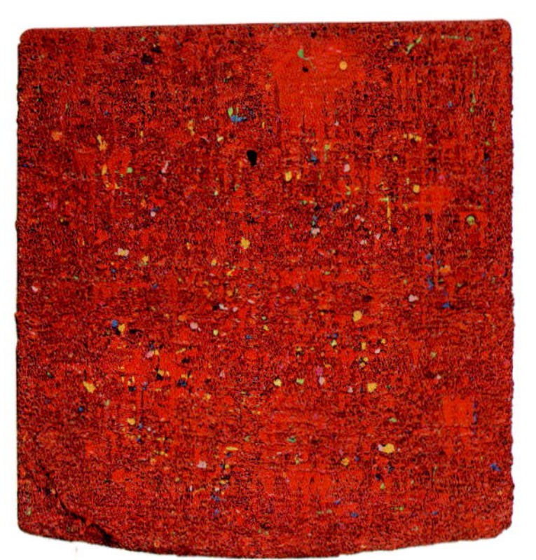

235 李绫瑄 没有画布
估 价：HKD 90,000~150,000
成交价：RMB 554,813
香港苏富比 2015.4.5

272 杰拉丁·哈维尔 顺其自然
估 价：HKD 450,000~680,000
成交价：RMB 513,750
213.5cm×213.5cm 香港苏富比 2015.10.5

390 勒迈耶 八位峇里舞者
估 价：HKD 160,000~280,000
成交价：RMB 403,500
香港苏富比 2015.4.5

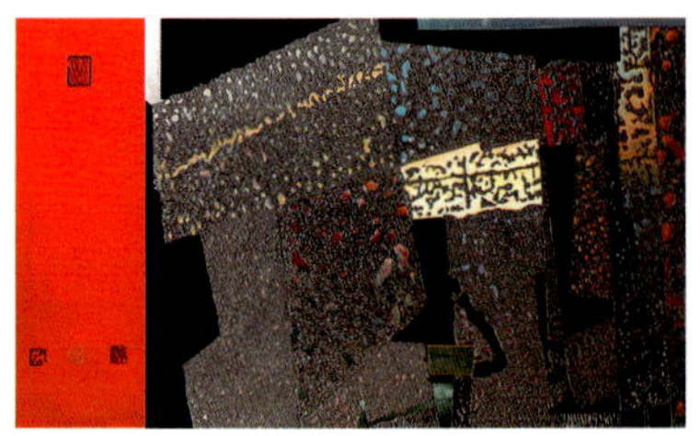

39 李锡奇 2009年作 风起水涌0966
估 价：NTD 1,800,000~2,500,000
成交价：RMB 469,640
120cm×200 台北艺流 2015.4.25

118 克丽丝汀·媛珠 2010年作 九月玩偶
出处：澳洲私人收藏。
估 价：HKD 450,000~600,000
成交价：RMB 400,500
150cm×125cm 佳士得 2015.5.31

62 李杰 2011年作 Johnson’s-不再流泪
出处：香港奥沙画廊，现藏者购自上述画廊。
估 价：HKD 50,000~100,000
成交价：RMB 353,063
117cm×126.5cm 佳士得 2015.3.15

1053 李禹焕 1978年作 从线
来源：东京Soh画廊，亚洲私人收藏；纽约苏富比2007年11月15日拍品，编号243，现藏者购自上述拍卖。
估 价：HKD 8,000,000~10,000,000
成交价：RMB 7,811,760
131cm×162cm 香港苏富比 2015.4.4

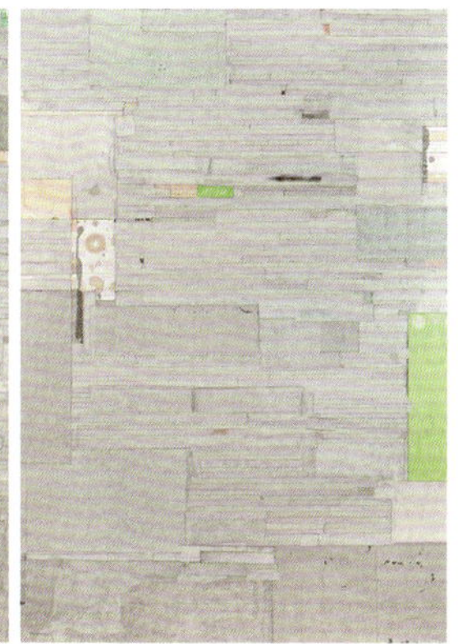

937 梁铨 2008年至2010年 心中的河 （三联画）
出版：《蓄素守中：梁铨三十年作品选集》，中国民族摄影艺术出版社，北京，2015年6月，第239页至第240页及第243页。
估　价：RMB 1,200,000～1,500,000
成交价：RMB 1,725,000
180cm×120cm×3 北京诚轩 2015.11.14

162 梁铨 1988年作 无题
估　价：RMB 60,000～120,000
成交价：RMB 587,500
82cm×113cm 佳士得（上海） 2015.4.25

283 林菁菁 2012年作 完美的诺言 第6号
出处：亚洲 私人收藏。
估　价：HKD 70,000～90,000
成交价：RMB 300,375
162cm×134cm 佳士得 2015.5.31

26 林寿宇 2009年作 无题II
发表：《一即一切·向大师致敬系列：林寿宇50年创作展》，P223，高雄市立美术馆，台湾，2010年出版。
估　价：HKD 100,000～200,000
成交价：RMB 358,885
59cm×75cm 中国嘉德 2015.10.6

844 刘国松 1970年作 如来·故乡的月亮
出版：《刘国松画集》，台北市立美术馆，1992年，第40页。
估　价：RMB 480,000～600,000
成交价：RMB 713,000
89.3cm×59cm 北京诚轩 2015.5.17

9 马塞尔·杜尚 Executed in 1924 Monte Carlo Bond (No. 30)
估　价：USD 1,800,000～2,500,000
成交价：RMB 15,271,750
31.1cm×19.4cm 纽约佳士得 2015.11.9

248 毛栗子 1989-1990年作 无题
出处：艺术家于1990年赠予现藏者 法国 私人收藏。
估　价：HKD 80,000～120,000
成交价：RMB 3,107,880
80cm×80cm 佳士得 2015.5.31

709 没顶公司 2011年作 无题
来源：上海香格纳画廊，现藏者购自上述来源。
估　价：HKD 550,000～750,000
成交价：RMB 857,438
230cm×353cm 香港苏富比 2015.4.5

4078 仇德树 裂变
估 价：RMB 800,000～1,200,000
成交价：RMB 862,500
160cm×100cm 北京保利 2015.6.3

327 奈良美智 1999年作 小朝圣者（梦游娃娃）
估 价：NTD 5,500,000～6,500,000
成交价：RMB 1,551,360
罗芙奥 2015.6.7

1401 邱志杰 玄武不寐听潜雷
估 价：RMB 500,000～600,000
成交价：RMB 552,000
168cm×114cm×50cm 上海敬华 2015.6.30

242 普图·苏塔维贾亚 赞美寂静
估 价：HKD 120,000～180,000
成交价：RMB 390,450
200cm×150cm 香港苏富比 2015.10.5

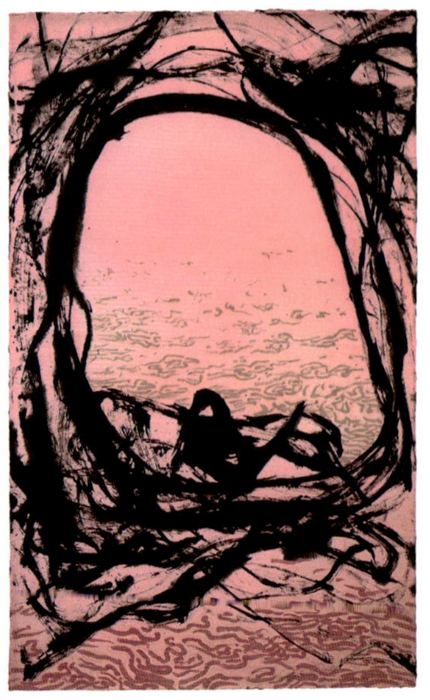

791 全光荣 2007年作 聚合系列07-77号
来源：欧洲私人收藏。
估 价：HKD 400,000～600,000
成交价：RMB 403,500
164cm×131cm 香港苏富比 2015.4.5

84 前川强 1963年作 作品130931
来源：直接购自艺术家，日本东京白石画廊，亚洲私人收藏。
估 价：HKD 2,000,000～3,000,000
成交价：RMB 1,762,200
162.5cm×131.5cm 佳士得 2015.5.30

2820 秦风 欲望山水系列
来源：美国私人收藏。
成交价：RMB 205,500
199cm×123.2cm 香港苏富比 2015.10.5

1040 尚扬 2007年作 董其昌计划-4（双联作）
来源：亚洲重要私人收藏。
估　价：HKD 4,000,000～6,000,000
成交价：RMB 4,504,560
148cm×466cm；148cm×233cm；148cm×233cm 香港苏富比 2015.10.4

5529 尚扬 2008年作 董其昌计划-12
出版：《文脉精神·中国版本—2009青和当代艺术展》P35青和当代美术馆 2009年版；《尚扬：董其昌计划》，北京天安时间当代艺术中心 2009年版；《尚扬》 安徽美术出版社 2012年版。
估　价：RMB 5,000,000～7,000,000
成交价：RMB 6,440,000
360cm×290cm 北京保利 2015.12.5

612 苏纳尔约 1994年作 鱼
出处：印度尼西亚，私人收藏。
估　价：HKD 200,000～250,000
成交价：RMB 500,625
125cm×200cm 佳士得 2015.5.31

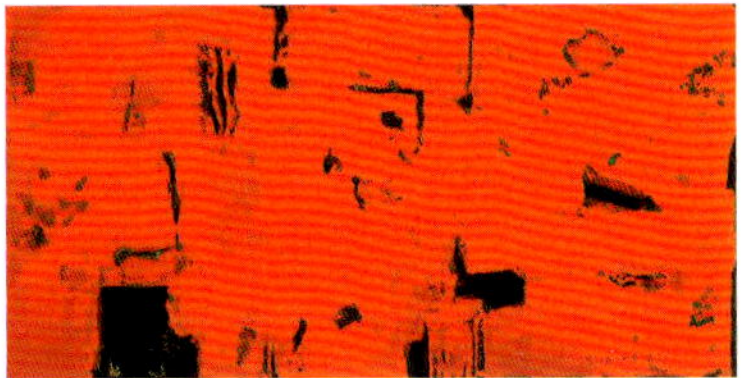

448 苏笑柏 2010年作 红帖 II
来源：亚洲私人收藏。
估　价：HKD 700,000～1,200,000
成交价：RMB 968,780
100cm×200cm 佳士得 2015.11.29

774 苏笑柏 2008年作 卓立不群
来源：现藏家得自艺术家本人。
估　价：HKD 1,400,000～1,800,000
成交价：RMB 1,392,075
220cm×181cm 中国嘉德 2015.4.6

310 屠宏涛 2012年作 梦与睡眠结伴
来源：亚洲私人收藏。
估　价：RMB 1,000,000～1,500,000
成交价：RMB 1,950,000
210cm×320cm 佳士得（上海） 2015.10.24

261 谭军 彼岸
展览："水墨·世纪变革与艺术新路"，北京民生美术馆，2015年4月30日–5月12日。
估　价：RMB 480,000～800,000
成交价：RMB 690,000
95cm×225cm 北京保利 2015.6.4

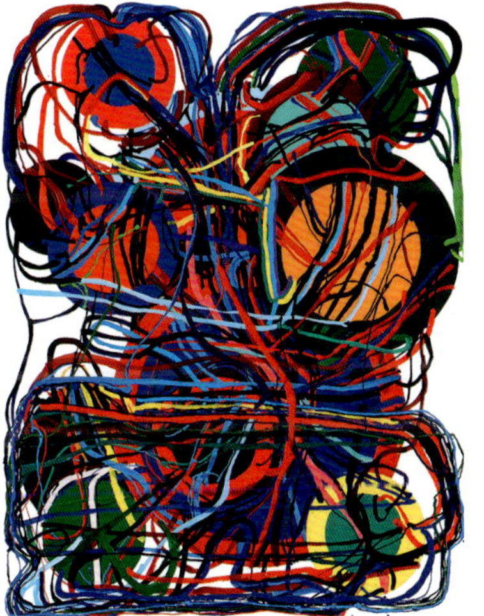

1055 田中敦子 1993年作 93E
来源：田中敦子故藏委员会，亚洲私人收藏。现藏者购自上述来源。重要欧洲私人收藏
估　价：HKD 1,500,000～2,500,000
成交价：RMB 3,024,960
117cm×91cm 香港苏富比 2015.10.4

318 王天德 2014年作 后山
出版：《后山图-后山》，p142，古吴轩出版社，2015年。
估　价：RMB 200,000~300,000
成交价：RMB 402,500
178cm×100cm 上海明轩 2015.6.21

715 王小松 2015年作 无题
出版：《书非书2015作品集》p143，中国美术学院出版社，2015年。
估　价：RMB 380,000~480,000
成交价：RMB 437,000
190cm×140cm 西泠拍卖 2015.7.4

77 魏青吉 2008年作 米奇3
估　价：HKD 100,000~150,000
成交价：RMB 423,675
156cm×149cm 佳士得 2015.3.15

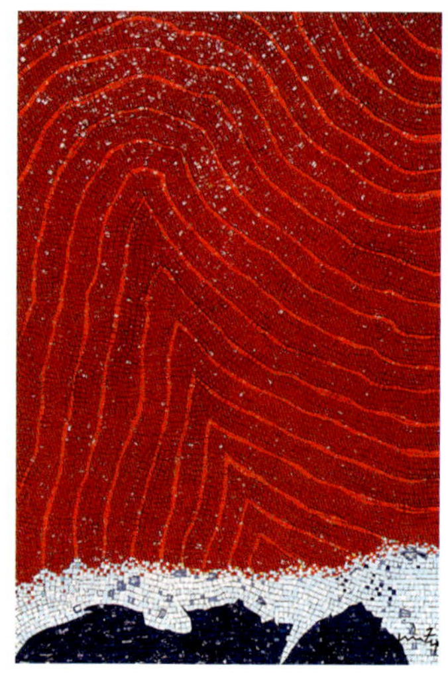

5089 萧勤 1992年作 往永久的花园之9
来源：亚洲私人收藏。
估　价：HKD 250,000~350,000
成交价：RMB 359,625
142cm×77cm. 香港苏富比 2015.10.5

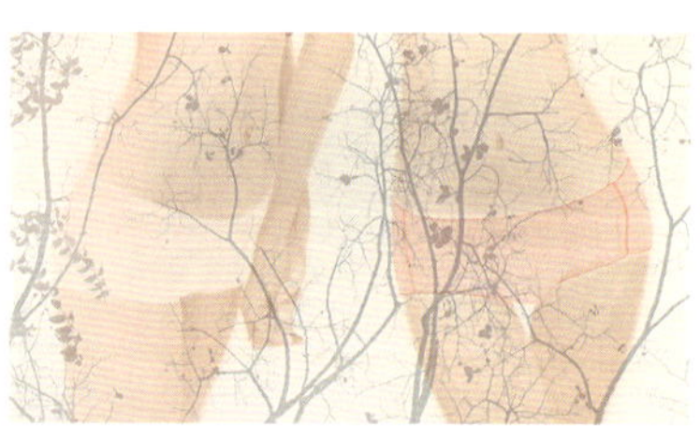

836 徐华翎 2012年作 之·间之十二
出版：《画境·徐华翎工笔人物画探微》，安徽美术出版社，合肥，2013年3月，第26至27页。
估　价：RMB 250,000~320,000
成交价：RMB 287,500
44.8cm×80cm 北京诚轩 2015.5.17

2639 薛松 2002年作 收租院
估　价：RMB 480,000~580,000
成交价：RMB 552,000
200cm×130cm 北京匡时 2015.6.6

382 亚旺·达米·阿麦德 篱笆墙
估　价：HKD 250,000~350,000
成交价：RMB 359,625
183cm×183cm 香港苏富比 2015.10.5

721 塩保朋子 2008年作 跳动的脉搏
估　价：HKD 200,000~300,000
成交价：RMB 585,075
304.8cm×154.4cm 香港苏富比 2015.4.5

55 杨诘苍 1992-1996年作 千层墨
估　价：HKD 350,000～450,000
成交价：RMB 368,585
105cm×180cm 中国嘉德 2015.10.6

35 叶永青 1996年作 冬天里的九个鸟笼
来源：私人收藏。上海泓盛拍卖，2008年6月27日拍品，编号89，现藏者购自上述拍卖。
估　价：RMB 1,200,000～1,800,000
成交价：RMB 1,416,000
294.5cm×144cm 苏富比（北京） 2015.6.2

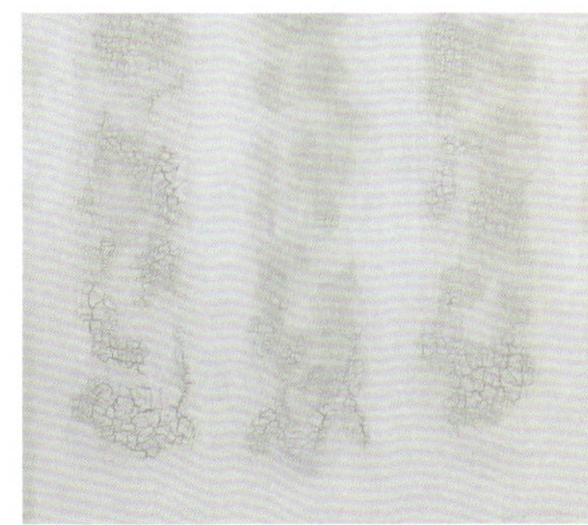

5029 张闻冰 2014年作 综合装饰《风荷栖美眷》瓷板
估　价：RMB 80,000～100,000
成交价：RMB 460,000
52.5cm×116.5cm 北京保利 2015.6.5

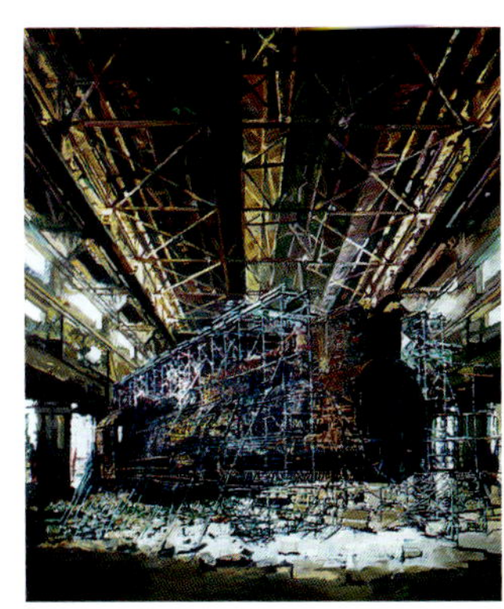

45 袁远 2009年作 造火车
估　价：HKD 680,000～880,000
成交价：RMB 795,367
200cm×180cm 中国嘉德 2015.10.6

40 张晓刚 2002年作 无题
出处：法国巴黎法兰西画廊2005年12月11日，法国 Versailles Enchères Perrin-Royère-Lajeunesse 编号20，欧洲私人收藏（现藏者购上述拍卖）。
估　价：HKD 700,000～800,000
成交价：RMB 605,250
54.7cm×66.8cm 佳士得 2015.3.15

406 尹明老 1974年作 裂痕 74-1014
来源：亚洲私人收藏。
估　价：HKD 400,000～600,000
成交价：RMB 718,375
115cm×130cm 佳士得 2015.11.29

5782 张修竹 2015年作 似水流年·桃之夭夭 NO.36
估　价：RMB 350,000～450,000
成交价：RMB 437,000
190cm×160cm 北京保利 2015.12.5

2449 张羽 2006年作 指印2006.9-3
估　价：HKD 400,000～500,000
成交价：RMB 290,988
90.5cm×96cm 保利香港 2015.10.5

4401 赵露 2007年作 覆膜世界-GIRL NO.3（四联画）
估　价：RMB 1,000,000～1,500,000
成交价：RMB 1,380,000
120cm×80cm×4 北京保利 2015.6.4

377 钟泗滨 无题
估　价：HKD 700,000～900,000
成交价：RMB 1,160,063
香港苏富比 2015.4.5

28 安迪·沃荷 1981年作 美元符号
出处：美国纽约私人收藏；美国纽约高古轩画廊；美国纽约私人收藏2007年11月14日纽约佳士得，编号170，现藏者购自上述拍卖。
估　价：HKD 2,000,000～2,500,000
成交价：RMB 1,872,240
40cm×33.5cm 佳士得 2015.3.15

当代艺术

805 艾未未 2005年作 三条腿的桌子
估　价：HKD 1,200,000～1,800,000
成交价：RMB 1,563,563
125cm×123.5cm×122cm 香港苏富比 2015.4.5

328 草间弥生 1991年作 南瓜 No. 1613，1614，1615
估　价：NTD 2,000,000～3,000,000
成交价：RMB 872,640
11cm×11cm×7cm；12cm×12cm×5cm
罗芙奥 2015.6.7

61 蔡国强 2010年作 尼斯—教堂
估　价：HKD 5,000,000～7,500,000
成交价：RMB 4,421,520
300cm×200cm 罗芙奥 2015.5.31

391 陈建伟 2013年作 欲望的代价
估　价：HKD 150,000～250,000
成交价：RMB 307,875
200cm×200cm 佳士得 2015.11.29

233 丁雄泉 蒂图玛与维洛妮卡在街上嬉笑
估　价：HKD 550,000～780,000
成交价：RMB 706,125
香港苏富比 2015.4.5

5029 洪易 2013年作 团团圆圆
来源：亚洲私人收藏。
估　价：HKD 180,000～260,000
成交价：RMB 403,500
109cm×67cm×57cm；
107cm×64cm×66cm 香港苏富比 2015.4.5

793 吉原治良 1963年作 无题
来源：美国檀香山Kay Kyoko Yokoyama收藏，（直接购自艺术家），现藏者得自上述来源。
估　价：HKD 20,000～40,000
成交价：RMB 423,675
21cm×21.9cm 香港苏富比 2015.4.5

431 梁铨 2010年作 祖先的海 2010-3
出版：《18th biennale of sydney 2012：all our relations》（第18届悉尼双年展），SC International，China，2012年版封二拉页，第194页。
估　价：RMB 1,200,000～2,000,000
成交价：RMB 2,990,000
200cm×150cm×3 上海明轩 2015.6.21

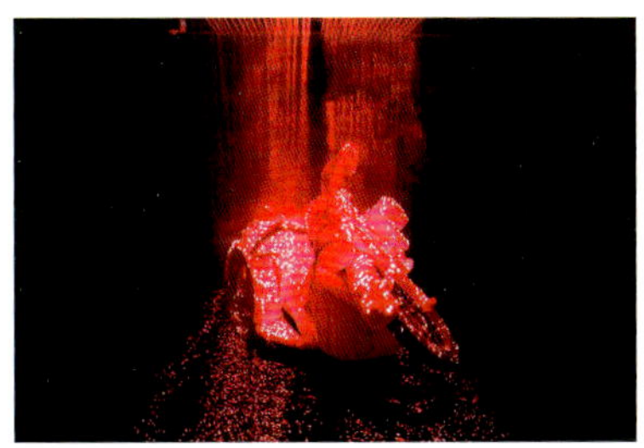

5632 李晖 2008年作 消失的灵魂
估　价：RMB 700,000～900,000
成交价：RMB 805,000
北京保利 2015.12.5

77 名坂有子 1963年作 作品
来源：亚洲私人收藏，日本东京白石画廊，亚洲私人收藏。
估　价：HKD 520,000～720,000
成交价：RMB 650,813
135.6cm×90.4cm 佳士得 2015.5.30

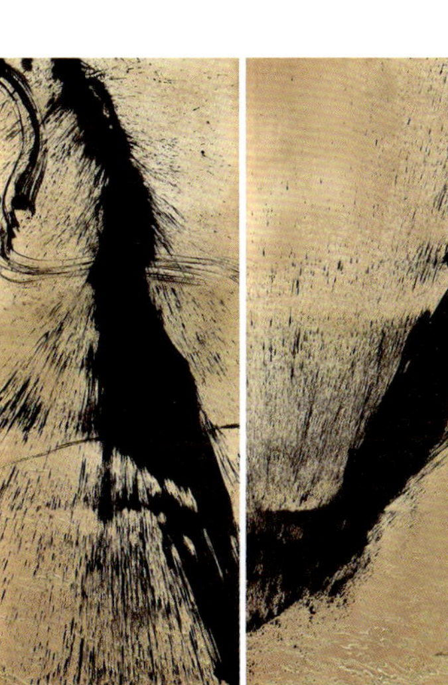

719 秦风 2012年作 四季图
估　价：HKD 1,800,000～2,800,000
成交价：RMB 2,298,800
125cm×300cm×4 佳士得 2015.11.30

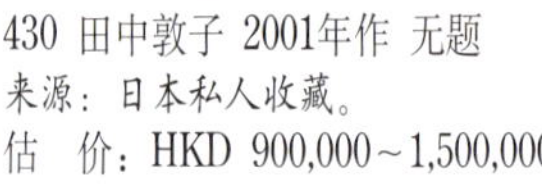

430 田中敦子 2001年作 无题
来源：日本私人收藏。
估　价：HKD 900,000～1,500,000
成交价：RMB 2,397,320
130cm×97cm 佳士得 2015.11.29

79 田中敦子 1980年作 作品
来源：亚洲重要私人收藏。
估　价：HKD 150,000～250,000
成交价：RMB 450,563
44cm×37.3cm 佳士得 2015.5.30

4050 徐冰 2001年作 鸟飞了
出版：《Words Without Meaning, Meaning Without Words－The Art of Xu Bing》 Britta Erickson著 2001年版。
估　价：RMB 10,000,000～12,000,000
成交价：RMB 11,500,000
23cm×23cm 北京保利 2015.6.3

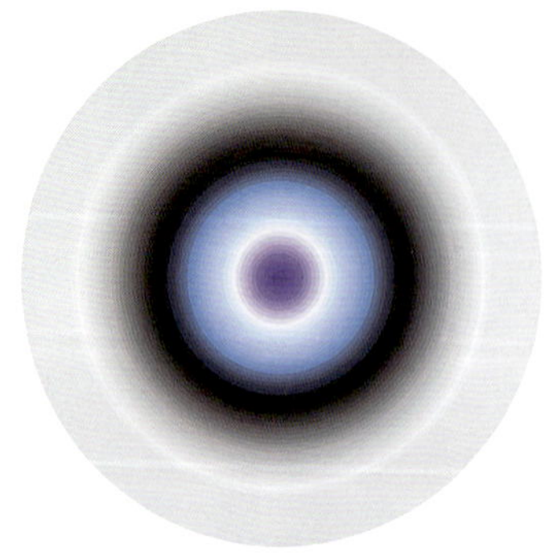

41 颜磊 2013年作 彩轮
估　价：RMB 500,000～700,000
成交价：RMB 920,000
直径200cm 厦门华辰 2015.6.20

405 尹明老 2000年作 向谦斋郑敷致敬 M.525
来源：亚洲私人收藏。
估　价：HKD 1,000,000～2,000,000
成交价：RMB 1,018,040
195cm×259cm 佳士得 2015.11.29

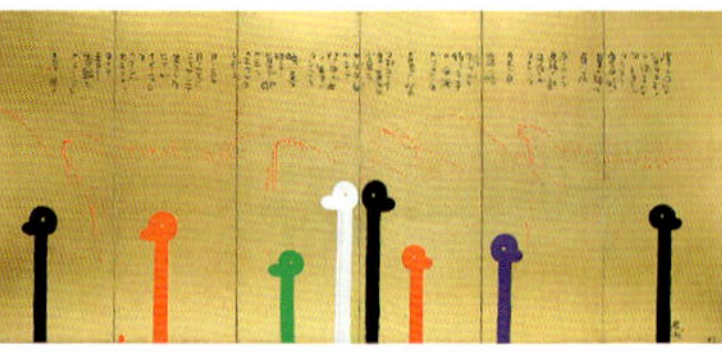

13 元永定正 1987年作 无题
出处：日本私人收藏。
估　价：HKD 180,000～280,000
成交价：RMB 353,063
172cm×372cm 佳士得 2015.3.15

其他艺术形式

1074 艾未未 2008至2009年作 中国地图
来源：纽约玛丽布恩画廊，现藏者购自上述来源。
估　价：HKD 6,500,000～10,000,000
成交价：RMB 9,732,480
高88cm；高90.5cm；高90.7cm 香港苏富比 2015.10.4

165 草间弥生 1970年作 无题
来源：亚洲 私人收藏。
估　价：HKD 450,000~650,000
成交价：RMB 769,688
53cm×45.5cm 佳士得 2015.11.29

110 陈进 月下美人
来源：杨肇嘉旧藏（直接得自艺术家本人），亚洲私人收藏（购自杨肇嘉家属）；香港佳士得《二十世纪亚洲艺术》2013年11月24日拍品，编号0214。
估　价：NTD 1,650,000~2,000,000
成交价：RMB 424,800
169.4cm×116.1cm 台北中诚 2015.6.14

31 罗伊·利希滕斯坦 Drawn in 1964 Sleeping Girl (Study)
估　价：USD 1,200,000~1,800,000
成交价：RMB 9,175,750
14.7cm×14.7cm 纽约佳士得 2015.11.9

2037 李超士 1960年代作 盆景
估　价：RMB 450,000~650,000
成交价：RMB 483,000
43cm×63cm 北京匡时 2015.12.4

404 弗雷德里克·瓦耶斯洛夫 2012年作 无题（华盖：蓝色与橘色）
来源：柏林Circus Gallery，欧洲私人珍藏；现藏家购自上述收藏。
估　价：RMB 500,000~750,000
成交价：RMB 500,000
130.8cm×195.6cm 佳士得（上海） 2015.10.24

2060 符罗飞 1939年作 雷雨夜行军
来源：得自艺术家家属。
估　价：RMB 300,000~500,000
成交价：RMB 667,000
67.5cm×60.5cm 北京匡时 2015.12.4

827 奈良美智 2004年作 Peace on Your Feet
来源：私人收藏、美国私人收藏（购自上述来源）；纽约苏富比2010年11月10日拍品，编号382，现藏者购自上述拍卖。
估　价：HKD 2,200,000～3,000,000
成交价：RMB 2,531,760
132.4cm×115.9cm. 香港苏富比 2015.10.5

5523 吴大羽 约1950年代作 家园
出版：《吴大羽作品集》P236，人民美术出版社2015年版；《师道——吴大羽的十封信》P130 辅仁书院试印本2015年版。
估　价：RMB 400,000～600,000
成交价：RMB 460,000
39.4cm×27.8cm 北京保利 2015.12.5

5519 赵无极 1952年作 无题
估　价：RMB 1,200,000～3,200,000
成交价：RMB 1,840,000
27cm×35cm 北京保利 2015.12.5

413 千镜子 1968年作 睡梦中的女子
来源：南韩私人收藏，藏家赠予私人收藏，现藏者得自上述藏家。
估　价：HKD 3,000,000～5,000,000
成交价：RMB 3,185,480
78.7cm×96.5cm 佳士得 2015.11.29

306 中南半岛美术学院 约1939-1945年作 顺化皇城安南帝启程典礼及随从队伍（重要款彩漆画屏）
出版：中南半岛周报第6期，1941年2月，5页。
估　价：HKD 350,000～450,000
成交价：RMB 1,233,000
整体：218.5cm×242.5cm 香港苏富比 2015.10.5

2015书画拍卖成交汇总

(成交价RMB：15万元以上)

拍品名称	物品尺寸	成交价RMB	拍卖公司	拍卖日期
中国书画				
唐代作者				
佚名 无款 妙法莲华经·第五 手卷	25.5cm×862cm	172,178	纽约苏富比	2015.3.19
常粲（款）渭水访贤图 手卷	画心 29.5cm×435cm 引首29cm×99cm 题跋29cm×9.5cm 29cm×26cm 27.5cm×50cm	2,185,000	东方大观	2015.11.17
唐人 大般若波罗密多经卷第四百卌九 手卷	23.5cm×792cm	563,500	北京匡时	2015.12.05
唐人 金光明最胜王经坚牢地神品第十八 手卷	本幅23cm×148cm 题跋23cm×337cm	920,000	北京匡时	2015.12.05
唐人 维摩经弟子品 手卷	本幅24cm×331cm 题跋27cm×25cm	517,500	北京匡时	2015.12.05
五代作者				
徐熙（传）吉祥天趣图 立轴	129cm×61 cm.	2,530,000	中鸿信	2015.07.29
黄荃（传）百鸟图 手卷	30cm×236cm	172,500	北京保利	2015.12.08
宋代作者				
白良玉 僧释悟禅图 立轴	108cm×46cm	920,000	北京保利	2015.06.06
白玉蟾 行书 手卷	画心26cm×98cm 题跋26cm×157 cm	2,587,500	中鸿信	2015.07.29
陈居中 松泉高士图 立轴	115.5cm×50.5cm	724,500	上海嘉禾	2015.05.08
范成大 自书四时田园杂兴诗 手卷	16cm×321cm	20,700,000	华艺国际	2015.05.24
郭忠恕（传）楼台仕女图 镜心	28.5cm×31cm	5,750,000	北京匡时	2015.12.04
韩同卿（传）楷书新茗帖 镜心	28cm×26cm	368,000	北京保利	2015.12.08
徽宗（传）晴竹图 立轴	123.5cm×54.5cm	5,155,880	佳士得	2015.11.30
柯九思 花元 陶运百 等 元文宗临兰亭真迹 手卷	画心25cm×608cm 跋25cm×140cm	736,000	北京保利	2015.06.06
李公麟（传）免胄图 手卷	55cm×410cm	598,000	北京保利	2015.12.08
李公麟 人物 镜心	27.5cm×56cm	460,000	北京至诚	2015.12.20
刘松年（款）高士图 镜片	27.5cm×24.5cm	230,000	上海明轩	2015.06.21
刘松年（款）文会图 卷	37cm×590cm	178,250	北京翰海	2015.11.27
马麟（款）锦上添花 立轴	167cm×94cm	218,500	中国嘉德	2015.06.28
马宋英 松阁图 镜心	23cm×20cm	4,370,000	天津同方	2015.11.21
马远（款）雪山行旅 立轴	168cm×65cm	161,000	中国嘉德	2015.04.03
马远 观瀑图 立轴	159cm×35cm	345,000	天津同方	2015.06.06
米芾（传）山水氤氲 手卷	28.5cm×113cm	1,017,413	纽约苏富比	2015.03.19
米友仁（款）姚山秋霁 立轴	48cm×28cm	437,000	中国嘉德	2015.04.03
南宋尚书吏部 1166年作 南宋司马伋告身 手卷	26cm×247cm	20,125,000	北京匡时	2015.06.06
南宋文思院 1178年作 南宋吕祖谦告身 手卷	26cm×226.5cm	28,750,000	北京匡时	2015.06.06
宋拓 颜鲁公争坐位帖册 册页	31cm×15cm×12	805,000	北京保利	2015.12.07
夏圭（款）千岩竞秀图 手卷	38cm×671cm	552,000	北京保利	2015.12.08
薛绍彭 行书 镜芯	20cm×35 cm	460,000	中鸿信	2015.07.29
佚名 宋人摹郭忠恕四猎骑图 手卷	39.5cm×192cm	80,500,000	北京匡时	2015.06.06
佚名 宋人写经图 立轴	115.5cm×49cm	18,170,000	上海明轩	2015.06.21
佚名 铜人全图 册页	36.5cm×23cm×46	8,050,000	中鸿信	2015.07.29
佚名 雪窟会友图 立轴	94cm×44cm	402,500	西泠拍卖	2015.07.04
佚名 婴戏图 立轴	22cm×22cm	3,910,000	北京匡时	2015.12.04
佚名 御苑市朝图 立轴	107cm×52cm	9,660,000	北京匡时	2015.12.04
岳飞 书法长卷	尺寸不一	6,574,960	台北艺流	2015.04.25
张即之（传）棐茗帖 镜心	26cm×24cm	1,667,500	北京保利	2015.06.06
元代作者				
曹知白（传）泰定1325年作 古木寒柯图 镜心	画28cm×26cm 书27cm×25.5cm	1,475,600	中国嘉德	2015.04.07
曹知白（传）1325年作 古木寒柯图 镜心	画28cm×26cm 书27cm×25.5cm	1,357,944	中国嘉德	2015.10.07

拍品名称	物品尺寸	成交价RMB	拍卖公司	拍卖日期
曹知白 文信（传）交讯帖、煮茶帖 镜心	33cm×57cm	402,500	北京保利	2015.12.07
程文海（传）可人帖 镜心	33cm×57cm	402,500	北京保利	2015.12.07
管道昇（传）小楷《般若波罗蜜多心经》镜心	33cm×57cm	437,000	北京保利	2015.12.07
胡廷晖（款）青绿山水 立轴	103cm×45cm	3,680,000	北京保利	2015.12.08
黄溍（传）伏覩札 镜心	33cm×57cm	402,500	北京保利	2015.12.07
李士弘 行书《九歌》册页（十三开二十五页）	23cm×15.5cm×25	2,300,000	中国嘉德	2015.11.16
倪瓒（传）山水册册页（四开）	38cm×32cm×4	460,000	北京保利	2015.06.05
倪瓒 山水 立轴	76cm×36cm	678,972	中国嘉德	2015.10.07
倪瓒 晚亭图 手卷	画心27cm×40.5cm 题跋27cm×56cm	2,300,000	北京匡时	2015.03.31
乔达 寒江钓艇图 立轴	126cm×70cm	575,000	北京保利	2015.06.06
盛洪（款）1326年作 山水 立轴	91.5cm×35.5cm	2,003,240	佳士得	2015.11.30
盛懋（款）湖上讲经图 立轴	102cm×42cm	184,000	中国嘉德	2015.04.03
汪从善（传）假舟帖 镜心	33cm×57cm	402,500	北京保利	2015.12.07
汪泽民（传）下及帖 镜心	33cm×57cm	402,500	北京保利	2015.12.07
王蒙（款）蓬莱仙馆 手卷	26cm×191.5cm	225,775	佳士得	2015.11.30
王振鹏（款）历代贤妃图 册页	31cm×48cm×10	161,000	北京匡时	2015.06.07
吴镇（款）观潮图 立轴	263.5 cm×97.3 cm	431,550	香港苏富比	2015.10.05
吴镇（款）山水卷 手绢	引首35.5cm×109cm 画心35.5cm×667cm 题跋35.5cm×203cm	575,000	东方大观	2015.11.17
吴镇 雨歇空山 立轴	51cm×27cm	35,650,000	上海工美	2015.06.28
燕公楠（传）扳饯帖 镜心	33cm×57cm	402,500	北京保利	2015.12.07
佚名 元/明 彩绘菩萨壁画	99.6cm×78.7cm	18,563,865	纽约佳士得	2015.03.20
虞集（款）楷书《帝后传》（十开册）	30.5cm×17.7cm	159,325	纽约苏富比	2015.09.17
袁桷（传）旧岁北归帖 镜心	33cm×57cm	402,500	北京保利	2015.12.07
张逊 竹石图 立轴	132cm×52cm	7,590,000	中国嘉德	2015.04.03
赵孟頫（款）八骏马图卷	33cm×213.6cm	348,690	台北艺流	2015.10.10
赵孟頫（款）行书静心帖 镜心	27cm×36.5cm	310,500	北京匡时	2015.06.07
赵孟頫（款）兰亭修稧图卷 手卷	17cm×69cm	172,500	中国嘉德	2015.09.21
赵孟頫（款）等 山水 人物 花卉 册页（十二开）	25cm×33cm	287,500	北京翰海	2015.07.19
赵雍 秋郊行骑图 立轴	101cm×48cm	4,025,000	北京翰海	2015.06.27
明代作者				
1536年作 旧拓《兰亭序》仇英《兰亭图》文征明《行书兰亭序》佚名《萧翼赚兰亭图》手卷	引首26cm×47cm 本幅24cm×13cm×6 27.5cm×185cm 27.5cm×122cm 题跋22cm×68cm 22cm×68cm 28cm×336cm 26.5cm×72cm	345,000	北京匡时	2015.10.16
卞文瑜 笪重光 层峦烟水图 手卷	画心350cm×27cm 题跋27cm×25cm	1,840,000	西泠拍卖	2015.07.04
卞文瑜 1648年作 松阁远帆 扇面	17.5cm×49.5cm	230,000	中国嘉德	2015.05.18
蔡羽 草书郑谷《曲江春草》扇面	16cm×51cm	476,130	保利香港	2015.04.07
蔡羽 楷书李白诗《禅房怀友人岑伦》扇面	18cm×52cm	399,949	保利香港	2015.04.07
蔡远 仿洪谷子山水 立轴	184cm×94cm	437,000	保利厦门	2015.05.03
陈半湖 行书《日域凤岚禅翁主德住庵记》立轴	52cm×62cm	471,500	北京匡时	2015.06.07
陈淳 1537年作 仿米家山水 手卷	本幅 21.5cm×130cm 题跋24cm×30cm	1,552,500	北京匡时	2015.12.05
陈淳 草书对酒诗 扇片	19cm×52cm	667,000	东方大观	2015.05.20

*查看图片请参照凡例4方法

(成交价RMB：15万元以上)

拍品名称	物品尺寸	成交价RMB	拍卖公司	拍卖日期
陈淳 草书诗·白云茆屋图（二帧）扇页	50cm×15.5cm 56cm×19.5cm	414,000	西泠拍卖	2015.07.04
陈淳 明 梅花 扇面镜框	16.8cm×49.5cm	240,300	佳士得	2015.06.01
陈淳 墨兰 扇面	19cm×56.5cm	575,000	中贸圣佳	2015.05.19
陈淳 墨松 扇片		529,000	上海明轩	2015.06.21
陈淳 瑞珠仙影 立轴	334cm×102cm	3,680,000	北京匡时	2015.06.07
陈淳 四季牡丹 手卷	引首28.5cm×91cm 本幅29cm×179cm 题跋29cm×237cm	7,475,000	北京匡时	2015.12.04
陈淳 松亭闲语 立轴	94cm×29cm	345,000	北京匡时	2015.03.31
陈淳 烟雨孤舟 立轴	130cm×45.5cm	368,000	北京匡时	2015.06.07
陈裸 1617年作 山居访隐图卷 手卷	本幅31cm×170cm 题跋31cm×30cm	575,000	北京匡时	2015.12.05
陈洪绶 1638年作 拜别图 立轴	104cm×50cm	3,220,000	北京保利	2015.06.05
陈洪绶 1641年作 幽亭听泉 立轴	64.5cm×26.5cm	5,175,000	北京匡时	2015.06.06
陈洪绶 白梅图扇面 镜心	20cm×50cm	460,000	北京保利	2015.06.06
陈洪绶 高思图 立轴	127cm×49.5cm	1,069,500	中国嘉德	2015.11.16
陈洪绶 行书七言诗 扇面	16cm×50cm	1,667,500	北京保利	2015.06.04
陈洪绶 梨花 镜芯	76cm×26 cm.	3,277,000	中鸿信	2015.07.29
陈洪绶 品茗图 镜心	19cm×54cm	1,437,500	北京匡时	2015.12.04
陈洪绶 赏梅图 立轴	128cm×45c	207,000	北京翰海	2015.09.13
陈洪绶 桐下授教图 立轴	162cm×54.5cm	5,290,000	北京匡时	2015.12.04
陈洪绶 严湛 仙人图 立轴	216cm×99cm	6,900,000	中贸圣佳	2015.05.19
陈焕 1595年作 雪中访友 立轴	122cm×29cm	207,000	北京保利	2015.12.08
陈焕 春山行旅 扇面	16.5cm×49.5cm	172,500	中国嘉德	2015.05.18
陈焕己未（1619年作秋山访友扇面	18.5cm×56cm	207,000	中国嘉德	2015.11.16
陈焕 山水 扇面 镜框	18cm×52cm	345,000	上海嘉禾	2015.05.08
陈焕明 1602年作泛舟访友扇面镜框	15.7cm×49.2cm	500,625	佳士得	2015.06.01
陈继儒 草书七言诗 扇面	18cm×52cm	287,500	北京保利	2015.06.04
陈继儒 行书 立轴	232cm×104cm	1,782,500	上海工美	2015.06.28
陈继儒 行书 手卷	31cm×244cm	207,000	北京翰海	2015.07.19
陈继儒 行书 五言诗 扇页	51.5cm×16cm	253,000	西泠拍卖	2015.07.04
陈继儒 行书《点绛唇》立轴	135cm×29cm	172,500	中国嘉德	2015.11.16
陈继儒 行书《咏茶》扇面	16cm×50cm	166,750	中贸圣佳	2015.05.19
陈继儒 行书东坡《节饮食说》卷 手卷	26cm×265cm	2,185,000	北京保利	2015.06.05
陈继儒 行书七言诗 镜心	19cm×58cm	184,000	北京匡时	2015.12.05
陈继儒 行书七言诗 扇面	16cm×47.5cm	287,500	中国嘉德	2015.11.16
陈继儒 行书诗稿 镜心	尺寸不一	276,000	北京匡时	2015.06.07
陈继儒 冷香图 镜片	画心 119cm×27.5cm 题跋60cm×11cm	437,000	西泠拍卖	2015.07.04
陈继儒 梅花 立轴	113.8cm×53.5cm	1,017,413	纽约苏富比	2015.03.19
陈继儒 梅花诗册 册页（六开）	画23.2cm×15cm×3 书法 23.2cm×15cm×3	276,000	中国嘉德	2015.11.16
陈继儒 梅竹双清 册页（八开）	23.5cm×15cm×8	414,000	朵云轩	2015.06.18
陈继儒 墨梅图 立轴	122cm×61.2cm	575,000	保利厦门	2015.05.03
陈继儒 墨梅图卷 手卷	28cm×224cm	483,000	中国嘉德	2015.09.21
陈嘉言 1677年作 清溪双凫 扇面	17cm×51cm	333,500	中国嘉德	2015.11.16
陈嘉言 1642年作 秋园草虫 扇面	16.5cm×49cm	230,000	中国嘉德	2015.05.18
陈栝 1526年作 四时花卉图 立轴	画29cm×550cm 跋29cm×10cm	2,645,000	北京保利	2015.06.05
陈栝 梅雀图 扇面	18cm×51.5cm	218,500	中国嘉德	2015.05.18
陈廉 永瑆 1745年作 山水书画册 册页（三十二开）	24.8cm×15.6cm×32	1,904,720	佳士得	2015.11.30
陈献章 1465年作行书七言诗 立轴	240cm×54cm	253,000	北京匡时	2015.12.05
陈献章 明 草书自书诗卷 手卷	29cm×486cm	1,954,440	佳士得	2015.06.01
陈献章 秋山闲话 立轴	220cm×46.5cm	1,840,000	北京匡时	2015.12.05
陈元素 兰石图 立轴	94cm×38.5cm	172,500	北京翰海	2015.06.27
陈元素 清江放舟 扇面	17cm×49cm	152,362	保利香港	2015.04.07
陈遵 暗香踈影图 手卷	29cm×209cm	4,025,000	北京保利	2015.12.07
成化帝 1481年作 鹰隼图 立轴	107cm×54cm 19cm×54cm	4,025,000	中贸圣佳	2015.05.19
程嘉燧 楷书诗八首 册页（八开十六页）	22.5cm×12.5cm×16	575,000	中国嘉德	2015.11.16
程嘉燧 天启1627年作 西涧图 镜心	126.5cm×49.5cm	10,350,000	中国嘉德	2015.11.16
崔子忠 董其昌 洛神赋书画合璧卷 手卷	绘画31.5cm×56cm 书法28.5cm×37.5cm 题跋29cm×37.5cm 33cm×121cm	6,785,000	北京匡时	2015.12.04
戴进（款）桃柳春耕 立轴	178.5cm×102cm	1,017,413	纽约苏富比	2015.03.19
戴进（款）奕棋 立轴	116.5cm×76cm	164,200	佳士得	2015.11.30
戴进 溪山胜境图 手卷	38cm×314cm	552,000	北京匡时	2015.12.05
戴明说 山水清岚 立轴	147.5cm×47.3cm	273,919	纽约苏富比	2015.03.19
戴明说 竹石图（四帧）镜心	102cm×51cm×4	580,750	北京保利	2015.08.12
邓文明 吕洞宾 立轴	165cm×100cm	2,875,000	天津同方	2015.11.21
丁云鹏（款）白描罗汉 手卷	22cm×253cm	322,000	北京匡时	2015.06.07
丁云鹏 达摩图 册页（十一开）	23cm×14cm×11	207,000	上海敬华	2015.06.29
丁云鹏 罗汉图 立轴	97cm×34cm	1,344,000	十竹斋	2015.06.14
丁云鹏 十六罗汉图册 册页（十六开）	34cm×25cm×16	713,000	上海泓盛	2015.06.20
丁云鹏 煮茗图 扇框		2,645,000	上海明轩	2015.06.21
丁云鹏1695年作 扫象图 立轴	126cm×49cm	5,318,640	佳士得	2015.06.01
董其昌（款）1623年作 行书册 册页	25cm×11cm×24	690,000	中国嘉德	2015.09.21
董其昌（款）行书《天马赋》手卷	42cm×1218cm	414,000	中国嘉德	2015.04.03
董其昌（款）秋山楼阁图 立轴	106cm×52.5cm	195,500	西泠拍卖	2015.04.22
董其昌（款）1618年作 行书册 册页	26cm×17cm×20	287,500	中国嘉德	2015.04.03
董其昌（款）辛未（1631年作 秋林图 立轴	308cm×98cm	4,945,000	中国嘉德	2015.09.21
董其昌 1611年作 行书《乐志论》（13帧）册页	24cm×15cm×13	1,955,000	北京匡时	2015.12.05
董其昌 1612年作 行书诗卷 手卷	26cm×239cm	207,000	北京保利	2015.06.06
董其昌 1620年作 行书《兰亭序》《兰亭后叙》手卷	本幅34cm×364cm 题跋34cm×60cm	1,610,000	北京匡时	2015.12.04
董其昌 1622年作 仿倪瓒山水 镜框	113cm×55.5cm	5,155,880	佳士得	2015.11.30
董其昌 1625年作行书七言诗 立轴	141cm×44cm	207,000	北京匡时	2015.06.07
董其昌 1629年作 大字楷书箴言 手卷	心54cm×857cm 跋54cm×90cm	5,175,000	北京保利	2015.06.05
董其昌 草书《赤壁词》手卷	26.2cm×281.6cm	616,500	香港苏富比	2015.10.05
董其昌 草书《长安秋夜》立轴	346cm×93cm	7,245,000	中贸圣佳	2015.05.19
董其昌 草书节录道德经 手卷	22.5cm×259cm	690,000	东方大观	2015.05.20
董其昌 草书七言诗 镜心	165cm×48.5cm	414,000	北京匡时	2015.06.07
董其昌 陈继儒 行书刘瑶《古意曲》、行书自书七律三首（廿二开册）	21.2cm×14.4cm	414,245	纽约苏富比	2015.09.17
董其昌 1617年作 临张芝草书 册页（十一开）	25.5cm×26cm×11	2,932,500	中国嘉德	2015.11.16
董其昌 仿黄大痴富春山居图 手卷	画芯23.5cm×38cm 引首11cm×36cm 后跋82cm×41.5cm	977,500	四川德轩	2015.11.05
董其昌 仿巨然山水 手卷	画43.5cm×945cm 题跋43cm×258cm	30,475,000	北京保利	2015.06.05

拍品名称	物品尺寸	成交价RMB	拍卖公司	拍卖日期
董其昌 仿宋元名家山水册 册页（十开）	24.5cm×15.5cm×10	920,000	上海明轩	2015.06.21
董其昌 1613年作 米氏烟云 镜框	73.5cm×28.5cm	345,000	朵云轩	2015.06.18
董其昌 寒林茅亭 立轴	83cm×35cm	598,000	东方大观	2015.11.17
董其昌 行书 镜片	28cm×110cm	230,000	朵云轩	2015.06.18
董其昌 行书 镜心	124cm×38cm	253,000	天津同方	2015.06.06
董其昌 行书 手卷	27.5cm×257.5cm	672,000	北京荣宝	2015.08.30
董其昌 行书 手卷	董书 25cm×241.5cm 后跋25cm×30cm	345,000	广东崇正	2015.06.19
董其昌 行书 王摩诘诗 扇页	50cm×16cm	287,500	西泠拍卖	2015.07.04
董其昌 行书 五言诗 镜片	154.5cm×26.5cm	264,500	西泠拍卖	2015.07.04
董其昌 行书 五言诗 立轴	137.5cm×45cm	253,000	西泠拍卖	2015.07.04
董其昌 行书 雪赋（十二页）册页	正文页 25cm×13cm×12 题跋页29cm×16cm	379,500	西泠拍卖	2015.04.22
董其昌 行书《寄许炼师》扇面	18cm×55cm	253,000	中贸圣佳	2015.05.19
董其昌 行书《蜀素帖》手卷	引首26cm×72cm 书法26cm×260cm 跋26cm×20cm	575,000	中国嘉德	2015.05.18
董其昌 行书《隐泉李君行状》手卷	28cm×394.5cm	3,680,000	北京匡时	2015.06.06
董其昌 行书白居易池上篇 手卷	董书26cm×313cm 后跋26cm×130cm	920,000	广东崇正	2015.06.19
董其昌 行书册 册页	22.5cm×9.5cm×20	304,723	保利香港	2015.04.07
董其昌 行书册 册页	25cm×13cm×10	276,000	北京保利	2015.01.25
董其昌 行书承德郎米公传 册页（十七开三十三页）	35.1cm×20cm×33	9,430,000	中国嘉德	2015.05.17
董其昌 行书卷 手卷	26cm×182cm	437,000	北京保利	2015.12.08
董其昌 行书李庚《西都赋》册页（十四开）	24.6cm×19.4cm	626,100	纽约苏富比	2015.03.19
董其昌 行书临帖卷 手卷	24.5cm×244cm	667,000	东方大观	2015.11.17
董其昌 行书论《枕卧帖》手卷	25cm×152cm	575,000	北京匡时	2015.12.05
董其昌 行书七言诗 立轴	182cm×52cm	322,000	北京匡时	2015.06.07
董其昌 行书七言诗 立轴	82.5cm×28cm	273,919	纽约苏富比	2015.03.19
董其昌 行书七言诗 立轴	190.5cm×50cm	862,500	中国嘉德	2015.11.16
董其昌 行书诗 立轴	125cm×30cm	230,000	北京保利	2015.01.25
董其昌 行书诗册 册页（十三开二十五页）	27cm×32.5cm×25	230,000	中国嘉德	2015.05.18
董其昌 行书自书诗 手卷	33cm×403.2cm	238,988	纽约佳士得	2015.09.16
董其昌 行书自作诗 立轴	142cm×45cm	207,000	北京保利	2015.06.06
董其昌 横云春霁 立轴	119cm×43cm	460,000	北京匡时	2015.12.05
董其昌 1614年作 仿鲁公书唐人七古卷 手卷	书27cm×488.5cm 跋27.5cm×94.5cm	5,520,000	中国嘉德	2015.05.17
董其昌 江村水阔图 扇页	51cm×17cm	184,000	西泠拍卖	2015.07.04
董其昌 离骚图 立轴	97cm×38.5cm	483,000	北京匡时	2015.06.07
董其昌 临《淳化阁帖》册页	25cm×13cm×10	12,379,380	保利香港	2015.04.07
董其昌 临古帖 手卷	24cm×314cm	667,000	北京保利	2015.06.06
董其昌 临怀素圣母帖 手卷	25cm×253cm	747,500	北京保利	2015.12.08
董其昌 临晋唐人帖 手卷	引首 23cm×101.5cm 书法23cm×260cm	2,760,000	中国嘉德	2015.05.17
董其昌 临兰亭诸帖 手卷	27cm×310cm	276,000	北京保利	2015.06.06
董其昌临宋四家帖册（十六开）	22cm×14cm×16	1,693,320	香港苏富比	2015.10.05
董其昌 临颜真卿楷书册 册页	画心：24cm×18cm×4，题跋：24cm×10.5 cm.	172,500	中鸿信	2015.07.29
董其昌 临杨凝式《步虚词》手卷	书法41cm×920cm 跋45cm×30cm	3,220,000	中国嘉德	2015.11.16
董其昌 明 行书 手卷	26.8cm×218.5cm	550,688	佳士得	2015.06.01

拍品名称	物品尺寸	成交价RMB	拍卖公司	拍卖日期
董其昌 1607年作 临怀素自叙帖 手卷	27.3cm×812cm	5,030,280	佳士得	2015.06.01
董其昌 山中雨霁 镜片	111cm×53cm	632,500	朵云轩	2015.01.26
董其昌 手简六通 册页（五开十页）	23cm×12cm×10	207,000	中国嘉德	2015.11.16
董其昌 书法 立轴	123cm×46cm	172,500	天津同方	2015.06.06
董其昌 书法条屏 轴	165cm×48cm	460,000	山东恒昌	2015.06.10
董其昌 书画合璧册（8帧）册页	册首 30cm×33.5cm×4 本幅22cm×30cm×8	5,635,000	北京匡时	2015.12.04
董其昌 疏林茅屋图 手卷	26.3cm×146cm	69,000,000	中国嘉德	2015.11.15
董其昌 题语溪读碑图 长卷	28cm×396cm	2,875,000	河南豫呈祥	2015.01.18
董其昌 苕溪春晓图 立轴	93cm×37cm	235,750	北京保利	2015.08.12
董其昌 溪山清樾图 立轴	150cm×72cm	10,235,000	东方大观	2015.05.20
董其昌 溪山亭子图 立轴	36cm×24cm	1,150,000	北京保利	2015.06.05
董其昌 小楷道经 手卷	心23cm×468cm 跋23cm×93cm	3,220,000	北京保利	2015.06.05
董其昌 徐玑诗二首 扇面	16cm×48cm	218,500	北京保利	2015.06.04
董羽宸 胤光 羽宸等为吉翁作书画合璧册 册页（三十四开）	33cm×38cm×34	2,415,000	北京保利	2015.06.05
杜大中 行书五言诗 扇面	18cm×56cm	218,500	北京保利	2015.12.08
杜琼 1452年作 湖乡烟景 卷	29cm×207cm	184,000	北京翰海	2015.11.27
方孝儒草书《咏史诗·五湖》立轴	177cm×43 cm	207,000	中鸿信	2015.07.29
方以智 1646年作 临李龙眠山水册 册页（八开）	23cm×28cm×8	1,150,000	广东崇正	2015.06.19
方以智 陆瞩 卧游五岳册 册页（八开）	册首25cm×33cm×2 本幅24.5cm×35cm×4 20cm×25cm×4 题跋25cm×33cm×2	747,500	北京匡时	2015.12.05
冯起震 冯可宾 墨竹 立轴	165cm×54cm	247,588	保利香港	2015.04.07
傅崟 踏雪寻梅 镜框	162.5cm×94cm	254,920	纽约苏富比	2015.09.17
高攀龙 1608年作 松亭枕溪 立轴	158cm×40cm	172,500	朵云轩	2015.06.18
葛征奇 1642年作 灵岩泰岱图 手卷	本幅26cm×480cm 题跋30cm×11cm	3,047,500	北京匡时	2015.06.06
龚贤 空山无客 立轴	23.2cm×52.3cm	565,125	香港苏富比	2015.10.05
顾大希 2014年作万壑松风图镜片	170cm×70cm	356,500	上海明轩	2015.06.21
顾大希 2014年作 夏山高隐图镜心	167cm×74.5cm	529,000	中国嘉德	2015.05.18
顾起元 草书《金陵泉品》手卷	30.8cm×692cm	328,703	纽约苏富比	2015.03.19
顾起元 行书《金陵泉品》手卷	31cm×696cm	897,000	北京匡时	2015.12.04
顾善有 摹古山水册 册页（八开）	25cm×18cm×8	230,000	中国嘉德	2015.05.18
顾知 1635年作 江山无尽 手卷	20.5cm×267cm	345,000	北京匡时	2015.12.05
关思 1629年作 松岭横云图 立轴	115.5cm×61.5cm	460,000	西泠拍卖	2015.07.04
关思 雪景山水 立轴	175.9cm×92.7cm	352,181	纽约苏富比	2015.03.19
归昌世 1630年作 岁寒柯叶 卷	27.5cm×394cm	632,500	北京翰海	2015.06.27
韩敬伟 2014年作 澳门古树 镜心	137cm×70cm	460,000	山东恒昌	2015.06.10
何吾驺 西风万里 立轴	202.5cm×38.5cm	402,500	朵云轩	2015.06.18
侯峒曾 行书七言诗 扇面	17.5cm×53cm	349,186	中国嘉德	2015.10.07
黄道周 古松图 手卷	画28cm×332cm 后跋28cm×160cm	1,333,164	保利香港	2015.04.07
黄道周 行书 立轴	113cm×33 cm	2,300,000	中鸿信	2015.07.29
黄道周 楷书《孝经正文》（十八开册）	22.7cm×26.5cm	3,122,770	纽约苏富比	2015.09.17
黄道周 素诗草书册 册页	画心：26.5cm×28cm×8，题跋：26.5cm×30.5cm	920,000	中鸿信	2015.07.29
黄河清 明 草书《七碗茶歌》立轴	57cm×63cm	170,213	佳士得	2015.06.01
黄淮子 明 松下赏乐 立轴	148.5cm×103.2cm	280,350	佳士得	2015.06.01
黄辉 行书五言诗 镜心	16cm×50cm	161,000	北京匡时	2015.12.05
黄辉 行书五言诗 镜心	17.5cm×54cm	172,500	北京匡时	2015.12.05

2015书画拍卖成交汇总

(成交价RMB：15万元以上)

拍品名称	物品尺寸	成交价RMB	拍卖公司	拍卖日期
黄姬水 草书五言诗 扇面	17cm×51cm	207,000	北京保利	2015.06.04
黄姬水 行书五言诗 扇面	15.5cm×48cm	241,500	中国嘉德	2015.05.18
黄汝亨 1616年作 行书七言诗 立轴	165.5cm×52cm	287,500	西泠拍卖	2015.07.04
惠孟臣 山水册 册页（十二开）	7.5cm×11cm×12	266,825	佳士得	2015.11.30
嘉靖圣旨 七彩一品圣旨	36cm×400cm	11,270,000	际华春秋	2015.05.24
蒋明凤 草书五言诗 立轴	158cm×54cm	209,497	保利香港	2015.04.07
金溪王 草书 佛经句 立轴	178.5cm×53.5cm	506,000	西泠拍卖	2015.07.04
金兆熊 江上泛舟 立轴	175cm×100cm	322,000	上海嘉禾	2015.05.08
居节 雨歇山青 立轴	61cm×21.6cm	2,510,962	纽约苏富比	2015.09.17
邝露 草书字册 册页（十四开）	31.5cm×18.2cm×14	2,415,000	中国嘉德	2015.11.16
来复 草书 七言诗 立轴	163cm×52cm	437,000	西泠拍卖	2015.07.04
来复 草书七言诗 立轴	205cm×52cm	460,000	中国嘉德	2015.05.17
来复 行书自作诗 立轴	165.5cm×52cm	483,000	北京匡时	2015.12.05
蓝瑛（款）1627年作 松山栈道图 立轴	198cm×48cm	552,000	中国嘉德	2015.09.21
蓝瑛 1622年作 仿宋人山水 立轴	54.7cm×29.7cm	1,018,040	佳士得	2015.11.30
蓝瑛 1629年作 春林书屋 立轴	18cm×54cm	322,000	北京匡时	2015.12.05
蓝瑛 1632年作 仿米氏云山图 立轴	104cm×29cm	276,000	西泠拍卖	2015.04.22
蓝瑛 1635年作 松壑图 立轴	176cm×67cm	1,725,000	北京保利	2015.06.06
蓝瑛 1641年作 金山含月 立轴	181cm×52cm	230,000	北京保利	2015.06.06
蓝瑛 1642年作 溪桥闲憩图 镜片	26.5cm×25cm	161,000	西泠拍卖	2015.04.22
蓝瑛 1643年作 溪山图 镜心	16cm×51cm	172,500	北京匡时	2015.06.07
蓝瑛 1646年作 秋山红叶 立轴	171cm×68cm	4,600,000	北京保利	2015.06.05
蓝瑛 1648年作 溪亭对话 镜心	31cm×33cm	241,500	北京匡时	2015.06.07
蓝瑛 1651年作 夏山清泉 立轴	38.5cm×25cm	174,463	佳士得	2015.11.30
蓝瑛 1653年作 云壑苍松 立轴	212cm×63cm	851,000	北京匡时	2015.12.05
蓝瑛 1659年作 秋山红树 立轴	171cm×78cm	2,070,000	北京匡时	2015.12.04
蓝瑛 春日读书图 立轴	140.5cm×40cm	552,000	西泠拍卖	2015.07.04
蓝瑛 大痴画意 立轴	156cm×41cm	310,387	中国嘉德	2015.10.07
蓝瑛 仿古山水册 册页(十二开)	30cm×38cm×12	3,910,000	北京保利	2015.12.07
蓝瑛 仿梅华道人笔意 镜心	31cm×30cm	264,500	北京匡时	2015.06.07
蓝瑛 花卉（十开册）	24cm×31cm	318,650	纽约苏富比	2015.09.17
蓝瑛 姜泓 等 山水 册（十开）	每开22.8cm×17.1cm	469,575	纽约苏富比	2015.03.19
蓝瑛 九夏清泉图 立轴	225cm×96cm	3,105,000	北京保利	2015.12.07
蓝瑛 栟湖渔乐 立轴	176.5cm×45.3cm	547,838	纽约苏富比	2015.03.19
蓝瑛 拟古山水 四屏	160.5cm×44.5cm×4	5,290,000	西泠拍卖	2015.07.04
蓝瑛 拟荆关山水 立轴	180.2cm×45cm	400,500	佳士得	2015.06.01
蓝瑛祁豸佳仿古山水册页（十开）	35cm×25cm×10	747,500	保利厦门	2015.05.02
蓝瑛 秋山高寺 立轴	327cm×105 cm.	862,500	中鸿信	2015.07.29
蓝瑛 山水 册（十六开）	31.5cm×40cm×16	207,000	北京翰海	2015.11.27
蓝瑛 霜酣秋林 立轴	210cm×94.5cm	2,587,500	北京匡时	2015.06.07
蓝瑛 四时芳艳 立轴	144cm×63.5cm	2,038,560	香港苏富比	2015.10.05
蓝瑛 溪桥初雪图 立轴	诗堂44.5cm×50cm	1,897,500	北京匡时	2015.06.07
蓝瑛 溪山渔隐图 镜片	109.5cm×44cm	805,000	西泠拍卖	2015.07.04
蓝瑛 项圣谟 等 鸳湖社名贤妙迹 册页(十八开)	29cm×39cm×18	20,700,000	北京保利	2015.12.07
蓝瑛 一六五九年作 石交 立轴	130cm×42cm	564,438	佳士得	2015.12.02
蓝瑛 1645年作 秋山访友图 立轴	180cm×61cm	517,500	中国嘉德	2015.04.03
李辰 1639年作 竹雀图 镜心	16cm×51cm	178,250	北京匡时	2015.12.05
李东阳 楷书李纲《游王原山》诗 册（十二开）	每开38cm×75cm	2,466,834	纽约苏富比	2015.03.19
李东阳 致仕诗卷 自书诗卷 卷	26cm×270cm 26cm×610cm 25cm×393cm	6,900,000	北京翰海	2015.11.27
李流芳 行书自作诗 扇面	19cm×55cm	218,500	北京保利	2015.06.06
李流芳 江山萧木 册（八开）	每开24cm×50cm	7,200,150	纽约苏富比	2015.03.19
李梦阳 行书七言诗 扇面	18cm×48cm	253,000	北京保利	2015.12.08

拍品名称	物品尺寸	成交价RMB	拍卖公司	拍卖日期
李士达 1614年作 举杯邀月 扇面镜框	15.7cm×48.7cm	350,438	佳士得	2015.06.01
李永昌 行书五言诗 镜心	16cm×52cm	172,500	北京匡时	2015.12.05
李宗谟 靖节先生像 手卷	25.5cm×470cm	230,000	朵云轩	2015.06.18
林郊 寒凫图 立轴	118.5cm×51cm	575,000	保利厦门	2015.05.03
林良（款）山禽图 立轴	140cm×40cm	218,500	北京保利	2015.12.08
林良 烈鹰擒兔图 立轴	140.5cm×76cm	977,500	天津同方	2015.06.06
刘珏 秋山图 手卷	题首33cm×97cm 画心33cm×640cm 跋尾33cm×128cm	1,495,000	广东小雅斋	2015.11.11
刘原起 1632年作 草阁待客图 扇面	16.5cm×50cm	322,000	中国嘉德	2015.11.16
刘原起 1622年作 江亭论道 扇面	17.5cm×53cm	172,500	中国嘉德	2015.05.18
娄坚 草书千字文 册页	28cm×32cm×16	690,000	北京保利	2015.06.05
娄坚 行书诗扇 镜心	15.5cm×48cm	247,588	保利香港	2015.04.07
陆深 行书自作诗（四帧）镜框	22cm×13cm×4	299,000	北京保利	2015.06.06
陆士仁 湖山访友图 扇页	47cm×17cm	310,500	西泠拍卖	2015.07.04
陆应阳 草书 扇面镜框	17cm×52cm	225,775	佳士得	2015.11.30
陆应阳 行书七言诗 立轴	128cm×29cm	207,000	北京保利	2015.06.06
陆应阳 天启1622年作 草书七言诗 立轴	137.5cm×55cm	494,500	中国嘉德	2015.11.16
陆远 金笺山水 四屏立轴	221cm×50.5cm×4	920,000	北京匡时	2015.12.05
陆治 1533年作 秋居图 镜框		253,000	上海明轩	2015.06.21
陆治 翠岚晴江 扇面		483,000	上海明轩	2015.06.21
陆治 江潭虚亭 立轴	16cm×47cm	241,500	中国嘉德	2015.05.18
罗洪先 1557年作 行书《别周潭汪君序》册页	29cm×38cm×45	1,012,000	北京匡时	2015.06.07
罗洪先 草书《登公寺望湖亭》镜心	25cm×20.5cm	207,000	北京匡时	2015.12.05
吕纪 花鸟 镜心	124cm×69.5cm	402,500	北京翰海	2015.06.27
吕纪 明 雪鹰 立轴	104.2cm×63.2cm	500,625	佳士得	2015.06.01
吕纪 松树黄鹊图 立轴	114.5cm×73cm	3,220,000	上海明轩	2015.06.21
马守真（款）癸卯（1603年作 竹石图 立轴	113cm×37cm	241,500	中国嘉德	2015.09.21
马守真 明 灵石鸳鸯 扇面镜框	16cm×49cm	200,250	佳士得	2015.06.01
马守真 水墨竹石图 镜心	19.5cm×54cm	299,000	保利厦门	2015.05.02
马守真 王穉登 1599年作 水仙顽石图 手卷	画39.5cm×473cm 跋39.5cm×64cm	16,100,000	中国嘉德	2015.11.15
茅坤蔡汝南 等明人书法合册册页	尺寸不一	230,000	北京保利	2015.06.06
茅坤 草书西湖诗卷 手卷	25cm×315cm	1,725,000	北京匡时	2015.12.04
米万钟 草书 立轴	150cm×48cm	161,000	北京翰海	2015.07.19
米万钟 草书节录书谱 扇片		333,500	上海明轩	2015.06.21
米万钟 草书七言诗 扇面立轴		529,000	上海明轩	2015.06.21
米万钟 行书七言句 立轴	210cm×60cm	575,000	北京匡时	2015.12.04
明代16世纪~17世纪 郑和画像 立轴	84cm×92cm	172,500	北京保利	2015.06.07
明季八家合画卷 手卷	21cm×340cm	1,380,000	北京保利	2015.12.08
明清诸家扇面（十一帧）扇面	尺寸不一	184,000	北京保利	2015.06.04
莫如忠 行书寿徐方壶诗 册页（八开）	34cm×48.5cm×8	287,500	中国嘉德	2015.05.18
莫是龙 1493年作 草书 立轴	126cm×47.3cm	550,688	佳士得	2015.06.01
倪元璐 1637年作 古松图 扇页	51.5cm×17.5cm	322,000	西泠拍卖	2015.07.04
倪元璐 草书二行 立轴	107cm×26.5cm	483,000	中国嘉德	2015.05.18
倪元璐 草书七言诗 立轴	99.5cm×27.3cm	411,000	香港苏富比	2015.10.05
倪元璐 草书七言诗 立轴	130cm×38cm	5,520,000	北京匡时	2015.12.04
倪元璐 行书五言诗 立轴	189cm×47.5cm	9,200,000	中国嘉德	2015.05.17
倪元璐 明；1571年作 行书 立轴	130cm×30.8cm	240,300	佳士得	2015.06.01
倪元璐 疏林远岫 手卷	40cm×211cm	207,000	保利厦门	2015.05.03

拍品名称	物品尺寸	成交价RMB	拍卖公司	拍卖日期
钱贡 游春图 镜心	15.5cm×48cm	178,250	北京匡时	2015.12.05
钱穀 1571年作 春堤闲步 扇面	15cm×48cm	287,500	北京保利	2015.06.06
钱穀 1576年作 江岸闲居图 扇页	50.5cm×16.5cm	322,000	西泠拍卖	2015.07.04
钱穀 松涧图 扇面	18.5cm×52.5cm	287,500	中国嘉德	2015.11.16
钱谦益 行书五言诗 镜心	17.5cm×53cm	207,000	北京匡时	2015.12.05
钱增 孙朝让 等 祝寿诗（八帧）镜片	34.5cm×32cm×8	437,000	西泠拍卖	2015.07.04
钱志驺 行书五言诗 镜心	16.5cm×52cm	172,500	北京匡时	2015.12.05
乔一琦 草书五言诗 立轴	177cm×93cm	241,500	北京匡时	2015.06.07
仇英（传）明 十八学士登瀛图 手卷	29.5cm×556.5cm	210,263	佳士得	2015.06.01
仇英（款）春山行旅 立轴	343cm×194cm	2,630,400	香港苏富比	2015.10.05
仇英（款）狩猎图	93cm×43cm	2,063,376	荣盛国际	2015.01.10
仇英（款）四季山水 四屏	115cm×61.5cm×4	3,024,960	香港苏富比	2015.10.05
仇英（款）瑶台祝寿图 手卷	45cm×465cm	155,250	北京保利	2015.11.01
仇英 1550年作 仙山楼阁 立轴	113cm×42cm	34,500,000	上海工美	2015.06.28
仇英 1551年作 云海观涛 立轴	111cm×60cm	3,450,000	北京保利	2015.12.08
仇英 百子图	130cm×53cm	1,327,738	荣盛国际	2015.01.10
仇英 北湖图 手卷	引首21cm×65cm 本幅21cm×81.5cm 题跋21cm×483cm	5,980,000	北京匡时	2015.06.06
仇英 泛棹中流图 扇面	18cm×52cm	2,990,000	北京保利	2015.06.04
仇英 汉宫春晓 手卷	49cm×430cm	184,000	保利厦门	2015.08.02
仇英 兰亭雅集图 手卷	画心29cm×224cm 题跋29cm×100cm	747,500	中鸿信	2015.07.29
仇英 蓬莱仙奕图 手卷	29cm×93.5cm	11,503,265	纽约佳士得	2015.09.16
仇英 山水人物 手卷	52.5cm×481cm	565,000	辽宁建投	2015.08.30
仇英 神话故事 十屏立轴	199cm×560cm×10	782,000	北京翰海	2015.07.19
仇英 升仙图 手卷	引首30cm×99cm 本幅30cm×254cm 题跋34cm×83cm	483,000	北京匡时	2015.03.31
仇英 威震山河图	56cm×131cm	5,870,150	卓艺拍卖	2015.11.18
仇英 文徵明 赏园图 扇面	16cm×50cm	1,552,500	中贸圣佳	2015.05.19
仇英 西园雅集图 立轴	129.5cm×66 cm.	4,140,000	中鸿信	2015.07.29
仇英 溪山消夏图 手卷	画心31cm×625cm 题跋36cm×10cm	3,729,000	中鸿信	2015.07.29
仇英 仙山楼阁图 立轴	175cm×102 cm.	805,000	中鸿信	2015.07.29
仇英 岳阳大观 手卷	画心15.5cm×46.5cm 题首15.5cm×51cm 跋尾15.5cm×115cm	782,000	广东小雅斋	2015.11.11
仇英 云里帝城 扇面		4,025,000	上海明轩	2015.06.21
阮大铖 行书诗稿 镜心	28cm×32.5cm	1,265,000	中国嘉德	2015.05.18
邵弥 1634年作 泉壑幽思 立轴	111cm×29cm	667,000	中国嘉德	2015.05.18
邵弥 山水画册 册页（八开）	25cm×17.1cm	238,988	邦瀚斯	2015.09.14
沈灏 高简 陆鸿 等 山水书法册 册页（十开）	21cm×12cm×10	897,000	北京保利	2015.12.08
沈士充 1629年作 赤壁夜游 扇面	17cm×54cm	552,000	北京保利	2015.06.06
沈士鲠 崇祯1641年作 移山图 扇面	18.5cm×51cm	276,000	中国嘉德	2015.05.18
沈士鲠 秋江赏吟图 立轴	212cm×96.5cm	943,000	保利厦门	2015.05.02
沈硕 秋山卧游图 立轴	346.5cm×103.6cm	1,150,000	保利厦门	2015.05.02
沈周（传）1740年作 吴镇山水 手卷	33cm×290cm	368,000	北京保利	2015.06.05
沈周（款）1480年作 雪景 手卷	31.5cm×856.5cm	205,250	佳士得	2015.11.30
沈周（款）垂纶图 立轴	197cm×95cm	333,500	中国嘉德	2015.04.03
沈周（款）春山闲云 立轴	153cm×49cm	471,500	朵云轩	2015.06.18
沈周（款）明；1466年作 关河行旅图 手卷	32.5cm×1055.5cm	150,188	佳士得	2015.06.01
沈周（款）壮行图 立轴	195cm×90cm	460,000	北京匡时	2015.12.05
沈周 1471年作 水仙卷 手卷	22cm×126cm	253,000	北京保利	2015.12.08

拍品名称	物品尺寸	成交价RMB	拍卖公司	拍卖日期
沈周 1473年作 行书《春雪歌》镜心	18cm×52cm	1,725,000	北京匡时	2015.06.06
沈周 1479年作 仿古山水 立轴	100cm×44cm	690,000	北京翰海	2015.11.27
沈周 1491年作 支硎冒云图 立轴	133cm×60.5cm	3,680,000	北京翰海	2015.11.27
沈周 1504年作 竹林对坐 扇框		575,000	上海明轩	2015.06.21
沈周 墨牡丹 立轴	135cm×83 cm	4,025,000	中鸿信	2015.07.29
沈周 拟云林笔意 镜心	37cm×46cm	171,407	保利香港	2015.04.07
沈周 乾坤雪意 立轴	243cm×120cm	5,171,586	纽约苏富比	2015.03.19
沈周 松下高士 扇面片	17.5cm×54cm	1,725,000	北京翰海	2015.06.27
沈周 桐荫曳杖图 扇面	16cm×50cm	1,322,500	北京保利	2015.06.04
沈周 文征明 钓雪图书画合璧卷 手卷	本幅29cm×150cm 题跋29cm×290cm	40,825,000	北京匡时	2015.06.06
沈周 溪山访友图 立轴	334cm×97cm	184,000	北京翰海	2015.07.19
沈周 溪山深秀图卷 手卷	46cm×634cm	27,600,000	北京保利	2015.12.07
沈周 云山雨意 镜心	27cm×30cm	241,500	北京保利	2015.06.06
盛茂烨 1628年作 雪山访友 立轴	157.5cm×54cm	431,025	佳士得	2015.11.30
盛茂烨 1632年作 松舍迎客图 立轴	151cm×45cm	322,000	上海工美	2015.06.28
盛茂烨 松荫高士 立轴	104.5cm×32cm	207,000	中国嘉德	2015.05.18
盛茂烨 泰昌元年（1620年作 雪溪归棹 扇面	18cm×55cm	184,000	中国嘉德	2015.05.18
盛茂烨 1628年作 孤棹觅友图 扇面	18.5cm×54cm	299,000	中国嘉德	2015.11.16
盛时泰 草书 立轴	168.5cm×49cm	235,750	北京翰海	2015.11.27
宋曹 草书 杜甫诗 立轴	215cm×93cm	402,500	西泠拍卖	2015.07.04
宋曹 草书杜诗卷 手卷	引首30.5cm×81cm 跋30.5cm×80cm 书法30.5cm×516cm	1,610,000	中国嘉德	2015.05.18
宋曹 草书节临羲之诸帖 立轴	201cm×103cm	920,000	北京保利	2015.12.08
宋曹 行书诗轴 立轴	172cm×48cm	402,500	北京保利	2015.12.08
宋曹 临王献之知铁石帖 立轴	221cm×73.5cm	402,500	中贸圣佳	2015.05.19
宋曹 诗稿 手卷	29cm×253cm	672,000	十竹斋	2015.06.14
宋珏 书法 镜框	43.5cm×114.5cm	225,775	佳士得	2015.11.30
宋旭 1572年作 槐下高士 立轴	59cm×33cm	1,954,440	佳士得	2015.06.01
宋旭 1588年作 城南高隐 立轴	146cm×40cm	207,000	北京匡时	2015.12.05
宋旭 1594年作 入峨积雪 立轴	诗堂45cm×95.5cm	4,082,500	北京匡时	2015.06.07
孙克弘 1600年作 花卉卷 手卷	19cm×447cm	224,250	上海泓盛	2015.06.20
孙克弘 1604年作 十峰图 手卷	本幅32cm×227cm 题跋32cm×291cm	2,070,000	北京匡时	2015.06.07
孙克弘 端阳景图 扇面	16cm×48cm	172,500	北京保利	2015.06.06
孙克弘 芙蓉花图 扇面	19cm×56cm	184,000	中国嘉德	2015.11.16
孙矿 行楷六言诗 扇面	16cm×48cm	253,000	北京保利	2015.06.04
孙隆 等 1571年作 进太子陈善图册（共四十二页）册页	57cm×31cm×2 31cm×27cm×40	2,185,000	西泠拍卖	2015.07.04
谈志伊 1586年作 桃花图轴 立轴	80.5cm×34cm	1,495,000	中国嘉德	2015.11.15
汤有光 草书 七言诗 立轴	130.5cm×31cm	172,500	西泠拍卖	2015.07.04
唐寅（传）当轩酌酒醉花神 立轴	197cm×106cm	350,000	上海驰翰	2015.05.09
唐寅（传）红树秋山 立轴	164cm×71cm	24,465,800	佳士得	2015.11.30
唐寅（传）明青绿山水扇面镜框	16.5cm×49cm	180,225	佳士得	2015.06.01
唐寅（款）秋壑飞云图 立轴	73cm×30.5cm	483,000	西泠拍卖	2015.04.22
唐寅（款）山水 手卷	51cm×732cm	250,440	纽约苏富比	2015.03.21
唐寅（款）游园图 立轴	180cm×97cm	690,000	海德拍卖	2015.06.27
唐寅 1505年作 赤壁赋图 手卷	28cm×133cm	977,500	北京保利	2015.06.06
唐寅 碧山诗意图 立轴	141cm×72cm	6,670,000	北京保利	2015.12.07
唐寅 扁舟载酒 扇面	19cm×48.7cm	4,255,000	中国嘉德	2015.05.18
唐寅 端方 训鹤图　行书五言联 立轴	40cm×26cm 130cm×32cm×2	5,520,000	北京保利	2015.06.06
唐寅 行书《咏发》扇面	14.5cm×43cm	1,380,000	中贸圣佳	2015.05.19
唐寅 芦舟载书图 扇面	18cm×52cm	2,875,000	北京保利	2015.06.04

2015书画拍卖成交汇总

(成交价RMB：15万元以上)

拍品名称	物品尺寸	成交价RMB	拍卖公司	拍卖日期
唐寅 墨竹 扇面片	16.5cm×50cm	575,000	北京翰海	2015.06.27
唐寅 秋葵图 扇面	17cm×47.7cm	4,715,000	中国嘉德	2015.05.18
唐寅 玉皇大帝巡视图 立轴	149cm×83cm	299,000	北京隆琛	2015.11.21
万寿祺 行书《心经》镜心	15cm×23cm	253,000	北京保利	2015.06.06
万寿祺 行书五言诗 镜心	16cm×50cm	218,500	北京匡时	2015.12.05
王宠 1526年作 草书 七言诗 扇页	50cm×18.5cm	172,500	西泠拍卖	2015.07.04
王宠 草书 册页（九开）	尺寸不一	253,000	朵云轩	2015.06.18
王宠 行书 立轴	126cm×32cm	322,000	北京翰海	2015.06.27
王宠 书法 框	32cm×92cm	345,000	辽宁中正	2015.06.13
王宠 小楷《竹林七贤》册 册页（八开）	23cm×11cm×8	575,000	北京保利	2015.12.07
王谔 观瀑图 轴	139cm×66cm	517,500	山东恒昌	2015.06.10
王绂（传）古木寒泉 立轴	69cm×25.6cm	307,875	佳士得	2015.11.30
王穀祥 1549年作 白描水仙 手卷	34cm×376cm	828,000	北京匡时	2015.06.07
王穀祥 玉兰图 立轴	57.5cm×29cm	1,725,000	西泠拍卖	2015.07.04
王穀祥 仙灵竹石图 立轴	85cm×31cm	483,000	上海嘉禾	2015.05.08
王衡 行书七言诗 镜心	18cm×54cm	161,000	北京匡时	2015.12.05
王衡 行书五言诗 扇面	17cm×51cm	264,500	北京保利	2015.06.04
王世懋 草书 扇面	18.5cm×55cm	339,486	中国嘉德	2015.10.07
王世贞 草书 扇片	17.5cm×50.5cm	161,000	朵云轩	2015.06.18
王世贞 行书七言诗二首 扇面	18cm×52cm	285,678	保利香港	2015.04.07
王问 草书七言诗 扇片		218,500	上海明轩	2015.06.21
王阳明 行书 扇面	18cm×50cm	253,000	北京保利	2015.06.06
王阳明 书佛郎机遗事 册页	26cm×12cm×14	285,678	保利香港	2015.04.07
王穉登 1593年作 行书《兰亭记》立轴	74.5cm×31.5cm	805,000	北京匡时	2015.12.05
王穉登 行书七言诗 扇面	17.5cm×51cm	264,500	中国嘉德	2015.05.18
王穉登 行书五言诗 扇面	18cm×52.5cm	218,500	中国嘉德	2015.11.16
王穉登 楷书七言诗 扇面	19cm×58.5cm	230,000	中国嘉德	2015.05.18
王穉登 张凤翼 文从龙 陆士仁 杜大中 等 行书七言诗 扇面	18cm×50cm	195,500	中国嘉德	2015.05.18
王祖枝 满庭芳词上阕 横批	24cm×85cm	345,000	北京保利	2015.06.06
魏居敬 松下观鱼 扇面	16cm×47cm	460,000	北京保利	2015.12.08
魏之璜 1635年作 竹石图 立轴	307cm×100cm	919,520	佳士得	2015.11.30
文伯仁 1570年作 山色清隐 扇片		621,000	上海明轩	2015.06.21
文伯仁 查士标 书画对题 册页（十二开）	绘画 22.5cm×16.5cm×12 书法 22.5cm×16.5cm×12	402,500	北京匡时	2015.06.07
文伯仁 行书七言诗 扇面	16.5cm×50cm	310,500	中国嘉德	2015.05.18
文俶1631年作 惜花春起早图立轴	111.8cm×57cm	2,632,049	纽约佳士得	2015.09.16
文嘉（款）1563年作琵琶行立轴	131cm×44cm	1,953,980	佳士得	2015.11.30
文嘉 1561年作 湖畔幽居 扇面	17cm×46cm	1,207,500	北京保利	2015.06.05
文嘉 1577年作 秋景山水 立轴	80cm×38cm	322,000	朵云轩	2015.06.18
文嘉 山亭话旧 手卷	画26cm×220cm 跋26cm×78cm	747,500	中国嘉德	2015.05.18
文彭 草书 册页（十一开）	26cm×33.5cm×11	328,400	佳士得	2015.11.30
文彭 草书七言诗 扇面	17.5cm×50cm	504,379	中国嘉德	2015.10.07
文彭 行书 诗二首 镜片	43.5cm×24cm	172,500	西泠拍卖	2015.07.04
文震孟 行书五言诗 扇面	16.5cm×50.7cm	242,490	中国嘉德	2015.10.07
文震孟 径曲林纡 扇面	18cm×49.5cm	506,000	中国嘉德	2015.05.18
文震孟 陆士仁 朱治登 沈咸 为慎所先生书 扇面	14.5cm×46cm	299,000	中国嘉德	2015.11.16
文征明草书自书诗册（四十一开）		1,252,200	纽约苏富比	2015.03.19
文徵明 行书七言诗 扇面	19cm×56cm	517,500	中贸圣佳	2015.05.19
文徵明 醉翁亭记书画卷 手卷	书法25cm×92cm 绘画23cm×129cm 题跋25cm×122cm 23cm×62cm	3,450,000	北京匡时	2015.06.06

拍品名称	物品尺寸	成交价RMB	拍卖公司	拍卖日期
文征明（传）明 行书 手卷	34.2cm×497.5cm	550,688	佳士得	2015.06.01
文征明（传）明 桃源访友 立轴	198.8cm×100.8cm	1,089,360	佳士得	2015.06.01
文征明（款）嘉靖1583年作 菊圃图 手卷	引首22cm×101.5cm 画心22cm×316cm 题跋24.5cm×65.5cm	1,577,685	中国嘉德	2015.04.07
文征明 1534年作 夏山观瀑图镜心	130cm×32cm	3,680,000	北京保利	2015.06.05
文征明 1539年作 楷书春晓曲 春夜曲 镜心	19cm×21cm	253,000	北京匡时	2015.12.05
文征明 1541年作 枯木竹石图立轴	93cm×31cm	3,220,000	北京保利	2015.06.05
文征明 1542年作 仙华胜游 手卷	引首29.5cm×106cm 本幅29.5cm×472cm	3,795,000	北京匡时	2015.12.05
文征明 1543年作 古木山阴 立轴	98cm×36.5cm	3,220,000	北京翰海	2015.06.27
文征明 1543年作 行书 自作诗册（二十页）册页	25cm×15.5cm×20	287,500	西泠拍卖	2015.07.04
文征明 1547年作 小楷录金谷园记 册页（八开）	26cm×7.5cm×8	1,380,000	上海明轩	2015.06.21
文征明 1555年作 楷书 楚辞精品册（画心九页，跋一页）册页	画心22.5cm×21cm×8 8.5cm×21cm 题跋15cm×21cm	14,950,000	西泠拍卖	2015.07.04
文征明 草书七言诗 立轴	108cm×34cm	1,380,000	北京保利	2015.06.05
文征明 草书七言诗 扇面	19cm×54.5cm	620,774	中国嘉德	2015.10.07
文征明 行草 立轴	106cm×55cm	1,680,000	十竹斋	2015.06.14
文征明 行书 扇框		816,500	上海明轩	2015.06.21
文征明 行书《柳色》扇面	17cm×54cm	920,000	北京保利	2015.06.06
文征明 行书《滕王阁序》册 册页（三十开）	24cm×11.5cm×30	805,000	东方大观	2015.05.20
文征明 行书《西苑诗》立轴	173cm×82cm	2,242,500	北京匡时	2015.12.05
文征明 行书《游西苑诗》立轴	175cm×84cm	5,175,000	北京匡时	2015.12.04
文征明 行书七言自作诗 手卷	32cm×179cm	195,500	北京翰海	2015.11.27
文征明 行书前后出师表 册页（三十开）	25cm×12cm×30	483,000	北京保利	2015.12.08
文征明 行书诗卷 手卷	208.5cm×26cm	218,500	西泠拍卖	2015.04.22
文征明 行书诗扇 镜心	19cm×52cm	761,808	保利香港	2015.04.07
文征明 行书自作诗 手卷	本幅 33.5cm×610cm 题跋33.5cm×80cm	6,095,000	北京匡时	2015.12.04
文征明 嘉靖1538年作 行书《西苑诗》册页（十二开二十四页）	25.5cm×15cm×24	437,000	中国嘉德	2015.05.18
文征明 江岸闲话 扇框		977,500	上海明轩	2015.06.21
文征明 空山古木图 立轴	77cm×29cm	1,667,500	南京经典	2015.01.04
文征明 兰花图 立轴	96cm×29cm	3,220,000	北京匡时	2015.06.07
文征明 论道图 立轴	66.5cm×31cm	1,150,000	北京翰海	2015.06.27
文征明 米芾（款）草书题南宫水墨图 手卷	引首101cm×29cm 画心110cm×29cm 127cm×29cm 题跋245cm×30cm	3,795,000	西泠拍卖	2015.07.04
文征明 草书《九日雨中虎丘悟石轩燕集》立轴	112cm×60.4cm	2,915,640	佳士得	2015.06.01
文征明 泰山图	201cm×144cm 画心68cm×108cm	11,270,000	际华春秋	2015.05.24
文征明 秋江闲泛 立轴	77.5cm×32cm	3,450,000	朵云轩	2015.06.18
文征明 1542年作 行书 镜片	42cm×173cm	345,000	朵云轩	2015.06.18
文征明 1552年作 行书 镜片	30cm×82cm	172,500	朵云轩	2015.07.27
文征明 石湖泛月图 立轴	151cm×54cm	5,232,500	东方大观	2015.05.20
文征明 书法 手卷	192cm×26cm	1,380,000	四川德轩	2015.11.05
文征明 双清图 镜框	59.6cm×43.2cm	234,788	纽约佳士得	2015.03.17
文征明 四条屏		21,741,900	香港龙玺	2015.09.19
文征明 1548年作 西苑诗册 册页	27cm×24cm×20	207,000	中国嘉德	2015.09.21
文征明 辛亥（1551年作 采桑图 立轴	77.6cm×33.4cm	1,840,000	中国嘉德	2015.05.18

拍品名称	物品尺寸	成交价RMB	拍卖公司	拍卖日期
文征明 1549年作 书画合璧卷 手卷	引首30cm×103cm 画30cm×103cm 跋30cm×168cm	218,500	上海嘉禾	2015.08.09
文征明 尤求 寻芝图 立轴	40cm×21.5cm×2	361,859	保利香港	2015.04.07
文征明 玉兰新妆图 立轴	141cm×36 cm.	452,000	中鸿信	2015.07.29
文征明 杂咏诗卷 手卷	25cm×258cm	81,650,000	北京保利	2015.12.07
文征明 衡山文汇图卷 手卷	36.5cm×130cm	1,725,000	北京至诚	2015.12.20
无款 楷书佛经 册（三十九开）	每开33cm×24cm	87,816,786	纽约苏富比	2015.03.19
无款 明 花鸟 镜框	141cm×80.5cm	300,375	佳士得	2015.06.01
吴彬 层岫霜林 扇面	19.5cm×57.5cm	402,500	中国嘉德	2015.05.18
吴彬 山水卷 手卷	25cm×447cm	460,000	北京保利	2015.06.05
吴彬 十六应真 卷	28.5cm×450cm	172,500	北京翰海	2015.06.27
吴宽 祝允明 唐寅 蔡羽 文征明 陈淳 等 吴门名士手柬 手卷	书24cm×368.5cm 跋24cm×228cm	37,375,000	中国嘉德	2015.05.17
吴伟 四仙图 立轴	146cm×92cm	2,070,000	天津同方	2015.11.21
吴振 山水 镜心	33cm×23cm	230,000	中贸圣佳	2015.05.19
项元汴 三清图 扇面	18.5cm×54cm	230,000	中国嘉德	2015.05.18
谢时臣（传）麦舟兼赠 立轴	184cm×101cm	2,850,000	上海驰翰	2015.05.09
谢时臣 匡庐泉 立轴	160.5cm×80.5cm	552,000	北京匡时	2015.06.07
谢时臣 麦舟兼赠 立轴	184cm×101cm	16,675,000	北京保利	2015.06.05
谢时臣 明代 青绿山水	660cm×64cm	1,322,500	际华春秋	2015.05.24
邢侗 草书杜甫《秋兴》诗 扇面	16cm×50cm	190,452	保利香港	2015.04.07
徐贲 1372年作 仿倪瓒山水 手卷	画心32cm×167cm 题跋32cm×90cm	460,000	北京保利	2015.06.05
徐贲 平林远岫图 立轴	54.5cm×24.5cm	4,025,000	北京匡时	2015.06.06
徐弘泽 金之俊 黄辉 书画扇面（三帧）扇面	17cm×50cm×3	276,000	北京保利	2015.06.04
徐霖 草书白莲诗 扇面	17cm×49cm	287,500	北京保利	2015.12.08
徐霖 草书五言诗 扇面	19cm×51cm	152,362	保利香港	2015.04.07
徐渭 1764年作 羲之笼鹅图 立轴	49.5cm×24.3cm	1,666,080	佳士得	2015.06.01
徐渭 草书七言联 对联	147cm×38cm×2	414,000	北京保利	2015.06.06
徐渭 墨荷图 立轴	45.5cm×24cm	345,000	中贸圣佳	2015.05.19
徐渭 墨梅图 镜心	28cm×66cm	402,500	北京匡时	2015.06.07
徐渭 清秋芬芳 立轴	173.8cm×45.2cm	307,875	佳士得	2015.11.30
许士柔 行书五言诗 扇面	17.5cm×53cm	207,000	中国嘉德	2015.05.18
许旭 楷书诗卷 手卷	19cm×235cm	276,000	中国嘉德	2015.04.03
杨大临 禽戏图 立轴	183cm×86cm	713,000	中贸圣佳	2015.05.19
杨慎 行书《禹碑考证》卷 手卷	29.5cm×230cm	20,125,000	中国嘉德	2015.05.17
杨廷麟 草书五言诗 扇面	17cm×52cm	345,000	中国嘉德	2015.11.16
姚广孝 1398年作 行书 东郭草堂诗（二帧）镜片	31cm×26.5cm×2	667,000	西泠拍卖	2015.07.04
姚绶 行书七言诗 扇面	18cm×53cm	171,407	保利香港	2015.04.07
姚绶 竹石图 立轴	79cm×33cm	1,265,000	北京保利	2015.06.05
尤求 湖帆归舟图 扇面	17cm×52cm	368,000	中国嘉德	2015.11.16
尤求 龙王礼佛图 手卷	40cm×730cm	3,910,000	中国嘉德	2015.11.15
尤求 竹林赏泉 扇面	16cm×48.5cm	379,500	中国嘉德	2015.05.18
袁尚统 古木深山 镜片	62.5cm×35.5cm	313,050	纽约苏富比	2015.03.19
袁尚统 甲子（1624年作 松山雅会 扇面	20cm×56cm	184,000	中国嘉德	2015.05.18
袁尚统 张凤仪 陈裸 盛茂烨 吴令 山溪闲适图 扇面	17cm×55cm	333,500	中国嘉德	2015.11.16
恽向 1639年作 林壑幽居图 立轴	133cm×49.5cm	2,012,500	西泠拍卖	2015.04.22
詹景凤 草书七言诗 扇面镜框	17cm×52cm	164,200	佳士得	2015.11.30
詹仲和 墨竹 立轴	110.5cm×30cm	273,919	纽约佳士得	2015.03.17
张弼 草书千字文 手卷	24cm×829.6cm	5,472,114	纽约苏富比	2015.03.19
张弼 杜堇 草书七言诗·牧牛图 立轴	画114cm×47.5cm 书法34.5cm×56cm	460,000	中国嘉德	2015.05.18

拍品名称	物品尺寸	成交价RMB	拍卖公司	拍卖日期
张翀 1641年作 墨牡丹 立轴	131cm×50cm	389,975	佳士得	2015.11.30
张翀 崇祯1642年作 春社图 手卷	30cm×541cm	575,000	中国嘉德	2015.11.16
张翀 夜宴图 扇面立轴		931,500	上海明轩	2015.06.21
张复 1571年作 层峦迭嶂 立轴	132.6cm×41.6cm	328,703	纽约佳士得	2015.03.17
张复 1628年作 江深消暑 立轴	192cm×98.5cm	460,000	北京匡时	2015.12.05
张翮 1633年作 携琴探梅 扇面镜框	16.7cm×53.5cm	300,375	佳士得	2015.06.01
张宏 1639年作 秋山泛舟 镜心	16cm×51cm	195,500	北京匡时	2015.10.16
张宏 1640年作 松亭读书图 立轴	116cm×47cm	575,000	西泠拍卖	2015.07.04
张宏 孤帆远归 扇面	24.3cm×52cm	167,291	纽约苏富比	2015.09.17
张宏 1639年作 龙舟竞渡 立轴	138.5cm×63cm	322,000	朵云轩	2015.06.18
张宏 1632年作 古木寒鸦图 立轴	画143cm×60cm 书45cm×60cm	862,500	上海嘉禾	2015.05.08
张宏 山居清逸图册 册页（十开）	29cm×20cm×10	172,500	上海明轩	2015.06.21
张宏 山水 四屏立轴	32cm×26.5cm×4	1,035,000	广州皇玛	2015.01.18
张路 风雪夜归 立轴	148cm×79cm	299,000	北京匡时	2015.06.07
张路 林泉归舟图 立轴	140.5cm×65cm	621,000	北京匡时	2015.12.05
张路 仙人捧蚌 镜框	151cm×79.5cm	174,675	香港苏富比	2015.10.05
张瑞图 1624年作 行书录《鹤林玉露》立轴	116cm×50cm	805,000	上海工美	2015.06.28
张瑞图 1625年作 草书杂册（20帧）册页	28cm×17.5cm×20	862,500	北京匡时	2015.12.05
张瑞图 1632年作 草书 杜甫诗（画心十四页，跋一页）册页	29cm×27cm×14 36.5cm×33cm	4,255,000	西泠拍卖	2015.07.04
张瑞图 草书 册页（三十一开）	26cm×15cm×31	862,500	北京翰海	2015.06.27
张瑞图 草书 杜甫诗 立轴	182cm×52cm	2,530,000	西泠拍卖	2015.07.04
张瑞图 草书常建《题破山寺后禅院》立轴	176.5cm×54cm	2,875,000	北京匡时	2015.12.04
张瑞图 草书杜甫《重过何氏五首》之一 立轴	165.5cm×56cm	391,313	纽约苏富比	2015.03.19
张瑞图 草书孟浩然《过故人庄》诗 立轴	169cm×46cm	1,865,778	纽约苏富比	2015.03.19
张瑞图 草书七言诗 立轴	173cm×98cm	4,255,000	保利厦门	2015.05.02
张瑞图 草书七言诗 立轴	179cm×51cm	3,450,000	北京保利	2015.06.05
张瑞图 草书七言诗 立轴	206cm×50cm	2,070,000	北京匡时	2015.12.04
张瑞图 草书七言诗 扇面	16cm×50cm	713,000	北京保利	2015.06.04
张瑞图 草书七言诗 扇面	17cm×55cm	698,371	中国嘉德	2015.10.07
张瑞图 草书王维《送平澹然判官》立轴	116cm×49cm	782,000	北京匡时	2015.06.07
张瑞图 草书五言诗 立轴	230cm×80cm	1,725,000	北京保利	2015.06.06
张瑞图 观瀑图 扇页	47.5cm×16cm	391,000	西泠拍卖	2015.07.04
张瑞图 行草唐人诗 立轴	258cm×50cm	9,430,000	北京保利	2015.12.07
张瑞图 行书 册页（八开）	27cm×46cm×8	304,750	北京匡时	2015.03.31
张瑞图 行书 立轴	199cm×59cm	920,000	天津同方	2015.06.06
张瑞图 行书 五言诗 立轴	179cm×45.5cm	575,000	西泠拍卖	2015.07.04
张瑞图 行书《后赤壁赋》并《赤壁怀古》八屏	193cm×50cm×8	5,175,000	保利厦门	2015.05.02
张瑞图 行书《真率斋铭》立轴	108.8cm×34.2cm	508,706	纽约苏富比	2015.03.19
张瑞图 行书七言诗 立轴	181cm×51cm	1,437,500	北京匡时	2015.06.06
张瑞图 行书五言诗 立轴	136cm×37cm	172,500	北京匡时	2015.06.07
张瑞图 行书五言诗 立轴	140.5cm×31.5cm	1,116,560	佳士得	2015.11.30
张瑞图 1629年作 草书书评手卷 手卷	28cm×470cm	5,520,000	保利厦门	2015.05.02
张瑞图 巨笔如椽 南山北斗行书巨轴	画心338cm×96cm	14,375,000	北京保利	2015.06.06
张瑞图 行草五言诗 立轴	248cm×53cm	6,760,440	佳士得	2015.06.01
张瑞图 1632年作 行草书册 册页	27cm×29cm×14	4,140,000	上海嘉禾	2015.05.08

拍品名称	物品尺寸	成交价RMB	拍卖公司	拍卖日期
张瑞图 山居图 立轴	14cm×46cm	560,000	十竹斋	2015.06.14
张瑞图 书法 书评 八屏立轴	160cm×51cm×8	3,390,000	辽宁建投	2015.08.30
张瑞图 真率斋铭 立轴	110cm×36cm	2,070,000	北京保利	2015.12.07
张彦 1637年作 夏山幽居 扇面	16.5cm×51cm	172,500	中国嘉德	2015.05.18
章嘉祯 行书冬日山居 立轴	243cm×81cm	920,000	北京匡时	2015.12.05
赵伯驹（款）秋山仙逸图 手卷	35cm×270cm	172,500	北京保利	2015.12.08
赵澄 仿大痴山水 扇面	17.5cm×54cm	161,000	中国嘉德	2015.11.16
赵均 篆书 五言联 对联	121cm×21.5cm×2	575,000	西泠拍卖	2015.07.04
赵宧光篆书王维《木兰柴》立轴	144.5cm×33.7cm	344,355	纽约苏富比	2015.03.19
赵之壁 明 空山清泉 立轴	138cm×48.2cm	150,188	佳士得	2015.06.01
赵左（款）云海苍茫图卷 手卷	27cm×89cm	368,000	中国嘉德	2015.09.21
赵左 山村水野图 手卷	画33cm×268cm 跋33cm×70cm	1,265,000	北京保利	2015.06.06
赵左 山庄读书图 立轴	121cm×65 cm.	368,000	中鸿信	2015.07.29
郑重 江山胜览图 手卷	27.5cm×406cm	46,000,000	中国嘉德	2015.05.17
郑重 青绿山水·行书对题 册页（十二开）	23.5cm×17.5cm×12	1,840,000	中国嘉德	2015.11.16
郑重 吴靖 青绿山水行书对题册 册页(十二开)	21cm×22cm×12	2,300,000	北京保利	2015.12.07
钟惺 长江倒影图 手卷	27cm×300cm	598,000	北京保利	2015.06.06
周臣 秋江独钓 扇面	19.5cm×52.5cm	782,000	中国嘉德	2015.05.18
周顺昌 行书文语 立轴	251cm×55.5cm	2,070,000	北京匡时	2015.06.06
周天球 1570年作 草书册 册页（十四开）	27cm×29cm×14	769,688	佳士得	2015.11.30
周天球 草书七言诗 扇面	16cm×48cm	339,486	中国嘉德	2015.10.07
周天球 行书《纪游二首》扇面	17cm×51.5cm	241,500	中国嘉德	2015.11.16
周天球 行书七言诗 立轴	211.5cm×60.7cm	632,500	上海明轩	2015.06.21
周天球 行书七言诗 扇面	16.5cm×49cm	161,000	中国嘉德	2015.05.18
周天球 文元肇 袁尊尼 陆安道 等 行书 扇片	16.5cm×50cm	230,000	朵云轩	2015.06.18
周天球 1568年作 行书《赤壁赋》手卷	30cm×382cm	1,437,500	中国嘉德	2015.05.18
周之冕 芙蓉隻禽图 扇面	18cm×52cm	287,500	北京保利	2015.06.04
周之冕 花枝栖禽图 扇页	47cm×16.5cm	195,500	西泠拍卖	2015.07.04
周之冕 竹雀山花 扇面	18cm×55cm	368,000	中国嘉德	2015.05.18
朱端 山中会友 立轴	150cm×99cm	821,000	佳士得	2015.11.30
朱朗 1531年作 白燕图 镜片	88cm×27.5cm	862,500	西泠拍卖	2015.07.04
朱睿 山水 立轴	56cm×28.5cm	285,678	保利香港	2015.04.07
朱之瑜 行书 天地君亲师解 立轴	128.5cm×55.5cm	690,000	西泠拍卖	2015.07.04
诸家（款）吴中诗社诗与子端 手卷	26cm×509cm	348,925	佳士得	2015.11.30
祝允明 草书 立轴	170cm×44cm	575,000	天津同方	2015.06.06
祝允明 草书节录《滩行》诗手卷	30cm×649cm	621,000	北京保利	2015.06.06
祝允明 草书唐人诗 手卷	27cm×506cm	1,565,250	纽约苏富比	2015.03.19
祝允明 草书五言诗 扇面	17cm×52.5cm	1,474,339	中国嘉德	2015.10.07
祝允明 陈楫 1511年作 草书前赤壁赋·赤壁夜游图 手卷	画116cm×30cm 书法280cm×30cm	5,175,000	西泠拍卖	2015.07.04
祝允明 仿米芾《黄州竹楼记》手卷	23.7cm×168cm	5,472,114	纽约苏富比	2015.03.19
祝允明 行书五言诗 镜心	18cm×53cm	161,000	北京匡时	2015.12.05
祝允明 行书杨维桢《煮茶梦记》册（八开）	28.6cm×12.8cm×8	719,250	香港苏富比	2015.10.05
祝允明 楷书《陈情表》手卷	引首34cm×72cm 本幅33cm×410cm 题跋33cm×55cm	5,520,000	北京匡时	2015.12.04
祝枝山 吴中八吟帖 册页	22cm×11cm	1,012,000	北京保利	2015.12.08
清代作者				

拍品名称	物品尺寸	成交价RMB	拍卖公司	拍卖日期
爱新觉罗·弘历 书法 对联	166cm×29cm×2	690,000	广东小雅斋	2015.11.12
爱新觉罗·弘昨 拟古山水册 册页	25cm×27cm×10	180,929	保利香港	2015.04.07
爱新觉罗·永理 临晋宋齐梁人书 手卷	27cm×320.5cm	193,992	保利香港	2015.10.05
八大山人（传）墨荷图 立轴	181cm×72.5cm	550,688	佳士得	2015.06.01
八大山人（款）草鳜图 立轴	65cm×29cm	368,000	中国嘉德	2015.06.28
八大山人（款）荷塘翠鸟 立轴	诗堂23cm×34.5cm 本幅64cm×34.5cm 题跋16cm×34.5cm	230,000	北京匡时	2015.12.05
八大山人（款）1692年作）一鸟一石图 立轴	67cm×77cm	1,092,500	中国嘉德	2015.04.03
八大山人（款）卧猫图 立轴	69cm×34cm	264,500	中国嘉德	2015.09.21
八大山人（款）已卯（1689年作 水墨莲花图 镜心	47cm×76cm	230,000	中国嘉德	2015.06.28
八大山人 1699年作 行书临兰亭集序 镜心	26cm×21cm	1,265,000	北京匡时	2015.12.04
八大山人 荷花 镜片	32cm×26cm	12,650,000	上海工美	2015.06.28
八大山人 荷花翠鸟 立轴	121cm×66cm	17,250,000	北京保利	2015.06.05
八大山人 荷花翠鸟图	121cm×66cm	9,031,000	卓艺拍卖	2015.11.18
八大山人 荷塘双鸭 手卷	画心29cm×383cm 题跋29cm×24cm	1,380,000	北京保利	2015.06.05
八大山人 江山清远 立轴	187cm×48.5cm	6,900,000	北京匡时	2015.06.06
八大山人 莲石图 立轴	164cm×77cm	22,425,000	北京保利	2015.06.05
八大山人 鹿 立轴	109cm×41.5cm	2,070,000	北京保利	2015.06.06
八大山人 鹭石图 立轴	92cm×55cm	15,730,360	佳士得	2015.11.30
八大山人 栖禽图 立轴	29.5cm×33cm	517,500	北京匡时	2015.12.05
八大山人 石菊鹌鹑 镜心	36cm×22cm	1,150,000	北京保利	2015.06.06
八大山人 书法 册页（十五开）	24cm×17.5cm×15	461,813	佳士得	2015.11.30
八大山人 水仙 镜片	31cm×30cm	12,650,000	上海工美	2015.06.28
八大山人 松柏图 立轴	183cm×49.5cm	598,000	北京匡时	2015.12.05
八大山人 乙亥（1695年作 行书节录《渑水燕谈录》立轴	121.5cm×37.5cm	6,900,000	中国嘉德	2015.05.18
包世臣 草书八言联 立轴	171cm×33.5cm×2	195,500	中国嘉德	2015.05.18
包世臣 草书七言联 立轴	180cm×32cm×2	172,500	北京匡时	2015.06.07
宝熙 悦古斋 横批	53cm×130cm	1,265,000	北京保利	2015.06.06
边寿民 花果册 册页（十开）	23cm×30cm×10	1,150,000	北京保利	2015.12.08
边寿民 年年有余 镜片	101.5cm×110.2cm	690,000	上海嘉禾	2015.05.08
边寿民 潇湘旅影图 扇轴	55.5cm×18.5cm	184,000	西泠拍卖	2015.07.04
蔡嘉 1727年作 苍岩亭溪 立轴	182cm×92cm	828,000	北京保利	2015.12.08
蔡嘉 1731年作 钟馗 立轴	76cm×38cm	172,500	北京匡时	2015.12.05
蔡嘉 1743年作 镜湖归棹 扇面	16.5cm×49cm	218,500	中国嘉德	2015.11.16
蔡嘉 王愫 湖畔纳凉图　山水 扇面	19cm×53cm 19cm×56cm	199,975	保利香港	2015.04.07
曹锟 墨梅图 立轴	129.5cm×55.5cm	161,000	鼎天国际	2015.07.05
曹有光 溪山策仗 立轴	174cm×94cm	285,678	保利香港	2015.04.07
曹岳 陆定 蒋勋 史颜节 郭运昌 张士甄 李仙根 施余泽 马绍曾 千岩竞秀 册页（十六开）	33cm×42.5cm×16	1,725,000	上海明轩	2015.06.21
查昇1697年作行书《乐志论》立轴	130cm×50cm	713,000	北京匡时	2015.06.07
查昇 1700年作 行书集古 镜心	172cm×47cm×4	690,000	北京匡时	2015.12.04
查昇 行书 立轴	171cm×47 cm	287,500	中鸿信	2015.07.29
查昇 行书 家书册（共三十七页）册页	尺寸不一（册页35cm×19cm）	172,500	西泠拍卖	2015.07.04
查昇 行书七言诗 立轴	186cm×45.5cm	1,012,000	北京匡时	2015.06.07
查昇 康熙1688年作 临各家帖 手卷	引首32.2cm×102cm 书法25.7cm×141cm 跋32.2cm×105cm	690,000	中国嘉德	2015.05.18
查士标 1670年作 山水册 册页（十开）	19cm×14cm×10	747,500	北京保利	2015.12.08

拍品名称	物品尺寸	成交价RMB	拍卖公司	拍卖日期
查士标 1696年作 烟江独泛 卷	13cm×145.5cm	23,000,000	北京翰海	2015.11.27
查士标 仿倪瓒山水 立轴	144cm×60cm	517,500	北京保利	2015.12.07
查士标 1660年作 江干茅亭 立轴	82cm×34cm	333,500	中国嘉德	2015.05.18
查士标 行书 五言诗 立轴	74.5cm×50cm	402,500	西泠拍卖	2015.07.04
查士标 行书五言诗 立轴	138cm×49cm	598,000	北京匡时	2015.06.07
查士标 行书五言诗轴 立轴	124cm×57cm	184,000	北京保利	2015.12.08
查士标 米家云山 镜心	18cm×54cm	184,000	北京匡时	2015.12.05
查士标 山水 四屏 立轴	176cm×41cm×4	805,000	上海嘉禾	2015.08.09
查士标 十月江南 立轴	105cm×45.5cm	483,000	朵云轩	2015.06.18
查士标 1677年作 渔隐图 镜心	16.5cm×54.5cm	782,000	北京匡时	2015.06.06
查士标 富春大岭图 立轴	115cm×52cm	4,370,000	北京匡时	2015.06.06
查士标 康熙1696年作 行书《长恨歌》手卷	引首49.5cm×111.5cm 书法49.5cm×330cm	2,530,000	中国嘉德	2015.11.15
查士标 松壑鸣泉 立轴	189cm×51cm	575,000	中国嘉德	2015.05.18
陈宝琛 行书七言联 立轴	127cm×18.5cm×2	161,000	中国嘉德	2015.05.16
陈宝琛 行书书论（一则）立轴	129.6cm×60.8cm	218,500	保利厦门	2015.05.03
陈豪 1869年作 云林先生授经图册页	35cm×45cm×31	1,265,000	北京匡时	2015.03.31
陈鸿寿 1806年作 隶书五言联 立轴	136cm×29cm×2	161,000	北京翰海	2015.11.27
陈鸿寿 1810年作 拟古小品册 册页（六开）	25.5cm×33cm×2 25.5cm×35cm×6	368,000	北京匡时	2015.12.05
陈鸿寿 1812年作 花卉册（共十三页）册页	31.5cm×19cm×13	920,000	西泠拍卖	2015.07.04
陈鸿寿 博古花卉 立轴	125cm×49cm	690,000	天津同方	2015.11.21
陈鸿寿 草书七言诗 四屏	114cm×36cm×4	920,000	上海工美	2015.06.28
陈鸿寿 行书 八言联 对联	173cm×31.5cm×2	402,500	西泠拍卖	2015.07.04
陈鸿寿 行书 七言联 对联	127cm×28cm×2	287,500	西泠拍卖	2015.07.04
陈鸿寿 行书 四屏立轴	121cm×31cm×4	167,049	中国嘉德	2015.04.07
陈鸿寿 行书对联（两幅）立轴	169.5cm×32.5cm×2	246,300	佳士得	2015.11.30
陈鸿寿 行书七言联 立轴	126cm×30cm×2	368,000	北京匡时	2015.12.05
陈鸿寿 行书七言联 立轴	200cm×34.5cm×2	1,092,500	北京匡时	2015.12.04
陈鸿寿 行书诗·拟古山水（二帧）扇页	60.5cm×31cm×2	172,500	西泠拍卖	2015.07.04
陈鸿寿 行书唐诗 四屏	110cm×25cm×4	322,000	北京保利	2015.06.06
陈鸿寿 花卉册册（十二开）	每开21.5cm×19.5cm	626,100	纽约苏富比	2015.03.19
陈鸿寿 菊蟹图纸 立轴	89cm×30cm	1,092,500	天津同方	2015.11.21
陈鸿寿 隶书六言联 立轴	122cm×29cm×2	345,000	广东崇正	2015.06.19
陈鸿寿 隶书七言联 对联	131cm×30cm×2	552,000	北京保利	2015.06.06
陈介祺 1877年作 篆书七言联 立轴	137cm×31cm×2	161,000	北京匡时	2015.12.05
陈介祺 楷书 立轴	109cm×20cm	184,725	佳士得	2015.11.30
陈康侯 洪福齐天 镜心	102cm×220cm	190,452	保利香港	2015.04.07
陈爌 草书《出师表》手卷	25cm×229cm	287,500	中国嘉德	2015.05.18
陈枚 松崖论道 立轴	诗堂33cm×77cm 本幅 133.5cm×77cm	3,162,500	北京匡时	2015.06.06
陈三立 1928年作 楷书云还风篁横披	111.5cm×23.5cm	161,000	西泠拍卖	2015.07.05
陈三立 行书自作诗 立轴	109cm×41cm	345,000	中国嘉德	2015.05.17
陈三立 楷书十言 对联	141cm×25cm×2	230,000	上海道明	2015.05.09
陈善 山居图 立轴	134cm×65cm	179,200	天津文物	2015.05.22
陈廷敬 等 行书贺寿诗 立轴	185cm×51.5cm	253,000	北京翰海	2015.11.27
陈廷敬 鲁之裕 楷书《张鈖传》、行书五律(14帧) 册页	27cm×13.5cm×11	782,000	北京匡时	2015.06.07
陈希祖 行书节录《演连珠》立轴	131.5cm×43.5cm	218,500	中国嘉德	2015.05.18
陈铣 1814年作 秋鸿馆图 手卷	本幅22cm×91cm 20cm×133cm 题跋26cm×72cm	276,000	北京匡时	2015.06.07
陈亦禧 1703年作 唐苏瑰诗 轴	153cm×49cm	333,500	山东恒昌	2015.06.10
陈奕禧 1707年作 行书七言诗（8帧）册页	本幅 20cm×14.5cm×8 题跋27cm×18.5cm	172,500	北京匡时	2015.12.05
陈元龙 行书诗卷 手卷	23cm×257cm	172,500	北京保利	2015.12.08
成亲王 丙午随驾诗草 手卷	30cm×410cm	805,000	北京匡时	2015.06.07
成亲王 草书节临《书谱》立轴	168cm×66.5cm	621,000	北京匡时	2015.06.07
成亲王 行书七言联 立轴	125cm×27cm×2	180,800	中鸿信	2015.07.29
成亲王 行书自作诗卷 手卷	心24cm×328cm 跋24cm×24cm	1,150,000	北京保利	2015.06.05
成亲王 1809年作 楷书《九成宫醴泉铭》立轴	33cm×23cm	774,203	宝港国际	2015.11.28
成亲王 金刚般若波罗密经 册页（四十开）	16cm×17cm×40	1,725,000	北京保利	2015.06.05
成亲王 楷书兰亭序 立轴	168cm×48cm	368,000	北京匡时	2015.06.07
成亲王 临董其昌书 手卷	画心25cm×384cm 题跋25cm×17cm	1,150,000	北京保利	2015.12.07
程恩泽 道光1836年作 篆书“萱苏阁”横批	46.5cm×181cm	253,000	中国嘉德	2015.11.16
程起 石头 镜心	53cm×102cm	172,500	北京保利	2015.06.04
程邃 1691年作 山水图册 册页（一册八开）	17cm×24cm×8	402,500	上海工美	2015.06.28
程庭鹭 己酉（1849年作 灵鹫山图 手卷	画24cm×155cm 跋27.5cm×30cm 引首24cm×103cm	483,000	中国嘉德	2015.11.16
程万里 东坡仙迹图 手卷	引首32cm×102cm 画心32cm×400cm 拖尾37cm×100cm	184,000	上海泓盛	2015.06.20
程正揆 1674年作 山水卷 手卷	27cm×202cm	667,000	上海嘉禾	2015.05.08
程正揆 山水	100.5cm×41cm	1,380,000	北京翰海	2015.06.27
程正揆 卧游图 手卷	23cm×402cm	1,092,500	北京保利	2015.06.06
慈禧太后 富贵凌云 立轴	135cm×66cm	862,500	北京保利	2015.12.07
慈禧太后 1894年作 墨梅 立轴	44cm×20.5cm	375,660	纽约佳士得	2015.03.17
慈禧太后 1898年作 国色天香 立轴	134.2cm×65.6cm	665,231	纽约佳士得	2015.03.17
慈禧太后 1904年作 迎福图 镜心	123cm×60cm	747,500	北京翰海	2015.07.19
慈禧太后 1907年作 梅花（四件）镜心	尺寸不一	195,500	北京翰海	2015.07.19
慈禧太后 草书“寿”立轴	176.5cm×86.5cm	333,500	上海明轩	2015.06.21
慈禧太后 光绪甲辰（1904年作 松鹤双庆 立轴	213.5cm×79.5cm	345,000	中国嘉德	2015.05.18
慈禧太后 行书 镜心	66cm×29cm	402,500	北京翰海	2015.06.27
慈禧太后 花卉 立轴四屏	31cm×7cm×4	184,000	北京翰海	2015.07.18
慈禧太后 御笔《大乐同和》镜心	72cm×210cm	322,000	北京翰海	2015.07.19
慈禧太后 御笔《绵庆文明》镜心	72cm×210cm	230,000	北京翰海	2015.07.19
慈禧太后 御笔《观化垂文》镜心	71cm×208cm	253,000	北京翰海	2015.09.13
慈禧太后 御笔《普济宇宙》镜心	65cm×200cm	230,000	北京翰海	2015.07.19
慈禧太后 御笔《乾坤宝殿》镜心	65cm×200cm	195,500	北京翰海	2015.07.19
慈禧太后 御笔《如山之福》镜心	66cm×154cm	276,000	北京翰海	2015.07.19
慈禧太后 御笔《天地舒和》镜心	72cm×208cm	356,500	北京翰海	2015.07.19
慈禧太后 御笔《宣风自远》镜心	72cm×210cm	494,500	北京翰海	2015.07.19
慈禧太后 御笔《育善以和》镜心	72cm×210cm	230,000	北京翰海	2015.07.19
慈禧太后 御笔《兆蒙祉福》镜心	57cm×117cm	172,500	北京翰海	2015.07.19
慈禧太后 御笔《祉龢宝籙》镜心	72cm×210cm	345,000	北京翰海	2015.07.19
慈禧太后 御笔一统万年 立轴	126cm×50cm	190,452	保利香港	2015.04.07
笪重光 行书 七言句 立轴	138.5cm×36cm	230,000	西泠拍卖	2015.07.04
笪重光 行书 七言诗 立轴	151.5cm×40.5cm	414,000	西泠拍卖	2015.07.04
笪重光 行书五言诗 立轴	205.5cm×47cm	747,500	北京匡时	2015.06.07
戴本孝 松溪载鹤图 立轴	144cm×40.5cm	632,500	北京匡时	2015.12.05
戴瀚 临王羲之法帖等 手卷	27cm×430cm	152,320	上海国拍	2015.11.29
戴熙 1847年作 高树深涧图 立轴	105cm×30cm	230,000	西泠拍卖	2015.07.04
戴熙 1859年作 仿董其昌山水 立轴	130cm×65cm	230,000	中国嘉德	2015.06.28
戴熙 仿诸家山水册页（十二开）	20.5cm×16.5cm×12	189,750	北京匡时	2015.03.31

2015书画拍卖成交汇总

(成交价RMB：15万元以上)

拍品名称	物品尺寸	成交价RMB	拍卖公司	拍卖日期
戴熙 行书 立轴	163.5cm×41.7cm	431,550	香港苏富比	2015.10.06
戴熙 纪游山水册 册页（十二开）	23cm×23cm×12	483,000	北京保利	2015.06.05
戴熙 焦山纪游图卷 手卷	27cm×361cm	345,000	北京华辰	2015.05.15
戴熙 鹿床逸趣 册页（八开）	18.5cm×25cm×8	782,000	东方大观	2015.05.20
戴熙 山水扇面 册页（十二开）	18cm×53cm×12	207,000	北京保利	2015.01.25
戴熙 为蠡澜作山水 手卷	画30.5cm×134.5cm 跋30cm×127cm	207,000	中国嘉德	2015.05.18
戴熙 辛丑（1841年作 万峰霁雪 册页（册页八开 题跋一开）	23cm×26.5cm×8	287,500	朵云轩	2015.06.18
戴熙 养闲草堂 手卷	32cm×49cm	575,000	北京保利	2015.12.08
戴熙 养闲草堂 手卷	本幅32cm×49cm 题跋 32cm×49cm×6	517,500	北京匡时	2015.06.07
道光帝 对联 立轴	100cm×23.5cm×2	747,500	四川德轩	2015.11.05
道光帝 楷书七言联 立轴	151cm×33cm×2	575,000	北京翰海	2015.06.26
邓石如 1803年作 隶书 苏轼诗册（画心二十九页，题跋一页）册页	30cm×14.5cm×30	3,220,000	西泠拍卖	2015.07.04
邓石如 草书录踏沙美人词 扇片		655,500	上海明轩	2015.06.21
邓石如 行书自作诗 立轴	132cm×59cm	161,000	北京匡时	2015.03.31
邓石如 嘉庆1771年作 隶书 六屏镜片	116cm×29cm×6	165,226	宝港国际	2015.11.28
邓石如 隶书七言联 立轴	109.5cm×20cm×2	575,000	中国嘉德	2015.05.18
邓世昌 行书七言联 对联	132cm×33cm×2	184,000	上海敬华	2015.06.29
邓世昌 行书诗册 册页	25cm×32cm×4	598,000	北京保利	2015.12.08
丁观鹤 辛丑（1781年作 西园雅集 立轴	236cm×122.5cm	632,500	朵云轩	2015.06.18
丁观鹏 1745年作 萧翼赚兰亭序 手卷	28cm×89cm	17,825,000	北京保利	2015.06.05
丁敬 行书七言诗 立轴	64cm×28.5cm	2,990,000	中国嘉德	2015.11.16
丁敬 楷书五言联 立轴	117.5cm×21cm×2	690,000	东方大观	2015.05.20
董邦达 行书临董诗册 册页(八开十六页)	23cm×13cm×16	287,500	北京保利	2015.12.07
董邦达 钱维城 仿元人山水 手卷	本幅19cm×203cm 题跋19cm×88cm	1,380,000	北京匡时	2015.06.07
董邦达 山水 卷	60cm×448cm	230,000	北京翰海	2015.11.27
董邦达 为云帆作山水 手卷	画19.2cm×275cm	460,000	北京保利	2015.12.07
董诰 仿古山水册 册页(八开)	18cm×36cm×8	1,207,500	北京保利	2015.12.07
樊圻 1687年作 松山野溪 扇片		920,000	上海明轩	2015.06.21
樊增祥 行书十二言联 立轴	128.5cm×20cm×2	184,000	中国嘉德	2015.05.16
樊增祥 楷书八言联 对联	164cm×40cm×2	161,000	北京保利	2015.06.06
范承勋 书法（一轴）立轴	151cm×49.5cm	207,000	北京保利	2015.12.07
范振绪 1929年作 雨后山云送晚风 立轴	133cm×23cm	224,250	河南鸿远	2015.04.12
范振绪 1948年作 行书 册页	28cm×19cm×6	168,000	天津文物	2015.05.22
方琮 秋山访友图 立轴	188.5cm×46.5cm	437,000	中国嘉德	2015.11.16
方大猷 行书七言诗 扇面	17cm×51cm	299,000	北京保利	2015.12.08
方亨咸 康熙甲辰（1664年作 杏花幽禽 立轴	133.5cm×38cm	161,000	中国嘉德	2015.05.18
方亨咸 秋逸图卷 手卷	27cm×78cm×2	322,000	上海嘉禾	2015.05.08
方华 蒋仁 方薰 王文治 等 河干送别图长卷（一轴）	画心 39.7cm×149cm 跋39.7cm×619cm	299,000	北京保利	2015.06.04
方士庶 1730年作 夏山幽居图 立轴	125cm×62cm	690,000	华艺国际	2015.05.24
方士庶 1749年作 端午百禄图 立轴	82cm×32cm	161,000	北京匡时	2015.03.31
方士庶 1749年作 晴麓秋光图 立轴	264cm×166cm	3,105,000	西泠拍卖	2015.07.04
方士庶 春林雨意图 立轴	209cm×58cm	241,500	北京保利	2015.08.12
方熏 墨笔花木 册（十四开）	每开26.5cm×36cm	172,178	纽约苏富比	2015.03.19
方薰 寒香小筑 手卷	画19cm×33cm	809,421	保利香港	2015.04.07

拍品名称	物品尺寸	成交价RMB	拍卖公司	拍卖日期
费丹旭 1839年作 云鬟相亚 册页（十二开）	21cm×33cm×12	1,667,500	上海工美	2015.06.28
费丹旭 1847年作 行书 四条屏 立轴	95.5cm×27cm×4	230,000	北京匡时	2015.06.07
费丹旭 道光己酉（1849年作 溉庵十二景 册页（十二开）	26.5cm×32.2cm×12	1,380,000	中国嘉德	2015.11.16
费丹旭 行书七言 对联	105cm×19cm×2	184,000	朵云轩	2015.06.18
费丹旭 翁雒小像 立轴	119cm×57cm	172,178	纽约苏富比	2015.03.19
费丹旭 梧桐仕女 立轴	110cm×44cm	218,500	北京匡时	2015.06.07
冯宁 金陵图 手卷	35cm×1050cm	42,678,240	保利香港	2015.10.05
冯治 仿古山水 册页	26cm×14.5cm×8	161,000	中贸圣佳	2015.05.19
冯仙湜 1742年作 仿王蒙山水 立轴	138cm×51cm	345,000	上海明轩	2015.06.21
冯仙湜 玉壑潜舟图 立轴	184cm×98cm	1,610,000	北京保利	2015.12.07
冯源济 山水 立轴	128.5cm×48.5cm	172,500	鼎天国际	2015.07.05
傅山 1655年作 楷书 金刚经册（共五十六页）册页	15cm×6.5cm×56	17,825,000	西泠拍卖	2015.07.04
傅山 草书 立轴	63.5cm×46.5cm	1,610,000	朵云轩	2015.06.18
傅山 草书 立轴	184cm×48cm	460,000	天津同方	2015.06.06
傅山 草书杜甫诗 立轴	223cm×78cm	1,552,500	中国嘉德	2015.05.18
傅山 草书米芾诗 立轴	217cm×48cm	5,635,000	北京匡时	2015.12.04
傅山 草书七言诗 立轴	185cm×47cm	6,325,000	中贸圣佳	2015.05.19
傅山 草书王维诗 镜心	32cm×46cm	759,000	北京匡时	2015.06.07
傅山 草书五言诗 镜心	17cm×52cm	1,207,500	北京匡时	2015.12.04
傅山 草书杂册 (11帧) 册页	32cm×16cm×11	2,012,500	北京匡时	2015.06.07
傅山 行草书轴 立轴	199cm×46cm	1,380,000	中国嘉德	2015.11.16
傅山 行书五言诗 镜心	32cm×46cm	1,035,000	中国嘉德	2015.11.16
傅山 荷叶石图 扇面	16cm×45cm	230,000	中国嘉德	2015.05.18
傅山 隶书杜甫《春宿左省》诗 立轴	143cm×48cm	2,530,000	中国嘉德	2015.11.15
傅山 墨兰幽幽 扇面	16cm×51cm	230,000	中国嘉德	2015.05.18
傅山 草书五言诗（十二幅）立轴	172cm×55cm×12	400,500	佳士得	2015.06.01
傅山 1630年作 临王羲之《丹杨帖》立轴	228cm×39cm	801,000	佳士得	2015.06.01
傅山 三体书杜甫诗 册页（六开十二页）	18.5cm×9.5cm×12	2,817,500	中国嘉德	2015.05.18
傅山 治河奏稿册（七页）册页	25cm×14cm×7	276,000	西泠拍卖	2015.04.22
改琦 1813年作 青岩先生像 立轴	82cm×40cm	230,000	北京翰海	2015.11.27
改琦 浣纱图 扇面	17.5cm×50cm	345,000	中国嘉德	2015.05.18
改琦 1882年作 诗舲 立轴	79.5cm×32cm	450,563	佳士得	2015.06.01
改琦 人物 册页（十二开）	24.2cm×32cm	430,444	纽约佳士得	2015.03.17
高岑 秋山高隐 立轴	157.4cm×50.6cm	939,150	纽约苏富比	2015.03.19
高凤翰 1728年作 湖上竹枝四首 立轴	140cm×45.5cm×5	345,000	北京匡时	2015.12.05
高凤翰 1748年作 行书祈雪诗 立轴	89cm×46cm	161,000	中贸圣佳	2015.05.19
高凤翰 芭蕉修竹 镜片	104.8cm×56.5cm	159,325	纽约苏富比	2015.09.17
高凤翰 隶书七言诗 镜心	103cm×39cm	345,000	北京匡时	2015.12.05
高凤翰 梅月双清图 立轴	120cm×65cm	828,000	中贸圣佳	2015.05.19
高凤翰 山水花卉集锦册 册页	22cm×32cm×12	2,094,972	保利香港	2015.04.07
高凤翰 晚松图 立轴	114cm×50.5cm	805,000	东方大观	2015.05.20
高凤翰 信札四通 册（十五开）	Various sizes.m	513,750	香港苏富比	2015.10.05
高凤翰 严绳孙 王启磊 书画册（共二十页）册页	16.5cm×11.5cm×20	322,000	西泠拍卖	2015.07.04
高简 1691年作 策杖游春图 扇页	52cm×17cm	207,000	西泠拍卖	2015.07.04
高简 仿唐寅笔意 立轴	162cm×61.5cm	1,150,000	北京匡时	2015.12.04
高其佩 1702年作 山君图 立轴	114cm×59cm	1,081,000	中贸圣佳	2015.05.19

拍品名称	物品尺寸	成交价RMB	拍卖公司	拍卖日期
高其佩 1693年作 倚梅仕女 立轴	134cm×67cm	460,000	朵云轩	2015.06.18
高其佩 虎 立轴	147cm×80cm	632,500	天津同方	2015.11.21
高其佩 花鸟 动物 六屏立轴	182cm×47cm	172,500	北京翰海	2015.09.13
高其佩 花鸟 立轴	300cm×174cm	2,102,625	宝港国际	2015.06.01
高其佩 清诸家 山水书法 扇面册页（十六开）	18cm×53cm×16	564,438	佳士得	2015.11.30
高其佩 群英会 立轴	121cm×52cm	345,000	上海嘉禾	2015.05.08
高其佩 人物鸟兽写生册 册页（十开）	27cm×38cm×10	770,500	上海泓盛	2015.06.20
高其佩 双鹤延龄图 立轴	166.5cm×82.5cm	690,000	西泠拍卖	2015.07.04
高其佩 戏猫图 立轴	86cm×45cm	340,500	江苏聚德	2015.07.01
高其佩 辛未（1691年作 梅竹图 立轴	154cm×44cm	828,000	广州皇玛	2015.01.18
高翔 福随春至 立轴	81cm×41.5cm	345,000	中国嘉德	2015.05.18
高翔 麋寿图 镜框	23cm×31cm	425,500	朵云轩	2015.06.18
高翔 溪山泛舟 立轴	198.5cm×47.5cm 跋32.5cm×47.5cm	10,120,000	东方大观	2015.11.17
个道人 1740年作、1741年作 墨竹册（共十六页）册页	册页 36.5cm×26.5cm	828,000	西泠拍卖	2015.07.04
恭亲王 1857年作 行书《兴州江运记》手卷	27cm×219cm	368,000	北京匡时	2015.06.07
龚贤（款）甲子（1684年作 江村渔隐图 立轴	129cm×64cm	598,000	中国嘉德	2015.04.03
龚贤（款）深山草庐图 镜心	34cm×144cm	632,500	中国嘉德	2015.04.03
龚贤 高岑 吴宏 陈卓 叶欣 金陵诸家山水册 册页	27cm×27cm×8	4,140,000	北京保利	2015.06.05
龚贤 行书五言诗 扇面	18cm×56cm	920,000	中贸圣佳	2015.05.19
龚贤 课徒稿·画诀册页（九开）	24cm×18.3cm×9	517,500	中国嘉德	2015.05.18
龚贤 临流觅句图 立轴	111cm×38cm	849,735	宝港国际	2015.11.28
龚贤 麦穗两岐 立轴	168cm×47cm	1,265,000	北京匡时	2015.06.07
龚贤 倪璨 行书诗词 扇面	18cm×52cm	184,000	北京保利	2015.06.04
龚贤 山居图 镜心	37cm×60cm	1,380,000	北京保利	2015.12.07
龚贤 山水 立轴	134cm×42cm	552,000	广东小雅斋	2015.11.12
龚贤 溪山渔隐 手卷	31.6cm×918cm	15,089,010	纽约苏富比	2015.03.19
龚自珍 辛丑（1841年）作 行书“咏梅诗”镜片	99cm×20cm	172,500	上海道明	2015.05.09
辜鸿铭 行书“虚静”立轴	42cm×17cm	230,000	北京匡时	2015.03.31
顾昉 1721年作 云山佳兴（8帧）册页	23.5cm×15cm×8	230,000	北京匡时	2015.12.05
顾符稹清山水人物册册页（七开）	34cm×27.5cm×7	4,838,040	佳士得	2015.06.01
顾符稹 溪山亭子图 立轴	163cm×48cm	2,242,500	北京匡时	2015.06.06
顾符稹 云山飞瀑图 立轴	178cm×92cm	2,530,000	北京保利	2015.12.07
顾符稹 云山红树 立轴	137.7cm×70.5cm	2,917,626	纽约苏富比	2015.03.19
顾见龙 梅花彩禽图 扇页	50cm×16cm	379,500	西泠拍卖	2015.07.04
顾见龙 双仕图	93cm×55cm	3,793,020	卓艺拍卖	2015.11.21
顾升 闵贞 1756年作 芭蕉图 双树图 扇面	17.5cm×48.5cm 17.5cm×50cm	230,000	中国嘉德	2015.11.16
顾沅 惟德堂赏鹤图 手卷	画26cm×138cm	632,500	北京保利	2015.06.06
光绪帝 清 行书 镜框	180cm×99cm	282,450	佳士得	2015.04.06
光绪帝 清 御笔“龙”字	182cm×92cm	287,500	北京保利	2015.06.08
光绪帝 御笔《太平景象》镜心	67cm×166cm	356,500	北京翰海	2015.07.19
归庄 行书五言诗 扇面	16.5cm×50.7cm	339,486	中国嘉德	2015.10.07
桂馥 1796年作 隶书“阅微草堂”镜框	40cm×130cm	437,000	上海道明	2015.05.09
桂馥 隶书八言联 立轴	163.5cm×28cm×2	345,000	中国嘉德	2015.05.18
果亲王弘瞻 行书七言诗 立轴	155cm×65cm	460,000	北京保利	2015.06.06
海上杂家 十分秋色 立轴	133.6cm×66.7cm	242,100	香港苏富比	2015.04.06
杭世骏 1732年作 梅花诗卷 手卷	本幅26cm×133cm 29.5cm×537cm 题跋29.5cm×79cm	2,530,000	北京匡时	2015.06.06
何焯 行书节录唐文 立轴	191cm×38cm	207,000	中国嘉德	2015.05.18
何丹山 花鸟 四屏立轴	109cm×26cm×4	172,500	华艺国际	2015.05.24
何凌汉 行书七言联 立轴	125cm×28 cm×2	192,100	中鸿信	2015.07.29
何凌汉 楷书七言联 立轴	124cm×29cm×2	218,500	中国嘉德	2015.11.16
何绍基 1845年作行书论书语四屏	162.5cm×38cm×4	839,500	西泠拍卖	2015.07.04
何绍基1856年作行书临阁帖立轴	192cm×46cm×4	1,955,000	北京匡时	2015.12.04
何绍基 1858年作 行书东坡跋文四屏立轴	131cm×31cm×4	1,667,500	北京匡时	2015.06.07
何绍基 1862年作 隶书临《张迁碑》第八十六通 手卷	33.5cm×1100cm	230,000	北京翰海	2015.11.27
何绍基 1862年作 临汉《张迁碑》册页	36cm×21cm×4	575,000	北京保利	2015.06.06
何绍基 1863年作 楷书 襟江书院记（共四十七页）册页	34cm×20.5cm×43 40.5cm×25cm×4	1,782,500	西泠拍卖	2015.07.04
何绍基1864年作行书七言诗立轴	168cm×44cm×4	667,000	北京匡时	2015.12.05
何绍基 1867年作 抚松山馆 镜框	34.3cm×113.5cm	504,375	香港苏富比	2015.04.06
何绍基 行楷“瑞芝堂”额 横批	47cm×127cm	299,000	北京保利	2015.12.08
何绍基 行书 镜片	35cm×116cm	241,500	上海泓盛	2015.06.20
何绍基 行书 论诗句 横披	146cm×44.5cm	172,500	西泠拍卖	2015.07.04
何绍基 行书 七言联 镜片	127.5cm×29.5cm×2	172,500	西泠拍卖	2015.07.04
何绍基 行书 七言诗 四屏	133.5cm×37cm×4	598,000	西泠拍卖	2015.07.04
何绍基 行书 四屏立轴	109cm×40.5cm×4	598,000	北京匡时	2015.12.05
何绍基 行书 四屏立轴	173cm×42cm×4	552,000	北京匡时	2015.03.31
何绍基 行书 四屏立轴	171cm×44cm×4	581,976	中国嘉德	2015.10.07
何绍基 行书 苏轼东皋子传 八屏	143.5cm×36cm×8	1,840,000	西泠拍卖	2015.07.04
何绍基 行书《东坡和陶》四屏立轴	149cm×40cm×4	460,000	北京匡时	2015.12.05
何绍基 行书《东坡题跋》四屏	143cm×52cm×4	759,000	北京保利	2015.06.06
何绍基 行书《汉书》手卷	31cm×545cm	1,472,000	北京匡时	2015.06.07
何绍基 行书《书黄道辅品茶要录后》四屏立轴	173cm×42cm×4	437,000	北京匡时	2015.12.05
何绍基 行书八言联（一对）	172cm×32.4cm	175,258	纽约苏富比	2015.09.17
何绍基 行书八言联 立轴	183cm×44cm×2	690,000	北京匡时	2015.06.07
何绍基 行书东坡诗 立轴	138.5cm×35cm	302,625	香港苏富比	2015.04.06
何绍基 行书东坡诗卷 手卷	32.5cm×360cm	368,000	北京匡时	2015.12.05
何绍基 行书杜甫诗 立轴	160cm×38cm×6	1,725,000	北京匡时	2015.12.04
何绍基 行书七言联 镜心	126.8cm×29cm×2	218,500	中国嘉德	2015.05.18
何绍基 行书七言联 镜芯	168cm×37 cm.	207,000	中鸿信	2015.07.29
何绍基 行书七言联 立轴	172cm×40.5cm×2	161,000	中国嘉德	2015.11.16
何绍基 行书七言联 立轴	162cm×33.8cm×2	161,400	香港苏富比	2015.04.06
何绍基 行书七言联 立轴	137cm×32 cm.×2	282,500	中鸿信	2015.07.29
何绍基 行书苏轼、黄庭坚等书论词组 四屏	每轴 182.8cm×50.4cm	2,016,042	纽约苏富比	2015.03.19
何绍基 行书苏轼诗 立轴	184cm×55cm	184,000	北京匡时	2015.06.07
何绍基 行书五言诗 立轴	139cm×34cm×4	207,000	北京匡时	2015.12.05
何绍基 鹤寿图 立轴	90cm×40cm×2	161,000	北京保利	2015.06.06
何绍基 己未（1739年作 隶书临《礼器碑》（一册四十七页选二十三页）册页	28cm×22.5cm×47	575,000	中国嘉德	2015.11.16
何绍基 楷书《进学解》手卷	29cm×305cm	2,185,000	北京保利	2015.06.05
何绍基 隶书 临张迁碑 镜片	121cm×63cm	218,500	西泠拍卖	2015.07.04
何绍基 隶书 种蕉亭 横披	183cm×48cm	414,000	西泠拍卖	2015.07.04
何绍基 隶书东坡题跋 立轴	128cm×68cm	207,000	北京匡时	2015.12.05

2015书画拍卖成交汇总

(成交价RMB：15万元以上)

拍品名称	物品尺寸	成交价RMB	拍卖公司	拍卖日期
何绍基 隶书节临《衡方碑》手卷	28cm×447.5cm	1,233,000	香港苏富比	2015.10.05
何绍基 隶书临张迁碑 册页（二十四开）	30.2cm×40.7cm×24	1,265,000	中国嘉德	2015.05.18
何绍基 隶书七言联 立轴	138cm×34cm×2	241,500	中国嘉德	2015.11.16
何绍基 临《石门颂》四屏	125cm×63cm×4	690,000	北京保利	2015.06.06
何绍基 行书 立轴	178cm×44.5cm	260,325	佳士得	2015.06.01
何绍基 1862年作 隶书临汉碑四种（四册一百零一页选三十六页）册页	38.5cm×24.5cm×101	1,150,000	中国嘉德	2015.11.16
何绍基 书法 四屏	150cm×41cm×4	552,000	广东小雅斋	2015.11.11
何绍基 书法 四屏	147cm×40cm×4	1,138,500	广东小雅斋	2015.05.12
何绍基 书法 四条屏立轴	149.5cm×36.5cm×4	517,500	北京上和	2015.11.13
何绍基 书法八言联 对联	244cm×38cm×2	230,000	上海嘉禾	2015.05.08
何绍基 书法四屏 立轴	165cm×36.5 cm×2	575,000	中鸿信	2015.07.29
何绍基 1845年作 行书《宫词》册页（二十开）	21.5cm×23cm×20	448,500	上海道明	2015.05.09
何绍基 钟鼎文斋室名 横披	20cm×120cm	345,000	北京翰海	2015.11.27
何绍基 篆书庾信《谢赵王赉犀带等启》、《答移市教》四屏	177.5cm×44cm	238,988	纽约苏富比	2015.09.17
和珅楷书《佛说无量寿经》手卷	47cm×484cm	1,380,000	北京匡时	2015.12.04
赫奕 烟树山亭 手卷	29cm×175cm	25,530,000	北京匡时	2015.12.04
弘历 澄观千古（二件）镜框	63cm×98.5cm×2	3,024,960	香港苏富比	2015.10.05
弘历 行书《再游平山堂即景杂咏八首》之一 镜框	85.5cm×33cm	1,939,920	香港苏富比	2015.10.05
弘仁（款）疏林亭子 立轴	145cm×50cm	345,000	中国嘉德	2015.06.28
弘仁 古柯竹石图 扇面	16cm×48cm	3,220,000	北京保利	2015.06.05
弘旿 1794年作 仿古山水册 册页（十二开）	24cm×27cm×12	402,500	中国嘉德	2015.11.16
弘旿 溪山无尽 册页	13.5cm×21cm×12	207,000	北京匡时	2015.03.31
弘旿 溪山雪霁长卷 手卷	字22cm×51cm 画22cm×139cm	188,830	宝港国际	2015.11.28
洪升 行书 立轴	66.5cm×17cm	287,500	朵云轩	2015.06.18
胡德迈 行书 立轴	167cm×59cm	172,500	天津同方	2015.06.06
胡公寿 1878年作 龙洞探奇 立轴	107.6cm×39.4cm	359,625	香港苏富比	2015.10.06
胡公寿 王礼 张熊 费以耕 双挖集锦 四屏立轴	34.4cm×42cm×8	230,000	中国嘉德	2015.05.18
胡桂 山水 册页（八开）	23cm×43cm×8	230,000	天津同方	2015.06.06
胡桂 山水册 册页（八开）	23cm×43cm×8	483,000	北京保利	2015.12.08
胡榍 锦绣前程 立轴	222.5cm×96cm	1,150,000	保利厦门	2015.05.02
胡澍 1868年作 篆书"说文解字叙"立轴 四屏	126cm×30.8cm×4	504,375	香港苏富比	2015.04.06
胡锡珪 美人 四屏立轴	101cm×20cm×4	931,500	北京匡时	2015.06.07
胡慥 墨菊图 扇面	18.5cm×52cm	253,000	中国嘉德	2015.05.18
胡照 奇石幽兰 立轴	120cm×40cm	241,500	北京保利	2015.06.06
华世奎 行书八言联 对联	240cm×39cm×2	240,000	上海驰翰	2015.06.29
华世奎 楷书五言联		203,483	纽约苏富比	2015.03.19
华世奎 书法 六条屏镜心	142cm×38cm×6	253,000	天津同方	2015.06.06
华胥 神仙图卷 手卷	37cm×355cm	575,000	北京保利	2015.12.07
华喦 1734年作 重阳秋光图 立轴	121cm×55cm	5,060,000	北京保利	2015.06.05
华喦 1737年作 双鹤图 立轴	242cm×113cm	1,725,000	北京匡时	2015.06.07
华喦 1750年作 五伦图 立轴	268cm×138cm	4,025,000	北京匡时	2015.12.05
华喦 边寿民 己未（1739年作 春湖泛舟 立轴	20cm×28cm	253,000	中国嘉德	2015.11.16
华喦 1746年作 柳禽图 镜心	118cm×52.5cm	7,475,000	中国嘉德	2015.05.18
华喦 富贵平安图 立轴	125cm×57cm	632,500	西泠拍卖	2015.07.04
华喦 讲秋图 立轴	130cm×69cm	3,047,500	北京保利	2015.12.07
华喦 临江远眺 镜心	18.5cm×53cm	690,000	北京匡时	2015.06.06
华喦 楼禽图 立轴	136.5cm×46cm	4,025,000	北京匡时	2015.12.04
华喦 水村图 立轴	176.5cm×100.6cm	1,252,200	纽约苏富比	2015.03.19
华喦 网下一潭圆诗意 立轴	114.5cm×57cm	713,000	东方大观	2015.11.17
华喦 游女出桑图 立轴	69cm×28cm	2,300,000	华艺国际	2015.05.24
华喦 杂画册 册（八开）		508,706	纽约苏富比	2015.03.19
华喦 竹溪六逸图 立轴	183.5cm×100.5cm	4,830,000	上海明轩	2015.06.21
黄鼎 苍台积雪图 立轴	191cm×69 cm.	2,712,000	中鸿信	2015.07.29
黄鼎 仿古山水册 册页(八开)	27cm×36cm×8	2,242,500	北京保利	2015.12.07
黄鼎仿宋元山水册册页（十二开）	24cm×31cm×12	4,140,000	北京保利	2015.06.05
黄鼎 山阴丘壑图 立轴	97cm×45cm	1,035,000	北京匡时	2015.06.07
黄鞠 山水	127cm×36.5cm	345,000	北京翰海	2015.06.27
黄均（古）1835年作 溪山放舟图 横披	138.5cm×57cm	195,500	西泠拍卖	2015.07.04
黄钧 云飞川流图 手卷	26cm×92cm	168,000	河北嘉海	2015.09.13
黄山寿 富贵图	130cm×63cm	1,174,030	卓艺拍卖	2015.11.18
黄山寿 1914年作 梨园观景 立轴	133cm×64cm	195,500	上海嘉禾	2015.05.08
黄山寿 青绿山水 六屏立轴	177.5cm×47cm×6	805,000	四川德轩	2015.11.05
黄山寿 人物故事 六屏镜心	180cm×60cm×6	517,500	江苏爱涛	2015.06.29
黄山寿 山水人物 四屏立轴	138.5cm×40.5cm×4	632,500	四川德轩	2015.11.05
黄山寿 1918年作 秋光烂漫 立轴	149cm×80cm	236,038	宝港国际	2015.11.28
黄山寿 支机石 立轴	138cm×66cm	161,000	北京诚轩	2015.05.18
黄慎 1734年作 仙人图 立轴	181cm×95cm	1,725,000	中国嘉德	2015.09.21
黄慎 1743年作 二仙图 立轴	191cm×77cm	1,150,000	北京匡时	2015.06.07
黄慎 1747年作 顾瞻图 立轴	173cm×94cm	2,070,000	上海敬华	2015.06.29
黄慎 1756年作 杂画册 册页（十二开）	25.5cm×35cm×12	5,865,000	北京匡时	2015.06.06
黄慎 草书五言诗 立轴	140.5cm×34cm	172,500	中国嘉德	2015.11.16
黄慎 钓鱼翁 镜片	诗塘22.5cm×107.5cm 画心84cm×107.5cm	598,000	广东小雅斋	2015.05.13
黄慎 高士赏石图 立轴	26cm×21cm	264,500	西泠拍卖	2015.07.04
黄慎 墨梅 镜心	170cm×89cm	362,250	北京保利	2015.08.12
黄慎 寿星图 立轴	188cm×107.5cm	1,840,000	西泠拍卖	2015.07.04
黄慎 闲士图 立轴	168.5cm×92cm	1,495,000	西泠拍卖	2015.07.04
黄慎 叶敬 等 行书 册页（十三开选四）	23cm×14cm×13	253,000	朵云轩	2015.06.18
黄士陵 1893年作 博古图 立轴	103cm×31cm	207,000	北京匡时	2015.12.05
黄士陵 1896年作 篆书《舞鹤赋》立轴 四屏	eacmh 149.2cm×36.2cm×4	431,550	香港苏富比	2015.10.06
黄士陵 1897年作 篆书《圣主得贤臣颂》六屏	162.8cm×57cm×6	2,195,040	香港苏富比	2015.04.06
黄士陵 1898年作 博古花卉（两帧）立轴	73cm×31cm×2	262,275	香港苏富比	2015.04.06
黄士陵 1899年作 菊花 立轴	107.5cm×52cm	172,500	中国嘉德	2015.05.17
黄士陵 篆书（四片）屏轴	131cm×32cm×4	189,750	朵云轩	2015.06.19
黄士陵 篆书"得一楼"镜心	34cm×83.5cm	184,000	北京匡时	2015.12.05
黄思永 行书八言联 立轴	174cm×39 cm×2	169,500	中鸿信	2015.07.29
黄易 仿古山水册 册页（八开）	20cm×27cm	207,000	北京保利	2015.12.08
黄易 鱼湾送别图 手卷	画27.5cm×120cm 跋33cm×34cm	276,000	中国嘉德	2015.11.16
黄应谌 梅月双清 立轴	153.2cm×55.1cm	860,888	纽约苏富比	2015.03.19
黄钺 楷书十一言联 对联	252cm×31cm×2	276,000	中国嘉德	2015.04.03
黄倬 行书 镜心	94cm×92cm	230,000	北京翰海	2015.07.18
嵇璜 行书 七言联 对联	140.5cm×32cm×2	230,000	西泠拍卖	2015.07.04
吉纶恭集 清嘉庆 缂丝御题诗句对联 镜框	114.5cm×24.9cm 137cm×37.4cm	403,500	香港苏富比	2015.04.07

拍品名称	物品尺寸	成交价RMB	拍卖公司	拍卖日期
纪之竹 草书立轴 镜片	145cm×47.5cm	195,500	上海嘉禾	2015.05.08
寄尘 黄山图 手卷	72cm×757cm	287,500	北京保利	2015.12.08
嘉庆帝 1801年作 御笔 镜心	188cm×115cm	276,000	北京翰海	2015.07.19
嘉庆帝 1811年作 御笔 横幅	44cm×280cm	690,000	北京翰海	2015.07.19
嘉庆帝 行书八言联	139cm×27cm×2	529,000	北京翰海	2015.09.13
浙江 秋山双瀑 立轴	111cm×53cm	27,600,000	华艺国际	2015.05.24
江文棣 人物（二帧）扇页	50cm×17.5cm 53cm×18.5cm	345,000	西泠拍卖	2015.07.04
姜宸英 1688年作 草书临王羲之帖 立轴	172.5cm×47.5cm	345,000	北京匡时	2015.12.05
姜宸英 草书临阁帖 立轴	228cm×45cm	862,500	北京保利	2015.12.07
姜筠 1906年作 静观图 手卷	引首47cm×80cm 本幅47cm×60cm 题跋47cm×590cm	345,000	北京匡时	2015.06.07
姜实节 仿柯九思《六桥柳色》立轴	145.7cm×72.4cm	172,178	纽约苏富比	2015.03.19
姜实节 仿倪高士笔意 立轴	75cm×28cm	230,000	北京保利	2015.06.06
姜实节 米万钟 古柏行图卷 手卷	画30cm×58cm 题跋30cm×417cm	1,207,500	北京保利	2015.12.07
姜实节山水册页裱成手卷（四开）	每段27cm×36.5cm	313,050	纽约苏富比	2015.03.19
姜文载 1747年作 郑板桥空桐仙馆图 立轴	127cm×38cm	368,000	北京匡时	2015.06.07
蒋宝龄 1854年作 南湖避地图 手卷	26cm×70cm 题26cm×158cm	368,000	北京保利	2015.12.08
蒋衡 楷书《经传寿言》十二屏	每屏206.2cm×50.1cm	313,050	纽约苏富比	2015.03.19
蒋莲 1836年作 广成子谈玄图 立轴	110.5cm×52cm	207,000	中国嘉德	2015.11.16
蒋溥 戴洪 活色飘香册 册页（十二开）	13cm×13cm×12	805,000	上海嘉禾	2015.05.08
蒋溥 渡江图 立轴	127.5cm×65cm	172,500	北京翰海	2015.03.14
蒋溥 富贵锦鸡图 镜心	99cm×53cm	402,500	北京保利	2015.12.08
蒋确 1878年作 摹古花卉卷 手卷	引首62cm×26.5cm 画心452cm×26.5cm 题跋73cm×32.5cm	172,500	西泠拍卖	2015.07.04
蒋廷锡 1720年作 蕙兰图 立轴	103cm×44.5cm	1,265,000	北京匡时	2015.12.05
蒋廷锡仿宣和画册册页(二十四开)	尺寸不一	3,277,500	北京保利	2015.12.07
蒋廷锡 1703年作 仿赵大年江乡清夏图 手卷	27cm×406.5cm	2,300,000	上海嘉禾	2015.05.08
蒋廷锡 厉廷仪 王图炳 小楷 扇面	19cm×57cm	161,000	上海嘉禾	2015.05.08
蒋廷锡 富贵双清高寿图 镜心	192.4cm×95.3cm	1,840,000	北京至诚	2015.12.20
焦秉贞 西湖图 立轴	59cm×35cm	1,840,000	北京翰海	2015.11.27
金俊明 楷书五言诗 扇面	16.5cm×51cm	287,500	中贸圣佳	2015.05.19
金俊明 文柟 徐枋 等 山水册	30cm×23cm×10	1,035,000	北京保利	2015.12.07
金俊明 杨补 翁方纲 等 题邵弥山水卷 手卷	引首21cm×81cm 跋21.3cm×480cm 画21cm×252cm	690,000	中国嘉德	2015.05.18
金俊明 郑敷教 高简 顾殷 周邦鼎 陆世廉 陈迈 等 岁寒三友图 立轴	105.4cm×39.6cm	159,325	纽约佳士得	2015.09.16
金礼嬴 嘉庆4年（1799年作 绿珠小影 立轴	105cm×39cm	287,500	中国嘉德	2015.05.18
金农（款）寒香清影 镜心	43cm×25cm	184,000	中国嘉德	2015.09.21
金农 1742年作 枇杷图 立轴	132cm×37cm	718,375	佳士得	2015.11.30
金农 1749年作 漆书 立轴	122cm×40cm	2,817,500	上海工美	2015.06.28
金农 1750年作 隶书《昔耶之庐小记》手卷	24cm×159cm	437,000	北京匡时	2015.06.06
金农 1755年作 蕉林清暑图 立轴	104cm×36cm	1,725,000	西泠拍卖	2015.07.04
金农 1755年作 隶书集毛诗 立轴	106.5cm×49cm	3,220,000	北京保利	2015.06.06
金农 1756年作 隶书七言联 立轴	125cm×25.5cm×2	690,000	北京匡时	2015.12.04
金农 1758年作 漆书《鹤赋》立轴	190cm×60cm×4	6,325,000	北京匡时	2015.12.04

拍品名称	物品尺寸	成交价RMB	拍卖公司	拍卖日期
金农 1760年作 楷书诗稿 册页（三十二开）	22cm×25cm×16	7,935,000	北京保利	2015.06.05
金农 行书自作诗 立轴	55.5cm×27.5cm	977,500	东方大观	2015.05.20
金农 花卉册 册页（十二开）	21cm×27cm×12	2,300,000	北京保利	2015.12.08
金农楷书《友论》册册页(二十开)	28cm×37cm×20	3,450,000	北京保利	2015.12.07
金农 隶书 册页（二十开）	27cm×12cm×20	3,335,000	北京保利	2015.12.08
金农 隶书《华山庙碑》册页（五十四开一〇九页）	29cm×15.5cm×109	40,250,000	中国嘉德	2015.05.17
金农 隶书三体诗 立轴	97cm×29cm	1,610,000	北京匡时	2015.06.07
金农 隶书自作诗 镜心	17.5cm×49cm	2,357,500	北京匡时	2015.06.06
金农 墨梅 镜心	19cm×55cm	1,092,500	北京匡时	2015.06.06
金农 墨梅图 立轴	35cm×36.5cm	1,437,500	东方大观	2015.05.20
金农 墨竹图 立轴	103.5cm×38.5cm	322,000	北京匡时	2015.12.05
金农 漆书节录《史记・商君列传》立轴	83.3cm×32cm	508,706	纽约苏富比	2015.03.19
金农 漆书五言联 立轴	99cm×20cm×2	322,000	北京匡时	2015.12.05
金农 漆书五言诗 立轴	78cm×34cm	437,000	中贸圣佳	2015.05.19
金农 翠竹 立轴	18.5cm×30cm	220,275	佳士得	2015.06.01
金农 柳荫闲泛 立轴	19.3cm×26.2cm	150,188	佳士得	2015.06.01
金农 漆书七言诗联（两幅）立轴	124.5cm×25.5cm×2	350,438	佳士得	2015.06.01
金农 1700年作 蕉林清暑 立轴	36cm×24cm	420,525	佳士得	2015.06.01
金农 松树、漆书五律一首（一对）镜框	29.5cm×43cm	238,988	纽约苏富比	2015.09.17
金农 雍正己酉（1729年作 隶书《长歌一篇效李太白体奉祝大椿》册页（十二开二十四页）	27.5cm×14.5cm×24	2,070,000	中国嘉德	2015.11.15
金农 钟馗福威 立轴	123cm×56.5 cm.	1,725,000	中鸿信	2015.07.29
金廷标（款）三骏图 镜心	30cm×78cm	287,500	中国嘉德	2015.06.28
金廷标 听泉图 立轴	112.7cm×148.3cm	36,800,000	中国嘉德	2015.05.17
居廉 1895年作 螳螂捕蝉 团扇面镜框	26cm×26cm	242,100	香港苏富比	2015.04.06
居廉 花卉 册页	28cm×27.5cm×9	152,362	保利香港	2015.04.07
居廉 1894年作 花鸟 立轴	157cm×41cm	465,750	广州皇玛	2015.01.18
居廉 清供 镜心	71cm×33cm	230,000	中国嘉德	2015.05.17
居廉 1898年作 春江水暖 立轴	113cm×33cm	161,000	中国嘉德	2015.06.28
居廉 1898年作 仿古山水人物（四帧）册页	26cm×26cm×4	290,988	中国嘉德	2015.10.07
康熙帝 行书 镜心	138.5cm×40.5cm	195,500	天津同方	2015.06.06
康熙帝 行书 五言诗 扇页	53.5cm×17cm	345,000	西泠拍卖	2015.07.04
康熙帝 行书《雨后见桃花诗》立轴	206cm×57.5cm	6,210,000	中国嘉德	2015.05.18
康熙帝 行书七言联 镜心	117cm×26cm×2	402,500	北京匡时	2015.06.07
康熙帝 行书七言联 立轴	145cm×29.5cm×2	1,322,500	中国嘉德	2015.05.18
康熙帝 御笔临董其昌 镜心	59.5cm×34.5cm	322,000	北京匡时	2015.06.07
康熙帝 御笔七言诗 立轴	182cm×50cm	1,127,000	北京匡时	2015.12.05
康熙帝 御笔五言句 立轴	131cm×59cm	368,000	北京匡时	2015.12.05
孔尚任 1707年作 隶书朱公专祠记 手卷	42.5cm×703cm	4,600,000	中国嘉德	2015.05.18
蓝孟 1663年作 玉映羣峯图 立轴	253.5cm×92.5cm	1,150,000	西泠拍卖	2015.07.04
蓝孟 仿倪云林笔意 镜心	31cm×30cm	189,750	北京匡时	2015.06.07
蓝孟 深山飞瀑 立轴	140cm×56cm	359,168	保利香港	2015.05.28
蓝孟 溪山雪霁 立轴	163cm×68cm	152,362	保利香港	2015.04.07
蓝涛 1685年作 仿黄鹤山樵笔意 立轴	141.5cm×67cm	368,000	北京匡时	2015.12.05
蓝涛 1692年作 溪山放棹图 立轴	151.5cm×46cm	437,000	中国嘉德	2015.11.16
郎世宁（款）富贵长春 立轴	151cm×91cm	464,025	中国嘉德	2015.04.07

2015书画拍卖成交汇总

(成交价RMB：15万元以上)

拍品名称	物品尺寸	成交价RMB	拍卖公司	拍卖日期
郎世宁 百骏图卷 手卷	引首63cm×133cm 画心63cm×650cm 拖尾63cm×128cm 63cm×170cm	1,207,500	上海泓盛	2015.06.20
郎世宁 等《纯惠皇贵妃朝服像》镜框	198cm×123cm	112,942,800	香港苏富比	2015.10.07
郎世宁 柳荫八骏 立轴	159cm×92cm	552,000	北京保利	2015.06.06
郎世宁 蔬果图 镜心	76cm×49cm	3,898,500	北京翰海	2015.09.13
郎世宁 双狮图 镜框	66cm×36cm	977,500	北京至诚	2015.12.20
冷枚 三娘教子 立轴	138cm×68.5cm	690,000	北京翰海	2015.06.27
冷枚 重光大荒落 1701年作 四美图 立轴	153.5cm×100cm	1,782,500	中国嘉德	2015.11.16
黎简 行舟看山图 立轴	112cm×36cm	172,500	北京保利	2015.06.06
黎简 拟古山水 册页（十二开）	32cm×26cm×30	920,000	北京保利	2015.06.05
李方膺 墨梅 立轴	136cm×46cm	1,265,000	东方大观	2015.05.20
李方膺 牡丹兰竹 册（十二开）	每开25.6cm×32cm	1,017,413	纽约苏富比	2015.03.19
李方膺 1745年作 梅兰对屏 立轴	140cm×47.5cm×2	1,380,000	中国嘉德	2015.05.18
李鸿章（款）行书八言联 对联	170cm×36cm×2	460,000	中国嘉德	2015.09.21
李鸿章《故应空有》行书七言联轴	168cm×32cm×2	310,500	山东恒昌	2015.06.10
李鸿章 1880年作 楷书"讲信修睦"横披	37.5cm×168cm	517,500	北京匡时	2015.06.07
李鸿章 1881年作 行书七言联 立轴	128cm×28cm×2	517,500	北京匡时	2015.12.04
李鸿章 1901年作 行书《圣教序》《心经》手卷	引首32cm×97cm 本幅 35.5cm×428cm	3,335,000	北京匡时	2015.12.04
李鸿章 行书 唐诗 立轴	140.5cm×39cm	333,500	西泠拍卖	2015.07.04
李鸿章 行书八言联（一对）	165.6cm×35.3cm	175,258	纽约苏富比	2015.09.17
李鸿章 行书八言联 对联	165cm×42cm×2	517,500	北京保利	2015.06.06
李鸿章 行书八言联 立轴	172cm×35cm×2	322,000	北京匡时	2015.12.05
李鸿章 行书八言联 立轴	171cm×30.5cm×2	322,000	北京匡时	2015.06.07
李鸿章 行书词组 立轴	129.1cm×51.8cm	234,788	纽约苏富比	2015.03.19
李鸿章 行书节录《六研斋笔记》立轴	167.2cm×76.2cm	205,500	香港苏富比	2015.10.05
李鸿章 行书录宋诗 立轴	136.5cm×50.5cm	345,000	上海明轩	2015.06.21
李鸿章 行书七言联 对联	128cm×30cm×2	287,500	北京保利	2015.06.06
李鸿章 行书七言联 立轴	125cm×28.5cm×2	195,500	北京匡时	2015.06.07
李鸿章 行书苏轼诗 镜片	96.2cm×45.5cm	313,050	纽约苏富比	2015.03.19
李鸿章 胡志章 张之万 1864年作 行书赠稚松纨扇一帧 行书书论 镜心（2帧）	23cm×25cm 直径24cm	184,000	北京匡时	2015.12.05
李鸿章 楷书八言联 对联	144cm×35cm×2	150,000	上海驰翰	2015.04.24
李鸿章 楷书八言联 立轴	171cm×39cm×2	322,000	北京匡时	2015.12.05
李鸿章 书法 对联	171cm×30cm×2	1,150,000	广东小雅斋	2015.11.11
李鸿章 书法八言联 对联	200.5cm×40cm×2	1,000,500	上海嘉禾	2015.05.08
李蕙仙 谭嗣同 1896年作 秋山隐居图 隶书临汉碑 成扇	19.5cm×55cm	287,500	北京匡时	2015.12.04
李嘉福 禅国山访碑图 横披	23.5cm×79.5cm	782,000	东方大观	2015.05.20
李鳝 墨竹 立轴	176.3cm×45.5cm	207,123	纽约苏富比	2015.09.17
李鱓 1737年作 花卉集册 册页（八开）	26cm×30.5cm×8	1,322,500	上海明轩	2015.06.21
李鱓 1742年作 荷塘清色图 立轴	140cm×77.5cm	632,500	西泠拍卖	2015.07.04
李鱓 1751年作 百事大吉图 立轴	169cm×93cm	575,000	北京保利	2015.06.06
李鱓 1752年作 芙蓉鸳鸯 立轴	110cm×51cm	2,070,000	中贸圣佳	2015.05.19
李鱓 1754年作 盆菊 立轴	78cm×40cm	437,000	广东崇正	2015.06.19
李鱓 天中佳卉 立轴	90cm×38cm	172,500	北京保利	2015.06.06
李鱓 五松图 立轴	170cm×92cm	3,507,500	东方大观	2015.05.20
李鱓 祥瑞图 立轴	146cm×52.5cm	2,185,000	东方大观	2015.05.20
李鱓 有鱼图 立轴	89cm×31cm	483,000	中贸圣佳	2015.05.19
李鱓 竹石图 立轴	97.5cm×53cm	517,500	海德拍卖	2015.06.27
李鱓 竹石图 立轴	152cm×88.5cm	1,288,000	上海嘉禾	2015.05.08
李世锡 高凤翰 书画合卷 手卷	引首21cm×40.5cm 本幅21cm×418cm 题跋29cm×112cm 24.5cm×138cm	1,265,000	北京匡时	2015.06.07
李世倬 仿古山水双挖 立轴	28cm×26cm×2	161,000	中贸圣佳	2015.05.19
李世倬 观瀑图 扇面	16.3cm×48cm	299,000	中国嘉德	2015.05.18
李世倬 柳燕迎春 扇面	17.5cm×53.5cm	172,500	中国嘉德	2015.05.18
李世倬 墨菊册 册页（十开）	22.5cm×34.5cm×10	345,000	中国嘉德	2015.11.16
李世倬 秋树茅屋 扇面	17.5cm×54cm	287,500	中国嘉德	2015.11.16
李世倬 山水册 册页(八开)	13cm×15cm×8	402,500	北京保利	2015.12.07
李文田 楷书十言联 立轴	361cm×46cm×2	701,500	东方大观	2015.05.20
李星沅 行书八言联 立轴	227cm×36.5cm×2	241,500	中国嘉德	2015.05.18
李寅 1696年作 松阁抚琴 立轴	230cm×105cm	3,680,000	北京匡时	2015.12.04
李寅 关山行旅图 立轴	182cm×98cm	1,495,000	中国嘉德	2015.09.21
李渔 行猎图 立轴	114cm×49.5cm	172,178	纽约佳士得	2015.03.17
李宗瀚 行书 立轴	163cm×64cm	184,000	中国嘉德	2015.04.03
励宗万 草书七言联 立轴	161.5cm×36cm×2	184,000	北京翰海	2015.11.27
励宗万 行书七言联 立轴	146.5cm×33.5cm×2	276,000	中国嘉德	2015.11.16
励宗万 书法 立轴	148cm×68cm	299,000	保利厦门	2015.05.03
梁德润 荷花 镜心	80cm×438cm	506,000	北京翰海	2015.07.18
梁鼎芬 1900年作 书法 置胆 镜框	31cm×57.5cm	483,000	上海明轩	2015.06.21
梁鼎芬 1913年作 行书"宸翰楼"横披	31cm×128cm	368,000	北京匡时	2015.06.07
梁鼎芬 楷书八言联 立轴	145cm×20cm×2	172,500	北京匡时	2015.06.07
梁同书1802年作行书七言联对联	121.5cm×23.5cm×2	207,000	西泠拍卖	2015.07.04
梁同书 1809年作 行书 元遗山诗卷 手卷	239cm×24cm	506,000	西泠拍卖	2015.07.04
梁同书 1814年作 行书 立轴 四屏	159.5cm×33cm×4	299,000	上海明轩	2015.06.21
梁同书草书董华亭论书一则立轴	136cm×36cm	230,000	北京保利	2015.06.06
梁同书 行书 书论 立轴	130cm×62.5cm	161,000	西泠拍卖	2015.07.04
梁同书行书《于劭画松赞》立轴	136cm×60.5cm	161,000	中国嘉德	2015.11.16
梁同书 行书尺牍册 册页（十二开二十四页）	26.7cm×14.2cm×24	287,500	中国嘉德	2015.05.18
梁同书 行书七言联 立轴	128.5cm×28.5cm×2	184,000	中国嘉德	2015.11.16
梁巘 1779年作 行书 临云麾将军碑（共二十四页）册页	25cm×16cm×24	230,000	西泠拍卖	2015.07.04
梁巘 楷书节录《佛祖历代通载》手卷	30.5cm×505cm	161,000	中国嘉德	2015.05.18
梁同书 行书十言联 立轴	130cm×24cm×2	253,000	中贸圣佳	2015.05.19
林朝英 清 行书七言诗 立轴	113.5cm×57cm	200,250	佳士得	2015.06.01
林则徐 癸卯（1843年）作 临米芾《天马赋》四屏立轴	128cm×32cm×4	1,058,000	保利厦门	2015.05.02
林则徐 行楷书法 扇面镜框	16.8cm×52.5cm	153,938	佳士得	2015.11.30
林则徐 行书 处事箴言 四屏	176.5cm×41cm×4	575,000	西泠拍卖	2015.07.04
林则徐 行书 米芾诗 立轴	130cm×64cm	322,000	西泠拍卖	2015.07.04
林则徐 行书八言联 对联	172cm×32.5cm×2	690,000	上海明轩	2015.06.21
林则徐 行书八言联 立轴	171cm×32cm×2	782,000	中国嘉德	2015.11.16
林则徐 行书八言联 立轴	170cm×36.5cm×2	782,000	北京匡时	2015.06.06
林则徐 行书董其昌论书 立轴	125cm×24cm	241,500	中国嘉德	2015.05.17
林则徐 行书节录白居易《冷泉亭记》立轴	76cm×50.5cm	391,313	纽约苏富比	2015.03.19
林则徐 行书临米芾诗帖 立轴	129cm×59.5cm	1,092,500	北京匡时	2015.06.06
林则徐 行书七言对联 镜片	122cm×28.5cm×2	667,000	福建运通	2015.07.26
林则徐 行书七言联 立轴	133cm×31cm×2	264,362	宝港国际	2015.11.28
林则徐 行书七言联 立轴	128cm×18cm×2	437,000	北京保利	2015.06.06
林则徐 行书七言联 立轴	125cm×28cm×2	805,000	北京东正	2015.05.19

拍品名称	物品尺寸	成交价RMB	拍卖公司	拍卖日期
林则徐 行书诗 立轴	128cm×56cm	460,000	北京翰海	2015.11.27
林则徐 何绍基 郭尚先 郭麐 等 为朱为弼作书画扇册（五十八页）册页	尺寸不一（册页60.5cm×30cm）	552,000	西泠拍卖	2015.07.04
林则徐 金笺八言联 立轴	173cm×32cm×2	431,250	北京保利	2015.01.25
林则徐 楷书八言联 对联	186.5cm×38cm×2	920,000	北京保利	2015.12.08
林则徐 楷书八言联 立轴	185cm×38cm×2	1,092,500	东方大观	2015.05.20
林则徐 楷书闲居赋 扇面	52cm×18cm	195,500	北京保利	2015.12.08
林则徐 梁章巨 等 七家楷书·赋闲图 成扇	23cm×71.5cm	805,000	中国嘉德	2015.11.15
林则徐 林文忠公遗札册（共二十四页）册页	尺寸不一（册页32cm×17.5cm）	1,782,500	西泠拍卖	2015.07.04
林则徐 书法 四屏镜框	161cm×39cm×4	1,610,000	福建定佳	2015.01.11
林则徐 书法八言联 对联	174cm×33.5cm×2	322,000	上海嘉禾	2015.05.08
刘春霖 楷书七言联 立轴	147cm×39.5cm×2	195,500	中国嘉德	2015.05.18
刘春霖 朱汝珍 商衍鎏 张启后 行书古诗文 立轴	131.5cm×30cm×4	172,500	中国嘉德	2015.05.18
刘春霖 朱汝珍 商衍鎏 张启后 甲子（1924年）作 楷书 四屏	132cm×33cm×4	172,500	中国嘉德	2015.04.03
刘度 1627年作 泛舟 扇面镜框	17.6cm×53cm	400,500	佳士得	2015.06.01
刘统勋 楷书虫豸诗 手卷	引首29cm×105cm 本幅16cm×48cm×2 题跋29.5cm×120cm	713,000	北京匡时	2015.06.07
刘墉 1796年作 行书梅花诗 立轴	141cm×54.5cm	1,380,000	北京匡时	2015.12.04
刘墉 1797年作 行书《石恪画维摩》镜心	34cm×91cm	218,500	北京匡时	2015.12.05
刘墉 1804年作 行书《岳豫王小画四首》镜心	31cm×80cm	218,500	北京匡时	2015.12.05
刘墉 行书诗抄 镜心	26.5cm×148cm	379,500	北京匡时	2015.12.05
刘墉 行书诗文 立轴	133cm×61cm	1,035,000	东方大观	2015.05.20
刘墉（古）1794年作《争座位帖》文及书论（三本）册页	17cm×9cm×48	345,000	上海泓盛	2015.06.20
刘墉（古）1794年作 书法 手卷	13cm×198cm	1,035,000	华艺国际	2015.05.24
刘墉（古）1793年作 书唐太宗书帖 立轴	91.5cm×46.5cm	287,500	中国嘉德	2015.05.18
刘墉（古）1803年作 行书自遣诗 横披	26.5cm×117.5cm	207,000	中国嘉德	2015.05.18
刘墉（古）行书节录入越录 立轴	100.5cm×58.5cm	218,500	西泠拍卖	2015.07.04
刘墉（古）行书 立轴	159cm×63.5cm	172,500	北京翰海	2015.06.27
刘墉（古）行书 扇面	16cm×47cm	230,000	中国嘉德	2015.04.03
刘墉（古）行书 扇面（四开）	尺寸不一	184,000	北京保利	2015.12.08
刘墉（古）行书 云怡 镜片	53.5cm×28.5cm	345,000	西泠拍卖	2015.07.04
刘墉（古）行书 "捡云书屋" 镜心	69.5cm×202cm	690,000	北京匡时	2015.06.07
刘墉（古）行书《读吴梅村集》立轴	131.8cm×69.4cm	665,231	纽约苏富比	2015.03.19
刘墉（古）行书八言 对联片	174cm×36cm×2	862,500	上海道明	2015.05.09
刘墉（古）行书卷 手卷	27cm×224cm	805,000	北京保利	2015.01.25
刘墉（古）行书临古帖 镜心	40cm×162cm	368,000	北京匡时	2015.06.07
刘墉（古）行书录古文十二则 镜心	19cm×235cm×12	713,000	保利厦门	2015.05.02
刘墉（古）行书七言联 对联	92cm×17.5cm×2	644,000	上海明轩	2015.06.21
刘墉（古）行书杂册册页（六开）	24cm×27cm×6	161,000	北京匡时	2015.06.07
刘墉（古）前贤诗 长卷	40cm×323cm	264,500	南京经典	2015.08.02
刘墉（古）草书 手卷	25.5cm×98.5cm	801,000	佳士得	2015.06.01
刘墉（古）行书 立轴	129cm×59cm	260,325	佳士得	2015.06.01
刘墉（古）唐律百首 册页（二十开）	20.5cm×24.5cm×20	200,250	佳士得	2015.06.01

拍品名称	物品尺寸	成交价RMB	拍卖公司	拍卖日期
刘墉（古）1792年作 小楷三种 手卷	21.5cm×138cm 21.5cm×273.5cm 跋27cm×27.5cm	2,415,000	中国嘉德	2015.11.16
刘墉（古）书法 册页	19cm×9.5cm×18	172,500	南京经典	2015.08.02
刘墉（古）张问陶 吴鼒 爱新觉罗·裕瑞 丰绅殷德 等 行书 诗稿 手卷	760cm×27cm	402,500	西泠拍卖	2015.07.04
鲁琪光 行书节录《墨池璅录》四屏	246cm×57.3cm	219,135	纽约苏富比	2015.03.21
陆鼎 溪山春树 手卷	25cm×136cm 题25cm×99cm	172,500	北京保利	2015.12.08
陆鸿 1663年作 幽居图 立轴	216cm×54cm	253,000	北京匡时	2015.12.05
陆恢 1891年作 四美图 镜心	123.5cm×26.5cm×4	368,000	北京匡时	2015.06.06
陆恢 1916年作 秋山晴爽 立轴	149.5cm×81cm	425,600	北京荣宝	2015.06.21
陆恢 采菱图 立轴	113.5cm×54cm	150,188	佳士得	2015.06.02
陆恢 侍慈礼佛图卷 手卷	30cm×147cm	2,070,000	北京保利	2015.12.07
陆恢 瑶池果熟 立轴	170cm×60cm	259,854	中国嘉德	2015.04.07
陆恢 郑孝胥 松下高士 成扇	20cm×50cm	241,500	北京保利	2015.01.25
陆陇其 行书 诗卷 手卷	画心704cm×37cm 题跋80cm×37cm	287,500	西泠拍卖	2015.07.04
陆润庠 1898年作 行书诗句 四屏	165cm×40cm×4	218,500	上海泓盛	2015.06.20
陆润庠 陈宝琛 张人骏 等 1874年作 楷书 册页（二十八开）	28.5cm×36cm×28	195,500	上海工美	2015.06.28
陆润庠 行书 镜心	72cm×210cm	230,000	北京翰海	2015.07.18
陆润庠 行书 镜心	56cm×128cm	195,500	北京翰海	2015.07.18
陆润庠 行书八言联 镜心	197.5cm×38.5cm×2	230,000	北京匡时	2015.06.07
陆润庠 楷书八言联 对联	102cm×20cm×2	161,000	北京保利	2015.12.08
罗牧 1685年作 茅亭远壑 立轴	288cm×128.3cm	667,063	佳士得	2015.11.30
罗牧 仿古山水 立轴	168 cm×48 cm	205,500	香港苏富比	2015.10.05
罗牧 拟北苑山水 立轴	140cm×37cm	172,500	广东崇正	2015.06.19
罗牧 宋荦 1692年作、1693年作 匡庐烟雨诗画图并诸家跋 手卷	罗牧画27.5cm×205cm 宋荦书27.5cm×209cm 后跋29.5cm×900cm	4,370,000	中国嘉德	2015.11.15
罗牧 云山 册页（十二开）	22.5cm×32cm×12	3,107,880	佳士得	2015.06.01
罗聘 1783年作 兰石图 立轴	145.5cm×36.5cm	1,380,000	北京翰海	2015.06.27
罗聘 花卉册 册页	23cm×28cm×8	666,582	保利香港	2015.04.07
罗聘 兰石图 立轴	149cm×32.5cm	1,356,000	辽宁建投	2015.08.30
罗聘 临金冬心罗汉图 立轴	114cm×48cm	161,000	北京匡时	2015.03.31
罗聘 墨竹 立轴	112cm×57.5cm	1,495,000	东方大观	2015.05.20
罗聘 双清图 镜片	128cm×278cm	3,105,000	东方大观	2015.11.17
罗聘 药医王像 立轴	125cm×36.2cm	1,130,250	香港苏富比	2015.10.05
罗聘 张赐宁 万上遴 嵇璜 赵熙 曹振镛 秦清 汪新 范鏊 朱栋 郑澎 曹祝龄 曹常浙 范三纲 文鼎元 黄翼堂 马愚 鸣琦 余国观 成履恒 李钧简 叶元符 潘绍经 万钟 徐焕 依精阿 吴廷燮 陈万全 钱学彭 陆元鋐 陈预 翁树培 葛鸣阳 陈嘉谟 饶庆捷 朱锡庚 赵雷生 张燮 初乔龄 马权 程炎 钱学彬 史国华 董思駉 冯敏昌 叶大观 王宗诚 陈万青 邵自悦 胡世隗 沈飏 秦泉 陈允恭 王天禄 孙球 朱奕簪 方楷 孙廷夔 劳瑾 汪墉 顾钰 莫瞻菉 李腾蛟 曹殿显 饶文震 戴联奎 蔡必昌 吴树萱 钱栻 李翼元	179cm×49cm×12	1,357,000	北京匡时	2015.03.31
吕葆中 行书七言诗 镜心	84cm×38cm	575,000	北京保利	2015.12.08
吕焕成 1664年作 钟馗图 扇片		356,500	上海明轩	2015.06.21
吕焕成 1674年作 秋暮深山 立轴	177cm×90cm	460,000	北京匡时	2015.06.07
吕焕成 江阁览胜 立轴	173cm×96.5 cm.	368,000	中鸿信	2015.07.29
吕焕成 溪山高远 镜心	169.5cm×83.5cm	322,000	北京匡时	2015.06.07
吕焕成 祝寿图 立轴 十二屏	152cm×45cm×12	322,000	北京保利	2015.12.07
吕潜 青山飞瀑 立轴	123.7cm×50.3cm	665,231	纽约苏富比	2015.03.19
吕晚村 书法 镜心	22cm×49cm	264,500	南京经典	2015.08.02
马家桐 花鸟 八屏立轴	152.5cm×42cm×8	437,000	鼎天国际	2015.07.05

2015书画拍卖成交汇总

(成交价RMB：15万元以上)

拍品名称	物品尺寸	成交价RMB	拍卖公司	拍卖日期
马家桐 柳燕春桃 立轴	155.5cm×82cm	168,000	天津文物	2015.05.22
马荃 1702年作 龙鳞虬枝 立轴	61cm×34cm	575,000	北京保利	2015.12.08
马荃 花蝶图 立轴	诗塘31cm×134cm 画芯134cm×65cm	517,500	广东小雅斋	2015.05.12
马荃 蛱蝶扇页册 册页	16.5cm×48cm×12	379,500	上海嘉禾	2015.05.08
马荃 三友图 手卷	38cm×119.5cm	300,375	佳士得	2015.06.01
马荃 群芳献寿 手卷	26.5cm×315cm	191,190	纽约苏富比	2015.09.17
马士英 行书七言诗 镜心	17cm×53cm	402,500	北京匡时	2015.06.07
马士英 行书唐诗 立轴	56cm×44cm	199,975	保利香港	2015.04.07
毛会建 行书节录王褒《圣主得贤臣颂》手卷	52.7cm×928cm	1,017,413	纽约苏富比	2015.03.19
毛晋 文震孟 查士标 王思任 陆世廉 等 明人手简 册页（四十开）	尺寸不一	713,000	中国嘉德	2015.11.16
冒襄 行书五言诗 立轴	114cm×55cm	322,000	北京保利	2015.12.08
梅清 1693年作 仿古图册（十二页）册页	27.5cm×20.5cm×12	5,577,500	西泠拍卖	2015.07.04
梅清 癸卯（1663年作 黄山揽胜 手卷	引首26cm×85.5cm 画26.2cm×280cm	172,500	中国嘉德	2015.05.18
梅清 黄山 册（六开）	30.5cm×26.5cm×6	2,827,680	香港苏富比	2015.10.05
梅清 黄山四景 立轴	179cm×52cm×4	3,220,000	中国嘉德	2015.11.16
梅清 炼丹台 立轴	171cm×47.5cm	180,225	佳士得	2015.06.01
梅清1667年作 黄山真境 立轴	75cm×48cm	2,435,040	佳士得	2015.06.01
米汉雯 行书七言诗 立轴	180cm×49cm	621,000	中国嘉德	2015.11.16
闵贞 福禄双寿图 镜片	189.5cm×115cm	402,500	西泠拍卖	2015.07.04
闵贞 执扇仕女 立轴	99cm×46.5cm	1,897,500	东方大观	2015.05.20
莫友芝 1863年作 篆书节录《周易》横披	46.5cm×157cm	230,000	北京匡时	2015.12.05
莫友芝 楷书八言联 立轴	132cm×21.5cm×2	201,250	北京匡时	2015.06.07
莫友芝 篆书五言联 立轴	133cm×32.8cm×2	221,925	香港苏富比	2015.04.06
倪田 秋林觅句 成扇	21cm×52cm	264,500	北京保利	2015.01.25
潘曾莹 楷书八言联 立轴	209cm×45cm×2	161,000	北京匡时	2015.12.05
潘恭寿 1778年作 关山行旅图 卷	33cm×611cm	690,000	北京翰海	2015.11.27
潘恭寿 菰蒲寒江图 立轴	画136cm×29cm 书32cm×29cm	345,000	上海嘉禾	2015.05.08
潘恭寿 群芳争艳 手卷	本幅29cm×606cm 题跋29.5cm×50cm	713,000	北京匡时	2015.12.05
潘恭寿 王文治 折枝花卉对题册 册页（十开）	绘画31.5cm×27cm×10 书法31.5cm×27cm×10	552,000	北京匡时	2015.12.05
潘世恩 行书龙门对 立轴	128cm×30.5cm×2	155,250	北京匡时	2015.06.07
潘思牧 甲申（1824年）作 王维诗意图 立轴	140.5cm×39cm	218,500	中国嘉德	2015.05.18
潘思牧 1749年作 四季景色（四幅）立轴	136cm×42.5cm×4	220,275	佳士得	2015.06.01
潘祖荫 行书 镜心	138cm×131cm	506,000	北京翰海	2015.07.18
潘祖荫 书法八言联 对联	237cm×45cm×2	322,000	上海嘉禾	2015.05.08
彭树葵 楷书《佛说大乘百福庄严相经》册（廿三开）	19.5cm×15.8cm×23	513,750	香港苏富比	2015.10.05
彭玉麐 行书元人诗 四屏立轴	145.5cm×39.5cm×4	207,000	北京匡时	2015.06.07
彭玉麟 寒梅 立轴	141cm×70cm	172,500	鼎天国际	2015.07.05
蒲华 1896年作 百竹图 百开分装二册	画心 45.8cm×26.7cm×100	2,630,400	香港苏富比	2015.10.06
溥伺 行书十二言联 立轴	126cm×21cm×2	207,000	北京翰海	2015.11.27
溥侗 楷书七言联 立轴	193cm×41cm×2	218,500	中国嘉德	2015.11.15
祁寯藻 草书 立轴	150cm×70cm	161,000	中国嘉德	2015.04.03
祁豸佳 东林虎溪图 手卷	引首29.5cm×128.5cm 本幅29cm×179cm 题跋29.5cm×211cm	299,000	北京匡时	2015.06.07
祁豸佳 茅亭听涛 立轴	192cm×83cm	410,500	佳士得	2015.11.30
祁豸佳 寒山江影 立轴	196cm×84.5cm	420,525	佳士得	2015.06.01
祁豸佳书画合璧册页（十二开）	32cm×24cm×12	2,990,000	北京保利	2015.06.05
钱伯垌 行书 卷	22.5cm×454cm	166,750	上海工美	2015.06.28
钱坫 士冠礼书法（四帧）镜片	234cm×113cm×4	230,000	上海嘉禾	2015.05.08
钱坫 篆书节录宇文逌《庾子山集序》立轴	130cm×32cm	352,181	纽约苏富比	2015.03.17
钱东 1795年作 三朵花 立轴	127cm×44cm	218,500	北京匡时	2015.12.05
钱杜 1813–1816年作 山水集锦 扇面镜心（八开）	18.5cm×51.5cm×8	3,565,000	北京翰海	2015.06.26
钱杜 1835年作 松溪夜泛图 立轴	95cm×30.5cm	1,380,000	中国嘉德	2015.11.16
钱杜 寒窗夜读 立轴	124cm×51cm	207,000	北京匡时	2015.06.07
钱杜 僊壑螺舟 立轴	123.5cm×28.5cm	220,275	佳士得	2015.06.01
钱杜 王学浩 文鼎 张培敦 朱昂之等 听泉图册 册页（十四开）	26cm×35cm×14	322,000	中国嘉德	2015.11.16
钱杜 1838年作 醉经阁图 手卷	22cm×37cm	552,000	上海道明	2015.05.09
钱杜 辛丑(1841年)作 墨梅图 立轴	114cm×38cm	770,500	中国嘉德	2015.11.15
钱杜 竹清荷香 立轴	86.5cm×27.3cm	287,500	上海明轩	2015.06.21
钱沣 行书 杜甫诗 立轴	120cm×48cm	264,500	西泠拍卖	2015.07.04
钱沣 行书 七言联 对联	125.5cm×30cm×2	195,500	西泠拍卖	2015.07.04
钱沣 行书《争座位帖》立轴	241cm×86.5cm	575,000	北京匡时	2015.12.05
钱沣 行书七言联 立轴	130cm×29.5cm×2	184,000	中国嘉德	2015.11.16
钱沣行书谢灵运《山居赋》立轴	133.7cm×64.4cm	203,483	纽约苏富比	2015.03.19
钱沣 楷书《从征记》四屏镜心	94cm×40cm×4	460,000	北京匡时	2015.12.05
钱沣 楷书《荀子致仕》横披	48cm×95cm	161,000	北京保利	2015.12.08
钱沣 楷书节录《水经注·汶水》	每屏92.7cm×40.6cm	273,919	纽约苏富比	2015.03.19
钱沣 楷书节录《荀子》手卷	本幅30cm×245cm 题跋30cm×30cm	506,000	北京匡时	2015.06.07
钱沣 书法 册页（二十二开）	35cm×40cm×22	189,750	上海工美	2015.06.28
钱慧安 麻姑献寿 立轴	90cm×49cm	161,000	河南泽华	2015.01.11
钱慧安人物集锦册页（十二开）	26.5cm×21.5cm×12	230,000	华艺国际	2015.05.24
钱慧安 山水 册页（八开）	尺寸不一	184,000	保利厦门	2015.05.03
钱棨 行书七言对联	36cm×151cm	517,500	中国嘉德	2015.11.16
钱维城 1767年作 山茶花 立轴	110cm×30.5cm	230,000	北京匡时	2015.12.05
钱维城 菊花图 镜框	180cm×83cm	29,325,000	上海明轩	2015.06.21
钱维城 琴声松韵 手卷	5cm×20.3cm	172,500	中国嘉德	2015.05.18
钱维城 泽普瀛壖图 恩周两淀图（二卷）手卷	29cm×138cm×2	13,488,840	佳士得	2015.06.01
钱维城 清幽佳景 册页（八开）	画心 97cm×164cm×8 跋文9.8cm×16.5cm	207,000	北京保利	2015.12.08
钱维城 晴雨风月四竹图 册页	35.5cm×20cm×9	180,929	保利香港	2015.04.07
钱维城 山水册 册页（十二开）	6cm×9cm×12	287,350	佳士得	2015.11.30
钱维城 默林踈雨 镜框	163cm×92.5cm	2,760,000	北京至诚	2015.12.20
钱维乔 1795年作 密林徙壑 立轴	150cm×50cm	328,400	佳士得	2015.11.30
钱载 芝兰竹石图 立轴	126cm×60.5cm	230,000	中国嘉德	2015.11.16
乾隆 行书 立轴	93cm×41 cm	402,500	中鸿信	2015.07.29
乾隆 御临“五印陀罗尼”经咒并自画像十三开 册页	11cm×6.5 cm×13	2,185,000	中鸿信	2015.07.29
乾隆帝 1744年作 行书赐徐文穆宸翰卷 手卷		862,500	上海嘉禾	2015.05.08
乾隆帝 1751年作 御笔 镜心	125cm×48cm	322,000	北京翰海	2015.07.19
乾隆帝 1771年作行书古人句镜心	70cm×172cm	736,000	北京匡时	2015.10.16
乾隆帝 1780年作 御笔 扇面	18cm×53cm	287,500	北京翰海	2015.07.19
乾隆帝 1782年作 御笔 镜心	168cm×83cm	920,000	北京翰海	2015.07.19
乾隆帝 1786年作 行书 镜心 四屏	132cm×33cm×4	437,000	北京保利	2015.06.05

拍品名称	物品尺寸	成交价RMB	拍卖公司	拍卖日期
乾隆帝 1786年作 行书五言诗 镜心	128cm×92cm	2,300,000	北京匡时	2015.12.04
乾隆帝 董邦 西湖十景 四屏	24cm×24cm×4	9,890,000	北京保利	2015.12.07
乾隆帝 宫廷画家 成都将军法什尚阿巴图鲁云骑尉鄂辉像 镜心	187cm×84cm	17,480,000	北京保利	2015.12.07
乾隆帝 行书 立轴	130cm×57cm	667,000	广东崇正	2015.06.19
乾隆帝 行书“陈臬”镜心	57.5cm×111cm	920,000	中国嘉德	2015.11.16
乾隆帝 行书四言联 镜片	37.5cm×11cm×2	287,500	广东崇正	2015.06.19
乾隆帝 行书五言联 对联	146cm×30.5cm×2	220,000	上海驰翰	2015.05.09
乾隆帝 行书五言联 立轴	146cm×30.5cm×2	460,000	北京匡时	2015.12.05
乾隆帝 行书御制诗并序 手卷	正文 34.5cm×89.5cm	25,300,000	中贸圣佳	2015.05.19
乾隆帝 行草书法 立轴	53cm×28.2cm	4,357,440	佳士得	2015.06.01
乾隆帝 1772年作 行书题画诗 册页（十开）	31cm×23cm×10	15,525,000	中国嘉德	2015.11.15
乾隆帝 山水 立轴	110cm×50cm	1,115,500	四川德轩	2015.11.05
乾隆帝 1738年作 行书 立轴	66.5cm×35cm	448,000	天津文物	2015.05.22
乾隆帝 辛丑（1781年）作 仿赵孟頫汀草文鸳图 立轴	71cm×36cm	12,420,000	中国嘉德	2015.05.17
乾隆帝 1771年作 行书《喜雨帖》镜心	106cm×128.5cm	10,005,000	中国嘉德	2015.05.18
乾隆帝 御笔 镜心	168cm×83cm	552,000	北京翰海	2015.07.19
乾隆帝 御笔“宣略神皋” 横披	75.5cm×253cm	5,750,000	中贸圣佳	2015.05.19
乾隆帝 御笔《瀛台即景》诗 四屏	170cm×32cm×4	920,000	北京保利	2015.12.07
乾隆帝 御笔赐奉天将军永玮 立轴	131.5cm×52cm	1,610,000	北京匡时	2015.12.05
乾隆帝 御笔平定台湾二十功臣像赞 水墨 设色纸本	31cm×186cm	74,750,000	北京保利	2015.06.05
乾隆帝 御笔七言诗 立轴	139.5cm×38cm	1,035,000	北京匡时	2015.12.05
乾隆帝 朱摹《快雪时晴帖》卷	51.5cm×132cm 53cm×36cm 59cm×107cm 58cm×179cm 54cm×132cm 58cm×241cm 54cm×132cm	8,625,000	北京翰海	2015.06.27
秦祖永 1872年作 仿古山水册 册页	37cm×28cm×12	161,000	中国嘉德	2015.04.03
清（18世纪）御马图	179cm×101cm	805,000	北京保利	2015.12.08
清代 百鸟朝凤图	124cm×67cm	1,083,720	卓艺拍卖	2015.11.21
屈兆麟 花鸟 四屏	115cm×40.5cm×4	368,000	西泠拍卖	2015.07.04
任伯年 1868年作 富贵多子图 立轴	119cm×49cm	230,000	西泠拍卖	2015.07.05
任伯年 1875年作 花鸟扇面 扇面	18.5cm×53cm	207,000	中贸圣佳	2015.05.19
任伯年 1875年作 梨花白头扇面 镜框	17.7cm×51.9cm	267,150	香港苏富比	2015.10.06
任伯年 1878年作 花鸟（两幅）镜框	31cm×31.5cm×2	153,938	佳士得	2015.11.30
任伯年 1879年作 水仙双雀图 立轴	66cm×32.5cm	310,500	西泠拍卖	2015.04.22
任伯年 1880年作 富贵到白头 立轴	130cm×63.5cm	1,955,000	北京匡时	2015.06.06
任伯年 1881年作 动物册 册本（十二开）	33cm×45cm×12	713,000	上海明轩	2015.06.21
任伯年 1881年作 花卉 立轴	148cm×40cm	224,000	北京荣宝	2015.08.30
任伯年 1881年作 江岸凫鹅图 立轴	149cm×39.5cm	184,000	西泠拍卖	2015.07.05
任伯年 1881年作 三阳开泰 立轴	144cm×77.5cm	517,500	北京匡时	2015.12.04
任伯年 1883年作 秋郊牧马图 立轴	133cm×33cm	552,000	北京保利	2015.06.04
任伯年 1883年作 终南进士像 立轴	96cm×46.5cm	747,500	西泠拍卖	2015.07.05
任伯年 1884年作 雪景梅雀图 立轴	139.5cm×66cm	1,380,000	西泠拍卖	2015.07.05
任伯年 1885年作 春江水暖图 立轴	116.2cm×50cm	328,400	佳士得	2015.11.30
任伯年 1885年作 数纸尚可博白鹅 立轴	39cm×64cm	460,000	北京翰海	2015.11.27
任伯年 1888年作 花鸟小品 镜心	33cm×33cm	218,500	中贸圣佳	2015.05.19
任伯年 1888年作 麻姑献寿 立轴	135cm×67.5cm	368,000	厦门华辰	2015.06.20
任伯年 1888年作 天仙赐福 立轴	245cm×120cm	9,430,000	北京匡时	2015.06.06

拍品名称	物品尺寸	成交价RMB	拍卖公司	拍卖日期
任伯年 1889年作 菊鸡图 立轴	133cm×65.5cm	897,000	北京匡时	2015.12.04
任伯年 1890年作 三思 镜心	130cm×67cm	1,012,000	北京翰海	2015.06.26
任伯年 1890年作 许由洗耳图 立轴	178cm×93cm	3,047,500	北京保利	2015.06.04
任伯年 1891年作 东山丝竹 立轴	131cm×66.5cm	747,500	北京翰海	2015.11.27
任伯年 1891年作 东山丝竹 立轴	131.6cm×66.4cm	403,200	上海国拍	2015.05.31
任伯年 1891年作 柳阴洗马图 立轴	171cm×45.5cm	1,725,000	西泠拍卖	2015.04.22
任伯年 1891年作 松风高士图 立轴	171cm×45.5cm	2,357,500	西泠拍卖	2015.07.05
任伯年 1891年作 松溪高士 立轴	171cm×45.5cm	952,260	保利香港	2015.04.07
任伯年 1891年作 羲之爱鹅图 立轴	诗堂26cm×55cm 本幅 105.5cm×55cm	517,500	北京匡时	2015.12.04
任伯年 1892年作 花鸟 立轴四屏	147cm×395cm×4	2,070,000	北京保利	2015.12.07
任伯年 1893年作 玉堂柱石图 立轴	128cm×58cm	333,500	北京匡时	2015.03.30
任伯年 1894年作 梅竹鹦鹉图 立轴	148.5cm×40.5cm	414,000	西泠拍卖	2015.07.05
任伯年 1895年作 奇妍灵禽 四屏立轴	135cm×33cm×4	2,070,000	北京保利	2015.06.04
任伯年 1939年作 仙鹤 镜心	140.5cm×64cm	402,500	北京翰海	2015.11.27
任伯年 白鸽雁来红图 立轴	53cm×40.5cm	218,500	上海工美	2015.06.28
任伯年 拜雀图 扇面	18cm×53cm	552,000	中国嘉德	2015.05.17
任伯年 1886年作 山窗清供 镜心	148cm×84cm	2,424,900	中国嘉德	2015.10.07
任伯年 苍龙 立轴	127.5cm×63.5cm	191,190	纽约苏富比	2015.09.17
任伯年 春禽 四屏镜心	直径26.5cm	782,000	北京匡时	2015.12.04
任伯年 东山携记 立轴	129cm×65cm	437,000	中贸圣佳	2015.05.19
任伯年 读书图 立轴	35cm×35cm	368,000	上海敬华	2015.06.29
任伯年 1880年作 葛仙双鸡 镜心	216cm×53.5cm	322,000	中国嘉德	2015.05.18
任伯年 公孙大娘舞剑图 立轴	132.5cm×65cm	3,335,000	上海明轩	2015.06.21
任伯年 花鸟人物扇册（十二页）册页	53cm×18cm×12	920,000	西泠拍卖	2015.07.05
任伯年 花鸟三屏 立轴	133.5cm×64cm×2 135cm×66cm	12,650,000	北京匡时	2015.06.06
任伯年 1894年作 双鸡芍药 立轴	136cm×31cm	172,500	上海敬华	2015.06.29
任伯年 蕉下听风 立轴	24.2cm×25cm	172,178	纽约苏富比	2015.03.19
任伯年 猫石图 镜心	118cm×60 cm	632,500	荣宝斋（济南）	2015.11.21
任伯年 琵琶图	36cm×30cm	2,059,068	卓艺拍卖	2015.11.18
任伯年 弄璋图 立轴	68cm×33cm	750,938	佳士得	2015.06.01
任伯年 秋景佳色 立轴	77.5cm×40.5cm	368,000	北京保利	2015.12.07
任伯年 人物（两幅）扇面	27cm×27.6cm	254,920	邦瀚斯	2015.09.14
任伯年 人物（两帧）镜心	22.5cm×28.5cm×2	209,497	保利香港	2015.04.07
任伯年 水仙竹雀图 镜框	20cm×25cm	195,500	上海工美	2015.06.28
任伯年 苏元瑞 花鸟・书法 成扇		184,000	中国嘉德	2015.05.17
任伯年 桃源问津图	135cm×67cm	4,515,500	卓艺拍卖	2015.11.21
任伯年 同治1870年作 终南进士醉游图 立轴	92.5cm×39cm	460,000	中国嘉德	2015.05.17
任伯年 1868年作 翁珠默坐 扇面	18cm×53cm	862,500	中国嘉德	2015.05.17
任伯年 1878年作 天竹群鸽 横批	61cm×118cm	943,000	上海道明	2015.05.09
任伯年 西园枇杷 立轴	28cm×40cm	172,500	中国嘉德	2015.05.18
任伯年 1891年作 山郭牧牛 立轴	146cm×80cm	166,750	朵云轩	2015.10.24
任伯年 绣球绶带 镜心	直径27cm	218,500	中国嘉德	2015.04.02
任伯年 徐三庚 等 行书题跋 手卷	17.5cm×248cm	164,893	保利香港	2015.10.05
任伯年 雪霁寒禽 立轴	160cm×46cm	805,000	北京诚轩	2015.11.13
任伯年 赵叔孺 1868年作 1932年作 花卉 四屏	116cm×21cm×4	483,000	上海泓盛	2015.06.20
任伯年 正冠图 立轴	132cm×66cm	2,070,000	北京保利	2015.06.04
任伯年 枝燕憩马 立轴	166cm×47cm	230,000	上海工美	2015.06.28
任伯年 人物 立轴	138cm×38cm	560,000	山东图腾	2015.05.24
任监史积中袁紫兰等以乾隆御赐五色金花绢为田焯六十寿初度书设十二锦屏（十二屏）		4,370,000	北京翰海	2015.06.27

2015书画拍卖成交汇总

(成交价RMB：15万元以上)

拍品名称	物品尺寸	成交价RMB	拍卖公司	拍卖日期
任熊 1851年作 对镜簪花 镜心	75cm×26.5cm	356,500	北京匡时	2015.03.31
任熊 摹古册 册页	25cm×33cm×5	287,500	中国嘉德	2015.09.19
任熊 三星拱照图	156cm×75cm	2,555,773	卓艺拍卖	2015.11.18
任熊 山水人物册 册页(十二开)	26cm×33cm×12	3,565,000	北京保利	2015.12.07
任熊 咸丰1853年作 福禄寿三星图 立轴	231.5cm×116cm	8,050,000	中国嘉德	2015.11.15
任薰（款）1871年作 五老图 立轴	176cm×94cm	322,000	北京保利	2015.06.05
任薰 春溪鸣禽 立轴	178.5cm×48cm	552,000	中国嘉德	2015.11.14
任薰 群仙贺寿图 镜片	86cm×26cm×12	345,000	上海嘉禾	2015.05.08
任薰 1881年作 祝寿图 立轴	238.5cm×118.5cm	207,000	中国嘉德	2015.11.14
荣郡王 楷书文赋 册页	26cm×25cm×11	172,500	北京匡时	2015.03.31
如意馆 1767年制 华严三圣－释迦牟尼、文殊与普贤 立轴	201cm×111.5cm×3	8,625,000	北京保利	2015.06.07
阮元 行书宋诗二首 立轴	130cm×31.5cm	506,000	中国嘉德	2015.11.16
阮元 隶书“履祥颐吉室” 横批	30cm×100cm	517,500	东方大观	2015.05.20
阮元 隶书对联（两幅）立轴		328,400	佳士得	2015.11.30
阮元 隶书七言联 立轴	169cm×37cm×2	345,000	北京匡时	2015.12.05
上睿 1711年作 山水画稿 册页（十二开）	21cm×16.5cm×12	1,806,200	佳士得	2015.11.30
上睿 顾在湄 高简 等 仿古山水册（8帧）册页	23cm×16cm×8	828,000	北京匡时	2015.12.05
沈荃 1671年作 行书五言诗 立轴	136.5cm×52cm	448,500	上海明轩	2015.06.21
沈荃 行书五言诗 立轴	128cm×45cm	195,500	北京保利	2015.06.06
沈荃 康熙庚申（1680年）作 行书米芾《天马赋》手卷	30cm×364cm	517,500	中国嘉德	2015.11.16
沈铨 1714年作 寒香幽禽图 立轴	188.5cm×99cm	322,000	西泠拍卖	2015.07.04
沈铨 1738年作 一鹭清廉 立轴	95cm×47cm	322,000	北京匡时	2015.12.05
沈铨 1740年作 桐阴群鸡图 横披	85cm×164cm	632,500	北京匡时	2015.12.05
沈铨 1752年作 封侯荫伯图 立轴	179.5cm×94cm	1,265,000	华艺国际	2015.05.24
沈铨 1754年作 双鹿柏灵 镜心	153cm×80cm	575,000	北京保利	2015.12.08
沈铨 海棠稚鸡图	62cm×128cm	1,697,828	卓艺拍卖	2015.11.18
沈铨 花开富贵图	129cm×62cm	197,366	荣盛国际	2015.01.10
沈铨 吉兽册 册页（十二开）	26cm×18cm×12	207,000	北京保利	2015.06.06
沈铨 爵禄封侯 立轴	260cm×93cm	324,818	中国嘉德	2015.04.07
沈铨 乾隆甲子（1744年）作 百禄图 立轴	162cm×81cm	943,000	中国嘉德	2015.05.18
沈铨 红梅啼鸟 立轴	59.3cm×19cm	150,188	佳士得	2015.06.01
沈铨 秋柳双雁 立轴	102cm×53.4cm	500,625	佳士得	2015.06.01
沈铨 秋汀白鹭 立轴	94.6cm×47.4cm	250,440	纽约苏富比	2015.03.19
沈铨 神仙贵寿 立轴	100cm×51cm	345,000	广东崇正	2015.06.19
沈铨 双鹤三友 立轴	205.5 cm×96.7 cm	1,233,000	香港苏富比	2015.10.05
沈铨 猿戏图 镜框	189.5cm×96.3cm	1,715,514	纽约苏富比	2015.03.19
沈铨（传）清乾隆 花鸟图 孔雀图 镜心	34.3cm×27.5cm	1,210,500	香港苏富比	2015.04.07
沈增植 行书七言联 立轴	165cm×37 cm×2	180,800	中鸿信	2015.07.29
沈增植 章草七言联 立轴	131cm×31cm×2	448,500	保利山东	2015.02.01
沈振麟 叶桐　百子呈祥 立轴	203cm×227.5cm	287,500	北京翰海	2015.03.14
沈宗敬1705年作天池石壁图立轴	176cm×47cm	184,000	北京保利	2015.12.08
沈宗敬 书法·松溪幽居图（二帧）扇页	55cm×17cm 47cm×16.5cm	166,750	西泠拍卖	2015.07.04
沈宗敬 王顼龄 王日藻 王九龄 许缵曾 等 书画合璧（二十四帧）屏风（十二屏）	69.5cm×45cm×24	2,300,000	西泠拍卖	2015.07.04
沈宗敬 辛未（1691年）作 空山归隐 立轴	101cm×23cm	230,000	上海嘉禾	2015.05.08
盛宣怀 行书“含英咀华” 镜片	32cm×89.5cm	310,500	上海道明	2015.05.09
施养浩 乾隆乙亥（1755年）作 摹黄鹤山樵村舍图 手卷	引首28cm×88cm 画28cm×95cm 跋28cm×132cm	218,500	中国嘉德	2015.11.15

拍品名称	物品尺寸	成交价RMB	拍卖公司	拍卖日期
石涛（款）双清图 立轴	82cm×33cm	218,500	中国嘉德	2015.09.21
石涛 1687年作 岁寒三友 立轴	170.5cm×48.5cm	1,610,000	北京匡时	2015.06.06
石涛 1706年作 奇峰怪石图 手卷	画心31cm×245cm 题跋31cm×120cm	64,400,000	北京保利	2015.06.05
石涛 禅关幽思图 立轴	104cm×41cm	690,000	北京保利	2015.06.05
石涛 1680年作 双骥图 镜心	88.5cm×44cm	32,200,000	中国嘉德	2015.11.15
石涛 邗江话别 扇片	16cm×50cm	897,000	东方大观	2015.11.17
石涛 山居图 扇页	50cm×15.5cm	414,000	西泠拍卖	2015.04.22
石涛 山水 镜心	95cm×47.5cm	207,000	北京翰海	2015.11.27
石涛 山水册 册页（四开）	18cm×11cm×4	4,600,000	北京保利	2015.12.08
石涛 松下高士 立轴	45.5cm×27.5cm	690,000	东方大观	2015.05.20
石涛 清湘杂画 册（十开）	每开 33.5cm×24.5cm×10	21,850,890	纽约苏富比	2015.03.19
石涛 诗书画三绝 册（二十四开）	每开 23.7cm×16.4cm	24,705,906	纽约苏富比	2015.03.19
石溪（传）清 秋景山水 立轴	130cm×60.3cm	750,938	佳士得	2015.06.01
石溪（款）松崖面壁图 手卷	绘画31cm×138cm 书法31cm×174cm	155,250	北京匡时	2015.03.31
石溪 癸卯(1663年) 作 山水 立轴	139.5cm×55cm	575,000	广东崇正	2015.06.19
石溪 行书七言诗 扇面	16cm×48cm	266,633	保利香港	2015.04.07
石溪 秋山萧寺 立轴	110cm×30.8cm	939,150	纽约苏富比	2015.03.19
石溪 沈树玉 观瀑图 行书五言诗 立轴	每幅23.6cm×27cm	156,525	纽约苏富比	2015.03.19
石溪 辛亥（1671年）作 行书题画 镜心	23cm×47cm	1,265,000	中国嘉德	2015.05.18
石韫玉 行书文论 立轴	122cm×33cm	195,500	北京保利	2015.12.08
顺治帝 汲古深处 镜心	43.5cm×95cm	299,000	北京匡时	2015.06.07
四鼎甲 楷书 镜框 四屏	135cm×33cm×4	353,063	香港苏富比	2015.04.06
宋大业 书法 册页	22.5cm×15cm×16	540,500	南京经典	2015.01.04
宋梁 1885年作 万柳堂 立轴	91.5cm×49.5cm	180,225	佳士得	2015.06.01
孙承泽 1657年作 山居随笔 册页（十九开三十八页）	字20cm×15cm×38 后页25.5cm×36cm	1,150,000	中国嘉德	2015.11.16
孙杕 菊石图 镜心	31cm×30cm	184,000	北京匡时	2015.06.07
孙祜 秋山书屋 立轴	47cm×27.5cm	529,000	中国嘉德	2015.05.18
孙家鼐 楷书八言联 对联	222cm×49cm×2	437,000	上海明轩	2015.06.21
孙岳颁 行草书李白《早发白帝城》立轴	133cm×45cm	213,391	保利香港	2015.10.05
孙岳颁 行书唐人绝句 立轴	164cm×45cm	287,500	北京匡时	2015.06.07
汤贻汾 1844年、1845年作 四季山水 立轴	111.5cm×39cm×4	345,000	中国嘉德	2015.05.18
汤贻汾 行书七言联 对联	129cm×30cm×2	322,000	北京保利	2015.06.06
汤贻汾 琴隐园图卷 手卷	画25cm×180cm 引首25cm×101cm 题跋28cm×135cm	529,000	东方大观	2015.11.17
汤贻汾 山水对题册 册页（十开）	本幅27cm×33.5cm×10 题跋27cm×33.5cm×10	483,000	北京匡时	2015.12.05
汤贻汾 扇面集锦 册页（十四开）	18.5cm×53.5cm×14	218,500	中国嘉德	2015.05.18
汤贻汾 中山寄隐图 手卷	引首35.5cm×103.5cm 画35.5cm×144.5cm 后跋35.5cm×133.5cm	199,975	保利香港	2015.04.07
唐岱 山水 立轴	105cm×57cm	1,012,000	天津同方	2015.11.21
铁保 1806年作 行书家训 手卷	43.5cm×306cm	356,500	中国嘉德	2015.05.18
铁保 行书 八言联 对联	162cm×30cm×2	207,000	西泠拍卖	2015.07.04
铁保 行书 镜心 四屏	120cm×26cm×4	313,600	十竹斋	2015.06.14
铁保 汪承霈 行书杂册 册页（十开）	32cm×44cm×10	276,000	北京匡时	2015.06.07
童衡 柏鹿长春 立轴	179cm×98cm	345,000	北京匡时	2015.12.05

拍品名称	物品尺寸	成交价RMB	拍卖公司	拍卖日期
童垲 和平飘香 立轴	227.7cm×98.3cm	1,150,000	保利厦门	2015.05.02
屠隆 草书七言诗 扇面	18.7cm×53cm	387,984	中国嘉德	2015.10.07
屠隆 草书五言诗 扇面	16cm×48cm	172,500	北京保利	2015.06.04
屠隆 行书七言诗 立轴	19cm×57cm	299,000	中国嘉德	2015.05.18
屠倬 1802年作 拟恽南田笔意 立轴	128.5cm×38cm	207,000	北京匡时	2015.12.05
屠倬 沈山 等 1825年作 雪鸭巢图 册页（二十三开）	27cm×34cm×23	299,000	北京保利	2015.12.08
万上遴 1799年作 山居图 镜心	148cm×45cm	195,500	北京保利	2015.12.07
万上遴 湖山胜境 立轴	147cm×83cm	1,150,000	北京匡时	2015.12.05
万上遴 雪景图 立轴	178.5cm×47cm	310,500	中国嘉德	2015.05.18
汪承霈 花卉杂蔬册 册页(十二开)	27.5cm×32cm×12	1,035,000	北京保利	2015.12.07
汪家珍 柳岸渡水 扇面	15.8cm×47.3cm	460,000	中国嘉德	2015.05.18
汪士鋐 1722年作 临王羲之书法册 册页（二十四开）	23cm×10cm×24	207,000	北京保利	2015.12.08
汪士慎 寒梅图 立轴	118cm×31cm	644,000	西泠拍卖	2015.07.04
汪士慎 行书五言诗 扇面	17.5cm×50cm	184,000	中国嘉德	2015.05.18
汪士慎 红梅图 立轴	96cm×30cm	1,035,000	东方大观	2015.05.20
汪士慎 梅花 立轴	108cm×62c	1,265,000	东方大观	2015.05.20
汪士慎 梅竹双清 立轴	94cm×35cm	563,500	东方大观	2015.11.17
汪士慎 墨梅 立轴	124cm×35cm	402,500	上海明轩	2015.06.21
汪由敦 1751年作 行书 节录古文 立轴	149.5cm×50.5cm	184,000	西泠拍卖	2015.04.22
王宸 1773年作 山水花卉册 册页（十二开）	21cm×28cm×12	195,500	北京保利	2015.12.08
王宸 1795年作 高台飞瀑图 立轴	诗堂33cm×47cm	437,000	北京匡时	2015.06.07
王铎（传）1628年作 行书 手卷	18.5cm×165cm	205,250	佳士得	2015.11.30
王铎（款）1651年作 行书五言诗 镜心	183cm×57cm	172,500	中国嘉德	2015.04.03
王铎 1629年作 行书七言诗 扇面	18cm×55cm	2,242,500	北京保利	2015.06.05
王铎 1635年作 行书书论 镜心	28.5cm×25cm	1,012,000	北京匡时	2015.12.05
王铎 1640年作 草书临王羲之帖 镜心	17cm×52cm	667,000	北京匡时	2015.06.07
王铎 1642年作 书法 扇片		345,000	上海明轩	2015.06.21
王铎 1643年作 草书《为长正贤契临阁帖卷》手卷	26.5cm×338cm	15,730,360	佳士得	2015.11.30
王铎 1646年作 节临王献之《鹅还诸女帖》立轴	123cm×29cm	345,000	北京保利	2015.06.06
王铎 1647年作 草书《临王羲之阔别帖》立轴	165cm×49cm	1,495,000	北京匡时	2015.12.05
王铎 1649年作 草书五律八首 手卷	本幅 27.5cm×479cm 题跋28cm×102cm	11,385,000	北京匡时	2015.06.06
王铎 1650年作 草书 临阁帖 扇页	50.5cm×16cm	287,500	西泠拍卖	2015.04.22
王铎 1650年作 行书 立轴	159cm×66cm	1,380,000	北京翰海	2015.06.27
王铎 1651年作 草书 立轴	235cm×51cm	4,577,000	北京翰海	2015.06.27
王铎 1651年作 行书岱岳诗 立轴	162cm×49cm	1,840,000	北京保利	2015.06.06
王铎 1651年作 行书临阁帖 立轴	200cm×47cm	5,750,000	北京保利	2015.12.07
王铎 1651年作 行书四诗 手卷	26.5cm×150cm	2,070,000	北京翰海	2015.06.26
王铎 1651年作 行书文语 立轴	230.5cm×49cm	1,610,000	北京匡时	2015.06.06
王铎 1646年作 行书节录《东阳金华山栖志》横披	28.5cm×224cm	2,645,000	中国嘉德	2015.05.18
王铎 草书 立轴	162cm×60cm	575,000	东方大观	2015.05.20
王铎 草书 立轴	138cm×52cm	172,500	朵云轩	2015.07.27
王铎 草书 立轴	176cm×57cm	230,000	北京翰海	2015.09.13
王铎 草书节临王献之《安和帖》立轴	273cm×51cm	6,970,560	香港苏富比	2015.10.05

拍品名称	物品尺寸	成交价RMB	拍卖公司	拍卖日期
王铎 草书节临王献之《江州帖》立轴	189.5cm×51.5cm	1,233,000	香港苏富比	2015.10.05
王铎 草书临阁帖 立轴	156cm×48cm	1,610,000	北京保利	2015.12.07
王铎 草书临阁帖 立轴	149cm×45cm	322,000	北京匡时	2015.06.07
王铎 草书王献之《新妇服地黄汤》帖 立轴	237cm×52cm	2,200,280	佳士得	2015.11.30
王铎 1650年作 临王献之《余杭帖》立轴	235cm×51cm	4,600,000	广东崇正	2015.06.19
王铎 行书 五言诗 立轴	227.5cm×46.5cm	3,680,000	西泠拍卖	2015.07.04
王铎 行书诗文稿 册页（二册，三十二开六十四页）	28cm×19.5cm×64	17,480,000	中国嘉德	2015.05.17
王铎 行书五言诗 立轴	199cm×52cm	2,415,000	北京保利	2015.12.08
王铎 行书五言诗 立轴	157cm×50cm	1,380,000	北京保利	2015.06.06
王铎 行书自作五言诗 立轴	236cm×52cm	6,900,000	北京保利	2015.06.05
王铎 红金书法 扇面		517,500	四川德轩	2015.11.05
王铎 1637年作 行书 立轴	277cm×52.5cm	4,357,440	佳士得	2015.06.01
王铎 1642年作 行书 立轴	238cm×53.5cm	4,357,440	佳士得	2015.06.01
王铎 明崇祯十七年（1644年）自作诗书法 手卷	198cm×27cm	2,070,000	四川德轩	2015.11.05
王铎 墨兰卷 手卷	画心40cm×834cm 跋40cm×60cm	920,000	北京保利	2015.06.05
王铎 诗文稿 册页(二十一开)	27cm×20cm×21	3,220,000	北京保利	2015.12.07
王铎 1651年作 草书节临《淳化阁帖》扇面	16cm×53cm	483,000	中国嘉德	2015.11.16
王铎 1641年作 草书临阁帖 立轴	223cm×47cm	690,000	保利厦门	2015.05.02
王铎 1641年作 行书与傅伯济诗 立轴	277.5cm×47.5cm	11,500,000	中国嘉德	2015.05.17
王铎 乙亥（1635年）作 临王羲之《月半念足下帖》立轴	202.5cm×45cm	8,970,000	中国嘉德	2015.05.17
王铎 自书诗十首 扇面	17.2cm×59cm	977,500	中国嘉德	2015.05.18
王概 1691年作 浓墨山水 立轴	190cm×64cm	389,975	佳士得	2015.11.30
王槩 杜甫诗意图 册（三十开）	每开13.6cm×19.6cm	3,218,154	纽约苏富比	2015.03.19
王国维 1897年作 小楷诗册 册页	25cm×24cm×9	310,500	中国嘉德	2015.06.28
王国维 行书 成扇		690,000	东方大观	2015.05.20
王奂 1652年作 临溪论道图 扇页	50.5cm×16cm	230,000	西泠拍卖	2015.07.04
王翚（款）仿赵松雪山水 立轴	240cm×120cm	402,500	北京保利	2015.12.08
王翚（款）苕溪春晓图 手卷	31cm×277cm	184,000	中国嘉德	2015.04.03
王翚 1663年作 仿巨然笔法 立轴	119.5cm×47cm	1,610,000	北京匡时	2015.12.04
王翚 1669年作 懒龛书屋 镜框	125cm×39cm	2,875,000	广东小雅斋	2015.11.11
王翚 1695年作 烟霞图 手卷	39cm×183cm	172,500	北京翰海	2015.07.19
王翚 1700年作 红叶白云 立轴	83.5cm×45.5cm	1,265,000	北京匡时	2015.06.06
王翚 1702年作 江山卧游图 手卷	心28cm×131cm 跋28cm×35cm	1,725,000	北京保利	2015.06.06
王翚 1713年作 宋人诗意 册（十二开）	18.5cm×13.5cm×12	23,000,000	北京翰海	2015.11.27
王翚 1714年作 山庄清夏图 立轴	145cm×83cm	253,000	北京翰海	2015.11.27
王翚 1686年作 仿王叔明午参图 镜心	141cm×60cm	3,220,000	中国嘉德	2015.05.18
王翚 仿古山水册 册页（十二开）	36cm×26cm×12	690,000	北京保利	2015.06.05
王翚 仿赵大年水村图 镜片	86cm×40.5cm	1,058,000	东方大观	2015.05.20
王翚1680年作 江深草阁图 立轴	144.5cm×60.5cm	920,000	中国嘉德	2015.11.16
王翚 1713年作 溪山积雪 手卷	29cm×517cm	345,000	朵云轩	2015.06.18
王翚 1703年作 临赵松雪《水村图》手卷	28cm×133.5cm	5,290,000	中国嘉德	2015.05.17
王翚 己未（1679年）作 秋山行旅 立轴	111cm×58cm	230,000	朵云轩	2015.04.27

2015书画拍卖成交汇总

(成交价RMB：15万元以上)

拍品名称	物品尺寸	成交价RMB	拍卖公司	拍卖日期
王翚 江山无尽图 手卷	心53cm×1144cm 跋53cm×30cm	1,150,000	北京保利	2015.06.06
王翚 康熙南巡图 手卷	心64cm×1127cm 跋59cm×118cm	3,565,000	北京保利	2015.06.05
王翚 康熙南巡图卷 手卷	65cm×1022cm	3,335,000	北京保利	2015.12.07
王翚 罗浮山樵图 立轴	124cm×55cm	5,984,160	中国嘉德	2015.10.07
王翚 山水 扇面镜框	19cm×57cm	320,400	佳士得	2015.06.01
王翚 1705年作 层峦晓色 扇面镜框	16.5cm×46.5cm	240,300	佳士得	2015.06.01
王翚 1705年作 太行山色 扇面镜框	17cm×49.5cm	260,325	佳士得	2015.06.01
王翚 松风涧响图 立轴	101cm×54cm	3,680,000	西泠拍卖	2015.07.04
王翚 万壑松风图 立轴	157cm×51.5cm	3,565,000	中国嘉德	2015.11.15
王翚 溪桥访友 立轴	87cm×44.5 cm.	690,000	中鸿信	2015.07.29
王嘉谟 竹叶书七言联 立轴	176cm×46cm×2	437,000	中国嘉德	2015.11.16
王建章 1633年作 溪山清绝 手卷	18cm×266cm	713,000	北京保利	2015.12.08
王鉴 1626年作 秋山林屋图 镜片	110cm×59cm	747,500	广东小雅斋	2015.11.11
王鉴 1664年作 春山如沐图 扇片		345,000	上海明轩	2015.06.21
王鉴 1668年作 秋山高远图 立轴	104.5cm×43cm	1,150,000	西泠拍卖	2015.07.04
王鉴 1671年作 仿黄子久秋山图 镜心	98cm×52cm	4,600,000	北京匡时	2015.12.04
王鉴 1674年作 秋山图 立轴	150cm×43cm	172,500	北京翰海	2015.11.27
王鉴 1674年作 溪山仙馆图 立轴	78cm×39cm	10,005,000	北京匡时	2015.06.06
王鉴 1675年作 仿吴镇山水 立轴	170cm×50cm	828,000	北京匡时	2015.06.07
王鉴 董其昌遗意山水 立轴	131.5cm×60cm	4,997,760	香港苏富比	2015.10.05
王鉴 仿北苑笔 立轴	65cm×35cm	184,000	北京保利	2015.06.06
王鉴 仿古山水册 册页	画心 29.5cm×22cm×12 书法40cm×27cm×2	3,220,000	广东小雅斋	2015.11.11
王鉴 仿梅道人笔意 手卷	引首24cm×98cm 画心25cm×276cm	1,380,000	中鸿信	2015.07.29
王鉴 仿元人山水 册（八开）	每开 34.9cm×24.2cm	9,078,450	纽约苏富比	2015.03.19
王鉴 青绿山水	835cm×66cm	862,500	际华春秋	2015.05.24
王鉴 秋山林屋图 镜片	109.5cm×59cm	690,000	上海明轩	2015.06.21
王鉴 1662年作 清溪云霭 扇面	16.5cm×51cm	322,000	中国嘉德	2015.11.16
王鉴 溪山草阁 立轴	169cm×49.5cm	5,692,500	东方大观	2015.05.20
王鉴 溪亭秋色 立轴	92cm×45.5cm	4,197,500	东方大观	2015.05.20
王杰 行书 节录文赋 镜片	168cm×73cm	230,000	西泠拍卖	2015.07.04
王杰 楷书御制诗 册页（十七开）	33.5cm×42cm×17	943,000	北京东正	2015.05.19
王玖 山水册 册页（八开）	29cm×39cm×8	575,000	北京保利	2015.12.08
王闿运 1909年作 隶书五言联 立轴	145cm×40.5cm×2	425,500	北京匡时	2015.12.04
王闿运 行书七言联 立轴	184cm×46.5cm×2	437,000	北京翰海	2015.06.26
王闿运 行书七言联 立轴	166cm×40cm×2	207,000	中国嘉德	2015.05.17
王揆（款）1706年作 秋江寥廓图 手卷	28cm×665cm	264,500	中国嘉德	2015.06.28
王礼 沈景修 花禽 成扇	20cm×56cm	230,000	北京保利	2015.01.25
王芑孙 曹贞秀 1817年作 临各家书 手卷	引首23.5cm×98cm 书法 23.5cm×520cm	253,000	中国嘉德	2015.05.18
王石谷 晴峦晓别图 手卷	30cm×95cm 跋32cm×268cm	8,165,000	中贸圣佳	2015.05.19
王时敏 1626年作 溪亭山色图 立轴	77.5cm×34cm	1,806,200	佳士得	2015.11.30
王时敏 仿董源重峦迭嶂 立轴	60.3cm×30.5cm	1,335,750	香港苏富比	2015.10.05
王时敏 仿子久笔意山水 立轴	116cm×50cm	10,350,000	北京保利	2015.12.07
王时敏 溪山秀色图 立轴	画心90.5cm×33cm 诗堂21cm×33cm	1,725,000	中鸿信	2015.07.29
王澍 1716年作 草书 临王羲之帖 手卷	画心309cm×27cm 题跋30cm×27cm	437,000	西泠拍卖	2015.07.04
王澍 行书 临王羲之书（二十一页）册页	26cm×14cm×21	977,500	西泠拍卖	2015.07.04
王澍 行书 七言诗 立轴	140cm×49.5cm	322,000	西泠拍卖	2015.07.04
王澍 行书七言诗 立轴	132cm×59cm	437,000	中国嘉德	2015.05.18
王澍 楷书七言联 镜心	125cm×25cm×2	161,000	北京匡时	2015.12.05
王澍 临米墨迹 手卷	28cm×668cm	460,000	北京保利	2015.06.06
王澍 篆书 四屏	149cm×45cm×4	345,000	北京中汉	2015.05.17
王愫 寒林钟馗 立轴	94.1cm×57.6cm	219,135	纽约苏富比	2015.03.19
王文治 1781年作 行书笪重光论书 手卷	26cm×300cm	345,000	北京匡时	2015.12.05
王文治 1776年作 楷书修复史徵君墓地记 册页（八开）	25.5cm×31.5cm×8	253,000	中国嘉德	2015.11.16
王文治 行书七言联 镜心	134cm×29cm×2	161,000	北京匡时	2015.12.05
王文治 行书七言诗 立轴	129cm×40cm	184,000	中国嘉德	2015.11.16
王文治 行书七言诗 立轴	128cm×43cm	345,000	上海明轩	2015.06.21
王文治 行书七言诗 立轴	129cm×42cm	195,500	中国嘉德	2015.05.18
王文治 行书十二言联 镜心	246cm×33cm×2	247,250	北京翰海	2015.03.14
王文治 快雨堂临书 快雨堂诗翰 册页 一函两册	15cm×24.5cm×24	540,500	上海工美	2015.06.28
王文治 清 书法 立轴	80.5cm×42cm	160,200	佳士得	2015.06.01
王文治 书法 册（十八开）	11.2cm×8.9 cm 16cm×12.4 cm	453,938	香港苏富比	2015.04.06
王文治 书法 册页	30cm×32.5cm×12	392,000	河北嘉海	2015.09.13
王文治1789年作快雨堂临书手卷	29cm×159cm	345,000	上海道明	2015.05.09
王无咎 行草书《玉书过箕山齐》立轴	233cm×48cm	1,725,000	北京保利	2015.12.07
王武 1676年作 花下猫憩图 立轴	120cm×40cm	207,000	北京翰海	2015.11.27
王武 花石虫鸟册 册页（十二开）	30cm×43cm×12	920,000	北京保利	2015.12.07
王学浩 仿大痴笔意 立轴	180cm×92.5cm	402,500	北京匡时	2015.12.05
王学浩 四季山水 六屏立轴	133cm×32cm×6	195,500	保利厦门	2015.05.03
王学浩 文鼎 钱杜 朱昂之 等 听泉图册（十四页）册页	35cm×26cm×14	184,000	西泠拍卖	2015.04.22
王懿荣 1865年作 篆书郭璞《山海经图赞》四屏立轴	150cm×40cm×4	207,000	北京匡时	2015.06.07
王懿荣 1889年作行书七言联立轴	131cm×29.3cm×2	207,000	中国嘉德	2015.05.18
王雨公 1644–1666年作 华山图（98帧）册页	绘画30cm×24cm×33 书法30cm×24cm×64	2,415,000	北京匡时	2015.12.04
王昱 1738年作 仿王蒙秋山萧寺图 立轴	94.5cm×46cm	483,000	西泠拍卖	2015.07.04
王昱 己未（1739年作 溪山把钓图 立轴	107.4cm×56cm	460,000	保利厦门	2015.05.03
王原祁（款）秋林归晚 手卷	35.1cm×227.3cm	203,483	纽约苏富比	2015.03.19
王原祁 1703年作 层峦耸秀 立轴	101.5cm×52cm	3,450,000	北京匡时	2015.12.04
王原祁1714年作仿云林笔意立轴	79cm×39.5cm	506,000	北京匡时	2015.12.05
王原祁 1707年作 仿黄公望山水 镜框	114cm×59cm	882,780	香港淳浩	2015.11.26
王原祁 仿大痴山水图 立轴	86cm×43cm	1,150,000	北京保利	2015.12.07
王原祁 仿董北苑江南半幅图立轴	73.5cm×31cm	2,912,000	十竹斋	2015.06.14
王原祁 仿高克恭笔意 镜心	37cm×24cm	368,000	北京匡时	2015.12.05
王原祁 仿古山水册 册页（十二开）	33cm×21cm×12	5,060,000	北京保利	2015.06.05
王原祁 仿黄大痴山水 立轴	132cm×58cm	17,250,000	北京保利	2015.06.05
王原祁 仿黄子久笔意 镜心	95cm×60cm	322,000	北京保利	2015.01.25
王原祁 仿王蒙山水 扇面	24cm×51.1cm	391,313	纽约苏富比	2015.03.19

拍品名称	物品尺寸	成交价RMB	拍卖公司	拍卖日期
王原祁 1703年作 江干茅亭 扇面	17cm×52cm	207,000	中国嘉德	2015.11.16
王原祁 1703年作 平冈曲涧图 镜心	95.5cm×43cm	4,370,000	中国嘉德	2015.11.16
王原祁 1678年作 仿黄公望秋山图 扇面镜框	18.5cm×55cm	3,107,880	佳士得	2015.06.01
王原祁 山水华滋 立轴	184.5cm×56cm	2,316,570	纽约苏富比	2015.03.19
王原祁 1708年作 仿黄鹤山樵笔意图 立轴	44cm×32cm	1,369,018	宝港国际	2015.11.28
王原祁 溪山清暑 立轴	78.5cm×46cm	5,175,000	东方大观	2015.05.20
王原祁 豁山草堂 立轴	101.5cm×54cm	3,105,000	东方大观	2015.05.20
王云 1721年作 秋山仙阁 镜心	131cm×63cm	299,000	北京匡时	2015.06.07
王云 1733年作 湖山清谈图 立轴	111cm×53.5cm	1,127,000	西泠拍卖	2015.07.04
王撰 1671年作 秋山图 镜心	99cm×52cm	460,000	北京翰海	2015.06.27
王撰 1708年作 山水 立轴	105cm×45.5cm	345,000	北京翰海	2015.11.27
王子武 1987年作 鹤寿千年 镜心	96.5cm×53.5cm	195,500	北京诚轩	2015.11.13
王子武 杜甫 镜心	133cm×68cm	1,437,500	天津同方	2015.11.21
王子武 齐白石 镜心	80cm×59cm	517,500	天津同方	2015.11.21
王子武 双吉 镜心	68.5cm×45.5cm	195,500	北京保利	2015.12.07
韦谦恒 御制唐贯休十八罗汉赞 册页（共十一开）	14cm×18cm×11	195,500	北京翰海	2015.11.27
魏光焘 隶书 四屏	112cm×30cm×4	207,000	北京保利	2015.12.08
魏锡祚 行书 七言诗 镜片	245cm×43.5cm	299,000	西泠拍卖	2015.07.04
文鼎 江山廖廓 手卷	24cm×198cm	160,681	保利香港	2015.05.28
翁方纲 1799年作 宛平县廨八咏序 册页（十二开）	26cm×24cm×12	322,000	北京保利	2015.12.08
翁方纲 1806年作行书诗立轴四屏	130cm×31.7cm×4	605,250	香港苏富比	2015.04.06
翁方纲 行书「半榻」联 立轴	167cm×36.5cm×2	161,400	香港苏富比	2015.04.06
翁方纲 行书七言联（一对）	174.3cm×36.4cm	313,050	纽约苏富比	2015.03.19
翁方纲品次兰亭册页（三十六开）	13.5cm×27cm×36	350,000	上海驰翰	2015.06.29
翁方纲 1812年作 临米芾跋右军《兰亭修禊》册页（十八开）	18.5cm×12.5cm×18	172,500	上海道明	2015.05.09
翁方纲 王文治 等 盛清书翰 册页（二十九开）	尺寸不一	322,000	北京保利	2015.12.08
翁方纲 王文治 郭麐 莫友芝 等 盛清书翰 册页（二十九开）	尺寸不一	322,000	北京匡时	2015.06.07
翁同龢 对联 屏轴	238cm×56cm×2	586,500	青岛中艺	2015.05.30
翁同龢 各体书法（四件）屏轴	88cm×46cm×4	172,500	上海道明	2015.05.09
翁同龢 癸卯（1903年）作 行书陶渊明诗 四屏立轴	85cm×44cm×4	402,500	广东崇正	2015.06.19
翁同龢 行书 立轴	132cm×63cm	195,500	中国嘉德	2015.04.03
翁同龢 行书 七言联 对联	142cm×38cm×2	184,000	西泠拍卖	2015.07.04
翁同龢 行书八言联 对联	168cm×33.5cm×2	180,000	上海驰翰	2015.05.09
翁同龢 行书黄庭坚诗 立轴	133cm×64cm	195,500	北京保利	2015.12.07
翁同龢 行书七言联 对联	184cm×40cm×2	218,500	北京保利	2015.12.08
翁同龢 行书七言联 立轴	174cm×45cm×2	207,000	北京匡时	2015.06.07
翁同龢 行书五言联（一对）	177.7cm×45.9cm	151,359	纽约苏富比	2015.09.17
翁同龢 行书自作诗 四屏立轴	149.5cm×40cm×4	333,500	北京匡时	2015.06.07
翁同龢 楷书"萱寿" 立轴	132cm×63.5cm	172,500	广东崇正	2015.06.19
翁同龢 楷书七言联（一对）	每轴174cm×43cm	273,919	纽约苏富比	2015.03.19
翁同龢 楷书七言联 立轴	166.5cm×38.5cm×2	161,000	荣宝斋（济南）	2015.11.21
翁同龢 书法对联	147cm×31cm×2	1,625,580	卓艺拍卖	2015.11.18
翁同龢 1898年作 行书何绍基《游嵩诗》卷 手卷	31.5cm×240cm	552,000	中国嘉德	2015.11.16
翁同龢 溪山无尽 手卷	引首23cm×85cm 本幅23cm×625cm 题跋23cm×160cm	333,500	北京匡时	2015.12.05

拍品名称	物品尺寸	成交价RMB	拍卖公司	拍卖日期
倭仁 楷书八言联 立轴	161cm×39 cm×2	192,100	中鸿信	2015.07.29
无款 杭州四季风俗图 手卷	50.3cm×926cm	1,116,560	佳士得	2015.11.30
无款 西园雅集图记 镜框	118cm×57.3cm	461,813	佳士得	2015.11.30
吴达 仿李唐山水 立轴	389.8cm×94.5cm	1,610,000	保利厦门	2015.05.02
吴大澂 1874年作 匡庐飞瀑 篆书八言联 立轴	对联174cm×37cm×2 绘画168cm×88.5cm	3,220,000	北京匡时	2015.06.06
吴大澂 1879年作 横批"止斋"镜框	37cm×126cm	1,173,000	上海明轩	2015.06.21
吴大澂 1879年作 西周铭文 立轴	174.5cm×87.5cm	719,250	香港苏富比	2015.10.06
吴大澂 1893年作 书法"秋水云山"镜框	36cm×83cm	345,000	华艺国际	2015.05.24
吴大澂 冯桂芬 草亭待客图·行书 成扇	20cm×56cm	310,500	中国嘉德	2015.11.15
吴大澂行书壬辰北上留别诗手卷	18cm×117.5cm 19cm×41cm	1,495,000	中国嘉德	2015.11.16
吴大澂 1889年作 秋江晚照 镜片	113cm×39.5cm	230,000	朵云轩	2015.06.18
吴大澂 1889年作 仿古山水册 册页（八开）	20cm×24.5cm×8	920,000	中国嘉德	2015.05.18
吴大澂 金文 临散氏盘铭 六屏	138.5cm×34cm×6	460,000	西泠拍卖	2015.04.22
吴大澂 楷书吕子《呻吟语》册（十六开）	25.8cm×15.5cm×16	353,063	香港苏富比	2015.04.06
吴大澂 临《散氏盘》六屏立轴	133cm×33cm×6	402,500	北京匡时	2015.06.07
吴大澂 临戴文节山水长卷 手卷	心29cm×277cm 跋29cm×92cm	874,000	北京保利	2015.06.06
吴大澂 临石谷梅壑山水 镜框	26cm×285cm×5	690,000	保利厦门	2015.05.02
吴大澂 陆恢 临古合璧册 册页（八开）	27.5cm×32.5cm×8	1,012,000	中国嘉德	2015.05.18
吴大澂 拟石田山水 立轴	76.5cm×40cm	184,000	西泠拍卖	2015.07.04
吴大澂 山水册（共七页）册页	26.5cm×16.5cm×7	368,000	西泠拍卖	2015.07.04
吴大澂 山水中堂并隶书七言联 立轴	画109cm×40cm 书125cm×29cm×2	285,678	保利香港	2015.04.07
吴大澂 诗经《伐木》立轴	105.5cm×54cm×4	380,904	保利香港	2015.04.07
吴大澂 书画合璧扇 成扇	18cm×52cm	230,000	北京诚轩	2015.11.13
吴大澂 水村图 立轴	174cm×44cm	230,000	北京匡时	2015.06.07
吴大澂 1895年作 楷书《李仙女庙碑》册页（十六开）	33cm×39cm×16	575,000	中国嘉德	2015.11.16
吴大澂 篆书 册页	47.3cm×24.4cm×104	1,904,520	保利香港	2015.04.07
吴大澂 篆书《诗经·国风·豳风·七月》六屏	232.7cm×55.2cm	597,469	纽约苏富比	2015.09.17
吴大澂篆书《说文序》四屏立轴	133cm×32cm×4	345,000	北京匡时	2015.06.07
吴大澂 篆书《孝经》手卷	书法25cm×821cm 跋32cm×28cm	598,000	中国嘉德	2015.05.18
吴大澂 篆书八言 对联	160cm×35.5cm×2	172,500	上海道明	2015.05.09
吴大澂 篆书八言联（一对）	179.5cm×39.2cm	547,838	纽约苏富比	2015.03.17
吴大澂 篆书八言联 对联	166cm×36cm×2	184,000	上海敬华	2015.06.29
吴大澂 篆书八言联 立轴	157cm×30.5cm×2	310,500	北京匡时	2015.12.05
吴大澂 篆书八言联 立轴	103cm×21.5cm×2	241,500	北京匡时	2015.12.05
吴大澂 篆书八言联 立轴	210cm×38cm×2	356,500	中国嘉德	2015.05.18
吴大澂 篆书临师遂敦盖 镜心	77cm×146cm	1,150,000	北京匡时	2015.12.04
吴大澂 篆书七言联 立轴	131cm×29cm×2	172,500	北京翰海	2015.11.27
吴大澂 篆书七言联 立轴	173cm×36cm×2	418,994	保利香港	2015.04.07
吴大澂 篆书七言联 立轴	136cm×31cm×2	184,000	广东崇正	2015.06.19
吴大澂 篆书七言联 立轴	265cm×47cm×2	445,464	中国嘉德	2015.04.07
吴大澂 1885年作篆书九言联 立轴	164.5cm×43.8cm×2	4,325,520	香港苏富比	2015.04.06
吴大澂 1894年作 篆书八言联 镜心	184cm×41cm×2	184,000	北京匡时	2015.03.31

拍品名称	物品尺寸	成交价RMB	拍卖公司	拍卖日期
吴毂祥 1898年作 山水人物册 册（十六开）	19.4cm×11.4cm×17	154,125	香港苏富比	2015.10.06
吴历 1678年作 南山涌秀 镜心	33cm×38.5cm	322,000	北京匡时	2015.12.05
吴历 1660年作 行书题画诗 镜心	27cm×32cm	230,000	中国嘉德	2015.11.16
吴历 平畴远风图 镜心	80cm×41cm	3,220,000	北京翰海	2015.06.27
吴历 珊瑚钩诗意图 立轴	82cm×41cm	1,380,000	北京保利	2015.12.08
吴历 溪山策杖 扇片	16cm×47cm	517,500	东方大观	2015.11.17
吴令 溪山帆影 镜心	20cm×55cm	230,000	保利厦门	2015.05.02
吴让之 1864年作 篆书《四库总目提要》立轴 四屏	173.6cm×47.5cm×4	302,625	香港苏富比	2015.04.06
吴让之 草书《书谱》立轴 四屏	104.2cm×28cm×4	907,875	香港苏富比	2015.04.06
吴让之 隶书七言联 对联	134cm×29cm×2	218,500	北京保利	2015.06.06
吴山涛 行书五言诗 扇面	17cm×52.5cm	310,387	中国嘉德	2015.10.07
吴石僊 1897年、1899年、1900年作 四季山水屏 四屏	103cm×41cm×4	299,000	中国嘉德	2015.09.20
吴树梅 行书 镜心	72cm×210cm	207,000	北京翰海	2015.07.18
吴廷桀 1813年作 宵舟抚溯图 手卷	心33cm×73cm 跋36cm×404cm	345,000	北京保利	2015.06.05
吴伟业 1662年作 江山卧游图 手卷	35.5cm×750cm	2,645,000	北京匡时	2015.06.07
吴熙载 1865年作 隶书 手卷	29cm×404cm	179,200	北京荣宝	2015.11.29
吴熙载 古砚 立轴	37.5cm×133.5cm	230,000	北京翰海	2015.03.14
吴熙载 行书 临欧阳询书 立轴	177cm×94cm	172,500	西泠拍卖	2015.07.04
吴熙载 行书 四屏立轴	134cm×36cm×4	228,542	保利香港	2015.04.07
吴熙载 隶书"牧心轩" 镜心	38.5cm×176cm	287,500	北京匡时	2015.12.05
吴熙载 隶书"十二砚斋" 横披	30cm×131cm	345,000	北京翰海	2015.06.26
吴熙载 隶书七言联 立轴	100cm×18.5cm×2	287,500	北京匡时	2015.12.05
吴熙载 吴云 1840年作 柳蝉新枝（四幅）立轴	127cm×29.5cm×4	300,375	佳士得	2015.06.01
吴云 篝灯课读第二图 手卷	画37cm×109cm 首37cm×124cm	1,437,500	北京保利	2015.12.08
吴增甲 朱宝莹 曹典初 宋育德 孙智敏 朱元树 钱崇威 高振霄 行楷八屏立轴	131cm×31cm×8	356,500	北京匡时	2015.10.17
伍德彝 1896年作 望罗浮图 手卷	引首18cm×91cm 画心18cm×61cm 后跋20cm×109cm	195,500	广东崇正	2015.06.18
武丹 1682年作 夜静读书图 立轴	157.5cm×62.5cm	575,000	中国嘉德	2015.11.16
武丹 松壑水阁 立轴	138cm×72cm	667,000	上海敬华	2015.06.29
奚冈 1793年作 山居读书图 立轴	86cm×35.5cm	184,000	中国嘉德	2015.05.18
奚冈 行书 五言诗 立轴	139.5cm×33.5cm	161,000	西泠拍卖	2015.07.04
奚冈 1774年作 石湖记游图 立轴	92cm×32cm	287,500	中国嘉德	2015.11.15
咸丰帝 1855年作 御笔《读金刚经》镜心	67cm×110cm	287,500	北京翰海	2015.07.19
咸丰帝 行书五言联 立轴	137cm×32cm×2	747,500	北京保利	2015.12.08
咸丰帝 楷书"安身寡欲" 镜心	46.5cm×111cm	483,000	北京匡时	2015.12.05
咸丰帝 御笔《安身寡欲》镜心	47cm×111cm	356,500	北京翰海	2015.07.19
项德新 梅石图 扇面	17cm×50cm	310,500	中国嘉德	2015.05.18
项圣谟 1639年作 江山雪霁图 手卷	本幅28cm×137cm 题跋28cm×35cm	9,430,000	北京匡时	2015.12.04
项圣谟 1652年作 秋水云帆 立轴	76cm×31.5cm	1,725,000	北京匡时	2015.12.05
项圣谟 1652年作 松石图 扇框		517,500	上海明轩	2015.06.21
项圣谟 花卉册 册页（八开）	30cm×24cm×8	1,495,000	北京保利	2015.06.06
项圣谟 临韩滉五牛图 手卷	画芯 29cm×185.5cm 尾跋29cm×54cm	22,080,000	上海工美	2015.06.28
项圣谟 青山自高远 立轴	92cm×44cm	1,380,000	北京保利	2015.12.08
项圣谟 1648年作 烟林山水 手卷	30cm×259cm	517,500	上海敬华	2015.06.29
萧云从 山水 手卷	25cm×437.8cm	2,166,306	纽约苏富比	2015.03.19
萧云从 赏菊图 立轴	82.5cm×41cm	1,725,000	东方大观	2015.05.20

拍品名称	物品尺寸	成交价RMB	拍卖公司	拍卖日期
萧云从 1668年作 岁寒三友 立轴	107cm×38.5cm	1,610,000	中国嘉德	2015.11.16
萧云从 1665年作 梅竹石图 立轴	90cm×34cm	621,000	中国嘉德	2015.05.18
谢彬 渔家乐 立轴	147.5cm×61.5cm	287,500	西泠拍卖	2015.07.04
虚谷 1883年作 楷书五言联 立轴	131cm×30.5cm×2	897,000	北京匡时	2015.06.06
虚谷 1890年作 松荫观瀑图 立轴	140cm×78cm	920,000	北京翰海	2015.11.27
虚谷 1893年作 芝兰并茂 立轴	67cm×33cm	153,938	佳士得	2015.11.30
虚谷 1894年作 柳蝉 立轴	125cm×60cm	345,000	北京翰海	2015.06.26
虚谷 1894年作 霜林寒塔图 立轴	36.5cm×31.5cm	690,000	西泠拍卖	2015.07.05
虚谷 东篱佳色 镜框	40cm×60cm	1,610,000	华艺国际	2015.05.24
虚谷 菊水延龄 扇面	17.5cm×50.5cm	782,000	中国嘉德	2015.05.17
虚谷 李盦图 手卷	26.7cm×120.7cm	897,120	佳士得	2015.06.02
虚谷 墨竹 团扇面镜心	直径25cm	264,500	北京翰海	2015.11.27
虚谷 枇杷小鸟 镜框	23.5cm×26cm	205,250	佳士得	2015.11.30
虚谷 三友图 镜心	264cm×122cm	10,120,000	北京保利	2015.12.07
虚谷 松菊延年 立轴	132cm×63cm	2,990,000	北京保利	2015.06.04
虚谷 松鼠 镜框	124.5cm×77.8cm	278,819	纽约苏富比	2015.09.17
虚谷 万斛金丸缀树稠 立轴	108.6cm×50.5cm	2,300,000	北京诚轩	2015.05.18
虚谷 溪山欲雨 立轴	127cm×60.5cm	920,000	朵云轩	2015.06.18
虚谷 云溪种花 立轴	89cm×34cm	460,000	中国嘉德	2015.11.14
虚谷 花鸟册页 册页	32cm×28.5cm×10	2,070,000	北京至诚	2015.12.20
徐枋（款）1680年作 万壑松声图 立轴	220cm×101cm	184,000	中国嘉德	2015.09.21
徐枋 1648年作 兰石灵芝图 立轴	90cm×42cm	218,500	北京匡时	2015.06.07
徐枋 灵岩积翠图 立轴	154cm×49.5cm	161,000	西泠拍卖	2015.07.04
徐枋 吴山纪游 立轴	173cm×47cm	172,500	广东崇正	2015.06.19
徐郙 行书 镜心	60cm×282cm	195,500	北京翰海	2015.07.18
徐郙 论书四条幅 立轴四轴		161,000	北京翰海	2015.06.27
徐三庚 1880年作 篆书十六言联 立轴	359cm×48cm×2	2,472,500	中国嘉德	2015.05.18
徐三庚 隶书 七言联 对联	135cm×33cm×2	391,000	西泠拍卖	2015.07.04
徐三庚 篆书 八言联 对联	167cm×30.5cm×2	241,500	西泠拍卖	2015.07.04
徐三庚 篆书《圣主得贤臣颂》四屏立轴	136cm×30.5cm×4	1,380,000	北京匡时	2015.06.07
徐三庚 篆书七言诗 镜心	18cm×50cm	172,500	保利厦门	2015.05.03
徐元文 书法 立轴	191cm×43cm	517,500	北京保利	2015.12.08
许友 草书七言诗 立轴	书法 18cm×23.5cm×2 跋26cm×28cm	1,035,000	中国嘉德	2015.05.18
许友 草书 立轴	155cm×51cm	700,875	佳士得	2015.06.01
宣统帝 御笔"蹈仁" 立轴（本幅）纸本立轴（题跋）	135cm×33.5cm	460,000	北京匡时	2015.12.05
薛怀 1759年作 乡居杂画册 册页（十开）	23cm×30cm×10	632,500	北京匡时	2015.12.05
严复 草书《松风阁》立轴	63cm×28cm	230,000	北京保利	2015.12.07
严复 行书 八言联 对联	164.5cm×39cm×2	690,000	西泠拍卖	2015.07.05
严复 楷书八言联 立轴	168cm×41cm×2	928,050	中国嘉德	2015.04.07
严复 马相伯 赵惟熙 傅增湘 陈仪 黎渊 邵章 阿旺根敦 等 1915年作；1916年作 致绍鲁书册（一册）册页	册页25cm×14.5cm	368,000	西泠拍卖	2015.07.05
严绳孙 行书七言诗 扇面	17cm×52.5cm	184,000	中国嘉德	2015.05.18
颜光敏 行书五言诗轴 立轴	224cm×50cm	920,000	北京保利	2015.12.07
燕铠 琵琶行诗意卷 手卷	42cm×189cm	368,000	中国嘉德	2015.11.16
杨法 篆书 手卷	书32cm×232cm 跋32cm×87cm	727,470	保利香港	2015.10.05
杨法 篆书五言诗 立轴	103.5cm×28.5cm	920,000	东方大观	2015.05.20
杨晋 1712年作 湖郸雅居图 立轴	167.5cm×48.5cm	207,000	西泠拍卖	2015.07.04
杨晋 1722年作 岁寒三友 立轴	177cm×87cm	345,000	北京保利	2015.06.06

拍品名称	物品尺寸	成交价RMB	拍卖公司	拍卖日期
杨晋 1720年作 气布青阳 立轴	176.5cm×93cm	230,000	朵云轩	2015.06.18
杨晋 花卉册 册页	33cm×26cm×12	333,291	保利香港	2015.04.07
杨晋 桃源图 立轴	185.5cm×99.5cm	1,335,750	香港苏富比	2015.10.05
杨晋 杂花册（10帧）册页	29.5cm×20cm×10	483,000	北京匡时	2015.12.05
杨文骢 1636年作 秋山居暝 立轴	29.5cm×23cm	218,500	朵云轩	2015.06.18
杨文骢 崇祯乙亥（1635年）作 山林野居 扇面	16cm×47cm	218,500	中国嘉德	2015.05.18
杨文骢 行书《住山十首之八》扇面	17cm×54cm	172,500	北京保利	2015.06.06
杨文骢 云山墨戏 立轴	117cm×31cm	287,500	北京匡时	2015.12.05
杨岘 集碑杂书 手卷	引首21.5cm×72cm 本幅22cm×261cm	460,000	北京匡时	2015.06.07
杨沂孙 1873年作 篆书张横渠先生西铭 横幅	38cm×240cm	207,000	北京保利	2015.06.06
杨沂孙 1875年作 篆书七言联 立轴	138cm×28.5cm×2	172,500	中国嘉德	2015.05.18
杨沂孙 1876年作 篆书《诗经·陟岵》立轴 四屏	167cm×44.5cm×4	161,400	香港苏富比	2015.04.06
杨沂孙 1878年作 篆书 四屏	146cm×66cm×4	299,000	中国嘉德	2015.04.01
杨沂孙 1880年作 篆书《潜夫论》四屏立轴	150cm×37cm×4	345,000	北京匡时	2015.12.05
杨沂孙 1873年作 篆书"小书巢"镜片	26.5cm×62.5cm	155,250	上海道明	2015.05.09
杨沂孙 隶书八言联 立轴	132cm×22cm×2	184,000	中国嘉德	2015.05.18
姚鼐 行书七言联 立轴	130cm×32cm×2	299,000	中国嘉德	2015.11.16
姚鼐 行书五言联 镜心	59cm×15cm×2	598,000	北京东正	2015.11.19
姚燮 梅花册 册页（十二开）	25cm×32cm×12	356,500	上海敬华	2015.06.29
叶雨 秋山行旅图 扇面	16cm×49cm	161,000	北京保利	2015.04.26
伊秉绶 1804年作 行书七言联 镜心	181cm×35.5cm×2	1,426,000	中国嘉德	2015.05.18
伊秉绶 1806年作 隶书五言联 对联	114cm×33cm×2	977,500	北京保利	2015.06.05
伊秉绶 1811年作 行书文语 立轴	168cm×62cm	2,990,000	北京匡时	2015.06.06
伊秉绶 1813年作 行书陶剑南诗 册页（十开）	20cm×25cm×10	1,058,000	北京保利	2015.12.08
伊秉绶 1815年作 隶书"经国以礼"立轴	129cm×34cm	207,000	北京匡时	2015.06.07
伊秉绶 1815年作 隶书"虚白斋"镜心	42cm×138cm	977,500	北京匡时	2015.06.07
伊秉绶 行书 七言诗 立轴	137.5cm×30cm	195,500	西泠拍卖	2015.04.22
伊秉绶 行书 七言诗 立轴	192.5cm×94cm	5,060,000	西泠拍卖	2015.07.04
伊秉绶 行书词组 立轴	138cm×44.3cm	1,095,675	纽约苏富比	2015.03.19
伊秉绶 行书七言诗 立轴	138.5cm×43cm	1,782,500	中国嘉德	2015.05.18
伊秉绶 行书诗·夏山消暑图（二帧）扇页	50cm×16.5cm×2	563,500	西泠拍卖	2015.07.04
伊秉绶 行书颜真卿《送刘太冲序》镜心	132.5cm×35cm	402,500	北京匡时	2015.12.05
伊秉绶 嘉庆1805年作 隶书五言联 立轴	123cm×31cm×2	1,150,000	中国嘉德	2015.11.16
伊秉绶 楷书自写诗 立轴 四屏	105cm×37.8cm×4	2,582,400	香港苏富比	2015.04.06
伊秉绶 隶书 五言联 对联	146.5cm×32cm×2	1,782,500	西泠拍卖	2015.07.04
伊秉绶 隶书《郊祀志》中堂 立轴	120cm×37cm	1,058,000	北京保利	2015.06.05
伊秉绶 泥金六尺五言大对联 立轴	166cm×40cm×2	1,725,000	四川德轩	2015.11.05
伊秉绶 隶书 扇面镜框	16.6cm×50.6cm	190,238	佳士得	2015.06.01
伊秉绶 阮元 汤金钊 白镕 四家简札 册页（十二开）	尺寸不一	690,000	北京匡时	2015.06.07
伊秉绶 1805年作 隶书节《张迁碑》镜片	117cm×39cm	575,000	上海道明	2015.05.09
伊立勋 金刚经 立轴	32.5cm×47cm	420,000	上海驰翰	2015.06.29

拍品名称	物品尺寸	成交价RMB	拍卖公司	拍卖日期
伊立勋 乙亥（1935年）作 篆书古诗文 立轴	146cm×38cm×4	230,000	中国嘉德	2015.05.18
佚名 清 牡丹富贵图	136cm×83cm	230,000	北京保利	2015.06.07
佚名 清18/19世纪 菩提叶绘佛教人物图（一册二十二页）	32.5cm×20cm×22	320,400	佳士得	2015.06.03
佚名 清乾隆 群仙祝寿图屏风	208cm×50cm×10	517,500	厦门华辰	2015.06.20
奕欣 楷书七言诗 立轴	130cm×67cm	241,500	北京保利	2015.06.06
雍正 行书"颜乐亭" 手卷	诗堂：28.5cm×52 cm。画心：28.5cm×294 cm.	1,035,000	中鸿信	2015.07.29
雍正 书法 立轴	127cm×60cm	10,465,000	鼎天国际	2015.07.05
雍正帝 1717年作 小楷黄庭经 镜心	18cm×75cm	212,750	中国嘉德	2015.04.03
雍正帝 寿 立轴	140cm×76cm	460,000	北京保利	2015.12.08
雍正帝 书法 镜芯	画芯112cm×50.5cm 诗堂50.5cm×14.5cm	977,500	四川德轩	2015.11.05
永瑢 临刘亮采山水卷 手卷	29cm×840cm	1,495,000	北京保利	2015.12.07
永瑢 平安如意图 立轴	129.5cm×58.5cm	747,500	北京保利	2015.12.07
永瑢 山水册 册页（二册二十开）	20cm×11cm×20	4,830,000	北京保利	2015.12.07
永瑢 峡江杨帆图 立轴	142cm×49cm	230,000	北京翰海	2015.07.19
永瑆 1793年作 行书临二王帖 手卷	30.5cm×47cm×7	345,000	中国嘉德	2015.05.18
永瑆 行书七言联 立轴	185.5cm×39.5cm×2	322,000	中国嘉德	2015.11.16
永瑆 临米芾《德忱帖》、《葛叔忱帖》、《元日帖》（十六开册）册页	30cm×18.3cm	254,920	纽约苏富比	2015.09.17
尤侗 彭孙遹 等 催妆诗 册页（十八开）	19cm×26.5cm×18	517,500	上海工美	2015.06.28
余甸 隶书节录《事物纪原》句 立轴	178cm×46cm	172,500	北京保利	2015.12.08
余省 1732年作 松寿图 立轴	132cm×60cm	230,000	上海嘉禾	2015.05.08
俞铎 草书 立轴	206cm×48.5cm	212,750	北京翰海	2015.11.27
俞龄 郊原牧马 立轴	150cm×66cm	437,000	中国嘉德	2015.05.18
俞樾 隶书节录《急就篇》立轴	168.1cm×47cm×4	460,000	保利厦门	2015.05.03
俞宗礼 1765年作 昔贤行迹图（32帧）册页	42cm×31cm×32	1,150,000	北京匡时	2015.10.16
禹之鼎 1676年作 石谷先生小照 镜片	112cm×45cm	1,495,000	朵云轩	2015.06.18
禹之鼎 带经荷锄图 手卷	画心39cm×102cm 题跋39cm×821cm	9,200,000	北京保利	2015.06.05
禹之鼎 婴戏图 镜片	72.5cm×49.8cm	156,525	纽约苏富比	2015.03.19
袁江 1706年作 春江对晤图 扇片		402,500	上海明轩	2015.06.21
袁江 1708年作 十里清溪 立轴	134.5cm×60.5cm	1,707,680	佳士得	2015.11.30
袁江 视膳图 立轴	187.5cm×100cm	2,434,486	纽约苏富比	2015.09.17
袁曜 湖山行旅 立轴	205cm×132cm	2,990,000	中国嘉德	2015.04.03
袁耀 九成宫图 立轴	183cm×60cm	3,910,000	北京匡时	2015.12.04
袁耀 山水（二帧）立轴	23cm×34cm×2	195,500	北京保利	2015.12.08
袁耀 仙山楼阁 镜心	55.5cm×18.5cm	402,500	保利厦门	2015.08.02
袁瑛 雪山行旅图 立轴	161cm×80cm	345,000	华艺国际	2015.05.24
恽冰 花卉 立轴	117.5cm×55cm	161,000	北京匡时	2015.06.07
恽冰 南山佳色 立轴	100cm×47cm	368,000	北京保利	2015.06.06
恽冰 玉堂富贵 镜心	187cm×99cm	218,500	北京保利	2015.04.25
恽南田 山水 镜片	166cm×66cm	575,000	广东小雅斋	2015.11.11
恽寿平（款）蔬果册 册页	25cm×33cm×8	471,500	中国嘉德	2015.04.03
恽寿平 1682年作 草虫花卉册 册页（十二开）	27cm×30cm×12	1,552,500	北京保利	2015.12.08
恽寿平 1683年作 行书七言诗 立轴	112.5cm×55cm	1,127,000	西泠拍卖	2015.07.04
恽寿平 1684年作 枯木竹石 立轴	138cm×58cm	1,725,000	北京保利	2015.06.05
恽寿平 1685年作 瑶圃仙葩图 立轴	167cm×80cm	862,500	北京保利	2015.12.08
恽寿平 1689年作 艳秋图 镜心	165cm×69.7cm	16,100,000	北京匡时	2015.12.04

2015书画拍卖成交汇总

(成交价RMB：15万元以上)

拍品名称	物品尺寸	成交价RMB	拍卖公司	拍卖日期
恽寿平 春华艳 立轴	145cm×62.5 cm.	1,725,000	中鸿信	2015.07.29
恽寿平 古松翠峤图 立轴	171cm×51.5cm	2,070,000	东方大观	2015.05.20
恽寿平 国香春霁 立轴	134cm×52cm	904,000	辽宁建投	2015.08.30
恽寿平 看梅图 扇面	17.5cm×50cm	172,500	中国嘉德	2015.05.18
恽寿平 荔枝绶带图 立轴	132cm×50 cm.	517,500	中鸿信	2015.07.29
恽寿平 论书三则 册页	21cm×24cm×3	345,000	北京保利	2015.06.06
恽寿平 墨梅 镜心	112cm×53cm	4,830,000	北京保利	2015.06.05
恽寿平 清；1669年作 拟云林山水 立轴	119cm×43.2cm	200,250	佳士得	2015.06.01
恽寿平 三蔬图 立轴	79.5cm×43.2cm	153,938	佳士得	2015.11.30
恽寿平 山川闲居图 扇页	47cm×16.5cm	172,500	西泠拍卖	2015.07.04
恽寿平 山水花卉书法合册 册页（十二开）	本幅19cm×22cm×10 题跋 19.5cm×22.5cm×10 18.5cm×22cm×4	3,450,000	北京匡时	2015.12.04
恽寿平 水仙图 轴 设色绢本	100cm×115.5cm	690,000	八益拍卖	2015.04.25
恽寿平 杏花白鸽 立轴	99cm×43cm	322,000	北京保利	2015.06.06
恽寿平 雪景山水 立轴	154.5cm×48cm	690,000	东方大观	2015.05.20
翟继昌 1820年作 拟名家花卉卷 手卷	30.5cm×21cm×12	322,000	西泠拍卖	2015.07.04
张百熙 行书	56cm×130cm	195,500	北京翰海	2015.09.13
张百熙 楷书 镜心	146cm×75cm	241,500	北京翰海	2015.07.18
张百熙 楷书 镜心	54cm×142cm	161,000	北京翰海	2015.09.13
张道渥 桂筵图 册（一开）	22.5cm×26.8cm	156,525	纽约苏富比	2015.03.19
张庚 山水册 册页	29cm×22cm×13	618,969	保利香港	2015.04.07
张亨嘉 行书 镜心	97cm×220cm	172,500	北京翰海	2015.07.18
张肩 墨竹 立轴	140cm×63cm	299,000	北京匡时	2015.12.05
张謇 行书 立轴	132cm×63cm	160,000	上海驰翰	2015.05.09
张謇 行书东坡诗 四屏立轴	174cm×36cm×4	189,750	北京匡时	2015.06.07
张謇 楷书五言联 立轴	123cm×31.5cm×2	161,000	北京匡时	2015.12.05
张愷 灵芝兰石图 镜心	100cm×485cm	391,000	北京翰海	2015.07.18
张愷 梅花映月 镜心	42cm×326cm	230,000	北京翰海	2015.07.18
张培敦 草堂销夏图 立轴	136cm×60cm	178,250	中国嘉德	2015.04.03
张洽 乾隆癸卯（1783年）作 秋影图 立轴	116.5cm×29cm	195,500	中国嘉德	2015.11.16
张洽 写董源山水 立轴	138cm×53.8cm	438,144	纽约苏富比	2015.09.17
张若霭《竹林高仕》图	104.2cm	585,075	香港苏富比	2015.04.07
张若澄 1786年作 摹宋人笔意 镜心	129.5cm×55cm	575,000	北京匡时	2015.12.05
张若澄 秋江渔隐图 手卷	29cm×131cm	299,000	北京保利	2015.06.05
张若澄 山水 镜心	130cm×53cm	224,250	天津同方	2015.06.06
张尚思 南田遗韵册页（十二开）	28cm×22cm×12	276,000	中国嘉德	2015.11.16
张深 1827年作 鸳湖行旅图 立轴	160cm×46cm	345,000	中国嘉德	2015.11.16
张深 1839年作 仿古山水 册页（十二开）	22.5cm×18cm×12	218,500	朵云轩	2015.06.18
张廷济 楷书《诸暨县重修太平桥记》镜框	166cm×84cm	513,125	佳士得	2015.11.30
张廷济 清晚期 小梅花馆	123.4cm×33cm	230,000	中国嘉德	2015.11.14
张问陶 1799年作 克勒马图 手卷	本幅 25cm×131.5cm	460,000	北京匡时	2015.12.05
张问陶 嘉庆1813年作 行书七言联 立轴	137cm×31cm×2	264,500	中国嘉德	2015.11.16
张熊 1881年作 四时富贵图（四幅）立轴	127.5cm×51.2cm×4	190,238	佳士得	2015.06.01
张崟 仿沈周山水 立轴	153.5cm×44cm	287,700	香港苏富比	2015.10.05
张崟 1886年作 山水册 册页（十二开）	24cm×23.5cm×12	320,400	佳士得	2015.06.01
张崟 晴窗读书图 立轴	120cm×57cm	391,000	北京匡时	2015.12.05
张崟 1825年作 山静日长图 立轴	121cm×46.5cm	264,500	中国嘉德	2015.05.18
张裕钊 1878年作 行书 横批	30cm×179.5cm	207,000	上海明轩	2015.06.21
张裕钊 行书八言联 立轴	174cm×42cm×2	184,000	北京翰海	2015.11.27
张裕钊 行书七言联 镜心	128cm×31cm×2	241,500	中国嘉德	2015.05.18
张源 1766年作 七夕图 立轴	152.5cm×57cm	322,000	上海嘉禾	2015.05.08
张照 楷书《归去来兮辞》立轴	158cm×43cm	414,000	上海嘉禾	2015.05.08
张照 临褚遂良枯树赋 手卷	24.5cm×247cm	230,000	上海嘉禾	2015.05.08
张之洞 行书 立轴	117cm×39cm	250,000	上海驰翰	2015.05.09
张之洞 行书《何时风语》立轴	95cm×60cm	371,220	中国嘉德	2015.04.07
张之洞 行书七言联 立轴	156cm×36cm×2	920,000	中国嘉德	2015.05.18
张之洞 行书五言 对联	195cm×40.5cm×2	230,000	上海道明	2015.05.09
张之洞 楷书十一言联 立轴	236cm×37.5cm×2	517,500	东方大观	2015.11.17
张之万 山水 册页（十二开）	23cm×28cm×12	218,500	上海泓盛	2015.06.20
张之万 张之洞 刘承恩 等 书画合璧册 册页（三十七开选三十三）	直径24cm×37	287,500	北京保利	2015.12.08
张宗苍 1743年作 落纸云烟册 册页	28cm×30cm×12	1,092,500	上海嘉禾	2015.05.08
张宗苍 衡岳七十二峰 手卷	45.5cm×520cm	552,000	北京匡时	2015.06.07
张宗苍 1807年作 苍山雨润 立轴	63cm×27cm	280,350	佳士得	2015.06.01
张宗苍 秋岑幽居图 手卷	字16.5cm×56cm 画16.5cm×122cm	358,777	宝港国际	2015.11.28
章炳麟 行书七言联 立轴	133.5cm×31.5cm×2	368,000	中国嘉德	2015.11.15
章声 山水 立轴	161.5cm×43cm	184,000	中贸圣佳	2015.05.19
章太炎 行书晋·乐府诗 立轴	172cm×45cm	345,000	北京保利	2015.12.07
丈雪 1669年作 草书石屋清珙禅语 立轴	156.5cm×50cm	460,000	北京翰海	2015.06.26
赵之琛 节临金文 手卷	本幅33cm×390cm	368,000	北京匡时	2015.06.07
赵之谦 1862年作 楷书 节临瘗鹤铭字 立轴	画心72.5cm×41cm 题跋41cm×27.5cm	920,000	西泠拍卖	2015.07.04
赵之谦 1867年作 菊花 双屏手卷	176cm×18cm×2	2,990,000	北京保利	2015.12.06
赵之谦 1868年作 行书七言联 立轴	132cm×31cm×2	241,500	北京翰海	2015.06.26
赵之谦 1872年作 绥山桃实 立轴	241.7cm×59cm×4	4,255,000	河南金帝	2015.11.22
赵之谦 陈文濂 江山古木·节录《文选序》立轴	（一）直径26.2cm （二）直径24.4cm	322,000	北京诚轩	2015.11.13
赵之谦 1867年作、1870年作 书画双挖 立轴	画19cm×58.5cm 字28cm×28cm	862,500	中国嘉德	2015.05.17
赵之谦 二体书临碑 扇面	18.5cm×52.5cm	1,035,000	中国嘉德	2015.05.18
赵之谦 富贵花开 扇面镜心	直径24cm	207,000	北京翰海	2015.11.27
赵之谦 富贵眉寿图 立轴	85cm×26cm	1,035,000	中国嘉德	2015.11.16
赵之谦 1883年作 楷书节录画旨 立轴	77cm×18cm×4	862,500	中国嘉德	2015.05.18
赵之谦 行书 八言联 镜片	188cm×47cm×2	690,000	西泠拍卖	2015.04.22
赵之谦 行书七言联 立轴	166cm×35 cm×2	552,000	中鸿信	2015.07.29
赵之谦 荷花 立轴	97cm×35cm	839,500	中贸圣佳	2015.05.19
赵之谦 节花延年 行书七言联一堂 镜框 立轴	画106cm×32.5cm 对联 129.5cm×30cm×2	8,797,500	上海明轩	2015.06.21
赵之谦 菊石图 立轴	148cm×39cm	690,000	北京保利	2015.12.07
赵之谦 楷书 临杨大眼造像 立轴	132.5cm×63cm	2,070,000	西泠拍卖	2015.07.04
赵之谦 楷书八言联 立轴	178cm×34cm×2	391,000	北京匡时	2015.06.07
赵之谦 隶书节录《南唐五百字》手卷	32cm×314cm	517,500	东方大观	2015.11.17
赵之谦 隶书临《繁阳令阳君碑》四屏立轴	170cm×44.5cm×4	5,577,500	北京匡时	2015.06.06
赵之谦 隶书七言联 立轴	119cm×34.5cm×2	1,150,000	东方大观	2015.11.17
赵之谦 隶书五言对联 立轴	113cm×26cm×2	563,500	四川德轩	2015.11.05

拍品名称	物品尺寸	成交价RMB	拍卖公司	拍卖日期
赵之谦 榴花枇杷 立轴	117cm×40cm	172,500	北京保利	2015.12.08
赵之谦 1872年作 行书七言联 立轴	124cm×30cm×2	632,500	中国嘉德	2015.05.18
赵之谦 同治1869年作 二体书临碑 立轴	25.5cm×25cm	598,000	中国嘉德	2015.05.18
赵之谦 吴云 行书 圆光	直径25cm	230,000	上海道明	2015.05.09
赵之谦 1865年作 拟李复堂花卉扇面	18cm×49cm	977,500	中国嘉德	2015.05.17
赵之谦 篆书五言联 立轴	110cm×20 cm×2	747,500	中鸿信	2015.07.29
曾国藩1868年作行书七言联对联	203cm×48cm×2	667,000	上海明轩	2015.06.21
曾国藩1868年作行书七言联立轴	203cm×48cm×2	1,380,000	北京东正	2015.11.19
曾国藩 等 书画 册页	尺寸不一	552,000	天津同方	2015.11.21
曾国藩 行楷八言联 立轴	176cm×41 cm×2	203,400	中鸿信	2015.07.29
曾国藩 行楷七言联 立轴	130cm×31cm×2	238,065	保利香港	2015.04.07
曾国藩 行书 七言联 对联	166cm×35cm×2	805,000	西泠拍卖	2015.07.04
曾国藩 行书 七言联 镜片	158.5cm×35.5cm×2	920,000	西泠拍卖	2015.07.04
曾国藩 行书 七言诗 立轴	112cm×30cm	460,000	西泠拍卖	2015.07.04
曾国藩 行书八言联 立轴	232cm×38.5cm×2	3,105,000	北京匡时	2015.06.06
曾国藩 行书七言 对联	165cm×40cm×2	345,000	上海道明	2015.05.09
曾国藩 行书七言联 对联	124cm×30.5cm×2	340,000	上海驰翰	2015.05.09
曾国藩 行书七言联 镜心	165cm×37cm×2	414,000	北京匡时	2015.06.07
曾国藩 行书七言联 立轴	168.5cm×41cm×2	517,500	中国嘉德	2015.11.16
曾国藩 行书七言联 立轴	168cm×31.8cm×2	353,063	香港苏富比	2015.04.06
曾国藩 行书七言联 立轴	170cm×33cm×2	556,830	中国嘉德	2015.04.07
曾国藩 行书七言联 立轴	129.5cm×30cm×2	540,500	中国嘉德	2015.05.18
曾国藩 行书七言联 立轴	175cm×30.5cm×2	322,000	中国嘉德	2015.05.18
曾国藩 楷书 立轴	151cm×81.2cm	1,018,040	佳士得	2015.11.30
曾国藩 楷书七言联 立轴	242cm×40cm×2	2,300,000	北京匡时	2015.12.04
曾国荃 行书八言联 立轴	218.5cm×39.2cm×2	161,400	香港苏富比	2015.04.06
曾国荃 楷书节录池北偶谈 立轴	171cm×41.5cm×4	356,500	中国嘉德	2015.05.18
郑板桥（款） 墨竹图	126cm×62cm	2,063,376	荣盛国际	2015.01.10
郑板桥 1747年作 行书李白诗 立轴	182cm×45cm	1,610,000	北京匡时	2015.12.05
郑板桥 1750年作 行书《文昌阁序》册页	正文 23cm×14cm×6	1,725,000	中贸圣佳	2015.05.19
郑板桥 1751年作 清风疏竹图 立轴	113cm×46.5cm	1,955,000	西泠拍卖	2015.07.04
郑板桥 1764年作 竹石图 镜心	185cm×102cm	5,750,000	中国嘉德	2015.05.17
郑板桥 1765年作 竹石图 立轴	180cm×101cm	2,495,840	佳士得	2015.11.30
郑板桥 1792年作 明月琅玕 立轴	137cm×74cm	345,000	北京匡时	2015.10.16
郑板桥 行书汴京怀古十首 册页（十开）	25cm×27cm×10	575,000	中国嘉德	2015.05.18
郑板桥 行书东坡小品 立轴	190cm×50cm	1,725,000	上海敬华	2015.06.29
郑板桥 行书节录怀素书 立轴	191cm×109.5cm	2,472,500	东方大观	2015.05.20
郑板桥 行书李商隐诗《九成宫》横批	26cm×71cm	437,000	北京匡时	2015.06.07
郑板桥 行书七言诗 镜框	240cm×120.6cm	769,688	佳士得	2015.11.30
郑板桥 兰竹图 立轴	168cm×83cm	172,500	北京翰海	2015.11.27
郑板桥 兰竹图 立轴	168cm×83cm	483,000	北京翰海	2015.06.27
郑板桥 兰竹图 立轴	141cm×46cm	391,000	海德拍卖	2015.06.27
郑板桥 刘墉（古） 翁方纲 王文治 王原祁 等 书法册 册页（二十四开）	26cm×18cm×2 26cm×16cm×4 29cm×20cm×6 24cm×16cm×2 28cm×17cm×2 18cm×11cm×4 23cm×15cm×2 23cm×14cm×2	575,000	广东崇正	2015.06.19
郑板桥 墨竹 对屏立轴	165cm×43cm×2	3,335,000	中贸圣佳	2015.05.19

拍品名称	物品尺寸	成交价RMB	拍卖公司	拍卖日期
郑板桥 墨竹 镜片	103cm×154.5cm	5,232,500	东方大观	2015.11.17
郑板桥 墨竹 镜心	174cm×94cm	707,250	北京保利	2015.08.12
郑板桥 墨竹图 立轴	诗堂20cm×33.5cm 本幅 102cm×33.5cm	207,000	北京匡时	2015.12.05
郑板桥 七贤图 立轴	200cm×100cm	8,165,000	东方大观	2015.05.20
郑板桥 书法 立轴	79cm×64cm	1,035,000	海德拍卖	2015.06.27
郑板桥 书法 立轴	92.6cm×54cm	1,158,285	纽约佳士得	2015.03.17
郑板桥 扬州旧游诗 立轴	120cm×45cm	2,357,500	北京匡时	2015.12.04
郑板桥 一帆风顺图	126cm×45cm	5,206,500	荣盛国际	2015.07.31
郑板桥 竹石图 镜片	133.5cm×63cm	2,070,000	东方大观	2015.05.20
郑板桥 竹石图 立轴	157cm×96cm	632,500	北京匡时	2015.12.05
郑板桥 竹石图 立轴	100cm×115cm	3,565,000	南京经典	2015.01.04
郑板桥 竹石图 立轴	209cm×116cm	4,025,000	上海敬华	2015.06.29
郑岱 松下对弈图 立轴	172cm×92cm	450,000	上海驰翰	2015.05.09
郑簠 隶书《金人铭》立轴	170.5cm×44.7cm	430,444	纽约苏富比	2015.03.19
郑簠 隶书卷 手卷	38cm×364cm	322,000	北京保利	2015.01.25
郑簠 隶书七言诗 立轴	164cm×50cm	379,500	北京匡时	2015.06.07
郑蕙 1848年作 橅古百花图 手卷	引首93.5cm×29cm 105.5cm×29cm 70cm×29cm 画心474cm×28.5cm	322,000	西泠拍卖	2015.07.04
郑旼 柳岸清风（二幅）镜片	12.5cm×32cm×2	241,500	朵云轩	2015.06.18
郑燮 1752年作 书法对联（两幅）立轴	137.5cm×23.5cm 137.2cm×23.7cm	307,875	佳士得	2015.11.30
周凯 武当纪游二十四图册 册页两册	21cm×29.5cm×52	800,000	上海驰翰	2015.05.09
周清原 行书七言诗 镜心	17.5cm×51cm	161,000	北京匡时	2015.12.05
周璕 天禄图 立轴	172cm×90.5cm	389,975	佳士得	2015.11.30
周自根 花鸟册 册页	22.5cm×27.5cm×28	380,904	保利香港	2015.04.07
朱柏庐 王步青 等 行书题葛太常小像 册页（二十五开）	26cm×21cm×25	828,000	北京保利	2015.06.06
朱鹤年 祭砚图 手卷	心27cm×190cm 跋32cm×398cm	1,380,000	北京保利	2015.06.05
朱君壁（传）神仙故实 镜心	42cm×74cm	575,000	北京保利	2015.06.06
朱伦瀚 1726年作 羣鹿图 立轴	359cm×138cm	205,250	佳士得	2015.11.30
朱伦瀚 秋山鸣泉图 立轴	200.6cm×94.2cm	690,000	保利厦门	2015.05.03
朱彝尊 行书 史论（共十一页）册页	28cm×23cm×9 29cm×17cm×2	161,000	西泠拍卖	2015.07.04
朱彝尊 张学纯 沈白 等 书画合璧册页（二十九开）	35cm×30cm×29	460,000	北京保利	2015.06.06
朱益藩 丙午（1906年作 三体书临帖卷 手卷	30cm×419cm	345,000	中国嘉德	2015.05.18
诸家 明/清 山水书法（八幅）散扇面	16cm×50cm×8	550,688	佳士得	2015.06.01
诸升 墨竹 立轴	166cm×56cm	224,250	北京匡时	2015.06.07
诸昇 1689年作 万竿烟雨图 手卷	引首47cm×116cm 本幅47cm×419cm	5,290,000	北京匡时	2015.06.06
诸昇 1690年作 竹石图 镜心	130cm×50.5cm	517,500	北京匡时	2015.12.05
诸昇 墨竹 立轴	178.5cm×92.5cm	690,000	西泠拍卖	2015.07.04
诸昇 青溪十咏图册 册页（八开）	书法32cm×22cm×8 绘画32cm×22cm×8	2,472,500	北京匡时	2015.06.06
诸昇 王质 1676年作一鹭荣华 立轴	193cm×96cm	678,500	北京匡时	2015.06.07
庄冋生 行书诗·水岸清景图（二帧）扇页	51.5cm×16.5cm 50.5cm×16cm	218,500	西泠拍卖	2015.07.04
邹一桂 1751年作 牡丹 立轴	94cm×52cm	460,000	北京翰海	2015.11.27
邹一桂 焦秉贞（款）山水、花卉双挖 立轴	76cm×49cm×2	241,500	北京保利	2015.12.08

(成交价RMB：15万元以上)

拍品名称	物品尺寸	成交价RMB	拍卖公司	拍卖日期
邹一桂 菊石图 镜心	118cm×63cm	9,200,000	北京匡时	2015.12.04
邹一桂 榴花湖石图 镜心	106.5cm×54cm	1,035,000	北京保利	2015.12.07
邹一桂 平安春信 立轴	143.5cm×79.5cm	704,672	保利香港	2015.04.07
邹一桂 四时花鸟 立轴 八屏	31cm×30cm×8	1,207,500	北京保利	2015.12.07
邹一桂 玉堂富贵 立轴	307cm×132cm	552,000	北京匡时	2015.12.05
邹喆 岩壁亭坐 立轴	141.2cm×52cm	260,325	佳士得	2015.06.01
邹喆 倚杖寻芳 立轴	192.8cm×79cm	2,510,962	纽约苏富比	2015.09.17
邹之麟 归牧图 立轴	89.5cm×41.7cm	345,000	保利厦门	2015.05.03
邹之麟 湖山览胜图 立轴	152cm×67.5cm	3,220,000	北京匡时	2015.12.04
邹之麟 青山疏树 立轴	121cm×48.3cm	665,231	纽约苏富比	2015.03.19
左辅 桐阴读书 立轴	104.5cm×56cm	195,500	朵云轩	2015.06.18
左宗棠《每临不信》篆书七言联轴	148cm×32cm×2	345,000	山东恒昌	2015.06.10
左宗棠 行书 七言联 对联	147cm×36cm×2	402,500	西泠拍卖	2015.07.04
左宗棠 行书 七言联 对联	131.5cm×31cm×2	230,000	西泠拍卖	2015.07.04
左宗棠 行书八言联 对联	163cm×39cm×2	460,000	北京保利	2015.06.06
左宗棠 行书八言联 立轴	232cm×49cm×2	247,588	保利香港	2015.04.07
左宗棠 行书八言联 立轴	156cm×28.5cm×2	423,675	香港苏富比	2015.04.06
左宗棠 行书节录《张子全书》镜心	42cm×134cm	310,500	北京匡时	2015.06.07
左宗棠 行书七言 对联	151cm×38cm×2	368,000	朵云轩	2015.06.18
左宗棠 行书七言联 镜片	176cm×42cm×2	437,000	广东崇正	2015.06.19
左宗棠 行书七言联 立轴	161.5cm×42cm×2	172,500	北京东正	2015.05.19
左宗棠 行书七言联 立轴	157cm×38.5cm×2	483,000	北京匡时	2015.06.07
左宗棠 行书七言联 立轴	178cm×40cm×2	253,000	中国嘉德	2015.05.18
左宗棠 楷书七言联 立轴	137.5cm×33cm×2	161,000	中国嘉德	2015.11.16
左宗棠 书法 四屏立轴	173.5cm×42.5cm×4	1,276,500	四川德轩	2015.11.05
左宗棠 篆书 立轴	180cm×81.5 cm.	345,000	中鸿信	2015.07.29
左宗棠 篆书八言联 立轴	169cm×21.2cm×2	529,000	中国嘉德	2015.05.18
左宗棠 篆书七言联（一对）	每轴 145cm×32.8cm	203,483	纽约苏富比	2015.03.19
近现代及当代作者				
阿鸽 凉山印象系列之三 镜心	137cm×69cm	230,000	北京保利	2015.12.06
阿海 觅盈盈 镜框	45cm×130cm	200,600	苏富比（北京）	2015.06.02
阿海 2014年作 楚楼 镜框	46.3cm×133.3cm	226,050	香港苏富比	2015.10.05
阿海 2014年作 蓼汀	61cm×172cm	380,475	佳士得	2015.05.31
阿海 2015年作 非常道	40cm×133cm	161,400	佳士得	2015.03.15
阿海 2015年作 菱洲 镜框	45cm×179cm	246,300	佳士得	2015.11.30
阿海 高士 镜心	66cm×130cm	195,500	南京经典	2015.01.04
阿海 观音 镜心	119cm×66.5cm	218,500	中国嘉德	2015.05.18
阿海 噬磕 镜心	45cm×130cm	218,500	保利厦门	2015.05.03
阿海 忘我 镜心	98cm×75cm	218,500	南京经典	2015.01.04
阿海 长沙 镜心	45.5cm×133cm	190,452	保利香港	2015.04.06
艾轩 2012年作 藏族少女 镜框	53cm×48.5cm	224,200	苏富比（北京）	2015.06.02
艾轩 2012年作 藏族女孩 镜心	69cm×69cm×2	246,400	北京荣宝	2015.11.29
艾轩 2012年作 期盼	50cm×52.5cm	172,500	上海明轩	2015.06.21
艾轩 2012年作 西藏女孩 镜框	97.8cm×90.7cm	492,600	佳士得	2015.11.30
艾轩 2013年作 冬雪 镜框	90cm×97cm	993,240	佳士得	2015.06.01
艾轩 2013年作 秋风飒 镜心	69.5cm×137cm	313,600	北京荣宝	2015.06.21
艾轩 2014年作 安曲的秋天	91cm×97cm	280,000	北京荣宝	2015.06.21
艾轩 2014年作 少女	68cm×68cm	402,500	北京保利	2015.06.04
艾轩 2014年作 远方的西藏女孩 镜心	68cm×68cm	285,678	保利香港	2015.04.06
艾轩 2015年作 静静的原野 纸本彩墨	96cm×90cm	336,000	北京荣宝	2015.11.29
爱新觉罗·毓峍 2015年作 骏马图 镜心	113cm×63cm	253,000	北京保利	2015.12.06
爱新觉罗·毓峍 2015年作 雪景山水 镜心	137cm×68cm	276,000	北京保利	2015.12.06
安和 乘龙观音 镜框	86cm×38.4cm	184,950	香港苏富比	2015.10.06
巴金 1961年作 书法 镜框	27cm×24cm	287,500	鼎天国际	2015.07.05
巴山 2011年作 神龙欢庆 镜片	95cm×178cm	172,500	包盈国际	2015.11.15
白伯骅 2005年作 送子观音造像 立轴	143.5cm×78cm	540,500	河南豫呈祥	2015.01.18
白伯骅 观音 镜框	79cm×63cm	345,000	河南鸿远	2015.04.12
白庚延 2001年作 坚柔共潇洒 镜片	105cm×182cm	287,500	河南鸿远	2015.01.12
白庚延 热带雨林 立轴	180cm×65cm×4	690,000	天津同方	2015.11.21
白庚延 长城 镜片	31cm×40cm	161,000	河南泽华	2015.01.11
白蕉 1941年作 行书十言联 镜心	141cm×18.5cm×2	184,000	北京匡时	2015.03.31
白蕉 1959年作 书法 横轴	21.5cm×94cm	201,250	中贸圣佳	2015.05.19
白蕉 行书 录古文句（四帧）画心	75cm×33cm×4	207,000	西泠拍卖	2015.07.06
白蕉 行书丁亥绝诗 立轴 四屏	105.5cm×23cm×4	423,675	香港苏富比	2015.04.06
白蕉 行书毛主席诗词三十七首 手卷	31.5cm×703.5cm	1,380,000	北京保利	2015.06.05
白蕉 行书七言联 立轴	133cm×23.5cm×2	184,000	中国嘉德	2015.11.15
白蕉 行书十三言 对联	205cm×23cm×2	356,500	上海道明	2015.05.09
白蕉 节录元好问跋 立轴	126cm×20cm	172,500	北京诚轩	2015.05.18
白蕉 兰花册 册页（八开）	32.5cm×38.5cm×8	345,000	中国嘉德	2015.05.16
白蕉 双清图 立轴	67cm×29cm	172,500	北京保利	2015.12.07
白蕉 自作词稿	88.5cm×22.5cm	287,500	中国嘉德	2015.11.16
白鹏 生肖十二幅 镜框	40cm×35cm×12	504,000	天津广业	2015.06.20
白文忠 风景	100cm×70cm	230,000	保利山东	2015.09.13
白雪石 群峰叠翠 镜心	89cm×155cm	1,782,500	北京至诚	2015.12.20
白雪石 1973年作 湘江老屋 镜心	47.5cm×36.5cm	313,600	北京荣宝	2015.03.29
白雪石 1976年作 漓江放排图 立轴	106cm×78cm	356,500	中国嘉德	2015.06.27
白雪石 1978年作 桂林小景 立轴	47cm×46cm	172,500	北京华辰	2015.05.15
白雪石 1979年作 漓江山水 立轴	69cm×30cm	287,500	广东崇正	2015.06.19
白雪石 1985年作 烟雨漓江 立轴	68cm×46cm	212,800	北京荣宝	2015.03.29
白雪石 1986年作 幽居 镜心	68cm×46.5cm	156,800	北京荣宝	2015.06.21
白雪石 1987年作 漓江 镜心	49cm×69cm	201,600	北京荣宝	2015.06.21
白雪石 1987年作 漓江山色 立轴	121cm×49cm	241,500	北京翰海	2015.06.27
白雪石 1987年作 漓江渔歌 立轴	109cm×108cm	287,500	北京翰海	2015.06.26
白雪石 1987年作 雨后漓江 立轴	120cm×49cm	425,600	北京荣宝	2015.11.29
白雪石 1988年作 碧玉青峰 镜心	66cm×66cm	368,000	北京匡时	2015.03.30
白雪石 1988年作 群峰耸翠 镜框	68cm×68cm	180,225	佳士得	2015.06.02
白雪石 1991年作 西郎山 镜心	45cm×50.5cm	246,400	北京荣宝	2015.03.29
白雪石 1991年作 竹林渔家 立轴	67cm×45cm	253,000	北京保利	2015.06.04
白雪石 1993年作 漓江 镜框	95cm×178cm	1,736,000	北京荣宝	2015.06.21
白雪石 1995年作 云涌桂山青 立轴	69.5cm×68.5cm	224,000	北京荣宝	2015.11.29
白雪石 碧玉清风 镜框	68cm×68cm	207,000	北京上和	2015.05.16
白雪石 1986年作 三山秀色 镜心	68cm×135cm	322,000	保利厦门	2015.05.03
白雪石 1987年作 漓江 镜心	93cm×145cm	782,000	中国嘉德	2015.11.14
白雪石 1987年作 漓江奇峰 立轴	66cm×67cm	230,000	中国嘉德	2015.04.01
白雪石 1987年作 溪水清浅 立轴	59cm×48cm	161,000	中国嘉德	2015.09.19
白雪石 1983年作 家家都在画屏中 镜心	100.5cm×49.5cm	483,000	中国嘉德	2015.05.16

拍品名称	物品尺寸	成交价RMB	拍卖公司	拍卖日期
白雪石 桂林山水 镜片	68cm×68cm	253,000	北京上和	2015.05.16
白雪石 桂林山水 镜心	69cm×46cm	172,500	北京保利	2015.01.24
白雪石 1989年作 渔归 立轴	96cm×59cm	230,000	中国嘉德	2015.11.14
白雪石 己未（1979年）作 漓江渔归 镜心	38cm×54.5cm	195,500	中国嘉德	2015.05.16
白雪石 1994年作 雨后飞流 镜心	70cm×69cm	230,000	中国嘉德	2015.06.27
白雪石 漓江小景 镜心	69cm×45cm	179,200	北京荣宝	2015.06.21
白雪石 漓江新绿 镜片	96cm×176cm	1,035,000	北京上和	2015.05.16
白雪石 漓江一曲千峰秀	120cm×66cm	654,898	荣盛国际	2015.01.10
白雪石 拟古 四屏镜心	99.5cm×31.5cm×4	1,265,000	北京匡时	2015.12.04
白雪石 千峰竞秀 镜片	52cm×136cm	207,000	上海敬华	2015.06.29
白雪石 清漓渔村 镜心	68cm×68cm	287,500	北京保利	2015.04.25
白雪石 1982年作 清漓放舟 镜心	68cm×60cm	241,500	中国嘉德	2015.04.01
白雪石 松梅长青 立轴	244cm×120cm	632,500	北京翰海	2015.06.26
白雪石 松云飞瀑 镜心	90cm×68cm	322,000	北京保利	2015.04.25
白雪石 烟雨漓江 立轴	59cm×48cm	184,000	荣宝斋（济南）	2015.11.21
白雪石 源远流长 立轴	68cm×67cm	672,000	海德拍卖	2015.06.27
班禅额尔德尼 藏文书法 镜框	42cm×62cm	1,012,000	上海明轩	2015.06.21
鲍少游 翠羽长春 镜框	129.5cm×63cm	154,125	香港苏富比	2015.10.06
北京新国画研究会集体合作 和平颂 镜心	171cm×242cm	644,000	北京翰海	2015.07.18
贲庆余 2001年作 忠魂图 镜片	159cm×107cm	17,600,000	上海爱莲	2015.11.22
边平山 高士 册页	38cm×18cm×24	166,750	南京经典	2015.08.02
边平山 美人 册页	38cm×18cm×24	241,500	南京经典	2015.08.02
边平山 人物 册页（二十四选十二）	32.5cm×19cm×24	322,000	凤凰拍卖	2015.05.15
边平山 人物 镜心	38cm×36cm×12	299,000	天津同方	2015.06.06
蔡丰名 2014年作 灿烂多姿	74cm×68cm	151,099	台北艺流	2015.10.10
蔡广斌 2015年作 三潭映月	118cm×70cm	253,000	朵云轩	2015.06.19
蔡鹤汀 1941年作 双雄图 镜心	104.5cm×52.4cm	517,500	保利厦门	2015.05.02
蔡茂友 春语 镜心	81cm×45cm	161,000	北京保利	2015.04.25
蔡守 写生册 册页（八开）	22cm×29cm×8	241,500	广东崇正	2015.06.18
蔡廷锴 行书 以友辅仁 立轴	72cm×31.5cm	195,500	西泠拍卖	2015.07.05
蔡铣 封侯图 镜心	128cm×69cm	161,000	北京保利	2015.01.24
蔡逸溪 1999年作 荷花池	80cm×80cm	287,350	佳士得	2015.11.29
蔡逸溪 1999年作 群岛 1，2，3	68cm×68cm	718,375	佳士得	2015.11.29
蔡逸溪 2006年作 海鸥的季节	48.5cm×153cm	320,400	佳士得	2015.05.31
蔡逸溪 2007年作 荷塘系列——草的倒影	124cm×123.5cm	300,000	佳士得（上海）	2015.04.25
蔡逸溪 2007年作 安徽花园景观	69cm×69cm	190,238	佳士得	2015.05.31
蔡逸溪 店铺门前的自行车		161,400	香港苏富比	2015.04.05
蔡元培 1917年作 行书横披 横披	56cm×98cm	2,415,000	中国嘉德	2015.05.17
蔡元培 行书八言联 立轴	170cm×36cm×2	713,000	北京匡时	2015.12.05
蔡元培 行书七言联 立轴	131.5cm×31.5cm×2	1,265,000	北京匡时	2015.12.04
蔡元培 行书七言联 立轴	174cm×46cm×2	747,500	北京匡时	2015.06.06
蔡元培 行书元人张翥《题画》诗 立轴	214cm×65cm	1,380,000	北京保利	2015.12.07
蔡元培 书法 对联	92cm×20.5cm×2	517,500	广东小雅斋	2015.11.12
蔡元培 于右任 柳亚子 等 书画留珍册 册页（十开）	23.5cm×34.6cm×10	805,000	北京诚轩	2015.05.18
蔡长奎 六骏图 镜片	70cm×137cm	649,600	上海天赐	2015.05.31
常进 秋风长林 镜心	136cm×68cm	207,000	南京经典	2015.08.02
常青 2013年作 画家齐白石 立轴	158cm×58cm	2,090,000	上海爱莲	2015.11.22
常玉 1920年代末作 摩登仕女	45cm×28cm	218,500	北京诚轩	2015.05.17
常玉 1930年作 双人体 纸本水墨	44cm×27cm	184,000	北京匡时	2015.12.04
常玉 双裸女 水墨 纸本	47cm×29.5cm	157,560	罗芙奥	2015.06.07
常玉 坐着的裸女及裸女（共两件）	27cm×41cm 41cm×27cm×2	238,065	保利香港	2015.04.06
晁谷 2009年作 高秋雀噪图 镜心	179cm×48cm	230,000	北京保利	2015.06.03
晁谷 鸟栖图 镜片	114cm×61cm	322,000	河南泽华	2015.01.11
晁海 1982年作 煤炭工人	87cm×50cm	920,000	北京翰海	2015.06.26
晁海 故土 镜心	68cm×68cm	1,207,500	北京保利	2015.12.06
晁海 牛	138.5cm×69cm	552,000	北京匡时	2015.12.04
晁海 群牛 镜片	138cm×69.5cm	728,000	秦宝斋	2015.01.17
晁海 卧牛 镜心	123cm×97cm	3,680,000	北京保利	2015.06.04
陈半丁 1942年作 山水 立轴	94.5cm×44cm	345,000	北京翰海	2015.06.27
陈半丁 1947年作 不老长春 立轴	140cm×41cm	166,750	北京匡时	2015.06.07
陈半丁 1961年作 富贵长青图 镜片	138cm×69cm	322,000	西泠拍卖	2015.07.05
陈半丁 1961年作 清供图 立轴	138cm×50cm	299,000	北京翰海	2015.06.26
陈半丁 1961年作 岁寒同心 立轴	84cm×40.5cm	172,500	北京翰海	2015.06.27
陈半丁 1961年作 艳花图 立轴	130cm×66cm	287,500	上海工美	2015.06.28
陈半丁 1966年作 眉寿同春图 立轴	105.5cm×68.5cm	172,500	西泠拍卖	2015.07.05
陈半丁 册页（12开）	34cm×28cm×12	939,280	帝图艺术	2015.04.12
陈半丁 花卉书法 四屏立轴	33cm×36cm×4	161,000	鼎天国际	2015.07.05
陈半丁 菊石图 立轴	136.5cm×35.5cm	166,750	北京翰海	2015.06.27
陈半丁 拟清湘山水 册页（十三开）	19cm×28cm×13	320,400	佳士得	2015.06.02
陈半丁 1942年作 山隐雅集 立轴	91cm×43cm	287,500	广东崇正	2015.06.19
陈半丁 仙姿清趣 立轴	103cm×33cm	212,750	荣宝斋（济南）	2015.11.21
陈宝琛 楷书七言联 立轴	130.5cm×30cm×2	179,443	中国嘉德	2015.10.07
陈伯达 1965年作 行书毛主席诗 立轴	175cm×87cm×2	2,070,000	北京保利	2015.12.07
陈伯达 楷书七言联（两轴）	169cm×28cm×2	184,000	北京保利	2015.06.04
陈伯达 书法释“劳谦”（一轴）	90.5cm×38.5cm	552,000	北京保利	2015.06.04
陈伯达 书法中堂（一轴）	诗堂44cm×27cm 中堂53.5cm×27cm	690,000	北京保利	2015.06.04
陈传席 2014年作 山峙云间峭峻峰 镜心	264cm×97cm	1,403,000	北京保利	2015.06.03
陈传席 人文之源 镜心	270cm×97cm	1,725,000	北京保利	2015.12.06
陈达 1942年作 青绿山水 镜片	101.5cm×49.5cm	333,500	上海嘉禾	2015.05.08
陈大羽 1977年作 雄鸡图 立轴	83cm×48cm	276,000	上海明轩	2015.06.21
陈大羽 1978年作 迎春图 镜心	90cm×48.5cm	230,000	中贸圣佳	2015.05.19
陈大羽 1979年作 大吉图 立轴	88cm×47.5cm	230,000	华艺国际	2015.05.24
陈大羽 1981年作 枝头鸟趣图 立轴	62cm×47cm	166,750	西泠拍卖	2015.04.22
陈大羽 1983年作 美意延年 镜心	68.5cm×45cm	253,000	中贸圣佳	2015.05.19
陈大羽 报春 立轴	174.5cm×95cm	1,265,000	凤凰拍卖	2015.05.15
陈大羽 报春 立轴	96cm×43cm	172,500	中贸圣佳	2015.05.19
陈大羽 扁豆雄鸡 镜心	121cm×46cm	345,000	中贸圣佳	2015.05.19
陈大羽 朝晖 扇面	36cm×110cm	345,000	中贸圣佳	2015.05.19
陈大羽 春光 镜心	89cm×48cm	207,000	南京经典	2015.01.04
陈大羽 春华秋实 镜心	47cm×59cm×4	414,000	南京经典	2015.01.04
陈大羽 大地春 镜心	96cm×59cm	437,000	海德拍卖	2015.06.27
陈大羽 大吉图（二帧）立轴	69cm×45cm×2	322,000	中国嘉德	2015.05.16
陈大羽 大吉图 镜心	69cm×46cm	299,000	南京经典	2015.01.04
陈大羽 大吉图 镜心	97cm×42cm	184,000	南京经典	2015.01.04
陈大羽 大吉图 立轴	120cm×41cm	322,000	江苏嘉恒	2015.01.11
陈大羽 大寿 镜心	90cm×49cm	218,500	南京经典	2015.08.02

2015书画拍卖成交汇总

(成交价RMB：15万元以上)

拍品名称	物品尺寸	成交价RMB	拍卖公司	拍卖日期
陈大羽 1977年作 除害全无敌 镜框	71cm×40.5cm	207,000	上海嘉禾	2015.05.08
陈大羽 杜甫 秋兴八首 手卷	34cm×545cm	161,000	南京经典	2015.01.04
陈大羽 杜甫 秋兴八首 手卷	34cm×545cm	161,000	南京经典	2015.08.02
陈大羽 公鸡 立轴	82cm×51cm	333,500	江苏嘉恒	2015.04.25
陈大羽 菊花腊嘴 镜片	88cm×47cm	460,000	南京嘉信	2015.07.19
陈大羽 菊寿图 立轴	97cm×44cm	345,000	河南泽华	2015.01.11
陈大羽 眉寿 镜心	67.5cm×45cm	218,500	南京经典	2015.01.04
陈大羽 梅花大吉 立轴	67cm×45cm	218,500	上海嘉禾	2015.05.08
陈大羽 孟浩然诗三首 镜片	34cm×258cm	977,500	江苏聚德	2015.01.25
陈大羽 墨彩鸳鸯图 镜心	89cm×96.5cm	862,500	凤凰拍卖	2015.05.15
陈大羽 鸟语花香春长在 立轴	88cm×48cm	276,000	中贸圣佳	2015.05.19
陈大羽 秋菊 镜心	69cm×69cm	207,000	南京经典	2015.08.02
陈大羽 书法对联；1994年作 大吉图 书法对联 立轴	对联 132cm×31cm×2 画137cm×68cm	169,947	宝港国际	2015.11.28
陈大羽 双吉图 镜心	88cm×45cm	218,500	中贸圣佳	2015.05.19
陈大羽 双寿 镜心	33cm×45cm	155,250	中贸圣佳	2015.05.19
陈大羽 双寿图 镜心	97cm×45.5cm	336,000	十竹斋	2015.06.14
陈大羽 松梅图 立轴	136cm×68cm	460,000	江苏聚德	2015.01.25
陈大羽 万紫千红 镜心 八屏	97cm×45cm×8	1,840,000	南京经典	2015.01.04
陈大羽 喜迎春 立轴	97cm×61cm	529,000	海德拍卖	2015.06.27
陈大羽 献寿图 镜心	71cm×46cm	189,750	南京经典	2015.08.02
陈大羽 辛丑（1961年）作 一唱雄鸡天下白 立轴	207cm×52cm	660,905	宝港国际	2015.11.28
陈大羽 1981年作 雄鸡 镜片	68cm×46cm	184,000	广东崇正	2015.06.18
陈大羽 1981年作 眉寿 立轴	97cm×60cm	345,000	中国嘉德	2015.11.14
陈大羽 雄鸡 立轴	75cm×37cm	230,000	南京经典	2015.08.02
陈大羽 雄鸡报春 镜心	89.5cm×48cm	172,500	北京诚轩	2015.05.18
陈大羽 雄鸡图 立轴	82.5cm×53cm	172,500	西泠拍卖	2015.04.22
陈大羽 雄鸡一唱天下白 镜心	95cm×44cm	161,000	北京保利	2015.04.25
陈大羽 一唱大地春 立轴	136cm×68cm	1,035,000	江苏聚德	2015.01.25
陈大羽 银花千重 镜心	125cm×88cm	287,500	南京经典	2015.01.04
陈大羽 迎春图 立轴	82cm×50cm	287,500	中贸圣佳	2015.05.19
陈大羽 赵良翰 大吉图 立轴	178cm×96cm	747,500	河南泽华	2015.01.11
陈大羽 钟馗 镜心	70cm×46cm	529,000	南京经典	2015.01.04
陈大羽 珠藤腊嘴 立轴	96cm×44cm	189,750	南京经典	2015.08.02
陈大羽 紫气东来图	68cm×68cm	250,313	荣盛国际	2015.07.31
陈大章 1989年作 黄山 镜心	354cm×140cm	172,500	北京保利	2015.04.25
陈福善 1979年作 下沉的人	151.5cm×81cm.	226,050	香港苏富比	2015.10.05
陈公博 临董其昌《天马赋》手卷	58.5cm×1012cm	310,500	北京匡时	2015.06.07
陈国勇 青山野逸图 镜片	122cm×246cm	537,600	秦宝斋	2015.01.17
陈鹤良 山水 镜片		681,000	上海聚缘斋	2015.01.11
陈家泠 红叶小鸟 镜心	95.5cm×178cm	483,000	上海宝龙	2015.01.18
陈筋咏 1986年作 寂静的崖畔 立轴	61cm×47cm	230,000	北京保利	2015.12.06
陈金章 江邨清晓 镜框	44.5cm×67cm	253,000	华艺国际	2015.05.24
陈隽甫 松猴图 古木巉岩图 镜片 立轴	90cm×34cm 127cm×49cm	169,947	宝港国际	2015.11.28
陈良敏 2011年作 天涯知音 镜心	67cm×46cm	230,000	北京保利	2015.12.06
陈良敏 2014年作 思乡图 镜心	69cm×69cm	460,000	北京保利	2015.06.03
陈明光 龙门石窟	100cm×230cm	632,500	福建运通	2015.07.26
陈木香 行楷 立轴	137cm×68cm	287,500	河南泽华	2015.01.11
陈木香 行书 镜片	53cm×200cm	368,000	河南泽华	2015.01.11
陈木香 书法“般若波罗蜜多心经”手卷	32cm×363cm	228,000	亚洲宸泽	2015.09.08

拍品名称	物品尺寸	成交价RMB	拍卖公司	拍卖日期
陈木香 书法“兰亭序”手卷	49cm×623cm	322,000	亚洲宸泽	2015.09.08
陈木香 书法“岳阳楼记”手卷	46cm×479cm	230,000	亚洲宸泽	2015.09.08
陈佩秋 1951年作 摹宋徽宗柳鸦芦雁图 手卷	本幅 34.5cm×232.5cm	3,680,000	北京匡时	2015.06.06
陈佩秋 1972年作 风信子 镜心	70cm×38cm	1,265,000	北京翰海	2015.06.26
陈佩秋 1977年作 云山村岸 团扇片		172,500	上海工美	2015.06.28
陈佩秋 1978年作 富贵足食 镜框	54cm×132cm	483,000	上海嘉禾	2015.05.08
陈佩秋 1978年作 菊竹双清 镜片	54.5cm×132cm	644,000	上海嘉禾	2015.05.08
陈佩秋 1983年作 秋塘汀鹭 立轴	137cm×67cm	1,035,000	北京保利	2015.06.05
陈佩秋 1986年作 红叶小鸟 镜片	88cm×47cm	322,000	上海工美	2015.06.28
陈佩秋 1994年作 碧树笼云 行书七绝 成扇	18.5cm×46.5cm	383,325	香港苏富比	2015.04.06
陈佩秋 1998年作 百合蝶舞 行书七言诗 镜心	19cm×53cm	195,500	北京匡时	2015.12.04
陈佩秋 2002年作 丛碧山居 镜片	22cm×31cm	276,000	上海工美	2015.01.25
陈佩秋 2002年作 红果小鸟 镜框	32cm×66cm	383,325	香港苏富比	2015.04.06
陈佩秋 2005年作 竹石鸣禽 镜片连框	36cm×36cm	230,000	上海工美	2015.04.26
陈佩秋 2006年作 湖光春色 镜片	24cm×34cm	253,000	上海工美	2015.01.25
陈佩秋 2007年作 竹石双禽 镜片	50cm×145.5cm	1,782,500	上海工美	2015.06.28
陈佩秋 白沙翠竹江村 镜片	67cm×60cm	517,500	广东小雅斋	2015.11.11
陈佩秋 1986年作 春林鸟鸣 镜片	89.5cm×61cm	287,500	朵云轩	2015.06.18
陈佩秋 春风飞雀 行书五言 镜片对联片	画89cm×47.5cm 对联 99cm×29cm×2	552,000	朵云轩	2015.06.18
陈佩秋 春江水暖 立轴	98cm×34cm	437,000	朵云轩	2015.06.18
陈佩秋1980年作 野凫眠岸 手卷	画心26.5cm×91cm 引首26.5cm×80cm 跋26.5cm×53cm	1,000,500	上海嘉禾	2015.05.08
陈佩秋 1983年作 果熟来禽 镜片	70cm×46cm	207,000	朵云轩	2015.06.18
陈佩秋 1993年作 丛竹蛱蝶 镜心	68.5cm×59cm	828,000	中国嘉德	2015.11.14
陈佩秋 国宝 镜框	39cm×63cm	667,000	上海嘉禾	2015.05.08
陈佩秋 行书祖咏诗 镜片	368cm×72cm	805,000	上海嘉禾	2015.05.08
陈佩秋 花鸟 立轴	95.5cm×34cm	207,000	上海金艺	2015.06.26
陈佩秋 蕉荫蝴蝶 镜心	68cm×68cm	264,500	南京经典	2015.08.02
陈佩秋 灵芝仙草 行书七言诗 镜心	20cm×55cm	207,000	北京匡时	2015.12.04
陈佩秋 柳荫白鹅 镜心	96.5cm×52cm	195,500	北京翰海	2015.11.27
陈佩秋 柳荫栖禽图 立轴	87cm×47.5cm	345,000	西泠拍卖	2015.07.06
陈佩秋 拟唐寅山水 行书七绝 扇面 镜框	书17.3cm×51.3cm 画17.3cm×49.5cm	262,275	香港苏富比	2015.04.06
陈佩秋 青绿山水·草书七言诗 成扇	19cm×48cm	324,818	中国嘉德	2015.04.07
陈佩秋 秋山幽居 扇面镜心	17.5cm×50cm	230,000	北京诚轩	2015.05.18
陈佩秋 秋叶小鸟 镜片	65cm×40cm	161,000	上海嘉禾	2015.05.08
陈佩秋 2012年作 红梅疏影 镜框	135.5cm×68cm	805,000	朵云轩	2015.06.18
陈佩秋 沈尹默 蝉柳图 行书 成扇		184,000	上海工美	2015.06.28
陈佩秋 疏柳巨蝶 手卷	引首 36.5cm×123.5cm 画心36.5cm×65cm 题跋36.5cm×40cm	232,013	中国嘉德	2015.04.07
陈佩秋 双蝶佳境 行书七言诗 镜心	19cm×53cm	195,500	北京匡时	2015.12.04
陈佩秋 双秋合卷 手卷	31cm×136cm	805,000	北京保利	2015.12.07
陈佩秋 松溪泊舟 扇片		172,500	上海工美	2015.06.28
陈佩秋 桃花香树 行书七言诗 镜心	20cm×55cm	195,500	北京匡时	2015.12.04
陈佩秋 乙亥（1995年）作 书画合璧扇 成扇	18cm×51cm	218,500	北京诚轩	2015.11.13

拍品名称	物品尺寸	成交价RMB	拍卖公司	拍卖日期
陈佩秋 鱼乐图 镜片连框	88cm×41cm	649,600	上海国拍	2015.05.31
陈佩秋 云蒸霞蔚 镜片	31.5cm×36.5cm	356,500	上海工美	2015.01.25
陈佩秋 枝头鸟鸣图（二帧）镜片	71cm×37cm 66.5cm×32.5cm	195,500	西泠拍卖	2015.07.05
陈佩秋 竹苞石寿蝶双飞 手卷	引首44.5cm×134.5cm 画心45.5cm×187.5cm 跋49cm×84cm	920,000	上海嘉禾	2015.05.08
陈佩秋 竹雀 立轴	100cm×50cm	368,000	荣宝斋（济南）	2015.11.21
陈佩秋 竹石翠鸟 立轴	64cm×65cm	207,000	保利山东	2015.02.01
陈平 2004年作 崂山行游 镜心	97cm×90cm	724,500	保利山东	2015.02.01
陈平 费洼山庄 立轴	136cm×68cm	195,500	中贸圣佳	2015.05.19
陈平 山水 镜心	70cm×70cm	253,000	天津同方	2015.06.06
陈其宽 1950年代末作 除夕	118.8cm×23.5cm	322,000	北京诚轩	2015.05.17
陈其宽 1953年作 拔河	26.3cm×127cm	172,500	北京诚轩	2015.11.14
陈其宽 1953年作 水之就下 立轴	92.7cm×22.7cm	264,500	北京诚轩	2015.11.14
陈其宽 1964年作 礁	23cm×122.2cm	483,000	北京诚轩	2015.05.17
陈去病 楷书 三屏	145cm×39cm×3	356,500	中国嘉德	2015.04.02
陈如冬 2015年作 林泉读书图	123cm×53cm	172,500	北京翰海	2015.11.27
陈如冬 一江秋水浸寒空 镜心	95cm×68.5cm	195,500	北京匡时	2015.06.06
陈少梅（款）山水人物图	160cm×65cm	2,242,800	荣盛国际	2015.01.10
陈少梅 1930年作 一蓬烟火饭渔船 成扇	18.2cm×48cm	282,450	香港苏富比	2015.04.06
陈少梅 1938年作 赏荷 探梅 立轴	20cm×51.2cm	615,750	佳士得	2015.12.01
陈少梅 1939年作 梅溪鸳鸯 立轴	82cm×26.5cm	931,500	北京匡时	2015.06.06
陈少梅 1940年作 执扇仕女图 镜片	132cm×67cm	437,000	鼎天国际	2015.07.05
陈少梅 1942年作 水阁云瀑 立轴	133cm×67cm	3,795,000	北京匡时	2015.06.06
陈少梅 1942年作 倚梅听泉 成扇	18cm×47cm	1,265,000	北京匡时	2015.06.06
陈少梅 1944年作 风树秋声 立轴	126cm×33cm	552,000	鼎天国际	2015.07.05
陈少梅 1944年作 灌木丛篁图 立轴	89cm×33.5cm	437,000	西泠拍卖	2015.07.05
陈少梅 1944年作 三春江上 立轴	80cm×34cm	184,000	北京匡时	2015.03.30
陈少梅 1947年作 南极仙翁 立轴	93cm×41cm	1,150,000	北京保利	2015.12.07
陈少梅 1948年作 西山隐居图 镜框	21cm×95cm	313,600	北京荣宝	2015.03.29
陈少梅 春山平远图 立轴	107cm×34cm	333,500	北京匡时	2015.06.06
陈少梅 春溪放棹 成扇	18.5cm×51cm	280,000	天津文物	2015.05.22
陈少梅 东村白潭图 横披	42cm×76.5cm	345,000	中国嘉德	2015.11.14
陈少梅 冯忠莲 1953年作 江南春晓 立轴	127cm×65cm	782,000	中国嘉德	2015.05.16
陈少梅 冯忠莲 王文珍 1942年作 梧桐仕女 立轴	98cm×18cm	517,500	上海明轩	2015.06.21
陈少梅 傅增湘 古松高士图·书法 成扇	48cm×18cm	253,000	西泠拍卖	2015.07.06
陈少梅 高仕 立轴	90cm×29cm	153,938	佳士得	2015.12.01
陈少梅 1940年作 五老图 立轴	127cm×29cm	160,506	宝港国际	2015.11.28
陈少梅 古木秋影 成扇	23cm×63cm	1,150,000	北京匡时	2015.06.06
陈少梅 观音 镜心	88cm×50cm	2,070,000	鼎天国际	2015.07.05
陈少梅 1943年作 松下高士 镜心	70cm×40cm	334,098	中国嘉德	2015.04.07
陈少梅 胡宝善 1941年作 曹国舅·铁拐李书画集锦扇 成扇	18.5cm×50cm	414,000	北京诚轩	2015.05.18
陈少梅 简恩焕 1938年作 杏坛弦歌 楷书正气歌 成扇	17cm×48cm	3,565,000	北京保利	2015.12.06
陈少梅 戚叔玉 桃坞临流 柯九思诗二首 成扇	18.2cm×51.5cm	517,500	北京诚轩	2015.11.13
陈少梅 启功 俞陛云 等 秋岩观瀑论画 成扇	18.2cm×51cm	230,000	北京诚轩	2015.11.13

拍品名称	物品尺寸	成交价RMB	拍卖公司	拍卖日期
陈少梅 秋风持扇图 镜心	110cm×29cm	437,000	北京华辰	2015.05.15
陈少梅 群仙图 册页（四开）	27cm×19cm×4	805,000	东方大观	2015.05.20
陈少梅 沈枢 松下高士 小楷<过秦论>成扇	20cm×51cm	271,589	保利香港	2015.10.05
陈少梅 寿星 立轴	61cm×30cm	517,500	海德拍卖	2015.06.27
陈少梅 水榭纳凉图 镜框	23.1cm×72.9cm	403,500	香港苏富比	2015.04.06
陈少梅 松下高士 镜心	104cm×26cm	160,043	中国嘉德	2015.10.07
陈少梅 松下高士 立轴	103cm×33cm	678,000	辽宁建投	2015.08.30
陈少梅 松荫高士 扇片	18.5cm×51cm	494,500	鼎天国际	2015.07.05
陈少梅 吴镜汀 周怀民 等 艺苑集锦 册页	15.5cm×17cm×17	402,500	鼎天国际	2015.07.05
陈少梅 向迪琮 浣纱图 行书旧词二首 成扇	18.5cm×47cm	322,000	北京匡时	2015.10.16
陈少梅 幽谷悟道 镜心	18cm×49cm	1,322,500	北京翰海	2015.06.26
陈少梅 张元济 载书图·行书《文心雕龙》成扇	18.5cm×50.5cm	747,500	中国嘉德	2015.05.17
陈少梅 竹溪策杖 镜框	25.5cm×40.4cm	287,700	香港苏富比	2015.10.06
陈师曾 1922年作 篆书十三言联 立轴	170cm×14cm×2	943,000	北京匡时	2015.12.04
陈师曾1920年作 秋塘冷艳 镜片	147.5cm×43cm	207,000	广东崇正	2015.06.19
陈师曾 1913年作 皖中山水 立轴	136cm×33.5cm	230,000	中国嘉德	2015.11.14
陈师曾 花卉 六屏	170.3cm×47.5cm	876,288	纽约苏富比	2015.09.17
陈师曾 四时花卉 册页（八开）	23.9cm×29.9cm×8	420,525	佳士得	2015.06.02
陈师曾 雾明祖师像 立轴	145.2cm×43cm	300,375	佳士得	2015.06.02
陈世中 幽谷清韵 硕果来禽 玉莲溢香 墨梅双雀 镜片连框	69cm×68cm×4	567,500	上海聚缘斋	2015.01.11
陈仕彬 江山形胜画图开	68cm×136cm	322,000	北京翰海	2015.06.26
陈叔亮 草书 镜片	58cm×32cm	230,000	河南泽华	2015.01.11
陈树人 1948年作 双玉 立轴	67cm×42cm	172,500	广东崇正	2015.06.18
陈树人 陈之佛 徐悲鸿 傅抱石 1945年作 花鸟 四屏镜心	28cm×32cm×4	3,565,000	保利厦门	2015.05.02
陈树人 甲申（1944年）作 紫藤小鸟 镜心	110cm×39cm	155,194	中国嘉德	2015.10.07
陈树人 卅七年（1948年）作 西湖清夏 镜心	28.2cm×37.5cm	207,000	北京诚轩	2015.05.18
陈树人 桃花带雨图 镜片	93cm×40.5cm	207,000	西泠拍卖	2015.07.05
陈文希 1950-1960年作 渔村	96.5cm×34cm	410,500	佳士得	2015.11.29
陈文希 1969年作 猿 镜心	145cm×366cm	7,274,700	保利香港	2015.10.05
陈文希 1980年作 聚	136cm×69cm	1,559,900	佳士得	2015.11.29
陈文希 1989年作 五只长臂猿	139cm×69cm	1,215,080	佳士得	2015.11.29
陈文希 白鹭	74cm×47.5cm	476,130	保利香港	2015.04.06
陈文希 妇人 立轴	145cm×78.5cm	465,581	保利香港	2015.10.05
陈文希 富贵双吉 立轴	121cm×30cm	238,065	保利香港	2015.04.07
陈文希 归巢 立轴	131cm×66.5cm	581,976	保利香港	2015.10.05
陈文希 猴嬉	120cm×69cm	500,625	佳士得	2015.05.31
陈文希 怀素习书 立轴	137cm×68cm	872,964	保利香港	2015.10.05
陈文希 集锦 册页	尺寸不一	647,537	保利香港	2015.04.07
陈文希 集锦 册页	尺寸不一	618,969	保利香港	2015.04.07
陈文希 集锦 册页	尺寸不一	609,446	保利香港	2015.04.07
陈文希 集锦 册页	尺寸不一	590,401	保利香港	2015.04.07
陈文希 集锦 册页	尺寸不一	428,517	保利香港	2015.04.07
陈文希 集锦册页（二帧）镜心	直径43cm×2	174,593	保利香港	2015.10.05
陈文希 集锦册页（四帧）镜心	直径43cm×4	368,585	保利香港	2015.10.05
陈文希 家禽系列（四帧）册页	35cm×46cm×4	387,984	保利香港	2015.10.05
陈文希 聚 立轴	120cm×57cm	407,383	保利香港	2015.10.05
陈文希 两只猿猴		161,400	香港苏富比	2015.04.05

拍品名称	物品尺寸	成交价RMB	拍卖公司	拍卖日期
陈文希 柳荫群鸭 立轴	132.5cm×67cm	387,984	保利香港	2015.10.05
陈文希 鹭		1,109,625	香港苏富比	2015.04.05
陈文希 鹭 立轴	129cm×66cm	465,581	保利香港	2015.10.05
陈文希 鹭 立轴	138cm×34cm	271,589	保利香港	2015.10.05
陈文希 鹭鸶 立轴	137cm×69cm	476,130	保利香港	2015.04.07
陈文希 鹭系列（二帧）镜心	直径43cm×2	174,593	保利香港	2015.10.05
陈文希 鹭系列（二帧）镜心	35cm×45cm×2	155,194	保利香港	2015.10.05
陈文希 雀系列（四帧）册页	35cm×45.5cm×4	310,387	保利香港	2015.10.05
陈文希 雀系列（四帧）册页	35cm×46cm×4	290,988	保利香港	2015.10.05
陈文希 群居 立轴	137cm×69.5cm	1,891,422	保利香港	2015.10.05
陈文希 松鼠 长臂猿 苍鹭 麻雀（共四件）	33cm×44cm×4	240,300	佳士得	2015.05.31
陈文希 松鼠系列（四帧）册页	35cm×46cm×4	310,387	保利香港	2015.10.05
陈文希 松鼠系列（四帧）册页	35cm×46cm×4	290,988	保利香港	2015.10.05
陈文希 天鹅 立轴	68cm×88cm	349,186	保利香港	2015.10.05
陈文希 团聚	138cm×34cm	361,859	保利香港	2015.04.06
陈文希 五只松鼠		221,925	香港苏富比	2015.04.05
陈文希 嬉戏猿猴 设色纸本	168.5cm×93cm	1,939,920	香港苏富比	2015.10.05
陈文希 戏曲人物 立轴	117cm×59cm	775,968	保利香港	2015.10.05
陈文希 新加坡河 立轴	61cm×57cm	438,040	保利香港	2015.04.07
陈文希 鸭（共两件）卷轴	33cm×43cm×2	160,200	佳士得	2015.05.31
陈文希 游鲤系列（二帧）镜心	37cm×47.5cm×2	184,292	保利香港	2015.10.05
陈文希 游鸭 立轴	134cm×67.5cm	476,130	保利香港	2015.04.07
陈文希 猿 镜心	137cm×68cm	630,474	保利香港	2015.10.05
陈文希 猿 立轴	137cm×34cm	320,087	保利香港	2015.10.05
陈文希 猿 立轴	136.5cm×34cm	252,190	保利香港	2015.10.05
陈文希 猿猴 立轴	52cm×69cm	285,678	保利香港	2015.04.07
陈文希 猿猴 立轴	34cm×69cm	285,678	保利香港	2015.04.07
陈文希 猿猴嬉戏		1,109,625	香港苏富比	2015.04.05
陈文希 猿系列（四帧）册页	35cm×46cm×4	339,486	保利香港	2015.10.05
陈文希 约1980年代作 苍鹭	76cm×33cm	260,325	佳士得	2015.05.31
陈文希 越南巴扎 立轴	125.5cm×56cm	657,059	保利香港	2015.04.07
陈玺光 2009年作 群音汇 托片	126cm×238cm	10,120,000	福建运通	2015.11.01
陈玺光 2013年作 伙伴 托片	124cm×234.5cm	4,370,000	福建运通	2015.11.01
陈玺光 2015年作 春风又绿江南 托片	124cm×248.5cm	5,865,000	福建运通	2015.11.01
陈玺光 恋曲 1937 镜心	134cm×67cm	1,150,000	安徽喜得	2015.04.19
陈湘波 1995年作 荷・澄辉	66cm×66cm	437,000	北京翰海	2015.06.26
陈湘波 荷花 镜心	68cm×68cm	179,200	湖南逸典	2015.02.01
陈翔 2012年作 溪山草堂 镜片	132cm×66.5cm	207,000	上海道明	2015.05.09
陈小梅 2013年作 诗意图 镜心	51cm×70cm	287,500	北京翰海	2015.07.18
陈心懋 2008年作 大江东去系列	69cm×206cm	207,000	朵云轩	2015.06.19
陈新华 金色家园 镜片	68cm×137cm	552,000	广州皇玛	2015.01.18
陈学良 2014年作 烟云山水 镜心	137cm×68cm	471,500	北京保利	2015.12.06
陈学良 漫山秋云 镜片	90cm×83cm	313,600	中联环球	2015.03.29
陈学良 青崖尽染处 云霞逊此红	136cm×70cm	483,000	北京翰海	2015.11.27
陈衍宁 曹操造像 立轴	136cm×67cm	287,500	河南泽华	2015.01.11
陈衍宁 孔子造像 立轴	130cm×68cm	287,500	河南泽华	2015.01.11
陈衍宁 岳飞造像 立轴	137cm×68cm	287,500	河南泽华	2015.01.11
陈毅 行书 镜芯	95cm×44 cm.	287,500	中鸿信	2015.07.29
陈荫夫 2014年作 兰花 镜心	46cm×165cm	207,000	北京保利	2015.01.24
陈寅恪 柳亚子 等 名家书翰册 册页（八开选六）	尺寸不一	1,040,750	朵云轩	2015.01.26
陈永锵 2010年作 花溪鱼影 镜片	137cm×69cm	230,000	深圳市拍	2015.07.19
陈永锵 2012年作 三月舞丹龙 书法对联 镜片	画137cm×69cm 对联 133cm×33cm×2	189,750	深圳市拍	2015.07.19
陈永锵 2013年作 雄姿英发 镜片	69cm×137cm	253,000	深圳市拍	2015.07.19
陈永锵 2014年作 红棉 镜框	68cm×137cm	161,000	华艺国际	2015.05.24
陈永锵 2014年作 桃江春暖 镜框	69cm×137cm	253,000	华艺国际	2015.05.24
陈永锵 癸已（2013年）作 南国舞丹龙 镜片	70cm×138cm	172,500	广东崇正	2015.06.18
陈永锵 2013年作 晨晖 镜框	137cm×69cm	460,000	广州皇玛	2015.01.18
陈永锵 2013年作 五月香清 镜框	137cm×69cm	460,000	广州皇玛	2015.01.18
陈永锵 甲申（2004年）作 岭南花 镜片	136cm×136cm	437,000	广东崇正	2015.06.18
陈永锵 2014年作 晨曦 镜框	137cm×68cm	322,000	广州皇玛	2015.01.18
陈永锵 2014年作 红缨 镜框	136cm×68cm	517,500	广州皇玛	2015.01.18
陈永锵 2014年作 杨桃一树满挂清甜 镜框	136cm×68cm	460,000	广州皇玛	2015.01.18
陈永锵 2014年作 雨露成甘果 镜框	137cm×68cm	552,000	广州皇玛	2015.01.18
陈永锵 2014年作 云岭高枝 镜框	136cm×68cm	322,000	广州皇玛	2015.01.18
陈永锵 2012年作 雄姿英发 镜框	95cm×180cm	517,500	广州皇玛	2015.07.26
陈永锵 2012年作 一点浩然气 镜片	96cm×179cm	437,000	广州皇玛	2015.01.18
陈永锵 夏日海棠	137cm×69cm	230,000	北京翰海	2015.06.26
陈有炳 2005年作 教堂 印度神庙（宝塔街）庙宇（实龙岗北）伊斯兰寺（苏丹路）	138cm×35cm	246,300	佳士得	2015.11.29
陈有炳 2014 年作 母子	219.9cm×114cm	437,500	佳士得（上海）	2015.04.25
陈幼华 1985年作 雁荡飞瀑图 镜心	136cm×68cm	207,000	北京翰海	2015.03.15
陈幼华 2014年作 江山无尽图 镜心	69cm×136cm	230,000	北京翰海	2015.07.18
陈幼华 2014年作 江云飘素练	69cm×135cm	230,000	北京翰海	2015.11.27
陈幼华 2014年作 江云飘素练 镜心	69cm×135cm	230,000	北京翰海	2015.09.13
陈幼华 云江飘素练	68cm×136cm	230,000	北京翰海	2015.06.26
陈玉铭 2006年作 乡情 镜片	139cm×69cm	207,000	河南鸿远	2015.01.12
陈玉圃 1991年作 放鹤亭图 立轴	139cm×86cm	322,000	北京保利	2015.12.06
陈玉圃 2006年作 空山隐居图 镜心	82cm×180cm	402,500	中国嘉德	2015.11.16
陈玉圃 2009年作 归去来辞书画合璧 手卷	画48cm×1060.5cm	1,380,000	中国嘉德	2015.05.18
陈玉圃 2008年作 溪山渔隐图卷 手卷	47cm×354cm	230,000	中国嘉德	2015.09.19
陈玉圃 2005年作 高隐图 四条屏	123cm×40cm×4	598,000	中国嘉德	2015.04.02
陈钰夫 2015年作 荷花系列之“交相辉映”No.6 镜心	68cm×137cm	484,980	保利香港	2015.10.05
陈钰铭 人物 镜片	66cm×66cm×4	1,495,000	河南金帝	2015.11.22
陈元素 行书七言诗 扇面	18cm×51.5cm	387,984	中国嘉德	2015.10.07
陈振国 2010年作 歌舞升平 镜片	259cm×577cm	805,000	广州皇玛	2015.01.18
陈振新 2015年作 月下归雁 立轴	135cm×67cm	161,000	北京保利	2015.06.03
陈政明 2013年作 滇月图 镜框	137cm×69cm	230,000	华艺国际	2015.05.24
陈政明 2013年作 奶奶和孙子 镜框	137cm×69cm	172,500	华艺国际	2015.05.24
陈政明 2014年作 果熟 镜片	137cm×70cm	218,500	广东崇正	2015.06.18
陈政明 2014年作 果市的女人们 镜片	140cm×68cm	805,000	广州皇玛	2015.01.18
陈政明 2012年作 悠闲 镜框	136cm×68cm	322,000	广州皇玛	2015.01.18
陈之佛 1945年作 竹雀图 立轴	128cm×51.5cm	2,415,000	北京匡时	2015.12.04
陈之佛 1947年作 双栖图 立轴	113cm×32.5cm	172,500	西泠拍卖	2015.07.05
陈之佛 1947年作 双喜图 立轴	113cm×33cm	207,000	北京保利	2015.12.07
陈之佛 1948年作 鹌鹑 镜框	32cm×33.5cm	200,250	佳士得	2015.06.02

拍品名称	物品尺寸	成交价RMB	拍卖公司	拍卖日期
陈之佛 茶梅绿鹦鹉 镜心	84.5cm×28cm	1,058,000	北京匡时	2015.06.06
陈之佛 丛竹隐菊 立轴	107cm×32cm	591,676	保利香港	2015.10.05
陈之佛 1947年作 寒花积雪图 镜片	67.5cm×33cm	172,500	上海嘉禾	2015.05.08
陈之佛 1947年作 桃花雏鸡 立轴	48cm×29cm	371,220	中国嘉德	2015.04.07
陈之佛 荷花鸳鸯 立轴	105cm×58cm	1,897,500	中国嘉德	2015.05.17
陈之佛 山茶梅花 立轴	77.5cm×41cm	2,300,000	北京匡时	2015.06.06
陈之佛 沈尹默 1948年作 桃花双雀 行书诗 成扇	18cm×46cm	287,700	香港苏富比	2015.10.06
陈之佛 双雀 镜心	67cm×32.5cm	207,000	北京匡时	2015.10.16
陈之佛 田禾正熟雀飞斗 立轴	62.5cm×31.5cm	747,500	北京诚轩	2015.11.13
陈之佛 1945年作 雪里鸳鸯图 立轴	101cm×50cm	1,311,000	中国嘉德	2015.09.19
陈之佛 竹雀 镜心	29.5cm×32cm	402,500	保利厦门	2015.05.02
陈治 2015年作 民族少女 托片	86cm×52cm	414,000	鼎天国际	2015.07.05
陈治 人物 镜心	92cm×69cm	287,500	天津同方	2015.06.06
陈治 武欣 藏女 镜心	63cm×54cm	322,000	天津同方	2015.06.06
陈治 武欣 蝶恋花 镜心	110cm×70cm	690,000	天津同方	2015.06.06
陈治 武欣 观世音菩萨像 镜心	82cm×45cm	345,000	天津同方	2015.06.06
陈治 武欣 吉祥 镜心	170cm×110cm	2,300,000	天津同方	2015.06.06
陈治 武欣 新妆 镜心	66cm×33cm	310,500	天津同方	2015.06.06
陈忠洲 2014年作 访贤图	180cm×95cm	345,000	北京翰海	2015.06.26
陈子庄 1962年作 邛崃山 手卷	17cm×140cm	4,140,000	北京保利	2015.06.05
陈子庄 1963年作 西蜀名园第一枝 镜心	103cm×35.5cm	2,100,000	诗婢家	2015.05.17
陈子庄 1964年作 桃花鸳鸯 立轴	137cm×33cm	2,185,000	北京保利	2015.06.05
陈子庄 1972年作 三鸡图 轴 设色纸本	67.5cm×132cm	2,415,000	八益拍卖	2015.04.25
陈子庄 1972年作 一天疏雨润藤花 立轴	119cm×33.5cm	300,000	诗婢家	2015.05.17
陈子庄 1975年作 白玉盘 立轴	134cm×68cm	4,945,000	北京保利	2015.06.05
陈子庄 1975年作 观石图 立轴	69cm×51cm	1,380,000	北京保利	2015.06.05
陈子庄 丙午(1966年)作 石壶精品册 册页(八开)	画24.5cm×33.5cm×8 题26cm×33.5cm	368,000	中国嘉德	2015.11.15
陈子庄 花鸟山水册 册页	尺寸不一	517,500	荣宝斋(济南)	2015.11.21
陈子庄 1974年作 山水(四帧)镜心	27cm×34cm×4	241,500	中国嘉德	2015.11.15
陈子庄 金鱼 立轴	84cm×44cm	936,000	诗婢家	2015.05.17
陈子庄 牡丹 镜心	46cm×24cm	300,000	诗婢家	2015.05.17
陈子庄 彭州牡丹 立轴	136cm×72cm	4,025,000	北京保利	2015.06.05
陈子庄 山居图・行书七言诗 成扇	19cm×49cm	218,500	中国嘉德	2015.11.15
陈子庄 山水册 册页(十开)	22.5cm×26cm×10	345,000	中国嘉德	2015.11.15
陈子庄 蜀中寻常景色・山水有声(二帧)镜心	24.5cm×14.2cm×2	161,000	北京诚轩	2015.05.18
陈子庄 闲居庭院 立轴	44cm×32cm	172,500	荣宝斋(济南)	2015.11.21
陈宗瑞 1970年作 南洋情景	69.5cm×103cm	174,463	佳士得	2015.11.29
程大利 2012年作 林泉高致图	21.5cm×270cm	460,000	北京翰海	2015.06.26
程明震 2014年作 富贵吉祥 高枝实累累 引蔓花开欲透云 紫气东来	134cm×34cm×4	454,000	上海聚缘斋	2015.01.11
程明震 湖山叠嶂	68cm×13cm	261,050	上海聚缘斋	2015.01.11
程十发《中国古代寓言》画稿 镜心	21cm×30cm×22	299,000	中国嘉德	2015.04.01
程十发 1958年作 松溪草堂 镜片	18cm×63.5cm	241,500	上海工美	2015.01.25

拍品名称	物品尺寸	成交价RMB	拍卖公司	拍卖日期
程十发 1960年作 傣村之晨 镜心	151cm×83cm	3,795,000	北京匡时	2015.06.06
程十发 1960年作 红棉已开鹧鸪飞 立轴	72cm×39cm	287,500	北京保利	2015.12.07
程十发 1962年作 小绿天 立轴	75.5cm×41.5cm	897,000	北京翰海	2015.06.27
程十发 1971年作 西藏风情 镜心	70cm×47cm	253,000	北京匡时	2015.06.06
程十发 1971年作 杨子荣 立轴	62cm×44cm	287,500	北京保利	2015.06.05
程十发 1972年作 暑窗画稿 册页(二十开)	19cm×26cm×20	552,000	北京匡时	2015.03.30
程十发 1973年作 草原牧歌 立轴	69cm×55cm	1,840,000	上海嘉禾	2015.05.08
程十发 1973年作 骆驼少女 镜心	55cm×134cm	575,000	北京翰海	2015.06.26
程十发 1973年作 牧女图 立轴	99cm×51.5cm	402,500	上海嘉禾	2015.05.08
程十发 1973年作 授艺图 镜片	68.5cm×49cm	575,000	上海明轩	2015.06.21
程十发 1974年作 童趣 立轴	59cm×66cm	517,500	包盈国际	2015.11.15
程十发 1975年作 山中采药图 立轴	130cm×68cm	828,000	广东小雅斋	2015.05.13
程十发 1977年作 二湘图 立轴	138.2cm×79.6cm	615,750	佳士得	2015.12.01
程十发 1977年作 公鸡 单片连框	68cm×136cm	1,064,000	上海国拍	2015.05.31
程十发 1978年作 橘颂 立轴	99cm×49cm	287,500	西泠拍卖	2015.07.05
程十发 1978年作 秋山图 立轴	136cm×59cm	977,500	西泠拍卖	2015.07.05
程十发1978年作少女牧鹿图镜片	74cm×37.5cm	195,500	西泠拍卖	2015.07.06
程十发1978年作硕果丰收图立轴	95cm×59cm	345,000	西泠拍卖	2015.07.05
程十发1978年作闲情秋爽图立轴	134cm×67cm	345,000	北京保利	2015.12.07
程十发 1978年作；1979年作 丽人图 镜框	103.5cm×178cm	1,473,840	佳士得	2015.06.02
程十发 1979年作 秋圃 立轴	134cm×65cm	575,000	北京保利	2015.12.07
程十发 1979年作 少女与鹿 镜片	104cm×48.5cm	632,500	西泠拍卖	2015.07.05
程十发 1980年作 饲鹿图 镜框	90cm×47.5cm	282,450	香港苏富比	2015.04.06
程十发 1981年作 归园田居 立轴	97.2cm×59.4cm	287,350	佳士得	2015.12.01
程十发 1981年作 少女与鹿 立轴	98cm×60cm	632,500	厦门华辰	2015.06.20
程十发 1981年作 双羊图 立轴	97cm×52.5cm	402,500	上海嘉禾	2015.05.08
程十发 1982年作 报春图 镜框	137cm×67.8cm	1,041,300	佳士得	2015.06.02
程十发 1982年作 屈子行吟图 镜片	95cm×44cm	345,000	西泠拍卖	2015.07.06
程十发 1982年作 少女与鹿 立轴	136cm×68cm	420,525	佳士得	2015.06.02
程十发 1982年作 少女与羊 镜片	61cm×47cm	184,000	深圳市拍	2015.07.19
程十发 1982年作 有余图 立轴	176cm×94.5cm	862,500	上海工美	2015.06.28
程十发 1982年作 长乐 镜片	93cm×179cm	1,897,500	上海嘉禾	2015.05.08
程十发 1983年作 金孔雀舞 立轴	98cm×66cm	310,387	保利香港	2015.10.05
程十发 1983年作 少女牧歌图 镜片	105cm×68.5cm	483,000	西泠拍卖	2015.07.06
程十发 1983年作 童趣 立轴	90cm×58cm	322,000	鼎天国际	2015.07.05
程十发 1984年作 福德羊 镜框	68cm×136.5cm	380,475	佳士得	2015.06.02
程十发 1985年作 武陵春色 立轴	136.5cm×66.5cm	400,500	佳士得	2015.06.02
程十发 1986年作 群峰烟雨图 立轴	69cm×69cm	172,500	西泠拍卖	2015.07.05
程十发 1987年作 双鹿 立轴	124cm×68cm	287,500	北京翰海	2015.11.28
程十发 1988年作 赏石图 立轴	93.6cm×45.2cm	195,225	香港苏富比	2015.10.06
程十发 1988年作 少女与鸽 立轴	67.2cm×51.3cm	174,675	香港苏富比	2015.10.06
程十发 1988年作 思乡漫录 册(十二开)	扉页23.3cm×28.4cm 画心23.8cm×28.3cm	1,644,000	香港苏富比	2015.10.06
程十发 1990年作 乡景山水 镜心(四开)	35cm×35cm×4	517,500	北京翰海	2015.06.26
程十发 1991年作 妙香 立轴	诗堂22cm×45.5cm 本幅66cm×45.5cm	310,500	北京匡时	2015.06.06
程十发 1994年作 乡思 立轴	88cm×95cm	517,500	上海工美	2015.06.28
程十发 2004年作 云山松寿图 手卷	引首99.5cm×34cm 画心138cm×34cm 题跋147cm×34cm	379,500	西泠拍卖	2015.07.06
程十发 1976年作 洛浦之神 镜片	43.5cm×67.5cm	460,000	上海嘉禾	2015.05.08

拍品名称	物品尺寸	成交价RMB	拍卖公司	拍卖日期
程十发 1986年作 山居图 立轴	83cm×51cm	207,000	上海嘉禾	2015.05.08
程十发 1986年作 少女与鹿 立轴	84.5cm×38cm	287,500	上海嘉禾	2015.05.08
程十发 茶花小鸟 镜框	46.4cm×33.3cm	151,313	香港苏富比	2015.04.06
程十发 春香 立轴	96.5cm×51cm	345,000	中国嘉德	2015.05.16
程十发 大吉祥 镜心（片）	40cm×60cm	310,500	江苏嘉恒	2015.04.25
程十发 1977年作 吉羊如意 镜片	68.5cm×34cm	230,000	上海嘉禾	2015.08.09
程十发 1977年作 长乐图 立轴	75cm×45cm	241,500	上海嘉禾	2015.05.08
程十发 1977年作 橘颂 立轴	68cm×43.5cm	287,500	中国嘉德	2015.11.14
程十发 1977年作 瓶花图 镜心	67cm×43cm	333,500	中国嘉德	2015.04.01
程十发 1977年作 纨扇仕女 立轴	70cm×43cm	207,000	中国嘉德	2015.05.16
程十发1980年作 达摩图 立轴	86.5cm×47.5cm	402,500	上海嘉禾	2015.05.08
程十发1980年作 大吉图 立轴	68cm×45cm	195,500	朵云轩	2015.07.26
程十发 1990年作 年年有余 镜片	69cm×44cm	161,000	上海嘉禾	2015.05.08
程十发 1990年作 山水 册页（十二开）	49cm×30.5cm×12	5,060,000	中国嘉德	2015.05.17
程十发 1960年作 江南农家小景 立轴	73.5cm×50cm	1,725,000	上海嘉禾	2015.05.08
程十发 冠上加冠 立轴	67cm×94cm	207,000	上海敬华	2015.06.29
程十发 1973年作 花卉 立轴	69cm×42cm	207,000	上海金艺	2015.06.26
程十发 1973年作 少女 镜片	59cm×68cm	287,500	上海嘉禾	2015.05.08
程十发 1973年作 少女沐春三阳开泰 立轴	111.5cm×47.5cm	920,000	上海嘉禾	2015.05.08
程十发 海棠 立轴	42.2cm×31.5cm	164,200	佳士得	2015.12.01
程十发 行书刘桢诗 立轴	137cm×68.5cm	172,500	上海嘉禾	2015.05.08
程十发 花卉 立轴	134cm×41cm	276,000	天津同方	2015.06.06
程十发 黄胄 放牧姑娘	63.5cm×35.5cm	469,640	帝图艺术	2015.04.12
程十发 1999年作 书法十一言联 对联	229cm×26cm×2	437,000	上海嘉禾	2015.05.08
程十发 1989年作 秋山图 立轴	137cm×67cm	6,440,000	上海嘉禾	2015.05.08
程十发1989年作疏林平远图镜心	68cm×47cm	161,000	中国嘉德	2015.06.27
程十发 1994年作 少女与鹿 立轴	75cm×49cm	287,500	上海敬华	2015.06.29
程十发 甲子（1984年）作 芭蕉锦雉 立轴	145cm×28cm	287,500	上海敬华	2015.06.29
程十发 甲子（1984年）作 舞春风 镜片	90cm×51cm	322,000	上海嘉禾	2015.05.08
程十发 甲子（1984年）作 秋山晴岚图 立轴	68.5cm×68cm	368,000	中国嘉德	2015.11.14
程十发 江头仕女 立轴	70cm×46cm	287,500	上海敬华	2015.06.29
程十发 橘颂 立轴	98.5cm×49cm	460,000	南京经典	2015.01.04
程十发 蒙族小姐妹 镜心	90cm×48.5cm	1,035,000	中国嘉德	2015.11.14
程十发 民族姑娘 镜心	68.5cm×43cm	494,500	江苏爱涛	2015.06.29
程十发 牧归图 立轴	69cm×46cm	537,600	十竹斋	2015.06.14
程十发 牧牛图 镜片	56cm×50cm	322,000	上海嘉禾	2015.05.08
程十发 牧牛图 立轴	95cm×58.5cm 诗堂28cm×58.5cm	805,000	上海嘉禾	2015.05.08
程十发 平安长乐图 镜心	95.5cm×71.5cm	672,000	十竹斋	2015.06.14
程十发 清荷 镜框	48.2cm×37.3cm	201,750	香港苏富比	2015.04.06
程十发 秋山新雨 镜心	87.5cm×68cm	460,000	荣宝斋（济南）	2015.11.21
程十发 秋心 镜心	68cm×59cm	290,988	中国嘉德	2015.10.07
程十发 屈原橘颂图 立轴	95.5cm×67cm	920,000	上海嘉禾	2015.05.08
程十发 人物	138cm×60cm	897,120	荣盛国际	2015.01.10
程十发 人物插图 册（二十开）	14.5cm×10cm×20	897,000	北京翰海	2015.06.27
程十发 2002年作 秋山图 立轴	77cm×33.5cm	280,000	上海驰翰	2015.05.09
程十发 1972年作 牧牛图 立轴	54cm×52cm	230,000	朵云轩	2015.01.25
程十发 1972年作 养鹿姑娘 立轴	67.5cm×40cm	322,000	上海嘉禾	2015.05.08

拍品名称	物品尺寸	成交价RMB	拍卖公司	拍卖日期
程十发 1972年作 橘颂 立轴	114cm×61.5cm	402,500	中国嘉德	2015.11.14
程十发 1972年作 牧骑 立轴	68cm×46.5cm	448,500	北京诚轩	2015.11.13
程十发 山居图 镜框	37cm×95cm	170,213	佳士得	2015.06.02
程十发 山水 册页	35.5cm×35cm×5	2,012,500	海德拍卖	2015.06.27
程十发 少女牧羊 镜片	50.5cm×66.5cm	253,000	上海工美	2015.04.26
程十发 少女牧羊 立轴	82cm×51cm	299,000	上海嘉禾	2015.05.08
程十发 少女牧羊图 立轴	68cm×46cm	161,000	西泠拍卖	2015.07.04
程十发 少女幽思 立轴	87cm×48cm	218,500	北京匡时	2015.06.06
程十发 少女与鹿 镜片	48.5cm×69.5cm	345,000	上海嘉禾	2015.05.08
程十发 少女与鹿 镜心	69cm×49cm	322,000	保利厦门	2015.08.02
程十发 少女与鹿 镜心	136cm×33cm	207,000	中国嘉德	2015.04.01
程十发 少女与鹿 镜心	68cm×42cm	287,500	中贸圣佳	2015.05.19
程十发 少女与鹿 镜心	44cm×64cm	349,186	中国嘉德	2015.10.07
程十发 少女与鹿 立轴	81cm×51cm	402,500	海德拍卖	2015.06.27
程十发 少女与鹿 立轴	69cm×35cm	184,000	中国嘉德	2015.04.01
程十发 少女与牛 立轴	72cm×49cm	296,976	中国嘉德	2015.04.07
程十发 石笋峰 镜框	49cm×30.5cm	333,500	上海嘉禾	2015.05.08
程十发 孙大圣 立轴	书35cm×47.5cm 画88cm×47.5cm	2,800,000	十竹斋	2015.06.14
程十发 唐云 来楚生 等 1960年作 人物 花卉 册页（十开）	20cm×26cm×10	168,000	上海国拍	2015.05.31
程十发 汪大文 1980年作 陶渊明芳菊诗意 镜心	136cm×67cm	230,000	北京保利	2015.06.05
程十发 汪大文 1980年作 辛稼轩破阵子诗意 镜心	136cm×67cm	230,000	北京保利	2015.06.05
程十发 汪大文 红叶诗意 镜心	136cm×67cm	230,000	北京保利	2015.06.05
程十发 汪大文 金光瑜 1977年作 鞠躬尽瘁为人民 镜心	180cm×126cm	690,000	北京保利	2015.06.05
程十发 汪大文 陆放翁晚菊诗意 镜心	136cm×67cm	230,000	北京保利	2015.06.05
程十发 维族少女 镜心	65cm×46cm	345,000	中贸圣佳	2015.05.19
程十发 1988年作 花开富贵 镜框	73cm×65cm	253,000	朵云轩	2015.04.27
程十发 1988年作 蓝月季 立轴	79cm×56cm	230,000	上海嘉禾	2015.05.08
程十发 1988年作 仕女 立轴	137.5cm×68cm	575,000	中国嘉德	2015.11.14
程十发 1978年作 斗花图 镜心	33.8cm×29.8cm	207,000	北京诚轩	2015.11.13
程十发 1978年作 龙女牧羊 镜心	82.5cm×50.5cm	218,500	北京诚轩	2015.05.18
程十发 1978年作 玉笛吹彻梅花寒 镜心	68cm×122cm	207,000	中国嘉德	2015.09.19
程十发 西海门群峰 镜框	49cm×30.5cm	402,500	上海嘉禾	2015.05.08
程十发 戏曲人物 立轴	96cm×68cm	333,500	上海敬华	2015.06.29
程十发 谢稚柳 关良 朱屺瞻 沈迈士 1980年作 嵩寿 镜框	135.6cm×67.9cm	438,144	纽约佳士得	2015.09.16
程十发 1981年作 二湘图 立轴	96cm×57cm	184,000	北京隆琛	2015.11.21
程十发 养鹿图 立轴	60.5cm×32cm	253,000	朵云轩	2015.06.18
程十发1985年作 濒湖问药图立轴	132cm×70cm	1,725,000	上海嘉禾	2015.05.08
程十发 1985年作 大吉祥图 立轴	67cm×45cm	437,000	上海嘉禾	2015.05.08
程十发 乙亥（1995年）作 眉寿图 镜片	86cm×52cm	287,500	上海嘉禾	2015.05.08
程十发 杂画卷 手卷	23cm×240cm	666,582	保利香港	2015.04.07
程十发 张仲景著书图 镜片	52cm×67.5cm	322,000	上海嘉禾	2015.05.08
程十发 长乐 立轴	78cm×50cm	161,000	南京经典	2015.01.04
程十发 长乐图	125cm×60cm	2,709,300	卓艺拍卖	2015.11.18
程十发 知音图 立轴	96cm×59cm	494,500	北京匡时	2015.03.30
程颂万 篆书八言联 立轴	206cm×30cm×2	184,000	保利山东	2015.09.13
程璋 庚戌（1910年）作 岁朝图 立轴	134cm×67cm	276,000	中国嘉德	2015.11.14

拍品名称	物品尺寸	成交价RMB	拍卖公司	拍卖日期
程璋 1918年作 花鸟 四屏立轴	136.5cm×34cm×4	184,000	中国嘉德	2015.05.16
仇德树 1983年作《裂痕》系列308号	100.5cm×182cm	184,950	香港苏富比	2015.10.05
仇德树 1983年作 自然的裂痕2号 镜框	114.4cm×117.1cm	328,800	香港苏富比	2015.10.05
仇德树 遥观海天 镜心	88cm×58cm	287,500	中国嘉德	2015.11.16
崔进 少女二 镜心	62cm×67cm	409,960	南京经典	2015.04.26
崔进 少女一 镜心	100cm×63cm	579,690	南京经典	2015.04.26
崔君沛 沈加蔚 1980年作 血染烽火台 连环画原稿（全）（一百六十六帧）	18cm×24cm×166 封面 15.5cm×23.5cm	287,500	西泠拍卖	2015.07.04
崔如琢 2008至2014年作 万绿丛中红一点 芦花南岸泠如雪 春江花月夜 雪漫空山 镜心	44cm×44cm×4	3,999,492	保利香港	2015.04.06
崔如琢2009年作 画比真荷大 镜心	211cm×72cm	8,729,640	保利香港	2015.10.05
崔如琢 2010年作 红竹 镜心	211cm×72cm	9,214,620	保利香港	2015.10.05
崔如琢 2010年作 青藤不可见 镜心	211cm×72cm	8,826,636	保利香港	2015.10.05
崔如琢 2010年作 石洁竹青好父母 镜心	211cm×72cm	9,699,600	保利香港	2015.10.05
崔如琢 2010年作 雪满江天 镜心	36.5cm×143cm	3,450,000	北京保利	2015.06.03
崔如琢 2010至2011年作 春风江上路 远山如画雨新晴 江涵秋影雁初飞 雪溪行舟 镜心	41cm×41cm×4	3,809,040	保利香港	2015.04.06
崔如琢 2011年作 不尽长江滚滚来	41cm×41cm	690,000	北京翰海	2015.11.27
崔如琢 2011年作 不是东坡赤壁游 镜心	66.5cm×51.5cm	1,999,746	保利香港	2015.04.06
崔如琢 2011年作 楚天阔浪浸斜阳 镜心	75.5cm×46.5cm	5,431,776	保利香港	2015.10.05
崔如琢 2011年作 春荫垂野草青青 镜心	66.5cm×51cm	1,904,520	保利香港	2015.04.06
崔如琢 2011年作 高树晓还密 镜心	74.5cm×47.5cm	1,809,294	保利香港	2015.04.06
崔如琢 2011年作 荷沼无风亦自香	41cm×41cm	747,500	北京翰海	2015.11.27
崔如琢 2011年作 红霞潋滟碧波平 镜心	76cm×50cm	2,327,904	保利香港	2015.10.05
崔如琢2011年作 积雪浮云端 镜心	76cm×46.5cm	2,909,880	保利香港	2015.10.05
崔如琢 2011年作 江浦雷声喧昨夜 镜心	74.5cm×47.5cm	3,809,040	保利香港	2015.04.06
崔如琢 2011年作 落日山逾碧 镜心	74cm×47.5cm	2,424,900	保利香港	2015.10.05
崔如琢 2011年作 落霞与孤鹜齐飞 镜心	74.5cm×48cm	2,424,900	保利香港	2015.10.05
崔如琢 2011年作 前村深雪里	41cm×41cm	632,500	北京翰海	2015.11.27
崔如琢 2011年作 樵客出来山带雨 镜心	66cm×51cm	2,327,904	保利香港	2015.10.05
崔如琢 2011年作 秋水一抹碧，残霞几缕红 镜心	143cm×365cm	28,750,000	北京保利	2015.12.06
崔如琢2011年作 山村飞小雪 镜心	66.5cm×51.5cm	2,715,888	保利香港	2015.10.05
崔如琢2011年作 山光物态弄春晖	41cm×41cm	713,000	北京翰海	2015.11.27
崔如琢 2011年作 山中明月照积雪 镜心	66cm×51.5cm	2,521,896	保利香港	2015.10.05
崔如琢 2011年作 湿翠横空千竹林 镜心	66.5cm×52cm	1,428,390	保利香港	2015.04.06
崔如琢 2011年作 涛似连山喷雪来	41cm×41cm	667,000	北京翰海	2015.11.27
崔如琢2011年作 天寒红叶稀 镜心	67cm×51cm	2,094,972	保利香港	2015.04.06
崔如琢 2011年作 万山春色归	44cm×44cm	575,000	北京翰海	2015.11.27
崔如琢2011年作 惟有长江水 镜心	76cm×49.5cm	2,909,880	保利香港	2015.10.05
崔如琢 2011年作 渭城朝雨浥轻尘 镜心	65.5cm×50cm	2,327,904	保利香港	2015.10.05

拍品名称	物品尺寸	成交价RMB	拍卖公司	拍卖日期
崔如琢 2011年作 小桃灼灼柳鬖鬖 镜心	75.5cm×47.5cm	1,999,746	保利香港	2015.04.06
崔如琢 2011年作 渔舟归去水生风 镜心	66cm×51cm	2,285,424	保利香港	2015.04.06
崔如琢 2011年作 雨后含晴	41cm×41cm	862,500	北京翰海	2015.11.27
崔如琢 2011年作 乍暖扶春轻寒弄晓 镜心	75.5cm×48cm	2,380,650	保利香港	2015.04.06
崔如琢 2012年作 残雪晚照	44cm×44cm	690,000	北京翰海	2015.11.27
崔如琢 2012年作 春草绿色	38cm×290cm	5,750,000	北京翰海	2015.11.27
崔如琢 2012年作 春风春雨图	37.5cm×144cm	3,450,000	北京翰海	2015.11.27
崔如琢 2012年作 春雨欲晴时 镜心	76cm×145cm	6,665,820	保利香港	2015.04.06
崔如琢 2012年作 飞雪漫空来	37.5cm×144.5cm	3,220,000	北京翰海	2015.11.27
崔如琢 2012年作 花似玉雕叶似烟	144cm×367cm	26,450,000	北京翰海	2015.11.27
崔如琢 2012年作 黄叶漫山雪拥门 镜心	75.5cm×144cm	7,618,080	保利香港	2015.04.06
崔如琢 2012年作 积雨暗林屋 镜心	75cm×145cm	7,141,950	保利香港	2015.04.06
崔如琢 2012年作 江天雪意 镜心	画37cm×287.5cm	6,856,272	保利香港	2015.04.06
崔如琢 2012年作 门前翠影山无数	74.5cm×71.5cm	3,450,000	北京翰海	2015.11.27
崔如琢 2012年作 青山看不厌	41cm×41cm	632,500	北京翰海	2015.11.27
崔如琢 2012年作 晴后夕阳山影淡	74.5cm×71.5cm	3,450,000	北京翰海	2015.11.27
崔如琢 2012年作 秋山平远 镜心	画37cm×285cm	6,665,820	保利香港	2015.04.06
崔如琢 2012年作 天边去影投沙渚 镜心	75.5cm×145cm	6,856,272	保利香港	2015.04.06
崔如琢 2012年作 溪山为伴 镜心	画37cm×287.5cm	6,189,690	保利香港	2015.04.06
崔如琢2012年作 小树留春放晚花	74.5cm×71.5cm	3,450,000	北京翰海	2015.11.27
崔如琢2012年作 雪处疑花满 镜心	75cm×48cm	2,380,650	保利香港	2015.04.06
崔如琢 2012年作 雪漫空山	41cm×41cm	805,000	北京翰海	2015.11.27
崔如琢 2012年作 雪溪独钓	74.5cm×71.5cm	3,680,000	北京翰海	2015.11.27
崔如琢 2012年作 野竹分青霭	41cm×41cm	690,000	北京翰海	2015.11.27
崔如琢 2013年作 春日花草香	47.5cm×37cm	920,000	北京翰海	2015.06.26
崔如琢 2013年作 秋水凝神 立轴	1375cm×685cm	5,750,000	北京保利	2015.12.06
崔如琢 2013年作 山水 四屏镜心	295cm×142cm×4	110,090,460	保利香港	2015.10.05
崔如琢2013年作 葳蕤雪意江南 镜心	292cm×143cm×8	190,452,000	保利香港	2015.04.06
崔如琢2013年作 指墨山水（二帧）	47.5cm×37cm×2	1,725,000	北京翰海	2015.06.26
崔如琢 2014年作 初夏槐风细/夏半荫气始/烟江寒山秋/独钓寒江雪 镜心	44cm×44cm×4	4,655,808	保利香港	2015.10.05
崔如琢 2014年作 春江风水连天阔/接天莲叶无穷碧/秋江吟风/寒云欲雪 镜心	40.5cm×40.5cm×4	4,849,800	保利香港	2015.10.05
崔如琢2014年作 风飐芦花雪满溪	89.5cm×46cm	805,000	北京翰海	2015.11.27
崔如琢 2014年作 幽居养性灵	141.5cm×47.5cm	1,150,000	北京翰海	2015.11.27
崔如琢 2014年作 指墨书法：风飐芦花雪满溪 镜心	143cm×49cm	1,551,936	保利香港	2015.10.05
崔如琢 2014年作 指墨书法：寄兴于烟霞之外 镜心	125cm×49cm	1,047,486	保利香港	2015.04.06
崔如琢 2014年作 指墨书法：陶写性灵 镜心	90cm×48cm	969,960	保利香港	2015.10.05
崔如琢 2014年作 指墨书法：夜雨寄北 镜心	180cm×97cm	1,142,712	保利香港	2015.04.06
崔如琢 淡妆浓抹 立轴	71cm×75.5cm	2,875,000	江苏两汉	2015.01.11
崔如琢 2014年作 飞雪伴春 镜心	146cm×370cm	25,300,000	中国嘉德	2015.11.16
崔如琢 清趣 镜心	48cm×124cm	184,000	荣宝斋（济南）	2015.11.21
崔如琢 山水 立轴	47cm×73cm	2,357,500	江苏两汉	2015.01.11
崔如琢 山水人物 立轴	74.5cm×144cm	5,175,000	江苏两汉	2015.01.11
崔如琢 2011年作 晚上无语对斜阳 镜心	47.5cm×37.5cm	690,000	中国嘉德	2015.05.18

(成交价RMB：15万元以上)

拍品名称	物品尺寸	成交价RMB	拍卖公司	拍卖日期
崔如琢 雪景	47.5cm×37cm	805,000	北京翰海	2015.06.26
崔如琢 指墨书法：墨韵雅风 镜心	46.5cm×90.5cm	952,260	保利香港	2015.04.06
崔瑞鹿 2010年作 秋趣 镜心	69cm×69cm	276,000	北京翰海	2015.07.18
崔西民 富贵双禽图 镜心	37cm×133cm	172,500	北京翰海	2015.07.18
崔振宽 1989年作 大河出峡图 镜框	137cm×69cm	336,000	秦宝斋	2015.01.17
崔振宽 1998年作 华岳雄姿 镜片	137.5cm×70cm	336,000	秦宝斋	2015.01.17
崔振宽 2003年作 陕北风情 镜框	123cm×125cm	784,000	秦宝斋	2015.01.17
崔振宽 2005年作 关中佳秋 镜片	69cm×137cm	358,400	秦宝斋	2015.01.17
崔振宽 2007年作 嘉陵岸边 镜心	69cm×136cm	161,000	北京保利	2015.04.25
崔振宽 2010年作 西岳华山图 镜框	145cm×74cm	369,600	秦宝斋	2015.01.17
崔振宽 2012年作 秦岭山村图 镜心	96cm×179cm	1,120,000	秦宝斋	2015.01.17
崔振宽 2012年作 山水 四屏镜心	137.5cm×34.5cm×4	1,232,000	秦宝斋	2015.01.17
崔振宽 册页 册页（八开）	34.5cm×34.5cm×8	425,600	秦宝斋	2015.01.17
崔振宽 2015年作 风景写生（八帧）镜心	41cm×55cm×8	1,150,000	中国嘉德	2015.05.18
崔子范 1979年作 香远溢清 立轴	78cm×50cm	264,500	中贸圣佳	2015.05.19
崔子范 1988年作 杂画册 册页（十开）	28cm×45cm	264,500	保利山东	2015.09.13
崔子范 1992年作 迎春图 镜框	95cm×176.5cm	350,438	佳士得	2015.06.02
崔子范 春风送暖上衰藤 立轴	173cm×94cm	322,000	北京上和	2015.05.16
崔子范 高立 立轴	96cm×48cm	195,500	南京经典	2015.01.04
崔子范 许麟庐 等1980年作 花鸟山水（六帧）镜心	38cm×54.5cm×6	218,500	中国嘉德	2015.05.16
崔自默 2006年作 虚怀	21.5cm×16.5cm	230,000	北京翰海	2015.11.27
崔自默 在上在下	18cm×21cm	322,000	北京翰海	2015.06.26
大壶 2014年作 流觞曲水 镜心	138cm×34cm	287,500	北京保利	2015.12.06
大壶 2014年作 闲爱孤云静爱僧 镜心	82cm×68cm	368,000	北京保利	2015.06.03
大壶 关山清梦 镜心	138cm×35cm	287,500	北京保利	2015.06.03
大土三阳 2015年作 明湖秋色	半径41cm	253,000	北京翰海	2015.11.27
大土三阳 2015年作 南粤松风	半径41cm	287,500	北京翰海	2015.11.27
大土三阳 2015年作 山水	247cm×123cm	3,680,000	北京翰海	2015.11.27
大土三阳 观鸟听瀑图 镜心	56cm×71cm	161,000	中贸圣佳	2015.05.19
大土三阳 四季风光 镜心	97cm×40cm×4	402,500	南京经典	2015.01.04
戴敦邦 1962年作 大闹天宫（七十九帧）册页	27cm×20cm×79	690,000	北京匡时	2015.03.30
戴卫 2014年作 风骨堂人物扇面 镜心	20.5cm×60cm×6	1,667,500	中国嘉德	2015.05.18
嶋本昭三 约1967年作 无题	116cm×72.3cm	1,954,440	佳士得	2015.05.30
邓尔疋 1948年作 临颂鼎 镜片	119cm×36cm	184,000	广东崇正	2015.06.18
邓尔雅 蔡守 鼎兰 立轴	66cm×33cm	195,500	保利厦门	2015.05.03
邓尔雅 江山如画 立轴	93cm×28cm	207,000	华艺国际	2015.05.24
邓尔雅 楷书七言联 立轴	eacmh 134.3cm×21.7cm×2	184,950	香港苏富比	2015.10.06
邓芬 1925年作 芭蕉仕女 立轴	82cm×31cm	287,500	华艺国际	2015.05.24
邓芬 1931年作 西方三圣 立轴	133cm×46cm	207,000	华艺国际	2015.05.24
邓芬 1943年作 罗汉 立轴	107cm×34.7cm	205,500	香港苏富比	2015.10.06
邓芬 1950年作 顾影自怜 立轴	107.5cm×34.9cm	184,950	香港苏富比	2015.10.06
邓芬 1957年作 西方三圣 立轴	93cm×36cm	380,904	保利香港	2015.04.07
邓芬 1958年作 桐荫琴思 立轴	95.1cm×37.3cm	181,575	香港苏富比	2015.04.06
邓芬 1960年作 竹林清趣 镜片	53cm×106cm	184,000	深圳市拍	2015.07.19
邓芬 1964年作 红荷 立轴	30.5cm×95cm	207,000	华艺国际	2015.05.24
邓芬 1960年作 富贵白头 镜心	90cm×31cm	417,623	中国嘉德	2015.04.07
邓芬 癸卯（1963年）作 蕉荫蛛网图 立轴	95cm×30cm	195,500	广东崇正	2015.06.18
邓芬 癸卯(1963年)作 群雀图 镜片	95cm×36cm	241,500	广东崇正	2015.06.18
邓芬 癸卯（1963年）作 塞外春光 立轴	95cm×30cm	207,000	广东崇正	2015.06.18
邓芬 癸卯（1963年）作 捣衣图 镜心	125.5cm×42.5cm	203,692	中国嘉德	2015.10.07
邓芬 癸卯（1963年）作 携琴仕女 镜心	95cm×37cm	174,593	中国嘉德	2015.10.07
邓芬 1943年作 柳荫仕女 立轴	99cm×34cm	172,500	中国嘉德	2015.11.14
邓芬 1959年作 仕女 立轴	画54cm×31cm 诗堂24cm×31cm	333,500	广东崇正	2015.06.18
邓芬 甲辰（1964年）作 香远益清 立轴	94cm×31cm	241,500	广东崇正	2015.06.18
邓芬 琵琶情影 立轴	94cm×33cm	287,500	北京诚轩	2015.11.13
邓散木 1935年作 隶书十二言联 立轴	160cm×26cm×2	402,500	北京匡时	2015.06.07
邓散木 篆书十三言联 立轴	137cm×21cm×2	172,500	中国嘉德	2015.05.16
邓拓 1965年作 行书 毛主席词句 画心	131cm×40cm	172,500	西泠拍卖	2015.07.05
邓先仙 密云不语 镜心	95cm×97.2cm	172,500	中国嘉德	2015.11.16
狄平子 行书十二言联 立轴	130cm×23cm×2	184,000	中国嘉德	2015.05.16
丁宝书 松鼠戏猫图	130cm×68cm	1,354,650	卓艺拍卖	2015.11.21
丁辅之 1932年作 春梅先发 镜框	105cm×33.7cm	308,250	香港苏富比	2015.10.06
丁辅之 1941年作 松柏延年 立轴	99cm×33cm	161,000	北京匡时	2015.10.16
丁辅之 1945年作 书画合璧扇 成扇	18cm×49cm	230,000	北京诚轩	2015.05.18
丁辅之 赵叔孺 1936年作 果蔬图 行书 成扇		195,500	中国嘉德	2015.04.01
丁观加 渔歌（四）镜心	69cm×137.5cm	161,000	中国嘉德	2015.11.16
丁谦 行书 镜心	68cm×137cm	156,800	北京荣宝	2015.11.29
丁筱芳 2015年作《水浒传》人物—浪子燕青 镜片	68cm×137cm	172,500	上海道明	2015.05.09
丁雄泉 二女与粉红色马	45.1cm×58.5cm	190,238	佳士得	2015.05.31
丁雄泉 粉红色的马与两个女人 镜心	129cm×248cm	943,000	上海宝龙	2015.01.18
丁雄泉 骑马勇士	280.7cm×134.6cm 234.9cm×120.6cm	153,938	佳士得	2015.11.29
丁雄泉 羞花	93cm×95cm	195,500	北京保利	2015.06.03
丁衍庸 1965年作、1971年作、1972年作 花鸟 山水（七幅）（一幅）镜框/立轴	135cm×61cm 68.2cm×33.6cm×5 137.1cm×34cm×2	420,525	佳士得	2015.06.02
丁衍庸 1968年作、1970年作、1971年作 花鸟（五幅）（三幅）镜框/立轴	137.5cm×68.5cm×2 67cm×33.6cm×6	420,525	佳士得	2015.06.02
丁衍庸 1970、1972年作 人物（四幅）（两幅）立轴	67.5cm×34.5cm 79.1cm×34.3cm 91cm×34.2cm 131.5cm×34.3cm	359,188	佳士得	2015.12.01
丁衍庸 1970年作、1971年作、1972年作、1978年作 人物 山水（三幅）（四幅）（一幅）镜框/立轴/横披	尺寸不一	500,625	佳士得	2015.06.02
丁衍庸 1971年作 花鸟（三幅）（三幅）镜框	66cm×34.2cm×3	225,775	佳士得	2015.12.01
丁衍庸 1971年作 花鸟 青蛙（五幅）（一幅）镜框/立轴	68.5cm×34cm×6	300,375	佳士得	2015.06.02
丁衍庸 1971年作 青蛙 镜框	139cm×34cm	230,000	华艺国际	2015.05.24
丁衍庸 1972年作 芭蕉青蛙 镜框	139cm×44cm	153,938	佳士得	2015.12.01
丁衍庸 1972年作 山水风景（一幅）（三幅）立轴	68.3cm×32.5cm 93cm×34.5cm	194,988	佳士得	2015.12.01
丁衍庸 1972年作 西村僧刹 镜框	137.6cm×68.6cm	328,400	佳士得	2015.12.01
丁衍庸 1973年作 白鹤高飞正待时 镜心	64cm×44cm	152,362	保利香港	2015.04.07

拍品名称	物品尺寸	成交价RMB	拍卖公司	拍卖日期
丁衍庸 1975年作 花鸟 镜框（十开）	26.2cm×31.5cm×10	266,825	佳士得	2015.12.01
丁衍庸 1976年作 道统图 镜框	35.1cm×69.7cm	174,675	香港苏富比	2015.10.06
丁衍庸 1976年作 竹鸟图 立轴	138cm×69cm	287,700	香港苏富比	2015.10.05
丁衍庸 1977年作 达摩像 立轴	69cm×35cm	160,200	佳士得	2015.06.02
丁衍庸 1977年作 献寿 立轴	69.3cm×45.2cm	246,600	香港苏富比	2015.10.06
丁衍庸 1978年作 华清赐浴 册页	70cm×46.3cm	359,188	佳士得	2015.12.01
丁衍庸 1978年作 水族 镜框	69.5cm×140cm	320,400	佳士得	2015.06.02
丁衍庸 爱菊图 镜心	68cm×45cm	310,500	中国嘉德	2015.11.15
丁衍庸 八仙 镜心	68.2cm×45.5cm	172,500	北京诚轩	2015.11.13
丁衍庸 1976年作 粉墨登场 镜心	67.5cm×40cm	230,000	中国嘉德	2015.11.15
丁衍庸 1976年作 红鹤 镜心	46cm×34cm	333,500	中国嘉德	2015.11.15
丁衍庸 1976年作 摩登仕女 镜心	68cm×46cm	287,500	中国嘉德	2015.11.15
丁衍庸 1976年作 行书《观沧海》立轴	137cm×68cm	241,293	中国嘉德	2015.04.07
丁衍庸 1976年作 荷池蛙趣 镜心	44.5cm×97.5cm	207,000	北京诚轩	2015.05.18
丁衍庸 1976年作 水禽（四帧）四屏立轴	97cm×34cm×4	690,000	北京诚轩	2015.05.18
丁衍庸 1976年作 松龄鹤寿 立轴	97cm×44.2cm	230,000	北京诚轩	2015.05.18
丁衍庸 1976年作 志在春秋功在汉 镜心	69cm×41cm	322,000	北京诚轩	2015.05.18
丁衍庸 丙午（1966年）作 花果清趣图卷 手卷	34.5cm×138.5cm	161,000	北京诚轩	2015.11.13
丁衍庸 丙午（1966年）作 小鸟葫芦 镜心	138.5cm×69cm	184,000	北京诚轩	2015.11.13
丁衍庸 丙午（1966年）作 园苑佳景（四帧）四屏镜心	138cm×34cm×4	437,000	北京诚轩	2015.11.13
丁衍庸 1977年作 水族图 镜心	138.5cm×69:5cm	230,000	中国嘉德	2015.11.15
丁衍庸 1977年作 钟馗渡江 镜心	34cm×34cm	471,500	中国嘉德	2015.11.15
丁衍庸 芙蓉白鹭 镜心	82cm×50cm	230,000	中国嘉德	2015.11.15
丁衍庸 荷塘野趣 立轴	139cm×68.5cm	160,200	佳士得	2015.06.02
丁衍庸 花鸟虫鱼（四帧）四屏镜心	69cm×34.5cm×4	345,000	北京诚轩	2015.11.13
丁衍庸 花鸟虫鱼 镜框	34.6cm×385cm	205,250	佳士得	2015.12.01
丁衍庸 1974年作 花间虫语 手卷	46cm×338cm	172,500	上海道明	2015.05.09
丁衍庸 清趣图卷 手卷	38cm×327.5cm	172,500	北京东正	2015.11.19
丁衍庸 人间富贵花 立轴	137.2cm×69cm	230,000	北京诚轩	2015.05.18
丁衍庸 人物（四帧）立轴	69cm×34.5cm×4	230,000	北京匡时	2015.12.04
丁衍庸 人物花鸟册 册页（十六开）	33cm×46cm×16	414,000	北京匡时	2015.12.04
丁衍庸 苏三起解 镜心	34cm×34cm	345,000	中国嘉德	2015.11.15
丁衍庸 1968年作 雪泥留真册 册页（十二开）	34.5cm×34.5cm×12	287,500	北京诚轩	2015.11.13
丁衍庸 1975年作 霸王别姬 镜心	69cm×46cm	166,750	北京诚轩	2015.05.18
丁衍庸 1975年作 荷塘眷侣 镜心	69cm×137cm	379,500	北京诚轩	2015.11.13
丁衍庸 1975年作 梅妻鹤子 立轴	103cm×56.5cm	253,000	北京诚轩	2015.11.13
丁衍庸 1975年作 双鹭 镜心	51cm×97cm	195,500	北京诚轩	2015.11.13
丁衍庸 1975年作 松亭携琴 立轴	139cm×68.5cm	402,500	北京诚轩	2015.11.13
丁衍庸 1975年作 珍禽名卉 四屏立轴	92.5cm×34cm×4	460,000	北京诚轩	2015.11.13
丁衍庸 杂画册 册页（十二开）	34cm×34.5cm×12	287,500	北京诚轩	2015.05.18
丁衍庸 钟馗嫁妹 立轴	136.5cm×69cm	552,000	北京诚轩	2015.11.13
丁一鸣 春夏秋冬 软片	133cm×33cm×4	340,500	上海聚缘斋	2015.01.11
丁云鹏 仿米家山水 成扇	16.3cm×43.5cm	431,550	香港苏富比	2015.10.05
东方乔 行书七言联 立轴	136cm×32cm×2	184,000	北京保利	2015.01.24
东方乔 行书七言联 立轴	136cm×32cm×2	172,500	北京保利	2015.01.24

拍品名称	物品尺寸	成交价RMB	拍卖公司	拍卖日期
董必武 1965年作 书法 参观漳河水库工程 画心	26.5cm×19cm×2	207,000	西泠拍卖	2015.07.05
董寿平 1940年作 叶茂花艳 立轴	86.4cm×41cm	2,146,680	佳士得	2015.06.02
董寿平 1940年作 云山图 立轴	132cm×46cm	230,000	北京保利	2015.06.04
董寿平 1941年作 深山重岭 立轴	112.4cm×61cm	897,120	佳士得	2015.06.02
董寿平 1944年作 鹦鹉展翅 镜心	110cm×32cm	253,000	北京保利	2015.12.07
董寿平 1947年作 松间云壑 立轴	79cm×31cm	264,500	北京匡时	2015.06.07
董寿平 1965年作 黄山散花坞 成扇	45cm×68cm	718,375	佳士得	2015.12.01
董寿平 1972年作 黄山云海 镜心	56cm×126cm	517,500	中国嘉德	2015.04.01
董寿平 1973年作 清石图 镜心	119cm×40.5cm	392,000	北京荣宝	2015.03.29
董寿平 1982年作 墨竹 镜心	68cm×94cm	201,600	北京荣宝	2015.03.29
董寿平 1986年作 双清图 立轴	132cm×66cm	276,000	北京保利	2015.12.07
董寿平 1987年作 草书 康有为诗 画心	132cm×66.5cm	276,000	西泠拍卖	2015.07.06
董寿平 1987年作 黄山松云 镜心	97cm×179cm	1,955,000	北京保利	2015.12.07
董寿平 1987年作 墨竹 画心	97cm×78.5cm	552,000	西泠拍卖	2015.07.06
董寿平 1988年作 红梅 镜心	87cm×47cm	287,500	北京翰海	2015.07.18
董寿平 1989年作 墨松 镜心	136cm×67.5cm	336,000	北京荣宝	2015.11.29
董寿平 1994年作 墨竹图 镜心	132cm×66cm	552,000	北京翰海	2015.07.18
董寿平 草书 七言联 画心	136cm×68cm	287,500	西泠拍卖	2015.07.06
董寿平 东风第一枝 立轴	102.3cm×33.7cm	713,000	中国嘉德	2015.05.16
董寿平 风竹 立轴	135cm×67cm	460,000	北京保利	2015.08.12
董寿平 行书 五言联 画心	134.5cm×33.5cm×2	207,000	西泠拍卖	2015.07.06
董寿平 红梅 镜心	104cm×29cm	230,000	北京保利	2015.08.12
董寿平 红梅图 镜心	83cm×147cm	2,070,000	荣宝斋（济南）	2015.11.21
董寿平 黄山 成扇	93cm×49.3cm	431,025	佳士得	2015.12.01
董寿平 黄山 镜心	68cm×137cm	310,500	辽宁中正	2015.06.13
董寿平 黄山松云 镜心	69.5cm×43cm	287,500	中国嘉德	2015.11.15
董寿平 黄山小景 镜心	82cm×33.5cm	632,500	中国嘉德	2015.05.16
董寿平 黄山烟云 立轴	79cm×31cm	345,000	荣宝斋（济南）	2015.11.21
董寿平 1989年作 冰雪精神 镜框	46cm×69cm	529,000	朵云轩	2015.06.19
董寿平 1994年作 墨竹 镜心	97cm×179cm	437,000	北京隆琛	2015.11.21
董寿平 甲子（1984年）作 黄山秋色 镜心	89cm×49cm	747,500	中国嘉德	2015.05.16
董寿平 刘继卣 1973年）作 黄山松云 镜心	66cm×132cm	1,207,500	中国嘉德	2015.06.27
董寿平 岷江风雨 立轴	110cm×49cm	172,500	北京上和	2015.05.16
董寿平 墨梅 镜片	69cm×46.5cm	322,000	西泠拍卖	2015.07.06
董寿平 墨松图 镜心	95cm×174cm	759,000	荣宝斋（济南）	2015.11.21
董寿平 墨竹 镜片	114cm×58.5cm	368,000	西泠拍卖	2015.07.06
董寿平 墨竹 镜片	67cm×45.5cm	310,500	西泠拍卖	2015.07.06
董寿平 墨竹 立轴	66cm×66cm	172,178	纽约佳士得	2015.03.17
董寿平 墨竹图	136cm×68cm	380,475	荣盛国际	2015.07.31
董寿平 墨竹图 镜心	66.5cm×132.5cm	264,500	北京匡时	2015.06.06
董寿平 泼墨黄山 立轴	66cm×66cm	345,000	北京保利	2015.12.07
董寿平 泼墨山水 立轴	44cm×68cm	253,000	荣宝斋（济南）	2015.11.21
董寿平 葡萄 立轴	137.5cm×68.5cm	402,500	中国嘉德	2015.05.17
董寿平 山水 镜框	155cm×79cm	1,030,400	北京荣宝	2015.11.29
董寿平 松石图 镜框	46cm×67cm	172,500	北京隆琛	2015.11.22
董寿平 松树 立轴	134cm×68cm	481,600	北京荣宝	2015.03.29
董寿平 陶一清 张辛稼 等《多彩集》册 册页（六开）	26.5cm×32.5cm×6	161,000	北京匡时	2015.12.04

拍品名称	物品尺寸	成交价RMB	拍卖公司	拍卖日期
董寿平 吴作人 篆书“晚晴斋 行书“晚晴斋”镜心	33cm×68cm 56cm×99cm	195,500	北京匡时	2015.06.06
董寿平 雾绕云山 镜片	49.5cm×45cm	460,000	北京上和	2015.05.16
董寿平 云山烟雨 立轴	113cm×66cm	345,000	北京翰海	2015.03.14
董寿平 竹报平安图	136cm×68cm	600,750	荣盛国际	2015.07.31
董寿平 竹石兰草图 镜心	118cm×119cm	1,380,000	荣宝斋（济南）	2015.11.21
董寿平 竹石图 镜心	134cm×63cm	402,500	荣宝斋（济南）	2015.11.21
董寿平 1988年作 墨松图	137cm×71cm	207,000	北京翰海	2015.09.13
董寿平 碧峰遥隐 立轴	113.5cm×46.5cm	213,391	保利香港	2015.10.05
董寿平1980年作 黄山烟云 立轴	136cm×68cm	425,500	中国嘉德	2015.09.19
董寿平 1973年作 墨竹 立轴	96cm×44cm	290,988	中国嘉德	2015.10.07
董寿平 红梅报春 镜心	97cm×180cm	690,000	中国嘉德	2015.09.19
董寿平 黄山 镜心	44cm×68cm	290,988	中国嘉德	2015.10.07
董寿平 1989年作 黄山 立轴	117cm×68cm	339,486	中国嘉德	2015.10.07
董寿平 竹子	150cm×70cm	2,889,920	卓艺拍卖	2015.11.21
董希源 2014年作 神铸黄山起烟云 镜心	69cm×69cm	336,000	北京荣宝	2015.06.21
董欣宾 1977年作 山水画（二十六幅）镜心	尺寸不一	368,000	中国嘉德	2015.09.19
董欣宾 1991年作 无题 镜心	138cm×69cm	184,292	保利香港	2015.10.05
董欣宾 20世纪90年代年作 无题	133.2cm×66.3cm	253,000	北京翰海	2015.06.26
董欣宾 20世纪90年代年作 无题	137cm×70cm	230,000	北京翰海	2015.06.26
董欣宾 春牛图 镜心	151cm×81cm	230,000	南京经典	2015.08.02
董作宾 1946年作 篆书 甲骨（四帧）四屏画心	85cm×19.5cm×4	322,000	西泠拍卖	2015.07.05
董作宾 1954年作 甲骨文十四言联 立轴	71cm×6.6cm×2	423,675	香港苏富比	2015.04.06
杜小同 处暑 镜心	49cm×219cm	218,500	中国嘉德	2015.11.16
杜滋龄 2000年作 雪韵高原 镜心	146cm×442cm	690,000	北京保利	2015.12.06
杜滋龄 2007年作 少数民族风情（四幅）四条屏	115cm×48cm×4	207,000	中国嘉德	2015.04.02
杜滋龄 山路弯弯 横卷	34cm×176cm	690,000	北京上和	2015.11.13
段秀苍 城管来了 镜心	96cm×90cm	345,000	北京保利	2015.06.03
范曾 写实人物 卡纸	46cm×40.5cm	517,500	河南金帝	2015.11.22
范曾 1975年作 彭泽荫憩图 镜心	56cm×79cm	287,500	北京保利	2015.12.06
范曾 1978年作 李贺像 立轴	61cm×48.5cm	276,000	保利山东	2015.02.01
范曾 1978年作 唐人诗意图 镜心	178cm×96cm	2,070,000	北京匡时	2015.12.04
范曾 1979年作 大吉图 立轴	68.5cm×45cm	280,000	北京荣宝	2015.03.29
范曾 1979年作 女娲补天图 镜片	137cm×68cm	1,725,000	河南金帝	2015.11.22
范曾 1979年作 蒲松龄造像 立轴	134cm×65cm	1,265,000	河南豫呈祥	2015.01.18
范曾 1979年作 钟馗搜妖图 镜框	94cm×47cm	347,200	北京荣宝	2015.08.30
范曾 1979年作 钟馗雅趣 镜心	118cm×95cm	457,085	保利香港	2015.04.06
范曾 1980年作 江南可采莲 镜框	68.5cm×68cm	504,000	北京荣宝	2015.11.29
范曾 1980年作 李冰伏龙图 镜片	137cm×68cm	1,667,500	河南金帝	2015.11.22
范曾 1980年作 莲叶荷田田 镜心	68cm×68cm	299,000	北京匡时	2015.10.16
范曾 1980年作 陶渊明像 立轴	45.2cm×66.7cm	159,325	纽约佳士得	2015.09.16
范曾 1980年作 武林英豪 立轴	68cm×66cm	230,000	北京保利	2015.06.05
范曾 1982年作 渔翁 立轴	139cm×69.5cm	700,875	佳士得	2015.06.02
范曾 1984年作 华佗望切图 立轴	97cm×69cm	1,782,500	北京匡时	2015.06.06
范曾 1984年作 桑麻絮语 镜片	93cm×79cm	862,500	鼎天国际	2015.07.05
范曾 1985年作 神童放牧 立轴	136cm×68cm	1,150,000	北京保利	2015.12.07
范曾 1987年作 东坡诗意图 立轴	138cm×68.5cm	1,552,500	北京保利	2015.06.03
范曾 1987年作 老者 镜心	131.5cm×66.8cm	920,000	保利山东	2015.02.01
范曾 1987年作 菩提老者 镜心	132cm×67cm	920,000	保利山东	2015.02.01
范曾 1987年作 苏东坡像 镜片	97cm×54cm	322,000	广东崇正	2015.06.19
范曾 1987年作 亦有所思 镜片	68cm×68cm	908,500	河南豫呈祥	2015.01.18
范曾 1987年作 亦有所思 镜心	68cm×68cm	287,500	北京保利	2015.01.24
范曾 1987年作 钟馗 立轴	68cm×68cm	575,000	华艺国际	2015.05.24
范曾 1989年作 达摩神悟图 镜心	69cm×69cm	172,500	厦门华辰	2015.06.20
范曾 1989年作 达摩悟道 镜心	68cm×45cm	207,000	保利山东	2015.09.13
范曾 1993年作 林泉高致 镜心	142cm×346cm	6,440,000	北京匡时	2015.12.04
范曾 1994年作 禀阴阳之纯精 立轴	95cm×89cm	805,000	保利山东	2015.02.01
范曾 1997年作 老子出关 镜片	69cm×46cm	172,500	广东崇正	2015.06.19
范曾 1997年作 老子出关 镜心	68cm×69cm	230,000	北京翰海	2015.07.18
范曾 1999年作 剑门策蹇图 立轴	177cm×94cm	1,115,500	保利山东	2015.02.01
范曾 2001年作 达摩神悟图 镜心	69cm×44cm	287,500	保利山东	2015.02.01
范曾 2003年作 秋林诵骚 镜心	138cm×40cm	402,500	北京保利	2015.12.06
范曾 2009年作 行书七言联 镜心	134cm×33cm×2	402,500	北京东正	2015.11.19
范曾 2009年作 鳒鲽情深 镜心	35cm×140cm	230,000	保利山东	2015.02.01
范曾 板桥读书 未裱	67.5cm×60cm	203,483	纽约苏富比	2015.03.19
范曾 1996年作 钟馗策骏图 行书七言联 镜片	画138cm×67cm 书法 137cm×67cm×2	708,113	宝港国际	2015.11.28
范曾 1996年作 老子演经图 镜心	28cm×40cm	172,500	中国嘉德	2015.04.02
范曾 1996年作 威震八荒 镜心	136cm×68cm	920,000	中国嘉德	2015.06.27
范曾 促织 镜心	66cm×59cm	373,750	荣宝斋（济南）	2015.11.21
范曾 达摩禅悟图 立轴	68cm×66cm	368,000	河南泽华	2015.01.11
范曾 达摩得悟	151cm×82cm	1,354,650	卓艺拍卖	2015.11.21
范曾 1997年作 胡马图 行书七言联 立轴	40cm×80cm 136cm×33cm×2	598,000	中国嘉德	2015.09.19
范曾 1987年作 怀素习书 镜片	123cm×69cm	713,000	广东崇正	2015.06.18
范曾 1987年作 人物 镜片	139cm×34cm	287,500	广东崇正	2015.06.19
范曾 1987年作 钟馗雅趣图 立轴	66cm×34cm	174,668	宝港国际	2015.11.28
范曾 1987年作 亦有所思 立轴	67cm×67cm	356,500	北京隆琛	2015.11.21
范曾 东坡诗思图 镜心	70cm×46cm	172,500	中国嘉德	2015.04.01
范曾 范曾 头陀煮茶 立轴	82.3cm×42.2cm	313,050	纽约苏富比	2015.03.19
范曾 风驰图 镜心	68.5cm×137cm	690,000	荣宝斋（济南）	2015.11.21
范曾 高士闲卧图 横披	98.5cm×48cm	402,500	西泠拍卖	2015.07.06
范曾 2000年作 有子无忧 镜心	96cm×89cm	1,150,000	中国嘉德	2015.05.18
范曾1980年作 灵运歌啸图 立轴	139cm×69cm	632,500	中国嘉德	2015.11.14
范曾1980年作 易元吉训猴图 镜心	68.5cm×138cm	1,207,500	中国嘉德	2015.11.16
范曾1980年作 庄周梦蝶 镜心	38cm×54.5cm	299,000	中国嘉德	2015.05.16
范曾 1983年作 李贺小像 镜心	66cm×127cm	828,000	中国嘉德	2015.11.16
范曾 行书“月满西楼”镜心	35cm×136cm	207,000	荣宝斋（济南）	2015.11.21
范曾 行书五言联 立轴	126cm×30.5 cm×2	172,500	中鸿信	2015.07.29
范曾 2009年作 老子出关 镜心	68.7cm×137.5cm	1,725,000	中国嘉德	2015.05.18
范曾 己未（1979年）作 达摩得悟图 立轴	96cm×59cm	483,000	中国嘉德	2015.04.01
范曾 己未(1979年)作 梦蝶图 镜心	71cm×71cm	402,500	中国嘉德	2015.04.01
范曾 己未(1979年)作 戏猿图 立轴	132cm×67.5cm	690,000	中国嘉德	2015.11.14
范曾 己未（1979年）作 与梁楷神交久矣 立轴	68cm×45.5cm	322,000	中国嘉德	2015.11.16
范曾 甲子(1984年)作 行书 镜心	136cm×69cm	172,500	中国嘉德	2015.04.01
范曾 老子出关图 立轴	96cm×59cm	7,820,000	河南泽华	2015.01.11
范曾 灵运歌啸图 镜心	136.5cm×68cm	805,000	海德拍卖	2015.06.27
范曾 灵运歌啸图 镜心	137cm×68cm	1,104,000	南京经典	2015.01.04
范曾 鲁迅 立轴	85.5cm×62.5cm	402,500	北京匡时	2015.12.04

拍品名称	物品尺寸	成交价RMB	拍卖公司	拍卖日期
范曾 梦蝶 立轴	29cm×34.5cm	161,000	保利山东	2015.09.13
范曾 牧童 镜心	87cm×66cm	368,000	荣宝斋（济南）	2015.11.21
范曾 帕提玛肖像 镜片	47cm×35cm	747,500	河南鸿远	2015.01.12
范曾 人物立轴	68cm×68cm	402,500	海德拍卖	2015.06.27
范曾 人物图	45cm×68cm	320,400	荣盛国际	2015.07.31
范曾 1982年作 灵运临风图 镜心	137cm×68cm	713,000	中国嘉德	2015.06.27
范曾 桑麻絮语 镜片	92cm×80cm	920,000	北京上和	2015.11.13
范曾 书法 镜心	176cm×94cm	1,782,500	天津同方	2015.11.21
范曾 童弈图 镜框	45.4cm×66.4cm	322,800	香港苏富比	2015.04.06
范曾 旺牛图 镜心	87cm×106cm	402,500	江苏爱涛	2015.06.29
范曾 1978年作 东坡临流图 立轴	82cm×50cm	378,284	中国嘉德	2015.10.07
范曾 1978年作 李白像 镜心	58cm×49cm	287,500	中国嘉德	2015.04.02
范曾 辛未(1991年)作 较珠图 立轴	137.5cm×68.5cm	1,380,000	中国嘉德	2015.05.18
范曾 辛未(1991年)作 秋声赋 镜心	68.5cm×137cm	897,000	中国嘉德	2015.05.16
范曾 1981年作 红衣罗汉 立轴	135cm×40cm	483,000	中国嘉德	2015.11.16
范曾 1981年作 馗鬼较珠 镜心	137.5cm×69cm	920,000	北京诚轩	2015.05.18
范曾 雄鸡图 立轴	69.5cm×42cm	160,000	上海驰翰	2015.05.09
范曾 杨善深 等 甲子（1984年）作 胜弈集 册页（八开）	34cm×47cm×8	276,000	上海道明	2015.05.09
范曾 杨雨山 牧童 弥勒 册页	30.5cm×41cm×2	253,000	荣宝斋（济南）	2015.11.21
范曾 钟馗 立轴	137cm×68cm	684,000	亚洲宸泽	2015.09.08
范琛 2014年作 四季 四屏	画67cm×33cm×4 书法 33cm×21cm×4	253,000	北京翰海	2015.06.26
范春晓 2015年作 白色羽毛 镜框	112cm×54cm	168,000	安徽三佳	2015.09.13
范春晓 锦瑟年华 镜心	144cm×107.5cm	161,000	南京经典	2015.01.04
范扬 1996年作 隐居图 镜心	137cm×34cm	230,000	北京东正	2015.05.19
范扬 2006年作 松风图 镜片	144cm×76cm	172,500	包盈国际	2015.11.15
范扬 2007年作 柳荫高士 镜心	123cm×44cm	575,000	保利山东	2015.02.01
范扬 2009年作 王维《竹里馆》镜心	38cm×216cm	264,500	保利山东	2015.02.01
范扬 2014年作 山水清音	132cm×72cm	333,500	北京翰海	2015.06.26
范扬 2015年作 阿罗汉图	43cm×41cm	230,000	北京翰海	2015.11.27
范扬 2015年作 山中悟禅图	43cm×41cm	230,000	北京翰海	2015.11.27
范扬 2015年作 山中习禅图	42.5cm×43.3cm	287,500	北京翰海	2015.11.27
范扬 2015年作 深山说禅图	43cm×41cm	230,000	北京翰海	2015.11.27
范扬 阿罗汉图 镜心	40cm×45cm	201,250	南京经典	2015.01.04
范扬 禅悟图 镜心	131cm×41cm	195,500	南京经典	2015.04.26
范扬 禅悟图 镜心	70cm×137cm	885,500	上海宝龙	2015.01.18
范扬 伏虎罗汉 镜心	50.5cm×132cm	483,000	凤凰拍卖	2015.05.15
范扬 伏虎罗汉 镜心	48cm×103cm	460,000	南京经典	2015.01.04
范扬 行书七言对联 镜片	203cm×49cm×2	322,000	河南泽华	2015.01.11
范扬 虎威罗汉 软片	140.5cm×34.5cm	460,000	江苏两汉	2015.01.11
范扬 2014年作 山路空翠 镜片	137.5cm×50cm	575,000	广州皇玛	2015.07.26
范扬 林泉高致 镜心	88cm×70cm	161,000	南京经典	2015.08.02
范扬 菩提本无树 镜心	48cm×174cm	560,000	十竹斋	2015.06.14
范扬 菩提禅悟图中堂 对联 镜心	136cm×68cm 136cm×26.5cm×2	920,000	江苏爱涛	2015.01.10
范扬 秋山听泉 镜心	89cm×48.5cm	155,250	南京经典	2015.01.04
范扬 秋山隐逸 立轴	113cm×70cm	276,000	南京经典	2015.01.04
范扬 人物卡纸	39cm×65cm	161,000	天津同方	2015.06.06
范扬 2012年作 鸣琴图 镜心	196.5cm×52cm	690,000	中国嘉德	2015.11.16
范扬 十二生肖 镜心	35cm×47cm×12	644,000	南京经典	2015.08.02
范扬 书画（二帧）镜片	36cm×30.5cm×2	460,000	江苏聚德	2015.01.25
范扬 松荫罗汉 镜心	135cm×52cm	207,000	南京经典	2015.04.26

拍品名称	物品尺寸	成交价RMB	拍卖公司	拍卖日期
范扬 溪山行旅 镜心	54cm×100cm	333,500	江苏爱涛	2015.01.10
范扬 溪山行旅 镜心	52cm×100cm	212,750	南京经典	2015.08.02
范扬 巡游夜叉 镜心	62cm×30cm	253,000	南京经典	2015.01.04
范治斌 2015年作 柳溪清幽 有缘即住无缘去，一任清风送白云 镜心	65cm×39cm×2	195,500	中国嘉德	2015.05.18
方成 弥勒佛 镜片	34cm×28cm	161,000	河南泽华	2015.01.11
方成 送子观音图 镜片	136cm×67cm	287,500	河南泽华	2015.01.11
方楚乔 2014年作 林杪重泉	180cm×97cm	368,000	北京翰海	2015.06.26
方楚乔 2014年作 明山新翠 镜片	153cm×84cm	345,000	广州皇玛	2015.07.26
方楚雄 1968年作 溪山雨霁图 手卷	33cm×273cm	287,500	广东崇正	2015.06.18
方楚雄 1990年作 森林飘香 镜片	119cm×290cm	1,380,000	广州皇玛	2015.01.18
方楚雄 1992年作 木棉红 镜片	137cm×68cm	322,000	广东崇正	2015.06.18
方楚雄 1997年作 犬戏图 镜心	68cm×69cm	230,000	鼎天国际	2015.07.05
方楚雄 1997年作 游春图 镜片	68cm×134cm	402,500	广东崇正	2015.06.18
方楚雄 2001年作 神骏飘飘	69cm×69cm	287,500	北京翰海	2015.06.26
方楚雄 2003年作 花卉 四屏镜框	70cm×34cm×4	299,000	华艺国际	2015.05.24
方楚雄 2005年作 林间小鹿 镜框	69cm×137cm	552,000	华艺国际	2015.05.24
方楚雄 2012年作 密林探幽 镜框	137cm×34cm×2	598,000	华艺国际	2015.05.24
方楚雄 2012年作 松风群猴 镜框	137cm×69cm	575,000	华艺国际	2015.05.24
方楚雄 2012年作 忠诚卫士 镜片	145cm×83cm	690,000	广东小雅斋	2015.11.11
方楚雄 2012年作 竹林报喜 镜框	137cm×69cm	632,500	华艺国际	2015.05.24
方楚雄 2013年作 海南归来	69cm×69cm	322,000	北京翰海	2015.06.26
方楚雄 2013年作 绣球群兔	137cm×34cm	368,000	北京翰海	2015.06.26
方楚雄 2014年作 十二生肖 镜框	61cm×45.5cm×12	2,760,000	华艺国际	2015.05.24
方楚雄 2014年作 喜上眉梢 镜心	98cm×46cm	336,000	北京荣宝	2015.06.21
方楚雄 2014年作 雨林集珍 镜片	111cm×248cm	3,220,000	华艺国际	2015.05.24
方楚雄 陈天硕 2013年作 喜报丰年 镜片	124cm×139cm	253,000	广东崇正	2015.06.18
方楚雄 1997年作 瓜棚双犬图 镜片	69cm×70cm	230,000	广东崇正	2015.06.18
方楚雄 2007年作 长相依 镜片	69.5cm×69.5cm	220,000	上海驰翰	2015.05.09
方楚雄 1990年作 趣味 册页（十开）	30cm×40cm×10	322,000	广州皇玛	2015.07.26
方楚雄 2013年作 一家亲 镜片	137cm×68cm	552,000	广东崇正	2015.06.18
方楚雄 2013年作 寒梅知春 镜片	69cm×69cm	322,000	广州皇玛	2015.07.26
方楚雄 2013年作 花香兔语 镜片	137cm×34.5cm	333,500	广州皇玛	2015.01.18
方楚雄 2013年作 林泉猴踪 镜框	96.5cm×58cm	402,500	广州皇玛	2015.07.26
方楚雄 2013年作 满园佳果万点红 镜框	68cm×137cm	609,500	广州皇玛	2015.01.18
方楚雄 2013年作 数家鸡犬夕阳中 镜框	69.5cm×69.5cm	437,000	广州皇玛	2015.01.18
方楚雄 2013年作 一叫千门万户开 镜片	69.5cm×45.5cm	345,000	广州皇玛	2015.07.26
方楚雄 2003年作 孔雀 镜片	145cm×96cm	874,000	广东崇正	2015.06.18
方楚雄 1993年作 独思 镜片	96cm×55cm	310,500	广东崇正	2015.06.18
方楚雄 荷花 立轴	137cm×68cm	230,000	华艺国际	2015.05.24
方楚雄 虎戏图 镜心	70cm×68.5cm	336,000	北京荣宝	2015.06.21
方楚雄 甲申（2004年）作 松间戏猴 镜片	46cm×69cm	195,500	广东崇正	2015.06.18
方楚雄 2014年作 三羊开泰 镜片	68cm×69cm	276,000	广东崇正	2015.06.18
方楚雄 2014年作 竹林玉兔 镜片	35cm×69cm	172,500	广东崇正	2015.06.18
方楚雄 2014年作 富贵迎春 镜片	96.5cm×45cm	368,000	广州皇玛	2015.07.26
方楚雄 2014年作 密林聚猴 手卷	36cm×247.5cm	920,000	广州皇玛	2015.01.18
方楚雄 1994年作 兔语 镜片	46cm×65cm	160,000	上海驰翰	2015.05.09
方楚雄 1994年作 金秋聚鼠 镜框	136cm×68.5cm	368,000	广州皇玛	2015.01.18
方楚雄 1994年作 硕兔丰实图 镜心	69cm×45cm	161,000	中国嘉德	2015.04.01

(成交价RMB：15万元以上)

拍品名称	物品尺寸	成交价RMB	拍卖公司	拍卖日期
方楚雄 李劲堃 周彦生 刘济荣 张东 刘书民 苏百钧 2000年作 集珍册 册页（九开）	48cm×73cm×9	287,500	广东崇正	2015.06.18
方楚雄 俩小无猜 镜框	87.5cm×59cm	368,000	华艺国际	2015.03.29
方楚雄 麦收时节雏鹅肥 立轴	133cm×69cm	184,000	北京上和	2015.05.16
方楚雄 农家乐事 镜框	137cm×34cm×2	920,000	华艺国际	2015.05.24
方楚雄 清溪 镜片	69cm×117cm	460,000	广州皇玛	2015.01.18
方楚雄 群鸭 镜心	67.5cm×69cm	235,200	北京荣宝	2015.06.21
方楚雄 2012年作 耄耋长春 镜片	97cm×60cm	368,000	上海道明	2015.05.09
方楚雄 2012年作 明月清风 镜片	97cm×45cm	287,500	广东崇正	2015.06.18
方楚雄 2012年作 富贵双蝶喜来临 镜框	97cm×60cm	368,000	广州皇玛	2015.01.18
方楚雄 2012年作 其乐融融 镜片	137cm×70cm	862,500	广州皇玛	2015.07.26
方楚雄 2012年作 幽姿淑态弄春晖 镜片	97cm×180cm	1,725,000	广州皇玛	2015.07.26
方楚雄 王者之风 镜片	46cm×65.5cm	172,500	深圳市拍	2015.07.19
方楚雄 五福临门 镜框	68cm×68.5cm	322,000	华艺国际	2015.03.29
方楚雄 相亲相爱 镜心	67cm×67cm	246,400	北京荣宝	2015.06.21
方楚雄 2011年作 群兔 镜片	68cm×68cm	322,000	广州皇玛	2015.01.18
方楚雄 熊猫 镜框	34cm×139cm	184,000	华艺国际	2015.05.24
方楚雄 许敦平 杜宁 佘艺 春华秋实 镜片	124cm×247cm	172,500	广东崇正	2015.06.18
方楚雄 乙亥（1995年）作 静待图 镜片	70cm×108cm	230,000	广东崇正	2015.06.18
方楚雄 2005年作 松鼠梅花 镜片	69cm×70cm	172,500	广东崇正	2015.06.18
方楚雄 2005年作 难得清静 镜片	137cm×69cm	460,000	广州皇玛	2015.07.26
方楚雄 郑阿湃 佘艺 卓愿 梁隽葳 2013年作 秋色秋香 镜片	124cm×245cm	310,500	广东崇正	2015.06.18
方楚雄 竹林戏鼠 镜片	37.5cm×179cm	506,000	广州皇玛	2015.01.18
方凤富 2013年作 硕果飘香 镜心	68cm×68cm	345,000	北京保利	2015.08.12
方济众 1978年作 山水小景册 册页	18cm×17cm×12	184,000	中国嘉德	2015.06.27
方骏 半蒿新绿 镜心（片）	68cm×137cm	402,500	江苏嘉恒	2015.01.11
方骏 春山图 镜心	89cm×52cm	207,000	南京经典	2015.04.26
方骏 春雨烟霞图 镜心	90cm×52cm	218,500	南京经典	2015.01.04
方骏 绿畦水田 镜心	27cm×138cm	258,750	南京经典	2015.04.26
方骏 暮云江南 手卷	画38cm×238cm	517,500	南京经典	2015.04.26
方骏 秋山图 镜心	90cm×51cm	218,500	南京经典	2015.01.04
方骏 阮郎归 镜心	36cm×161cm	460,000	江苏爱涛	2015.01.10
方骏 山水 镜心	36cm×161cm	414,000	海德拍卖	2015.06.27
方骏 山水四屏 镜心（片）	67cm×34cm×4	322,000	江苏嘉恒	2015.04.25
方骏 西轩晚凉 镜心	83cm×55cm	184,000	南京经典	2015.01.04
方骏 溪山访友 镜心	68cm×68cm	218,500	中贸圣佳	2015.05.19
方力钧 2013年作 风春梦暖惹泉流	45cm×35cm	172,500	北京翰海	2015.11.27
方人定 1935年作 云游 纸本彩墨	134cm×68cm	322,000	北京匡时	2015.12.04
方人定 1941年作 雕塑家 纸本彩墨	64cm×55cm	287,500	北京匡时	2015.12.04
方人定 1947年作 汉书下酒 立轴	124cm×65cm	287,500	北京匡时	2015.12.04
方人定 1961年作 兰亭图 立轴	132cm×66cm	713,000	保利厦门	2015.05.02
方人定 1961年作 鸳鸯 立轴	153cm×65.5cm	310,500	北京匡时	2015.12.04
方人定 1942年作 繁花双兔 立轴	127cm×64cm	185,610	中国嘉德	2015.04.07
方土 2011年作 山水 镜框	34cm×138cm	230,000	华艺国际	2015.05.24
方土 花卉 四屏镜框	138cm×34cm×4	460,000	华艺国际	2015.05.24
方土 2011年作 天虚风物清 手卷	30cm×413cm	782,000	广州皇玛	2015.01.18
方向 1997年作 春雨 镜片	69cm×137cm	172,500	深圳市拍	2015.07.19
方向 1999年作 消暑图 镜心	83cm×116cm	161,000	北京保利	2015.06.03
方向 2001年作 南国秋高 镜框	137cm×69cm	345,000	华艺国际	2015.05.24
方向 2005年作 山路 镜片	98cm×179.5cm	322,000	深圳市拍	2015.07.19
方向 2006年作 绿树风凉图 镜片	137cm×34cm	161,000	深圳市拍	2015.07.19

拍品名称	物品尺寸	成交价RMB	拍卖公司	拍卖日期
方向 2006年作 水乡 镜片	137cm×34cm	172,500	深圳市拍	2015.07.19
方向 2008年 农忙	67cm×136.5cm	207,000	西泠拍卖	2015.07.04
方向 2011年作 儿时水乡 镜框	96cm×178cm	368,000	华艺国际	2015.05.24
方向 2014年作 水乡锦绣图 镜框	100cm×33cm	172,500	华艺国际	2015.05.24
方向 2014年作 松风荷韵 镜框	100cm×33cm	172,500	华艺国际	2015.05.24
方向 2007年作 水乡 镜框	68cm×137.5cm	345,000	广州皇玛	2015.07.26
方向 2013年作 欧洲港口 镜框	50.5cm×70cm	368,000	广州皇玛	2015.01.18
方向 2003年作 雅居图 镜片	85cm×178cm	310,500	广州皇玛	2015.07.26
方向 桂北侗族山寨 镜心	108cm×84cm	161,000	北京保利	2015.06.03
方向 2014）年画 皖南春色 镜片	69cm×137cm	345,000	广东崇正	2015.06.18
方向 2014年作 南国秋意 镜框	83cm×96cm	598,000	广州皇玛	2015.01.18
方向 2014年作 山乡秋色・同里秋日 镜片	102.5cm×34cm×2	322,000	广州皇玛	2015.07.26
方向 解放桥 镜心	35cm×138cm	287,500	中国嘉德	2015.11.16
方向 兰溪水涨 镜片	34cm×138cm	207,000	华艺国际	2015.03.29
方向 南国春水 镜片	69cm×69cm	172,500	广东崇正	2015.06.18
方向 清风人家 镜心	84cm×108.5cm	172,500	保利山东	2015.02.01
方向 赏心悦目谁家院 镜框	69cm×137cm	402,500	华艺国际	2015.03.29
方向 书香人家 镜片	69cm×69cm	161,000	广东崇正	2015.06.18
方向 庭院 镜心	95cm×108cm	322,000	北京隆琛	2015.11.21
方向 意大利写生（二帧）镜心	34.5cm×44.5cm×2	207,000	中国嘉德	2015.05.18
方增先 1978年作 傣人放牧图 立轴	69.5cm×46cm	172,500	西泠拍卖	2015.07.06
方增先 傣人放牧 镜心（片）	101cm×46cm	425,500	江苏嘉恒	2015.01.11
方增先1980年作 牧牛图 立轴	67cm×44.5cm	250,000	上海驰翰	2015.05.09
方增先 1993年作 高士图 立轴	85cm×39cm	172,500	朵云轩	2015.06.18
方增先 甲子（1984年）作 傣人放牧 镜框	69cm×45cm	172,500	朵云轩	2015.06.18
方增先 呢喃燕子语 立轴	68cm×67cm	476,700	上海聚缘斋	2015.01.11
方增先 仕女图	70cm×51cm	2,257,750	卓艺拍卖	2015.11.21
方增先 吴山明 施大畏 冯远 等 书画合璧册（三十四页）册页	29.5cm×29.5cm×22 59cm×29.5cm×12	322,000	西泠拍卖	2015.07.05
方增先 1988年作 枫岸轻舟 立轴	68cm×66cm	172,500	上海道明	2015.05.09
方增先 钟馗 镜心	69cm×45cm	172,500	天津同方	2015.06.06
方召麐 1981年作 红日高升 镜框	52cm×69.2cm	154,125	香港苏富比	2015.10.05
方召麐 1983年作 镜框	29cm×69cm 68cm×69.5cm	246,600	香港苏富比	2015.10.05
方召麐 1984年作 冰雪景色暖心头 镜框	96.5cm×106.7cm	164,400	香港苏富比	2015.10.05
方召麐 1984年作 云烟深处 镜心	112cm×69cm	172,500	北京匡时	2015.12.04
方召麐 1986年作 富春山意	86.5cm×75.5cm	299,000	北京匡时	2015.06.06
方召麐 1987年作 田园 镜心	93cm×70cm	207,000	保利山东	2015.02.01
方召麐 1988年作 渔乡闲趣图 镜心	86cm×47cm	172,500	北京匡时	2015.03.31
方召麐 1989年作 黄土高原窑洞乐 镜框	69.8cm×140.7cm	205,500	香港苏富比	2015.10.05
方召麐 1990年作 叠峡图 镜心	86cm×58cm	207,000	北京匡时	2015.03.31
方召麐 1991年作 国泰民安 镜心	112cm×64cm	368,000	保利山东	2015.02.01
方召麐 1993年作 山中隐趣 镜心	99cm×52cm	161,000	中贸圣佳	2015.05.19
方召麐 泛舟图 镜心	71cm×58cm	207,000	保利山东	2015.09.13
方召麐 1989年作 消夏图 镜心	80cm×47cm	172,500	中国嘉德	2015.04.02
方召麐 江帆图 镜心	81cm×150cm	425,500	中贸圣佳	2015.05.19
方召麐 深居自怡悦 镜心	96cm×60cm	322,000	中国嘉德	2015.04.02
方召麐 桃源寻梦 纸本水墨	112.5cm×51cm	345,000	北京匡时	2015.12.04
方召麐 武陵人家	69cm×69cm	253,000	北京匡时	2015.06.06
方召麟 1972年作 山里人家 镜心	83cm×65.5cm	368,000	北京诚轩	2015.05.18
方召麟 1985年作 窑洞安宁 镜框	124cm×76cm	450,563	佳士得	2015.06.01
方召麟 1986年作 迎归 镜心	109cm×62cm	414,000	北京保利	2015.06.05

拍品名称	物品尺寸	成交价RMB	拍卖公司	拍卖日期
方召麟 1987年作 峡江春色 镜心	91.5cm×69cm	322,000	中国嘉德	2015.11.14
方召麟 1988年作 有路可上 镜框	95.5cm×83cm	205,250	佳士得	2015.11.30
方召麟 1994年作 绝壁泛舟图 立轴	178cm×96cm	230,000	中国嘉德	2015.04.02
方召麟 1996年作 细水长流 镜心	91cm×69cm	164,893	中国嘉德	2015.10.07
方召麟 安居乐土 镜框	116cm×55.5cm	190,452	保利香港	2015.04.06
方召麟 1987年作 春暖花开 镜心	69.5cm×68cm	287,500	北京诚轩	2015.05.18
方召麟 1990年作 登泰山 镜心	70cm×41cm	176,330	中国嘉德	2015.04.07
方召麟 行舟图 镜框	97cm×56cm	161,884	保利香港	2015.04.06
方召麟 激流奋进 镜框	81.5cm×54cm	199,975	保利香港	2015.04.06
方召麟 平稳过渡 镜心	95cm×180cm	368,585	中国嘉德	2015.10.07
方召麟 千里江陵 镜框	112cm×57cm	285,678	保利香港	2015.04.06
方召麟 世外桃园乐无忧 镜心	69.5cm×49cm	402,500	中国嘉德	2015.05.18
方召麟 岁足年丰 镜框	74cm×68cm	209,497	保利香港	2015.04.06
方召麟 天下太平 镜心	81cm×56cm	253,000	北京保利	2015.12.07
方召麟 天下太平 镜心	96cm×63cm	345,000	北京保利	2015.06.05
方召麟 洗尽铅华 镜心	93.5cm×86cm	368,000	中国嘉德	2015.05.18
方召麟 阳朔山水 镜心	100cm×102cm	368,585	中国嘉德	2015.10.07
方召麟 1985年作 壮美河山 立轴	178.5cm×96cm	172,500	北京诚轩	2015.11.13
仿郎世宁 紫光凯宴 横幅	66.7cm×662.9cm	318,650	邦瀚斯	2015.09.14
费新我 行草书毛泽东词 镜片	134cm×33cm	230,000	广东崇正	2015.06.18
费新我 魏紫熙 吴养木 小中见大册 册页	32cm×41.5cm×10	184,000	荣宝斋（济南）	2015.11.21
丰子恺 1928年作 托根大地中 立轴	64cm×33.5cm	402,500	鼎天国际	2015.07.05
丰子恺 1938年作 山明水秀 立轴	94.5cm×43.5cm	287,500	北京匡时	2015.06.06
丰子恺 1947年作 春风拂面 立轴	70.5cm×39cm	2,185,000	北京匡时	2015.06.06
丰子恺 1947年作 大道将成 立轴	20.5cm×95cm	1,165,820	佳士得	2015.12.01
丰子恺 1947年作 行书七言句画心	133cm×35cm	299,000	西泠拍卖	2015.07.05
丰子恺 1948年作 行书 白居易诗 立轴	136cm×18cm	172,500	西泠拍卖	2015.07.05
丰子恺 1948年作 满园春色关不住 镜心	68.6cm×34cm	632,500	北京保利	2015.12.07
丰子恺 1948年作 水上青云 镜框	68.5cm×133.5cm	2,531,160	佳士得	2015.06.02
丰子恺 1949年作 弘一法师词镜框	65cm×32.5cm	431,025	佳士得	2015.12.01
丰子恺 1957年作 种瓜图 画心	34.5cm×29.5cm	241,500	西泠拍卖	2015.07.05
丰子恺 1960年作 百泉竞流 镜心	96cm×55cm	747,500	北京保利	2015.06.04
丰子恺 1960年作 锣鼓响 镜心	35cm×28cm	259,854	中国嘉德	2015.04.07
丰子恺 1962年作 参天树 镜心	68cm×137cm	1,725,000	北京保利	2015.12.06
丰子恺 1962年作 新生 立轴	54cm×26cm	253,000	北京匡时	2015.06.06
丰子恺 阿宝 立轴	34cm×27cm	253,000	北京保利	2015.12.07
丰子恺 白头相见书画合璧（二帧）镜心	28.5cm×13.5cm×2	230,000	北京诚轩	2015.05.18
丰子恺 苍松迎客 镜片	57cm×30cm	713,000	东方大观	2015.05.20
丰子恺 垂钓图 立轴	34.5cm×28.5cm	361,859	保利香港	2015.04.07
丰子恺 垂柳成荫紫燕飞 镜框	68.2cm×29.2cm	164,200	佳士得	2015.12.01
丰子恺 春日游杏花吹满头 镜心	67cm×36cm	632,500	上海宝龙	2015.01.18
丰子恺 春在卖花声里 镜框	43.5cm×34.5cm	345,000	华艺国际	2015.05.24
丰子恺 次第春风到草庐 镜框	66cm×32.8cm	718,375	佳士得	2015.12.01
丰子恺 灯下读书 镜框	34cm×23cm	368,000	朵云轩	2015.06.18
丰子恺 丰衣足食 镜心	30cm×39cm	264,500	中国嘉德	2015.05.16
丰子恺 扶摇直上图 立轴	33.5cm×27.5cm	287,500	西泠拍卖	2015.07.06
丰子恺 共仰春晖 镜心	68cm×33cm	207,000	北京翰海	2015.06.26
丰子恺 瓜车翻覆 镜心	66cm×33cm	414,000	中国嘉德	2015.11.14
丰子恺 观瀑图 立轴	62cm×30cm	713,000	西泠拍卖	2015.07.05
丰子恺 行书欧阳修词 立轴	69cm×33cm	166,750	北京匡时	2015.06.07
丰子恺 行书张说诗 镜片	22cm×142.5cm	437,000	上海道明	2015.05.09
丰子恺 江南水乡 镜框	34.6cm×27.2cm	484,200	香港苏富比	2015.04.06

拍品名称	物品尺寸	成交价RMB	拍卖公司	拍卖日期
丰子恺 柳燕春归 镜心	55.5cm×24cm	685,627	保利香港	2015.04.07
丰子恺 锣鼓响 镜心	31cm×41cm	345,000	保利厦门	2015.05.03
丰子恺 满眼儿孙身外事 立轴	34.5cm×28cm	476,130	保利香港	2015.04.07
丰子恺 曼殊诗意 立轴	69cm×28cm	201,750	香港苏富比	2015.04.06
丰子恺 名山泉水香・行书七言联 镜心	画102cm×36cm 对联 101cm×21cm×2	2,070,000	北京保利	2015.06.04
丰子恺 努力惜春华 立轴	33.6cm×25cm	184,000	北京诚轩	2015.05.18
丰子恺 溥儒 1949年作 书画合璧 镜心	书法29.5cm×24cm 绘画29.5cm×24cm	523,778	中国嘉德	2015.10.07
丰子恺 人物・书法扇面 立轴	19cm×51cm	253,000	北京保利	2015.12.07
丰子恺 山气日夕佳 立轴	100cm×31cm	816,500	北京保利	2015.12.06
丰子恺 上海风情 册页	画心27cm×18cm×10 书法27cm×18cm×14	2,300,000	广东小雅斋	2015.11.11
丰子恺 胜利之夜 镜片	51.5cm×31.5cm	632,500	西泠拍卖	2015.07.04
丰子恺 诗书漫画（十二开册）	25.7cm×15.2cm	318,650	纽约苏富比	2015.09.17
丰子恺 时还读我书 镜心	20cm×56cm	157,769	中国嘉德	2015.04.07
丰子恺 世界和平 镜片	34.5cm×27.5cm	172,500	朵云轩	2015.06.18
丰子恺 天空任鸟飞 楷书渊明诗 成扇	19cm×52.2cm	403,500	香港苏富比	2015.04.06
丰子恺 推窗看月 立轴	75cm×39cm	805,000	上海敬华	2015.06.29
丰子恺 望松图（三帧）镜片	73cm×38cm 74cm×18cm×2	897,000	西泠拍卖	2015.07.05
丰子恺 我是杭州人 镜框	33.5cm×27.8cm	484,200	香港苏富比	2015.04.06
丰子恺 1948年作 大道将成 行书 成扇	11.5cm×35cm	506,000	朵云轩	2015.10.23
丰子恺 1948年作 临窗赏月 立轴	96cm×38cm	1,725,000	上海嘉禾	2015.05.08
丰子恺 1948年作 柳荫读书 镜片	32.5cm×24.5cm	517,500	上海嘉禾	2015.05.08
丰子恺 1948年作 落红不是无情物 镜心	104cm×54.5cm	253,000	北京华辰	2015.05.15
丰子恺 1948年作 与邻传杯图 立轴	68.5cm×39cm	483,000	中国嘉德	2015.05.16
丰子恺 西湖钓饵 立轴	32.5cm×22.7cm	160,200	佳士得	2015.06.02
丰子恺 西湖风光 镜框	34.6cm×27.4cm	534,300	香港苏富比	2015.10.06
丰子恺 闲看儿童 立轴	96cm×40cm	632,500	北京匡时	2015.06.06
丰子恺 邀邻同饮图 立轴	56.5cm×33cm	632,500	上海宝龙	2015.01.18
丰子恺 邀请公公列席 镜片	26.5cm×35.5cm	437,000	上海宝龙	2015.01.18
丰子恺 一片孤城万仞山 立轴	39.5cm×32cm	155,250	北京诚轩	2015.11.13
丰子恺 一枝红杏出墙来 镜心	71cm×39cm	862,500	天津同方	2015.06.06
丰子恺 樱桃芭蕉 镜框	36.5cm×30.5cm	993,240	佳士得	2015.06.02
丰子恺 游春人在画中行 立轴	65cm×28cm	1,058,000	北京保利	2015.06.04
丰子恺 月下箫声 镜框	34.4cm×28cm	218,500	上海明轩	2015.06.21
丰子恺 云山赏乐 立轴	28.3cm×81cm	897,120	佳士得	2015.06.02
丰子恺 致王凤池信札四通（四帧）镜心	27.5cm×23.5cm 24cm×26.2cm 33.8cm×26.2cm 26.5cm×25.5cm	218,500	北京诚轩	2015.11.13
丰子恺 种瓜得瓜 镜框	24.9cm×17cm	320,400	佳士得	2015.06.02
丰子恺 种瓜得瓜 镜心	34cm×28cm	482,586	中国嘉德	2015.04.07
丰子恺 竹里酒家 立轴	67cm×19cm	253,000	北京匡时	2015.06.06
丰子恺 拙政园 镜框	34.6cm×27.2cm	493,200	香港苏富比	2015.10.06
丰子恺 奏凯归来图 镜片	37cm×30.5cm	632,500	西泠拍卖	2015.07.05
丰子恺 醉归图 镜框	34cm×29cm	552,000	上海嘉禾	2015.05.08
冯超然 1819年作 右军浴鹅图 镜心	241cm×58cm	218,500	北京翰海	2015.03.14
冯超然 1922年作 溪山雪霁 镜框	50.7cm×103cm	280,350	佳士得	2015.06.02
冯超然 1923年作 秋溪迭嶂图 镜片	134cm×67cm	172,500	西泠拍卖	2015.07.06
冯超然 1926年作 岁寒三友 立轴	105.5cm×50.5cm	161,000	鼎天国际	2015.07.05
冯超然 1926年作 溪山怀远 立轴	149cm×80cm	322,000	北京翰海	2015.06.26
冯超然 1930年作 柳溪悟道 立轴	105cm×51cm	172,500	北京匡时	2015.12.04

(成交价RMB：15万元以上)

拍品名称	物品尺寸	成交价RMB	拍卖公司	拍卖日期
冯超然 1935年作 临王晋卿题壁图 立轴	133cm×65cm	943,000	上海明轩	2015.06.21
冯超然 1937年作 溪山深邃图 镜框	30cm×175.5cm	328,800	香港苏富比	2015.10.06
冯超然 1939年作 湖天春色 镜心	108cm×53cm	747,500	北京保利	2015.12.06
冯超然 1939年作 袁安卧雪图 镜框	112.6cm×48cm	184,725	佳士得	2015.12.01
冯超然 1941年作 松岩观瀑 立轴	106cm×39.5cm	403,500	香港苏富比	2015.04.06
冯超然 1941年作 峡江渡船 立轴	132cm×66.6cm	431,550	香港苏富比	2015.10.06
冯超然 1944年作 万壑松风图 立轴	101cm×47.5cm	276,000	西泠拍卖	2015.07.05
冯超然 1949年作 云开锦绣 立轴	111cm×52.5cm	203,692	保利香港	2015.10.05
冯超然 1951年作 萱花双蝶图 立轴	99cm×40.5cm	172,500	北京匡时	2015.03.30
冯超然 1930年作 仿王原祁山水 立轴	97cm×41.5cm	322,000	中国嘉德	2015.11.14
冯超然 观瀑图 立轴	148cm×41cm	161,000	南京经典	2015.01.04
冯超然 1939年作 石壁踈松 立轴	135cm×68cm	230,000	朵云轩	2015.06.18
冯超然 江寒汀 陈夔龙 喻长霖 等 1940年作 1941年作 姚应龄四十寿书画纪念册 册页（十九开、三十八帧）	29.5cm×36.5cm×38	678,500	北京诚轩	2015.05.18
冯超然 李营丘雪霁图 立轴	186cm×109cm	2,852,000	荣宝斋（济南）	2015.11.21
冯超然 梅窗春情图 立轴	131cm×52cm	322,000	华艺国际	2015.05.24
冯超然 1932年作 柳荫仕女 立轴	140.5cm×37.5cm	287,500	中国嘉德	2015.11.14
冯超然 1942年作 抚琴听泉 镜片	70cm×33cm	322,000	上海敬华	2015.06.29
冯超然 1912年作 辋川积雪图 镜心	32.5cm×149.5cm	276,000	中国嘉德	2015.05.16
冯超然 松壑归云 立轴	115cm×46cm	425,600	十竹斋	2015.06.14
冯超然 桃源烟柳 立轴	104.5cm×49cm	368,000	北京匡时	2015.12.04
冯超然 王同愈 1934年作 青山居处 行书 成扇	17cm×43cm	218,500	朵云轩	2015.06.18
冯超然 1905年作 万木秋深 镜片	148cm×71cm	402,500	朵云轩	2015.06.18
冯超然 郑午昌 贺天健 唐云 等 赠菊初书画合璧册 册页（十六开、三十二帧）	29.5cm×34.5cm×32	920,000	北京诚轩	2015.05.18
冯大中 2001年作 晨风 镜心	69cm×51cm	977,500	北京保利	2015.06.03
冯大中 工笔虎		340,308	香港龙玺	2015.09.19
冯大中 虎 框	61.5cm×84cm	690,000	辽宁中正	2015.06.13
冯大中 芦花深处 镜片	61cm×179cm	429,400	辽宁建投	2015.08.30
冯大中 山川之魄 镜片	122cm×246cm	2,300,000	华艺国际	2015.05.24
冯大中 朔风 立轴	134cm×68cm	1,380,000	东方大观	2015.11.17
冯大中 踏雪觅春 镜框	52cm×58cm	632,500	辽宁省拍	2015.06.07
冯大中 踏雪觅春 镜片	66cm×66cm	713,000	北京上和	2015.05.16
冯大中 1998年作 君临山野 立轴	102cm×97cm	184,000	广东崇正	2015.06.18
冯大中 许勇 虎 书法对联 框	136cm×67cm 135cm×33cm×2	575,000	辽宁中正	2015.06.13
冯骥才 2008年作 松泉 镜心	52cm×44cm	161,000	保利山东	2015.02.01
冯骥才 2013年作 四时秋色 镜心	96cm×89cm	517,500	鼎天国际	2015.07.05
冯骥才 黎明 镜心	53cm×78cm	207,000	保利山东	2015.02.01
冯建吴 1960年作 蜀江水碧蜀山青 立轴	198.5cm×145.5cm	1,092,500	中国嘉德	2015.11.15
冯建吴 1978年作 乌尤寺 立轴	62cm×98cm	300,000	诗婢家	2015.05.17
冯建吴 1981年作 华山玉女峰 立轴	136cm×68cm	408,000	诗婢家	2015.05.17
冯建吴 1983年作 夹竹桃 立轴	144cm×90cm	312,000	诗婢家	2015.05.17
冯建吴 1984年作 西湖 镜心	106cm×59cm	396,000	诗婢家	2015.05.17
冯建吴 可以横绝峨眉巅 镜心	363cm×145cm	2,040,000	诗婢家	2015.05.17
冯建吴 山水 册页镜心（八开）		336,000	诗婢家	2015.05.17
冯建吴 山水 册页镜心（十开）	41cm×34cm×10	420,000	诗婢家	2015.05.17
冯建吴 山水 立轴	95cm×60cm	322,000	辽宁中正	2015.06.13
冯康侯 1951年作 花卉博古 立轴	91cm×34cm	171,488	香港苏富比	2015.04.06
冯康侯 1966年作 篆书十一言联 镜心	129cm×26.5cm×2	195,500	北京匡时	2015.10.16
冯康侯 杨善深 关山月 赵少昂 黄君璧 1982年作 五老图 立轴	127cm×67cm	170,213	佳士得	2015.06.02
冯一鸣 2010年作 清泉石上流 镜框	50cm×139cm	320,400	佳士得	2015.06.02
冯玉祥 1941年作 行书 立轴	59cm×30.5cm	460,000	中国嘉德	2015.05.17
冯玉祥 1941年作 致何廷光书对对联	118cm×27.5cm×2	632,500	西泠拍卖	2015.07.05
冯玉祥 1944年作 紫茄子 立轴	27cm×19cm	155,194	中国嘉德	2015.10.07
冯玉祥 1946年作 隶书五言联 立轴	156cm×35.5cm×2	155,194	中国嘉德	2015.10.07
冯玉祥 隶书七言联 立轴	147cm×38cm×2	494,500	中国嘉德	2015.11.15
冯玉祥 吴敬恒 为黄瑞华作书法（二帧）镜片	68.5cm×29.5cm 74cm×40cm	322,000	西泠拍卖	2015.07.05
冯远 1994年作 惊蛰 镜心	67cm×65cm	230,000	保利山东	2015.02.01
冯远 2001年作 清明 镜心	67cm×66cm	483,000	北京匡时	2015.06.06
冯远 2002年作 唐人抚琴图 镜框	68cm×69cm	345,000	鼎天国际	2015.07.05
冯远 2002年作 紫气东来图 立轴	70cm×68cm	189,750	北京保利	2015.12.06
冯远 2003年作 牧童短笛 立轴	65.5cm×65.5cm	770,000	上海爱莲	2015.11.22
冯远 2004年作 赶街图 镜心	70cm×70cm	264,500	保利山东	2015.02.01
冯远 2005年作 秋实图 镜心	70cm×70cm	184,000	北京保利	2015.06.03
冯远 2008年作 牧童短笛 镜心	68cm×100cm	230,000	北京保利	2015.04.25
冯远 2009年作 丰收图	79cm×136cm	1,150,000	北京翰海	2015.06.26
冯远 汲水图	67cm×67cm	320,400	荣盛国际	2015.07.31
冯长江 少女 镜片	132cm×64cm	172,500	广东崇正	2015.06.18
冯长江 簪花图 镜片	91cm×85cm	218,500	广东崇正	2015.06.18
冯忠莲 1952年作 梅中仕女 立轴	110cm×50cm	172,500	北京中汉	2015.05.17
冯钟云 2012年作 鸽 镜心	68.5cm×138cm	224,000	北京荣宝	2015.06.21
冯钟云 2012年作 乱藤繁花 镜心	137cm×68cm	253,000	北京匡时	2015.03.31
冯钟云 2015年作 墨荷对屏 镜心	137cm×34cm×2	280,000	北京荣宝	2015.11.29
傅抱石 1930年作 屈子行吟图 立轴	109.5cm×40cm	15,180,000	北京匡时	2015.12.04
傅抱石 1941年作 云台山记图卷及设计稿 镜心	图卷33cm×117cm 设计稿 33cm×115cm	42,550,000	北京保利	2015.12.06
傅抱石 1943年作 白云衹在此山腰 立轴	71cm×34cm	6,670,000	北京保利	2015.06.04
傅抱石 1943年作 观云图 立轴	98cm×56cm	7,475,000	北京保利	2015.06.04
傅抱石 1943年作 夏山雨后图 立轴	142cm×31cm	4,370,000	北京保利	2015.12.06
傅抱石 1944年作 杜牧诗意图 镜框	203cm×125.5cm	6,732,200	佳士得	2015.12.01
傅抱石 1944年作 瀑下对谈 镜框	130cm×58cm	4,838,040	佳士得	2015.06.02
傅抱石 1944年作 瀑下休憩 立轴	116cm×40cm	5,352,920	佳士得	2015.12.01
傅抱石 1945年作 二湘图 立轴	90cm×61cm	29,164,560	香港苏富比	2015.10.06
傅抱石 1945年作 梦百合山图 镜框	76.2cm×45.2cm	13,969,440	佳士得	2015.06.02
傅抱石 1945年作 湘夫人 镜心	56cm×66cm	9,775,000	北京匡时	2015.06.06
傅抱石 1945年作 郑庄公见母 立轴	105cm×60cm	79,925,000	中国嘉德	2015.11.15
傅抱石 1947年作 急雨孤棹 立轴	88cm×56cm	4,830,000	北京保利	2015.12.06
傅抱石 1953年作 溪山听瀑 镜心	99cm×58cm	5,520,000	北京保利	2015.12.06
傅抱石 1956年作 云冈见佛 镜片连框	27cm×17cm	3,105,000	朵云轩	2015.06.18
傅抱石 1957年作 将到西那亚火车中所见 镜框	48.3cm×57.3cm	12,888,960	香港苏富比	2015.10.06
傅抱石 1960年作 江岸会友图 镜片	55.5cm×48.5cm	920,000	西泠拍卖	2015.07.05
傅抱石 1960年作 山涧飞瀑 镜框	72.5cm×52cm	2,915,640	佳士得	2015.06.02
傅抱石 1960年作 太华秋游图 立轴	88cm×45cm	6,670,000	北京保利	2015.06.04
傅抱石 1960年作 太华胜境 立轴	76cm×43cm	2,587,500	北京匡时	2015.06.06
傅抱石 1960年作 探幽图 立轴	76cm×43cm	2,070,000	北京保利	2015.12.07
傅抱石 1960年作 武则天 镜心	30cm×23cm×2	13,225,000	北京匡时	2015.06.06
傅抱石 1960年作 峡江行 镜心	46cm×62cm	1,299,270	中国嘉德	2015.04.07
傅抱石 1960年作 云山幽居 镜心	82cm×53cm	3,910,000	北京保利	2015.06.04
傅抱石 1961年作 太华胜境图 镜片	57cm×44.5cm	2,990,000	西泠拍卖	2015.07.06
傅抱石 1962年作 泛舟图 镜心	45cm×42cm	2,645,000	北京匡时	2015.06.06
傅抱石 1962年作 高士观瀑 镜框	33.2cm×45cm	1,510,640	佳士得	2015.12.01

拍品名称	物品尺寸	成交价RMB	拍卖公司	拍卖日期
傅抱石 1962年作 虎溪三笑 立轴	68cm×45cm	3,220,000	北京保利	2015.12.06
傅抱石 1962年作 镜泊飞泉 镜心	52cm×70cm	3,360,000	北京荣宝	2015.03.29
傅抱石 1962年作 秋山攀游图 成扇	19.7cm×49.5cm	949,577	纽约佳士得	2015.09.16
傅抱石 1962年作 西陵峡图 镜片	99cm×73cm	8,050,000	西泠拍卖	2015.07.05
傅抱石 1962年作 溪畔偶语 镜框	26.8cm×29.4cm	513,750	香港苏富比	2015.10.06
傅抱石 1962年作 湘夫人 立轴	44cm×48cm	4,830,000	北京保利	2015.12.06
傅抱石 1963年作 高峡出平湖 立轴	90cm×56.5cm	5,290,000	中国嘉德	2015.05.16
傅抱石 1963年作 观瀑图 扇面镜框	19cm×55cm	1,569,960	佳士得	2015.06.02
傅抱石 1963年作 瀑下高士 立轴	69cm×45cm	2,397,320	佳士得	2015.12.01
傅抱石 1963年作 瀑走雷霆图 立轴	83.4cm×42.8cm	4,422,360	香港苏富比	2015.04.06
傅抱石 1963年作 松山高士 镜心	20cm×56cm	824,466	保利香港	2015.10.05
傅抱石 1963年作 听瀑图 镜片	74.5cm×45cm	2,185,000	西泠拍卖	2015.07.05
傅抱石 1963年作 听泉图 镜片	94cm×42cm	9,200,000	广东崇正	2015.06.19
傅抱石 1963年作 西陵峡 立轴	47cm×70cm	1,955,000	保利山东	2015.02.01
傅抱石 1964年作 芙蓉国里尽朝晖 立轴	68cm×92cm	34,500,000	北京匡时	2015.12.04
傅抱石 1964年作 游山图 镜心	83cm×38cm	3,910,000	北京保利	2015.06.04
傅抱石 1965年作 观瀑图 立轴	74cm×52cm	6,279,840	佳士得	2015.06.02
傅抱石 1965年作 浪淘沙·北戴河词义 镜心	33cm×47cm	3,392,500	北京保利	2015.06.04
傅抱石 1965年作 雪山行军 立轴	32.3cm×47cm	6,760,440	佳士得	2015.06.02
傅抱石 1956年作 丹台晓望 镜心	83cm×55.5cm	4,025,000	中国嘉德	2015.05.16
傅抱石 1946年作 虹飞千尺走雷霆 镜心	103cm×34cm	1,840,000	中国嘉德	2015.09.19
傅抱石 赤壁泛舟 立轴	123.6cm×58cm	3,505,150	纽约苏富比	2015.09.17
傅抱石 赤壁赋 扇面	18.5cm×51cm×2	1,495,000	南京经典	2015.08.02
傅抱石 赤壁图 扇片	18cm×51cm×2	920,000	东方大观	2015.05.20
傅抱石 初春 立轴	80cm×38cm	656,800	中信国际	2015.11.30
傅抱石 春风杨柳万千条 立轴	56.5cm×48.5cm	1,092,500	中国嘉德	2015.11.15
傅抱石 春风又绿江南岸 镜片	28cm×40.5cm	1,265,000	上海嘉禾	2015.05.08
傅抱石 等 祝寿册 册页（十一开）	27cm×33cm×11	1,725,000	北京保利	2015.06.04
傅抱石 1947年作 柳荫仕女 镜心	41cm×25cm	1,012,000	中国嘉德	2015.05.16
傅抱石 1947年作 巫峡 立轴	128cm×31cm	345,000	北京隆琛	2015.11.21
傅抱石 东山丝竹 镜心	89cm×58cm	9,200,000	中国嘉德	2015.05.17
傅抱石 东山携妓 立轴	40cm×30cm	1,150,000	北京保利	2015.12.07
傅抱石 风雨归舟图 扇面	18cm×60cm	1,302,927	宝港国际	2015.11.28
傅抱石 高士观瀑 镜心	32cm×45cm	1,150,000	荣宝斋（济南）	2015.11.21
傅抱石 古长城下 镜片	33.5cm×45.5cm	3,450,000	广东小雅斋	2015.05.12
傅抱石 关山月 1959年作 菊石群鸡图 立轴	74cm×32cm	750,400	北京荣宝	2015.06.21
傅抱石 观沧海 镜心	32cm×38.5cm	1,322,500	南京经典	2015.08.02
傅抱石 观瀑图 镜心	20cm×54cm	2,300,000	海德拍卖	2015.06.27
傅抱石 观瀑图 立轴	68cm×44.5cm	1,624,000	北京荣宝	2015.06.21
傅抱石 癸卯（1963年作 溪山归樵 立轴	92cm×45cm	5,865,000	中国嘉德	2015.05.17
傅抱石 1960年作 峨眉竞秀 镜心	27cm×36cm	1,150,000	保利厦门	2015.05.02
傅抱石 寒山诗意 镜心	27cm×23cm	1,265,000	江苏聚德	2015.01.25
傅抱石 虹飞千尺走雷霆 镜心	102cm×34cm	2,300,000	江苏爱涛	2015.06.29
傅抱石 江流风帆图 镜片	87.5cm×45cm	6,210,000	西泠拍卖	2015.07.05
傅抱石 金钢坡 镜片	39cm×48cm	5,750,000	河南泽华	2015.01.11
傅抱石 井冈山写生 立轴	68cm×34cm	3,450,000	荣宝斋（济南）	2015.11.21
傅抱石 峻岭松风 立轴	102cm×59cm	656,800	中信国际	2015.11.30
傅抱石 林荫 镜心	62cm×36cm	2,990,000	中国嘉德	2015.05.17

拍品名称	物品尺寸	成交价RMB	拍卖公司	拍卖日期
傅抱石 米芾拜石图 镜框	99.5cm×39cm	3,396,240	佳士得	2015.06.02
傅抱石 琵琶行诗意 立轴	136cm×34cm	1,231,500	中信国际	2015.11.30
傅抱石 秋风吹下红雨来 立轴	67cm×41cm	2,323,000	保利山东	2015.02.01
傅抱石 群峰雨境 立轴	画心27cm×34cm 诗堂14cm×34cm	402,500	上海工美	2015.06.28
傅抱石 阮琴仕女 镜框	66.5cm×67.5cm	2,723,400	佳士得	2015.06.02
傅抱石 山角小景 镜片	16cm×22cm	940,000	上海驰翰	2015.05.09
傅抱石 书法 片	22cm×50cm	552,000	广东小雅斋	2015.11.11
傅抱石 苏轼泛舟图 立轴	104cm×30cm	9,520,000	十竹斋	2015.06.14
傅抱石 听泉图 立轴	109cm×59cm	9,315,000	北京诚轩	2015.11.13
傅抱石 王维《渭城曲》诗意 镜心	64cm×74cm	14,375,000	北京保利	2015.06.04
傅抱石 吴敬恒 谢无量 戴传贤 赠林青先生山水书法（一组）立轴	（一）85.5cm×37cm （二）143.5cm×35.5cm×2 （三）67cm×25.5cm （四）93cm×27.5cm	1,265,000	中国嘉德	2015.05.16
傅抱石 西山清眺 立轴	105cm×43cm	7,590,000	中贸圣佳	2015.05.19
傅抱石 溪山樵归图 镜心	28cm×39.5cm	4,600,000	江苏爱涛	2015.06.29
傅抱石 溪山清眺 立轴	105cm×43.5cm	4,715,000	北京保利	2015.12.06
傅抱石 携琴访友图 镜心	54cm×58.5cm	5,819,760	保利香港	2015.10.05
傅抱石 雨后山村 镜片	113cm×59cm	690,000	广东崇正	2015.06.19
傅抱石 张大千 谢稚柳 黄君璧 陈之佛 傅南棣 1947年作、1948年作 丹青献寿册 册页（六开）	30cm×36cm×6	2,185,000	北京保利	2015.06.04
傅抱石 张宗祥 一生好入名山游；自作诗 成扇	19cm×51cm	1,725,000	北京保利	2015.06.05
傅抱石 赵松雪十八尊者卷 镜心	29cm×104cm	172,500	北京保利	2015.04.25
傅抱石 钟山风雨起苍黄 立轴	75cm×50cm	1,587,000	北京保利	2015.04.25
傅抱石 蜀江图 立轴	335cm×140 cm	56,350,000	北京至诚	2015.12.20
傅抱石石濤詩意圖	104.7cm×59.8cm	49,500,000	皇家国际	2015.06.29
傅抱石倚仗观瀑图	长：67.5cm 宽：43cm	35,200,000	皇家国际	2015.01.19
傅二石 虹飞千尺 立轴	95cm×176cm	184,000	荣宝斋（济南）	2015.11.21
傅雷 1936年作 行书 镜心	136cm×34cm	178,250	朵云轩	2015.10.24
傅小石 布袋和尚 镜片	69cm×46cm	345,000	河南泽华	2015.01.11
傅小石 女儿国 镜心	95.5cm×89.5cm	632,500	海德拍卖	2015.06.27
傅小石 游春图 镜心	49cm×143cm	155,250	中国嘉德	2015.09.19
傅旭明 密林清溪 镜心	134cm×69cm	161,000	北京保利	2015.06.03
傅瑜明 2015年作 江山如此多娇 镜心	69cm×137cm	299,000	北京保利	2015.11.01
傅瑜明 2015年作 紫气东来 镜心	69cm×137cm	287,500	北京保利	2015.11.01
傅增湘 1939年作 楷书 十五言联 镜片	171.5cm×21.5cm×2	287,500	西泠拍卖	2015.07.05
盖茂森 新疆风情 镜心	68cm×140cm	161,000	南京经典	2015.08.02
盖茂森 杏乡硕果甜 镜心	138cm×69cm	218,500	南京经典	2015.01.04
高德星 花鸟 镜心 四屏	137cm×34cm×4	172,500	南京经典	2015.01.04
高二适 草书柳宗元诗 镜心	48cm×41cm	172,500	中贸圣佳	2015.05.19
高二适 草书五言书房联 立轴	66cm×16.5cm×2	189,750	北京诚轩	2015.11.13
高二适 草书自作诗 镜心	69cm×33cm	287,500	中贸圣佳	2015.05.19
高二适 行书《采桑子·重阳》镜心	96cm×33cm	264,500	中贸圣佳	2015.05.19
高二适 书法（一卷）手卷	33cm×465cm	701,500	北京保利	2015.06.04
高二适 书法 镜心	35cm×132cm	345,000	海德拍卖	2015.06.27
高二适 书法 镜心	50cm×106cm	310,500	海德拍卖	2015.06.27
高二适 书法 四屏 立轴	69cm×35cm×4	747,500	南京经典	2015.08.02
高二适 天下第一高二适 手卷	整幅手卷前跋、画芯、后跋落墨总长755cm	8,625,000	四川德轩	2015.11.05

2015书画拍卖成交汇总

(成交价RMB：15万元以上)

拍品名称	物品尺寸	成交价RMB	拍卖公司	拍卖日期
高行健 1997年作 暮色 镜框	96.5cm×150cm	200,250	佳士得	2015.06.01
高剑父 1922年作 荷塘 立轴	91cm×34cm	322,000	中国嘉德	2015.11.14
高剑父 1933年作 白凤图 立轴	171.5cm×92.5cm	1,058,000	北京匡时	2015.06.06
高剑父 1945年作 枫树高士 书法二挖 立轴	绘画41cm×35.5cm 书法30cm×35.5cm	230,000	华艺国际	2015.05.24
高剑父 1950年 行书 镜框	33.8cm×91.5cm	153,938	佳士得	2015.12.01
高剑父 春意	128cm×40cm	340,906	荣盛国际	2015.01.10
高剑父 翠湖钓舟 立轴	24cm×26cm	207,000	深圳市拍	2015.07.19
高剑父 对联 立轴	148cm×35cm×2	345,000	华艺国际	2015.05.24
高剑父 猛虎长啸 立轴	132cm×67cm	857,034	保利香港	2015.04.07
高剑父 墨兰 立轴	73cm×40cm	161,000	西泠拍卖	2015.07.05
高剑父 瀑潭千尺 立轴	130cm×40cm	180,929	保利香港	2015.04.07
高剑父 四鱼图 立轴	123.5cm×67cm	266,825	佳士得	2015.12.01
高剑父 庭院夜色 立轴	56cm×60cm	920,000	华艺国际	2015.05.24
高剑父 晓月螳螂 镜框	81.3cm×35.6cm	383,325	香港苏富比	2015.04.06
高奇峰 1932年作 桃花小鸟 立轴	106cm×28cm	172,500	广东崇正	2015.06.18
高奇峰 白莲过雨 立轴	112.2cm×33.3cm	625,425	香港苏富比	2015.04.06
高奇峰陈树人1932年作丹心 立轴	130.8cm×32.8cm	282,450	香港苏富比	2015.04.06
高奇峰 陈树人 柳燕 立轴	110.6cm×32.8cm	184,950	香港苏富比	2015.10.06
高奇峰 东土初祖 立轴	75.2cm×33.1cm	719,250	香港苏富比	2015.10.06
高奇峰 庚戌（1910年）作 松鹤延年 立轴	124cm×55cm	859,177	宝港国际	2015.11.28
高奇峰 猴 立轴	176.5cm×73.5cm	333,291	保利香港	2015.04.07
高奇峰 双鸽图 立轴	105cm×39cm	1,120,000	十竹斋	2015.06.14
高茜 2003年作 闺阁四 镜框	131cm×43cm	190,452	保利香港	2015.04.06
高茜 独角戏之一 镜框	43cm×83.5cm	190,452	保利香港	2015.04.06
高茜 闺阁 镜心	131cm×42.8cm	230,000	保利山东	2015.02.01
高茜 闺阁2 镜心	131cm×41cm	172,500	中国嘉德	2015.11.16
高旭 行书七言联 对联	136cm×22.5cm×2	195,000	上海驰翰	2015.03.07
高云 秋山图 镜心	32cm×134cm	172,500	南京经典	2015.01.04
高云 坐观天下本无事 镜心	33cm×135cm	172,500	南京经典	2015.08.02
龚文桢 1993年作 大富贵 镜片	68cm×137.5cm	230,000	广东崇正	2015.06.19
龚文桢 1993年作 山茶双喜 镜片	133.5cm×66cm	253,000	广东崇正	2015.06.19
龚心剑 陈敬第 沈卫 潘昌煦 张元济 章梫 行楷 六屏立轴	131cm×31cm×6	264,500	北京匡时	2015.10.17
谷文达《字》系列18号 镜心	114cm×76cm	547,838	纽约苏富比	2015.03.17
谷文达 1982年作 旧录古诗两句	178.3cm×94cm	517,500	中国嘉德	2015.11.14
谷文达 1985年作 诗品绮丽	47cm×354cm	299,000	北京翰海	2015.11.27
谷文达 1985年作 万点恶墨吓破石涛	66.5cm×360cm	552,000	北京翰海	2015.11.27
谷文达 1986年作 妙境 镜框	68cm×99cm	164,400	香港苏富比	2015.10.05
谷文达谷氏简词系列：风水 立轴	190.9cm×177.4cm	267,150	香港苏富比	2015.10.05
谷文达 伪文字系列 镜心	137cm×68.5cm	193,992	保利香港	2015.10.05
顾炳鑫 1982年作 白居易问诗图 立轴	135cm×68cm	402,500	北京匡时	2015.03.30
顾广大 瑞雪丰年图 镜片	75cm×220cm	287,500	河南泽华	2015.01.11
顾颉刚 谢无量 邓尔雅 马衡 谭延闿 章梫 俞陛云 李经方 李烈钧 高吹万 等 1931至1950年作 致陆丹林书法长卷 手卷	1565.5cm×25cm	552,000	西泠拍卖	2015.07.05
顾坤伯 1952年作 鳌鱼观音 镜心	112cm×51cm	207,000	北京匡时	2015.03.30
顾坤伯 1930年作 临安山色 手卷	22cm×291cm	218,500	上海道明	2015.05.09
顾媚 1987年作 云山 立轴	135cm×66cm	220,275	佳士得	2015.06.01
关东华 2015年作 禅	98cm×50cm	155,250	北京翰海	2015.11.27
关槐 乘舟访友 曳杖归晚（一对）手卷	16.2cm×98cm×2	1,335,750	香港苏富比	2015.10.05
关良 孙大圣图 镜心（片）	68cm×45 cm.	529,000	中鸿信	2015.07.29

拍品名称	物品尺寸	成交价RMB	拍卖公司	拍卖日期
关良 1941年作 吕布与貂蝉 镜心	28cm×32cm	345,000	北京诚轩	2015.05.18
关良 1941年作 戏剧人物 立轴	34.5cm×53cm	194,988	佳士得	2015.12.01
关良 1943年作 西京行	60cm×24.5cm	195,500	中国嘉德	2015.11.14
关良 1945年作 水浒故事 立轴	56.5cm×31cm	690,000	中国嘉德	2015.11.14
关良 1957年作 石门	68cm×48cm	571,356	保利香港	2015.04.06
关良 1959年作 丰收图 立轴	36cm×38cm	270,250	北京匡时	2015.12.04
关良 1959年作 日出而作 立轴	31.3cm×24.2cm	513,750	香港苏富比	2015.10.06
关良 1960年作 昭君怨 立轴	64cm×34cm	184,000	中国嘉德	2015.11.14
关良 1962年作 贵妃醉酒	48cm×49cm	575,391	中国嘉德	2015.04.06
关良 1964年作 武剧人物图 镜心	83cm×58.5cm	632,500	中国嘉德	2015.05.16
关良 1973年作 鲁智深 镜心	35cm×23cm	156,800	北京荣宝	2015.06.21
关良 1974年作 东郭先生 立轴	66cm×50cm	310,500	上海嘉禾	2015.05.08
关良 1976年作 水墨人物册（九帧）册页	23cm×17cm×9	609,500	北京匡时	2015.06.06
关良 1977年作 1978年作 1979年作 水浒人物 四屏立轴	67cm×43.5cm 67cm×44cm 67cm×47cm 67cm×46cm	2,070,000	北京东正	2015.05.19
关良 1977年作 茶花 镜心	69cm×46cm	368,000	上海宝龙	2015.01.18
关良 1977年作 大圣图 镜片	69cm×42cm	345,000	西泠拍卖	2015.07.05
关良 1977年作 京剧人物图 立轴	68cm×46cm	293,250	上海泓盛	2015.06.20
关良 1977年作 鲁智深大闹野猪林 立轴	126cm×67.5cm	1,472,000	北京匡时	2015.12.04
关良 1977年作 三打白骨精 册页	70cm×70cm	431,025	佳士得	2015.12.01
关良 1977年作 孙大圣 镜片	43cm×32cm	172,500	上海明轩	2015.06.21
关良 1977年作 武剧图 立轴	136.5cm×68cm	1,380,000	北京东正	2015.05.19
关良 1977年作 争艳图 立轴	54cm×55cm	333,500	西泠拍卖	2015.07.05
关良 1977年作 钟馗图 镜心	96.5cm×42.5cm	1,150,000	上海宝龙	2015.01.18
关良 1978年作 伏虎罗汉 立轴	65.5cm×45cm	230,000	中国嘉德	2015.11.14
关良 1978年作 李逵图 立轴	68cm×45cm	195,500	西泠拍卖	2015.07.06
关良 1978年作 晴雯补裘 镜心	162cm×96cm	1,322,500	中国嘉德	2015.05.16
关良 1978年作 晴雯补裘 立轴	137cm×68cm	2,645,000	上海明轩	2015.06.21
关良 1978年作 三打白骨精 立轴	138cm×68cm	1,150,000	北京翰海	2015.06.26
关良 1978年作 孙悟空三打白骨精 立轴	65.5cm×43.5cm	402,500	上海嘉禾	2015.05.08
关良 1978年作 武松打虎 镜片	69cm×46cm	552,000	上海工美	2015.06.28
关良 1978年作 戏曲人物 册页（十六开）	27cm×35.5cm×16	849,060	佳士得	2015.06.02
关良 1979年作 达摩面壁图 立轴	137.5cm×68cm	6,900,000	上海明轩	2015.06.21
关良 1979年作 贵妃醉酒 立轴	67cm×44cm	287,500	北京匡时	2015.06.06
关良 1979年作 贵妃醉酒图 镜片	96.5cm×110cm	1,955,000	上海明轩	2015.06.21
关良 1979年作 拾玉镯 立轴	67cm×44cm	287,500	北京匡时	2015.06.06
关良 1979年作 戏剧人物图 镜框	68cm×46cm	632,500	上海明轩	2015.06.21
关良 1979年作 献桃 镜框	68.5cm×46.5cm	431,025	佳士得	2015.12.01
关良 1980年作 瓶花 立轴	65.5cm×44.5cm	529,000	上海明轩	2015.06.21
关良 1980年作 新安驿图 立轴	66cm×45.5cm	322,000	北京匡时	2015.12.04
关良 1981年作 太白醉写 立轴	91cm×73cm	977,500	北京保利	2015.12.07
关良 1981年作 戏剧人物八种 册页	25cm×25cm×9	1,207,500	中贸圣佳	2015.05.19
关良 1982年作 贵妃醉酒图 镜心	137cm×67cm	2,070,000	北京匡时	2015.12.04
关良 1982年作 钟馗图 立轴	68cm×69cm	598,000	北京匡时	2015.03.30
关良 1982年作 醉钟馗 立轴	45cm×33.5cm	264,500	北京匡时	2015.12.04
关良 1983年作 花和尚鲁智深 立轴	66cm×43cm	172,500	西泠拍卖	2015.07.04
关良 1984年作 晴雯补裘 镜心	97cm×68cm	402,500	北京保利	2015.06.04
关良 1984年作 孙大圣图 镜心	68cm×40cm	230,000	北京保利	2015.06.04
关良 1985年作 奋发图强 镜心	103cm×34cm	184,000	北京保利	2015.06.05
关良 1985年作 十八罗汉斗悟空 镜框	66cm×65cm	747,500	华艺国际	2015.05.24

拍品名称	物品尺寸	成交价RMB	拍卖公司	拍卖日期
关良 1985年作 武松打店 立轴	67cm×45cm	241,500	北京匡时	2015.06.06
关良 1985年作 钟进士出巡 镜心	69cm×69cm	1,150,000	北京保利	2015.06.04
关良 霸王别姬 镜心	69cm×63cm	575,000	北京保利	2015.06.04
关良 白蛇传 镜心	47cm×42cm	345,000	中国嘉德	2015.04.01
关良 白水滩	48cm×44cm	204,171	中国嘉德	2015.04.06
关良 白水滩 镜心	27cm×32.5cm×2	172,500	北京匡时	2015.06.06
关良 棒打玉皇 镜片	29.5cm×29.5cm	241,500	上海嘉禾	2015.05.08
关良 1976年作 今日欢呼孙大圣 镜片	54.5cm×54.5cm	598,000	上海嘉禾	2015.05.08
关良 1976年作 武松打店 镜心	45cm×48cm	178,250	中国嘉德	2015.04.01
关良 达摩面壁 镜心	69cm×46cm	471,500	中贸圣佳	2015.05.19
关良 打渔杀家 镜心	66.5cm×32.5cm	253,000	北京诚轩	2015.05.18
关良 大闹野猪林 立轴	34cm×38cm	276,000	上海明轩	2015.06.21
关良 大圣图 立轴	60cm×45.5cm	299,000	上海嘉禾	2015.05.08
关良 大足佛像	135.5cm×66cm	3,335,000	中国嘉德	2015.11.14
关良 1977年作 孙大圣 镜片	130.5cm×65cm	1,610,000	上海嘉禾	2015.05.08
关良 1977年作 鲁智深 镜心	33.5cm×29.8cm	178,250	北京诚轩	2015.11.13
关良 1977年作 孙悟空三打白骨精 镜心	69.5cm×51.5cm	575,000	中国嘉德	2015.11.14
关良 东郭先生图 镜心	64.5cm×59cm	460,000	北京东正	2015.05.19
关良 东郭先生图 镜心	80cm×44.5cm	368,000	中国嘉德	2015.05.16
关良 放排图 立轴	76cm×35.5cm	391,000	中国嘉德	2015.11.14
关良 风尘三侠 立轴	68cm×46cm	287,500	荣宝斋（济南）	2015.11.21
关良 1973年作 孙悟空 镜片	69.5cm×50cm	1,610,000	上海嘉禾	2015.05.08
关良 1983年作 苏三起解 镜心	69cm×46.5cm	437,000	中国嘉德	2015.05.16
关良 贵妃醉酒 镜心	直径27cm	368,000	南京经典	2015.08.02
关良 花鼓图	33 cm×43.5cm	297,972	罗芙奥	2015.05.31
关良 花鼓图 成扇	18cm×50cm	184,000	北京保利	2015.06.05
关良 花果图	88cm×67cm	1,495,000	中国嘉德	2015.11.14
关良 花果图 立轴	67cm×43.5cm	598,000	北京匡时	2015.06.06
关良 花田错 镜心	35cm×29.2cm	195,500	北京诚轩	2015.05.18
关良 火焰山孙悟空遇铁扇公主镜心	66cm×42.5cm	649,600	十竹斋	2015.06.14
关良 己未(1979年)作 贵妃醉酒立轴	67cm×45.5cm	230,000	上海嘉禾	2015.05.08
关良 己未(1979年)作乌龙院立轴	66cm×45cm	195,500	朵云轩	2015.06.19
关良 己未(1979年)作贵妃醉酒镜心	96cm×110cm	1,495,000	中国嘉德	2015.11.15
关良 己未 (1979年) 作 静物 立轴	68cm×46cm	1,067,258	中国嘉德	2015.04.07
关良 1974年作 闹桃图 镜片	83.5cm×44.5cm	747,500	上海嘉禾	2015.05.08
关良 甲子(1984年)作瀑布图立轴	94.5cm×43cm	287,500	朵云轩	2015.06.18
关良 甲子(1984年)作 晴雯撕扇镜心	53.5cm×38.5cm	218,500	北京华辰	2015.05.15
关良 今日欢呼孙大圣 立轴	95cm×62 cm.	1,380,000	中鸿信	2015.07.29
关良 金猴奋起千钧棒 镜片	68cm×36cm	1,495,000	上海嘉禾	2015.05.08
关良 京剧人物 立轴	68cm×40cm	247,250	上海泓盛	2015.06.20
关良 李逵痛打陈太尉图 镜心	39cm×33cm	184,000	中国嘉德	2015.05.16
关良 潘金莲 镜心	34.5cm×24.5cm	345,000	北京匡时	2015.10.16
关良 齐天大圣 镜心	画心18cm×16.5cm 题跋4cm×16.5cm	322,000	北京东正	2015.11.19
关良 秋江图 镜片	29.5cm×29.5cm	207,000	上海嘉禾	2015.05.08
关良 人物图 镜片	29.5cm×29.5cm	253,000	上海嘉禾	2015.05.08
关良 人物图 镜片	29.5cm×29.5cm	230,000	上海嘉禾	2015.05.08
关良 人物图 镜片	29.5cm×29.5cm	207,000	上海嘉禾	2015.05.08
关良 人物图 镜片	29.5cm×29.5cm	184,000	上海嘉禾	2015.05.08
关良 人物图 镜片	34cm×34.5cm	172,500	上海嘉禾	2015.05.08
关良 1962年作 火焰山一节 镜心	57cm×70cm	552,000	中国嘉德	2015.11.14
关良 三打白骨精 镜片	52cm×60cm	210,000	上海驰翰	2015.05.09
关良 三打白骨精 镜片	48cm×66.5cm	299,000	上海嘉禾	2015.05.08

拍品名称	物品尺寸	成交价RMB	拍卖公司	拍卖日期
关良 三打白骨精 镜心	45cm×68cm	690,000	上海宝龙	2015.01.18
关良 拾玉镯 镜心	45cm×45.5cm	471,500	上海宝龙	2015.01.18
关良 双寿图 镜心	69.5cm×49cm	563,500	北京匡时	2015.12.04
关良 水浒人物 镜片	29.5cm×29.5cm	218,500	上海嘉禾	2015.05.08
关良 水浒人物册 册页（十二开）	16.5cm×12.5cm×12	1,150,000	上海嘉禾	2015.05.08
关良 水浒人物册 册页（十开）	18cm×13.5cm×10	782,000	中国嘉德	2015.11.14
关良 四郎探母 镜心	18cm×24.5cm	368,000	北京诚轩	2015.05.18
关良 苏三起解 立轴	63cm×42cm	322,000	华艺国际	2015.05.24
关良 孙大圣 镜片	37.5cm×31cm	333,500	上海明轩	2015.06.21
关良 孙大圣 镜心	46cm×34cm	352,659	中国嘉德	2015.04.07
关良 孙悟空三打白骨精 镜心	67.5cm×45.5cm	560,000	十竹斋	2015.06.14
关良 孙悟空三打白骨精 立轴	68cm×46cm	180,000	上海驰翰	2015.05.09
关良 孙悟空图 镜心	60cm×45cm	241,500	中国嘉德	2015.05.16
关良 王季眉 1973年作 武松大闹飞云浦 镜心	96cm×48cm	402,500	北京保利	2015.12.06
关良 王羲造像 镜心	154.5cm×77cm	368,000	天津同方	2015.06.06
关良 乌龙院 立轴	35cm×35cm	299,000	北京匡时	2015.03.30
关良 乌龙院 立轴	38cm×33cm	278,415	中国嘉德	2015.04.07
关良 武剧人物	34.5cm×34.5cm	232,013	中国嘉德	2015.04.06
关良 武剧人物 镜心	82.5cm×70cm	517,500	中国嘉德	2015.11.14
关良 武剧人物图 镜心	30cm×69cm	402,500	北京保利	2015.12.06
关良 武剧图 立轴	66.5cm×44 cm.	345,000	中鸿信	2015.07.29
关良 武剧图 镜片	29.5cm×29.5cm	207,000	上海嘉禾	2015.05.08
关良 武剧图 圆光	直径29cm	201,250	上海嘉禾	2015.05.08
关良 武戏 镜片	29.5cm×29.5cm	207,000	上海嘉禾	2015.05.08
关良 武戏图 镜片	38.5cm×38.5cm	172,500	西泠拍卖	2015.07.05
关良 舞袖图 镜片	48cm×34.5cm	178,250	上海工美	2015.06.28
关良 1978年作 打渔杀家 镜片	35cm×46cm	253,000	上海嘉禾	2015.05.08
关良 1978年作 大圣祝寿 镜片	69cm×33cm	782,000	上海嘉禾	2015.05.08
关良 1978年作 孙大圣图 镜框	67cm×68cm	575,000	上海嘉禾	2015.05.08
关良 1978年作 戏曲人物 镜片	38cm×55cm	230,000	上海嘉禾	2015.05.08
关良 1978年作 闹桃 立轴	65cm×42cm	172,500	中国嘉德	2015.04.02
关良 1978年作 孙大圣图 立轴	82cm×66cm	437,000	中国嘉德	2015.11.14
关良 1978年作 武松打虎图 镜心	33cm×42.5cm	161,000	中国嘉德	2015.05.16
关良 戏剧人物 横幅镜心	28cm×140cm	2,530,000	北京翰海	2015.11.28
关良 戏剧人物 镜片	45cm×52cm	368,000	朵云轩	2015.01.25
关良 戏剧人物 镜片	51cm×41cm	207,000	广东崇正	2015.06.19
关良 戏剧人物 镜心	22cm×68.5cm	678,500	中国嘉德	2015.11.14
关良 戏剧人物 镜心	56.5cm×52.5cm	345,000	北京保利	2015.08.12
关良 戏剧图	60cm×50cm	224,280	荣盛国际	2015.01.10
关良 戏曲人物	28cm×82.5cm	943,000	中国嘉德	2015.11.14
关良 戏曲人物 立轴	68cm×46 cm.	368,000	中鸿信	2015.07.29
关良 戏曲人物 镜片	42cm×144cm	1,362,000	江苏聚德	2015.07.01
关良 戏曲人物 镜片	68.5cm×41cm	287,500	上海嘉禾	2015.05.08
关良 戏曲人物 镜心	33cm×44.5cm	310,500	上海宝龙	2015.01.18
关良 戏曲人物 立轴	32cm×33cm	184,000	北京匡时	2015.06.06
关良 戏曲人物 立轴	68cm×46cm	322,000	中贸圣佳	2015.05.19
关良 戏曲人物 立轴	40cm×53cm	253,000	北京匡时	2015.10.16
关良 献寿 圆光	直径29cm	195,500	上海嘉禾	2015.05.08
关良 一九八二年作 贵妃醉酒图	100cm×69cm.	667,875	香港苏富比	2015.10.05
关良 一九八一年作 打渔杀家图	111.5cm×56cm.	513,750	香港苏富比	2015.10.05
关良 1985年作 孙大圣 镜片	96.5cm×55cm	529,000	上海嘉禾	2015.05.08
关良 游龙戏凤 镜心	27.7cm×34cm	310,500	北京诚轩	2015.05.18
关良 虞姬	35cm×34cm	204,171	中国嘉德	2015.04.06
关良 虞姬 镜框	35cm×32cm	172,500	上海嘉禾	2015.05.08

(成交价RMB：15万元以上)

拍品名称	物品尺寸	成交价RMB	拍卖公司	拍卖日期
关良 虞姬舞剑 立轴	62cm×34cm	218,500	北京匡时	2015.12.04
关良 钟馗嫁妹图 镜心	47cm×88cm	209,497	保利香港	2015.04.07
关良 钟馗图 镜片	67cm×44.5cm	230,000	上海工美	2015.06.28
关良 朱屺瞻 1976年作 武松打虎图 立轴	67cm×46.5cm	287,500	西泠拍卖	2015.07.04
关良 朱屺瞻 1975年作 李逵扯招谤徽宗 镜心	142cm×131cm	7,360,000	中国嘉德	2015.05.17
关山月 1943年作 山村图 立轴	114cm×50cm	494,500	中国嘉德	2015.04.01
关山月 1946年作 牧羊女 镜心	133cm×65cm	6,555,000	北京匡时	2015.06.06
关山月 1946年作 双清图 立轴	150cm×50cm	920,000	广东崇正	2015.06.18
关山月 1947年作 得财图 立轴	78cm×30.5cm	171,407	保利香港	2015.04.07
关山月 1947年作 收获 立轴	78cm×30.5cm	190,452	保利香港	2015.04.07
关山月 1948年作 行旅图 镜框	132.5cm×30cm	750,938	佳士得	2015.06.02
关山月 1960年作 虬松 立轴	180cm×80cm	1,035,000	北京翰海	2015.11.28
关山月 1964年作 红梅图 镜片	126.5cm×66cm	1,725,000	广州皇玛	2015.01.18
关山月 1965年作 南国水乡 立轴	91cm×48cm	1,012,000	深圳市拍	2015.07.19
关山月 1972年作 迎春图 立轴	66cm×46cm	368,000	北京匡时	2015.06.06
关山月 1973年作 报春图 立轴	86cm×55cm	2,070,000	广东崇正	2015.06.18
关山月 1975年作 红梅 立轴	43.5cm×36.5cm	230,000	北京保利	2015.06.05
关山月 1976年作 秋山云暮 立轴	96cm×58cm	920,000	华艺国际	2015.05.24
关山月 1977年作 梅花 镜片	80cm×38cm	575,000	深圳市拍	2015.07.19
关山月 1977年作 迎春图 立轴	91cm×48cm	218,500	中国嘉德	2015.05.16
关山月 1978年作 轻舟已过万重山 镜心	63cm×48cm	287,500	北京匡时	2015.06.06
关山月 1978年作 山水 镜片	69.5cm×46.5cm	460,000	广州皇玛	2015.07.26
关山月 1980年作 春消息 立轴	90cm×47cm	368,585	保利香港	2015.10.05
关山月 1980年作 梅花 立轴	137cm×68cm	1,725,000	广东小雅斋	2015.05.12
关山月 1980年作 墨梅 镜片	84cm×51cm	437,000	广东崇正	2015.06.18
关山月 1981年作 不老松 立轴	99cm×54cm	517,500	深圳市拍	2015.07.19
关山月 1982年作 迎春图 镜框	35cm×139.6cm	1,130,250	香港苏富比	2015.10.06
关山月 1983年作 铁骨幽香透国魂 镜片	180.5cm×94.5cm	5,175,000	广东崇正	2015.06.18
关山月 1985年 报春图 立轴	96cm×61cm	822,000	香港苏富比	2015.10.06
关山月 1985年作 草书五言联 立轴	eacmh 129.7cm×31.8cm×2	205,500	香港苏富比	2015.10.06
关山月 1985年作 富贵长春 镜框	41.1cm×107.6cm	976,125	香港苏富比	2015.10.06
关山月 1985年作 红梅墨竹 立轴	68cm×44cm	195,500	北京诚轩	2015.11.13
关山月 1985年作 双清图 镜片	99cm×51cm	1,035,000	广东崇正	2015.06.18
关山月 1985年作 喜上眉杪 立轴	89.5cm×48.2cm	719,250	香港苏富比	2015.10.06
关山月 1986年作 大地回春 镜心	50cm×101cm	1,809,294	保利香港	2015.04.07
关山月 1986年作 红梅 立轴	67cm×27cm	218,500	广东崇正	2015.06.18
关山月 1986年作 雪梅 立轴	45cm×65cm	242,490	保利香港	2015.10.05
关山月 1987年作 红梅 镜片	67cm×45.7cm	368,000	广东崇正	2015.06.18
关山月 1987年作 俏不争春 镜心	123cm×120cm	2,070,000	北京翰海	2015.06.27
关山月 1988年作 红梅 镜心	70cm×36cm	402,500	北京保利	2015.06.04
关山月 1988年作 满山红 横批	121cm×244cm	6,900,000	北京保利	2015.06.04
关山月 1988年作 梅花双喜图 镜片	109.5cm×61cm	862,500	西泠拍卖	2015.07.05
关山月 1989年作 铁骨清香 镜片	70cm×138cm	784,000	广东侨鑫	2015.07.12
关山月 1991年作 榕荫乡风 立轴	96cm×48cm	667,000	中贸圣佳	2015.05.19
关山月 1992年作 盛梅 镜片	100cm×66cm	402,500	上海敬华	2015.06.29
关山月 1994年作 行书 镜片	142cm×360cm	345,000	朵云轩	2015.06.18
关山月 1995年作 红梅 镜片	40cm×59cm	230,000	广东崇正	2015.06.18
关山月 1986年作 红白梅 镜框	77cm×54cm	1,035,000	广州皇玛	2015.01.18
关山月 晨曲 镜心	53cm×40cm	171,407	保利香港	2015.04.07
关山月 对联 镜框	135cm×33cm×2	287,500	华艺国际	2015.05.24
关山月 对联 镜片	366cm×71.5cm×2	1,035,000	华艺国际	2015.05.24

拍品名称	物品尺寸	成交价RMB	拍卖公司	拍卖日期
关山月 傅抱石 雏鸡图 立轴	75cm×33cm	161,000	上海嘉禾	2015.05.08
关山月 归牧 立轴	78cm×30.5cm	190,452	保利香港	2015.04.07
关山月 1943年作 秋江远棹 立轴	106cm×50cm	368,000	中国嘉德	2015.05.16
关山月 寒梅图 立轴	136cm×69cm	1,380,000	河南泽华	2015.01.11
关山月 行书“大展鸿图”镜片	47cm×129cm	230,000	广东崇正	2015.06.18
关山月 行书“翰墨苑”镜片	48cm×105cm	161,000	广东崇正	2015.06.18
关山月 红梅	68cm×40cm	517,500	北京翰海	2015.06.26
关山月 红梅 镜框	69cm×44cm	172,500	华艺国际	2015.05.24
关山月 红梅 立轴	34cm×46cm	195,500	北京保利	2015.06.05
关山月 会当凌绝顶 镜心	149cm×77cm	299,000	北京保利	2015.04.26
关山月 己未（1979年作 梅花 镜心	38cm×54.5cm	230,000	中国嘉德	2015.05.16
关山月 剑门关 立轴	99cm×40cm×2	644,000	广东小雅斋	2015.11.12
关山月 江边独钓 横批	68.5cm×129.5cm	1,185,480	佳士得	2015.06.02
关山月 黎雄才 风正一帆悬 立轴	99cm×69cm	1,012,000	海德拍卖	2015.06.27
关山月 黎雄才 李震宇 1978年作 梅石雄鸡图 立轴	135.5cm×66.5cm	897,000	西泠拍卖	2015.07.06
关山月 岭南英雄花 镜片	101cm×41cm	575,000	广东崇正	2015.06.19
关山月 梅花 立轴	79cm×28cm	287,500	华艺国际	2015.03.29
关山月 民国卅三年（1944年）作 嘉陵码头 立轴	98cm×43cm	1,658,070	宝港国际	2015.06.01
关山月 1962年作 芭蕉小鸟 立轴	135cm×34cm	253,000	上海敬华	2015.06.29
关山月 1962年作 柳荫小鸡 立轴	136cm×34cm	575,000	广东衡益	2015.08.02
关山月 沈鹏 黄苗子 刘炳森 等 百家各体书《诗经》（三百零五幅）	尺寸不一	3,450,000	北京翰海	2015.11.27
关山月 双清图 镜心	52cm×130cm	1,725,000	海德拍卖	2015.06.27
关山月 铁骨幽香 镜片	59cm×41cm	161,000	上海敬华	2015.06.29
关山月 鸭 镜框	50.7cm×117.4cm	278,819	纽约佳士得	2015.09.17
关山月 1984年作 红梅 镜片	130cm×48cm 诗堂20cm×48cm	1,150,000	广东崇正	2015.06.18
关山月 雨后山更青 镜心	83cm×50cm	828,000	海德拍卖	2015.06.27
关山月 珠江风月 立轴	48.5cm×58cm 诗堂30cm×58cm	690,000	广东崇正	2015.06.18
关友声 泊舟垂钓 行书七言联 镜心	中堂137cm×68cm 对联 133cm×33cm×2	172,500	北京匡时	2015.12.04
关玉良 2014年作 中国牛 镜心	68cm×136cm	322,000	北京保利	2015.06.03
管峻 行楷 镜片	35cm×138cm	345,000	河南泽华	2015.01.11
管峻 楷书 镜片	25cm×153cm	322,000	河南泽华	2015.01.11
管峻 楷书《兰亭集序》镜心	26cm×132cm	253,000	中贸圣佳	2015.05.19
管峻 毛泽东诗词 册页	31.5cm×21.5cm×16	582,400	十竹斋	2015.06.14
管峻 书法 软片	218cm×54cm	414,000	江苏两汉	2015.01.11
管峻 书法 唐人诗钞 册页	31cm×46cm×9	310,500	海德拍卖	2015.06.27
管峻 随园诗话 手卷	26.5cm×312cm	414,000	海德拍卖	2015.06.27
管峻 陶渊明 桃花源记 镜心	引首26cm×101cm 书27cm×130cm	172,500	南京经典	2015.01.04
管峻 岳阳楼记 手卷	26cm×86cm 26cm×142cm	230,000	南京嘉信	2015.07.19
管平 昭君出塞 立轴	60.5cm×27cm	302,625	香港苏富比	2015.04.06
管平湖 美人 四屏镜心	105cm×32cm×4	552,000	北京保利	2015.12.07
管伟邦 2014年作 绿竹森森 四屏镜框	70cm×100cm 140cm×200cm	308,250	香港苏富比	2015.10.05
管伟邦 2015年作 会弁如星	99.5cm×29.5cm 整体 99.5cm×206.5cm	164,200	佳士得	2015.11.29
郭城 望月	96cm×180cm	1,265,000	北京翰海	2015.11.27
郭德昌 太行诗意图 镜心	29cm×132cm	195,500	北京翰海	2015.07.18
郭公达 1999年作 江山壮丽 镜片	96cm×291cm	2,300,000	华艺国际	2015.05.24

拍品名称	物品尺寸	成交价RMB	拍卖公司	拍卖日期
郭汉深 佛心流泉 手卷	23.7cm×165.7cm 23.7cm×59.6cm	226,050	香港苏富比	2015.10.05
郭沫若 1940年作 行书七言诗 立轴	113cm×19cm	747,500	中国嘉德	2015.05.17
郭沫若 1943年作 草书五言诗 立轴	68cm×32cm	230,000	中国嘉德	2015.09.19
郭沫若 1959年作 行书《游莫干山》立轴	132cm×65cm	437,000	北京匡时	2015.12.05
郭沫若 1960年作 行书七言联 镜心	137.5cm×34cm×2	747,500	中国嘉德	2015.11.15
郭沫若 1961年作 行书《从化温泉》诗 镜心	66cm×132cm	1,725,000	上海明轩	2015.06.21
郭沫若 1962年作 行书五言诗 立轴	71cm×32.5cm	287,500	西泠拍卖	2015.07.05
郭沫若 1962年作 行书七言诗 立轴	66.5cm×30.5cm	632,500	上海明轩	2015.06.21
郭沫若 1963年作 行书自作诗 立轴	83cm×45cm	575,000	北京保利	2015.12.07
郭沫若 1964年作 行书"见义勇为"立轴	87cm×47cm	207,000	中国嘉德	2015.09.19
郭沫若 1964年作 行书卜算子词 横披	67cm×128cm	1,437,500	北京翰海	2015.06.26
郭沫若 1965年作 草书毛主席语录 立轴	123cm×237cm	3,220,000	北京保利	2015.06.04
郭沫若 1965年作 草书中堂 镜片	129cm×64cm	920,000	上海嘉禾	2015.05.08
郭沫若 1965年作 行书毛主席词 镜心	137cm×68.5cm	1,150,000	中国嘉德	2015.11.15
郭沫若 1965年作 行书七言诗 立轴	96.5cm×54cm	920,000	中国嘉德	2015.11.15
郭沫若 1965年作 行书五言诗 横幅	49cm×83cm	517,500	中国嘉德	2015.09.20
郭沫若 1965年作 章草毛主席词 手卷	引首 15.5cm×46.5cm 本幅16cm×104cm 题跋17cm×340cm	747,500	北京匡时	2015.06.06
郭沫若 1967年作 草书毛泽东词 镜片	91.5cm×175cm	287,500	上海嘉禾	2015.08.09
郭沫若 1969年作 行书"飞鸣镝"立轴	26cm×43cm	184,000	中国嘉德	2015.09.19
郭沫若 八言行书对联 立轴	131cm×34cm×2	264,500	北京隆琛	2015.11.21
郭沫若 草书节录毛主席词 镜心	66cm×44cm	425,500	北京匡时	2015.06.07
郭沫若 草书毛主席诗词 镜心	68cm×46cm	437,000	北京翰海	2015.11.27
郭沫若 草书十六字令 镜心	64.5cm×43.5cm	207,000	中国嘉德	2015.11.14
郭沫若 行书《七绝·为李进同志题所摄庐山仙人洞照》立轴	113cm×47cm	172,500	北京保利	2015.04.25
郭沫若 行书自作诗《天安门广场》镜心	167.5cm×87.5cm	1,035,000	北京保利	2015.12.07
郭沫若 节录自作诗 立轴	142.5cm×76.5cm	437,000	北京诚轩	2015.11.13
郭沫若 康生 1964年作 行书 立轴	200cm×106cm	16,100,000	广东崇正	2015.06.18
郭沫若 李可染 冯友兰 吴作人等 1963年作 集锦册 册页（十七开）	27cm×37cm×17	1,081,000	中国嘉德	2015.11.15
郭沫若 普兰店的古莲子 立轴	65cm×40.5cm	460,000	北京诚轩	2015.05.18
郭沫若 书法 镜片	78cm×46cm	713,000	河南金帝	2015.11.22
郭沫若 书法 镜心	126.5cm×31cm	280,000	北京荣宝	2015.03.29
郭沫若 书法 镜心	72cm×41cm	517,500	海德拍卖	2015.06.27
郭沫若 书法 立轴	111cm×61cm	575,000	广东小雅斋	2015.05.13
郭沫若 田汉 行书五言诗·行书七言诗 成扇		977,500	中国嘉德	2015.05.17
郭荣 凉山云起图 立轴	67cm×68cm	287,500	河南泽华	2015.01.11
郭石夫 2004年作 松树芙蓉 镜心	96cm×180cm	280,000	北京荣宝	2015.06.21
郭泰来 2012年作 无限近似于透明的真诚 镜心	138cm×68cm	276,000	保利山东	2015.09.13
郭味蕖 菊花双清 镜心	129cm×63cm	253,000	鼎天国际	2015.07.05
郭怡孮 2014年作 怡园春早 镜心	96cm×90cm	701,500	保利山东	2015.02.01
郭怡孮 山茶花 镜心	69cm×69cm	230,000	保利山东	2015.02.01

拍品名称	物品尺寸	成交价RMB	拍卖公司	拍卖日期
郭有河 2014年作 罗汉（组画）镜心	32cm×22cm×4	184,000	北京保利	2015.01.24
郭震乾 2014年作 天骄行 镜心	69cm×69cm	161,000	北京保利	2015.01.24
郭子良 夏荷幽梦 镜片	180cm×145cm	1,955,000	广东小雅斋	2015.11.12
韩安东 乐在其中 斗方	68cm×68cm	528,000	上海熙雅	2015.11.06
韩安东 紫气东来	136cm×68cm	605,000	上海熙雅	2015.11.06
韩必恒 2014年作 富贵吉祥图 镜心	130cm×65cm	172,500	北京翰海	2015.03.15
韩敬伟 2015年作 屏居山田图 镜心	136cm×68cm	368,000	北京保利	2015.12.06
韩美林 1980年作 动物（四幅）镜框	35.5cm×33cm×4	240,300	佳士得	2015.06.02
韩美林 1989年作 天马 镜片	68cm×135cm	230,000	广东崇正	2015.06.19
韩美林 飞鸟 画心	68cm×109cm	207,000	西泠拍卖	2015.07.04
韩美林 1980年、1981年作 三鱼图·猫头鹰 镜心	35cm×38cm×2	195,500	中国嘉德	2015.11.14
韩美林1980年作 双鹤 镜心	57cm×76cm	157,769	中国嘉德	2015.04.07
韩美林 1983年作 双鹰图 镜心	96cm×179cm	287,500	中国嘉德	2015.06.27
韩美林 小狐狸 镜心	35cm×38cm	172,500	中国嘉德	2015.11.14
韩美林 雄鹰图 镜框	55cm×75cm	287,500	华艺国际	2015.05.24
韩敏 2012年作 观音 行书七言 中堂 对联	118cm×60cm 131cm×32cm×2	168,000	上海黄浦	2015.06.13
韩敏 2000年作 幽篁倩影 镜片	96cm×47cm	161,000	朵云轩	2015.04.27
韩敏 2003年作 观沧海 立轴	136cm×69cm	161,000	上海敬华	2015.06.29
韩敏 梅兰竹菊 镜片连框	105cm×34.5cm×4	172,500	上海聚缘斋	2015.07.05
韩敏 1992年作 飞黄腾达 镜片	95cm×179cm	253,000	朵云轩	2015.01.25
韩书力 不详 乐胜图 镜心	58.5cm×56.5cm	550,000	上海爱莲	2015.11.22
韩书力 不详 新衣 镜心	69cm×51cm	660,000	上海爱莲	2015.11.22
韩硕 松荫人物（二帧）镜心	45cm×47cm×2	207,000	北京保利	2015.01.24
韩硕 戏剧人物（四帧）镜心	48cm×45cm×4	402,500	北京保利	2015.01.24
韩伟华 2013年作 太行归隐图	96cm×180cm	517,500	北京翰海	2015.06.26
韩伟华 林壑高逸 镜片	68.5cm×141cm	287,500	北京上和	2015.05.16
韩伍 2007年作 金陵十二钗 镜心	137cm×69cm	161,000	中贸圣佳	2015.05.19
韩兴荣 女书 立轴	136cm×67.5cm	230,000	北京上和	2015.05.16
韩学中 2015年作 回眸 镜心	138cm×69cm	230,000	北京匡时	2015.12.04
韩学中 女孩 镜心	183cm×70cm	276,000	北京保利	2015.12.06
韩学中 人物 镜心	138cm×70cm	299,000	北京保利	2015.06.03
韩羽 人物 立轴	136cm×38cm	155,250	中贸圣佳	2015.05.19
杭春晖 2011年作 暖	66cm×97cm	172,500	北京匡时	2015.06.06
郝爱平 山曲 镜片	69cm×138cm	253,000	河南泽华	2015.01.11
郝竞存 2014年作 迎春 镜心	97cm×80cm	345,000	北京保利	2015.12.06
郝量 2006年作 戏水图（一组两件）	72.5cm×72.5cm 73cm×72cm	310,387	中国嘉德	2015.10.06
郝量 2007年作 戏水图 镜心	73cm×77cm	190,452	保利香港	2015.04.06
郝量 2010年作 羽城化蝶	167.5cm×98.5cm	1,170,000	佳士得（上海）	2015.04.25
郝量 2011年作 幽鸣	89.5cm×60cm	835,245	中国嘉德	2015.04.06
郝量 约2006年作 无题 镜框	66cm×70cm	221,925	香港苏富比	2015.04.05
何百里 1994年作 红叶点点秋 镜心	167cm×94cm	339,486	保利香港	2015.10.05
何百里 2000年作 万树千红秋满林 镜框	88.5cm×174.5cm	420,525	佳士得	2015.06.02
何百里 2012-2014年作 幽壑清音	81cm×79.5cm	437,500	佳士得（上海）	2015.04.25
何百里 2014年作 渔村烟晓	48cm×124.8cm	525,000	佳士得（上海）	2015.04.25
何百里 2014年作 黄山朝晖 镜心	93cm×92cm	428,517	保利香港	2015.04.06
何百里 丹壑秋霞	88cm×87cm	475,000	佳士得（上海）	2015.10.24

(成交价RMB：15万元以上)

拍品名称	物品尺寸	成交价RMB	拍卖公司	拍卖日期
何百里 曦望 镜框	92cm×92cm	564,438	佳士得	2015.11.30
何伯群 2014年作 书法·山亭夏日 镜心	69cm×139cm	207,000	北京保利	2015.01.24
何伯群2015年作 行书七言联镜心	138cm×35cm×2	207,000	北京保利	2015.11.01
何多苓 素描花草	87cm×60cm	172,500	四川翰雅	2015.10.15
何海溪 2014年作 六君子图 镜心	96cm×175cm	3,450,000	北京保利	2015.01.24
何海霞 1939年作 柳亭消夏 立轴	102cm×34cm	483,000	上海明轩	2015.06.21
何海霞 1952年作 四季 四屏镜心	30cm×14cm×4	1,495,000	北京保利	2015.06.05
何海霞 1959年作 云里家乡 行书五言 镜心	110cm×53cm 90cm×19cm×2	1,207,500	北京匡时	2015.06.06
何海霞 1960年作 层层梯田 镜心	136cm×68cm	3,450,000	北京保利	2015.06.05
何海霞 1963年作 山水意境 立轴	67.5cm×45cm	287,500	上海明轩	2015.06.21
何海霞 1970年作 四季 四屏镜心	46.5cm×35cm×4	1,150,000	北京保利	2015.06.05
何海霞1971年作江山如此多娇镜心	54cm×90cm	1,725,000	北京保利	2015.12.07
何海霞1971年作犹有花枝俏镜心	100cm×47cm	368,000	北京保利	2015.06.05
何海霞 1972年作 青山着意化为桥 镜心	81.5cm×129.5cm	2,760,000	北京保利	2015.06.05
何海霞 1976年作 江山旖丽集 册页（十开）	16cm×22cm×10	2,070,000	北京保利	2015.06.05
何海霞 1976年作 秦岭新貌 镜心	177.5cm×94.5cm	5,980,000	北京匡时	2015.06.06
何海霞 1978年作 黄山松云 立轴	107cm×56cm	391,000	中贸圣佳	2015.05.19
何海霞 1978年作 长城雄姿 立轴	95cm×48cm	368,000	北京保利	2015.06.05
何海霞1979年作 茫茫天无际 镜心	45.5cm×69cm	207,000	北京保利	2015.06.05
何海霞 1979年作 山色空蒙 镜心	54cm×95cm	805,000	北京保利	2015.06.05
何海霞 1980年作 放舟松岩 镜心	68cm×45cm	345,000	北京保利	2015.06.05
何海霞 1980年作 山色空蒙雨亦奇 镜片	45.5cm×65cm	287,500	深圳市拍	2015.07.19
何海霞 1980年作 香积寺 镜心	68cm×45cm	402,500	北京保利	2015.06.05
何海霞 1980年作 坐看云起时 书法对联 镜心	68cm×44cm 137cm×34cm×2	360,000	诗婢家	2015.05.17
何海霞 1981年作 乐律绕青城 手卷	引首40cm×131cm 画心45cm×152cm	1,012,000	上海明轩	2015.06.21
何海霞 1983年作 华山图 立轴	68cm×45.5cm	310,500	北京匡时	2015.06.06
何海霞 1985年作 华岳雨后亦奇观 镜心	99cm×66cm	402,500	北京保利	2015.06.05
何海霞1985年作 雨霁牧归图 立轴	68cm×59cm	437,000	北京保利	2015.12.07
何海霞 1987年作 江山万里 镜框	70cm×138.5cm	1,569,960	佳士得	2015.06.02
何海霞 1987年作 山花烂漫 镜心	95cm×59cm	276,000	北京匡时	2015.06.06
何海霞 1988年作 穿峡图 鏡心	94cm×82cm	460,000	保利山东	2015.02.01
何海霞 1992年作 飞瀑图 镜心	87cm×50cm	977,500	北京保利	2015.06.05
何海霞 并蒂莲开 镜心	68cm×45cm	230,000	北京保利	2015.06.05
何海霞 彩荷 镜心	85cm×48.5cm	253,000	北京保利	2015.06.05
何海霞 苍松千古秀 镜心	68cm×136cm	207,000	北京保利	2015.06.05
何海霞 方济众 岑学恭 康师尧 百花齐放 册页	54cm×345cm×13	172,500	北京保利	2015.06.05
何海霞 革命圣地延安 镜心	140cm×93cm	2,875,000	北京保利	2015.12.07
何海霞1980年作 秋山逸隐 立轴	87cm×53cm	230,000	上海嘉禾	2015.05.08
何海霞 归云拥树失山郛 手卷	15cm×202cm	280,350	佳士得	2015.06.02
何海霞 寒林楼观 立轴	67cm×24.5cm	267,150	香港苏富比	2015.10.06
何海霞 汉留侯张良庙 立轴	96cm×41.5cm	368,000	中国嘉德	2015.11.14
何海霞 河山壮丽 立轴	95cm×60cm	805,000	北京保利	2015.06.05
何海霞 荷风送香 镜片	81cm×49cm	161,000	广东崇正	2015.06.19
何海霞 荷花 立轴	69cm×62.5cm	414,000	西泠拍卖	2015.07.06
何海霞 华山下棋亭 立轴	68.3cm×45cm	207,000	北京保利	2015.06.05
何海霞 华岳绝壁 立轴	132cm×70cm	1,023,500	北京保利	2015.12.07
何海霞 华岳清辉 镜心	81cm×50cm	322,000	北京保利	2015.06.05
何海霞 激流勇进 镜心	97cm×60cm	747,500	中国嘉德	2015.11.14
何海霞 己未（1979年）作 华岳清秋 镜心	70cm×139cm	2,875,000	中国嘉德	2015.11.15
何海霞 己未（1979年）作 牧归图 镜心	97cm×60cm	828,000	中国嘉德	2015.11.14
何海霞 家在江南黄叶村 立轴	69cm×44cm	299,000	广东崇正	2015.06.19
何海霞 甲子（1984年）作 高峰截断云 立轴	82.8cm×50cm	345,000	北京诚轩	2015.11.13
何海霞 江晴远峰出 书法 扇面	18cm×54cm×2	184,000	北京保利	2015.06.05
何海霞 江山如画 镜心	69cm×48cm	322,000	北京保利	2015.06.05
何海霞 开山筑路 镜心	68cm×136cm	862,500	北京保利	2015.06.05
何海霞 李白诗意 立轴	136cm×58cm	339,000	辽宁建投	2015.08.30
何海霞 绿野堂图 立轴	119cm×31cm	184,292	中国嘉德	2015.10.07
何海霞 满目青山夕照明 立轴	135cm×66cm	1,380,000	北京保利	2015.06.05
何海霞 名园春游 镜心	33.5cm×45cm	287,500	北京保利	2015.06.05
何海霞 青山红树好放船 行书杜牧诗 镜心	画60cm×40cm 书法45.5cm×68cm	483,000	北京保利	2015.06.05
何海霞 清江一曲抱村流 镜心	97cm×60cm	460,000	中国嘉德	2015.11.14
何海霞 三登太华图 立轴	70cm×45cm	345,000	北京保利	2015.06.05
何海霞 山林飞瀑 镜片	138cm×69cm	1,725,000	上海明轩	2015.06.21
何海霞 山禽不语 镜心	67cm×33cm	172,500	北京保利	2015.06.05
何海霞 山色空蒙雨亦奇 镜心	68cm×45cm	253,000	北京保利	2015.06.05
何海霞 山上飞泉 镜心	96cm×56.5cm	690,000	北京保利	2015.06.05
何海霞 山雨欲来时 镜心	69cm×46cm	299,000	中国嘉德	2015.06.27
何海霞 陕北绥德小景 立轴	34cm×46cm	161,000	中国嘉德	2015.06.27
何海霞 水面风波不知 立轴	66.5cm×45cm	172,500	北京保利	2015.06.05
何海霞 松涛岚气 镜心	68cm×45cm	322,000	北京保利	2015.06.05
何海霞 松崖远眺 镜心	85cm×33cm	172,500	北京匡时	2015.03.30
何海霞 太行壮观图 立轴	139cm×68.5cm	1,840,000	上海明轩	2015.06.21
何海霞 桃花飞瀑 镜心	69cm×45cm	368,000	中国嘉德	2015.04.01
何海霞 万山红遍 镜心	141cm×363cm	33,350,000	北京保利	2015.12.07
何海霞 溪山清远 立轴	68cm×45cm	552,000	天津同方	2015.06.06
何海霞 喜看春云起 立轴	67.5cm×45.5cm	287,500	北京保利	2015.06.05
何海霞 湘西山水多奇峰 镜心	35cm×45cm	172,500	北京保利	2015.06.05
何海霞 徐庶之 深山寻源 镜心	177.5cm×96cm	1,840,000	北京保利	2015.06.05
何海霞 雪岭万千重 镜心	80cm×49cm	230,000	北京保利	2015.06.05
何海霞 杨柳青青 镜心	67cm×46cm	172,500	北京保利	2015.06.05
何海霞 幽谷新篁 镜心	89.5cm×49.5cm	632,500	北京保利	2015.06.05
何海霞 云山多变 镜心	69cm×69cm	460,000	北京保利	2015.06.05
何海霞 张海若 仙山楼阁 隶书论经诗摩崖 成扇	19cm×49cm	1,035,000	北京保利	2015.12.06
何怀硕 1988年作 高木寒云 镜框	87.6cm×92.5cm	226,050	香港苏富比	2015.10.05
何怀硕 1990年作 吾人吾民之九 立轴	94.5cm×99.7cm	184,950	香港苏富比	2015.10.05
何怀硕 1990年作 吾土吾人之十 镜框	67.4cm×96cm	184,950	香港苏富比	2015.10.05
何怀硕 台静农 1993~1989 坐禅图 行书李商隐诗	52cm×17.5cm	211,464	罗芙奥	2015.06.02
何家英 1994年作 凝眸 镜心	60cm×80cm	1,782,500	上海宝龙	2015.01.18
何家英 1997年作 农家少女 立轴	96.5cm×60.5cm	805,000	鼎天国际	2015.07.05
何家英1998年作玉钩西桂消夏人	68cm×68cm	805,000	北京翰海	2015.11.27
何家英 1999年作 荷塘月色 镜片	34cm×137cm	2,070,000	河南金帝	2015.11.22
何家英 1999年作 无上清凉 镜心	93.5cm×49.5cm	1,150,000	鼎天国际	2015.07.05
何家英 2001年作 闲云 镜心	69cm×100cm	1,840,000	北京保利	2015.06.04
何家英2002年作 弘一法师像 镜片	138cm×68cm	2,070,000	包盈国际	2015.11.15
何家英 2004年作 人自朦胧月自明 镜心	64cm×86cm	1,610,000	北京保利	2015.06.03

拍品名称	物品尺寸	成交价RMB	拍卖公司	拍卖日期
何家英 2004年作 拾英图 镜心	76cm×50cm	828,000	北京保利	2015.12.06
何家英 2005年作 阿坝风情 镜心	70cm×68cm	690,000	鼎天国际	2015.07.05
何家英 2013年作 清暑四美图 托片	139cm×35cm×4	13,800,000	鼎天国际	2015.07.05
何家英 2015年作 丽人百合	89cm×56cm	1,840,000	北京翰海	2015.11.27
何家英 2015年作 入梦 镜心	57cm×46cm	1,495,000	北京保利	2015.12.06
何家英 不详 人物 立轴	82cm×62cm	1,100,000	上海爱莲	2015.11.22
何家英 出浴图 镜心	84cm×59cm	672,000	北京荣宝	2015.03.29
何家英 读书图 镜片	69cm×70cm	172,500	上海敬华	2015.06.29
何家英 2000年作 小园独秀 立轴	89cm×52cm	873,600	天津广业	2015.01.31
何家英 1990年作 消暑图 托片	77cm×46cm 约3.3平尺	336,000	天津广业	2015.06.20
何家英 濠江花路 镜片	178cm×96cm	12,420,000	天津同方	2015.06.06
何家英 惠安女 镜片	83cm×68.5cm	2,932,500	天津同方	2015.06.06
何家英 2014年作 幽兰倚红妆 成扇	20cm×60cm 约1.1平尺	336,000	天津广业	2015.06.20
何家英 2014年作 阳春少女 镜框	直径：33cm	672,000	天津广业	2015.01.31
何家英 蓝衣少女 镜心	87.5cm×69cm	1,725,000	北京匡时	2015.12.04
何家英 落英吟咏图 立轴	66cm×45cm	632,500	江苏爱涛	2015.01.10
何家英 绿荫清昼静中便 镜心	32cm×38cm	575,000	天津同方	2015.11.21
何家英 凝眸 镜框	66cm×81cm 约4.9平尺	1,456,000	天津广业	2015.06.20
何家英 清暑四美图 镜心	138cm×35cm×4	10,925,000	天津同方	2015.11.21
何家英 人体 镜片	68cm×118.5cm	943,000	广州皇玛	2015.01.18
何家英 人物	68cm×68cm	1,181,475	荣盛国际	2015.07.31
何家英 人物 镜片	59cm×47cm	943,000	河南鸿远	2015.01.12
何家英 少女 镜心	45cm×51cm	690,000	天津同方	2015.11.21
何家英 少女 镜心	90cm×56cm	2,530,000	天津同方	2015.11.21
何家英 仕女 镜心	69cm×139cm	2,645,000	天津同方	2015.06.06
何家英 水塘弯月 镜片	28cm×40cm	632,500	河南鸿远	2015.01.12
何家英 庭院静思	48cm×27cm	920,000	北京上和	2015.11.13
何家英 王昭君 立轴	123cm×52.5cm	1,725,000	中国嘉德	2015.05.18
何家英 遐思 镜片	72cm×70cm	172,500	上海敬华	2015.06.29
何家英 新月 立轴	59.5cm×58cm	1,035,000	天津同方	2015.06.06
何家英 一缕清风 镜片	100.5cm×68cm	1,955,000	北京上和	2015.05.16
何家英 2015年作 夹竹桃 托片	89cm×56cm 约4.6平尺	2,688,000	天津广业	2015.06.20
何家英 月下守孤图	68cm×68cm	1,001,250	荣盛国际	2015.07.31
何建军 2015年作 瑞雪沽酒图 镜心	68cm×70cm	230,000	北京保利	2015.06.03
何敏杰 奇峰峻岭图 镜心	195cm×95cm	184,000	北京保利	2015.08.12
何水法 1990年作 无边春色 镜心	95cm×241cm	218,500	中国嘉德	2015.06.27
何水法 天香 软片	33cm×33cm×4	681,000	上海聚缘斋	2015.01.11
何水法 映日 软片	33cm×33cm×4	681,000	上海聚缘斋	2015.01.11
何维朴 1890年作 仿古山水（十幅）立轴	39.6cm×65cm	187,830	纽约佳士得	2015.03.17
何曦 2014年作 岸边的水族馆 镜框	129cm×92cm	236,000	苏富比（北京）	2015.06.02
何先球 山中花开 镜心	100cm×100cm	155,250	北京保利	2015.06.03
何香凝 1934年作 墨梅图 立轴	135cm×68cm	212,750	北京中汉	2015.05.17
何香凝 1944年作 劲松寒菊图 镜心	39.5cm×28.5cm	552,000	中国嘉德	2015.11.15
何香凝 1964年作 梅花 立轴	131cm×32.5cm	575,000	广东崇正	2015.06.18
何香凝 封侯图 立轴	107.5cm×40cm	700,875	佳士得	2015.06.02
何香凝 郭沫若 董必武 墨梅 立轴	139cm×33cm	276,000	北京保利	2015.12.07
何香凝王雪涛陈半丁 喜上眉梢镜片	95cm×32cm	287,500	广东崇正	2015.06.19
何香凝 长松朝日 立轴	134cm×44cm	276,000	中国嘉德	2015.05.17
何雨春 京剧人物 镜片	68cm×68cm	374,080	中联环球	2015.03.29

拍品名称	物品尺寸	成交价RMB	拍卖公司	拍卖日期
贺成 唐明皇梨园调律图 手卷	38cm×100cm	379,500	江苏嘉恒	2015.04.25
贺天健 1918年作 湖山郫景图 立轴	86cm×53.5cm	575,000	西泠拍卖	2015.07.05
贺天健 1924年作 溪山访友图 立轴	105cm×36.5cm	345,000	西泠拍卖	2015.07.05
贺天健 1933年作 羲之爱鹅图 立轴	105.5cm×40.5cm	218,500	西泠拍卖	2015.07.05
贺天健 1935年作 大龙湫图 立轴	118.5cm×40cm	302,625	香港苏富比	2015.04.06
贺天健 1936年作 松荫观山图 镜心	150cm×79cm	667,000	北京保利	2015.12.06
贺天健 1940年作 临流独坐图 立轴	106.5cm×47.5cm	253,000	西泠拍卖	2015.07.05
贺天健 1940年作 水阁会友图 立轴	106.5cm×35.5cm	437,000	西泠拍卖	2015.07.05
贺天健 1943年作 故乡游 楷书自作诗 成扇	18.5cm×41cm	690,000	北京翰海	2015.06.26
贺天健 1944年作 观瀑图 镜片	104cm×39.5cm	241,500	广东崇正	2015.06.19
贺天健 1945年作 兰江远眺 立轴	104cm×43cm	517,500	北京保利	2015.12.06
贺天健 1945年作 太行观景图 立轴	78cm×33.5cm	299,000	西泠拍卖	2015.07.05
贺天健 1948年作 春江泛舟图 镜框	67cm×32.5cm	230,000	上海明轩	2015.06.21
贺天健 1949年作 江上泛舟 镜框	99cm×52cm	194,988	佳士得	2015.12.01
贺天健 1957年作 百丈泉 立轴	109cm×54.5cm	690,000	西泠拍卖	2015.07.05
贺天健 1957年作 观瀑楼台图 立轴	108.5cm×55cm	402,500	西泠拍卖	2015.07.05
贺天健 1962年作 兰江所见 立轴	82cm×50cm	262,275	香港苏富比	2015.04.06
贺天健 1962年作 苏州天平山图 镜片	71cm×44cm	287,500	西泠拍卖	2015.07.05
贺天健 翠袖修竹 成扇	18cm×46cm	262,275	香港苏富比	2015.04.06
贺天健 登山图 镜片	114cm×42cm	207,000	广东崇正	2015.06.19
贺天健 江南黄叶村 立轴	103cm×56cm	253,000	北京保利	2015.12.06
贺天健 1942年作 策杖听瀑 立轴	149cm×81cm	207,000	上海敬华	2015.06.29
贺天健 松溪唔旧图 立轴	80cm×23cm	181,700	北京翰海	2015.03.14
贺天健 1948年作 倚杖松林图 立轴	150cm×80cm	161,000	中国嘉德	2015.04.01
贺天健 1941年作 江帆欲雨 立轴	102cm×40.5cm	207,000	上海嘉禾	2015.05.08
贺天健 1945年作 松壑飞瀑图 立轴	112cm×55cm	172,500	上海敬华	2015.06.29
贺友直 1999年作 天地一壶宽 立轴	50cm×69.5cm	161,000	西泠拍卖	2015.07.04
黑伯龙 于希宁 1978年作 花雀图 立轴	135cm×68cm	207,000	北京匡时	2015.12.04
弘一 1905年作 楷书 四言联 对联	72.5cm×22.5cm×2	2,702,500	西泠拍卖	2015.07.05
弘一 1905年作 楷书 五言联 对联	134cm×32cm×2	3,450,000	西泠拍卖	2015.07.05
弘一 1913年作 楷书七言联 立轴	118cm×16cm×2	515,200	北京荣宝	2015.06.21
弘一 1915年作 楷书七言联 立轴	eacmh 134.8cm×23.5cm×2	1,644,000	香港苏富比	2015.10.06
弘一 1930年作 楷书 世间虚妄乐 横披	136.5cm×30cm	5,635,000	西泠拍卖	2015.07.05
弘一 1942年作 楷书七言联 立轴	107.5cm×17cm×2	1,150,000	北京匡时	2015.12.04
弘一 行书 立轴	68cm×33.5cm	621,000	上海工美	2015.06.28
弘一 行书"慧坚固"	24cm×47cm	1,065,658	卓艺拍卖	2015.11.21
弘一 行书《莲池论大智如愚》镜片	109.5cm×61.5cm	391,313	纽约苏富比	2015.03.19
弘一 行书八言联 立轴	115cm×21 cm×2	768,400	中鸿信	2015.07.29
弘一 行书六言 对联	116cm×21.5cm×2	2,530,000	上海道明	2015.05.09
弘一 行书录偈语 立轴	63.5cm×30cm	920,000	上海明轩	2015.06.21
弘一 行书四言联 镜心	49cm×12cm×2	2,415,000	北京匡时	2015.06.06
弘一 行书四言联 立轴	51cm×16.5cm×2	1,380,000	北京匡时	2015.06.06
弘一 行书五言 镜框	47.5cm×10.5cm×2	437,000	朵云轩	2015.06.19
弘一 1939年作《华严经》偈颂 四屏立轴	124.5cm×36cm×4	4,715,000	北京诚轩	2015.05.18
弘一 1929年作 老实念佛 立轴	31.5cm×29.5cm	230,000	北京诚轩	2015.11.13
弘一 楷书 立轴	15cm×12.5cm	322,000	上海工美	2015.06.28
弘一 楷书 立轴	65cm×34cm	172,500	上海敬华	2015.06.29
弘一 楷书 立轴	67cm×33.3cm	423,675	香港苏富比	2015.04.06
弘一 楷书 南无阿弥陀佛 立轴	66.5cm×18cm	690,000	西泠拍卖	2015.07.05

拍品名称	物品尺寸	成交价RMB	拍卖公司	拍卖日期
弘一 楷书《华严经》十言联（一对）	每轴108cm×16cm	2,016,042	纽约苏富比	2015.03.19
弘一 楷书华严经 镜心	65.5cm×34.5cm	402,500	北京匡时	2015.10.16
弘一 楷书五言联 镜心	80cm×18cm×2	1,610,000	北京匡时	2015.12.05
弘一 民国 钱君陶书法圆片各一	19cm×2	966,000	中国嘉德	2015.11.14
弘一 1932年作 行书七言联 立轴	133cm×23cm×2	1,035,000	保利厦门	2015.05.02
弘一 1942年作 朱砂警言 镜心	15.5cm×71cm	7,015,000	中国嘉德	2015.05.17
弘一 书法	89cm×24cm	411,206	香港龙玺	2015.09.19
弘一 1938年作 行书七言联 镜心	65cm×14cm×2	426,903	中国嘉德	2015.04.07
弘一 1941年作 行书“无上清凉”镜心	18cm×46cm	333,500	中国嘉德	2015.06.27
弘一 1941年作 楷书华严经句立轴	64cm×32.5cm	402,500	中国嘉德	2015.11.14
弘一 辛未（1931年）作 行书五言联 镜心	63cm×15.5cm×2	1,150,000	中国嘉德	2015.11.14
弘一法师（1880–1942）书法对联 立轴	132cm×32cm×2 约7.6平尺	2,912,000	山东图腾	2015.05.24
洪潮 2014年作 春回云秀 镜心	69cm×69cm	207,000	北京保利	2015.06.03
洪潮 2015年作 更喜群山披银装 镜心	68cm×46cm	161,000	北京保利	2015.12.06
洪凌 荷花	104cm×101.5cm	201,600	北京荣宝	2015.06.21
洪凌 洪荒之境 镜心	143cm×160cm	349,186	保利香港	2015.10.05
洪耀 2009年作 无题 镜框	98cm×100cm	310,387	保利香港	2015.10.05
洪耀 2012年作 当下传统一点朱色山河 镜框	89cm×98cm	290,988	保利香港	2015.10.05
胡滨 2015年作 行草“滕王阁序”手卷	103cm×1550cm	896,000	北京荣宝	2015.11.29
胡滨 行书心经	133cm×841cm	402,500	北京翰海	2015.11.27
胡博综《心》连环画原稿 镜心	12cm×19cm×100	207,000	北京保利	2015.11.01
胡博综 1985年作 要是我当县长连环画原稿（全）（七十帧）	13.5cm×21cm×70	230,000	西泠拍卖	2015.07.04
胡定元 百虎图（十幅）镜心	67cm×40cm×10	920,000	景德镇华艺	2015.01.10
胡定元 百虎图之四十 立轴	137cm×69cm	345,000	景德镇华艺	2015.01.10
胡定元 楚泽伏居 立轴	178cm×95cm	575,000	景德镇华艺	2015.01.10
胡定元 丹霞吟茶图 镜心	166cm×83cm	437,000	景德镇华艺	2015.05.23
胡光炜 隶书“思元室”镜心	34cm×88cm	184,000	中国嘉德	2015.05.17
胡汉民 行书七言联（两幅）镜框	131cm×32cm	156,525	纽约佳士得	2015.03.17
胡汉民 隶书临《曹全碑》（18件）十八条屏立轴	本幅 30cm×22cm×70	885,500	北京匡时	2015.12.05
胡江 江山万里 镜片	150cm×800cm	2,415,000	河南鸿远	2015.01.12
胡絜青 1961年作 牡丹图 镜心	31.5cm×33cm	218,500	北京匡时	2015.12.04
胡絜青 老舍 牵牛花·书法 成扇	18.5cm×50cm	460,000	中国嘉德	2015.05.17
胡絜青 老舍 仙客来书画合璧 成扇	15cm×48cm	414,000	中国嘉德	2015.05.17
胡兰成 1962年作 行书《四川竹枝词》横批	34cm×139cm	172,500	上海道明	2015.05.09
胡乐平 2014年作 荷塘月色 立轴	138cm×68cm	161,000	北京翰海	2015.09.13
胡乐平 2014年作 吉利图 立轴	138cm×68cm	172,500	北京翰海	2015.09.13
胡念祖 1987年作 秋气集南	84cm×152cm	185,968	台北艺流	2015.10.10
胡若思 书画合璧扇 成扇	18.6cm×49cm	218,500	北京诚轩	2015.11.13
胡适 1954年作 行书七言诗 镜心	19.5cm×50cm	230,000	北京匡时	2015.12.04
胡适 1954年作 书法 立轴	18.5cm×50cm	194,988	佳士得	2015.12.01
胡适 顾维钧 自作词句·任重致远 镜心	16.8cm×22cm	598,000	北京诚轩	2015.05.18
胡适 行书《亭林诗》镜芯	49cm×27 cm.	361,600	中鸿信	2015.07.29
胡适 行书杜甫句 镜心	19cm×12cm	253,000	北京匡时	2015.10.16
胡适 行书格言 立轴	54cm×25cm	264,500	上海道明	2015.05.09
胡适 行书七言诗 成扇	18cm×49cm	253,000	北京匡时	2015.12.05
胡适 节录《论语》	26.7cm×19.8cm	184,000	中国嘉德	2015.11.16
胡适 节录荀子《天论》镜心	28.2cm×37.5cm	483,000	北京诚轩	2015.05.18
胡适 节录自作诗《秘魔崖月夜》镜心	40.5cm×20.8cm	345,000	北京诚轩	2015.11.13
胡适 书法 镜框	69.5cm×22.4cm	307,875	佳士得	2015.12.01
胡适 书法 镜框	53cm×28cm	650,813	佳士得	2015.06.02
胡澍 华延年室 镜框	28.7cm×121.7cm	159,325	纽约苏富比	2015.09.17
胡献雅 1985年作 梅花 镜心	93cm×175cm	368,000	景德镇华艺	2015.01.10
胡小石 书法 横批	25.5cm×56cm	161,000	上海嘉禾	2015.05.08
胡小石 书法 立轴	138cm×37cm	207,000	南京经典	2015.08.02
胡小石 魏碑五言联 对联	131cm×31.5cm×2	241,500	上海工美	2015.06.28
胡小石 1951年作 行书诗卷 手卷	20cm×382cm	287,500	中国嘉德	2015.06.27
胡小石 辛未（1931年）作 书法杨白花词意卷 横批	28.5cm×143cm	207,000	上海嘉禾	2015.05.08
胡也佛 1943年作 三羊启泰 立轴	139cm×69cm	453,938	香港苏富比	2015.04.06
胡也佛 碧叶红颜图 立轴	21cm×21cm	1,150,000	西泠拍卖	2015.07.05
胡也佛 黄葆戉 春溪双骏·隶书节临《礼器碑》成扇	18cm×50cm	460,000	中国嘉德	2015.05.17
胡也佛 李润 赵俊民 汪超 花卉人物 四屏立轴	75.5cm×21cm×4	172,500	中国嘉德	2015.05.16
胡也佛 人物 立轴	37cm×23cm	667,000	广东小雅斋	2015.05.12
胡也佛 渔父图 立轴	诗堂19.5cm×33cm 本幅59.5cm×33cm	460,000	北京匡时	2015.10.16
胡也佛 渔翁图 立轴	68.5cm×43.5cm	207,000	西泠拍卖	2015.07.05
胡也佛 远浦归帆 镜框	65.5cm×33.5cm	164,200	佳士得	2015.12.01
胡永凯 烛光 镜心	83cm×108cm	287,500	北京隆琛	2015.11.21
胡正伟 2014年作 八骏图 软片	68cm×136cm	598,000	上古嘉成	2015.06.28
胡正伟 2014年作 行驼图 软片	68cm×136cm	460,000	上古嘉成	2015.06.28
花卉墨竹圖 張大千	40cm×110cm	30,800,000	皇家国际	2015.06.29
华国锋 行书 镜芯	134cm×68 cm.	565,000	中鸿信	2015.07.29
华拓 2014年作 湖山清明图 软片	95cm×178cm	1,265,000	上古嘉成	2015.06.28
黄般若 1961年作 秋江放筏 立轴	83cm×37cm	207,000	华艺国际	2015.05.24
黄宾虹 峨眉伏虎寺 立轴	68.5cm×33.5 cm	3,105,000	中鸿信	2015.07.29
黄宾虹 松溪清远 立轴	151cm×40 cm	494,500	中鸿信	2015.07.29
黄宾虹（款）山水图	88cm×63cm	1,103,458	荣盛国际	2015.01.10
黄宾虹 1919年作 策杖访友 立轴	诗堂21cm×32cm 本幅105cm×32cm	828,000	北京匡时	2015.06.06
黄宾虹 1924年作 江山烟波 立轴	109cm×33.5cm	1,150,000	北京匡时	2015.12.04
黄宾虹 1924年作 林泉高致图 立轴	178cm×94.3cm	10,916,160	香港苏富比	2015.10.06
黄宾虹 1924年作 山水 书法 成扇	19.5cm×51.5cm	168,000	北京荣宝	2015.06.21
黄宾虹 1924年作 宋人笔意山水 立轴	67cm×106cm	2,397,320	佳士得	2015.12.01
黄宾虹 1925年作 山水 镜框	49.6cm×23.5cm	477,975	纽约佳士得	2015.09.17
黄宾虹 1928年作 金文七言联 立轴	eacmh 138cm×21.1cm×2	667,875	香港苏富比	2015.10.06
黄宾虹 1928年作 灵隐山水图 扇面	54.5cm×19.5cm	345,000	北京保利	2015.06.04
黄宾虹 1929年作 山水 镜框	67.9cm×32.7cm	308,250	香港苏富比	2015.10.06
黄宾虹 1931年作 行书七言诗 立轴	143cm×36cm	287,500	北京翰海	2015.11.27
黄宾虹 1934年作 丹枫无垠图 镜心	134cm×34cm	1,897,500	北京匡时	2015.12.04
黄宾虹 1937年作 溪桥山色 立轴	107cm×36cm	1,012,000	西泠拍卖	2015.07.05
黄宾虹 1938年作 泛丹图 立轴	98cm×38cm	1,495,000	北京保利	2015.12.07
黄宾虹 1940年作 射洪纪胜 立轴	112cm×49.2cm	3,814,080	香港苏富比	2015.10.06
黄宾虹 1940年作 松籁阁图 镜心	31.5cm×151.5cm	8,740,000	北京匡时	2015.06.06
黄宾虹 1942年作 郊亭坐望 镜心	30.5cm×36.5cm	598,000	北京匡时	2015.03.30
黄宾虹 1943年作 粤东屏翠 立轴	100cm×34cm	4,427,500	北京匡时	2015.06.06

拍品名称	物品尺寸	成交价RMB	拍卖公司	拍卖日期
黄宾虹 1944年作 拟董巨二米大意 立轴	174cm×91.5cm	13,800,000	北京保利	2015.06.04
黄宾虹 1946年作 断山秋光 立轴	68cm×33cm	2,990,000	北京保利	2015.12.07
黄宾虹 1946年作 泛舟江上 立轴	88cm×31cm	993,240	佳士得	2015.06.02
黄宾虹 1946年作 金文论书联 立轴	132.5cm×25.1cm×2	504,375	香港苏富比	2015.04.06
黄宾虹 1946年作 五十万卷楼图 立轴	117.5cm×52.8cm	9,554,880	香港苏富比	2015.04.06
黄宾虹 1946年作 篆书七言联 镜心	140cm×23cm×2	1,207,500	北京匡时	2015.06.06
黄宾虹 1946年作 篆书七言联 立轴	151cm×26cm×2	701,500	北京匡时	2015.06.07
黄宾虹 1947年作 集古籀文 镜心	74cm×35cm	345,000	北京匡时	2015.12.05
黄宾虹 1947年作 闽江泛舟 立轴	149cm×79cm	18,975,000	北京保利	2015.06.04
黄宾虹 1947年作 桐庐纪游 立轴	95.5cm×47cm	2,300,000	北京翰海	2015.11.27
黄宾虹 1948年作 秋山论道·行书成扇 成扇	18cm×48cm	1,035,000	北京保利	2015.12.06
黄宾虹 1948年作 山水 立轴	40.5cm×28.5cm	224,000	上海国拍	2015.05.31
黄宾虹 1948年作 溪桥诗思 立轴	69cm×36cm	2,185,000	北京保利	2015.12.07
黄宾虹 1948年作 篆书“改庐”镜心	27cm×95cm	207,000	北京保利	2015.06.05
黄宾虹 1949年作 行书—梅花诗 立轴	133cm×33cm	650,813	佳士得	2015.06.02
黄宾虹 1949年作 梅花 立轴	86.5cm×32cm	600,750	佳士得	2015.06.02
黄宾虹 1949年作 新安江小景 立轴	66cm×28.5cm	672,000	上海国拍	2015.05.31
黄宾虹 1951年作 行书纪游旧作 镜心	32.5cm×130cm	8,050,000	北京匡时	2015.12.04
黄宾虹 1951年作 湖舍初晴 扇面片	38cm×126cm	6,900,000	北京翰海	2015.06.27
黄宾虹 1951年作 嘉陵江景 镜框	33.5cm×153cm	5,318,640	佳士得	2015.06.02
黄宾虹 1951年作 山色烟霭图 立轴	66cm×31cm	2,127,500	西泠拍卖	2015.07.05
黄宾虹 1952年作 溪山草阁图 立轴	89.5cm×31.5cm	1,610,000	西泠拍卖	2015.07.05
黄宾虹 1953年作 溪山秋阁图 立轴	96cm×44.5cm	8,855,000	北京匡时	2015.12.04
黄宾虹 1954年作 湖山泊舟 立轴	76cm×33cm	1,999,746	保利香港	2015.04.07
黄宾虹 1954年作 湖山清晓 立轴	58cm×33cm	3,450,000	北京保利	2015.12.06
黄宾虹 1954年作 九华山色 立轴	67.5cm×34cm	4,357,440	佳士得	2015.06.02
黄宾虹 1954年作 溪山秋霁 立轴	67.5cm×41cm	3,910,000	北京保利	2015.12.06
黄宾虹 白沙诗意图 立轴	87.5cm×40.5cm	2,070,000	中国嘉德	2015.11.15
黄宾虹 傍水山居图 扇页	51cm×17.5cm	195,500	西泠拍卖	2015.07.06
黄宾虹 碧嶂松涧 立轴	69cm×34cm	828,000	保利厦门	2015.05.03
黄宾虹 滨海渔舟 镜框	76.6cm×29.9cm	655,688	香港苏富比	2015.04.06
黄宾虹 1946年作 湖山泊舟 镜心	99cm×49.8cm	7,475,000	北京诚轩	2015.05.18
黄宾虹 苍山南涧 镜片	66cm×32cm	517,500	上海敬华	2015.06.29
黄宾虹 草书杜甫《秋兴》诗 立轴	130cm×32cm	218,500	北京匡时	2015.06.07
黄宾虹 曾熙 1920年作 山中问道 书法 成扇	17cm×51cm	345,000	北京保利	2015.12.07
黄宾虹 樗崖遗格（十开册）	16.7 cm×23.5 cm	1,354,263	纽约苏富比	2015.09.17
黄宾虹 春江归棹 立轴	86cm×32cm	10,580,000	北京匡时	2015.06.06
黄宾虹 丹江独钓 立轴	77cm×31cm	1,725,000	荣宝斋（济南）	2015.11.21
黄宾虹 邓芬 等 1933至1952年作 山水花卉册（二册）册页（二十四开）	8.3cm×22cm×24	897,120	佳士得	2015.06.02
黄宾虹 1947年作 茶花 立轴	135cm×33cm	782,000	保利厦门	2015.05.02
黄宾虹 1947年作 白云霜叶图 立轴	101cm×41cm	3,565,000	中国嘉德	2015.11.15
黄宾虹 1947年作 半潭秋水一房山 立轴	67cm×34cm	1,725,000	北京诚轩	2015.11.13
黄宾虹 1947年作 金书七言联 立轴	144.5cm×25.5cm×2	1,092,500	中国嘉德	2015.05.16
黄宾虹 1947年作 武夷山居图 立轴	99cm×41cm	3,450,000	中国嘉德	2015.05.17
黄宾虹 独向山中 立轴	95cm×39cm	3,360,000	十竹斋	2015.06.14
黄宾虹 渡口泛舟 镜心	61cm×36.5cm	575,000	北京华辰	2015.05.15

拍品名称	物品尺寸	成交价RMB	拍卖公司	拍卖日期
黄宾虹 短墙春色 立轴	47cm×27cm	230,000	北京保利	2015.12.07
黄宾虹 峨眉洗象池 立轴	73.9cm×33cm	2,472,500	中贸圣佳	2015.05.19
黄宾虹 繁花草虫 扇面	17cm×47.5cm	345,000	中国嘉德	2015.05.17
黄宾虹 繁花蝴蝶 镜心	73.5cm×39.5cm	5,520,000	中国嘉德	2015.05.17
黄宾虹 仿一峰天池石壁图 镜心	94cm×31cm	1,265,000	北京保利	2015.08.12
黄宾虹 放翁诗意图 立轴	133cm×36cm	460,000	南京经典	2015.01.04
黄宾虹 富春江上 立轴	87.5cm×39.5cm	345,000	荣宝斋（济南）	2015.11.21
黄宾虹 高山流水琴韵声 立轴	75cm×33cm	1,127,000	鼎天国际	2015.07.05
黄宾虹 古梅窝 立轴	68.5cm×34cm	770,500	北京匡时	2015.10.16
黄宾虹 广西纪游 立轴	83cm×38cm	1,745,928	中国嘉德	2015.10.07
黄宾虹 1923年作 秋江放船 立轴	98cm×30cm	389,781	中国嘉德	2015.04.07
黄宾虹 1953年作 山水 立轴	42.5cm×68.5cm	575,000	上海嘉禾	2015.05.08
黄宾虹 1953年作 舟行寄兴 立轴	99cm×41cm	1,495,000	中国嘉德	2015.11.15
黄宾虹 海棠花 镜片	67.5cm×36cm	2,760,000	上海工美	2015.06.28
黄宾虹 寒山独钓 立轴	102cm×33 cm.	1,062,200	中鸿信	2015.07.29
黄宾虹 行书“遏欲循理” 镜心	21.5cm×78cm	230,000	北京匡时	2015.12.05
黄宾虹 红榴湖石图 立轴	74.5cm×38cm	1,939,920	香港苏富比	2015.10.06
黄宾虹 湖山村舍 立轴	21cm×29.5cm	207,000	上海嘉禾	2015.05.08
黄宾虹 花卉 书法（两帧）镜框	33cm×33.6cm×2	1,614,000	香港苏富比	2015.04.06
黄宾虹 花卉湖石 立轴	64.5cm×34cm	345,000	中国嘉德	2015.11.14
黄宾虹 荒江烟村图 立轴	106cm×40cm	690,000	中国嘉德	2015.04.01
黄宾虹 黄山纪游 立轴	114cm×41cm	2,300,000	北京保利	2015.06.05
黄宾虹 黄山莲花峰 立轴	46cm×27 cm.	655,500	中鸿信	2015.07.29
黄宾虹 1949年作 洒遍梅梢气自香 立轴	83cm×33cm	1,495,000	中国嘉德	2015.05.16
黄宾虹 1939年作 溪山渔隐 立轴	74.5cm×30cm	943,000	中国嘉德	2015.05.16
黄宾虹 1954年作 湖山春晓图 立轴	70cm×40cm	3,680,000	中国嘉德	2015.11.15
黄宾虹 甲子（1924年）作 嘉陵山水图 立轴	108.5cm×33.5cm	920,000	中国嘉德	2015.05.16
黄宾虹 江行图 镜片	53cm×30.5cm	1,380,000	西泠拍卖	2015.07.05
黄宾虹 江楼烟水 立轴	67cm×32.3cm	322,800	香港苏富比	2015.04.06
黄宾虹 江南水竹村 立轴	48cm×39.5 cm.	531,100	中鸿信	2015.07.29
黄宾虹 郊行即景 镜心	64cm×32cm	1,552,500	北京匡时	2015.06.06
黄宾虹 景山夕眺 立轴	120cm×40cm	3,450,000	北京保利	2015.12.07
黄宾虹 净光山会景亭 镜框	78.2cm×38cm	1,059,188	香港苏富比	2015.04.06
黄宾虹 漓江纪游 立轴	87cm×33.5cm	6,325,000	中国嘉德	2015.11.15
黄宾虹 林下幽居 镜框	115cm×41cm	2,070,000	华艺国际	2015.05.24
黄宾虹 林下幽居 镜心	115cm×41cm	2,185,000	北京匡时	2015.10.16
黄宾虹 柳桥闲度 立轴	143cm×39cm	1,897,500	北京保利	2015.06.05
黄宾虹 马一浮 山村渔隐·行书五言诗 成扇	18cm×49cm	389,781	中国嘉德	2015.04.07
黄宾虹 梅花 立轴	62cm×33cm	230,000	广东崇正	2015.06.19
黄宾虹 鸣弦泉图 立轴	173cm×44cm	632,500	中国嘉德	2015.04.01
黄宾虹 拟古山水 立轴	73.5cm×41cm	533,450	江苏聚德	2015.07.01
黄宾虹 拟古山水 四屏	160cm×40cm×4	9,315,000	西泠拍卖	2015.07.05
黄宾虹 潘天寿 等 碎珍集 册页（二十四开）	22cm×26cm×24	1,322,500	中国嘉德	2015.11.14
黄宾虹 盘山高巍峨 镜框	117.2cm×38.7cm	857,438	香港苏富比	2015.04.06
黄宾虹 平冈廻合 立轴	111.5cm×40cm	3,220,000	北京翰海	2015.06.26
黄宾虹 栖霞雨过 立轴	83cm×33.5cm	2,300,000	上海工美	2015.06.28
黄宾虹 秦文锦 1922年作 仿古山水 隶书 成扇		460,000	中国嘉德	2015.04.02
黄宾虹 青山碧嶂 立轴	69cm×34cm	1,012,000	保利山东	2015.02.01
黄宾虹 青山雨半 立轴	60.5cm×31.5cm	1,012,000	上海嘉禾	2015.05.08
黄宾虹 清溪闲眺 镜心	113cm×40.5cm	7,130,000	中国嘉德	2015.11.15

(成交价RMB：15万元以上)

拍品名称	物品尺寸	成交价RMB	拍卖公司	拍卖日期
黄宾虹 秋山亭子 立轴	110cm×33cm	2,070,000	北京匡时	2015.06.06
黄宾虹 秋山隐逸图 立轴	129cm×62cm	734,500	辽宁建投	2015.08.30
黄宾虹 1922年作 归耕图 立轴	39.5cm×27.5cm	782,000	中国嘉德	2015.05.16
黄宾虹 山茶博古图 立轴	133.4cm×66.4cm	175,258	纽约苏富比	2015.09.17
黄宾虹 山川行吟图 立轴	115cm×40.5cm	2,760,000	西泠拍卖	2015.04.22
黄宾虹 山窗读易图 立轴	136cm×44cm	761,808	保利香港	2015.04.07
黄宾虹 山间垂钓图 镜心	119cm×41cm	2,296,000	北京荣宝	2015.06.21
黄宾虹 山居春晓 立轴	108cm×40cm	1,012,000	中国嘉德	2015.05.16
黄宾虹 山居图 镜心	35cm×28cm	203,692	保利香港	2015.10.05
黄宾虹 山居图 立轴	108cm×63cm	425,500	北京隆琛	2015.11.21
黄宾虹 山居图 立轴	21cm×29.5cm×2	253,000	荣宝斋（济南）	2015.11.21
黄宾虹 山水	88cm×65cm	4,934,160	荣盛国际	2015.01.10
黄宾虹 山水	37cm×67cm	161,000	中国嘉德	2015.05.18
黄宾虹 山水	124cm×68cm	472,650	香港龙玺	2015.09.19
黄宾虹 山水	90cm×37.5cm	318,650	纽约苏富比	2015.09.17
黄宾虹 山水	31cm×134cm	174,881	香港龙玺	2015.09.19
黄宾虹 山水 镜框（四开）	22.5cm×30cm×4	575,000	华艺国际	2015.05.24
黄宾虹 山水 镜片	67cm×34cm	2,070,000	河南金帝	2015.11.22
黄宾虹 山水 镜片	104cm×30cm	1,695,000	北京上和	2015.11.13
黄宾虹 山水 镜心	45cm×70cm	616,000	河北嘉海	2015.09.13
黄宾虹 山水 立轴	32cm×35cm	168,000	北京荣宝	2015.11.29
黄宾虹 山水钩稿册 册页（十八开）	17cm×24cm×18	380,800	北京荣宝	2015.03.29
黄宾虹 山水清音 镜心	69cm×39cm	3,220,000	北京保利	2015.06.05
黄宾虹 山水人物 册页	16cm×22cm×10	472,075	宝港国际	2015.11.28
黄宾虹 山水人物 镜心	74cm×36cm	3,220,000	中贸圣佳	2015.05.19
黄宾虹 山溪渔迄图 立轴	104cm×31cm	2,530,000	北京保利	2015.06.04
黄宾虹 沈尹默 张守成 严隽培 等 山水花鸟（六帧）镜片	34cm×25cm×5 32.5cm×23.5cm	920,000	西泠拍卖	2015.07.05
黄宾虹 疏花璨璨 扇面	19cm×50cm	299,000	北京保利	2015.06.05
黄宾虹 蜀中纪游 立轴	102cm×36cm	2,645,000	中国嘉德	2015.05.16
黄宾虹 蜀中佳色・篆书七言联（一堂）立轴	146cm×41 cm 149cm×27cm×2	3,795,000	北京保利	2015.06.05
黄宾虹 水光山影 立轴	76cm×34cm	672,000	天津文物	2015.05.22
黄宾虹 宋人龙州诗意 镜心	117.5cm×41.2cm	4,830,000	北京保利	2015.06.04
黄宾虹 桃花洞 立轴	27cm×25cm	1,232,000	十竹斋	2015.06.14
黄宾虹 听瀑图 立轴	125cm×32cm	690,000	东方大观	2015.05.20
黄宾虹 听秋图 立轴	62cm×25cm	1,127,000	北京匡时	2015.03.30
黄宾虹 王震 溪亭春晓 赵椴《越中寺居》成扇	19.5cm×54.5cm	253,000	北京诚轩	2015.11.13
黄宾虹 梧江山色 扇面	18cm×51cm	322,000	北京保利	2015.06.05
黄宾虹 西山翠微图 镜心	151cm×81cm	6,900,000	北京保利	2015.12.06
黄宾虹 溪岸归舟图 立轴	33.5cm×29cm	460,000	西泠拍卖	2015.07.05
黄宾虹 溪桥山居图 扇页	50cm×17.5cm	460,000	西泠拍卖	2015.07.06
黄宾虹 溪山深处图卷 手卷	28.3cm×173cm	8,295,960	香港苏富比	2015.04.06
黄宾虹 溪山雨意 立轴	94cm×31.3cm	3,518,160	香港苏富比	2015.10.06
黄宾虹 歙江通迹 镜心	88cm×32cm	5,175,000	中国嘉德	2015.11.15
黄宾虹 夏山闲静 立轴	152cm×49cm	2,415,000	中国嘉德	2015.05.17
黄宾虹 小隐空山 立轴	43cm×25cm	264,500	上海道明	2015.05.09
黄宾虹 1951年作 李唐笔意山水图 镜心	83cm×43cm	5,750,000	上海嘉禾	2015.05.08
黄宾虹 1951年作 山水拟元人意 立轴	47cm×34cm	335,173	宝港国际	2015.11.28
黄宾虹 1951年作 梅竹双清 立轴	87cm×36.5cm	1,725,000	中国嘉德	2015.05.16
黄宾虹 1951年作 西泠桥头 镜心	88cm×32cm	5,175,000	中国嘉德	2015.11.15

拍品名称	物品尺寸	成交价RMB	拍卖公司	拍卖日期
黄宾虹 新安山水 立轴	74cm×127cm	345,000	北京保利	2015.12.07
黄宾虹 新安小景 镜心	107cm×52cm	5,175,000	北京保利	2015.06.04
黄宾虹 许承尧 书画册（共十六页）册页	25cm×19cm×16	299,000	西泠拍卖	2015.07.05
黄宾虹 烟树迷离 镜片	80cm×38.5cm	500,000	上海驰翰	2015.06.29
黄宾虹 烟水钓舟图 立轴	72.5cm×40cm	1,058,000	西泠拍卖	2015.07.05
黄宾虹 烟霞结屋图 手卷	20.5cm×133.7cm	1,569,960	佳士得	2015.06.02
黄宾虹 雁荡山色 立轴	125cm×40cm	2,587,500	中贸圣佳	2015.05.19
黄宾虹 阳朔纪游 镜心	82cm×32cm	1,150,000	中贸圣佳	2015.05.19
黄宾虹 杨寿枢 1938年作 山丘幽径 隶书临《华山碑》成扇	20cm×52cm	862,500	北京翰海	2015.06.26
黄宾虹 乙亥（1935年）作 江岸晴光 镜心	135.5cm×33.5cm	782,000	中国嘉德	2015.05.16
黄宾虹 1945年作 金文七言联 立轴	147cm×25.5cm×2	1,150,000	北京诚轩	2015.05.18
黄宾虹 云阁暮霭 立轴	100cm×36.5cm	1,035,000	北京翰海	2015.06.26
黄宾虹 云山漫步图	130cm×68cm	3,160,850	卓艺拍卖	2015.11.18
黄宾虹 云中石壁图 立轴	110cm×39cm	1,265,000	北京匡时	2015.12.04
黄宾虹 詹东图 镜心	120cm×41cm	1,736,000	北京荣宝	2015.06.21
黄宾虹 章士钊 1933年作 秋山闲居 行书七言诗 成扇	19cm×50cm	264,500	北京匡时	2015.12.04
黄宾虹 杖笻山行图 立轴	110.5cm×42.5cm	2,070,000	西泠拍卖	2015.07.05
黄宾虹 诸乐三 梅竹（二帧）立轴	39cm×28.5cm 59cm×39cm	276,000	西泠拍卖	2015.07.06
黄宾虹 篆书“自强不息” 横披	24cm×63.5cm	368,000	北京匡时	2015.06.06
黄宾虹 篆书七言联 镜心	101cm×23cm×2	230,000	北京翰海	2015.06.26
黄宾虹 篆书七言联 立轴	132.5cm×21cm×2	483,000	中国嘉德	2015.05.16
黄宾虹 篆书七言联 立轴	145cm×30 cm×2	368,000	中鸿信	2015.07.29
黄宾虹 篆书七言联 立轴	157cm×30cm×2	195,500	北京匡时	2015.10.16
黄宾虹 山水 立轴	88cm×54cm 约4.3平尺	2,128,000	山东图腾	2015.05.24
黄宾虹山水画	73.6cm×35cm	6,820,000	皇家国际	2015.01.19
黄丹 2010年作 短笛	180cm×97cm	345,000	上海明轩	2015.06.21
黄丹 锦鲤 镜心	138cm×68.5cm	207,000	北京保利	2015.06.04
黄鼎 松岩偃馆 立轴	146cm×64.5cm	616,500	香港苏富比	2015.10.05
黄耿辛 2014年作 宋人词意 镜心	68cm×136cm	276,000	保利山东	2015.02.01
黄幻吾 1943年作 写生游鱼图 立轴	画心71cm×38.5cm 诗堂38.5cm×26cm	299,000	西泠拍卖	2015.07.05
黄幻吾 1966年作 江南春晓 镜心	137cm×61cm	287,500	北京保利	2015.12.06
黄幻吾 发财兔 镜框	76cm×45.5cm	345,000	华艺国际	2015.05.24
黄幻吾 含羞美人 立轴	诗堂23.5cm×35cm 画心78cm×35cm	253,000	北京东正	2015.11.19
黄幻吾 红棉花放岭南春 镜片	32cm×63.5cm	207,000	上海工美	2015.06.28
黄幻吾 柳间双禽 立轴	89cm×38cm	207,000	北京保利	2015.12.07
黄幻吾 满园春色图 立轴	133cm×58.5cm	379,500	西泠拍卖	2015.07.05
黄幻吾 三十二（1943年）作 松岭归骑 立轴	127cm×57cm	230,000	北京诚轩	2015.11.13
黄幻吾 三十一（1942年）作 禾黍白鼠 立轴	101cm×32cm	299,000	北京诚轩	2015.11.13
黄幻吾 鸳鸯 立轴	97cm×34cm	322,000	北京保利	2015.06.04
黄继龄 1936年作 山水 镜心	32cm×24.5cm	460,000	北京翰海	2015.11.28
黄嘉明 2015年作 猎大雁 镜心	59.5cm×48cm	207,000	北京保利	2015.12.06
黄嘉明 2015年作 猎大雁 镜心	59cm×48cm	207,000	北京保利	2015.06.03
黄建南 2010年作 大漠行 镜心	69cm×69cm	1,150,000	北京保利	2015.12.06
黄建南 2011年作 河谷 镜心	51cm×48cm	690,000	北京保利	2015.12.06
黄建南 2014年作 感悟自然 镜心	68.5cm×70cm	1,610,000	北京保利	2015.12.06

拍品名称	物品尺寸	成交价RMB	拍卖公司	拍卖日期
黄建南 2014年作 金土地 镜心	123cm×129cm	5,290,000	北京保利	2015.12.06
黄建南 层林尽染	69cm×69cm	1,320,000	杭州佳实	2015.01.11
黄建南 春天的朝霞	69cm×69cm	1,760,000	杭州佳实	2015.01.11
黄建南 大地的怀抱	68cm×68cm	1,100,000	杭州佳实	2015.08.02
黄建南 富贵	69cm×62cm	1,100,000	杭州佳实	2015.01.11
黄建南 富贵	46cm×70cm	770,000	杭州佳实	2015.08.02
黄建南 甘流	69cm×69cm	990,000	杭州佳实	2015.01.11
黄建南 高原雄姿 片	69cm×69cm	1,792,000	中联环球	2015.03.29
黄建南 湖边之家	69cm×69cm	1,760,000	杭州佳实	2015.01.11
黄建南 花开富贵 片	68cm×68cm	1,064,000	中联环球	2015.10.23
黄建南 梦乡	79cm×205cm	3,584,000	中联环球	2015.10.23
黄建南 明月	69cm×69cm	1,320,000	杭州佳实	2015.01.11
黄建南 起源	73cm×110cm	3,136,000	中联环球	2015.10.23
黄建南 神奇的大地	68cm×68cm	1,760,000	杭州佳实	2015.01.11
黄建南 神州乾坤	69cm×138cm	1,980,000	杭州佳实	2015.08.02
黄建南 岁月如歌 片	68cm×68cm	2,128,000	中联环球	2015.03.29
黄建南 童年的家园	69cm×68cm	880,000	杭州佳实	2015.08.02
黄建南 我心中的家园 片	68cm×68cm	840,000	中联环球	2015.10.23
黄建南 无尽的宝藏	68cm×68cm	1,320,000	杭州佳实	2015.01.11
黄建南 旋律系列 片	68cm×68cm	896,000	中联环球	2015.10.23
黄建南 永恒系列《二》	70cm×70cm	1,344,000	中联环球	2015.10.23
黄建南 永恒系列《一》	70cm×70cm	1,680,000	中联环球	2015.10.23
黄节 1922年作 楷书《春赋》立轴	83cm×19cm	154,125	香港苏富比	2015.10.06
黄今 南山春早图 镜心	165cm×69cm	392,000	北京荣宝	2015.06.21
黄今 双马图	96cm×82cm	172,500	北京翰海	2015.06.26
黄均 1936年作 翠柳新声 立轴	64cm×32.7cm	172,500	保利厦门	2015.05.03
黄君璧 1972年作 水光云影 镜片	59.5cm×90cm	195,500	朵云轩	2015.06.18
黄君璧 1911年作 云溪山色 镜框	119cm×60cm	747,500	鼎天国际	2015.07.05
黄君璧 1931年作 水月观音 镜心	100cm×31.5cm	207,000	北京匡时	2015.10.17
黄君璧 1938年作 松山策杖 立轴	126cm×49cm	339,486	保利香港	2015.10.05
黄君璧 1939年作 杨柳岸晓风残月 立轴	108cm×32.5cm	193,992	保利香港	2015.10.05
黄君璧 1940年作 观瀑图 立轴	98cm×61cm	380,475	佳士得	2015.06.02
黄君璧 1941年作 春山幽居 立轴	93.5cm×29.5cm	164,893	保利香港	2015.10.05
黄君璧 1941年作 峨眉山色 镜框	96cm×38cm	287,500	华艺国际	2015.05.24
黄君璧 1942年作 三峡畅游 立轴	84cm×28cm	300,375	佳士得	2015.06.02
黄君璧 1948年作 飞流千尺 立轴	132.5cm×32.5cm	190,452	保利香港	2015.04.07
黄君璧 1948年作 山楼观瀑 立轴	91.5cm×56.5cm	390,450	香港苏富比	2015.10.06
黄君璧 1948年作 珠海白云 镜框	26.7cm×40.8cm	328,800	香港苏富比	2015.10.06
黄君璧 1950年作 高山流水 镜框	96.5cm×28cm	350,438	佳士得	2015.06.02
黄君璧 1951年作 峨眉金顶 立轴	119cm×55.5cm	368,000	北京匡时	2015.12.04
黄君璧 1952年作 泛舟图 镜框	57cm×28.8cm	171,488	香港苏富比	2015.04.06
黄君璧 1952年作 峡江人家 立轴	81.5cm×27.5cm	195,500	北京匡时	2015.10.17
黄君璧 1952年作 云山图 立轴	56cm×28cm	172,500	华艺国际	2015.05.24
黄君璧 1955年作 山水人物 册页（共十二开）	30cm×41cm×12	828,000	北京翰海	2015.06.26
黄君璧 1959年作 湖山秋论 立轴	120cm×56.5cm	230,000	北京匡时	2015.12.04
黄君璧 1960年作 春江过雨 镜心	91cm×54cm	207,000	北京保利	2015.06.04
黄君璧 1961年作 江南春暮 立轴	95.5cm×48.3cm	2,388,720	香港苏富比	2015.04.06
黄君璧 1961年作 溪山飞瀑 行书七言联 镜心	69.5cm×35 102.5cm×23.5cm×2	203,692	保利香港	2015.10.05
黄君璧 1961年作 长青图 镜心	87cm×176cm	761,808	保利香港	2015.04.07
黄君璧 1962年作 秋山观瀑 镜心	108cm×55cm	310,500	北京匡时	2015.06.06
黄君璧 1967年作 云山雨意 立轴	57cm×90cm	287,500	北京保利	2015.06.04
黄君璧 1968年作 溪山雪霁 镜片	59cm×119cm	287,500	上海明轩	2015.06.21
黄君璧 1969年作 幽溪云影 镜心	76cm×147cm	533,478	保利香港	2015.10.05
黄君璧 1970年作 溪山策杖 镜框	132.7cm×65.7cm	302,625	香港苏富比	2015.04.06
黄君璧 1970年作 云山寒瀑 镜心	96cm×181cm	756,569	保利香港	2015.10.05
黄君璧 1971年作 西樵流水 立轴	120cm×60cm	414,000	北京匡时	2015.06.06
黄君璧 1972年作 策杖访友 镜框	48.5cm×90cm	260,325	佳士得	2015.06.02
黄君璧 1974年作 云壑雷鸣 镜心	92.5cm×187cm	1,285,551	保利香港	2015.04.07
黄君璧 1974年作 云山浩荡 镜框	59cm×120.8cm	391,313	纽约佳士得	2015.03.17
黄君璧 1974年作 云山千里 镜框	46cm×98.5cm	160,200	佳士得	2015.06.02
黄君璧 1976年作 秋山观瀑 镜心	56cm×88cm	172,500	北京保利	2015.06.04
黄君璧 1977年作 锦帆风顺过晴川 镜片	54cm×89cm	368,000	深圳市拍	2015.07.19
黄君璧 1978年作 飞瀑图 镜心	185cm×93cm	276,000	北京翰海	2015.06.27
黄君璧 1978年作 锦绣河山 镜框	93.1cm×172.3cm	1,008,750	香港苏富比	2015.04.06
黄君璧 1979年作 春山独行 镜框	119.4cm×56.5cm	267,150	香港苏富比	2015.10.06
黄君璧 1979年作 竹韵泉声 镜框	39.5cm×60cm	234,788	纽约佳士得	2015.03.17
黄君璧 1980/N 飞瀑山空 行书七言联	93cm×186cm 128cm×32cm×2	1,394,760	台北艺流	2015.10.10
黄君璧 1980年作 四季山水图（四帧）镜片	诗堂 27cm×16.5cm×4 画心39cm×27cm×4	471,500	西泠拍卖	2015.07.05
黄君璧 1981年作 黄山松云 镜框	95cm×218cm	1,725,000	华艺国际	2015.05.24
黄君璧 1982年作 松山云瀑 镜心	59.5cm×119.5cm	322,000	北京保利	2015.06.04
黄君璧 1982年作 雄鹰图 立轴	119cm×59cm	276,000	北京匡时	2015.12.04
黄君璧 1982年作 云岩飞瀑 镜片	146cm×68cm	920,000	西泠拍卖	2015.07.05
黄君璧 1983年作 秋山幽居 镜框	31.5cm×58cm	195,500	华艺国际	2015.05.24
黄君璧 1983年作 四季山水（四幅）立轴	36.5cm×33.5cm×4	200,250	佳士得	2015.06.02
黄君璧 1984年作 漫步寻幽 立轴	129cm×66cm	1,035,000	保利山东	2015.02.01
黄君璧 1987年作 山幽径曲 镜心	60cm×121cm	690,000	北京匡时	2015.03.30
黄君璧 1987年作 四君子 镜心	59.5cm×29cm×4	224,250	北京匡时	2015.06.06
黄君璧 白云游 立轴	62cm×29.5cm	172,500	华艺国际	2015.05.24
黄君璧 扁舟行处赏心多 行书七言联 镜心	88cm×56cm 91cm×20cm×2	436,482	保利香港	2015.10.05
黄君璧 储辉月 1951年作 观瀑·观云（二帧）镜心	28.2cm×37.5cm×2	172,500	北京诚轩	2015.05.18
黄君璧 1947年作 木棉八哥 立轴	94cm×66cm	310,500	中国嘉德	2015.04.01
黄君璧 1987年作 观瀑图 镜心	60.5cm×90cm	172,500	中国嘉德	2015.05.16
黄君璧 丁未（1967年）作 峡江泛舟 镜心	59.7cm×118.5cm	345,000	中国嘉德	2015.11.14
黄君璧 峨眉金顶 镜片	68.8cm×33.3cm	203,483	纽约苏富比	2015.03.19
黄君璧 1960年作 秋亭清话 镜片	118cm×59cm	897,000	广州皇玛	2015.01.18
黄君璧 1960年作 渔归图 镜心	185cm×95cm	482,586	中国嘉德	2015.04.07
黄君璧 观瀑·观云 立轴	（一）32.5cm×32.5cm （二）28.5cm×35cm	264,500	北京诚轩	2015.11.13
黄君璧 1983年作 松岩飞瀑·行书八言联 立轴	绘画72.5cm×35.5cm 对联133cm×30cm×2	299,000	中国嘉德	2015.11.14
黄君璧 黄杰1980年作 书画 四条屏	40cm×27cm×4 27cm×27cm×4	264,500	中国嘉德	2015.04.01
黄君璧 己未（1979年）作 沧江垂钓 立轴	89cm×55cm	150,000	上海驰翰	2015.05.09
黄君璧 己未（1979年）作 春溪垂钓 镜心	78cm×143.5cm	1,380,000	中国嘉德	2015.11.14
黄君璧 己未（1979年）作 柳永词意 立轴	120cm×60cm	805,000	广州皇玛	2015.01.18
黄君璧 己未（1979年）作 满载而归 镜心	133cm×66cm	690,000	中国嘉德	2015.05.17
黄君璧 己酉（1969年）作 飞流直下 立轴	126cm×62.5cm	322,000	中国嘉德	2015.11.14

拍品名称	物品尺寸	成交价RMB	拍卖公司	拍卖日期
黄君璧 李猷 1983～1984 钟馗 行书苏轼诗	50cm×18.5cm	192,240	罗芙奥	2015.06.02
黄君璧 柳畔望幽 镜框	54.7cm×74.5cm	153,660	易拍好台北	2015.10.18
黄君璧 秋溪溅瀑	52cm×90cm	175,258	纽约苏富比	2015.09.17
黄君璧 1972年作 坐看云起时 镜心	70cm×137cm	483,000	中国嘉德	2015.04.01
黄君璧 山水（八帧）镜片	39cm×31cm×8	713,000	广东崇正	2015.06.18
黄君璧 山水 立轴	134.5cm×45.5cm	690,000	华艺国际	2015.05.24
黄君璧 山水 四屏立轴	字33cm×33cm×4 画33cm×33cm×4	287,500	北京华辰	2015.05.15
黄君璧 松柏长寿 立轴	106cm×36cm	222,732	中国嘉德	2015.04.07
黄君璧 台静农 山水 四屏镜心	59cm×29cm×4 24cm×29cm×4	368,585	保利香港	2015.10.05
黄君璧 1978年作 剑江风云 镜心	56cm×90cm	253,000	中国嘉德	2015.09.19
黄君璧 1938年作 山水 四屏 立轴	163cm×38cm×4	188,830	宝港国际	2015.11.28
黄君璧 溪山雨霁 立轴	83.8cm×54.9cm	453,923	纽约苏富比	2015.03.19
黄君璧 峡江轻舟 镜心	95cm×41cm	324,818	中国嘉德	2015.04.07
黄君璧 一湾流水绕人家 立轴	30cm×60cm	172,500	北京华辰	2015.05.15
黄君璧 1965年作 山霭嘉树 镜心	60cm×120cm	193,992	中国嘉德	2015.10.07
黄君璧 玉兰双雀 镜片	94.8cm×43.7cm	398,313	纽约苏富比	2015.09.17
黄君璧 云横翠黛 镜框	95.5cm×184.2cm	857,438	香港苏富比	2015.04.06
黄君璧 云山深隐 镜片	46cm×86cm	310,500	华艺国际	2015.03.29
黄钧 1963年作 捣练图 镜心	29cm×120cm	207,000	北京匡时	2015.06.06
黄玲玲 2014年作 芦塘清趣图 镜心	180cm×97cm	310,500	北京保利	2015.12.06
黄苗子 1978年作 行楷张岱《与何紫翔书》镜片	138cm×70cm	805,000	广东崇正	2015.06.18
黄努卫 黄勤成 2014 江山如此多娇 立轴	96cm×178cm	330,000	中鸿信	2015.02.21
黄努卫 黄勤成 四条屏 立轴	138cm×34cm	320,000	中鸿信	2015.02.21
黄秋园 1975年作 墨梅图 立轴	135cm×68cm	747,500	景德镇华艺	2015.01.10
黄秋园 1976年作 晚山无语对斜阳 镜心	63cm×50cm	1,955,000	景德镇华艺	2015.01.10
黄秋园 1976年作 隐居读书图 立轴	68cm×56cm	897,000	景德镇华艺	2015.01.10
黄秋园 1976年作 山居图 立轴	68cm×56cm	184,000	北京华辰	2015.05.15
黄秋园 1976年作 秋山红叶 立轴	65cm×52.5cm	563,500	北京诚轩	2015.11.13
黄秋园 九峰雪霁图 镜心	131cm×131cm	2,070,000	北京翰海	2015.06.26
黄秋园 秋山高士图 立轴	64cm×53cm	1,667,500	景德镇华艺	2015.05.23
黄秋园 溪村晚景深 立轴	123.5cm×33.2cm	529,000	北京诚轩	2015.11.13
黄秋园 竹楼清居图 镜心	63cm×52cm	1,495,000	景德镇华艺	2015.01.10
黄石 2015年作 回归图 镜心	69cm×139cm	184,000	北京保利	2015.11.01
黄显隆 1982年作 苏东坡诗意图 镜心	180cm×80cm	529,000	北京隆琛	2015.11.21
黄兴 1914年作 楷书“醉云醒月”镜心	33.5cm×126cm	690,000	北京匡时	2015.06.07
黄兴 行书 节放鹤亭记 立轴	118.5cm×56.5cm	322,000	西泠拍卖	2015.07.05
黄兴 行书七言联 立轴	144.5cm×38cm×2	1,035,000	北京匡时	2015.06.07
黄兴 书法 立轴	123cm×36cm	207,000	上海嘉禾	2015.05.08
黄炎培 1927年作 行书五言联 立轴	152cm×36cm×2	172,500	北京匡时	2015.03.31
黄养辉 香雪海图	66cm×60cm	1,083,720	卓艺拍卖	2015.11.21
黄尧 1980年作 照明 镜框	46.5cm×37.6cm	180,225	佳士得	2015.06.02
黄一瀚 仕女 镜框	180cm×97cm	690,000	广州皇玛	2015.01.18
黄一瀚 向日葵之女 镜片	178cm×97cm	2,530,000	广东小雅斋	2015.11.12
黄一瀚 中国女兵 镜片	180cm×97cm	1,725,000	广州皇玛	2015.07.26
黄易 隶书五言联（一对）	92.5cm×22.1cm	477,975	纽约苏富比	2015.09.17
黄永玉 1978年作 红荷 立轴	49cm×54.5cm	328,800	香港苏富比	2015.10.06
黄永玉 1973年作 梅岭 立轴	88cm×69cm	805,000	北京翰海	2015.11.27
黄永玉 1975年作 春消息 镜心	133cm×105cm	828,000	北京匡时	2015.06.06

拍品名称	物品尺寸	成交价RMB	拍卖公司	拍卖日期
黄永玉 1977年作 狂花入梦 镜心	64.5cm×61cm	207,000	保利山东	2015.09.13
黄永玉 1978年作 红荷 立轴	179cm×48cm	1,035,000	北京匡时	2015.12.04
黄永玉 1978年作 红荷图 镜心	168cm×88.5cm	1,092,500	保利山东	2015.02.01
黄永玉 1978年作 红荷图 立轴	47.5cm×41cm	174,463	佳士得	2015.12.01
黄永玉 1978年作 韶山毛泽东故居 立轴	102cm×96cm	4,261,320	佳士得	2015.06.02
黄永玉 1979年作 彩荷 镜框	135cm×66cm	945,180	佳士得	2015.06.02
黄永玉 1979年作 沉思 镜心	45cm×57cm	184,000	北京翰海	2015.06.26
黄永玉 1981年作 赤马图 立轴	90cm×83cm	172,500	厦门华辰	2015.06.20
黄永玉 1981年作 湖光山影 册页	68.3cm×22cm	184,725	佳士得	2015.12.01
黄永玉 1982年作 鹤来 镜心	96.5cm×89cm	207,000	北京匡时	2015.12.04
黄永玉 1983年作 飞鹤迎春 镜心	82.5cm×69cm	253,000	厦门华辰	2015.06.20
黄永玉 1983年作 红荷 镜框	67cm×72cm	387,984	保利香港	2015.10.05
黄永玉 1984年作 白石春树图 镜框	66.5cm×66.8cm	595,950	香港苏富比	2015.10.06
黄永玉 1984年作 小窗横幅 镜心	96cm×89cm	920,000	保利山东	2015.09.13
黄永玉 1984年作 益鸟也 镜心	56cm×51cm	218,500	厦门华辰	2015.06.20
黄永玉 1985年作 快雪图 立轴	96.5cm×89cm	747,500	保利山东	2015.02.01
黄永玉 1985年作 小巷春光 手卷	97cm×89.5cm	718,375	佳士得	2015.12.01
黄永玉 1986年作 闹春图 横幅镜心	122cm×244cm	2,990,000	北京翰海	2015.11.28
黄永玉 1987年作 彩荷 镜框	96cm×180.5cm	1,762,200	佳士得	2015.06.02
黄永玉 1987年作 皆大欢喜 镜心	90cm×95cm	402,500	保利山东	2015.09.13
黄永玉 1987年作 皆大欢喜图 画心	104cm×100cm	437,000	西泠拍卖	2015.07.05
黄永玉 1987年作 簪花仕女 立轴	137cm×67.5cm	414,000	北京翰海	2015.11.28
黄永玉 1988年作 唐宋词意册 册页（十二开）	35cm×35cm×12	1,495,000	北京保利	2015.06.05
黄永玉 1989年作 观音 立轴	132cm×67cm	1,495,000	北京翰海	2015.06.26
黄永玉 1990年作 洞庭波兮木叶下 镜心	95cm×178cm	897,000	中贸圣佳	2015.05.19
黄永玉 1991年作 猫头鹰 镜框	68cm×138cm	550,688	佳士得	2015.06.02
黄永玉 1992年作 有余图 镜心	96cm×179cm	896,000	北京荣宝	2015.03.29
黄永玉 1994年作 长寿 镜框	67.5cm×68cm	191,190	纽约佳士得	2015.09.16
黄永玉 2002年作 荷心仁术 镜框	69cm×137cm	1,762,200	佳士得	2015.06.02
黄永玉 2005年作 猿趣图 立轴	47.5cm×44cm	437,000	北京东正	2015.11.19
黄永玉 2006年作 人骂我我亦骂人 镜框	68cm×68cm	224,000	北京荣宝	2015.11.29
黄永玉 2007年作 芙蓉国 镜框	97cm×59cm	159,325	纽约佳士得	2015.09.16
黄永玉 2011年作 总是离人意 镜心	69cm×69cm	920,000	上海宝龙	2015.01.18
黄永玉 村居小景 立轴	96.5cm×180cm	2,791,400	佳士得	2015.12.01
黄永玉 大器之作 横幅镜心	124cm×367cm	3,220,000	北京翰海	2015.11.28
黄永玉 1977年作 雨荷 立轴	130cm×89cm	3,565,000	广东崇正	2015.06.18
黄永玉 1977年作 水仙 立轴	51cm×50cm	368,585	中国嘉德	2015.10.07
黄永玉 1980年作 秋山泛舟 立轴	65cm×132cm	345,000	上海嘉禾	2015.05.08
黄永玉 1980年作 瓜叶菊 镜心	102cm×102cm	632,500	中国嘉德	2015.06.27
黄永玉 1990年作 白荷 镜心	139cm×75cm	207,000	保利厦门	2015.05.03
黄永玉 沽酒图 镜心	95cm×89cm	304,750	北京保利	2015.11.01
黄永玉 1983年作 荷花 镜心	52cm×103cm	387,984	中国嘉德	2015.10.07
黄永玉 1983年作 双荷 立轴	89cm×95cm	264,500	北京隆琛	2015.11.21
黄永玉 荷花小鸟 镜心	68cm×137cm	456,000	亚洲宸泽	2015.09.08
黄永玉 红荷图 镜片	89.8cm×96.5cm	586,969	纽约苏富比	2015.03.19
黄永玉 甲申（2004年）作 春潮带雨 镜心	68cm×137cm	184,000	北京隆琛	2015.11.21
黄永玉 酒中八仙 册页	67cm×67cm×9	4,600,000	北京保利	2015.12.07
黄永玉 李白诗意图 立轴	69cm×69cm	230,000	中国嘉德	2015.06.27
黄永玉 莲上蜻蜓 立轴	直径22.2cm	246,300	佳士得	2015.12.01
黄永玉 梅花	137cm×68cm	207,966	香港龙玺	2015.09.19
黄永玉 秋荷图 镜片	137cm×69.5cm	552,000	上海嘉禾	2015.05.08

拍品名称	物品尺寸	成交价RMB	拍卖公司	拍卖日期
黄胄 七驴图 立轴	79.5cm×46cm	310,500	海德拍卖	2015.06.27
黄胄 七驴图 立轴	68cm×45cm	345,000	江苏爱涛	2015.01.10
黄胄 清节劲风 镜心	90cm×49cm	195,500	北京保利	2015.08.12
黄胄 情深 立轴	65cm×46cm	517,500	中贸圣佳	2015.05.19
黄胄 群驴 镜片	48cm×45cm	322,000	北京上和	2015.05.16
黄胄 群驴图 立轴	96cm×49cm	747,500	北京保利	2015.01.24
黄胄 群驴图 立轴	50cm×87.5cm	851,000	东方大观	2015.05.20
黄胄 群驴图 立轴	68cm×46cm	517,500	华艺国际	2015.05.24
黄胄 群驴图 手卷	38cm×220cm	14,950,000	河南泽华	2015.01.11
黄胄 1982年作 群驴图 镜心	91cm×55cm	299,000	北京隆琛	2015.11.21
黄胄 三驴图 镜心	31cm×50cm	172,500	北京保利	2015.06.05
黄胄 三驴图 镜心	68cm×47cm	276,000	北京匡时	2015.06.06
黄胄 三驴图 立轴	66cm×45.5cm	391,000	天津同方	2015.06.06
黄胄 少女牧驴 立轴	67.5cm×42.5cm	460,000	保利山东	2015.02.01
黄胄 少女与驴 镜心	67cm×44cm	667,000	北京翰海	2015.06.26
黄胄 少女与小驴 立轴	77cm×44.5cm	246,300	佳士得	2015.12.01
黄胄 收获	71.5cm×32cm	920,000	北京上和	2015.11.13
黄胄 双鹅图 立轴	68.5cm×69cm	230,000	荣宝斋（济南）	2015.11.21
黄胄 双猫图 成扇	20cm×60cm	253,000	河南泽华	2015.01.11
黄胄 双猫图 镜片	28cm×78cm	2,070,000	河南泽华	2015.01.11
黄胄 饲鸡图 镜片	58.5cm×40cm	1,265,000	广东崇正	2015.06.18
黄胄 饲鸡图 镜心	48cm×63.5cm	920,000	北京东正	2015.05.19
黄胄 饲鸡图 立轴	77cm×44cm	1,322,500	北京上和	2015.05.16
黄胄 饲鸡图 立轴	137cm×68cm	4,600,000	华艺国际	2015.05.24
黄胄 松鹰图 立轴	137cm×65 cm.	862,500	中鸿信	2015.07.29
黄胄 送粮图 镜片	95cm×59.5cm	1,840,000	上海明轩	2015.06.21
黄胄 塔吉克女教师	71cm×31.5cm	920,000	北京上和	2015.11.13
黄胄 塔吉克舞 镜片	82cm×49cm	6,900,000	河南泽华	2015.01.11
黄胄 塔什库尔歌舞 立轴	97cm×34cm	1,955,000	北京保利	2015.12.06
黄胄 喂鸡图 立轴	98cm×62cm	4,025,000	江苏爱涛	2015.06.29
黄胄 五驴图 镜片	46cm×69cm	253,000	北京上和	2015.05.16
黄胄 五驴图 镜片	68cm×46cm	1,265,000	河南泽华	2015.01.11
黄胄 五驴图 镜心	88cm×47cm	207,000	北京匡时	2015.12.04
黄胄 五驴图 立轴	69.5cm×50cm	345,000	北京保利	2015.06.04
黄胄 五驴图 立轴	67cm×45cm	460,000	广东崇正	2015.06.19
黄胄 五驴图 立轴	82.5cm×51cm	517,500	海德拍卖	2015.06.27
黄胄 1988年作 三驴图 立轴	60cm×83.5cm	287,500	中国嘉德	2015.05.16
黄胄 1978年作 墨驴 镜片	56cm×46cm	345,000	上海敬华	2015.06.29
黄胄 1978年作 五驴图 镜框	20cm×46cm	270,000	上海驰翰	2015.05.09
黄胄 1978年作 丰收图 镜心	41cm×50cm	437,000	中国嘉德	2015.05.16
黄胄 写生册 册页（八开）	尺寸不一	1,035,000	保利山东	2015.02.01
黄胄 谢稚柳 程十发 刘海粟 等 1983年作 驱邪纳福 立轴	248cm×124cm	18,975,000	广东崇正	2015.06.18
黄胄 1981年作 群驴 立轴	75cm×48cm	271,589	中国嘉德	2015.10.07
黄胄 新疆人物 画心	52cm×49cm	529,000	西泠拍卖	2015.07.04
黄胄 新疆舞蹈	71cm×31.5cm	690,000	北京上和	2015.11.13
黄胄 新疆舞蹈 镜心	92cm×34cm	1,495,000	北京保利	2015.12.06
黄胄 新年 镜心	57cm×36cm	322,000	南京经典	2015.01.04
黄胄 雄鸡图 立轴	110cm×62cm	575,000	北京上和	2015.11.13
黄胄 雄鹰图 镜片	70cm×46cm	1,092,500	河南泽华	2015.01.11
黄胄 驯马图 镜片	55cm×78cm	6,900,000	河南泽华	2015.01.11
黄胄 1985年作 听琴图 镜心	94.5cm×251cm	40,825,000	中国嘉德	2015.11.15
黄胄 1975年作 延边之舞 镜片	83cm×51cm	437,000	上海嘉禾	2015.05.08
黄胄 1975年作 春风燕归来 镜心	65cm×44cm	322,000	北京诚轩	2015.05.18
黄胄 1975年作 赶驴图 立轴	69cm×60cm	897,000	中国嘉德	2015.11.14

拍品名称	物品尺寸	成交价RMB	拍卖公司	拍卖日期
黄胄 1975年作 扇舞 镜心	79cm×55cm	690,000	中国嘉德	2015.11.14
黄胄 1955年作 牧驴图 镜片	67cm×53cm	151,064	宝港国际	2015.11.28
黄胄 鹰 立轴	83.5cm×52cm	162,400	北京荣宝	2015.08.30
黄胄 于田歌舞 镜心	91cm×34cm	1,667,500	北京保利	2015.06.05
黄胄 鱼乐图 立轴	96cm×43cm	552,000	海德拍卖	2015.06.27
黄胄 跃马图 镜片	113cm×73cm	2,415,000	北京上和	2015.05.16
黄胄 运粮图	71.5cm×32cm	920,000	北京上和	2015.11.13
黄胄 运粮图 镜片	26.5cm×35cm	322,000	广东崇正	2015.06.19
黄胄 运粮图 立轴	63cm×44cm	1,012,000	北京上和	2015.11.13
黄胄 载粮图 镜片	80cm×43cm	4,025,000	河南泽华	2015.01.11
黄胄 钟馗 镜心	90cm×34cm	575,000	海德拍卖	2015.06.27
黄胄 钟馗图	89cm×42cm	801,000	荣盛国际	2015.07.31
霍春阳 1995年作 清水出芙蓉 软片	68cm×137cm	155,250	河南鸿远	2015.01.12
霍春阳 1998年作 花香四时 镜框	138cm×68cm	230,000	鼎天国际	2015.07.05
霍春阳 2011年作 花鸟 四屏托片	76cm×40cm×4	437,000	鼎天国际	2015.07.05
霍春阳 芳意呈瑞图	98cm×49cm	150,188	荣盛国际	2015.07.31
霍春阳 富贵大吉 镜心	63cm×112.5cm	230,000	天津同方	2015.06.06
霍春阳 书画（一组）镜心	书法36cm×49cm 绘画76cm×48cm	230,000	天津同方	2015.06.06
霍春阳 四时风雨得清音 托片	137cm×34cm×2	230,000	鼎天国际	2015.07.05
吉林艺专美术系 新立城水库 立轴	218cm×98cm	529,000	中国嘉德	2015.04.02
吉人 2015年作 林泉高致图 镜心	137cm×67cm	172,500	北京保利	2015.06.03
吉人 美丽中国 镜心	直径38cm×4	207,000	北京保利	2015.12.06
籍忠亮 2014年作 养志 镜心	96cm×53cm	184,000	北京保利	2015.08.12
纪怀昌 2015年作 书法 镜心	178cm×47cm	218,500	北京保利	2015.12.06
纪连彬 2002年作 高原人家	144cm×365cm	230,000	北京翰海	2015.06.26
纪连彬 2002年作 瑞雪人家	144cm×365cm	230,000	北京翰海	2015.06.26
纪连彬 2002年作 雪域冬牧图	137cm×363cm	230,000	北京翰海	2015.06.26
纪连彬 2014年作 绣 镜心	68.5cm×70cm	230,000	北京保利	2015.06.03
纪淑文 邱皓 邱月 花卉 手卷	34cm×352cm	230,000	北京保利	2015.06.03
加藤良造 2012 年作 山行图	91cm×60.6cm	150,000	佳士得（上海）	2015.04.25
加藤良造 2014年作 山水行	110cm×45cm	153,938	佳士得	2015.11.29
加藤良造 2015年作 山水境	227.3cm×130.3cm	431,025	佳士得	2015.11.29
加藤良造 2015年作 山水境	194cm×130.5cm	160,200	佳士得	2015.05.31
加藤良造 山水境	91cm×72.6cm	155,194	中国嘉德	2015.10.06
贾广健 2015年作 富贵长春 镜片	137cm×68.5cm	1,265,000	鼎天国际	2015.07.05
贾广健 出水荷花 镜心	52cm×137cm	356,500	中国嘉德	2015.05.18
贾广健 工笔花鸟 镜片	45cm×52cm	517,500	河南金帝	2015.11.22
贾广健 红日莲花 镜心	137cm×68cm	172,500	天津同方	2015.06.06
贾广健 2014年作 双吉图中堂 软片	字：136cm×33cm×2 画：136cm×6cm	448,000	天津广业	2015.01.31
贾海泉 1993年作 山凹凹里的细语 立轴	163cm×128cm	230,000	北京保利	2015.12.06
贾浩义 1999年作 母子 镜心	70cm×70cm	460,000	北京保利	2015.06.03
贾浩义 秋景（四帧）		690,000	北京保利	2015.12.07
贾浩义 套马图	140cm×300cm	161,000	北京翰海	2015.06.26
贾浩义 写意山水人物（六帧）镜心	34cm×34cm×6	2,070,000	北京保利	2015.12.07
贾友福 扁舟一叶天地宽 立轴	65cm×45cm	253,000	中贸圣佳	2015.05.19
贾又福 1978年作 暮归 镜心	47cm×35cm	168,000	北京荣宝	2015.06.21
贾又福 2002年作 天章云锦图之二 立轴	152.5cm×33.2cm	307,875	佳士得	2015.11.30
贾又福 2002年作 天章云锦图之一 镜框	68.5cm×136.5cm	1,116,560	佳士得	2015.11.30

2015书画拍卖成交汇总

(成交价RMB：15万元以上)

拍品名称	物品尺寸	成交价RMB	拍卖公司	拍卖日期
贾又福 2015年作 太行山乡 镜心	100cm×215cm×2	2,760,000	北京保利	2015.12.06
贾又福 伴月图 镜框	35cm×50cm	168,000	北京荣宝	2015.06.21
贾又福 朝霞图 镜心	66.5cm×43.5cm	1,885,475	保利香港	2015.04.06
贾又福 高山归牧图 镜框	42.5cm×61.5cm	420,525	佳士得	2015.06.01
贾又福 高士对饮 镜框	35cm×50cm	190,400	北京荣宝	2015.06.21
贾又福 观斗鸡图 镜心	50cm×35cm	345,000	中国嘉德	2015.11.16
贾又福 金霞图 镜心	137cm×33cm	1,092,500	保利山东	2015.02.01
贾又福 苦行观道图 立轴	92cm×82cm	230,000	北京翰海	2015.11.28
贾又福 明月清风 镜心	50cm×35cm	437,000	中国嘉德	2015.05.18
贾又福 牧归图 镜心	34cm×35cm	161,000	北京匡时	2015.06.06
贾又福 牧牛图 镜心	50.5cm×70cm	179,200	北京荣宝	2015.08.30
贾又福 暮归 镜心	41cm×68.5cm	189,750	北京诚轩	2015.11.13
贾又福 山水 镜片	47cm×70cm	1,150,000	河南泽华	2015.01.11
贾又福 太行秋景 镜框	44.5cm×67.5cm	300,375	佳士得	2015.06.01
贾又福 太行山系列之二	35cm×35cm	195,500	北京翰海	2015.11.27
贾又福 太行山系列之三	35cm×35cm	184,000	北京翰海	2015.11.27
贾又福 太行山系列之四	35cm×35cm	172,500	北京翰海	2015.11.27
贾又福 太行山系列之一	35cm×35cm	195,500	北京翰海	2015.11.27
贾又福 太野牧韵图	45cm×59cm	460,000	北京翰海	2015.06.26
贾又福薛亮 等 "涉世无虚" 册页	24cm×33cm×8	184,000	北京上和	2015.05.16
贾又福 幽风图 镜心	89cm×47cm	253,000	中国嘉德	2015.04.02
江寒汀 1941年作 竹雀 立轴	96.5cm×27cm	437,000	北京翰海	2015.06.27
江寒汀 1942年作 紫藤翠羽 镜片	104cm×52cm	184,000	上海明轩	2015.06.21
江寒汀 1946年作 丹桂绶带 立轴	103.2cm×53.1cm	423,675	香港苏富比	2015.04.06
江寒汀 1948年作 秋园群仙 立轴	106cm×50cm	299,000	北京匡时	2015.10.17
江寒汀 1950年作 桃花双鸭 立轴	134.2cm×65cm	240,300	佳士得	2015.06.02
江寒汀 1952年作 花鸟册（共九页）册页	32cm×26cm×9	345,000	西泠拍卖	2015.07.06
江寒汀 1953年作 四季花鸟图 镜心	25.5cm×42cm×4	552,000	北京东正	2015.11.19
江寒汀 白蕉 张石园 邓散木 等 1943—1948年作 书画格景 成扇	19cm×51.5cm	184,000	中国嘉德	2015.11.15
江寒汀 草虫一堂 立轴	104cm×48cm	632,500	河南泽华	2015.01.11
江寒汀 春归来 立轴	106.5cm×48.5cm	459,200	十竹斋	2015.06.14
江寒汀 春色 四屏镜心	33cm×33cm×4	161,000	北京匡时	2015.03.30
江寒汀 1947年作 花鸟 立轴 四屏	66cm×32cm×4	287,500	上海嘉禾	2015.05.08
江寒汀 富贵双吉 立轴	130cm×79.5cm	460,000	西泠拍卖	2015.07.05
江寒汀 荷塘鸳鸯 立轴	107cm×47cm	322,000	上海泓盛	2015.06.20
江寒汀 灵石鸣禽图 立轴	134cm×55cm	483,000	北京保利	2015.12.06
江寒汀 唐云 陆俨少 1951年作 花鸟娱人卷 手卷	画34cm×560cm 题34cm×75cm	402,500	北京保利	2015.12.07
江寒汀 唐云 竹桃翠鸟 立轴	134cm×67.5 cm	747,500	中鸿信	2015.07.29
江寒汀 鱼乐图 立轴	106cm×40cm	230,000	河南泽华	2015.01.11
江宏伟 1998年作 花卉团扇 四屏镜心	直径31cm×4	494,500	中贸圣佳	2015.05.19
江宏伟 2014年作 樱花对语 镜框	44.8cm×63.5cm	353,063	香港苏富比	2015.04.06
江宏伟 初雪 镜心	65.5cm×50.5cm	414,000	海德拍卖	2015.06.27
江宏伟 春意满枝	35cm×46cm	161,000	北京匡时	2015.06.06
江宏伟 荷花蜻蜓 镜心	45cm×63cm	425,600	十竹斋	2015.06.14
江宏伟 荷塘双侣 立轴	43cm×65cm	345,000	江苏嘉恒	2015.01.11
江宏伟 荷塘月色 镜心	63cm×52cm	339,486	中国嘉德	2015.10.07
江宏伟 红蓼白鹭 镜心	46cm×49.5cm	172,500	北京诚轩	2015.11.13
江宏伟 花卉 镜心	69cm×62cm	506,000	海德拍卖	2015.06.27
江宏伟 花卉 镜心	64.5cm×64.5cm	368,000	中国嘉德	2015.05.18
江宏伟 2014年作 芙蓉双禽 镜心	45cm×64cm	402,500	中国嘉德	2015.04.02
江宏伟 芦塘翠鸟 立轴	66cm×23cm	161,000	中贸圣佳	2015.05.19
江宏伟 秋汀聚禽 镜心	36cm×139cm	920,000	南京经典	2015.01.04
江宏伟 秋桐栖鸠图 镜心	94cm×52cm	644,000	南京经典	2015.08.02
江宏伟 秋桐栖鸠图 镜心（片）	51.5cm×93.5cm	575,000	江苏嘉恒	2015.04.25
江宏伟 水畔清幽图 镜心	50cm×44cm	218,500	南京经典	2015.08.02
江宏伟 水禽图 横卷	35cm×138cm	690,000	北京上和	2015.11.13
江宏伟 水禽图卷 手卷	32cm×131cm	713,000	南京经典	2015.08.02
江宏伟 2008年作 花鸟圆光（四帧）镜心	31.5cm×31.5cm×4	276,000	中国嘉德	2015.05.18
江宏伟 辛夷 镜片	55.5cm×60.5cm	306,450	江苏聚德	2015.07.01
江明贤 2012年作 皇城相府 镜心	96.5cm×93cm	575,000	北京保利	2015.06.03
江明贤 2012年作 黄山初晓 镜心	48cm×120cm	172,500	中国嘉德	2015.11.16
江明贤 2012年作 武夷山 镜心	134.5cm×65.5cm	290,988	保利香港	2015.10.05
江泽民 1997年作 行书语录 镜心	134.5cm×66cm	218,500	北京匡时	2015.12.04
江泽民 2004年作 行书自作诗 立轴	135cm×66cm	506,000	北京匡时	2015.10.17
江兆申 1971年作 歇脚庵图 立轴	46.5cm×34cm	276,000	北京匡时	2015.10.17
江兆申 1993年作 四季山水屏（四幅）立轴	137.5cm×34.5cm	849,060	佳士得	2015.06.02
江兆申 1996年作 书画合璧册 册页（十二开、二十四帧）	35cm×22cm×24	977,500	北京诚轩	2015.05.18
江兆申 1980年作 山水相依 镜片	75cm×146.5cm	200,000	上海驰翰	2015.05.09
江兆申 1983年作 林塘话旧 镜心	69cm×135cm	230,000	北京诚轩	2015.11.13
江兆申 1989年作 雨后青山翠 立轴	135cm×68cm	240,000	上海驰翰	2015.05.09
江兆申 绿树映青苔	61.5cm×98cm	162,722	台北艺流	2015.10.10
姜宝林 静之湖 镜片	67cm×135cm	575,000	河南泽华	2015.01.11
姜宝林 山水 立轴	135cm×52.5cm	280,000	北京荣宝	2015.06.21
姜国华 2003年作 瑞雪迎春 镜片	148cm×118cm	1,045,000	河北瑞光	2015.05.17
姜国华 2010年作 青草池塘 镜心	28cm×29cm	230,000	北京保利	2015.01.24
姜国华 2014年作 老猫 镜片	178cm×95cm	792,000	河北瑞光	2015.05.17
姜国华 出淤泥而不染	142cm×348cm	7,150,000	杭州佳实	2015.01.11
姜国华 出淤泥而不染	69cm×137cm	1,650,000	杭州佳实	2015.01.11
姜国华 出淤泥而不染	69cm×137cm	990,000	杭州佳实	2015.01.11
姜国华 出淤泥而不染	68cm×132cm	968,000	杭州佳实	2015.01.11
姜国华 出淤泥而不染	69cm×134cm	880,000	杭州佳实	2015.01.11
姜国华 出淤泥而不染	79cm×97cm	605,000	杭州佳实	2015.01.11
姜国华 春色	90cm×96cm	968,000	杭州佳实	2015.01.11
姜国华 大地回春	70cm×136cm	550,000	杭州佳实	2015.01.11
姜国华 大富贵	90cm×96cm	825,000	杭州佳实	2015.01.11
姜国华 风定荷香	69cm×136cm	682,000	杭州佳实	2015.01.11
姜国华 富贵	68cm×68cm	715,000	杭州佳实	2015.01.11
姜国华 富贵图	70cm×139cm	1,540,000	杭州佳实	2015.01.11
姜国华 富贵图	70cm×136cm	935,000	杭州佳实	2015.01.11
姜国华 富贵图	70cm×137cm	880,000	杭州佳实	2015.01.11
姜国华 荷塘有趣	68cm×68cm	682,000	杭州佳实	2015.01.11
姜国华 花鸟	89cm×96cm	902,000	杭州佳实	2015.01.11
姜国华 江南水乡	69cm×136cm	858,000	杭州佳实	2015.01.11
姜国华 江上秋色	68cm×68cm	1,320,000	杭州佳实	2015.01.11
姜国华 乐鱼图	70cm×137cm	935,000	杭州佳实	2015.01.11
姜国华 秋菊傲霜	70cm×137cm	440,000	杭州佳实	2015.01.11
姜国华 秋月	68cm×68cm	935,000	杭州佳实	2015.01.11
姜国华 三友图	69cm×138cm	880,000	杭州佳实	2015.01.11
姜国华 山水	68cm×136cm	968,000	杭州佳实	2015.01.11
姜国华 山水	68cm×136cm	660,000	杭州佳实	2015.01.11
姜国华 胜似春光红	69cm×137cm	660,000	杭州佳实	2015.01.11
姜国华 双鲤图	68cm×136cm	902,000	杭州佳实	2015.01.11
姜国华 双鲤图	90cm×96cm	682,000	杭州佳实	2015.01.11
姜国华 双栖图	70cm×137cm	858,000	杭州佳实	2015.01.11
姜国华 双栖图	68cm×68cm	572,000	杭州佳实	2015.01.11

拍品名称	物品尺寸	成交价RMB	拍卖公司	拍卖日期
姜国华 双禽图	68cm×68cm	605,000	杭州佳实	2015.01.11
姜国华 岁朝图	90cm×96cm	825,000	杭州佳实	2015.01.11
姜国华 小禽图	70cm×136cm	550,000	杭州佳实	2015.01.11
姜国华 有山有水有人家	68cm×136cm	770,000	杭州佳实	2015.01.11
姜国华 有雪无梅	68cm×134cm	935,000	杭州佳实	2015.01.11
姜国华 玉兰八哥	68cm×134cm	858,000	杭州佳实	2015.01.11
姜国华 月下小禽图	69cm×137cm	1,430,000	杭州佳实	2015.01.11
姜吉安 2013年作 立轴 镜框	53cm×91cm	613,600	苏富比（北京）	2015.06.02
姜吉安 1992年作 平淡NO.1	82cm×33cm	345,000	北京匡时	2015.06.06
姜吉安 2008年作 两重性（人物男）镜框	90cm×60cm	361,859	保利香港	2015.04.06
姜吉安 2009年作 两重性NO.1	220cm×61cm	920,000	北京匡时	2015.06.06
姜吉安 2010 年作 隔壁 N o . 4	67cm×163cm	990,000	佳士得（上海）	2015.04.25
姜吉安 2015年作 二次元NO.1	60cm×88.5cm	437,000	北京匡时	2015.12.04
姜吉安 两重性 镜心	29.7cm×89.3cm	172,500	中国嘉德	2015.11.16
蒋风白 1961年作 新霁 立轴	64cm×39.5cm	207,000	朵云轩	2015.06.19
蒋风白 双栖图 立轴	68.5cm×45.2cm	460,000	中国嘉德	2015.05.16
蒋介石 行书“教忠有方”镜心	55cm×108.5cm	207,000	北京匡时	2015.06.07
蒋治 1923年作 百美图 手卷	24cm×890.5cm	1,510,640	佳士得	2015.11.30
蒋山青 安澜	13.5cm×12.5cm	172,500	北京翰海	2015.11.27
蒋山青 珂旅 镜心	70cm×138cm	1,714,068	保利香港	2015.04.06
蒋山青 沐卉 镜心	20cm×12cm	172,500	北京保利	2015.12.06
蒋嵩 冬山行旅 立轴	90.3cm×47cm	207,123	纽约苏富比	2015.09.17
蒋兆和 1937年作 卖花生 立轴	98cm×52cm	4,600,000	北京保利	2015.12.06
蒋兆和 1960年作 在列宁的旗帜下奋勇迈进 镜心	81cm×68cm	2,645,000	北京保利	2015.06.04
蒋兆和1979年作 儿童与鸽子 立轴	77cm×47cm	685,627	保利香港	2015.04.07
蒋兆和 1980年作 东坡行吟 立轴	78cm×48cm	287,500	保利山东	2015.02.01
蒋兆和 1980年作 和平鸽 镜心	56cm×44cm	207,000	北京翰海	2015.06.27
蒋兆和 东坡行吟图 镜片	84cm×45.5cm	667,000	北京上和	2015.05.16
蒋兆和1980年作 东坡行吟 镜心	38cm×54.5cm	460,000	中国嘉德	2015.05.16
蒋兆和 和平坚固 立轴	74cm×47cm	678,500	天津同方	2015.06.06
蒋兆和 农家女 立轴	87cm×46cm	1,150,000	北京保利	2015.12.06
蒋兆和 人物坐像 立轴	101cm×59.5cm	977,500	北京诚轩	2015.11.13
蒋兆和1982年作 独坐幽篁里 立轴	121cm×67cm	943,000	中国嘉德	2015.11.14
蒋兆和 邵芳画像 镜心	55cm×34cm	310,500	鼎天国际	2015.07.05
蒋兆和 许麟庐 等 1978年作、1979年作 人物花卉 册页（十开）	32cm×44cm×10	201,600	上海国拍	2015.05.31
蒋中正 行书“至诚无息”立轴	77cm×33.5cm	241,500	北京匡时	2015.12.05
蒋中正 楷书题辞	34.5cm×52cm	195,500	中国嘉德	2015.11.16
解安宁 2014年作 朝晖千尺幢	136cm×68cm	181,600	上海聚缘斋	2015.01.11
解安宁 2014年作 九重霞光	136cm×68cm	181,600	上海聚缘斋	2015.01.11
金城 春意浓 镜框	50cm×101.5cm	690,000	北京至诚	2015.12.20
金城 1911年作 绣球八哥 立轴	134.6cm×39cm	403,500	香港苏富比	2015.04.06
金城 1917年作 临赵元《合溪草堂图》立轴	86cm×43.5cm	205,500	香港苏富比	2015.10.06
金城 1919年作 荷亭消夏 立轴	134.3cm×39cm	195,225	香港苏富比	2015.10.06
金城 1919年作 岁朝图 立轴	131cm×53cm	276,000	北京匡时	2015.12.04
金城 1923年作 春塘浴鹅 立轴	151cm×41cm	632,500	北京保利	2015.06.04
金城 1923年作 松涛伴绿阴 立轴	135.3cm×33cm	282,450	香港苏富比	2015.04.06
金城 1916年作 苍崖倚天 立轴	261.5cm×40cm	345,000	北京诚轩	2015.11.13
金城1920年作 临邵弥山水 立轴	111.5cm×23cm	379,500	北京诚轩	2015.05.18
金城1920年作 绿阴品茗 立轴	121cm×51.5cm	310,500	北京诚轩	2015.11.13
金城 寒鸦图 立轴	158cm×42cm	207,000	北京翰海	2015.11.28

拍品名称	物品尺寸	成交价RMB	拍卖公司	拍卖日期
金城 罗振玉 柳荫系舟·篆书 成扇	19.5cm×54cm	230,000	中国嘉德	2015.05.17
金城 山水四景 四屏	133cm×32cm	175,258	纽约苏富比	2015.09.17
金城 亭台观瀑图 立轴	169cm×90cm	2,507,000	荣宝斋（济南）	2015.11.21
金城 1925年作 涧水空山 成扇	18cm×51cm	224,000	天津文物	2015.05.22
金城 赵世骏 远山芳草外 李商隐诗五十二首 成扇	27cm×78cm	184,000	北京诚轩	2015.11.13
金鸿钧 1991年作 雪霁 镜心	126cm×113cm	201,600	北京荣宝	2015.11.29
金申 2014年作 路遇	74cm×122cm	299,000	北京翰海	2015.06.26
金申 2014年作 赛马	69cm×91cm	218,500	北京翰海	2015.06.26
金申 2015年作 儒释道人物	100cm×50cm×3	460,000	北京翰海	2015.06.26
金申 2015年作 四墨马	50cm×100cm	230,000	北京翰海	2015.11.27
金申 2015年作 松荫禅定	138cm×69cm	345,000	北京翰海	2015.11.27
金涌 2015年作 迎春图	46cm×47cm	207,000	北京翰海	2015.06.26
近代 书法	130cm×31cm	207,000	北京保利	2015.04.25
近代 书法	136cm×34cm	172,500	北京保利	2015.04.25
靳尚谊 白雪石 史国良 等 名家册页 镜心	38cm×53cm×12	414,000	北京保利	2015.12.07
经亨颐 1926年作 寿桃竹石图 立轴	148.5cm×40.5cm	460,000	中国嘉德	2015.11.15
经亨颐 1927年作 行书“诚实安稳”镜心	33cm×126.5cm	253,000	北京翰海	2015.06.26
经亨颐 书法 绘画 拓片 镜心	18cm×49cm 19cm×51cm	241,500	北京匡时	2015.10.17
经颐渊 1931年作 水仙梅花 立轴	92cm×27cm	184,000	广东崇正	2015.06.19
井上有一 1967年作 花	152cm×244cm	600,750	佳士得	2015.05.30
井上有一 1968年作 匹狼	126.8cm×222.6cm	484,980	中国嘉德	2015.10.06
井上有一 1976年作 鸟	145.5cm×219.7cm	345,000	北京保利	2015.12.05
井上有一 1977年作 佛 镜框	143cm×188cm	302,625	香港苏富比	2015.04.05
井上有一 1978年作 月 镜框	140.5cm×178.5cm	359,625	香港苏富比	2015.10.05
井上有一 抱	125cm×154cm	359,188	佳士得	2015.11.29
井上有一 母	131.5cm×141.5cm	307,875	佳士得	2015.11.29
井上有一 一九六六年作 梦 镜框	215.5cm×128cm.	770,625	香港苏富比	2015.10.05
鞠伏强 2014年作 源远流长 软片	136cm×68cm	460,000	上古嘉成	2015.06.28
君寿 2000年作 多寿	67.7cm×48.9	892,316	台北艺流	2015.04.25
君寿 2012年作 一枝独秀 镜心	172cm×60.5cm	2,300,000	中国嘉德	2015.05.18
康生 1963年作 行书 立轴	67cm×21cm	402,500	上海明轩	2015.06.21
康生 草书“无逸”镜心	125cm×40cm	3,680,000	北京东正	2015.11.19
康生 草书七言句 立轴	100cm×50cm	437,000	北京保利	2015.12.07
康生 草书咏梅诗 镜心	27.5cm×61cm	1,150,000	北京翰海	2015.06.26
康生 章草 立轴	122cm×59cm	3,795,000	广东崇正	2015.06.18
康有为 1917、1918年作 书法（两幅）镜框	17.8cm×160.2cm 17.5cm×246.2cm	328,400	佳士得	2015.12.01
康有为 1921年作 行书古语 立轴	141cm×37cm	172,500	北京翰海	2015.06.26
康有为 1921年作 行书七言诗卷 手卷	31cm×301cm	425,500	北京匡时	2015.03.30
康有为 1921年作 行书五言 对联	149cm×39cm×2	172,500	上海工美	2015.06.28
康有为 1921年作 书法 镜片	143.5cm×77cm	2,070,000	广东小雅斋	2015.05.12
康有为 1926年作 楷书六言联 立轴	eacmh 141.7cm×35.6cm×2	565,125	香港苏富比	2015.10.06
康有为 1916年作 焦山别赋 横披	46.5cm×150cm	586,500	中国嘉德	2015.05.18
康有为 秉心塞渊 横批	39cm×143cm	207,000	北京保利	2015.12.07
康有为 草书 立轴	132.5cm×29cm	172,500	朵云轩	2015.06.18
康有为 草书四言句 立轴	106cm×50.5cm	195,500	北京匡时	2015.06.07
康有为 草书五言诗句 立轴	163cm×41cm	207,000	北京匡时	2015.06.07
康有为 曾熙 赵叔孺 王震 等 鸿爪珍赏册 册页（十二开）	30.7cm×37cm×12	241,500	北京诚轩	2015.05.18

拍品名称	物品尺寸	成交价RMB	拍卖公司	拍卖日期
康有为 对联 镜框	138.5cm×32.5cm×2	253,000	华艺国际	2015.05.24
康有为 1923年作 行书七言诗 横披	42cm×158cm	343,379	中国嘉德	2015.04.07
康有为 行书	30cm×123.5cm	161,000	中国嘉德	2015.05.18
康有为 行书 镜心	103cm×51cm	195,500	中国嘉德	2015.04.01
康有为 行书 立轴	152cm×40.5cm	172,500	上海道明	2015.05.09
康有为 行书 立轴	132cm×47cm	172,500	中国嘉德	2015.04.02
康有为 行书 立轴	171cm×37 cm.	180,800	中鸿信	2015.07.29
康有为 行书 七言诗 立轴	129.5cm×64cm	437,000	西泠拍卖	2015.07.05
康有为 行书 三言诗句 立轴	104.5cm×48cm	212,750	西泠拍卖	2015.07.05
康有为 行书 五言联 对联	140cm×35cm×2	713,000	西泠拍卖	2015.07.05
康有为 行书 五言联 对联	141.5cm×37cm×2	299,000	西泠拍卖	2015.07.05
康有为 行书 五言联 对联	128cm×33cm×2	299,000	西泠拍卖	2015.07.05
康有为 行书 五言诗句 立轴	133cm×43cm	322,000	西泠拍卖	2015.07.05
康有为 行书“山水清晖”横披	45cm×124cm	345,000	北京匡时	2015.12.04
康有为 行书《剑气》诗 立轴	145.4cm×37.7cm	353,063	香港苏富比	2015.04.06
康有为 行书八言联 立轴	249.5cm×30cm×2	1,127,000	中国嘉德	2015.05.18
康有为 行书八言联 立轴	150cm×40cm×2	586,500	保利山东	2015.09.13
康有为 行书节录《天马歌》镜心	106cm×50cm	322,000	北京匡时	2015.06.07
康有为 行书节录《易林》立轴	133.5cm×32.5cm	322,000	保利山东	2015.02.01
康有为 行书六言联 立轴	172cm×36cm×2	862,500	北京保利	2015.12.07
康有为 行书六言联 立轴	199cm×41cm×2	302,625	香港苏富比	2015.04.06
康有为 行书七言联 对联	130cm×225cm×2	230,000	保利厦门	2015.05.03
康有为 行书七言联 镜心	145cm×39cm×2	396,750	荣宝斋（济南）	2015.11.21
康有为 行书七言诗	80cm×144cm	345,000	中国嘉德	2015.11.16
康有为 行书七言诗 镜芯	136cm×60 cm.	287,500	中鸿信	2015.07.29
康有为 行书七言诗 立轴	135cm×67cm	345,000	北京匡时	2015.12.05
康有为 行书七言诗 立轴	145.5cm×75cm	430,444	纽约苏富比	2015.03.19
康有为 行书五言 对联片	175cm×44cm×2	172,500	朵云轩	2015.06.18
康有为 行书五言联	176cm×46cm×2	299,000	北京匡时	2015.12.05
康有为 行书五言联 对联	137cm×33cm×2	195,500	北京保利	2015.06.06
康有为 行书五言联 立轴	170cm×43cm×2	575,000	北京诚轩	2015.11.13
康有为 行书五言联 立轴	132cm×31cm×2	276,000	北京诚轩	2015.11.13
康有为 行书五言联 立轴	172cm×46cm×2	161,000	北京匡时	2015.12.05
康有为 行书五言联 立轴	170cm×39.5cm×2	368,000	北京匡时	2015.12.05
康有为 行书五言联 立轴	142cm×32cm×2	207,000	中国嘉德	2015.11.14
康有为 行书五言联 立轴	166cm×45cm×2	529,000	北京保利	2015.06.06
康有为 行书五言联 立轴	169cm×42cm×2	460,000	北京诚轩	2015.05.18
康有为 行书五言联 立轴	132cm×33.5cm×2 52cm×13cm×2	345,000	北京东正	2015.05.19
康有为 行书五言联 立轴	165cm×38cm×2	368,000	北京匡时	2015.06.07
康有为 行书五言联 立轴	131cm×30.5cm×2cm×2	207,000	广东崇正	2015.06.19
康有为 行书五言联 立轴	145cm×38.5cm×2	453,938	香港苏富比	2015.04.06
康有为 行书五言联 立轴	168cm×43cm×2	324,818	中国嘉德	2015.04.07
康有为 行书五言联 立轴	146cm×29.8cm×2	517,500	中国嘉德	2015.05.16
康有为 行书五言联 立轴	141cm×36 cm×2	644,100	中鸿信	2015.07.29
康有为 行书五言联 立轴	164cm×44cm×2	184,000	北京匡时	2015.10.16
康有为 行书五言诗 立轴	133cm×44cm	207,000	北京匡时	2015.06.07
康有为 行书自作诗 镜心	124cm×246cm	264,500	北京匡时	2015.12.04
康有为 克明峻德 横批	37cm×143cm	230,000	北京保利	2015.12.08
康有为 隶书 立轴	148cm×81cm	782,000	北京翰海	2015.07.18
康有为 隶书五言对联 立轴	135cm×32cm×2	593,600	十竹斋	2015.06.14
康有为 诗稿一纸 镜心	18cm×92cm	201,250	北京匡时	2015.12.05
康有为 书法（四幅）镜框	141.5cm×38.3cm×4	1,215,080	佳士得	2015.12.01

拍品名称	物品尺寸	成交价RMB	拍卖公司	拍卖日期
康有为 书法 立轴	135cm×64cm	437,000	海德拍卖	2015.06.27
康有为 书法 立轴	142cm×36cm	299,000	天津同方	2015.06.06
康有为 书法 手卷	字18cm×303cm 题跋20.5cm×89.5cm 后跋25cm×72cm	1,955,000	华艺国际	2015.05.24
康有为 书法对联（两幅）镜框	146cm×39.3cm×2	266,825	佳士得	2015.12.01
康有为 1925年作 行书七言诗 镜心	47.5cm×168cm	517,500	中国嘉德	2015.05.18
康有为 自作诗 立轴	151.5cm×40.5cm	230,000	北京诚轩	2015.11.13
柯璜 牡丹 立轴	133cm×65.5cm	287,500	北京翰海	2015.06.27
柯璜 紫藤 镜心	137cm×67cm	276,000	北京保利	2015.01.24
柯良 印象	179cm×193cm	1,130,220	澳门中信	2015.11.08
孔六庆 蓼花 立轴	131cm×65cm	230,000	中贸圣佳	2015.05.19
孔维克 2014年作 姜公独钓图 镜心	137cm×68cm	828,000	北京保利	2015.11.01
孔小瑜 1926年作 博古四季花卉图 立轴	145.5cm×39.1cm×4	460,000	保利厦门	2015.05.03
孔小瑜 1972年作 苍松群猴图 镜片	94cm×352cm	188,830	宝港国际	2015.11.28
孔小瑜 1927年作 书斋清供 镜片	132cm×67cm	207,000	上海嘉禾	2015.05.08
孔小瑜 孔仲起 荷燕 行书七言联 立轴 对联	151cm×80.5cm 诗堂51cm×80.5cm 138cm×34cm×2	230,000	上海嘉禾	2015.05.08
孔小瑜 辛未（1931年作 博古花卉 四条屏	150cm×41cm×4	368,000	中国嘉德	2015.04.01
孔子瑜 1924年作 百事如意 立轴	128.5cm×64.5cm	184,000	北京翰海	2015.06.27
寇月朋 礼佛图 镜片	102.5cm×184.3cm×3	1,265,000	北京上和	2015.11.13
来楚生 1943年作 笔参造化册 册页	22cm×32.5cm×12	805,000	北京保利	2015.12.06
来楚生 庚戌（1970年作 隶书册页（十开）	24cm×38cm×10	161,000	上海敬华	2015.06.29
来楚生 行书 手卷	15.5cm×747cm	483,000	朵云轩	2015.06.18
来楚生 花卉蔬果（四件）镜片	60cm×19cm×4	368,000	上海敬华	2015.06.29
来楚生 1975年作 草书东坡词手卷	30cm×165cm	253,000	上海敬华	2015.06.29
来楚生 1974年作 草书 手卷	8cm×139cm	189,750	上海敬华	2015.06.29
赖少其 1948年作 白云铺海 镜片	68.5cm×40cm	368,000	朵云轩	2015.06.18
赖少其 1977年作 梅花 镜片	59cm×25.5cm	345,000	广东崇正	2015.06.19
赖少其 1979年作 隶书 七言联 对联	137.5cm×19cm×2	333,500	西泠拍卖	2015.07.06
赖少其 1980年作 风送十里香 镜心	121.5cm×246.5cm	2,645,000	北京匡时	2015.12.04
赖少其 1980年作 散花精舍 镜片	44.5cm×69cm	920,000	广东小雅斋	2015.05.12
赖少其 1980年作 探幽图 镜框	69cm×40cm	1,380,000	华艺国际	2015.05.24
赖少其 1984年作 焦墨山水 立轴	95cm×44cm	575,000	北京保利	2015.12.07
赖少其 1984年作 隶书十五言联 立轴	273cm×31cm×2	920,000	北京保利	2015.12.07
赖少其 1984年作 青山赛碧螺 镜片	117cm×242.5cm	4,945,000	广州皇玛	2015.01.18
赖少其 1985年作 驾鹤向南天 镜片	96cm×53cm	747,500	广东小雅斋	2015.05.13
赖少其 1985年作 山水 立轴	92cm×40cm	402,500	广东崇正	2015.06.18
赖少其 1986年作 秋海棠 镜心	67cm×67.5cm	356,500	北京诚轩	2015.05.18
赖少其 1986年作 始信峰图 立轴	98cm×60cm	1,725,000	上海嘉禾	2015.05.08
赖少其 1986年作 夏山图 立轴	97cm×45cm	724,500	深圳市拍	2015.07.19
赖少其 1987年作 天台山石梁飞瀑 立轴	72cm×42cm	310,387	保利香港	2015.10.05
赖少其 1988年作 山村别墅 镜心	67.5cm×53cm	207,000	北京匡时	2015.06.06
赖少其 1988年作 雁荡小龙湫 镜片	68cm×50cm	517,500	河南金帝	2015.11.22
赖少其 1990年作 黄山写生册 镜心（共八开）	46cm×34cm×8	2,300,000	北京翰海	2015.06.26
赖少其 1991年作 久别黄山凭梦看 镜片	75cm×83cm	839,500	广东崇正	2015.06.18
赖少其 1991年作 亭皋信步 立轴	61.5cm×50cm	253,000	广东崇正	2015.06.18
赖少其 1992年作 夜蒙蒙 镜框	82.5cm×72.5cm	2,875,000	华艺国际	2015.05.24
赖少其 白梅图	122.5cm×60cm	1,354,650	卓艺拍卖	2015.11.18
赖少其 1986年作 烟雨桂洲镇 镜框	48.5cm×79cm	1,265,000	广州皇玛	2015.07.26
赖少其 对联	136cm×34cm×2	430,618	荣盛国际	2015.01.10

拍品名称	物品尺寸	成交价RMB	拍卖公司	拍卖日期
赖少其 1989年作 忆西海门观潮 镜框	64.5cm×62.5cm	1,380,000	广州皇玛	2015.01.18
赖少其 楷书 五言联 镜片	69cm×18.5cm×2	230,000	西泠拍卖	2015.07.06
赖少其 梅花 镜框	104cm×24cm	345,000	华艺国际	2015.05.24
赖少其 墨梅 镜心	25cm×76cm	207,000	保利厦门	2015.05.03
赖少其 1992年作 黄山 镜片	49cm×75cm	345,000	广东崇正	2015.06.18
赖少其 1992年作 山居图 镜心	74cm×83cm	920,000	中国嘉德	2015.11.14
赖少其 书法 镜框	94cm×47cm	287,500	华艺国际	2015.05.24
赖少其 欲逐风波千万里 镜片	35cm×136cm	322,000	河南泽华	2015.01.11
赖少奇 1991年作 隶书五言联 立轴	84cm×18cm×2	207,000	中贸圣佳	2015.05.19
郎静山 1944年作 山亭论古 立轴	84.5cm×43cm	212,750	北京匡时	2015.03.31
劳继雄 2012年作 水光云影动	175cm×95cm	858,000	上海爱莲	2015.11.22
劳继雄 2014年作 云中千叠色	365cm×145cm	3,168,000	上海爱莲	2015.11.22
劳继雄 2015年作 赤壁夜游图	178cm×62cm	660,000	上海爱莲	2015.11.22
劳继雄 2015年作 幽居紧并青松住	140cm×75cm	572,000	上海爱莲	2015.11.22
老舍 1958年作 致荀慧生答谢诗 镜心	32cm×60.5cm	172,500	北京匡时	2015.12.04
老舍 楷书《访日本归来诗》立轴	89.5cm×35.5cm	690,000	上海道明	2015.05.09
老舍 书法 立轴	85cm×38cm	402,500	天津同方	2015.06.06
乐震文 深谷听泉册 册页（十开选四）	33cm×33cm×10	178,250	朵云轩	2015.01.26
乐震文 2015年作 虹收云动 镜片	96cm×89.5cm	460,000	上海道明	2015.05.09
了庐 素林七贤 手卷	359cm×33cm	264,500	上海金艺	2015.06.26
雷甲寿 十里荷香照游人 镜心	180cm×47cm	241,500	北京保利	2015.12.06
黎雄才 1932年作 清江钓艇 镜片	画心9cm×87cm 引首12cm×68cm	690,000	广东崇正	2015.06.18
黎雄才 1948年作 村头即景 镜框	66cm×34cm	460,000	广州皇玛	2015.07.26
黎雄才 1954年作 天外三峰 镜片	123cm×46cm	784,000	广东侨鑫	2015.07.12
黎雄才 1957年作 北碚写生 镜片	26cm×34cm	207,000	广东崇正	2015.06.19
黎雄才 1959年作 风正一帆悬 镜片	110cm×61cm	920,000	广州皇玛	2015.07.26
黎雄才 1960年作 漓江春晓 镜片	31cm×41.5cm	322,000	广东崇正	2015.06.18
黎雄才 1960年作 漓江斗米滩 镜片	31cm×41.5cm	483,000	广东崇正	2015.06.18
黎雄才 1960年作 兴坪秀峰山 镜片	31.5cm×40cm	483,000	广东崇正	2015.06.18
黎雄才 1960年作 阳朔钓台渡口 镜片	31cm×40cm	575,000	广东崇正	2015.06.18
黎雄才 1961年作 天际风帆 立轴	140cm×58cm	1,265,000	朵云轩	2015.06.19
黎雄才 1963年作 漓江斗米滩图 镜片	69cm×46cm	345,000	西泠拍卖	2015.07.05
黎雄才 1976年作 渔获图 镜心	69cm×34cm	155,194	保利香港	2015.10.05
黎雄才 1980年作 黄山天都峰 镜心	82cm×50cm	540,500	精诚所至	2015.11.06
黎雄才 1980年作 清江放排图 镜心	73cm×37cm	345,000	中国嘉德	2015.06.27
黎雄才 1981年作 春满漓江 立轴	137cm×68cm	3,450,000	广东崇正	2015.06.18
黎雄才 1982年作 苍松图 立轴	136.5cm×68cm	322,000	广州皇玛	2015.07.26
黎雄才 1983年作 朝霞 镜心	68cm×135cm	1,092,500	中国嘉德	2015.06.27
黎雄才 1985年作 冰天策骑图 立轴	90.3cm×48.2cm	390,450	香港苏富比	2015.10.06
黎雄才 1985年作 秋山归樵 镜框	48cm×61cm	220,275	佳士得	2015.06.02
黎雄才 1985年作 寿喜图 立轴	96cm×61.5cm	328,800	香港苏富比	2015.10.06
黎雄才 1985年作 松瀑图 立轴	102cm×57cm	920,000	广东崇正	2015.06.18
黎雄才 1985年作 松岩飞泉 立轴	68.2cm×33.8cm	226,050	香港苏富比	2015.10.06
黎雄才 1986年作 春山烟景图 镜片	59.5cm×40cm	207,000	西泠拍卖	2015.07.05
黎雄才 1986年作 松谷双禽 镜片	137cm×68cm	1,610,000	广东崇正	2015.06.19
黎雄才 1987年作 风正一帆悬 立轴	68cm×33cm	287,500	深圳市拍	2015.07.19
黎雄才 1987年作 藤系古松生 镜片	138cm×68cm	747,500	深圳市拍	2015.07.19
黎雄才 1987年作 雪山寻猎 镜心	96.5cm×59cm	290,988	保利香港	2015.10.05
黎雄才 1988年作 翠岭松瀑 镜心	69cm×137cm	782,000	北京匡时	2015.06.06
黎雄才 1988年作 黄山 镜心	58cm×96cm	460,000	北京翰海	2015.06.27
黎雄才 1988年作 凌风劲节 镜片	42cm×67cm	460,000	广东崇正	2015.06.18
黎雄才 1988年作 桃源春色 镜框	83cm×38cm	977,500	华艺国际	2015.05.24
黎雄才 1989年作 松树群鹊 镜片	45.5cm×60.5cm	345,000	广东崇正	2015.06.19
黎雄才 1990年作 黄山雨后图 立轴	137.5cm×68cm	1,035,000	西泠拍卖	2015.07.05
黎雄才 1990年作 雨后飞瀑 镜心	137cm×69cm	1,150,000	北京匡时	2015.06.06
黎雄才 1991年作 松径策马 镜片	52cm×83cm	805,000	广东崇正	2015.06.18
黎雄才 1992年作 春风得意 镜片	68cm×31cm	483,000	广东崇正	2015.06.19
黎雄才 1986年作 松猿飞瀑图 镜心	137.5cm×69cm	402,500	中国嘉德	2015.11.14
黎雄才 苍山瀑布 立轴	97.2cm×50.5cm	615,750	佳士得	2015.12.01
黎雄才 朝阳 镜片	68cm×45cm	230,000	广东崇正	2015.04.19
黎雄才 春山小鸟 镜框	80cm×32cm	368,000	华艺国际	2015.05.24
黎雄才 1987年作 深山鸟鸣泉 镜片	96cm×59.5cm	1,725,000	广东崇正	2015.06.18
黎雄才 董寿平 1983年作 苍松飞瀑 镜心	178cm×96.5cm	828,000	北京匡时	2015.12.04
黎雄才 多福多寿 镜心	68cm×45cm	207,000	保利厦门	2015.08.02
黎雄才 1990年作 春江放筏 立轴	134cm×68.5cm	821,411	宝港国际	2015.11.28
黎雄才 1990年作 空谷幽兰 镜片	84cm×51cm	172,500	广东崇正	2015.06.18
黎雄才 1990年作 山溪初夏 镜心	68cm×137cm	1,150,000	中国嘉德	2015.05.17
黎雄才 关山月 1985年作 寿石双清 立轴	126cm×94.7cm	359,625	香港苏富比	2015.10.06
黎雄才 关山月 1985年作 松瀑双喜 镜框	96.3cm×178.8cm	2,433,120	香港苏富比	2015.10.06
黎雄才 关山月 1985年作 岁寒三友寿而康 镜框	65.8cm×178cm	822,000	香港苏富比	2015.10.06
黎雄才 关山月 赵少昂 岭南三家集锦册 册页	33cm×46cm×3	264,500	北京保利	2015.12.07
黎雄才 红树双骑 镜框	63cm×87cm	805,000	华艺国际	2015.05.24
黎雄才 1989年作 秋江放筏 镜片	135cm×67cm	1,150,000	广州皇玛	2015.01.18
黎雄才 1989年作 山水 镜框	138cm×68cm	920,000	广州皇玛	2015.07.26
黎雄才 甲子（1984年）作 松山悬瀑 镜心	67.5cm×136cm	667,000	中国嘉德	2015.11.14
黎雄才 甲子（1984年）作 月华松风 立轴	133cm×66cm	368,000	北京诚轩	2015.11.13
黎雄才 进山图 镜框	33cm×46cm	184,000	华艺国际	2015.05.24
黎雄才 凌风劲节 镜片	98cm×215cm	3,450,000	广东崇正	2015.06.18
黎雄才 岷江所见 镜心	60cm×30cm	306,257	中国嘉德	2015.04.07
黎雄才 清江渔艇 镜片	66cm×44.5cm	483,000	广州皇玛	2015.01.18
黎雄才 秋景 立轴	92cm×22.3cm	280,350	佳士得	2015.06.02
黎雄才 1992年作 山泉小鸟 镜片	134.5cm×69cm	575,000	广州皇玛	2015.01.18
黎雄才 卅八年（1949年）作 双松高寿 立轴	116.5cm×55.6cm	598,000	北京诚轩	2015.05.18
黎雄才 山水 镜片	37cm×48cm	172,500	广东崇正	2015.04.19
黎雄才 山水 镜片	81cm×50.5cm	437,000	广州皇玛	2015.01.18
黎雄才 山水 镜片	68cm×42cm	805,000	河南泽华	2015.01.11
黎雄才 山水 立轴	65cm×49cm	1,725,000	河南泽华	2015.01.11
黎雄才 山水集萃册 册页	38cm×27cm×36	4,140,000	北京保利	2015.12.07
黎雄才 双鹭图 镜框	69cm×108cm	345,000	华艺国际	2015.05.24
黎雄才 松瀑双猴 镜片	74cm×46cm	230,000	华艺国际	2015.03.29
黎雄才 松声泉韵	89cm×56cm	4,334,880	卓艺拍卖	2015.11.21
黎雄才 松石延年 镜片	58cm×109cm	504,000	广东侨鑫	2015.07.12
黎雄才 松树 立轴	67cm×46cm	281,750	天津同方	2015.06.06
黎雄才 王维诗意 立轴	137.5cm×70cm	690,000	北京保利	2015.12.07
黎雄才 1988年作 黄山松壑 立轴	136.5cm×68cm	517,500	北京诚轩	2015.11.13
黎雄才 西康雪山 镜心	45cm×60cm	172,500	南京经典	2015.08.02
黎雄才 烟林云嶂 镜片	77.5cm×48cm 题字20cm×48cm	1,092,500	广东崇正	2015.06.18
黎雄才 长江行舟图 镜片	51cm×41.5cm	195,500	西泠拍卖	2015.07.05

拍品名称	物品尺寸	成交价RMB	拍卖公司	拍卖日期
黎元洪 楷书七言联 立轴	166cm×42cm×2	287,500	北京匡时	2015.12.04
李爱国 2015年作 草原的风 镜心	140.5cm×68cm	460,000	中国嘉德	2015.11.16
李爱国 2015年作 我从草原来 镜心	141cm×69cm	402,500	中国嘉德	2015.05.18
李百战 2015年作 树杪百重泉 镜心	52cm×34cm	172,500	北京保利	2015.06.03
李宝民 2015年作 人生的梦 立轴	131cm×34cm	575,000	北京保利	2015.06.03
李晨《你永远是最可爱的人》连环画原稿 镜心	35cm×53cm×10	230,000	北京保利	2015.11.01
李道五 仰君子之风 镜片	44cm×70cm	345,000	河南泽华	2015.01.11
李德光 迎春花开遍地金	66cm×66cm	330,000	杭州佳实	2015.01.11
李东伟 2014年作 春山晨晖图	69cm×137cm	184,000	北京翰海	2015.06.26
李东伟 2014年作 群峰秀色图	69cm×137cm	184,000	北京翰海	2015.06.26
李东伟 2014年作 松风春意图 镜框	69cm×137cm	218,500	华艺国际	2015.05.24
李东伟 2014年作 松山春晓图 镜心	95cm×180cm	782,000	北京保利	2015.06.03
李东伟 幽谷晴岚图 镜框	97cm×180cm	368,000	广州皇玛	2015.01.18
李东阳 尺牍 手卷	尺寸不一。	2,510,962	纽约苏富比	2015.09.17
李凤公 1948年作 观音 镜片	80cm×41cm	322,000	广东崇正	2015.06.18
李福茂 2015年作 轻歌曼舞美意延年花香鸟语和合如意	98cm×45cm 整体98cm×180cm	287,350	佳士得	2015.11.29
李刚（北京）2010年作 丽江古城花盛开 镜心	90cm×97cm	4,025,000	上古嘉成	2015.06.28
李刚（北京）2011年作 春色满园 镜心	90cm×97cm	4,140,000	上古嘉成	2015.06.28
李刚（北京）2012年作 绘得东风无限意 镜心	97cm×180cm	6,325,000	上古嘉成	2015.06.28
李戈晔 沉睡 镜心	114cm×114cm	184,000	中国嘉德	2015.11.16
李耕 十八罗汉精品 册页	31cm×21.5cm×18	552,000	福建运通	2015.02.01
李海剑 2014年作 书法 镜心	67cm×134cm	195,500	北京翰海	2015.03.15
李海剑 2015年作 草书《杜甫诗》镜心	138cm×70cm	230,000	北京翰海	2015.07.18
李海剑 草书 镜心	70cm×138cm	287,500	北京翰海	2015.09.13
李海剑 行书 镜心	136cm×69cm	172,500	北京翰海	2015.06.26
李海剑 书法扇面 立轴	21cm×58cm×3	184,000	北京保利	2015.06.03
李斛 1940年代作 强种	58cm×129cm	690,000	北京翰海	2015.11.27
李斛　1947年作 流离失所	106cm×60cm	402,500	北京保利	2015.12.05
李华弌 1996年作 云溪孤松 镜框	96.5cm×170cm	3,453,960	香港苏富比	2015.04.05
李华弌 1998年作 山上树 树上山 镜框	69cm×108cm	1,841,280	香港苏富比	2015.10.05
李华弌 2009年作 西岳云松 镜框	186.5cm×97cm	3,066,600	香港苏富比	2015.04.05
李华弌 2010 年作 奇峰	177cm×89.5 cm	2,430,000	佳士得（上海）	2015.04.25
李华弌 2012年作 古木承天	直径26cm	504,379	中国嘉德	2015.10.06
李华弌 2012年作 深壑劲松 扇面 镜框	26.5cm×25cm	359,188	佳士得	2015.11.30
李华弌 雪霁图 镜框	136cm×68cm	1,954,440	佳士得	2015.06.01
李津 2003年作 医务所系列 （共三件）	43cm×47cm×3	221,925	佳士得	2015.03.15
李津 2005年作 花间江 镜心	58cm×236cm	345,000	北京保利	2015.12.06
李津 2005年作 满园春 立轴	151cm×96cm	747,500	北京保利	2015.06.03
李津 2006 年作 两只蝴蝶	51.8cm×1389.2cm	5,970,000	佳士得（上海）	2015.04.25
李津 2010年作 闲人夫妻图 镜心	41cm×46cm×3	193,992	保利香港	2015.10.05
李津 2012年作 行乐图 镜心	53cm×234cm	1,092,500	上海宝龙	2015.01.18
李津 2013年作 老夫少妻	40cm×45cm	172,500	北京翰海	2015.06.26
李津 2013年作 人生在世吃穿二事	53cm×230cm	713,000	北京匡时	2015.12.04
李津 爱如潮水图 镜心	53cm×116.5cm	476,130	保利香港	2015.04.06
李津 饱食者 镜心	180cm×97cm	517,500	北京保利	2015.12.06
李津 二只蝴蝶 镜心	76.5cm×48.5cm	300,000	诗婢家	2015.05.17
李津 花间集 册页	18.5cm×27.5cm×12	517,500	中国嘉德	2015.05.18
李津 妙乐俗缘 镜心	138cm×69cm	480,000	诗婢家	2015.05.17
李津 年年有余 镜心	51cm×116cm	300,000	诗婢家	2015.05.17
李津 平淡趣真	35cm×138.5cm	287,500	北京匡时	2015.06.06
李津 人物 镜片	38cm×43cm×2	172,500	上海嘉禾	2015.05.08
李津 润泽清凉图 镜心	53cm×234cm	575,000	天津同方	2015.06.06
李津 盛宴 立轴	156cm×52.5cm	307,875	佳士得	2015.11.30
李津 食客 镜心	140cm×69cm	379,500	北京保利	2015.12.06
李津 适可而止 镜心	37.5cm×75.5cm	207,000	天津同方	2015.06.06
李津 踏春图	77cm×48cm	172,500	北京匡时	2015.12.04
李津 跳贴图	77cm×48cm	161,000	北京匡时	2015.12.04
李津 魏晋高士图卷 手卷	17.4cm×206cm	345,000	中国嘉德	2015.11.16
李津 我编斗笠送红军	53.5cm×118cm	368,000	北京匡时	2015.12.04
李津 雪月下的晚餐 镜心	69cm×46cm	322,000	江苏爱涛	2015.01.10
李津 饮食男女第2号	52cm×197cm	266,825	佳士得	2015.11.29
李津 饮食男女第5号	52cm×197cm	266,825	佳士得	2015.11.29
李锦发 大地风骨	96cm×180cm	473,000	杭州佳实	2015.08.02
李劲堃 2013年作 高原初春 手卷	31.5cm×412cm	517,500	广东小雅斋	2015.11.12
李劲堃 2013年作 一夜秋风遍地金 镜框	51cm×193cm	460,000	华艺国际	2015.05.24
李劲堃 初雪 手卷	31cm×265cm	483,000	广东衡益	2015.08.02
李劲堃 春花三月 镜心	313cm×130cm	5,175,000	凤凰拍卖	2015.05.15
李劲堃 峨眉初夏行人早 镜片	25cm×222cm	368,000	深圳市拍	2015.07.19
李劲堃 归樵图 立轴	166cm×125cm	690,000	广东崇正	2015.06.18
李劲堃 2013年作 万山红遍 镜片	93.5cm×197cm	977,500	广州皇玛	2015.01.18
李劲堃 2014年作 乡道 手卷	画心38cm×320cm 书法38cm×72cm	747,500	广州皇玛	2015.01.18
李劲堃 梨花春雨 镜片	50cm×232cm	345,000	广东崇正	2015.06.18
李劲堃 2012年作 长征 镜片	174cm×92cm	616,000	广东侨鑫	2015.07.12
李劲堃 山水 四屏镜框	130cm×32cm×4	747,500	广州皇玛	2015.01.18
李劲堃 山水 四屏镜片	177cm×46cm×4	690,000	广东崇正	2015.06.18
李劲堃 霜雪寒林（二帧）镜片	163.6cm×20cm 171.2cm×22.3cm	253,000	广东崇正	2015.06.18
李劲堃 2008年作 冬笋 手卷	33.5cm×179cm	333,500	广州皇玛	2015.01.18
李劲堃 2008年作 秋风一夜遍地金 镜片	71cm×246cm	805,000	广州皇玛	2015.01.18
李劲堃 2008年作 雨后山道 手卷	33cm×298cm	598,000	广州皇玛	2015.01.18
李劲堃 2011年作 三月梨花 手卷	43cm×384cm	1,035,000	广州皇玛	2015.01.18
李劲堃 2015年作 秋林山风轻 镜片	40cm×498.7cm	805,000	广东崇正	2015.06.18
李劲堃 2015年作 红军 手卷	33cm×599cm	862,500	广州皇玛	2015.07.26
李景武 布达拉宫	280cm×102cm	242,000	北京中联	2015.01.18
李景武 佛像	170cm×80cm	165,000	北京中联	2015.01.18
李景武 古刹越千年	300cm×105cm	308,000	北京中联	2015.01.18
李景武 古刹越千年	300cm×105cm	286,000	北京中联	2015.01.18
李景武 青山有意碧水含情	280cm×108cm	220,000	北京中联	2015.01.18
李景武 桃园三结义	160cm×92cm	154,000	北京中联	2015.01.18
李景武 一帆风顺	285cm×102cm	242,000	北京中联	2015.01.18
李景武 源远流长	280cm×102cm	231,000	北京中联	2015.01.18
李君毅 2015年作 同根 镜框	102cm×153cm	359,188	佳士得	2015.11.30
李君毅 山水，山碎 镜框	86cm×159cm	308,250	香港苏富比	2015.10.05
李君毅 一花一世界 镜框	91.5cm×91.5cm	240,300	佳士得	2015.06.01
李可染（款）山水泛舟	88cm×65cm	2,018,520	荣盛国际	2015.01.10
李可染 1954年作 江南水乡 立轴	55.2cm×44.2cm	1,614,000	香港苏富比	2015.04.06
李可染 1955年作 渔村暮曛 立轴	65.5cm×44.5cm	1,666,080	佳士得	2015.06.02
李可染 1956年作 山林之歌 立轴	56cm×44cm	2,760,000	北京保利	2015.06.04

拍品名称	物品尺寸	成交价RMB	拍卖公司	拍卖日期
李可染 1959年作 桂林山水 镜心	55cm×44cm	3,680,000	中国嘉德	2015.05.17
李可染 1959年作 江上数峰青 镜框	43.2cm×49.5cm	600,750	佳士得	2015.06.02
李可染 1961年作 柳溪归牧 立轴	69cm×45cm	2,415,000	北京保利	2015.12.07
李可染 1961年作 牧牛看山 镜心	69cm×45cm	747,500	北京保利	2015.12.07
李可染 1962年作 成都望江楼 镜框	64.5cm×57cm	3,011,760	佳士得	2015.06.02
李可染 1962年作 嘉陵江边 镜心	70cm×47cm	6,900,000	中国嘉德	2015.05.17
李可染 1962年作 江南春雨 立轴	69cm×46cm	2,990,000	中国嘉德	2015.04.01
李可染 1962年作 暮韵图 立轴	71cm×49cm	690,000	北京翰海	2015.06.26
李可染 1962年作 钟馗送妹图 立轴	69cm×46.5cm	2,760,000	中国嘉德	2015.05.17
李可染 1963年作 深山幽居 立轴	35cm×46cm	4,485,000	北京保利	2015.12.06
李可染 1964年作 漓江山水甲天下 镜框	69.5cm×50cm	1,762,200	佳士得	2015.06.02
李可染 1964年作 万山红遍 镜心	75.5cm×45.5cm	184,000,000	中国嘉德	2015.11.15
李可染 1965年作 昆仑雪山图 立轴	70.2cm×46.5cm	70,150,000	北京保利	2015.12.06
李可染 1972年作 寄畅园图 立轴	69cm×48cm	11,500,000	北京保利	2015.06.04
李可染 1972年作 漓江胜景 立轴	70cm×45cm	4,715,000	北京保利	2015.12.06
李可染 1972年作 延安颂 镜心	45cm×92cm	16,675,000	北京保利	2015.12.06
李可染 1973年作 清雪 镜心	73cm×44cm	690,000	北京保利	2015.12.07
李可染 1974年作 牧牛图 镜片	68cm×35.5cm	1,035,000	广东崇正	2015.06.19
李可染 1975年作 行书毛主席语录 立轴	111.5cm×42cm	2,530,000	中国嘉德	2015.05.16
李可染 1975年作 书法 立轴	32cm×105cm	690,000	广东小雅斋	2015.05.12
李可染 1976年作 井冈山 镜心	181cm×129cm	126,500,000	中国嘉德	2015.05.17
李可染 1977年作 襟江阁 镜心	69cm×46.5cm	7,475,000	中国嘉德	2015.05.17
李可染 1977年作 雨势骤晴山又绿 镜心	68cm×45cm	1,058,000	北京保利	2015.12.07
李可染 1978年作 俯首甘为孺子牛 立轴	69cm×43cm	1,035,000	广东崇正	2015.06.19
李可染 1978年作 行书“峰高无坦途”立轴	129.5cm×42cm	368,000	北京匡时	2015.06.06
李可染 1978年作 牧牛看山 立軸	69cm×46cm	1,322,500	保利山东	2015.02.01
李可染 1978年作 雨势骤晴山又绿 镜心	70.5cm×47.5cm	1,008,000	北京荣宝	2015.06.21
李可染 1978年作 长征 镜片	181cm×95cm	79,350,000	西泠拍卖	2015.07.05
李可染 1979年作 漓江泛舟 立轴	68cm×81cm	5,290,000	朵云轩	2015.06.18
李可染 1979年作 漓江天下景 镜片	80cm×95cm	5,175,000	上海敬华	2015.06.29
李可染 1979年作 迎春图 镜心	68cm×45cm	3,220,000	中国嘉德	2015.05.17
李可染 1980年作 冬牧图 镜框	68.3cm×35.8cm	801,000	佳士得	2015.06.02
李可染 1980年作 秋趣图 镜心	68cm×45cm	1,380,000	中国嘉德	2015.05.16
李可染 1981年作 观瀑图 立轴	68cm×45.5cm	1,840,000	北京匡时	2015.12.04
李可染 1981年作 一年容易又秋风 立轴	70cm×44.5cm	785,668	保利香港	2015.10.05
李可染 1982年作 雨后云山 镜心	68.5cm×45cm	6,325,000	北京匡时	2015.06.06
李可染 1984年作 行书“金铁烟云”镜心	68.7cm×43.5cm	690,000	中国嘉德	2015.05.16
李可染 1984年作 行书“实者慧”镜心	65cm×36cm	460,000	北京匡时	2015.06.06
李可染 1984年作 襟江阁图 镜片	54cm×33cm	2,579,220	宝港国际	2015.06.01
李可染 1984年作 兰亭图 镜片	54cm×33cm	2,302,875	宝港国际	2015.06.01
李可染 1984年作 清漓胜景图 立轴	86cm×53cm	5,944,040	佳士得	2015.12.01
李可染 1984年作 榕荫渡牛图 镜心	57cm×34cm	782,000	北京保利	2015.06.05
李可染 1984年作 钟馗送妹图 立轴	66cm×38cm	862,500	广东崇正	2015.06.19
李可染 1985年作 布袋和尚 立轴	89cm×51cm	2,856,780	保利香港	2015.04.07
李可染 1985年作 归牧图 镜框	69cm×46cm	801,000	佳士得	2015.06.02
李可染 1986年作 高岩飞瀑图 镜心	128cm×68cm	23,000,000	北京保利	2015.06.04
李可染 1986年作 暮韵闲情 镜心	31cm×42cm	1,035,000	北京匡时	2015.12.04
李可染 1986年作 实者慧 镜心	46cm×68cm	402,500	北京保利	2015.12.07
李可染 1986年作 五牛图 立轴	67.8cm×68cm	2,530,000	北京诚轩	2015.11.13
李可染 1987年作 行书“龙吟”立轴	112cm×53cm	368,000	北京匡时	2015.06.06
李可染 1987年作 七牛图 镜心	68.5cm×137cm	2,300,000	北京匡时	2015.12.04
李可染 1987年作 山水清音图 立轴	67.3cm×47.6cm	1,473,840	佳士得	2015.06.02
李可染 1987年作 书法 镜框	26cm×43.5cm	205,500	香港苏富比	2015.10.06
李可染 1987年作 书法 立轴	68cm×46cm	747,500	中贸圣佳	2015.05.19
李可染 1988年作 犟牛图 镜心	35cm×47cm	437,000	北京保利	2015.12.07
李可染 1989年作 牧牛图 镜框	69cm×49cm	700,875	佳士得	2015.06.02
李可染 群山 立轴	46cm×69cm	1,986,117	伦敦佳士得	2015.11.10
李可染 春湖渡牛图 立轴	40cm×45cm	517,500	江苏聚德	2015.01.25
李可染 春花灿如霞 立轴	68cm×45.4cm	849,060	佳士得	2015.06.02
李可染 春花烂若霞 立轴	69.3cm×44.5cm	822,000	香港苏富比	2015.10.06
李可染 春牧 镜心	71cm×45cm	389,781	中国嘉德	2015.04.07
李可染 春牛图 镜心	38cm×54.5cm	1,265,000	中国嘉德	2015.05.16
李可染 春在枝头已十分 镜片	70cm×43.5cm	897,000	深圳市拍	2015.07.19
李可染 1987年作 布袋和尚图 立轴	字19cm×56cm 画88cm×50cm	566,490	宝港国际	2015.11.28
李可染 1987年作 天下春 立轴	69cm×51cm	547,607	宝港国际	2015.11.28
李可染 杜甫诗意图 镜心	67cm×45cm	6,900,000	中国嘉德	2015.11.15
李可染 风雨归牧 立轴	84cm×51cm	1,380,000	北京匡时	2015.06.06
李可染 俯首甘为孺子牛 镜片	70cm×44cm	1,667,500	河南金帝	2015.11.22
李可染 俯首甘为孺子牛 镜片	33.5cm×44.5cm	747,500	东方大观	2015.05.20
李可染 俯首甘为孺子牛 镜心	27.5cm×37cm	345,000	中国嘉德	2015.11.14
李可染 归牧 镜心	69.5cm×46.5cm	1,437,500	中国嘉德	2015.11.14
李可染 归牧图 镜片	68cm×46cm	2,070,000	上海嘉禾	2015.05.08
李可染 归牧图 镜心	70cm×46cm	2,016,000	十竹斋	2015.06.14
李可染 归牧图 立轴	67cm×45cm	1,035,000	北京翰海	2015.11.27
李可染 归牧图 立轴	67cm×44.5cm	1,680,000	十竹斋	2015.06.14
李可染 归牧图 立轴	68cm×45.5cm	1,614,000	香港苏富比	2015.04.06
李可染 行书“当代中国绘画展”镜心	14.5cm×67cm	264,500	中国嘉德	2015.11.14
李可染 行书“九藤书屋” 镜心	33cm×118cm	3,910,000	北京保利	2015.06.04
李可染 行书“雨后绝凉” 镜心	34cm×104cm	482,586	中国嘉德	2015.04.07
李可染 行书“云翔楼” 镜心	24cm×69cm	253,000	北京保利	2015.06.05
李可染 行书白石诗 镜框	69cm×20.5cm	462,375	香港苏富比	2015.10.06
李可染 行书五言句 镜心	77cm×54cm	540,500	北京匡时	2015.10.16
李可染 鸿鹄之志 镜心	35.2cm×26.2cm	402,500	北京诚轩	2015.05.18
李可染 忽闻蟋蟀鸣 立轴	68cm×46cm	690,000	广东崇正	2015.06.19
李可染 已未（1979年）作 米颠拜石 镜心	52cm×33cm	290,988	中国嘉德	2015.10.07
李可染 甲子（1984年）作 牧牛图 立轴	70.5cm×47cm	1,322,500	上海嘉禾	2015.05.08
李可染 江城朝雾 镜心	56.6cm×45.5cm	4,255,000	中国嘉德	2015.05.17
李可染 江南水乡 镜心	69cm×43cm	2,875,000	北京匡时	2015.12.04
李可染 犟牛图 镜片	73.3cm×37cm	796,625	纽约苏富比	2015.09.17
李可染 看山图 立轴	68cm×46cm	873,600	北京荣宝	2015.06.21
李可染 苦吟图 立轴	86.5cm×53cm	3,220,000	北京保利	2015.12.06
李可染 漓江水岸图 镜片	70cm×45.5cm	5,750,000	西泠拍卖	2015.07.05
李可染 漓江天下景 立轴	84cm×51cm	9,775,000	上海工美	2015.06.28
李可染 漓江雨 镜框	70cm×45cm	4,370,000	华艺国际	2015.05.24
李可染 柳荫渡牛 镜片	42.5cm×51cm	1,495,000	广东崇正	2015.06.19
李可染 眉山大桥 镜框	46cm×51.5cm	3,684,600	佳士得	2015.06.02
李可染 米颠拜石 镜心	67cm×46cm	1,897,500	北京诚轩	2015.11.13

拍品名称	物品尺寸	成交价RMB	拍卖公司	拍卖日期
李可染 米颠拜石图 镜心	67.5cm×46.5cm	1,667,500	北京匡时	2015.06.06
李可染 牧笛 镜心	28cm×35cm	356,500	北京诚轩	2015.05.18
李可染 牧归图 镜心	65cm×40cm	575,000	南京经典	2015.08.02
李可染 牧归图 镜心	32cm×40cm	448,000	十竹斋	2015.06.14
李可染 牧牛童趣 立轴	46cm×34cm	1,058,000	北京翰海	2015.06.26
李可染 牧牛图	68.5cm×33.5cm	1,399,805	卓艺拍卖	2015.11.21
李可染 牧牛图 镜心	46cm×45cm	526,400	北京荣宝	2015.06.21
李可染 牧牛图 镜心	65cm×45.5cm	1,624,000	十竹斋	2015.06.14
李可染 牧牛图 镜心	69cm×46cm	1,322,500	北京匡时	2015.06.06
李可染 牧牛图 立轴	68cm×44cm	600,750	佳士得	2015.06.02
李可染 牧牛图 立轴	46cm×69cm	2,300,000	辽宁中正	2015.06.13
李可染 牧童牛背画中行 立轴	75cm×51cm	2,185,000	北京上和	2015.05.16
李可染 牧童牛背看暮鸦 立轴	68cm×45cm	1,725,000	北京保利	2015.06.05
李可染 牧童戏雀图 镜框	77.5cm×48.8cm	769,688	佳士得	2015.12.01
李可染 牧韵图 立轴	68cm×45cm	805,000	北京保利	2015.12.07
李可染 暮韵图 立轴	67.5cm×45.5cm	287,500	北京匡时	2015.12.04
李可染 暮韵图 立轴	68cm×45cm	2,645,000	中国嘉德	2015.05.17
李可染 暮韵图 托片	68cm×46cm	1,380,000	江苏两汉	2015.01.11
李可染 暮韻图 镜心	69cm×46cm	1,725,000	北京保利	2015.06.04
李可染 秋牧图 镜心	69cm×45.5cm	2,127,500	中国嘉德	2015.05.16
李可染 人物花卉 立轴	62cm×33cm 70cm×26cm×3	2,012,500	海德拍卖	2015.06.27
李可染 山林写生 镜心	44cm×33cm	1,437,500	北京保利	2015.12.07
李可染 山水 镜框	68cm×41.5cm	2,358,010	纽约苏富比	2015.09.17
李可染 石涛诗意 镜心	47cm×36cm	2,185,000	南京经典	2015.08.02
李可染 疏林秋话 镜心	诗塘24.8cm×42.5cm 本幅57.5cm×42.5cm	460,000	北京诚轩	2015.05.18
李可染 蜀山春雨 镜心	69cm×46cm	3,277,500	保利山东	2015.02.01
李可染 双童归牧 镜框	70cm×46.8cm	1,018,040	佳士得	2015.12.01
李可染 四季牧牛图 镜心	69cm×45cm×4	9,775,000	保利厦门	2015.05.02
李可染 太行写生 镜心	59cm×44.5cm	2,530,000	北京匡时	2015.12.04
李可染 巫峡百步梯 镜框	74.5cm×48cm	2,531,160	佳士得	2015.06.02
李可染 吴作人 刘继卣 周怀民 秦岭云 等 1979–1982年作 牧牛 山水 花鸟 人物 册页	32cm×44.5cm×22	862,500	广东小雅斋	2015.05.12
李可染 溪山觅句 立轴	65.7cm×44cm	1,058,000	荣宝斋（济南）	2015.11.21
李可染 戏鸟图 镜心	37cm×45cm	437,000	南京经典	2015.08.02
李可染 颐和园玉带桥 镜心	55cm×44.5cm	2,415,000	北京匡时	2015.06.06
李可染 迎春图 镜心	67.5cm×47cm	1,058,000	荣宝斋（济南）	2015.11.21
李可染 鱼米之乡 立轴	66cm×44cm	3,910,000	中国嘉德	2015.04.01
李可染 雨后斜阳 镜心	68.6cm×45.5cm	4,485,000	北京诚轩	2015.05.18
李可染 枕石图 镜心	40cm×36cm	483,000	海德拍卖	2015.06.27
李可染 春雨江南图 立轴	81cm×50cm	3,450,000	北京至诚	2015.12.20
李苦禅 1934年作 葫芦图 立轴	179.5cm×47cm	575,000	西泠拍卖	2015.07.05
李苦禅 1934年作 松鹤延年 立轴	136cm×46cm	184,000	中国嘉德	2015.09.19
李苦禅 1942年作 篱边景致 立轴	92.5cm×43cm	598,000	北京翰海	2015.06.26
李苦禅 1963年作 墨竹 镜心	138cm×46cm	241,500	北京匡时	2015.03.30
李苦禅 1964年作 八哥 立轴	67.5cm×60cm	333,500	北京匡时	2015.12.04
李苦禅 1964年作 秋菊 立轴	68cm×60.5cm	333,500	北京匡时	2015.12.04
李苦禅 1972年作 荷花翠鸟 镜片	96cm×180.5cm	6,440,000	广东崇正	2015.06.18
李苦禅 1973年作 高瞻远瞩 立轴	98cm×46.5cm	356,500	北京翰海	2015.06.26
李苦禅 1974年作 水禽图 立轴	67.6cm×44.8cm	207,000	保利山东	2015.02.01
李苦禅 1976年作 牡丹图 镜心	68cm×92cm	287,500	北京匡时	2015.12.04
李苦禅 1977年作 鹰 立轴	98cm×49.5cm	414,000	北京翰海	2015.06.26
李苦禅 1979年作 白莲花开 镜框	69cm×46.5cm	153,938	佳士得	2015.12.01

拍品名称	物品尺寸	成交价RMB	拍卖公司	拍卖日期
李苦禅 1979年作 绿雨之荫 立轴 对屏	97cm×45.5cm×2	920,000	北京翰海	2015.11.27
李苦禅 1980年作 二余图 立轴	137.3cm×36.3cm	260,325	佳士得	2015.06.02
李苦禅 1980年作 雄姿 镜片	105cm×56.5cm	448,500	鼎天国际	2015.07.05
李苦禅 1980年作 远瞻山河壮 镜心	69cm×43cm	195,500	厦门华辰	2015.06.20
李苦禅 1981年作 荷花翠鸟 镜心	44.5cm×53cm	172,500	北京翰海	2015.06.26
李苦禅 1981年作 秋味图 立轴	67cm×46cm	207,000	鼎天国际	2015.07.05
李苦禅 1982年作 绿雨水禽图 立轴	135cm×68cm	920,000	北京翰海	2015.06.26
李苦禅 鹌鹑松石 立轴	134.6cm×34.2cm	313,050	纽约苏富比	2015.03.19
李苦禅 鹌鹑图 镜心	69cm×46cm	333,500	北京匡时	2015.12.04
李苦禅 芭蕉独鹤 立轴	82cm×50cm	345,000	中国嘉德	2015.05.17
李苦禅 芭蕉鹭鸶 镜心	77.5cm×55.5cm	253,000	北京匡时	2015.12.04
李苦禅 初晴 立轴	68cm×68.7cm	308,250	香港苏富比	2015.10.06
李苦禅 春郊茅庐图 立轴	179cm×47.5cm	540,500	南京经典	2015.01.04
李苦禅 董寿平 己未（1979年作 青竹 梅花 镜心	38cm×54.5cm×2	195,500	中国嘉德	2015.05.16
李苦禅 多子多福 镜框	94cm×44cm	575,000	北京上和	2015.05.16
李苦禅 高瞻 立轴	68cm×34.5cm	184,000	北京翰海	2015.11.28
李苦禅 行书毛主席词句 立轴	134cm×50cm	207,000	广东崇正	2015.06.19
李苦禅 行书太白诗 立轴	137cm×63.5cm	172,500	中国嘉德	2015.05.16
李苦禅 花鸟	27cm×43cm	1,246,278	卓艺拍卖	2015.11.18
李苦禅 花鸟 立轴	87cm×47cm	230,000	鼎天国际	2015.07.05
李苦禅 花鸟 手卷	34cm×531cm	241,500	北京隆琛	2015.11.21
李苦禅 吉祥如意 镜框	91cm×47cm	425,600	北京荣宝	2015.06.21
李苦禅 集禽图 片	45cm×87cm	672,000	中联环球	2015.03.29
李苦禅 蕉荫八哥 镜心	43.5cm×168.5cm	166,750	保利山东	2015.09.13
李苦禅 空谷幽香 立轴	69cm×45.5cm	322,000	北京翰海	2015.11.28
李苦禅 理羽图 镜框	67.5cm×45cm	632,500	北京上和	2015.05.16
李苦禅 绿荫之下 立轴	诗堂 poetry hall: 14.5cm×36.8cm 画心 painting: 54.5cm×36.4cm	154,125	香港苏富比	2015.10.06
李苦禅 毛主席诗词 册页	31.5cm×20cm×48	858,000	北京上和	2015.05.16
李苦禅 毛主席诗一首 镜心	190cm×142cm	224,000	北京荣宝	2015.11.29
李苦禅 毛主席诗一首 镜心	190cm×142cm	190,400	北京荣宝	2015.03.29
李苦禅 梅石图 镜片	146cm×365cm	828,000	东方大观	2015.05.20
李苦禅 枇杷 镜心	68cm×45cm	414,000	海德拍卖	2015.06.27
李苦禅 栖禽图 立轴	136cm×46cm	230,000	荣宝斋（济南）	2015.11.21
李苦禅 栖荫 立轴	67cm×45cm	172,500	广东崇正	2015.06.19
李苦禅 棲山 立轴	68cm×35cm	207,000	荣宝斋（济南）	2015.11.21
李苦禅 秋味图 镜框	68cm×45.5cm	402,500	北京上和	2015.05.16
李苦禅 穐味 立轴	69cm×46cm	254,920	纽约苏富比	2015.09.17
李苦禅 山农佳馔 立轴	51cm×101.5cm	552,000	东方大观	2015.11.17
李苦禅 试翼待飞 镜心	86cm×45cm	483,000	保利山东	2015.02.01
李苦禅 蔬果图 立轴	107cm×43cm	402,500	海德拍卖	2015.06.27
李苦禅 双鹰图 立轴	138.5cm×69cm	2,300,000	北京上和	2015.05.16
李苦禅 双鹰图 立轴	180cm×96cm	828,000	海德拍卖	2015.06.27
李苦禅 水禽图 镜心	96cm×61cm	207,000	保利山东	2015.02.01
李苦禅 松鹰 立轴	69cm×36cm	403,200	北京荣宝	2015.06.21
李苦禅 松鹰图 立轴	68cm×44cm	632,500	北京上和	2015.11.13
李苦禅 松鹰图 立轴	116cm×47cm	431,250	荣宝斋（济南）	2015.11.21
李苦禅 宋文治 松崖野禽 镜框	86.7cm×47.5cm	153,938	佳士得	2015.12.01
李苦禅 天峰立足 立轴	97cm×45.5cm	1,012,000	北京上和	2015.05.16
李苦禅 天峰猛鹫 立轴	95.5cm×43cm	552,000	东方大观	2015.11.17

拍品名称	物品尺寸	成交价RMB	拍卖公司	拍卖日期
李苦禅 天峰远瞻 镜片	69cm×48cm	460,000	上海嘉禾	2015.05.08
李苦禅 王森然 鹰 鸡 镜心	鹰31cm×41cm 鸡32cm×32cm	184,000	荣宝斋（济南）	2015.11.21
李苦禅 洗羽图 立轴	68cm×68cm	805,000	北京上和	2015.11.13
李苦禅 小品（三帧）镜心	28cm×32cm×3	230,000	北京保利	2015.06.05
李苦禅 雄鹰 镜片	96cm×46cm	713,000	包盈国际	2015.11.15
李苦禅 雄鹰图	82cm×31cm	402,500	北京翰海	2015.06.27
李苦禅 野禽图 立轴	84.2cm×49.6cm	223,055	纽约苏富比	2015.09.17
李苦禅 英名远扬 镜片	69cm×137cm	3,450,000	北京上和	2015.11.13
李苦禅 英雄独立 立轴	138cm×68cm	1,437,500	保利山东	2015.09.13
李苦禅 英雄图 镜心	69cm×33.5cm	460,000	保利山东	2015.02.01
李苦禅 鹰 立轴	68.5cm×50cm	345,000	中国嘉德	2015.11.14
李苦禅 鹰 立轴	68cm×45cm	759,000	广东小雅斋	2015.05.12
李苦禅 鹰石图 镜框	68.5cm×45cm	400,500	佳士得	2015.06.02
李苦禅 鹰视图	60cm×84.5cm	632,500	中国嘉德	2015.11.16
李苦禅 幽谷灵鹫 镜芯	138cm×70cm	552,000	四川德轩	2015.11.05
李苦禅 鱼鹰 镜框	45cm×54cm	168,000	北京荣宝	2015.06.21
李苦禅 远瞻山河新 镜片	97cm×57.5cm	1,092,500	北京上和	2015.11.13
李苦禅 远瞻山河壮 镜片	92cm×47cm	230,000	北京上和	2015.05.16
李苦禅 远瞻山河壮大 立轴	82cm×50cm	425,500	北京上和	2015.05.16
李苦禅 张加洛 鹭鸶 镜心	68cm×45cm 68cm×41cm	207,000	保利山东	2015.09.13
李苦禅 竹报平安 立轴	134.5cm×69cm	690,000	东方大观	2015.05.20
李苦禅 竹鸟图 立轴	179cm×48cm	336,000	十竹斋	2015.06.14
李苦禅 竹石栖禽图 镜片	67.5cm×45cm	230,000	西泠拍卖	2015.07.05
李老十 1989年作 荷趣图 立轴	56cm×44.5cm	179,200	北京荣宝	2015.11.29
李老十 1989年作 横塘秋色 镜心	72cm×66cm	448,000	北京荣宝	2015.11.29
李老十 1989年作 一团和气 镜心	45cm×48cm	168,000	北京荣宝	2015.11.29
李老十1991年作千字文手卷镜心	50cm×316cm	896,000	北京荣宝	2015.11.29
李老十 1993年作 大吉图 镜心	138cm×69cm	672,000	北京荣宝	2015.11.29
李老十 1993年作 饿来吃饭困来眠 镜心	76cm×69cm	504,000	北京荣宝	2015.11.29
李老十 1993年作 袖手无言亦风流 镜心	41.5cm×39cm	201,600	北京荣宝	2015.11.29
李老十1994年作寒夜读书图镜心	93cm×68cm	504,000	北京荣宝	2015.06.21
李老十 1995年作 洗耳图 立轴	77cm×48cm	358,400	北京荣宝	2015.03.29
李老十 二龙取珠图 镜心	67.5cm×70.5cm	470,400	北京荣宝	2015.11.29
李老十 风吹霜挫 镜片	97cm×88cm	782,000	北京上和	2015.05.16
李老十 干荷 镜心	94cm×57cm	336,000	北京荣宝	2015.06.21
李老十 高僧图 镜心	26.5cm×20cm	179,200	北京荣宝	2015.06.21
李老十 荷花游鱼 镜心	48cm×87cm	336,000	北京荣宝	2015.06.21
李老十 荷塘 镜心	28cm×132cm	392,000	北京荣宝	2015.11.29
李老十 荷塘 镜心	66cm×67cm	504,000	北京荣宝	2015.11.29
李老十 可有寒意 镜心	41cm×152cm	504,000	北京荣宝	2015.06.21
李老十 刘伶醉酒图 镜心	51cm×46cm	448,000	北京荣宝	2015.06.21
李老十 墨荷图 镜心	42.5cm×40cm 书法45cm×39cm	246,400	北京荣宝	2015.11.29
李老十 人物 镜心	118cm×82cm	3,360,000	北京荣宝	2015.06.21
李老十 书法 镜心	38cm×83cm	212,800	北京荣宝	2015.06.21
李老十 说法图 镜心	48cm×88cm	336,000	北京荣宝	2015.06.21
李老十 雪荷 镜心	画131cm×515cm 对联 131cm×28.5cm×2	1,012,000	北京保利	2015.12.06
李老十 雪荷 镜心	129cm×54cm 边跋129cm×11cm	1,097,600	北京荣宝	2015.06.21
李老十 饮酒观花 镜心	41cm×39cm	268,800	北京荣宝	2015.06.21
李老十 雨后所见 立轴	89.5cm×61.5cm	291,200	北京荣宝	2015.06.21

拍品名称	物品尺寸	成交价RMB	拍卖公司	拍卖日期
李老十 钟进士 镜心	61cm×45cm	201,600	北京荣宝	2015.06.21
李留海 福慧鸿运 镜片	直径44cm	184,000	河南泽华	2015.01.11
李留海 牧驴图 镜片	65cm×132cm	287,500	河南泽华	2015.01.11
李梅莹 家乡秋韵 镜心	180cm×96cm	230,000	世纪文博	2015.09.25
李明成 2015年作 金刚经 立轴	48cm×34cm×4	172,500	北京保利	2015.06.03
李明久 白云乡 松鹤延年 镜片	176cm×356cm	299,000	北京上和	2015.05.16
李强 西部 镜心	137cm×68.5cm	230,000	中国嘉德	2015.11.16
李秋君 1948年作 溪山放棹 镜心	38cm×89cm	287,500	北京匡时	2015.06.06
李瑞清 1911年作 楷书八言联 镜心	228cm×50.5cm×2	271,589	中国嘉德	2015.10.07
李瑞清 1919年作 金文七言联	238.2cm×39.5cm×2	807,000	香港苏富比	2015.04.06
李瑞清 陈立夫 1916年作；1984年作 书法对联（四幅）立轴	138cm×33.5cm×2 177cm×43cm×2	320,400	佳士得	2015.06.02
李瑞清 何维朴 金蓉镜 1915年作 南湖寿母图卷 手卷	（一）43.5cm×26.5cm （二）42.5cm×26.5cm （三）40.5cm×26.5cm	207,000	北京诚轩	2015.11.13
李瑞清 己未(1919年)作 临古 四屏	175cm×46cm×4	207,000	上海嘉禾	2015.05.08
李瑞清 己未(1919年)作 楷书 四屏立轴	175cm×46cm×4	345,000	中国嘉德	2015.11.16
李瑞清 金文汉隶 镜片四屏	131.5cm×31.8cm	159,325	纽约苏富比	2015.09.17
李瑞清 楷书五言联 镜芯	168cm×37 cm×2	163,850	中鸿信	2015.07.29
李瑞清 楷书五言联 立轴	172cm×36.5cm×2	172,500	北京匡时	2015.12.05
李瑞清 隶书五言对联 立轴	137cm×33cm×2	862,500	河南泽华	2015.01.11
李瑞清 临宋四书家帖 立轴 四屏	135.5cm×33cm×4	171,488	香港苏富比	2015.04.06
李少文 2012年作 三友图 镜心	137cm×69cm	201,250	北京保利	2015.04.25
李少文 2015年作 观音造像 镜心	68cm×45cm	207,000	北京保利	2015.04.25
李铁夫 飞雁图 立轴	53cm×75cm	368,000	广东崇正	2015.06.18
李巍松 2013年作 无量寿佛 镜心	101cm×67cm	414,000	北京保利	2015.12.06
李巍松 2014年作 观世音菩萨造像 镜心	134cm×67cm	552,000	北京保利	2015.12.06
李巍松 2014年作 双颜释迦 镜心	87cm×67cm	345,000	北京保利	2015.06.03
李巍松 2014年作 桃源张琴 镜心	110cm×52cm	287,500	中国嘉德	2015.11.16
李巍松2014年作溪山卜筑图镜心	109cm×54.5cm	287,500	北京保利	2015.06.03
李巍松 佛像 镜心	129cm×66cm	195,500	天津同方	2015.06.06
李巍巍 大吉图 立轴	68cm×86cm	230,000	河南泽华	2015.01.11
李锡奇 2007年作 墨语 镜心	121cm×180cm	180,929	保利香港	2015.04.06
李翔 2013年作 苏东坡词意	137cm×34cm	230,000	北京翰海	2015.06.26
李翔 2014年作 一树梅花一放翁	35cm×138cm	287,500	北京翰海	2015.06.26
李翔 2013年作 山野添新绿 镜心	68cm×68cm	460,000	中国嘉德	2015.05.18
李翔 2012年作 丁合村之二 镜心	66cm×66cm	667,000	中国嘉德	2015.11.16
李翔 山居图	68cm×68cm	322,000	北京翰海	2015.11.27
李小超 村庄 镜心	37cm×63cm	230,000	北京保利	2015.06.03
李小超 秦声 镜心	39cm×65cm	253,000	北京保利	2015.12.06
李小可 2012年作 家园 镜框	96.6cm×180cm	1,609,160	佳士得	2015.11.30
李小可 2014年作 彩练 镜心	89.8cm×97.4cm	552,000	北京保利	2015.06.03
李小可 2014年作 京城雪后 镜心	68cm×136cm	517,500	上海宝龙	2015.01.18
李小可 2014年作 山魂 镜心	70cm×69cm	322,000	北京保利	2015.06.03
李小可 2015年作 春月的雪 镜心	180cm×97cm	1,207,500	北京保利	2015.12.06
李小可 2015年作 山口 镜心	97cm×89cm	713,000	中国嘉德	2015.05.18
李小可 远方 镜心	97cm×89.5cm	632,500	中国嘉德	2015.11.16
李孝萱 2011年作 猫 托片	139cm×68.5cm	172,500	鼎天国际	2015.07.05
李孝萱 2013年作 山水 镜心 四屏	138.5cm×23cm×4	690,000	上海宝龙	2015.01.18
李旭飞 晓韵 镜框	140cm×200cm	230,000	鼎天国际	2015.07.05
李学功 福荫万家	68cm×45cm	330,000	杭州佳实	2015.01.11
李学功 好合图	68cm×45cm	308,000	杭州佳实	2015.01.11
李学功 山花	68cm×45cm	308,000	杭州佳实	2015.01.11
李延声 花发绿风中 镜心	68cm×68cm	356,500	江苏爱涛	2015.01.10
李延声 灵瑞相伴图	68cm×68cm	402,500	北京翰海	2015.06.26

拍品名称	物品尺寸	成交价RMB	拍卖公司	拍卖日期
李研山 1939年作 深杏楼深灯夜读图卷 手卷	11.8cm×102cm	383,325	香港苏富比	2015.04.06
李研山 1950年作 江风雪竹图 镜框	28.2cm×109.5cm	554,813	香港苏富比	2015.04.06
李研山 1951年作 仿黄鹤山樵《夏山图》立轴	116.4cm×34.7cm	359,625	香港苏富比	2015.10.06
李研山 1951年作 临黄大痴《重峦叠嶂图》立轴	177.5cm×49.2cm	585,075	香港苏富比	2015.04.06
李研山 1951年作 墨梅图 手卷	19cm×388cm	842,550	香港苏富比	2015.10.06
李研山 1952年作 苍虬图 镜框	47cm×63.6cm	246,600	香港苏富比	2015.10.06
李研山 1952年作 双松 立轴	143cm×65.5cm	359,625	香港苏富比	2015.10.06
李研山 1954年作 拟元人虬龙图 立轴	95.5cm×35.7cm	554,813	香港苏富比	2015.04.06
李研山 1960年作 墨竹新篁 立轴	109cm×47cm	904,200	香港苏富比	2015.10.06
李研山 临董北苑《溪山雪霁图》手卷	24.6cm×280.5cm	431,550	香港苏富比	2015.10.06
李研山 双钩竹石 立轴	150.4cm×63.8cm	1,614,000	香港苏富比	2015.04.06
李耀林 2015年作 乐居山水间 镜心	68cm×138cm	161,000	北京保利	2015.12.06
李夜冰 2014年作 荷花 软片	95cm×59cm	172,500	河南鸿远	2015.01.12
李夜冰 红荷 镜心	137cm×69cm	246,000	嘉禾瑞丰	2015.09.13
李义弘 2014年作 日正当中 镜框	93cm×85.3cm	151,313	香港苏富比	2015.04.05
李义弘 桥西晒网	69cm×138.6cm	151,099	台北艺流	2015.10.10
李义弘 1988年作 虚堂话旧图 立轴	179cm×97cm	200,000	上海驰翰	2015.05.09
李永文 2014年作 暖晨 镜心	68cm×68cm	368,000	保利山东	2015.02.01
李俞染 万山红遍	155cm×95cm	471,500	北京翰海	2015.06.26
李宇超 墨竹双鸡 立轴	96cm×54cm	345,000	广东崇正	2015.06.18
李远东 书法 镜片	68cm×136cm	253,000	河南鸿远	2015.01.12
李远东 书法 镜片	68cm×136cm	218,500	河南鸿远	2015.01.12
李照东 2010年作 山水 四屏镜片	123cm×41cm×4	828,000	河南金帝	2015.11.22
李照东 2011年作 石为云根 镜框	68cm×138cm	218,500	华艺国际	2015.05.24
李照东 2014年作 丹霞貌真图 镜片	70cm×400cm	552,000	广州皇玛	2015.07.26
李照东 莽山胆色 石镜山 镜框	180cm×48cm×2	460,000	华艺国际	2015.05.24
李照东 2012年作 长潭光影 册页（二十七开）	50cm×70cm×27	2,530,000	广州皇玛	2015.07.26
李蒸蒸 2014年作 老者 镜心	135cm×69cm	392,000	北京荣宝	2015.11.29
李蒸蒸 大美无声 镜心	52cm×39cm×4	460,000	北京保利	2015.06.04
李蒸蒸 2014年作 牡丹荷花枫叶梅花 镜心	76.5cm×51.5cm×4	598,000	中国嘉德	2015.05.18
李知弥 2015年作 那年	68cm×136cm	402,500	北京翰海	2015.06.26
廉亮 2015年作 玉玲珑 镜框	120.5cm×64.5cm	205,250	佳士得	2015.11.30
梁邦楚 1989年作 春江水暖 镜心	135cm×67cm	460,000	景德镇华艺	2015.01.10
梁邦楚 1992年作 三月江南 镜心	138cm×68cm	368,000	景德镇华艺	2015.01.10
梁邦楚 枫叶八哥 镜芯	173.5cm×93cm	632,500	四川德轩	2015.11.05
梁邦楚 红叶八哥 镜心	68cm×137cm	322,000	景德镇华艺	2015.05.23
梁邦楚 鄱湖之春 镜芯	179cm×94cm	517,500	四川德轩	2015.11.05
梁德润 荷花 镜心	145cm×107cm	161,000	北京翰海	2015.09.13
梁巨廷 2015年作 游观—黄山云、雨、松之二 镜框	117cm×52.8cm	153,938	佳士得	2015.11.30
梁连生 2014年作 花鸟 镜心 四屏	138cm×35cm×4	460,000	保利山东	2015.02.01
梁启超1924年作楷书十三言联立轴	175cm×30cm×2	897,000	北京匡时	2015.12.04
梁启超1925年作隶书七言联立轴	131cm×30cm×2	632,500	北京匡时	2015.12.04
梁启超1927年作行书东坡诗立轴	122cm×32cm	402,500	北京匡时	2015.12.05
梁启超1926年作楷书十一言联立轴	196.5cm×33.5cm×2	402,500	中国嘉德	2015.11.14
梁启超陈师曾 1922年作 节录《九歌·湘夫人》西园晚色 成扇	23cm×65cm	1,092,500	北京保利	2015.12.06
梁启超1913年作行书六条屏立轴	84cm×23.5cm	287,500	北京华辰	2015.05.15
梁启超 行书 立轴	130cm×57cm	230,000	上海驰翰	2015.05.09
梁启超 行书 四屏	149cm×42.5cm×4	1,495,000	上海明轩	2015.06.21
梁启超 行书《金刚经》手卷	22.5cm×235cm	5,750,000	北京匡时	2015.06.06
梁启超 行书节录洛神赋	132cm×24.8cm	1,035,000	中国嘉德	2015.11.16
梁启超 行书七言联 立轴	161cm×37.5cm×2	977,500	北京匡时	2015.06.07
梁启超 楷书《题请息斋六言》横披	32cm×131cm	264,500	北京匡时	2015.06.07
梁启超 楷书东坡词 扇面	20cm×55cm	195,500	北京保利	2015.12.07
梁启超 楷书九言联 立轴	165cm×27cm×2	897,000	中国嘉德	2015.11.14
梁启超 楷书七言联 立轴	154cm×40.5cm×2	252,190	中国嘉德	2015.10.07
梁启超 楷书自书诗 立轴 四屏	132cm×20.8cm×4	3,357,120	香港苏富比	2015.04.06
梁启超 清 隶书 立轴	176.8cm×43.5cm	420,525	佳士得	2015.06.01
梁启超 书“陶然楼”	91cm×22.5cm	1,092,500	中国嘉德	2015.11.16
梁启超 书“陶然庐”	82cm×20.7cm	805,000	中国嘉德	2015.11.16
梁启超 1925年作 楷书《巫山高赋》立轴	132cm×67cm	460,000	中国嘉德	2015.11.14
梁启超 篆书册页 册页	31cm×25.5cm×8	287,500	荣宝斋（济南）	2015.11.21
梁铨 1999年作 茶迹	180cm×97cm	218,500	北京匡时	2015.12.04
梁铨 2007–2008年作 无题 镜心	60cm×90cm	168,000	北京荣宝	2015.06.21
梁铨 2009年作 无题	97cm×180cm	253,000	北京匡时	2015.12.04
梁铨 2011年作 喝茶去 镜心	89cm×120cm	230,000	中国嘉德	2015.05.18
梁铨 2011年作 无题	200cm×140cm	690,000	北京匡时	2015.12.04
梁铨 2012年作 无题 镜心	59cm×89cm	161,000	保利厦门	2015.05.02
梁铨 2012年作 无题 镜心	91cm×120cm	287,500	北京保利	2015.06.04
梁时民 2014年作 迎春图 镜心	180cm×96cm	460,000	北京保利	2015.12.06
梁实秋 1981年作 行书七绝 立轴	59.7cm×26.7cm	199,156	邦瀚斯	2015.09.14
梁实秋 1974年作 行书《天净沙》镜心	63cm×32cm	193,992	中国嘉德	2015.10.07
梁树年 康宁 雄鹰 镜心	130cm×330cm	207,000	天津同方	2015.06.06
梁漱溟 1981年作 行书五言联 立轴	69cm×10.5cm×2	724,500	北京匡时	2015.12.04
梁天柱 山水 册页（十开）	29cm×36cm×10	333,500	青岛中艺	2015.01.18
梁同书 行书自书诗（二十四开册）	16cm×9.9cm.	191,190	纽约苏富比	2015.09.17
梁岩 1999年作 我的房东 镜心	141cm×96cm	345,000	中贸圣佳	2015.05.19
梁缨 2015年作 山海经故事	180cm×96cm	184,000	北京翰海	2015.11.27
梁缨 2015年作 西王母	182cm×97cm	172,500	北京匡时	2015.12.04
梁占岩 1998年作 人物 镜心四屏	138cm×34cm×4	161,000	保利山东	2015.09.13
梁占岩 幽人散趣图 镜片	340cm×133cm	172,500	包盈国际	2015.11.15
梁缨 2014年作 遛狗 镜心	133cm×97cm	184,000	北京保利	2015.06.04
廖红球 2004年作 盘石缨带红 镜心	97cm×180cm	368,000	北京保利	2015.06.03
廖红球 2006年作 九天任翱翔 镜心	69cm×140cm	184,000	北京保利	2015.06.03
林聪权 四美图 立轴	103cm×48cm×4	1,840,000	江苏嘉恒	2015.01.11
林丰俗 1988年作 岷山晴雪 镜框	69cm×69cm	230,000	华艺国际	2015.05.24
林丰俗 1996年作 春风又绿 镜片	69.5cm×137.5cm	805,000	广州皇玛	2015.01.18
林丰俗 1996年作 十里春风 镜片	30cm×180cm	437,000	广州皇玛	2015.01.18
林丰俗 1999年作 夔门 镜框	97cm×180cm	1,495,000	华艺国际	2015.05.24
林丰俗 2006年作 江峡晓烟 镜框	68cm×137cm	862,500	广州皇玛	2015.01.18
林丰俗 1997年作 霜晨 镜框	68.5cm×68.5cm	345,000	广州皇玛	2015.01.18
林丰俗 1987年作 家在江南黄叶村 镜片	69cm×69cm	349,336	宝港国际	2015.11.28
林丰俗 1999年作 夔门 镜框	96cm×180cm	1,380,000	广州皇玛	2015.01.18
林丰俗 1999年作 雨后春山 镜框	95cm×178cm	1,380,000	广州皇玛	2015.01.18
林丰俗 2012年作 君子之风 镜框	97cm×180cm	805,000	广州皇玛	2015.01.18
林丰俗 2002年作 江山烟云 镜片	96cm×179cm	690,000	广州皇玛	2015.07.26
林丰俗 辛未（1991年）作 王维诗意图 镜框	69cm×69cm	322,000	广州皇玛	2015.01.18

拍品名称	物品尺寸	成交价RMB	拍卖公司	拍卖日期
林风眠 1936年作 鹭鸶图 立轴	74cm×52cm	207,000	朵云轩	2015.06.18
林风眠 1944年作 花丛采蜜图 立轴	61cm×23cm	391,000	西泠拍卖	2015.07.05
林风眠 1960年代初期作 湖畔	33cm×33cm	380,904	保利香港	2015.04.06
林风眠 1960年代初期作 山涧	33cm×33cm	380,904	保利香港	2015.04.06
林风眠 1960年代作 绿柳	67.5cm×67.3cm	2,875,000	北京诚轩	2015.05.17
林风眠 1960年代作 秋景	68.2cm×69.1cm	5,060,000	北京诚轩	2015.05.17
林风眠 1964年作 戏剧人物	31cm×34cm	379,500	朵云轩	2015.06.19
林风眠 1964年作 仙人掌盆栽	68cm×68.5cm	4,830,000	北京保利	2015.06.03
林风眠 1965年作 双鹭图 立轴	68cm×68cm	1,150,000	北京保利	2015.12.07
林风眠 1970年代作 黄玫瑰 纸本彩墨	65cm×65cm	2,070,000	北京匡时	2015.12.04
林风眠 1973年作 山水 镜心	47cm×47cm	1,568,000	北京荣宝	2015.06.21
林风眠 1977年作 静物 镜心	64cm×53cm	2,760,000	北京保利	2015.06.04
林风眠 1977年作 秋鹭	38cm×41cm	782,000	中国嘉德	2015.11.14
林风眠 1977年作 枝头小鸟	68.5cm×63.5cm	697,380	台北艺流	2015.10.10
林风眠 1983年作 静物	68cm×68cm	5,431,776	保利香港	2015.10.05
林风眠 1989年作 窈窕淑女 镜片	45.5cm×49cm	575,000	广东崇正	2015.06.19
林风眠 霸王别姬 镜框	64.8cm×63.3cm	8,586,480	香港苏富比	2015.04.06
林风眠 白荷塘 镜框	66cm×67cm	2,397,320	佳士得	2015.12.01
林风眠 白鹭 镜心	97cm×43cm	586,500	保利山东	2015.02.01
林风眠 白鹭飞翔 镜框	36.6cm×39.3cm	205,500	香港苏富比	2015.10.06
林风眠 白衣仕女 镜框	69.5cm×65.5cm	1,510,640	佳士得	2015.12.01
林风眠 白衣仕女 镜心	66cm×66.5cm	3,392,500	中国嘉德	2015.05.16
林风眠 宝莲灯	66cm×65cm	8,760,792	保利香港	2015.04.06
林风眠 宝莲灯 镜框	66cm×63.8cm	7,327,560	香港苏富比	2015.04.06
林风眠 宝莲灯 镜心	68cm×70cm	5,290,000	北京保利	2015.06.04
林风眠 碧波轻舟 镜框	30.5cm×30.5cm	280,350	佳士得	2015.06.02
林风眠 碧翠盈塘 镜框	66cm×65cm	9,436,560	香港苏富比	2015.10.06
林风眠 泊舟栖禽图 镜片	67.5cm×67cm	1,725,000	西泠拍卖	2015.07.05
林风眠 晨妆 镜心	67cm×65cm	1,299,270	中国嘉德	2015.04.07
林风眠 持镜仕女 镜框	51.3cm×41.4cm	1,311,375	香港苏富比	2015.04.06
林风眠 窗畔裸女 镜框	66.9cm×67.4cm	5,786,880	香港苏富比	2015.10.06
林风眠 吹笛 镜心	34.8cm×34.2cm	1,610,000	海德拍卖	2015.06.27
林风眠 春 镜片连框	48cm×48cm	291,200	上海国拍	2015.11.29
林风眠 打渔杀家 镜心	65cm×65cm	2,990,000	北京匡时	2015.12.04
林风眠 读书 镜心	34.3cm×34.8cm	1,610,000	海德拍卖	2015.06.27
林风眠 渡 镜心	69.3cm×68.3cm	1,897,500	保利山东	2015.02.01
林风眠 繁花群鸟 镜心	69cm×138.5cm	6,670,000	中国嘉德	2015.11.15
林风眠 枫林 镜心	46.5cm×60.8cm	1,437,500	中国嘉德	2015.05.16
林风眠 枫叶群鸟 立轴	67cm×68cm	920,000	上海敬华	2015.06.29
林风眠 抚弦图 镜心	70cm×66.5cm	747,500	保利厦门	2015.05.02
林风眠 孤鹭 镜框	66cm×66cm	564,438	佳士得	2015.12.01
林风眠 海边 镜框	34.3cm×34.6cm	1,710,840	香港苏富比	2015.04.06
林风眠 海涛 镜心	68cm×68cm	4,600,000	北京保利	2015.12.06
林风眠 海峡 立轴	32cm×32.5cm	200,000	上海驰翰	2015.05.09
林风眠 河畔	66cm×66.5cm	3,450,000	北京诚轩	2015.05.17
林风眠 荷花飞雁 镜片	68.5cm×136.5cm	2,510,962	纽约苏富比	2015.09.17
林风眠 荷塘	34.5cm×34cm	632,500	北京保利	2015.12.05
林风眠 荷塘	34.5cm×34cm	713,000	北京保利	2015.06.03
林风眠 荷塘 镜心	68.5cm×66cm	3,450,000	北京保利	2015.06.04
林风眠 鹤 镜心	67.5cm×82.5cm	198,488	保利香港	2015.05.28
林风眠 黑松林	65cm×66cm	4,370,000	西泠拍卖	2015.07.05
林风眠 花旦 画心	37cm×31.5cm	517,500	西泠拍卖	2015.07.04
林风眠 花鸟册 册页	37cm×41cm×8	3,220,000	北京保利	2015.06.04
林风眠 花圃 镜片连框	45.5cm×45cm	358,400	上海国拍	2015.05.31
林风眠 花前少女	34cm×34cm	469,640	帝图艺术	2015.04.12

拍品名称	物品尺寸	成交价RMB	拍卖公司	拍卖日期
林风眠 花与果 镜心	68cm×69cm	4,140,000	北京匡时	2015.06.06
林风眠 花园一角 镜框	31.1cm×37.2cm	403,500	香港苏富比	2015.04.06
林风眠 鸡冠花 单片连框	66cm×62cm	2,128,000	上海国拍	2015.05.31
林风眠 鸡冠花 镜框	58.5cm×59cm	3,335,000	华艺国际	2015.05.24
林风眠 江山帆景图 镜心	67cm×67cm	2,300,000	北京保利	2015.06.04
林风眠 江山图 镜框	42cm×51cm	2,300,000	华艺国际	2015.05.24
林风眠 巾帼英姿 镜框	38.3cm×41.2cm	205,500	香港苏富比	2015.10.06
林风眠 金秋 镜框	68cm×68cm	1,380,000	朵云轩	2015.06.18
林风眠 京剧人物 画心	34.5cm×22.5cm	322,000	西泠拍卖	2015.07.04
林风眠 静物	34.5cm×33.2cm	920,000	北京诚轩	2015.11.14
林风眠 静物 镜框	68cm×67cm	1,840,000	华艺国际	2015.05.24
林风眠 静物 镜心	37.5cm×35cm	403,200	北京荣宝	2015.03.29
林风眠 劳作 镜框	33.5cm×33.5cm	250,313	佳士得	2015.06.02
林风眠 篱畔雏戏 镜框	34.3cm×34.3cm	201,750	香港苏富比	2015.04.06
林风眠 理鬓图 立轴	69.2cm×69.2cm	5,390,760	香港苏富比	2015.04.06
林风眠 莲塘 镜片	31cm×50cm	552,000	上海嘉禾	2015.05.08
林风眠 柳岸风帆 立轴	54cm×47cm	345,000	中国嘉德	2015.04.01
林风眠 柳溪息渔 镜片	68cm×68cm	3,450,000	广东崇正	2015.06.19
林风眠 芦荡泊舟图 立轴	41cm×57cm	460,000	北京匡时	2015.12.04
林风眠 芦塘鹭影 镜心	64cm×65cm	287,500	中国嘉德	2015.06.27
林风眠 芦塘晚色 镜心	27cm×29cm	161,000	保利山东	2015.09.13
林风眠 芦雁图 镜心	28cm×30cm	362,250	保利山东	2015.09.13
林风眠 鹭鸶 镜框	33.3cm×33.3cm	287,700	香港苏富比	2015.10.06
林风眠 鹭鸶 镜心	68cm×69cm	784,000	北京荣宝	2015.11.29
林风眠 鹭鸶 镜心	70cm×70cm	2,990,000	中国嘉德	2015.05.17
林风眠 鹭鸶图 镜片	68cm×68cm	1,150,000	朵云轩	2015.06.19
林风眠 裸女	67.3cm×69.2cm	1,714,140	佳士得	2015.05.31
林风眠 裸女 镜片连框	68cm×69cm	1,344,000	上海国拍	2015.11.29
林风眠 猫头鹰	35cm×35cm	690,000	北京保利	2015.12.05
林风眠 梅花小鸟 镜框	69cm×69cm	1,510,640	佳士得	2015.12.01
林风眠 母与女 镜框	43cm×30.6cm	807,000	香港苏富比	2015.04.06
林风眠 暮归 立轴	68cm×68cm	1,725,000	北京保利	2015.06.05
林风眠 拈花仕女	65cm×65cm	5,750,000	北京保利	2015.06.03
林风眠 琵琶仕女 镜框	32cm×44.5cm	287,350	佳士得	2015.12.01
林风眠 琵琶仕女 镜框	31cm×30cm	320,400	佳士得	2015.06.02
林风眠 瓶花 镜片	48cm×60cm	747,500	上海敬华	2015.06.29
林风眠 瓶花 镜心	65cm×67cm	1,380,000	北京保利	2015.06.05
林风眠 瓶花仕女 镜框	68cm×67cm	437,000	北京隆琛	2015.11.21
林风眠 瓶花仕女 镜心	67.5cm×66.5cm	1,380,000	北京匡时	2015.12.04
林风眠 栖憩 镜片	34cm×46cm	1,150,000	上海道明	2015.05.09
林风眠 齐飞 镜框	22.5cm×26.5cm	174,463	佳士得	2015.12.01
林风眠 起舞 镜框	34.5cm×34.5cm	719,250	香港苏富比	2015.10.06
林风眠 青衣少女 镜心	65cm×66cm	4,255,000	北京匡时	2015.06.06
林风眠 清荷 镜框	67.3cm×66cm	6,359,160	香港苏富比	2015.04.06
林风眠 秋 镜片连框	48cm×48cm	347,200	上海国拍	2015.11.29
林风眠 秋景 立轴	66.1cm×66.7cm	2,001,360	香港苏富比	2015.04.06
林风眠 秋林	64cm×64cm	2,530,000	西泠拍卖	2015.07.04
林风眠 秋林 镜框	64.5cm×95cm	2,723,400	佳士得	2015.06.02
林风眠 秋林尽染 镜框	66cm×66.5cm	600,750	佳士得	2015.06.02
林风眠 秋林山居 软片	66.5cm×66cm	1,725,000	上海宝龙	2015.01.18
林风眠 秋色 立轴	68cm×68cm	2,760,000	北京保利	2015.12.07
林风眠 秋叶小鸟 镜框	27.5cm×41cm	517,500	华艺国际	2015.05.24
林风眠 人物 镜心	34cm×22cm	598,000	中贸圣佳	2015.05.19
林风眠 山林人家	69.5cm×69cm.	1,644,000	香港苏富比	2015.10.05
林风眠 山上人家	40cm×49.5cm	1,311,375	香港苏富比	2015.04.05
林风眠 山野人家 镜片	60.5cm×83cm	1,667,500	朵云轩	2015.06.18

拍品名称	物品尺寸	成交价RMB	拍卖公司	拍卖日期
林风眠 深秋	64cm×65cm	1,725,000	北京保利	2015.12.05
林风眠 仕女 镜框	67.5cm×67cm	3,396,240	佳士得	2015.06.02
林风眠 仕女 镜片	40cm×52cm	2,415,000	广东崇正	2015.06.19
林风眠 仕女 镜片	39.5cm×50cm	345,000	广东崇正	2015.06.19
林风眠 仕女 镜心	68cm×68cm	5,175,000	华艺国际	2015.05.24
林风眠 仕女 镜心	68cm×68cm	1,380,000	华艺国际	2015.05.24
林风眠 仕女 镜心	33cm×22cm	322,000	中国嘉德	2015.04.01
林风眠 仕女 立轴	直径22cm	333,500	上海明轩	2015.06.21
林风眠 仕女 立轴	61cm×62.5cm	782,000	中国嘉德	2015.05.16
林风眠 仕女抚琴图 镜片	68cm×44cm	3,565,000	河南泽华	2015.01.11
林风眠 仕女图 镜心	33cm×23cm	287,500	南京经典	2015.08.02
林风眠 瘦马 镜心	33cm×34cm	529,000	保利山东	2015.02.01
林风眠 树枝小鸟 镜心	44cm×47.5cm	322,000	上海金艺	2015.06.26
林风眠 双鹤	54cm×64	657,496	台北艺流	2015.04.25
林风眠 双鹭 镜心	40cm×49.5cm	892,363	中国嘉德	2015.10.07
林风眠 双美图 镜框	63cm×65cm	4,256,000	北京荣宝	2015.06.21
林风眠 双姝 镜框	65.3cm×68.2cm	4,906,560	香港苏富比	2015.04.06
林风眠 双志图	43cm×51cm	1,150,000	北京保利	2015.12.05
林风眠 睡莲 镜框	44.4cm×85cm	3,107,880	佳士得	2015.06.02
林风眠 私语 镜片	37cm×37cm	287,500	广东崇正	2015.06.19
林风眠 滔滔江声 镜片	68cm×68cm	1,495,000	朵云轩	2015.06.18
林风眠 纨扇消夏 镜框	65.6cm×64.6cm	2,969,760	香港苏富比	2015.04.06
林风眠 舞扇丽人 镜心	42cm×35cm	690,000	北京匡时	2015.06.06
林风眠 西厢记人物 立轴	34.5cm×44cm	713,000	中国嘉德	2015.11.14
林风眠 戏剧面谱 镜片	68cm×68cm	3,565,000	广东小雅斋	2015.11.11
林风眠 戏剧人物 镜心	68cm×66cm	7,590,000	华艺国际	2015.05.24
林风眠 戏剧人物—鸿门宴 镜框	70.8cm×67.3cm	7,914,440	佳士得	2015.12.01
林风眠 戏曲人物 镜心	35cm×22cm	230,000	北京匡时	2015.12.04
林风眠 戏曲人物 镜心	40.5cm×59cm	747,500	中国嘉德	2015.11.14
林风眠 戏曲人物 镜心	42cm×35cm	690,000	北京匡时	2015.06.06
林风眠 夏凉图 镜片	69cm×67cm	2,185,000	西泠拍卖	2015.07.06
林风眠 纤夫 镜框	39cm×72cm	1,380,000	华艺国际	2015.05.24
林风眠 雄鸡 镜框	34cm×34.3cm	403,500	香港苏富比	2015.04.06
林风眠 雪景	42cm×51cm	1,380,000	北京保利	2015.12.05
林风眠 野渡无人舟自横 镜心	65.5cm×68cm	1,955,000	中贸圣佳	2015.05.19
林风眠 依偎相伴	33.7cm×42cm	278,952	台北艺流	2015.10.10
林风眠 鱼鹰 镜片	40cm×49cm	1,380,000	上海工美	2015.06.28
林风眠 渔村小景 镜框	33cm×33cm	310,500	上海宝龙	2015.01.18
林风眠 渔翁 镜心	68cm×66cm	1,725,000	北京保利	2015.12.06
林风眠 渔翁图 镜心	32.5cm×22cm	207,000	北京匡时	2015.12.04
林风眠 玉笛清音 立轴	67cm×64.1cm	4,712,880	香港苏富比	2015.04.06
林风眠 约1960年 绣球花	67cm×67.5cm	493,800	景薰楼	2015.06.21
林风眠白露	68cm×68cm	308,000	北京中联	2015.01.18
林海钟 2015年作 春云浩荡 镜框	21cm×77cm	259,600	苏富比（北京）	2015.06.02
林海钟 2015年作 峨眉雪意图 镜心	106cm×77cm	805,000	北京保利	2015.06.04
林海钟 2015年作 江岸渔歌 手卷	画28cm×350cm	2,070,000	北京保利	2015.12.06
林海钟 2010年作 江南第一席 立轴	60cm×110cm	483,000	保利厦门	2015.05.02
林湖奎 振翅欲飞 立轴	94cm×97cm	164,200	佳士得	2015.12.01
林容生 2008年作 林间 镜片	68cm×68cm	563,500	福建运通	2015.02.01
林容生 2009年作 雨季的风景 托片	183cm×144cm	920,000	福建运通	2015.07.26
林容生 林间小屋 镜心	70cm×69cm	184,000	保利山东	2015.02.01
林容生 清凉 镜心	67cm×70cm	161,000	北京保利	2015.12.06
林容生 置身世外 镜心	65.5cm×65.5cm	207,000	天津同方	2015.06.06
林散之《论书》法乳相传	138cm×35cm	368,000	江苏聚德	2015.01.24
林散之《题画》秋到江南	129cm×31.5cm	310,500	江苏聚德	2015.01.24

拍品名称	物品尺寸	成交价RMB	拍卖公司	拍卖日期
林散之 1965年作 草书七言诗 立轴	149cm×32cm	195,500	中国嘉德	2015.09.19
林散之 1965年作 行书《沁园春·雪》立轴	141cm×73cm	1,265,000	北京匡时	2015.06.07
林散之 1972年作 草书书论 手卷	28cm×170cm	460,000	北京保利	2015.12.06
林散之 1972年作草书五言联对联	106cm×19cm×2	414,000	上海明轩	2015.06.21
林散之 1972年作行书毛主席诗 立轴	133cm×68cm	189,750	北京匡时	2015.12.04
林散之 1972年作 剪桃图 手卷	21.5cm×74.5cm 21cm×70cm	448,000	北京荣宝	2015.06.21
林散之 1972年作 乐陶 镜片	29cm×89.5cm	264,500	上海明轩	2015.06.21
林散之 1973年作 草书 立轴	128cm×32cm	172,500	上海工美	2015.06.28
林散之 1973年作 草书《卜操作数·咏梅》镜心	116cm×31.5cm	345,000	中贸圣佳	2015.05.19
林散之 1973年作 草书七言联 镜心	138cm×35cm×2	287,500	中贸圣佳	2015.05.19
林散之 1974年作 层峦雨过图 立轴	95cm×32cm	483,000	西泠拍卖	2015.04.22
林散之 1974年作 自作诗 立轴	34cm×63cm	230,000	中贸圣佳	2015.05.19
林散之 1975年作 草书七言诗 镜片	145cm×44.5cm	230,000	西泠拍卖	2015.07.05
林散之 1975年作 草书王安石乌塘诗 立轴	134cm×32cm	287,500	北京保利	2015.12.07
林散之 1976年作 草书《乌塘》立轴	112cm×32.5cm	207,000	中贸圣佳	2015.05.19
林散之 1977年作 草书李白诗 立轴	96cm×30cm	164,893	保利香港	2015.10.05
林散之 1977年作 草书自作诗 镜心	112cm×31cm	253,000	中贸圣佳	2015.05.19
林散之 1977年作 草书自作诗 立轴	137cm×33cm	310,500	中贸圣佳	2015.05.19
林散之 1978年作 草书《枫桥夜泊》镜心	107cm×33cm	172,500	中贸圣佳	2015.05.19
林散之 1979年作 草书 镜片	137cm×38cm	287,500	朵云轩	2015.06.18
林散之 1981年作 草书四言联 立轴	94cm×25cm×2	172,500	中贸圣佳	2015.05.19
林散之 1987年作 草书七言联 立轴	135cm×31cm×2	230,000	北京保利	2015.06.05
林散之 百石卒史碑 手卷	22cm×1009cm	2,185,000	南京经典	2015.08.02
林散之 病院集诗廿首 手卷	16cm×388cm	2,185,000	南京经典	2015.08.02
林散之 草书 八十有述诗 镜片	134cm×33cm	310,500	西泠拍卖	2015.07.06
林散之 草书 鲁迅诗 镜片	96cm×34cm	172,500	西泠拍卖	2015.07.05
林散之 草书 自作诗 立轴	134.5cm×32.5cm	207,000	西泠拍卖	2015.07.05
林散之 草书《卜操作数·咏梅》镜心	111cm×34cm	299,000	中贸圣佳	2015.05.19
林散之 草书《卜操作数·咏梅》立轴	112cm×34cm	253,000	中贸圣佳	2015.05.19
林散之 草书《龟虽寿》镜心	80cm×39cm	287,500	中贸圣佳	2015.05.19
林散之 草书《论书》立轴	100cm×28cm	195,500	中贸圣佳	2015.05.19
林散之 草书《南园》镜心	104cm×37cm	195,500	中贸圣佳	2015.05.19
林散之 草书《清平乐·会昌》镜心	104cm×68cm	368,000	中贸圣佳	2015.05.19
林散之 草书《如梦令·元旦》镜心	84cm×45cm	230,000	中贸圣佳	2015.05.19
林散之 草书《如梦令·元旦》立轴	82cm×33cm	287,500	北京保利	2015.04.25
林散之 草书《山行》立轴	97cm×34.5cm	172,500	中贸圣佳	2015.05.19
林散之 草书《十六字令》三首镜心	96cm×28cm	207,000	中贸圣佳	2015.05.19
林散之 草书李贺诗 镜心	97cm×33cm	207,000	北京保利	2015.04.25
林散之 草书鲁迅诗 镜心	105cm×32cm	207,000	中贸圣佳	2015.05.19
林散之 草书鲁迅诗一首 镜心	24cm×120cm	448,000	十竹斋	2015.06.14
林散之 草书毛主席词 镜心	137cm×35.5cm	560,000	十竹斋	2015.06.14
林散之 草书毛主席词 镜心	147cm×39.5cm	470,400	十竹斋	2015.06.14
林散之 草书七言对联 立轴	150cm×32cm×2	336,000	十竹斋	2015.06.14
林散之 草书七言联 镜心	153cm×26.5cm×2	540,500	江苏爱涛	2015.01.10

拍品名称	物品尺寸	成交价RMB	拍卖公司	拍卖日期
林散之 草书七言诗 立轴	135cm×33cm	230,000	中国嘉德	2015.09.19
林散之 草书七言诗 立轴	131cm×31cm	161,000	中国嘉德	2015.09.19
林散之 草书诗句 立轴	96cm×37cm	172,500	北京保利	2015.08.12
林散之 草书四言联 立轴	140cm×34cm×2	402,500	江苏爱涛	2015.01.10
林散之 草书四言联 立轴	139cm×34cm×2	287,500	中贸圣佳	2015.05.19
林散之 草书唐诗二首 镜心	27.5cm×126cm	230,000	中国嘉德	2015.11.14
林散之 草书条幅 立轴	116cm×39cm	368,000	荣宝斋（济南）	2015.11.21
林散之 草书王安石诗 立轴	106cm×34cm	299,000	中贸圣佳	2015.05.19
林散之 草书自作诗 镜心	69cm×140cm	483,000	北京匡时	2015.06.07
林散之 草书自作诗 立轴	134cm×30cm	189,750	北京匡时	2015.06.07
林散之 草书自作诗 立轴	113cm×41cm	345,000	广东崇正	2015.06.19
林散之 草长莺飞 立轴	97cm×36cm	483,000	江苏嘉恒	2015.01.11
林散之 叠石酒旗对联	151cm×41.5cm×2	690,000	江苏聚德	2015.01.24
林散之1977年作草书七言诗镜心	180cm×96cm	1,322,500	中国嘉德	2015.11.14
林散之 杜甫 秋兴八首之一 镜心	136cm×35cm	230,000	南京经典	2015.08.02
林散之 杜牧 山行 立轴	137cm×34cm	172,500	南京经典	2015.08.02
林散之 行书毛主席诗对联 镜心	129cm×30cm×2	287,500	北京保利	2015.04.25
林散之 华茂图 镜心	72cm×27cm	425,500	南京经典	2015.08.02
林散之 己未（1979年）作 草书七言 对联片	137cm×35cm×2	230,000	朵云轩	2015.10.23
林散之 己未（1979年）作 草书七言诗 立轴	97cm×33cm	176,330	中国嘉德	2015.04.07
林散之 纪晓岚诗句 镜心	88cm×106cm	345,000	北京保利	2015.12.07
林散之 甲子（1984年）作 草书七言联 立轴	134cm×32.5cm×2	241,500	中国嘉德	2015.05.16
林散之 江南春 镜心	140cm×34cm	345,000	江苏爱涛	2015.06.29
林散之 荆溪纪游 立轴	68cm×34cm	552,000	南京经典	2015.08.02
林散之 李白 望天门山 镜心	115cm×34cm	253,000	南京经典	2015.01.04
林散之 李白诗三首 镜心 立轴	136cm×29cm 130cm×30cm 107cm×26cm	5,750,000	南京经典	2015.01.04
林散之 李贺南园诗 立轴	89cm×38cm	351,850	江苏聚德	2015.07.01
林散之 李太白草书歌行 手卷	28cm×330cm	3,795,000	南京经典	2015.08.02
林散之 隶书两则 手卷	11cm×80cm 11cm×49cm	322,000	南京经典	2015.08.02
林散之 临汉碑 西狭颂 手卷	24cm×393cm	437,000	南京经典	2015.08.02
林散之 临李邕 麓山寺碑 手卷	24cm×3300cm	3,335,000	南京经典	2015.08.02
林散之 临米芾 虹县旧题 手卷	24cm×393cm	540,500	南京经典	2015.08.02
林散之 临米芾 研山铭 手卷	24cm×142cm	230,000	南京经典	2015.08.02
林散之 临群玉堂帖 手卷	22.5cm×649cm	494,500	南京经典	2015.08.02
林散之 鲁迅 赠画师 立轴	108cm×33cm	172,500	南京经典	2015.01.04
林散之 鲁迅诗 镜心	23cm×140cm	368,000	海德拍卖	2015.06.27
林散之 鲁迅诗 镜心	107cm×34cm	368,000	海德拍卖	2015.06.27
林散之 论书一首 立轴	98.5cm×33cm	345,000	江苏爱涛	2015.01.10
林散之毛泽东 卜算子·咏梅 镜心	134cm×36cm	161,000	南京经典	2015.08.02
林散之 毛泽东 清平乐·六盘山 镜心	92cm×35cm	207,000	南京经典	2015.08.02
林散之 毛泽东 清平乐·六盘山 立轴	130cm×38cm	299,000	南京经典	2015.08.02
林散之 毛泽东沁园春 镜心	23.5cm×118cm	437,000	江苏聚德	2015.01.24
林散之 毛主席《咏梅》立轴	138cm×45cm	172,500	华艺国际	2015.05.24
林散之 毛主席诗 镜心	111cm×44cm	690,000	海德拍卖	2015.06.27
林散之 秋林策杖 立轴	108cm×23cm	1,035,000	南京经典	2015.08.02
林散之 秋山行旅图 立轴	27cm×34cm	218,500	南京经典	2015.08.02
林散之 1982年作 草书七言联 镜心	244cm×56cm×2	172,500	中国嘉德	2015.05.16
林散之 日长林静图 立轴	69cm×33cm	805,000	河南泽华	2015.01.11

拍品名称	物品尺寸	成交价RMB	拍卖公司	拍卖日期
林散之 山居图 立轴	64cm×33cm	437,000	南京经典	2015.08.02
林散之 山水 行书 立轴	画27cm×34cm 字10cm×31cm	172,500	广东崇正	2015.06.19
林散之 手卷	引首28cm×112cm 卷后题跋 28cm×202cm 总长447cm	1,265,000	江苏聚德	2015.01.24
林散之 书法 镜心（片）	93cm×34cm	345,000	江苏嘉恒	2015.04.25
林散之 书法 镜心（片）	100cm×35cm	345,000	江苏嘉恒	2015.04.25
林散之 书法 镜芯	102.5cm×34cm	690,000	四川德轩	2015.11.05
林散之 书法 镜芯	139cm×37.5cm	575,000	四川德轩	2015.11.05
林散之 书法 镜芯	137cm×37.5cm	517,500	四川德轩	2015.11.05
林散之 书法 立轴	105cm×31cm	310,500	海德拍卖	2015.06.27
林散之 书法 立轴	22.5cm×137cm	437,000	江苏嘉恒	2015.04.25
林散之 书联 黄庭坚诗句 立轴	147cm×29cm×2	379,500	南京经典	2015.08.02
林散之 书联 镜心	80cm×17cm×2	391,000	南京经典	2015.08.02
林散之 书联 立轴	136cm×33cm×2	437,000	南京经典	2015.01.04
林散之 书联 立轴	141cm×22cm×2	224,250	南京经典	2015.01.04
林散之 书联 立轴	135cm×33cm×2	264,500	南京经典	2015.08.02
林散之 书联 毛主席诗句 镜心	134cm×27cm×2	247,250	南京经典	2015.08.02
林散之 书联 自题 立轴	66cm×17cm×2	218,500	南京经典	2015.08.02
林散之 王昌龄诗一首 立轴	91cm×44cm	336,000	十竹斋	2015.06.14
林散之 1978年作 草书五言联 对联	95cm×28cm×2	161,000	中国嘉德	2015.09.19
林散之 悟斋 镜心	34cm×84.5cm	161,000	南京经典	2015.08.02
林散之 徐悲鸿先生逝世十周年纪念 镜心	28.5cm×82cm	218,500	南京经典	2015.08.02
林散之1975年作草书王安石诗立轴	108cm×34.5cm	241,500	中国嘉德	2015.11.14
林散之 自作诗 今日共君游 镜心	29cm×130cm	161,000	南京经典	2015.01.04
林散之 自作诗 镜心	138cm×34cm	483,000	海德拍卖	2015.06.27
林散之 自作诗 昔游 镜心	95.5cm×33.5cm	218,500	南京经典	2015.01.04
林散之 自作诗 滞归 镜心	30cm×124cm	230,000	南京经典	2015.08.02
林散之 自作诗画楼 镜心	103cm×35cm	454,000	江苏聚德	2015.07.01
林散之 自作诗远游 镜心	67.5cm×35cm	578,850	江苏聚德	2015.07.01
林散之 字为心画 镜心	39cm×140cm	230,000	南京经典	2015.08.02
林纾 1922年作 山水 四屏立轴	106cm×34cm×4	172,500	中国嘉德	2015.05.16
林纾 1918年作 谐趣秋阴图 镜心	81.5cm×41.5cm	172,500	中国嘉德	2015.05.17
林纾 雪山寒渡图 立轴	81cm×31.5cm	161,000	北京匡时	2015.12.04
林损 1928年作 行书七言诗 立轴	131cm×19cm	164,893	中国嘉德	2015.10.07
林曦明 1999年作 五牛图 镜框	136cm×68cm	168,000	上海黄浦	2015.06.13
林墉 1978年作 益鸟图 镜片	86cm×68cm	230,000	广东崇正	2015.06.18
林墉 1983年作 保镖 镜框	66cm×65cm	1,046,500	广州皇玛	2015.01.18
林墉 1983年作 荷花 立轴	138.5cm×69cm	253,000	北京翰海	2015.06.27
林墉 1984年作 巴基斯坦少女 镜片	99cm×49.5cm	506,000	广州皇玛	2015.01.18
林墉 1986年作 貂蝉愿 镜框	95cm×59cm	207,000	华艺国际	2015.05.24
林墉 1987年作 春风得意 镜片	137cm×69cm	402,500	深圳市拍	2015.07.19
林墉 1988年作 鸟语	137cm×68cm	920,000	北京翰海	2015.06.26
林墉 1989年作 执扇仕女 镜片	136cm×68cm	368,000	深圳市拍	2015.07.19
林墉 1990年作 春风得意图 立轴	131cm×68cm	437,000	北京翰海	2015.06.27
林墉 1990年作 花季 镜片	68cm×134cm	437,000	深圳市拍	2015.07.19
林墉 1993年作 鸟语 镜片	69cm×69cm	230,000	深圳市拍	2015.07.19
林墉 1995年作 春华秋实 镜心	68cm×137cm	218,500	保利山东	2015.02.01
林墉 1995年作 梅花仕女 镜片	68cm×135cm	276,000	广东崇正	2015.06.18
林墉 1996年作 鸟语图 镜框	69cm×69cm	218,500	华艺国际	2015.05.24
林墉 1997年作 歌乍起 镜心	138cm×68.5cm	418,994	保利香港	2015.04.07
林墉 1986年作 赏梅图 镜心	67cm×138cm	575,000	保利厦门	2015.05.03
林墉 1996年作 鸟语花香 镜片	69cm×69cm	322,000	广东崇正	2015.06.18
林墉 大气有格 镜框	96cm×180cm	1,207,500	广州皇玛	2015.01.18

(成交价RMB：15万元以上)

拍品名称	物品尺寸	成交价RMB	拍卖公司	拍卖日期
林墉 1987年作 献荔图 镜片	137cm×68cm	667,000	广东崇正	2015.06.18
林墉 1987年作 仕女 镜框	97cm×50cm	460,000	广州皇玛	2015.07.26
林墉 敦煌人物 立轴	138cm×69cm	517,500	精诚所至	2015.11.06
林墉 方楚乔 1997年作 南国春早 镜片	171cm×378cm	483,000	广东崇正	2015.06.18
林墉 1990年作 钟馗观鼠 立轴	135cm×68cm	207,000	广东崇正	2015.06.18
林墉 1990年作 清风明月 镜框	133cm×65cm	322,000	广州皇玛	2015.01.18
林墉 1990年作 清风图 立轴	131cm×66cm	805,000	广州皇玛	2015.01.18
林墉 1983年作 巴基斯坦木匠 镜框	66cm×65cm	690,000	广州皇玛	2015.01.18
林墉 1983年作 巴基斯坦舞姿 镜框	96cm×58cm	379,500	广州皇玛	2015.01.18
林墉 1983年作 听泉图 镜框	136cm×68cm	517,500	广州皇玛	2015.01.18
林墉 1983年作 钟馗读书 立轴	134.5cm×67.5cm	253,000	北京诚轩	2015.11.13
林墉 1993年作岭南五月荔风香镜片	136cm×67.5cm	322,000	广州皇玛	2015.01.18
林墉 1993年作 执扇少女 镜框	136cm×68cm	437,000	广州皇玛	2015.01.18
林墉 国韵 镜片	136cm×68cm	1,012,000	广州皇玛	2015.07.26
林墉 红荷鸳鸯 镜框	135cm×69cm	207,000	华艺国际	2015.05.24
林墉 济颠和尚像 镜心	96cm×59cm	172,500	保利厦门	2015.05.03
林墉 鸟语喧 立轴	68cm×45cm	207,000	华艺国际	2015.03.29
林墉 五月风和图 立轴	132cm×66cm	345,000	天津同方	2015.06.06
林墉 1988年作 听风听水图 镜框	133cm×68.5cm	322,000	广州皇玛	2015.01.18
林墉 1978年作 饲鸡图 镜片	68cm×41cm	230,000	广东崇正	2015.06.18
林墉 1998年作 晨曲 镜心	70cm×137cm	195,500	中国嘉德	2015.06.27
林墉 喜迎春 镜框	42cm×61cm	184,000	华艺国际	2015.05.24
林墉 2001年作 初春少女 镜框	138cm×69cm	402,500	广州皇玛	2015.07.26
林墉 辛未(1991年)作 清风图 镜片	137cm×69cm	460,000	广东崇正	2015.06.18
林墉 竹下箫声图	134cm×67cm	500,625	荣盛国际	2015.07.31
林永松 2014年作 峨嵋道中	69cm×46cm	2,070,000	北京翰海	2015.06.26
林永松 2015年作 峨眉金顶	136cm×68cm	4,370,000	北京翰海	2015.11.27
林永松 2015年作 隔山听泉	68cm×46cm	1,782,500	北京翰海	2015.11.27
林永松 2015年作 青山看不厌	137cm×68cm	3,680,000	北京翰海	2015.06.26
林于思 物色 册页	46cm×35cm×9	161,000	北京保利	2015.12.06
林语堂 1971年作 行书苏轼词 镜心	96cm×60cm	345,000	北京匡时	2015.12.04
林语堂 1971年作 书法 镜心	110cm×50cm	345,000	厦门华辰	2015.06.20
林语堂 草书孔子句 立轴	65cm×42cm	230,000	北京匡时	2015.10.16
林语堂 行书清·李密庵《半半歌》立轴	31.5cm×52cm	287,500	北京保利	2015.12.07
林玉山 郑善禧 欧豪年 李奇茂 涂璨琳 郭大维 李义弘 1987-1993 钟馗集锦	51cm×19cm	365,256	罗芙奥	2015.06.02
林跃平 2015年作 天马 镜心	43cm×66cm	207,000	北京保利	2015.06.03
林跃平 2015年作 钟馗 镜心	67cm×43cm	207,000	北京翰海	2015.06.26
林跃平 天马 镜心	54cm×79cm	218,500	北京保利	2015.12.06
林长民 1923年作 行书七言诗 立轴	166cm×42cm	172,500	北京匡时	2015.03.31
林长民 1925年作楷书七言联 对联	132cm×30cm×2	184,000	西泠拍卖	2015.07.05
林长民 行书七言联 立轴	133cm×32cm×2	189,750	北京翰海	2015.06.26
林长民 己未（1919年）作 行书八言 对联片	242cm×29.5cm×2	299,000	上海道明	2015.05.09
林长民 楷书临古 立轴	144cm×41cm	176,330	中国嘉德	2015.04.07
林长民 书法 立轴	167.5cm×40.5cm	172,500	西泠拍卖	2015.07.05
林直勉 隶书五言 对联片	105cm×21cm×2	184,000	朵云轩	2015.10.23
刘爱民 云松图	115cm×65cm	2,709,300	卓艺拍卖	2015.11.21
刘半农 隶书录《燕子笺弹词》镜心	18cm×51cm	805,000	北京匡时	2015.10.17
刘炳森 2000年作 楷书千字文 十二屏	137cm×35cm×12	1,207,500	广东小雅斋	2015.05.12
刘炳森 2003）书法 托片	240cm×80cm	560,000	天津广业	2015.06.20

拍品名称	物品尺寸	成交价RMB	拍卖公司	拍卖日期
刘炳森 秋江暝泊 立轴	68cm×42cm	690,000	河南泽华	2015.01.11
刘炳森 书法 镜心	178cm×198cm	3,047,500	天津同方	2015.11.21
刘伯骏 2013年作 追日 镜心	69cm×69cm	747,500	保利山东	2015.02.01
刘勃舒 1987年作 奔马 立轴	132cm×67.5cm	172,500	北京翰海	2015.11.28
刘春霖 楷书五言诗 立轴	139cm×75cm	230,000	中国嘉德	2015.09.19
刘大为（款）任重道远图	70cm×70cm	358,848	荣盛国际	2015.01.10
刘大为 1992年作 昭君出塞 成扇	36.5cm×112cm	483,000	北京匡时	2015.06.06
刘大为 1995年作 千里之行 立轴	67cm×67cm	224,000	北京荣宝	2015.06.21
刘大为 1997年作 任重道远 镜片	68cm×138cm	575,000	深圳市拍	2015.07.19
刘大为 1999年作 东篱赏菊图 镜心	69cm×138cm	471,500	北京匡时	2015.12.04
刘大为 2000年作 草原夏日 镜片	69.5cm×137.5cm	3,520,000	上海爱莲	2015.11.22
刘大为 2000年作 千里之行 镜片	68cm×68cm	333,500	深圳市拍	2015.07.19
刘大为 2002年作 丰收歌舞 镜片	128cm×375cm	21,780,000	上海爱莲	2015.11.22
刘大为 2003年作 唐人马球图 镜心	120cm×245cm	3,220,000	保利山东	2015.02.01
刘大为 2004年作 千里之行图 镜片	137.5cm×69cm	575,000	西泠拍卖	2015.04.22
刘大为 2004年作 任重道远 镜心	69cm×138cm	448,000	北京荣宝	2015.06.21
刘大为 2005年作 峰火年代 镜心	82cm×90cm	322,000	北京保利	2015.06.03
刘大为 2005年作 瀚海驼铃 镜片	70cm×137cm	3,542,000	上海爱莲	2015.11.22
刘大为 2006年作 归牧 镜片	68.5cm×70.5cm	1,848,000	上海爱莲	2015.11.22
刘大为 2006年作 跃马图 镜心	69cm×138cm	560,000	北京荣宝	2015.06.21
刘大为 2009年作 吉祥草原 镜心	134cm×68cm	2,185,000	保利山东	2015.02.01
刘大为 2009年作 游春图 镜心	34cm×132cm	402,500	北京保利	2015.06.03
刘大为 2009年作 跃马图 镜心	36cm×136cm	287,500	中贸圣佳	2015.05.19
刘大为 2010年作 白雪歌诗意 镜心	34cm×68cm	195,500	北京保利	2015.06.03
刘大为 2010年作 杜甫诗意 镜心	34cm×68cm	218,500	北京保利	2015.06.03
刘大为 2010年作 猎骑图 镜心	34cm×68cm	207,000	北京保利	2015.06.03
刘大为 2010年作 游春图 镜心	34cm×68cm	230,000	北京保利	2015.06.03
刘大为 2010年作 跃马图 镜心	69.5cm×137cm	747,500	保利山东	2015.02.01
刘大为 2011年作 春风得意马蹄疾 镜心	69cm×137cm	598,000	中贸圣佳	2015.05.19
刘大为 2011年作 跃马图 镜心	70cm×68cm	253,000	中贸圣佳	2015.05.19
刘大为 干草车 镜片	68cm×68cm	1,495,000	河南泽华	2015.01.11
刘大为 2000年作 千里之行 镜片	68cm×69cm	195,000	上海驰翰	2015.05.09
刘大为 2000年作 跃马图 镜片	67cm×68cm	402,500	广州皇玛	2015.01.18
刘大为 1990年作 猎骑图 镜片	67cm×66cm	368,000	广州皇玛	2015.01.18
刘大为 行书 镜片	46cm×91cm	207,000	河南泽华	2015.01.11
刘大为 吉祥图	67cm×67cm	264,500	河南鸿远	2015.01.12
刘大为 吉祥图 镜片	87cm×66cm	322,000	上海敬华	2015.06.29
刘大为 1994年作 任道重远 镜心	69cm×44.5cm	172,500	北京华辰	2015.05.15
刘大为 卢辅圣 张培成 陈琪 2010年作 版纳牧归 镜片	146cm×367cm	10,780,000	上海爱莲	2015.11.22
刘大为 任重道远 软片	137cm×68.5cm	2,357,500	江苏两汉	2015.01.11
刘大为 任重道远 软片	137cm×68.5cm	2,242,500	江苏两汉	2015.01.11
刘大为 游春图 镜心	69cm×69cm	172,500	天津同方	2015.06.06
刘丹 2004年作 水松石山房藏石 镜框	69cm×45cm	1,313,600	佳士得	2015.11.30
刘丹 2009年作 雪浪斋石之壶中九天	225cm×99.5cm	3,105,000	北京保利	2015.12.08
刘丹 耽艺石	39.4cm×35.6cm	637,300	纽约苏富比	2015.09.15
刘丹 浮云	195cm×250cm	2,235,840	香港苏富比	2015.10.05
刘丹 约1990年代初期 天籁石 镜框	40cm×37cm	958,313	香港苏富比	2015.04.05
刘旦宅 1973年作 彝族少女 镜心	40cm×59.5cm	155,250	中贸圣佳	2015.05.19
刘旦宅 1974年作 少数民族舞蹈 立轴	76cm×39cm	172,500	上海敬华	2015.06.29
刘旦宅 1977年作 荷花小鸟 立轴	69cm×35cm	161,000	北京中汉	2015.05.17
刘旦宅 1978年作 东山丝竹 立轴	137cm×69cm	862,500	北京保利	2015.12.07

拍品名称	物品尺寸	成交价RMB	拍卖公司	拍卖日期
刘旦宅 1978年作 美女图 镜框	94cm×59cm	520,650	佳士得	2015.06.02
刘旦宅 1978年作 淑女清吟 镜心	33.5cm×30cm	195,500	北京诚轩	2015.11.13
刘旦宅 1978年作 天风海水图 立轴	95cm×58.5cm	1,127,000	北京翰海	2015.06.27
刘旦宅 1979年作 春风拂面 镜心	93cm×50cm	782,000	北京匡时	2015.06.06
刘旦宅 1979年作 艳雪图 立轴	69cm×46cm	264,500	北京匡时	2015.10.16
刘旦宅 1980年作 黛玉葬花 镜心	98cm×62cm	230,000	鼎天国际	2015.07.05
刘旦宅 1980年作 柳阴牧牛图 立轴	67.5cm×44.5cm	184,000	西泠拍卖	2015.07.04
刘旦宅 1980年作 双马 立轴	59.5cm×96cm	350,438	佳士得	2015.06.02
刘旦宅 1980年作 拄杖听松涛 立轴	96.5cm×61cm	920,000	北京诚轩	2015.11.13
刘旦宅 1983年作 艳雪图 立轴	69cm×34cm	287,500	北京保利	2015.12.07
刘旦宅 1984年作 李清照词意 成扇	16.5cm×46.5cm	201,750	香港苏富比	2015.04.06
刘旦宅 1986年作 陶渊明赏菊 镜心	67cm×61cm	471,500	中贸圣佳	2015.05.19
刘旦宅 1986年作 修竹仕女图 立轴	96cm×59cm	460,000	上海泓盛	2015.06.20
刘旦宅 1992年作 竹窝图 镜心	97cm×59cm	759,000	北京保利	2015.12.07
刘旦宅 1997年作 观世音造像 立轴	136cm×66.5cm	7,820,000	北京匡时	2015.12.04
刘旦宅1986年作李时珍采药图立轴	87.5cm×47cm	667,000	广州皇玛	2015.01.18
刘旦宅 1986年作 山鬼图 立轴	96cm×59cm	1,150,000	广州皇玛	2015.01.18
刘旦宅 1997年作 如花丽人 立轴	100cm×53cm	1,437,500	朵云轩	2015.06.18
刘旦宅 1990年作 芙蓉水仙 立轴	69cm×46cm	287,500	上海敬华	2015.06.29
刘旦宅 1990年作 河岳英灵 册页（二十五开）	50cm×69cm×25	368,000	上海敬华	2015.06.29
刘旦宅 1983年作 双骏图 立轴	136cm×67.5cm	287,500	上海嘉禾	2015.05.08
刘旦宅 1983年作 柳荫歇马图 立轴	93cm×58cm	299,000	中国嘉德	2015.06.27
刘旦宅 1983年作 子猷看竹图 立轴	69cm×45cm	920,000	广州皇玛	2015.01.18
刘旦宅 己未（1979年）作 执扇听琴图 立轴	96cm×60cm	322,000	上海嘉禾	2015.05.08
刘旦宅己未(1979年)作双猫图立轴	66cm×46cm	195,500	中国嘉德	2015.09.19
刘旦宅 1994年作 草书七言 对联	137cm×33cm×2	184,000	朵云轩	2015.06.18
刘旦宅 聊斋故事（四帧）镜心	22.5cm×20cm 22cm×20cm 18cm×16cm 21.5cm×18cm	445,464	中国嘉德	2015.04.07
刘旦宅 陆一飞 1975年作 大寨红花遍地开 立轴	129cm×93.2cm	153,938	佳士得	2015.12.01
刘旦宅 人物 立轴	46cm×33cm	300,000	上海敬华	2015.04.25
刘旦宅 塞上风云 立轴	66cm×43cm	207,000	朵云轩	2015.06.19
刘旦宅 水月观音 镜片	64.5cm×45.5cm	333,500	上海工美	2015.06.28
刘旦宅 唐人击鞠图 镜片	67cm×133.5cm	429,400	辽宁建投	2015.08.30
刘旦宅 1978年作 琵琶仕女 立轴	68cm×44cm	437,000	朵云轩	2015.06.18
刘旦宅 1978年作 兄弟猿 立轴	67.5cm×44.5cm	356,500	朵云轩	2015.06.18
刘旦宅 1978年作 山鬼图 立轴	94cm×58.5cm	1,265,000	广州皇玛	2015.01.18
刘旦宅 1985年作 松下观瀑 立轴	95cm×58cm	437,000	朵云轩	2015.06.18
刘旦宅 1975年作 浣溪纱 镜片	89cm×49cm	460,000	广州皇玛	2015.01.18
刘旦宅 猿嬉图 镜心	69cm×46cm	155,194	中国嘉德	2015.10.07
刘二刚1989年作高士逸情图册十二开册页	33.5cm×34cm×12	161,000	北京诚轩	2015.11.13
刘二刚 禅境 手卷	（画） 34cm×136.5cm （书）34cm×68cm	161,000	南京经典	2015.01.04
刘二刚 东坡赤壁夜游 镜心	35cm×138cm	172,500	南京经典	2015.04.26
刘二刚 高士 镜心 四屏	68.5cm×17cm×4	184,000	南京经典	2015.01.04
刘二刚 高士 镜心 四屏	69cm×17cm×4	166,750	南京经典	2015.01.04
刘二刚 瑞雪图 镜心	52cm×86cm	195,500	南京经典	2015.01.04
刘二刚 桃花源记 镜心	68cm×136cm	345,000	南京经典	2015.01.04
刘二刚 渔翁晓发图 手卷	画35cm×137cm 书35cm×69cm	172,500	南京经典	2015.04.26
刘光夏 2013年作 故乡金秋 镜心	68cm×136cm	460,000	北京翰海	2015.11.27
刘广 2012年作 云山耸翠 镜心	68cm×136cm	322,000	北京保利	2015.12.06
刘国辉 2010年作 竹林七贤图 镜片	69cm×138cm	402,500	广州皇玛	2015.07.26

拍品名称	物品尺寸	成交价RMB	拍卖公司	拍卖日期
刘国松 1967年作 层迭而下 镜框	41.5cm×66cm	531,000	苏富比（北京）	2015.06.02
刘国松 2005年作 天籁 镜框	86.2cm×67.3cm	708,000	苏富比（北京）	2015.06.02
刘国松 1964年作 叠嶂飞瀑	61cm×90cm	483,000	北京匡时	2015.06.06
刘国松 1964年作 风扫过 镜框	58.5cm×87.5cm	700,875	佳士得	2015.06.01
刘国松 1964年作 雪霁山河	85.5cm×55.5cm	469,640	帝图艺术	2015.04.12
刘国松 1965年作 空谷回音	65.5cm×85cm	1,185,480	佳士得	2015.05.30
刘国松 1965年作 望中 镜心	57.5cm×93cm	761,808	保利香港	2015.04.06
刘国松 1966年作 斑剥可玩 镜框	44.5cm×112.9cm	600,750	佳士得	2015.06.01
刘国松 1966年作 初生的斑斓	58.2cm×87.2cm	768,960	罗芙奥	2015.05.31
刘国松 1966年作 空山 镜框	89cm×57cm	533,478	保利香港	2015.10.05
刘国松 1967年作 寒林雪霁 镜心	60cm×92cm	437,000	北京保利	2015.12.06
刘国松 1967年作 疾风劲草 镜框	59cm×91cm	742,763	保利香港	2015.04.06
刘国松 1967年作 秋声 镜心	55.8cm×95cm	575,000	北京保利	2015.06.04
刘国松 1967年作 雨余春树	88cm×57.5cm	740,700	景薰楼	2015.06.21
刘国松 1967年作 指尖触碰天堂 镜框	152.1cm×76.4cm	1,569,960	佳士得	2015.06.01
刘国松 1968年作 苍崖渔隐	48.5cm×47cm	246,300	佳士得	2015.11.29
刘国松 1968年作 窗里窗外 镜心	152.2cm×73.2cm	1,725,000	北京保利	2015.06.03
刘国松 1968年作 春之幻想曲 镜框	60.5cm×93cm	620,775	佳士得	2015.06.01
刘国松 1969年作 寒山平远	149cm×308.5cm	4,997,760	香港苏富比	2015.10.05
刘国松 1969年作 哪个是地球 镜心	136cm×78cm	931,500	北京保利	2015.06.04
刘国松 1969年作 日月沉浮 镜心	58cm×89cm	484,980	保利香港	2015.10.05
刘国松 1970年作 红太阳	92cm×72cm	1,142,712	保利香港	2015.04.06
刘国松 1970年作 距离的组织C 镜框	139cm×69cm	1,569,960	佳士得	2015.06.01
刘国松 1971年作 明月当空 镜框	152.5cm×72.5cm	1,541,250	香港苏富比	2015.10.05
刘国松 1971年作 月之蜕变之75	154cm×76cm	1,762,200	佳士得	2015.05.31
刘国松 1971年作 月之蜕变之七十六	56cm×56cm	352,659	中国嘉德	2015.04.06
刘国松 1973年作 日之蜕变	84cm×58cm	494,500	北京匡时	2015.06.06
刘国松 1973年作 阴阳图（两幅）立轴	183.5cm×46.5cm×2	1,609,160	佳士得	2015.11.30
刘国松 1978年作 无题	50cm×59cm	528,660	罗芙奥	2015.05.31
刘国松 1978年作 洋 镜框	51cm×70cm	328,400	佳士得	2015.11.30
刘国松 1982年作 春之谷	40cm×57cm	207,000	北京匡时	2015.06.06
刘国松 1983年作 山间春色	58cm×55cm	230,000	北京匡时	2015.06.06
刘国松 1988年作 拼贴的山水 镜框	57.5cm×105.5cm	273,919	纽约佳士得	2015.03.17
刘国松 1988年作 拼贴山水	57.5cm×105.5cm	650,888	台北艺流	2015.10.10
刘国松 1989年作 石门 镜框	28cm×86cm	322,800	香港苏富比	2015.04.05
刘国松 1989年作 云起时 镜框	92cm×63cm	807,000	香港苏富比	2015.04.05
刘国松 1991年作 风动 镜心	147cm×87cm	1,725,000	北京保利	2015.06.04
刘国松 1993年作 风与树的对话 镜心	92cm×185cm	2,070,000	北京保利	2015.12.06
刘国松 1997年作 云瀑	47cm×84cm	556,830	中国嘉德	2015.04.06
刘国松 1999年作 北疆玉宇组曲 镜心	11cm×11cm×4	266,633	保利香港	2015.04.06
刘国松 2002年作 龙蟠虎踞	120cm×150cm	1,648,932	中国嘉德	2015.10.06
刘国松 2002年作 罗兹冰河：西藏组曲31	41.2cm×68.5cm	213,391	保利香港	2015.10.05
刘国松 2004年作 九寨沟系列五十六：俯望乾海子	79.5cm×96cm	904,647	保利香港	2015.04.06
刘国松 2005年作 黄土高原	40cm×68cm	285,678	保利香港	2015.04.06
刘国松 2005年作 潘波崎：西藏组曲之六十五	179cm×92cm	2,222,200	景薰楼	2015.06.21

拍品名称	物品尺寸	成交价RMB	拍卖公司	拍卖日期
刘国松 2005年作 窑洞—黄土高原系列之一	78.5cm×100cm	552,000	西泠拍卖	2015.07.04
刘国松 2007年作 拂晓 镜框	89.2cm×57.8cm	897,120	佳士得	2015.06.01
刘国松 2007年作 蒸蒸日上	77cm×42cm	339,486	保利香港	2015.10.05
刘国松 2008年作 阿玛达布朗峰 镜心	183cm×90.5cm	1,163,952	保利香港	2015.10.05
刘国松 2008年作 深秋 镜框	91cm×152.5cm	1,215,080	佳士得	2015.11.30
刘国松 2009年作 层峰叠上 镜心	63.5cm×92cm	862,500	北京保利	2015.06.04
刘国松 2009年作 水石清华	91cm×229cm 91cm×458cm	2,715,888	保利香港	2015.10.05
刘国松 2009年作 炎夏 镜框	48.7cm×40.8cm	246,300	佳士得	2015.11.30
刘国松 2010年作 黄土高坡	88.5cm×31.7cm	213,391	保利香港	2015.10.05
刘国松 2010年作 气韵环生	46cm×186cm	1,185,200	景薰楼	2015.06.21
刘国松 2010年作 十里青山沂碧流 纸本水墨	118.5cm×94.5cm	1,265,000	北京匡时	2015.12.04
刘国松 2010年作 太阳高高升起 镜框	186cm×20cm	457,085	保利香港	2015.04.06
刘国松 2012年作 雪网山痕皆自然A—西藏组曲之181	188cm×463cm	10,235,000	北京保利	2015.06.03
刘国松 2013年作 晨雾 镜心	41.9cm×61.9cm	172,500	北京保利	2015.12.06
刘国松 2013年作 日之蜕变 镜框	72.6cm×49.9cm	431,025	佳士得	2015.11.30
刘国松 2013年作 星宿海日出	97.5cm×72.4cm	616,500	邦瀚斯	2015.10.03
刘国松 2014年作 九寨沟系列—卧龙海春意浓 镜框	45.6cm×185cm	870,260	佳士得	2015.11.30
刘国松 二〇一三年作 日到九寨沟	64.8cm×34.5cm.	195,225	香港苏富比	2015.10.05
刘国松 九寨沟系列之88头道海 镜框	75cm×101cm	1,110,000	台湾富德	2015.04.23
刘国松 四季之21 镜心	34cm×20cm×4	460,000	北京保利	2015.06.04
刘国松 雾之带 镜框	66cm×52.5cm	205,500	香港苏富比	2015.10.05
刘国松 雾中行 镜框	89.5cm×60cm	746,475	香港苏富比	2015.04.05
刘国松 岩石的静观 镜框	56cm×90cm	359,625	香港苏富比	2015.10.05
刘国松 月照春水凉 镜框	76cm×75.5cm	969,960	台湾富德	2015.04.23
刘海粟 墨梅 立轴	107cm×50cm	310,500	中贸圣佳	2015.05.19
刘海粟 1933年作 奔马 立轴	128cm×64cm	575,000	华艺国际	2015.05.24
刘海粟 1935年作 卧虎 立轴	31cm×63cm	333,500	上海工美	2015.06.28
刘海粟 1937年作 威而不厉 立轴	76.5cm×130cm	849,060	佳士得	2015.06.02
刘海粟 1938年作 秋日山居图 立轴	138cm×63cm	1,035,000	华艺国际	2015.05.24
刘海粟 1938年作 醒狮扑彘 立轴	120cm×89cm	184,725	佳士得	2015.12.01
刘海粟 1943年作 米氏云山 立轴	113cm×52cm	194,891	中国嘉德	2015.04.07
刘海粟 1956年作 黄山图 立轴	133cm×69cm	1,265,000	上海明轩	2015.06.21
刘海粟 1975年作 荷花 立轴	120.5cm×57cm	230,000	广东崇正	2015.06.19
刘海粟 1977年作 满江红 立轴	103.5cm×52cm	172,500	朵云轩	2015.06.19
刘海粟 1978年作 国宝图 立轴	138cm×68.5cm	920,000	广东崇正	2015.06.19
刘海粟 1978年作 书法 镜框	137.5cm×69cm	160,200	佳士得	2015.06.02
刘海粟 1979年作 独先天下春 立轴	136.5cm×66.5cm	2,645,000	广东崇正	2015.06.18
刘海粟 1980年作 黄山松云 横披	67.5cm×135cm	690,000	上海工美	2015.06.28
刘海粟 1981年作 墨葡萄 镜心	124cm×278cm	290,988	中国嘉德	2015.10.07
刘海粟 1981年作 雨中黄山 镜片	68cm×137cm	598,000	上海嘉禾	2015.05.08
刘海粟 1982年作 海门莲花峰 镜片	67cm×139cm	3,220,000	广东崇正	2015.06.18
刘海粟 1982年作 泼彩黄山 立轴	244cm×123cm	828,000	北京匡时	2015.12.04
刘海粟 1982年作 烟云花雨 立轴	137cm×68cm	575,000	北京保利	2015.06.05
刘海粟 1984年作 草书 七言诗句 镜片	136.5cm×67cm	195,500	西泠拍卖	2015.07.05
刘海粟 1984年作 黄山云海 镜心	70cm×139cm	920,000	北京保利	2015.12.06
刘海粟 1986年作 梅花 未裱	68.5cm×104cm	690,000	福建运通	2015.02.01
刘海粟 1993年作 墨松 立轴	130cm×65cm	287,500	北京翰海	2015.11.28

拍品名称	物品尺寸	成交价RMB	拍卖公司	拍卖日期
刘海粟 1990年作 万壑松涛 镜片	68cm×138cm	402,500	朵云轩	2015.06.18
刘海粟 1983年作 天都夕照 立轴	136.5cm×68.5cm	575,000	上海嘉禾	2015.05.08
刘海粟 行书 镜框	178cm×83cm	184,000	上海金艺	2015.06.26
刘海粟 行书 镜片	137cm×68.5cm	207,000	上海明轩	2015.06.21
刘海粟 黄山日出 镜心	83cm×152cm	977,500	荣宝斋（济南）	2015.11.21
刘海粟 黄山胜景 镜框	87.2cm×161cm	801,000	佳士得	2015.06.02
刘海粟 己未(1979年)作 硕果 立轴	137cm×67cm	402,500	上海敬华	2015.06.29
刘海粟 1982年作 黄山松云 立轴	175cm×95cm	230,000	上海嘉禾	2015.05.08
刘海粟 山水清音 立轴	171cm×57cm	1,000,500	江苏嘉恒	2015.04.25
刘海粟 书法 镜片	130cm×64.5cm	230,000	北京上和	2015.05.16
刘海粟 松寿图 镜框	74.2cm×40cm	238,988	纽约佳士得	2015.09.16
刘海粟 1988年作 黄山烟雨图 镜心	135cm×68cm	805,000	保利厦门	2015.05.02
刘海粟 谢稚柳 陈佩秋 唐云 朱屺瞻 田桓 等 1979年作 花卉松竹 秋菊祝寿图 行书 镜框	100.2cm×54cm	223,055	纽约佳士得	2015.09.16
刘海粟 艳斗汉宫春 镜片	180.5cm×564cm	6,325,000	华艺国际	2015.05.24
刘海粟 鹰击长空 立轴	130cm×66cm	380,475	佳士得	2015.06.02
刘海粟 黄山绝峰 镜心	143.5cm×363cm	4,830,000	北京至诚	2015.12.20
刘怀山 2002年作 双骏图 镜片	98cm×49cm	184,000	深圳市拍	2015.07.19
刘继卣 1973年作 猫憩 立轴	78cm×33cm	230,000	北京保利	2015.06.04
刘继卣 1978年作 执扇少女 立轴	69.5cm×47cm	207,000	鼎天国际	2015.07.05
刘继卣 1979年作 山羊图 立轴	65cm×44cm	230,000	华艺国际	2015.05.24
刘继卣 1981年作 雄鸡图 立轴	135.5cm×68cm	690,000	上海明轩	2015.06.21
刘继卣 白虎 镜心	90cm×48.5cm	287,500	中国嘉德	2015.05.16
刘继卣 动物 四屏镜心	120.5cm×34cm×4	4,025,000	中国嘉德	2015.05.17
刘继卣 丰年牧场 镜片	138cm×69cm	862,500	北京上和	2015.11.13
刘继卣 金丝猴 立轴	68cm×34cm	391,000	中国嘉德	2015.11.14
刘继卣 1982年作 莫愁女 镜心	66.5cm×46cm	690,000	中国嘉德	2015.05.16
刘继卣 睿智秋芬 镜心	70cm×45.5cm	552,000	中国嘉德	2015.11.14
刘继卣 狮子 镜心	89.5cm×58.5cm	402,500	中国嘉德	2015.11.15
刘继卣 双犬图 镜片	58cm×30cm	552,000	河南泽华	2015.01.11
刘继卣 双兔 镜心	69cm×46cm	189,750	天津同方	2015.06.06
刘继卣 孙悟空 镜片	71cm×30.8cm	254,920	邦瀚斯	2015.09.14
刘继卣 1978年作 双羊图 立轴	137cm×69cm	460,000	中国嘉德	2015.11.14
刘继卣 新疆姑娘 镜心	114cm×70cm	1,380,000	天津同方	2015.11.21
刘继卣 雄鹰独立 立轴	136cm×68cm	690,000	北京匡时	2015.06.06
刘继卣 猪 镜心	68.5cm×47.5cm	195,500	中国嘉德	2015.05.16
刘进全 2014年作 安安和阿灵 镜心	136cm×69cm	230,000	北京保利	2015.06.03
刘巨德 白鹭 镜心	179cm×48.5cm	515,200	北京荣宝	2015.06.21
刘珺 瑶池极境 镜心	206cm×242cm	310,500	北京保利	2015.11.01
刘开渠 1991年作 北海一角 立轴	80cm×36cm	172,500	河南鸿远	2015.04.12
刘克仁 莽原 镜心	136cm×68cm	201,250	北京保利	2015.11.01
刘奎龄 1928年作 双吉图 立轴	132cm×80cm	2,070,000	鼎天国际	2015.07.05
刘奎龄 1932年作 农篱一隅 立轴	107cm×52cm	1,495,000	北京保利	2015.06.04
刘奎龄 1936年作 莲塘雁栖图 镜框	37cm×67cm	425,500	鼎天国际	2015.07.05
刘奎龄 1940年作 双猿图 镜框	101cm×33cm	287,350	佳士得	2015.12.01
刘奎龄 1941年作 动物 立轴八屏	131cm×40cm×8	9,200,000	北京保利	2015.06.05
刘奎龄 1944年作 人物山水 四屏立轴	133cm×33cm×4	4,025,000	鼎天国际	2015.07.05
刘奎龄 1945年作 秋葵双鸽 立轴	80.6cm×25cm	353,063	香港苏富比	2015.04.06
刘奎龄 1943年作 春柳飞燕 立轴	122.5cm×32cm	345,000	中国嘉德	2015.11.14
刘奎龄 桂花双兔图 立轴	136cm×34cm	230,000	北京保利	2015.12.07
刘奎龄 梁启超 三阳开泰·楷书临古 成扇	18.5cm×48cm	230,000	中国嘉德	2015.05.17
刘奎龄 刘嘉琛 赤壁前游图·草书临帖 成扇	18cm×51.5cm	287,500	中国嘉德	2015.11.15
刘奎龄 柳荫双骏图 扇面	20cm×54cm	287,500	河南泽华	2015.01.11

拍品名称	物品尺寸	成交价RMB	拍卖公司	拍卖日期
刘奎龄 麻雀闹林图 扇面	18cm×48cm	575,000	河南泽华	2015.01.11
刘奎龄 马晋 刘继卣 走兽图 镜心	18cm×52cm	264,500	北京匡时	2015.10.16
刘奎龄 1942年作 雀栖图 成扇		207,000	中国嘉德	2015.04.02
刘奎龄 双吉图 立轴	120cm×33cm	1,150,000	北京翰海	2015.06.26
刘奎龄 王人文 1934年作 位列三公·行书絕句一首 成扇	19cm×53cm	1,058,000	北京保利	2015.06.04
刘奎龄 1938年作 动物 镜心	46.5cm×35cm	280,000	天津文物	2015.05.22
刘奎龄 徐世章 1933年作 狩猎图 节临《澄清堂帖》成扇	20cm×54cm	1,610,000	北京保利	2015.12.06
刘奎龄 鱼戏图 扇面	18cm×50cm	345,000	河南泽华	2015.01.11
刘魁一 2008年作 书法 镜心	34cm×131cm	230,000	北京翰海	2015.03.15
刘魁一 2014年作 西夏书法 镜心	69cm×69cm	230,000	北京保利	2015.01.24
刘凌沧 1981年作 清平调诗意 立轴	131cm×66cm	242,490	保利香港	2015.10.05
刘凌沧 1985年作 南极仙翁 镜心	138.2cm×68.8cm	184,000	保利山东	2015.02.01
刘凌沧1980年作 李白吟诗图 镜心	131cm×66cm	172,500	中国嘉德	2015.06.27
刘凌沧 王福厂 垂荫图·临金文 成扇	18.5cm×50cm	241,500	中国嘉德	2015.11.15
刘凌沧 1978年作 抚琴图 立轴	103cm×49cm	460,000	中国嘉德	2015.05.17
刘凌沧 1985年作 委婉歌声到阮弦 立轴	96cm×49cm	178,250	北京隆琛	2015.11.22
刘凌沧 游园雅集图 立轴	121.5cm×47.3cm	667,000	荣宝斋（济南）	2015.11.21
刘琦 2010年作 还是不一定	180cm×97cm	276,000	上海明轩	2015.06.21
刘琦 2014年作 马可波罗游记	68cm×136cm	161,000	北京匡时	2015.06.06
刘琦 2015年作 两生花 镜心	136cm×68cm	287,500	北京保利	2015.12.06
刘琦 马可波罗之一 镜心	68cm×136cm	172,500	保利山东	2015.02.01
刘庆和 2013年作 双休 镜框	55cm×55cm	236,000	苏富比（北京）	2015.06.02
刘庆和 沐浴 镜心	51cm×43cm	201,250	南京经典	2015.01.04
刘庆和 人体	55cm×64cm	207,000	北京匡时	2015.06.06
刘庆和 玉兰花 镜框	125cm×90cm	575,000	上海宝龙	2015.01.18
刘人岛 此景偏解索题诗 镜心	70cm×128cm	1,150,000	北京保利	2015.12.06
刘人岛 烟云里 镜心	95cm×89cm	920,000	北京保利	2015.06.03
刘赦 2014年作 云山	95.5cm×70cm	207,000	北京匡时	2015.06.06
刘万年 三牛图 镜片	49cm×99cm	253,000	河南泽华	2015.01.11
刘万年 走进西藏 镜片	121cm×60cm	322,000	河南泽华	2015.01.11
刘文西 1975年作 小姑娘 镜心	52cm×35cm	230,000	中国嘉德	2015.06.27
刘文西 1982年作 春江花月夜 镜心	133cm×65.5cm	537,600	北京荣宝	2015.08.30
刘文西 1991年作 南海小景 镜心	133cm×65cm	460,000	北京保利	2015.12.06
刘文西 芬芳图	67cm×67cm	350,438	荣盛国际	2015.07.31
刘文西 黄土风情画	59cm×100cm	2,077,130	卓艺拍卖	2015.11.18
刘文西 书法	136cm×69cm	170,453	荣盛国际	2015.01.10
刘文西 1988年作 傣族姑娘 镜片	68cm×46cm	322,000	朵云轩	2015.06.18
刘文西 钟馗进士图 镜心	59cm×96cm	593,600	秦宝斋	2015.01.17
刘逊 1999年作 幽峡垂烟图 镜框	130.5cm×66.8cm	187,830	纽约佳士得	2015.03.17
刘彦水 山水清音 镜片	102cm×52cm	230,000	北京上和	2015.05.16
刘墉 2014年作 春融 镜框	75.5cm×116cm	533,478	保利香港	2015.10.05
刘墉 春樱燕语 镜框	48cm×70cm	238,065	保利香港	2015.04.06
刘永明 冬天的诗 立轴	67cm×65.6cm	492,600	佳士得	2015.12.01
刘永明 晴雪 镜框	64.8cm×64.8cm	400,500	佳士得	2015.06.02
刘兆平 2015年作 呦呦鹿鸣 镜心	69cm×69cm	368,000	北京保利	2015.08.12
刘照1924年作 仿王翚笔意山水 立轴	37cm×355.5cm	153,938	佳士得	2015.12.01
刘子久 1940年作 清溪独钓 立轴	74cm×34cm	155,250	鼎天国际	2015.07.05
刘子久 人物山水 四屏镜框	140cm×34cm×4	552,000	鼎天国际	2015.07.05
刘紫岗 2011年作 云间行旅 镜心	132cm×67cm	920,000	北京保利	2015.12.06
刘紫岗 2013年作 荷塘 镜心	144cm×72cm	690,000	北京保利	2015.12.06

拍品名称	物品尺寸	成交价RMB	拍卖公司	拍卖日期
刘紫岗 2013年作 色即是空 镜心	164cm×82cm	1,840,000	北京保利	2015.12.06
柳滨 1927年作 花鸟 六屏立轴	169cm×43cm×6	218,500	河南鸿远	2015.04.12
柳亚子 行书 何香凝诗 四屏	145.5cm×38.5cm×4	782,000	西泠拍卖	2015.07.05
柳亚子 行书七言诗 镜心	126cm×61cm	299,000	北京匡时	2015.03.31
柳子谷 1982年作 竹鸡图 镜框	78cm×49cm	195,500	北京隆琛	2015.11.22
柳子谷 松林雅集图 立轴	129cm×49.5cm	299,000	北京匡时	2015.12.04
柳子谷 携琴访友图 立轴	114cm×51cm	264,500	北京匡时	2015.12.04
柳子谷 竹径骑游 立轴	100cm×31.5cm	195,500	上海工美	2015.04.26
龙瑞 2000年作 山水 镜心	70cm×139cm	246,400	北京荣宝	2015.06.21
龙瑞 2000年作 元人诗境 镜心	136cm×68cm	207,000	保利山东	2015.02.01
龙瑞 2007年作 黔东南写生图 镜心	135cm×68cm	195,500	北京保利	2015.04.25
龙瑞 春山飞瀑 镜心	135cm×66cm	151,200	北京荣宝	2015.11.29
龙瑞 溪山访幽图 镜心	69cm×69cm	437,000	江苏爱涛	2015.01.10
娄师白（款）荷香图	98cm×50cm	206,338	荣盛国际	2015.01.10
娄师白 1961年作 大荔图 立轴	135cm×68cm	172,500	北京保利	2015.12.07
娄师白 1986年作 荷塘清趣 横披	68.5cm×136cm	172,500	北京匡时	2015.06.06
娄师白 玉簪八哥 镜心	133cm×68cm	230,000	中国嘉德	2015.06.27
卢沉 1988年作 李太白饮酒放歌图 镜心	115cm×244cm	872,964	保利香港	2015.10.05
卢沉 1978年作 小牧民 镜心	68cm×45cm	161,000	中国嘉德	2015.06.27
卢甫圣 2012年作 书法《渔歌子》镜心	139cm×35cm	161,000	北京保利	2015.06.03
卢辅圣 2011年作 无髯	75cm×70.5cm	690,000	西泠拍卖	2015.07.04
卢辅圣 初生 镜心	70cm×140cm	1,782,500	北京保利	2015.06.03
卢辅圣 霁 镜心	192cm×105cm	999,873	保利香港	2015.04.06
卢辅圣 江渚 镜心	68cm×56cm	667,000	北京保利	2015.06.03
卢辅圣 蓝梦 镜片	140cm×70cm	1,552,500	朵云轩	2015.06.18
卢辅圣 圣人 镜片	495cm×188.5cm	1,135,000	上海聚缘斋	2015.01.11
卢辅圣 永昼	122cm×68cm	483,000	朵云轩	2015.06.19
卢辅圣 在水一方	135cm×63cm	483,000	朵云轩	2015.06.19
卢菊英 当代 韩熙载夜宴图 手卷	31cm×328cm 9.3平方尺	680,000	杭州如愿	2015.11.29
卢坤峰 1974年作 水岸竹韵图 镜片	212cm×68.5cm	230,000	西泠拍卖	2015.07.05
卢坤峰 1998年作 墨竹小鸟 镜心	65cm×297cm	207,000	北京匡时	2015.10.16
卢清远 英姿 立轴	148cm×90cm	184,725	佳士得	2015.12.01
卢禹舜 2004年作 阙题诗意图 镜心	69cm×138cm	253,000	保利山东	2015.09.13
卢禹舜 2013年作 精神家园 镜心	35cm×205cm	1,380,000	北京保利	2015.06.03
卢禹舜 2015年作 精神家园 镜心	22.5cm×136cm	690,000	北京保利	2015.06.03
卢禹舜 荷塘偶遇 扇面	22cm×68cm	322,000	河南泽华	2015.01.11
卢禹舜 雾山 镜心	202cm×136cm	345,000	保利山东	2015.02.01
卢振寰 1932年作 华严三圣图 镜片	125cm×66cm	667,000	广东崇正	2015.06.18
卢镇寰 1925年作 柳溪闲话 立轴	106cm×43.6cm	174,675	香港苏富比	2015.10.06
卢子枢 1958年作 云影松荫 镜片	178cm×96cm	460,000	广州皇玛	2015.01.18
卢子枢 秋山积翠图 手卷	画心28cm×128cm	310,500	广东崇正	2015.06.18
卢子枢 容庚 山水 篆书 成扇	12cm×37cm	172,500	广东崇正	2015.06.18
卢子枢 西樵四景 立轴	34cm×54cm×4	172,500	广东崇正	2015.06.18
鲁迅 行书偈语 立轴	24cm×20cm	3,047,500	北京匡时	2015.12.04
陆宝忠 行书 镜心	63cm×170cm	184,000	北京翰海	2015.09.13
陆宝忠 行书 镜心	56cm×128cm	172,500	北京翰海	2015.09.13
陆春涛 2014年作 荷塘No.31 镜心	93cm×124cm	238,065	保利香港	2015.04.06
陆春涛 2015年作 荷塘·2015 NO.027 镜心	60cm×86cm	161,000	北京保利	2015.06.03
陆春涛 2015年作 荷塘2015.No.76 镜心	57cm×91cm	155,194	保利香港	2015.10.05
陆春涛 2015年作 荷塘No.30 镜心	86cm×103cm	285,678	保利香港	2015.04.06
陆润庠 行书 镜心	56cm×128cm	310,500	北京翰海	2015.09.13

拍品名称	物品尺寸	成交价RMB	拍卖公司	拍卖日期
陆润庠 行书 镜心	56cm×128cm	310,500	北京翰海	2015.09.13
陆润庠 楷书七言联 立轴	eacmh 133.5cm×32.8cm×2	195,225	香港苏富比	2015.10.06
陆维钊 双柏图 立轴	95.5cm×43cm	287,500	朵云轩	2015.06.18
陆小曼 梅花仕女 立轴	65cm×30 cm.	310,500	中鸿信	2015.07.29
陆小曼 沈玉还 渔艇秋意图·行书七言诗 扇面	18.5cm×52.5cm×2	805,000	中国嘉德	2015.11.15
陆严少山水	80cm×39cm	495,000	北京中联	2015.01.18
陆俨少 1927年作 仿荆浩笔法意 立轴	127cm×66cm	2,760,000	北京保利	2015.06.04
陆俨少 1931年作 无量寿佛 立轴	99.2cm×48.5cm	2,070,000	北京保利	2015.06.04
陆俨少 1942年作 幽人独钓 立轴	104.5cm×36cm	1,150,000	上海明轩	2015.06.21
陆俨少 1955年作 江山胜揽 立轴	89cm×45.3cm	13,225,000	北京保利	2015.06.04
陆俨少 1959年作 松石图 立轴	44.5cm×33.5cm	379,500	西泠拍卖	2015.07.05
陆俨少 1961年作 赶集归来 立轴	73.5cm×51.8cm	400,500	佳士得	2015.06.02
陆俨少 1961年作 湖光岩胜景 镜片	33.5cm×33.5cm	782,000	上海嘉禾	2015.05.08
陆俨少 1961年作 雨霁松高翠溪 立轴	67cm×39cm	1,127,000	北京保利	2015.06.04
陆俨少 1963年作 芭蕉人物 立轴	67.5cm×36.5cm	2,185,000	上海明轩	2015.06.21
陆俨少 1963年作 草书杜诗卷 手卷	33cm×260cm	310,500	北京匡时	2015.06.06
陆俨少 1963年作 高士策杖图 镜心	40cm×28cm	345,000	北京匡时	2015.03.30
陆俨少 1963年作 筠青居图卷 手卷	18cm×137cm	3,450,000	北京保利	2015.12.07
陆俨少 1963年作 毛主席词意 镜心	70cm×28cm	1,127,000	北京匡时	2015.06.06
陆俨少 1963年作 舍南舍北皆春水 立轴	102cm×55cm	4,140,000	北京保利	2015.06.05
陆俨少 1963年作 听泉图 镜框	40cm×28cm	782,000	上海明轩	2015.06.21
陆俨少 1965年作 就新图册 册页（八开）	24cm×33cm×8	5,405,000	保利山东	2015.09.13
陆俨少 1967年作 雪景 镜框	34.5cm×25.5cm	260,325	佳士得	2015.06.02
陆俨少 1976年作 黄山秀色图 镜片	68.5cm×34cm	575,000	西泠拍卖	2015.07.05
陆俨少 1976年作 旧貌变新颜 镜心	55cm×111cm	5,750,000	北京保利	2015.12.06
陆俨少 1976年作 秋山夜读图 手卷	引首22.5cm×99cm 本幅22cm×54cm 题跋22.5cm×330cm	621,000	北京匡时	2015.06.06
陆俨少 1976年作 人勤春早 镜心	68cm×32cm	1,495,000	北京保利	2015.06.05
陆俨少 1977年作 丁巳山水册 册页	34cm×27cm×12	6,555,000	北京保利	2015.12.06
陆俨少 1977年作 红梅图 立轴	119cm×45cm	667,000	上海嘉禾	2015.05.08
陆俨少 1977年作 娄山关雄姿 立轴	138cm×69cm	6,325,000	北京保利	2015.12.06
陆俨少 1978年作 东风多在向阳枝 镜心	69cm×46cm	218,500	北京保利	2015.12.07
陆俨少 1978年作 风光如画 册页（八开）	17cm×22.5cm×8	4,485,000	包盈国际	2015.11.15
陆俨少 1978年作 行书白居易诗 立轴	96cm×34cm	241,500	上海嘉禾	2015.05.08
陆俨少 1978年作 行书李长吉《春坊正字剑子歌》镜片	26.8cm×138cm	310,500	上海嘉禾	2015.05.08
陆俨少 1978年作 黄山烟云 镜框	55cm×132cm	3,277,500	上海嘉禾	2015.05.08
陆俨少 1978年作 江上人家 镜心	53cm×40cm	1,725,000	北京保利	2015.06.05
陆俨少 1978年作 井冈山黄洋界 立轴	69.4cm×69.6cm	3,220,000	北京保利	2015.06.04
陆俨少 1978年作 梅花 立轴	95.5cm×44.5cm	287,500	深圳市拍	2015.07.19
陆俨少 1978年作 梅竹双清 立轴	69cm×44cm	402,500	上海嘉禾	2015.05.08
陆俨少 1978年作 松陵茅屋图 立轴	44cm×100cm	184,000	中国嘉德	2015.04.02
陆俨少 1978年作 唐人诗意图 镜片	95cm×58cm	1,782,500	上海嘉禾	2015.05.08
陆俨少 1978年作 天台怀旧 立轴	133.5cm×66.8cm	5,874,960	香港苏富比	2015.04.06
陆俨少 1978年作 桐木岭上 立轴	69.2cm×47.2cm	1,644,000	香港苏富比	2015.10.06
陆俨少 1978年作 峡江 立轴	123cm×55.5cm	6,555,000	北京匡时	2015.06.06
陆俨少 1978年作 峡江 立轴	67cm×45cm	1,288,000	上海嘉禾	2015.05.08
陆俨少 1978年作 雁荡泉石之图 手卷	24cm×180cm	1,035,000	保利厦门	2015.05.02
陆俨少 1978年作 雁荡山 立轴	32cm×43.5cm	168,000	北京荣宝	2015.06.21
陆俨少 1978年作 雁荡山 立轴	98cm×34cm	1,840,000	中贸圣佳	2015.05.19
陆俨少 1978年作 云浦归帆 立轴	40cm×69.5cm	431,025	佳士得	2015.12.01
陆俨少 1978年作 云山春树 镜心	53cm×40cm	1,725,000	北京保利	2015.06.05
陆俨少 1978年作 云山图 立轴	61.5cm×35cm	2,070,000	广州皇玛	2015.01.18
陆俨少 1978年作 重湖迭巘 立轴	96cm×44cm	1,380,000	保利厦门	2015.05.02
陆俨少 1978年作 朱砂冲哨口 立轴	137cm×68cm	6,325,000	北京保利	2015.06.05
陆俨少 1979年作 朝发白帝城 立轴	136cm×66cm	276,000	中贸圣佳	2015.05.19
陆俨少 1979年作 成昆线上 镜心	68.5cm×46cm	705,600	北京荣宝	2015.11.29
陆俨少 1979年作 待细把江山图画 立轴	68cm×46cm 诗堂22cm×46cm	1,150,000	中贸圣佳	2015.05.19
陆俨少 1979年作 华岳秋高 立轴	69cm×31.5cm	379,500	北京匡时	2015.06.06
陆俨少 1979年作 黄山松云 镜心	64.5cm×43.5cm	575,000	中国嘉德	2015.11.14
陆俨少 1979年作 黄山松云 立轴	77.5cm×32cm	368,000	朵云轩	2015.06.19
陆俨少 1979年作 林烟积素 立轴	96cm×34cm	1,150,000	北京保利	2015.06.05
陆俨少 1979年作 梅竹双清 镜片	82.5cm×51cm	287,500	上海嘉禾	2015.05.08
陆俨少 1979年作 秋岩茂树 立轴	95.6cm×44.5cm	1,109,625	香港苏富比	2015.04.06
陆俨少 1979年作 水郁图 立轴	68cm×45cm	644,000	西泠拍卖	2015.07.06
陆俨少 1979年作 宋人诗意图 立轴	96cm×44.5cm	1,150,000	广东崇正	2015.06.19
陆俨少 1979年作 岁寒之友 立轴	35cm×51.5cm	224,000	北京荣宝	2015.06.21
陆俨少 1979年作 太行山色 立轴	82.7cm×50.5cm	822,000	香港苏富比	2015.10.06
陆俨少 1979年作 峡江行船图 立轴	68cm×46cm	1,058,000	中国嘉德	2015.04.01
陆俨少 1979年作 先发映春台 横批	34cm×81cm	586,500	北京保利	2015.06.05
陆俨少 1979年作 云溪人家 立轴	72cm×36cm	713,000	中国嘉德	2015.05.17
陆俨少 1980年作 丹霞翠雾 立轴	96.8cm×44.8cm	822,000	香港苏富比	2015.10.06
陆俨少 1980年作 急流放筏 镜框	29cm×45cm	644,000	福建运通	2015.05.24
陆俨少 1980年作 儿家松火隔秋云 立轴	45.5cm×68.5cm	480,600	佳士得	2015.06.02
陆俨少 1980年作 蕉窗诵读 立轴	96.3cm×44.5cm	2,195,040	香港苏富比	2015.04.06
陆俨少 1980年作 柳溪渔艇 镜心	34cm×46cm	287,696	中国嘉德	2015.04.07
陆俨少 1980年作 三峡险水 立轴	97cm×45.3cm	1,710,840	香港苏富比	2015.04.06
陆俨少 1980年作 扫叶庄 镜心	97cm×45cm	1,472,000	北京保利	2015.12.06
陆俨少 1980年作 蜀江图 镜心	71.5cm×34cm	368,585	保利香港	2015.10.05
陆俨少 1980年作 太湖帆影 立轴	95.4cm×44cm	2,990,000	北京保利	2015.06.04
陆俨少 1980年作 王湾诗意 立轴	68.5cm×45cm	517,500	北京保利	2015.12.07
陆俨少 1980年作 雁荡泉石 镜框	26.3cm×117cm	322,800	香港苏富比	2015.04.06
陆俨少 1980年作 云山积翠 立轴	69cm×34cm	575,000	上海嘉禾	2015.05.08
陆俨少 1981年作 梅石图 镜片	78cm×40.5cm	218,500	上海嘉禾	2015.05.08
陆俨少 1981年作 山林茅舍图 画心	65cm×34.5cm	345,000	西泠拍卖	2015.07.06
陆俨少 1981年作 溪岸无尽 镜框	69.8cm×34.5cm	266,825	佳士得	2015.12.01
陆俨少 1981年作 先发映春台 镜框	97cm×49cm	345,000	上海嘉禾	2015.05.08
陆俨少 1982年作 行书七言联 立轴	135cm×31cm×2	184,000	北京保利	2015.06.05
陆俨少 1982年作 梅石图 镜心	96cm×179cm	1,380,000	北京保利	2015.12.07
陆俨少 1982年作 山岚云气图 立轴	89.5cm×47.5cm	862,500	上海嘉禾	2015.05.08
陆俨少 1982年作 云壑幽居 镜心	68cm×46cm	207,000	北京保利	2015.06.05
陆俨少 1982年作 云水奇观 立轴	112.5cm×88cm	3,565,000	华艺国际	2015.05.24
陆俨少 1983年作 梅花 镜框	69cm×40.5cm	207,000	华艺国际	2015.05.24
陆俨少 1984年作 车行千转图 立轴	96cm×60cm	3,680,000	北京保利	2015.12.07
陆俨少 1984年作 黄山之胜 镜心	137cm×69cm	4,600,000	北京保利	2015.06.05
陆俨少 1984年作 梅石图 立轴	68cm×45cm	161,000	北京匡时	2015.06.06
陆俨少 1984年作 轻舟千里图 立轴	177cm×47cm	6,440,000	北京保利	2015.12.07
陆俨少 1984年作 云开巫峡千峰出 立轴	96cm×44cm	1,120,000	北京荣宝	2015.06.21

拍品名称	物品尺寸	成交价RMB	拍卖公司	拍卖日期
陆俨少 1984年作 云林萧寺 镜心	75.5cm×41cm	253,000	北京匡时	2015.06.06
陆俨少 1985年作 杜甫诗意山水册 册页(十二开)	34cm×22cm×1	5,405,000	北京保利	2015.12.07
陆俨少 1985年作 古寺栖云 镜框	94cm×59.5cm	1,089,360	佳士得	2015.06.02
陆俨少 1985年作 寒梅争春 立轴	137.5cm×67.5cm	2,127,500	北京匡时	2015.12.04
陆俨少 1985年作 梅花 镜心	46cm×68cm	209,497	保利香港	2015.04.07
陆俨少 1985年作 山水 镜框	76cm×41.5cm	932,889	纽约佳士得	2015.03.17
陆俨少 1985年作 崖南揽胜 立轴	68cm×44.5cm	2,070,000	保利山东	2015.02.01
陆俨少 1985年作 主家阴洞 立轴	79cm×48cm	1,667,500	北京保利	2015.12.06
陆俨少 1986年作 梅花 纸板镜框	114cm×142.3cm	718,375	佳士得	2015.12.01
陆俨少 1986年作 梅石图 镜框	68cm×34cm	230,000	华艺国际	2015.05.24
陆俨少 1986年作 秋山雅集 手卷	25.5cm×230cm	4,370,000	北京保利	2015.06.05
陆俨少 1986年作 秋山雅集图 手卷	25.5cm×230cm	4,370,000	北京匡时	2015.03.30
陆俨少 1986年作 山水写意册 镜片	34cm×20.5cm×8	6,325,000	河南金帝	2015.11.22
陆俨少 1986年作 新昌大佛寺 镜心	93cm×60cm	2,070,000	北京保利	2015.06.05
陆俨少 1987年作 春消息 镜框	23.5cm×179cm	220,275	佳士得	2015.06.02
陆俨少 1988年作 论画山水 立轴	136.5cm×68cm	3,616,800	香港苏富比	2015.10.06
陆俨少 1988年作 云山小卷 手卷	33cm×126cm	1,380,000	北京保利	2015.12.07
陆俨少 1989年作 黄山览胜 手卷	36cm×365cm	5,175,000	北京匡时	2015.12.04
陆俨少 1989年作 梅石图 立轴	67.5cm×44cm	287,500	广东崇正	2015.06.19
陆俨少 1989年作 谭心图 镜心	44.5cm×61cm	218,500	北京匡时	2015.06.06
陆俨少 1989年作 云壑幽居 立轴	68cm×45cm	977,500	中贸圣佳	2015.05.19
陆俨少 1990年作 怀乡之思 立轴	137cm×68cm	1,955,000	北京匡时	2015.12.04
陆俨少 1990年作 梅石图 画心	68cm×41.5cm	172,500	西泠拍卖	2015.07.05
陆俨少 1990年作 青城山色 镜心	174cm×68cm	2,070,000	北京保利	2015.12.07
陆俨少 1990年作 唐人诗意图 镜片	86.5cm×46.5cm	1,955,000	广东崇正	2015.06.19
陆俨少 20世纪60年代作 杜甫诗意 镜心	37.8cm×25.9cm	345,000	北京保利	2015.06.04
陆俨少 20世纪60年代作 杜甫诗意 镜心	38.8cm×25.8cm	299,000	北京保利	2015.06.04
陆俨少 巴船出峡图 立轴	69cm×35cm	2,817,500	北京保利	2015.12.07
陆俨少 巴船出峡图卷 手卷	24.5cm×82.5cm	1,955,000	北京诚轩	2015.05.18
陆俨少 白描人物册（十二开）册页	19.5cm×12.5cm×12	672,000	北京荣宝	2015.11.29
陆俨少 冰雪林丘 立轴	95cm×44cm	2,530,000	包盈国际	2015.11.15
陆俨少 1976年作 黄山松云 镜框	69cm×34cm	805,000	上海嘉禾	2015.05.08
陆俨少 1946年作 巴渝江陵 立轴	18.5cm×53.5cm	920,000	中国嘉德	2015.05.17
陆俨少 1986年作 红梅报春 镜框	34cm×50cm	322,000	上海嘉禾	2015.05.08
陆俨少 1986年作 李太白旧隐图 立轴	画心137cm×69cm 诗堂28cm×68cm	4,600,000	上海嘉禾	2015.05.08
陆俨少 1986年作 疏梅报春 立轴	69cm×34cm	184,000	上海嘉禾	2015.05.08
陆俨少 1986年作 松荫悟道 镜片	98cm×45cm	977,500	上海嘉禾	2015.05.08
陆俨少 1986年作 溪桥烟霭 镜片	60cm×96cm	632,500	朵云轩	2015.06.19
陆俨少 1986年作 雪点寒梅小院春 手卷	引首47cm×105cm 画心47cm×178cm 跋47cm×202cm	3,450,000	上海嘉禾	2015.05.08
陆俨少 1986年作 云山图 镜片	60cm×96cm	2,300,000	广州皇玛	2015.01.18
陆俨少 草堂消夏图 立轴	45cm×34cm	540,500	中国嘉德	2015.04.02
陆俨少 程十发 1983年作 天都雄姿 赏菊图 成扇	18.2cm×45.4cm	493,200	香港苏富比	2015.10.06
陆俨少 程十发 拟古山水册 册页（八开）	34cm×23cm×8	2,530,000	保利厦门	2015.05.02
陆俨少 春消息 立轴	67cm×45cm	253,000	荣宝斋（济南）	2015.11.21
陆俨少 大匡山色 立轴	68cm×46cm	1,265,000	北京上和	2015.11.13
陆俨少 1987年作 江亭高会 扇面	19cm×53.5cm	517,500	中国嘉德	2015.05.17
陆俨少 1987年作 秋山黄叶 立轴	138cm×69.5cm	5,980,000	中国嘉德	2015.05.16

拍品名称	物品尺寸	成交价RMB	拍卖公司	拍卖日期
陆俨少 1977年作 黄山松云 立轴	67cm×34cm	460,000	上海嘉禾	2015.05.08
陆俨少 独立见江船 镜心	96cm×45cm	1,725,000	保利厦门	2015.08.02
陆俨少 杜甫诗意 镜心	67cm×45cm	1,610,000	北京保利	2015.12.06
陆俨少 杜甫诗意图 立轴	35cm×46cm	276,000	中国嘉德	2015.11.14
陆俨少 杜甫诗意图 立轴	95.5cm×44cm	1,322,500	南京经典	2015.01.04
陆俨少 仿八大遗意 镜心	65.5cm×34cm	253,000	荣宝斋（济南）	2015.11.21
陆俨少 高城秋白 镜片	35.5cm×51.5cm	609,500	朵云轩	2015.06.18
陆俨少 1980年作 雁荡泉石之图 横披	49cm×99.5cm	1,265,000	中国嘉德	2015.11.14
陆俨少 1990年作 云间东岭 立轴	95.5cm×59.5cm	920,000	中国嘉德	2015.05.16
陆俨少 1983年作 云山图 立轴	67cm×44cm	437,000	中国嘉德	2015.04.02
陆俨少 癸卯（1963年）作 犀牛望月 镜框	34.5cm×45cm	552,000	上海嘉禾	2015.05.08
陆俨少 癸卯（1963年）作 太湖佳胜 镜心	23cm×84cm	1,955,000	北京诚轩	2015.11.13
陆俨少 1983年作 松溪七贤图 立轴	95cm×52cm	345,000	北京隆琛	2015.11.21
陆俨少 桂林山水 镜心	98cm×39cm	2,300,000	北京保利	2015.12.07
陆俨少 行书 镜片	33cm×138cm	264,500	朵云轩	2015.01.25
陆俨少 行书八言联 对联	136cm×29.5cm×2	276,000	上海嘉禾	2015.05.08
陆俨少 行书七言联 镜心	130cm×31cm×2	185,610	中国嘉德	2015.04.07
陆俨少 黄山松云 立轴	18.5cm×96cm	2,185,000	广州皇玛	2015.01.18
陆俨少 黄山松云（无图）		920,000	上海敬华	2015.06.29
陆俨少 黄山雁荡图卷 手卷	36cm×244cm	1,495,000	北京保利	2015.12.07
陆俨少 黄山雁荡图卷 手卷	36cm×244cm	2,070,000	北京保利	2015.06.05
陆俨少 黄岳松云 立轴	68cm×33cm	805,000	上海嘉禾	2015.05.08
陆俨少 黄岳雄峙 立轴	39cm×52cm	560,000	十竹斋	2015.06.14
陆俨少 激流征帆 立轴	80cm×29cm	345,000	荣宝斋（济南）	2015.11.21
陆俨少 1959年作 松溪待鹤图 镜片	33cm×48cm	322,000	上海嘉禾	2015.05.08
陆俨少 己未（1979年）作 云山苍苍 镜框	57cm×23.5cm	253,000	上海嘉禾	2015.05.08
陆俨少 甲申（1944年）作 虬松溪山图 立轴	77cm×53cm	575,000	上海嘉禾	2015.05.08
陆俨少 甲申（1944年）作 南泉山景 镜心	29cm×32cm	736,000	中国嘉德	2015.05.16
陆俨少 1974年作 富春山居图 镜片	29.5cm×97.5cm	2,070,000	上海嘉禾	2015.05.08
陆俨少 甲子（1984年）作 杜公诗意图 立轴	100cm×34cm	1,092,500	上海嘉禾	2015.05.08
陆俨少 甲子（1984年）作 梅石图 立轴	68cm×34cm	322,000	上海敬华	2015.06.29
陆俨少 甲子(1984年)作 山水 立轴	45cm×34cm	287,500	广东崇正	2015.06.19
陆俨少 甲子（1984年）作 野旷江清 立轴	69.5cm×46cm	575,000	上海嘉禾	2015.08.09
陆俨少 井冈山色 镜片	66cm×31.5cm	230,000	上海嘉禾	2015.05.08
陆俨少 就新老人山水册 册页	23.6cm×35.4cm×9	6,900,000	保利山东	2015.02.01
陆俨少 赖少其 等 江山壮丽山水花卉卷 手卷	18cm×191cm 19cm×60cm	207,000	北京保利	2015.06.05
陆俨少 李可染 山水	30cm×11730cm×23	363,941	香港龙玺	2015.09.19
陆俨少 林海论道 镜片	97cm×31.5cm	805,000	上海道明	2015.05.09
陆俨少 陆亨 1978年作 青城山色图 行书八言联 立轴	对联 138.5cm×34cm×2 中堂82.5cm×51cm	1,840,000	中国嘉德	2015.11.14
陆俨少 陆亨 李义山诗意图·行书 成扇	16.6cm×50cm	184,000	中国嘉德	2015.05.17
陆俨少 陆抑非 莲花峯图·行书七言诗 成扇	48cm×18.5cm	253,000	西泠拍卖	2015.07.06

拍品名称	物品尺寸	成交价RMB	拍卖公司	拍卖日期
陆俨少 毛主席词意 手卷	17cm×83cm	1,725,000	北京保利	2015.06.05
陆俨少 梅花 镜心	68cm×45cm	230,000	天津同方	2015.06.06
陆俨少 梅石图 镜心	93cm×52cm	322,000	北京保利	2015.08.12
陆俨少 梅香图	102cm×50cm	1,345,680	荣盛国际	2015.01.10
陆俨少 名山册 册页（八开）	本幅 25.5cm×37.5cm×8 题跋 26cm×38cm×10	12,650,000	北京匡时	2015.12.04
陆俨少 暮山叠云 镜片	88cm×47.5cm	2,530,000	上海嘉禾	2015.05.08
陆俨少 青城晓霭 江中绿雾 镜心	27cm×34cm×2	897,000	中国嘉德	2015.05.16
陆俨少 青城晓霭图 立轴	69cm×35cm	2,415,000	北京保利	2015.12.07
陆俨少 秋冬书画 对屏镜心	37cm×49cm×2	1,495,000	北京保利	2015.06.05
陆俨少 秋堂话旧 立轴	36cm×46cm	483,000	保利山东	2015.09.13
陆俨少 1982年作 暮烟夕鸟 立轴	76cm×41cm	920,000	保利厦门	2015.05.03
陆俨少 1962年作 云海论道 行书诗《送胡学士《宿》知湖州》成扇	18cm×51cm	747,500	上海道明	2015.05.09
陆俨少 山水 镜框	34cm×44.5cm	379,500	华艺国际	2015.05.24
陆俨少 山水 镜心	32.5cm×105cm	747,500	海德拍卖	2015.06.27
陆俨少 山水 立轴	33.5cm×45cm	517,500	天津同方	2015.11.21
陆俨少 山水 立轴	68cm×46cm	1,138,500	江苏爱涛	2015.01.10
陆俨少 山水 立轴	120cm×33cm	425,500	江苏嘉恒	2015.04.25
陆俨少 山水清音 册页（八开）	16cm×23cm×8	575,000	华艺国际	2015.05.24
陆俨少 山水小品 镜心	33cm×27cm	264,500	上海金艺	2015.06.26
陆俨少 山中人家 镜心（片）	68cm×34 cm.	575,000	中鸿信	2015.07.29
陆俨少 书法 镜心	34cm×136cm	402,500	海德拍卖	2015.06.27
陆俨少 书法 立轴	133cm×60cm	322,000	南京经典	2015.01.04
陆俨少 书法刘禹锡词 立轴	75cm×41cm	161,000	上海嘉禾	2015.05.08
陆俨少 书画合璧 立轴	书法 12.5cm×34.5cm 绘画28cm×30cm	322,000	中国嘉德	2015.11.14
陆俨少 书画合璧册 册页（共九开）	13.2cm×17cm×5 14.5cm×18.5cm×4	1,380,000	北京翰海	2015.11.27
陆俨少 疏林亭子 镜心	68.5cm×30cm	632,500	江苏爱涛	2015.01.10
陆俨少 松石图 立轴	68cm×45cm	425,500	江苏聚德	2015.01.25
陆俨少 松屋检书图 手卷	25cm×126cm	1,840,000	北京保利	2015.06.05
陆俨少 桃花溪 立轴	88cm×47cm	1,680,000	十竹斋	2015.06.14
陆俨少 天山公路雄姿 镜心	24cm×33cm	517,500	海德拍卖	2015.06.27
陆俨少 天台山 立轴	68cm×45.5cm	1,552,500	江苏两汉	2015.01.11
陆俨少 万壑千崖在此中镜心（片）	96cm×45 cm.	2,070,000	中鸿信	2015.07.29
陆俨少 万壑树声满 成扇	18cm×35cm	1,380,000	北京保利	2015.12.07
陆俨少 万里山河图 镜心（片）	53cm×145 cm.	1,725,000	中鸿信	2015.07.29
陆俨少 万山红遍 镜片	52.5cm×110cm	5,405,000	上海工美	2015.06.28
陆俨少 巫峡高秋 镜框	124.5cm×68.5cm	5,750,000	华艺国际	2015.05.24
陆俨少 巫峡秋涛 立轴	138cm×69 cm	2,127,500	荣宝斋（济南）	2015.11.21
陆俨少 巫峡云涛 立轴	94cm×58cm	1,955,000	荣宝斋（济南）	2015.11.21
陆俨少 1988年作 松下高士图 立轴	画心33cm×45.5cm 诗堂25cm×45.5cm	230,000	上海嘉禾	2015.05.08
陆俨少 1988年作 寒梅暗香 镜心	68cm×137.5cm	1,150,000	北京诚轩	2015.05.18
陆俨少 1978年作 双清图 镜心	82.2cm×45.3cm	172,500	中国嘉德	2015.05.16
陆俨少 峡江图 镜心	68cm×68cm	2,300,000	中贸圣佳	2015.05.19
陆俨少 峡江图 立轴	79cm×44cm	672,000	十竹斋	2015.06.14
陆俨少 萧平 晴麓横云 镜片	43cm×44.5cm	180,000	上海驰翰	2015.05.09
陆俨少 谢稚柳 程十发 唐云 刘旦宅 陈佩秋 等 翰墨因缘册 册页（十四开）	23.1cm×31.1cm	1,667,500	东方大观	2015.05.20
陆俨少 谢稚柳 等 甲子（1984年）作 1985年作 1986年作 海上画坛集萃 册页（十六开）	46cm×33.5cm×16	2,300,000	朵云轩	2015.06.18

拍品名称	物品尺寸	成交价RMB	拍卖公司	拍卖日期
陆俨少 亚明 1997年作 云烟集 册页（三开）	45cm×64cm×3	287,500	上海敬华	2015.06.29
陆俨少 雁荡清泉 立轴	57cm×34.5cm	360,000	上海驰翰	2015.05.09
陆俨少 雁荡泉石图 镜心	38cm×54.5cm	460,000	中国嘉德	2015.05.16
陆俨少 雁岩飞瀑 立轴	69cm×39cm	1,840,000	保利厦门	2015.05.02
陆俨少 夜阑风香 立轴	67cm×45cm	207,000	上海嘉禾	2015.05.08
陆俨少 1985年作 春山云霭 立轴	96cm×60cm	1,610,000	上海嘉禾	2015.05.08
陆俨少 1985年作 湖畔隐居 立轴	57.5cm×33.5cm	287,500	上海嘉禾	2015.05.08
陆俨少 1985年作 梅石图 立轴	40cm×54cm	172,500	上海嘉禾	2015.05.08
陆俨少 1985年作 山水（四帧）镜框	34.5cm×27cm×4	931,500	上海嘉禾	2015.08.09
陆俨少 1985年作 莹然风骨 立轴	83cm×34cm	230,000	上海嘉禾	2015.05.08
陆俨少 1985年作 云壑虬松 立轴	画68cm×45cm 诗堂20cm×45cm	667,000	上海嘉禾	2015.05.08
陆俨少 1975年作 江南村落 镜框	23cm×35.5cm	253,000	上海嘉禾	2015.05.08
陆俨少 1965年作 白岳风光 镜心	24.5cm×33cm	322,000	中国嘉德	2015.05.16
陆俨少 1965年作 双面绘扇 成扇	18.5cm×69cm	1,955,000	北京诚轩	2015.11.13
陆俨少 1955年作 柳宗元诗意图·行书诗 立轴	18.5cm×51cm	736,000	中国嘉德	2015.05.17
陆俨少 云壑飞泉 镜心	82cm×47.5cm	1,064,000	十竹斋	2015.06.14
陆俨少 云山林屋图 立轴	69cm×44cm	460,000	江苏聚德	2015.01.25
陆俨少 云山流水图 镜心	98cm×46cm	1,667,500	海德拍卖	2015.06.27
陆俨少 云山奇峰图	67cm×36cm	3,612,400	卓艺拍卖	2015.11.18
陆俨少 云山图 镜片	35.5cm×53cm	310,500	朵云轩	2015.06.18
陆俨少 云山图 镜心	34cm×34cm	184,000	北京保利	2015.08.12
陆俨少 云山图 镜心	34cm×46cm	167,049	中国嘉德	2015.04.07
陆俨少 云岩流泉图 立轴	69cm×46 cm.	862,500	中鸿信	2015.07.29
陆俨少 朱屺瞻 关良 1977、1978、1980、1981、1982年作 山水花鸟册 册页（二十页）	26cm×31.5cm×20	448,500	西泠拍卖	2015.04.22
陆抑非 1934年作 四时花鸟屏 四屏	130.5cm×46cm×4	575,000	西泠拍卖	2015.07.05
陆抑非 1942年作 幽女出游 立轴	108cm×55cm	342,814	保利香港	2015.04.07
陆抑非 1943年作 山茶群蜂 镜心	70.5cm×37cm	253,000	北京翰海	2015.11.27
陆抑非 1946年作 花卉草虫 镜心	69cm×32cm	345,000	北京翰海	2015.06.26
陆抑非 1952年作 花卉秀竹册 镜框（一百〇三开）	24cm×46.8cm×103	968,780	佳士得	2015.12.01
陆抑非 1953年作 仙寿图 镜片	32cm×46cm	287,500	上海明轩	2015.06.21
陆抑非 1955年作 丰收图 立轴	125cm×48cm	345,000	中国嘉德	2015.05.16
陆抑非 1980年作 紫藤八哥 立轴	95cm×59cm	170,213	佳士得	2015.06.02
陆抑非 1981年作 石壁隐苍龙 立轴	178cm×96cm	218,500	北京匡时	2015.06.06
陆抑非 1985年作 虬屈游龙 立轴	96cm×59cm	437,000	上海嘉禾	2015.05.08
陆抑非 1986年作 百花寿石 手卷	33cm×744cm	1,624,088	中国嘉德	2015.04.07
陆抑非 草泽英雄 立轴	103cm×34cm	287,500	北京翰海	2015.06.26
陆抑非 春光 镜片	48cm×70cm	437,000	上海嘉禾	2015.05.08
陆抑非 瓜藤小鸡图 镜片	69.5cm×48.5cm	299,000	西泠拍卖	2015.07.05
陆抑非 行书 杜甫诗 立轴	136cm×67cm	172,500	西泠拍卖	2015.07.05
陆抑非 荷花翠鸟 镜片	33cm×38cm	201,250	上海嘉禾	2015.05.08
陆抑非 嘉实满枝 立轴	107cm×52cm	632,500	北京匡时	2015.12.04
陆抑非 1934年作 耄耋图 镜框	100cm×50cm	287,500	上海嘉禾	2015.05.08
陆抑非 龙翔凤舞 镜心（片）	135cm×67cm	1,265,000	江苏嘉恒	2015.01.11
陆抑非 倾城名姝 立轴	132cm×56cm	517,500	北京诚轩	2015.05.18
陆抑非 1942年作 八百延龄 立轴	105cm×50cm	540,500	上海嘉禾	2015.05.08
陆抑非 双安吉庆 立轴	74cm×30cm	368,000	上海敬华	2015.06.29
陆抑非 松鼠葡萄 镜心	114cm×47cm	184,000	北京保利	2015.01.24
陆抑非 吴徵 1939年作 绿竹鹦鹉 行书袁枚诗 成扇	19.5cm×52cm	575,000	北京东正	2015.05.19
陆抑非 1938年作 策杖看山 立轴	176.5cm×93cm	644,000	中国嘉德	2015.05.16

拍品名称	物品尺寸	成交价RMB	拍卖公司	拍卖日期
陆抑非 1948年作 猫戏图 立轴	34.5cm×42cm	172,500	上海嘉禾	2015.05.08
陆抑非 1951年作 展翅欲翔 镜框	33cm×38cm	253,000	上海嘉禾	2015.05.08
陆抑非 1981年作 洛阳春色 立轴	68.5cm×44.5cm	172,500	上海道明	2015.05.09
陆抑非 1945年作 出水荷风带露香 立轴	78.5cm×34.5cm	253,000	上海嘉禾	2015.05.08
陆抑非 朱声韶 海棠文禽 文钞二节 成扇	17.5cm×49cm	184,000	北京诚轩	2015.05.18
路怀中 2012年作 雪林之一	半径33cm	345,000	北京翰海	2015.11.27
罗寒蕾 2013年作 午后 镜心	166cm×80cm	828,000	上海宝龙	2015.01.18
罗寒蕾 红狐	104cm×65cm	563,500	北京匡时	2015.06.06
罗寒蕾 红楼梦组画 镜心	89cm×159cm 89cm×39cm×4	1,035,000	凤凰拍卖	2015.05.15
罗家伦 行书八言联 立轴	134cm×29cm×2	185,610	中国嘉德	2015.04.07
罗建武 2006年作 飞龙在天 镜框	175.5cm×69.5cm	403,500	香港苏富比	2015.04.05
罗杨 行书 立轴	132cm×66cm	345,000	河南泽华	2015.01.11
罗杨 行书 立轴	65cm×65cm	172,500	河南泽华	2015.01.11
罗一平 2015年作 鼎湖山纪游系列之二 镜片	180cm×49cm×2	632,500	广州皇玛	2015.07.26
罗一平 2015年作 鼎湖山纪游系列之一 镜框	180cm×49cm×2	575,000	广州皇玛	2015.07.26
罗振玉 1917年作 临《衡方碑》立轴	131.5cm×32cm	172,500	保利山东	2015.02.01
罗振玉 1917年作 篆书 四屏立轴	134cm×30.5cm×4	299,000	北京匡时	2015.12.05
罗振玉 1924年作 隶书 临朝侯小子碑（十页）册页	27cm×19cm×10	253,000	西泠拍卖	2015.07.05
罗振玉 1925年作 篆书八言联 立轴	164cm×40cm×2	276,000	北京匡时	2015.06.07
罗振玉 1926年作 行书杜甫诗 立轴		195,500	北京保利	2015.12.08
罗振玉 1928年作 集殷墟八言联 立轴	145cm×27cm×2	345,000	北京保利	2015.12.07
罗振玉 1927年作 篆书八言联 立轴	165cm×38.2cm×2	184,000	中国嘉德	2015.05.16
罗振玉 隶书“既多受祉”镜心	21cm×93.5cm	287,500	保利山东	2015.02.01
罗振玉 隶书临《西狭颂》手卷	书法33cm×262cm	816,500	中国嘉德	2015.05.18
罗振玉 临小子望鼎 立轴	165cm×81cm	448,500	北京保利	2015.01.24
罗振玉 书法 镜片	23.5cm×106cm	264,500	上海嘉禾	2015.05.08
罗振玉 玩易 镜框	30cm×67cm	172,500	上海明轩	2015.06.21
罗振玉 1925年作 甲骨文八言联 立轴	146.5cm×24cm×2	207,000	中国嘉德	2015.11.16
罗振玉 篆书 五言联 对联	132cm×31cm×2	230,000	西泠拍卖	2015.07.05
罗振玉 篆书八言联 立轴	165cm×40cm×2	184,000	北京匡时	2015.12.04
罗振玉 篆书临《小子望鼎》镜心	164cm×84cm	483,000	北京匡时	2015.10.16
罗振玉 篆书七言联 立轴	131cm×28cm×2	178,250	保利山东	2015.02.01
罗振玉 篆书七言联 立轴	132cm×31cm×2	166,750	北京匡时	2015.06.07
吕凤子 1926年作 古松图 镜片	175.5cm×64cm	230,000	西泠拍卖	2015.07.05
吕凤子 松柏图 立轴	112.1cm×45.1cm	350,438	佳士得	2015.06.02
吕鹏 2005年作 游园惊梦之一	230cm×200cm	369,900	邦瀚斯	2015.10.03
吕寿琨 1957年作 废墟	39.4cm×93cm	205,250	佳士得	2015.11.29
吕寿琨 1957年作 艇之集	35.9cm×65.4cm	153,938	佳士得	2015.11.29
吕寿琨 1958年作 劫余 镜框	50.7cm×117.6cm	221,925	香港苏富比	2015.04.06
吕寿琨 1960年作 维多利亚港 镜框	31cm×48.5cm	410,500	佳士得	2015.11.30
吕寿琨 1963年作 东山台教堂 立轴	120.5cm×59cm	287,700	香港苏富比	2015.10.06
吕寿琨 1963年作 香港写生-香港仔 横批	58.5cm×358.5cm	2,723,400	佳士得	2015.06.01
吕寿琨 1964年作 山水 镜框	94cm×30.5cm	280,350	佳士得	2015.06.01
吕寿琨 1965年作 荷花 立轴	93.5cm×30cm	480,600	佳士得	2015.06.01
吕寿琨 1969年作 山间 镜框	149.5cm×44cm	161,884	保利香港	2015.04.06
吕寿琨 1970年作 禅 镜框	152cm×82cm	769,688	佳士得	2015.11.30
吕寿琨 1971年作 禅 镜框	43cm×59cm	184,725	佳士得	2015.11.30
吕寿琨 1972年作 抽象禅画 镜框	82cm×149cm	403,500	香港苏富比	2015.04.05
吕寿琨 1972年作 春荷 立轴	179cm×96.5cm	493,200	香港苏富比	2015.10.05
吕寿琨 1974年作 禅画 镜框	82cm×150cm	616,500	香港苏富比	2015.10.05
吕寿琨 禅画	150cm×82cm	318,650	纽约苏富比	2015.09.15
吕寿琨 禅画 镜框	180cm×97cm	924,750	香港苏富比	2015.10.05
吕寿琨 约1969年作 禅 镜框	139cm×69.5cm	504,375	香港苏富比	2015.04.05
马德升 1980年代作 无题	61.5cm×80.5cm	161,000	北京匡时	2015.12.04
马德升 1984年作 无题	133cm×60.5cm	161,000	北京匡时	2015.12.04
马高骧 2008年作 团团圆圆 镜心	136cm×69cm	345,000	北京保利	2015.12.06
马公愚 1927年作行书 七言诗 四屏	67cm×30cm×4	172,500	西泠拍卖	2015.07.05
马光学 书法 立轴	166cm×45cm	218,500	上海嘉禾	2015.05.08
马汉跃 2015年作 金风送爽	69cm×136cm	184,000	北京翰海	2015.11.27
马晋 1929年作 双骏图 立轴	87.5cm×33cm	471,500	鼎天国际	2015.07.05
马晋 1929年作 松下双骏 立轴	87.6cm×32.8cm	453,938	香港苏富比	2015.04.06
马晋 1935年作 四骏图 横幅镜心	32cm×99cm	218,500	北京翰海	2015.06.27
马晋 1944年作 八骏图 立轴	123cm×63cm	667,000	北京翰海	2015.06.26
马晋 春郊饮马图 立轴	128.5cm×65.5cm	280,350	佳士得	2015.06.02
马晋 春郊阅骏图 手卷	45.5cm×438cm	5,874,960	香港苏富比	2015.04.06
马晋 宫廷御马 镜心（片）	98cm×69 cm.	690,000	中鸿信	2015.07.29
马晋 花鸟图	100cm×50cm	1,083,720	卓艺拍卖	2015.11.21
马晋 柳下双骏 立轴	124cm×32.5cm	172,500	上海明轩	2015.06.21
马晋 母子情深 镜心	63cm×44.3cm	402,500	中国嘉德	2015.11.14
马晋 祁崑 王福厂 等 山水书法隔景扇 成扇	18cm×51cm	736,000	中国嘉德	2015.11.15
马晋 祁崑 叶昀 等 1933年作 书画格景扇 成扇	17.5cm×51cm	253,000	北京诚轩	2015.05.18
马晋 1932年作 柏石双羚 立轴	86cm×34.5cm	345,000	中国嘉德	2015.05.16
马晋 1962年作 马 镜心	132cm×132cm	742,440	中国嘉德	2015.04.07
马晋 桃花鸽子 立轴	122.5cm×33.3cm	462,375	香港苏富比	2015.10.06
马晋 1941年作 柳荫牧马 立轴	130cm×63.5cm	575,000	中国嘉德	2015.05.16
马晋 1925年作 青松卧马 立轴	68.5cm×37.8cm	345,000	北京诚轩	2015.11.13
马晋 张海若 八骏图 行书词 成扇	18cm×48cm	276,000	北京翰海	2015.06.26
马晋 篆书十言联 镜心	130cm×23cm×2	161,000	北京翰海	2015.06.26
马君武 行书五言联 对联	146cm×39cm×2	299,000	中国嘉德	2015.09.19
马君武 隶书 镜心	34cm×98cm	207,000	朵云轩	2015.10.24
马骏 本味 镜心	144.5cm×62cm	287,500	中国嘉德	2015.11.16
马骏 本味 镜心	38cm×144.5cm	172,500	中国嘉德	2015.05.18
马乐平 紫气东来 镜片连框	47cm×170cm	179,200	上海国拍	2015.05.31
马泉艺 2014年作 阿妹	102cm×70cm	287,500	北京翰海	2015.06.26
马泉艺 2014年作 慧可法师	106cm×69cm	276,000	北京翰海	2015.06.26
马骀 怀素书蕉 屏轴	307cm×28.5cm	184,000	上海道明	2015.05.09
马文典 2006年作 钟馗神威图 立轴	135cm×66cm	460,000	广州皇玛	2015.01.18
马文典 2007年作 雪亭抒怀 立轴	121cm×240cm	460,000	广州皇玛	2015.01.18
马西光 2003年作 唐人马球图 软片	68cm×136cm	805,000	上古嘉成	2015.06.28
马相伯 行书 木板	151cm×36cm	160,000	上海驰翰	2015.05.09
马欣乐 2014年作 八骏图 镜心	68cm×136cm	484,980	保利香港	2015.10.05
马欣乐 2014年作 驰骋万里图	68cm×136cm	402,500	北京翰海	2015.06.26
马欣乐 2014年作 长恨歌诗意	136cm×68cm	368,000	北京翰海	2015.11.27
马新林 红红火火三月天	138cm×69cm	368,000	北京翰海	2015.06.26
马一浮 1933年作 篆书十言联 镜心	241cm×38cm×2	632,500	北京匡时	2015.12.04
马一浮 1942年作 行书“与弘一事考”立轴	39cm×43cm	218,500	上海道明	2015.05.09
马一浮 1957年作 篆书佛经语 立轴	38cm×49.5cm	350,750	上海工美	2015.06.28
马一浮 1965年作 行书 七言联 对联	149.5cm×26.5cm×2	379,500	西泠拍卖	2015.07.06
马一浮 1946年作 隶书十言 对联	177.5cm×31cm×2	287,500	上海道明	2015.05.09
马一浮 草书 节临急就章 镜片	132.5cm×33cm	333,500	西泠拍卖	2015.07.05

拍品名称	物品尺寸	成交价RMB	拍卖公司	拍卖日期
马一浮 行书《临江仙》册页片（三开）	33cm×24cm×3	253,000	上海道明	2015.05.09
马一浮 行书节《养生论》镜芯	96.5cm×34cm	172,500	上海道明	2015.05.09
马一浮 行书节录沈约郊居赋 立轴	95.5cm×34cm	437,000	中国嘉德	2015.11.15
马一浮 行书李商隐《五松驿》立轴	125cm×30.7cm	159,325	纽约苏富比	2015.09.17
马一浮 行书七言联 立轴	137cm×29.5cm×2cm	471,500	北京匡时	2015.06.07
马一浮 行书王安石出郊诗 立轴	112.5cm×32cm	575,000	中国嘉德	2015.11.15
马一浮 行书五言诗 立轴	145cm×41cm	230,000	北京匡时	2015.03.30
马一浮 黄庭坚《寺斋睡起》镜心	135cm×34cm	224,250	北京诚轩	2015.05.18
马一浮 节临《琅琊台刻石》立轴	161.5cm×46cm	356,500	北京诚轩	2015.11.13
马一浮 节临皇象《急就章》立轴	132cm×38cm	172,500	北京诚轩	2015.11.13
马一浮 节临索靖《月仪帖》立轴	117cm×17cm	195,500	北京诚轩	2015.11.13
马一浮 隶书 五安堂 镜片	237.5cm×76cm	437,000	西泠拍卖	2015.07.05
马一浮 庞元济 李白《古风》云山罨画 成扇	18.8cm×51cm	166,750	北京诚轩	2015.05.18
马一浮 寿 立轴	123cm×62cm	805,000	北京保利	2015.06.05
马一浮 1958年作 行书《自题墓辞》立轴	41.5cm×84cm	207,000	中国嘉德	2015.11.14
马一浮 致谢无量信札一通 行书自作诗 手卷	引首33.5cm×67cm 本幅34.5cm×129cm 题跋33.5cm×130cm	264,500	北京匡时	2015.06.07
马一浮 篆书 临三公山神碑（四帧）镜片	145cm×40cm×4	517,500	西泠拍卖	2015.07.05
马一浮 篆书“兼善堂” 横披	56.5cm×167.5cm	1,265,000	北京匡时	2015.06.06
马一浮 篆书《楚辞》句 立轴	eacmh 129cm×27.3cm×2	328,800	香港苏富比	2015.10.06
马一浮 篆书八言联 立轴	163cm×36cm×2	161,000	北京匡时	2015.12.04
马一浮 篆书杜甫诗 立轴	131cm×32cm	232,013	中国嘉德	2015.04.07
马一浮 篆书庄子语 镜框	33.6cm×131cm	328,800	香港苏富比	2015.10.06
马寅初 1936年作 行书七言 对联	133cm×32.5cm×2	897,000	上海道明	2015.05.09
马子恺 2014年作 空山新雨后	60cm×95cm	184,000	北京翰海	2015.11.27
马子恺 2015年作 以书焕彩——论语篇 镜心	138cm×345cm	517,500	北京保利	2015.12.06
马子恺 春晓 镜心	96cm×90cm	678,500	北京保利	2015.06.03
马子恺 书法（自强不息）	70cm×69cm	184,000	北京翰海	2015.06.26
麦华三 1980年作行书十七言联 立轴	275cm×22cm×2	253,000	北京保利	2015.06.05
毛泽东 书法	175cm×30cm	1,890,600	香港龙玺	2015.09.19
茆帆 2014年作 深谷居家 镜片	68cm×68cm	264,500	上海嘉禾	2015.05.08
茆帆 2015年作 林泉佳致 镜片	136.5cm×69cm	218,500	上海嘉禾	2015.05.08
茆帆 2015年作 山水 镜片	68cm×136cm	241,500	上海嘉禾	2015.05.08
茅盾 1976年作 行书诗《中东风云》镜片	83.5cm×19.5cm	598,000	上海明轩	2015.06.21
茅盾 1980年作 行书《读稼轩集》立轴	67cm×32cm	264,500	北京保利	2015.12.07
茅盾 1987年作 行书自作诗一首 立轴	68cm×33cm	345,000	北京保利	2015.12.07
梅兰芳 1933年作 十八应真像 立轴	138.9cm×41.2cm	322,800	香港苏富比	2015.04.06
梅兰芳 1936年作 九如图 镜框	129cm×65.5cm	851,000	上海道明	2015.05.09
梅兰芳 1936年作 游鱼 镜心	129cm×66cm	1,207,500	中国嘉德	2015.11.14
梅兰芳 樊浩霖 甲申（1944年作 绿萼红梅 镜框	108.5cm×39cm	195,500	朵云轩	2015.06.18
梅兰芳 尚小云 1945年作 祝寿图 立轴	124.5cm×28.2cm	191,190	纽约佳士得	2015.09.16
孟耕宇 2014年作 金灯寺 镜框	直径78cm	172,500	北京保利	2015.04.25
糜耕云 谢稚柳 1992年作 戏婴图 立轴	124cm×73cm	152,362	保利香港	2015.04.07

拍品名称	物品尺寸	成交价RMB	拍卖公司	拍卖日期
米金铭 天菩萨	180cm×96cm	575,000	四川翰雅	2015.10.15
苗地 布袋和尚 镜片	107cm×68cm	437,000	河南泽华	2015.01.11
苗地 惠安渔女 镜片	90cm×69cm	368,000	河南泽华	2015.01.11
苗地 谁最雅克西 镜片	45cm×45cm	184,000	河南泽华	2015.01.11
闵庚灿 1999年作 明月净松林 镜片	133cm×66.5cm	184,000	西泠拍卖	2015.07.05
闵庚灿 1999年作 云雾山中一老松 镜心	133cm×66cm	775,968	保利香港	2015.10.05
闵庚灿 2012年作 水边人家图 镜片	68.5cm×47cm	195,500	西泠拍卖	2015.07.05
闵庚灿 2015年作 常青 镜心	61cm×200cm	1,066,956	保利香港	2015.10.05
缪谷瑛 1936年作 东篱艳菊图 立轴	170.5cm×91.5cm	484,200	香港苏富比	2015.04.06
莫言 毛泽东 沁园春·雪 镜心	97cm×184cm	977,500	南京经典	2015.01.04
莫友芝 1868年作 篆书节录《道德经》立轴	135cm×33cm×4	161,000	北京匡时	2015.10.16
莫友芝 蛰安 镜框	34.5cm×116.5cm	616,500	香港苏富比	2015.10.05
牟成 2013年作 松雪图	37cm×68cm	172,500	北京翰海	2015.06.26
牧野 2010年作 北京铁事	69cm×138cm	575,000	北京翰海	2015.06.26
慕凌飞 虎饮图 镜片	92cm×44cm	1,495,000	河南泽华	2015.01.11
慕凌飞 1985年作 双雄图 镜心	116cm×244cm	207,000	中国嘉德	2015.09.19
那志良题 清明上河图	31cm×687cm	845,352	帝图艺术	2015.04.12
南海岩 藏族人物 镜框	101cm×70cm	637,200	台湾富德	2015.04.23
南海岩 2003年作 祖孙图 镜心	68cm×136cm	276,000	中国嘉德	2015.09.19
南海岩 2014年作 微笑总在您的脸庞 镜心	68cm×68cm	805,000	中国嘉德	2015.05.18
南海岩 眷恋大高原 镜片	84cm×56cm	920,000	北京上和	2015.05.16
南海岩 母子图 镜心	126cm×70cm	345,000	北京保利	2015.06.03
南海岩 牧羊人	63cm×82cm	160,701	香港龙玺	2015.09.19
南海岩 凝瑞聚祥 横卷	34cm×138cm	920,000	北京上和	2015.11.13
南海岩 人物 镜心	68cm×136cm	392,000	北京荣宝	2015.11.29
南海岩 2015年作 万籁金风 镜心	39cm×99.5cm	690,000	中国嘉德	2015.11.16
南溪 2014年作 纯粹的年代	140cm×70cm	460,000	朵云轩	2015.06.19
南溪 女兵的笑	70cm×70cm	230,000	朵云轩	2015.06.19
聂鸥 2013年作 歌行一路风送爽 镜框	49cm×179cm	165,200	苏富比（北京）	2015.06.02
聂鸥 2008年作 牧趣	68cm×136cm	460,000	北京翰海	2015.06.26
聂危谷 2012年作 流金岁月 镜心	89cm×98cm	368,000	北京保利	2015.06.03
聂危谷 布鲁日城	91.5cm×69cm	368,000	北京匡时	2015.06.06
聂危谷 街景 镜片	89.5cm×77cm	322,000	北京上和	2015.05.16
聂危谷 誓约 镜心	111.5cm×99cm	322,000	海德拍卖	2015.06.27
聂危谷 天使见证 镜心	94cm×70cm	322,000	南京经典	2015.08.02
聂危谷 向高德致敬 镜心	109cm×68cm	230,000	北京保利	2015.01.24
聂危谷 眩想巴洛克 镜心	91cm×69cm	190,452	保利香港	2015.04.06
欧豪年 丙午(1966年)作 水牛 立轴	183cm×95cm	483,000	中国嘉德	2015.11.14
欧豪年 1982年作 良宽法师往迹并新泻纪游诗 镜心	53cm×41cm×15	368,000	中国嘉德	2015.04.01
欧豪年 1978年作 四景山水 镜片	95cm×29cm×4	517,500	广东崇正	2015.06.18
欧阳江河 2014年作 傍晚穿过广场 长卷	108cm×1915cm	632,500	南京经典	2015.01.04
欧阳小林 2014年作 盛开的花 镜心	139cm×88cm	184,000	北京保利	2015.06.03
欧阳中石 朝朝暮暮 镜心	175cm×94cm	230,000	保利山东	2015.02.01
欧阳中石 行书“韩愈诗” 镜心	65cm×133cm	345,000	荣宝斋（济南）	2015.11.21
欧阳中石 行书《卜算子·咏梅》镜心	69cm×230cm	207,000	北京保利	2015.04.25
欧阳中石 行书杜牧诗 镜心	69cm×137cm	172,500	保利山东	2015.09.13
欧阳中石 柳永《蝶恋花，伫倚危楼》镜心	140cm×360cm	920,000	保利山东	2015.02.01

拍品名称	物品尺寸	成交价RMB	拍卖公司	拍卖日期
欧阳中石 罗郎《赏春》镜心	68cm×136cm	184,000	保利山东	2015.02.01
欧阳中石 书法	70cm×35cm	200,250	荣盛国际	2015.07.31
欧阳中石 1988年作 行书 镜心	134cm×64cm	172,500	中国嘉德	2015.06.27
欧阳中石 1988年作 行书《水龙吟》镜心	34.5cm×137.5cm	218,500	中国嘉德	2015.11.14
潘伯鹰 行书中堂 立轴	133cm×65cm	172,500	荣宝斋（济南）	2015.11.21
潘公凯 2000年代作 稀酣图	67cm×135.5cm	575,000	佳士得（上海）	2015.04.25
潘恭寿 仿各家山水（十二开册）	23cm×17.5cm	1,035,613	纽约苏富比	2015.09.17
潘慧敏 小楷王勃诗 立轴	34cm×29cm	345,000	保利山东	2015.09.13
潘慧敏 小楷王维诗 立轴	33cm×45cm	368,000	保利山东	2015.09.13
潘洁兹 1975年作 春到长城 镜框	91cm×67cm	161,000	北京华辰	2015.05.15
潘絜兹　巫山神図 立轴	186cm×95 cm.	345,000	中鸿信	2015.07.29
潘絜兹 1978年作 丽春 立轴	画46cm×34.5cm 字25cm×34.5cm	345,000	中国嘉德	2015.05.17
潘素 峰海松涛 立轴	137cm×68cm	1,012,000	广东崇正	2015.06.18
潘素 吴山初雪 立轴	93cm×40cm	172,500	北京保利	2015.06.04
潘天寿　兰竹图 镜心（片）	33cm×82 cm	575,000	中鸿信	2015.07.29
潘天寿（传）水仙 镜片	44cm×33cm	220,000	上海驰翰	2015.03.07
潘天寿（款）墨荷图	120cm×39cm	5,203,296	荣盛国际	2015.01.10
潘天寿 1928年作 隶书"至乐莫如治书"镜心	21.5cm×122cm	1,782,500	北京匡时	2015.12.04
潘天寿 1929年作 山水小景 镜心	22cm×29cm	897,000	北京保利	2015.06.05
潘天寿 1934年作 夏山图 立轴	136.5cm×52cm	4,830,000	北京保利	2015.06.04
潘天寿 1935年作 双清图 立轴	75.5cm×33cm	1,233,000	香港苏富比	2015.10.06
潘天寿 1941年作 兰石图 立轴	179.7cm×49cm	7,820,000	中国嘉德	2015.05.17
潘天寿 1941年作 书法 立轴	129.5cm×33cm	993,240	佳士得	2015.06.02
潘天寿 1943年作 行书李叔同画论 立轴	148cm×36cm	540,500	北京保利	2015.12.07
潘天寿 1943年作 寿石图 镜片	34cm×27.5cm	345,000	西泠拍卖	2015.07.05
潘天寿 1944年作 佛寿无量 立轴	135.5cm×33.5cm	3,220,000	上海道明	2015.05.09
潘天寿 1947年作 冷香菊艳图 立轴	136cm×34cm	2,856,780	保利香港	2015.04.07
潘天寿 1947年作 湘江水禽 立轴	133cm×34.5cm	5,175,000	北京匡时	2015.12.04
潘天寿 1950年作 幽石栖禽图 镜片	134.5cm×33.5cm	2,415,000	西泠拍卖	2015.07.05
潘天寿 1961年作 朝霞 横披	144cm×195cm	69,000,000	中国嘉德	2015.11.15
潘天寿 1961年作 大吉图 立轴	76.5cm×41cm	4,255,000	北京保利	2015.12.06
潘天寿 1961年作 雨后 立轴	58cm×35cm	2,185,000	北京匡时	2015.03.30
潘天寿 1962年作 草书《渔父》镜心	33cm×111cm	782,000	中贸圣佳	2015.05.19
潘天寿 1962年作 枯石寒鸦 立轴	70cm×40cm	1,380,000	北京匡时	2015.06.06
潘天寿 1963年作 雏鸡 立轴	74cm×30cm	1,610,000	广东崇正	2015.06.19
潘天寿 1963年作 鸬鹚图 立轴	68cm×52cm	1,840,000	中国嘉德	2015.09.19
潘天寿 1964年作 翠石双雀 立轴	96.5cm×45cm	9,430,000	北京匡时	2015.06.06
潘天寿 1964年作 劲松 立轴	207cm×151cm	93,150,000	中国嘉德	2015.11.15
潘天寿 1964年作 小憩图 镜心	52cm×39cm	1,380,000	北京保利	2015.12.06
潘天寿 1965年作 行书《王杰同志日记》立轴	112cm×40.5cm	345,000	北京匡时	2015.10.16
潘天寿 1965年作 行书毛主席诗词 立轴	94cm×34.5cm	805,000	北京翰海	2015.06.26
潘天寿 1965年作 荷风 立轴	68cm×45.5cm	5,520,000	广东崇正	2015.06.19
潘天寿 1965年作 荷花清趣图 立轴	54cm×48.5cm	2,300,000	西泠拍卖	2015.07.05
潘天寿 1965年作 拟八大鸟石图 镜框	90.6cm×41.6cm	2,582,400	香港苏富比	2015.04.06
潘天寿 1965年作 秋菊图 立轴	56.5cm×35.5cm	1,150,000	北京东正	2015.05.19

拍品名称	物品尺寸	成交价RMB	拍卖公司	拍卖日期
潘天寿 1965年作 双清图 镜心	60cm×41cm	483,000	中国嘉德	2015.04.01
潘天寿 1965年作 写李青莲海榴世所稀诗意 立轴	107cm×42cm	4,140,000	北京匡时	2015.12.04
潘天寿 八哥图 镜心	60cm×47cm	655,500	北京匡时	2015.03.30
潘天寿 1936年作 幽兰墨竹 扇面	18cm×51.5cm	552,000	中国嘉德	2015.05.17
潘天寿 苍鹰图	100cm×49cm	3,409,056	荣盛国际	2015.01.10
潘天寿 苍鹰图	68cm×44cm	4,205,250	荣盛国际	2015.07.31
潘天寿 草书 镜片	32cm×135cm	1,207,500	朵云轩	2015.06.18
潘天寿 草书《无谓斋屑谈》镜心	24cm×145.5cm	1,725,000	北京匡时	2015.12.04
潘天寿 雏鸡 立轴	46cm×34cm	1,150,000	北京保利	2015.12.06
潘天寿 雏鸡 立轴	63.5cm×30.5cm	483,000	北京匡时	2015.10.17
潘天寿 癸卯（1963年）作 书画双挖 镜心	绘画24cm×27cm 书法27cm×24cm	1,322,500	中国嘉德	2015.11.14
潘天寿 海榴图	125cm×48cm	2,709,300	卓艺拍卖	2015.11.21
潘天寿 行书毛主席词 立轴	127cm×36cm	1,680,000	十竹斋	2015.06.14
潘天寿 行书自作诗 立轴	137cm×34cm	391,000	北京保利	2015.12.07
潘天寿 荷花 镜心	156cm×90cm	2,070,000	北京匡时	2015.10.17
潘天寿 荷花蜻蜓 镜框	23cm×36cm	179,200	北京荣宝	2015.08.30
潘天寿 花鸟图	136cm×58cm	2,202,750	荣盛国际	2015.07.31
潘天寿 黄宾虹 等 1954年作 兰花树石 书法 山水 镜框	18.5cm×51cm	205,250	佳士得	2015.12.01
潘天寿 劲松 立轴	136cm×33cm	1,725,000	北京保利	2015.12.06
潘天寿 兰花 立轴	150.5cm×40.5cm	2,070,000	华艺国际	2015.05.24
潘天寿 林散之 幽兰 隶书 成扇	19.7cm×47.2cm	1,742,640	香港苏富比	2015.10.06
潘天寿 柳雀图 立轴	114cm×36cm	575,000	四川德轩	2015.11.05
潘天寿 盘根小松图 立轴	49cm×33cm	402,500	海德拍卖	2015.06.27
潘天寿 秋色 立轴	133cm×33cm	1,265,000	荣宝斋（济南）	2015.11.21
潘天寿 水鸟 立轴	85cm×34cm	5,060,000	北京保利	2015.12.06
潘天寿 松阁看山图 立轴	131cm×65cm	3,910,000	上海敬华	2015.06.29
潘天寿 庭院晚来秋 镜片	133.5cm×28cm	1,017,413	纽约苏富比	2015.03.19
潘天寿 王震 吴涵 王传焘 1922年作 竹石小鸟图 立轴	137cm×69cm	460,000	西泠拍卖	2015.07.05
潘天寿 王震 袁克文 等 万佛楼图卷 手卷	35cm×580cm	1,782,500	保利厦门	2015.05.02
潘天寿 吴湖帆 等 书画格景扇 成扇	17cm×50cm	1,380,000	北京诚轩	2015.11.13
潘天寿 1948年作 行书 立轴	135cm×33cm	460,000	朵云轩	2015.06.18
潘天寿 1948年作 屺梦图 镜片	34cm×35cm	598,000	朵云轩	2015.06.18
潘天寿 1948年作 兰花 镜心	33cm×96cm	678,972	中国嘉德	2015.10.07
潘天寿 谢稚柳 甲辰（1964年作 夕阳山外山 立轴	诗堂23cm×38.5cm 画48cm×38.5cm	1,610,000	上海金艺	2015.06.26
潘天寿 1945年作 行书五言诗 立轴	111cm×31cm	747,500	中国嘉德	2015.11.14
潘天寿 鹰石山花图 镜心	182.3cm×141.8cm	279,450,000	中国嘉德	2015.05.17
潘天寿 花鸟 镜心	33.5cm×135cm	920,000	北京至诚	2015.12.20
潘天寿 荷塘小鸟 镜框	130cm×67cm	6,900,000	北京至诚	2015.12.20
潘玉良 1957年作 梦寐 彩墨纸本	70cm×90.5cm	11,201,160	香港苏富比	2015.04.04
潘玉良 1961年作 瓶中野菊花 纸本	64.5cm×54cm	1,939,200	罗芙奥	2015.06.07
潘玉良 裸女背面	24cm×41.5cm	266,825	佳士得	2015.11.29
潘玉良 卧姿裸女	26cm×43cm	205,250	佳士得	2015.11.29
潘玉良 约1950/60年作 母与子	55cm×44cm	1,512,480	邦瀚斯	2015.10.03
潘贞则 临顾闳中《斗鸡图》镜框	91.8cm×55.9cm	706,125	香港苏富比	2015.04.06
潘振镛 等　仕女 人物 册页（十开）	33cm×33cm×10	168,000	上海国拍	2015.05.31
潘主兰 1986年作 甲骨文 镜片	133cm×33cm×8	724,500	福建运通	2015.02.01
潘主兰 朱竹 镜片	52cm×87cm	575,000	福建运通	2015.07.26
庞荣年 山水二帧 镜心	33cm×34cm×2	230,000	北京翰海	2015.06.26

2015书画拍卖成交汇总

(成交价RMB：15万元以上)

拍品名称	物品尺寸	成交价RMB	拍卖公司	拍卖日期
庞泰嵩 云涌千峰秀 镜片	画心72cm×366cm	805,000	广东崇正	2015.06.18
庞熏琹 飞天	41cm×35cm	615,168	罗芙奥	2015.05.31
庞熏琹 舞蹈仕女 立轴	62cm×30.1cm	225,775	佳士得	2015.12.01
庞元济 裘昌年 1928年作 芙蓉菱角 行书诗二首 成扇	20cm×48cm	230,000	北京翰海	2015.06.26
庞元济 张大千 1939年作 仿董山水·行书七言诗 成扇	19cm×49cm	164,893	中国嘉德	2015.10.07
彭醇士 1960年作 蜀山幽居 立轴	82cm×60.5cm	194,891	中国嘉德	2015.04.07
彭连熙 1990年作 红楼群芳图	83cm×248cm	379,500	西泠拍卖	2015.07.04
彭连熙 2006年作 红楼十二钗（十二帧）	85cm×50cm×12	322,000	西泠拍卖	2015.07.04
彭薇 2004年作 锦绣系列：龙袍	85.7cm×158.8cm	259,600	苏富比（北京）	2015.06.02
彭薇 2005年作 锦绣系列：高士图	85cm×158.5cm	401,200	苏富比（北京）	2015.06.02
彭薇 2005年作 锦绣系列：落花流水 镜框	85.5cm×158cm	262,275	香港苏富比	2015.04.05
彭薇 2006年作 群仙祝寿图 镜心	155cm×180cm	1,142,712	保利香港	2015.04.06
彭薇 2012 年作 湖山春晓图	35.5cm×395.5cm	1,470,000	佳士得（上海）	2015.04.25
彭薇 2013年作 秋日华格纳	37cm×280cm	828,000	北京匡时	2015.06.06
彭薇 彩墨锦绣系列	96cm×166cm	205,500	邦瀚斯	2015.10.03
彭薇 仿古人笔意-湖石图 手卷	75cm×335cm 70cm×137.8cm	220,275	佳士得	2015.05.31
彭薇 无题	85cm×155cm	484,200	佳士得	2015.03.15
彭先诚 2004年作 丽人行 镜心	34cm×139cm	218,500	北京保利	2015.12.06
彭先诚 2003年作 丽人行 镜心	132cm×33cm	195,500	中国嘉德	2015.09.19
彭先诚 1999年作 人面桃花相映红 镜心	113cm×34cm	161,000	中国嘉德	2015.04.02
彭先诚 甲申（2004年）作 行旅图 镜心	135cm×34cm	161,000	中国嘉德	2015.09.19
彭先诚 2002年作 文姬归汉图 镜心	137cm×34cm	276,000	中国嘉德	2015.04.02
彭先诚 2002年作 游春图 镜心	139cm×35cm	230,000	中国嘉德	2015.04.02
彭先诚 1998年作 听涛 镜心	101cm×26cm	161,000	中国嘉德	2015.04.02
彭先诚 一花一世界 镜心	137cm×35cm	156,800	北京荣宝	2015.11.29
彭友善 1990年作 神龙东升图 立轴	137cm×68cm	437,000	景德镇华艺	2015.05.23
彭友善 1997年作 虎 立轴	138cm×70cm	552,000	景德镇华艺	2015.01.10
蒲华 1881年作 清供 镜框	60.2cm×121.6cm	262,275	香港苏富比	2015.04.06
蒲华 1886年作 墨竹册（十页）册页	39.5cm×29cm×10	391,000	西泠拍卖	2015.07.05
蒲华 1898年作 竹石图 四屏	129cm×65cm×4	1,035,000	西泠拍卖	2015.07.05
蒲华 1900年作 太白诗意图 立轴	174cm×92cm	207,000	西泠拍卖	2015.07.05
蒲华 1901年作 四君子图 四屏	149.5cm×40cm×4	690,000	西泠拍卖	2015.07.05
蒲华 1903年作 草书七言联 立轴	131cm×31.5cm×2	540,500	北京匡时	2015.06.07
蒲华 癸卯（1903年）作 西湖秋兴图卷 手卷	34cm×134cm	184,000	北京诚轩	2015.05.18
蒲华 行书八言对联 立轴	139cm×22cm×2	230,000	北京保利	2015.12.07
蒲华 梅花书屋图 长卷	44cm×133cm	322,000	南京经典	2015.01.04
蒲华 拟唐六如雪山图 立轴	128cm×64cm	207,000	中国嘉德	2015.05.16
蒲华 清晚期 “市隐” 行书横额	63cm×25cm	575,000	中国嘉德	2015.11.14
蒲华 霜中君子 立轴	147cm×39cm	218,500	北京匡时	2015.06.06
蒲华 岁寒三友 镜心	65cm×132cm	230,000	北京匡时	2015.03.30
蒲华 竹石图 立轴	182cm×46.5cm	166,750	西泠拍卖	2015.04.22
普明（雪窓）光风转蕙 立轴	70cm×37cm	1,541,250	香港苏富比	2015.10.05
普明（雪窓）兰曳风中 立轴	37cm×66cm	431,550	香港苏富比	2015.10.05
溥德 观音大士 成扇	18cm×46cm	173,600	天津文物	2015.05.22
溥伒 1936年作 宝米斋图卷 手卷	画心34cm×260cm	1,322,500	北京保利	2015.06.05
溥伒 1942年作 双俊图 立轴	101cm×45cm	172,500	鼎天国际	2015.07.05
溥伒 黄节 等 辛未（1931年）作 松下高士 行书 成扇		345,000	中国嘉德	2015.04.02
溥伒 秋亭课子 成扇	28.5cm×85cm	369,600	天津文物	2015.05.22
溥伒 赵叔孺 鞍马寻春图·行书 成扇	20cm×53cm	276,000	中国嘉德	2015.11.15
溥儒 1929年作 麻姑献寿 立轴	82cm×33.5cm	172,500	北京匡时	2015.12.04
溥儒 1929年作 蚤 镜片	15cm×6cm	264,500	广东崇正	2015.06.19
溥儒 1931年作 李香君像 镜片	83cm×37cm	1,092,500	广东崇正	2015.06.19
溥儒 1931年作 山水 册（十四开）	14cm×7.1cm×14	1,614,000	香港苏富比	2015.04.06
溥儒 1934年作 寒玉堂词 手卷	23cm×151cm	190,452	保利香港	2015.04.07
溥儒 1934年作 溪山环抱千岩万壑 手卷	题首10.5cm×65cm 画芯10.5cm×151cm 跋尾10.5cm×188cm	1,322,500	广东小雅斋	2015.05.12
溥儒 1937年作 太平婴戏图 立轴	65cm×26.5cm	484,200	香港苏富比	2015.04.06
溥儒 1938年作 草书《书谱》镜框	30cm×1115.2cm	718,375	佳士得	2015.12.01
溥儒 1940年作 拟石涛山水（两幅）镜框	7cm×51cm×2	564,438	佳士得	2015.12.01
溥儒 1942年作 高士图 书法 成扇	18cm×49cm	172,500	鼎天国际	2015.07.05
溥儒 1943年作 楷书 镜框（六开）	41.1cm×14.6cm×6	821,000	佳士得	2015.12.01
溥儒 1945年作 山芙红艳 镜框	40cm×25cm	194,988	佳士得	2015.12.01
溥儒 1945年作 书法对联（两幅）镜框	96.5cm×30.8cm×2	164,200	佳士得	2015.12.01
溥儒 1947年作 扶摇直上 立轴	98cm×31cm	322,000	北京保利	2015.12.07
溥儒 1949年作 书画合璧 成扇	19cm×45cm	345,000	北京翰海	2015.06.26
溥儒 1950年作 关公立轴	95cm×32cm	1,380,000	北京保利	2015.06.05
溥儒 1954年作 南极仙翁 镜框	57.5cm×32.5cm	207,000	华艺国际	2015.05.24
溥儒 1954年作 严陵钓艇图卷 手卷	22cm×58cm	276,000	北京中汉	2015.05.17
溥儒 1955年作 雪梅 立轴	94.6cm×29.2cm	480,600	佳士得	2015.06.02
溥儒 1956年作 书画合璧 册 镜框（十六开）	29.4cm×20.2cm×16	3,453,960	香港苏富比	2015.04.06
溥儒 1959年作 楷书《诗经》集句 镜框	48.2cm×4cm	390,450	香港苏富比	2015.10.06
溥儒 1960年作 高仕 立轴	23cm×63.5cm	250,440	纽约佳士得	2015.03.17
溥儒 1960年作 行书《赠刘腴深遗民》等十一首 手卷	38cm×288cm	713,000	北京中汉	2015.05.17
溥儒 1961年作 仕女 镜心	直径25.5cm	1,012,000	北京东正	2015.11.19
溥儒 1961年作 隐者观泉 镜框	95cm×35.5cm	260,325	佳士得	2015.06.02
溥儒 1962年作 湖山烟树图 手卷	引首67.5cm×35.5cm 画心369cm×35.5cm	920,000	西泠拍卖	2015.07.05
溥儒 1962年作 楷书 四屏立轴	129.5cm×40cm×4	1,035,000	广东崇正	2015.06.19
溥儒 暗香疏影 镜心	144cm×57cm	402,500	中国嘉德	2015.05.16
溥儒 白孔雀 镜心	57cm×13.5cm	685,627	保利香港	2015.04.07
溥儒 白鹿仙人图 镜心	106cm×37cm	207,000	中国嘉德	2015.09.20
溥儒 抱瓮图 立轴	84.7cm×28.3cm	154,125	香港苏富比	2015.10.06
溥儒 碧湖遗韵图卷 手卷	9cm×122cm	1,288,000	上海明轩	2015.06.21
溥儒 1946年作 楷书七言 对联片	66cm×16cm×2	345,000	朵云轩	2015.06.18
溥儒 并蒂连理 立轴	81cm×28cm	185,610	中国嘉德	2015.04.07
溥儒 苍崖帆影 镜心	12cm×93cm	345,000	北京诚轩	2015.11.13
溥儒 苍崖高阁 立轴	59cm×32cm	483,000	中国嘉德	2015.11.14
溥儒 草书 “知足常乐” 镜心	34.5cm×100cm	172,500	北京东正	2015.11.19
溥儒 草书临《书谱》卷 手卷	引首30cm×104cm 本幅30cm×1163cm	2,702,500	北京匡时	2015.06.06

拍品名称	物品尺寸	成交价RMB	拍卖公司	拍卖日期
溥儒 草堂高士 立轴	117cm×49cm	345,000	中贸圣佳	2015.05.19
溥儒 陈半丁 书画合璧 成扇	19cm×55cm	172,500	天津同方	2015.06.06
溥儒 陈定山 1957、1978年作 山水 书法 立轴	7cm×71.3cm	667,063	佳士得	2015.12.01
溥儒 初霭云烟图 立轴	104cm×33cm	218,500	中国嘉德	2015.04.01
溥儒 捶背图 镜心	41cm×24cm	322,000	北京翰海	2015.06.26
溥儒 春风得意 立轴	诗塘 12.2cm×20.5cm 31cm×20.5cm	184,000	北京诚轩	2015.11.13
溥儒 春日放鸢 镜心	96cm×32.5cm	470,400	天津文物	2015.05.22
溥儒 春山行旅图 手卷	7.9cm×132.6cm	1,762,200	佳士得	2015.06.02
溥儒 翠峦初雨 镜框	11.8cm×254.5cm	2,594,360	佳士得	2015.12.01
溥儒 大寿图 镜心	58cm×29cm	161,000	北京匡时	2015.03.30
溥儒 等 古今集胜 手卷	尺寸不一	161,000	朵云轩	2015.06.18
溥儒 1947年作 风雪归庄 立轴	125.5cm×32.5cm	264,500	中国嘉德	2015.05.16
溥儒 1947年作 秋涧闲眺 立轴	99.5cm×34cm	690,000	中国嘉德	2015.05.16
溥儒 1947年作 松崖琴韵 镜心	100.5cm×34.5cm	402,500	北京诚轩	2015.05.18
溥儒 1947年作 渔归图 立轴	96.5cm×45cm	345,000	中国嘉德	2015.11.14
溥儒 1957年作 寿星翁 镜片	42.5cm×33cm	529,000	上海嘉禾	2015.05.08
溥儒 东离窥宋 立轴	40.2cm×26cm	153,938	佳士得	2015.12.01
溥儒 二乔图 镜心	57cm×31.5cm	563,500	北京匡时	2015.06.06
溥儒 泛江图 立轴	117cm×49.5cm	609,500	北京翰海	2015.03.14
溥儒 泛舟江上 立轴	99.5cm×32.5cm	180,225	佳士得	2015.06.02
溥儒 芳树垂钓 手卷	15.8cm×38.4cm	320,400	佳士得	2015.06.02
溥儒 芳树美人图 立轴	130.5cm×31cm	494,500	上海明轩	2015.06.21
溥儒 仿米山水 立轴	65cm×20cm	299,000	北京保利	2015.12.06
溥儒 芙蓉 红果（一对）扇面 镜框	eacmh 6cm×17.4cm×2	924,750	香港苏富比	2015.10.06
溥儒 高士山居图（四帧）镜片	97.5cm×33cm×4	1,150,000	西泠拍卖	2015.07.05
溥儒 1960年作 亭台楼阁 镜片	65.5cm×32cm	483,000	上海嘉禾	2015.05.08
溥儒 古木斜阳 成扇	18cm×50cm	747,500	河南泽华	2015.01.11
溥儒 古院松石 立轴	88cm×34cm	207,000	北京保利	2015.06.04
溥儒 关山雪霁 立轴	80.5cm×33cm	598,000	中国嘉德	2015.05.16
溥儒 观世音像藏文大悲咒 立轴	52cm×27cm	609,500	上海泓盛	2015.06.20
溥儒 观音坐像 镜心	110cm×65cm	2,070,000	保利山东	2015.02.01
溥儒 1933年作 松下吟诗图 立轴	54cm×28cm	195,500	中国嘉德	2015.09.20
溥儒 1933年作 幽寻高咏 镜心	61cm×27cm	207,000	中国嘉德	2015.05.16
溥儒 寒江积雪 立轴	109.2cm×29.6cm	256,875	香港苏富比	2015.10.06
溥儒 寒林高士图 立轴	102cm×33cm	423,675	香港苏富比	2015.04.06
溥儒 寒玉堂画瓷盘（四件）镜框	直径19cm×4	885,500	北京诚轩	2015.05.18
溥儒 寒玉遗珍 手卷	14.4cm×177cm	517,500	广州皇玛	2015.01.18
溥儒 行书"刁苦斋"镜心	26cm×77cm	402,500	北京匡时	2015.03.31
溥儒 行书《游天目山记》镜框	9.8cm×32.7cm	308,250	香港苏富比	2015.10.06
溥儒 行书七言联（一对）	每轴 134.2cm×29cm	250,440	纽约苏富比	2015.03.19
溥儒 行书七言联（一对）	每轴7.4cm×14.6cm	250,440	纽约苏富比	2015.03.19
溥儒 行书三觉 镜心	58cm×140cm	190,452	保利香港	2015.04.07
溥儒 行书诗 山水（二件）镜片		547,838	纽约苏富比	2015.03.19
溥儒 行书十言联	12.4cm×63.8cm×2	184,000	中国嘉德	2015.11.16
溥儒 行书五言诗 镜心	27cm×126cm	285,678	保利香港	2015.04.07
溥儒 红菱小鸭 立轴	69cm×26cm	195,500	鼎天国际	2015.07.05
溥儒 花笺四景联 镜心	64.5cm×12.5cm×8	862,500	北京匡时	2015.12.04
溥儒 话旧图 镜心	43.5cm×18cm	195,500	北京匡时	2015.10.16
溥儒 1959年作 诗思图 镜心	56cm×29cm	167,049	中国嘉德	2015.04.07
溥儒 1959年作 松下骏马 立轴	73.5cm×35cm	287,500	中国嘉德	2015.11.14
溥儒 1939年作 秋柳 镜心	100cm×26cm	1,438,478	中国嘉德	2015.04.07
溥儒甲戌(1934年)作洞庭秋意镜心	68cm×33cm	437,000	保利厦门	2015.05.03

拍品名称	物品尺寸	成交价RMB	拍卖公司	拍卖日期
溥儒 甲戌嘉平月（1935年）作 西峪寺旧作诗卷 手卷	画心 40cm×292.5cm	253,000	北京诚轩	2015.11.13
溥儒 江潮图 镜心	31cm×22cm	172,500	保利厦门	2015.05.03
溥儒 江畔观云 立轴	92cm×31.5cm	195,500	中国嘉德	2015.05.16
溥儒 江兆申 秋心图 楷书七言联 镜心	绘画58cm×32cm 书法 64cm×12.5cm×2	213,391	中国嘉德	2015.10.07
溥儒 蕉石仕女 镜片	80cm×29cm	230,000	上海泓盛	2015.06.20
溥儒 矫首望岩云 镜心	103cm×44cm	241,500	中国嘉德	2015.05.16
溥儒 节录王维《桃源行》镜心	133cm×66cm	253,000	北京诚轩	2015.11.13
溥儒 经籍择言稿 镜心	26cm×17cm×6	322,000	北京保利	2015.06.05
溥儒 镜框 寒江远峰 行书诗 扇面	18.7cm×53.2cm×2	282,450	香港苏富比	2015.04.06
溥儒 聚猿图 立轴	74cm×27cm	207,000	上海泓盛	2015.06.20
溥儒 楷书 七言联 镜片	163.5cm×37cm×2	287,500	西泠拍卖	2015.07.05
溥儒 楷书八言联 立轴	51.5cm×6cm×2	218,500	中国嘉德	2015.05.16
溥儒 楷书回文诗 立轴	30.5cm×27cm	632,500	北京翰海	2015.11.27
溥儒 楷书七言 对联	63cm×11cm×2	322,000	朵云轩	2015.06.18
溥儒 楷书七言联 立轴	63cm×9.3cm×2	230,000	中国嘉德	2015.11.14
溥儒 楷书七言联 立轴	97cm×20cm×2	207,000	北京翰海	2015.06.26
溥儒 楷书七言联 立轴	64cm×10cm×2	322,000	北京匡时	2015.06.07
溥儒 楷书七言联 立轴	66cm×12cm×2	241,293	中国嘉德	2015.04.07
溥儒 楷书七言联 立轴	65cm×11cm×2	290,988	中国嘉德	2015.10.07
溥儒 楷书十六言联（一对）	每轴67cm×10.5cm	234,788	纽约苏富比	2015.03.19
溥儒 楷书十一言联 镜框	97.5cm×13.3cm×2	554,813	香港苏富比	2015.04.06
溥儒 楷书十一言联 镜心	32cm×5cm×2	460,000	北京匡时	2015.06.07
溥儒 空山秋雨 镜心	102cm×32.5cm	253,000	中国嘉德	2015.05.16
溥儒 老树低头听读书 镜心	95cm×28cm	174,593	中国嘉德	2015.10.07
溥儒 乐吾庐图 立轴	81.8cm×32cm	383,325	香港苏富比	2015.04.06
溥儒 李家驹 1934年作 前赤壁赋图 小楷前赤壁赋	50cm×18.5cm	173,016	罗芙奥	2015.06.02
溥儒 立马崖边 立轴	81.5cm×32.5cm	273,919	纽约苏富比	2015.03.19
溥儒 临边鸾花鸟 小楷杜甫诗 成扇		667,000	上海明轩	2015.06.21
溥儒 临宋院本山水 镜框	直径38.5cm	1,858,320	佳士得	2015.06.02
溥儒 柳阴双骏 立轴	71cm×34cm	437,000	朵云轩	2015.06.18
溥儒 六六大顺图 立轴	87.5cm×18cm	322,000	上海明轩	2015.06.21
溥儒 芦雁图 立轴	108.5cm×42cm	230,000	华艺国际	2015.05.24
溥儒 罗汉图 横披	24.5cm×127cm	3,450,000	北京匡时	2015.06.06
溥儒 落叶行杖 立轴	49.5cm×21cm	172,500	中国嘉德	2015.11.14
溥儒 耄耋图 粉本 两幅 镜框	画：27.3cm×62.3cm 粉本：31.1cm×60.9cm	655,688	香港苏富比	2015.04.06
溥儒 耄耋图 立轴	101cm×31cm	260,325	佳士得	2015.06.02
溥儒 墨梅 镜片	79.7cm×22.1cm	234,788	纽约苏富比	2015.03.19
溥儒 木客 立轴	21cm×12.7cm	184,725	佳士得	2015.12.01
溥儒 暮色千峰雨 镜框	9.5cm×174cm	5,030,280	佳士得	2015.06.02
溥儒 攀枝寻泉 镜框	29.3cm×15.5cm	328,400	佳士得	2015.12.01
溥儒 蓬岛仙境 立轴	100cm×33cm	253,000	中国嘉德	2015.11.14
溥儒 琵琶女 镜片	97cm×40cm	184,000	上海泓盛	2015.06.20
溥儒 平安竹 镜心	29cm×59cm	178,250	中贸圣佳	2015.05.19
溥儒 平江楼台 镜心	48cm×26cm	368,000	北京诚轩	2015.05.18
溥儒 瓶花 立轴	93cm×28cm	207,000	北京保利	2015.06.05
溥儒 溥伒 牧牛图 小楷 成扇		264,500	中国嘉德	2015.04.02
溥儒 溥伒 携琴图·书法 成扇	19cm×50.5cm	172,500	中国嘉德	2015.11.15
溥儒 瀑上山馆 立轴	104.7cm×38.5cm	450,563	佳士得	2015.06.02
溥儒 奇趣图	120cm×45cm	1,614,816	荣盛国际	2015.01.10
溥儒 奇松烟景 镜心	32cm×119cm	184,000	北京华辰	2015.05.15
溥儒 启功 溥伒 溥佺 山水 四屏	102cm×33cm×4	1,840,000	广东小雅斋	2015.11.11
溥儒 千岩竞秀 立轴	3.3cm×169cm	870,260	佳士得	2015.12.01

拍品名称	物品尺寸	成交价RMB	拍卖公司	拍卖日期
溥儒 青山高士 镜片	118cm×48cm	368,000	朵云轩	2015.10.24
溥儒 青山过雨夕阳收 镜框	12cm×158cm	2,146,680	佳士得	2015.06.02
溥儒 青松泉影 屏轴	99cm×33cm	517,500	上海敬华	2015.06.29
溥儒 青岩观泉图 立轴	100cm×33cm	218,500	广东崇正	2015.06.19
溥儒 轻舟度峡 手卷	20cm×183cm	667,000	北京匡时	2015.06.06
溥儒 秋风秋雨枫初落 立轴	74.5cm×33.5cm	253,000	北京翰海	2015.03.14
溥儒 秋江扁舟 立轴	80.5cm×36cm	299,000	中国嘉德	2015.05.16
溥儒 秋江行舟 立轴	84.5cm×33.5cm	230,000	中国嘉德	2015.11.14
溥儒 秋江千里图 镜心	60cm×121cm	575,000	北京保利	2015.06.04
溥儒 秋江晚色 镜片	56.5cm×12cm	253,000	上海明轩	2015.06.21
溥儒 秋江晚色 镜心	56.5cm×12cm	425,500	北京诚轩	2015.11.13
溥儒 秋江远岫 立轴	11.1cm×169cm	2,200,280	佳士得	2015.12.01
溥儒 秋色斜阳 镜片	92cm×28cm	218,500	广东崇正	2015.06.19
溥儒 秋山策杖图 镜心	33cm×66.5cm	161,000	北京匡时	2015.06.06
溥儒 秋山觅句图 立轴	131cm×38cm	264,500	上海工美	2015.06.28
溥儒 秋山雨霁 镜心	68cm×134cm	575,000	北京保利	2015.06.04
溥儒 秋思 镜心	97cm×43cm	402,500	北京翰海	2015.11.27
溥儒 秋溪闲棹 镜心	100.5cm×33cm	230,000	中国嘉德	2015.05.16
溥儒 人从瀑布来 立轴	78.5cm×28cm	460,000	中国嘉德	2015.05.16
溥儒 人物 立轴	90cm×34cm	287,500	天津同方	2015.06.06
溥儒 人物闲趣（四帧）立轴四屏	57.5cm×27cm	920,000	北京诚轩	2015.05.18
溥儒 1952年作 楷书 镜心	27cm×39cm	156,800	天津文物	2015.05.22
溥儒 沙晚鹊鸰寒 立轴	68cm×25cm	241,500	中国嘉德	2015.11.14
溥儒 沙垣奔马图 镜片	29cm×90cm	210,000	上海驰翰	2015.05.09
溥儒 山居诗意图 立轴	99.5cm×35cm	414,000	中国嘉德	2015.11.14
溥儒 山居著书图 立轴	255.5cm×104cm	5,980,000	中国嘉德	2015.11.15
溥儒 山鸟啼秋 立轴	57cm×29.5cm	253,000	中国嘉德	2015.11.14
溥儒 山树秋光 镜片	91.3cm×25.4cm	297,398	纽约苏富比	2015.03.19
溥儒 山水 册（四开）	31.5cm×43cm×4	172,500	北京翰海	2015.06.27
溥儒 山水 镜框（十二开）	25cm×17cm×12	870,260	佳士得	2015.12.01
溥儒 山水 镜框（十二开）	28.3cm×17.7cm×12	615,750	佳士得	2015.12.01
溥儒 山水 镜框四屏	62cm×18.8cm×4	605,250	香港苏富比	2015.04.06
溥儒 山水 立轴	130cm×48.5cm	195,500	北京翰海	2015.06.27
溥儒 山水人物册 镜框（八开）	23.5cm×13.5cm 20cm×12.5cm	513,125	佳士得	2015.12.01
溥儒 山水书法册 册页（二十四开）	15cm×7cm×24	849,060	佳士得	2015.06.02
溥儒 山中新雨 立轴	130cm×37cm	176,330	中国嘉德	2015.04.07
溥儒 山中一夜雨 立轴	35cm×12.5cm	195,500	中国嘉德	2015.11.14
溥儒 深山楼阁 立轴	99.5cm×51cm	483,000	中国嘉德	2015.11.14
溥儒 神仙鱼 扇面镜心	18.5cm×51.5cm	172,500	北京诚轩	2015.11.13
溥儒 沈尹默 1946年作 西庄秋景 行书《陶弘景传》成扇	18.5cm×47cm	287,500	北京翰海	2015.06.26
溥儒 书法 册页（十四开）	25cm×15cm×14	517,500	天津同方	2015.06.06
溥儒 书法 镜心	33cm×68cm	218,500	天津同方	2015.06.06
溥儒 书法对联（两幅）镜框	169cm×43.5cm×2	153,938	佳士得	2015.12.01
溥儒 书法对联（两幅）镜框	47cm×8cm×2	184,725	佳士得	2015.12.01
溥儒 书画合璧 扇面	17.5cm×51.5cm×2	271,589	中国嘉德	2015.10.07
溥儒 书画扇面合璧（二帧）扇面镜心	19cm×54cm×2	184,000	北京诚轩	2015.11.13
溥儒 疏林黄叶 立轴	88.5cm×38.5cm	310,500	北京诚轩	2015.11.13
溥儒 疏林远岫、行书七言联 镜心	1415cm×342cm×2	322,000	北京保利	2015.06.04
溥儒 水墨花鸟（二帧）镜心	24cm×27cm×2	368,000	中国嘉德	2015.05.16
溥儒 四季山水小品（四帧）镜心	21.8cm×13cm×4	747,500	北京诚轩	2015.05.18
溥儒 松风话旧 立轴	120.5cm×44cm	575,000	北京匡时	2015.06.06
溥儒 松风琴隐 立轴	87cm×28.5cm	184,000	北京诚轩	2015.11.13
溥儒 松鹤延年 镜片	66cm×28cm	201,250	上海嘉禾	2015.05.08
溥儒 松鹤延年 立轴	131cm×33cm	805,000	北京保利	2015.06.04
溥儒 松鹤延年 立轴	118cm×55cm	345,000	鼎天国际	2015.07.05
溥儒 松林高士 立轴	101.5cm×33cm	184,000	上海道明	2015.05.09
溥儒 松溪泛舟 镜心	90cm×183cm	1,667,500	北京保利	2015.06.04
溥儒 松溪观瀑 镜心	100cm×34cm	483,000	北京保利	2015.12.07
溥儒 松溪楼阁 立轴	125cm×30cm	230,000	北京保利	2015.06.04
溥儒 松下高士 立轴	131cm×51cm	400,500	佳士得	2015.06.02
溥儒 松下高仕 镜框	101.4cm×34.8cm	159,325	纽约佳士得	2015.09.16
溥儒 松下骏马 镜片	73cm×34.6cm	508,706	纽约苏富比	2015.03.19
溥儒 松雪访山 镜心	100cm×33cm	161,000	北京匡时	2015.12.04
溥儒 松崖闲步 镜心	95cm×33.5cm	425,500	中国嘉德	2015.05.16
溥儒 松岩云岫 镜心	直径27cm	310,500	北京保利	2015.12.07
溥儒 松荫高士 立轴	116.5cm×44cm	437,000	广东崇正	2015.06.19
溥儒 宋人诗意图 镜心	102cm×32.5cm	402,500	北京匡时	2015.03.30
溥儒 踏枝猿 立轴	95cm×43cm	437,000	北京诚轩	2015.05.18
溥儒 台阁烟柳 立轴	68.8cm×26cm	379,500	北京诚轩	2015.11.13
溥儒 探隐图 镜框	19.2cm×41cm	262,275	香港苏富比	2015.04.06
溥儒 唐人诗意 镜片	12.5cm×101cm	460,000	上海嘉禾	2015.05.08
溥儒 唐人诗意山水册 册页（八开）	26cm×17cm×8	1,495,000	北京保利	2015.06.04
溥儒 桃柳白鹦 立轴	129cm×32cm	174,593	中国嘉德	2015.10.07
溥儒 滕王阁 镜片	43.2cm×28.4cm	352,181	纽约苏富比	2015.03.19
溥儒 题朱拓双鱼 立轴	68cm×43cm	193,992	中国嘉德	2015.10.07
溥儒 听泉图 立轴	100cm×40cm	1,035,000	北京保利	2015.12.07
溥儒 听箫图 镜心	68cm×27cm	230,000	北京翰海	2015.11.27
溥儒 辋川诗景 镜心	125cm×44cm	230,000	北京保利	2015.06.04
溥儒 巍岭重阁 立轴	116.3cm×34.3cm	4,170,680	佳士得	2015.12.01
溥儒 吴湖帆 牧童 行书诗词 成扇	20cm×52cm	230,000	北京保利	2015.04.25
溥儒 吴江秋水 立轴	9.5cm×55cm	280,350	佳士得	2015.06.02
溥儒 吴子深 刘海粟 于右任 1967年作 书法（四幅）镜框	51cm×33cm 36cm×25.7cm 52cm×27cm 39.5cm×54.8cm	164,200	佳士得	2015.12.01
溥儒 梧荫仕女 立轴	90.5cm×28.5cm	391,000	中国嘉德	2015.11.14
溥儒 1958年作 高适《陪窦侍御泛灵云池》立轴	102cm×28cm	172,500	北京诚轩	2015.11.13
溥儒 1958年作 行书"五知堂"横披	39cm×73cm	464,025	中国嘉德	2015.04.07
溥儒 1958年作 秋山夕霭图卷 手卷	26cm×83cm	460,000	中国嘉德	2015.04.01
溥儒 1958年作 诗画稿（共十一幅）镜心	尺寸不一	242,490	中国嘉德	2015.10.07
溥儒 溪山行旅 镜心	104cm×44cm	310,500	中国嘉德	2015.11.14
溥儒 溪山行旅图 手卷	7cm×132.3cm	400,500	佳士得	2015.06.02
溥儒 溪山秋思 手卷	8cm×112cm	1,782,500	北京匡时	2015.12.04
溥儒 溪云村树图 镜心	22cm×57cm	371,220	中国嘉德	2015.04.07
溥儒 羲之爱鹅 立轴	93cm×38cm	264,500	朵云轩	2015.06.18
溥儒 夏山濯缨 立轴	64.5cm×19.8cm	207,123	纽约苏富比	2015.09.17
溥儒 夏雨初入林 镜心	本幅12.5cm×95cm 题跋12.5cm×79cm	345,000	北京匡时	2015.12.04
溥儒 仙山楼阁 立轴	131.5cm×62.5cm	920,000	中国嘉德	2015.05.16
溥儒 闲游荇藻 立轴	24cm×9.5cm	307,875	佳士得	2015.12.01
溥儒 潇湘露满 立轴	59.5cm×28.5cm	154,125	香港苏富比	2015.10.06
溥儒 潇湘仕女 镜心	66cm×34cm	1,207,500	北京保利	2015.06.05
溥儒 辛丑（1961年）作 观音大士 镜片	68cm×28.5cm	667,000	上海嘉禾	2015.05.08
溥儒 1951年作 无量寿佛 镜片	100cm×52cm	805,000	上海道明	2015.05.09

拍品名称	物品尺寸	成交价RMB	拍卖公司	拍卖日期
溥儒 1941年作 屋上青山屋下泉 立轴	104.5cm×37cm	368,000	北京诚轩	2015.11.13
溥儒 辛未（1931年）作 小楷诗四首 镜心	16cm×21cm	253,000	中国嘉德	2015.09.20
溥儒 邢端 水榭高咏 王禹偁诗四首 成扇	18.6cm×50cm	161,000	北京诚轩	2015.11.13
溥儒 穴鼠寻粱 立轴	52.7cm×29.9cm	391,313	纽约苏富比	2015.03.19
溥儒 雪景 镜框	12.5cm×202.5cm	3,492,360	佳士得	2015.06.02
溥儒 雪景山水 镜心	99cm×34cm	172,500	中国嘉德	2015.04.01
溥儒 烟光秋树 镜片	100.4cm×27.8cm	234,788	纽约苏富比	2015.03.19
溥儒 烟际归舟 立轴	53.5cm×22cm	195,500	中国嘉德	2015.11.14
溥儒 颜伯龙 松下高士 立轴	105cm×33cm	184,000	中国嘉德	2015.04.01
溥儒 杨柳拂岸 立轴	82cm×25cm	368,000	中国嘉德	2015.05.16
溥儒 杨千里 1936年作 双松倚翠 黄景仁《黄山松歌》成扇	19cm×53cm	575,000	北京诚轩	2015.11.13
溥儒 野境连山馆 镜心	35cm×78cm	402,500	北京保利	2015.06.05
溥儒 夜雪寒荒客渡桥 立轴	118.7cm×40.4cm	403,500	香港苏富比	2015.04.06
溥儒 乙亥（1935年）作 秋浦幽趣 立轴	57.5cm×12cm	322,000	北京诚轩	2015.11.13
溥儒 1955年作 凌波无尘 镜心	39.5cm×57.5cm	287,500	北京诚轩	2015.11.13
溥儒 1955年作 为王令闻作题画诗卷 手卷	28.7cm×178cm	483,000	北京诚轩	2015.05.18
溥儒 1955年作 溪山小景 镜心	16cm×59.5cm	1,725,000	北京诚轩	2015.05.18
溥儒 婴戏图 立轴	74cm×32.5cm	632,500	保利厦门	2015.05.03
溥儒 幽壑松风图 立轴	114cm×34cm	391,000	中国嘉德	2015.05.16
溥儒 游丝书法"寒飚云楼" 立轴	80cm×25cm	287,500	上海泓盛	2015.06.20
溥儒 渊明抚松 镜框	83.8cm×33.5cm	287,700	香港苏富比	2015.10.06
溥儒 猿戏图 镜心	30cm×23cm	334,098	中国嘉德	2015.04.07
溥儒 猿戏图 立轴	19cm×51.8cm	164,200	佳士得	2015.12.01
溥儒 远帆秋水 镜片	105.3cm×29.7cm	234,788	纽约苏富比	2015.03.19
溥儒 远峰夏松 立轴	45.5cm×25.3cm	219,135	纽约苏富比	2015.03.19
溥儒 云裳仕女图 立轴	103cm×41cm	184,000	北京匡时	2015.12.04
溥儒 杂画册 镜框（十二开）	30.5cm×20cm×12	2,415,000	上海明轩	2015.06.21
溥儒 章梫 松山萧寺 节录王僧虔论书 成扇	18.5cm×50cm	161,000	北京诚轩	2015.11.13
溥儒 长空万里送秋雁 镜心	76cm×28.5cm	207,000	北京翰海	2015.11.27
溥儒 棹歌过前汀 镜框	61.1cm×25cm	151,313	香港苏富比	2015.04.06
溥儒 枝头黄鸟 立轴	直径28cm	164,200	佳士得	2015.12.01
溥儒 枝头双雀 镜片	60.4cm×28cm	172,178	纽约苏富比	2015.03.19
溥儒 指纹牛·放鹅船（二帧）镜心	（一）27.8cm×50.5cm（二）26.5cm×60cm	195,500	北京诚轩	2015.11.13
溥儒 钟馗 镜框	126cm×56cm	1,017,413	纽约苏富比	2015.03.19
溥儒 钟馗 镜心	84cm×40cm	436,482	中国嘉德	2015.10.07
溥儒 钟馗 立轴	118cm×33.5cm	2,127,500	北京匡时	2015.12.04
溥儒 朱霞暗香（二帧）镜心	24cm×27cm×2	161,000	中国嘉德	2015.05.16
溥儒 朱子治家格言 行书七言联 立轴	中堂93cm×64cm 对联 104cm×21cm×2	747,500	北京匡时	2015.06.06
溥儒 自作诗题词 镜心	30cm×20.5cm	161,000	北京匡时	2015.10.16
溥松窗 万仞千山 镜心	117cm×67cm	172,500	北京保利	2015.12.07
溥伟 1915年作 行书五言诗 立轴	132cm×63cm	172,500	保利厦门	2015.05.03
溥僩 双骏图 立轴	98cm×32cm	184,000	鼎天国际	2015.07.05
溥心余 儿童 片	178cm×45cm	1,568,000	中联环球	2015.03.29
溥心畬 行书五言书房联 立轴	71cm×17cm×2	161,000	北京诚轩	2015.05.18
溥心畬 秋山茂树 镜心	36cm×30cm	172,500	北京诚轩	2015.05.18
溥心畬 1962年作 王令闻画展赠言 镜心	34.5cm×121.5cm	230,000	北京诚轩	2015.05.18

拍品名称	物品尺寸	成交价RMB	拍卖公司	拍卖日期
溥仪 楷书五言句 立轴	109cm×42cm	586,500	北京匡时	2015.03.31
溥佐（款）花鸟图	138cm×60cm	313,992	荣盛国际	2015.01.10
溥佐 1980年作 四骏图 立轴	79cm×47cm	322,000	鼎天国际	2015.07.05
溥佐 八骏四条屏 镜心	97cm×33cm×4	1,008,000	天津广业	2015.06.20
溥佐 八骏图 镜心	128cm×65cm	632,500	鼎天国际	2015.07.05
溥佐1980年作 柳下群马图 立轴	80cm×47cm	150,000	上海驰翰	2015.05.09
溥佐 花鸟 镜框	65cm×39cm	195,500	鼎天国际	2015.07.05
溥佐 人马 立轴	93cm×32.5cm	302,400	天津文物	2015.05.22
溥佐 人马图 立轴	126cm×64cm	575,000	鼎天国际	2015.07.05
溥佐 人马图 立轴	97cm×32cm	483,000	鼎天国际	2015.07.05
溥佐 人马图 立轴	114cm×45cm	276,000	鼎天国际	2015.07.05
溥佐 双骏图 立轴	128cm×48cm	392,000	天津广业	2015.01.31
溥佐 松溪八骏图 镜心	129cm×65cm	460,000	北京保利	2015.06.04
溥佐 驯马图 立轴	96cm×33cm	230,000	北京翰海	2015.06.26
漆伯麟 2000年作 松风图 镜心	180cm×70cm	437,000	景德镇华艺	2015.05.23
漆伯麟 2004年作 漆伯麟山水画册（一十二幅）册页	34cm×45cm×12	379,500	景德镇华艺	2015.01.10
齐白石 "叶隐闻声"花卉工笔草虫册 册页（十八开）	32cm×26cm×18	115,000,000	北京保利	2015.12.06
齐白石 1906年作 福寿 立轴	132cm×62cm	1,782,500	北京保利	2015.06.04
齐白石 1919年作 花草昆虫 册页（六开）	27.4cm×17.7cm×6	1,954,440	佳士得	2015.06.02
齐白石 1920年作 蔬果草虫 镜框	13.5cm×19cm×3	1,089,360	佳士得	2015.06.02
齐白石 1921年作 观世音菩萨 镜心	93cm×67cm	2,185,000	北京保利	2015.06.04
齐白石 1922年作 隔溪松山图 立轴	135cm×66cm	6,670,000	北京保利	2015.06.05
齐白石 1922年作 果蔬图 立轴	46.5cm×40cm	874,000	西泠拍卖	2015.04.23
齐白石 1922年作 花卉八题册（八帧）册页	23cm×13cm×8	2,702,500	北京匡时	2015.06.06
齐白石 1922年作 四季山水（四幅）镜框	137.5cm×31cm×4	16,190,120	佳士得	2015.12.01
齐白石 1922年作 枝上小鸟 镜框	133cm×33.5cm	1,473,840	佳士得	2015.06.02
齐白石 1923年作 紫藤 镜框	30.5cm×125.4cm	2,915,640	佳士得	2015.06.02
齐白石 1924年作 葫芦 立轴	138cm×33cm	1,403,000	北京匡时	2015.06.06
齐白石 1924年作 秋色秋声 镜框	120cm×33.6cm	1,027,500	香港苏富比	2015.10.06
齐白石 1925年作 春水红霞 立轴		1,610,000	上海明轩	2015.06.21
齐白石 1925年作 篆书七言联 对联	126.5cm×25.5cm×2	3,450,000	西泠拍卖	2015.07.05
齐白石 1926年作 芙蓉图 立轴	130cm×34cm	1,610,000	西泠拍卖	2015.07.05
齐白石 1926年作 秋色秋声 镜心	19.5cm×54cm	391,000	北京匡时	2015.10.16
齐白石 1928年作 白衣大士 立轴	135cm×33.5cm	6,279,840	佳士得	2015.06.02
齐白石 1928年作 棕榈树 立轴	204cm×39cm	2,473,398	保利香港	2015.10.05
齐白石 1929年作 放鸢图 书法（两幅）扇面镜框	22.5cm×67cm 22.7cm×66cm	3,396,240	佳士得	2015.06.02
齐白石 1929年作 红线盗盒 立轴	137cm×35.8cm	8,202,240	佳士得	2015.06.02
齐白石 1929年作 花卉 四屏立轴	101.5cm×33.5cm×4	2,835,540	保利香港	2015.05.28
齐白石 1929年作 斜阳江邨·书法扇面 镜心	19cm×56cm×2	598,000	北京保利	2015.12.07
齐白石 1930年作 山间人家婴戏图 立轴	140cm×40cm	12,650,000	北京保利	2015.12.06
齐白石 1930年作 鹰 立轴	170.5cm×43.1cm	8,682,840	佳士得	2015.06.02
齐白石 1930年作 紫藤燕子 立轴	137cm×35cm	4,370,000	北京保利	2015.06.05
齐白石 1933年作 群虾 镜框	33cm×136cm	993,240	佳士得	2015.06.02
齐白石 1933年作 握兰簃裁曲图 立轴	64cm×47cm	5,980,000	北京保利	2015.12.06
齐白石 1934年作 红荷 立轴	18cm×49cm	253,000	北京翰海	2015.06.26
齐白石 1935年作 款款飞去又飞来 立轴	87cm×33cm	2,932,500	北京保利	2015.12.06

2015书画拍卖成交汇总

(成交价RMB：15万元以上)

拍品名称	物品尺寸	成交价RMB	拍卖公司	拍卖日期
齐白石 1936年作 八八 立轴	105cm×36cm	977,500	北京保利	2015.12.07
齐白石 1936年作 芭蕉蚱蜢图 立轴	134cm×32.7cm	716,963	纽约佳士得	2015.09.16
齐白石 1936年作 大利图 成扇	20.3cm×47.3cm	801,450	香港苏富比	2015.10.06
齐白石 1936年作 鸡趣图 立轴	65.5cm×34cm	784,000	北京荣宝	2015.03.29
齐白石 1936年作 落花人独立 立轴	77cm×33cm	4,830,000	北京保利	2015.06.04
齐白石 1936年作 秋趣 立轴	81cm×30cm	1,035,000	中贸圣佳	2015.05.19
齐白石 1936年作 紫藤雄鸡 立轴	129cm×33cm	3,105,000	北京匡时	2015.12.04
齐白石 1937年作 放牛 立轴	133cm×33.8cm	20,125,000	北京匡时	2015.06.06
齐白石 1937年作 柳牛图 立轴	137cm×34.5cm	4,800,480	香港苏富比	2015.10.06
齐白石 1937年作、1938年作 蟋蟀红花 葫芦 成扇	18.8cm×50cm	1,041,300	佳士得	2015.06.02
齐白石 1938年作 石墨居闲步归来图 镜框	22.4cm×98cm	9,644,040	佳士得	2015.06.02
齐白石 1938年作 篆书“研墨轩”扁额 镜心	35cm×95cm	1,092,500	北京保利	2015.06.05
齐白石 1939年作 海棠奇石 立轴	101cm×34cm	1,736,000	北京荣宝	2015.06.21
齐白石 1939年作 墨兔 镜心	31.5cm×31cm	874,000	北京匡时	2015.12.04
齐白石 1939年作 雁来红 海棠花 镜框	18.2cm×50.5cm 18cm×52cm	513,125	佳士得	2015.12.01
齐白石 1939年作 雁来红 立轴	102cm×34cm	1,150,000	保利山东	2015.02.01
齐白石 1940年作 大利图 立轴	130cm×34cm	1,495,000	北京保利	2015.06.04
齐白石 1940年作 大寿 镜框	100cm×33.8cm	5,944,040	佳士得	2015.12.01
齐白石 1940年作 牵牛蜻蜓 镜心	100cm×34cm	1,897,500	鼎天国际	2015.07.05
齐白石 1940年作 蔬香图 镜框	19cm×50cm	494,500	华艺国际	2015.05.24
齐白石 1941年作 蝶舞花间 立轴	150cm×66.8cm	13,969,440	佳士得	2015.06.02
齐白石 1942年作 九秋图 镜框	66.7cm×166.1cm	16,692,840	佳士得	2015.06.02
齐白石 1942年作 五蟹图 立轴	67cm×34.5cm	690,000	北京保利	2015.12.06
齐白石 1943年作 老少年 镜心	91cm×34.5cm	379,500	北京匡时	2015.10.16
齐白石 1943年作 平安加冠图 立轴	100cm×34.5cm	2,530,000	北京翰海	2015.11.28
齐白石 1944年作 菊酒图 立轴	105cm×34cm	575,000	北京保利	2015.12.06
齐白石 1944年作 群虾图 立轴	106cm×34cm	920,000	北京保利	2015.06.04
齐白石 1945年作 蘑菇冬笋 立轴	104.5cm×34cm	805,000	北京翰海	2015.11.28
齐白石 1945年作 五蟹图 立轴	69cm×34cm	1,150,000	广东崇正	2015.06.19
齐白石 1945年作 喜上梅梢 立轴	99cm×34cm	714,195	保利香港	2015.04.07
齐白石 1946年作 牵牛花与蚱蜢 立轴	100.5cm×34.5cm	2,185,000	北京东正	2015.11.19
齐白石 1946年作 双蟹图 立轴	40.5cm×30cm	224,000	北京荣宝	2015.06.21
齐白石 1946年作 虾 立轴	68cm×33.5cm	380,904	保利香港	2015.04.07
齐白石 1946年作作 虾趣 立轴	100cm×33cm	1,725,000	中贸圣佳	2015.05.19
齐白石 1947年作 多子图 镜心	100cm×33cm	1,955,000	北京保利	2015.06.04
齐白石 1947年作 行书画论 镜心	69cm×32.5cm	368,000	北京匡时	2015.06.07
齐白石 1947年作 螃蟹 立轴	139cm×35cm	805,000	北京保利	2015.12.07
齐白石 1947年作 葡萄 镜心	65cm×33cm	862,500	北京翰海	2015.11.27
齐白石 1947年作 七蟹图 立轴	102cm×34cm	862,500	北京保利	2015.12.07
齐白石 1947年作 七蟹图 立轴	102cm×34cm	989,000	北京保利	2015.06.04
齐白石 1947年作 益寿延年 立轴	104cm×35cm	1,265,000	北京翰海	2015.06.26
齐白石 1947年作 玉兰花 立轴	68.5cm×34cm	582,400	北京荣宝	2015.06.21
齐白石 1948年作 茨菇群虾 立轴	135cm×31.5cm	1,265,000	中贸圣佳	2015.05.19
齐白石 1948年作 大富贵亦寿考 立轴	34cm×68.5cm	920,000	北京匡时	2015.03.30
齐白石 1948年作 红梅 立轴	100.8cm×34.1cm	976,125	香港苏富比	2015.10.06
齐白石 1948年作 花卉 立轴	100cm×34cm	336,000	北京荣宝	2015.11.29
齐白石 1948年作 佳偶 镜心	96cm×36.5cm	3,795,000	保利山东	2015.09.13
齐白石 1948年作 老少兼顾头上冠 立轴	126cm×34cm	3,450,000	北京保利	2015.12.07
齐白石 1948年作 墨虾图 镜心	71cm×34cm	1,035,000	北京匡时	2015.06.06
齐白石 1948年作 牵牛花 立轴	103cm×34cm	1,265,000	北京翰海	2015.11.27
齐白石 1948年作 牵牛花 立轴	70.5cm×35cm	450,563	佳士得	2015.06.02
齐白石 1948年作 喜上眉梢 立轴	102.5cm×33.7cm	1,569,960	佳士得	2015.06.02
齐白石 1948年作 小鸡 立轴	98cm×33.5cm	1,089,360	佳士得	2015.06.02
齐白石 1948年作 延年益寿 镜心	80cm×43cm	4,485,000	北京保利	2015.06.04
齐白石 1948年作 有食相呼 立轴	103cm×34cm	1,840,000	北京保利	2015.06.04
齐白石 1949年作 凤仙蜻蜓 立轴	62cm×34cm	2,185,000	北京匡时	2015.12.04
齐白石 1949年作 桂花双兔 立轴	133cm×47cm	3,680,000	北京保利	2015.12.06
齐白石 1949年作 虾蟹图 立轴	103.5cm×34cm	2,875,000	西泠拍卖	2015.07.05
齐白石 1950年作 墨蟹图 镜心	103cm×35cm	747,500	北京保利	2015.06.04
齐白石 1951年作 肥年 镜心	42cm×67cm	1,380,000	北京匡时	2015.06.06
齐白石 1951年作 红叶双安 镜心	129.5cm×34.5cm	1,568,000	北京荣宝	2015.06.21
齐白石 1951年作 花实各三千年 镜心	69cm×35cm	5,635,000	北京保利	2015.06.05
齐白石 1951年作 江上余霞 团扇 镜框	152.4cm×48.2cm	2,594,360	佳士得	2015.12.01
齐白石 1951年作 松鹰 立轴	135cm×35.5cm	2,969,760	香港苏富比	2015.04.06
齐白石 1951年作 向日葵 立轴	138cm×35cm	6,900,000	北京保利	2015.06.05
齐白石 1952年作 红叶八哥 立轴	68cm×35cm	805,000	北京保利	2015.12.06
齐白石 1952年作 兰草 镜心	109cm×42cm	1,035,000	北京保利	2015.12.06
齐白石 1952年作 麦穗蜻蜓 立轴	100cm×33cm	5,635,000	北京翰海	2015.06.26
齐白石 1952年作 蔬香 立轴	114cm×35cm	2,070,000	北京保利	2015.12.06
齐白石 1952年作 水墨游虾 立轴	65cm×32cm	224,000	北京荣宝	2015.08.30
齐白石 1953年作 丰年重鸣 镜心	100cm×34cm	3,237,684	保利香港	2015.04.07
齐白石 1953年作 菊寿延年 镜心	13cm×37cm	476,130	保利香港	2015.04.07
齐白石 1953年作 枇杷 立轴	103cm×34cm	2,300,000	北京匡时	2015.12.04
齐白石 1953年作 幽兰雏趣 立轴	83cm×38cm	1,047,486	保利香港	2015.04.07
齐白石 1954年作 水族悠游	99.5cm×34cm	464,920	台北艺流	2015.10.10
齐白石 1955年作 荷花鸭凫 镜心	48cm×91cm	3,450,000	北京保利	2015.06.05
齐白石 1985年作 墨鱼图 立轴	126cm×34cm	943,000	北京保利	2015.06.04
齐白石 芭蕉墨虾 立轴	136.7cm×31cm	637,300	纽约苏富比	2015.09.17
齐白石 白菜 立轴	68cm×33cm	571,356	保利香港	2015.04.07
齐白石 白石老屋旧日图 立轴	108.5cm×36.2cm	16,244,280	佳士得	2015.06.02
齐白石 白石有心 镜心	65cm×33cm	4,485,000	北京保利	2015.12.06
齐白石 贝叶草虫 立轴	104cm×34cm	8,202,240	佳士得	2015.06.02
齐白石 贝叶蜜蜂 镜心	101cm×34cm	4,830,000	北京保利	2015.12.06
齐白石 1946年作 篆书五言联 立轴	136cm×37cm×2	174,668	宝港国际	2015.11.28
齐白石 1926年作 安居乐业 成扇	18.5cm×49cm	1,075,200	天津文物	2015.05.22
齐白石 采耳图 镜心	直径25cm	506,000	北京保利	2015.01.24
齐白石 草虫秋菊	101cm×34.3cm	1,513,588	纽约苏富比	2015.09.17
齐白石 陈半丁 芙蓉游虾 立轴	132cm×31.5cm	198,488	保利香港	2015.05.28
齐白石 陈半丁 花鸟 四屏立轴	117cm×40cm×4	2,415,000	北京保利	2015.06.04
齐白石 成双成对 镜片	58cm×31cm	2,300,000	东方大观	2015.11.17
齐白石 虫草 两屏	130cm×33cm×2	1,614,816	荣盛国际	2015.01.10
齐白石 雏鸡蜜蜂 立轴	78cm×30.5cm	943,000	东方大观	2015.05.20
齐白石 雏鸡图 镜心	102cm×35cm	632,500	北京保利	2015.06.04
齐白石 雏鸡图 立轴	101cm×35cm	805,000	北京匡时	2015.03.30
齐白石 雏鸡图 立轴	101cm×33.5cm	920,000	北京上和	2015.05.16
齐白石 雏鸡图 立轴	50cm×81cm	339,486	中国嘉德	2015.10.07
齐白石 雏鸡图 立轴	96cm×33cm	207,000	中国嘉德	2015.09.19
齐白石 雏趣 镜心	58cm×34cm	504,000	北京荣宝	2015.06.21
齐白石 春色	128cm×32cm	1,883,952	荣盛国际	2015.01.10
齐白石 茨菇墨蟹 立轴	136cm×33.5cm	1,437,500	中国嘉德	2015.11.14
齐白石 大富贵 镜框	30.5cm×32.8cm	350,438	佳士得	2015.06.02
齐白石 大富贵亦寿考 镜心	103.5cm×34.5cm	2,070,000	北京保利	2015.06.04
齐白石 大富双寿图 镜心	100cm×34cm	8,050,000	北京保利	2015.12.07

拍品名称	物品尺寸	成交价RMB	拍卖公司	拍卖日期
齐白石 大吉图 镜框	100cm×34cm	3,450,000	保利厦门	2015.05.02
齐白石 大吉图 立轴	98.5cm×33.5cm	1,380,000	北京匡时	2015.12.04
齐白石 大利图 镜心	34cm×34cm	437,000	北京保利	2015.06.05
齐白石 大寿 立轴	100cm×34cm	15,795,720	佳士得	2015.06.02
齐白石 黛玉葬花 立轴	72cm×43cm	1,035,000	辽宁中正	2015.06.13
齐白石 丹桂飘香 立轴	97.5cm×33cm	1,552,500	上海嘉禾	2015.05.08
齐白石 盗酒图 行书诗 成扇	24cm×76cm	4,600,000	上海道明	2015.05.09
齐白石 灯鼠图 镜心	100cm×33cm	1,745,928	中国嘉德	2015.10.07
齐白石 等 1948–1952年作 偷闲集雅册 册页	33cm×26cm×4	11,500,000	北京保利	2015.12.06
齐白石 1937年作 书法 镜片	22.5cm×32.5cm	230,000	上海嘉禾	2015.05.08
齐白石 1947年作 鸡雏图 镜心	43.3cm×35.3cm	345,000	中国嘉德	2015.11.14
齐白石 董作宾 海棠花 篆书《江南好》镜心	18cm×51cm×2	184,000	北京匡时	2015.12.04
齐白石 斗促织 镜心	22cm×18cm	207,000	北京翰海	2015.06.26
齐白石 对虾图 镜心	95cm×33cm	1,120,000	十竹斋	2015.06.14
齐白石 多吉图 立轴	103cm×34cm	1,012,000	北京保利	2015.06.05
齐白石 多利图 镜心	69cm×35cm	3,795,000	北京匡时	2015.06.06
齐白石 多寿 立轴	103cm×35cm	4,830,000	北京匡时	2015.12.04
齐白石 多寿 立轴	102.5cm×34cm	3,450,000	北京东正	2015.11.19
齐白石 多寿 立轴	130cm×35cm	2,327,904	保利香港	2015.10.05
齐白石 多寿多子 立轴	102cm×34cm	2,969,760	香港苏富比	2015.04.06
齐白石 多寿图 镜框	118.5cm×60.4cm	17,011,560	香港苏富比	2015.04.06
齐白石 仿八大游鱼 立轴	65cm×30cm	460,000	北京保利	2015.06.05
齐白石 丰收	120cm×33cm	1,883,952	荣盛国际	2015.01.10
齐白石 枫叶 立轴	101cm×34cm	1,380,000	中国嘉德	2015.11.14
齐白石 凤仙花 立轴	99.5cm×32cm	985,600	北京荣宝	2015.06.21
齐白石 芙蓉鸳鸯 立轴	82cm×42cm	1,840,000	北京保利	2015.06.04
齐白石 福禄图 立轴	101.5cm×34cm	1,725,000	中国嘉德	2015.05.16
齐白石 傅增湘 1938年作 牵牛蜻蜓 书法成扇 成扇	25cm×64cm	2,645,000	北京保利	2015.12.06
齐白石 富贵两喜 立轴	133.3cm×33.2cm	1,233,000	香港苏富比	2015.10.06
齐白石 富贵双寿 立轴	100cm×34cm	402,500	北京保利	2015.08.12
齐白石 富贵有根 立轴	105cm×33cm	552,000	中国嘉德	2015.11.14
齐白石 富贵有期 立轴	98cm×32cm	943,000	北京匡时	2015.10.16
齐白石 高吹万 花卉蜜蜂 行书 成扇	18cm×49cm	1,035,000	北京保利	2015.12.07
齐白石 1940年作 蛙趣 镜心	65cm×35cm	560,000	天津文物	2015.05.22
齐白石 冠上加冠 镜心	68cm×35cm	1,495,000	北京保利	2015.06.04
齐白石 龟年 立轴	57cm×31cm	483,000	北京匡时	2015.06.06
齐白石 桂花蜻蜓 成扇	18cm×50cm	554,813	香港苏富比	2015.04.06
齐白石 郭秀仪 官上加官 立轴	100cm×34cm	345,000	北京保利	2015.06.04
齐白石 国色天香 镜心	118cm×42cm	6,900,000	中国嘉德	2015.05.16
齐白石 果实 镜片	103cm×34.5cm	1,265,000	广东小雅斋	2015.11.11
齐白石 海棠蝴蝶 立轴	130cm×32cm	1,495,000	北京保利	2015.12.06
齐白石 海棠双蝶 立轴	98cm×33cm	5,290,000	北京保利	2015.12.07
齐白石 行书陆游《无题》诗 立轴	134cm×34cm	897,000	北京匡时	2015.06.06
齐白石 行书七言诗 立轴	138.5cm×30cm	391,000	北京匡时	2015.03.30
齐白石 和平大吉图 镜心	26cm×32cm	552,000	南京经典	2015.08.02
齐白石 荷花 扇面	20cm×55cm	448,500	中国嘉德	2015.11.14
齐白石 荷花翠鸟 镜心	100.5cm×34.5cm	4,025,000	北京匡时	2015.06.06
齐白石 荷花鸳鸯 横批	134.3cm×68cm	1,215,080	佳士得	2015.12.01
齐白石 荷塘清趣 镜心	36cm×33cm	207,000	北京匡时	2015.06.06
齐白石 荷塘野趣 镜心	135cm×70cm	9,200,000	北京匡时	2015.12.04
齐白石 荷塘鸳鸯 镜心	127cm×36cm	3,450,000	北京保利	2015.06.05
齐白石 荷塘鸳鸯 屏轴	46cm×33.5cm	230,000	上海道明	2015.05.09
齐白石 荷叶群娃 立轴	82cm×42cm	1,281,600	佳士得	2015.06.02

拍品名称	物品尺寸	成交价RMB	拍卖公司	拍卖日期
齐白石 荷叶游虾 镜框	41.8cm×33.8cm	719,250	香港苏富比	2015.10.06
齐白石 鹤寿 镜框	179.5cm×48.5cm	7,421,840	佳士得	2015.12.01
齐白石 红荷 立轴	68cm×33cm	513,750	香港苏富比	2015.10.06
齐白石 红荔蜜蜂 镜框	56.5cm×28.4cm	1,284,375	香港苏富比	2015.10.06
齐白石 红梅 立轴	100cm×35cm	1,610,000	荣宝斋（济南）	2015.11.21
齐白石 红梅八哥 立轴	98cm×34cm	552,000	北京保利	2015.04.26
齐白石 红梅报春 立轴	101cm×35cm	1,437,500	中国嘉德	2015.04.01
齐白石 红梅寒雀 镜框	144.5cm×33.8cm	3,776,600	佳士得	2015.12.01
齐白石 红梅墨蝶图 立轴	96cm×33.5cm	1,695,000	辽宁建投	2015.08.30
齐白石 红线盗盒 立轴	134cm×33cm	3,433,785	中国嘉德	2015.04.07
齐白石 葫芦 立轴	100cm×33cm	2,300,000	北京翰海	2015.11.27
齐白石 葫芦·印章两方 立轴	绘画113.5cm×43cm 印章 2.4cm×2.4cm×7.9cm	1,552,500	中国嘉德	2015.11.14
齐白石 葫芦青蝇 镜片	19.3cm×23.8cm	318,650	纽约苏富比	2015.09.17
齐白石 湖石双禽 镜心	101cm×34cm	632,500	中国嘉德	2015.05.16
齐白石 蝴蝶兰 镜芯	67.5cm×33cm	575,000	四川德轩	2015.11.05
齐白石 花蝶图 扇片	19cm×52cm	552,000	朵云轩	2015.06.18
齐白石 花卉 立轴	101cm×35cm	2,012,500	中贸圣佳	2015.05.19
齐白石 花卉虫草 镜片	101cm×33cm	2,530,000	广东小雅斋	2015.11.11
齐白石 花卉飘虫 镜框	73.3cm×25.1cm	554,813	香港苏富比	2015.04.06
齐白石 花犬迎归 立轴	100cm×34cm	7,590,000	北京保利	2015.12.06
齐白石 花实三千年 立轴	138cm×34cm	4,140,000	北京保利	2015.12.07
齐白石 黄金果蜻蜓 镜心	131cm×34cm	1,150,000	中国嘉德	2015.05.16
齐白石 会古轩 镜心	40cm×98cm	805,000	北京保利	2015.12.07
齐白石 吉寿永昌 立轴	243cm×61.5cm	41,400,000	中国嘉德	2015.11.15
齐白石 1939年作 螃蟹 立轴	93.5cm×34.5cm	805,000	中国嘉德	2015.11.14
齐白石 1929年作 寿桃 成扇	17.3cm×50cm	1,092,500	中国嘉德	2015.05.17
齐白石 加官 立轴	97cm×37.5cm	8,855,000	中国嘉德	2015.11.15
齐白石 佳果图	95cm×35.5cm	4,967,050	卓艺拍卖	2015.11.21
齐白石 甲申(1944年）作 蟋蟀故居 镜框	26cm×29.5cm	575,000	北京华辰	2015.05.15
齐白石 甲子（1924年）作 篆书七言联 对联	147cm×28.5cm×2	5,175,000	上海嘉禾	2015.05.08
齐白石 将晓则鸣 镜框	100cm×33cm	1,473,840	佳士得	2015.06.02
齐白石 蕉叶雏鸡图 镜心	136cm×34cm	1,150,000	中国嘉德	2015.09.19
齐白石 金笔山水 立轴	131cm×61cm	333,500	上海嘉禾	2015.08.09
齐白石 金玉满堂 立轴	101cm×34cm	805,000	北京保利	2015.06.05
齐白石 九子 镜框	67cm×34.2cm	821,000	佳士得	2015.12.01
齐白石 久久大利图 镜心	16.7cm×62.5cm	1,265,000	中国嘉德	2015.05.16
齐白石 酒香群蟹 立轴	131.5cm×32cm	1,035,000	保利山东	2015.02.01
齐白石 酒香蟹肥 屏轴	87cm×26cm	3,680,000	上海敬华	2015.06.29
齐白石 菊红图 镜心（片）	105cm×35 cm.	1,265,000	中鸿信	2015.07.29
齐白石 菊花 镜心	33cm×33.5cm	368,000	北京匡时	2015.10.16
齐白石 菊盛蟹腴 立轴	148.3cm×46.5cm	3,222,240	香港苏富比	2015.10.06
齐白石 看梅雪不寒 镜心（片）	87cm×55 cm.	1,667,500	中鸿信	2015.07.29
齐白石 老当益壮 镜框	33cm×25.5cm	300,375	佳士得	2015.06.02
齐白石 老当益壮 立轴	96.5cm×41cm	9,200,000	中国嘉德	2015.11.15
齐白石 累累多子 立轴	135cm×34.2cm	605,250	香港苏富比	2015.04.06
齐白石 冷心居士 秋华图·行书节录胡大川幻想诗 扇面	19cm×51.5cm×2	287,500	中国嘉德	2015.11.15
齐白石 篱菊图 镜心	100cm×33cm	2,016,000	十竹斋	2015.06.14
齐白石 荔枝鸣蝉 镜心	100cm×33cm	2,645,000	中国嘉德	2015.11.14
齐白石 荔枝蜻蜓 立轴	103.5cm×33.5cm	2,300,000	中国嘉德	2015.11.14
齐白石 怜尔无肠 立轴	67.5cm×33.5cm	1,012,000	中国嘉德	2015.11.14
齐白石 莲蓬图 立轴	179cm×16cm	3,450,000	北京保利	2015.06.04

(成交价RMB：15万元以上)

拍品名称	物品尺寸	成交价RMB	拍卖公司	拍卖日期
齐白石 刘春霖 红菊蟋蟀·楷书七言诗 成扇	16.5cm×49.5cm	1,840,000	中国嘉德	2015.11.15
齐白石 刘春霖 水泽蛙趣 苏轼《惠山烹小龙团》成扇	20cm×54cm	460,000	北京诚轩	2015.11.13
齐白石 芦花青蛙 镜框	85cm×28cm	718,375	佳士得	2015.12.01
齐白石 芦塘双鸭 立轴	130cm×33cm	1,840,000	北京保利	2015.06.05
齐白石 鸬鹚青柳 镜框双挖	135.5cm×34cm	5,944,040	佳士得	2015.12.01
齐白石 绿梅小雀 镜心	66.5cm×33cm	918,400	北京荣宝	2015.03.29
齐白石 麦穗 镜心	332cm×34cm×2	402,500	北京保利	2015.06.04
齐白石 满架秋风 镜心	130cm×34cm	1,150,000	南京经典	2015.08.02
齐白石 眉寿 镜心	66cm×34cm	4,025,000	中国嘉德	2015.11.15
齐白石 眉寿图 镜心	38cm×33.5cm	713,000	中国嘉德	2015.11.14
齐白石 梅花 立轴	56.5cm×32.5cm	3,492,360	佳士得	2015.06.02
齐白石 梅花八哥 立轴	62cm×32cm	920,000	中国嘉德	2015.09.19
齐白石 梅花蝴蝶 镜心	67cm×34cm	1,207,500	北京保利	2015.08.12
齐白石 梅影暗香 镜心	97.8cm×39.2cm	402,500	北京诚轩	2015.11.13
齐白石 墨虾 横披	20cm×33cm	336,000	十竹斋	2015.06.14
齐白石 墨虾 镜心	33cm×33cm	575,000	北京保利	2015.12.06
齐白石 墨虾 立轴	104cm×35cm	1,035,000	中国嘉德	2015.11.14
齐白石 墨虾 立轴	69cm×35cm	371,220	中国嘉德	2015.04.07
齐白石 墨蟹 立轴	68cm×35cm	1,380,000	华艺国际	2015.05.24
齐白石 墨蟹 立轴	136cm×35cm	407,383	中国嘉德	2015.10.07
齐白石 墨蟹 立轴	104cm×34.5cm	322,000	北京匡时	2015.10.16
齐白石 墨蟹 立轴	68cm×34cm	310,500	北京匡时	2015.10.17
齐白石 墨蟹图 立轴	103cm×34cm	747,500	北京匡时	2015.06.06
齐白石 牡丹 镜框	46cm×33cm	828,000	广东小雅斋	2015.11.12
齐白石 牡丹 镜片	46cm×33cm	920,000	上海嘉禾	2015.05.08
齐白石 牡丹草虫 镜心	18cm×52cm	253,000	北京匡时	2015.12.04
齐白石 牡丹鸳鸯 立轴	44cm×68cm	5,980,000	中国嘉德	2015.05.17
齐白石 南瓜 立轴	67.5cm×34cm	322,000	中国嘉德	2015.11.14
齐白石 南瓜图 立轴	135cm×33.5cm	460,000	中国嘉德	2015.05.16
齐白石 拈花微笑 立轴	106cm×48cm	2,530,000	北京翰海	2015.11.28
齐白石 拈花微笑 立轴	137cm×53cm	4,140,000	北京保利	2015.06.05
齐白石 螃蟹菊花	99cm×33.5cm	637,300	纽约苏富比	2015.09.17
齐白石 螃蟹图 立轴	128cm×34cm	1,265,000	北京匡时	2015.06.06
齐白石 枇杷 镜心	332cm×34cm×2	483,000	北京保利	2015.06.04
齐白石 枇杷 立轴	99cm×33cm	313,600	北京荣宝	2015.11.29
齐白石 枇杷 立轴	103cm×34cm	575,000	上海嘉禾	2015.05.08
齐白石 枇杷鹌鹑图 镜心	70cm×34cm	1,495,000	厦门华辰	2015.06.20
齐白石 枇杷蜻蜓 立轴	67cm×34.5cm	667,000	北京匡时	2015.12.04
齐白石 平安高冠 立轴	117.5cm×40cm	3,450,000	中国嘉德	2015.05.17
齐白石 平安图 镜心	98.5cm×32cm	1,380,000	中国嘉德	2015.11.14
齐白石 葡萄 镜心	332cm×34cm×2	506,000	北京保利	2015.06.04
齐白石 葡萄 立轴	134.7cm×33.2cm	615,750	佳士得	2015.12.01
齐白石 葡萄 立轴	34cm×33.5cm	161,000	中国嘉德	2015.11.14
齐白石 葡萄 立轴	110cm×34cm	1,012,000	中国嘉德	2015.04.01
齐白石 葡萄松鼠 镜心	103cm×33.5cm	1,610,000	中国嘉德	2015.05.16
齐白石 齐良迟 梅花蜻蜓	104cm×36cm	4,967,050	卓艺拍卖	2015.11.21
齐白石 牵牛花 镜框	81cm×32cm	1,150,000	北京上和	2015.05.16
齐白石 牵牛花 镜框	26.3cm×32.6cm	414,245	纽约佳士得	2015.09.17
齐白石 牵牛花 镜心	19cm×52cm	403,200	十竹斋	2015.06.14
齐白石 牵牛花 立轴	103cm×34cm	345,000	北京保利	2015.04.25
齐白石 牵牛花 立轴	96cm×33.5cm	784,000	北京荣宝	2015.06.21
齐白石 牵牛花 立轴	65.3cm×33.5cm	500,625	佳士得	2015.06.02
齐白石 牵牛花 立轴	102cm×34cm	897,000	上海工美	2015.06.28
齐白石 牵牛花螳螂 设色纸本	95cm×32cm	805,000	北京保利	2015.12.07

拍品名称	物品尺寸	成交价RMB	拍卖公司	拍卖日期
齐白石 茄子 立轴	23.5cm×27cm	690,000	中国嘉德	2015.05.16
齐白石 青蕉雏鸡图 立轴	133cm×34cm	713,000	中国嘉德	2015.09.19
齐白石 青鸟 立轴	88cm×43cm	283,554	保利香港	2015.05.28
齐白石 清风图 镜心	34cm×99cm	2,530,000	北京保利	2015.06.04
齐白石 清吉 镜片	65cm×33cm	2,127,500	广东崇正	2015.06.19
齐白石 清平多利 扇面镜框	18.5cm×51cm	1,185,480	佳士得	2015.06.02
齐白石 清韵 立轴	68.5cm×34.5cm	2,415,000	中国嘉德	2015.05.17
齐白石 蜻蜓花石 立轴	128.5cm×61cm	3,185,480	佳士得	2015.12.01
齐白石 蜻蜓雁来红 立轴	112.5cm×33.5cm	1,552,500	中国嘉德	2015.05.16
齐白石 秋虫 镜心	22cm×15cm	184,000	北京翰海	2015.06.26
齐白石 秋风横行 镜片	99cm×33.5cm	747,500	朵云轩	2015.06.18
齐白石 秋菊 镜心	33cm×33cm	1,380,000	北京保利	2015.12.07
齐白石 秋菊 立轴	136cm×33.5cm	1,012,000	保利山东	2015.02.01
齐白石 秋鸣图 镜心	128cm×34cm	3,450,000	北京匡时	2015.12.04
齐白石 秋趣图 立轴	102cm×33.5cm	920,000	北京保利	2015.12.07
齐白石 秋趣图 立轴	102cm×33.5cm	575,000	西泠拍卖	2015.07.05
齐白石 秋色	130cm×35cm	762,552	荣盛国际	2015.01.10
齐白石 秋色虫鸣 立轴	68cm×34cm	1,027,500	香港苏富比	2015.10.06
齐白石 秋色秋香 镜心	67cm×44cm	805,000	北京保利	2015.12.07
齐白石 秋实 立轴	101cm×34cm	920,000	保利山东	2015.02.01
齐白石 秋实 立轴	101cm×34cm	828,000	保利山东	2015.09.13
齐白石 秋水群虾 立轴	136cm×34cm	747,500	北京诚轩	2015.11.13
齐白石 秋味图 立轴	104cm×35cm	598,000	中国嘉德	2015.11.14
齐白石 秋意 四屏镜心	135cm×30cm×4	6,900,000	中国嘉德	2015.05.17
齐白石 群雏觅食图 镜框	112cm×33cm	1,380,000	上海明轩	2015.06.21
齐白石 群虾 立轴	67cm×34.5cm	1,176,000	北京荣宝	2015.11.29
齐白石 群虾 立轴	126cm×34cm	920,000	中国嘉德	2015.05.17
齐白石 群虾图 镜框	57cm×33.5cm	345,000	北京上和	2015.05.16
齐白石 群虾图 镜心	103cm×33cm	1,035,000	北京保利	2015.06.04
齐白石 群虾图 立轴	66.5cm×33cm	920,000	朵云轩	2015.06.18
齐白石 群虾图 立轴	31.5cm×43.2cm	508,706	纽约佳士得	2015.03.17
齐白石 群虾图 立轴	97cm×35 cm.	1,380,000	中鸿信	2015.07.29
齐白石 1952年作 老少平安 立轴	68.5cm×37cm	1,265,000	北京华辰	2015.05.15
齐白石 三多图 镜心	115cm×47cm	4,370,000	中国嘉德	2015.05.16
齐白石 山花喜鹊 立轴	87cm×40cm	586,500	海德拍卖	2015.06.27
齐白石 世世清吉 立轴	107cm×47cm	3,220,000	中国嘉德	2015.05.17
齐白石 事事如意 镜框	136cm×33.2cm	2,791,400	佳士得	2015.12.01
齐白石 事事太平 立轴	99.5cm×33.5cm	2,472,500	中国嘉德	2015.11.14
齐白石 寿酒 镜心	101.5cm×34.5cm	4,715,000	北京保利	2015.12.06
齐白石 寿酒 立轴	133.3cm×34.2cm	2,531,160	佳士得	2015.06.02
齐白石 寿酒神仙图 立轴	78cm×40cm	1,725,000	河南泽华	2015.01.11
齐白石 寿菊 立轴	68cm×35cm	747,500	南京经典	2015.08.02
齐白石 寿寿平安 立轴	102cm×34cm	1,380,000	北京翰海	2015.06.26
齐白石 狩猎图 立轴	81.5cm×33.8cm	3,396,240	佳士得	2015.06.02
齐白石 蔬圃秋香 立轴	136cm×33cm	1,035,000	北京保利	2015.06.05
齐白石 双寿 镜心	245cm×60cm	25,300,000	北京保利	2015.06.04
齐白石 双寿 扇面镜框	136cm×44.6cm	1,510,640	佳士得	2015.12.01
齐白石 霜叶栖鸟 镜心	35cm×138cm	1,380,000	北京保利	2015.06.04
齐白石 水边池底是家乡 镜心	108cm×34.5cm	4,370,000	北京匡时	2015.12.04
齐白石 水族雏鸡 四屏镜心	685cm×33cm×4	3,622,500	北京保利	2015.06.04
齐白石 水族图 镜心	164cm×47.5cm	1,955,000	北京匡时	2015.06.06
齐白石 水族图 立轴	67cm×34cm	586,500	西泠拍卖	2015.07.06
齐白石 丝瓜雏鸡 镜心	95cm×34cm	1,035,000	北京匡时	2015.12.04
齐白石 丝瓜工虫 立轴	68cm×34cm	1,035,000	广东崇正	2015.06.19
齐白石 丝瓜蝈蝈 镜心	68.5cm×32.5cm	1,840,000	中国嘉德	2015.05.17
齐白石 四季清兴 立轴	130cm×32cm×4	7,590,000	北京保利	2015.06.05

拍品名称	物品尺寸	成交价RMB	拍卖公司	拍卖日期
齐白石 松窗闲话 镜框	177cm×48cm	2,003,240	佳士得	2015.12.01
齐白石 松山陋室图 立轴	137cm×34cm	18,400,000	上海嘉禾	2015.05.08
齐白石 松鼠葡萄 立轴	82.5cm×33cm	1,377,720	佳士得	2015.06.02
齐白石 松鼠葡萄图 立轴	95cm×34cm	1,380,000	保利厦门	2015.05.03
齐白石 松鹰图	160cm×38cm	13,546,500	卓艺拍卖	2015.11.21
齐白石 岁朝图 立轴	33.5cm×37cm	1,035,000	中国嘉德	2015.05.16
齐白石 抬头见喜 镜心	22cm×17cm	782,000	北京保利	2015.06.05
齐白石 谭泽闿 桂花蜻蜓·行书《二京赋》成扇	18cm×51cm	460,000	中国嘉德	2015.11.15
齐白石 堂前秋色 立轴	100cm×33cm	2,932,500	北京翰海	2015.06.26
齐白石 桃花图 立轴	124cm×34cm	3,105,000	北京匡时	2015.12.04
齐白石 藤花引蜂来 镜片	69cm×32cm	632,500	广东小雅斋	2015.05.12
齐白石 天女散花 立轴	103cm×40.5cm	230,000	北京匡时	2015.03.30
齐白石 天竺水仙 立轴	136cm×34cm	1,840,000	北京保利	2015.06.04
齐白石 蛙趣图 镜心	102cm×33.5cm	2,530,000	中国嘉德	2015.05.16
齐白石 蛙声十里 立轴	133cm×33.5cm	1,955,000	北京保利	2015.12.06
齐白石 蛙戏 镜心	36cm×36cm	437,000	保利山东	2015.09.13
齐白石 王雪涛 四条屏 镜心	101cm×27.5cm×4	2,668,000	荣宝斋（济南）	2015.11.21
齐白石 王友石 1942年作 凌霄八哥 立轴	136cm×34cm	253,000	北京诚轩	2015.05.18
齐白石 无量寿佛 镜心	33cm×100cm	2,530,000	北京保利	2015.06.04
齐白石 五柳先生像 立轴	95cm×33cm	3,588,480	佳士得	2015.06.02
齐白石 五世同堂 立轴	66cm×33cm	1,035,000	北京保利	2015.08.12
齐白石 1938年作 菊花 镜心	116cm×40cm	560,000	天津文物	2015.05.22
齐白石 1948年作 三寿图 镜心	98.5cm×34.5cm	672,000	天津文物	2015.05.22
齐白石 1948年作 荷塘 镜心	138cm×69cm	4,370,000	中国嘉德	2015.05.17
齐白石 1948年作 牵牛蚱蜢 立轴	102cm×34cm	1,020,855	中国嘉德	2015.04.07
齐白石 1948年作 群虾图 立轴	101cm×34cm	668,196	中国嘉德	2015.04.07
齐白石 溪水洗马图 立轴	92cm×32cm	621,000	北京保利	2015.04.25
齐白石 喜从天降 镜心	44cm×6cm	322,000	北京翰海	2015.06.26
齐白石 喜上眉梢 立轴	133cm×33cm	1,840,000	上海工美	2015.06.28
齐白石 虾 立轴	96.5cm×31.5cm	345,000	北京保利	2015.04.25
齐白石 虾 立轴	18.9cm×54cm	368,000	中国嘉德	2015.05.17
齐白石 虾趣图 立轴	104cm×34cm	747,500	上海敬华	2015.06.29
齐白石 虾戏图	22.5cm×17cm	1,625,580	卓艺拍卖	2015.11.18
齐白石 虾戏图 镜心	57cm×34cm	460,000	北京匡时	2015.12.04
齐白石 虾蟹 立轴	102cm×41cm	336,000	天津文物	2015.05.22
齐白石 虾蟹图 立轴	101cm×33cm	264,500	北京隆琛	2015.11.21
齐白石 虾蟹图 立轴	100.5cm×33cm	1,058,000	中国嘉德	2015.05.16
齐白石 萧祁崑 圆面（三帧）立轴	半径30.8cm×3	598,000	广东崇正	2015.06.19
齐白石 萧悉 祁崑 1942年作 山水鲜蔬三挖 立轴	直径31cm×3	448,500	北京匡时	2015.12.04
齐白石 小鸡 镜框	42.8cm×15.5cm	240,300	佳士得	2015.06.02
齐白石 蟹肥酒香 立轴	133cm×33cm	1,610,000	北京保利	2015.06.04
齐白石 1941年作 荔枝蜜蜂 扇面镜心	18cm×49cm	345,000	北京诚轩	2015.05.18
齐白石 辛未（1991年）作 春意图 镜片	66cm×33cm	2,530,000	上海敬华	2015.06.29
齐白石 1921年作 行书忆桂林诗镜片	38cm×73.5cm	747,500	广东崇正	2015.06.19
齐白石 袖手看君行 立轴	132.5cm×33.5cm	1,207,500	北京诚轩	2015.11.13
齐白石 徐悲鸿 1942年作 修竹杜鹃	96cm×33.7	1,127,136	台北艺流	2015.04.25
齐白石 徐操 汪慎生 等 1943年作五色梅花书画集锦扇 成扇	18cm×51.5cm	920,000	北京诚轩	2015.11.13

拍品名称	物品尺寸	成交价RMB	拍卖公司	拍卖日期
齐白石 许公泽 牵牛花 江山高隐成扇	18cm×50cm	368,000	北京诚轩	2015.11.13
齐白石 雁来红 镜片	103cm×33cm	460,000	朵云轩	2015.06.18
齐白石 雁来红 镜心	103.5cm×34cm	460,000	北京匡时	2015.12.04
齐白石 雁来红 镜心	67cm×34cm	213,391	中国嘉德	2015.10.07
齐白石 姚茫父 1923年作 清供镜心	138cm×68.5cm	483,000	北京翰海	2015.11.27
齐白石 叶恭绰 名园第一 七言律诗 成扇	18.6cm×51cm	690,000	北京诚轩	2015.11.13
齐白石 一树梅花 镜心	95.5cm×36cm	828,000	北京匡时	2015.06.06
齐白石 乙亥（1935年作 荷花蜜蜂 立轴	79cm×40cm	872,964	中国嘉德	2015.10.07
齐白石 1945年作 群蟹图 立轴	102.5cm×34cm	690,000	上海嘉禾	2015.05.08
齐白石 1945年作 谁霸谁王 镜心	100cm×32.5cm	4,370,000	中国嘉德	2015.11.15
齐白石 引蝶图	130cm×33cm	897,120	荣盛国际	2015.01.10
齐白石 樱桃 扇面镜框	18.8cm×53.3cm	1,377,720	佳士得	2015.06.02
齐白石 咏菊噙香 立轴	137cm×68cm	1,725,000	中国嘉德	2015.05.16
齐白石 游虾翠鸟 立轴	128cm×32cm	517,500	北京保利	2015.06.04
齐白石 游虾图 镜心	130cm×33cm	1,955,000	北京保利	2015.12.07
齐白石 游鱼图	68cm×34cm	1,625,580	卓艺拍卖	2015.11.21
齐白石 游鱼图 镜心	30cm×43cm	168,000	北京荣宝	2015.06.21
齐白石 鱼虾图 镜片	102cm×33cm	1,265,000	东方大观	2015.11.17
齐白石 鱼虾蟹 立轴	97cm×33.5cm	3,335,000	北京匡时	2015.06.06
齐白石 玉米	105cm×34cm	2,185,000	北京保利	2015.06.05
齐白石 玉米青蛙 立轴	89cm×33cm	1,380,777	保利香港	2015.04.07
齐白石 玉簪花 立轴	180cm×46.6cm	1,695,000	辽宁建投	2015.08.30
齐白石 芋蟹图 立轴	104cm×34.5cm	920,000	荣宝斋（济南）	2015.11.21
齐白石 芋叶游虾 立轴	135cm×33cm	1,782,500	北京保利	2015.06.05
齐白石 芋叶游虾 立轴	133.5cm×32.5cm	1,897,500	中国嘉德	2015.05.16
齐白石 袁厉準 1933年作 桃实双寿 行书七言诗 成扇	18.5cm×50cm	782,000	北京翰海	2015.11.27
齐白石 远山孤帆 立轴	35cm×46cm	1,955,000	中国嘉德	2015.05.17
齐白石 宰相归田 镜框	94cm×50cm	18,935,640	佳士得	2015.06.02
齐白石 张伯英 子垂晶玉星光莹节录苏轼《武昌西山》成扇	18cm×50cm	529,000	北京诚轩	2015.11.13
齐白石 章梫 1943年作 群虾图 书法 成扇	18cm×50cm	280,000	北京荣宝	2015.06.21
齐白石 郑言 双蝶兰花·行书扇面	22cm×62cm	1,437,500	中国嘉德	2015.05.17
齐白石 挣脱樊笼 镜框	29cm×32.8cm	359,625	香港苏富比	2015.10.06
齐白石 志琮 1945年作 红梅报喜 行书临《圣教序》成扇	20cm×54cm	1,265,000	北京保利	2015.12.06
齐白石 稚鸡 立轴	40cm×34cm	291,200	北京荣宝	2015.08.30
齐白石 钟刚中 梅花草虫 行书诗成扇	19cm×48cm	333,500	北京匡时	2015.12.04
齐白石 钟馗 立轴	101.2cm×33.6cm	7,241,040	佳士得	2015.06.02
齐白石 朱梅邨 易克臬 等 1942年作 风雨楼图册 镜心 册页	尺寸不一	1,035,000	北京匡时	2015.06.06
齐白石 烛照吉寿图 镜框	107cm×33cm	8,050,000	上海嘉禾	2015.05.08
齐白石 祝融 镜心	33cm×26cm	1,035,000	北京保利	2015.06.05
齐白石 篆书“花鸟虫鱼”镜心	32cm×32cm	977,500	北京匡时	2015.06.06
齐白石 篆书“有容室”及印章（一件）镜心	书法34cm×112cm 印章 1.9cm×1.9cm×4.8cm	3,450,000	中国嘉德	2015.05.16
齐白石 篆书家居诗 立轴	68cm×28cm	1,495,000	上海明轩	2015.06.21
齐白石 篆书五言联 对联	133.5cm×32cm×2	4,025,000	上海嘉禾	2015.05.08
齐白石 篆书五言联 立轴	134cm×32.5cm×2	2,760,000	中国嘉德	2015.11.14
齐白石 紫藤 立轴	140cm×34cm	1,495,000	北京保利	2015.12.06

拍品名称	物品尺寸	成交价RMB	拍卖公司	拍卖日期
齐白石 紫藤 立轴	131cm×35cm	5,175,000	北京翰海	2015.06.26
齐白石 紫藤花 镜片	100cm×33cm	1,173,000	上海嘉禾	2015.05.08
齐白石 紫藤麻雀 立轴	99cm×39cm	659,573	保利香港	2015.10.05
齐白石 紫藤蜜蜂 成扇	17.9cm×48.5cm	655,688	香港苏富比	2015.04.06
齐白石 紫藤蜜蜂 立轴	100cm×33cm	3,335,000	朵云轩	2015.06.18
齐白石 棕榈雏鸡 立轴	102cm×33cm	1,127,000	中国嘉德	2015.09.19
祁峰 骆驼 镜片	97cm×179cm	747,500	河南泽华	2015.01.11
祁海峰 2014年作 太行人家 镜心	69cm×136cm	287,500	北京保利	2015.06.03
祁海峰 2015年作 古调西风 镜心	68cm×136cm	287,500	北京保利	2015.12.06
祁崑 1943年作 仿元人山水 镜心	127cm×64cm	172,500	北京保利	2015.06.06
祁璐 诗象系列	66cm×66cm	172,500	北京翰海	2015.11.27
启功 兰石竹 立轴	98cm×46 cm	287,500	中鸿信	2015.07.29
启功 1934年作 柳亭纳凉 镜心	18.5cm×52.5cm	540,500	北京匡时	2015.10.17
启功 1935年作 春江泛舟 镜心	18cm×51cm	368,000	北京匡时	2015.10.17
启功 1941年作 山水花鸟 镜框（七开）（十三开）	30.7cm×37.4cm 33cm×27.7cm 26.6cm×38cm	164,200	佳士得	2015.12.01
启功 1943年作 双清图 立轴	98cm×33.8cm	554,813	香港苏富比	2015.04.06
启功 1946年作 松岭飞瀑图 镜片	65.5cm×32.5cm	402,500	西泠拍卖	2015.07.05
启功 1951年作 草书节临《十七帖》扇面 镜心	84cm×150cm	287,500	北京保利	2015.12.07
启功 1972年作 行书论书绝句 镜片	28.5cm×112.5cm	713,000	上海明轩	2015.06.21
启功 1973年作 草书 立轴	119cm×30cm	241,500	中国嘉德	2015.06.27
启功 1973年作 行书 立轴	115cm×30cm	230,000	中国嘉德	2015.06.27
启功 1973年作 行书毛主席诗 镜心	82.5cm×43cm	713,000	中国嘉德	2015.11.15
启功 1974年作 楷书《如梦令》镜心	83cm×38cm	287,500	北京翰海	2015.11.27
启功 1974年作 临颜真卿书 镜片	226cm×27.5cm	1,150,000	西泠拍卖	2015.07.05
启功 1975年作 行书七言诗 镜心	179cm×97cm	761,001	中国嘉德	2015.04.07
启功 1978年作 行书 立轴	69.5cm×34cm	235,200	北京荣宝	2015.11.29
启功 1978年作 行书 五言诗 立轴	97.5cm×32cm	218,500	西泠拍卖	2015.07.05
启功 1978年作 行书七言联 立轴	117.5cm×33.2cm×2	598,000	中国嘉德	2015.11.14
启功 1978年作 行书七言联 立轴	143cm×29cm×2	345,000	北京匡时	2015.12.04
启功 1978年作 书法 立轴	106cm×34cm	552,000	广东小雅斋	2015.05.12
启功 1979年作 行书陆龟蒙绝句 镜心	134cm×34cm	322,000	保利山东	2015.09.13
启功 1980年作 草书《论书绝句》镜心	137cm×33cm	287,500	北京保利	2015.12.07
启功 1980年作 草书李白诗 镜心	67cm×133cm	690,000	北京保利	2015.06.04
启功 1980年作 行书李白诗 立轴	100cm×32.5cm	402,500	北京保利	2015.06.04
启功 1980年作 行书宋诗 立轴	136.6cm×34.1cm	195,225	香港苏富比	2015.10.06
启功 1980年作 行书唐人句 立轴	105cm×34cm	218,500	北京匡时	2015.06.07
启功 1981年作 行书 镜片	100cm×30cm	414,000	广东崇正	2015.06.19
启功 1981年作 行书 立轴	137cm×70cm	287,500	上海敬华	2015.06.29
启功 1981年作 行书录宋人句 立轴	70cm×49cm	209,497	保利香港	2015.04.07
启功 1981年作 行书论诗绝句手卷	引首32.5cm×87cm 书法 33.5cm×208cm	1,782,500	中国嘉德	2015.05.17
启功 1981年作 双清图 镜片	80cm×31cm	218,500	广东崇正	2015.06.19
启功 1982年作 草书七言联 立轴	136.5cm×34.5cm×2	575,000	北京东正	2015.05.19
启功 1982年作 行书七言联 立轴	131cm×32cm×2	517,500	北京保利	2015.06.04
启功 1982年作 行书七言诗 立轴	135cm×64cm	517,500	北京保利	2015.06.04
启功 1982年作 行书前贤句 立轴	101cm×33cm	230,000	北京匡时	2015.12.05
启功 1982年作 行书题画诗 立轴	135cm×66cm	1,610,000	北京匡时	2015.06.07
启功 1982年作 行书叶翁诗 立轴	102cm×33cm	345,000	北京翰海	2015.06.26
启功 1982年作 朱竹图 镜心	53cm×233.5cm	4,592,000	北京荣宝	2015.11.29
启功 1983年作 行书“业广维勤”立轴	67.5cm×33.5cm	184,000	中国嘉德	2015.05.16

拍品名称	物品尺寸	成交价RMB	拍卖公司	拍卖日期
启功 1983年作 花好月圆 镜心	34cm×101cm	517,500	北京匡时	2015.06.06
启功 1984年作 草书 辛弃疾词句 立轴	128cm×32cm	310,500	西泠拍卖	2015.07.06
启功 1984年作 草书七言诗 镜心	134cm×32cm	437,000	北京保利	2015.06.04
启功 1984年作 行书李白诗 立轴	136.5cm×67cm	690,000	中国嘉德	2015.11.14
启功 1984年作 行书题画荷花 镜心	138cm×69cm	1,932,000	北京保利	2015.06.04
启功 1984年作 揽月池 镜心	60cm×96cm	713,000	北京保利	2015.06.04
启功 1984年作 梅花香自苦寒来·与君赏 镜心	27cm×24cm	322,000	北京保利	2015.06.04
启功 1984年作 眠月书屋 镜心	32cm×134cm	575,000	北京保利	2015.06.04
启功 1984年作 竹品精神·忆先生 镜心	27cm×24cm	287,500	北京保利	2015.06.04
启功 1985年作 高节丹心 立轴	81cm×47cm	690,000	北京匡时	2015.06.06
启功 1985年作 行草七言诗 镜心	96cm×58cm	345,000	保利山东	2015.09.13
启功 1985年作 行书杜甫诗 立轴	67cm×33cm	241,500	保利山东	2015.09.13
启功 1985年作 行书七言诗 镜心	85cm×65cm	241,500	中国嘉德	2015.06.27
启功 1986年作 行书 寡欲 镜片	44.5cm×35.5cm	391,000	西泠拍卖	2015.07.06
启功 1986年作 行书李白诗 立轴	67cm×43.5cm	483,000	中国嘉德	2015.05.16
启功 1986年作 行书唐人句 立轴	136cm×34cm	358,400	北京荣宝	2015.06.21
启功 1986年作 行书五言诗 镜心	97cm×59cm	287,500	北京保利	2015.06.04
启功 1986年作 启功精神·朱竹指正 立轴	67cm×43cm	805,000	北京保利	2015.06.04
启功 1986年作 水涵秋色·行书五言诗 镜心	97cm×60cm	368,000	北京保利	2015.06.04
启功 1986年作 天行健 君子以自强不息 镜心	120cm×48cm	437,000	北京保利	2015.06.04
启功 1987年作 钓鱼台下·行书七言诗 镜心	138cm×68cm	897,000	北京保利	2015.06.04
启功 1987年作 行书诗品句 镜心	68cm×34cm	287,500	北京保利	2015.06.04
启功 1987年作 千古迂翁笔·题画绝句 镜心	135cm×69cm	908,500	北京保利	2015.06.04
启功 1987年作 同学少年时 镜心	178cm×96cm	2,300,000	北京保利	2015.06.04
启功 1987年作 文论（一则）立轴	32cm×45cm	207,000	保利厦门	2015.05.03
启功 1988年作 行书 七言联 画心	127cm×31cm×2	506,000	西泠拍卖	2015.07.05
启功 1988年作 行书 自作诗册（十页）册页	33.5cm×43cm×10	1,897,500	西泠拍卖	2015.07.05
启功 1988年作 行书杜甫句 镜心	65cm×43cm	207,000	保利山东	2015.02.01
启功 1988年作 行书七言联 镜心	128cm×32cm×2	713,000	北京匡时	2015.06.06
启功 1988年作 行书七言联 立轴	129cm×32cm×2	609,500	北京匡时	2015.12.04
启功 1988年作 行书七言诗 镜心	30cm×138cm	218,500	中国嘉德	2015.06.27
启功 1988年作 三友图 立轴	136cm×67cm	460,000	北京保利	2015.12.07
启功 1988年作 书法 镜片	69cm×44cm	322,000	上海嘉禾	2015.05.08
启功 1989年作 春帆细雨来，行书杜少陵诗 镜心	137cm×68cm	828,000	北京保利	2015.06.04
启功 1989年作 行书 镜片	119.5cm×239cm	690,000	朵云轩	2015.06.18
启功 1989年作 行书“吃茶去”立轴	68cm×33cm	575,000	北京翰海	2015.06.26
启功 1989年作 行书节录汪中《自序》镜心	95cm×52cm	391,000	北京匡时	2015.10.16
启功 1989年作 雨后自作诗 镜心	64cm×46cm	483,000	北京保利	2015.06.04
启功 1989年作 竹石图 镜片	50cm×70cm	333,500	上海嘉禾	2015.05.08
启功 1990年作 冬雪洒后自作诗 镜心	69cm×76cm	368,000	北京保利	2015.06.04
启功 1990年作 行书 立轴	67cm×45cm	155,250	北京翰海	2015.06.27
启功 1990年作 行书“香山绝句”一首 镜心	136cm×68cm	1,344,000	北京荣宝	2015.06.21

拍品名称	物品尺寸	成交价RMB	拍卖公司	拍卖日期
启功 1990年作 行书“源远流长”立轴	67cm×42cm	207,000	保利山东	2015.09.13
启功 1990年作 行书七言联 镜心	130cm×31cm×2	224,000	北京荣宝	2015.11.29
启功 1990年作 行书七言诗 立轴	68.5cm×44cm	313,050	纽约佳士得	2015.03.17
启功 1990年作 行书太白诗 立轴	69.1cm×46.6cm	322,800	香港苏富比	2015.04.06
启功 1990年作 竹石图 镜心	33cm×42cm	336,000	北京荣宝	2015.06.21
启功 1991年作 行书 镜心	67cm×40cm	280,000	北京荣宝	2015.08.30
启功 1991年作 行书 立轴	66cm×42.5cm	253,000	北京翰海	2015.11.28
启功 1992年作 行书“福禄寿喜”镜心	96cm×53cm	575,000	北京保利	2015.06.04
启功 1992年作 行书七言联 立轴	127.5cm×30.5cm×2	575,000	中国嘉德	2015.05.16
启功 1992年作 行书诗二首 镜心	68cm×136cm	690,000	保利山东	2015.02.01
启功 1994年作 行书“皇家楼”立轴	52.5cm×29.5cm	218,500	北京匡时	2015.12.05
启功 1995年作 行书“般若波罗蜜多心经”手卷	31cm×257cm	690,000	北京保利	2015.06.04
启功 1998年作 行书《礼记》句立轴	79.5cm×34cm	828,000	北京匡时	2015.12.04
启功 1999年作 楷书“万佛楼”镜心	27cm×72cm	322,000	北京匡时	2015.12.04
启功2000年作行书《秋月》镜心	103.5cm×68cm	437,000	北京东正	2015.11.19
启功 2001年作 行书六言诗 镜心	98cm×51cm	437,000	北京保利	2015.06.04
启功 2015年作 幽居图 镜心	35cm×97cm	575,000	北京保利	2015.12.06
启功 1986年作 行书五言诗 立轴	66cm×44cm	161,000	中国嘉德	2015.09.20
启功 不俗多情联 镜框	69cm×18cm×2	361,600	北京上和	2015.05.16
启功 草书 镜片	128cm×31cm	1,150,000	河南泽华	2015.01.11
启功 草书 立轴	67cm×40cm	805,000	河南泽华	2015.01.11
启功 草书“杜甫诗”镜心	68cm×34cm	195,500	荣宝斋（济南）	2015.11.21
启功 草书李白句 镜心	69cm×32cm	253,000	北京保利	2015.12.07
启功 草书毛主席词 立轴	96cm×49cm	517,500	荣宝斋（济南）	2015.11.21
启功 陈其采 幽林流泉 李商隐《子初郊墅》成扇	18cm×50cm	218,500	北京诚轩	2015.11.13
启功 陈启辉 1935年作 溪山雪霁 成扇	20cm×50cm	207,000	北京保利	2015.12.07
启功 东坡绝句 镜心	93cm×42cm	368,000	江苏聚德	2015.01.25
启功 高振霄 1947年作 竹石 行书成扇	19cm×47cm	190,000	上海驰翰	2015.05.09
启功 1943年作 秋山策杖 成扇	20cm×55cm	313,600	天津文物	2015.05.22
启功 郭预衡 王醒吾 1984年作 1987年作 书法（三帧）镜片	100cm×34cm 100cm×33cm 68cm×34cm	414,000	上海明轩	2015.06.21
启功 行草唐人句 立轴	96cm×33cm	241,500	北京上和	2015.05.16
启功 行书	95cm×32cm	1,806,200	卓艺拍卖	2015.11.18
启功 行书 论诗绝句 立轴	67cm×33cm	230,000	西泠拍卖	2015.07.06
启功 行书 易经句 画心	115.5cm×44.5cm	276,000	西泠拍卖	2015.07.06
启功 行书 镜片	135cm×65cm	1,955,000	河南泽华	2015.01.11
启功 行书 镜心	101cm×31.5cm	345,000	北京翰海	2015.11.28
启功 行书 立轴	128cm×65cm	1,610,000	河南泽华	2015.01.11
启功 行书 立轴	69cm×48cm	805,000	河南泽华	2015.01.11
启功 行书 立轴	135cm×32cm	414,000	上海工美	2015.06.28
启功 行书 立轴	94cm×53cm	184,000	上海敬华	2015.06.29
启功 行书 立轴	138cm×30 cm.	207,000	中鸿信	2015.07.29
启功 行书“财源广进”镜心	22cm×70cm	184,000	北京保利	2015.06.05
启功 行书“李白诗”立轴	66cm×44cm	287,500	荣宝斋（济南）	2015.11.21

拍品名称	物品尺寸	成交价RMB	拍卖公司	拍卖日期
启功 行书“青苑斋”镜片	33cm×109cm	260,000	上海驰翰	2015.05.09
启功 行书“清平乐六盘山”立轴	103cm×34.5cm	391,000	荣宝斋（济南）	2015.11.21
启功 行书“唐人句”立轴	104.5cm×33.5cm	189,750	荣宝斋（济南）	2015.11.21
启功 行书“推潭仆远”镜片	135cm×69cm	310,500	北京上和	2015.05.16
启功 行书“嘤鸣楼”镜片	39cm×60.5cm	345,000	上海道明	2015.05.09
启功 行书“自强不息”镜心	41.5cm×28cm	207,000	中国嘉德	2015.11.14
启功 行书《登庐山五老峰》立轴	129cm×63 cm.	897,000	中鸿信	2015.07.29
启功 行书陈与义句 立轴	104.5cm×40cm	201,250	北京匡时	2015.10.16
启功 行书杜牧诗 镜片	68.5cm×46cm	264,500	北京上和	2015.05.16
启功 行书六言诗 镜片	68cm×46cm	172,500	包盈国际	2015.11.15
启功 行书毛泽东念奴娇词 立轴	95cm×37cm	437,000	北京翰海	2015.06.26
启功 行书毛主席诗 立轴	70cm×32cm	345,000	北京保利	2015.06.04
启功 行书七言 对联	136cm×33cm×2	230,000	上海道明	2015.05.09
启功 行书七言对联 镜片	130cm×33cm×2	2,300,000	河南泽华	2015.01.11
启功 行书七言句 镜心	68cm×45cm	172,500	北京保利	2015.08.12
启功 行书七言联	30.5cm×126cm×2	172,500	中国嘉德	2015.11.16
启功 行书七言联	138cm×35cm×2	793,500	北京保利	2015.06.04
启功 行书七言联 镜片	136cm×35cm×2	805,000	包盈国际	2015.11.15
启功 行书七言联 镜心	70cm×17cm×2	287,500	北京保利	2015.04.25
启功 行书七言联 镜心	70cm×17cm×2	506,000	北京保利	2015.06.04
启功 行书七言联 立轴	134cm×32cm×2	345,000	北京保利	2015.01.24
启功 行书七言联 立轴	130cm×31cm×2	632,500	北京匡时	2015.06.07
启功 行书七言联 立轴	131cm×31.5cm×2	483,000	中国嘉德	2015.05.16
启功 行书七言诗 镜心	93cm×61cm	287,500	北京保利	2015.08.12
启功 行书七言诗 立轴	130.5cm×53cm	448,000	北京荣宝	2015.11.29
启功 行书七言诗 立轴	64cm×43cm	230,000	包盈国际	2015.11.15
启功 行书七言诗 立轴	84cm×45cm	167,049	中国嘉德	2015.04.07
启功 行书七言诗 立轴	68cm×45cm	230,000	中国嘉德	2015.09.19
启功 行书七言诗 立轴	101cm×32cm	230,000	中国嘉德	2015.09.19
启功 行书前贤句 镜心	102cm×34cm	517,500	北京保利	2015.06.04
启功 行书前贤句 立轴	100cm×34cm	230,000	北京匡时	2015.12.05
启功 行书诗词 立轴	126cm×38cm	172,500	北京保利	2015.01.24
启功 行书苏轼诗 镜片	85cm×54cm	356,500	北京上和	2015.05.16
启功 行书唐人诗 立轴	101cm×33cm	253,000	中国嘉德	2015.05.16
启功 行书唐诗 镜心	130cm×32cm	195,500	北京匡时	2015.12.05
启功 行书王之涣诗 镜心	68.5cm×33.5cm	171,407	保利香港	2015.04.07
启功 行书五言诗 立轴	66cm×43 cm.	253,000	中鸿信	2015.07.29
启功 行书五言诗 镜心	53cm×104cm	575,000	荣宝斋（济南）	2015.11.21
启功 行书五言诗 镜心	133cm×34cm	425,500	北京保利	2015.04.25
启功 行书五言诗 立轴	131cm×33cm	264,500	中国嘉德	2015.04.01
启功 行书五言诗 立轴	132cm×33cm	230,000	中国嘉德	2015.09.19
启功 行书自作诗二首 镜片	67cm×68cm	414,000	北京上和	2015.05.16
启功 1989年作 行书七言联 对联	129cm×30cm×2	552,000	中国嘉德	2015.09.20
启功 1989年作 朱竹图 镜心	42cm×233cm	391,000	北京隆琛	2015.11.21
启功 甲申（1944年）作 香雪寒泉图 行书 成扇		368,000	中国嘉德	2015.09.19
启功 楷书“画中游”镜心	36cm×76cm	345,000	荣宝斋（济南）	2015.11.21
启功 楷书“画中游”镜心	37cm×77cm	184,000	中国嘉德	2015.04.02
启功 楷书“搴兰居”镜心	42cm×90cm	184,000	中国嘉德	2015.09.19
启功 楷书“愚乐轩”镜片	25cm×94cm	253,000	广东崇正	2015.06.19
启功 楷书七言联 对联	131cm×32cm×2	598,000	中国嘉德	2015.09.19

2015书画拍卖成交汇总

(成交价RMB：15万元以上)

拍品名称	物品尺寸	成交价RMB	拍卖公司	拍卖日期
启功 李白诗 镜心	67cm×34cm	172,500	荣宝斋（济南）	2015.11.21
启功 林散之 赵朴初 李可染 费新我 王蘧常 郑诵先 刘炳森 书法（八屏）屏风	138cm×36cm×8	1,725,000	西泠拍卖	2015.07.05
启功 灵运青莲联 立轴	128cm×30cm×2	575,000	北京上和	2015.05.16
启功 陆龟蒙绝句 镜片	133cm×34cm	264,500	北京上和	2015.05.16
启功 论画诗 镜心	104cm×50cm	560,000	十竹斋	2015.06.14
启功 绿树青山图 立轴	133cm×33cm	897,000	广东崇正	2015.06.19
启功 墨竹 镜框	40.5cm×58.5cm	460,000	华艺国际	2015.05.24
启功 倪瓒诗意图 立轴	102cm×32.5cm	437,000	北京匡时	2015.10.16
启功 溥儒 朱益藩 祁崑 溥伒 溥佺 溥惠 1934年作 松风集锦 成扇	18cm×50cm	460,000	北京匡时	2015.03.30
启功 溥松窗 松竹为心 立轴	140cm×69cm	644,000	北京保利	2015.06.04
启功 溥佐 溥伒 叶昀 祁崑 望山图 立轴	99cm×32cm	230,000	鼎天国际	2015.07.05
启功 千字文	134cm×34cm×4	642,804	香港龙玺	2015.09.19
启功 1992年作 行书 立轴	68cm×44cm	299,000	广东崇正	2015.06.19
启功 1992年作 行书七言诗 镜心	69cm×45cm	212,750	中国嘉德	2015.06.27
启功 山水 镜框	22cm×27cm	195,500	北京上和	2015.05.16
启功 扇面 扇面	25cm×50cm×2	237,300	北京上和	2015.05.16
启功 寿石工 1949年作 青绿山水 小楷七言诗 成扇		460,000	中国嘉德	2015.04.01
启功 书曹孟德诗 镜片	112cm×66cm	609,500	北京上和	2015.05.16
启功 书法	69cm×60cm	493,416	荣盛国际	2015.01.10
启功 书法	44cm×95cm	650,813	荣盛国际	2015.07.31
启功 书法 镜框	40.5cm×58.5cm	264,500	华艺国际	2015.05.24
启功 书法 镜片	80cm×45cm	575,000	上海嘉禾	2015.05.08
启功 书法 镜心	134cm×67cm	1,035,000	鼎天国际	2015.07.05
启功 书法 镜心	137cm×69cm	253,000	厦门华辰	2015.06.20
启功 书法 立轴	101cm×30cm	150,188	佳士得	2015.06.02
启功 书法自题诗 手卷	27cm×120cm	414,000	荣宝斋（济南）	2015.11.21
启功 书李太白诗 镜片	136cm×66cm	918,400	北京上和	2015.11.13
启功 书毛主席如梦令 镜片	85cm×38cm	345,000	北京上和	2015.05.16
启功 书太白名句 镜片	69cm×137cm	460,000	北京上和	2015.05.16
启功 书魏武帝诗 立轴	102cm×32cm	506,000	北京上和	2015.05.16
启功 书自作绝句 镜片	69cm×47cm	218,500	北京上和	2015.05.16
启功 书自作诗 镜片	133cm×66cm	609,500	北京上和	2015.05.16
启功 书自作诗一首 立轴	67.5cm×45cm	218,500	北京上和	2015.05.16
启功 双清 镜心	33cm×46cm	172,500	北京保利	2015.04.26
启功 四尺整张出版墨竹 立轴	136cm×68cm	1,667,500	四川德轩	2015.11.05
启功 松溪泛棹・古与今同 镜心	30cm×28cm	230,000	北京保利	2015.06.04
启功 松溪孤棹 立轴	100.5cm×34cm	598,000	中国嘉德	2015.11.14
启功 松竹双清 镜框	65cm×42cm	179,200	北京荣宝	2015.08.30
启功 王维诗意图 镜心	120cm×49cm	437,000	北京保利	2015.12.07
启功 吴待秋 春溪归隐 书法 成扇	20cm×54cm	253,000	鼎天国际	2015.07.05
启功 吴青霞 1940年作 秋山同道 花卉草虫 成扇	17cm×40cm	207,000	北京翰海	2015.11.27
启功 五言行书对联 立轴	128cm×20cm×2	218,500	北京隆琛	2015.11.21
启功 1948年作 仿古山水 镜心	68cm×34cm	204,171	中国嘉德	2015.04.07
启功 延年益寿 镜片	63cm×36cm	195,500	北京上和	2015.05.16
启功 赵朴初 欧阳中石 康殷 李铎 黄苗子 爱新觉罗・启骧 沈鹏 名人书集 册页	32cm×44cm×9	519,283	宝港国际	2015.11.28
启功 朱竹 手卷	52.8cm×230.5cm	1,173,938	纽约苏富比	2015.03.19
启功 竹石图 镜片	34cm×179cm	2,990,000	河南泽华	2015.01.11
启功 竹石图 立轴	65cm×84cm	920,000	北京上和	2015.05.16
启功 书法 镜心	124cm×63cm	537,600	山东图腾	2015.05.24
启功、刘炳森、苏适 书法 镜芯	尺寸不一	184,000	中鸿信	2015.07.29
钱行健 1999年作 草虫卷 手卷	15.5cm×446cm	402,500	朵云轩	2015.06.18
钱化佛 临李公麟罗汉卷 手卷	30cm×477cm	862,500	荣宝斋（济南）	2015.11.21
钱穆 1953年作 诗境庐 镜框	22.5cm×104.5cm	154,125	香港苏富比	2015.10.06
钱瘦铁 1952年作 黄山 横批	108cm×531cm	5,980,000	上海道明	2015.05.09
钱瘦铁 1954年作 黄山袖得故乡云 立轴	84.5cm×34cm	437,000	中国嘉德	2015.11.15
钱瘦铁 1956年作 黄山秋色 镜心	107cm×106cm	1,035,000	中国嘉德	2015.11.15
钱瘦铁 1936年作 流瀑飞泉图 立轴	136cm×58cm	184,000	中国嘉德	2015.09.19
钱瘦铁 策杖图 立轴	66cm×41.5cm	287,500	中国嘉德	2015.11.15
钱瘦铁 好山逸情册 册页（八开）	20.5cm×39.5cm×8	253,000	中国嘉德	2015.11.15
钱瘦铁 黄岳揽胜图 镜心	39.5cm×90.5cm	172,500	中国嘉德	2015.11.15
钱瘦铁 鸡冠花 镜心	103cm×34cm	195,500	中国嘉德	2015.11.15
钱瘦铁 1952年作 松崖孤亭 立轴	82cm×43cm	276,000	中国嘉德	2015.11.15
钱瘦铁 西湖春色 立轴	44.5cm×63cm	195,500	中国嘉德	2015.11.15
钱瘦铁 谢稚柳 刘旦宅 1980年作 报春图 立轴	107cm×47cm	172,500	上海泓盛	2015.06.20
钱松岩 波澄万顷图 镜片	67cm×46cm	1,495,000	河南泽华	2015.01.11
钱松岩款风景画（南山晋颂）	68cm×35cm	4,104,000	皇家国际	2015.01.19
钱松嵒 春风十里 立轴	68cm×33.5cm	230,000	中国嘉德	2015.05.16
钱松嵒 丰寿延年 立轴	130cm×65cm	1,035,000	江苏嘉恒	2015.04.25
钱松嵒 具区圣境 镜心（片）	46cm×34cm	310,500	江苏嘉恒	2015.04.25
钱松嵒 太湖风帆 镜心（片）	44cm×49cm	402,500	江苏嘉恒	2015.04.25
钱松嵒 泰山万世固 镜心（片）	67cm×58cm	1,667,500	江苏嘉恒	2015.04.25
钱松嵒 亭榭高论 立轴	146cm×80cm	2,300,000	江苏嘉恒	2015.04.25
钱松嵒 1940年作 桃花源 立轴	144cm×81cm	1,380,000	北京翰海	2015.11.27
钱松嵒 1960年作 山猿啼鸣 镜片	136cm×67cm	701,500	上海道明	2015.05.09
钱松嵒 1963年作 榕城碧荫 镜框	66.5cm×40.5cm	1,210,500	香港苏富比	2015.04.06
钱松嵒 1964年作 征服昆仑 立轴	69.5cm×38.5cm	517,500	中国嘉德	2015.11.15
钱松嵒 1965年作 石涛诗意图 镜片	46cm×34cm	402,500	广州皇玛	2015.01.18
钱松嵒 1969年作 溪山清幽 立轴	65cm×13.5cm	172,500	中贸圣佳	2015.05.19
钱松嵒 1973年作 肇庆七星岩 镜心	68.5cm×34.5cm	287,500	北京华辰	2015.05.15
钱松嵒 1975年作 南堤春晓 立轴	58cm×33.5cm	517,500	北京匡时	2015.06.06
钱松嵒 1976年作 古塞新湖 立轴	70cm×91.5cm	1,667,500	中国嘉德	2015.05.17
钱松嵒 1979年作 山高水长 镜心	96cm×182cm	1,725,000	北京保利	2015.12.06
钱松嵒 1980年作 春岫鸣泉 立轴	67cm×33cm	368,000	北京保利	2015.12.07
钱松嵒 1980年作 丰沙途中 镜心	67cm×131cm	2,645,000	北京保利	2015.06.05
钱松嵒 1981年作 日月潭 立轴	67cm×44.5cm	616,000	北京荣宝	2015.06.21
钱松嵒 1981年作 燕塞湖 镜心	66cm×132cm	2,070,000	北京保利	2015.06.05
钱松嵒 1983年作 松泉幽亭图 镜片	66.5cm×35.5cm	368,000	西泠拍卖	2015.07.05
钱松嵒 1983年作 泰山劲松 立轴	96.5cm×59.5cm	410,500	佳士得	2015.12.01
钱松嵒 1984年作 丹心铁骨 立轴	100cm×67cm	437,000	西泠拍卖	2015.07.05
钱松嵒 采石矶 立轴	69cm×45cm	1,897,500	中贸圣佳	2015.05.19
钱松嵒 春到合肥 镜心	39cm×51cm	713,000	海德拍卖	2015.06.27
钱松嵒 大好神州 立轴	66cm×55cm	345,000	保利山东	2015.02.01
钱松嵒 断桥卧柳 立轴	45cm×34cm	218,500	南京嘉信	2015.07.19
钱松嵒 帆影掠江城 扇面	19cm×51cm	172,500	南京经典	2015.01.04
钱松嵒 古塞驼铃 镜心	56cm×67cm	713,000	中国嘉德	2015.11.14
钱松嵒 古塞新湖 镜心	44.5cm×67cm	1,008,000	十竹斋	2015.06.14
钱松嵒 光明亭 立轴	67cm×37cm	632,500	北京保利	2015.06.05
钱松嵒 1983年作 泰山松 镜心	100cm×60cm	2,185,000	中国嘉德	2015.05.17

拍品名称	物品尺寸	成交价RMB	拍卖公司	拍卖日期
钱松喦 郭沫若1945年作 黄花焸芋草书 成扇	18cm×50cm	414,000	北京保利	2015.12.07
钱松喦 河山万里图册 镜心（八开）	尺寸不一	2,277,000	保利厦门	2015.05.02
钱松喦 华重协 菊香；行书宋人诗 成扇	19cm×50cm	172,500	北京保利	2015.06.05
钱松喦 黄山云海 立轴	41cm×46cm	230,000	北京保利	2015.12.07
钱松喦 1939年作 华山 立轴	129cm×68cm	1,380,000	广东崇正	2015.06.19
钱松喦 己未（1979年）作 海立乾坤动 镜心	68cm×135cm	2,070,000	中国嘉德	2015.05.16
钱松喦 金陵新貌 立轴	画177cm×47cm 跋文 177cm×10cm×2	333,500	上海金艺	2015.06.26
钱松喦 竞舟图 立轴	52.5cm×73cm	368,000	保利厦门	2015.05.02
钱松喦 居庸关 镜心	47cm×43.5cm	1,035,000	海德拍卖	2015.06.27
钱松喦 具区胜境忆家乡 镜心	68cm×45cm	806,400	十竹斋	2015.01.11
钱松喦 林屋山居图 立轴	143cm×80cm	1,173,000	上海嘉禾	2015.05.08
钱松喦 龙潭雨 镜心	36cm×52cm	897,000	海德拍卖	2015.06.27
钱松喦 龙潭雨 镜心	37cm×52cm	920,000	江苏爱涛	2015.01.10
钱松喦 南海石林 镜心	34cm×34cm	172,500	南京经典	2015.01.04
钱松喦 南山积翠图 立轴	135cm×67cm	1,012,000	西泠拍卖	2015.07.05
钱松喦 蓬莱三岛 扇面	18cm×52cm	172,500	北京保利	2015.06.05
钱松喦 七星岩 镜心	66.5cm×45cm	977,500	江苏爱涛	2015.01.10
钱松喦 青景山水轴 立轴	147.5cm×39cm	1,035,000	海德拍卖	2015.06.27
钱松喦 秋色赋 镜心	136cm×34.5cm	212,750	南京经典	2015.08.02
钱松喦 秋色赋 立轴	136cm×33cm	230,000	南京经典	2015.01.04
钱松喦 秋山飞瀑 立轴	69cm×40cm	575,000	江苏聚德	2015.01.25
钱松喦 1942年作 阳羡善卷洞 立轴	94cm×44cm	324,818	中国嘉德	2015.04.07
钱松喦 三峡飞涛图 立轴	68.5cm×33.5cm	299,000	西泠拍卖	2015.07.06
钱松喦 山高水长 镜心	113cm×49cm	1,150,000	荣宝斋（济南）	2015.11.21
钱松喦 山高水长 镜心	68cm×45cm	460,000	江苏爱涛	2015.06.29
钱松喦 山高水长 立轴	75.5cm×41cm	690,000	南京经典	2015.08.02
钱松喦 山高水长 立轴	89cm×47cm	850,000	上海驰翰	2015.05.09
钱松喦 山高泽长 立轴	67cm×41cm	174,593	保利香港	2015.10.05
钱松喦 山水（二帧）镜心	51cm×34cm 46cm×34cm	322,000	南京经典	2015.08.02
钱松喦 山野泉声 镜心	61cm×33.5cm	713,000	海德拍卖	2015.06.27
钱松喦 韶山春晓 立轴	70cm×40cm	690,000	北京保利	2015.04.25
钱松喦 书法 爱宝园 镜心	41.5cm×97cm	517,500	海德拍卖	2015.06.27
钱松喦 蜀江秋色 镜框	67.5cm×33.3cm	403,500	香港苏富比	2015.04.06
钱松喦 太行飞瀑 立轴	68cm×45cm	690,000	北京匡时	2015.06.06
钱松喦 太湖 镜框	60cm×33cm	460,000	广州皇玛	2015.07.26
钱松喦 太湖春色 镜心	52cm×30cm	345,000	海德拍卖	2015.06.27
钱松喦 太湖帆影 立轴	37cm×51.5cm	560,000	十竹斋	2015.06.14
钱松喦 太湖光明亭 镜心	69cm×37.5cm	724,500	凤凰拍卖	2015.05.15
钱松喦 太湖归帆 镜心	52.5cm×34cm	373,750	南京经典	2015.08.02
钱松喦 太湖秋色 镜心	65cm×38cm	977,500	江苏爱涛	2015.01.10
钱松喦 太湖胜境 镜心	51.5cm×36.5cm	713,000	北京匡时	2015.12.04
钱松喦 太湖胜境 镜心	68.5cm×44.5cm	678,500	南京经典	2015.08.02
钱松喦 太湖胜境 立轴	68.5cm×45.5cm	172,500	北京保利	2015.06.05
钱松喦 太湖之滨 立轴	43.5cm×27.5cm	368,000	海德拍卖	2015.06.27
钱松喦 太湖之滨 立轴	68cm×43cm	172,500	上海敬华	2015.06.29
钱松喦 泰岱朝晖 立轴	125.5cm×68.5cm	2,128,000	十竹斋	2015.06.14
钱松喦 泰岱永固劲松长青 镜心	110cm×58cm	4,542,500	海德拍卖	2015.06.27
钱松喦 泰山万世图 镜心	67cm×57cm	1,610,000	南京经典	2015.01.04
钱松喦 桐木岭 镜心	56cm×41cm	1,380,000	南京经典	2015.08.02

拍品名称	物品尺寸	成交价RMB	拍卖公司	拍卖日期
钱松喦 汪仁寿 乙亥（1935年）作 西湖春晓 篆书 成扇	18cm×48cm	189,750	朵云轩	2015.06.18
钱松喦 巫峡帆影 立轴	62cm×34cm	448,000	十竹斋	2015.06.14
钱松喦 溪亭清幽 立轴	69cm×34cm	598,000	南京经典	2015.08.02
钱松喦 相盟岁晚共长春 立轴	100cm×56cm	4,140,000	海德拍卖	2015.06.27
钱松喦 香山秋晨 镜心	68cm×79cm	3,450,000	中国嘉德	2015.05.17
钱松喦 辛未（1931年）作 乱红如雨柳如烟 立轴	105cm×38cm	356,500	广东崇正	2015.06.19
钱松喦 延安 镜心	132.5cm×93.5cm	3,737,500	北京匡时	2015.12.04
钱松喦 延安 立轴	64cm×43.5cm	448,000	北京荣宝	2015.11.29
钱松喦 延安旭日 镜心	27cm×41cm	523,250	凤凰拍卖	2015.05.15
钱松喦 延安杨家岭下毛主席种过的地 镜片	54cm×33cm	828,000	江苏两汉	2015.01.11
钱松喦 椰林 立轴	50cm×33.5cm	207,123	纽约苏富比	2015.09.17
钱松喦 一帆风顺 立轴	67cm×42.5cm	931,500	海德拍卖	2015.06.27
钱松喦 引水上山 镜心	75cm×52.4cm	3,105,000	海德拍卖	2015.06.27
钱松喦 幽居图 镜心	66.5cm×49.5cm	1,120,000	十竹斋	2015.06.14
钱松喦 禹王庙小景 立轴	33cm×33cm 诗堂15cm×33cm	310,500	海德拍卖	2015.06.27
钱松喦 云台山绝顶 立轴	53.5cm×35.5cm	672,000	十竹斋	2015.06.14
钱松喦 长城 立轴	68.5cm×43cm	230,000	北京保利	2015.06.05
钱松喦 振衣千仞岗 镜心	41cm×34cm	345,000	海德拍卖	2015.06.27
钱松喦 征服昆仑 立轴	68.5cm×39cm	943,000	海德拍卖	2015.06.27
钱松喦 钟山春霁 立轴	62cm×42cm	672,000	十竹斋	2015.06.14
钱松喦 舟泊西陵 立轴	84cm×44.5cm	552,000	荣宝斋（济南）	2015.11.21
钱松喦 祝寿图 立轴	132cm×46.5cm	862,500	江苏聚德	2015.01.25
钱松喦 祖国江山处处多娇 立轴	68cm×47cm	285,678	保利香港	2015.04.07
钱笑呆 沈曼云 赵宏本 颜梅华 陈光镒 等 1949年作 孟姜女连环画原稿（全）		598,000	西泠拍卖	2015.07.04
乔大壮 1936年作 行书九言联 立轴	137cm×23cm×2	212,750	北京匡时	2015.12.05
乔通 红衣罗汉	138cm×70cm	1,265,000	北京翰海	2015.06.26
乔通 书法（不养生而寿）	136cm×68cm	287,500	北京翰海	2015.06.26
乔晓光 2009年作 开启 镜心	177cm×96cm	575,000	北京保利	2015.06.04
乔晓光 2012年作 绵延的吉祥 镜框	137cm×68.5cm	575,000	上海明轩	2015.06.21
乔晓光 2015年作 吉祥的红光	96cm×177cm	460,000	中国嘉德	2015.11.14
乔晓光 吉祥的传说 镜心	96cm×177cm	713,000	中国嘉德	2015.05.18
乔宜男 2014年作 春风又起 镜心	137cm×69cm	287,500	北京保利	2015.06.03
乔宜男 2015年作 静夏 镜心	69cm×137cm	253,000	北京匡时	2015.12.04
乔宜男 2015年作 鸣鹤图	136cm×68cm	253,000	北京翰海	2015.06.26
秦艾 2013年作 相邀之二 镜框	120cm×62.5cm	330,400	苏富比（北京）	2015.06.02
秦艾 2010年作 盒子里的黑马 镜框	64cm×127cm	310,387	保利香港	2015.10.05
秦艾 2012年作 全家福	90cm×170cm	736,000	北京匡时	2015.06.06
秦艾 2012年作 夜城 镜框	116cm×80cm	380,904	保利香港	2015.04.06
秦艾 2013年作 陌生之境 镜心	47cm×99.5cm	276,000	保利山东	2015.02.01
秦艾 2013年作 竹石图 镜框	49cm×148cm	345,000	上海宝龙	2015.01.18
秦艾 百宝箱之潘多拉 镜心	94cm×61cm	322,000	保利山东	2015.09.13
秦艾 软黄金 镜心	64cm×122cm	437,000	北京保利	2015.06.04
秦艾 长颈鹿 镜心	63cm×89cm	345,000	中贸圣佳	2015.05.19
秦风 2000年作 欲望风景系列1382 镜框	160cm×160cm	400,500	佳士得	2015.06.01
秦理斌 李白诗 镜心	136cm×70cm	172,500	北京翰海	2015.06.26
秦岭云 张世简 陈大章 白雪石 等合作 1999年作 锦绣河山 镜片	145cm×360cm	287,500	包盈国际	2015.11.15
秦龙《中山狼》连环画原稿 镜心	91cm×67cm×13	230,000	北京保利	2015.11.01

2015书画拍卖成交汇总

(成交价RMB：15万元以上)

拍品名称	物品尺寸	成交价RMB	拍卖公司	拍卖日期
秦修平 2013年作 膨胀 镜心	直径95cm	345,000	北京保利	2015.06.04
秦修平 溺 镜心	96.5cm×46cm	172,500	中国嘉德	2015.11.16
秦修平 憩 镜心	61cm×247cm	161,000	南京经典	2015.01.04
秦修平 山水 镜心（片）	143cm×215cm	322,000	江苏嘉恒	2015.04.25
秦仲文 赶驴山云间 立轴	153cm×69cm	747,500	包盈国际	2015.11.15
丘挺 湖庄秋霁图 手卷	画21cm×246.5cm	377,600	苏富比（北京）	2015.06.02
丘挺 禅茶普供 镜心	68.5cm×48.5cm	184,000	中国嘉德	2015.05.18
邱汉桥 2004年作 祥云 镜心	40cm×40cm	460,000	北京保利	2015.06.03
邱汉桥 2013年作 静言深溪 镜心	40cm×40cm	575,000	北京翰海	2015.06.26
邱汉桥 2014年作 问道名山揖祥云	68cm×69cm	1,725,000	北京翰海	2015.11.27
邱志杰 2013年作 被祝福的孩子（三幅）镜框	137.2cm×69.5cm×3	350,438	佳士得	2015.06.01
邱志杰 说文解字系列 立轴	233.7cm×91.4cm	242,100	香港苏富比	2015.04.05
秋瑾 秋风曲 横批	36cm×116cm	195,500	南京经典	2015.01.04
屈吟庵 春风 镜心	137cm×67cm	954,500	北京保利	2015.04.25
瞿谷量 2014年作 峡谷霞映 镜片	137.5cm×68.5cm	1,207,500	朵云轩	2015.06.18
群英会（王瑶青 梅兰芳 尚小云 程砚秋 荀慧生 王凤卿 马连良 李石春 谭富英 姜妙香 时慧宝）人物花鸟 十二条屏镜心	22cm×5.5cm×12	552,000	天津同方	2015.06.06
饶宗颐 1980年作 山水 立轴	83cm×38cm	207,000	深圳市拍	2015.07.19
饶宗颐 1984年作 溪山图 立轴	138.5cm×34.5cm	299,000	北京匡时	2015.10.17
饶宗颐 1991年作 巴山夜雨 镜框	44.5cm×119cm	1,035,000	华艺国际	2015.05.24
饶宗颐 1993年作 草书七言联 立轴	131cm×31.5cm×2	161,000	北京匡时	2015.10.16
饶宗颐 1997年作 东篱佳色 立轴	121cm×45cm	517,500	广东小雅斋	2015.05.12
饶宗颐 2002年作 魏碑长生常乐之居 镜心	54cm×228cm	552,000	保利厦门	2015.05.03
饶宗颐 2003年作 篆书五言联 立轴	137.1cm×34.1cm×2	161,400	香港苏富比	2015.04.06
饶宗颐 2007年作 行书五言联 镜心	232cm×52cm×2	379,500	中贸圣佳	2015.05.19
饶宗颐 2008年作 草书七言联 镜心	175cm×29cm×2	195,500	中贸圣佳	2015.05.19
饶宗颐 2008年作 行书七言联 对联	234cm×53cm×2	379,500	保利厦门	2015.05.03
饶宗颐 2010年作 隶书五言联 立轴	135cm×34cm×2	178,250	北京匡时	2015.10.16
饶宗颐 2012年 行书五言联 镜框	60.3cm×12.3cm×2	262,275	香港苏富比	2015.04.06
饶宗颐 杜甫诗意图 镜片	136cm×34cm	575,000	广东崇正	2015.06.18
饶宗颐 符子琴 2005年作 书画集粹 手卷	引首28cm×77cm 画28cm×120cm 书法22cm×101cm 题首28cm×190cm	1,793,885	宝港国际	2015.11.28
饶宗颐 高士观瀑 镜心	79cm×39cm	632,500	保利厦门	2015.05.02
饶宗颐 1993年作 隶书七言联 镜片	136cm×34cm×2	302,128	宝港国际	2015.11.28
饶宗颐 江渚秋色图 镜片	117.5cm×29.5cm	207,000	西泠拍卖	2015.07.05
饶宗颐 没骨山水 镜片	127cm×26cm	805,000	广东小雅斋	2015.05.12
饶宗颐 双松 立轴	138cm×34.5cm	241,500	北京匡时	2015.10.17
饶宗颐 1988年作 隶书七言联 镜片	136cm×33cm×2	264,362	宝港国际	2015.11.28
饶宗颐 1998年作 隶书六言联 立轴	230cm×49cm×2	402,500	广东崇正	2015.06.19
饶宗颐 1998年作 楷书十一言联 立轴	134cm×17.5cm×2	161,000	中国嘉德	2015.11.15
饶宗颐 2008年作 草书 立轴	244cm×46.5cm	1,038,565	宝港国际	2015.11.28
饶宗颐 萧立声 1971年作 长洲山水 镜框	30cm×94.5cm	170,213	佳士得	2015.06.02
饶宗颐 2011年作 篆书三言联 镜片	137cm×34cm×2	253,000	广东崇正	2015.06.19
饶宗颐 长寿松 镜心	79cm×39cm	517,500	保利厦门	2015.05.02
饶宗颐 钟馗捉妖图 镜心	44cm×120cm	1,012,000	南京经典	2015.08.02
任大庆 2014年作 云水深处有人家 镜心	48cm×180cm	195,500	北京保利	2015.01.24
任率英 1942年作 仕女 四屏	99cm×33cm×4	184,000	中国嘉德	2015.09.20

拍品名称	物品尺寸	成交价RMB	拍卖公司	拍卖日期
任重 2012年作 东坡吟松 镜心	131cm×66cm	552,000	北京保利	2015.12.06
任重 2014年作 巢松图 镜心	68cm×135cm	618,969	保利香港	2015.04.06
任重 2014年作 坡翁赋竹图 镜心	39cm×39cm	172,500	中贸圣佳	2015.05.19
任重 2014年作 西山行旅图 镜心	69cm×35cm	287,500	中贸圣佳	2015.05.19
任重 2015年作 独立寒秋	68cm×34cm	552,000	北京翰海	2015.11.27
任重 2015年作 红叶小鸟	69cm×42cm	598,000	北京翰海	2015.11.27
任重 2015年作 雪松赋	82cm×32cm	690,000	北京翰海	2015.11.27
任重 2015年作 云抱青山	66cm×33cm	598,000	北京翰海	2015.11.27
任重 并蒂红莲	68cm×35cm	724,500	北京翰海	2015.06.26
任重 当代 任重焚香赋	97cm×34.3cm	230,000	中国嘉德	2015.11.14
任重 佛头青	34cm×73cm	460,000	北京翰海	2015.06.26
任重 浮香绕曲岸	39cm×39cm	166,750	北京翰海	2015.06.26
任重 2000年作 高士小憩图 立轴	50cm×48cm	345,000	保利厦门	2015.05.02
任重 2000年作 嵇叔夜服散图 镜片	33cm×101cm	161,000	广东崇正	2015.06.18
任重 2000年作 嵇叔夜服散图 立轴	51cm×47cm	310,500	保利厦门	2015.05.02
任重 2003年作 高士图 镜框	96.5cm×33.5cm	287,500	上海金艺	2015.06.26
任重 菡萏覆华池 镜心	137cm×69cm	2,645,000	中国嘉德	2015.05.18
任重 红妆步幛	93cm×34cm	1,725,000	北京翰海	2015.06.26
任重 梨花双鸠 镜心	87.5cm×51cm	1,207,500	中国嘉德	2015.11.16
任重 琴诗自乐	136cm×69cm	1,380,000	北京翰海	2015.06.26
任重 秋风来了	83cm×33cm	345,000	北京翰海	2015.06.26
任重 秋荷	39cm×73cm	299,000	北京翰海	2015.06.26
任重 秋山红叶 镜心	83cm×32cm	276,000	保利厦门	2015.08.02
任重 人物 镜心	88cm×33cm	437,000	江苏爱涛	2015.01.10
任重 三羊开泰	39cm×39cm	690,000	北京翰海	2015.06.26
任重 松荫高仕图	106cm×33cm	1,495,000	河南泽华	2015.01.11
任重 幽禽菡萏	35cm×69cm	345,000	北京翰海	2015.06.26
任重 竹林高士 镜框	半径44cm	310,500	上海宝龙	2015.01.18
荣尔仁 夕阳光色 镜心	37cm×94cm	2,990,000	北京保利	2015.12.07
容庚 山水四景 镜片	32cm×21cm×4	379,500	广东崇正	2015.06.18
阮嘉治 1956-1959年作 完美或越南花园中的女士	50.6cm×65cm	1,377,720	佳士得	2015.05.30
阮荣春 云淡峰青 镜片	180cm×97cm	2,270,000	上海聚缘斋	2015.01.11
瑞永德 2014年作 天龙下界图	68cm×136cm	322,000	北京翰海	2015.06.26
桑建国 都市女孩	124cm×360cm	276,000	北京翰海	2015.06.26
森田子龙 1963年作 渊 镜框		565,125	香港苏富比	2015.10.05
沙孟海 1975年作 草书毛主席词 镜心	133.5cm×64.5cm	266,633	保利香港	2015.04.07
沙孟海 1979年作 行书 立轴	138.5cm×68cm	437,000	上海工美	2015.06.28
沙孟海 草书 毛主席词句 立轴	68cm×61cm	172,500	西泠拍卖	2015.07.06
沙孟海 草书 毛主席诗 立轴	68.5cm×31.5cm	218,500	西泠拍卖	2015.07.06
沙孟海 草书 鲁迅诗 立轴	88cm×35cm	161,000	西泠拍卖	2015.04.22
沙孟海 草书王安石诗 镜心	132cm×34.5cm	155,250	北京匡时	2015.10.17
沙孟海 大明堂 镜心	26.5cm×75cm	345,000	荣宝斋（济南）	2015.11.21
沙孟海 行草毛主席诗词 立轴	171cm×35cm	207,000	中国嘉德	2015.05.16
沙孟海 行书 毛主席诗 画心	106cm×42.5cm	172,500	西泠拍卖	2015.07.06
沙孟海 行书 镜片	33.5cm×189cm	345,000	朵云轩	2015.06.18
沙孟海 行书 镜片	151cm×33cm	201,250	上海嘉禾	2015.05.08
沙孟海 行书“兰石堂” 镜心	66cm×32cm	333,500	北京东正	2015.11.19
沙孟海 行书·魏武帝诗 镜框对屏	232.5cm×52.5cm×2	1,092,500	上海明轩	2015.06.21
沙孟海 行书论山人书一则 镜心	34cm×96.5cm	184,000	北京匡时	2015.06.07
沙孟海 行书毛主席词 立轴	144cm×78cm	402,500	北京匡时	2015.06.07
沙孟海 行书七言 对联	179cm×31cm×2	747,500	上海道明	2015.05.09
沙孟海 潘天寿 民国27年（1938年）作、1990年作 寒侣图 镜片	25.5cm×31cm	391,000	朵云轩	2015.06.19

拍品名称	物品尺寸	成交价RMB	拍卖公司	拍卖日期
沙孟海 启功 赵朴初 沈鹏 程十发 徐邦达 等 十六家名贤书法雅集 手卷	落墨总长910cm 启功63.5cm 赵朴初63cm 程十发57cm 陈佩秋65cm 文怀沙111cm 沈鹏81cm 徐邦达等诸贤题跋不一	2,242,500	四川德轩	2015.11.05
沙孟海 书法"胜友如云"镜框	47.5cm×179cm	402,500	上海明轩	2015.06.21
商承祚 甲申（1944年）作 隶书临《华山碑》金文临古 立轴	隶书81cm×32cm 金文135cm×26cm	185,610	中国嘉德	2015.04.07
商笙伯 吴昌硕 等 1916年作 瓜上八哥栖顷刻 立轴	56cm×23cm	264,500	北京诚轩	2015.11.13
商文彬 2011年作 新疆维吾尔十二木卡姆	200cm×300cm	517,500	北京翰海	2015.06.26
尚可 野趣图 镜心	65cm×66cm	241,500	南京经典	2015.08.02
尚可 夜莺 镜心（片）	68cm×68cm	368,000	江苏嘉恒	2015.01.11
尚可 醉秋 镜心（片）	68cm×68cm	320,000	江苏嘉恒	2015.04.25
尚涛 2003年作 九华图 镜片	77cm×438cm	2,530,000	广东崇正	2015.06.18
尚涛 2002年作 和鸣 镜片	137cm×69cm	172,500	广东崇正	2015.06.18
尚涛 2008年作 三和 镜片	180cm×96cm	1,092,500	广东崇正	2015.06.18
尚小云 李善基 郑暹 徐绪如 夏承诗 许以粟 沈枢 管平 等 致若愚书绘扇面（十付）	尺寸不一	161,000	北京保利	2015.06.04
少番（邵帆）2013年作 兔子	171.5cm×80cm	453,938	香港苏富比	2015.04.05
邵戈 2015年作 浮世不知处 白云相待归 镜心	173cm×70cm	345,000	上古嘉成	2015.06.28
邵戈 2015年作 天滋地养 镜心	70cm×173cm	345,000	上古嘉成	2015.06.28
邵力子 1939年作 行书七言 对联	150.5cm×26cm×2	230,000	上海道明	2015.05.09
邵璞 焦墨山水 镜心	178cm×96cm	184,000	保利山东	2015.02.01
邵锐 1946年作 行书 成扇	19cm×54cm	253,000	北京翰海	2015.11.28
邵学军 2013年作 千秋万代图 镜心	69cm×137cm	345,000	保利山东	2015.02.01
邵学军 2014年作 扭转乾坤 镜心	66cm×238.5cm	402,500	保利山东	2015.09.13
申石伽 1949年作 红莲消暑 立轴	87cm×34cm	322,000	北京保利	2015.06.05
沈曾植 1917年作 楷书七言联 立轴	147cm×26cm×2	218,500	北京匡时	2015.06.07
沈曾植 1922年作 行书七言联 立轴	168cm×35cm×2	345,000	北京匡时	2015.06.07
沈曾植 1922年作 行书七言联 立轴	133.5cm×32cm×2	322,000	北京匡时	2015.06.07
沈曾植 行书 七言联 对联	139.5cm×35cm×2	368,000	西泠拍卖	2015.07.04
沈曾植 行书 七言联 对联	144.5cm×33.5cm×2	276,000	西泠拍卖	2015.07.04
沈曾植 行书 七言联 对联	169.5cm×32.5cm×2	218,500	西泠拍卖	2015.07.04
沈曾植 行书 四屏	109cm×34cm×4	1,150,000	北京保利	2015.06.05
沈曾植 行书八言联 对联	170.5cm×37.5cm×2	230,000	上海明轩	2015.06.21
沈曾植 行书东坡诗 立轴 四屏	87cm×46.5cm×4	1,210,500	香港苏富比	2015.04.06
沈曾植 行书临古 四屏立轴	133cm×32cm×4	172,500	北京匡时	2015.06.07
沈曾植 行书七言 对联	131cm×32.5cm×2	379,500	上海道明	2015.05.09
沈曾植 行书七言联 立轴	128cm×30cm×2	218,500	中国嘉德	2015.11.15
沈曾植 行书七言联 立轴	161cm×37cm×2	218,500	北京匡时	2015.06.07
沈曾植 行书七言联 立轴	132cm×48.5cm×2	299,000	中国嘉德	2015.05.18
沈曾植 行书七言诗 立轴	146cm×77cm	207,000	中国嘉德	2015.11.16
沈曾植 行书十言联 立轴	175cm×30cm×2	315,537	中国嘉德	2015.04.07
沈曾植 临《昨服散帖》立轴	120cm×51cm	161,000	上海泓盛	2015.06.20
沈曾植 1921年作 隶书八言联 对联	164cm×42cm×2	172,500	上海敬华	2015.06.29
沈从文《白玉兰花引》诗稿 镜片	45cm×15cm 45cm×13cm	195,500	上海明轩	2015.06.21
沈从文1980年作草书黄庭坚《清平乐》镜心	21cm×63cm	287,500	北京翰海	2015.11.27
沈从文 1980年作 行书书法 立轴	102.8cm×13.3cm	223,055	邦瀚斯	2015.09.14
沈从文 草书古诗 画心	78cm×28cm	207,000	西泠拍卖	2015.07.05
沈从文 从征行 诗文手稿	36cm×27cm	151,064	宝港国际	2015.11.28
沈从文行书杜甫诗《丽人行》立轴	92cm×45cm	230,000	北京保利	2015.12.07

拍品名称	物品尺寸	成交价RMB	拍卖公司	拍卖日期
沈光伟 2011年作 杜鹃花 软片	69cm×102cm	179,200	安徽三佳	2015.09.13
沈焕 花卉 镜心	107cm×130cm	184,000	北京翰海	2015.09.13
沈钧儒 楷书"情斋"镜心	30cm×41cm	299,000	北京翰海	2015.06.26
沈鹏 1991年作 草书 立轴	133.5cm×65cm	201,600	北京荣宝	2015.06.21
沈鹏 1995年作 书法 四屏镜片	148cm×39cm×4	770,500	河南金帝	2015.11.22
沈鹏 1997年作 杨万里《过百家渡》镜心	136cm×70cm	460,000	保利山东	2015.02.01
沈鹏 1998年作 杜牧诗《初春有感》镜心	68cm×68cm	207,000	保利山东	2015.02.01
沈鹏 1998年作 行书 镜心 六屏	229cm×50cm×6	552,000	北京保利	2015.06.03
沈鹏 1998年作 行书李白诗 镜心	229cm×50cm	517,500	保利山东	2015.09.13
沈鹏 1998年作 书法自作诗一首 镜心	137cm×68.5cm	336,000	北京荣宝	2015.06.21
沈鹏 1999年作 杜甫诗《旅夜书怀》镜心	70cm×46cm	230,000	保利山东	2015.02.01
沈鹏 2000年作 李白诗 镜心 六屏	180cm×48cm×6	1,610,000	保利山东	2015.02.01
沈鹏 2005年作 草书 镜心	68cm×136cm	268,800	北京荣宝	2015.06.21
沈鹏 2010年作 草书 立轴	141cm×68.5cm	392,000	北京荣宝	2015.03.29
沈鹏 草书 镜片	68cm×136cm	977,500	河南泽华	2015.01.11
沈鹏 草书"自述诗"横轴	67.5cm×372cm	784,000	北京荣宝	2015.06.21
沈鹏 草书七言对联 立轴	133cm×32cm×2	805,000	河南泽华	2015.01.11
沈鹏 草书自作诗 镜心	138cm×69cm	195,500	荣宝斋（济南）	2015.11.21
沈鹏 1993年作 草书清平乐 立轴	137cm×67cm	195,500	中国嘉德	2015.09.19
沈鹏 隶书七言联 镜心（片）	226cm×50cm×2	345,000	江苏嘉恒	2015.04.25
沈鹏 毛主席诗词 镜心（片）	137cm×69cm	517,500	江苏嘉恒	2015.01.11
沈鹏 书《白雪歌送武判官归京》诗词 镜片	250cm×791cm	2,875,000	北京上和	2015.11.13
沈鹏 书法 镜心	212cm×804cm	5,405,000	北京保利	2015.12.06
沈鹏 书法七言诗 镜框	69cm×69cm	172,178	纽约佳士得	2015.03.17
沈鹏 陶渊明诗 镜心	34cm×65.5cm	179,200	北京荣宝	2015.03.29
沈鹏 篆书 镜片	50cm×97cm	690,000	河南泽华	2015.01.11
沈勤 2006年作 三峡（四）	245cm×123cm	517,500	北京匡时	2015.06.06
沈勤 2015年作 墨山水 镜框	138.5cm×69.5cm	184,725	佳士得	2015.11.30
沈勤 暮田 镜心	42cm×137cm	184,292	中国嘉德	2015.10.07
沈三草 2015年作 醉翁亭记诗意 镜心	138cm×68cm	345,000	北京保利	2015.06.03
沈塘 1912年作 百子图册 册页	20.5cm×28cm×23	402,500	上海工美	2015.06.28
沈威峰 2014年作 福寿 镜心	137cm×69cm	470,400	北京荣宝	2015.06.21
沈威峰 2015年作 竹 立轴	138cm×70cm	575,000	北京保利	2015.12.06
沈威峰 荷塘佛光 立轴	138cm×68.5cm	494,500	凤凰拍卖	2015.05.15
沈威峰 葡萄 镜心	137cm×68cm	690,000	北京保利	2015.06.03
沈卫 楷书十七言联 立轴	205cm×21cm×2	161,000	北京匡时	2015.12.04
沈心海 人物典故 四屏	163cm×41cm×4	172,500	上海敬华	2015.06.29
沈延毅 行书 镜片	138cm×35cm	322,000	河南泽华	2015.01.11
沈一斋 孔小瑜 高振霄 1943年作、1940年作 十二生肖册 册页	30cm×37cm×24	230,000	中国嘉德	2015.04.01
沈尹默 1943年作 行书陶诗 四屏 镜心	124cm×21cm×4	322,000	北京匡时	2015.10.16
沈尹默 1944年作 行书自作诗 镜心	74cm×8cm	345,000	北京匡时	2015.10.17
沈尹默 1946年作 行书 临兰亭序 手卷	147cm×30.5cm	184,000	西泠拍卖	2015.07.05
沈尹默 1946年作 竹石 书法（两幅）扇面镜框	18.5cm×52cm×2	180,225	佳士得	2015.06.02
沈尹默 1947年作 行书诗 立轴 四屏	91.2cm×27.3cm×4	513,750	香港苏富比	2015.10.06

拍品名称	物品尺寸	成交价RMB	拍卖公司	拍卖日期
沈尹默 1947年作 书法 横批	38.5cm×124cm	280,350	佳士得	2015.06.02
沈尹默 1947年作 书法 手卷	35cm×264.8cm	782,625	纽约佳士得	2015.03.17
沈尹默 1957年作 自述稿 手卷	引首24cm×60cm 正文24cm×102cm	483,000	北京保利	2015.12.06
沈尹默 1961年作 行书节录《画禅室随笔》镜心	43.5cm×112cm	230,000	中国嘉德	2015.05.16
沈尹默 1965年作 行书 毛泽东词 立轴	132.5cm×55.5cm	885,500	西泠拍卖	2015.07.05
沈尹默 对联 立轴	269cm×62cm×2	437,000	江苏嘉恒	2015.01.11
沈尹默 行楷七言联 对联	129cm×21cm×2	178,250	上海泓盛	2015.06.20
沈尹默 行书 镜片	66cm×33cm	161,000	朵云轩	2015.06.18
沈尹默 行书 立轴	93cm×33cm	195,500	上海嘉禾	2015.05.08
沈尹默 行书 屏轴	138cm×31cm	172,500	朵云轩	2015.04.27
沈尹默 行书《无愁可解》镜心	137cm×33.5cm	155,194	中国嘉德	2015.10.07
沈尹默 行书八言书房联 镜心	62.5cm×10cm×2	184,000	北京诚轩	2015.05.18
沈尹默 行书后赤壁赋 镜心	100cm×49cm	218,500	中国嘉德	2015.04.02
沈尹默 行书集词 四屏立轴	126cm×31cm×4	402,500	北京匡时	2015.12.05
沈尹默 行书节录荆公小诗 立轴	65cm×32cm	195,500	北京保利	2015.12.07
沈尹默 行书李白诗 立轴	97.5cm×32cm	368,000	中国嘉德	2015.11.15
沈尹默 行书七言联 镜心	130cm×32cm×2	207,000	北京匡时	2015.06.07
沈尹默 行书七言诗 立轴	67cm×24cm	310,500	北京匡时	2015.06.07
沈尹默 行书少陵诗 立轴 四屏	134cm×31.6cm×4	847,350	香港苏富比	2015.04.06
沈尹默 行书苏轼诗 镜心	46cm×43cm	299,000	北京匡时	2015.03.31
沈尹默 行书太白词 镜心	110cm×35cm	178,250	保利山东	2015.09.13
沈尹默 行书张志和诗 镜心	99cm×38cm	278,415	中国嘉德	2015.04.07
沈尹默 行书自作诗 手卷	17cm×213cm	414,000	北京保利	2015.06.05
沈尹默 楷书七言联 立轴	138cm×24cm×2	598,000	中国嘉德	2015.11.15
沈尹默 楷书五言联 镜心	165cm×40cm×2	494,500	北京匡时	2015.12.05
沈尹默 马衡 行书五言诗·篆书五言诗 成扇	18.5cm×52cm	195,500	中国嘉德	2015.05.17
沈尹默 墨竹图 行书录山谷坡公书帖跋尾 成扇		207,000	上海工美	2015.06.28
沈尹默 三十四（1945年作 秋明室诗词册 册页（六开）	27.2cm×16.5cm×6	747,500	北京诚轩	2015.11.13
沈尹默 书法 手卷	尺寸不一	5,520,000	华艺国际	2015.05.24
沈尹默 书法七言联 对联	147cm×38cm×2	172,500	上海嘉禾	2015.05.08
沈尹默 章士钊 行书诗卷 镜片	30cm×99cm	150,000	上海驰翰	2015.05.09
沈子丞 张炎夫 唐云 来楚生 陈运彰 江寒汀 方介堪 郁文华 尤小云 俞叔渊 陈从周 徐绍青 1944年作 1948年作 海上画家集册 册页（十四开）	24cm×36cm×14	207,000	上海泓盛	2015.06.20
师恩钊 2014年作 碧水霞光 镜心	69cm×134cm	460,000	北京保利	2015.06.03
师恩钊 2015年作 秋阳 镜心	131cm×66cm	460,000	北京保利	2015.06.03
师恩钊 2015年作 山晨 镜心	68cm×68cm	322,000	北京保利	2015.12.06
师恩钊 碧水春风 镜片	146cm×360cm	6,160,000	上海金堂	2015.07.25
师恩钊 晨色 镜片	68cm×70cm	224,000	上海金堂	2015.07.25
师恩钊 静湖长风 镜片	68cm×70cm	179,200	上海金堂	2015.07.25
师恩钊 清泉石上流 镜片	68cm×68cm	246,400	上海金堂	2015.07.25
师恩钊 晚风 镜片	69cm×69cm	201,600	上海金堂	2015.07.25
施大畏 1990年作 醉酒图 镜片	74cm×126cm	195,500	朵云轩	2015.07.27
施大畏 1993年作 山乡情 手卷	引首35cm×68cm 画35cm×274cm	172,500	上海金艺	2015.06.26
石虎 2004年作 邑纲 镜心	86cm×86cm	235,200	北京荣宝	2015.03.29
石虎 2004年作 邑纲 镜心	86cm×86cm	280,000	北京荣宝	2015.08.30
石虎 少女与鹿 镜心	139cm×70cm	280,000	北京荣宝	2015.03.29
石虎 朱杯图 镜心	137.5cm×69cm	161,000	中国嘉德	2015.05.18

拍品名称	物品尺寸	成交价RMB	拍卖公司	拍卖日期
石君 2014年作 晓月 镜心	57cm×43cm	172,500	北京保利	2015.11.01
石君 红艳	69cm×33cm	172,500	北京翰海	2015.11.27
石鲁 1957年作 天笠之风 镜心	28cm×32cm	1,265,000	北京保利	2015.06.05
石鲁 1958年作 老有所养 镜心	33cm×33cm	460,000	北京保利	2015.06.05
石鲁 1959年作 寿如松柏 立轴	31.5cm×44.5cm	345,000	北京诚轩	2015.11.13
石鲁 1959年作 献花图 镜框	61cm×96cm	420,525	佳士得	2015.06.02
石鲁 1972年作 华岳雄秀 镜框	143.5cm×212cm	7,241,040	佳士得	2015.06.02
石鲁 1972年作 华岳之雄 立轴	178cm×95.5cm	6,440,000	北京匡时	2015.12.04
石鲁 1972年作 墨兰 立轴	73cm×41.5cm	483,000	北京匡时	2015.06.06
石鲁 拜月图 立轴	70cm×45cm	1,150,000	河南泽华	2015.01.11
石鲁 宝塔山下的驴车队 立轴	45.5cm×64.5cm	517,500	北京保利	2015.06.05
石鲁 藏族女孩 镜框	25cm×36cm	320,400	佳士得	2015.06.02
石鲁 春夏风华 镜框	134.5cm×66.8cm	1,510,640	佳士得	2015.12.01
石鲁 丰收 镜心	80cm×70cm	2,242,500	北京保利	2015.12.07
石鲁 风荷图 立轴	137.5cm×68.5cm	2,012,500	东方大观	2015.11.17
石鲁 荷塘 镜心	85cm×60cm	2,300,000	北京保利	2015.12.07
石鲁 华山天险峰 立轴	96cm×81cm	287,500	北京保利	2015.06.05
石鲁 寂寞芳姿笑天涯 镜心（片）	171cm×94cm	1,840,000	江苏嘉恒	2015.01.11
石鲁 金岁图 镜心	68cm×27cm	172,500	北京保利	2015.04.26
石鲁 老妇和小牛 立轴	58cm×48.5cm	380,475	佳士得	2015.06.02
石鲁 李琼久 杂花册 花鸟 书法二帧 册页	35cm×45cm×10	10,005,000	北京保利	2015.06.05
石鲁 牡丹 镜心	28cm×29cm	224,000	北京荣宝	2015.08.30
石鲁 秋林尽染 立轴	136cm×68cm	1,150,000	东方大观	2015.11.17
石鲁 秋阳枫色 立轴	43cm×64cm	322,000	南京经典	2015.08.02
石鲁 群山幽谷 镜心	81cm×70cm	1,012,000	北京保利	2015.12.07
石鲁 1972年作 行书四言联 镜片	194cm×48cm×2	483,000	广东崇正	2015.06.19
石鲁 山城披霞 镜心	78cm×69cm	4,025,000	北京保利	2015.12.07
石鲁 山路 镜心	80cm×50cm	2,242,500	北京保利	2015.12.07
石鲁 书法	131cm×66.5cm	1,174,100	帝图艺术	2015.04.12
石鲁 桃妮 立轴	134.5cm×69.5cm	21,850,000	北京匡时	2015.06.06
石鲁 田头所见 镜框	27.3cm×27cm	383,325	香港苏富比	2015.04.06
石鲁 兔 镜心	21cm×29cm	212,800	北京荣宝	2015.03.29
石鲁 仙寿 立轴	127cm×63cm	9,085,000	北京匡时	2015.12.04
石鲁 献花图 镜框	29cm×32cm	747,500	华艺国际	2015.05.24
石鲁 幽兰 立轴	137.5cm×68cm	460,000	中国嘉德	2015.05.16
石鲁 月瑰图 立轴	133cm×50cm	598,000	厦门华辰	2015.06.20
石鲁 终南之兰 立轴	59cm×59cm	2,160,000	诗婢家	2015.05.17
石齐 1981年作 新罗山人诗意图 立轴	96cm×72cm	322,000	保利山东	2015.02.01
石齐 1998年作 白蛇传 镜心	84cm×76cm	184,000	中国嘉德	2015.06.27
石齐 黄金时节 镜心	85cm×77cm	483,000	北京匡时	2015.06.06
石齐 牧鹰图 立轴	153cm×83cm	782,000	河南金帝	2015.11.22
史国良 1978年作 芭蕉少女 镜心	66cm×44.5cm	168,000	北京荣宝	2015.06.21
史国良 1990年作 蕉荫 镜心	66cm×67cm	184,000	保利山东	2015.02.01
史国良 1990年作 蕉荫 镜心	66cm×67cm	207,000	北京保利	2015.06.05
史国良 1997年作 大祥图 镜心	34.5cm×137cm	632,500	北京东正	2015.05.19
史国良 1998年作 丰收图 镜心	65cm×44cm	172,500	北京保利	2015.11.01
史国良 1998年作 高原风 镜心	35cm×69cm	161,000	中国嘉德	2015.06.27
史国良 1998年作 古老的传说 立轴	103cm×34cm	230,000	中国嘉德	2015.06.27
史国良 1998年作 绿风 镜心	34cm×69cm	172,500	中国嘉德	2015.06.27
史国良 2000年作 回眸 镜心	96cm×87cm	1,150,000	保利山东	2015.02.01
史国良 2000年作 小妞妞牧牛图 镜心	68cm×55cm	224,250	保利山东	2015.09.13
史国良 2001年作 赶集图 立轴	135cm×68cm	1,035,000	保利山东	2015.09.13

拍品名称	物品尺寸	成交价RMB	拍卖公司	拍卖日期
史国良 2001年作 天山之舞 镜心	68cm×68cm	253,000	北京保利	2015.12.06
史国良 2002年作 傣家三月风光好 镜心	68cm×67cm	224,000	北京荣宝	2015.08.30
史国良 2002年作 傣家三月风光好 镜心	68cm×67cm	253,000	中贸圣佳	2015.05.19
史国良 2002年作 山里的孩子 镜心	67cm×35cm	161,000	中贸圣佳	2015.05.19
史国良 2003年作 饮马图 镜片	34.5cm×138cm	862,500	上海宝龙	2015.01.18
史国良 2005年作 三夏时节 镜心	70cm×144cm	805,000	北京保利	2015.12.06
史国良 2007年作 石榴飘香 镜片	88.5cm×52.5cm	460,000	上海明轩	2015.06.21
史国良 傣家小景 镜心	138cm×68cm	1,092,500	天津同方	2015.06.06
史国良 丰收图	50cm×50cm	483,000	北京翰海	2015.11.27
史国良 赶鸭图 立轴	136cm×34cm	313,600	北京荣宝	2015.08.30
史国良 喀什鼓声 镜心	34cm×134cm	747,500	天津同方	2015.11.21
史国良 母爱 镜片	68cm×68cm	402,500	河南鸿远	2015.01.12
史国良 牧鹅图 镜心	39cm×68cm	172,500	北京保利	2015.12.06
史国良 牧鹅图 镜心	63cm×41cm	166,750	中贸圣佳	2015.05.19
史国良 牧鹅图 镜心（片）	137cm×68cm	805,000	江苏嘉恒	2015.01.11
史国良 牧牛图 镜心	34cm×137cm	168,000	北京荣宝	2015.06.21
史国良 青春舞步 镜片	69cm×137cm	1,380,000	广州皇玛	2015.07.26
史国良 人物 镜片	136cm×33cm	368,000	河南鸿远	2015.01.12
史国良 舞女 镜心	84cm×54cm	207,000	北京保利	2015.08.12
史国良 小憩 镜心	27cm×69.5cm	184,000	中国嘉德	2015.11.14
史国良 新疆舞 镜片	75cm×51cm	264,500	河南鸿远	2015.01.12
史国良 新疆舞 镜心	70cm×69cm	369,600	北京荣宝	2015.11.29
史国良 养鸭图 镜心	136cm×69cm	782,000	中国嘉德	2015.06.27
史国良 饮马图	68cm×68cm	320,400	荣盛国际	2015.07.31
史俊 2014年作 水浒一百零八将 手卷	引首52cm×167cm 画心52cm×820cm 后拨52cm×192cm	402,500	景德镇华艺	2015.01.10
史世奇 1986年作 行书七言诗 行书七言联 镜心	中堂135cm×69cm 对联 135cm×35cm×2	253,000	北京保利	2015.06.04
史世奇 行书七言诗 镜心	177cm×97cm	184,000	北京保利	2015.06.04
舒同 1982年作 砥柱中流 立轴	176cm×92cm	287,500	保利山东	2015.02.01
舒同 1985年作 行书 镜片 二屏	179cm×96cm×2	345,000	上海嘉禾	2015.05.08
舒同 1985年作 书法 六屏	137cm×34cm×6	552,000	广东小雅斋	2015.11.11
舒同 行书《清平乐·六盘山》镜心	68cm×137cm	207,000	北京保利	2015.04.25
舒同 行书《望天门山》镜芯	136cm×67 cm.	214,700	中鸿信	2015.07.29
舒同 行书毛主席词 立轴	137cm×33cm×4	172,500	北京匡时	2015.03.30
舒同 书法 立轴	102cm×62cm	203,483	纽约佳士得	2015.03.17
舒同 书法“沁园春雪”立轴	123cm×58cm	322,000	荣宝斋（济南）	2015.11.21
舒同 水落天寒联 立轴	136cm×32.5cm×2	172,500	北京上和	2015.05.16
松下泛舟（一幅）	直径34.6cm	2,357,500	北京保利	2015.12.07
宋慧莹 楷书对联 立轴	245cm×62cm×2	345,000	北京保利	2015.12.06
宋开强 2014年作 八骏图 镜心	69cm×137cm	2,464,000	北京荣宝	2015.11.29
宋陵 1993年作 无意义的选择?60号（一组六件）	90cm×68cm×6	1,035,000	中国嘉德	2015.11.14
宋美龄 1978年作 云山图 立轴	93cm×43cm	310,500	北京匡时	2015.06.07
宋美龄 福寿 镜心	91cm×29cm	310,500	北京翰海	2015.06.27
宋美龄 幽兰图 镜片	40cm×71cm	241,500	朵云轩	2015.06.19
宋明远（海洋画）2001年作 惊涛拍岸 镜心	67cm×67cm	230,000	保利山东	2015.09.13
宋省予 花鸟 镜片	118.5cm×31cm×4	552,000	福建运通	2015.02.01
宋唯原 山水	179cm×47cm	230,000	北京翰海	2015.06.26
宋唯源 淫雨牡丹 镜心	178.5cm×48cm	230,000	保利山东	2015.02.01

拍品名称	物品尺寸	成交价RMB	拍卖公司	拍卖日期
宋文治（款）嘉陵秋意图		340,906	荣盛国际	2015.01.10
宋文治 1952年作 梅山铁矿 镜心	34cm×44cm	195,500	北京保利	2015.06.05
宋文治 1958年作 金山夕照 镜片	49cm×39cm	517,500	广州皇玛	2015.01.18
宋文治 1961年作 黄山桃花溪 立轴	68cm×53.5cm	172,500	北京诚轩	2015.11.13
宋文治 1963年作 黄山朝霞 镜心	27cm×54cm	207,000	北京保利	2015.12.07
宋文治 1965年作 嘉陵帆影 立轴	70cm×45cm	166,750	北京保利	2015.12.07
宋文治 1965年作 太湖之滨 镜片	画心133cm×197cm 题签70cm×10cm	1,840,000	广东小雅斋	2015.05.12
宋文治 1972年作 峡江帆影 镜心	53cm×39cm	172,500	中国嘉德	2015.06.27
宋文治 1978年作 黄山晴云图 立轴	96cm×44cm	299,000	西泠拍卖	2015.07.05
宋文治 1978年作 黄山松云图 立轴	61cm×93cm	285,678	保利香港	2015.04.07
宋文治 1978年作 江南春 镜心	67cm×113cm	2,300,000	北京匡时	2015.06.06
宋文治 1978年作 蜀江云 立轴	99.1cm×62cm	437,000	中国嘉德	2015.11.14
宋文治 1978年作 太湖一角 立轴	65cm×43cm	253,000	中国嘉德	2015.04.02
宋文治 1979年作 黄山松云 立轴	69cm×34cm	207,000	广东崇正	2015.06.19
宋文治 1979年作 黄山云海 镜心	38cm×54.5cm	172,500	中国嘉德	2015.05.16
宋文治 1979年作 嘉陵江之秋 立轴	68cm×44.5cm	322,000	北京保利	2015.06.05
宋文治 1980年作 黄山暮霞 立轴	76cm×42cm	172,500	中国嘉德	2015.06.27
宋文治 1980年作 黄山晴岚 立轴	72.3cm×48cm	151,313	香港苏富比	2015.04.06
宋文治 1980年作 太湖春晓 立轴	37.5cm×45cm	238,065	保利香港	2015.04.07
宋文治 1981年作 黄山松云 镜心	94cm×177cm	1,380,000	北京保利	2015.12.06
宋文治 1984年作 江南三月 镜心	59cm×40cm	242,490	保利香港	2015.10.05
宋文治 1984年作 三月江南 镜心	38cm×136cm	736,000	北京匡时	2015.06.06
宋文治 1987年作 江南春晓 立轴	55cm×68cm	575,000	中贸圣佳	2015.05.19
宋文治 北海松风图 立轴	70cm×48cm	322,000	江苏嘉恒	2015.04.25
宋文治 北海松云图 立轴	100cm×68cm	322,000	海德拍卖	2015.06.27
宋文治 春风绿遍江南岸 镜心	43cm×59cm	593,600	十竹斋	2015.06.14
宋文治 春夏秋冬 镜心 四屏	24cm×27cm×4	483,000	南京经典	2015.01.04
宋文治 东坡赤壁图 立轴	38cm×45cm	322,000	南京经典	2015.01.04
宋文治 洞庭帆影 立轴	93cm×53cm	414,000	江苏两汉	2015.01.11
宋文治 洞庭新绿图 镜心	68cm×42cm	172,500	南京经典	2015.08.02
宋文治 富春江上 立轴	64cm×56cm	280,000	上海驰翰	2015.05.09
宋文治1980年作 江南春汛 立轴	68cm×68cm	368,000	中国嘉德	2015.05.16
宋文治1980年作 云中飞流图 立轴	66cm×43cm	172,500	中国嘉德	2015.04.01
宋文治 1990年作 嘉陵高秋 立轴	123cm×122cm	356,500	北京隆琛	2015.11.21
宋文治 黄山晴峦图 镜心	41cm×116cm	851,000	南京经典	2015.08.02
宋文治 黄山晴晓图 镜心	39.5cm×60cm	483,000	南京经典	2015.08.02
宋文治 嘉陵江秋色 立轴	66cm×44cm	299,000	中国嘉德	2015.04.01
宋文治 坚松长流 镜心	24cm×68cm 137cm×68cm	828,000	海德拍卖	2015.06.27
宋文治 江南春 立轴	68cm×68cm	862,500	南京经典	2015.01.04
宋文治 江南三月 镜心	69.5cm×46cm	483,000	凤凰拍卖	2015.05.15
宋文治 江南三月 立轴	34cm×45cm	460,000	江苏嘉恒	2015.04.25
宋文治 江南三月 立轴	33cm×44cm	336,000	十竹斋	2015.01.11
宋文治 江南小景 镜心	40.5cm×37.5cm	368,000	北京诚轩	2015.11.13
宋文治 井岗山朱砂冲哨口 立轴	90cm×48cm	506,000	海德拍卖	2015.06.27
宋文治 梨花春雨图 镜框	43cm×35cm	201,600	北京荣宝	2015.06.21
宋文治 庐山瀑布图 立轴	70cm×46cm	356,500	江苏爱涛	2015.01.10
宋文治 轻舟已过万重山·书法对联 立轴	68cm×41cm	437,000	江苏嘉恒	2015.04.25
宋文治 蜀江行 镜框	30.5cm×39.4cm	187,830	纽约苏富比	2015.03.19
宋文治 蜀江云起图 镜心	110cm×50cm	391,000	南京经典	2015.08.02
宋文治 蜀水秋色 镜心	34cm×49cm	230,000	中国嘉德	2015.04.01
宋文治 松壑飞流 镜心	27cm×34cm	207,000	南京经典	2015.01.04
宋文治 太湖春晓 立轴	37cm×45cm	345,000	南京经典	2015.08.02
宋文治 太湖小景 立轴	57cm×36cm	218,500	中贸圣佳	2015.05.19

拍品名称	物品尺寸	成交价RMB	拍卖公司	拍卖日期
宋文治 皖南绝览 立轴	138cm×69cm	402,500	凤凰拍卖	2015.05.15
宋文治 皖乡一角 镜框	37cm×59.5cm	280,000	北京荣宝	2015.06.21
宋文治 万山晴雪 镜心	44cm×52cm	347,200	十竹斋	2015.06.14
宋文治 峡江图 镜心	36cm×44cm	161,000	北京翰海	2015.06.27
宋文治 峡江壮观 立轴	68cm×137cm	1,265,000	天津同方	2015.11.21
宋文治 晓云 镜心	69cm×44cm	155,250	南京经典	2015.08.02
宋文治 忆金陵 立轴	45cm×88cm	201,600	河北嘉海	2015.09.13
宋新江 月下双孤图	138cm×69cm	493,416	荣盛国际	2015.01.10
宋彦军 2015年作 玉兰少女 镜心	180cm×48.5cm	345,000	中国嘉德	2015.05.18
宋雨桂 1990年作 山花烂漫 立轴	127.5cm×63.5cm	368,000	北京保利	2015.12.06
宋雨桂 1991年作 山水 镜心	67.5cm×84cm	350,750	北京匡时	2015.06.06
宋雨桂 荷花图 镜片	136cm×33cm	862,500	河南泽华	2015.01.11
宋雨桂 花卉 框	40cm×67cm	345,000	辽宁中正	2015.06.13
宋雨桂 秋山红叶 立轴	176cm×95.5cm	1,356,000	辽宁建投	2015.08.30
宋雨桂 山水 横幅	69cm×137cm	508,500	辽宁建投	2015.08.30
宋雨桂 山水 框	99cm×65cm	575,000	辽宁中正	2015.06.13
宋雨桂 乡水篇 镜框	68cm×84cm	734,500	辽宁建投	2015.08.30
宋雨桂 1985年作 风雨归舟 镜心	136cm×68cm	172,500	中国嘉德	2015.11.16
宋玉麐 四季山水（四帧）镜片	画心 44cm×34cm×4 诗堂 35cm×17.5cm×4	184,000	西泠拍卖	2015.04.22
宋玉麟 溪山清秋图 镜心	画34cm×69cm 书33cm×9cm 35cm×32cm×4	178,250	南京经典	2015.01.04
宋玉明 2012年作 烟壑云山	67cm×66cm	287,500	北京翰海	2015.06.26
苏百钧 2014年作 喜鹊春风 镜心	109cm×89cm	1,058,000	中国嘉德	2015.05.18
苏柏斗 2014年作 冬日 镜心	50cm×60cm	402,500	北京保利	2015.01.24
苏联春 2012年作 高瞻远瞩 软片	124cm×246cm	368,000	河南鸿远	2015.01.12
苏联春 2013年作 中华雄风 软片	144cm×364cm	598,000	河南鸿远	2015.01.12
苏六朋 闻弦静听 立轴	134cm×71.6cm	159,325	纽约苏富比	2015.09.17
苏曼殊 楷书七言 对联	141cm×37.5cm×2	575,000	上海道明	2015.05.09
苏曼殊 深山藏古寺 立轴	122cm×46 cm.	460,000	中鸿信	2015.07.29
苏曼殊 异域钟声 立轴	画36.5cm×37cm 诗堂21.5cm×37cm	1,150,000	上海道明	2015.05.09
苏宇光 2013年作 荷花鸳鸯 镜心	110cm×24cm	345,000	保利山东	2015.02.01
苏宇光 2013年作 品瓜赏虫 镜心	85cm×51cm	494,500	保利山东	2015.09.13
苏宇光 2014年作 百财聚来 镜心	65.5cm×44cm	168,000	北京荣宝	2015.11.29
遂岩 菩提达摩 镜心	69cm×138cm	230,000	北京保利	2015.04.25
孙浩 2014年作 马 镜框	180cm×100cm	316,250	上海宝龙	2015.01.18
孙浩 夜 镜心	97cm×180cm	218,500	中国嘉德	2015.05.18
孙浩 夜奔 镜心	200cm×700cm	1,437,500	中国嘉德	2015.11.16
孙家勤 1993年作 御龙天王 立轴	142cm×74.5cm	484,980	中国嘉德	2015.10.07
孙剑 2015年作 山空水云净 软片	68cm×136cm	322,000	上古嘉成	2015.06.28
孙菊生 双燕报春	75cm×48cm	287,500	北京翰海	2015.11.27
孙菊生 鱼乐	75cm×48cm	253,000	北京翰海	2015.11.27
孙其峰 1960年作 雄鹰 立轴	131cm×65cm	287,500	鼎天国际	2015.07.05
孙其峰 1992年作 猴 镜片	96cm×45cm	287,500	鼎天国际	2015.07.05
孙其峰 2001年作 春意十分 镜心	69cm×46cm	172,500	鼎天国际	2015.07.05
孙其峰 2002年作 鍾馗赏梅 镜框	68cm×45cm	230,000	鼎天国际	2015.07.05
孙其峰 2008年作 白鸽玉兰 镜心	70cm×68cm	172,500	鼎天国际	2015.07.05
孙其峰 2011年作 双飞 镜心	96cm×60cm	230,000	鼎天国际	2015.07.05
孙其峰 白头双栖图 镜心	69cm×69cm	299,000	天津同方	2015.06.06
孙其峰 白鹰 立轴	68cm×45cm	356,500	天津同方	2015.06.06
孙其峰 白鹰展翅 镜心	131.5cm×65cm	598,000	北京诚轩	2015.05.18
孙其峰 2003年作 八哥红梅 镜心	68cm×68cm	336,000	天津广业	2015.01.31
孙其峰 何家英 等 百花齐放 册页（十开）	44.5cm×64cm	287,500	鼎天国际	2015.07.05

拍品名称	物品尺寸	成交价RMB	拍卖公司	拍卖日期
孙其峰 鹤 立轴	91.5cm×66cm	862,500	天津同方	2015.06.06
孙其峰 红喜 镜心（片）	90cm×48cm	322,000	江苏嘉恒	2015.01.11
孙其峰 梅花八哥 镜心	68.5cm×41cm	172,500	天津同方	2015.06.06
孙其峰 睥视万山 镜心	134cm×68cm	402,500	天津同方	2015.06.06
孙其峰 秋山飞瀑 镜心	136cm×67cm	195,500	天津同方	2015.06.06
孙其峰 2002年作 朱鹮湖边 镜心	63cm×60cm	448,000	天津广业	2015.01.31
孙其峰 三阳开泰 镜心	70cm×45cm	310,500	天津同方	2015.06.06
孙其峰 双寿图 镜心	68cm×46cm	207,000	天津同方	2015.06.06
孙其峰 双羊图 镜心	67cm×48cm	207,000	天津同方	2015.06.06
孙其峰 松鼠 镜心	69cm×46cm	207,000	天津同方	2015.06.06
孙其峰 2001年作 吠影图 软片	67cm×55cm	336,000	天津广业	2015.06.20
孙其峰 鹰 镜片	67cm×44cm	189,750	河南鸿远	2015.01.12
孙其峰 鸳鸯卧雪 镜心	88cm×69.5cm	784,000	十竹斋	2015.06.14
孙清祥 2014年作 高原红 软片	122cm×85cm	207,000	河南鸿远	2015.04.12
孙清祥 2014年作 梦里江南 软片	68cm×136cm	218,500	河南鸿远	2015.01.12
孙琼华 吴湖帆 冯超然 甲子（1924年）作 艳雪寒禽图卷 手卷	画心32cm×283cm	241,500	北京诚轩	2015.11.13
孙文 海国长春 立轴	43.5cm×41cm	203,483	纽约苏富比	2015.03.19
孙文 行书 横批	32cm×132cm	571,200	天津文物	2015.05.22
孙文 行书 镜片	103cm×46cm	188,830	宝港国际	2015.11.28
孙文 行书"博爱" 手卷	本幅32cm×68cm 题跋32cm×110cm	1,495,000	北京匡时	2015.12.04
孙文 行书"博学文雅"立轴	122cm×41.5cm	483,000	北京匡时	2015.06.07
孙文 行书菜根谭句册 册页（十开）	30.5cm×25.5cm×10	920,000	上海嘉禾	2015.05.08
孙文 行书箴言 镜心	67cm×51cm	172,500	北京匡时	2015.06.07
孙文 横批"后来居上"镜框	40cm×140.5cm	1,265,000	上海明轩	2015.06.21
孙文 楷书 行之非艰知之惟艰 立轴	156.5cm×42cm	920,000	西泠拍卖	2015.07.05
孙文 楷书"知难行易"镜心	31cm×79cm	253,000	荣宝斋（济南）	2015.11.21
孙文 书法 册页（六开）	29.5cm×11.5cm	2,435,529	纽约佳士得	2015.03.17
孙文 书法 镜框	176cm×93cm	2,285,265	纽约佳士得	2015.03.17
孙文 书法 镜框	132cm×32cm	1,984,737	纽约佳士得	2015.03.17
孙文 书法 镜框	176cm×93cm	857,757	纽约佳士得	2015.03.17
孙文 书法 镜心	94cm×42cm	2,990,000	天津同方	2015.06.06
孙文 书法 立轴	44.5cm×120.4cm	461,813	佳士得	2015.12.01
孙文 书法 立轴	83.5cm×30cm	966,000	精诚所至	2015.11.06
孙文 书法 立轴	56cm×43cm	920,000	上海嘉禾	2015.05.08
孙文 醒世格言 立轴	56cm×43cm	920,000	四川德轩	2015.11.05
孙文 燕歌行 册页（五开）	31cm×40cm×5	805,000	北京保利	2015.12.08
孙晓材 2015年作 灵童 镜心	82.5cm×67cm	253,000	北京保利	2015.12.06
孙晓材 雪眸 镜心	93cm×71cm	253,000	北京保利	2015.06.03
孙晓云 春江花月夜 镜心	32.5cm×133cm	264,500	南京经典	2015.01.04
孙晓云 行书 镜片	61cm×57cm	230,000	河南泽华	2015.01.11
孙晓云 历代名人咏江苏诗词 册页	29cm×17cm×18	862,500	江苏嘉恒	2015.01.11
孙晓云 书法 镜心	34cm×132cm	241,500	南京经典	2015.04.26
孙晓云 书法 手卷	35cm×270cm	345,000	江苏嘉恒	2015.01.11
孙逊 2008年作 魔术师党（1-20）		345,000	北京保利	2015.06.03
孙逊 二〇〇六年作 休克时光（二十五张一组）镜框	17.3cm×25cm×25	226,050	香港苏富比	2015.10.05
孙征 朦胧月色 片	136cm×68cm	224,000	中联环球	2015.10.23

拍品名称	物品尺寸	成交价RMB	拍卖公司	拍卖日期
孙征 银顶双雄 片	68cm×136cm	246,400	中联环球	2015.10.23
孙志刚 书法 镜心	70cm×278cm	184,000	天津同方	2015.06.06
孙中山 书法 镜心	34cm×67cm	368,000	海德拍卖	2015.06.27
孙宗慰 1942年作 济公 纸本彩墨	120cm×90cm	345,000	北京匡时	2015.12.04
孙宗慰 1946年作 北平市民生活一景	138cm×69cm	287,500	北京翰海	2015.11.27
孙宗慰 顾颉刚 飞天·行书节录《与胡衲部游法华山》成扇	18cm×50cm	195,500	中国嘉德	2015.05.17
孙宗慰 蒙藏人物册（八开）	25.5cm×37cm×8	3,565,000	北京匡时	2015.06.06
孙宗慰 1940年代作 执瓶女仙	103cm×70cm	345,000	北京保利	2015.12.05
孙宗慰 1947年作 献茶图	100cm×62cm	782,000	北京保利	2015.12.05
台静农 1964年作 行书苏轼诗 镜心	26cm×70cm	207,000	北京匡时	2015.10.17
台静农 1966年作 行书东坡诗 镜心	136cm×47cm	195,500	北京匡时	2015.10.17
台静农 1979年作 隶书七言联 镜心	69cm×14.5cm×2	184,000	北京匡时	2015.10.17
台静农 1986年作 临《褚书兰亭叙》镜心	35cm×125cm	184,000	北京匡时	2015.10.17
台静农 1987年作 隶书（四幅）立轴	127.5cm×32.8cm×4	750,938	佳士得	2015.06.02
台静农 行书"补过斋"镜心	26.5cm×123cm	529,000	北京匡时	2015.10.17
台静农 行书杜甫诗 镜心	180cm×45cm	241,500	北京匡时	2015.10.17
台静农 行书七言联 镜心	136cm×26cm×2	178,250	北京匡时	2015.10.17
台静农 节临《月仪帖》镜心	30.5cm×275cm	172,500	北京匡时	2015.10.17
台静农 临《跋王晋卿藏挑耳图帖》镜心	38cm×114cm	172,500	北京匡时	2015.10.17
泰祥洲 2007年作 石 镜框	182cm×145cm	260,325	佳士得	2015.06.01
泰祥洲 2013年作 太湖石 立轴	120.7cm×50.5cm	174,675	香港苏富比	2015.10.05
泰祥洲 2014年作 天象之十五 镜框	44cm×71.5cm	280,350	佳士得	2015.06.01
泰祥洲 2015年作 天象[2015.1]	40cm×178cm	249,912	罗芙奥	2015.06.02
泰祥洲 梦幻仙境（二）镜框	143cm×184cm	554,813	香港苏富比	2015.04.05
谈士屺 人物 镜心	180cm×96cm	179,200	山东春秋	2015.04.26
谈月色 1928年作 寒梅 四屏立轴	144cm×38.5cm×4	172,500	北京匡时	2015.12.04
谭延闿 1922年作 行书 苏轼文句四屏	146cm×39.5cm×4	207,000	西泠拍卖	2015.07.05
谭延闿 1922年作 行书东坡语 立轴	147cm×40cm×4	161,000	北京匡时	2015.12.05
谭延闿 行书八言联 对联	171cm×35cm×2	230,000	中国嘉德	2015.04.01
谭延闿 行书八言联 立轴	166cm×37cm×2	161,000	北京匡时	2015.12.05
谭延闿 行书七言联 对联	168cm×39cm×2	207,000	上海敬华	2015.06.29
谭泽闿 行书 四屏立轴	174cm×45cm×4	155,250	北京保利	2015.01.24
汤立 花鸟 镜心	138cm×69cm	402,500	北京保利	2015.12.06
汤立 天香齐放 镜心	68cm×45cm	168,000	北京荣宝	2015.03.29
汤立 喜气写兰 镜心	64.5cm×42.5cm	168,000	北京荣宝	2015.03.29
汤文选 写得英雄梦醒迟 镜片	96cm×96cm	575,000	北京上和	2015.11.13
汤哲明 2015年作 苍山负雪图 镜框	44.1cm×98.3cm	205,500	香港苏富比	2015.10.06
汤哲明 2015年作 太行王相岩 镜心	61cm×68.5cm	195,500	北京匡时	2015.12.04
唐坚 2006年作 秋声 镜心	67cm×50cm	230,000	北京保利	2015.01.24
唐坚 2011年作 雪域岁月 镜心	68cm×113cm	529,000	北京保利	2015.12.06
唐勇力 求索图 横卷	34.5cm×275cm	552,000	北京上和	2015.11.13
唐勇力 人物 镜心	70cm×138cm	483,000	天津同方	2015.06.06
唐勇力 人物 镜心	69cm×69cm	207,000	天津同方	2015.06.06
唐勇力 人物 立轴	132cm×50cm	310,500	天津同方	2015.06.06
唐勇力 嬉戏图 镜心	41cm×50cm	333,500	北京保利	2015.12.06
唐云 1941年作 春雨画眉 立轴	107cm×47cm	287,500	上海工美	2015.06.28
唐云 1941年作 兰竹双清 立轴	98cm×41cm	172,500	华艺国际	2015.05.24
唐云 1945年作 富贵有余 立轴	111cm×41cm	437,000	保利山东	2015.02.01
唐云 1947年作 钟馗图 立轴	134cm×69cm	1,610,000	北京匡时	2015.06.06
唐云 1949年作 红叶鱼鹰 镜片	94.5cm×178cm	345,000	北京保利	2015.06.05

拍品名称	物品尺寸	成交价RMB	拍卖公司	拍卖日期
唐云 1949年作 山水 花卉 册页（十开）	20.5cm×27cm×10	552,000	上海工美	2015.06.28
唐云 1958年作 摹新罗山人笔 立轴	136cm×68cm	402,500	北京匡时	2015.12.04
唐云 1961年作 墨荷 立轴	136cm×68cm	195,500	西泠拍卖	2015.07.05
唐云 1963年作 秋禽图 立轴	105.5cm×50.5cm	184,000	上海嘉禾	2015.05.08
唐云 1971年作 早春图 立轴	133.5cm×66.5cm	437,000	西泠拍卖	2015.07.05
唐云 1975年作 红梅报春 立轴	178cm×39cm	690,000	上海嘉禾	2015.05.08
唐云 1976年作 走向革命圣地 镜心	69cm×40cm	517,500	北京匡时	2015.03.30
唐云 1977年作 井冈杜鹃红 立轴	64cm×48cm	471,500	北京诚轩	2015.11.13
唐云 1977年作 枇杷满枝好鸟来 立轴	173cm×91cm	195,500	上海嘉禾	2015.05.08
唐云 1979年作 松鹰图 镜心	137cm×68cm	241,500	中国嘉德	2015.09.19
唐云 1980年作 花卉寿桃 镜框	89.5cm×48.5cm	280,350	佳士得	2015.06.02
唐云 1980年作 三羊开泰 镜片	96cm×44cm	345,000	上海嘉禾	2015.05.08
唐云 1980年作 竹下双鸡 镜框	88.5cm×47.5cm	280,350	佳士得	2015.06.02
唐云 1981年作 富春江景图 立轴	95cm×45cm	172,500	上海工美	2015.06.28
唐云 1983年作 蕉荫小鸡 镜心	96cm×44.5cm	172,500	北京翰海	2015.06.27
唐云 1983年作 长寿 立轴	96cm×59cm	276,000	北京匡时	2015.06.06
唐云 1993年作 祓除不祥 立轴	69cm×45cm	310,500	北京翰海	2015.06.27
唐云 报晓 立轴	96.5cm×60cm	414,000	上海工美	2015.06.28
唐云 苍松图	150cm×60cm	340,906	荣盛国际	2015.01.10
唐云 姹紫嫣红人意净	95cm×44cm	172,500	北京保利	2015.06.05
唐云 池上观鱼 立轴	68cm×45cm	184,000	朵云轩	2015.06.18
唐云 大吉图 镜片	135cm×66.5cm	690,000	上海工美	2015.06.28
唐云 邓散木 和平颂 节录《东方红》成扇	18.2cm×49.5cm	517,500	北京诚轩	2015.11.13
唐云 富春山居图 手卷	题跋33cm×126cm	1,127,000	北京保利	2015.06.05
唐云 高人隐居图 立轴	109.5cm×53cm	345,000	上海工美	2015.06.28
唐云 1940年作 午瑞图 立轴	73cm×38.5cm	230,000	中国嘉德	2015.05.17
唐云1980年作 白荷鱼趣 镜片	100cm×54cm	172,500	朵云轩	2015.07.26
唐云 行书七言 对联	134cm×22.5cm×2	178,250	上海工美	2015.01.25
唐云 红红火火 立轴	68cm×45cm	437,000	上海工美	2015.01.25
唐云 花卉 立轴	65cm×45cm	276,000	天津同方	2015.06.06
唐云 花鸟	33cm×33cm	160,200	荣盛国际	2015.07.31
唐云 黄胄 谢稚柳 1981年作 艺圃春光册 册页	24cm×36cm×4	299,000	中国嘉德	2015.04.02
唐云 甲申(1944年)作 花鸟 镜片	129cm×32.5cm	287,500	上海嘉禾	2015.05.08
唐云 甲申（1944年）作 墨卉册 册页（七开）	21cm×28cm×7	437,000	上海敬华	2015.06.29
唐云 江寒汀 松鼠竹石图 立轴	39.5cm×56cm	230,000	上海嘉禾	2015.05.08
唐云 江山烟影 手卷	引首16.5cm×94cm 画心 16.5cm×370cm	414,000	上海工美	2015.06.28
唐云 金鱼 镜片	49.5cm×45cm	189,750	上海工美	2015.04.26
唐云 赖少其 1977年作 梅花 隶书 镜心	画96cm×31.5cm 字96cm×29cm	207,000	中国嘉德	2015.05.16
唐云 麻雀闹枝图 立轴	97cm×57cm	552,000	河南泽华	2015.01.11
唐云 瓶花图 镜片	52cm×39cm	207,000	上海工美	2015.06.28
唐云 山水册 册页（十二开）	17.5cm×11cm×12	414,000	上海嘉禾	2015.05.08
唐云 双鹭 立轴	122.5cm×59cm	207,000	广东崇正	2015.06.19
唐云 四时花果册 册页	13.5cm×17cm×12	690,000	北京保利	2015.12.06
唐云 松鼠 立轴	96cm×58cm	230,000	北京匡时	2015.03.30
唐云 汪大铁 1945年作 双蕙堂图 手卷	引首17.5cm×69cm 本幅 17.5cm×269cm 题跋17.5cm×50cm	287,500	北京匡时	2015.06.06
唐云 1988年作 荔枝鸳鸯 镜心	69cm×45.5cm	172,500	中国嘉德	2015.05.16
唐云 1948年作 红衣罗汉 立轴	72.5cm×33cm	218,500	中国嘉德	2015.11.14

拍品名称	物品尺寸	成交价RMB	拍卖公司	拍卖日期
唐云 蟹趣图 立轴	95cm×58cm	172,500	上海敬华	2015.06.29
唐云 1941年作 山中习静 立轴	151cm×80cm	598,000	上海嘉禾	2015.05.08
唐云 1985年作 竹雀图 镜片	96cm×60cm	184,000	朵云轩	2015.06.19
唐云 鱼乐图 立轴	88.5cm×47.5cm	287,500	北京翰海	2015.06.27
唐云 啄木鸟图	78cm×53.5cm	2,257,750	卓艺拍卖	2015.11.21
唐云 紫霞佳趣 立轴	80.8cm×28.5cm	517,500	上海工美	2015.06.28
陶博吾 1978年作 三松图 立轴	139cm×55cm	1,100,000	北京旷深	2015.04.25
陶博吾 1983年作 山居闲读图 立轴	97cm×55cm	1,265,000	景德镇华艺	2015.01.10
陶博吾 1984年作 白鹅浮水一身轻 立轴	121cm×47cm	552,000	景德镇华艺	2015.01.10
陶博吾 1984年作 篆书六言联 镜片	137cm×34cm×2	187,000	北京旷深	2015.04.25
陶博吾 1984年作 篆书七言联 镜片	137cm×33.5cm×2	275,000	北京旷深	2015.04.25
陶博吾 1986年作 石鼓文七言联 立轴	134.5cm×47cm×2	517,500	景德镇华艺	2015.01.10
陶博吾 1988年作 行书七言联 镜片	137cm×34cm×2	176,000	北京旷深	2015.04.25
陶博吾 1989年作 行书四言联 镜片	137cm×34cm×2	209,000	北京旷深	2015.04.25
陶博吾 1989年作 行书题古柏图诗一首 立轴	135cm×67cm	322,000	景德镇华艺	2015.01.10
陶博吾 1990年作 荷塘清趣 立轴	33cm×68cm	319,000	北京旷深	2015.04.25
陶博吾 瓜果图 镜片	117cm×48cm	550,000	北京旷深	2015.04.25
陶博吾 行书四言联 镜片	137cm×34.5cm×2	154,000	北京旷深	2015.04.25
陶博吾 日出东海 立轴	134cm×45cm	1,980,000	北京旷深	2015.04.25
陶博吾 书画 镜芯（八开）	画 55.5cm×41cm×4 字64cm×41cm×4	920,000	四川德轩	2015.11.05
陶博吾 吟风弄月 镜片	68cm×34cm	308,000	北京旷深	2015.04.25
陶行知 1926年作 楷书六言 对联	132cm×32cm×2	759,000	上海工美	2015.06.28
陶冷月 1934年作 溪山飞瀑 立轴	144cm×39.5cm	201,250	上海工美	2015.06.28
陶冷月 1937年作 五色锦鳞 立轴	81cm×32.2cm	431,550	香港苏富比	2015.10.06
陶冷月 1941年作 夜月寒梅 镜框	45cm×29.5cm	403,500	香港苏富比	2015.04.06
陶冷月 1943年作 松石梅花 立轴	102cm×29cm	345,000	北京诚轩	2015.11.13
陶冷月 1947年作 山水清音 立轴	68cm×34.5cm	207,000	北京匡时	2015.06.06
陶冷月 1948年作 花团锦簇 立轴	105cm×26cm	164,200	佳士得	2015.12.01
陶冷月 1955年作 海航 镜框	16cm×24.8cm	154,125	香港苏富比	2015.10.06
陶冷月 1977年作 月色满天花似绮 镜框	74cm×40cm	477,975	纽约佳士得	2015.09.16
陶冷月 1981年作 寒江月夜 镜心	128.5cm×66.5cm	2,415,000	北京匡时	2015.06.06
陶冷月 白蕉 洞庭秋月 行书 成扇	18cm×49cm	253,000	上海道明	2015.05.09
陶冷月 1936年作 凌波仙子 立轴	136cm×28cm	172,500	中国嘉德	2015.04.01
陶冷月 春山夜景 镜心	21cm×15cm	448,500	北京匡时	2015.12.04
陶冷月 邓散木 携琴访寺 陶渊明《饮酒诗》五首 成扇	18.5cm×51cm	184,000	北京诚轩	2015.05.18
陶冷月 高士观瀑图 立轴	122cm×40.5cm	1,207,500	中国嘉德	2015.11.14
陶冷月1980年作 黄山云起 镜框	66cm×42cm	230,000	朵云轩	2015.06.18
陶冷月 观瀑图 立轴	67cm×41cm	253,000	朵云轩	2015.01.25
陶冷月 金鱼 立轴	45cm×20cm	414,000	上海敬华	2015.06.29
陶冷月 金玉满堂 立轴	77cm×39.5cm	207,000	北京翰海	2015.11.27
陶冷月 柳月泛舟 镜框	22.7cm×31.7cm	462,375	香港苏富比	2015.10.06
陶冷月 庞国钧 1948年作 雪梅月景 楷书梅花诗 成扇	19cm×45cm	287,500	北京翰海	2015.06.26
陶冷月 壬申嘉平（1933年）作 南岳松云 立轴	138cm×69cm	966,000	北京诚轩	2015.11.13

拍品名称	物品尺寸	成交价RMB	拍卖公司	拍卖日期
陶冷月 水月观音 立轴	60cm×30cm	552,000	中国嘉德	2015.04.01
陶冷月 天池荷香 手卷	引首 36.6cm×100.1cm 画心 36.5cm×183.8cm× 题跋 36.5cm×76cm	287,700	香港苏富比	2015.10.06
陶冷月 王历耕 1964年作 松风明月 行书毛泽东诗 成扇	18.4cm×46.1cm	267,150	香港苏富比	2015.10.06
陶冷月 卧听寺钟 立轴	151.8cm×40.6cm	701,500	上海明轩	2015.06.21
陶一清 1956年作 运木图 立轴	53.7cm×74.1cm	181,575	香港苏富比	2015.04.06
陶一清 1956年作 遵义旧城 镜心	60cm×85cm	437,000	中国嘉德	2015.11.15
陶一清 1958年作 长征路上一角 镜框	63.3cm×120.6cm	262,275	香港苏富比	2015.04.06
陶一清 1960年作 勘探归来 镜心	101.5cm×61.5cm	552,000	北京翰海	2015.06.27
陶一清 1960年作 勘探归来 镜心	101cm×62cm	552,000	北京匡时	2015.03.30
陶一清 1972年作 毛主席词意图 镜心	145.5cm×79cm	1,437,500	中国嘉德	2015.05.17
陶一清 秋江放筏 立轴	138cm×68.5cm	172,500	北京翰海	2015.11.28
陶一清 山水 立轴	138cm×67cm	172,500	北京翰海	2015.11.28
陶一清 四季山水 立轴	133cm×33cm×4	304,723	保利香港	2015.04.07
陶一清 1956年作 遵义会议地址 镜心	60cm×85cm	241,500	中国嘉德	2015.11.15
陶一清 杏花村里人家 镜心	84cm×59cm	172,500	中国嘉德	2015.05.16
天池 2003年作 人体 立轴	179cm×96cm	345,000	北京保利	2015.06.03
田汉 1936年作 波兰囚徒之歌 立轴	132cm×32cm	805,000	中国嘉德	2015.05.17
田汉 1947年作 行书 镜片	65cm×32.5cm	460,000	上海工美	2015.06.28
田汉 草书节录《蝶双飞》横披	32cm×127cm	690,000	北京匡时	2015.12.04
田黎明 2004年作 水乡 托片	68cm×47cm	345,000	鼎天国际	2015.07.05
田黎明 2013年作 小河清清	68cm×68cm	287,500	北京翰海	2015.11.27
田黎明 车站 镜心	69cm×47cm	575,000	保利山东	2015.09.13
田黎明 村姑 镜心	67cm×47cm	264,500	北京保利	2015.12.06
田黎明 村姑 镜心	69cm×69cm	575,000	保利山东	2015.02.01
田黎明 村姑 镜心	68cm×68cm	506,000	保利山东	2015.02.01
田黎明 村姑 镜心	68cm×69cm	460,000	天津同方	2015.06.06
田黎明 都市 镜心	72cm×48cm	575,000	天津同方	2015.11.21
田黎明 都市女孩 镜心	77cm×45.5cm	920,000	中国嘉德	2015.05.18
田黎明 都市女孩 镜心	69cm×49cm	724,500	保利山东	2015.09.13
田黎明 都市蔷薇	72cm×48cm	862,500	北京匡时	2015.06.06
田黎明 和风 镜心	75.5cm×45.5cm	483,000	天津同方	2015.06.06
田黎明 清清的小河 镜心	68cm×70cm	391,000	上海宝龙	2015.01.18
田黎明 人物 横卷	34cm×136cm	1,035,000	北京上和	2015.11.13
田黎明 人物 四条屏镜心	138cm×34.5cm×4	862,500	天津同方	2015.06.06
田黎明 山上阳光 镜心	68cm×70cm	230,000	鼎天国际	2015.07.05
田黎明 山水图 镜心	68cm×61cm	184,000	北京东正	2015.05.19
田黎明 山远低于水	68cm×131cm	690,000	北京翰海	2015.06.26
田黎明 少女图 镜心	69cm×69cm	287,500	保利山东	2015.09.13
田黎明 水涨船高图 镜心	68cm×67cm	230,000	中贸圣佳	2015.05.19
田黎明 顺风图 镜心	68cm×69cm	368,000	北京匡时	2015.06.06
田黎明 童年 镜心	51cm×70cm	1,437,500	天津同方	2015.11.21
田黎明 五月河 镜心	46cm×69cm	402,500	天津同方	2015.06.06
田黎明 五月河 镜心	68cm×138cm	1,380,000	中国嘉德	2015.05.18
田黎明 夏荷 镜片	69cm×69cm	598,000	北京上和	2015.05.16
田黎明 小河清清	86cm×60cm	437,000	北京匡时	2015.06.06
田黎明 小河清清 镜框	34cm×49cm	500,625	佳士得	2015.06.01
田黎明 小河清清 镜心	69cm×69cm	287,500	天津同方	2015.06.06
田黎明 心清物淡 镜心	67cm×69cm	207,000	天津同方	2015.06.06

拍品名称	物品尺寸	成交价RMB	拍卖公司	拍卖日期
田世光 1940年作 双寿图 立轴	122cm×57cm	368,000	北京保利	2015.06.04
田世光 1943年作 荷花翠鸟图 镜心	98cm×33cm	322,000	北京保利	2015.12.07
田世光 1978年作 梅花斑鸠 立轴	93.5cm×44.5cm	345,000	上海明轩	2015.06.21
田世光 1979年作 梅花小鸟 镜心	33cm×45cm	195,500	北京保利	2015.06.05
田世光 1980年作 红叶小鸟 立轴	68cm×46cm	425,500	中贸圣佳	2015.05.19
田世光 1982年作 抚育图 镜心	131.5cm×67cm	747,500	北京匡时	2015.12.04
田世光 1983年作 松鹰图 立轴	136cm×67cm	713,000	北京匡时	2015.06.06
田世光 1995年作 雄姿 镜片	137cm×68.5cm	1,265,000	河南金帝	2015.11.22
田世光 白猿 立轴	136cm×66cm	690,000	天津同方	2015.06.06
田世光 春霞玉羽 镜框	139.7cm×172cm	976,125	香港苏富比	2015.10.06
田世光 丹枫喜雀 镜片	134cm×88cm	690,000	广东崇正	2015.06.19
田世光 芳菲争艳 四屏镜心	101cm×34.5cm×4	1,092,500	中贸圣佳	2015.05.19
田世光 富贵白头 镜片	96cm×60cm	253,000	北京上和	2015.05.16
田世光 富贵双栖 立轴	98cm×33cm	460,000	鼎天国际	2015.07.05
田世光 荷花游鱼 镜心	107.7cm×56.1cm	287,500	保利山东	2015.02.01
田世光 荷塘栖禽 立轴	98cm×33cm	172,500	北京保利	2015.04.25
田世光 红花翠鸟 立轴	65.5cm×33cm	184,000	中国嘉德	2015.05.17
田世光 红叶戴胜 立轴	104cm×33cm	230,000	北京保利	2015.06.04
田世光 1994年作 喜上眉梢 立轴	83cm×45cm	207,000	中国嘉德	2015.05.16
田世光 蔷薇映日红 立轴	68.5cm×32cm	253,000	北京诚轩	2015.11.13
田世光 1982年作 花蝶图·楷书"仁寿" 立轴	绘画67.5cm×45cm 书法34cm×67.5cm	460,000	中国嘉德	2015.11.14
田世光 绶带双清 立轴	91.5cm×57cm	598,000	荣宝斋（济南）	2015.11.21
田世光 四喜图 镜框	139cm×68.5cm	200,250	佳士得	2015.06.02
田世光 太平鸟 镜心	134.5cm×68cm	943,000	中国嘉德	2015.05.16
田世光 1981年作 孔雀 镜片	174cm×89cm	4,140,000	广东崇正	2015.06.19
田世光 玄猿图 镜片	93cm×58cm	1,610,000	河南泽华	2015.01.11
田世光 野趣 镜心	98cm×50cm	310,500	北京匡时	2015.06.06
田世光 一路荣华 镜心	98cm×51cm	552,000	中国嘉德	2015.06.27
田世光 映山红 镜心	76cm×104cm	1,955,000	中国嘉德	2015.05.17
田世光 于非闇 1941年作 丹山白凤 跋《汉孔褒碑》成扇	18.5cm×51.5cm	287,500	北京诚轩	2015.05.18
田跃民 马到成功 镜心	136cm×68cm	230,000	保利山东	2015.02.01
田跃民 马到成功 镜心	136cm×68cm	230,000	保利山东	2015.02.01
田中敦子 1975年作 作品	128.8cm×96.7cm	2,338,920	佳士得	2015.05.30
童英强 2007年作 行书《赤壁赋》立轴	231cm×91cm	230,000	保利山东	2015.02.01
童中焘 2009年作 江南园林图 镜片	101cm×68.5cm	920,000	西泠拍卖	2015.07.05
童中焘 1986年作 云壑钟声 立轴	87.5cm×47cm	180,000	上海驰翰	2015.05.09
童中焘 王伯敏 姚耕云 徐英槐 潘韵 1976年作 鲁迅故乡画册（共九页）册页 镜片	册页 34cm×28cm×9 镜片60cm×31.5cm	828,000	西泠拍卖	2015.07.05
汪东 沈尹默 墨梅·行书五言诗 成扇	17.5cm×51cm	161,000	中国嘉德	2015.05.17
汪吉麟 寿桃图 镜心	119cm×46cm	299,000	中国嘉德	2015.09.19
汪家芳 2011年作 欧阳修诗意图 镜框	181cm×61cm	280,000	上海黄浦	2015.06.13
汪家芳 太行崎岖 镜框	182cm×86cm	483,000	上海道明	2015.05.09
汪精卫 行书七言 对联	164.5cm×35cm×2	184,000	上海道明	2015.05.09
汪琨 林泉清幽 立轴	148cm×40cm×4	299,000	北京匡时	2015.06.06
汪铭录 春华秋实 软片	136cm×68cm	341,000	北京乔禧	2015.06.28
汪铭录 和谐 软片	177cm×77cm	308,000	北京乔禧	2015.03.15
汪铭录 昆仑山上宝葫芦 软片	177cm×63cm	308,000	北京乔禧	2015.06.28
汪铭录 书法 软片	166cm×53cm	198,000	北京乔禧	2015.06.28

拍品名称	物品尺寸	成交价RMB	拍卖公司	拍卖日期
汪溶 秋色如画图	96cm×26cm	161,482	荣盛国际	2015.01.10
汪溶 王羽仪 刘半农 白荷蜻蜓·行书杂录贾至诗 成扇	19.5cm×54cm	460,000	中国嘉德	2015.05.17
汪慎生 写意花鸟 四屏	136cm×34cm×4	700,875	荣盛国际	2015.07.31
汪天行 游新民 方学晓 帅安 方学良 石大法 刘扬 等 锦绣赣鄱 长卷	1100cm×6800cm	2,640,000	北京旷深	2015.04.25
王成喜 凌风傲霜 镜心	121.5cm×246cm	161,000	荣宝斋（济南）	2015.11.21
王成喜 铁骨傲雪图	68cm×68cm	300,375	荣盛国际	2015.07.31
王川 泉石野生崖	94cm×178cm	200,000	佳士得（上海）	2015.04.25
王传峰 鱼 镜心	68cm×71cm	5,175,000	中国嘉德	2015.11.16
王冬龄 2014年作 如水 镜框	181cm×97cm	380,475	佳士得	2015.06.01
王福厂 张大千 等 名家书绘册 册页	185cm×28cm×10	195,500	北京保利	2015.12.07
王福厂 1933年作 篆书八言联 立轴	127cm×20.3cm×2	431,550	香港苏富比	2015.10.06
王福厂 1936年作 篆书龙门对 立轴	107.3cm×21cm×2	390,450	香港苏富比	2015.10.06
王福厂 1937年作 隶书《金危危日画猫》镜心	49cm×22cm	161,000	北京匡时	2015.12.04
王福厂 1942年作 篆书八言联 立轴	173cm×28.5cm×2	189,750	北京翰海	2015.11.27
王福厂 1942年作 篆书十二言联 立轴	128.5cm×16cm×2	322,000	中国嘉德	2015.05.16
王福厂 1943年作 篆书十二言联 镜心	130.5cm×21cm×2	218,500	北京匡时	2015.12.04
王福厂 1946年作 篆书八言联 立轴	1305cm×21cm×2	161,000	保利山东	2015.02.01
王福厂 1946年作 篆书十言联 镜框	133cm×19.8cm×2	462,375	香港苏富比	2015.10.06
王福厂 1947年作 隶书四家词 镜框 四屏	54cm×34.8cm×4	423,675	香港苏富比	2015.04.06
王福厂 1955年作 观赋余楼 镜框	31.1cm×93.9cm	226,050	香港苏富比	2015.10.06
王福厂 1946年作 篆书"随象龛" 镜片	26cm×89cm	172,500	上海道明	2015.05.09
王福厂 1947年作 篆书（四件）镜片	76.5cm×34.5cm×4	230,000	朵云轩	2015.06.19
王福厂 1930年作 篆书 镜片	40cm×134cm	287,500	朵云轩	2015.06.18
王福厂 1943年作 篆书十一言联 立轴	134cm×21cm×2	172,500	中国嘉德	2015.05.16
王福厂 金文 立轴	176.6cm×46cm	201,750	香港苏富比	2015.04.06
王福厂 金文临古 四屏镜心	73cm×40cm×4	207,000	北京匡时	2015.06.07
王福厂 1942年作 吉金百寿 立轴	167cm×71.5cm	529,000	北京诚轩	2015.11.13
王福厂 沙孟海 潘伯鹰 等 秦康祥藏竹刻欣赏题名卷 手卷	10.7cm×347cm	437,000	北京诚轩	2015.05.18
王福厂 书法对联 立轴	129cm×20cm×2	170,200	天津同方	2015.06.06
王福厂 1948年作 隶书七言联 对联	130cm×21.5cm×2	172,500	上海嘉禾	2015.05.08
王福元 2013年作 湖上归帆 镜心	136cm×68cm	230,000	保利山东	2015.02.01
王个簃 1983年作 迎春图 镜心	93cm×172cm	207,000	北京匡时	2015.06.06
王根生 清雅 软片	131cm×66cm	172,500	河南鸿远	2015.01.12
王根生 人物 镜片	125cm×134cm	345,000	河南鸿远	2015.01.12
王谷夫 2015年作 雨过飞泉下碧湍 镜心	52cm×232cm	207,000	北京保利	2015.06.03
王冠军 风花雪月系列—柳梢青 镜框	64.5cm×37cm	495,600	苏富比（北京）	2015.06.02
王冠军 女人三十系列—丽旦 镜心	136cm×84cm	460,000	中国嘉德	2015.04.02

2015书画拍卖成交汇总

(成交价RMB：15万元以上)

拍品名称	物品尺寸	成交价RMB	拍卖公司	拍卖日期
王冠军 女人三十系列–艳阳 镜心	137cm × 84.5cm	598,000	中国嘉德	2015.05.18
王冠军 岁月如歌 立轴	142cm × 75cm	563,500	上海宝龙	2015.01.18
王冠龙 三羊开泰	136cm × 68cm	575,000	北京翰海	2015.06.26
王国维 1912年作 此君轩记 手卷	35.8cm × 119.2cm	873,375	香港苏富比	2015.10.06
王弘力 2002~2003年作 杨志卖刀连环画原稿（全）（二十帧）镜片	题端 29cm × 40cm × 20	724,500	西泠拍卖	2015.07.04
王怀庆 1993年作 躺卧裸女	56cm × 64cm	193,992	保利香港	2015.10.05
王璜生 2010年作 野香图 镜框	70cm × 137.5cm	172,500	华艺国际	2015.05.24
王璜生 2012年作 秋气图	137cm × 69cm	230,000	北京翰海	2015.06.26
王璜生 2014年作 飞花图 镜片	125cm × 246cm	2,070,000	广州皇玛	2015.07.26
王吉祥 2015年作 荷塘意韵 立轴	136cm × 34cm	230,000	中贸圣佳	2015.05.19
王己千 1986年作 秋天红艳第963号 镜框	60.3cm × 66.7cm	154,125	香港苏富比	2015.10.05
王己千 1986年作山色迷蒙 960号 镜框	63cm × 71cm	252,188	香港苏富比	2015.04.05
王己千 1988年作 山水八帧 八开册；镜框	直径33.8cm × 8	616,500	香港苏富比	2015.10.05
王己千 草书书法 镜框	47cm × 174.6cm	234,788	纽约苏富比	2015.03.17
王己千 苹果 镜框	124cm × 38cm	180,004	纽约苏富比	2015.03.21
王己千 山水 镜框	96cm × 66cm	334,583	纽约苏富比	2015.09.17
王己千 山水画编号第466幅 镜框	69.1cm × 33.4cm	174,675	香港苏富比	2015.10.05
王己千 双树远钓 立轴	80.3cm × 35cm	159,325	纽约苏富比	2015.09.17
王季迁 1995年作 无意之象 纸本水墨	96.5cm × 96.5cm	322,000	北京匡时	2015.12.04
王季迁 1998年作 春山一景 立轴	90cm × 60cm	189,750	北京匡时	2015.06.06
王季迁 鼎彝玉兰 立轴	67cm × 42cm	213,391	中国嘉德	2015.10.07
王季迁 徐邦达 1940年作 蒲塘清趣 行书 成扇	18.4cm × 45.8cm	205,500	香港苏富比	2015.10.06
王济远 1941年作 墨竹 镜心	152cm × 59cm × 4	174,593	中国嘉德	2015.10.07
王济远 1948年作 杜鹃花 镜心	90cm × 62cm	241,293	中国嘉德	2015.04.07
王济远 1958年作 红衣仕女 镜心	142cm × 71cm	194,891	中国嘉德	2015.04.07
王济远 1959年作 墨荷 镜心	136cm × 69cm	460,000	北京保利	2015.12.07
王济远 庚戌(1970年)作 牡丹 镜心	57cm × 93cm	296,976	中国嘉德	2015.04.07
王济远 1974年作 瓜果 镜心	69cm × 133cm	203,692	中国嘉德	2015.10.07
王济远 钱袋 镜心	77.5cm × 53cm	193,992	中国嘉德	2015.10.07
王济远 蔬果花卉（四帧）镜心	56cm × 39cm × 4	157,769	中国嘉德	2015.04.07
王敬之 草书 横披	66cm × 131cm	287,500	河南泽华	2015.01.11
王敬之 草书 横披	67cm × 132cm	218,500	河南泽华	2015.01.11
王敬之 草书 镜片	147cm × 79cm	402,500	河南泽华	2015.01.11
王敬之 草书 镜片	148cm × 59cm	322,000	河南泽华	2015.01.11
王康乐 山水 册页（十二开）		241,500	上海敬华	2015.06.29
王康乐 辛未（1991年）作 溪山图 册页（十二开）	31cm × 12cm × 12	172,500	上海敬华	2015.06.29
王珂 2013年作 藏族姑娘 镜心	136cm × 68cm	172,500	保利山东	2015.02.01
王兰若 1986年作 归牧图 立轴	137cm × 68cm	207,000	广东崇正	2015.06.18
王兰若 1986年作 欧阳修 立轴	136cm × 68cm	345,000	广东崇正	2015.06.18
王兰若 1977年作 泰山揽胜 立轴	118cm × 68cm	218,500	广东崇正	2015.06.18
王兰若 1964年作 曹雪芹像 立轴	87cm × 66cm	230,000	广东崇正	2015.06.18
王丽荣 2015年作 向阳花开	136cm × 68cm	345,000	北京翰海	2015.06.26
王美芳 工笔侍女图	130cm × 66cm	1,602,000	荣盛国际	2015.07.31
王明明 1978年作 枇杷少女 立轴	69cm × 45cm	402,500	河南鸿远	2015.04.12
王明明 1978年作 小憩 立轴	66cm × 45cm	186,300	深圳市拍	2015.07.19
王明明 1981年作 东坡玩砚图 镜心	137cm × 68.5cm	414,400	北京荣宝	2015.11.29
王明明 1983年作 会当凌绝顶 镜心	171cm × 284cm	828,800	北京荣宝	2015.08.30
王明明 1984年作 庄子造像 镜框	121cm × 63cm	257,600	北京荣宝	2015.03.29
王明明 1989年作 林泉雅集图 镜心	64cm × 178cm	552,000	保利山东	2015.09.13
王明明 1991年作 采莲图 立轴	137cm × 68cm	828,000	北京保利	2015.06.03
王明明 1993年作 芦汀会友图 镜框	34cm × 108cm	240,300	佳士得	2015.06.02
王明明 1999年作 唐人诗意图 镜心	68cm × 68cm	560,000	北京荣宝	2015.06.21
王明明 2001年作 竹林七贤 镜心	68cm × 137cm	621,000	北京保利	2015.12.06
王明明 2003年作 板桥先生吟诗图 镜心	103cm × 42cm	264,500	北京保利	2015.04.25
王明明 2008年作 夏日高原 镜心	34cm × 136cm	517,500	上海宝龙	2015.01.18
王明明 2009年作 春泉品茗图 镜心	68cm × 136cm	609,500	保利山东	2015.09.13
王明明 2010年作 高原金秋 镜心	68cm × 136cm	954,500	北京保利	2015.12.07
王明明 2014年作 曹雪芹春荫着书图	68cm × 68cm	517,500	北京翰海	2015.06.26
王明明 晨曲 镜心	52cm × 232cm	460,000	北京保利	2015.06.03
王明明1980年作 散花图 镜片	113cm × 68cm	575,000	广东崇正	2015.06.18
王明明 连年有余 镜心	69cm × 50cm	172,500	北京保利	2015.12.06
王明明 林泉雅集图 镜心	64cm × 178cm	276,000	保利厦门	2015.05.03
王明明 枇杷少女 立轴	69cm × 45cm	172,500	河南鸿远	2015.01.12
王明明 品茗图 镜片	30cm × 40cm	230,000	河南泽华	2015.01.11
王明明 秋林觅诗图 镜心	135cm × 49cm	299,000	北京保利	2015.04.25
王明明 疏林远眺 镜心	33.5cm × 136cm	368,000	保利山东	2015.09.13
王明明 听松图 镜心	64cm × 111cm	517,500	海德拍卖	2015.06.27
王明明 晚秋赏菊图 镜片	31cm × 40cm	287,500	河南泽华	2015.01.11
王明明 1988年作 长城秋色 镜心	122cm × 190cm	345,000	保利厦门	2015.05.03
王明明 2008年作 碧翠浓荫谐趣图 镜心	105cm × 58cm	1,380,000	中国嘉德	2015.05.18
王明明 乡情客归图 镜片	30cm × 40cm	230,000	河南泽华	2015.01.11
王明明 2011年作 踏歌采风 四屏镜心	52.5cm × 23cm × 4	920,000	中国嘉德	2015.11.16
王明明 渔归 镜心	68cm × 68cm	212,750	北京保利	2015.12.06
王明明风景画	80cm × 80cm	1,944,000	皇家国际	2015.01.19
王平 莲香如梦 镜片	126cm × 63cm	168,000	中联环球	2015.10.23
王仁华 2014年作 花非花 软片	135cm × 66cm	168,000	安徽三佳	2015.09.13
王生勇 2010年作 熊猫 镜心	85cm × 41cm	207,000	中贸圣佳	2015.05.19
王生勈 母子图 镜框	122cm × 90cm	345,000	鼎天国际	2015.07.05
王师子 傅增湘 梅竹幽禽・楷书成扇	18.5cm × 48cm	161,000	中国嘉德	2015.05.17
王世襄 1984年作 行书“藏澱”镜心	65cm × 132cm	207,000	北京保利	2015.06.05
王世襄 1995年作 楷书“自珍”镜心	33.5cm × 80.5cm	172,500	北京翰海	2015.11.27
王叔晖 1937年作 昭君出塞 立轴	24cm × 80cm	230,000	北京保利	2015.06.04
王叔晖 1946年作 春思 立轴	99.5cm × 33.5cm	172,500	北京匡时	2015.06.06
王叔晖 仕女 立轴	82cm × 31cm	224,250	天津同方	2015.06.06
王淑晖 仕女图 镜心	67cm × 40cm	322,000	荣宝斋（济南）	2015.11.21
王颂余 松涛帆影 立轴	77cm × 50cm	195,500	广东崇正	2015.06.18
王颂馀 山水 四条屏镜心	56cm × 14cm × 4	172,500	天津同方	2015.06.06
王涛 2010年作 抚琴图 镜片	94cm × 70cm	402,500	上海明轩	2015.06.21
王涛 2013年作 桐城六尺巷逸事图	139cm × 69cm	552,000	北京翰海	2015.06.26
王涛 2014年作 硕果 镜心	136cm × 68cm	402,500	北京保利	2015.01.24
王涛 2011年作 佛说 镜片 四屏	138cm × 23cm × 4	322,000	广州皇玛	2015.07.26
王天德 2014年作 后山14–HLST092 镜框	36.7cm × 192cm	260,325	佳士得	2015.06.01
王天德 2014年作 后山图 No 14—HLST004 镜框	157.5cm × 87.5cm	287,350	佳士得	2015.11.30

拍品名称	物品尺寸	成交价RMB	拍卖公司	拍卖日期
王为政 竹林双欢图 立轴	97cm×60cm	230,000	河南泽华	2015.01.11
王维宝 1991年作 山水 镜片	95cm×349cm	172,500	河南鸿远	2015.04.12
王文芳 陇山不尽 立轴	134cm×67cm	184,000	荣宝斋（济南）	2015.11.21
王无邪 1986年作 幽泉十二 立轴	76.2cm×53.5cm	164,400	香港苏富比	2015.10.05
王无邪 1997年作 涤怀之七 镜框	97cm×80.5cm	350,438	佳士得	2015.06.01
王无邪 1997年作 叠念之四 镜框	67cm×132cm	205,250	佳士得	2015.11.30
王无邪 1997年作 心壑之八 镜框	100.4cm×100.3cm	246,600	香港苏富比	2015.10.05
王无邪 2009年作 水长流之六 镜框	59cm×59cm	152,362	保利香港	2015.04.06
王无邪 迭思 镜框	66.2cm×134.5cm	267,150	香港苏富比	2015.10.05
王西京 2014年作 竹林雅集图	45cm×63cm×11	2,990,000	北京翰海	2015.06.26
王西京 甲子（1984年）作 诗人薛涛 立轴	135cm×68cm	218,500	中国嘉德	2015.09.19
王西京 李亚亭 70年代作 林中响箭 连环画原稿（全）（九十二帧）	15.5cm×21cm×92	253,000	西泠拍卖	2015.07.04
王西京 清音图	67cm×67cm	450,563	荣盛国际	2015.07.31
王西京 宋雨桂 风竹人物 镜心	124.5cm×246cm	647,537	保利香港	2015.04.07
王西京 钟馗 镜心	136cm×59cm	155,250	北京匡时	2015.03.31
王西洲 2014年作 蕉林弹琴图 镜心	69cm×46cm	230,000	北京保利	2015.01.24
王遐举 草书 镜片	131cm×67cm	218,500	广东崇正	2015.06.18
王霄峰 竹报平安 镜片	97cm×179cm	345,000	河南泽华	2015.01.11
王霄峰 竹墨兰花 立轴	138cm×69cm	207,000	河南泽华	2015.01.11
王晓光 春日畅想	68cm×204cm	308,000	杭州佳实	2015.01.11
王晓光 山乡春早	68cm×136cm	330,000	杭州佳实	2015.01.11
王晓光 醉秋	68cm×136cm	308,000	杭州佳实	2015.01.11
王心刚 2014）苍岩飞瀑 镜心	140cm×364cm 约46.8平尺	896,000	天津广业	2015.06.20
王绣 国色天香 镜片	123cm×245cm	862,500	河南泽华	2015.01.11
王学仲 1997年作 国色天香 镜框	138cm×69.5cm	195,500	鼎天国际	2015.07.05
王学仲 书法 手卷	31cm×297cm 29cm×69cm 28cm×80cm	218,500	天津同方	2015.06.06
王雪涛 1937年作 清趣 四屏立轴	109.5cm×23cm×4	276,000	北京翰海	2015.11.27
王雪涛 1941年作 秋雀图 成扇	20cm×52cm	184,000	北京翰海	2015.11.28
王雪涛 1941年作 园蔬虫趣图 立轴	98cm×33cm	517,500	西泠拍卖	2015.07.05
王雪涛 1942年作 秋趣之秋菊蚂蚱 镜心	直径30cm	168,000	北京荣宝	2015.06.21
王雪涛 1944年作 蔬果图 立轴	34cm×98.5cm	448,500	上海明轩	2015.06.21
王雪涛 1945年作 封侯图 立轴	60cm×33cm	287,500	北京翰海	2015.06.27
王雪涛 1945年作 封侯图 立轴	59cm×33cm	253,000	北京匡时	2015.03.30
王雪涛 1963年作 九秋图 镜框	29cm×126cm	575,000	上海明轩	2015.06.21
王雪涛 1978年作 玉簪双碟 镜心	51cm×38.5cm	184,000	北京匡时	2015.12.04
王雪涛 1979年作 蝶恋花 镜心	32cm×45cm	253,000	保利山东	2015.02.01
王雪涛 1979年作 鳜鱼图 立轴	58cm×45cm	172,500	北京保利	2015.12.07
王雪涛 1979年作 荷塘清趣 镜心	95cm×59cm	862,500	保利山东	2015.09.13
王雪涛 1979年作 扬艳 立轴	96cm×59cm	517,500	北京匡时	2015.12.04
王雪涛 1982年作 瓜禽佳趣图 镜片	138cm×69.5cm	667,000	西泠拍卖	2015.07.06
王雪涛 八哥草虫 镜心	86cm×45cm	345,000	荣宝斋（济南）	2015.11.21
王雪涛 八喜图 镜片	69cm×47.5cm	575,000	北京上和	2015.11.13
王雪涛 芭蕉锦鸡 镜心	136cm×68cm	1,840,000	中国嘉德	2015.05.16
王雪涛 百虫图 立轴	96cm×40cm	747,500	天津同方	2015.06.06
王雪涛 博古图 镜片	93cm×48cm	690,000	北京上和	2015.11.13
王雪涛 不嫌风力 镜心	33cm×22cm	207,000	保利山东	2015.02.01
王雪涛 曹克家 猫戏图 镜心	65cm×33cm	207,000	北京保利	2015.06.04
王雪涛 草虫花卉 镜心	100cm×33cm	184,000	中国嘉德	2015.04.01
王雪涛 陈半丁等合作 1951年作 成扇	23cm×72cm	184,000	北京诚轩	2015.05.18

拍品名称	物品尺寸	成交价RMB	拍卖公司	拍卖日期
王雪涛 迟园秋景 镜心	101cm×35cm	172,500	保利山东	2015.09.13
王雪涛 春江水暖 立轴	136cm×67cm	1,380,000	保利山东	2015.09.13
王雪涛 翠柳黄鹂 镜心	99cm×33cm	506,000	北京翰海	2015.06.27
王雪涛 大吉图 立轴	67cm×43cm	391,000	北京翰海	2015.06.26
王雪涛 大吉图 立轴	69cm×45.5cm	460,000	中国嘉德	2015.05.17
王雪涛 蝶恋花 镜心	131cm×32cm	460,000	荣宝斋（济南）	2015.11.21
王雪涛 蝶恋花 镜心	70cm×34.5cm	336,000	十竹斋	2015.06.14
王雪涛 东风送暖 立轴	67cm×34cm	345,000	北京上和	2015.05.16
王雪涛 仿冬心先生蔬果小册 镜心	104cm×33cm	155,250	中贸圣佳	2015.05.19
王雪涛 芙蓉鹅趣 立轴	165cm×100cm	1,840,000	保利山东	2015.02.01
王雪涛 福寿神仙 立轴	102cm×34.5cm	437,000	中国嘉德	2015.05.16
王雪涛 富贵大吉 镜心	88cm×56cm	1,265,000	北京匡时	2015.12.04
王雪涛 富贵大喜 立轴	101.5cm×34.5cm	460,000	北京上和	2015.05.16
王雪涛 富贵蝴蝶 立轴	135cm×79cm	920,000	中国嘉德	2015.05.16
王雪涛 富贵神仙 立轴	78cm×32cm	172,500	北京翰海	2015.11.28
王雪涛 1933年作 梅雀图 成扇		195,500	中国嘉德	2015.09.19
王雪涛 1933年作 四季平安 立轴	91cm×43cm	172,500	中国嘉德	2015.04.01
王雪涛 国色天香 立轴	95cm×57cm	460,000	保利山东	2015.09.13
王雪涛 合家欢 镜心	68cm×33cm	230,000	鼎天国际	2015.07.05
王雪涛 荷花金鱼 立轴	130cm×46cm	299,000	北京匡时	2015.06.06
王雪涛 荷趣 立轴	66cm×39cm	166,750	北京匡时	2015.06.06
王雪涛 荷塘清翠 镜心	68cm×33cm	172,500	北京匡时	2015.12.04
王雪涛 荷塘清趣 镜框	80cm×48cm	667,000	北京上和	2015.05.16
王雪涛 荷塘清趣 立轴	67cm×45cm	437,000	荣宝斋（济南）	2015.11.21
王雪涛 荷塘夏语 立轴	67cm×46cm	345,000	北京翰海	2015.06.26
王雪涛 荷塘鸳鸯 立轴	69cm×46cm	575,000	北京上和	2015.11.13
王雪涛 红茶八哥 立轴	68cm×45cm	266,633	保利香港	2015.04.07
王雪涛 红梅 镜框	66cm×42cm	184,000	北京上和	2015.05.16
王雪涛 红叶鸲哥 立轴	107cm×39cm	368,000	中国嘉德	2015.09.19
王雪涛 花间群鸣 镜心	99cm×33cm	322,000	北京匡时	2015.12.04
王雪涛 花鸟	50cm×50cm	320,400	荣盛国际	2015.07.31
王雪涛 花鸟 手卷	画心28cm×912cm	2,990,000	北京上和	2015.05.16
王雪涛 花鸟草虫 镜框（4开）	33.3cm×33.3cm×4	484,200	香港苏富比	2015.04.06
王雪涛 花鸟集锦册 镜心	32.5cm×32.5cm×6	345,000	北京保利	2015.06.05
王雪涛 黄鹂青蛙图 立轴	91.8cm×36.8cm	153,938	佳士得	2015.12.01
王雪涛 1939年作 重阳花黄 立轴	96cm×33cm	213,391	中国嘉德	2015.10.07
王雪涛 己未（1979年）作 牵牛双吉 镜心	81.5cm×40cm	345,000	北京诚轩	2015.11.13
王雪涛 锦绣前程 立轴	117cm×51cm	575,000	荣宝斋（济南）	2015.11.21
王雪涛 劳笃文 蜂巢图 行书七绝诗 成扇	23.5cm×66.5cm	356,500	北京匡时	2015.12.04
王雪涛 灵芝行 立轴	109cm×33cm	333,500	北京匡时	2015.06.06
王雪涛 凌霄八哥 镜心	70cm×46cm	402,500	中国嘉德	2015.04.01
王雪涛 凌霄鹦鹉 镜心	130cm×67cm	1,207,500	中国嘉德	2015.04.02
王雪涛 梅蝶八哥 立轴	61cm×39cm	402,500	中国嘉德	2015.04.01
王雪涛 梅花八哥 镜心	71cm×91cm	460,000	荣宝斋（济南）	2015.11.21
王雪涛 梅竹鸟蝶 镜片	78.6cm×37.4cm	358,481	纽约佳士得	2015.09.16
王雪涛 牡丹 立轴	96.5cm×58cm	1,265,000	北京上和	2015.11.13
王雪涛 牡丹 立轴	68cm×34cm	287,500	中国嘉德	2015.11.14
王雪涛 牡丹 立轴	68cm×41cm	460,000	保利山东	2015.02.01
王雪涛 牡丹八哥 立轴	135.5cm×33cm	368,000	中国嘉德	2015.05.17
王雪涛 牡丹富贵图 立轴	95cm×57.5cm	690,000	北京匡时	2015.12.04

(成交价RMB：15万元以上)

拍品名称	物品尺寸	成交价RMB	拍卖公司	拍卖日期
王雪涛 牡丹蝴蝶 镜心	82cm×46cm	345,000	北京翰海	2015.11.27
王雪涛 牡丹蝴蝶 镜心	68cm×45cm	253,000	中国嘉德	2015.11.14
王雪涛 牡丹蝴蝶 立轴	66cm×34cm	287,500	保利山东	2015.02.01
王雪涛 牡丹双蝶 镜心	45.5cm×68.5cm	241,500	中国嘉德	2015.05.16
王雪涛 葡萄草虫 镜心	68.5cm×45cm	172,500	荣宝斋（济南）	2015.11.21
王雪涛 溥佺 吴镜汀 吴光宇 周元亮 等 山水花鸟集锦册 册页（十开）	18cm×23.5cm×10	172,500	上海明轩	2015.06.21
王雪涛 溥儒 徐操 马晋 等 体兼众妙册 册页（二十四开）	26cm×36cm×24	1,127,000	北京保利	2015.06.04
王雪涛 其乐融融 立轴	93.5cm×56cm	609,500	北京上和	2015.05.16
王雪涛 清趣 立轴	106cm×53cm	690,000	中国嘉德	2015.06.27
王雪涛 秋菊图 镜片	136cm×34cm	1,495,000	河南泽华	2015.01.11
王雪涛 秋趣 成扇	23.5cm×67cm	168,000	天津文物	2015.05.22
王雪涛 秋趣之豆荚蟋蟀 镜心	直径30cm	201,600	北京荣宝	2015.06.21
王雪涛 秋趣之牡丹蝴蝶 镜心	直径30cm	201,600	北京荣宝	2015.06.21
王雪涛 秋趣之葡萄螳螂 镜心	直径30cm	280,000	北京荣宝	2015.06.21
王雪涛 秋色秋味 立轴	69cm×45.5cm	402,500	北京上和	2015.05.16
王雪涛 秋声 成扇	20.5cm×65cm	313,600	天津文物	2015.05.22
王雪涛 鸲鹆凌霄 立轴	95cm×34cm	172,500	中国嘉德	2015.09.19
王雪涛 1942年作 临涧跳踯 立轴	101cm×33cm	484,980	中国嘉德	2015.10.07
王雪涛 1962年作 喜上眉梢 立轴	82.5cm×38cm	552,000	上海嘉禾	2015.05.08
王雪涛 山茶八哥 立轴	87cm×45cm	460,000	北京保利	2015.12.07
王雪涛 蔬果草虫 立轴	96.5cm×52cm	280,350	佳士得	2015.06.02
王雪涛 双鼠图 立轴	34cm×90cm	224,000	河北嘉海	2015.09.13
王雪涛 水面闻香 立轴	98cm×33cm	402,500	辽宁中正	2015.06.13
王雪涛 四喜图 立轴	107cm×46cm	805,000	北京保利	2015.06.04
王雪涛 四喜图 立轴	121cm×40.5cm	655,500	北京上和	2015.05.16
王雪涛 松石奇禽图 镜心	117cm×203.5cm	3,220,000	北京匡时	2015.12.04
王雪涛 谭泽闿 梅竹翠鸟 行书节录《鲁灵光殿赋》成扇	18cm×49.5cm	172,500	北京匡时	2015.12.04
王雪涛 团花蝶舞图 立轴	72cm×39.5cm	230,000	西泠拍卖	2015.07.05
王雪涛 吴镜汀 荷塘鸳戏 成扇	18cm×46cm	242,100	香港苏富比	2015.04.06
王雪涛 1978年作 柳莺红荷 立轴	180cm×90cm	1,856,100	中国嘉德	2015.04.07
王雪涛 1948年作 大福大寿 镜心	98.5cm×32.5cm	179,200	天津文物	2015.05.22
王雪涛 喜鹊登梅 立轴	50.5cm×84cm	402,500	辽宁中正	2015.06.13
王雪涛 喜鹊登梅 立轴	66cm×45cm	529,000	上海嘉禾	2015.05.08
王雪涛 喜上梅梢 镜框	74cm×34cm	242,000	北京上和	2015.05.16
王雪涛 仙寿大吉图 立轴	135cm×33.5cm	345,000	西泠拍卖	2015.07.05
王雪涛 1941年作 秋趣 立轴	114cm×33cm	290,988	中国嘉德	2015.10.07
王雪涛 邢端 1948年作 佳果清供 苏轼诗 成扇	22.5cm×63cm	322,000	北京诚轩	2015.11.13
王雪涛 雪梅 立轴	83cm×42cm	529,000	中国嘉德	2015.11.14
王雪涛 乙亥（1935年）作 斗鸡图 镜心	104cm×34cm	184,000	中国嘉德	2015.06.27
王雪涛 鹦鹉 立轴	130cm×66cm	2,185,000	北京保利	2015.12.07
王雪涛 玉兰锦鸡 镜心	99cm×33cm	609,500	北京翰海	2015.06.27
王雪涛 玉堂富贵 立轴	100cm×32cm	161,000	北京匡时	2015.12.04
王雪涛 张伯英 1945年作 双吉图 书法 成扇	21cm×53cm	230,000	北京保利	2015.12.07
王雪涛 周元亮 瑞鹤图 立轴	104cm×31cm	172,500	荣宝斋（济南）	2015.11.21
王雪涛 周肇祥 秋虫图 行书杂咏 成扇	22cm×65cm	402,500	北京匡时	2015.12.04
王雪涛 紫绶金章·蛱蝶秋葵（共两帧）立轴 对屏	43cm×23.5cm×2	345,000	北京翰海	2015.06.26

拍品名称	物品尺寸	成交价RMB	拍卖公司	拍卖日期
王雪涛 紫藤蜂蝶 镜心	38cm×54.5cm	172,500	中国嘉德	2015.05.16
王彦萍 屏风–扎堆 镜心	144.5cm×74.5cm	575,000	中国嘉德	2015.11.16
王彦萍 扎堆·聚 镜心	1445cm×76cm	747,500	北京保利	2015.12.06
王一明 天风万里千仞壁 镜心	69cm×68.5cm	184,000	北京保利	2015.06.03
王一明 天光彩影图 镜心	44.5cm×97cm	207,000	北京保利	2015.12.06
王易 2008年作 晚归 镜心	137cm×69cm	324,000	诗婢家	2015.05.17
王颖生 2014年作 美国丽人 镜片	138cm×68cm	862,500	河南鸿远	2015.04.12
王镛 2001年作 深秋图	68cm×136cm	552,000	北京翰海	2015.06.26
王镛 李白五言诗卷 手卷	34cm×414cm	517,500	天津同方	2015.11.21
王镛 书法 手卷	尺寸33cm×392cm 引首33cm×136cm	747,500	江苏嘉恒	2015.04.25
王镛 唐诗四首 镜心	68cm×34.5cm×4	276,000	南京经典	2015.08.02
王镛 烟云叶秀 立轴	136cm×68cm	276,000	上海明轩	2015.06.21
王永 2013年作 山水 四屏镜框	145cm×45cm×4	402,500	广州皇玛	2015.01.18
王羽仪 马叙伦 曾纪芬 画 题 1934年作 面壁 福寿 成扇	18.5cm×50cm	230,000	北京诚轩	2015.11.13
王远声 仕女 软片	137cm×69cm	184,000	河南鸿远	2015.04.12
王云翔 2010年作 书法 手卷	37cm×488cm	437,000	朵云轩	2015.06.18
王震 1920年作 顽石小鸟图 立轴	140cm×71cm	161,000	西泠拍卖	2015.07.05
王震 1921年作 临沈周画册 册（十一开）	28.4cm×41.7cm×11	287,700	香港苏富比	2015.10.06
王震 1923年作 松荫论道图 立轴	147cm×78cm	166,750	北京匡时	2015.06.06
王震 1923年作 铁拐李 立轴	136cm×67cm	575,000	北京匡时	2015.03.30
王震 1924年作 降龙尊者 立轴	138cm×35cm	168,000	北京荣宝	2015.06.21
王震 1925年作 篱边群雀图 立轴	158.5cm×83cm	184,000	西泠拍卖	2015.07.05
王震 1925年作 茅亭放牧 镜片	142cm×46cm	218,500	上海工美	2015.06.28
王震 1926年作 降魔罗汉图 立轴	134cm×67cm	345,000	西泠拍卖	2015.07.05
王震 1927年作 多福多寿图 立轴	136cm×46cm	287,500	广东崇正	2015.06.19
王震 1933年作 博古花卉 四屏立轴	131cm×31cm×4	437,000	保利山东	2015.09.13
王震 1934年作 说偈图 镜框	129.5cm×40.5cm	1,954,440	佳士得	2015.06.02
王震 八大笔意图 立轴	65cm×32cm	207,000	河南泽华	2015.01.11
王震 1926年作 灵芝鹤寿 立轴	151cm×41cm	1,206,465	中国嘉德	2015.04.07
王震 1926年作 梅花双雀 立轴	136cm×33cm	185,610	中国嘉德	2015.04.07
王震 1917年作 刘海戏蟾图 立轴	130cm×59cm	193,992	中国嘉德	2015.10.07
王震 花卉 册页（十四开）	27cm×36cm×14	195,500	中贸圣佳	2015.05.19
王震 己未(1919年)作 鹤寿图 立轴	140.5cm×70.5cm	230,000	中国嘉德	2015.05.16
王震 1934年作 峻岭幽人 屏轴	141cm×68cm	207,000	上海道明	2015.05.09
王震 1914年作 蟠桃结实 立轴	180cm×92cm	345,000	朵云轩	2015.06.18
王震 甲子（1924年）作 一路荣华 立轴	129cm×67.5cm	264,500	上海嘉禾	2015.05.08
王震 甲子(1924年)作 雁来红 立轴	141cm×52cm	157,769	中国嘉德	2015.04.07
王震 刘海戏蟾图 立轴	138cm×68cm	690,000	西泠拍卖	2015.07.05
王震 弥勒佛 镜心	28.5cm×42cm	184,000	北京东正	2015.11.19
王震 1922年作 达摩图 屏轴	104cm×41cm	172,500	上海敬华	2015.06.29
王震 1922年作 无量寿佛 立轴	114.5cm×52cm	368,000	中国嘉德	2015.11.14
王震 吴昌硕 1915年作 福禄寿 立轴	147cm×79cm	690,000	鼎天国际	2015.07.05
王震 乙亥（1935年）作 回过头来 立轴	83cm×33cm	445,464	中国嘉德	2015.04.07
王禔 1938年作 篆书 四屏	141cm×32.5cm×4	368,000	西泠拍卖	2015.07.05
王禔 1943年作 篆书 八言联 对联	168cm×35cm×2	178,250	西泠拍卖	2015.07.05
王禔 1947年作 篆书 镜片	131cm×64cm	603,750	上海工美	2015.06.28
王禔 马公愚 汪亚尘 孙智敏 1947年作 书法 大吉图（四帧）镜片	44cm×33cm×4	178,250	西泠拍卖	2015.07.05

拍品名称	物品尺寸	成交价RMB	拍卖公司	拍卖日期
王禔 叶为铭 钟毓龙 高存道 篆书古诗文（四帧）立轴	66.5cm×32.5cm×4	172,500	西泠拍卖	2015.04.22
王忠民 富贵吉祥 立轴	138cm×34cm×4	575,000	北京翰海	2015.11.27
王子和 曹操 镜片	176cm×97cm	920,000	河南泽华	2015.01.11
王子和 草书 七条屏镜片	138cm×32cm×7	862,500	河南泽华	2015.01.11
王子和 杜甫诗意图 镜片	67cm×65cm	230,000	河南泽华	2015.01.11
王子武 1976年作 奔马 立轴	68cm×68cm	460,000	北京匡时	2015.06.06
王子武 1980年作 杜甫像 镜心	93cm×55cm	276,000	北京匡时	2015.10.16
王子武 1981年作 蛙趣 镜片	68cm×43cm	161,000	深圳市拍	2015.07.19
王子武 1985年作 齐白石像 镜心	136cm×68cm	1,322,500	保利山东	2015.02.01
王子武 奔马图 立轴	98cm×63.5cm	1,035,000	北京匡时	2015.06.06
王子武 1986年作 曹雪芹 镜心	44.5cm×66.5cm	414,000	北京诚轩	2015.05.18
王子武 曹雪芹造像 立轴	142cm×78cm	1,456,000	北京荣宝	2015.06.21
王子武 红梅图 镜片	70cm×42cm	517,500	河南泽华	2015.01.11
王子武 吉利图 镜片	70cm×47cm	207,000	深圳市拍	2015.07.19
王子武 墨竹白鹭 镜心	96cm×53.5cm	213,391	保利香港	2015.10.05
王子武 牡丹 立轴	67cm×45cm	336,000	秦宝斋	2015.01.17
王子武 喜鹊登梅 镜心	137.5cm×48.5cm	402,500	北京翰海	2015.06.27
王子武 1981年作 长春 立轴	69cm×46cm	230,000	广东崇正	2015.06.19
卫德章 2015年作 杨家岭记事 镜心	145cm×96cm	460,000	北京保利	2015.12.06
尉晓榕 2000年作 听松图 立轴	136cm×69cm	402,500	包盈国际	2015.11.15
尉晓榕 2002年作 东山游乐图 镜片	69cm×138cm	437,000	包盈国际	2015.11.15
尉晓榕 临蕉澄怀图 镜片	64cm×165cm	460,000	包盈国际	2015.11.15
魏传义 永恒的庄严 镜心	246cm×122cm	517,500	保利厦门	2015.05.03
魏青吉 1999年作 非情节性叙述	180cm×95cm	207,000	上海泛华	2015.06.19
魏青吉 2012年作 远山 镜心	136cm×70cm	271,589	保利香港	2015.10.05
魏青吉 记忆的属性之一 镜框	180cm×95cm	180,929	保利香港	2015.04.06
魏青吉 松	137cm×69cm	287,500	北京翰海	2015.06.26
魏青吉 迎客松	135cm×68.5cm	172,500	西泠拍卖	2015.07.04
魏云飞 2015年作 夏山清远 手卷	31cm×149cm	345,000	北京保利	2015.12.06
魏云飞 南园清幽 镜心	29cm×159cm	230,000	北京保利	2015.06.03
魏紫熙 1944年作 金顶壮观图 立轴	97.5cm×32.5cm	218,500	西泠拍卖	2015.07.05
魏紫熙 1963年作 福建写生 镜心	45cm×34cm	264,500	中贸圣佳	2015.05.19
魏紫熙 1963年作 劳动 镜心	34.5cm×46cm	184,000	中国嘉德	2015.11.15
魏紫熙 1963年作 厦门写生 镜心	45cm×34cm	276,000	中贸圣佳	2015.05.19
魏紫熙 1963年作 收获时节 镜心	34.5cm×46cm	598,000	中国嘉德	2015.11.15
魏紫熙 1965年作 赶集图 镜框	68.5cm×45cm	11,250,000	河南豫呈祥	2015.01.18
魏紫熙 1972年作 春山欲晓 立轴	68cm×46cm	230,000	中国嘉德	2015.11.14
魏紫熙 1972年作 英姿 镜片	34cm×45cm	368,000	广州皇玛	2015.01.18
魏紫熙 1976年作 观瀑图 镜心	68cm×45cm	207,000	中贸圣佳	2015.05.19
魏紫熙 1977年作 坐望峰峦图 镜片	101.5cm×50cm	299,000	西泠拍卖	2015.07.06
魏紫熙 1979年作 重峦叠嶂 立轴	68cm×46cm	747,500	广州皇玛	2015.01.18
魏紫熙 1981年作 泛舟图 镜心	41cm×60cm	280,000	北京荣宝	2015.06.21
魏紫熙 1981年作 夏山清晓 立轴	66cm×45cm	207,000	上海敬华	2015.06.29
魏紫熙 1982年作 群峰耸翠 镜心	68cm×46cm	161,000	中贸圣佳	2015.05.19
魏紫熙 1983年作 秋色瞿塘 镜心	72cm×40cm	253,000	北京匡时	2015.06.06
魏紫熙 1985年作 山水 镜框	94cm×58cm	156,800	北京荣宝	2015.11.29
魏紫熙 擦枪士兵 镜心	45.5cm×34cm	172,500	南京经典	2015.01.04
魏紫熙 翠岚山居图 镜片	67cm×69cm	322,000	江苏聚德	2015.01.25
魏紫熙 1983年作 空谷双瀑 立轴	92.5cm×60cm	250,000	上海驰翰	2015.05.09
魏紫熙 海军 镜心	45.5cm×34cm	172,500	南京经典	2015.01.04
魏紫熙 花卉 四屏镜心	22cm×67cm×2 22.5cm×69.5cm×2	172,500	北京匡时	2015.06.06

拍品名称	物品尺寸	成交价RMB	拍卖公司	拍卖日期
魏紫熙 黄海渔歌 立轴	96cm×62cm	632,500	海德拍卖	2015.06.27
魏紫熙 黄山翠峰 镜心	67cm×46cm	155,250	南京经典	2015.08.02
魏紫熙 黄山高秋 镜心	92cm×198cm	1,472,000	荣宝斋（济南）	2015.11.21
魏紫熙 黄山高秋 托片	95.5cm×178.5cm	2,127,500	江苏两汉	2015.01.11
魏紫熙 黄山光明顶 镜心	112cm×56cm	896,000	十竹斋	2015.06.14
魏紫熙 黄山行云图 镜心	69.5cm×137cm	373,750	南京经典	2015.08.02
魏紫熙 黄山松云 立轴	68cm×67cm	161,000	南京经典	2015.08.02
魏紫熙 黄山松云 立轴	32cm×44cm 16.5cm×44cm	161,000	南京经典	2015.08.02
魏紫熙 空谷双瀑图 立轴	93cm×60cm	322,000	南京经典	2015.08.02
魏紫熙 匡庐高秋图 镜片	143cm×352cm	1,642,000	中信国际	2015.11.30
魏紫熙 群岭夜运图 镜片	33cm×47cm	437,000	河南泽华	2015.01.11
魏紫熙 山水四尺整张 立轴	135cm×66cm	805,000	四川德轩	2015.11.05
魏紫熙 双马石哨口 镜心（片）	45cm×68.5cm	644,000	江苏嘉恒	2015.01.11
魏紫熙 松泉山石图 镜心	124cm×61cm	552,000	南京经典	2015.01.04
魏紫熙 挖渠图 镜片	95cm×50cm	862,500	河南泽华	2015.01.11
魏紫熙 五好战士 镜心	45.5cm×34cm	172,500	南京经典	2015.01.04
魏紫熙 峡江图 镜框	68cm×44.5cm	184,000	北京上和	2015.05.16
魏紫熙 应野平 1979年作 王维诗意图 云海青峰 镜心	38cm×54.5cm×2	184,000	中国嘉德	2015.05.16
温尚光安居思危	35cm×35cm	935,000	北京中联	2015.01.18
温尚光福寿山	20cm×35cm	495,000	北京中联	2015.01.18
温永琛 张韶石 百蝶图 手卷	44cm×318cm	650,813	佳士得	2015.06.02
文蔚 2015年作 山水 四屏	108cm×39cm×4	414,000	北京翰海	2015.11.27
翁瑞午 清奇古怪 立轴四屏	107cm×50cm×4	230,000	上海敬华	2015.06.29
翁真如 考拉图 镜片	57cm×68cm	161,000	朵云轩	2015.06.18
无款 清十八/十九世紀 仿郎世宁《骏犬图》镜框	141cm×264cm	616,500	香港苏富比	2015.10.07
无款 山水人物 立轴	201cm×100cm	2,200,280	佳士得	2015.11.30
吴昌 仿米家山水 镜心	31cm×30cm	201,250	北京匡时	2015.06.07
吴昌硕　大富贵 立轴	152cm×41 cm	700,600	中鸿信	2015.07.29
吴昌硕（款）千年寿桃	136cm×66cm	1,166,256	荣盛国际	2015.01.10
吴昌硕 1884年作 行书题砚銘记 镜心	直径27cm	230,000	北京匡时	2015.12.05
吴昌硕 1887年作 篆书 能自厉斋 镜片	80cm×25.5cm	299,000	西泠拍卖	2015.07.05
吴昌硕 1889年作 秋菊图 立轴	129cm×42cm	782,000	西泠拍卖	2015.07.05
吴昌硕 1891年作 篆书八言 对联	128.5cm×21cm×2	322,000	上海工美	2015.06.28
吴昌硕 1893年作 煨酒图 镜心	71cm×37.5cm	575,000	北京匡时	2015.03.30
吴昌硕 1895年作 寿石图 立轴	150cm×40cm	437,000	北京匡时	2015.12.04
吴昌硕 1896年作 行书自作诗手卷 手卷	29cm×285.5cm	4,715,000	北京匡时	2015.06.06
吴昌硕 1897年作 拒霜 镜片	33cm×39cm	230,000	广东崇正	2015.06.19
吴昌硕 1902年作 石鼓文《田车》立轴	147cm×40cm	310,500	保利山东	2015.02.01
吴昌硕 1903年作 仙源盛桃图 立轴	176cm×95cm	4,370,000	北京保利	2015.12.07
吴昌硕 1904年作 富贵图 立轴	138cm×83cm	4,025,000	上海工美	2015.06.28
吴昌硕 1905年作 庚罢卣钟鼎文 镜片	64cm×30cm	172,500	上海泓盛	2015.06.20
吴昌硕 1905年作 双清 镜心	127cm×34.5cm	230,000	厦门华辰	2015.06.20
吴昌硕 1905年作 篆书七言联 立轴	125cm×30cm×2	161,000	北京翰海	2015.06.27
吴昌硕 1906年作 东篱秋色 立轴	133cm×49cm	264,500	北京匡时	2015.06.06
吴昌硕 1906年作 墨梅册 册页	365cm×245cm×10	8,625,000	北京保利	2015.12.06
吴昌硕 1906年作 寿石水仙 立轴	88cm×42cm	310,500	北京匡时	2015.12.04
吴昌硕 1906年作 延年益寿 立轴	176cm×95cm	3,450,000	北京保利	2015.12.07

拍品名称	物品尺寸	成交价RMB	拍卖公司	拍卖日期
吴昌硕 1906年作 幽兰 立轴	109.5cm×40cm	218,500	北京匡时	2015.12.04
吴昌硕 1907年作 富贵长春 镜片	直径24cm	448,500	上海明轩	2015.06.21
吴昌硕 1908年作 寒梅清香图 扇页	51cm×17cm	172,500	西泠拍卖	2015.07.06
吴昌硕 1908年作 梅石图 立轴	102cm×43cm	747,500	西泠拍卖	2015.04.23
吴昌硕 1909年作 清供 立轴	148cm×48.5cm	460,000	北京翰海	2015.06.26
吴昌硕 1909年作 雪中芭蕉 立轴	147cm×40cm	672,000	北京荣宝	2015.06.21
吴昌硕 1909年作 篆书 八屏镜心	180cm×31cm×8	460,000	北京翰海	2015.03.14
吴昌硕 1910年作 红梅寿石 立轴	176.5cm×96.5cm	5,980,000	北京保利	2015.06.04
吴昌硕 1910年作 群仙图 立轴	185cm×48cm	828,000	北京匡时	2015.06.06
吴昌硕 1911年作 庭院秋光图 立轴	147cm×41.5cm	805,000	西泠拍卖	2015.07.05
吴昌硕 1912年作 暗香图 立轴	135cm×41.5cm	241,500	西泠拍卖	2015.04.22
吴昌硕 1913年作 墨荷图 立轴	132cm×50cm	460,000	西泠拍卖	2015.07.05
吴昌硕 1913年作 秋菊寿石 立轴	119cm×48.3cm	857,438	香港苏富比	2015.04.06
吴昌硕 1913年作 石鼓文 四屏立轴	130.5cm×32.2cm×4	448,500	北京翰海	2015.11.27
吴昌硕 1913年作 篆书八言联 立轴	168cm×30cm×2	345,000	北京匡时	2015.06.07
吴昌硕 1913年作 篆书五言 对联	99cm×21cm×2	287,500	上海工美	2015.06.28
吴昌硕 1914年作 梅石图 屏风	126.5cm×68.5cm	1,840,000	北京匡时	2015.12.04
吴昌硕 1914年作 梅竹图 立轴	133cm×33cm	690,000	华艺国际	2015.05.24
吴昌硕 1914年作 墨竹对屏 屏风	180cm×188cm	1,150,000	北京保利	2015.12.07
吴昌硕 1914年作 篆书七言联 立轴	134.2cm×29.8cm×2	706,125	香港苏富比	2015.04.06
吴昌硕 1915年作 仿八大山水 立轴	129cm×61.5cm	517,500	上海明轩	2015.06.21
吴昌硕 1915年作 古木竹石 立轴	140.2cm×41.6cm	300,375	佳士得	2015.06.02
吴昌硕 1915年作 行书 立轴	128.6cm×52.5cm	550,688	佳士得	2015.06.02
吴昌硕 1915年作 红梅 立轴	136cm×33cm	460,000	北京翰海	2015.11.27
吴昌硕 1915年作 节临石鼓 立轴	149.5cm×40.5cm	246,600	香港苏富比	2015.10.06
吴昌硕 1915年作 墨梅 立轴	106cm×54cm	690,000	西泠拍卖	2015.04.23
吴昌硕 1915年作 石鼓文对联（两幅）立轴	170.6cm×43.6cm×2	307,875	佳士得	2015.11.30
吴昌硕 1915年作 铁骨丹心 立轴	150.3cm×82.9cm	3,320,880	香港苏富比	2015.10.06
吴昌硕 1915年作 瓮梅茗香 立轴	133.5cm×34.5cm	780,853	保利香港	2015.04.07
吴昌硕 1915年作 篆书 立轴	136cm×32.8cm	180,225	佳士得	2015.06.02
吴昌硕 1916年作 兰菊（对屏）镜心	235cm×26cm×2	253,000	保利厦门	2015.05.03
吴昌硕 1916年作 毛竹 立轴	124.5cm×34cm	460,000	鼎天国际	2015.07.05
吴昌硕 1916年作 墨牡丹 立轴	137.7cm×48.5cm	706,125	香港苏富比	2015.04.06
吴昌硕 1916年作 篆书“海山仙馆”镜心	37cm×135cm	2,185,000	北京匡时	2015.12.04
吴昌硕 1916年作 篆书节临《石鼓文》镜心	138.5cm×51.5cm	207,000	北京匡时	2015.06.07
吴昌硕 1916年作 篆书节临《石鼓文》立轴	97cm×45cm	276,000	北京匡时	2015.06.07
吴昌硕 1916年作 篆书七言诗 立轴	130cm×44cm	322,000	北京匡时	2015.06.07
吴昌硕 1916年作 紫绶 立轴	128cm×42cm	747,500	北京保利	2015.12.07
吴昌硕 1917年作 春风柳燕图 立轴	136cm×39cm	391,000	西泠拍卖	2015.07.05
吴昌硕 1917年作 春色如许	134.5cm×68cm	209,214	台北艺流	2015.10.10
吴昌硕 1917年作 行书“寿而康”立轴	135cm×33cm	690,000	北京保利	2015.12.07
吴昌硕 1917年作 梅雀 立轴	122cm×56cm	253,000	北京翰海	2015.06.26
吴昌硕 1917年作 墨梅 镜心	31cm×47cm	402,500	北京保利	2015.06.05
吴昌硕 1917年作 秋菊酌酒图 立轴	137cm×40cm	529,000	北京匡时	2015.06.06

拍品名称	物品尺寸	成交价RMB	拍卖公司	拍卖日期
吴昌硕 1917年作 石鼓文七言联 镜心	128cm×25cm×2	667,000	保利山东	2015.02.01
吴昌硕 1917年作 石鼓文七言联 立轴	139cm×33cm×2	218,500	北京匡时	2015.03.31
吴昌硕 1917年作 团员介寿 立轴	151.5cm×43.5cm	1,265,000	西泠拍卖	2015.04.22
吴昌硕 1917年作 象笋图 立轴	178cm×48cm	6,900,000	北京保利	2015.12.06
吴昌硕 1917年作 雁来红图 立轴	138cm×41.5cm	1,495,000	西泠拍卖	2015.07.05
吴昌硕 1917年作 玉兰 立轴	132cm×41.5cm	609,500	中贸圣佳	2015.05.19
吴昌硕 1917年作 篆书 七言诗 立轴	140.5cm×35.5cm	747,500	西泠拍卖	2015.07.05
吴昌硕 1917年作 篆书《渡太湖》立轴	131cm×41cm	184,000	北京翰海	2015.11.27
吴昌硕 1917年作 篆书临石鼓 镜片	136.5cm×65cm	805,000	上海明轩	2015.06.21
吴昌硕 1917年作 篆书七言联 立轴	133cm×32cm×2	425,500	北京匡时	2015.06.07
吴昌硕 1918年作 春风奉出红盘盂 立轴	125.5cm×34cm	1,495,000	北京诚轩	2015.11.13
吴昌硕 1918年作 翠盖明珠 立轴	134cm×50cm	3,047,500	北京匡时	2015.06.06
吴昌硕 1918年作 古秋 立轴	72cm×41cm	230,000	北京匡时	2015.12.04
吴昌硕 1918年作 贵寿无极 立轴	117cm×49cm	1,680,000	上海国拍	2015.05.31
吴昌硕 1918年作 节临石鼓文 立轴	138cm×40.5cm	391,000	北京匡时	2015.12.05
吴昌硕 1918年作 临猎碣文 立轴	141.5cm×40cm	226,050	香港苏富比	2015.10.06
吴昌硕 1918年作 六三园看樱花诗 立轴	130.9cm×64.5cm	873,375	香港苏富比	2015.10.06
吴昌硕 1918年作 卢橘夏熟 立轴	161cm×42cm	2,530,000	北京匡时	2015.06.06
吴昌硕 1918年作 墨荷 镜片	134.5cm×50.5cm	575,000	西泠拍卖	2015.07.05
吴昌硕 1918年作 石鼓文节书白鼓 立轴	137cm×34cm	195,500	北京匡时	2015.12.05
吴昌硕 1918年作 篆书节临《石鼓文》镜心	39cm×146cm	1,322,500	北京匡时	2015.06.07
吴昌硕 1918年作 篆书五言联 立轴	116.8cm×21.2cm×2	322,800	香港苏富比	2015.04.06
吴昌硕 1919年作 墨梅图 立轴	138.5cm×62.5cm	943,000	保利山东	2015.02.01
吴昌硕 1919年作 神仙贵寿 立轴	108.5cm×54cm	2,530,000	上海明轩	2015.06.21
吴昌硕 1919年作 松溪对弈 镜心	95.5cm×180.5cm	3,680,000	北京匡时	2015.06.06
吴昌硕 1919年作 闲读图 镜心	38cm×147cm	1,552,500	北京匡时	2015.12.04
吴昌硕 1920年作 行书《超山存宋梅一株》镜心	36cm×78cm	207,000	北京匡时	2015.06.07
吴昌硕 1920年作 行书梅华词 扇面镜心	20cm×56cm	690,000	北京翰海	2015.06.26
吴昌硕 1920年作 行书五言诗 镜心	48cm×129cm	207,000	保利山东	2015.02.01
吴昌硕 1920年作 篱菊寿石篆书 立轴	123cm×53cm×2	1,380,000	北京保利	2015.06.04
吴昌硕 1920年作 木笔年年纪岁华 立轴	134cm×40.5cm	380,475	佳士得	2015.06.02
吴昌硕 1920年作 虬枝老梅 立轴	137.5cm×34cm	907,875	香港苏富比	2015.04.06
吴昌硕 1920年作 寿者相 镜心	141.5cm×69cm	1,955,000	保利厦门	2015.05.03
吴昌硕 1920年作 真龙 立轴	173cm×42.5cm	1,725,000	西泠拍卖	2015.07.05
吴昌硕 1920年作 珠光 立轴	103cm×34.2cm	448,000	北京荣宝	2015.03.29
吴昌硕 1920年作 篆书 七言联 对联	131.5cm×33cm×2	517,500	西泠拍卖	2015.07.05
吴昌硕 1920年作 篆书七言联 立轴	146.5cm×40cm×2	632,500	北京匡时	2015.06.07
吴昌硕 1921年作 满纸起秋声 立轴	138cm×40cm	690,000	广东小雅斋	2015.05.12
吴昌硕 1921年作 田园风味 立轴	113cm×50.5cm	828,000	北京匡时	2015.12.04
吴昌硕 1921年作 幽兰霜月 立轴	137.5cm×33cm	151,229	保利香港	2015.05.28
吴昌硕 1922年作 富贵寿康 立轴	127cm×65.5cm	2,070,000	保利厦门	2015.05.02
吴昌硕 1922年作 行书“万岁”立轴	131.5cm×33cm	552,000	北京匡时	2015.12.05

拍品名称	物品尺寸	成交价RMB	拍卖公司	拍卖日期
吴昌硕 1922年作 斓斑秋色 立轴	133cm×67cm	1,725,000	北京匡时	2015.06.06
吴昌硕 1922年作 清供图 镜心	111cm×50.5cm	253,000	北京匡时	2015.12.04
吴昌硕 1922年作 珊瑚枝 轴	89cm×33cm	782,000	山东恒昌	2015.06.10
吴昌硕 1922年作 岁寒三友（三帧）立轴	133.3cm×34.2cm×3	2,582,400	香港苏富比	2015.04.06
吴昌硕 1923年作 行书七言诗 立轴	128.5cm×39.5cm	402,500	北京匡时	2015.06.07
吴昌硕 1923年作 篆书 八言联 对联	194.5cm×41cm×2	322,000	西泠拍卖	2015.07.05
吴昌硕 1924年作 葫芦图 扇面	23cm×50cm	230,000	北京保利	2015.06.05
吴昌硕 1924年作 黄金果 立轴	142cm×34cm	540,500	北京匡时	2015.10.16
吴昌硕 1924年作 兰石花果 四屏	142cm×51.5cm×4	18,975,000	西泠拍卖	2015.07.05
吴昌硕 1924年作 浅碧深红映落晖 镜心	108.5cm×23.5cm	322,000	北京保利	2015.06.04
吴昌硕 1924年作 雁来红 立轴	88.5cm×34.5cm	320,400	佳士得	2015.06.02
吴昌硕 1924年作篆书 八言联 对联	172cm×37cm×2	1,380,000	西泠拍卖	2015.07.05
吴昌硕 1924年作 篆书“进道若退”镜片	29.5cm×89cm	839,500	上海明轩	2015.06.21
吴昌硕 1924年作 篆书临石鼓 立轴	169.5cm×84cm	920,000	保利厦门	2015.05.02
吴昌硕 1925年作 竹石 立轴	138cm×73cm	1,955,000	北京保利	2015.12.07
吴昌硕 1925年作 篆书 五言联 对联	158.5cm×42cm×2	1,265,000	西泠拍卖	2015.07.05
吴昌硕 1925年作 篆书五言联 镜心	164cm×39cm×2	1,725,000	北京匡时	2015.12.04
吴昌硕 1926年作 行书十二言联 镜片	172.5cm×33.5cm×2	2,990,000	上海明轩	2015.06.21
吴昌硕 1926年作 横批“兰言”镜框	31cm×128cm	1,840,000	上海明轩	2015.06.21
吴昌硕 1926年作 卢桔夏熟 扇面	尺寸不一	172,500	北京翰海	2015.03.14
吴昌硕 1926年作 松寿 立轴	149cm×40cm	655,500	北京翰海	2015.06.26
吴昌硕 1926年作 竹石图 立轴	125.5cm×52cm	554,813	香港苏富比	2015.04.06
吴昌硕 1926年作 篆书“归与堂”镜心	32cm×85cm	690,000	北京匡时	2015.12.05
吴昌硕 1927年作 花菓清趣（四帧）镜框	30cm×35.5cm×4	1,078,875	香港苏富比	2015.10.06
吴昌硕 1927年作 隶书 瀛在庐 横披	145.5cm×40cm	2,990,000	西泠拍卖	2015.07.05
吴昌硕 1927年作 梅石图 立轴	147cm×40.5cm	598,000	北京匡时	2015.12.04
吴昌硕 1927年作 素蔬图 扇页	54.5cm×19.5cm	345,000	西泠拍卖	2015.07.06
吴昌硕 1951年作 清供图 立轴	129cm×68cm	2,932,500	北京保利	2015.06.05
吴昌硕 1916年作 南山菊影 立轴	137.5cm×64cm	1,150,000	朵云轩	2015.06.18
吴昌硕 1916年作 枇杷 立轴	134cm×65.5cm	690,000	北京隆琛	2015.11.21
吴昌硕 1916年作 枇杷 立轴	144.5cm×39.8cm	575,000	中国嘉德	2015.05.16
吴昌硕 1916年作 三千年结实之桃 立轴	149cm×80.5cm	5,980,000	中国嘉德	2015.05.16
吴昌硕 1916年作 虚心直节 立轴	141cm×40cm	402,500	中国嘉德	2015.05.16
吴昌硕 1916年作 竹石图 立轴	145cm×56cm	2,012,500	中国嘉德	2015.11.15
吴昌硕 1926年作 奇峰入云 立轴	133.5cm×33.5cm	552,000	中国嘉德	2015.11.15
吴昌硕 1896年作 梅石图 立轴	180cm×67cm	1,322,500	中国嘉德	2015.04.01
吴昌硕 丙午（1906年）作 三川清气 立轴	230cm×118cm	2,530,000	上海敬华	2015.06.29
吴昌硕 丙午（1906年）作 三友图 立轴	144cm×78cm	1,380,000	朵云轩	2015.06.18
吴昌硕 丙午（1906年）作 兰桂清赏图 立轴	115cm×64cm	2,875,000	中国嘉德	2015.05.17
吴昌硕 1926年作 钟馗 立轴	81cm×32cm	575,000	上海嘉禾	2015.05.08
吴昌硕 1926年作 篆书七言 对联	133.5cm×28cm×2	287,500	上海道明	2015.05.09

拍品名称	物品尺寸	成交价RMB	拍卖公司	拍卖日期
吴昌硕 1926年作 行书八言联 立轴	136cm×22.5cm×2	3,335,000	中国嘉德	2015.05.18
吴昌硕 1926年作 金凤花 立轴	50cm×81.3cm	1,150,000	中国嘉德	2015.05.16
吴昌硕 1926年作 菊石图 镜片	134cm×62cm	805,000	广州皇玛	2015.01.18
吴昌硕 1926年作 墨梅 立轴	152.5cm×41cm	943,000	中国嘉德	2015.11.15
吴昌硕 1926年作 篆书七言联 立轴	132.5cm×28cm×2	690,000	北京诚轩	2015.05.18
吴昌硕 茶花 团扇片连框		322,000	上海工美	2015.06.28
吴昌硕 陈师曾 1919年作 国色天香 节临《毛公鼎》成扇	23cm×69cm	2,127,500	北京保利	2015.12.06
吴昌硕 翠毫夜湿天香露 立轴	149cm×80cm	2,070,000	天津同方	2015.11.21
吴昌硕 等 1917年作 花石图 镜框	139cm×69cm	184,725	佳士得	2015.12.01
吴昌硕 1927年作 诗稿（四帧）立轴	23.3cm×12.2cm×4	230,000	北京诚轩	2015.11.13
吴昌硕 1917年作 石鼓文 屏轴	151cm×40cm	517,500	上海敬华	2015.06.29
吴昌硕 1917年作 邹巷古藤 立轴	138cm×66cm	2,645,000	朵云轩	2015.06.18
吴昌硕 1917年作 墨梅 行书五言诗 成扇		253,000	中国嘉德	2015.04.02
吴昌硕 1917年作 篆书八言联 立轴	159.5cm×36.5cm×2	287,500	中国嘉德	2015.05.16
吴昌硕 1917年作 篆书七言联 立轴	135cm×32cm×2	471,500	中国嘉德	2015.11.16
吴昌硕 枫石图 立轴	138.6cm×34cm	398,313	纽约苏富比	2015.09.17
吴昌硕 福禄图	51cm×98cm	1,501,875	荣盛国际	2015.07.31
吴昌硕 富贵眉寿图 立轴	117cm×49cm	2,415,000	中国嘉德	2015.05.16
吴昌硕 富贵神仙 立轴	138cm×61cm	2,990,000	北京匡时	2015.06.06
吴昌硕 甘谷泉香 立轴	200cm×40cm	575,000	南京经典	2015.08.02
吴昌硕1920年作 墨竹 屏轴	110cm×35cm	402,500	上海敬华	2015.06.29
吴昌硕1920年作 行书五言诗 立轴	131.5cm×33.3cm	517,500	中国嘉德	2015.11.15
吴昌硕1920年作 华祝图 立轴	136cm×68cm	3,220,000	中国嘉德	2015.11.15
吴昌硕1920年作 篆书七言联 立轴	129.5cm×31cm×2	460,000	中国嘉德	2015.11.16
吴昌硕 庚戌（1910年作 天竹图 立轴	143cm×79cm	517,500	保利厦门	2015.05.03
吴昌硕 光绪1886年作 临天一阁本石鼓文 手卷	31cm×407.5cm	2,875,000	中国嘉德	2015.05.18
吴昌硕 1913年作 秋光菊石 镜片	139cm×71cm	1,955,000	朵云轩	2015.06.18
吴昌硕 1913年作 双色菊花 镜心	121cm×39cm	649,635	中国嘉德	2015.04.07
吴昌硕 1913年作 幽兰报岁 立轴	131cm×33cm	460,000	北京诚轩	2015.11.13
吴昌硕 行书 题画诗 扇页	53cm×18cm	287,500	西泠拍卖	2015.04.23
吴昌硕 行书 忆芜园诗稿 镜心	13.5cm×77cm	460,000	海德拍卖	2015.06.27
吴昌硕 行书《黄花醉饮》等 立轴	175.5cm×47cm	770,625	香港苏富比	2015.10.06
吴昌硕 行书《莲塘曲》等 立轴	175.5cm×47cm	801,450	香港苏富比	2015.10.06
吴昌硕 行书《楼居》诗 屏轴	18.5cm×68.5cm	747,500	上海道明	2015.05.09
吴昌硕 行书七绝 镜框	22.8cm×33.4cm	221,925	香港苏富比	2015.04.06
吴昌硕 行书七言诗 立轴	135cm×34cm	460,000	中国嘉德	2015.11.14
吴昌硕 行书十一言联（一对）	每轴 138.4cm×26cm	1,252,200	纽约苏富比	2015.03.19
吴昌硕 行书五言诗 立轴	129cm×30.5cm×4	1,035,000	北京匡时	2015.12.04
吴昌硕 鹤顶丹砂 立轴	174cm×44cm	207,000	中国嘉德	2015.06.27
吴昌硕 花卉 两屏	140cm×42cm×2	2,108,232	荣盛国际	2015.01.10
吴昌硕 花卉·书法 成扇	53cm×18.5cm	1,092,500	西泠拍卖	2015.07.06
吴昌硕 花卉蔬果 四屏立轴	68cm×44cm×4	1,322,500	北京保利	2015.12.07
吴昌硕 黄金果 立轴	117cm×38cm	345,000	中国嘉德	2015.09.19
吴昌硕 黄山寿 陆恢 倪田 花果（二帧）（二帧）四屏立轴 镜片	113cm×45.5cm×4	1,725,000	西泠拍卖	2015.07.05
吴昌硕 己未（1919年）作 沉香亭北倚阑干 立轴	150cm×82cm	4,600,000	上海敬华	2015.06.29
吴昌硕 己未（1919年）作 篆书七言联 对联	139cm×34cm×2	632,500	中国嘉德	2015.06.27

2015书画拍卖成交汇总

(成交价RMB：15万元以上)

拍品名称	物品尺寸	成交价RMB	拍卖公司	拍卖日期
吴昌硕 甲骨文对联 镜心	120cm×21cm×2	276,000	北京保利	2015.01.24
吴昌硕 甲申（1884年）作 菊石图 立轴	134cm×67cm	322,000	北京隆琛	2015.11.21
吴昌硕 1894年作 篱菊图 立轴	114cm×64cm	713,000	中国嘉德	2015.04.01
吴昌硕 1914年作 红梅 立轴	137cm×34cm	575,000	上海嘉禾	2015.05.08
吴昌硕 1914年作 篆书 镜框	23cm×68.5cm	172,500	上海道明	2015.05.09
吴昌硕 1914年作 秋山行吟 立轴	133cm×33cm	552,000	中国嘉德	2015.05.16
吴昌硕 1914年作 篆书节临石鼓文 立轴	146.5cm×39cm	218,500	中国嘉德	2015.05.18
吴昌硕 甲子(1924年)作红梅 立轴	92.2cm×47.5cm	1,552,500	中国嘉德	2015.05.16
吴昌硕 甲子（1924年）作 篆书临石鼓文 立轴	120.5cm×53cm	345,000	中国嘉德	2015.05.18
吴昌硕 菊石 立轴	150.2cm×81cm	2,316,570	纽约苏富比	2015.03.19
吴昌硕 菊石图 立轴	135cm×33cm	694,400	十竹斋	2015.06.14
吴昌硕 兰石图 篆书六言联 立轴	画68.5cm×51.5cm 对联 117.5cm×22.5cm×2	1,207,500	东方大观	2015.05.20
吴昌硕 篱畔菊花 镜框	34cm×44.1cm	234,788	纽约苏富比	2015.03.19
吴昌硕 凉意 立轴	76cm×27cm	195,500	中国嘉德	2015.09.19
吴昌硕 芦雁图 立轴	134cm×39cm	465,581	中国嘉德	2015.10.07
吴昌硕 梅花 成扇	宽49cm	322,000	江苏爱涛	2015.01.10
吴昌硕 梅花 立轴	131.5cm×29.5cm	537,600	北京荣宝	2015.06.21
吴昌硕 梅花 立轴	27cm×40cm	195,500	中国嘉德	2015.04.01
吴昌硕 梅石松竹图	150cm×81cm	8,127,900	卓艺拍卖	2015.11.21
吴昌硕 梅石图 立轴	138cm×59cm	1,380,000	江苏嘉恒	2015.01.11
吴昌硕 梅石图 立轴	123cm×27cm	345,000	中国嘉德	2015.04.01
吴昌硕 美意延年 立轴	148cm×80cm	1,897,500	海德拍卖	2015.06.27
吴昌硕 美意延年图并行书录自作诗 镜框	直径23.5cm×2	1,380,000	上海明轩	2015.06.21
吴昌硕 墨石图 立轴	146cm×40cm	609,500	北京匡时	2015.06.06
吴昌硕 墨竹图 立轴	123.5cm×50.5cm	414,000	朵云轩	2015.06.19
吴昌硕倪田 等山水（八帧）镜片	32.5cm×26.5cm×8	552,000	西泠拍卖	2015.07.05
吴昌硕 枇杷 镜框	75cm×40cm	345,000	华艺国际	2015.05.24
吴昌硕 蒲盆茶壶 立轴	71.5cm×33cm	575,000	上海道明	2015.05.09
吴昌硕 秋菊图 立轴	96cm×28cm	379,500	南京经典	2015.01.04
吴昌硕 1892年作 花卉册 册页（八开）	26.5cm×39cm×8	6,325,000	中国嘉德	2015.11.15
吴昌硕 1922年作 东篱秋菊 立轴	134cm×33cm	402,500	中国嘉德	2015.11.14
吴昌硕 1922年作 牡丹 立轴	157cm×41cm	1,454,940	中国嘉德	2015.10.07
吴昌硕 1922年作 盛夏修竹图 立轴	141cm×56.5cm	1,265,000	广州皇玛	2015.01.18
吴昌硕 1912年作 菊井流芬 扇面	18.5cm×52cm	230,000	中国嘉德	2015.05.17
吴昌硕 任预 临石鼓文 春江赶鸭图 扇面	19cm×55cm×2	287,500	中国嘉德	2015.11.15
吴昌硕 洒满金芽富贵花开 立轴	173.5cm×46cm	1,035,000	四川德轩	2015.11.05
吴昌硕 三千年结实之桃 镜心	151cm×80cm	4,830,000	中国嘉德	2015.11.15
吴昌硕 沈曾植 等 诸体书册 册页（五开九页）	33cm×32.5cm×5	184,000	中国嘉德	2015.11.14
吴昌硕 石鼓文七言联 对联	1753cm×381cm×2	460,000	保利厦门	2015.05.02
吴昌硕 寿桃图	160cm×81cm	1,444,960	卓艺拍卖	2015.11.21
吴昌硕 书法 册页（十开）	48cm×38cm×10	3,450,000	北京保利	2015.06.04
吴昌硕 书法 立轴	104cm×51.5cm	437,000	天津同方	2015.06.06
吴昌硕 书法 扇面	19cm×55cm	161,000	上海嘉禾	2015.05.08
吴昌硕 松壑云涛 镜心	22.3cm×79.6cm	1,092,500	中国嘉德	2015.11.15
吴昌硕 天竺 立轴	38cm×41cm	224,250	中国嘉德	2015.09.19
吴昌硕 王震 姚虞琴 1921年作 兰石清幽 立轴	134cm×52.5cm	273,919	纽约佳士得	2015.03.17
吴昌硕 1908年作 荷气迎秋 立轴	77cm×43cm	632,500	朵云轩	2015.06.19
吴昌硕 1908年作 石鼓文七言联 立轴	136cm×33.9cm×2	299,000	中国嘉德	2015.11.16
吴昌硕 1908年作 篆书六言联 对联	126cm×31cm×2	414,000	中国嘉德	2015.04.01
吴昌硕 1918年作 虞山古藤 立轴	179.5cm×95.5cm	9,200,000	中国嘉德	2015.05.16
吴昌硕 1919年作 临石鼓文 立轴	133cm×67cm	232,013	中国嘉德	2015.04.07
吴昌硕 1898年作 红梅山茶 立轴	134cm×39cm	644,000	中国嘉德	2015.11.14
吴昌硕 溪山晚照 立轴	133cm×64cm	575,000	朵云轩	2015.06.18
吴昌硕 仙石图 镜心	27cm×33cm	230,000	北京保利	2015.06.04
吴昌硕 萧斋清供 扇面	19cm×50cm	437,000	北京保利	2015.06.04
吴昌硕 辛亥（1911年）作 石鼓文 立轴	63cm×126cm	920,000	朵云轩	2015.06.18
吴昌硕 1921年作 东篱佳色 立轴	138cm×53cm	1,150,000	北京诚轩	2015.05.18
吴昌硕 1921年作 兰石图 立轴	136cm×46cm	1,955,000	中国嘉德	2015.05.16
吴昌硕 1921年作 梅石图 立轴	139cm×34.5cm	460,000	中国嘉德	2015.05.16
吴昌硕 1921年作 葡萄 立轴	95cm×34cm	204,171	中国嘉德	2015.04.07
吴昌硕 1921年作 清影 立轴	138cm×34.5cm	437,000	中国嘉德	2015.05.17
吴昌硕 宣统亥年（1911年）作 天香国色 立轴	149cm×55.5cm	690,000	北京诚轩	2015.05.18
吴昌硕 雪山寻胜 立轴	132cm×33cm	996,800	十竹斋	2015.06.14
吴昌硕 匡鞠 立轴	69cm×35cm	352,181	纽约苏富比	2015.03.19
吴昌硕 1925年作 篆书十四言联 立轴	298cm×34.5cm×2	920,000	北京诚轩	2015.11.13
吴昌硕 1915年作 兰石图 立轴	133cm×33.5cm	575,000	上海嘉禾	2015.05.08
吴昌硕 1915年作 岁寒清品 立轴	85cm×42cm	862,500	保利厦门	2015.05.02
吴昌硕 1915年作 行书五言诗 立轴	116cm×31cm	1,150,000	中国嘉德	2015.05.18
吴昌硕 1915年作 石鼓文八言联 立轴	179cm×40.5cm×2	782,000	中国嘉德	2015.11.15
吴昌硕 1915年作 桃园仙境图 镜心	123cm×40cm	460,000	中国嘉德	2015.09.19
吴昌硕 乙卯年（1915年）作 三友图 手卷	36cm×175cm	1,150,000	上海敬华	2015.06.29
吴昌硕 用拙存吾道 镜框	40cm×147cm	1,975,630	纽约苏富比	2015.09.17
吴昌硕 幽兰写真 立轴	123cm×47cm	1,955,000	北京保利	2015.06.05
吴昌硕 玉兰 立轴	180cm×35.5cm	345,000	北京匡时	2015.12.04
吴昌硕 张大千 神似贵寿 隶书七言联 立轴	画120.5cm×66cm 对联 132.5cm×22cm×2	2,990,000	广东崇正	2015.06.19
吴昌硕 张熊 烹茶图 牡丹 立轴	44.5cm×41cm 50.5cm×17.5cm	322,000	西泠拍卖	2015.07.05
吴昌硕 致三多花卉册 册页（四开八页）	27cm×32cm×8	43,700,000	中国嘉德	2015.11.15
吴昌硕 重阳即景 立轴	92.5cm×45.5cm	483,000	荣宝斋（济南）	2015.11.21
吴昌硕 竹石图 镜片	137cm×67cm	690,000	东方大观	2015.11.17
吴昌硕 竹石图 立轴	137cm×34 cm	230,000	荣宝斋（济南）	2015.11.21
吴昌硕 竹石图 立轴	137cm×40cm	805,000	保利厦门	2015.08.02
吴昌硕 篆书 节录诗经 四屏	170.5cm×46cm×4	5,520,000	西泠拍卖	2015.07.05
吴昌硕 篆书 七言联 对联	133cm×30cm×2	529,000	西泠拍卖	2015.07.05
吴昌硕 篆书 “居之安” 立轴	28.5cm×76cm	2,645,000	北京匡时	2015.06.06
吴昌硕 篆书《罗聘为丁敬画像》镜心	35.5cm×24cm	230,000	北京东正	2015.11.19
吴昌硕 篆书八言联 笺本	173cm×37cm×2	368,000	荣宝斋（济南）	2015.11.21
吴昌硕 篆书七言联 立轴	165cm×31cm×2	155,194	中国嘉德	2015.10.07
吴昌硕 灼灼其华图·临石鼓文 扇面	17cm×52.5cm×2	690,000	中国嘉德	2015.11.15
吴昌硕 紫鹃 镜框	37.3cm×30.1cm	328,703	纽约苏富比	2015.03.19

拍品名称	物品尺寸	成交价RMB	拍卖公司	拍卖日期
吴岱秋 1941年作 古梅 四屏立轴	130cm×57cm×4	253,000	北京保利	2015.12.07
吴待秋 1928年作 行书十二言长联 立轴	205cm×30cm×2	483,000	北京保利	2015.06.05
吴东魁 墨竹 镜片	137cm×35cm	287,500	河南泽华	2015.01.11
吴东魁 雀竹 镜片	99cm×50cm	287,500	河南泽华	2015.01.11
吴茀之 1956年作 竹卉飞禽图 镜片	135.5cm×48cm	322,000	西泠拍卖	2015.07.05
吴茀之 1972年作 长春图 立轴	126cm×46cm	230,000	西泠拍卖	2015.07.05
吴茀之 松鹤延年 镜心	143cm×363cm	690,000	北京至诚	2015.12.20
吴观岱 高士图 立轴	170cm×92cm	368,000	南京经典	2015.01.04
吴观岱 1923年作 郁林雅会 立轴	148.5cm×80.5cm	218,500	中国嘉德	2015.05.16
吴冠南 春山纪事 镜心	97cm×180cm	161,000	南京经典	2015.08.02
吴冠南 荷花 镜心	177cm×95cm	172,500	天津同方	2015.06.06
吴冠南 花卉 镜片 四屏	180cm×34.5cm×4	345,000	海德拍卖	2015.06.27
吴冠南 花卉 立轴 四屏	135cm×33cm×4	172,500	南京经典	2015.01.04
吴冠中 1961年作 西藏人物	158cm×81cm	9,200,000	际华春秋	2015.05.24
吴冠中 1975年作 虎 立轴	37cm×34.5cm	2,070,000	西泠拍卖	2015.07.05
吴冠中 1976年作 春江行舟 镜框	39.8cm×59.2cm	650,813	佳士得	2015.06.02
吴冠中 1977年作 观鱼 镜心	43cm×41cm	853,806	中国嘉德	2015.04.07
吴冠中 1977年作 花港观鱼	40cm×35cm	913,140	罗芙奥	2015.05.31
吴冠中 1977年作 井冈山主峯 镜框	69.4cm×65.9cm	2,001,360	香港苏富比	2015.04.06
吴冠中 1983年作 旭日东升 镜片	69cm×75cm	1,380,000	朵云轩	2015.06.18
吴冠中 1983年作 红梅	68cm×68cm	920,000	北京保利	2015.12.05
吴冠中 1984年作 白皮松	117.3cm×95.8cm	13,488,840	佳士得	2015.05.30
吴冠中 1985年作 飞白 镜心	64cm×97cm	1,842,924	保利香港	2015.10.05
吴冠中 1985年作 水乡 立轴	47.5cm×45cm	672,000	北京荣宝	2015.08.30
吴冠中 1985年作 长白山飞瀑 镜片	72.5cm×68cm	3,565,000	河南金帝	2015.11.22
吴冠中 1986年作 春光烂漫 镜框	47.1cm×48cm	3,814,080	香港苏富比	2015.10.06
吴冠中 1986年作 飘柳鱼戏图 镜心	70cm×137cm	4,830,000	北京保利	2015.06.04
吴冠中 1986年作 千帆夕照 镜心	94cm×69.5cm	4,140,000	北京诚轩	2015.11.13
吴冠中 1986年作 喜鹊登梅 镜框	52.4cm×45cm	1,008,750	香港苏富比	2015.04.06
吴冠中 1986年作 雪岭奔流 镜框	96.7cm×75.6cm	8,943,360	香港苏富比	2015.10.06
吴冠中 1987年作 春意 镜心	38.5cm×49cm	552,000	北京翰海	2015.06.27
吴冠中 1987年作 盛荷 镜框	68cm×69.8cm	1,313,600	佳士得	2015.12.01
吴冠中 1988年作 水乡人家 镜框	68cm×99cm	8,682,840	佳士得	2015.06.02
吴冠中 1988年作 竹林人家 纸板镜框	38.8cm×58.2cm	718,375	佳士得	2015.12.01
吴冠中 1989年作 高原人家 镜框	68.8cm×82.6cm	2,776,080	香港苏富比	2015.04.06
吴冠中 1989年作 荷塘 镜框	66cm×133cm	12,527,640	佳士得	2015.06.02
吴冠中 1990年作 接天莲叶胜于碧	70cm×70cm	3,565,000	北京保利	2015.06.03
吴冠中 1990年作 群虎图 镜心	68.5cm×137.5cm	6,900,000	北京保利	2015.12.06
吴冠中 1992年作 老树新芽 镜片	34cm×68cm	1,680,000	河南金帝	2015.11.22
吴冠中 1992年作 万紫千红 镜框	69.1cm×69.1cm	2,388,720	香港苏富比	2015.04.06
吴冠中 1992年作 乡音 镜框	68.2cm×68.2cm	5,490,960	香港苏富比	2015.10.06
吴冠中 1992年作 熊猫（四）	68.5cm×136.5cm	5,043,792	保利香港	2015.10.05
吴冠中 1993年作 水上人家 镜框	67.3cm×137.3cm	5,100,240	香港苏富比	2015.04.06
吴冠中 1995年作 鱼鹰 镜框	68.7cm×137.8cm	6,181,440	香港苏富比	2015.10.06
吴冠中 2001年作 伴侣 镜心	66cm×66.5cm	3,450,000	北京匡时	2015.12.04
吴冠中 2005年作 退潮 镜心	45cm×48cm	1,127,000	北京保利	2015.06.04
吴冠中 80年代作 忆江春	60cm×80cm	862,500	西泠拍卖	2015.07.04
吴冠中 白桦 镜心	140cm×70cm	9,200,000	北京保利	2015.06.04
吴冠中 奔流 镜心	55cm×68.5cm	2,530,000	海德拍卖	2015.06.27
吴冠中 滨海松林	50cm×45cm	2,875,000	北京保利	2015.06.03
吴冠中 茶场	70.5cm×69cm	2,495,840	佳士得	2015.11.29
吴冠中 冬景山水 镜片	122.5cm×68cm	2,016,042	纽约苏富比	2015.03.19
吴冠中 飞瀑图 镜片连框	62cm×48cm	728,000	上海国拍	2015.11.29
吴冠中 根 立轴	67.5cm×135.5cm	9,884,840	佳士得	2015.12.01

拍品名称	物品尺寸	成交价RMB	拍卖公司	拍卖日期
吴冠中 故乡苇塘 镜框	70cm×140cm	14,590,560	香港苏富比	2015.04.06
吴冠中 观鱼图 镜框	66cm×135cm	5,060,000	上海宝龙	2015.01.18
吴冠中 湖光潋滟图 立轴	68cm×48cm	414,000	中国嘉德	2015.04.01
吴冠中 桦林群鹅 镜片		2,241,438	纽约苏富比	2015.03.19
吴冠中 黄山绝崖 镜心	69.5cm×33.5cm	1,380,000	中国嘉德	2015.05.16
吴冠中 江南水乡 镜心	47cm×62cm	1,495,000	北京匡时	2015.12.04
吴冠中 漓江 镜框	44.2cm×66.7cm	2,038,560	香港苏富比	2015.10.06
吴冠中 鲁迅故乡 镜框	70.5cm×71cm	3,876,840	佳士得	2015.06.02
吴冠中 木里山色 镜框	67.6cm×40.2cm	2,038,560	香港苏富比	2015.10.06
吴冠中 枇杷 镜框	27cm×27cm	1,322,500	华艺国际	2015.05.24
吴冠中 奇峰 镜框	96cm×101cm	1,762,200	佳士得	2015.06.02
吴冠中 禽欢雀跃 镜框	136cm×69cm	821,000	中信国际	2015.11.30
吴冠中 青岛风光写生 镜框	23cm×29cm	345,000	青岛中艺	2015.05.30
吴冠中 山村好风光 镜心	96.5cm×179cm	9,890,000	北京保利	2015.06.04
吴冠中 水乡	68cm×67cm	4,605,750	荣盛国际	2015.07.31
吴冠中 水乡 镜片	49cm×49cm	690,000	包盈国际	2015.11.15
吴冠中 水乡 镜心	76cm×68cm	1,380,000	北京华辰	2015.05.15
吴冠中 松 镜框	45.7cm×64cm	2,433,120	香港苏富比	2015.10.06
吴冠中 松魂 镜框	70cm×138cm	18,935,640	佳士得	2015.06.02
吴冠中 松云晓日 镜片	68cm×138cm	2,185,000	广东崇正	2015.06.19
吴冠中 苏州园林 横幅镜心	68cm×133.5cm	7,475,000	北京翰海	2015.06.27
吴冠中 苏州园林 立轴	74cm×67cm	3,450,000	北京匡时	2015.06.06
吴冠中 太湖之滨 镜框	82cm×150cm	18,400,000	华艺国际	2015.05.24
吴冠中 梯田 立轴	68.5cm×68.5cm	3,185,480	佳士得	2015.12.01
吴冠中 新叶池畔 镜心	49cm×46cm	2,530,000	海德拍卖	2015.06.27
吴冠中 新竹 镜心	48cm×43cm	1,380,000	江苏爱涛	2015.06.29
吴冠中 鱼鹰图	68cm×67cm	2,903,625	荣盛国际	2015.07.31
吴冠中 约1980年作 日出东山	67cm×137cm	4,830,000	北京保利	2015.06.03
吴冠中 赠中央美院附中课徒稿（十五幅一组）	39cm×65cm×15	1,725,000	朵云轩	2015.06.19
吴冠中 紫竹院公园 镜心	31cm×31cm	437,000	北京匡时	2015.12.04
吴光宇 1958年作 移山造海 立轴	120cm×95cm	805,000	北京匡时	2015.03.30
吴光宇1940年作 听琴图 镜心	103cm×35cm	207,000	中国嘉德	2015.09.20
吴光宇 溥儒 1938年作 婴戏图 草书七言诗 成扇		184,000	中国嘉德	2015.09.19
吴光宇 寿石工 乙亥（1935年）作 虢国夫人早朝图 黄节诗十一首 成扇	20cm×55cm	161,000	北京诚轩	2015.11.13
吴浩 2013年作 人物 立轴	235cm×53cm	360,000	诗婢家	2015.05.17
吴浩 2014年作 韫玉生香 镜心	69cm×179cm	230,000	中国嘉德	2015.05.18
吴浩 2015年作 人物（四帧）镜心	46.5cm×37cm×4	287,500	中国嘉德	2015.11.16
吴湖帆 1930年作 层岩积翠 镜心	92cm×34cm	2,530,000	北京匡时	2015.12.04
吴湖帆 1931年作 秋林远岫 楷书成扇	18cm×45.4cm	554,813	香港苏富比	2015.04.06
吴湖帆 1932年作 仿西庐老人笔立轴	44cm×28cm	287,500	保利山东	2015.02.01
吴湖帆 1932年作 溪山钓艇 立轴	88cm×28.5cm	460,000	北京东正	2015.11.19
吴湖帆 1933年作 古木寒泉 立轴	35.5cm×49cm	380,904	保利香港	2015.04.07
吴湖帆 1933年作 拟董其昌山水扇页	51.5cm×18cm	230,000	西泠拍卖	2015.04.23
吴湖帆 1934年作 海天落日图 镜心	98cm×39cm	4,140,000	北京保利	2015.06.05
吴湖帆 1934年作 行书跋语·幽居图 成扇	50cm×18.5cm	368,000	西泠拍卖	2015.07.06
吴湖帆 1935年作 丹林图 镜片	29.5cm×25cm	414,000	西泠拍卖	2015.04.23
吴湖帆 1935年作 仿赵氏一门三马图 手卷	画 31cm×65.5cm×3	14,950,000	北京保利	2015.12.06

2015书画拍卖成交汇总

(成交价RMB：15万元以上)

拍品名称	物品尺寸	成交价RMB	拍卖公司	拍卖日期
吴湖帆 1935年作 拟大痴笔意 镜心	32cm×36cm	632,500	北京保利	2015.06.05
吴湖帆 1936年作 仿元人松寿图 成扇	18.3cm×46cm	353,063	香港苏富比	2015.04.06
吴湖帆 1936年作 五月江深图 立轴	98cm×37cm	471,500	上海泓盛	2015.06.20
吴湖帆 1937年作 万壑响松风 立轴	121cm×56.5cm	571,356	保利香港	2015.04.07
吴湖帆 1939年作 山水 托片	34cm×34cm	368,000	鼎天国际	2015.07.05
吴湖帆 1941年作 竹苞龙孙 镜心	69cm×32cm	667,000	北京保利	2015.12.07
吴湖帆 1943年作 行书沈周诗 立轴	105.4cm×51.2cm	205,500	香港苏富比	2015.10.06
吴湖帆 1943年作 行书十言联 立轴	130cm×21cm×2	632,500	北京匡时	2015.06.06
吴湖帆 1944年作 青山图 扇面 镜框	17.8cm×52cm	328,800	香港苏富比	2015.10.06
吴湖帆 1944年作 新篁擎露 镜片	18.5cm×52cm	172,500	广东崇正	2015.06.19
吴湖帆 1947年作 行书 成扇	23cm×67cm	172,500	北京翰海	2015.06.27
吴湖帆 1947年作 行书 镜片	78.5cm×35.5cm	172,500	上海工美	2015.06.28
吴湖帆 1948年作 行书十二言联 镜心	121cm×13.5cm×2	207,000	北京匡时	2015.12.04
吴湖帆 1948年作 荷花 书法 成扇	16cm×47cm	172,500	保利山东	2015.02.01
吴湖帆 1948年作 小院清风图 立轴	102cm×35cm	264,500	西泠拍卖	2015.07.05
吴湖帆 1949年作 行书七言联 立轴	132cm×28.5cm×2	1,265,000	北京匡时	2015.12.04
吴湖帆 1949年作 桑竹春蚕图 立轴	95.5cm×51.5cm	2,530,000	上海明轩	2015.06.21
吴湖帆 1949年作 书法 镜片	35cm×47cm	207,000	鼎天国际	2015.07.05
吴湖帆 1949年作 竹石图 扇轴	51.5cm×18cm	195,500	西泠拍卖	2015.07.06
吴湖帆 1950年作 仿古（四帧）镜心（共四开）	42cm×30cm×4	2,300,000	北京翰海	2015.06.26
吴湖帆 1950年作 墨竹 立轴	95cm×39cm	437,000	鼎天国际	2015.07.05
吴湖帆 1952年作 松山闲居 行书宋词 成扇	19cm×48cm	805,000	北京匡时	2015.03.30
吴湖帆 1953年作 行书十二言联 立轴	135cm×25cm×2	632,500	北京匡时	2015.12.04
吴湖帆 1953年作 墨竹 托片	40cm×68cm	322,000	鼎天国际	2015.07.05
吴湖帆 1955年作 翠竹图 行书词 扇面	58cm×20cm	437,000	西泠拍卖	2015.07.05
吴湖帆 1955年作 芙蕖·行书 立轴（双挖）	18.5cm×51cm×2	805,000	北京翰海	2015.06.26
吴湖帆 1955年作 危石青松 立轴	79cm×40cm	7,245,000	上海工美	2015.06.28
吴湖帆 1956年作 行书九言 对联	68cm×11cm×2	609,500	上海工美	2015.06.28
吴湖帆 1958年作 东亭并蒂莲 镜片	54cm×79cm	3,335,000	上海工美	2015.06.28
吴湖帆 1958年作 冬红 立轴	51cm×35cm	1,322,500	北京翰海	2015.11.27
吴湖帆 1964年作 行书录唐诗 镜片	132.5cm×32.5cm	172,500	上海明轩	2015.06.21
吴湖帆 1946年作 仿良常山馆图 立轴	81cm×32cm	529,000	中国嘉德	2015.05.16
吴湖帆 1946年作 凌云气概 立轴	114cm×51.5cm	471,500	北京诚轩	2015.05.18
吴湖帆 1946年作 书画合璧扇 成扇	18.5cm×50cm	161,000	北京诚轩	2015.11.13
吴湖帆 1936年作 万壑松风 镜心	95cm×50cm	7,130,000	北京诚轩	2015.11.13
吴湖帆 1947年作 寒江独钓图 立轴	98cm×32.5cm	920,000	中国嘉德	2015.11.14
吴湖帆 1927年作 寒江草舍 手卷	26.5cm×92cm	977,500	朵云轩	2015.06.18
吴湖帆 1957年作 云山萧寺 立轴	47.5cm×26cm	310,500	北京诚轩	2015.05.18
吴湖帆 仿北苑山水图 立轴	60cm×34cm	621,000	江苏爱涛	2015.01.10
吴湖帆 风娇雨秀 行书 双挖轴	25.5cm×26cm×2	1,012,000	上海工美	2015.06.28
吴湖帆 冯超然 1950年作 1953年作 白沙枇杷 钟馗醉酒 成扇	18.5cm×47cm	822,000	香港苏富比	2015.10.06
吴湖帆 高房山夜山图 镜心	90cm×42cm	742,440	中国嘉德	2015.04.07
吴湖帆 1940年作 仿元明八家画竹册 册页（八开）	23cm×29cm×8	805,000	中国嘉德	2015.11.14
吴湖帆 1930年作 层岩积翠图 镜心	91.5cm×34cm	3,220,000	中国嘉德	2015.05.16
吴湖帆 1950年作 拳石丛莜 成扇	20cm×54cm	1,955,000	朵云轩	2015.06.18

拍品名称	物品尺寸	成交价RMB	拍卖公司	拍卖日期
吴湖帆 1953年作 柳塘飞燕 行书 成扇	19cm×51cm	1,380,000	朵云轩	2015.06.18
吴湖帆 1953年作 山高水长 镜片	88cm×47cm	179,389	宝港国际	2015.11.28
吴湖帆 1943年作 鹤听琴图 行书七言 立轴 对联	画135cm×33cm 对联 136cm×30cm×2	1,035,000	朵云轩	2015.06.18
吴湖帆 1943年作 翠岚居隐 立轴	108.5cm×53cm	15,525,000	北京诚轩	2015.05.18
吴湖帆 1943年作 松泉图·行书七言诗 成扇	18cm×49cm	241,500	中国嘉德	2015.11.15
吴湖帆 1933年作 甲申（1944年）作 层峦叠峰 行书八言 立轴 对联	画136cm×52cm 对联 130cm×27cm×2	1,207,500	朵云轩	2015.06.18
吴湖帆 行书 八言联 对联	134.5cm×31cm×2	322,000	西泠拍卖	2015.07.05
吴湖帆 行书 镜框	24.5cm×74.6cm	431,025	佳士得	2015.12.01
吴湖帆 行书 扇面	18cm×53cm	322,000	河南泽华	2015.01.11
吴湖帆 行书八言 对联	127.5cm×31cm×2	253,000	朵云轩	2015.06.18
吴湖帆 行书八言联 镜心	141cm×34cm×2	195,500	北京保利	2015.12.07
吴湖帆 行书八言联 立轴	164cm×40cm×2	310,500	北京匡时	2015.12.05
吴湖帆 行书八言联 立轴	128cm×21cm×2	230,000	荣宝斋（济南）	2015.11.21
吴湖帆 行书对联（两幅）镜框	62cm×9.5cm×2	307,875	佳士得	2015.12.01
吴湖帆 行书九言联 立轴	124.5cm×21.5cm×2	460,000	北京东正	2015.11.19
吴湖帆 行书七言 对联	57.5cm×11.5cm×2	224,250	上海工美	2015.06.28
吴湖帆 行书七言联（两幅）立轴	136cm×27.2cm×2	150,188	佳士得	2015.06.02
吴湖帆 行书七言联 对联	131cm×21.5cm×2	200,000	上海驰翰	2015.05.09
吴湖帆 行书七言联 对联	147cm×34cm×2	200,000	上海驰翰	2015.05.09
吴湖帆 行书七言联 对联	128cm×21.5cm×2	184,000	上海嘉禾	2015.05.08
吴湖帆 行书七言联 对联	130cm×24cm×2	184,000	上海敬华	2015.06.29
吴湖帆 行书七言联 对联	136cm×24cm×2	172,500	上海敬华	2015.06.29
吴湖帆 行书七言联 对联	142cm×34cm×2	161,000	中国嘉德	2015.04.01
吴湖帆 行书七言联 对联片	132cm×34cm×2	161,000	上海敬华	2015.06.29
吴湖帆 行书七言联 立轴	141cm×22.5cm×2	207,000	北京匡时	2015.12.04
吴湖帆 行书七言联 立轴	132cm×325cm×2	253,000	保利山东	2015.02.01
吴湖帆 行书七言联 立轴	131cm×32cm×2	209,497	保利香港	2015.04.07
吴湖帆 行书七言联 立轴	131cm×32cm×2	172,500	北京匡时	2015.06.07
吴湖帆 行书七言联 立轴	131.5cm×22cm×2	253,000	中国嘉德	2015.05.16
吴湖帆 行书七言联 立轴	129.3cm×25cm×2	205,500	香港苏富比	2015.10.06
吴湖帆 行书七言联 立轴	126.5cm×21cm×2	155,194	保利香港	2015.10.05
吴湖帆 行书诗词·荷花 成扇	49cm×19cm	230,000	西泠拍卖	2015.07.05
吴湖帆 行书五言 对联	57cm×12cm×2	368,000	上海工美	2015.06.28
吴湖帆 行书五言联 立轴	57cm×12cm×2	460,000	北京翰海	2015.11.27
吴湖帆 行书叶绍翁诗 立轴	138cm×69cm	299,000	北京匡时	2015.12.05
吴湖帆 1939年作 忆菊图 镜心	24.5cm×49.5cm	184,000	北京诚轩	2015.11.13
吴湖帆 甲辰（1964年作 松风涧泉 行书 成扇	18.5cm×50cm	805,000	朵云轩	2015.06.18
吴湖帆 楷书八言联 立轴	171.5cm×35.8cm×2	201,750	香港苏富比	2015.04.06
吴湖帆 楷书七言联 对联	145cm×37cm×2	345,000	保利厦门	2015.05.02
吴湖帆 李宣倜 1955年作 拟董其昌山水·书法 成扇	49cm×18cm	460,000	西泠拍卖	2015.07.05
吴湖帆 临米氏云山图 立轴	73cm×35.5cm	195,500	西泠拍卖	2015.04.23
吴湖帆 罗振玉 紫竹翠石 甲骨文六则 成扇	18.5cm×51cm	391,000	北京诚轩	2015.11.13
吴湖帆 冒广生 1956年作 参天古木图•行书诗 成扇	49cm×18.5cm	414,000	西泠拍卖	2015.07.05
吴湖帆 钱崇威 1951年作 山村云树 行书 成扇	20cm×60cm	805,000	朵云轩	2015.06.18

拍品名称	物品尺寸	成交价RMB	拍卖公司	拍卖日期
吴湖帆 1922年作 仿元人山水 立轴	69.5cm×35.5cm	287,500	中国嘉德	2015.05.16
吴湖帆 山水 立轴	67cm×26cm	322,000	海德拍卖	2015.06.27
吴湖帆 山水 立轴	108.5cm×45.5cm	2,530,000	天津同方	2015.06.06
吴湖帆 邵章 夕阳渡口 节录《岳雪楼书画录》成扇	18.5cm×51cm	230,000	北京诚轩	2015.11.13
吴湖帆 沈尹默 翠竹拳石 秦系《题茅山李尊师山居》成扇	18.5cm×50.5cm	241,500	北京诚轩	2015.05.18
吴湖帆 沈尹默 甲辰（1964年）作 新篁·书法 无骨成扇	18.5cm×48cm	333,500	上海嘉禾	2015.05.08
吴湖帆 书法对联 立轴	129cm×27cm×2	230,000	天津同方	2015.06.06
吴湖帆 王同愈 1938年作 横塘艳景 节录罗大经《山静日长》成扇	18.8cm×50cm	690,000	北京诚轩	2015.11.13
吴湖帆 吴待秋 吴华源 冯超然 松梅竹石 立轴	139cm×68cm	690,000	北京保利	2015.06.05
吴湖帆 吴华源 书画 四屏轴	29cm×36cm×4	333,500	山东恒昌	2015.06.10
吴湖帆 1958年作 小园深处 镜心	32.2cm×39.5cm	207,000	北京诚轩	2015.05.18
吴湖帆 溪山远眺 立轴	30cm×38cm	172,500	南京经典	2015.08.02
吴湖帆 1952年作 幽谷云峰 立轴	104cm×35cm	1,150,000	上海敬华	2015.06.29
吴湖帆 瑶岛林景图 立轴	91.5cm×47.5cm	2,723,400	佳士得	2015.06.02
吴湖帆 1965年作 花木 立轴 四屏	57cm×29cm×4	5,750,000	朵云轩	2015.06.18
吴湖帆 1945年作 晴麓横云 立轴	67cm×46cm	1,150,000	保利厦门	2015.05.02
吴湖帆 1945年作 书画合璧扇 成扇	18.8cm×50cm	207,000	北京诚轩	2015.11.13
吴湖帆 郑午昌 1948年作 翠竹粉蝶·梧桐喜蛛 成扇	18.5cm×50cm	287,500	中国嘉德	2015.05.17
吴湖帆 紫云仙杖 立轴	67cm×28cm	667,000	荣宝斋（济南）	2015.11.21
吴华源 丁未（1967年作）松风图通景 五屏立轴	134cm×312cm×5	402,500	中国嘉德	2015.11.14
吴静山 英雄图 镜框	179cm×96cm	184,000	华艺国际	2015.05.24
吴镜汀 1929年作 访友图 成扇	23cm×66cm	172,500	北京翰海	2015.11.28
吴历（款）1676年作 山庄秋色图 立轴	148cm×47cm	172,500	中国嘉德	2015.09.21
吴梅 1936年作 行书七言诗 立轴	138.5cm×25cm	345,000	中国嘉德	2015.05.17
吴琴木 1933年作 山水 立轴	137cm×69cm	168,000	北京荣宝	2015.11.29
吴琴木 1933年作 雨后渔山 立轴	51cm×38.5cm	253,000	北京东正	2015.11.19
吴琴木 1943年作 寒林雪霁 立轴	99cm×33cm	181,700	北京翰海	2015.03.14
吴琴木 马公愚 山水 书法 镜框	135cm×67.5cm 131cm×32cm×2	246,400	上海国拍	2015.05.31
吴琴木 拟赵松雪诗意 立轴	126cm×54cm	168,000	北京荣宝	2015.11.29
吴琴木 秋山红树 立轴	135cm×67cm	299,000	上海敬华	2015.06.29
吴琴木 松荫读书图 立轴	95cm×53cm	470,400	十竹斋	2015.06.14
吴青霞 1941年作 群仙祝寿 立轴	108cm×52.5cm	207,000	上海工美	2015.06.28
吴青霞 1978年作 年年鱼肥 立轴	96cm×56.2cm	181,575	香港苏富比	2015.04.06
吴青霞 1979年作 鱼乐图 立轴	137.5cm×66.5cm	345,000	保利山东	2015.09.13
吴青霞 1981年作 鱼群 镜心	126.5cm×69cm	161,000	鼎天国际	2015.07.05
吴青霞 1983年作 群鱼图 立轴	88.5cm×46.5cm	276,000	中国嘉德	2015.11.14
吴青霞 春江鱼肥 镜框	64.5cm×34cm	150,188	佳士得	2015.06.02
吴青霞 1937年作 文姬归汉 成扇	18cm×51cm	310,500	北京诚轩	2015.11.13
吴青霞 东坡理篌图 立轴	138cm×67.5cm	195,500	西泠拍卖	2015.07.06
吴青霞 1983年作 腾身飞跃 立轴	88cm×47cm	230,000	上海敬华	2015.06.29
吴青霞 1999年作 雁落平沙 立轴	104cm×41.5cm	287,500	朵云轩	2015.06.18
吴青霞 江寒汀 郑慕康 樊浩霖 褚健秋 房虎卿 张炎夫 张辛稼 贺天健 唐云 1950年作 1951年作 海上名家集锦 册页（十二开）	16cm×20cm×12	230,000	上海泓盛	2015.06.20
吴青霞 1942年作 四时花鸟（四幅）立轴	109cm×26cm×4	172,500	朵云轩	2015.06.18

拍品名称	物品尺寸	成交价RMB	拍卖公司	拍卖日期
吴青霞 山水 立轴	136cm×34cm	322,000	北京翰海	2015.06.27
吴青霞 沈尹默 1936年作 仕女·书法 成扇	18.5cm×50cm	241,500	中国嘉德	2015.05.17
吴青霞 1941年作 鱼乐 镜片	107cm×49.5cm	402,500	上海嘉禾	2015.05.08
吴青霞 1981年作 九鲤图 镜片	185cm×488cm	2,012,500	朵云轩	2015.06.18
吴青霞 鱼 立轴	68cm×34cm	180,000	上海敬华	2015.04.25
吴青霞 鱼水和谐 荣华白头 镜心	28cm×68cm×2	190,452	保利香港	2015.04.07
吴青霞 渔家乐 立轴	73cm×40cm	184,000	上海敬华	2015.06.29
吴山明 1986年作 赤壁怀古图 镜片	118cm×72.5cm	575,000	西泠拍卖	2015.07.05
吴山明 2004年作 山泉煮茶 手卷	24cm×244cm	253,000	中贸圣佳	2015.05.19
吴山明 春华秋实 镜心	70cm×137cm	402,500	天津同方	2015.06.06
吴山明 刘海戏金蟾 镜心	69cm×44cm	184,000	天津同方	2015.06.06
吴山明 清泉 镜心（片）	69cm×137cm	483,000	江苏嘉恒	2015.01.11
吴山明 2008年作 春华秋实 镜片	137cm×69cm	253,000	上海敬华	2015.06.29
吴石僊 1914年作 云崖古道图 立轴	139.5cm×69cm	184,000	西泠拍卖	2015.07.05
吴石僊 1898年作 海天旭日 立轴	132cm×65.5cm	230,000	北京诚轩	2015.05.18
吴同利 2015年作 寄情梦幻处 册页	33cm×33cm×16	172,500	北京保利	2015.12.06
吴熙曾 秋日山居 立轴	239cm×121cm	264,500	北京翰海	2015.06.26
吴迅 奋进 镜片	89cm×95cm	184,800	上海金堂	2015.07.25
吴一峰 1954年作 岷江胜槩 手卷	17cm×82cm	19,550,000	北京保利	2015.06.05
吴一峰 1979年作 峨岭祥云 立轴	146cm×54cm	2,300,000	北京保利	2015.06.05
吴玉如 辛亥（1971年）作 行书《伯夷颂》镜心	28cm×63cm	172,500	中国嘉德	2015.11.14
吴郁生 1931年作 隶书《寿石轩》镜心	40cm×130cm	172,500	北京翰海	2015.07.18
吴元奎 十八罗汉图 镜心（片）	D31.5cm×18	333,500	江苏嘉恒	2015.01.11
吴徵 1940年作 万壑松涛图 立轴	128cm×66cm	172,500	上海工美	2015.06.28
吴徵 1923年作 解空济人 立轴	148cm×79.5cm	172,500	朵云轩	2015.06.18
吴徵 1949年作 日暮孤舟 立轴	109.5cm×49.5cm	161,000	朵云轩	2015.06.18
吴徵 甲申（1944年）作 千松萧寺 立轴	130.5cm×68cm	230,000	北京诚轩	2015.05.18
吴徵 梁启超 山居图 楷书<摸鱼儿> 成扇	19cm×48cm	155,194	保利香港	2015.10.05
吴徵 赵叔孺 褚德彝 等 梅花格景扇 成扇	17cm×48.5cm	172,500	北京诚轩	2015.11.13
吴作人 1947年作 墨驹 镜框	66.5cm×25.8cm	282,450	香港苏富比	2015.04.06
吴作人 1960年作 横空出世 立轴	69cm×44cm	402,500	北京翰海	2015.11.27
吴作人 1960年作 英雄独立 立轴	69cm×43.5cm	345,000	广东崇正	2015.06.19
吴作人 1962年作 大漠 立轴	79cm×58cm	632,500	北京匡时	2015.12.04
吴作人 1962年作 鱼戏图 镜心	66.5cm×41cm	402,500	北京匡时	2015.06.06
吴作人 1963年作 群牛 立轴	55cm×55cm	257,600	北京荣宝	2015.08.30
吴作人 1973年作 浮萍游鱼图 立轴	37.5cm×34cm	195,500	西泠拍卖	2015.07.05
吴作人 1973年作 双鸽 镜框	69cm×30.4cm	154,125	香港苏富比	2015.10.06
吴作人 1973年作 竹林熊猫 立轴	84cm×60cm	1,265,000	广东崇正	2015.06.18
吴作人 1975年作 雄鹰图 立轴	134cm×69.5cm	3,105,000	北京匡时	2015.06.06
吴作人 1977年作 黑天鹅 镜心	83cm×30cm	310,500	北京匡时	2015.06.06
吴作人 1977年作 金鱼 镜心	45.5cm×24.5cm	207,000	北京翰海	2015.11.28
吴作人 1977年作 竹下熊猫 立轴	69cm×50cm	264,500	北京匡时	2015.06.06
吴作人 1978年作 任重道远 镜心	86cm×47cm	287,500	北京匡时	2015.10.16
吴作人 1979年作 金玉满堂 镜片	62cm×148cm	759,000	上海嘉禾	2015.05.08
吴作人 1980年作 金玉图 镜心	73cm×45cm	379,500	中国嘉德	2015.06.27
吴作人 1981年作 荷花金鱼 镜心	55cm×40cm	336,000	北京荣宝	2015.06.21
吴作人 1981年作 鱼戏图 镜片	68cm×34.5cm	207,000	西泠拍卖	2015.07.05
吴作人 1982年作 藏牦 镜框	68.2cm×41.6cm	184,950	香港苏富比	2015.10.06
吴作人 1982年作 奋进 镜心	53.5cm×66cm	368,000	中国嘉德	2015.05.16

拍品名称	物品尺寸	成交价RMB	拍卖公司	拍卖日期
吴作人 1982年作 走兽翎毛图 镜框（八开）	34cm×42.5cm×8	667,063	佳士得	2015.12.01
吴作人 1984年作 奋进 镜心	29cm×44cm	172,500	北京保利	2015.06.05
吴作人 1985年作 骆驼 镜框	42cm×69cm	380,475	佳士得	2015.06.02
吴作人 1985年作 英雄独立 镜片	69.2cm×51cm	1,012,000	广东崇正	2015.06.19
吴作人 1989年作 戈壁牧驼 手卷	36.8cm×302.5cm	1,377,720	佳士得	2015.06.02
吴作人 藏原奔牦 镜片	68cm×136cm	1,495,000	北京上和	2015.05.16
吴作人 奋进 镜心	37.5cm×46.5cm	161,000	中国嘉德	2015.11.14
吴作人 高瞻 立轴	139cm×70cm	862,500	北京匡时	2015.12.04
吴作人 甲子（1984年）作 北国风光 立轴	69cm×46.5cm	460,000	中国嘉德	2015.11.14
吴作人 金鱼 立轴	68.5cm×45.5cm	448,500	荣宝斋（济南）	2015.11.21
吴作人 警惕 镜心（片）	97cm×58 cm.	517,500	中鸿信	2015.07.29
吴作人 莲间游鱼 立轴	66cm×34.5cm	172,500	北京上和	2015.05.16
吴作人 骆驼 立轴	53.3cm×69cm	557,638	纽约苏富比	2015.09.17
吴作人 牦牛 镜心	49.5cm×39cm	172,500	北京翰海	2015.11.28
吴作人 漠上驼群 立轴	78.6cm×27.2cm	313,050	纽约苏富比	2015.03.19
吴作人 踏穿戈壁 镜片	56.5cm×44cm	287,500	北京上和	2015.05.16
吴作人 熊猫 镜心	70cm×44.5cm	287,500	荣宝斋（济南）	2015.11.21
吴作人 熊猫 立轴	50cm×36cm	299,000	北京上和	2015.05.16
吴作人 熊猫 立轴	48cm×40cm	207,000	北京上和	2015.05.16
吴作人 熊猫 立轴	67cm×35cm	264,500	西泠拍卖	2015.07.04
吴作人 玄鸽图 镜心	28cm×44cm	207,000	北京保利	2015.06.05
吴作人 鹰 镜心	69cm×45cm	207,000	北京翰海	2015.06.26
武凤金 2014年作 凤凰岭印象 镜心	80cm×45cm	172,500	北京保利	2015.11.01
武欣 芳华 镜心	134cm×68cm	1,035,000	天津同方	2015.06.06
武艺 姐妹花 镜心	61cm×68cm	276,000	中国嘉德	2015.05.18
武艺 清闲图 镜心	69cm×136.5cm	368,000	江苏爱涛	2015.01.10
武艺 远方 镜心	54cm×47cm	172,500	中国嘉德	2015.05.18
武中奇 1978年作 行书毛主席词 镜心	129cm×370cm	460,000	北京保利	2015.06.05
武中奇 1978年作 行书毛主席词 镜心	129cm×370cm	431,250	保利山东	2015.09.13
武中奇 行书《水调歌头》镜芯	120cm×237 cm.	241,500	中鸿信	2015.07.29
席德进 1976年作 玉山	63cm×135cm	353,063	香港苏富比	2015.04.05
席德进 1979年作 水乡	138cm×35cm	493,800	景薰楼	2015.06.21
席德进 1980年作 农家乐 纸本	70cm×126.5cm	339,360	罗芙奥	2015.06.07
席德进 1980年作 双牛	60cm×137.5cm	562,577	保利香港	2015.10.05
夏荷生 2010年作 蕉叶竹石图 镜心	69cm×137cm	287,500	北京翰海	2015.06.26
夏荷生 2010年作 太湖石 镜心	138cm×68.5cm	264,500	北京匡时	2015.10.17
夏荷生 2014年作 湖石图 镜心	138cm×70cm	356,500	北京匡时	2015.03.31
夏敬观 临吴湖帆旧藏王原祁山水册（共十九页）册页	32.5cm×20cm×19	207,000	西泠拍卖	2015.07.05
夏伊乔 刘海粟 1985年作 兰竹图岭上红梅 镜框	68.4cm×68.4cm	238,988	纽约佳士得	2015.09.16
香芋图（一幅）	39.4cm×30.3cm	460,000	北京保利	2015.12.07
向井修二 1995年作 作品第52号	182cm×130cm×7cm	580,725	佳士得	2015.05.30
肖旭 卧冰求鲤 镜框	143.5cm×84cm	209,497	保利香港	2015.04.06
萧海春 2014年作 宋人诗意图 镜心	248cm×122cm	1,357,000	北京保利	2015.06.03
萧海春 秀水山间行 镜片	52cm×26cm	181,600	上海聚缘斋	2015.01.11
萧瀚 2014年作 春晖华盛顿 托片	68cm×136cm	1,897,500	上古嘉成	2015.06.28
萧瀚 2015年作 阳春三月云水暖 托片	45cm×69cm	690,000	上古嘉成	2015.06.28

拍品名称	物品尺寸	成交价RMB	拍卖公司	拍卖日期
萧晖荣 2007年作 临王孙钟铭（四幅）立轴	131cm×33.5cm×4	200,250	佳士得	2015.06.02
萧晖荣 2012年作 咏春图 镜框	63.5cm×99.5cm	389,975	佳士得	2015.12.01
萧晖荣 2014年作 祥和图 镜框	70cm×178.5cm	1,185,480	佳士得	2015.06.02
萧朗 锦上添花 镜心	68cm×45.5cm	230,000	天津同方	2015.06.06
萧朗 胜似春光 镜心	97cm×65cm	201,600	北京荣宝	2015.06.21
萧朗 双鸡图 立轴	69cm×45cm	201,600	北京荣宝	2015.06.21
萧朗 双吉图 镜心	69.5cm×57cm	253,000	天津同方	2015.06.06
萧朗 松寿图 镜心	135cm×68cm	575,000	天津同方	2015.11.21
萧朗 相亲相爱 镜心	69.5cm×46cm	161,000	天津同方	2015.06.06
萧平 1981年作 山鬼 镜心	91cm×69cm	178,250	中贸圣佳	2015.05.19
萧如松 1981年作 绿荫 镜框	79cm×59cm	436,482	保利香港	2015.10.05
萧淑芳 1979年作 日映红 镜框	69cm×45.5cm	262,275	香港苏富比	2015.04.06
萧淑芳 1979年作 舞翩翩 镜心	71cm×28cm	176,330	中国嘉德	2015.04.07
萧淑芳 1990年作 万紫千红 镜心	90cm×68.5cm	402,500	中国嘉德	2015.11.14
萧淑芳 春盛 镜心	34cm×46cm	161,000	中贸圣佳	2015.05.19
萧淑芳 山花烂漫 立轴	100cm×68cm	1,150,000	广东崇正	2015.06.18
萧淑芳 万紫千红 立轴	59cm×94cm	151,200	北京上和	2015.05.16
萧淑芳 吴作人 欣欣向荣 立轴	68cm×46cm	225,000	上海驰翰	2015.05.09
萧娴 书联 立轴	168cm×43cm×2	189,750	南京经典	2015.08.02
萧逊 1943年作 秋山高士 立轴	103cm×43cm	168,000	天津文物	2015.05.22
萧愻 1940年作 蕉林仙馆 镜框	103.5cm×32.5cm	453,938	香港苏富比	2015.04.06
萧愻 拟元人山水	102cm×33cm	1,083,720	卓艺拍卖	2015.11.21
萧愻 1928年作 斜阳青岫 立轴	132cm×37.5cm	161,000	北京诚轩	2015.05.18
萧愻 朱汝珍 1943年作 山斋客至节录王禹偁《黄冈竹楼记》成扇	19cm×53cm	207,000	北京诚轩	2015.11.13
谢佩真 1930年作 送子观音图 立轴	116.7cm×33.8cm	151,313	香港苏富比	2015.04.06
谢天成 山水系列1 片	71cm×173cm	201,600	中联环球	2015.03.29
谢天成 山水系列2 镜片	150cm×68cm	201,600	中联环球	2015.03.29
谢天赐 2015年作 禅心	138cm×69cm	189,750	北京翰海	2015.11.27
谢天赐 2015年作 秋色连波 镜心	139cm×69cm	184,000	北京匡时	2015.12.04
谢天赐 2015年作 志畅 镜心	138cm×69cm	179,200	北京荣宝	2015.11.29
谢天赐 上善若水 镜心	137cm×69cm	230,000	保利山东	2015.02.01
谢无量 1941年作 行书“敦悦斋”立轴	34cm×113cm	529,000	保利山东	2015.02.01
谢无量 行书船山诗 立轴	141.5cm×38.5cm	207,000	北京匡时	2015.06.07
谢无量 行书李义山诗 立轴	158cm×39cm	218,500	北京匡时	2015.06.07
谢无量 行书七言联 立轴	146cm×39.4cm×2	390,450	香港苏富比	2015.10.06
谢无量 行书七言诗 横披	39.5cm×127cm	195,500	北京匡时	2015.06.07
谢无量 行书七言诗 立轴	163cm×40cm	322,000	北京匡时	2015.12.04
谢无量 行书七言诗 立轴	128cm×31cm	241,500	北京匡时	2015.03.31
谢无量 行书七言诗 立轴	132cm×31cm	299,000	北京匡时	2015.06.07
谢无量 行书七言诗 立轴	68cm×26cm	178,250	北京匡时	2015.06.07
谢无量 行书题词 立轴	136cm×34cm	184,000	北京保利	2015.01.24
谢无量 行书五言联 镜片	101cm×25cm×2	437,000	四川翰雅	2015.10.15
谢无量 楷书八言联 立轴	145cm×37cm×2	437,000	北京匡时	2015.12.04
谢无量 书法对联（两幅）立轴	132.8cm×30cm×2	246,300	佳士得	2015.12.01
谢玉岑 1930年作 水仙 镜框	画心 30.8cm×32.3cm	287,700	香港苏富比	2015.10.06
谢振瓯 大漠争骑 镜片	72cm×84cm	175,000	上海驰翰	2015.05.09
谢振瓯 1988年作 风尘 镜片	94cm×84cm	170,000	上海驰翰	2015.05.09
谢之光 1942年作 京兆画眉 立轴	88cm×32cm	230,000	北京匡时	2015.03.30
谢之光 1945年作 蕉阴小憩 成扇	17.7cm×42.5cm	161,400	香港苏富比	2015.04.06
谢之光 穿紫衣抱犬女子 镜心	59cm×42cm	437,000	中国嘉德	2015.11.15

拍品名称	物品尺寸	成交价RMB	拍卖公司	拍卖日期
谢之光 公园小景 立轴	34cm×68cm	184,000	中国嘉德	2015.11.15
谢之光 1942年作 画眉 立轴	88cm×33.5cm	322,000	中国嘉德	2015.11.15
谢之光 谢月眉 1930年作 洛神赋图 立轴	95cm×37cm	155,194	中国嘉德	2015.10.07
谢之光 延安宝塔 镜心	46cm×129cm	230,000	中国嘉德	2015.11.15
谢稚柳 1938年作 花石蝴蝶 立轴	99cm×41cm	615,750	佳士得	2015.12.01
谢稚柳 1939年作 绿萼梅 立轴	91cm×32cm	809,421	保利香港	2015.04.07
谢稚柳 1943年作 林和靖赏梅图 立轴	151cm×51cm	3,220,000	北京保利	2015.12.07
谢稚柳 1944年作 红叶小鸟 立轴	29.3cm×32.6cm	461,813	佳士得	2015.12.01
谢稚柳 1944年作 凌波仙态 镜框	84cm×42cm	484,200	香港苏富比	2015.04.06
谢稚柳 1944年作 清香满溢 镜框	76.5cm×41cm	1,473,840	佳士得	2015.06.02
谢稚柳 1946年作 荷塘鹡鸰图 立轴	115cm×58cm	1,840,000	北京匡时	2015.03.30
谢稚柳 1946年作 秋山吟侣 立轴	148cm×79.5cm	8,740,000	北京翰海	2015.06.26
谢稚柳 1948年作 潇湘图 立轴	83cm×38cm	920,000	北京匡时	2015.12.04
谢稚柳 1949年作 翠篁灵禽 立轴	91cm×42cm	2,472,500	北京匡时	2015.06.06
谢稚柳 1949年作 富春山居 扇片		299,000	上海工美	2015.06.28
谢稚柳 1949年作 红叶小鸟 镜心	92cm×45cm	1,265,000	北京匡时	2015.12.04
谢稚柳 1951年作 春风吹鬓 立轴	81cm×35cm	184,000	北京匡时	2015.10.16
谢稚柳 1951年作 虬龙回首 立轴	80.8cm×34cm	184,950	香港苏富比	2015.10.06
谢稚柳 1954年作 毶毶图 镜框	81.5cm×40.5cm	1,762,200	佳士得	2015.06.02
谢稚柳 1956年作 兰竹寿石 扇片		172,500	上海工美	2015.06.28
谢稚柳 1956年作 山茶幽禽 立轴	104cm×39cm	2,760,000	上海嘉禾	2015.05.08
谢稚柳 1957年作 春光佳禽 立轴	54cm×113cm	1,116,560	佳士得	2015.12.01
谢稚柳 1959年作 罗浮仙境 手卷	25cm×67cm	1,092,500	上海明轩	2015.06.21
谢稚柳 1964年作 溪山舟渡 立轴	57cm×33cm	575,000	上海工美	2015.06.28
谢稚柳 1970年作 松柏 镜框、立轴	61cm×46cm	184,725	佳士得	2015.12.01
谢稚柳 1971年作 莲塘图 立轴	141.8cm×108cm	3,518,160	香港苏富比	2015.10.06
谢稚柳 1971年作 山水 四屏镜心	46cm×35cm×4	1,150,000	北京保利	2015.12.07
谢稚柳 1972年作 草书 手卷	32cm×472cm	172,500	上海敬华	2015.06.29
谢稚柳 1974年作 集锦花卉册 册页（十开）	24cm×29cm×10 24cm×15cm	621,000	北京匡时	2015.06.06
谢稚柳 1975年作 行书七言 对联	101cm×29cm×2	184,000	上海工美	2015.06.28
谢稚柳 1975年作 秋山松瀑 团扇片		230,000	上海工美	2015.06.28
谢稚柳 1975年作 夏荷并行书 成扇		218,500	上海工美	2015.06.28
谢稚柳 1976年作 行书 毛泽东词 画心	77.5cm×41.5cm	195,500	西泠拍卖	2015.07.06
谢稚柳 1976年作 映日荷花 立轴	诗堂42cm×15cm 画心81cm×42cm	862,500	西泠拍卖	2015.07.05
谢稚柳 1977年作 行书石砚歌书画合卷 手卷	27.5cm×367.5cm	494,500	保利厦门	2015.05.02
谢稚柳 1977年作 红梅图 镜框	73.5cm×39.9cm	477,975	纽约佳士得	2015.09.16
谢稚柳 1977年作 青崖松茂图 镜心	134cm×67cm	828,000	保利山东	2015.02.01
谢稚柳 1977年作 松壑幽泉 镜心	134cm×67cm	977,500	北京保利	2015.06.05
谢稚柳 1977年作 松山飞瀑 立轴	69cm×34cm	391,000	上海工美	2015.01.25
谢稚柳 1978年作 草书 叶剑英词 立轴	132.5cm×55.5cm	460,000	西泠拍卖	2015.07.05
谢稚柳 1978年作 红荷 镜框	54.5cm×132cm	1,150,000	上海嘉禾	2015.05.08
谢稚柳 1978年作 黄山松云 镜片	54cm×132.5cm	1,012,000	上海嘉禾	2015.05.08
谢稚柳 1978年作 枝头小鸟图 扇页	51.5cm×18cm	322,000	西泠拍卖	2015.07.06
谢稚柳 1979年作 牡丹 立轴	81cm×35cm	220,275	佳士得	2015.06.02
谢稚柳 1980年作 山水 立轴	68.5cm×46cm	273,919	纽约佳士得	2015.03.17

拍品名称	物品尺寸	成交价RMB	拍卖公司	拍卖日期
谢稚柳 1980年作 深谷泉声 立轴	105cm×27.5cm	345,000	北京匡时	2015.12.04
谢稚柳 1981年作 秋景 立轴	78cm×51cm	350,438	佳士得	2015.06.02
谢稚柳 1981年作 山水 立轴	61cm×44cm	1,380,000	鼎天国际	2015.07.05
谢稚柳 1981年作 溪桥秋色 镜心	31.5cm×63cm	174,593	保利香港	2015.10.05
谢稚柳 1983年作 迎春图 立轴（二十开选六）	67cm×45cm×20	333,500	保利山东	2015.02.01
谢稚柳 1986年作 清江春色 立轴	90cm×48cm	598,000	中贸圣佳	2015.05.19
谢稚柳 1988年作 如此江山 手卷	画心18cm×177cm 题跋18cm×295cm	402,500	北京保利	2015.12.07
谢稚柳 1989年作 拟宋元山水册（共十一页）册页	32.5cm×26.5cm×11	2,300,000	西泠拍卖	2015.07.05
谢稚柳 1989年作 松壑图 镜心	89.5cm×48cm	460,000	北京保利	2015.06.05
谢稚柳 1996年作 行书 镜片	37cm×82cm	287,500	上海泓盛	2015.06.20
谢稚柳 1976年作 清荷图 立轴	88cm×33cm	161,000	中国嘉德	2015.04.01
谢稚柳 1976年作 山水清音 立轴	45.5cm×68.5cm	322,000	北京诚轩	2015.11.13
谢稚柳 1946年作 读书秋树根 立轴	82.5cm×41cm	2,357,500	上海嘉禾	2015.05.08
谢稚柳 1986年作 松山清流 镜心	90cm×48cm	460,000	北京华辰	2015.05.15
谢稚柳 1996年作 草书七言 对联片	138cm×33cm×2	172,500	朵云轩	2015.04.26
谢稚柳 1996年作 行书七言联 屏条	133cm×32cm×2	437,000	上海金艺	2015.06.26
谢稚柳 1996年作 行书五言联 镜片	100.5cm×28cm×2	253,000	上海金艺	2015.06.26
谢稚柳 1996年作 行书“长生长乐之居” 镜心	38cm×83cm	380,501	中国嘉德	2015.04.07
谢稚柳 草书 杂诗册 册页（二十三开）	27cm×21cm×23	598,000	西泠拍卖	2015.07.05
谢稚柳 草书五言联 对联	67.5cm×21cm×2	207,000	上海嘉禾	2015.05.08
谢稚柳 陈佩秋 1958年作 红叶栖雀图 荷亭消暑图 成扇		1,322,500	上海工美	2015.06.28
谢稚柳 陈佩秋 1979年作 四君子合卷 手卷	尺寸不一	862,500	上海明轩	2015.06.21
谢稚柳 陈佩秋 1981年作 红梅双雀图 镜片	101cm×50cm	690,000	西泠拍卖	2015.07.05
谢稚柳 陈佩秋 陈子昂诗意 山中过雨 手卷	引首 31.5cm×87.5cm 画芯27cm×53.5cm 31.5cm×76.5cm 书法 31.5cm×232cm	1,782,500	上海工美	2015.06.28
谢稚柳 陈佩秋 1987年作 书画一堂 立轴	画心97cm×63cm 对联 135.5cm×34cm×2	575,000	上海嘉禾	2015.05.08
谢稚柳 陈佩秋 红叶栖禽 春江水暖（二幅）镜片	41.5cm×59cm×2	483,000	上海道明	2015.05.09
谢稚柳 陈佩秋 1959年作 云林诗意 镜片	24cm×132cm	517,500	朵云轩	2015.06.18
谢稚柳 陈佩秋 甲辰（1964年）作 竹树红鸟 镜心	34.5cm×88cm	3,565,000	中国嘉德	2015.11.15
谢稚柳 陈佩秋 梅石春禽图 镜片	69cm×53cm	632,500	西泠拍卖	2015.07.05
谢稚柳 陈佩秋 松鹤遐龄 行书四言联 立轴	画135cm×67cm 对联 129cm×22.5cm×2	2,645,000	荣宝斋（济南）	2015.11.21
谢稚柳 陈佩秋 戊午（1978年）作 芙蓉双蝶 手卷	35cm×138.5cm	632,500	朵云轩	2015.06.18
谢稚柳 陈佩秋 赵廉 等 翠色拥芳 镜心	69cm×128cm	212,750	北京翰海	2015.03.14
谢稚柳 程沧波 1946年作 栖禽图・行书诗 成扇	48cm×18cm	299,000	西泠拍卖	2015.07.06
谢稚柳 春花云松 手卷	尺寸不一	517,500	朵云轩	2015.06.18
谢稚柳 春山四景（四帧）镜心	48cm×34.5cm×4	1,150,000	北京匡时	2015.06.06

拍品名称	物品尺寸	成交价RMB	拍卖公司	拍卖日期
谢稚柳 春燕 立轴	82cm×45cm	345,000	海德拍卖	2015.06.27
谢稚柳 丛山飞瀑 手卷	引首 21.5cm×81.5cm 画芯 21.5cm×141cm	2,300,000	上海工美	2015.06.28
谢稚柳 1947年作 人马图 镜心	83.5cm×42cm	3,335,000	中国嘉德	2015.05.17
谢稚柳 1977年作 青山飞瀑 立轴	117cm×52cm	977,500	上海嘉禾	2015.05.08
谢稚柳 1977年作 松寿万年 立轴	74cm×53.5cm	402,500	上海嘉禾	2015.05.08
谢稚柳 芙蓉花开 镜心	67cm×43.5cm	241,500	北京匡时	2015.06.06
谢稚柳 傅天奇 1948年作 秀石幽篁 篆书 立轴	18cm×48cm	172,500	朵云轩	2015.06.18
谢稚柳1980年作 青绿山水 镜片	45cm×102cm	483,000	上海嘉禾	2015.05.08
谢稚柳1980年作 夏山图 镜片	67cm×45cm	253,000	上海敬华	2015.06.29
谢稚柳 庚戌（1970年）作 蝶恋花 镜框	27cm×36cm	172,500	上海嘉禾	2015.05.08
谢稚柳 孤山吟趣 立轴	76cm×41cm	800,475	佳士得	2015.12.01
谢稚柳 1943年作 观音菩萨像 立轴	96cm×52.5cm	8,050,000	上海金艺	2015.06.26
谢稚柳 1943年作 湖山耸翠 镜片	68cm×38cm	460,000	朵云轩	2015.04.26
谢稚柳 1943年作 花鸟 立轴	102cm×29cm	437,000	中国嘉德	2015.11.14
谢稚柳 海棠山鹧图 立轴	74cm×36.5cm	5,520,000	华艺国际	2015.05.24
谢稚柳 行书 镜片	142.5cm×344cm	483,000	朵云轩	2015.06.18
谢稚柳 行书毛主席词 立轴	95cm×44cm	161,000	上海嘉禾	2015.05.08
谢稚柳 行书自书诗 手卷	引首26.5cm×99cm 画心 26.5cm×159cm 尾跋 26.5cm×147cm	897,000	上海工美	2015.06.28
谢稚柳 行书自作诗册 册页	24cm×32cm×22	621,000	北京匡时	2015.06.06
谢稚柳 荷塘初夏 镜心	88cm×47.5cm	218,500	北京匡时	2015.06.06
谢稚柳 荷香图 立轴	72cm×41.5cm	172,500	北京匡时	2015.12.04
谢稚柳 红叶翠鸟 立轴	69.5cm×41cm	345,000	广东崇正	2015.06.19
谢稚柳 红叶小鸟 立轴	68cm×45.5cm	667,000	东方大观	2015.05.20
谢稚柳 红叶幽禽 镜心	24cm×70.5cm	805,000	北京保利	2015.06.05
谢稚柳 红衣画眉 镜片	57.5cm×33cm	4,370,000	上海嘉禾	2015.05.08
谢稚柳 花卉 册页（十二开）	33cm×22cm×12	2,415,000	上海金艺	2015.06.26
谢稚柳 花鸟 镜心	68cm×35cm	2,300,000	天津同方	2015.06.06
谢稚柳 1989年作 红叶山禽 立轴	68cm×48cm	690,000	上海嘉禾	2015.05.08
谢稚柳 1989年作 巫峡高秋 镜心	96cm×45cm	464,025	中国嘉德	2015.04.07
谢稚柳 己未（1979年）作 富贵神仙 镜心	68cm×34cm	276,000	朵云轩	2015.07.26
谢稚柳 己未（1979年）作 黄山松瀑 镜框	70.5cm×34cm	264,500	上海嘉禾	2015.05.08
谢稚柳 1954年作 仿古山水 立轴	67cm×46cm	241,500	北京隆琛	2015.11.21
谢稚柳 1994年作 书画 成扇	18.5cm×52cm	287,500	上海嘉禾	2015.05.08
谢稚柳 锦幛芙蓉 手卷	引首 21.5cm×97.5cm 画心 21.5cm×128.5cm 跋21.5cm×137cm	322,000	上海嘉禾	2015.05.08
谢稚柳 峻岭飞泉 立轴	135cm×67.5cm	713,000	中国嘉德	2015.11.14
谢稚柳 林壑幽泉图 镜框	69cm×51cm	598,000	上海工美	2015.06.28
谢稚柳 柳岸春帆图 镜心	136cm×68cm	483,000	海德拍卖	2015.06.27
谢稚柳 柳岸青山（两幅）镜框	34.3cm×35.5cm×2	205,250	佳士得	2015.12.01
谢稚柳 柳岸青山（两幅）镜框	34cm×35.5cm×2	350,438	佳士得	2015.06.02
谢稚柳 柳瀑青山 立轴	109.4cm×58.3cm	5,944,040	佳士得	2015.12.01
谢稚柳 陆俨少 关良 等 艺苑碎金册 册页（二十开）	40cm×59cm×2	1,035,000	北京保利	2015.06.05
谢稚柳 陆俨少 林风眠 黄胄 VARIOUS SUBJECTS Album of twenty，seven double leaves	30cm×41.9cm	4,163,565	纽约佳士得	2015.03.18
谢稚柳 梅竹双清 立轴	68cm×38.5cm	253,000	中国嘉德	2015.11.14
谢稚柳 牡丹·七言诗 成扇	42cm×14cm	310,500	西泠拍卖	2015.07.06
谢稚柳 南湖一景 立轴	68cm×45.5cm	322,000	海德拍卖	2015.06.27
谢稚柳潘伯鹰 清溪独钓 行书 成扇		264,500	上海工美	2015.06.28
谢稚柳 泼彩荷花 镜芯	175.5cm×60.5cm	1,380,000	四川德轩	2015.11.05
谢稚柳 启功 1987年作 竹石图 行书七言诗 立轴	63cm×40cm 68cm×45cm	253,000	北京匡时	2015.12.04
谢稚柳 青绿山水 镜片	88cm×47cm	349,336	宝港国际	2015.11.28
谢稚柳 青绿山水 镜心	34cm×93.5cm	437,000	中贸圣佳	2015.05.19
谢稚柳 清江帆影 行书七言联 镜心	124cm×30.5cm×2 136cm×67.5cm	644,000	北京匡时	2015.06.06
谢稚柳 清溪垂钓 立轴	37cm×29cm	333,500	上海工美	2015.04.26
谢稚柳 雀栖春柳 镜心	92.5cm×45cm	1,150,000	北京匡时	2015.06.06
谢稚柳 1942年作 花鸟册 册页	画20.7cm×21cm×12 书法 20.7cm×21cm×14	3,795,000	上海嘉禾	2015.05.08
谢稚柳 1942年作 芙蓉白鸽 立轴	66cm×37.5cm	920,000	中国嘉德	2015.11.14
谢稚柳 1982年作 七言联 对联	139cm×34cm×2	178,250	上海嘉禾	2015.05.08
谢稚柳 1982年作 夏山飞瀑图 立轴	99cm×49cm	506,000	上海嘉禾	2015.05.08
谢稚柳 1982年作 夏山松云 镜片	69.5cm×47cm	207,000	上海道明	2015.05.09
谢稚柳 1982年作 竹深荷净图 镜片	66cm×82cm	1,150,000	上海敬华	2015.06.29
谢稚柳 山茶红鹂鸽 立轴	79cm×41cm	1,725,000	上海明轩	2015.06.21
谢稚柳 山村飞瀑 立轴	113cm×66cm	10,465,000	上海工美	2015.06.28
谢稚柳 山间松风图 镜片	118cm×59.5cm	862,500	西泠拍卖	2015.07.05
谢稚柳 山居图 立轴	81cm×45.5cm	300,375	佳士得	2015.06.02
谢稚柳 山水 镜片	34cm×29cm	230,000	上海嘉禾	2015.05.08
谢稚柳 山水 镜心	66cm×42.5cm	391,000	江苏爱涛	2015.01.10
谢稚柳 山水 立轴	75cm×41cm	333,500	天津同方	2015.06.06
谢稚柳 山溪清胜图 镜心	引首41cm×106cm 本幅40.5cm×96cm 题跋41cm×206cm	4,945,000	北京匡时	2015.12.04
谢稚柳 上世纪60年代作 1990年重提 柳岸双骏图 镜框	102cm×68.5cm	11,500,000	上海明轩	2015.06.21
谢稚柳 石上泉声 立轴	88.5cm×48cm	672,000	十竹斋	2015.06.14
谢稚柳 书法	100cm×50cm	538,272	荣盛国际	2015.01.10
谢稚柳 书画合璧扇 成扇	20cm×57cm	172,500	北京诚轩	2015.11.13
谢稚柳 松壑飞泉图	92cm×60cm	4,967,050	卓艺拍卖	2015.11.21
谢稚柳 松岭飞泉 手卷	引首38cm×136cm 画心38cm×79.8cm 跋38cm×273cm	575,000	上海嘉禾	2015.05.08
谢稚柳 松岭山泉图 手卷	引首 72.5cm×13.5cm 画心102cm×13.5cm 题跋55cm×13.5cm	402,500	西泠拍卖	2015.07.05
谢稚柳 松山鸣泉 立轴	67cm×45cm	230,000	保利山东	2015.02.01
谢稚柳 松鹰图 镜片	98cm×71cm	310,500	上海嘉禾	2015.08.09
谢稚柳 岁寒图 镜框	68cm×33.3cm	857,438	香港苏富比	2015.04.06
谢稚柳 唐人笔意仕女图 立轴	63.8cm×28.6cm	3,481,040	佳士得	2015.12.01
谢稚柳 1978年作 芙蓉 镜框	67cm×34cm	172,500	上海嘉禾	2015.05.08
谢稚柳 1948年作 竹石图 行书自作诗（二幅）扇片	18.5cm×51cm×2	299,000	上海道明	2015.05.09
谢稚柳 辛未（1991年）作 青峦叠嶂 立轴	89cm×47.5cm	1,725,000	上海金艺	2015.06.26
谢稚柳 修篁拳石 立轴	68cm×103cm	184,000	北京保利	2015.04.25
谢稚柳 雪景寒林 立轴	26.7cm×41.3cm	383,325	香港苏富比	2015.04.06
谢稚柳 杨天遒 沈迈士 叶玉麟 郦承铨 丁淇 假借居图 手卷	引首30cm×121cm 画心一 27cm×184.5cm 二32.5cm×95cm 三33cm×94cm 四31.5cm×96cm 五34.5cm×93cm 六36.5cm×109.5cm	1,610,000	上海嘉禾	2015.05.08

拍品名称	物品尺寸	成交价RMB	拍卖公司	拍卖日期
谢稚柳 乙亥（1995年）作 草书十一联 对联	152cm×25cm×2	299,000	上海嘉禾	2015.05.08
谢稚柳 1945年作 水仙幽芬 立轴	68.2cm×29.2cm	172,500	北京诚轩	2015.11.13
谢稚柳 云山缥缈图	68cm×44.5cm	2,257,750	卓艺拍卖	2015.11.21
心田 书法“心经” 镜心	107cm×33cm	161,000	北京保利	2015.12.06
邢诚爱 凝视 镜框	64cm×84cm	220,275	佳士得	2015.06.02
邢诚爱 朋友 镜框	95cm×95cm	359,188	佳士得	2015.12.01
邢东 2010年作 抬头见喜 立轴	105cm×59cm	4,140,000	北京匡时	2015.06.06
邢东 2013年作 吉祥喜事连又连	68cm×136cm	12,650,000	北京翰海	2015.11.27
邢东 喜事连连手稿 镜心	305cm×235cm×6	1,265,000	北京保利	2015.12.06
邢东 喜在眼前 镜心	54cm×136cm	1,150,000	北京保利	2015.06.03
邢东 早有蜻蜓立上头	62cm×62cm	943,000	际华春秋	2015.05.24
熊红刚 山水 镜心	179cm×96.5cm	207,000	天津同方	2015.06.06
熊红钢 2015年作 山崖苍秀 镜心	180cm×96cm	368,000	北京保利	2015.12.06
熊式辉 楷书六言联 立轴	119cm×29cm×2	172,500	北京匡时	2015.12.05
虚云 凌叔华《随园诗画》七绝四首 美人倚栏图 成扇	17cm×49cm	253,000	北京匡时	2015.12.04
徐邦达 1932年作 龙池叠翠 立轴	131cm×36cm	828,000	北京保利	2015.06.04
徐邦达 1938年作 仿曹云西山水 立轴	72cm×30cm	423,675	香港苏富比	2015.04.06
徐邦达 1940年作 石壁过云图 立轴	80cm×34cm	437,000	北京翰海	2015.06.26
徐邦达 1943年作 松鹤幽居 立轴	90cm×46cm	529,000	上海泓盛	2015.06.20
徐邦达 1948年作 清江对奕 立轴	65cm×33cm	241,500	上海嘉禾	2015.05.08
徐邦达 郑慕康 五季铨 吴门手卷 手卷	书法19cm×72.5cm 画19cm×49cm×6	667,000	荣宝斋（济南）	2015.11.21
徐悲鸿　松寿 立轴	133.5cm×33 cm.	1,265,000	中鸿信	2015.07.29
徐悲鸿 1931年作 双鹅图 立轴	81cm×47cm	5,528,772	保利香港	2015.10.05
徐悲鸿 1932年作 卧牛图 镜心	25.5cm×35.5cm	1,552,500	北京匡时	2015.12.04
徐悲鸿 1934年作 授砚图 立轴	35.5cm×53cm	6,568,200	佳士得	2015.06.02
徐悲鸿 1934年作 松寿白头 立轴	72.5cm×32.5cm	814,766	保利香港	2015.10.05
徐悲鸿 1934年作 饮马图 立轴	72.8cm×112cm	18,488,920	佳士得	2015.12.01
徐悲鸿 1935年作 行书五言对联 立轴	135cm×33cm×2	1,840,000	北京保利	2015.12.07
徐悲鸿 1935年作 行书五言联 立轴	136cm×33cm×2	2,300,000	广东崇正	2015.06.19
徐悲鸿 1935年作 醒狮图 镜心	112cm×81cm	17,825,000	北京保利	2015.06.04
徐悲鸿 1935年作 雄鹰 立轴	130cm×77cm	4,140,000	北京匡时	2015.06.06
徐悲鸿 1935年作 英雄独立 立轴	133cm×66cm	3,795,000	北京匡时	2015.12.04
徐悲鸿 1936年作 三吉图 镜心	76cm×50cm	4,830,000	北京保利	2015.06.05
徐悲鸿 1936年作 寿桃 镜心	109cm×31.5cm	1,058,000	北京翰海	2015.11.27
徐悲鸿 1936年作 喜上枝头 立轴	121.5cm×26.5cm	1,495,000	华艺国际	2015.05.24
徐悲鸿 1937年作 巴人汲水 立轴	88cm×50cm	5,865,000	北京保利	2015.12.06
徐悲鸿 1937年作 怅望 镜心	102cm×63cm	5,520,000	北京保利	2015.06.04
徐悲鸿 1937年作 古柏双骏 镜心	128.5cm×76.3cm	17,825,000	北京匡时	2015.12.04
徐悲鸿 1937年作 柳阴 立轴	131cm×38cm	2,070,000	上海明轩	2015.06.21
徐悲鸿 1937年作 马	31cm×42cm	1,069,316	台北艺流	2015.10.10
徐悲鸿 1938年作 大吉图 镜心	123cm×38cm	2,300,000	北京保利	2015.06.05
徐悲鸿 1938年作 大吉图 立轴	108cm×34.5cm	4,370,000	西泠拍卖	2015.07.05
徐悲鸿 1938年作 一马当先 镜框	51.5cm×77.5cm	3,565,000	华艺国际	2015.05.24
徐悲鸿 1938年作、1939年作 立马·行书五言联 镜心	对联 160cm×31.8cm×2 中堂78cm×38cm	2,185,000	中国嘉德	2015.05.17
徐悲鸿 1939年作 1938年作 四鹅图 行书五言联 镜心 立轴	102cm×82cm 153cm×38cm×2	23,000,000	北京保利	2015.06.04
徐悲鸿 1939年作 奔马 镜框	102cm×86.5cm	2,338,920	佳士得	2015.06.02
徐悲鸿 1939年作 奔马 镜片	104cm×73cm	2,300,000	上海工美	2015.06.28
徐悲鸿 1939年作 行书节录<满江红>立轴	104.5cm×64cm	737,170	保利香港	2015.10.05

拍品名称	物品尺寸	成交价RMB	拍卖公司	拍卖日期
徐悲鸿 1939年作 行书录孔子语 立轴	72.5cm×46.5cm	562,577	保利香港	2015.10.05
徐悲鸿 1939年作 狸猫图 立轴	诗堂 38.5cm×18.5cm 画心68cm×38.5cm	4,255,000	西泠拍卖	2015.07.05
徐悲鸿 1939年作 枇杷 立轴	130cm×76cm	5,750,000	北京保利	2015.12.07
徐悲鸿 1939年作 喜在枝头 镜心	33cm×50cm	460,000	北京保利	2015.12.07
徐悲鸿 1939年作 猪 立轴	48.5cm×65.5cm	1,437,500	中国嘉德	2015.05.16
徐悲鸿 1940年作 喜马拉雅 立轴	55cm×33cm	1,610,000	西泠拍卖	2015.07.05
徐悲鸿 1941年作 芭蕉双鸟 镜框	95cm×49.5cm	718,375	佳士得	2015.12.01
徐悲鸿 1941年作 古木栖禽 镜心	86cm×73.5cm	2,070,000	北京翰海	2015.06.27
徐悲鸿 1941年作 立马图 镜心	135cm×65cm	6,670,000	北京保利	2015.06.05
徐悲鸿 1941年作 芦雁图 立轴	113cm×55cm	2,300,000	北京保利	2015.12.06
徐悲鸿 1942年作 对联 镜框	139cm×34cm×2	2,070,000	华艺国际	2015.05.24
徐悲鸿 1942年作 行书 五言联 对联	130cm×31.5cm×2	3,220,000	西泠拍卖	2015.07.05
徐悲鸿 1942年作 行书五言联 立轴	136.5cm×32.5cm×2	2,242,500	北京匡时	2015.06.06
徐悲鸿 1942年作 柳荫立马 立轴	105cm×34cm	2,875,000	北京保利	2015.06.05
徐悲鸿 1942年作 耄耋图 镜心	57.5cm×41.5cm	1,624,000	北京荣宝	2015.06.21
徐悲鸿 1942年作 食草图 镜心	83cm×50cm	1,725,000	北京保利	2015.06.05
徐悲鸿 1942年作 双马图	44cm×46.8cm	697,380	台北艺流	2015.10.10
徐悲鸿 1942年作 双猫图 镜心	102.5cm×52.5cm	2,240,000	北京荣宝	2015.06.21
徐悲鸿 1943年作 行书即景诗 镜心	135cm×34cm	172,500	北京保利	2015.06.05
徐悲鸿 1943年作 秋郊神骏 立轴	48cm×47.6cm	389,975	佳士得	2015.12.01
徐悲鸿 1943年作 日暮倚修竹 立轴	148cm×42cm	7,475,000	北京保利	2015.06.04
徐悲鸿 1943年作 饮水思源 立轴	82cm×48cm	2,875,000	北京保利	2015.06.05
徐悲鸿 1944、1937年作 食草图·行书四言联（一堂）镜心	80cm×44 cm 104cm×30cm×2	5,175,000	北京保利	2015.06.05
徐悲鸿 1944年作 东方欲晓 镜心	96cm×48cm	1,840,000	北京保利	2015.06.05
徐悲鸿 1944年作 飞鹰图 立轴	29.1cm×31.4cm	398,313	纽约佳士得	2015.09.16
徐悲鸿 1944年作 寒山拾得 镜心	100cm×58cm	7,360,000	北京保利	2015.06.04
徐悲鸿 1944年作 落花人独立 立轴	107cm×40cm	30,475,000	北京保利	2015.12.06
徐悲鸿 1944年作 猫捕蝶 镜框	29cm×33cm	420,525	佳士得	2015.06.02
徐悲鸿 1944年作 墨竹图 立轴	102.5cm×37cm	747,500	厦门华辰	2015.06.20
徐悲鸿 1944年作 蜀葵	80cm×34	4,226,760	台北艺流	2015.04.25
徐悲鸿 1944年作 双鹫图 立轴	120cm×91cm	24,318,360	佳士得	2015.06.02
徐悲鸿 1944年作 双喜 镜心	60cm×43cm	632,500	北京匡时	2015.12.04
徐悲鸿 1944年作 雄鸡 镜框	92cm×61cm	7,590,000	华艺国际	2015.05.24
徐悲鸿 1945年作 奔马 立轴	105cm×60cm	6,900,000	中国嘉德	2015.11.15
徐悲鸿 1945年作 立马 立轴	78.5cm×38.5cm	2,185,000	保利厦门	2015.05.02
徐悲鸿 1945年作 三喜图 镜框	99.5cm×26cm	1,362,860	佳士得	2015.12.01
徐悲鸿 1945年作 雄狮图 立轴	83cm×43cm	268,800	上海国拍	2015.11.29
徐悲鸿 1946年作 墨梅中堂 立轴	130.9cm×64.1cm	1,569,960	佳士得	2015.06.02
徐悲鸿 1946年作 书《登喜马拉亚山》诗 立轴	108cm×33cm	586,500	北京保利	2015.12.07
徐悲鸿 1946年作 松 镜框	137cm×68cm	3,360,000	北京荣宝	2015.11.29
徐悲鸿 1947年作 奔马图 镜心	44cm×65.5cm	1,207,500	北京保利	2015.06.05
徐悲鸿 1947年作 奔马图 立轴	103cm×54cm	3,680,000	北京保利	2015.06.04
徐悲鸿 1947年作 双鸭 镜框	11.2cm×23.2cm	1,710,840	香港苏富比	2015.04.06
徐悲鸿 1947年作 天马行空 立轴	66.2cm×38.3cm	2,531,760	香港苏富比	2015.10.06
徐悲鸿 1948年作 奔马图 立轴	108cm×54cm	4,600,000	北京保利	2015.06.05
徐悲鸿 1948年作 劲松长春 立轴	110cm×58cm	1,840,000	保利山东	2015.09.13
徐悲鸿 1948年作 迥立向苍苍 镜框	109cm×53.5cm	4,603,200	香港苏富比	2015.10.06

(成交价RMB：15万元以上)

拍品名称	物品尺寸	成交价RMB	拍卖公司	拍卖日期
徐悲鸿 1950年作 奔马 镜心	82cm×117cm	3,910,000	北京翰海	2015.11.27
徐悲鸿 1951年作 金鸡独立 立轴	81.5cm×41.5cm	1,437,500	中国嘉德	2015.05.16
徐悲鸿 哀鸣思战斗 立轴	101cm×67cm	5,060,000	东方大观	2015.05.20
徐悲鸿 奔马 立轴	109.5cm×35.5cm	557,638	纽约苏富比	2015.09.17
徐悲鸿 奔马图 镜片	29.5cm×44.5cm	1,150,000	上海嘉禾	2015.05.08
徐悲鸿 奔马图 立轴	96cm×39cm	6,440,000	包盈国际	2015.11.15
徐悲鸿 1936年作 逆风 立轴	100cm×83cm	1,725,000	保利厦门	2015.05.02
徐悲鸿 草原立马 镜心	诗堂6cm×14cm 本幅23cm×14cm	207,000	北京匡时	2015.06.06
徐悲鸿 陈树人 1942年作 岁寒三友 镜心	111cm×38.5cm	483,000	中国嘉德	2015.05.16
徐悲鸿 陈树人 等 1945年作 书画册页（六开）	29cm×32cm×6	835,245	中国嘉德	2015.04.07
徐悲鸿 等 1939年作 竹石图 镜心	117cm×39cm	172,500	中国嘉德	2015.04.02
徐悲鸿 1930年作 岭上雄风 立轴	91cm×58cm	2,530,000	朵云轩	2015.06.18
徐悲鸿 1943年作 猫 镜片	82cm×42.5cm	690,000	广州皇玛	2015.01.18
徐悲鸿 1943年作 猫 立轴	75cm×31cm	2,472,500	中国嘉德	2015.05.17
徐悲鸿 寒雀图 镜心	48cm×44cm	3,335,000	中贸圣佳	2015.05.19
徐悲鸿 行书 立轴	103cm×33cm	943,000	广东崇正	2015.06.19
徐悲鸿 红梅幽竹 立轴	138cm×66cm	2,856,780	保利香港	2015.04.07
徐悲鸿 花鸟	70cm×35cm	220,275	荣盛国际	2015.07.31
徐悲鸿 花鸟图 扇面	18cm×50cm	1,150,000	河南泽华	2015.01.11
徐悲鸿 黄君璧 1941年作 雀跃梅梢 手卷	31cm×221cm	1,518,000	保利山东	2015.02.01
徐悲鸿 劲松 立轴	153cm×41.5cm	2,185,000	荣宝斋（济南）	2015.11.21
徐悲鸿 楷书节临《张猛龙碑》镜心	101cm×33cm	1,610,000	北京匡时	2015.06.07
徐悲鸿 马到成功	136cm×60cm	7,535,808	荣盛国际	2015.01.10
徐悲鸿 耄耋图（无图）		287,500	上海敬华	2015.06.29
徐悲鸿 鸣春图	136cm×69cm	3,857,616	荣盛国际	2015.01.10
徐悲鸿 墨梅 镜心	13cm×40cm	253,000	北京匡时	2015.12.04
徐悲鸿 牧马图	70cm×30cm	981,225	荣盛国际	2015.07.31
徐悲鸿 潜龙图 立轴	109cm×31cm	1,667,500	海德拍卖	2015.06.27
徐悲鸿 1932年作 行书五言联 立轴	131.5cm×31.5cm×2	1,150,000	中国嘉德	2015.05.16
徐悲鸿 1942年作 鹰 镜心	61cm×35cm	1,840,000	保利厦门	2015.05.03
徐悲鸿 1942年作 奔马 镜心	47cm×61.5cm	920,000	中国嘉德	2015.05.16
徐悲鸿 1942年作 立马 立轴	81cm×40cm	2,070,000	中国嘉德	2015.05.17
徐悲鸿 1942年作 猫石图 镜心	72.5cm×52cm	484,980	中国嘉德	2015.10.07
徐悲鸿 1942年作 墨竹图 镜心	68cm×31cm	402,500	中国嘉德	2015.05.16
徐悲鸿 卅年（1941年作 雄风独立 镜心	96cm×87.8cm	6,325,000	北京诚轩	2015.11.13
徐悲鸿 书法 立轴	66cm×29.5cm	552,000	广东小雅斋	2015.11.11
徐悲鸿 书法“乐天斋”镜片	30cm×88cm	2,645,000	上海嘉禾	2015.05.08
徐悲鸿 松寿图	80cm×38cm	6,321,700	卓艺拍卖	2015.11.21
徐悲鸿 汪亚尘 谢公展 肥猪图 镜片	108cm×55cm	1,495,000	上海工美	2015.06.28
徐悲鸿 1938年作 钟馗 立轴	101cm×62cm	12,650,000	中国嘉德	2015.11.15
徐悲鸿 1948年作 万里可横行 镜心	65.5cm×96cm	4,025,000	北京华辰	2015.05.15
徐悲鸿 喜鹊 立轴	65.5cm×30.5cm	862,500	深圳市拍	2015.07.19
徐悲鸿 喜上梅梢 立轴	84.5cm×25cm	1,437,500	北京上和	2015.11.13
徐悲鸿 1941年作 飞鹰 镜片	59cm×31.5cm	690,000	广东崇正	2015.06.19
徐悲鸿 1941年作 奔马 镜心	50cm×34cm	484,980	中国嘉德	2015.10.07
徐悲鸿 1941年作 紫兰 立轴	74.5cm×41cm	13,800,000	中国嘉德	2015.05.17
徐悲鸿 辛未（1931年）作 墨竹 立轴	103cm×41cm	1,150,000	上海嘉禾	2015.05.08
徐悲鸿 雄鸡图 立轴	88cm×47.5 cm	1,073,500	中鸿信	2015.07.29
徐悲鸿 雄视图 立轴	91cm×60cm	920,000	上海工美	2015.06.28
徐悲鸿 修篁图 立轴	111.5cm×35cm	632,500	广东崇正	2015.06.19
徐悲鸿 徐悲鸿 猫趣图 立轴	80cm×40cm	1,408,000	北京贞观	2015.06.28
徐悲鸿 乙亥（1935年）作 钟馗 立轴	116.5cm×59.5cm	2,070,000	中国嘉德	2015.11.14
徐悲鸿 鹰 镜心	82cm×47cm	1,344,000	北京荣宝	2015.06.21
徐悲鸿 鱼鹰图 镜心	95cm×43cm	3,450,000	北京保利	2015.12.06
徐悲鸿 愚公移山人物画稿 册页	52cm×57cm×5	437,000	北京保利	2015.06.05
徐悲鸿 郁达夫 等 题林国赓行书八言 对联	148.5cm×36.5cm×2	230,000	上海道明	2015.05.09
徐悲鸿 致黄孟圭书信 镜框	25cm×44cm	256,563	佳士得	2015.12.01
徐悲鸿 竹石双清 镜框	113cm×48cm	2,875,000	华艺国际	2015.05.24
徐悲鸿 竹子 立轴	101cm×31cm	747,500	天津同方	2015.06.06
徐悲鸿 哀鸣思战斗 立轴	109cm×60cm	4,600,000	北京至诚	2015.12.20
徐冰 2007年作 新英文书法：狄兰托马斯--不要温和地走进那良夜	73.5cm×277cm	1,109,625	香港苏富比	2015.04.05
徐冰 读风景	48.3cm×172.7cm	1,354,263	纽约苏富比	2015.09.15
徐冰 二〇〇二年作 新英文书法 - 儿歌：小波比 镜框	68.2cm×67.1cm.	328,800	香港苏富比	2015.10.05
徐操 1937年作 东山实业 镜心	102cm×40cm	151,229	保利香港	2015.05.28
徐操 1938年作 群仙会 镜心	50.5cm×133cm	495,175	保利香港	2015.04.07
徐操 1938年作 仕女图 立轴	130.5cm×33.5cm	161,000	西泠拍卖	2015.07.05
徐操 1947年作 商妇琵琶 镜框	105cm×40cm	170,213	佳士得	2015.06.02
徐操 1956年作 松荫仕女 立轴	137cm×38cm	287,500	北京翰海	2015.11.28
徐操 春风策马 立轴	120cm×45cm	761,001	中国嘉德	2015.04.07
徐操 1940年作 相马图 立轴	122cm×44cm	230,000	中国嘉德	2015.05.16
徐操 人物 成扇	19cm×48cm	264,500	天津同方	2015.06.06
徐操 双美图 立轴	97cm×33cm	437,000	北京翰海	2015.11.27
徐操 双美图 立轴	120cm×41cm	218,500	北京翰海	2015.07.18
徐操 松溪看山图 立轴	56.5cm×26.5cm	161,000	北京翰海	2015.03.14
徐操 松溪论道 立轴	99.5cm×32cm	156,800	天津文物	2015.05.22
徐操 唐人放牧图 立轴	100.5cm×40cm	287,500	北京翰海	2015.03.14
徐操 西施浣纱 立轴	90cm×36.5cm	299,000	中国嘉德	2015.05.16
徐操 1951年作 纨扇仕女 立轴	83cm×42cm	160,506	宝港国际	2015.11.28
徐操 夜读图 成扇	19.6cm×49.1cm	242,100	香港苏富比	2015.04.06
徐操 张大千 1936年作 仕女图 行书五言诗 成扇	18.5cm×49cm	276,000	北京匡时	2015.10.16
徐操 钟馗小妹图 立轴	99.5cm×33cm	172,500	北京匡时	2015.12.04
徐华翎《香》NO.7 镜心	100cm×76cm	644,000	南京经典	2015.01.04
徐华翎 2004年作 香 镜框	32cm×42.5cm	402,500	上海宝龙	2015.01.18
徐华翎 2005年作 香·3-6	159cm×100cm	667,000	上海明轩	2015.06.21
徐华翎 2005年作 香·十七	31.4cm×41cm	172,500	北京匡时	2015.06.06
徐华翎 2010年作 2010合成十一 镜心	52cm×42cm	313,600	北京荣宝	2015.06.21
徐华翎 2014年作《之. 间》镜框	58.7cm×74.6cm	201,750	香港苏富比	2015.04.06
徐华翎 2014年作 香 镜心	42cm×52cm	276,000	北京保利	2015.06.04
徐华翎 不如归去 镜心	100cm×160cm	1,725,000	中国嘉德	2015.05.18
徐华翎 而我站在黑暗中 镜心	85cm×60cm	230,000	中国嘉德	2015.11.16
徐华翎 香 镜心	56cm×70cm	228,542	保利香港	2015.04.06
徐华翎 之·间18 镜心	76cm×104cm	494,500	北京保利	2015.06.03
徐华翎 之·间6 镜心	41cm×51cm	230,000	中国嘉德	2015.04.02
徐华翎 之间 镜框	58cm×47cm	322,000	鼎天国际	2015.07.05

拍品名称	物品尺寸	成交价RMB	拍卖公司	拍卖日期
徐华翎 之间 镜心	41cm×51cm	246,400	北京荣宝	2015.06.21
徐会沣 行书 镜心	79cm×235cm	241,500	北京翰海	2015.07.18
徐惠泉 疏林春意 镜片	136cm×68cm	227,000	上海聚缘斋	2015.01.11
徐加存 夜晚的树 镜心	246cm×625cm	1,150,000	中国嘉德	2015.11.16
徐建明 春夏秋冬 四条屏镜心（片）	100cm×33cm×4	414,000	江苏嘉恒	2015.01.11
徐建明 春夏秋冬四条屏 镜心（片）	100cm×33cm×4	414,000	江苏嘉恒	2015.01.11
徐建明 古摄山清境图 镜心（片）	画心34cm×418cm 引首34cm×131cm	437,000	江苏嘉恒	2015.01.11
徐建明 金峰层云开 镜心（片）	134cm×67cm	345,000	江苏嘉恒	2015.01.11
徐建明 石公山秋晨图 镜心（片）	66cm×131cm	345,000	江苏嘉恒	2015.01.11
徐晋平 荷塘秋雨	136cm×68cm	161,000	北京翰海	2015.11.27
徐乐乐 1991年作 消夏图 立轴	126cm×33cm	299,000	中贸圣佳	2015.05.19
徐乐乐 2000年作 放鹤 洗马（两幅）镜框	eacmh 28.8cm×40.8cm×2	195,225	香港苏富比	2015.10.06
徐乐乐 2000年作 高士（两帧）镜心	33cm×43cm×2	230,000	中贸圣佳	2015.05.19
徐乐乐 2000年作 文君听琴 镜心	46cm×70cm	212,800	北京荣宝	2015.11.29
徐乐乐 2002年作 韵石园图 镜心	34cm×100cm	437,000	北京保利	2015.06.03
徐乐乐 2003年作 婴戏图 镜片	35cm×35cm	218,500	广东崇正	2015.06.19
徐乐乐 2005年作 嬉春图 镜心	34cm×34cm	184,000	保利厦门	2015.05.03
徐乐乐 2005年作 渔家乐图 镜心	46cm×70cm	483,000	中贸圣佳	2015.05.19
徐乐乐 爱鹤图 镜心	46cm×70cm	322,000	南京经典	2015.01.04
徐乐乐 盗饮图 镜心	38.5cm×67cm	621,000	江苏爱涛	2015.01.10
徐乐乐 东床坦腹图 镜心	34cm×66cm	299,000	南京经典	2015.01.04
徐乐乐 对弈图 镜心	27.5cm×80cm	437,000	南京经典	2015.08.02
徐乐乐 飞袖轻舞 镜心（片）	68cm×45cm	345,000	江苏嘉恒	2015.01.11
徐乐乐 浣纱图 镜心	68.5cm×45.5cm	195,500	南京经典	2015.04.26
徐乐乐 1989年作 书画合璧册 册页	36.5cm×32cm×20	575,000	北京诚轩	2015.05.18
徐乐乐 蕉荫高士 立轴	45cm×61cm	161,000	南京经典	2015.04.26
徐乐乐 揽镜罗汉图 镜心	49cm×48.5cm	195,500	南京经典	2015.04.26
徐乐乐 梁鸿读书图 镜心	43.5cm×49cm	230,000	南京经典	2015.08.02
徐乐乐 扑蝶图 镜心	70cm×46cm	690,000	南京经典	2015.04.26
徐乐乐 琴思图 镜框	35cm×143cm	598,000	北京上和	2015.05.16
徐乐乐 秋庭婴戏图 镜心	46cm×35cm	345,000	海德拍卖	2015.06.27
徐乐乐 人物 镜片	54cm×41cm	862,500	河南泽华	2015.01.11
徐乐乐 善财童子 镜心	49cm×49cm	402,500	南京经典	2015.04.26
徐乐乐 试衣童子 镜心	35cm×70cm	805,000	海德拍卖	2015.06.27
徐乐乐 桐荫展卷图 镜心	69.5cm×36cm	184,000	南京经典	2015.08.02
徐乐乐 文君听琴图 镜心（片）	45cm×70cm	345,000	江苏嘉恒	2015.01.11
徐乐乐 闲适图 镜心	32cm×70cm	184,000	南京经典	2015.04.26
徐乐乐 婴戏图 镜心	35cm×69cm	517,500	南京经典	2015.04.26
徐乐乐 重阳簪菊图	46cm×35cm	172,500	北京翰海	2015.06.26
徐累 2009年作 此去经年 镜框	65cm×90cm	2,006,000	苏富比（北京）	2015.06.02
徐累 1991年作 无题	34cm×44cm	460,000	上海明轩	2015.06.21
徐累 1998年作 虚浮	64.5cm×85cm	1,206,465	中国嘉德	2015.04.06
徐累 2002年作 蝴蝶君	65cm×48cm	690,000	北京匡时	2015.12.04
徐累 2002年作 虚词-亭 镜框	50cm×65cm	756,563	香港苏富比	2015.04.05
徐累 2003年作 偶遇 镜框	86.5cm×65.5cm	2,587,500	上海明轩	2015.06.21
徐累 2009年作 月落 镜框	114cm×208cm	4,761,300	保利香港	2015.04.06
徐累 2013年作 吉光片石-3	50cm×58cm	690,000	北京匡时	2015.06.06
徐累 龙马图 镜框	65cm×46cm	1,495,000	上海宝龙	2015.01.18
徐累 龙骑士 镜心	65cm×84cm	2,070,000	北京保利	2015.06.04
徐累 树	49cm×64cm	632,500	西泠拍卖	2015.07.04
徐累 虚掠	54cm×115.5cm	2,070,000	西泠拍卖	2015.07.04
徐鸣 2012年作 荷塘 镜心	68cm×135cm	322,000	北京保利	2015.06.03
徐世昌 1913年作 临东坡书卷 手卷	13cm×423cm	345,000	北京保利	2015.12.07
徐世昌 1923年作 书法 四屏	101cm×51cm×4	552,000	广东小雅斋	2015.11.11
徐世昌 1926年作 双松 镜心	164cm×83cm	230,000	北京翰海	2015.06.27
徐世昌 1934年作 草书 千字文 手卷	引首 35.5cm×107cm 画心 35.5cm×622.5cm 题跋43cm×88cm	195,500	西泠拍卖	2015.04.22
徐世昌 1934年作 草书《千字文》手卷	36cm×687cm	920,000	北京匡时	2015.06.06
徐世昌 翠竹红树 立轴	131.5cm×63.5cm	350,438	佳士得	2015.06.02
徐世昌 1933年作 草书五言联 立轴	156cm×34cm×2	176,330	中国嘉德	2015.04.07
徐世昌 行书八言 对联	171cm×36cm×2	172,500	上海工美	2015.06.28
徐世昌 行书七言联 立轴	202cm×47cm×2	172,500	中国嘉德	2015.05.16
徐世昌 梅兰竹菊（18帧）册页	27cm×36cm×18	598,000	北京匡时	2015.06.06
徐世昌 水竹邨人花卉册 册页（十二开）	20cm×26cm×12	287,500	北京匡时	2015.12.04
徐庶之 天山放牧 镜片	68cm×70cm	253,000	河南泽华	2015.01.11
徐庶之 无限风光 镜片	84cm×70cm	345,000	河南泽华	2015.01.11
徐庶之 辛未（1991年）作 天山南北 镜片	68cm×136cm	169,947	宝港国际	2015.11.28
徐希 1984年作 江上清风图 横披	95cm×178cm	230,000	北京翰海	2015.06.26
徐希 1986年作 江南喜雨 横幅	95cm×178cm	230,000	北京翰海	2015.11.28
徐希 1986年作 瑞雪图 横幅	95cm×178cm	230,000	北京翰海	2015.11.28
徐希 1992年作 清漓之春 横幅	145.5cm×367.5cm	460,000	北京翰海	2015.03.15
徐希1980年作 大昭寺前 镜心	96.5cm×94cm	184,000	中国嘉德	2015.11.16
徐燕孙 1940年作 索绹图 横幅	35cm×90cm	230,000	中国嘉德	2015.04.01
徐义生 团扇（十二帧）镜框	直径20cm×12	537,600	秦宝斋	2015.01.17
徐源绍 吴彦 陆俨少 1977年作 松龄鹤寿 松鹤长春 南山松柏 镜框	74cm×38.7cm	677,131	纽约佳士得	2015.09.16
徐展 人物 镜心	137cm×68cm	172,500	天津同方	2015.06.06
许涤新 郭鹰 朱屺瞻 书法 喜上眉梢 双清图 镜片	78cm×33.4cm	159,325	纽约佳士得	2015.09.16
许燎原 抽象2号	120cm×80cm	230,000	四川翰雅	2015.10.15
许麟庐 1976年作 菊香蟹肥 镜片	104cm×34.5cm	414,000	广东崇正	2015.06.18
许麟庐 1989年作 花卉 四屏镜心	69cm×45.5cm×4	2,300,000	北京保利	2015.06.04
许麟庐 高瞻 立轴	136cm×68cm	230,000	北京翰海	2015.11.28
许麟庐 花卉鸟虫 镜心四屏	68cm×45cm×4	1,725,000	北京保利	2015.12.07
许麟庐 牵牛蜻蜓图	37.5cm×33cm	903,100	卓艺拍卖	2015.11.18
许钦松 1984年作 林壑秋声 镜片	69cm×137cm	805,000	河南金帝	2015.11.22
许钦松 2005年作 翠谷清音 镜框	69cm×137cm	402,500	华艺国际	2015.05.24
许钦松 2008年作 春山烟岚 镜片	144cm×366cm	13,800,000	河南金帝	2015.11.22
许钦松 2010年作 漫云随风 镜片	179cm×96cm	2,185,000	河南金帝	2015.11.22
许钦松 2010年作 晴岚晓烟 镜片	147cm×367cm	10,350,000	河南金帝	2015.11.22
许钦松 2010年作 云霞毓飞天 镜片	68cm×136cm	575,000	河南金帝	2015.11.22
许钦松 2011年作 景不盈尺	69cm×137cm	1,380,000	北京翰海	2015.06.26
许钦松 2011年作 静谷溪泉 镜片	68cm×136cm	1,150,000	河南金帝	2015.11.22
许钦松 2011年作 山邨晓雾	69cm×137cm	1,092,500	北京翰海	2015.06.26
许钦松 2011年作 烟云图	69cm×137cm	1,207,500	北京翰海	2015.06.26
许钦松 2012年作 溪谷晴晨 镜片	138cm×69cm	747,500	河南金帝	2015.11.22
许钦松 2013年作 春日深山色如黛 镜框	69cm×69cm	218,500	华艺国际	2015.05.24

拍品名称	物品尺寸	成交价RMB	拍卖公司	拍卖日期
许钦松 2013年作 山谷溪流 镜框	69cm×69cm	402,500	华艺国际	2015.05.24
许钦松 2014年作 层云万里 镜片	69cm×137cm	920,000	深圳市拍	2015.07.19
许钦松 2014年作 松谷晴云 镜片	69cm×137cm	1,035,000	深圳市拍	2015.07.19
许钦松 春云有情 镜框	138.5cm×70cm	230,000	华艺国际	2015.03.29
许钦松 风帆万里 镜片	68cm×139cm	172,500	广东崇正	2015.04.19
许钦松 2010年作 翠谷琴音 镜心	69cm×137cm	950,000	上海驰翰	2015.05.09
许钦松 2013年作 春山欲雨 镜片	68.5cm×138cm	1,035,000	广州皇玛	2015.07.26
许钦松 2013年作 雨歇 镜片	68.5cm×138cm	1,058,000	广州皇玛	2015.07.26
许钦松 2014年作 溪古琴音 镜片	68.5cm×137.5cm	1,058,000	上海道明	2015.05.09
许钦松 2014年作 放晴 镜片	68cm×138cm	1,092,500	广州皇玛	2015.01.18
许钦松 2014年作 高原霞光 镜片	68cm×137cm	1,265,000	广州皇玛	2015.01.18
许钦松 2014年作 江岸小径 镜片	69cm×138cm	1,207,500	广州皇玛	2015.01.18
许钦松 2014年作 涓泉细语 镜框	68cm×136cm	1,092,500	广州皇玛	2015.01.18
许钦松 2014年作 清涧碧水 镜片	68.5cm×138cm	977,500	广州皇玛	2015.07.26
许钦松 2014年作 舒云万里	145cm×368cm	10,982,500	广州皇玛	2015.01.18
许钦松 烟岚出涧 镜片	68cm×139cm	172,500	广东崇正	2015.04.19
许钦松 2015年作 溪泉唱鸣 镜心	69cm×137cm	1,000,000	上海驰翰	2015.05.09
许钦松 2005年作 溪山烟水 镜心	69cm×137cm	950,000	上海驰翰	2015.05.09
薛亮 2014年作 秋水有声图 镜框	22cm×60.5cm 22cm×58cm	271,400	苏富比（北京）	2015.06.02
薛亮 1996年作 岭上白云图 镜片	27.5cm×179.5cm	345,000	上海嘉禾	2015.05.08
薛亮 1998年作 唐人诗意图 镜心	67cm×46cm×8	3,105,000	中贸圣佳	2015.05.19
薛亮 2006年作 月落乌啼霜满天 镜心	39cm×64cm	207,000	保利厦门	2015.05.03
薛亮 2014年作 茂林嘉荫图 镜片	99cm×33.5cm	713,000	西泠拍卖	2015.07.05
薛亮 碧山栖白云 镜心	22cm×60cm	166,750	南京经典	2015.01.04
薛亮 碧山栖白云 日本镜片	22cm×59cm	172,500	南京嘉信	2015.07.19
薛亮 碧野春望 镜心	67cm×33cm	425,500	南京经典	2015.04.26
薛亮 别样红图 镜心	145cm×368cm	504,000	北京荣宝	2015.11.29
薛亮 达摩悟道图 镜心	50cm×50cm	425,600	十竹斋	2015.01.11
薛亮 达摩悟道图 镜心（片）	50cm×50cm	460,000	江苏嘉恒	2015.04.25
薛亮 黄山云趣 镜片	139cm×68cm	575,000	广州皇玛	2015.01.18
薛亮 江山秋醉图 镜心	50cm×50cm	460,000	南京经典	2015.01.04
薛亮 静谧 镜心	69cm×70cm	339,250	南京经典	2015.08.02
薛亮 绿野芳踪 镜心	67cm×45cm	414,000	海德拍卖	2015.06.27
薛亮 山水 镜心（片）四屏	69cm×35cm×4 65cm×40cm×4	1,633,000	江苏嘉恒	2015.01.11
薛亮 山水 立轴	68.5cm×45.5cm	414,000	海德拍卖	2015.06.27
薛亮 意中天地 镜心	34cm×69cm	345,000	海德拍卖	2015.06.27
薛亮 月落苏州 镜心	35cm×134cm	632,500	南京经典	2015.08.02
薛亮 月落乌啼霜满天 镜心	66.5cm×66.5cm	345,000	海德拍卖	2015.06.27
薛亮 月落乌啼霜满天 镜心（片）	68cm×68cm	494,500	江苏嘉恒	2015.04.25
薛亮 云幻岚影图 立轴	179cm×98cm	3,680,000	南京经典	2015.01.04
薛亮 醉秋 镜心	38cm×38cm	230,000	南京经典	2015.04.26
薛林兴 贵妃醉酒	68cm×68cm	200,250	荣盛国际	2015.07.31
薛林兴 书香 镜框	136cm×68cm	897,000	北京恒丰	2015.05.10
雪鸿 2015年作 道冲 镜心	181cm×98cm	304,750	北京保利	2015.12.06
雪舟 1899年作 山水 手卷	34cm×359.8cm	171,488	香港苏富比	2015.04.06
亚明 1962年作 晚归 立轴	79cm×112.5cm	1,127,000	中国嘉德	2015.11.15
亚明 1973年作 长城红万里 镜心	49cm×84cm	310,500	中贸圣佳	2015.05.19
亚明 1976年作 擎天苍松图 立轴	诗堂67cm×32cm 画心138cm×67cm	184,000	西泠拍卖	2015.07.05
亚明 1976年作 扇舞 立轴	43cm×35cm	161,000	中贸圣佳	2015.05.19
亚明 1977年作 韶山冲 立轴	56cm×48cm	667,000	北京翰海	2015.06.27
亚明 1978年作 南亚风光 立轴	138cm×69cm	368,000	中贸圣佳	2015.05.19
亚明 1979年作 苍生望不赊 立轴	83cm×51cm	170,213	佳士得	2015.06.02
亚明 1982年作 百里水声下山来 立轴	89cm×48cm	253,000	中贸圣佳	2015.05.19
亚明 1983年作 冰岛首都 镜心	44cm×67cm	368,000	中贸圣佳	2015.05.19
亚明 1983年作 黄山云来图 镜片	137cm×68cm	632,500	河南金帝	2015.11.22
亚明 1983年作 拉普人 镜心	46cm×67cm	161,000	中贸圣佳	2015.05.19
亚明 1986年作 巴基斯坦风情 镜框	43.5cm×102cm	350,438	佳士得	2015.06.02
亚明 1987年作 赤壁赋 立轴	134cm×68cm	299,000	中贸圣佳	2015.05.19
亚明 1987年作 广陵散 镜片	134cm×68cm	322,000	西泠拍卖	2015.07.05
亚明 1988年作 山高根云低 横披	141cm×358cm	920,000	北京翰海	2015.06.26
亚明 1989年作 春风又绿江南岸 镜心	68cm×91cm	368,000	中贸圣佳	2015.05.19
亚明 1989年作 峡江云图 手卷	引首84cm×27cm 画心 137.5cm×27cm 题跋88cm×27cm	322,000	西泠拍卖	2015.07.05
亚明 1995年作 云抱黄山 手卷	33cm×274cm引首 33cm×93cm	632,500	中贸圣佳	2015.05.19
亚明 阿拉伯海写生 立轴	67cm×45cm	195,500	中贸圣佳	2015.05.19
亚明 大炼钢铁 立轴	64cm×96.5cm	533,450	江苏聚德	2015.07.01
亚明 高二适 1976年作 佐卮图 镜心	34.5cm×131.5cm	287,500	中国嘉德	2015.11.14
亚明 1990年作 春山秋水图册 册页（十开）	33.8cm×45.2cm×10	299,000	北京诚轩	2015.11.13
亚明 洪应明读书堂 镜心	67cm×133cm	437,000	南京经典	2015.01.04
亚明 湖光山色图 立轴	89cm×47cm	276,000	中贸圣佳	2015.05.19
亚明 黄山烟云 镜心	68cm×45.5cm	322,000	江苏爱涛	2015.01.10
亚明 黄山迎客松 镜心（片）	64cm×120cm	690,000	江苏嘉恒	2015.01.11
亚明 李白诗意图 横披	67cm×132cm	161,000	上海敬华	2015.06.29
亚明 奈良之春 镜框	69cm×45cm	253,000	华艺国际	2015.05.24
亚明 轻舟已过万重山 立轴	83cm×58cm	322,000	南京经典	2015.08.02
亚明 山水 册页	34.5cm×45.5cm×14	3,047,500	海德拍卖	2015.06.27
亚明 山水人物花鸟 册页	22.5cm×28cm×10	862,500	南京经典	2015.08.02
亚明 山乡雪照 镜心（片）	116cm×50cm	322,000	江苏嘉恒	2015.01.11
亚明 水乡吟 立轴	69cm×46cm	368,000	江苏嘉恒	2015.01.11
亚明 魏紫熙 1973年作 麦收时节 镜心	141cm×252cm	3,565,000	北京匡时	2015.06.06
亚明 西风吹下红雨来 镜心	177cm×95cm	943,000	海德拍卖	2015.06.27
亚明 1981年作 黄山秋云 镜心	31cm×247cm	195,500	中国嘉德	2015.06.27
亚明 一望大江开 镜心	96cm×179cm	672,000	十竹斋	2015.06.14
延悦 十八罗汉应真图	画心 20.5cm×174cm 诗堂20cm×70cm	2,070,000	北京翰海	2015.06.26
阎锡山 行书“倚正书堂” 横批	28cm×94cm	253,000	上海明轩	2015.06.21
阎锡山 行书论句 立轴	70cm×35cm	195,500	北京匡时	2015.12.04
阎锡山 行书十二言联 对联	134cm×33cm×2	276,000	中国嘉德	2015.04.01
阎锡山 行书十言联 立轴	136cm×28.5cm×2	460,000	北京匡时	2015.12.04
颜伯龙 1948年作 花鸟竹石（两幅）镜框	101.5cm×34.2cm×2	225,775	佳士得	2015.12.01
颜伯龙 百鸟图 镜心	82.5cm×265.5cm	862,500	荣宝斋（济南）	2015.11.21
颜伯龙 1940年作 和平鸽 镜心	93cm×34.5cm	224,000	天津文物	2015.05.22
颜伯龙 1950年作 万花竞艳 镜心	92.5cm×174cm	575,000	中国嘉德	2015.05.16
颜伯龙 鸟语花香	50cm×100cm	360,450	荣盛国际	2015.07.31
颜伯龙 1942年作 红柿鹦鹉 镜心	99cm×32.5cm	253,000	北京诚轩	2015.05.18
颜伯龙 邵章 四雀鸣春·行书扇面	19cm×54cm	184,000	中国嘉德	2015.05.17
颜伯龙 王雪涛 1944年作 秋海棠八哥 立轴	102.8cm×34.2cm	174,463	佳士得	2015.12.01
颜伯龙 1938年作 栖禽对语 成扇	18.5cm×51cm	168,000	天津文物	2015.05.22

拍品名称	物品尺寸	成交价RMB	拍卖公司	拍卖日期
颜伯龙 1948年作 花鸟 四屏立轴	131.5cm×33cm×4	322,000	中国嘉德	2015.11.14
颜伯龙 玉堂春色 立轴	100cm×34cm	161,000	中国嘉德	2015.11.14
颜伯龙 玉堂富贵图 镜片	136cm×33cm	747,500	河南泽华	2015.01.11
颜伯龙 周颂椒 1943年作 闹喜图 行书《咏怀古迹》成扇	19cm×50cm	230,000	北京翰海	2015.06.26
颜梅华 1968年作 芭蕾舞剧 镜片	100cm×66cm	287,500	西泠拍卖	2015.07.04
颜梅华 2005年作 四季山水（四幅）屏轴	179cm×55cm×4	506,000	朵云轩	2015.06.18
颜梅华 锺馗 立轴	82cm×39cm	1,035,000	河南泽华	2015.01.11
晏济元 1977年作 山水大册页 镜心 设色纸本	34.5cm×47cm×5	690,000	八益拍卖	2015.04.25
晏济元 观自在菩萨像 镜心	128cm×64cm	230,000	北京东正	2015.05.19
晏济元 佳耦图 立轴	174cm×88cm	195,500	北京保利	2015.04.25
晏济元 山水 镜心	91cm×53cm	360,000	诗婢家	2015.05.17
晏济元 仕女图 镜心	90.5cm×53cm	172,500	天津同方	2015.06.06
晏济元 1941年作 玉簪花 立轴	94cm×77cm	195,500	中国嘉德	2015.09.20
晏少翔 人物 立轴	41cm×110cm	460,000	辽宁中正	2015.06.13
晏少翔 陶渊明行吟图 框	92cm×43.5cm	322,000	辽宁中正	2015.06.13
杨伯润 吴昌硕 云山图 行书七言诗 成扇		161,000	中国嘉德	2015.04.01
杨春华 2013年作 观音-般若波罗密多心经 镜心	143.5cm×75cm	253,000	中国嘉德	2015.11.16
杨春华 五彩芳菲图 镜心	35cm×135cm×2	189,750	南京经典	2015.04.26
杨春华 戏曲人物 镜心	70cm×34cm×4	195,500	南京经典	2015.04.26
杨德玉 红果 镜片	136cm×68cm	747,040	中联环球	2015.03.29
杨佴旻 2004年作 有绿果子的静物 镜心	80cm×75cm	872,964	保利香港	2015.10.05
杨佴旻 中秋 镜心	101cm×68cm	904,647	保利香港	2015.04.06
杨福音 2015年作 水风香 册页	10cm×20cm×10	161,000	北京保利	2015.12.06
杨福音 山水册页 镜心（八开）	50cm×45cm×8	1,150,000	北京保利	2015.06.04
杨革非 2013年作 江口云霁 镜心	178cm×97cm	201,250	北京保利	2015.11.01
杨华山 2013年作 人文渊薮 镜心	80cm×180cm	402,500	北京保利	2015.06.03
杨华山 闲居图 镜心	69cm×34cm×2	207,000	北京保利	2015.12.06
杨惠东 2014年作 海浪起晴云	96cm×61cm	158,900	上海聚缘斋	2015.01.11
杨建华 2010年作 望山观水图	97cm×265cm	3,680,000	北京翰海	2015.11.27
杨诘苍 1990年作 千层墨（三幅）布面镜框	45cm×44cm×3	246,300	佳士得	2015.11.30
杨金星 2007年作 姐妹花 立轴	131cm×65cm	437,000	景德镇华艺	2015.05.23
杨金星 2014年作 京山妇孺图 镜心	66cm×131cm	517,500	景德镇华艺	2015.01.10
杨珺 2014年作 大吉祥 四屏镜心	93.5cm×21cm×4	172,500	中国嘉德	2015.05.18
杨立奇 2014年作 悠然自得 镜心	44.5cm×162cm	184,000	北京匡时	2015.12.04
杨明义 1998年作 扇面（四帧）扇面	19cm×56cm×4	161,000	中贸圣佳	2015.05.19
杨明义 2005年作 江南春光 镜心	68cm×136cm	172,500	中贸圣佳	2015.05.19
杨明义 2010年作 秋霭氤氲 镜心	98cm×68.5cm	575,000	上海宝龙	2015.01.18
杨明义 2015年作 白夜 镜心	103cm×96cm	322,000	北京保利	2015.06.03
杨明义 2015年作 春水绕屋 镜心	78cm×96cm	184,000	北京保利	2015.12.06
杨明义 2015年作 红日映山湖 镜片	70cm×138cm	828,000	江苏爱涛	2015.06.29
杨明义 彩虹桥 立轴	68cm×138cm	345,000	海德拍卖	2015.06.27
杨明义 江南处处好风光 镜心	68cm×138cm	230,000	保利山东	2015.02.01
杨明义 江南十二景山水册 册页	34cm×45cm×12	609,500	江苏爱涛	2015.01.10
杨明义 林间 镜心	68cm×137.5cm	322,000	上海宝龙	2015.01.18
杨明义 2015年作 水乡四时图 镜心	69cm×45cm×4	276,000	中国嘉德	2015.11.16
杨慕唐 书法 十六屏屏轴	132cm×33cm×16	368,000	青岛中艺	2015.01.18
杨强立 2014年作 太行秋泉图 立轴	110cm×35cm	230,000	北京翰海	2015.06.26
杨善深 1967年作 红荷 立轴	126cm×40cm	428,517	保利香港	2015.04.07
杨善深 1970年作 松鹤延龄图 立轴	130cm×55cm	276,000	北京匡时	2015.06.06

拍品名称	物品尺寸	成交价RMB	拍卖公司	拍卖日期
杨善深 1978年作 江畔远帆 镜框	60.4cm×106.6cm	328,800	香港苏富比	2015.10.06
杨善深 1980年作 竹林七贤 书法 镜框	书34.5cm×35cm 画34.2cm×34.6cm	267,150	香港苏富比	2015.10.06
杨善深 1981年作 麻雀 镜框	146.5cm×146.5cm	1,185,480	佳士得	2015.06.02
杨善深 1981年作 水仙青蛙 镜框	146.5cm×146.5cm	400,500	佳士得	2015.06.02
杨善深 1981年作 长鸣司晨 立轴	95.8cm×34cm	161,400	香港苏富比	2015.04.06
杨善深 1983年作 薛涛历事 立轴	68cm×35.3cm	160,200	佳士得	2015.06.02
杨善深 1988年作 芭蕉 镜片	135cm×33cm	218,500	深圳市拍	2015.07.19
杨善深 2001年作 拟宋人词意 镜心	138cm×59cm	207,000	北京匡时	2015.10.16
杨善深 白菜老鼠 镜心	68cm×59cm	184,292	中国嘉德	2015.10.07
杨善深 1986年作 雄狮图 镜心	67cm×44cm	230,000	中国嘉德	2015.04.01
杨善深 荷花蜻蜓 镜心	101cm×45cm	448,500	北京翰海	2015.06.26
杨善深 荷间鱼戏 镜框	50cm×53.5cm	180,225	佳士得	2015.06.02
杨善深 荷塘蛙趣 镜心	36.5cm×66.2cm	345,000	北京诚轩	2015.11.13
杨善深 老虎 立轴	176cm×95cm	230,000	北京保利	2015.12.07
杨善深 母与子 镜框	102cm×34.5cm	164,400	香港苏富比	2015.10.06
杨善深 秋荷白鹭 立轴	148cm×53cm	483,000	华艺国际	2015.05.24
杨善深 山水 镜心	31cm×60cm	184,292	中国嘉德	2015.10.07
杨善深 1985年作 莲雾 镜心	86cm×37cm	333,500	保利厦门	2015.05.02
杨善深 幽泉碧荷 屏风	141cm×132cm	484,980	保利香港	2015.10.05
杨石朗 1984年作 黄洋界 横幅	93cm×176cm	1,150,000	景德镇华艺	2015.01.10
杨石朗 圭峰奇秀 镜心	64cm×95cm	747,500	景德镇华艺	2015.05.23
杨石朗 山水扇面 四屏镜心		448,500	景德镇华艺	2015.01.10
杨士林 2015年作 书法 镜心	137cm×70cm	322,000	北京保利	2015.06.03
杨涛（书法）书法陶渊明《桃花源记》手卷	33.5cm×550cm	196,000	北京荣宝	2015.06.21
杨天颐 2013年作 山水 镜心	68cm×137cm	179,200	北京荣宝	2015.03.29
杨天颐 2014年作 闲云千峰色 镜心	70cm×137cm	179,200	北京荣宝	2015.06.21
杨熹发 落花双姝 镜片	132cm×33cm×2	172,500	鼎天国际	2015.07.05
杨延文 1987年作 桥头 立轴	87cm×93cm	230,000	北京翰海	2015.11.28
杨延文 1989年作 花团锦簇一草庐 立轴	94.5cm×177cm	230,000	北京翰海	2015.03.15
杨宇 2013年作 相从江海 镜框	108cm×72cm	345,000	上海宝龙	2015.01.18
杨宇 2014年作 塞壬之歌	57cm×79cm	187,500	佳士得（上海）	2015.04.25
杨宇 2015年作 琴心三叠	77cm×68cm	161,000	北京匡时	2015.12.04
杨宇 惑 镜心	56cm×73cm	161,000	南京经典	2015.01.04
杨宇 灵慧 镜心	102.5cm×113cm	322,000	凤凰拍卖	2015.05.15
杨再春 2011年作 楷书录毛泽东词 镜心	129cm×50cm	172,500	北京保利	2015.01.24
杨长槐 2013年作 瀑飞越山野 镜心	60cm×96.5cm	184,000	中国嘉德	2015.11.16
杨昭儁儁 1939年作 篆书八言联 立轴	238cm×57cm×2	172,500	北京匡时	2015.06.07
杨之光（款）兰花	66cm×50cm	179,424	荣盛国际	2015.01.10
杨之光 1977年作 朝鲜舞 立轴	55cm×40cm	184,000	广东崇正	2015.06.18
杨之光 1978年作 养猪姑娘舞 镜框	70cm×42cm	287,500	华艺国际	2015.05.24
杨之光 1981年作 莲花台舞 立轴	136cm×67cm	920,000	华艺国际	2015.05.24
杨之光 1981年作 月下白孔雀 立轴	83cm×52.5cm	218,500	北京匡时	2015.10.16
杨之光 1985年作 欢乐的雅鲁赞布江 镜心	68cm×52.5cm	179,200	北京荣宝	2015.11.29
杨之光 1985年作 唐舞 镜片	46cm×69cm	207,000	深圳市拍	2015.07.19
杨之光 1987年作 泰国南旺舞 立轴	83cm×50.3cm	164,200	佳士得	2015.12.01
杨之光 1990年作 苦恋 立轴	68cm×67cm	310,387	保利香港	2015.10.05
杨之光 1991年作 人体写生图 立轴	97.5cm×53cm	172,500	西泠拍卖	2015.07.05
杨之光 1991年作 西班牙的阳光 镜片	68cm×68cm	517,500	深圳市拍	2015.07.19

拍品名称	物品尺寸	成交价RMB	拍卖公司	拍卖日期
杨之光 1993年作 大峡谷激流 镜片	68cm×136cm	977,500	广东小雅斋	2015.05.12
杨之光 1997年作 民族舞 镜片	84cm×50cm	460,000	广东崇正	2015.06.18
杨之光 1997年作 惬意 镜片	84cm×60cm	667,000	广东小雅斋	2015.05.13
杨之光 1999年作 加尔各答姑娘 镜框	44.5cm×66.4cm	287,500	华艺国际	2015.05.24
杨之光 巴逊特布尔广场所见 立轴	83cm×51cm	460,000	广州皇玛	2015.07.26
杨之光 芭蕾舞 镜片	90cm×70cm	483,000	广州皇玛	2015.07.26
杨之光 草原之花 立轴	128cm×68.5cm	483,000	北京匡时	2015.10.16
杨之光 1997年作 爱的旋律 镜心	136.2cm×68.5cm	494,500	北京诚轩	2015.11.13
杨之光 1987年作 莲花台舞 镜心	136cm×68.5cm	575,000	北京诚轩	2015.05.18
杨之光 反弹琵琶 镜片	97cm×60cm	368,000	广东崇正	2015.06.18
杨之光 纺织工人 立轴	124cm×69cm	460,000	广东崇正	2015.06.18
杨之光1980年作 我的瓜，雅克西 立轴	136cm×67cm	977,500	广州皇玛	2015.07.26
杨之光1980年作 杨八姐盗令 立轴	136.5cm×66cm	690,000	广州皇玛	2015.07.26
杨之光 1990年作 海的女儿 镜片	137cm×69cm	1,380,000	广东崇正	2015.06.18
杨之光 欢乐的雅鲁藏布江 镜片	67.5cm×52cm	345,000	河南鸿远	2015.01.12
杨之光 1999年作 西班牙舞 镜框	95cm×69cm	582,400	广东侨鑫	2015.07.12
杨之光 1989年作 人物肖像 立轴	118cm×68cm	437,000	广东崇正	2015.06.18
杨之光 己未（1979年）作 上埃及舞 镜心	65cm×48.5cm	287,500	上海金艺	2015.06.26
杨之光 1994年作 诚 立轴	112cm×68cm	575,000	广州皇玛	2015.07.26
杨之光 1994年作 唐舞·升平乐 镜片	84cm×152.5cm	1,495,000	广州皇玛	2015.01.18
杨之光 莲花台舞 立轴	137cm×69cm	805,000	广东崇正	2015.06.18
杨之光 凉山舞步 镜片	69.7cm×98.2cm	345,000	深圳市拍	2015.07.19
杨之光 葡萄熟了 立轴	98cm×68.5cm	598,000	广东崇正	2015.04.19
杨之光 2002年作 舞蹈人物 镜片	69cm×138cm	920,000	广东崇正	2015.06.18
杨之光 2002年作 新疆舞 镜片	138cm×69cm	977,500	广东崇正	2015.06.18
杨之光 尚涛 2002年作 岁寒双友图 镜片	137cm×69cm	195,500	广东崇正	2015.06.18
杨之光 胜利舞 立轴	95cm×57cm	345,000	广东崇正	2015.06.18
杨之光 舞蹈人物 立轴	90cm×65cm	280,000	安徽三佳	2015.09.13
杨之光 舞女	150cm×80cm	986,832	荣盛国际	2015.01.10
杨之光 2001年作 蒙族民间舞 镜片	137cm×69cm	897,000	广东崇正	2015.06.18
杨之光 乙亥(1995年) 作 白虎 镜片	72cm×112.5cm	575,000	广东崇正	2015.06.18
杨之光 乙亥（1995年）作 西班牙舞 镜框	138cm×68cm	805,000	广州皇玛	2015.01.18
杨中有 2014年作 登山志高于山 镜框	87cm×39cm	161,000	河南鸿远	2015.01.12
姚迪雄 2014年作 汗血宝马普达科 镜心	35cm×45cm	402,500	北京保利	2015.01.24
姚迪雄 我的白马王子 镜心	58cm×52cm	862,500	北京保利	2015.12.06
姚迪雄 相约天山 镜心	68cm×68cm	1,150,000	北京保利	2015.06.03
姚奠中 行书"采桑子" 立轴	135.5cm×64cm	160,000	上海驰翰	2015.05.09
姚建伟 秋果 镜心	65cm×65cm	230,000	北京翰海	2015.06.26
姚鸣京 观云秋溪待渡图 镜心	69cm×69cm	368,000	北京保利	2015.06.03
姚逸之 千崖秋逸 镜片	76cm×110cm	322,000	上海工美	2015.01.25
叶阿林 茶不醉人人自醉 片	136cm×68cm	748,000	北京乔禧	2015.06.28
叶阿林 呼童罗听清涧水 片	136cm×68cm	748,000	北京乔禧	2015.06.28
叶阿林 江南水乡长卷	300cm×45cm	12,100,000	北京乔禧	2015.03.15
叶阿林 焦下品贤图 立轴	99cm×49cm	341,000	北京乔禧	2015.03.15
叶阿林 松下故人共奇文 片	136cm×68cm	748,000	北京乔禧	2015.06.28
叶阿林 贤书竹林共欣赏 片	136cm×68cm	825,000	北京乔禧	2015.06.28
叶公超 1967年作 行书十八言联 立轴	179.5cm×23.5cm×2	224,250	北京匡时	2015.10.16

拍品名称	物品尺寸	成交价RMB	拍卖公司	拍卖日期
叶恭绰 1937年作 竹石并楷书 成扇		172,500	上海工美	2015.06.28
叶丽美 2013年作 花影逍遥 镜框	68cm×68cm	184,000	北京保利	2015.11.01
叶丽美 花卉 镜心	72cm×72cm	172,500	北京翰海	2015.06.26
叶绿野 孔雀 镜片	80cm×146cm	264,500	广东崇正	2015.04.19
叶曼叔 孙智敏 1948年作 杨妃出浴 节录白居易《长恨歌》成扇	18.5cm×50.5cm	195,500	北京诚轩	2015.11.13
叶浅予 1953年作 人物写生 镜心	58cm×43cm	172,500	北京保利	2015.12.07
叶浅予 1960年作 藏族桫椤舞 立轴	69.5cm×63.5cm	184,000	中国嘉德	2015.05.16
叶浅予 1963年作 延边之舞 立轴	69cm×45.5cm	276,000	北京东正	2015.11.19
叶浅予 1964年作 婆罗多舞 立轴	95cm×59cm	287,500	中国嘉德	2015.05.16
叶浅予 1964年作 碗舞 立轴	69cm×46cm	172,500	北京匡时	2015.06.06
叶浅予 1964年作 夏河装 镜心	137cm×70cm	598,000	中国嘉德	2015.06.27
叶浅予 1965年作 拉萨舞步 镜心	68cm×45cm	230,000	中国嘉德	2015.09.19
叶浅予 1976年作 西藏高原之舞 立轴	68.5cm×35cm	322,000	北京保利	2015.06.05
叶浅予 1977年作 藏族舞 立轴	70cm×46cm	218,500	中贸圣佳	2015.05.19
叶浅予 1977年作 拉萨舞步 镜心	135cm×67cm	224,000	北京荣宝	2015.03.29
叶浅予 1977年作 舞蹈人物册 册页（八开）	34.5cm×23cm×8	816,500	北京诚轩	2015.05.18
叶浅予 1978年作 拉萨舞步 镜心	69cm×47cm	230,000	中贸圣佳	2015.05.19
叶浅予 1979年作 哈达献给毛主席 立轴	179cm×96cm	1,380,000	北京保利	2015.06.05
叶浅予 1982年作 西藏舞姿 镜心	68cm×56cm	207,000	保利山东	2015.09.13
叶浅予 1984年作 印度献花舞 立轴	诗堂33cm×76cm 本幅150cm×76cm	1,092,500	北京匡时	2015.06.06
叶浅予 1988年作 採茶女之舞 立轴	136cm×68cm	862,500	北京保利	2015.06.04
叶浅予 1994年作 北游手绩卷 手卷	28cm×958cm	632,500	北京保利	2015.12.07
叶浅予 1994年作 妙舞如仙卷 手卷	34cm×772cm	552,000	北京保利	2015.12.07
叶浅予 1994年作 印度风情卷 手卷	34cm×1270cm	1,150,000	保利山东	2015.02.01
叶浅予 藏族舞蹈 镜心	95cm×41cm	402,500	荣宝斋（济南）	2015.11.21
叶浅予 歌舞青春 镜心	95cm×41cm	403,200	十竹斋	2015.06.14
叶浅予 京剧名旦 立轴	68cm×45cm	1,495,000	河南泽华	2015.01.11
叶浅予 涂小舞步图	68cm×68cm	500,625	荣盛国际	2015.07.31
叶浅予 新疆舞蹈人物 立轴	69cm×45 cm	299,000	中鸿信	2015.07.29
叶浅予 延边鼓声 立轴	135cm×68cm	784,000	十竹斋	2015.06.14
叶浅予 延边长鼓 立轴	69cm×45cm	287,500	保利山东	2015.02.01
叶浅予 印度风情 立轴	69.5cm×45cm	448,000	十竹斋	2015.06.14
叶浅予 印度舞 立轴	68cm×43.5 cm.	368,000	中鸿信	2015.07.29
叶昀 1935年作 山水人物 四屏立轴	66cm×33cm×4	172,500	鼎天国际	2015.07.05
叶昀 1959年作 四贤图 立轴四屏	97cm×31cm×4	437,000	上海明轩	2015.06.21
叶昀 山水人物 四条屏	66cm×33cm×4	161,000	中国嘉德	2015.04.01
伊秉绶 清 书法 镜框	132.6cm×34.9cm	238,988	纽约佳士得	2015.09.17
易大厂 1926年作 金文十言联 立轴	136.3cm×19.3cm×2	534,300	香港苏富比	2015.10.06
易大厂 1936年作 守愚斋题画诗词残存录册（四十一帧）册页（二十一开）	22.5cm×27cm×41	552,000	北京诚轩	2015.11.13
易洪斌 天马行	96cm×180cm	968,000	杭州佳实	2015.01.11
殷梓湘 1950年作 八骏图 立轴	136cm×64cm	276,000	朵云轩	2015.04.26
殷梓湘 松山牧牛图 镜心	144cm×39cm	207,000	北京匡时	2015.03.30
殷梓湘 栈道行旅 立轴	144.5cm×70cm	632,500	北京诚轩	2015.05.18
尹佃法师 2006年作 心经	93cm×173cm	253,000	北京翰海	2015.11.27
尹石 2014年作 风竹图 镜心	138cm×68cm	184,000	北京保利	2015.01.24
应鹤光 多彩西双版纳系列 镜片连框	68cm×68cm×4	454,000	上海聚缘斋	2015.01.11
应天齐 2015年作 西递春早	136cm×68cm	178,250	北京翰海	2015.11.27

拍品名称	物品尺寸	成交价RMB	拍卖公司	拍卖日期
应天齐 2015年作 西递绣楼 镜心	136cm×68cm	168,000	北京荣宝	2015.11.29
应野平 1964年作 庐山新貌 立轴	135cm×68cm	172,500	北京诚轩	2015.05.18
应野平 1986年作 黄山云雾 镜片	96cm×178cm	195,500	上海敬华	2015.06.29
应野平 黄岳云山图	97cm×53.5cm	1,625,580	卓艺拍卖	2015.11.18
应野平 雁荡山色（八张）镜片	45cm×34cm×8	345,000	上海敬华	2015.06.29
应野平 1976年作 春满漓江 镜片	90cm×64cm	575,000	上海敬华	2015.06.29
游三辉 泼彩山水		155,975	香港龙玺	2015.09.19
于非闇 1935年作 冬梅独立 立轴	88.5cm×47.5cm	350,438	佳士得	2015.06.02
于非闇 1936年作 白山喜鹊 镜心	112cm×30cm	1,725,000	北京保利	2015.06.04
于非闇 1936年作 花蛾（二帧）镜片	22cm×13cm×2	322,000	上海明轩	2015.06.21
于非闇 1938年作 红叶伯劳 镜框	62.5cm×31.5cm	389,975	佳士得	2015.12.01
于非闇 1938年作 伊洛传芳 立轴	113.5cm×42.9cm	4,712,880	香港苏富比	2015.04.06
于非闇 1940年作 富贵花蝶 立轴	115cm×34cm	1,495,000	北京匡时	2015.12.04
于非闇 1941年作 玉兰翠鸟 镜框		345,000	上海明轩	2015.06.21
于非闇 1942年作 菡萏蜻蜓 楷书《兰亭序》成扇	20.3cm×50cm	403,500	香港苏富比	2015.04.06
于非闇 1944年作 白菜图 立轴	66.5cm×31cm	517,500	北京匡时	2015.12.04
于非闇 1944年作 金瓜草虫 镜框	92.5cm×44.2cm	1,233,000	香港苏富比	2015.10.06
于非闇 1944年作 轻紫仙姿图 立轴	67.5cm×37.5cm	977,500	西泠拍卖	2015.07.05
于非闇 1944年作 水仙蜂蝶 立轴	101.5cm×51cm	1,541,250	香港苏富比	2015.10.06
于非闇 1945年作 花鸟草虫 手卷	26.5cm×462cm	5,799,240	佳士得	2015.06.02
于非闇 1945年作 喜上眉梢 立轴	95cm×45cm	3,332,910	保利香港	2015.04.07
于非闇 1946年作 耄耋图 镜片	直径42cm	368,000	西泠拍卖	2015.07.05
于非闇 1946年作 耄耋图 扇面镜框	17.3cm×50.5cm	190,238	佳士得	2015.06.02
于非闇 1946年作 青蝉碧梧 镜框	69cm×33.8cm	870,260	佳士得	2015.12.01
于非闇 1947年作 御苑牡丹 立轴	68cm×34cm	2,530,000	北京匡时	2015.10.16
于非闇 1948年作 红叶秋声 草书成扇	18cm×50cm	359,625	香港苏富比	2015.10.06
于非闇 1948年作 时乐鸟 镜心	131cm×66cm	6,325,000	北京保利	2015.12.06
于非闇 1951年作 和平鸽 立轴	77cm×48cm	4,025,000	北京保利	2015.12.07
于非闇 1953年作 世世和平 镜心	直径53cm	1,725,000	北京保利	2015.12.07
于非闇 1954年作 花鸟六帧 镜心	33.5cm×28.5cm×6	1,035,000	北京保利	2015.06.05
于非闇 1957年作 四季花图 团扇镜框	43.6cm×206.5cm	5,549,960	佳士得	2015.12.01
于非闇 1936年作 菜根香 立轴	122cm×46cm	575,000	中国嘉德	2015.04.01
于非闇 曹克家 猫蝶图 镜片	56.5cm×32cm	506,000	上海明轩	2015.06.21
于非闇 翠竹彩蝶 立轴	99cm×32cm	920,000	北京保利	2015.12.07
于非闇 大富贵亦寿考 立轴	100cm×32cm	1,150,000	北京保利	2015.06.04
于非闇 大富贵益寿考 镜心	99.5cm×32.5cm	1,035,000	北京诚轩	2015.11.13
于非闇 丹柿白头 成扇	19.2cm×48.8cm	383,325	香港苏富比	2015.04.06
于非闇 1937年作 相怜相偶 镜心	56cm×37cm	483,000	北京诚轩	2015.05.18
于非闇 1947年作 五色鹦鹉 立轴	106cm×57cm	2,357,500	北京诚轩	2015.11.13
于非闇 仿古山水 立轴	138cm×61cm	690,000	中国嘉德	2015.05.16
于非闇 1940年作 粉蝶佳果图 立轴	60cm×30.5cm	632,500	中国嘉德	2015.05.17
于非闇 1943年作 并蒂莲 立轴	99cm×32.5cm	690,000	中国嘉德	2015.11.14
于非闇 郭则澐 1936年作、1945 桃花翠鸟・草书成扇 成扇	51cm×19cm	345,000	北京保利	2015.06.04
于非闇 荷花蜻蜓 镜心	83cm×41cm	172,500	北京保利	2015.08.12
于非闇 红蝶蹁跹 镜框	44.5cm×36cm	932,889	纽约佳士得	2015.03.17
于非闇 红叶双鹊 立轴	89.5cm×46cm	920,000	中国嘉德	2015.05.16
于非闇 胡宗照 夏庭禽趣 节录《孝经》成扇	18.5cm×49cm	414,000	北京诚轩	2015.11.13
于非闇 1939年作 篆书十言联 镜心	134.5cm×15.4cm×2	195,500	北京诚轩	2015.11.13
于非闇 甲申（1944年）作 白牡丹 立轴	102cm×52cm	4,370,000	中国嘉德	2015.05.17
于非闇 萝卜昆虫・行书临帖 成扇	20cm×53cm	184,000	北京保利	2015.08.12
于非闇 墨牡丹 镜心	44cm×68cm	828,000	中国嘉德	2015.11.15
于非闇 溥侗 李瑞龄 管平湖 花鸟四屏镜心	20.5cm×6.5cm×4	230,000	北京匡时	2015.12.04
于非闇 溥儒 1939年作 花鸟 成扇		609,500	上海明轩	2015.06.21
于非闇 溥修 朱竹双禽 行书录《书谱》成扇	19cm×52cm	1,035,000	北京保利	2015.12.06
于非闇 启功 陈半丁 溥佺 1948年作 山水花鸟格锦扇片 镜框	15cm×19cm×4 17cm×20cm×4	667,000	鼎天国际	2015.07.05
于非闇 秦仲文 徐石雪 吴镜汀 等 拟古 十八屏镜心	90cm×31.5cm×18	2,070,000	北京匡时	2015.12.04
于非闇 1942年作 辛夷蜡嘴 立轴	89cm×30.5cm	667,000	北京诚轩	2015.05.18
于非闇 山茶赤绶 立轴	97cm×33.5cm	1,610,000	北京诚轩	2015.05.18
于非闇 寿石工 傅增湘 红竹幽禽・楷书节录苏轼《游白水书付过》成扇	18.5cm×50cm	632,500	中国嘉德	2015.05.17
于非闇 蔬果草虫 镜心	69cm×42cm	460,000	荣宝斋（济南）	2015.11.21
于非闇 霜叶红于二月花 镜心	98cm×33.5cm	828,000	北京诚轩	2015.11.13
于非闇 水仙双蝶 立轴	76cm×46cm	747,500	中国嘉德	2015.05.17
于非闇 王揖唐 洋绣球蜻蜓・行书诗 成扇		172,500	中国嘉德	2015.05.17
于非闇 吴煦 朱竹寒雀 成扇		609,500	上海明轩	2015.06.21
于非闇 1958年作 月季花 镜心	67.5cm×33cm	4,140,000	中国嘉德	2015.11.15
于非闇 1948年作 花鸟蛱蝶图 立轴	98cm×48cm	358,777	宝港国际	2015.11.28
于非闇 1948年作 红叶秋蝉 镜心	直径43.2cm	414,000	北京诚轩	2015.05.18
于非闇 1948年作 五色鹦鹉图 镜心	130cm×66cm	6,095,000	中国嘉德	2015.05.17
于非闇 喜上眉梢 立轴	137.5cm×39cm	517,500	北京诚轩	2015.11.13
于非闇 祥云瑞鸽 镜片	85cm×48cm	713,000	上海嘉禾	2015.05.08
于非闇 辛未(1931年）作 荷塘清趣 镜心	137cm×46cm	667,000	中国嘉德	2015.04.01
于非闇 辛未（1931年）作 桃花蛱蝶・荷塘蜻蜓（二帧）镜心	30cm×31cm×2	356,500	北京诚轩	2015.05.18
于非闇 杏竹雪羽 镜心	113cm×55cm	5,060,000	北京匡时	2015.12.04
于非闇 宜春有喜 立轴	128cm×48cm	2,990,000	中国嘉德	2015.05.17
于非闇 1945年作 月色双禽 镜心	100cm×34cm	1,380,000	中国嘉德	2015.11.14
于非闇 饮马图 镜心	32cm×43.5cm	218,500	荣宝斋（济南）	2015.11.21
于非闇 玉堂富贵 镜心	154cm×56cm	4,600,000	中国嘉德	2015.11.15
于非闇 朱孔扬 1942年作 萝卜蝈蝈 行书李白诗 成扇	18.5cm×45cm	322,000	北京翰海	2015.06.26
于彭 1998年作 奇峰归处千瀑 立轴	232cm×53cm	163,404	罗芙奥	2015.05.31
于彭 1999年作 欲望山水（二）手卷 纸本	67cm×1082cm	824,160	罗芙奥	2015.06.07
于文江 丛中乐趣 卡纸	49.5cm×49.5cm	207,000	北京上和	2015.05.16
于文江 一帘幽梦 卡纸	49.5cm×49.5cm	207,000	北京上和	2015.05.16
于希宁 1983年作 凌霄图 立轴	88cm×68.5cm	437,000	上海明轩	2015.06.21
于希宁 傲骨 镜心	60cm×46cm	179,200	北京荣宝	2015.06.21
于希宁 白梅 镜心	67cm×180cm	782,000	荣宝斋（济南）	2015.11.21
于希宁 红梅 立轴	96cm×55cm	322,000	荣宝斋（济南）	2015.11.21
于希宁 红梅高枝 镜心	138cm×69cm	517,500	荣宝斋（济南）	2015.11.21
于希宁 梅花图 镜心	137cm×67cm	287,500	天津同方	2015.06.06
于希宁 梅竹图 镜片	136cm×65cm	575,000	包盈国际	2015.11.15
于希宁 墨梅 镜心	134cm×68cm	632,500	荣宝斋（济南）	2015.11.21

拍品名称	物品尺寸	成交价RMB	拍卖公司	拍卖日期
于希宁 紫藤 镜心	70cm×47cm	161,000	荣宝斋（济南）	2015.11.21
于右任 1927年作 行书五言联 镜心	134cm×33cm×2	207,000	北京保利	2015.06.04
于右任 1927年作 行书自作诗 镜心	176cm×46cm	207,000	北京保利	2015.06.04
于右任 1929年作 行书七言诗 镜心	135cm×30cm	161,000	北京匡时	2015.12.04
于右任 1931年作 魏碑七言联 立轴	168cm×43cm×2	782,000	北京保利	2015.06.04
于右任 1948年作 草书“为万世开太平”镜心	125cm×33cm	402,500	北京保利	2015.06.04
于右任 1948年作 草书“为万世开太平”立轴	117cm×33cm	299,000	北京保利	2015.06.04
于右任 1948年作 草书七言联 立轴	132cm×28cm×2	287,500	北京匡时	2015.06.07
于右任 1948年作 草书七言诗 镜心	33.5cm×56.5cm	195,500	北京匡时	2015.06.07
于右任 1948年作 草书五言联 镜心	132.5cm×32cm×2	299,000	北京匡时	2015.12.04
于右任 1948年作 草书五言联 立轴	145.5cm×37.5cm×2	575,000	北京匡时	2015.06.07
于右任 1950年作 草书八言联 立轴	145cm×23cm×2	174,593	中国嘉德	2015.10.07
于右任 1952年作 三十四年生日诗 立轴	133cm×32cm×4	517,500	北京匡时	2015.12.05
于右任 1953年作 草书自作诗 镜心	68cm×31cm	161,000	北京匡时	2015.10.16
于右任 1957年作 草书《百字令·题标准草书》镜心	111cm×22.5cm	172,500	北京匡时	2015.06.07
于右任 1959年作 草书《草书十字文》册页	27cm×19cm×2	483,000	北京保利	2015.06.04
于右任 1959年作 草书十二言联 立轴	146cm×40cm×2	667,000	北京保利	2015.06.04
于右任 1961年作 草书顾炎武语 立轴	181.5cm×45cm	195,500	北京保利	2015.06.04
于右任 1962年作 草书“横贯公路颂”镜心	109cm×273cm	920,000	北京保利	2015.06.04
于右任 1962年作 草书跋《德政碑》镜心	25cm×139cm	207,000	北京匡时	2015.06.07
于右任 草书 立轴	138cm×68cm	552,000	上海敬华	2015.06.29
于右任 草书 五言联 对联	146cm×45cm×2	218,500	西泠拍卖	2015.07.05
于右任 草书 五言联 对联	132cm×32.5cm×2	172,500	西泠拍卖	2015.07.05
于右任 草书“仁者寿”镜心	86cm×34.5cm	172,500	北京保利	2015.06.04
于右任 草书“王湾诗” 立轴	133.5cm×33.5cm	207,000	荣宝斋（济南）	2015.11.21
于右任 草书“为万世开太平”立轴	131cm×33cm	195,500	北京匡时	2015.12.05
于右任 草书“为自由民主而奋斗”镜心	23cm×11.5cm	230,000	北京匡时	2015.12.05
于右任 草书“写经楼” 镜心	33cm×92cm	690,000	北京保利	2015.06.04
于右任 草书《登岳阳楼》诗 立轴	134cm×32cm×4	483,000	北京保利	2015.06.04
于右任 草书《古柏行》诗 镜心	178cm×475cm×4	287,500	北京保利	2015.06.04
于右任 草书《古柏行》诗 立轴	151cm×27cm×6	230,000	北京保利	2015.06.04
于右任 草书《齐太公世家》镜心	135cm×68cm	253,000	北京匡时	2015.10.16
于右任 草书《千字文》四册 册页	35cm×26cm×9	1,150,000	北京保利	2015.06.04
于右任 草书《呻吟语》、草书五言联 镜心	对联 136cm×33.5cm×2 中堂136cm×70cm	828,000	北京东正	2015.11.19
于右任 草书《太史公书》镜心	42cm×125cm	161,000	北京保利	2015.06.04
于右任 草书《饮酒》诗 镜心	134cm×46cm	184,000	北京保利	2015.06.04
于右任 草书《游山西村》诗 立轴	145cm×48cm	172,500	北京保利	2015.06.04
于右任 草书<古柏行>六屏立轴	149cm×26.5cm×6	193,992	保利香港	2015.10.05
于右任 草书八言联 镜心	140cm×27cm×2	155,250	北京匡时	2015.06.07
于右任 草书八言联 立轴	135cm×27.5cm×2	180,929	保利香港	2015.04.07
于右任 草书八言联 立轴	177cm×43cm×2	242,490	保利香港	2015.10.05
于右任 草书八言联 立轴	134.3cm×32.8cm×2	205,500	香港苏富比	2015.10.06
于右任 草书杜甫诗 立轴	147cm×40cm	782,000	北京保利	2015.06.04
于右任 草书对联（两幅）镜框	39.5cm×36cm×2	801,000	佳士得	2015.06.02
于右任 草书格言 立轴	132.5cm×34cm	241,500	中国嘉德	2015.05.16
于右任 草书节录《中庸》立轴	118cm×41.5cm	207,000	北京匡时	2015.12.05
于右任 草书康德黎语 立轴	150cm×82cm	184,000	北京保利	2015.06.04
于右任 草书李白诗二首 立轴	97cm×33cm×4	402,500	北京匡时	2015.06.07
于右任 草书六言联 对联	174cm×44cm×2	230,000	中国嘉德	2015.04.02
于右任 草书龙门对 镜心	68cm×17cm×2	184,000	北京匡时	2015.12.05
于右任 草书龙门对 镜心	132cm×31.5cm×2	207,000	北京匡时	2015.06.07
于右任 草书龙门对 立轴	257cm×60cm×2	690,000	北京保利	2015.06.04
于右任 草书龙门对 立轴	135cm×34cm×2	161,000	北京匡时	2015.06.07
于右任 草书录马太福音 镜心	135cm×68cm	195,500	北京匡时	2015.12.05
于右任 草书梅村诗 立轴	147cm×39.5cm	195,500	中国嘉德	2015.11.14
于右任 草书梅花诗 四屏立轴	67cm×32cm×4	166,750	北京匡时	2015.12.05
于右任 草书七言联 镜心	126.5cm×24.5cm×2	241,500	北京诚轩	2015.05.18
于右任 草书七言联 镜心	133cm×32cm×2cm	184,000	北京匡时	2015.06.07
于右任 草书七言联 立轴	137cm×32cm×2	322,000	北京保利	2015.12.07
于右任 草书七言联 立轴	133.5cm×33.2cm×2	172,500	北京诚轩	2015.11.13
于右任 草书七言联 立轴	137cm×27.5cm×2	152,362	保利香港	2015.04.07
于右任 草书七言联 立轴	136cm×39cm×2	207,000	北京保利	2015.06.04
于右任 草书七言联 立轴	135cm×32cm×2	161,000	北京保利	2015.06.04
于右任 草书七言联 立轴	164cm×39.5cm×2	195,500	北京匡时	2015.06.07
于右任 草书七言联 立轴	134cm×33cm×2	184,000	北京匡时	2015.06.07
于右任 草书七言联 立轴	149cm×38cm×2	184,000	北京匡时	2015.06.07
于右任 草书七言诗 镜心	139cm×35cm	207,000	荣宝斋（济南）	2015.11.21
于右任 草书七言诗 立轴	94cm×29cm	172,500	北京匡时	2015.06.07
于右任 草书十二言联 镜心	126cm×12.5cm×2	195,500	北京匡时	2015.12.04
于右任 草书十二言联 立轴	171.5cm×47cm×2	920,000	中国嘉德	2015.11.14
于右任 草书十二言联 立轴	139cm×34cm×2	299,000	北京保利	2015.06.04
于右任 草书十一言联 对联	261cm×42.5cm×2	287,500	上海嘉禾	2015.05.08
于右任 草书书法联（两轴）	155cm×41cm×2	207,000	北京保利	2015.12.07
于右任 草书王湾诗 立轴	134cm×34cm	184,000	北京匡时	2015.06.07
于右任 草书王阳明诗 立轴	172cm×78cm	713,000	北京匡时	2015.06.07
于右任 草书五言联 对联	133cm×34cm×2	287,500	中国嘉德	2015.09.19
于右任 草书五言联 镜片	169cm×44cm×2	220,000	上海驰翰	2015.05.09
于右任 草书五言联 镜心	202cm×42cm×2	862,500	北京保利	2015.06.04
于右任 草书五言联 镜心	174cm×48cm×2	195,500	北京保利	2015.06.04
于右任 草书五言联 镜心	145cm×33cm	287,500	北京华辰	2015.05.15
于右任 草书五言联 镜心	137cm×33cm×2	172,500	北京匡时	2015.06.07
于右任 草书五言联 立轴	177cm×47cm×2	322,000	北京保利	2015.12.07
于右任 草书五言联 立轴	168cm×44.5cm×2	264,500	北京诚轩	2015.11.13
于右任 草书五言联 立轴	146cm×39cm×2	172,500	北京东正	2015.11.19
于右任 草书五言联 立轴	96cm×19.5cm×2	166,750	北京匡时	2015.12.05
于右任 草书五言联 立轴	129cm×32cm×2	161,000	北京匡时	2015.12.05
于右任 草书五言联 立轴	164cm×42cm×2	287,500	北京保利	2015.06.04
于右任 草书五言联 立轴	143cm×39cm×2	253,000	北京保利	2015.06.04
于右任 草书五言联 立轴	160cm×405cm×2	218,500	北京保利	2015.06.04
于右任 草书五言联 立轴	130cm×32cm×2	184,000	北京保利	2015.06.04
于右任 草书五言联 立轴	133cm×32cm×2	172,500	北京保利	2015.06.04
于右任 草书五言联 立轴	132cm×32.5cm×2	195,500	北京诚轩	2015.05.18
于右任 草书五言联 立轴	170cm×44cm×2	460,000	北京匡时	2015.06.07
于右任 草书五言联 立轴	143.5cm×39.5cm×2	276,000	北京匡时	2015.06.07

拍品名称	物品尺寸	成交价RMB	拍卖公司	拍卖日期
于右任 草书五言联 立轴	132cm×33cm×2	230,000	北京匡时	2015.06.07
于右任 草书五言联 立轴	137cm×34cm×2	207,000	北京匡时	2015.06.07
于右任 草书五言联 立轴	133cm×32.5cm×2	189,750	北京匡时	2015.06.07
于右任 草书五言诗 立轴	106cm×49cm	402,500	北京匡时	2015.06.07
于右任 草书渔洋诗 立轴	132.5cm×32cm	161,000	北京匡时	2015.12.04
于右任 草书张载《西铭》镜心	67cm×34cm×4	287,500	北京保利	2015.06.04
于右任 杜甫诗 镜心	129cm×31cm	172,500	北京诚轩	2015.11.13
于右任 行草五言对联 立轴	145cm×39cm×2	560,000	十竹斋	2015.06.14
于右任 行书 镜框	68cm×33cm	203,483	纽约佳士得	2015.03.17
于右任 行书 立轴	131cm×63cm	218,500	上海工美	2015.06.28
于右任 行书 五言联 对联	147cm×39.5cm×2	391,000	西泠拍卖	2015.07.05
于右任 行书“百之斋” 镜心	29cm×95.5cm	477,250	北京匡时	2015.12.04
于右任 行书“尽孝以荣” 立轴	120cm×36cm	230,000	北京匡时	2015.12.05
于右任 行书“芝秀庐” 镜心	35cm×132cm	253,000	北京匡时	2015.06.07
于右任 行书《题民元照诗》立轴	130.2cm×29.9cm	161,400	香港苏富比	2015.04.06
于右任 行书《天际乌云帖》镜框	129.1cm×32.5cm	201,750	香港苏富比	2015.04.06
于右任 行书八言联 立轴	136.5cm×17cm×2	333,500	广东崇正	2015.06.19
于右任 行书李太白诗 立轴	130cm×65cm	172,500	北京保利	2015.06.04
于右任 行书陆游诗 镜心	107cm×34cm	161,000	中国嘉德	2015.11.14
于右任行书七言联（两幅）立轴	131.5cm×33cm×2	480,600	佳士得	2015.06.02
于右任 行书七言联 对联	129cm×31cm×2	368,000	上海敬华	2015.06.29
于右任 行书七言联 立轴	119cm×23cm×2	172,500	北京匡时	2015.12.05
于右任 行书七言联 立轴	142.5cm×36.5cm×2	368,000	中国嘉德	2015.11.15
于右任 行书七言联 立轴	142cm×38cm×2	632,500	北京保利	2015.06.04
于右任 行书七言联 立轴	130.5cm×31.5cm×2	333,500	北京匡时	2015.06.07
于右任 行书七言联 立轴	178cm×46.5cm×2	207,000	北京匡时	2015.06.07
于右任 行书七言联 立轴	170cm×38cm×2	287,500	中国嘉德	2015.05.16
于右任 行书七言诗 镜心	128cm×64cm	517,500	北京匡时	2015.06.07
于右任 行书七言诗 立轴	137.5cm×35.5cm	218,500	北京匡时	2015.03.30
于右任 行书四言 对联	66cm×14cm×2	172,500	上海工美	2015.06.28
于右任 行书吴宓诗 镜心	73cm×26cm×4	299,000	北京保利	2015.06.04
于右任 行书五言 对联	123.5cm×31cm×2	322,000	上海道明	2015.05.09
于右任 行书五言联	34cm×148cm×2	172,500	中国嘉德	2015.11.16
于右任行书五言联（两幅）镜框	101.5cm×21cm	172,178	纽约佳士得	2015.03.17
于右任 行书五言联 镜心	79.5cm×18cm×2	345,000	中国嘉德	2015.11.14
于右任 行书五言联 镜心	171cm×45.5cm×2	977,500	北京匡时	2015.06.06
于右任 行书五言联 镜心	172cm×47cm×2	632,500	北京匡时	2015.06.06
于右任 行书五言联 立轴	143cm×35cm×2	207,000	北京匡时	2015.12.05
于右任 行书五言联 立轴	141.5cm×38cm×2	540,500	北京匡时	2015.12.05
于右任 行书五言联 立轴	130cm×33cm×2	287,500	中国嘉德	2015.11.14
于右任 行书五言联 立轴	158cm×36cm×2	3,220,000	中国嘉德	2015.11.15
于右任 行书五言联 立轴	174cm×47cm×2	517,500	北京保利	2015.06.04
于右任 行书五言联 立轴	143cm×33cm×2	460,000	北京保利	2015.06.04
于右任 行书五言联 立轴	143cm×39cm×2	713,000	北京匡时	2015.06.07
于右任 行书五言联 立轴	145cm×38cm×2	598,000	北京匡时	2015.06.07
于右任 行书五言联 立轴	130cm×30cm×2	264,500	北京匡时	2015.06.07
于右任 行书五言联 立轴	146cm×39cm×2	552,000	广东崇正	2015.06.19
于右任 行书五言联 立轴	135.5cm×33.5cm×2	437,000	中国嘉德	2015.05.16
于右任 行书五言联 立轴	250cm×60 cm.	1,380,000	中鸿信	2015.07.29
于右任 行书五言联 立轴	135cm×36 cm.cm×2	293,800	中鸿信	2015.07.29
于右任 行书五言联 立轴	141.3cm×38cm×2	308,250	香港苏富比	2015.10.06
于右任 行书谢朓诗 立轴	148cm×80cm	736,000	北京保利	2015.06.04
于右任 洪自诚语 立轴	65.5cm×22.5cm	172,500	北京诚轩	2015.11.13
于右任 开张天岸马 镜心	34cm×63cm	437,000	北京保利	2015.06.04
于右任 楷书《论诗绝句》立轴	165.5cm×45.5cm	460,000	北京匡时	2015.06.07

拍品名称	物品尺寸	成交价RMB	拍卖公司	拍卖日期
于右任 楷书五言联 立轴	165cm×37cm×2	552,000	北京匡时	2015.12.05
于右任 楷书五言联 立轴	133cm×32cm×2	345,000	荣宝斋（济南）	2015.11.21
于右任 刘海天藏书法 四屏立轴	134cm×33cm×4	1,955,000	四川德轩	2015.11.05
于右任 溥儒行书杜甫诗镜心 立轴	100cm×34cm 67cm×33cm	178,250	北京匡时	2015.06.07
于右任 溥儒 行书王湾诗 行书自作回文诗 镜心	84cm×24cm	287,500	北京匡时	2015.03.30
于右任 钱逸尘 谭元征 等 四海讴歌诗册（一百二十帧）册页	册首30cm×54cm 本幅 22cm×21cm×120	184,000	北京匡时	2015.12.04
于右任 仁者寿 镜心	60cm×27cm	345,000	北京保利	2015.12.07
于右任 释灵一《题僧院》立轴	65.5cm×22.5cm	207,000	北京诚轩	2015.11.13
于右任 书法 对联	170cm×45cm×2	920,000	广东小雅斋	2015.05.12
于右任 书法 镜框	136cm×68cm	437,000	华艺国际	2015.05.24
于右任 书法 镜框	68cm×34cm	230,000	华艺国际	2015.05.24
于右任 书法 镜框	29cm×117cm	469,575	纽约佳士得	2015.03.17
于右任 书法 镜片	137cm×34cm	161,000	鼎天国际	2015.07.05
于右任 书法 镜片	137cm×34cm	161,000	鼎天国际	2015.07.05
于右任 书法 镜心	139cm×35.5cm	161,000	鼎天国际	2015.07.05
于右任 书法 立轴	171.5cm×25cm	205,250	佳士得	2015.12.01
于右任 书法 立轴	67.5cm×33cm	184,725	佳士得	2015.12.01
于右任 书法 立轴	87.5cm×29.3cm	180,225	佳士得	2015.06.02
于右任 书法 立轴	208cm×43.5cm	184,000	上海工美	2015.06.28
于右任 书法 立轴	144cm×78cm	379,500	上海嘉禾	2015.05.08
于右任 书法 立轴	178cm×39cm	161,000	中国嘉德	2015.09.20
于右任 书法对联 镜心	130cm×20cm×2	184,000	天津同方	2015.06.06
于右任 书法对联 立轴	32cm×130cm×2	168,000	河北嘉海	2015.09.13
于右任 魏碑八言联 镜心	202cm×43cm×2	805,000	北京保利	2015.06.04
于右任 魏碑集陶诗五言联 立轴	200cm×43cm×2	414,000	北京保利	2015.06.04
于右任 魏碑六言联 立轴	249cm×60cm×2	1,610,000	北京保利	2015.06.04
于右任 魏碑七言联 立轴	169cm×36cm×2	747,500	北京保利	2015.06.04
于右任 魏碑七言联 立轴	132cm×33cm×2	207,000	北京保利	2015.06.04
于右任 魏碑五言联 立轴	164cm×40cm×2	1,265,000	北京保利	2015.06.04
于右任 魏碑五言联 立轴	205cm×44cm×2	943,000	北京保利	2015.06.04
于右任 魏碑五言联 立轴	145cm×38cm×2	460,000	北京保利	2015.06.04
于右任 魏碑五言联 立轴	129cm×32cm×2	460,000	北京保利	2015.06.04
于右任 魏碑五言联 立轴	129cm×30cm×2	402,500	北京保利	2015.06.04
于右任 魏碑五言联 立轴	167cm×43cm×2	207,000	北京保利	2015.06.04
于右任 魏碑五言联 立轴	133cm×33cm×2	195,500	北京保利	2015.06.04
于右任 自作诗《广武将军碑》镜心	86.2cm×46cm	172,500	北京诚轩	2015.05.18
于志学 2013年作 塞外风光 镜心	69cm×69cm	230,000	北京保利	2015.06.03
于志学 2015年作 鄂族少女 镜心	69cm×136cm	184,000	北京保利	2015.06.03
于志学 2015年作 松下行旅图 镜心	137cm×68cm	184,000	北京保利	2015.06.03
于志学 2015年作 杳古神韵 镜心	137cm×69cm	460,000	北京保利	2015.06.03
于志学 2015年作 月亮之下 镜心	69cm×69cm	230,000	北京保利	2015.06.03
于志学 松鼠图 镜心	69cm×69cm	230,000	北京保利	2015.06.03
余承尧 画家故居	98cm×43cm	211,464	罗芙奥	2015.05.31
余承尧 千岩万壑 镜心	93.5cm×46cm	155,194	保利香港	2015.10.05
余承尧 山水 镜框	60cm×119.9cm	431,550	香港苏富比	2015.10.05
余承尧 约1960年代作 断崖横壑 镜框	59.2cm×119.3cm	504,375	香港苏富比	2015.04.05
余承尧 约1970年作 青绿山水	60cm×46cm	153,792	罗芙奥	2015.05.31
余石 松鹰图 镜框	138.5cm×68.5cm	172,500	朵云轩	2015.06.18
余石 鹰 镜心	139cm×68.5cm	184,000	北京保利	2015.06.03
俞致贞 1978年作 映日荷花 镜心	145cm×76cm	218,500	北京匡时	2015.06.06

(成交价RMB：15万元以上)

拍品名称	物品尺寸	成交价RMB	拍卖公司	拍卖日期
俞致贞 1978年作 御鹦鹉图 镜心	101.5cm×57cm	345,000	中国嘉德	2015.05.16
俞致贞 荷花栖禽 镜心	66cm×66cm	264,500	北京匡时	2015.06.06
俞致贞 荷花幽禽 镜心	66cm×66cm	264,500	北京匡时	2015.06.06
郁达夫 1938年作 书法 镜片	95cm×44cm	839,500	西泠拍卖	2015.07.05
喻慧 2014年作 花鸟	174cm×93cm	920,000	北京翰海	2015.06.26
喻慧 飞鸟 镜心	165cm×91cm	517,500	海德拍卖	2015.06.27
喻慧 故宫 立轴	131cm×65cm	322,000	江苏嘉恒	2015.01.11
喻慧 湖石鹦鹉 镜心	65cm×136cm	437,000	江苏爱涛	2015.06.29
喻慧 暮归 托片	93cm×172cm	1,150,000	江苏两汉	2015.01.11
喻慧 松枝小鸟 立轴	63cm×65cm	207,000	中贸圣佳	2015.05.19
喻慧 夜归鹿门歌 镜心	31cm×40cm	552,000	南京经典	2015.01.04
喻慧 樱花 镜心	66cm×45cm	264,500	南京经典	2015.01.04
喻慧 喻继高 春色九分 镜心	93cm×172cm	977,500	海德拍卖	2015.06.27
喻继高 报春图 镜心	56cm×56cm	161,000	南京经典	2015.04.26
喻继高 芳园春晖 镜心	69cm×135cm	575,000	南京经典	2015.04.26
喻继高 2013年作 芳园春晖 镜心	61.5cm×123cm	180,000	上海驰翰	2015.05.09
喻继高 寒玉春晖 镜心	99cm×43cm	172,500	南京经典	2015.08.02
喻继高 和平丽春 镜心	67cm×129cm	379,500	南京经典	2015.08.02
喻继高 江南高秋 镜心	107cm×46cm	276,000	南京经典	2015.04.26
喻继高 桃花水禽 镜心	133cm×68.5cm	920,000	凤凰拍卖	2015.05.15
喻继高 辛未（1991年）作 和平之春 镜片	109.5cm×46cm	160,000	上海驰翰	2015.05.09
喻继高 新春雅韵 镜片	69cm×138cm	437,000	江苏聚德	2015.01.25
喻继高 乙亥（1995年作 富贵花开 镜片	124cm×246cm	690,000	广东崇正	2015.06.18
喻仲林 1976年作 茨菇双凫 立轴	97.5cm×61cm	161,000	北京诚轩	2015.05.18
喻仲林 1979年作 荔枝双鸟 镜框	49.5cm×63cm	576,720	罗芙奥	2015.06.02
喻仲林 1982年作 春蒲鹭鸶 立轴	80cm×29.6cm	151,313	香港苏富比	2015.04.06
喻仲林 1982年作 荷塘双栖 镜心	91.5cm×61cm	207,000	北京诚轩	2015.05.18
袁波 碧荷生幽 镜心	75cm×143cm	184,292	保利香港	2015.10.05
袁克文 1926年作 草书 立轴	87.5cm×42cm	195,500	上海明轩	2015.06.21
袁克文 1926年作 篆书五言联 立轴	114cm×14cm×2	391,000	北京匡时	2015.12.04
袁克文 1927年作 行书《感遇》四屏立轴	129.5cm×21.5cm×4	920,000	北京匡时	2015.06.07
袁克文 1927年作 楷书自作词 扇面	20cm×54cm	184,000	北京保利	2015.12.07
袁克文 1930年作 篆书八言联 立轴	175cm×22cm×2	759,000	北京翰海	2015.11.27
袁克文 行书《读书》诗 成扇	20cm×52cm	161,000	北京匡时	2015.06.07
袁克文 行书对联 镜框	131cm×31.5cm×2	563,500	上海明轩	2015.06.21
袁克文 行书七言联 镜心	85cm×15cm×2	345,000	北京匡时	2015.06.07
袁克文 行书五言 对联片	181cm×42cm×2	345,000	上海道明	2015.05.09
袁克文 行书五言联 对联	146cm×38cm×2	471,500	中国嘉德	2015.04.01
袁克文 行书五言联 立轴	167cm×30cm×2	448,500	北京匡时	2015.12.04
袁克文 行书五言联 立轴	240.5cm×61cm×2	632,500	中国嘉德	2015.11.15
袁克文 行书五言联 立轴	145.5cm×39.5cm×2	287,500	北京匡时	2015.06.07
袁克文 行书五言联 立轴	135cm×33cm×2	322,000	北京匡时	2015.10.16
袁克文 行书五言联 字对	130cm×32cm×2	235,200	天津文物	2015.05.22
袁克文 行书自作词 镜心	182cm×62cm	402,500	北京匡时	2015.06.07
袁克文 楷书《西苑杂诗》镜心	28.5cm×54cm	264,500	北京匡时	2015.03.31
袁克文 隶书“有余闲室” 镜心	39cm×143cm	1,035,000	北京匡时	2015.12.04
袁克文 隶书五言联 立轴	133cm×33cm×2	230,000	北京东正	2015.05.19
袁克文 书法 对联	130cm×32cm×2	575,000	广东小雅斋	2015.11.11
袁世凯 书法条幅 立轴	147cm×38cm	201,250	上海嘉禾	2015.05.08
袁殊 1940年作 行书寒山诗 立轴	130cm×66cm	278,415	中国嘉德	2015.04.07
袁松年 1947年作 虎丘探胜图 立轴	139cm×67cm	172,500	上海工美	2015.06.28
袁松年 1947年作 山水四屏（四帧）镜片	82.5cm×32.5cm×4	207,000	西泠拍卖	2015.04.22

拍品名称	物品尺寸	成交价RMB	拍卖公司	拍卖日期
袁松年 1948年作 山水 立轴	134.5cm×66cm	172,500	鼎天国际	2015.07.05
袁松年 1956年作 桂林马蹄市 立轴	69.5cm×114cm	174,463	佳士得	2015.12.01
袁武 2015年作 梦回故里 镜心	67cm×67cm	690,000	北京保利	2015.12.06
袁武 沧海图 横卷	34cm×181cm	920,000	北京上和	2015.11.13
袁武 春暖图 镜心	68cm×137cm	517,500	海德拍卖	2015.06.27
袁武 大昭寺系列-大昭寺的清晨 镜心	65cm×77cm	1,150,000	保利山东	2015.02.01
袁武 老子出关图 镜片	243cm×115.5cm	862,500	北京上和	2015.05.16
袁晓岑 1976年作 孔雀 立轴	99cm×67cm	161,000	深圳市拍	2015.07.19
袁晓岑 1978年作 孔雀 立轴	67.5cm×102cm	402,500	北京翰海	2015.06.27
袁晓岑 1984年作 南国春光 镜心	69cm×180cm	828,000	北京保利	2015.06.04
袁运甫 荷花 镜片	68cm×68cm	287,500	河南泽华	2015.01.11
袁振西 2014年作 山水 镜心	137cm×68.5cm	179,200	北京荣宝	2015.03.29
袁振西 2014年作 雪山幽居 镜心	138cm×69cm	184,000	保利山东	2015.02.01
岳澜 吴振声 吴作人 熊猫戏竹图 年年有余 富贵有余 镜框	73.6cm×40cm	517,806	纽约佳士得	2015.09.16
杂家 翰墨缘 册（十六开）	23.1cm×25.9cm×16	221,925	香港苏富比	2015.04.06
翟原良 观松图 立轴	136.5cm×68cm	207,000	北京保利	2015.12.06
詹忠效 1997年作 啊，大海 镜心	95cm×135cm	184,000	北京保利	2015.06.03
詹忠效 2000年作 犹有花枝俏 镜心	137cm×96cm	172,500	北京保利	2015.06.03
张宝彤 2013年作 美丽中国	68cm×136cm	218,500	北京翰海	2015.06.26
张伯驹 1977年作 行书《金缕曲》镜心	19.5cm×87cm	345,000	北京翰海	2015.11.27
张伯驹 1979年作 调寄小秦王 镜心	66cm×33cm	230,000	北京保利	2015.06.04
张伯驹 1977年作《小秦王》词稿 镜心	45cm×21cm	195,500	中国嘉德	2015.11.14
张伯驹 1973年作 行书十一言联 立轴	133cm×21cm×2	299,000	中国嘉德	2015.11.14
张伯驹 行书藏头七言联 立轴	69cm×16cm×2	230,000	北京保利	2015.12.07
张伯驹 行书七言诗 立轴	78cm×48.5cm	920,000	中国嘉德	2015.11.14
张伯驹 红梅 横批	33cm×131cm	184,000	河南鸿远	2015.01.12
张伯驹 利市图 立轴	84cm×27cm	218,500	中国嘉德	2015.09.19
张伯驹 绿萼梅 镜心	45cm×37cm	161,000	北京匡时	2015.06.06
张伯驹 1952年作 风蕙 立轴	55cm×45cm	1,012,000	中国嘉德	2015.11.14
张伯驹 上面春风 立轴	68.5cm×31.5cm	598,000	北京上和	2015.05.16
张伯驹 1978年作 墨兰 横披	32.5cm×69.5cm	195,500	中国嘉德	2015.05.16
张伯驹 1975年作 行书七言联 镜心	69.5cm×17.5cm×2	517,500	中国嘉德	2015.11.14
张伯玄 红妆幽禽图 镜片	68cm×137cm	200,000	上海敬华	2015.04.25
张伯英 1935年作 行书“食砚斋” 镜心	35cm×124.5cm	632,500	北京匡时	2015.06.07
张伯英 1939年作 楷书 成扇	18cm×50cm	166,750	北京翰海	2015.11.28
张伯英 楷书刘长卿诗 立轴	127cm×59cm	172,500	上海嘉禾	2015.05.08
张伯英 楷书十言联 对联	128cm×21cm×2	207,000	中国嘉德	2015.09.19
张伯英 1941年作 楷书八言联 对联	168cm×41cm×2	575,000	上海嘉禾	2015.05.08
张朝墉 1913年作 楷书《风赋》、《舞鹤赋》、《文赋》卷 手卷	书17cm×382cm	207,000	北京保利	2015.12.07
张充和 1982年作 楷书书法 立轴	83.8cm×32.4cm	238,988	邦瀚斯	2015.09.14
张充和 楷书《酒德颂》镜心	24.5cm×78cm	356,500	北京匡时	2015.10.17
张琮 1942年作 山水 六屏立轴	173cm×41cm×6	172,500	鼎天国际	2015.07.05
张大千 1924年作 仕女 镜片	126cm×50cm	1,150,000	广东小雅斋	2015.11.11
张大千 1925年作 花卉 四屏	140.5cm×36.5cm×4	690,000	西泠拍卖	2015.07.05
张大千 1925年作 松溪亭子图 镜心	32.5cm×70.5cm	368,000	北京匡时	2015.10.17
张大千 1926年作 山水 立轴	110cm×62cm	627,200	北京荣宝	2015.06.21
张大千 1928年作 蔓寿万年 镜框	133.5cm×32.7cm	338,663	佳士得	2015.12.01
张大千 1929年作 采菊东篱下 立轴	140.5cm×59.5cm	2,094,972	保利香港	2015.04.07

拍品名称	物品尺寸	成交价RMB	拍卖公司	拍卖日期
张大千 1929年作 春山溪畔 立轴	117cm×34cm	782,000	北京东正	2015.11.19
张大千 1929年作 武陵春色 镜框	117cm×32cm	569,250	福建运通	2015.05.24
张大千 1931年作 故城河图 立轴	103.2cm×41.8cm	410,500	佳士得	2015.12.01
张大千 1931年作 黄山奇峰 立轴	123cm×39cm	1,495,000	广东小雅斋	2015.05.12
张大千 1932年作 仿吾家僧繇没骨山水 镜心	87.3cm×31.9cm	690,000	保利厦门	2015.05.03
张大千 1932年作 黄山青龙潭 立轴	249cm×125cm	7,713,306	保利香港	2015.04.07
张大千 1932年作 觅春图 立轴	131cm×74cm	1,725,000	北京保利	2015.06.05
张大千 1932年作 闲吟策杖图 镜心	134cm×40.5cm	590,401	保利香港	2015.04.07
张大千 1933年作 黄山观瀑图 立轴	140cm×38cm	168,000	北京荣宝	2015.08.30
张大千 1933年作 黄山光明顶 镜心	129cm×47cm	1,163,952	保利香港	2015.10.05
张大千 1933年作 松下览读 立轴	110cm×41cm	1,012,000	上海明轩	2015.06.21
张大千 1933年作 相思 镜框	133.5cm×48cm	1,179,005	纽约佳士得	2015.09.16
张大千 1934年作 仿唐六如仕女立轴	113cm×58cm	3,450,000	北京保利	2015.06.05
张大千 1934年作 仿王晋卿山水立轴	89cm×28.4cm	1,109,625	香港苏富比	2015.04.06
张大千 1934年作 高士图 立轴	126cm×56cm	672,000	北京荣宝	2015.06.21
张大千 1934年作 湖畔闲坐 立轴	84.2cm×35.8cm	359,625	香港苏富比	2015.10.06
张大千 1934年作 华山金锁关 镜心	95cm×37cm	1,495,000	北京东正	2015.05.19
张大千 1934年作 井络高秋 书法镜框	11cm×32cm	870,260	佳士得	2015.12.01
张大千 1934年作 秋梧高士图 立轴	176cm×78cm	3,220,000	北京保利	2015.06.05
张大千 1934年作 山村漫游 立轴	106.5cm×44.5cm	1,380,000	北京保利	2015.06.05
张大千 1934年作 书法对联（两幅）立轴	154.5cm×39cm×2	260,325	佳士得	2015.06.02
张大千 1934年作 巫山峡景	180.5cm×69cm	697,380	台北艺流	2015.10.10
张大千 1935年作 仿石溪山迎客图 立轴	103cm×56cm	2,530,000	北京保利	2015.06.04
张大千 1935年作 仿宋人笔意花鸟 镜框、立轴	89cm×48.4cm	359,188	佳士得	2015.12.01
张大千 1935年作 柳下高士 立轴	87.5cm×32cm	550,688	佳士得	2015.06.02
张大千 1936年作 白绶带 立轴	132cm×47.8cm	821,000	佳士得	2015.12.01
张大千 1936年作 碧岩寿带 立轴	133cm×49cm	1,150,000	北京保利	2015.06.05
张大千 1936年作 高仕 立轴	115.6cm×40cm	821,000	佳士得	2015.12.01
张大千 1936年作 黄山浚濈茶花镜片	92cm×47cm	1,552,500	广东小雅斋	2015.05.12
张大千 1936年作 黄山始信峰 镜框、立轴	19cm×48cm	461,813	佳士得	2015.12.01
张大千 1937年作 仿王蒙春山读书图 立轴	123cm×58cm	2,990,000	北京保利	2015.06.05
张大千 1937年作 水月观音 立轴	165cm×67cm	6,670,000	北京保利	2015.12.07
张大千 1938年作 东坡行吟 镜心	133cm×60cm	3,105,000	保利山东	2015.02.01
张大千 1938年作 明皇按乐图 立轴	92cm×31cm	1,955,000	北京匡时	2015.12.04
张大千 1938年作 挽髻图 立轴	123cm×50.5cm	1,840,000	上海工美	2015.06.28
张大千 1938年作 云山雨过 扇面镜框	18.5cm×53.9cm	605,250	香港苏富比	2015.04.06
张大千 1939年作 仿清湘老人山水 镜心	100cm×35cm	1,322,500	北京翰海	2015.06.26
张大千 1939年作 高仕策杖 镜心	92cm×46.5cm	1,207,500	北京匡时	2015.10.16
张大千 1939年作 青城山俯视诸景图 立轴	87cm×45cm	1,380,000	北京保利	2015.12.06
张大千 1939年作 秋江放舟 立轴	68cm×44cm	1,666,080	佳士得	2015.06.02
张大千 1939年作 松风策杖 立轴	94.5cm×39cm	907,875	香港苏富比	2015.04.06
张大千 1939年作 松下高士 行书七言联 立轴	91cm×46cm 132cm×22cm×2	1,680,000	北京荣宝	2015.06.21

拍品名称	物品尺寸	成交价RMB	拍卖公司	拍卖日期
张大千 1939年作 松下高士图 立轴	94.5cm×38.5cm	1,322,500	鼎天国际	2015.07.05
张大千 1940年作 东篱高士 立轴	73.7cm×34.2cm	320,400	佳士得	2015.06.02
张大千 1940年作 湖上秋泛图 立轴	104cm×40cm	2,070,000	北京翰海	2015.06.26
张大千 1940年作 水殿荷香 立轴	104cm×38cm	1,185,480	佳士得	2015.06.02
张大千 1940年作 无量寿佛 立轴	104cm×53cm	3,680,000	北京保利	2015.06.05
张大千 1941年作 高士图 立轴	132cm×58cm	3,450,000	上海明轩	2015.06.21
张大千 1941年作 江干高仕图 立轴	100cm×40cm	1,142,712	保利香港	2015.04.07
张大千 1941年作 鱼化龙 镜心	22.5cm×22cm	552,000	北京匡时	2015.10.17
张大千 1942年作 番女秀资 镜心	114cm×32.5cm	253,000	北京匡时	2015.10.16
张大千 1942年作 刘讦游山图 立轴	142cm×78cm	2,875,000	广东崇正	2015.06.19
张大千 1942年作 琵琶行诗意图镜心	124.5cm×69cm	15,870,000	北京匡时	2015.06.06
张大千 1943年作 松崖观瀑图 镜框	138.5cm×67cm	1,609,160	佳士得	2015.12.01
张大千 1943年作 纨扇仕女 立轴	98cm×54cm	3,910,000	北京保利	2015.06.05
张大千 1944年作 苍松高士图 立轴	114cm×33cm	805,000	广东小雅斋	2015.11.11
张大千 1944年作 春色入帘中 镜框	39cm×69.5cm	5,799,240	佳士得	2015.06.02
张大千 1944年作 高士图 扇面	17cm×50cm	287,500	北京翰海	2015.03.14
张大千 1944年作 观音造像 镜心	109cm×47cm	3,450,000	北京保利	2015.12.06
张大千 1944年作 江舟待客图 立轴	79cm×38cm	1,725,000	北京匡时	2015.03.30
张大千 1944年作 青城游屐图 立轴	75cm×38cm	977,500	北京保利	2015.12.06
张大千 1944年作 纨扇秋风 镜框	94.2cm×27.3cm	3,024,960	香港苏富比	2015.10.06
张大千 1945年作 高士访松 立轴	133cm×65cm	1,840,000	北京保利	2015.12.07
张大千 1945年作 果洛番女礼佛图 立轴	111cm×68cm	9,775,000	北京匡时	2015.12.04
张大千 1945年作 龙女礼佛图 立轴	94cm×45cm	2,300,000	北京保利	2015.12.06
张大千 1945年作 双寿图 镜心	110cm×48cm	3,450,000	北京保利	2015.12.07
张大千 1945年作 天台观瀑 立轴	98.5cm×42.5cm	3,450,000	北京保利	2015.12.07
张大千 1945年作 簪花图 立轴	117.5cm×43.5cm	4,600,000	北京匡时	2015.12.04
张大千 1946年作 碧树秋居	118.5cm×28.8	704,460	台北艺流	2015.04.25
张大千 1946年作 策杖高士图 立轴	105cm×41cm	3,105,000	北京匡时	2015.06.06
张大千 1946年作 持扇凝思 立轴	99cm×43cm	690,000	北京保利	2015.12.07
张大千 1946年作 峨眉三顶 镜框	93.9cm×53.6cm	1,484,909	纽约佳士得	2015.09.16
张大千 1946年作 仿宋人山水 团扇	直径29cm	184,000	中贸圣佳	2015.05.19
张大千 1946年作 归帆 镜框	67cm×43.8cm	410,500	佳士得	2015.12.01
张大千 1946年作 寒江独钓图 镜心	53cm×30cm	345,000	保利山东	2015.09.13
张大千 1946年作 林间对画图 镜心	122cm×55cm	2,300,000	北京翰海	2015.11.27
张大千 1946年作 双清 立轴	105cm×41.2cm	472,075	佳士得	2015.12.01
张大千 1946年作 松亭渔隐 立轴	52cm×28.5cm	598,000	上海明轩	2015.06.21
张大千 1946年作 无量寿佛 立轴	97cm×49cm	4,357,440	佳士得	2015.06.02
张大千 1946年作 玉佩摇光翠 立轴	115cm×45cm	3,162,500	上海明轩	2015.06.21
张大千 1946年作 杖经图 镜框	76cm×39.4cm	7,914,440	佳士得	2015.12.01
张大千 1946年作 执扇仕女图 镜框	95.2cm×34.3cm	564,438	佳士得	2015.12.01
张大千 1947年作 独坐江边 立轴	70cm×44.5cm	513,125	佳士得	2015.12.01
张大千 1947年作 仿王蒙春山读书图 手卷	119.7cm×58.3cm	8,407,040	佳士得	2015.12.01
张大千 1947年作 行书七言联 立轴	113cm×30cm×2	920,000	北京保利	2015.06.04
张大千 1947年作 李德裕见客图镜心	33.5cm×95.5cm	13,800,000	北京保利	2015.06.05
张大千 1947年作 林泉论道图 立轴	132cm×66cm	3,220,000	北京匡时	2015.12.04
张大千 1947年作 临王蒙《夏山隐居图》立轴	116cm×63cm	6,210,000	北京保利	2015.06.04
张大千 1947年作 钱塘晚潮 镜心	32cm×95cm	4,140,000	北京保利	2015.12.06
张大千 1947年作 青绿山水 扇面	18.5cm×50cm	172,500	华艺国际	2015.05.24
张大千 1947年作 青山放艇 立轴	109cm×54cm	1,456,000	上海国拍	2015.11.29
张大千 1947年作 秋林觅句 立轴	114cm×66.5cm	2,875,000	广东崇正	2015.06.19
张大千 1947年作 松壑茅亭图 立轴	133cm×65cm	5,865,000	北京保利	2015.06.04

拍品名称	物品尺寸	成交价RMB	拍卖公司	拍卖日期
张大千 1947年作 苏东坡像 立轴	97cm×53cm	448,000	北京荣宝	2015.06.21
张大千 1947年作 溪山高隐图 立轴	137cm×60cm	13,800,000	北京匡时	2015.12.04
张大千 1948年作 杜甫诗意图 镜片	67cm×32.5cm	1,265,000	广东崇正	2015.06.19
张大千 1948年作 行书联 对联	106cm×21cm×2	437,000	上海泓盛	2015.06.20
张大千 1948年作 行书七言诗 镜心	95.5cm×31.2cm	172,500	保利厦门	2015.05.03
张大千 1948年作 浓黛消香 镜心	112cm×50cm	1,697,430	保利香港	2015.10.05
张大千 1948年作 松寿延年 镜框	132cm×66cm	1,954,440	佳士得	2015.06.02
张大千 1948年作 峡江行舟	148cm×38cm	7,820,000	际华春秋	2015.05.24
张大千 1949年作 苍岩高士 镜框	92cm×34cm	750,938	佳士得	2015.06.02
张大千 1949年作 番马图 镜框	34.5cm×68.5cm	1,806,200	佳士得	2015.12.01
张大千 1949年作 濠江诸胜 立轴	79.5cm×39.8cm	2,582,400	香港苏富比	2015.04.06
张大千 1949年作 黄山文殊佛光普照 立轴	83cm×41cm	1,150,000	北京匡时	2015.06.06
张大千 1949年作 清溪垂钓 立轴	90cm×41cm	179,200	北京荣宝	2015.11.29
张大千 1949年作 秋山萧寺 镜片	80cm×39cm	690,000	广东崇正	2015.06.19
张大千 1949年作 芍药 镜框	画心 64.6cm×30.1cm 诗堂 15.5cm×30.5cm	411,000	香港苏富比	2015.10.06
张大千 1949年作 松堂读书 立轴	114cm×47cm	5,980,000	北京保利	2015.06.05
张大千 1949年作 溪亭高士图 立轴	103.5cm×49.5cm	2,397,320	佳士得	2015.12.01
张大千 1949年作 玉簪花 立轴	67cm×34.8cm	857,438	香港苏富比	2015.04.06
张大千 1950年作 拟唐人秋郊揽辔图 镜框	100.2cm×54.3cm	41,286,120	香港苏富比	2015.04.06
张大千 1951年作 芭蕉高士 立轴	81.5cm×43.3cm	307,875	佳士得	2015.12.01
张大千 1951年作 墨竹 镜框	137.5cm×48cm	513,125	佳士得	2015.12.01
张大千 1952年作 山水 镜框	94.7cm×48.2cm	597,469	纽约佳士得	2015.09.16
张大千 1953年作 寒林萧散 镜框	89.5cm×44.5cm	1,707,680	佳士得	2015.12.01
张大千 1953年作 秋江钓艇 立轴	106.5cm×52cm	6,785,000	北京保利	2015.06.04
张大千 1955年作 江岸话别 镜心	29.5cm×36cm	402,500	北京匡时	2015.06.06
张大千 1957年作 细书自画像 镜框	39.7cm×68cm	513,125	佳士得	2015.12.01
张大千 1959年作 双清图 镜心	36cm×42cm	897,000	北京翰海	2015.06.26
张大千 1959年作 长松高士图 立轴	135cm×67.5cm	2,070,000	西泠拍卖	2015.07.05
张大千 1960年作 策杖高士 镜心	142cm×69cm	3,450,000	北京保利	2015.12.07
张大千 1960年作 策杖寻幽 行书七言联（一堂）镜片 立轴	141cm×69cm 136cm×34cm×2	2,990,000	上海明轩	2015.06.21
张大千 1960年作 泉明高致 立轴	86cm×27cm	280,000	北京荣宝	2015.08.30
张大千 1960年作 云树识高踪 镜心	130cm×67cm	1,955,000	北京保利	2015.06.05
张大千 1962年作 春花似锦 镜框	101.5cm×35.5cm	873,375	香港苏富比	2015.10.06
张大千 1962年作 独钓图 镜框	142.5cm×72.8cm	1,609,160	佳士得	2015.12.01
张大千 1962年作 墨荷 镜框	179cm×88.5cm	5,451,440	佳士得	2015.12.01
张大千 1962年作 松崖仙寿 立轴	125.5cm×70cm	2,230,908	保利香港	2015.10.05
张大千 1963年作 多子图 立轴	120cm×56cm	892,363	保利香港	2015.10.05
张大千 1963年作 芳谷寻幽 立轴	131cm×70cm	782,000	北京保利	2015.06.04
张大千 1963年作 仿王蒙青卞隐居图 立轴	116cm×50cm	6,789,720	保利香港	2015.10.05
张大千 1963年作 高江急峡苍藤垂 镜框	97.8cm×62.1cm	4,422,360	香港苏富比	2015.04.06
张大千 1963年作 凌波仙子 立轴	74cm×51.5cm	678,972	保利香港	2015.10.05
张大千 1963年作 牡丹 镜框	109cm×44cm	1,281,600	佳士得	2015.06.02
张大千 1963年作 秋山秋水 立轴	127cm×66cm	3,910,000	北京保利	2015.06.05
张大千 1963年作 秋山图 立轴	83cm×46cm	897,000	精诚所至	2015.11.06
张大千 1963年作 书法 立轴	38cm×91.5cm	1,089,360	佳士得	2015.06.02
张大千 1963年作 双清 镜心	98cm×53cm	368,000	北京保利	2015.12.07
张大千 1963年作 双清图 镜心	98.5cm×53cm	552,000	北京匡时	2015.06.07
张大千 1964年作 巴蜀之游 镜心	97cm×62cm	598,000	北京保利	2015.06.04

拍品名称	物品尺寸	成交价RMB	拍卖公司	拍卖日期
张大千 1964年作 读书图 立轴	97.5cm×62.5cm	1,150,000	西泠拍卖	2015.07.05
张大千 1964年作 山水 镜框	88.8cm×22.3cm	484,200	香港苏富比	2015.04.06
张大千 1965年作 翠盖云裳香满塘 镜框	91.2cm×160.5cm	19,432,560	香港苏富比	2015.04.06
张大千 1965年作 开岁百福 镜心	35.5cm×40.5cm	678,972	保利香港	2015.10.05
张大千 1965年作 空山隐居 镜框	35.3cm×41.1cm	2,776,080	香港苏富比	2015.04.06
张大千 1965年作 泼墨山水团扇 团扇	30cm×40cm	1,058,000	北京保利	2015.06.05
张大千 1965年作 芍药 镜心	47cm×31cm	230,000	北京匡时	2015.03.30
张大千 1965年作 溪山归棹 镜框	35.3cm×41.1cm	2,001,360	香港苏富比	2015.04.06
张大千 1965年作 野水春云 立轴	117.5cm×66.7cm	7,956,960	香港苏富比	2015.10.06
张大千 1966年作 国色天香 镜框	80cm×44cm	1,185,480	佳士得	2015.06.02
张大千 1966年作 行书七言联 镜心	135cm×33cm×2	805,000	北京东正	2015.11.19
张大千 1966年作 梅石高士 镜框	77.2cm×41.3cm	450,563	佳士得	2015.06.02
张大千 1967年作 彩荷 立轴	47cm×92cm	713,000	保利山东	2015.02.01
张大千 1967年作 风荷 立轴	128cm×65cm	2,645,000	北京保利	2015.12.07
张大千 1967年作 烟岁放棹 镜框	82.5cm×77cm	5,451,440	佳士得	2015.12.01
张大千 1968年作 横贯公路 书法（两幅）立轴	135cm×69.3cm×2	6,929,240	佳士得	2015.12.01
张大千 1968年作 红叶墨竹小鸟 镜框	97cm×42cm	667,063	佳士得	2015.12.01
张大千 1968年作 冷香飞上诗句 立轴	137.3cm×46.5cm	1,841,280	香港苏富比	2015.10.06
张大千 1968年作 睡猫 镜框	36cm×60.2cm	453,938	香港苏富比	2015.04.06
张大千 1968年作 烟江霞色 镜心	83cm×95.3cm	2,856,780	保利香港	2015.04.07
张大千 1968年作 振衣千仞图 镜片	60.5cm×35.5cm	437,000	西泠拍卖	2015.07.05
张大千 1969年作 白莲图 立轴	132cm×66.5cm	4,025,000	广东崇正	2015.06.19
张大千 1969年作 菜根香 镜框	44cm×66cm	706,125	香港苏富比	2015.04.06
张大千 1969年作 空山流水 镜框	81cm×57cm	907,875	香港苏富比	2015.04.06
张大千 1969年作 墨荷 扇面镜框	133.8cm×47cm	1,510,640	佳士得	2015.12.01
张大千 1969年作 霜柿图 立轴	120cm×45cm	805,000	华艺国际	2015.05.24
张大千 1969年作 松瀑高楼 镜框	45.3cm×50.2cm	400,500	佳士得	2015.06.02
张大千 1969年作 云山居隐 镜框	72cm×102.7cm	22,524,120	佳士得	2015.06.02
张大千 1969年作 自画像与黑虎 镜心	173cm×91.5cm	2,016,000	北京荣宝	2015.06.21
张大千 1970年作 春山闲居 立轴	53cm×40.8cm	2,988,440	佳士得	2015.12.01
张大千 1970年作 行书七绝 立轴	136.3cm×42.1cm	184,950	香港苏富比	2015.10.06
张大千 1970年作 深山藏古寺 镜框	140cm×71.5cm	1,458,813	纽约佳士得	2015.03.17
张大千 1971年作 荡舟图 镜片	90cm×57cm	1,840,000	西泠拍卖	2015.07.05
张大千 1971年作 富昌大吉 镜框	102.5cm×34.5cm	600,750	佳士得	2015.06.02
张大千 1971年作 行书《梦中诗》立轴	68.3cm×28cm	151,313	香港苏富比	2015.04.06
张大千 1971年作 红花烂漫	90.3cm×47.8cm	801,000	佳士得	2015.06.02
张大千 1971年作 江南水竹村 镜框	66.2cm×33cm	307,875	佳士得	2015.12.01
张大千 1971年作 深山古寺 镜框	65cm×60cm	615,750	佳士得	2015.12.01
张大千 1972年作 荷花 镜框	88.5cm×90cm	1,281,600	佳士得	2015.06.02
张大千 1972年作 荷花图 镜框	65.7cm×135cm	796,625	纽约佳士得	2015.09.16
张大千 1972年作 危峦耸秀 镜框	44.5cm×52cm	3,185,480	佳士得	2015.12.01
张大千 1973年作泛舟图 扇面 镜框	19.8cm×46.5cm	359,625	香港苏富比	2015.10.06
张大千 1973年作 风荷 镜框	65.8cm×209.3cm	20,286,960	香港苏富比	2015.10.06
张大千 1973年作 荷花 镜框	57.8cm×91cm	3,973,640	佳士得	2015.12.01
张大千 1973年作 湖村 镜框	44cm×51.5cm	3,616,800	香港苏富比	2015.10.06
张大千 1973年作 秋山晓色 镜框	51.7cm×39.7cm	10,716,960	香港苏富比	2015.04.06
张大千 1973年作 松下高士 镜心	70cm×137cm	2,380,650	保利香港	2015.04.07
张大千 1973年作 云山依水 镜心	69cm×241cm	28,750,000	北京保利	2015.12.06
张大千 1973年作 云树高士 镜心	52cm×40cm	1,714,068	保利香港	2015.04.07

拍品名称	物品尺寸	成交价RMB	拍卖公司	拍卖日期
张大千 1973年作 振衣千仞岗 镜框	44.3cm×59.7cm	3,715,440	香港苏富比	2015.10.06
张大千 1974年作 粉荷 立轴	146.2cm×67.8cm	4,466,240	佳士得	2015.12.01
张大千 1974年作 秋山晓霭 镜心	29.5cm×39cm	1,163,952	保利香港	2015.10.05
张大千 1974年作 松岩泛艇 镜框	27.2cm×77.3cm	655,688	香港苏富比	2015.04.06
张大千 1974年作 五余图 镜片	59cm×46cm	299,000	北京中汉	2015.05.17
张大千 1974年作 野渡无人 镜框	43cm×90cm	857,757	纽约佳士得	2015.03.17
张大千 1974年作 振衣千仞罔 镜心	137cm×57cm	1,840,000	北京保利	2015.06.04
张大千 1975年作 芭蕉高士 镜心	56cm×30cm	230,000	北京匡时	2015.12.04
张大千 1975年作 天际归舟图 镜心	136cm×46cm	920,000	北京翰海	2015.11.27
张大千 1976年作 浮峦暖翠 镜框	64cm×134.5cm	6,929,240	佳士得	2015.12.01
张大千 1976年作 古木高士 立轴	137.5cm×70cm	2,185,000	北京保利	2015.12.07
张大千 1976年作 牧童与牛 镜心	40cm×45.5cm	476,130	保利香港	2015.04.07
张大千 1976年作 松溪泛舟 镜心	88cm×63cm	414,000	北京匡时	2015.03.30
张大千 1977年作 粉荷翠盖 立轴	62.5cm×121cm	2,495,840	佳士得	2015.12.01
张大千 1977年作 荷花 镜心	45.5cm×91.5cm	1,058,000	北京匡时	2015.12.04
张大千 1977年作 红荷	64cm×124.5	4,226,760	台北艺流	2015.04.25
张大千 1977年作 绿山迭嶂	44cm×53cm	371,936	台北艺流	2015.10.10
张大千 1977年作 玉簪花 镜心	40cm×89cm	816,684	中国嘉德	2015.04.07
张大千 1978年作 行书七言联 镜框	136cm×34.3cm×2	423,675	香港苏富比	2015.04.06
张大千 1978年作 行书七言联 立轴	136cm×34.5cm×2	287,500	中国嘉德	2015.05.16
张大千 1978年作 红衣达摩 立轴	94cm×49.5cm	304,723	保利香港	2015.04.07
张大千 1978年作 庐山瀑 立轴	105cm×49.5cm	1,473,840	佳士得	2015.06.02
张大千 1978年作 芍药 立轴	67.6cm×34cm	706,125	香港苏富比	2015.04.06
张大千 1978年作 五瑞图 镜心	61cm×121cm	943,000	北京匡时	2015.06.06
张大千 1978年作 溪山秋雨 立轴	67.5cm×38cm	484,980	保利香港	2015.10.05
张大千 1978年作 香远益清 镜心	108.5cm×52.5cm	1,380,000	中国嘉德	2015.05.16
张大千 1978年作 杏花	53.5cm×90cm	1,627,220	台北艺流	2015.10.10
张大千 1978年作 杏花 镜心	53.5cm×90cm	1,380,000	中国嘉德	2015.05.16
张大千 1978年作 云泉古寺 镜框	70.9cm×138.5cm	35,863,080	香港苏富比	2015.04.06
张大千 1979年作 翠峰黛色 镜框	44cm×73.3cm	3,518,160	香港苏富比	2015.10.06
张大千 1979年作 行书七言诗 立轴	136cm×34.5cm	218,500	西泠拍卖	2015.07.05
张大千 1979年作 行书七言诗 立轴	114cm×36cm	218,500	北京匡时	2015.06.07
张大千 1979年作 荷塘 镜框	90cm×178cm	18,314,160	香港苏富比	2015.10.06
张大千 1979年作 荷香十里 镜心	46cm×93.5cm	1,207,500	北京匡时	2015.06.06
张大千 1979年作 乐公廛 镜框	61.8cm×175.5cm	706,125	香港苏富比	2015.04.06
张大千 1979年作 眉寿 镜心	24cm×27cm	172,500	北京保利	2015.06.05
张大千 1979年作 梅花 镜心	88cm×45cm	529,000	保利山东	2015.02.01
张大千 1979年作 牡丹富贵 镜心	52cm×111cm	931,500	北京匡时	2015.06.06
张大千 1979年作 五瑞图 镜心	114.5cm×60.5cm	2,530,000	中国嘉德	2015.05.16
张大千 1979年作 游鱼戏落花 镜片	38cm×54cm	471,500	广东崇正	2015.06.19
张大千 1980年作 荷塘 镜框	48cm×99.5cm	1,185,480	佳士得	2015.06.02
张大千 1980年作 红荷 立轴	138.5cm×69.5cm	4,945,000	华艺国际	2015.05.24
张大千 1980年作 黄山剪刀峰 书法对联（三幅）镜框	37cm×45cm 117.5cm×30cm×2	513,125	佳士得	2015.12.01
张大千 1980年作 吉祥童子 镜心	43cm×92cm	285,678	保利香港	2015.04.07
张大千 1980年作 凌波照晚妆 镜片	48cm×96cm	1,748,000	广东小雅斋	2015.05.12
张大千 1980年作 泼彩山水 镜片	35cm×69.5cm	5,635,000	上海明轩	2015.06.21
张大千 1980年作 清供图 镜框	58cm×103.5cm	1,089,360	佳士得	2015.06.02
张大千 1981年作 花鸟（四帧）四屏镜片	83.5cm×46cm×4	3,277,500	西泠拍卖	2015.07.05
张大千 1981年作 江上泛舟 立轴	105cm×58cm	178,250	北京匡时	2015.12.04
张大千 1981年作 牡丹 镜心	54cm×84cm	414,000	北京匡时	2015.12.04
张大千 1981年作 松凉夏健人 镜片	96cm×47cm	4,025,000	河南金帝	2015.11.22
张大千 1981年作 宜富当贵 镜框	45cm×75cm	1,207,500	上海明轩	2015.06.21
张大千 1982年作 碧荷图 立轴	96.5cm×51.5cm	276,000	北京匡时	2015.12.04
张大千 1982年作 达摩 立轴	105.5cm×60cm	805,000	中国嘉德	2015.05.17
张大千 1982年作 东方朔偷桃献寿图 镜片	69cm×36cm	1,207,500	上海明轩	2015.06.21
张大千 1982年作 人参 镜框	69.8cm×34.2cm	2,001,360	香港苏富比	2015.04.06
张大千 1983年作 牡丹 镜框	38cm×45.5cm	958,313	香港苏富比	2015.04.06
张大千 白莲图 立轴	133cm×43.5cm	1,667,500	海德拍卖	2015.06.27
张大千 板栗 立轴	89.3cm×44cm	382,380	纽约苏富比	2015.09.17
张大千 宝熙 观山图·行书节录《九歌·湘君》成扇	19cm×50cm	862,500	中国嘉德	2015.05.17
张大千 碧峰横岭 立轴	38.5cm×51.2cm	2,200,280	佳士得	2015.12.01
张大千 1956年作 双清 立轴	119cm×28.5cm	271,589	中国嘉德	2015.10.07
张大千 1956年作 水仙 镜心	43cm×35cm	368,000	中国嘉德	2015.11.14
张大千 1946年作 仿董源松泉图 镜心	121cm×48cm	8,625,000	中国嘉德	2015.05.17
张大千 1946年作 林壑萧散图·行书 成扇	20cm×51.5cm	2,530,000	中国嘉德	2015.05.17
张大千 1946年作 松下高士图 立轴	130cm×66cm	3,450,000	中国嘉德	2015.05.16
张大千 1936年作 高士图 镜心	127cm×51cm	287,500	中国嘉德	2015.09.19
张大千 1936年作 牡丹 立轴	107cm×33cm	230,000	中国嘉德	2015.09.19
张大千 采莲图 镜心	92cm×49cm	805,000	北京保利	2015.12.07
张大千 苍松石壁 镜心	32cm×98cm	161,000	北京匡时	2015.03.30
张大千 苍崖高士图 立轴	106cm×48cm	828,000	西泠拍卖	2015.07.05
张大千 茶花 镜心	64cm×33cm	172,500	北京保利	2015.06.04
张大千 茶花正开 立轴	34cm×39cm	230,000	北京保利	2015.06.05
张大千 陈三立 1940年作 荷花 书法（两幅）镜框	18.5cm×52cm×2	919,520	佳士得	2015.12.01
张大千 春江独钓 镜片	135cm×47cm	1,380,000	广东崇正	2015.06.19
张大千 春山楼观图	132cm×59cm	7,820,000	际华春秋	2015.05.24
张大千 粗笔山水 立轴	101cm×60cm	557,638	纽约苏富比	2015.09.17
张大千 大同江景 镜框	18.5cm×54cm	322,000	华艺国际	2015.05.24
张大千 登高望远图 立轴	59cm×27cm	172,500	中国嘉德	2015.04.01
张大千 邓芬 等 媚秋堂时人书画集 册页（十八开）	9cm×15cm×18	533,478	中国嘉德	2015.10.07
张大千 1937年作 陶圃松菊图 立轴	165cm×64.5cm	17,250,000	中国嘉德	2015.05.17
张大千 1947年作 行书七言联 立轴	134.5cm×32.5cm×2	253,000	中国嘉德	2015.05.16
张大千 1947年作 渔隐图 立轴	109.8cm×50.2cm	2,530,000	北京诚轩	2015.11.13
张大千 丁未（1967年）作 秋山潭影 立轴	95cm×49.5cm	2,185,000	北京诚轩	2015.11.13
张大千 丁雄泉 1977年作 旅台画家绘集 册页	30.5cm×43cm×3	1,150,000	北京保利	2015.06.05
张大千 峒关蒲雪图	129.5cm×33.5cm	6,900,000	际华春秋	2015.05.24
张大千 洞庭远眺 立轴	90cm×45cm	2,932,500	海德拍卖	2015.06.27
张大千 独树高逸图 立轴	95cm×32.5cm	1,130,000	辽宁建投	2015.08.30
张大千 杜牧诗意 立轴	147cm×79cm	1,150,000	北京保利	2015.12.07
张大千 泛舟图 镜心	92cm×39cm	667,000	北京匡时	2015.10.16
张大千 泛舟图 立轴	130cm×33cm	448,000	北京荣宝	2015.06.21
张大千 仿八大山人意 立轴	115cm×61cm	517,500	北京匡时	2015.12.04
张大千 仿石涛山水 册页（八开）	74cm×47cm×8	9,660,000	北京保利	2015.06.04
张大千 仿石涛松水石桥图 镜心	132cm×51.5cm	2,300,000	中国嘉德	2015.05.17
张大千 仿宋人花鸟 成扇	18cm×47cm×2	1,552,500	保利厦门	2015.05.02
张大千 飞景夫人像 镜框	41cm×32cm	977,500	上海明轩	2015.06.21
张大千 丰子恺 等 名家集粹册 册页	20cm×20cm×6	218,500	北京保利	2015.08.12
张大千 冯开 梅竹双清、楷书节录《宣和画谱》成扇	19cm×49.5cm	175,258	纽约苏富比	2015.09.17
张大千 佛像 立轴	123cm×42cm	920,000	北京保利	2015.12.07
张大千 芙蓉春色图 立轴	84cm×42cm	402,500	中国嘉德	2015.09.19

拍品名称	物品尺寸	成交价RMB	拍卖公司	拍卖日期
张大千 傅增湘 墨牡丹·楷书七言诗四首 成扇	18.7cm×51.5cm	575,000	中国嘉德	2015.05.17
张大千 富贵花开 镜心	113cm×57cm	581,976	保利香港	2015.10.05
张大千 富贵平安 镜片	56cm×115cm	1,840,000	朵云轩	2015.06.18
张大千 高士图 镜心	134.5cm×30.5cm	1,380,000	海德拍卖	2015.06.27
张大千 高士图 立轴	133cm×33cm	460,000	北京上和	2015.05.16
张大千 1940年作 茶花蝴蝶 镜心	87.5cm×38.5cm	10,350,000	中国嘉德	2015.05.17
张大千 1940年作 味江山水 立轴	92.5cm×40cm	5,175,000	中国嘉德	2015.05.17
张大千1980年作 幽谷图 镜心	160cm×49cm	2,969,760	中国嘉德	2015.04.07
张大千 1930年作 行书"读画轩"镜心	48.5cm×137.5cm	345,000	中国嘉德	2015.11.14
张大千 1960年作 春水云山 立轴	101cm×50cm	2,036,916	中国嘉德	2015.10.07
张大千 1960年作 翠屏曲涧 立轴	118cm×65cm	3,220,000	中国嘉德	2015.05.16
张大千 孤舟钓客 镜框	36cm×43.2cm	1,710,840	香港苏富比	2015.04.06
张大千 孤舟钓翁 扇面镜框	18.5cm×52.5cm	350,438	佳士得	2015.06.02
张大千 菰蒲渔情 镜心（片）	48cm×81cm	2,300,000	江苏嘉恒	2015.04.25
张大千 古木高士图 立轴	137cm×69cm	2,990,000	海德拍卖	2015.06.27
张大千 观沧海 镜心	125cm×62cm	667,000	北京匡时	2015.03.30
张大千 观音 镜心	74cm×41cm	632,500	北京保利	2015.06.04
张大千 1953年作 白荷 团扇	23cm×24cm	1,610,000	中国嘉德	2015.05.17
张大千 1963年作 袁枚诗意 立轴	82cm×45cm	747,500	保利厦门	2015.05.03
张大千 1933年作 书画隔档扇 成扇		345,000	中国嘉德	2015.04.02
张大千 果蔬图 立轴	65cm×33cm	200,000	上海驰翰	2015.03.07
张大千 行书 镜框	85cm×43cm	240,300	佳士得	2015.06.02
张大千 行书七言联（一对）	129.2cm×34cm	517,806	纽约苏富比	2015.09.17
张大千 行书七言联 镜片	137.9cm×35cm	1,274,600	纽约苏富比	2015.09.17
张大千 行书十一言联 镜心	141cm×17cm×2	287,500	北京匡时	2015.03.30
张大千 行书五言诗 镜心	18.5cm×54cm	184,000	北京匡时	2015.10.17
张大千 何维朴 水村双帆 行书诗成扇	8cm×48cm	219,135	纽约苏富比	2015.03.19
张大千 荷	60cm×60cm	879,178	荣盛国际	2015.01.10
张大千 荷花	119.5cm×59.3cm	1,975,630	纽约苏富比	2015.09.17
张大千 荷花 镜框	88.7cm×58.2cm	1,194,938	纽约苏富比	2015.09.17
张大千 荷花 镜心	90cm×45.5cm	1,265,000	海德拍卖	2015.06.27
张大千 荷花 立轴	135.5cm×45cm	1,955,000	海德拍卖	2015.06.27
张大千 红荷 镜框	17.8cm×21cm	857,438	香港苏富比	2015.04.06
张大千 红荷 镜心	58cm×109cm	1,725,000	荣宝斋（济南）	2015.11.21
张大千 红梅 镜心	81cm×40cm	299,000	荣宝斋（济南）	2015.11.21
张大千 红叶小鸟 苍崖对谈（两幅）镜框	22.7cm×34.7cm×2	513,125	佳士得	2015.12.01
张大千 湖山垂暮图 镜心	68cm×30.5cm	1,058,000	北京匡时	2015.06.06
张大千 湖山清夏 镜心	35cm×100cm	2,990,000	北京匡时	2015.12.04
张大千 花卉 成扇	15cm×45cm	160,000	上海驰翰	2015.05.09
张大千 花卉 镜框	82cm×37.6cm	250,440	纽约苏富比	2015.03.19
张大千 花卉 镜心	124cm×32.5cm	402,500	北京翰海	2015.11.28
张大千 花鸟图	138cm×55cm	2,332,512	荣盛国际	2015.01.10
张大千 花事了 立轴	86cm×61.5cm	575,000	北京翰海	2015.11.27
张大千 华山千仞岗 扇面镜心	20cm×54cm	253,000	北京翰海	2015.11.27
张大千 黄山绝顶观 镜心	150.5cm×40.5cm	460,000	北京匡时	2015.12.04
张大千 黄山松云 镜心	60cm×32cm	204,171	中国嘉德	2015.04.07
张大千 黄叶村图 立轴	93cm×35cm	1,380,000	中国嘉德	2015.05.16
张大千 1949年作 濯缨沧浪图 行书诗《匡山读书处》成扇	29.5cm×69cm	4,140,000	上海道明	2015.05.09
张大千 1949年作 桃花蛱蝶 镜心	92cm×40cm	1,610,000	中国嘉德	2015.11.14

拍品名称	物品尺寸	成交价RMB	拍卖公司	拍卖日期
张大千 1959年作 太鲁阁风光 立轴	39cm×30cm	345,000	北京诚轩	2015.11.13
张大千 1939年作 东篱赏菊 镜片	97cm×37cm	575,000	朵云轩	2015.06.18
张大千 1939年作 临溪闲眺 立轴	90cm×46cm	1,897,500	中国嘉德	2015.11.14
张大千 己酉（1969年）作 泼彩山水人物 镜片	38cm×120cm	2,265,960	宝港国际	2015.11.28
张大千 甲申（1944年）作 持莲仕女 立轴	111.5cm×49.5cm	10,350,000	中国嘉德	2015.05.17
张大千 甲申（1944年）作 红叶鸣禽图 镜片	29.5cm×29.5cm	1,265,000	广州皇玛	2015.01.18
张大千 甲申（1944年）作 江干高士图 立轴	107cm×32.5cm	402,500	中国嘉德	2015.11.14
张大千 甲申（1944年）作 听泉图 立轴	163cm×24cm	3,450,000	中国嘉德	2015.05.17
张大千 1934年作 独立苍茫 立轴	105cm×30cm	377,660	宝港国际	2015.11.28
张大千 1934年作 风荷 立轴	144.5cm×66cm	2,357,500	中国嘉德	2015.05.17
张大千 1934年作 寒江独钓图 立轴	120cm×57cm	755,320	宝港国际	2015.11.28
张大千 1934年作 竹下高士 立轴	94.5cm×35cm	224,000	天津文物	2015.05.22
张大千 1974年作 一览众山小 立轴	93cm×44cm	287,500	保利厦门	2015.05.03
张大千 简经纶 松下高士 镜框	59.1cm×31.9cm	181,575	香港苏富比	2015.04.06
张大千 江岸泛舟 镜心	43cm×28cm	218,500	保利厦门	2015.08.02
张大千 蕉荫高士 鏡心	90cm×42cm	747,500	保利山东	2015.02.01
张大千 蕉荫高士 立轴	112cm×64cm	1,955,000	中国嘉德	2015.05.17
张大千 蕉荫高士图 镜心	47.5cm×36cm	460,000	海德拍卖	2015.06.27
张大千 蕉荫高士图 立轴	122cm×45cm	292,687	宝港国际	2015.11.28
张大千 看松图 镜心	100.5cm×36cm	166,750	北京翰海	2015.06.26
张大千 李秋君 采莲图 论仇英画成扇	18.2cm×51cm	690,000	北京诚轩	2015.11.13
张大千 利市三倍 立轴	88.5cm×38cm	201,600	天津文物	2015.05.22
张大千 隶书仿陈曼生书法 立轴	99cm×51.5cm	207,000	北京匡时	2015.06.07
张大千 隶书七言联 立轴	135cm×33cm×2	368,000	保利山东	2015.09.13
张大千 隶书五言联 对联	160cm×36cm×2	333,500	上海嘉禾	2015.05.08
张大千 隶书五言联 立轴	169cm×36.5cm×2	207,000	北京匡时	2015.12.04
张大千 林塘清兴 立轴 设色纸本	99.4cm×33cm	955,950	纽约苏富比	2015.09.17
张大千 灵谷深松图 立轴	116cm×44cm	3,105,000	天津同方	2015.11.21
张大千 刘延涛 张谷年 枫兰戏蝶 行书七言联 镜心	32cm×66cm	504,379	保利香港	2015.10.05
张大千 柳下高士图 镜心	122.5cm×51.5cm	2,645,000	海德拍卖	2015.06.27
张大千 柳荫仕女图 立轴	90cm×36cm	483,000	西泠拍卖	2015.07.05
张大千 六十八（1979年）作 芙蕖暗香 镜心	47.5cm×68cm	517,500	北京诚轩	2015.11.13
张大千 六十八（1979年）作 江村滴翠 镜心	62cm×112.5cm	5,750,000	北京诚轩	2015.11.13
张大千 龙女礼佛图 镜心	89cm×45.5cm	1,428,390	保利香港	2015.04.07
张大千 庐山图 镜框	52.5cm×45cm	1,265,000	朵云轩	2015.06.18
张大千 罗悖曼 仿崔白花鸟、行书《别王彻》诗 扇轴	24.2cm×76.2cm	796,625	纽约苏富比	2015.09.17
张大千 梅兰芳 仕女 花鸟 成扇	25cm×54cm×2	552,000	广东小雅斋	2015.05.12
张大千 梅竹双清 立轴	84cm×38cm	517,500	天津同方	2015.11.21
张大千 米颠拜石图 镜心	48cm×104cm	1,400,000	北京荣宝	2015.11.29
张大千 摩诘山图一角 立轴	134.6cm×54.4cm	1,746,202	纽约苏富比	2015.09.17
张大千 墨荷 镜框	43cm×99.5cm	958,313	香港苏富比	2015.04.06
张大千 墨荷 立轴	143cm×67 cm	1,495,000	中鸿信	2015.07.29
张大千 牡丹 镜心	41cm×25cm	238,065	保利香港	2015.04.07
张大千 牡丹 纸板镜框	29.8cm×68cm	3,107,880	佳士得	2015.06.02
张大千 南国佳人 立轴	50cm×101cm	460,000	辽宁中正	2015.06.13
张大千 拟八大笔意 镜心	133.5cm×33cm	1,955,000	海德拍卖	2015.06.27

拍品名称	物品尺寸	成交价RMB	拍卖公司	拍卖日期
张大千 鸟石图 立轴	99cm×33cm	1,344,000	十竹斋	2015.06.14
张大千 泼彩山水 镜心	98cm×51cm	6,900,000	北京保利	2015.06.04
张大千 泼彩山水 镜心	44cm×59cm	5,290,000	中贸圣佳	2015.05.19
张大千 泼彩山水 立轴	18cm×21cm	172,500	中国嘉德	2015.09.19
张大千 泼墨荷花 立轴	121.5cm×67.5cm	3,450,000	广东崇正	2015.06.19
张大千 泼墨荷花 立轴	140cm×70cm	1,115,454	保利香港	2015.10.05
张大千 泼墨山水 立轴	48.3cm×27cm	1,412,120	佳士得	2015.12.01
张大千 溥忻 书画合璧 成扇	20cm×48cm	552,000	天津同方	2015.06.06
张大千 溥儒 1946年作 傲雪 立轴	93.5cm×33.5cm	667,000	上海明轩	2015.06.21
张大千 溥儒 1934年作 新安江纪游·节临《书谱》成扇	27.5cm×78cm	3,220,000	中国嘉德	2015.11.15
张大千 溥儒 沙岸渔舟 镜心	86cm×33.5cm	280,000	天津文物	2015.05.22
张大千 齐白石 山水葡萄 镜心	22cm×52cm 16.5cm×49cm 19cm×53cm	1,265,000	海德拍卖	2015.06.27
张大千 千峰蹑尽构为家 镜心	104cm×47cm	833,750	荣宝斋（济南）	2015.11.21
张大千 青绿山水 镜片	30.5cm×84.5cm	2,300,000	北京上和	2015.05.16
张大千 晴岚拥翠 镜片连框	31cm×40cm	402,500	上海工美	2015.06.28
张大千 秋景山水 立轴 设色纸本	132cm×66cm	1,746,202	纽约苏富比	2015.09.17
张大千 秋山在望 立轴	81cm×24cm	230,000	北京翰海	2015.07.18
张大千 秋塘觅句图 立轴	86cm×46cm	1,150,000	海德拍卖	2015.06.27
张大千 秋禊雅集图 镜框	78cm×33cm	1,782,500	鼎天国际	2015.07.05
张大千 人物山水 二十八屏镜心	95cm×42cm×28	31,050,000	北京保利	2015.06.04
张大千 1952年作 桐荫高士 镜心	98cm×42cm	1,035,000	保利厦门	2015.05.03
张大千 1932年作 高士赏菊 立轴	67cm×35cm	345,000	上海敬华	2015.06.29
张大千 1932年作 行书"萧萧瓮"镜心	23cm×74cm	241,500	中国嘉德	2015.05.17
张大千 1932年作 载酒寻仙 立轴	34.5cm×33.6cm	402,500	北京诚轩	2015.05.18
张大千 山厨清供 致大猷信札 镜心	画69cm×132.5cm 书法36cm×89cm	1,437,500	北京保利	2015.12.06
张大千 山里人家 卡纸	45cm×60cm	690,000	朵云轩	2015.06.18
张大千 山泉雅集 成扇	19cm×49cm	230,000	北京保利	2015.12.07
张大千 山水 镜心	46cm×88cm	1,380,000	保利厦门	2015.05.02
张大千 山水 立轴	138cm×69.5cm	1,840,000	天津同方	2015.06.06
张大千 山寺晴峦 镜片	62cm×96cm	1,840,000	朵云轩	2015.06.18
张大千 山泽联吟 轴	36cm×43cm	1,610,000	山东恒昌	2015.06.10
张大千 商衍瀛 1946年作 溪山访友 楷书 成扇	19cm×50cm	3,220,000	北京保利	2015.12.06
张大千 深山飞瀑 立轴	45cm×40cm	828,000	北京保利	2015.06.05
张大千 深山古寺 镜框	55.6cm×42.2cm	1,707,680	佳士得	2015.12.01
张大千 石榴小鸟 立轴	98cm×62cm	1,017,413	纽约苏富比	2015.03.19
张大千 仕女图	49cm×32cm	4,334,880	卓艺拍卖	2015.11.18
张大千 仕女图 立轴	87cm×38cm	437,000	上海嘉禾	2015.05.08
张大千 侍女 立轴	86cm×53cm	483,000	海德拍卖	2015.06.27
张大千 柿子 镜框	65.5cm×32cm	477,975	纽约苏富比	2015.09.17
张大千 手绘和服腰带	尺寸不一	920,000	北京匡时	2015.06.06
张大千 绶带 立轴	132cm×47.5cm	897,000	海德拍卖	2015.06.27
张大千 书法 镜框	105cm×66cm	220,275	佳士得	2015.06.02
张大千 书画合璧 成扇	19cm×48cm	575,000	天津同方	2015.06.06
张大千 蔬菜图 立轴	58cm×33.5cm	1,840,000	西泠拍卖	2015.07.05
张大千 蜀江归思图 立轴	18.9cm×94.2cm	1,215,080	佳士得	2015.12.01
张大千 蜀山图 镜框	95.5cm×59cm	1,667,500	上海嘉禾	2015.05.08
张大千 水墨牡丹图 镜片	131.5cm×68cm	747,500	西泠拍卖	2015.04.22
张大千 四时清卉图 立轴	143cm×41cm	437,000	北京保利	2015.06.05
张大千 松石飞鸟 镜片	70cm×118cm	1,840,000	北京上和	2015.05.16
张大千 松下高士 镜框	130.5cm×55cm	2,358,010	纽约苏富比	2015.09.17
张大千 松下高士 镜心	136cm×67cm	828,000	北京翰海	2015.11.27
张大千 松下高士 镜心	113cm×33cm	517,500	中国嘉德	2015.05.16
张大千 松下高士 立轴	144cm×49cm	1,437,500	北京保利	2015.12.07
张大千 松下高士 立轴	132cm×33cm	586,969	纽约苏富比	2015.03.19
张大千 松下老者 镜心	80cm×32cm	207,000	保利山东	2015.02.01
张大千 松崖老人 立轴	125cm×70cm	1,897,500	北京上和	2015.05.16
张大千 松荫高士 立轴	128cm×64cm	460,000	荣宝斋（济南）	2015.11.21
张大千 松荫高士图 行书十二联言 立轴	131cm×42cm 117cm×46cm×2	1,809,294	保利香港	2015.04.07
张大千 岁朝清供 立轴	109cm×42cm	345,000	保利厦门	2015.05.03
张大千 太华三峰 立轴	174.5cm×63cm	1,233,417	纽约佳士得	2015.03.17
张大千 汤尔和 溪山观瀑·草书成扇 成扇	51cm×18cm	897,000	北京保利	2015.06.04
张大千 唐人观画图 立轴	32.5cm×251cm	368,000	保利厦门	2015.05.03
张大千 唐云 幽花仕女图 立轴	116.5cm×42.5cm	690,000	西泠拍卖	2015.07.05
张大千 桃梢双侣 立轴	123cm×65cm	3,105,000	北京匡时	2015.06.06
张大千 桃源图 镜心	58cm×38cm	897,000	北京保利	2015.12.07
张大千 天机灵境 立轴	128cm×66cm	747,500	朵云轩	2015.06.18
张大千 纨扇仕女 立轴	107cm×49cm	2,300,000	中国嘉德	2015.05.16
张大千 纨扇仕女图 立轴	113cm×45.5cm	1,265,000	北京翰海	2015.03.14
张大千 汪吉麟 1933年作 梅花放翁图 立轴	137.5cm×37.5cm	345,000	西泠拍卖	2015.07.05
张大千 望山怀乡 镜心	135cm×69cm	4,600,000	中国嘉德	2015.06.27
张大千 危坐参禅图 立轴	144cm×39cm	184,000	中国嘉德	2015.04.02
张大千 我与敦煌 镜框	44.9cm×14.5cm	504,375	香港苏富比	2015.04.06
张大千 吴湖帆 唐云 江寒汀 等 书画格子扇 成扇	19cm×47cm	195,500	广东崇正	2015.06.19
张大千 吴子深 1951年作 思归 镜心	直径62cm	1,380,000	北京翰海	2015.06.26
张大千 1928年作 舞帽图 立轴	104cm×52cm	345,000	上海敬华	2015.06.29
张大千 戊申嘉平月（1969年作 荷花世界梦俱香 镜心	136.8cm×70cm	1,897,500	北京诚轩	2015.11.13
张大千 1978年作 叱石成羊 立轴	60cm×30cm	287,500	上海嘉禾	2015.05.08
张大千 1978年作 行书"道义"镜心	33cm×65.5cm	290,988	中国嘉德	2015.10.07
张大千 1958年作 秋山萧寺 镜心	41.6cm×35.5cm	1,012,000	中国嘉德	2015.05.16
张大千 1938年作 山水 行书 镜框	18.5cm×51cm×2	322,000	上海嘉禾	2015.05.08
张大千 1938年作 西山远景 立轴	95cm×48cm	3,220,000	上海敬华	2015.06.29
张大千 1938年作 芭蕉仕女 镜心	112.5cm×56cm	4,600,000	中国嘉德	2015.05.17
张大千 1938年作 观音大士 立轴	92.5cm×48cm	4,830,000	中国嘉德	2015.05.17
张大千 1948年作 拟唐人孙位高逸图 镜心	98.5cm×50cm	4,312,500	保利厦门	2015.05.02
张大千 1948年作 红梅 立轴	87cm×44cm	345,000	广州皇玛	2015.07.26
张大千 1948年作 拟石溪溪山留客图 镜心	134cm×66cm	13,920,750	中国嘉德	2015.04.07
张大千 1948年作 山静日长 镜心	75.5cm×33cm	1,380,000	中国嘉德	2015.11.14
张大千 1948年作 一枝独秀 立轴	82.5cm×36cm	437,000	中国嘉德	2015.05.16
张大千 夕山垂钓 镜心	135.5cm×47cm	1,380,000	北京翰海	2015.11.28
张大千 溪山幽谷 镜片连框	40cm×31cm	920,000	上海工美	2015.06.28
张大千 溪山幽居图 镜片	41cm×69cm	519,200	台湾富德	2015.08.23
张大千 羲之换鹅图 立轴	172.5cm×75cm	19,550,000	中国嘉德	2015.05.17
张大千 峡江帆影 立轴	69cm×34cm	230,000	中国嘉德	2015.04.01
张大千 峡江泛舟图 镜框	50cm×38cm 约1.7平尺	840,000	天津广业	2015.06.20
张大千 夏日幽居 镜心	116cm×15cm	299,000	北京保利	2015.06.05
张大千 闲春游鱼戏落花 镜心	38cm×54cm	345,000	中国嘉德	2015.04.01

(成交价RMB：15万元以上)

拍品名称	物品尺寸	成交价RMB	拍卖公司	拍卖日期
张大千 香远益清 卡纸	60cm×45cm	1,897,500	朵云轩	2015.06.18
张大千 谢稚柳 1947年作 山水 书法扇面 镜心	19cm×54cm	759,000	保利厦门	2015.05.02
张大千 辛亥(1971年)作 柿柿如意 立轴	121cm×29cm	598,000	中国嘉德	2015.04.01
张大千 1951年作 高士图 镜心	27cm×24cm	184,000	中国嘉德	2015.04.02
张大千 1951年作 秋江横棹 镜心	36cm×71.5cm	471,500	北京诚轩	2015.11.13
张大千 1951年作 秋山独往 镜心	28.2cm×37.5cm	402,500	北京诚轩	2015.05.18
张大千 1941年作 前后赤壁 立轴	128cm×51.5cm×2	13,800,000	中国嘉德	2015.11.15
张大千 1981年作 萧疏红叶艳于花 镜心	80cm×34cm	345,000	中国嘉德	2015.04.01
张大千 1981年作 萱花蝴蝶 镜心	44.4cm×87.2cm	575,000	中国嘉德	2015.11.14
张大千 1982年作 国色天香 镜片	67cm×49cm	678,500	上海敬华	2015.06.29
张大千 雪山幽居 镜心	33cm×44cm	575,000	北京保利	2015.12.07
张大千 雪山玉立 立轴	59cm×82cm	4,170,680	佳士得	2015.12.01
张大千 叶恭绰 1947年作 黄山光明顶 书法 成扇	19cm×49cm	782,000	北京保利	2015.12.07
张大千 宜富当贵 镜片	33cm×56cm	437,000	朵云轩	2015.06.18
张大千 乙亥（1935年）作 红叶栖枝 立轴	96cm×35cm	218,500	保利厦门	2015.05.03
张大千 1965年作 天竺粉蕉 镜心	93cm×49cm	482,586	中国嘉德	2015.04.07
张大千 1955年作 柿柿如意 立轴	50cm×66cm	1,265,000	中国嘉德	2015.09.19
张大千 1945年作 行吟图 立轴	99cm×41cm	840,294	宝港国际	2015.11.28
张大千 1945年作 红叶小鸟 立轴	162cm×62.5cm	1,380,000	中国嘉德	2015.05.16
张大千 1945年作 松石行吟 立轴	132cm×65cm	1,252,868	中国嘉德	2015.04.07
张大千 亦正方圆	166cm×80cm	5,382,720	荣盛国际	2015.01.10
张大千 易大厂 乙亥（1935年）作 山溪话旧 五言诗 成扇	18cm×50cm	230,000	北京诚轩	2015.11.13
张大千 殷伯田 竹石高士；牡丹 成扇	18cm×52cm	218,500	北京保利	2015.06.05
张大千 樱桃 镜心	45cm×53cm	1,577,685	中国嘉德	2015.04.07
张大千 幽荷清漪 镜框	95cm×179.5cm	16,692,840	佳士得	2015.06.02
张大千 幽兰 立轴	67.2cm×34cm	356,500	北京诚轩	2015.11.13
张大千 幽山晴峦 立轴	42cm×57.2cm	1,806,200	佳士得	2015.12.01
张大千 幽石小鸟图 立轴	125cm×44.5cm	494,500	西泠拍卖	2015.07.05
张大千 游鱼图 镜片	44cm×32cm	368,000	朵云轩	2015.06.18
张大千 于非闇 1935年作 茶花仕女 镜片	63cm×25.5cm	1,092,500	广东崇正	2015.06.19
张大千 于非闇 1935年作 华山秋牡丹 立轴	120cm×55.3cm	924,750	香港苏富比	2015.10.06
张大千 于非闇 等 为文云女士作书画集锦册 册页（共七十二开）	16.5cm×10cm×66 32cm×10cm×6	322,000	中国嘉德	2015.05.16
张大千 于非闇 1937年作 登临远眺·白梅丹禽 成扇		2,415,000	中国嘉德	2015.05.17
张大千 于非闇 彭恭甫 1934年作 晚山看云 立轴	106cm×31cm	575,000	北京翰海	2015.06.26
张大千 云间古寺 纸板镜框	52.5cm×45cm	5,799,240	佳士得	2015.06.02
张大千 云山图 镜心	59.5cm×39.5cm	563,500	北京匡时	2015.12.04
张大千 云山烟树 镜框	35.5cm×41.8cm	508,706	纽约佳士得	2015.03.17
张大千 泽畔行吟 立轴	108cm×40.5cm	920,000	天津同方	2015.11.21
张大千 张善孖 1929年作 皆大欢喜·三虎图 成扇	54cm×18cm	747,500	西泠拍卖	2015.07.06
张大千 张善孖 1929年作 悬崖双雄 立轴	135cm×32cm	460,000	保利山东	2015.02.01
张大千 张善孖 1934年作 柳荫牧童图 镜片	108cm×46cm	966,000	精诚所至	2015.11.06

拍品名称	物品尺寸	成交价RMB	拍卖公司	拍卖日期
张大千 张善孖 1935年作 猛虎 立轴	95cm×44cm	358,400	北京荣宝	2015.06.21
张大千 张善孖 1935年作 山林之风 成扇	19cm×47cm	356,500	北京匡时	2015.03.30
张大千 张善孖 1937年作 伏虎仕女 镜心	117.5cm×56.5cm	1,456,000	北京荣宝	2015.06.21
张大千 张善孖 1938年作 伏虎图 立轴	116cm×55cm	552,000	北京保利	2015.06.05
张大千 张善孖 1933年作 草莽英雄 立轴	122cm×52cm	598,000	中国嘉德	2015.04.01
张大千 张善孖 树下高士 成扇	18.6cm×51.8cm	287,350	佳士得	2015.12.01
张大千 张善孖 谢公展 等 1929年作 松荫卧犬 立轴	108cm×55cm	322,000	广东崇正	2015.06.19
张大千张善孖于非闇和平颂立轴	130cm×48cm	517,500	中国嘉德	2015.04.01
张大千 张氏家谱 镜框	24cm×27cm	221,925	香港苏富比	2015.04.06
张大千 折枝花卉 立轴	75cm×39cm	402,500	中国嘉德	2015.09.19
张大千 珍风阁 镜心	28.3cm×79.5cm	333,500	北京诚轩	2015.11.13
张大千 枝头来雀 镜片	44cm×32cm	368,000	朵云轩	2015.06.18
张大千 执扇仕女 立轴	109.5cm×36cm	1,035,000	东方大观	2015.11.17
张大千 竹雀图 镜心	84cm×40cm	184,000	中国嘉德	2015.04.02
张大千 竹石高士 镜框	53.5cm×33.5cm	240,300	佳士得	2015.06.02
张大千 竹荫高士 扇面 镜框	18.8cm×53.6cm	383,325	香港苏富比	2015.04.06
张大千 紫茄图 镜心	38cm×37cm	209,497	保利香港	2015.04.07
张大千 五亭湖 镜心	95cm×61cm	4,945,000	北京至诚	2015.12.20
张大千 坐看云起时 立轴	90cm×46cm	1,127,000	北京保利	2015.04.26
张大壮 1936年作 芝兰并寿 镜心	91cm×51cm	253,000	北京保利	2015.06.05
张大壮 1941年作 三秋冷艳 立轴	105.5cm×28cm	322,000	北京翰海	2015.06.27
张大壮 1959年作 蔬果图 横披	94.5cm×179cm	805,000	北京匡时	2015.06.06
张大壮 丰收图 镜片	47.5cm×70cm	161,000	上海嘉禾	2015.05.08
张大壮 花卉果蔬图 册页（十二页）	46cm×35cm×12	368,000	西泠拍卖	2015.04.22
张大壮 1978年作 长江春景 立轴	136.5cm×68cm	207,000	朵云轩	2015.06.18
张仃 1984年作 泰山朝阳图 镜心	32cm×96cm	1,380,000	北京保利	2015.12.07
张仃 1985年作 欣欣向荣 立轴	69cm×68cm	257,600	北京荣宝	2015.03.29
张仃 1987年作 终南山下神禾塬 立轴	82.5cm×75.5cm	190,238	佳士得	2015.06.02
张仃 1988年作 神禾塬 镜心	96cm×89cm	1,150,000	北京保利	2015.06.03
张仃 1989年作 秋到秦川 镜心	89cm×96cm	728,000	北京荣宝	2015.11.29
张仃 1991年作 黄果树老屋 镜心	67cm×68cm	448,000	北京荣宝	2015.06.21
张仃 1991年作 黄山泉石图 镜心	135cm×68cm	920,000	北京保利	2015.06.04
张仃 1991年作 天柱峰图 镜心	68cm×135cm	1,035,000	北京保利	2015.06.04
张仃 1991年作 巫溪渡口 镜心	70cm×138cm	896,000	北京荣宝	2015.11.29
张仃 1995年作 千秋雪 镜心	68cm×68cm	483,000	北京保利	2015.06.04
张仃 1995年作 山居 镜心	68.5cm×68cm	649,600	北京荣宝	2015.11.29
张仃 1996年作 黄山水乡 镜心	96cm×59cm	690,000	北京保利	2015.12.06
张仃 1997年作 妙音寺 镜心	68cm×138cm	897,000	北京保利	2015.12.06
张仃 2001年作 苍岩山口 镜心	68cm×68cm	448,000	北京荣宝	2015.11.29
张仃 2001年作 南坪小村 镜心	68cm×45cm	368,000	北京保利	2015.12.06
张仃 2001年作 太行半头地 镜心	68cm×45cm	230,000	保利山东	2015.02.01
张仃 2002年作 太行之小村 镜心	68cm×45cm	207,000	保利山东	2015.02.01
张仃 岸上人家 镜心	68cm×68cm	649,600	北京荣宝	2015.11.29
张仃 丘壑独存 镜心	68cm×69cm	504,000	北京荣宝	2015.06.21
张仃 山水清音 立轴	135cm×68cm	537,600	十竹斋	2015.06.14
张仃 山水写生册 册页（十七选八）	35.5cm×462cm×17	3,450,000	江苏爱涛	2015.06.29
张仃 山羊岭 镜心	137cm×68cm	529,000	中国嘉德	2015.05.18

拍品名称	物品尺寸	成交价RMB	拍卖公司	拍卖日期
张仃 泰山纪胜图卷 手卷	题跋27cm×103cm 图卷27cm×368cm	552,000	北京保利	2015.06.04
张仃 香山秋色 镜心	69.5cm×68.5cm	448,000	北京荣宝	2015.11.29
张仃 辛未(1991年)作 风口 镜心	68cm×68cm	276,000	中国嘉德	2015.05.18
张仃 辛未（1991年）作 岳家水碾 镜心	68.5cm×137cm	437,000	中国嘉德	2015.05.18
张仃 遮阳山 镜心	138cm×70cm	437,000	荣宝斋（济南）	2015.11.21
张仃 藏寨瀑声喧 镜心	144cm×365cm	1,058,000	北京至诚	2015.12.20
张东 2011年作 秋泉 镜片	97cm×180cm	322,000	广州皇玛	2015.07.26
张尔宾 2011年作 云壑松风	69cm×138cm	207,000	北京翰海	2015.06.26
张尔宾 四季山水（四帧）	45cm×70cm×4	345,000	北京翰海	2015.11.27
张二苗 2013年作 焕彩大唐系列 镜心	137cm×70cm	253,000	北京保利	2015.06.03
张伏山 黄山峰峦翠色 横披	98cm×345cm	1,322,500	青岛中艺	2015.01.18
张伏山 山水 册页	26cm×38cm×62	6,670,000	青岛中艺	2015.05.30
张复兴 家山幽居 镜片	135cm×68cm	184,000	北京上和	2015.05.16
张富军 蓝色伊甸园 镜心	136cm×68cm	184,000	保利山东	2015.02.01
张光宇 1933年作 岁寒清供图	53cm×43cm	184,000	北京匡时	2015.12.04
张光宇 1955年作 神笔马良	27cm×36cm 36cm×27cm	1,127,000	北京匡时	2015.12.04
张光宇 1963年作 孙悟空	28.5cm×29.5cm	253,000	北京匡时	2015.12.04
张桂铭 淡荡 软片	89cm×48cm	317,800	上海聚缘斋	2015.01.11
张桂铭 葫芦 立轴	68cm×68cm	172,500	包盈国际	2015.11.15
张国祥 月朗风清 镜心	95cm×54	158,000	中鸿信	2015.02.21
张海 2010年作 书法 立轴	136cm×34cm	253,000	保利山东	2015.02.01
张海 2010年作 书法–杨慎词 软片	68cm×138cm	161,000	河南鸿远	2015.04.12
张海若 隶书二十一言联 立轴	168cm×14cm×2	253,000	中国嘉德	2015.05.16
张宏钊 2015年作 黄山松幽 镜心	132cm×62cm	172,500	北京保利	2015.06.03
张洪源 2014年作 夕阳 胶卷	136cm×68cm	207,000	河南鸿远	2015.04.12
张怀勇 塞北雪韵	178cm×190cm	184,000	北京翰海	2015.06.26
张惠臣 2014年作 精气神 镜心	116cm×53cm	172,500	北京保利	2015.06.03
张继 黄宾虹 1928年作 行书 屺梦图（两幅）镜片	35cm×35cm×2	552,000	朵云轩	2015.06.18
张继 吴湖帆 行书 立轴	144cm×65cm	540,000	上海驰翰	2015.05.09
张继馨 白雪石 1977年作 松寿图 松石贺寿 镜框	74.4.cm×40.2cm	254,920	纽约佳士得	2015.09.16
张见 1999年作 置于风景前的肖像之一 镜心	50.5cm×39cm	391,000	中国嘉德	2015.11.16
张见 2000年作 幽闭 镜框	83cm×50cm	952,260	保利香港	2015.04.06
张见 晚礼服 镜心	72cm×52cm	218,500	中国嘉德	2015.04.02
张捷 2014年作 秋山萧寺图 镜心	69cm×46cm	172,500	北京匡时	2015.12.04
张捷 2014年作 春江 镜心	45cm×96.5cm	218,500	中国嘉德	2015.11.16
张晋 安全航行 镜心	58cm×82cm	253,000	南京经典	2015.08.02
张晋 瑞意图 镜心	132cm×66cm	517,500	南京经典	2015.08.02
张俊喜 2015年作 坐于时光两岸 镜心	44cm×67cm	161,000	北京保利	2015.12.06
张立辰 1984年作 竹石图 立轴	137cm×68cm	172,500	北京翰海	2015.11.28
张凌超 洗礼	96cm×180cm	462,000	杭州佳实	2015.08.02
张留成 2015年作 佛光净土 软片	65cm×137cm	437,000	上古嘉成	2015.06.28
张乃燕 楷书七言联 对联	134cm×32.5cm×2	218,500	上海泓盛	2015.06.20
张朋 花鸟 镜框	80cm×150cm	437,000	青岛中艺	2015.01.18
张其翼 荷花鸳鸯 立轴	87cm×47cm	287,500	鼎天国际	2015.07.05
张其翼 荷塘翠鸟 镜心	33cm×68cm	207,000	鼎天国际	2015.07.05
张其翼 双雉图 镜心	99cm×33cm	230,000	中国嘉德	2015.09.19
张群 2014年作 华岳四屏之一	191.5cm×34cm×4	170,250	上海聚缘斋	2015.01.11

拍品名称	物品尺寸	成交价RMB	拍卖公司	拍卖日期
张群 2014年作 踏遍青山积翠痕	139.5cm×67cm	317,800	上海聚缘斋	2015.01.11
张人杰 行书 五言联 对联	170cm×44.5cm×2	184,000	西泠拍卖	2015.07.05
张善孖 1927年作 疏林虎啸图 立轴	134.5cm×66cm	287,500	北京东正	2015.11.19
张善孖 1928年作 伏虎罗汉问道图 立轴	133cm×63cm	380,904	保利香港	2015.04.07
张善孖 1928年作 虎啸凌云 立轴	127.2cm×67.2cm	308,250	香港苏富比	2015.10.06
张善孖 1929年作 双雄图 立轴	116cm×33cm	184,000	广东崇正	2015.06.19
张善孖 1930年作 深涧双狮图 镜片	122.5cm×33cm	172,500	西泠拍卖	2015.07.05
张善孖 1930年作 双虎图 立轴	131cm×64cm	345,000	保利山东	2015.02.01
张善孖 1931年作 百禄是荷 立轴	140cm×53cm	437,000	北京匡时	2015.06.06
张善孖 1931年作 草泽雄风 书法（两幅）立轴	20.2cm×16cm×2	287,350	佳士得	2015.12.01
张善孖 1934年作 虎头岩图 立轴	124cm×49cm	402,500	西泠拍卖	2015.07.05
张善孖 1936年作 仁风披丹岗 立轴	146cm×82cm	575,000	北京匡时	2015.12.04
张善孖 伏虎图 立轴	127cm×63cm	609,500	北京保利	2015.12.07
张善孖 1990年作 双虎图 镜心	137cm×38cm	414,000	中国嘉德	2015.04.01
张善孖 虎踞龙山 立轴	150cm×48cm	253,000	鼎天国际	2015.07.05
张善孖 虎啸 扇面镜框	109.5cm×48cm	174,463	佳士得	2015.12.01
张善孖 1929年作 幽谷长鸣 镜心	134cm×42cm	322,000	中国嘉德	2015.09.20
张善孖 江寒汀 等 1930年作；1932年作；1933年作 山水 书法 册页（十开）	4.4cm×33.7cm×10	200,250	佳士得	2015.06.02
张善孖 马骀 1930年作 松虎图 立轴	149cm×79cm	253,000	中国嘉德	2015.11.14
张善孖 茂原清适 镜心	101cm×39.5cm	460,000	中国嘉德	2015.11.14
张善孖 猛虎 四屏	82cm×31cm×4	172,500	中国嘉德	2015.04.02
张善孖 猛虎 四屏 立轴	82cm×31.5cm×4	368,000	南京经典	2015.08.02
张善孖 猛虎图 镜心	102.5cm×44cm	672,000	十竹斋	2015.06.14
张善孖 疎林虎啸图 立轴	134cm×66cm	649,600	十竹斋	2015.06.14
张善孖 双熊图 立轴	109.5cm×54cm	184,000	北京匡时	2015.12.04
张善孖 王震 黄宾虹 书画三挖 立轴	25cm×31cm×3	356,500	中贸圣佳	2015.05.19
张善孖 吴湖帆 1934年作 君子在野 节录卞永誉《式古堂画考》成扇	18.5cm×50.5cm	184,000	北京诚轩	2015.11.13
张善孖 徐宗浩 1935年作 仁风披丹岡 草书节临《十七帖》成扇	18cm×48cm	552,000	北京保利	2015.12.06
张善孖 1925年作 伏虎图 镜片	130cm×60cm	632,500	上海敬华	2015.06.29
张善孖 张大千 乙亥（1935年作 虎啸泉鸣 立轴	103cm×46cm	230,000	上海道明	2015.05.09
张善孖 长啸雄风 立轴	132cm×66cm	428,517	保利香港	2015.04.07
张善子 猛虎图	152cm×82cm	2,889,920	卓艺拍卖	2015.11.21
张石园 1936年作 烟江叠嶂 镜框	65.4cm×132.2cm	242,100	香港苏富比	2015.04.06
张石园 1949年作 琼阁雅集 立轴	128cm×65cm	310,500	北京诚轩	2015.05.18
张石园 陆抑非 等 1945年作 古木筠石 册页（二十一开选四）	27cm×36cm×21	195,500	朵云轩	2015.06.19
张世简 1998年作 竞春 横幅	178cm×94cm	172,500	北京翰海	2015.03.15
张世简 王文玉 焦可群 詹庚西 等 春晖 镜片	122cm×245cm	253,000	包盈国际	2015.11.15
张书旂 1940年作 春意盎然 立轴	66cm×132cm	4,069,080	佳士得	2015.06.02
张书旂 1940年作 松鹤延年图 立轴	134.7cm×59.5cm	529,000	北京保利	2015.06.04
张书旂 1940年作 英雄展翅 立轴	133cm×68cm	1,377,720	佳士得	2015.06.02
张辛稼 1983年作 梅花燕子 立轴	133.5cm×67.5cm	230,000	上海嘉禾	2015.05.08
张辛稼 吴野洲 程十发 1977年作 鸟啭花红 松枝栖禽 双鹿图 镜框	74.3cm×39.9cm	302,718	纽约佳士得	2015.09.16
张雄 草堂听泉图	131cm×65cm	1,354,650	卓艺拍卖	2015.11.21
张学良 陈立夫 1998年作 书画合璧（三帧）镜片、画心	69cm×18cm×2 60.5cm×37cm	333,500	西泠拍卖	2015.07.05
张学良 张治中 书法题辞 镜心	17cm×22cm	460,000	北京翰海	2015.11.27

拍品名称	物品尺寸	成交价RMB	拍卖公司	拍卖日期
张雪明 2015年作 杜甫丹青引赠曹将军霸	175cm×31cm×4	195,500	北京翰海	2015.11.27
张友宪 芭蕉 镜心	180cm×97cm	402,500	海德拍卖	2015.06.27
张友宪 芭蕉 镜心（片）	115cm×47cm	414,000	江苏嘉恒	2015.04.25
张友宪 普贤菩萨 立轴	136cm×70cm	166,750	南京经典	2015.01.04
张友宪 秋 镜心	123.5cm×82.5cm	368,000	上海宝龙	2015.01.18
张友宪 人物四开 镜心（片）	57cm×33cm×4	345,000	江苏嘉恒	2015.01.11
张友宪 色空不二人物画册 册页	34cm×33cm×11cm	322,000	江苏嘉恒	2015.04.25
张羽 1996年作 灵光NO.45	109cm×102cm	368,585	中国嘉德	2015.10.06
张玉 1936年作 修竹美人 立轴	105cm×46cm	193,992	中国嘉德	2015.10.07
张聿光 百鹤延年 立轴	180cm×95cm	207,000	上海敬华	2015.06.29
张跃华 1997年作 山高水长 镜心	35cm×34cm	828,000	北京翰海	2015.09.13
张跃华 2012年作 陶醉 镜心	67cm×44cm	253,000	北京翰海	2015.03.15
张跃华 2014年作 红运当头 镜心	44cm×20.5cm	529,000	北京翰海	2015.06.26
张跃华 2014年作 金山翠华 镜心	44cm×20.5cm	517,500	北京保利	2015.06.03
张云海 伟业颂平安 扇面	21.5cm×46cm	184,000	北京翰海	2015.06.26
张肇达 毛泽东诗词 立轴	235cm×53cm	207,000	北京上和	2015.05.16
张志鱼 刻书画扇骨二柄	高39.5cm×2	172,500	北京诚轩	2015.11.13
张忠平 黄山印象系列 碧村印象	100cm×160cm	453,744	香港龙玺	2015.09.19
张忠平 黄山印象系列 静观云起	100cm×600cm	425,385	香港龙玺	2015.09.19
张忠平 余庆堂	长300cm	2,032,395	香港龙玺	2015.09.19
张自忠 行书七言诗 镜片	81cm×38cm	207,000	包盈国际	2015.11.15
张宗祥 1954年作 行书八言联 立轴	143.5cm×26cm×2	690,000	中国嘉德	2015.11.15
张宗祥 吴湖帆 行书陶渊明诗·苍松图 扇面	19cm×54cm×2	414,000	中国嘉德	2015.11.15
张宗祥 1928年作 草书陶渊明饮酒诗 立轴	131.5cm×23.5cm	690,000	中国嘉德	2015.11.15
张宗祥 辛丑（1961年）作 深柳读书堂图 镜心	35cm×104.5cm	368,000	中国嘉德	2015.11.15
张宗祥 1955年作 孤山探梅图 横披	37cm×87cm	575,000	中国嘉德	2015.11.15
张祖翼 节临《礼器碑》四屏	131.6cm×32.2cm×4	156,525	纽约苏富比	2015.03.17
章炳麟 篆书 横批	42cm×127cm	240,000	上海驰翰	2015.05.09
章炳麟 篆书 镜片	45cm×127cm	190,000	上海驰翰	2015.05.09
章炳麟 篆书《老成子》章句 立轴	143cm×40cm	185,610	中国嘉德	2015.04.07
章炳麟 篆书道德经 立轴	132cm×30cm	207,000	中国嘉德	2015.05.17
章炳麟 篆书节录老子道德经轴 立轴	133.8cm×68cm	207,000	保利厦门	2015.05.03
章士钊 1934年作 行书自作诗 镜心	40cm×147cm	310,500	北京匡时	2015.06.07
章士钊 1951年作《杨翼之秋夜草疏图》序册 册页	26cm×18cm×8	172,500	北京保利	2015.06.05
赵春秋 溪山雪后 镜心	68cm×138cm	270,250	北京保利	2015.12.06
赵春翔 1980年作 福荫一家	75.5cm×54.5cm	368,585	中国嘉德	2015.10.06
赵飞燕 2013年作 书法“千字文”镜心	128cm×34cm×6	345,000	北京保利	2015.12.06
赵国经 王美芳 2010年作 屏风少女 镜片	80cm×58cm	230,000	鼎天国际	2015.07.05
赵国经 王美芳 避暑图	77cm×79cm	1,806,200	卓艺拍卖	2015.11.21
赵浩公 1940年作 丹叶绶带图 立轴	93cm×45cm	207,000	广东崇正	2015.06.18
赵华胜 2012年作 乡情 镜心	86cm×56cm	161,000	北京保利	2015.12.06
赵华胜 2006年作 关键决策 镜片	127cm×337cm	736,920	宝港国际	2015.06.01
赵华胜 民国风云 镜片	364cm×179cm	460,000	辽宁省拍	2015.06.07
赵华胜 勇攀世界最高峰 镜片	130cm×62cm×6	1,150,000	辽宁省拍	2015.06.07
赵建成 2008年作 弘一像 镜心	168cm×71cm	238,065	保利香港	2015.04.06
赵建成 2014年作 梦汇春山 镜心	58cm×90cm	632,500	北京保利	2015.06.03
赵建成 毛泽东 镜片	98cm×180cm	529,000	东方大观	2015.05.20

拍品名称	物品尺寸	成交价RMB	拍卖公司	拍卖日期
赵建成 人物 镜片	83cm×152cm	310,500	青岛中艺	2015.01.18
赵建民 2013年作 岭梅蕾绽欲开颜 镜心	136cm×68cm	276,000	保利山东	2015.02.01
赵建民 2014年作 凌霄绕棕榈 镜心	136cm×68cm	276,000	保利山东	2015.02.01
赵建民 春夏秋冬 镜心 四屏	136cm×34cm×4	552,000	保利山东	2015.02.01
赵开雷 2014年作 丝绸之路 镜心	70cm×138cm	609,500	北京保利	2015.08.12
赵开雷 丝绸之路 镜心	70cm×138cm	632,500	北京翰海	2015.07.18
赵露 2014年作 出山 镜框	178cm×96cm	285,678	保利香港	2015.04.06
赵曼 2014年作 啜雪 镜心	70cm×69cm	161,000	北京保利	2015.06.03
赵曼 2014年作 人物 镜心 四屏	69cm×17.5cm×4	161,000	保利山东	2015.02.01
赵扑初 行书七言诗 镜片	58cm×34cm	172,500	包盈国际	2015.11.15
赵扑初 行书七言诗 镜片	106cm×39cm	172,500	包盈国际	2015.11.15
赵朴初 1968年作 行书 贺新郎词 镜片	97cm×28.5cm	287,500	西泠拍卖	2015.07.06
赵朴初 1973年作 行书节录《某公三哭》镜心	27cm×199cm	598,000	北京匡时	2015.12.04
赵朴初 1975年作 行书“笑口常开”镜心	32.5cm×20cm	230,000	北京翰海	2015.06.26
赵朴初 1976年作 楷书“南无阿弥陀佛”镜心	29.5cm×12.5cm	437,000	中国嘉德	2015.05.16
赵朴初 1977年作 行书 立轴	133cm×31cm	207,000	北京翰海	2015.06.27
赵朴初 1977年作 行书调寄临江仙一阙 立轴	86cm×43cm	285,678	保利香港	2015.04.07
赵朴初 1977年作 行书自作词三首 镜片	23.5cm×83cm	2,645,000	广东崇正	2015.06.18
赵朴初 1977年作 行书自作诗 镜片	27.5cm×80cm	322,000	上海明轩	2015.06.21
赵朴初 1977年作 行书自作诗 立轴	66cm×32cm	230,000	北京匡时	2015.06.06
赵朴初 1977年作 毛选第五卷出版赋诗 镜心	32.5cm×86cm	195,500	中国嘉德	2015.05.16
赵朴初 1978年作 行书 临江仙词 立轴	68cm×34cm	230,000	西泠拍卖	2015.07.05
赵朴初 1978年作 行书 自作词一首 立轴	68.5cm×32.5cm	161,000	西泠拍卖	2015.07.05
赵朴初 1978年作 行书毛主席词二首 镜心	80.5cm×42cm	166,750	北京匡时	2015.12.04
赵朴初 1978年作 行书自作诗 镜心	92cm×34cm	195,500	北京匡时	2015.10.16
赵朴初 1979年作 行书七言联 对联	109cm×31cm×2	460,000	中国嘉德	2015.06.27
赵朴初 1979年作 行书自作诗 镜心	91.5cm×52.5cm	575,000	中国嘉德	2015.05.16
赵朴初 1980年作 行书 镜心	73cm×28cm	189,750	朵云轩	2015.10.23
赵朴初 1980年作 行书《奉寄唐招提寺》诗 镜心	34.5cm×109cm	690,000	中国嘉德	2015.05.16
赵朴初 1980年作 行书《金镂曲》立轴	44.5cm×61cm	517,500	北京东正	2015.11.19
赵朴初 1983年作 行书观舞诗 立轴	78cm×34cm	180,929	保利香港	2015.04.07
赵朴初 1984年作 临江仙词 立轴	66cm×31cm	313,050	纽约佳士得	2015.03.17
赵朴初 1987年作、1995年作 书法（五幅）镜心	24.5cm×11.5cm×5	253,000	中国嘉德	2015.05.16
赵朴初 1988年作 行书自作诗 立轴	66.5cm×31cm	161,000	北京匡时	2015.06.07
赵朴初 1989年作 行书《贺新郎》镜心	66cm×118cm	287,500	北京匡时	2015.12.04
赵朴初 1989年作 行书《齐天乐》镜心	68cm×110cm	322,000	北京匡时	2015.12.04
赵朴初 1989年作 行书《心经》镜心	120cm×35cm	287,500	北京匡时	2015.12.04
赵朴初 1990年作 行书“志当存高远”镜心	60cm×22.5cm	264,500	中国嘉德	2015.05.16

拍品名称	物品尺寸	成交价RMB	拍卖公司	拍卖日期
赵朴初 1990年作 行书五言诗 镜心	54.5cm×8cm	172,500	中国嘉德	2015.05.16
赵朴初 1992年作 行书“道无尽”镜心	57cm×19cm	253,000	保利山东	2015.02.01
赵朴初 1992年作 行书《闽游杂咏》镜心	26.5cm×108.5cm 27cm×136cm×2	437,000	北京匡时	2015.12.04
赵朴初 1992年作 陇行杂诗 镜心	35cm×137cm	632,500	北京保利	2015.12.07
赵朴初 1996年作 行书十一言联 镜心	110cm×17.5cm×2	287,500	北京匡时	2015.12.04
赵朴初 1999年作 行书自作诗 立轴	72cm×26cm	195,500	北京匡时	2015.06.06
赵朴初 八言契庐结对联	22cm×83cm×2	667,000	中国嘉德	2015.11.16
赵朴初 草书“南无阿弥陀佛”立轴	63.5cm×22cm	460,000	中国嘉德	2015.05.16
赵朴初 行书 镜片	67cm×21cm	172,500	广东崇正	2015.06.19
赵朴初 行书 镜片	57cm×22cm	150,000	上海驰翰	2015.05.09
赵朴初 行书 镜心	134cm×51cm	230,000	中国嘉德	2015.06.27
赵朴初 行书 九言联 画心	68.5cm×11cm×2	195,500	西泠拍卖	2015.07.05
赵朴初 行书 立轴	65.5cm×44cm	310,500	上海明轩	2015.06.21
赵朴初 行书“般若”镜心	64cm×41cm	575,000	北京翰海	2015.11.27
赵朴初 行书“般若”镜心	26cm×67cm	207,000	北京匡时	2015.12.04
赵朴初 行书“静待有缘人”镜心	26.5cm×69cm	172,500	北京匡时	2015.12.04
赵朴初 行书“南无观世音菩萨”立轴	63.5cm×18.5cm	368,000	中国嘉德	2015.05.16
赵朴初 行书“情无价”镜心	11cm×50.5cm	195,500	中国嘉德	2015.05.16
赵朴初 行书“小令二首”立轴	74.5cm×28cm	230,000	荣宝斋（济南）	2015.11.21
赵朴初 行书“小令两首”镜心	69cm×35cm	402,500	荣宝斋（济南）	2015.11.21
赵朴初 行书《贺新星》词 立轴	119cm×31cm	403,500	香港苏富比	2015.04.06
赵朴初 行书拜寿诗 立轴	51cm×49cm	207,000	北京匡时	2015.06.07
赵朴初 行书凯歌还曲 立轴	94cm×32cm	161,000	北京保利	2015.04.25
赵朴初 行书毛主席词语 镜心	39.5cm×27cm	172,500	中国嘉德	2015.05.16
赵朴初 行书七言诗 镜心	131cm×65cm	713,000	中国嘉德	2015.06.27
赵朴初 行书七言诗 立轴	66cm×41cm	207,000	北京匡时	2015.12.05
赵朴初 行书自作诗 镜片	33.5cm×61cm	333,500	上海嘉禾	2015.05.08
赵朴初 鹤闲堂	47.5cm×25.3cm	241,500	中国嘉德	2015.11.16
赵朴初 楷书“黑白书屋”镜心	34cm×103cm	345,000	北京翰海	2015.06.26
赵朴初 楷书“南无阿弥陀佛”立轴	63.5cm×22cm	782,000	中国嘉德	2015.05.16
赵朴初 李一氓 行书游金山诗 行书冬梅诗 立轴	（一）67cm×38.5cm（二）67cm×34cm	161,000	中国嘉德	2015.05.16
赵朴初 七言诗句	25cm×57.5cm	218,500	中国嘉德	2015.05.18
赵朴初 书法（二帧）镜心	（一）31.5cm×17cm（二）31.5cm×12cm	230,000	中国嘉德	2015.05.16
赵朴初 书法（三帧）镜心	（一）34.5cm×7.8cm（二）24.5cm×16cm（三）24.5cm×15.5cm	172,500	中国嘉德	2015.05.16
赵朴初 书法 镜片	134cm×62cm	862,500	河南鸿远	2015.04.12
赵朴初 书法 立轴	115cm×39cm	276,000	华艺国际	2015.05.24
赵朴初 五言对联	19.5cm×66.5cm×2	747,500	中国嘉德	2015.05.18
赵朴初 五言佛语格言	23cm×77.5cm	333,500	中国嘉德	2015.05.18
赵朴初 庄严 镜芯 红木镜框精工装帧	49.5cm×24cm	529,000	四川德轩	2015.11.05
赵朴初 自作《临江仙》词	60cm×30cm	345,000	中国嘉德	2015.11.16
赵起 繁花奇石 四屏	每轴 153.7cm×40.5cm	313,050	纽约苏富比	2015.03.19

拍品名称	物品尺寸	成交价RMB	拍卖公司	拍卖日期
赵少昂 1937年作 山君图 镜框	148cm×52cm	805,000	华艺国际	2015.05.24
赵少昂 1940年作 金果草虫 立轴	114cm×46cm	287,500	华艺国际	2015.05.24
赵少昂 1941年作 玫瑰美意 镜心	90cm×29.5cm	230,000	北京保利	2015.06.05
赵少昂 1943年作 翠竹蝉鸣 镜框	103.2cm×34.6cm	181,575	香港苏富比	2015.04.06
赵少昂 1944年作 努力抗东风 立轴	148.5cm×53.8cm	770,625	香港苏富比	2015.10.06
赵少昂 1946年作 牡丹 立轴	92cm×34.5cm	345,000	中国嘉德	2015.05.17
赵少昂 1947年作 疏柳鸣蝉 成扇	17.6cm×46.8cm	161,400	香港苏富比	2015.04.06
赵少昂 1948年作 繁花草虫 立轴	86cm×44.5cm	402,500	中国嘉德	2015.05.16
赵少昂 1948年作 国色天香 立轴	86.7cm×38.5cm	287,700	香港苏富比	2015.10.06
赵少昂 1948年作 黄花 立轴	132.5cm×30.5cm	153,938	佳士得	2015.12.01
赵少昂 1949年作 红棉小鸟 立轴	106cm×30cm	246,300	佳士得	2015.12.01
赵少昂 1949年作 燕柳春风图 立轴	105.5cm×30cm	260,325	佳士得	2015.06.02
赵少昂 1952年作 三峡暮色 立轴	105.2cm×51.3cm	756,563	香港苏富比	2015.04.06
赵少昂 1958年作 鹊踏枝 立轴	94.5cm×37cm	184,000	西泠拍卖	2015.07.05
赵少昂 1959年作 荷花游鱼 镜框	48.5cm×82cm	300,375	佳士得	2015.06.02
赵少昂 1962年作 夹竹桃 立轴	120cm×57cm	713,000	广东小雅斋	2015.05.13
赵少昂 1966年作 秋叶鸣禽 镜框	106.8cm×76cm	907,875	香港苏富比	2015.04.06
赵少昂 1969年作 柳荫白鹭 镜框	141.8cm×47.6cm	2,001,360	香港苏富比	2015.04.06
赵少昂 1970年作 山水 镜片	146cm×71cm	1,380,000	广东小雅斋	2015.05.12
赵少昂 1974年作 红枫秋色 镜框	37cm×107.5cm	260,325	佳士得	2015.06.02
赵少昂 1982年作 鸟啭花浓 镜框	45.5cm×96cm	273,919	纽约佳士得	2015.03.17
赵少昂 1983年作 竹蝉图 行书诗 团扇	25cm×25.5cm	184,950	香港苏富比	2015.10.06
赵少昂 1987年作 红棉喜鹊 镜框	42cm×84cm	230,000	华艺国际	2015.05.24
赵少昂 1987年作 鸟鸣春日 镜框	47cm×96.5cm	240,300	佳士得	2015.06.02
赵少昂 1989年作 牡丹双雀 镜心	47cm×96cm	218,500	北京匡时	2015.03.30
赵少昂 1991年作 花鸟草虫（四幅）镜框	30cm×38cm×4	150,188	佳士得	2015.06.02
赵少昂 1991年作 竹蝉图 镜心	46cm×97cm	195,500	北京匡时	2015.03.30
赵少昂 1986年作 荷香图 镜心	46cm×97cm	218,500	中国嘉德	2015.09.19
赵少昂 春到梢头 镜框	40cm×109cm	170,213	佳士得	2015.06.02
赵少昂 红蓼蜻蜓 扇面 镜框	11.7cm×37.2cm	267,150	香港苏富比	2015.10.06
赵少昂 花鸟（四幅）立轴	28.6cm×35.6cm×4	153,938	佳士得	2015.12.01
赵少昂 花鸟 镜片（十开）	30cm×38cm×10	575,000	华艺国际	2015.05.24
赵少昂 己未（1979年）作 枇杷小鸟 镜心	67cm×130cm	464,025	中国嘉德	2015.04.07
赵少昂 清波鱼戏 镜框	88cm×23.5cm	807,000	香港苏富比	2015.04.06
赵少昂 双鹭 立轴	104.2cm×58.3cm	513,125	佳士得	2015.12.01
赵少昂 松鹤图 镜片	137cm×72cm	1,874,500	河南泽华	2015.01.11
赵少昂 1978年作 大吉图 镜片	84cm×61cm	356,500	广东崇正	2015.06.18
赵少昂 向日葵 镜框	137.5cm×47.5cm	398,313	纽约苏富比	2015.09.17
赵少昂 辛未（1991年）作 花卉草虫（十帧）镜片	30cm×38cm×10	322,000	广东崇正	2015.06.18
赵少昂 烟柳孤蓑 镜框	112.5cm×57cm	302,718	纽约苏富比	2015.09.17
赵少昂 杨善深 1971年作 苍松绶带图 立轴	120cm×57cm	161,000	北京匡时	2015.10.16
赵少昂 杨善深 梅竹双清 立轴	87.6cm×31.3cm	203,483	纽约苏富比	2015.03.19
赵少昂 鱼乐图 镜框	84cm×39cm	172,500	华艺国际	2015.05.24
赵少昂 珍雀图 立轴	129cm×31.5 cm	253,000	荣宝斋（济南）	2015.11.21
赵少昂 棕榈小鸟 镜片	96cm×32cm	862,500	河南泽华	2015.01.11
赵叔孺 1943年作 行书八言联 立轴	200cm×40cm×2	230,000	北京匡时	2015.06.07
赵叔孺 1927年作 三寿作朋 立轴	100cm×46cm	184,000	中国嘉德	2015.04.01
赵叔孺 1930年作 松下抚琴 镜心	178cm×96cm	264,500	中国嘉德	2015.04.01
赵叔孺 1943年作 双骏图 立轴	93cm×41cm	161,000	朵云轩	2015.07.27
赵叔孺 1933年作 柳塘寒禽 立轴	105cm×52.5cm	241,500	北京诚轩	2015.05.18

拍品名称	物品尺寸	成交价RMB	拍卖公司	拍卖日期
赵叔孺 吴青霞 等 1941年作、1942年作 八仙过海 镜片	177cm×84cm	184,000	朵云轩	2015.06.18
赵叔孺 吴徵 等 赠孙煜峰集锦册册页（十二开）	32cm×40cm×12	241,500	北京诚轩	2015.05.18
赵松声 1940年作 山水 四屏立轴	135cm×33cm×4	184,000	鼎天国际	2015.07.05
赵望云 1943年作 陇西道上 镜心	127.5cm×30cm	368,000	中国嘉德	2015.05.16
赵望云 1944年作 天山薄暮 镜心	164.5cm×92cm	8,050,000	北京匡时	2015.06.06
赵望云 1959年作 巴山之晨 镜心	136cm×67.5cm	1,840,000	中国嘉德	2015.11.15
赵望云 1965年作 山林之间 立轴	78cm×50cm	1,725,000	中国嘉德	2015.11.15
赵望云 1974年作 埃及写景 立轴	136cm×68cm	840,294	宝港国际	2015.11.28
赵望云 人物 立轴	42cm×61cm	166,750	天津同方	2015.06.06
赵望云 耘草图 立轴	43.5cm×64.5cm	336,000	十竹斋	2015.06.14
赵无极 1951年作 朝圣之路	30cm×22.5cm	615,750	佳士得	2015.11.29
赵无极 1954年作 无题	8.5cm×15.5cm 19cm×25.5cm	164,200	佳士得	2015.11.29
赵无极 2000年作 无题	75cm×94cm	655,688	香港苏富比	2015.04.05
赵无极 约1952年作 无题	84.5cm×88.5cm	1,762,200	佳士得	2015.05.31
赵胥 荷 镜心	100cm×151cm	161,000	北京保利	2015.12.06
赵胥 荷 镜心	100cm×151cm	172,500	北京保利	2015.12.06
赵绪成 飞天仕女图 镜心	68cm×35cm	1,035,000	南京经典	2015.04.26
赵绪成 天乐图 镜心（片）	128cm×395cm	920,000	江苏嘉恒	2015.01.11
赵绪成 钟馗图 立轴	180cm×95cm	3,350,000	南京经典	2015.04.26
赵言斌 人约黄昏后 软片	137cm×68cm	287,500	河南鸿远	2015.01.12
赵言斌 山水 软片	48cm×185cm	264,500	河南鸿远	2015.01.12
赵元任 熊十力 等 名家书翰册 册页（九开选五）	尺寸不一	356,500	朵云轩	2015.04.27
赵云壑 1941年作 松菊 立轴	60cm×27cm	425,600	北京荣宝	2015.06.21
赵云壑 1923年作、甲子（1924年）作 凌波仙子 瑶池蟠桃（二幅）立轴	135cm×67cm×2	287,500	朵云轩	2015.06.19
赵云壑 荷韵 立轴	315cm×67cm	437,000	上海敬华	2015.06.29
赵云壑 己未（1919年）作 龙华风趣 立轴	152cm×81cm	184,000	中国嘉德	2015.04.01
赵云壑 1934年作 腊梅图 立轴	137cm×67cm	172,500	上海敬华	2015.06.29
赵云壑 硕果累累 镜片	140cm×243cm	4,600,000	河南泽华	2015.01.11
赵云壑 岁朝清供图 立轴	175cm×94cm	2,127,500	河南泽华	2015.01.11
赵之谦 1865年作 节书古训 册页（十开）	31cm×32cm	1,035,000	保利山东	2015.09.13
赵之谦 楷书“郑斋”镜心	30.5cm×71cm	713,000	北京匡时	2015.10.16
赵治平 花鸟（四帧）镜心	87cm×34cm×4	264,500	南京经典	2015.01.04
赵准旺 2001年作 古树晴曲 镜心	68cm×125cm	161,000	保利山东	2015.02.01
赵准旺 2015年作 福山圣川图 镜心	102cm×201cm	483,000	北京保利	2015.06.03
赵准旺 2015年作 海之恋 镜心	148cm×148cm	517,500	北京保利	2015.12.06
赵准旺 2015年作 西岳朝阳图 镜心	124cm×248cm	713,000	北京保利	2015.12.06
赵准旺 2015年作 长城春雨后 镜心	101cm×248.5cm	598,000	北京保利	2015.06.03
曹俊 2014年作 酒未消 镜心	39cm×39cm	287,500	北京保利	2015.06.03
曹俊 2014年作 流水锵然 镜心	39cm×39cm	287,500	北京保利	2015.06.03
曹克家 金协中 等 观鱼图 成扇	19.5cm×46cm	262,275	香港苏富比	2015.04.06
曹克家 王雪涛 1948年作 猫蝶图 立轴	91cm×44cm	280,000	北京荣宝	2015.11.29
曹锟 楷书八言联 立轴	203cm×48cm×2	414,000	北京匡时	2015.12.05
曹明冉 富贵到家 镜心	52cm×116cm	287,500	保利山东	2015.02.01
曹明冉 水仙初开 镜心	52cm×78cm	207,000	保利山东	2015.02.01
曹娜 逸香系列六十一 镜心	133cm×67cm	575,000	安徽喜得	2015.04.19
曹子玉 2014年作 草书 六屏镜心	184cm×53cm×6	494,500	北京保利	2015.01.24
曹子玉 2015年作 行书《岳阳楼记》镜心	163cm×53cm×6	460,000	北京保利	2015.06.03

拍品名称	物品尺寸	成交价RMB	拍卖公司	拍卖日期
岑学恭 1965年作 桃花源里可耕田 立轴	82.5cm×48.5cm	230,000	中国嘉德	2015.11.15
曾海文 1973年作 无题（双联作）镜框	70cm×100cm	188,800	苏富比（北京）	2015.06.02
曾海文 1967至1970年作 无题（双联作）	70cm×100cm	484,200	香港苏富比	2015.04.05
曾海文 1969至1971年作 无题（双联作）	70cm×100cm	383,325	香港苏富比	2015.04.05
曾海文 1969至1971年作 无题（双联作）	70cm×100cm	242,100	香港苏富比	2015.04.05
曾海文 1970年作 气动太极 双屏	70cm×100cm	352,659	中国嘉德	2015.04.06
曾海文 1970年作 无题（双联作）	70cm×100cm	353,063	香港苏富比	2015.04.05
曾海文 1973年作 无题（双联作）	70cm×100cm	161,400	香港苏富比	2015.04.05
曾海文 1982至1985年作 无题（双联作）	70cm×100cm	161,400	香港苏富比	2015.04.05
曾海文 1985年作 无题	70cm×100cm	161,884	保利香港	2015.04.06
曾海文 约1968年作 无题	70cm×100cm	190,238	佳士得	2015.05.31
曾海文 约1970年作 无题	70cm×100cm	300,375	佳士得	2015.05.31
曾海文 约1972年作 无题	70cm×100cm	262,275	佳士得	2015.03.15
曾海文 约1973年作 无题	70cm×100cm	300,375	佳士得	2015.05.31
曾海文 约1978年作 无题	70cm×100cm	300,375	佳士得	2015.05.31
曾海文 约1978年作 无题（双联作）	70cm×100cm	201,750	香港苏富比	2015.04.05
曾海文 约1986年作 无题	70cm×100cm	300,375	佳士得	2015.05.31
曾健勇 2007年作 黑领巾 镜心	144.5cm×73cm	263,200	北京荣宝	2015.06.21
曾健勇 2009年作 夜游 NO.4	144cm×72cm×2	207,000	上海明轩	2015.06.21
曾健勇 2010 年作 少年时代	144cm×70cm	187,500	佳士得（上海）	2015.04.25
曾健勇 2010年作 伙伴 镜心	96cm×75cm	230,000	中贸圣佳	2015.05.19
曾健勇 2010年作 小男孩 镜心	156.5cm×108cm	180,929	保利香港	2015.04.06
曾健勇 2011年作 头号人物-信徒 镜框	112cm×248cm	402,500	鼎天国际	2015.07.05
曾健勇 2014年作 伙伴 镜心	162cm×91cm	322,000	鼎天国际	2015.07.05
曾健勇 2014年作 暑假	162cm×91.8cm	252,188	香港苏富比	2015.04.05
曾健勇 2014年作 诸野NO.12 镜心	74.5cm×163.5cm	161,000	北京保利	2015.12.06
曾健勇 2015年作 白夜 镜框	130cm×96cm	252,190	保利香港	2015.10.05
曾健勇 2015年作 临江渡 镜心	90cm×73cm	161,000	北京保利	2015.06.04
曾健勇 还上枝头	128cm×95cm	322,000	北京匡时	2015.06.06
曾健勇 假如你是唯一 镜心	112cm×112cm	598,000	南京经典	2015.01.04
曾健勇 少年时代黑木崖 镜心	144cm×72cm	333,500	南京经典	2015.01.04
曾健勇 我心飞翔 镜心	144cm×72cm	218,500	中国嘉德	2015.05.18
曾健勇 夜游NO.5 镜框	144cm×72cm	345,000	华艺国际	2015.05.24
曾宓 2014年作 他日的故事 镜心	40cm×25cm×10	391,000	中国嘉德	2015.05.18
曾宓 甲子（1984年作 乾坤无极 岁寒三友 山水 立轴、镜心	（一）101cm×33cm （二）69cm×36cm （三）68.5cm×33cm	203,692	中国嘉德	2015.10.07
曾三凯 山水 四屏镜框	141cm×35cm×4	299,000	北京保利	2015.04.25
曾善庆 2008年作 猛牛 镜框	94.7cm×96.7cm	184,950	香港苏富比	2015.10.05
曾我萧白 中国山水（一对）屏风	154.3cm×358.8cm×12	1,083,153	纽约佳士得	2015.03.17
曾熙 1921年作 临古隶书篆书手卷	27cm×1192cm	5,060,000	北京保利	2015.06.05
曾熙 1917年作 书法四种（四幅）屏轴	32cm×48.5cm×4	172,500	朵云轩	2015.06.19
曾熙 隶书八言联 立轴	199cm×41cm×2	287,500	北京保利	2015.08.12
曾熙 论笔墨纸砚 四屏	232cm×54.5cm×4	195,500	上海明轩	2015.06.21

拍品名称	物品尺寸	成交价RMB	拍卖公司	拍卖日期
曾熙 四条屏 立轴	40cm×144cm×4	358,400	河北嘉海	2015.09.13
曾小俊 1999年作 一万笔划 镜框	142cm×181.5cm	1,027,500	香港苏富比	2015.10.05
曾小俊 2010年作 树研究：清奇古怪 镜框	180.5cm×95.5cm	605,250	香港苏富比	2015.04.05
曾小俊 黄山之一	115cm×189cm	756,794	纽约苏富比	2015.09.15
曾迎春 花鸟 四屏镜心	70cm×137cm×4	690,000	亚洲宸泽	2015.09.08
曾迎春 写生 四屏镜心	137cm×70cm×4	690,000	亚洲宸泽	2015.09.08
曾佑和 1966年作 赤子心 镜框	91.5cm×30.5cm×45cm	151,313	香港苏富比	2015.04.05
曾灶财 皇帝的地图	28.2cm×43.5cm	322,800	香港苏富比	2015.04.05
曾灶财 约二〇〇三年作 墨宝 镜框	77.6cm×108.5cm.	667,875	香港苏富比	2015.10.05
郑百重 1989年作 华岳山家 镜心	68cm×137cm	172,500	北京匡时	2015.03.31
郑百重 1990年作 江山无尽 镜心	95cm×178cm	161,000	北京保利	2015.12.06
郑百重 2012年作 佛光普照 镜心	56cm×135cm	460,000	北京保利	2015.12.06
郑百重 东山白云图 镜心	83cm×152cm	253,000	北京东正	2015.05.19
郑百重 高山仰止 镜框	136cm×69cm	230,000	华艺国际	2015.05.24
郑百重 欧洲文明 镜心	50cm×60cm×4	805,000	北京保利	2015.06.03
郑百重 2015年作 牡丹亭组画 镜心	45cm×52.5cm×4	517,500	中国嘉德	2015.05.18
郑连杰 2002W-1号 镜框	144cm×78.5cm	212,400	苏富比（北京）	2015.06.02
郑曼青 张大千 黄君璧 溥儒 1949年作 1950年作 1951年作 山水清音册 册页（四开）	20cm×25cm×4	483,000	朵云轩	2015.06.18
郑慕康 1931年作 春风杨柳 四屏	95cm×29cm×4	280,000	上海国拍	2015.11.29
郑慕康 1940年作 舞灯图 镜片	99cm×54.5cm	299,000	西泠拍卖	2015.07.05
郑慕康 1964年作 读报声中选种忙 立轴	102cm×50cm	483,000	北京匡时	2015.03.30
郑慕康 1950年作 探梅图 镜心	104cm×52.5cm	184,000	中国嘉德	2015.05.17
郑慕康 人物 立轴四屏	69cm×21cm×4	172,500	荣宝斋（济南）	2015.11.21
郑慕康 张启后 鹊桥相会 七夕诗三首 成扇	18.8cm×51cm	184,000	北京诚轩	2015.11.13
郑乃珖 1948年作 百鹤图通景 立轴	144cm×55cm×6	322,000	北京保利	2015.06.04
郑乃珖 1975年作 胜似春光 立轴	170cm×81cm	310,387	保利香港	2015.10.05
郑乃珖 1979年作 鸟语泉声 镜片	138cm×69cm	287,500	广东崇正	2015.06.19
郑乃珖 1981年作 飞鹰 镜框	67cm×136cm	230,000	华艺国际	2015.05.24
郑乃珖 1981年作 鸳鸯 立轴	153cm×84cm	380,904	保利香港	2015.04.07
郑乃珖 1985年作 春暖人心 立轴	136cm×68.5cm	356,500	北京翰海	2015.11.27
郑乃珖 1990年作 劲松山禽 立轴	139cm×68.5cm	152,362	保利香港	2015.04.07
郑乃珖 富贵 镜片	130cm×65cm	552,000	广东小雅斋	2015.11.11
郑乃珖 己未（1979年）作 英姿俊发 镜心	131cm×65.5cm	230,000	北京诚轩	2015.05.18
郑乃珖 1972年作 锦鸡 立轴	91cm×38cm	210,000	上海驰翰	2015.05.09
郑乃珖 吴其珌 沈觐寿 潘主兰 等 1982年作 欣欣向荣 镜片	95cm×179cm	598,000	广东崇正	2015.06.18
郑乃珖 雄鹰图 镜心	137cm×67cm	253,000	保利厦门	2015.05.03
郑乃珖 芝鼎长春 镜片	132cm×66cm	345,000	广东崇正	2015.06.19
郑庆余 2006年作 心事	62cm×74cm	172,500	北京匡时	2015.06.06
郑庆余 对望的记忆	83cm×78cm	218,500	北京匡时	2015.12.04
郑庆余 花谢 镜心	108cm×41cm	172,500	保利山东	2015.02.01
郑维国 1975年作 马鞍山 镜框	177cm×266cm	252,188	香港苏富比	2015.04.05
郑文焯 行书《樵风乐府》句 立轴	171.3cm×38cm×2	205,500	香港苏富比	2015.10.06
郑午昌 1934年作 冷香清态 册（八开）	22.5cm×16.6cm×8	493,200	香港苏富比	2015.10.06
郑午昌 1942年作 梦逐烽烟 镜心	73cm×34cm	425,500	北京匡时	2015.06.06
郑午昌 1943年作 青山独钓 立轴	82.5cm×33cm	280,350	佳士得	2015.06.02
郑午昌 1946年作 奇峰巨壑图 立轴	100cm×43cm	460,000	北京匡时	2015.03.30
郑午昌 1947年作 清溪垂钓 立轴	138cm×68.5cm	390,450	香港苏富比	2015.10.06
郑午昌 1948年作 横斜春色上枝头 立轴	96.9cm×48.2cm	423,675	香港苏富比	2015.04.06
郑午昌 1949年作 芦塘谈古 立轴	103cm×47cm	172,500	北京东正	2015.05.19
郑午昌 蔡元培 1928年作 婴哲图 行书 立轴双挖	书31cm×30cm 画30cm×32cm	414,000	上海道明	2015.05.09
郑午昌 1947年作 知足居图 镜片	113cm×52.5cm	747,500	上海道明	2015.05.09
郑午昌 1943年作 锦绣江山 成扇	19.5cm×55cm	235,200	天津文物	2015.05.22
郑午昌 梅岭雪霁 立轴	74cm×34cm	380,800	十竹斋	2015.06.14
郑午昌 吴琴木 夏敬观 楼辛壶 1940年作 山水 立轴 四屏	138cm×35cm×4	368,000	上海嘉禾	2015.05.08
郑午昌 1948年作 松涧高隐 镜心	131.5cm×56.5cm	540,500	北京诚轩	2015.05.18
郑午昌 1948年作 松阴观瀑 立轴	103.2cm×46.5cm	345,000	北京诚轩	2015.11.13
郑孝胥 1915年作 楷书《伊尹五就桀赞》立轴	140cm×33.5cm×4	540,500	中贸圣佳	2015.05.19
郑孝胥 1921年作 行书《赤壁赋》手卷	引首27cm×57cm 本幅27cm×196cm 题跋27cm×40cm	1,610,000	北京匡时	2015.10.16
郑孝胥 1924年作 行书节录《述书赋》立轴	157cm×36.5cm×4	368,000	北京匡时	2015.06.07
郑孝胥 1924年作 行书十二言联 立轴	172cm×28cm×2	287,500	北京匡时	2015.12.05
郑孝胥 1930年作 行书节录《文心雕龙·隐秀》四屏立轴	145cm×38cm×4	264,500	北京匡时	2015.12.05
郑孝胥 1933年作 行书杜甫《进鵰赋表》手卷	25cm×457cm	575,000	北京匡时	2015.12.05
郑孝胥 1935年作 三体临古册（174帧）册页	26cm×37cm×174	1,035,000	北京匡时	2015.06.06
郑孝胥 1936年作 行书前贤句 立轴	143.1cm×78.8cm	207,000	保利厦门	2015.05.03
郑孝胥 曾熙 章太炎 张謇 1924年作 书法 四屏	142cm×38cm×4	264,500	上海工美	2015.06.28
郑孝胥1920年作 行书《文心雕龙》册 册页（十开）	22cm×28.5cm×10	172,500	中国嘉德	2015.11.16
郑孝胥 行书 镜片	130cm×65cm	178,250	朵云轩	2015.06.18
郑孝胥 行书 镜心 四屏	140cm×33cm×4	460,000	北京保利	2015.01.25
郑孝胥 行书 四屏镜心	140cm×33cm×4	253,000	保利厦门	2015.05.03
郑孝胥 行书 四屏立轴	140cm×33cm×4	290,988	保利香港	2015.10.05
郑孝胥 行书 五言诗 四屏	135cm×33cm×4	287,500	西泠拍卖	2015.07.05
郑孝胥 行书《文心雕龙》四屏立轴	146.5cm×38cm×4	270,250	北京匡时	2015.06.07
郑孝胥 行书八言联 镜心	172cm×36cm×2	172,500	北京保利	2015.01.24
郑孝胥 行书八言联 立轴	166cm×35.5cm×2	230,000	中国嘉德	2015.11.14
郑孝胥 行书八言联 立轴	172cm×41cm×2	172,500	北京匡时	2015.06.07
郑孝胥 行书八言联 立轴	171.5cm×45.5cm×2	207,000	中国嘉德	2015.05.16
郑孝胥 行书节录《述书赋》立轴	150cm×79cm	178,250	北京匡时	2015.06.07
郑孝胥 行书节录《文心雕龙·奏启》四屏立轴	144cm×39.5cm×4	322,000	北京匡时	2015.12.05
郑孝胥 行书节录苏轼诗句七言联（一对）	每轴 173cm×44.5cm	203,483	纽约苏富比	2015.03.19
郑孝胥 行书六言联 立轴	172cm×36.5cm×2	184,000	北京匡时	2015.06.07
郑孝胥 行书陆游诗 立轴	144cm×81.5cm	195,500	中国嘉德	2015.05.16
郑孝胥 行书录陆游诗	40.5cm×141cm	207,000	中国嘉德	2015.11.16
郑孝胥 行书七言联 对联	238cm×57cm	150,000	上海驰翰	2015.05.09
郑孝胥 行书七言联 立轴	146.3cm×39.5cm×2	287,500	中国嘉德	2015.05.18
郑孝胥 行书五言联 立轴	156cm×42.5cm×2	402,500	中国嘉德	2015.05.18
郑孝胥 楷书《课读浅言》册 册页（四开）	画心 21cm×22.5cm×4 题跋21cm×22.5cm	575,000	北京匡时	2015.06.07
郑孝胥 隶书七言联 立轴	133cm×33cm×2	189,750	北京匡时	2015.06.07
郑孝胥 隶书七言联 立轴	134cm×29.5cm×2	241,500	中国嘉德	2015.05.18
郑孝胥 隶书十言联 立轴	248cm×30cm×2	1,150,000	中国嘉德	2015.11.16
郑孝胥 临汉碑 四屏立轴	139cm×35.5cm×4	667,000	中国嘉德	2015.05.16
郑孝胥 书法（四轴）四屏	150.5cm×38.5cm×4	425,500	北京保利	2015.12.07

2015书画拍卖成交汇总

(成交价RMB：15万元以上)

拍品名称	物品尺寸	成交价RMB	拍卖公司	拍卖日期
郑孝胥 书法 四屏立轴	145cm×39cm×4	339,000	辽宁建投	2015.08.30
郑孝胥 述书赋 四屏轴	170cm×40cm×4	402,500	山东恒昌	2015.06.10
郑孝胥 为吴昌硕作十言联 对联	249cm×30.5cm×2	2,415,000	西泠拍卖	2015.07.05
郑孝胥 为章炳麟录文心雕龙句立轴	129.5cm×32cm	310,500	西泠拍卖	2015.07.05
郑孝胥 1929年作 行书六言 对联	202cm×46.5cm×2	207,000	上海道明	2015.05.09
郑孝胥 张建勋 徐世昌 罗振玉 各体书法 四屏立轴	165cm×42cm×4	517,500	北京匡时	2015.12.05
郑孝胥 章炳麟 陈宝琛 樊增祥 1930年作 书法 四屏	132cm×32cm×4	356,500	中国嘉德	2015.04.02
郑逸梅 周汝昌 周而复 俞振飞 萧军 1980年作；1983年作 致陈冰夷书法（五帧）镜片	70cm×49cm 70cm×36cm 67cm×34.5cm 69.5cm×36.5cm 57.5cm×53.5cm	161,000	西泠拍卖	2015.07.05
钟孺乾 2006年作 生灵乐土之三十	179cm×96cm	287,500	北京翰海	2015.06.26
钟泗宾 1966年作 水稻	68cm×85cm	171,488	佳士得	2015.03.15
钟泗滨 (I) 两名女子与小孩 (II) 三个男子		151,313	香港苏富比	2015.04.05
钟泗滨 风景与人物		322,800	香港苏富比	2015.04.05
钟泗滨 湖边女子		958,313	香港苏富比	2015.04.05
钟泗滨 姐妹		252,188	香港苏富比	2015.04.05
钟增亚 1988年作 话家常 立轴	137cm×68cm	156,800	湖南逸典	2015.02.01
钟质夫 瓜肥果硕图 立轴	68.5cm×133cm	322,000	辽宁中正	2015.06.13
周波 盛会男童 镜片	69cm×46cm	230,000	广东崇正	2015.06.18
周波 小倩 镜框	69cm×46cm	230,000	华艺国际	2015.05.24
周昌谷 大花图 镜框	60cm×41cm	322,000	上海嘉禾	2015.05.08
周昌谷 牧羊少女 立轴	59cm×35cm	178,250	北京匡时	2015.06.06
周昌谷 人物 镜心	44.5cm×31.5cm	172,500	北京翰海	2015.06.27
周恩来 信札二通 镜芯	26.5cm×19 cm.cm×2	207,000	中鸿信	2015.07.29
周国军 2014年作 峡江放歌 镜心	217cm×173cm	977,500	北京保利	2015.12.06
周华君 花语无言似有梦 镜心	70cm×68cm	230,000	北京保利	2015.06.03
周怀民 1954年作 太湖春色 镜片	52.5cm×90cm	161,000	上海嘉禾	2015.05.08
周怀民 等 太湖 立轴	119cm×233cm	230,000	北京翰海	2015.03.14
周慧珺 2014年作 桃花源记 手卷	引首 29.5cm×112.5cm 书法29.5cm×323cm	299,000	上海嘉禾	2015.05.08
周慧珺 桃花源记 镜片	133cm×68cm	161,000	上海聚缘斋	2015.07.05
周觉钧 1980年作 庐山烟云 立轴	97cm×53cm	184,000	北京保利	2015.08.12
周觉钧 1997年作 西湖诗意 镜心	74cm×83cm	287,500	北京保利	2015.08.12
周京新 2013年作 荷香 镜心	45.5cm×70cm	287,500	中贸圣佳	2015.05.19
周京新 八罗汉 镜心	53cm×224cm	747,500	海德拍卖	2015.06.27
周京新 春天里来好风光 镜心	34cm×137cm	172,500	南京经典	2015.01.04
周京新 大自在 镜心	45cm×70cm	195,500	南京经典	2015.01.04
周京新 荷花罗汉 镜心	80cm×54cm	161,000	南京经典	2015.01.04
周京新 秋风早 镜心	53cm×100cm	253,000	南京经典	2015.01.04
周京新 三国人物 镜心	69cm×47cm	195,500	南京经典	2015.01.04
周京新 十罗汉 镜心	68cm×137cm	575,000	江苏聚德	2015.01.25
周京新 十罗汉高聚图 镜心（片）	70cm×140cm	540,500	江苏嘉恒	2015.04.25
周京新 水浒人物 册页	34cm×34cm×10	494,500	江苏嘉恒	2015.01.11
周京新 水浒人物 镜心	69cm×37cm×4	437,000	南京经典	2015.01.04
周京新 水浒人物 镜心 四屏	69cm×34cm×4	419,750	南京经典	2015.04.26
周京新 水墨花鸟册页 镜心（片）	45cm×34cm×12	1,322,500	江苏嘉恒	2015.01.11
周京新 武松三打图卷 手卷	34cm×277cm	402,500	南京经典	2015.04.26
周京新 西游人物 镜心	70cm×30cm	253,000	南京经典	2015.01.04
周京新 园林写生 镜心	68cm×69cm	195,500	南京经典	2015.01.04
周京新 主角与配角 镜心（片）	136cm×68cm	402,500	江苏嘉恒	2015.01.11
周矩敏 江南处处桃花源 春鸟只拣好枝踏 会当四面风，静钧八方云 欲向古松借奉斗 镜片	137cm×34cm×4	363,200	上海聚缘斋	2015.01.11
周炼霞 吴湖帆 1936年作 国色秾华 立轴	89cm×52cm	494,500	北京保利	2015.06.05
周炼霞 新声惊绕殿 镜心	77cm×122cm	287,500	北京保利	2015.06.05
周绿云 1998年作 宇宙是吾心 镜框	93cm×48cm	350,438	佳士得	2015.06.01
周绿云 无题 镜片	92.5cm×448cm	307,875	佳士得	2015.11.30
周韶华 1985年作 昆仑积雪 镜心	86.8cm×71.5cm	253,000	北京保利	2015.11.01
周韶华 1994年作 晨光 镜心	96cm×179cm	1,840,000	北京保利	2015.06.03
周韶华 1999年作 山中空鸣 镜心	68cm×68cm	782,000	北京保利	2015.11.01
周韶华 2000年作 终年积雪 镜心	44cm×47.5cm	172,500	北京保利	2015.11.01
周韶华 2002年作 天山 镜心	51cm×97cm	287,500	北京保利	2015.01.24
周韶华 2003年作 踏浪飞 镜心	68.2cm×68.5cm	207,000	北京保利	2015.08.12
周韶华 2003年作 万树丛中别样红 镜心	68cm×69cm	207,000	北京保利	2015.11.01
周韶华 2005年作 天风吟 镜心	68cm×136cm	1,725,000	北京保利	2015.11.01
周韶华 2007年作 姑嫂树 镜心	68.8cm×68.8cm	517,500	北京保利	2015.08.12
周韶华 2009年作 龙脉之祖 镜心	32cm×44cm	253,000	北京保利	2015.11.01
周韶华 2009年作 通天河从巴塘流过 镜心	32cm×44cm	230,000	北京保利	2015.11.01
周韶华 2009年作 羊卓雍错 镜心	42cm×55cm	402,500	北京保利	2015.11.01
周韶华 2011年作 大漠看落日 镜心	44.3cm×66cm	253,000	北京保利	2015.08.12
周韶华 2011年作 风景这边独好 镜心	44.5cm×66cm	184,000	北京保利	2015.08.12
周韶华 2011年作 黄河东渡 镜心	44cm×66.2cm	322,000	北京保利	2015.08.12
周韶华 2012年作 春风送暖 镜心	67.5cm×69cm	483,000	北京保利	2015.04.25
周韶华 2012年作 披红远征 镜心	68.7cm×67.5cm	184,000	北京保利	2015.08.12
周韶华 2012年作 望湖楼下水如天 镜心	69cm×139cm	977,500	北京保利	2015.08.12
周韶华 2014年作 秋高图 镜心	70cm×46.5cm	437,000	北京保利	2015.11.01
周韶华 边陲牧马人 镜片	68cm×137cm	690,000	北京上和	2015.05.16
周韶华 禅境 镜心	68.4cm×68cm	184,000	北京保利	2015.08.12
周韶华 2000年作 水乡烟波 镜心	69cm×136.5cm	862,500	中国嘉德	2015.05.18
周韶华 黄山奇观 镜心	44cm×65cm	437,000	中国嘉德	2015.05.18
周韶华 柳湾再现 镜心	68cm×68cm	437,000	北京保利	2015.08.12
周韶华 嘛呢石 镜片	66cm×134cm	690,000	北京上和	2015.11.13
周韶华 秋风秋影涵水禽 镜片	68cm×68cm	402,500	北京上和	2015.05.16
周韶华 山不在高 镜片	68cm×137cm	747,500	北京上和	2015.11.13
周韶华 山峦纵横 立轴	136.5cm×68cm	690,000	北京上和	2015.11.13
周韶华 事事如意 镜心	45.5cm×67.5cm	230,000	北京保利	2015.04.25
周韶华 心与禅会 镜片	68cm×68cm	414,000	北京上和	2015.05.16
周韶华 原上柳 镜片	68cm×137cm	632,500	北京上和	2015.05.16
周韶华 月是故乡明 镜片	69cm×138.5cm	805,000	北京上和	2015.11.13
周韶华 云散山依然 镜心	69cm×137cm	632,500	天津同方	2015.06.06
周思聪 1973年作 节日 镜心	34cm×34cm	241,500	中国嘉德	2015.06.27
周思聪 1979年作 春读图 镜心	45cm×44cm	299,000	北京匡时	2015.06.06
周思聪 1980年作 佳人执扇 立轴	45cm×33cm	253,000	北京匡时	2015.06.06
周思聪 1980年作 新疆少女 镜心	69cm×46cm	155,194	保利香港	2015.10.05
周思聪 1980年作 幽夏图 镜心	67.5cm×44.5cm	155,194	保利香港	2015.10.05
周思聪 1981年作 幽谷 立轴	59cm×47cm	402,500	西泠拍卖	2015.07.04
周思聪 1982年作 山色空蒙雨亦奇 镜框	65.8cm×111.7cm	822,000	香港苏富比	2015.10.06
周思聪 1983年作 蕉荫小栖 镜心	135cm×66cm	552,000	保利山东	2015.02.01
周思聪 1990年作 高原风情册 册页	37.6cm×54.3cm×18	6,900,000	北京保利	2015.06.04
周思聪 1990年作 墨荷 镜框	54.5cm×74cm	504,375	香港苏富比	2015.04.06

拍品名称	物品尺寸	成交价RMB	拍卖公司	拍卖日期
周思聪 1991年作 清荷 镜心	66cm×66cm	368,000	北京匡时	2015.12.04
周思聪 1992年作 陌上 镜心	65.5cm×53cm	1,380,000	北京诚轩	2015.11.13
周思聪 残荷 横批	53.5cm×98cm	345,000	中国嘉德	2015.05.18
周思聪 戴月归 镜框	54cm×67cm	368,000	北京上和	2015.05.16
周思聪 戴月归 镜心	67cm×66cm	506,000	中国嘉德	2015.05.18
周思聪 丰收 镜心	68cm×45cm	264,500	北京保利	2015.06.04
周思聪 丰收图 立轴	68cm×38cm	345,000	中贸圣佳	2015.05.19
周思聪1980年作 采果少女 镜心	70cm×48cm	161,000	北京隆琛	2015.11.21
周思聪 海角拾贝图 镜片	34cm×40cm	172,500	西泠拍卖	2015.07.04
周思聪 海角拾贝图 镜心	34cm×39cm	172,500	北京保利	2015.12.06
周思聪 荷塘钓趣 镜心	54cm×57cm	230,000	保利山东	2015.02.01
周思聪 己未（1979年）作 秋趣图 镜心	68cm×67cm	230,000	中国嘉德	2015.06.27
周思聪 姐妹花 镜心	68cm×71cm	575,000	北京保利	2015.12.07
周思聪 林曲 立轴	48.5cm×42cm	184,000	北京上和	2015.05.16
周思聪 卢沉 傣家小景 渊明采菊图 镜心	67cm×46cm 67cm×44cm	437,000	荣宝斋（济南）	2015.11.21
周思聪 落木萧萧 镜框	39cm×49cm	168,000	北京荣宝	2015.11.29
周思聪 落木萧萧 镜心	69cm×69cm	184,000	北京保利	2015.06.04
周思聪 墨荷 镜心	36cm×53cm	230,000	北京保利	2015.12.06
周思聪 墨荷 镜心	68cm×46cm	172,500	北京匡时	2015.06.06
周思聪 墨荷 镜心	67cm×94cm	586,500	中国嘉德	2015.06.27
周思聪 秋趣图 镜片	68cm×46cm	195,500	北京上和	2015.05.16
周思聪 秋收 横幅镜心	91.5cm×347cm	2,070,000	北京翰海	2015.06.27
周思聪 人物 镜框	68cm×32cm	235,200	北京荣宝	2015.08.30
周思聪 人物 镜心	34.5cm×46cm	253,000	中贸圣佳	2015.05.19
周思聪 少女 镜片	65cm×45cm	207,000	河南鸿远	2015.01.12
周思聪 少女 镜心	66cm×58cm	168,000	北京荣宝	2015.08.30
周思聪 1988年作 高原暮归 镜心	97cm×69cm	775,968	中国嘉德	2015.10.07
周思聪 1978年作 小孔雀 镜心	33cm×46.5cm	207,000	中国嘉德	2015.05.18
周思聪 写意人物	67cm×67cm	861,075	荣盛国际	2015.07.31
周思聪 新疆少女 镜片	68.5cm×47.5cm	310,500	北京上和	2015.05.16
周午生 2013年作 富贵有期 镜心	132cm×66cm	253,000	北京保利	2015.06.03
周雪 水母 镜片	107cm×57.5cm	322,000	江苏聚德	2015.07.01
周雪 戏曲人物 镜心	119cm×40cm	207,000	南京经典	2015.08.02
周彦生 1991年作 数朵红云静不飞 镜片	80cm×124cm	805,000	河南鸿远	2015.04.12
周彦生 2005年作 芳塘香溢 镜片	96cm×180cm	1,150,000	华艺国际	2015.05.24
周彦生 2005年作 富贵长寿图 镜片	96cm×178.5cm	575,000	华艺国际	2015.05.24
周彦生 2005年作 宏业长寿 镜片	96cm×178.5cm	575,000	华艺国际	2015.05.24
周彦生 2005年作 清风满堂 镜片	96cm×178.5cm	713,000	华艺国际	2015.05.24
周彦生 2007年作 晴阳高照 镜片	96cm×178.5cm	713,000	华艺国际	2015.05.24
周彦生 2007年作 紫气东来 镜片	96cm×178.5cm	632,500	华艺国际	2015.05.24
周彦生 2008年作 碧浪满春 镜片	96cm×178.5cm	713,000	华艺国际	2015.05.24
周彦生 2008年作 万友同春 镜片	96cm×178.5cm	598,000	华艺国际	2015.05.24
周彦生 2013年作 春风吹放百华枝 镜片	96cm×178.5cm	598,000	华艺国际	2015.05.24
周彦生 2013年作 岭南春早 镜片	96cm×178.5cm	690,000	华艺国际	2015.05.24
周彦生 2014年作 娇白无瑕 镜框	46cm×58.5cm	253,000	河南鸿远	2015.04.12
周彦生 2014年作 艳冠群芳 镜片	46.5cm×59cm	264,500	河南鸿远	2015.04.12
周彦生 比翼双飞 镜片	134cm×67cm	805,000	河南泽华	2015.01.11
周彦生 春风富贵冠群芳 镜片	119.5cm×211cm	5,750,000	华艺国际	2015.05.24
周彦生 2007年作 春苑竞秀之二 镜片	178cm×69cm	690,000	广东衡益	2015.08.02

拍品名称	物品尺寸	成交价RMB	拍卖公司	拍卖日期
周彦生 2007年作 秋风秋色秋声 镜片	96cm×178cm	920,000	广东衡益	2015.08.02
周彦生 2007年作 春葩含笑 镜片	96.5cm×180cm	1,495,000	广州皇玛	2015.01.18
周彦生 2007年作 荷塘幽香 镜片	96cm×178cm	632,500	广州皇玛	2015.07.26
周彦生 2007年作 晚花香艳 镜片	96cm×178cm	690,000	广州皇玛	2015.07.26
周彦生 2007年作 香溢金塘 镜框	95cm×180cm	575,000	广州皇玛	2015.07.26
周彦生 东风小桃香 镜片	96cm×180cm	575,000	华艺国际	2015.03.29
周彦生 富贵凝香 镜片	67cm×137cm	310,500	河南鸿远	2015.01.12
周彦生 富贵凝香满园春 镜片	96cm×180cm	690,000	华艺国际	2015.03.29
周彦生 富贵凝香满园春 镜片	96cm×180cm	575,000	华艺国际	2015.03.29
周彦生 富贵平安图 镜片	96cm×180cm	575,000	华艺国际	2015.03.29
周彦生 2013年作 春苑竞秀之一 镜片	96cm×178cm	747,500	广东衡益	2015.08.02
周彦生 2013年作 淡荡飘风 镜片	68cm×137cm	322,000	广州皇玛	2015.07.26
周彦生 2013年作 今年花胜去年红 镜片	96cm×178cm	1,322,500	广州皇玛	2015.07.26
周彦生 荷花翠鸟 镜片	68cm×65cm	402,500	河南鸿远	2015.04.12
周彦生 横枝照影 镜片	96cm×180cm	575,000	华艺国际	2015.03.29
周彦生 花开富贵 镜片	67cm×137cm	322,000	河南鸿远	2015.01.12
周彦生 花开一曲 镜片	68cm×136cm	287,500	华艺国际	2015.03.29
周彦生 喇叭花 镜片	131cm×64cm	747,500	河南泽华	2015.01.11
周彦生 芦苇鸟 镜片	131cm×65cm	517,500	河南泽华	2015.01.11
周彦生 暖日绮霞 镜片	96cm×180cm	575,000	华艺国际	2015.03.29
周彦生 秋劲拒霜盛 镜片	96cm×180cm	678,500	华艺国际	2015.03.29
周彦生 2008年作 春晖 镜片	69cm×137cm	402,500	广州皇玛	2015.01.18
周彦生 馨香逐晓风 镜片	96cm×180cm	563,500	华艺国际	2015.03.29
周彦生 一抹彤云 镜片	68cm×136cm	287,500	华艺国际	2015.03.29
周彦生 2005年作 春来洛阳华如绣 镜片	177cm×96cm	1,380,000	广州皇玛	2015.01.18
周彦生 2005年作 富贵长寿 镜片	96cm×177cm	1,437,500	广州皇玛	2015.01.18
周彦生 2005年作 紫气东来 镜片	68cm×137cm	483,000	广州皇玛	2015.01.18
周彦生 竹子小鸟 镜片	67cm×137cm	345,000	河南鸿远	2015.01.12
周彦生 紫翠烟霞 镜片	96cm×180cm	563,500	华艺国际	2015.03.29
周彦生 紫藤挂云木 镜片	96cm×180cm	563,500	华艺国际	2015.03.29
周艺文 2015年作 诗经意象 镜心	59cm×218cm	230,000	北京保利	2015.12.06
周元亮 湘江之畔 立轴	68cm×104cmcm	161,000	荣宝斋（济南）	2015.11.21
周肇祥 周作人 等 廿二人书法册 册页	42cm×58cm×14	232,013	中国嘉德	2015.04.07
周志高 行草宋朱熹诗 镜片	68cm×137cm	168,000	上海天赐	2015.05.31
周尊圣 2015年作 天山红 镜心	136cm×68cm	402,500	山东恒昌	2015.06.10
周尊圣 天山红 镜片	69cm×138cm	402,500	河南泽华	2015.01.11
周作人 1948年作 行书 罗素文句 立轴	122.5cm×30.5cm	471,500	西泠拍卖	2015.07.05
周作人 行书《大智度论》成扇	19.5cm×50cm	241,500	中国嘉德	2015.05.17
周作人 行书七言联 立轴	128.5cm×30.5cm×2	207,000	中国嘉德	2015.11.14
周作人 行书陶渊明诗 镜片	64cm×27cm	264,500	上海明轩	2015.06.21
周作人 书陶渊明诗	18cm×51.8cm	322,000	中国嘉德	2015.05.18
周作人 为高伯雨题书匾 春风庐 镜片	80.5cm×30cm	667,000	西泠拍卖	2015.07.05
朱德 1963年作 行书毛主席词 立轴	135.5cm×68cm	747,500	北京匡时	2015.06.07
朱德 行书赠语 镜心	64cm×32cm	1,150,000	北京匡时	2015.12.05
朱德群 2005年作 五月的梅斯 No.4	70cm×69cm	727,470	中国嘉德	2015.10.06
朱德群 2008年作 三月八日第2号	137cm×76cm	809,421	保利香港	2015.04.06
朱德群 书法 - 李煜《望江南》纸本	100cm×33cm	727,200	罗芙奥	2015.06.07

2015书画拍卖成交汇总

（成交价RMB：15万元以上）

拍品名称	物品尺寸	成交价RMB	拍卖公司	拍卖日期
朱德群 书法－虞世基《入关诗》纸本	32cm×98.5cm	775,680	罗芙奥	2015.06.07
朱法鹏 2011年作 抽象系列 镜心	68cm×68cm	242,490	保利香港	2015.10.05
朱法鹏 2013年作 大吉图 托片	185cm×145cm	2,875,000	福建运通	2015.11.01
朱法鹏 2013年作 松鹤图 托片	185cm×145cm	5,520,000	福建运通	2015.11.01
朱法鹏 2014年作 松鹤图 托片	246cm×120cm	10,350,000	福建运通	2015.11.01
朱法鹏 山中一夜雨 镜心	183cm×145cm	2,760,000	安徽喜得	2015.04.19
朱梅邨 1942年作 南湖采菱图 镜心	32cm×71cm	161,000	北京保利	2015.12.07
朱梅邨 1947年作 芳阴纨扇 成扇	17.8cm×45cm	201,750	香港苏富比	2015.04.06
朱梅邨 1955年作 公孙大娘舞剑器 镜心	直径31.5cm	230,000	北京翰海	2015.06.26
朱梅邨 1959年作 映山红 镜心	56cm×33cm	517,500	北京翰海	2015.06.26
朱梅邨 陈映霞 洞庭始波 林间对弈 成扇	18cm×45cm	172,500	北京翰海	2015.06.26
朱梅邨 春风弄管 立轴	49cm×27cm	328,400	佳士得	2015.12.01
朱梅邨 春江鸭戏 立轴	72.1cm×35.3cm	282,450	香港苏富比	2015.04.06
朱梅邨 登高图 镜心	32cm×40cm	322,000	江苏爱涛	2015.01.10
朱梅邨 飞来峰 镜框	29cm×41cm	210,000	上海驰翰	2015.05.09
朱梅邨 己未（1979年）作 岭巅飞瀑 镜片	61cm×132.5cm	166,750	上海嘉禾	2015.05.08
朱梅邨 楼势吞长虹 立轴	102.5cm×33.5cm	287,500	北京诚轩	2015.05.18
朱梅邨 陆抑非 1941年作 仕女・楷书七言诗 成扇	18.5cm×49cm	356,500	中国嘉德	2015.11.15
朱梅邨 1942年作 书画合璧扇 成扇	18cm×50cm	322,000	北京诚轩	2015.11.13
朱梅邨 吴湖帆 1935年作 夏日采莲 行书 成扇	19cm×48cm	184,000	朵云轩	2015.06.18
朱梅邨 1968年作 耳边琴筑 立轴	94.5cm×29.5cm	178,250	朵云轩	2015.06.19
朱梅邨 早妆图 立轴	66cm×32cm	862,500	北京翰海	2015.11.27
朱梅邨 朱大霖 临池仕女 行书 成扇	18.3cm×47cm	976,125	香港苏富比	2015.10.06
朱铭 1986年作 五鸡图 镜框	68.3cm×136.3cm	184,950	香港苏富比	2015.10.05
朱屺瞻 1955年作 上海写生 册页（八开）	29.5cm×47.5cm×8	1,008,000	上海国拍	2015.11.29
朱屺瞻 1962年作 英雄冢上 镜片	140cm×66cm	345,000	朵云轩	2015.06.18
朱屺瞻 1964年作 晨曦 镜心	137.5cm×67cm	920,000	中国嘉德	2015.11.15
朱屺瞻 1966年作 溪山居图 镜心	124cm×53cm	264,500	北京匡时	2015.03.30
朱屺瞻 1972年作 奇峯秋景图 立轴	119.5cm×41.5cm	287,500	西泠拍卖	2015.07.05
朱屺瞻 1972年作 奇峰秋景 立轴	119cm×41.5cm	345,000	上海嘉禾	2015.05.08
朱屺瞻 1974年作 溪流归艇 镜片	112cm×74cm	402,500	上海敬华	2015.06.29
朱屺瞻 1975年作 竹稍雨重图 立轴	125cm×59.5cm	172,500	西泠拍卖	2015.07.05
朱屺瞻 1976年作 三楚风光 手卷	34cm×551.8cm	400,500	佳士得	2015.06.02
朱屺瞻 1981年作 黄月季 立轴	97.1cm×60cm	322,800	香港苏富比	2015.04.06
朱屺瞻 1983年作 春夏秋冬 四屏 镜心	150cm×60cm×4	1,495,000	北京保利	2015.06.05
朱屺瞻 1984年作 空山钟磬声 立轴	69cm×69cm	287,700	香港苏富比	2015.10.06
朱屺瞻 1984年作 山�武树木深 立轴	110.8cm×83.3cm	756,563	香港苏富比	2015.04.06
朱屺瞻 1984年作 天和气暖 镜框	94cm×170cm	450,563	佳士得	2015.06.02
朱屺瞻 1985年作 花果清贡图 镜片	69cm×68.5cm	230,000	西泠拍卖	2015.07.05
朱屺瞻 1985年作 蟹肥花香 立轴	87.5cm×46.5cm	200,250	佳士得	2015.06.02
朱屺瞻 1987年作 年年有鱼 立轴	131.5cm×64cm	287,350	佳士得	2015.12.01
朱屺瞻 1989年作 山影翠色深 立轴	68.8cm×69cm	184,950	香港苏富比	2015.10.06
朱屺瞻 1990年作 一叶轻舟破巨浪 镜心	68cm×136cm	195,500	北京保利	2015.06.05
朱屺瞻 1991年作 芙蓉 立轴	89.5cm×48.3cm	190,238	佳士得	2015.06.02
朱屺瞻 柏石图 镜心	121cm×58cm	506,000	中国嘉德	2015.05.16
朱屺瞻 丙午（1966年）作 山间消夏 镜片	85.5cm×40.5cm	172,500	朵云轩	2015.06.18
朱屺瞻 关良 1977年作 孙大圣痛打白骨精 立轴	67cm×48cm	195,500	北京保利	2015.06.04
朱屺瞻 1993年作 江景漱石 镜片	68.5cm×68.5cm	207,000	朵云轩	2015.06.18
朱屺瞻 1993年作 山里人家 立轴	136cm×68cm	471,500	北京诚轩	2015.11.13
朱屺瞻 己未（1979年）作 鸡冠拳石图 立轴	140cm×70cm	207,000	上海嘉禾	2015.05.08
朱屺瞻 甲子（1983年）作 浓艳对秋光 立轴	135cm×68cm	517,500	上海敬华	2015.06.29
朱屺瞻 闵行建造工人新村工地写景 镜片	86cm×52cm	276,000	上海敬华	2015.06.29
朱屺瞻 葡萄 镜片	97cm×61cm	172,500	上海敬华	2015.06.29
朱屺瞻 1962年作 巫山晴雨总成奇 镜心	139cm×69.5cm	575,000	中国嘉德	2015.11.15
朱屺瞻 山居归帆 立轴	68cm×68.5cm	264,500	中国嘉德	2015.11.14
朱屺瞻 1978年作 秋深莲正美 镜心	140cm×70cm	207,000	中国嘉德	2015.05.16
朱屺瞻 1985年作 富贵多子 镜片	68cm×68cm	1,380,000	上海嘉禾	2015.05.08
朱屺瞻 1985年作 菊黄蟹肥 镜片	89cm×47.5cm	207,000	上海嘉禾	2015.05.08
朱屺瞻 1955年作 打稻场一角 镜心	88cm×51cm	437,000	中国嘉德	2015.11.15
朱屺瞻 1955年作 生产合作社 镜心	77.5cm×50.5cm	402,500	中国嘉德	2015.05.16
朱仁民 1998年作 山瀑红果 镜心	65cm×42cm	253,000	北京保利	2015.06.03
朱仁民 2014年作 云梢同寒瀑 镜心	136.5cm×70cm	977,500	北京保利	2015.06.03
朱仁民 2015年作 放飞图 镜心	135cm×34.5cm	552,000	北京保利	2015.06.03
朱汝珍 1934年作 楷书临兰亭帖 四屏	172cm×44.5cm×4	172,500	上海明轩	2015.06.21
朱汝珍 行书临《五辅第十》立轴	137.6cm×73cm	172,500	保利厦门	2015.05.03
朱松发 行尽崎岖路	137cm×69cm	402,500	北京翰海	2015.06.26
朱伟 1994年作 二刻拍案惊奇图之饭前洗手 镜框	134cm×67cm 134cm×64cm	1,027,500	香港苏富比	2015.10.05
朱伟 1995年作 北京时间 3号 镜框	53.8cm×48.8cm	246,600	香港苏富比	2015.10.05
朱新建 1988年作 钟馗嫁妹 镜心	31cm×31cm	161,000	北京匡时	2015.03.31
朱新建 1996年作 金瓶梅	12.5cm×8.5cm	174,463	佳士得	2015.11.29
朱新建 霸王别姬 镜心	69cm×69cm	276,000	南京经典	2015.08.02
朱新建 白云深处册页 镜心	34cm×34cm×10	977,500	南京经典	2015.04.26
朱新建 白云万里 镜心	137cm×33cm	264,500	南京经典	2015.01.04
朱新建 采药图 镜心	66cm×45cm	264,500	南京经典	2015.04.26
朱新建 出浴图 立轴	136cm×33cm	392,000	十竹斋	2015.06.14
朱新建 春宫图 册页	尺寸不一	920,000	天津同方	2015.11.21
朱新建 春色芳菲图 镜心	98cm×33cm	333,500	南京经典	2015.04.26
朱新建 春晓图 镜心	31cm×42cm	195,500	南京经典	2015.04.26
朱新建 春意 镜心	136cm×35cm	218,500	南京经典	2015.04.26
朱新建 大吉图 镜心	51cm×83cm	345,000	江苏爱涛	2015.01.10
朱新建 大吉图 镜心	66cm×66cm	264,500	南京经典	2015.04.26
朱新建 大闹天宫 镜心	34cm×45cm	166,750	南京经典	2015.08.02
朱新建 刀客图 镜心	103cm×34cm	166,750	保利山东	2015.02.01
朱新建 貂蝉 镜心	33cm×35cm	166,750	南京经典	2015.04.26
朱新建 东坡玩砚图 镜心	69cm×46cm	253,000	南京经典	2015.01.04
朱新建 东坡先生赏雨图中堂 镜心	134cm×23cm×2 134cm×33cm	977,500	江苏爱涛	2015.01.10
朱新建 东坡先生赏竹图 镜心	68cm×68cm	189,750	保利山东	2015.02.01
朱新建 东坡逍友图 镜心	66cm×45cm	218,500	南京经典	2015.04.26
朱新建 洞庭烟雨 手卷	23cm×172cm	195,500	南京经典	2015.01.04
朱新建 读你千遍也不厌倦 镜心	53cm×51cm	218,500	南京经典	2015.04.26
朱新建 二十四桥月 镜心	70cm×58cm	391,000	江苏爱涛	2015.01.10
朱新建 发财图 镜片	246cm×123cm	1,725,000	江苏聚德	2015.07.01
朱新建 法无定相 镜心	34cm×138cm	184,000	南京经典	2015.04.26
朱新建 仿齐白石人物 镜心	68.5cm×42cm	212,750	南京经典	2015.01.04

拍品名称	物品尺寸	成交价RMB	拍卖公司	拍卖日期
朱新建 访友图 手卷	23cm×172cm	161,000	南京经典	2015.01.04
朱新建 风从哪里来 镜心	51cm×50cm	218,500	南京经典	2015.04.26
朱新建 高士图 镜心	69cm×68cm	241,500	南京经典	2015.04.26
朱新建 宫扇图 镜心	32cm×44cm	166,750	南京经典	2015.01.04
朱新建 宫扇图 镜心	50cm×51cm	172,500	南京经典	2015.04.26
朱新建 关良戏曲人物 镜心	69cm×46cm	195,500	南京经典	2015.04.26
朱新建 观花图 镜心	50cm×51cm	161,000	南京经典	2015.04.26
朱新建 观音 镜心	138cm×69cm	1,380,000	南京经典	2015.01.04
朱新建 行僧图 镜心	365cm×143cm	2,875,000	江苏爱涛	2015.01.10
朱新建 荷畔幽禽 镜心	69cm×68cm	264,500	南京经典	2015.04.26
朱新建 黑旋风 镜心	35cm×33cm	155,250	南京经典	2015.04.26
朱新建 花好月圆 立轴	70cm×46cm	166,750	南京经典	2015.01.04
朱新建 花径小雨 镜心	138cm×34cm	287,500	南京经典	2015.01.04
朱新建 花落春水 镜心	69cm×68cm	356,500	南京经典	2015.01.04
朱新建 花鸟 成扇	18.5cm×50cm	207,000	南京经典	2015.01.04
朱新建 花鸟 镜心 四屏	138cm×34.5cm×4	1,380,000	安徽喜得	2015.04.19
朱新建 花鸟高士 镜心 四屏	137cm×34cm×4	1,851,500	南京经典	2015.04.26
朱新建 花样年华 镜心	70cm×119cm	184,000	南京经典	2015.01.04
朱新建 画室美人 镜心	68cm×68cm	166,750	南京经典	2015.04.26
朱新建 黄鹤楼 镜心	34cm×35cm	161,000	南京经典	2015.04.26
朱新建 剑客图 镜心	51cm×53cm	161,000	南京经典	2015.04.26
朱新建 江湖图 镜心	50cm×50cm	195,500	南京经典	2015.04.26
朱新建 降龙伏虎 镜心	画35cm×34cm 书22cm×34cm	172,500	南京经典	2015.01.04
朱新建 金瓶梅画页 册页	12cm×8cm×10	322,000	南京经典	2015.04.26
朱新建 金瓶梅图 册页	19cm×13cm×10	575,000	南京经典	2015.01.04
朱新建 金瓶梅图册 册页（十开）	12cm×8cm×12	322,000	华艺国际	2015.05.24
朱新建 金瓶梅图画本 册页	6.5cm×5cm×10	299,000	南京经典	2015.01.04
朱新建 金瓶梅图页 册页	12cm×8cm×10	322,000	南京经典	2015.04.26
朱新建 镜中人 镜心	70cm×40cm	264,500	南京经典	2015.04.26
朱新建 卡拉OK 镜心	49cm×49cm	218,500	南京经典	2015.04.26
朱新建 烂柯图 镜片	138cm×70cm	920,000	江苏聚德	2015.07.01
朱新建 练功图 镜心	90cm×98cm	402,500	南京经典	2015.01.04
朱新建 六祖慧能 镜心	35cm×35cm	201,250	南京经典	2015.04.26
朱新建 六祖诵经图 镜心	138cm×70cm	483,000	南京经典	2015.04.26
朱新建 罗汉像 镜片	68cm×68cm	460,000	江苏聚德	2015.01.24
朱新建 买酒看梅 镜心	38cm×45cm	207,000	南京经典	2015.01.04
朱新建 卖画买花 镜心	69cm×69cm	218,500	南京经典	2015.04.26
朱新建 梅妻鹤子 镜心	68cm×68cm	379,500	南京经典	2015.01.04
朱新建 美人（四幅）镜心	33cm×33cm×4	155,250	南京经典	2015.01.04
朱新建 美人（四帧）镜心	34cm×34cm×4	172,500	南京经典	2015.04.26
朱新建 美人 册页	28cm×18cm×12	747,500	江苏聚德	2015.07.01
朱新建 美人 册页（十开）	30cm×23cm×10	460,000	南京经典	2015.01.04
朱新建 美人 册页（十开）	30cm×23cm×10	379,500	南京经典	2015.04.26
朱新建 美人计图 镜心	51cm×49cm	218,500	南京经典	2015.04.26
朱新建 美人图 册页	33cm×33cm×10	632,500	南京经典	2015.01.04
朱新建 美人图 册页	33cm×33cm×10	414,000	南京经典	2015.01.04
朱新建 美人图 册页	33cm×33cm×10	391,000	南京经典	2015.01.04
朱新建 美人图 镜心	66cm×132cm	448,500	江苏爱涛	2015.01.10
朱新建 美人图 镜心	178cm×95.5cm	402,500	江苏爱涛	2015.06.29
朱新建 美人图 镜心	25cm×29cm	287,500	南京经典	2015.01.04
朱新建 美人图 镜心	33cm×33cm×4	230,000	南京经典	2015.01.04
朱新建 美人图 镜心	35cm×47cm×4	207,000	南京经典	2015.01.04
朱新建 美人图 镜心	54cm×66cm	161,000	南京经典	2015.01.04
朱新建 美人图 镜心	35cm×47cm	155,250	南京经典	2015.01.04

拍品名称	物品尺寸	成交价RMB	拍卖公司	拍卖日期
朱新建 美人图 镜心	34cm×34cm	155,250	南京经典	2015.01.04
朱新建 美人图 镜心	53cm×65.5cm	207,000	南京经典	2015.04.26
朱新建 美人图 镜心	53cm×65cm	207,000	南京经典	2015.04.26
朱新建 美人图 镜心	65cm×53cm	184,000	南京经典	2015.04.26
朱新建 美人图 镜心	53cm×65cm	184,000	南京经典	2015.04.26
朱新建 美人图 镜心	69cm×69cm	161,000	南京经典	2015.04.26
朱新建 美人图 镜心	69cm×70cm	166,750	南京经典	2015.08.02
朱新建 美人图 扇面	19cm×55cm 19.5cm×66cm	230,000	南京经典	2015.01.04
朱新建 美人图写生册 镜心	27cm×18cm×10	437,000	江苏爱涛	2015.01.10
朱新建 美意 立轴 四屏	138cm×34cm×4	1,667,500	南京经典	2015.04.26
朱新建 明月清风图 镜心	35cm×50cm	287,500	南京经典	2015.01.04
朱新建 平常心 镜心	68cm×44cm	264,500	南京经典	2015.01.04
朱新建 平山堂杂树 立轴	57cm×69cm	170,200	南京经典	2015.08.02
朱新建 人间自有胜境在 镜心	68cm×46cm	218,500	南京经典	2015.04.26
朱新建 人生是否要珍惜 镜心	54cm×65cm	782,000	江苏爱涛	2015.01.10
朱新建 扫地浇花 镜心	68cm×34cm	276,000	南京经典	2015.04.26
朱新建 沙家浜 镜心	35cm×34cm	163,300	南京经典	2015.04.26
朱新建 山居图 镜片	68.5cm×137.5cm	563,500	江苏聚德	2015.01.24
朱新建 山居图 镜心	34cm×138cm	287,500	南京经典	2015.04.26
朱新建 山居图 镜心	48cm×60cm	195,500	南京经典	2015.04.26
朱新建 山僧对答图 镜心	67cm×45cm	241,500	南京经典	2015.04.26
朱新建 山水（二帧）镜心	45cm×44cm×2	241,500	南京经典	2015.01.04
朱新建 山水 册页	34cm×34cm×10	517,500	南京经典	2015.04.26
朱新建 山水 册页	34cm×34cm×10	621,000	南京经典	2015.08.02
朱新建 山水册页 镜心	33.3cm×33.3cm×8	471,500	江苏爱涛	2015.01.10
朱新建 山中留客 镜心	70cm×70cm	253,000	南京经典	2015.04.26
朱新建 赏花图 镜心	51cm×50cm	195,500	南京经典	2015.04.26
朱新建 赏月图 镜心	137cm×69cm	1,495,000	南京经典	2015.01.04
朱新建 神仙弄钱图 镜心	137cm×70cm	465,750	南京经典	2015.08.02
朱新建 十八的姑娘一朵花 镜片	50cm×51cm	322,000	江苏聚德	2015.01.24
朱新建 十八的姑娘一朵花 镜心	50cm×50cm	322,000	北京保利	2015.06.04
朱新建 书联 镜心	137cm×34cm×2	402,500	南京经典	2015.01.04
朱新建 书联 镜心	137cm×34cm×2	172,500	南京经典	2015.04.26
朱新建 书联 镜心	136cm×34cm×2	264,500	南京经典	2015.08.02
朱新建 水墨美人 册页	34cm×34cm×10	644,000	南京经典	2015.04.26
朱新建 说法图 镜心	61cm×69cm	230,000	南京经典	2015.01.04
朱新建 苏州园林山水册 册页	27.5cm×40cm×10	920,000	江苏爱涛	2015.01.10
朱新建 天上大风图 镜心	145cm×49cm	460,000	南京经典	2015.08.02
朱新建 我是不是你最疼爱的人 镜心	53cm×66cm	276,000	南京经典	2015.04.26
朱新建 戏曲美人 镜心	65cm×67cm	299,000	南京经典	2015.04.26
朱新建 侠客图 镜心	65cm×127.5cm	402,500	海德拍卖	2015.06.27
朱新建 侠客图 镜心	137cm×35cm	304,750	南京经典	2015.01.04
朱新建 侠客图 镜心	50cm×52cm	218,500	南京经典	2015.04.26
朱新建 相思图 镜片	68cm×68cm	471,500	江苏聚德	2015.01.24
朱新建 小憩图 镜心	33cm×43.5cm	178,250	南京经典	2015.01.04
朱新建 携琴图 书联 镜心	画138cm×69cm 书 135cm×22.5cm×2	1,380,000	南京经典	2015.01.04
朱新建 信笺美人（四幅）镜心	28cm×19cm×4	195,500	南京经典	2015.04.26
朱新建 信笺美人图（四帧）镜心	26cm×17.5cm×4	333,500	江苏爱涛	2015.01.10
朱新建 烟村三月雨 镜心	104cm×34cm	155,250	南京经典	2015.08.02
朱新建 扬州何园 立轴	57cm×68cm	287,500	南京经典	2015.08.02
朱新建 妖精打架图 镜心	43.5cm×33cm	172,500	南京经典	2015.01.04
朱新建 一半秋山带夕阳 镜心	69.5cm×57cm	201,250	南京经典	2015.04.26
朱新建 一笑对公卿 镜心	53cm×64cm	322,000	南京经典	2015.04.26

2015书画拍卖成交汇总

(成交价RMB：15万元以上)

拍品名称	物品尺寸	成交价RMB	拍卖公司	拍卖日期
朱新建 一轩春雨 立轴	画33cm×33 书22cm×33cm	166,750	南京经典	2015.01.04
朱新建 英雄图 镜心	69cm×70cm	172,500	南京经典	2015.01.04
朱新建 英雄图 镜心	69cm×69cm	172,500	南京经典	2015.04.26
朱新建 有余图 镜心	134.5cm×34cm	336,000	十竹斋	2015.06.14
朱新建 月明花落黄昏雨 镜心	35cm×137cm	345,000	江苏爱涛	2015.01.10
朱新建 诸法空相 册页	29cm×19cm×9	161,000	南京经典	2015.01.04
朱新建 自由图 镜心	69cm×35cm	161,000	南京经典	2015.04.26
朱新建 坐禅图 镜心	69.5cm×69.5cm	621,000	安徽喜得	2015.04.19
朱修立 2014年作 明净 镜心	52cm×110cm	345,000	北京保利	2015.06.03
朱研英 1932年作 九秋花蝶图 手卷	30.5cm×214cm	172,500	上海嘉禾	2015.05.08
朱育莲 山君造像图 立轴	95cm×53cm	483,000	河南泽华	2015.01.11
朱育莲 虎 镜片	69cm×96cm	517,500	河南泽华	2015.01.11
朱育莲 猎豹松鼠 镜片	123cm×53cm	345,000	河南泽华	2015.01.11
朱育莲 群虎图 镜片	93cm×176cm	1,840,000	河南泽华	2015.01.11
朱育莲 似曾相识图 镜片	75cm×45cm	437,000	河南泽华	2015.01.11
朱育莲 舐犊情 镜片	77cm×89cm	862,500	河南泽华	2015.01.11
朱育莲 岁寒三友图 镜片	135cm×55cm	552,000	河南泽华	2015.01.11
朱育莲 雄风图 镜片	57cm×67cm	483,000	河南泽华	2015.01.11
朱沅芷 1926年作年作；1926年作 男性人体习作 裸女立像	49.2cm×37.5cm 50cm×37cm	266,825	佳士得	2015.11.29
朱振庚 1994年作 佛光 镜心	67cm×44.5cm	168,000	北京荣宝	2015.11.29
朱振庚 楚风图 镜心	129cm×64.5cm	190,400	北京荣宝	2015.11.29
朱振庚 都市变相 镜心	138cm×68cm	201,600	北京荣宝	2015.11.29
朱振庚 戏剧人物 镜心	70cm×68cm	190,452	保利香港	2015.04.06
朱正发 观妙亭	68cm×47cm	160,200	荣盛国际	2015.07.31
朱自清 楷书《孟子》章句 镜心	14.5cm×23cm	517,500	中国嘉德	2015.05.16
诸家 1962年作 十二生肖图 册页（十二开）	34.2cm×34.2cm×12	238,988	纽约佳士得	2015.09.16
诸家 花鸟山水书法（十二幅）扇面/镜片	尺寸不一	153,938	佳士得	2015.11.30
祝大年 1981年作 荷花姑娘	66cm×98.5cm	462,375	香港苏富比	2015.10.05
祝铮鸣 2009年作 中国石头	200cm×200cm	805,000	北京匡时	2015.06.06
祝铮鸣 2012年作 伏	68.5cm×34cm	322,000	上海明轩	2015.06.21
祝铮鸣 2015年作 阿修罗之三	97cm×75cm	174,593	中国嘉德	2015.10.06
祝铮鸣 百年孤独 镜框	99cm×44cm	345,000	上海宝龙	2015.01.18
祝铮鸣 百年孤独系列 镜心	51cm×32cm	172,500	中贸圣佳	2015.05.19
庄小尖 2011年作 烟云供养 册页（十三开）	41.5cm×56cm×13	402,500	广州皇玛	2015.07.26
庄毓聪 一朝鸡鸣秋风起	136cm×68cm	368,000	北京翰海	2015.06.26
卓鹤君 花动一山春色 镜心	74cm×47cm	207,000	中国嘉德	2015.05.18
卓鹤君 2014年作 树树皆秋色 镜心	143cm×75cm	368,000	中国嘉德	2015.05.18
卓鹤君 清江松翠 镜心	90cm×50cm	230,000	北京保利	2015.06.03
卓鹤君 四季山水 镜心	75cm×20cm×4	322,000	中国嘉德	2015.11.16
邹传安 丁亥 2007年作 香荷风晚（工笔）镜心	66.5cm×43.5cm	224,000	湖南开平	2015.06.28
邹传安 小憩 镜片	93cm×173cm	1,265,000	深圳市拍	2015.07.19
邹传安 晓将清露付婵娟 镜片	93cm×112cm	1,380,000	深圳市拍	2015.07.19
邹立颖 2014年作 惠安女曾梅霞镜心	137cm×68cm	392,000	北京荣宝	2015.06.21
邹立颖 2014年作 水墨人物	138cm×68cm	402,500	北京翰海	2015.06.26
邹立颖 2014年作 雨过山尤翠 镜心	137cm×68cm	302,400	北京荣宝	2015.06.21
邹立颖 2014年作 长松疏朗筛明月	137x68cm	271,700	山东春秋	2015.04.26
邹立颖 2015年作 二炮文工团圆小张	137x70cm	457,600	山东春秋	2015.04.26
祖莪 山川美景 镜片	94cm×88cm	287,500	河南泽华	2015.01.11

拍品名称	物品尺寸	成交价RMB	拍卖公司	拍卖日期
左宗棠（款）行书七言联 对联	150cm×29cm×2	241,500	中国嘉德	2015.09.21
左宗棠 行书七言联（一对）	157.2cm×35.5cm	414,245	纽约苏富比	2015.09.17
左宗棠 行书五言联（一对）	130cm×30cm×2	154,125	香港苏富比	2015.10.05
左宗棠 篆书七言联（一对）	216.5cm×53.5cm×2	308,250	香港苏富比	2015.10.05
年代不详作者				
蔡翰 溪山访友 立轴	189cm×90cm	345,000	华艺国际	2015.05.24
高承志 八骏图 横幅	93cm×171cm	402,500	北京保利	2015.06.05
无款 楷书《药师琉璃光本愿功德经》（二十四开册）	26.1cm×12.6cm	398,313	纽约苏富比	2015.09.17
佚名（徐葆光）仙人图 立轴	136cm×69cm	1,092,500	天津同方	2015.11.21
佚名 百鸟朝凤 镜心	124cm×304cm	207,000	北京翰海	2015.07.18
佚名 出行图 卷	35cm×218cm	862,500	北京翰海	2015.06.27
佚名 春游图 镜心	167cm×312cm	506,000	中国嘉德	2015.04.03
佚名 慈禧太后像 立轴	126.5cm×64.5cm	172,178	纽约佳士得	2015.03.17
佚名 戴胜图 镜心	27.5cm×27.5cm	322,000	中国嘉德	2015.05.18
佚名 得子图 立轴	78cm×52cm	1,495,000	北京保利	2015.12.08
佚名 二十五圆通 册页(三十开)	绘画31cm×23cm×28 书法31cm×23cm×28	552,000	北京匡时	2015.12.05
佚名 冯康侯 猿泉图 篆书《宋元集锦》册片	22.5cm×25.5cm×2	345,000	上海明轩	2015.06.21
佚名 佛垂涅槃略说教诫经 镜心	26cm×143cm	391,000	中国嘉德	2015.05.17
佚名 高僧图 镜片	51cm×29cm	437,000	西泠拍卖	2015.07.04
佚名 耕织图卷 手卷	29cm×779cm	207,000	北京保利	2015.12.08
佚名 古木雄鹰图 镜片	113cm×69.5cm	161,000	西泠拍卖	2015.07.04
佚名 古韦陀天宝相 立轴	101cm×37cm	230,000	北京保利	2015.06.06
佚名 观音楷书金刚经全文 立轴	127cm×62cm	287,500	天津同方	2015.06.06
佚名 行书 镜心	137cm×241cm	483,000	北京翰海	2015.07.18
佚名 行书《楞严经》镜心	133cm×181cm	230,000	北京翰海	2015.09.13
佚名 行书《楞严经》镜心	90cm×213cm	195,500	北京翰海	2015.09.13
佚名 杭俗四时图 手卷	53cm×890cm	287,500	中贸圣佳	2015.05.19
佚名 红楼故事 立轴	178.6cm×104cm	586,969	纽约佳士得	2015.03.17
佚名 江户时代 17世纪 马厩（一对）屏风	157.5cm×360cm×12	3,186,849	纽约佳士得	2015.03.17
佚名 捷报富贵 镜片	22cm×17cm	402,500	北京保利	2015.12.08
佚名 孔雀开屏 镜心	172cm×88cm	178,250	北京翰海	2015.07.18
佚名 梨花 镜心	54cm×32cm	504,379	中国嘉德	2015.10.07
佚名 立马图 镜心	24cm×24cm	209,300	北京保利	2015.08.12
佚名 列仙图卷 手卷	30cm×461cm	253,000	中国嘉德	2015.04.03
佚名 柳荫沽酒 立轴	37cm×32cm	172,500	北京保利	2015.12.08
佚名 明代 明双盘姿八大菩萨座像 对屏	174cm×91.5cm×2	172,500	西泠拍卖	2015.04.22
佚名 明代 圣迹图 册页（三十九开）	50cm×74cm×39	9,200,000	中国嘉德	2015.11.15
佚名 明月幽竹 立轴	134cm×69cm	287,500	北京保利	2015.12.08
佚名 南无常精进菩萨 立轴	178cm×93cm	552,000	北京匡时	2015.06.07
佚名 平安乐居图 镜心	32cm×26cm	391,000	中国嘉德	2015.04.03
佚名 骑射图 镜片	47cm×44cm	552,000	西泠拍卖	2015.07.04
佚名 千里江山图 镜心	52cm×195cm	195,500	北京匡时	2015.12.05
佚名 群仙图 立轴	196cm×97cm	184,000	北京匡时	2015.10.16
佚名 人物 立轴	120cm×47cm	345,000	北京保利	2015.06.06
佚名 瑞应图卷 手卷	30cm×161cm	299,000	北京保利	2015.04.25
佚名 三代侯封 立轴	68cm×43.5cm	575,000	东方大观	2015.05.20
佚名 山水 成扇	17.5cm×51cm	253,000	北京翰海	2015.11.28
佚名 山水 立轴	66cm×46cm	517,500	广州皇玛	2015.01.18
佚名 山水 立轴（四屏）	172cm×54cm×4	172,500	北京翰海	2015.11.27
佚名 山水图	160cm×75cm	2,915,640	荣盛国际	2015.01.10

拍品名称	物品尺寸	成交价RMB	拍卖公司	拍卖日期
佚名 圣迹图 手卷	画36.6cm×590cm 跋36.6cm×74cm	920,000	中国嘉德	2015.05.18
佚名 石室劫余经卷 手卷	引首24cm×67cm 本幅24cm×469cm	659,573	中国嘉德	2015.10.07
佚名 双骏图 镜片	画心29.5cm×28cm 题跋28cm×22.5cm	2,277,000	西泠拍卖	2015.07.04
佚名 苏武牧羊 立轴	137cm×92cm	1,092,500	天津同方	2015.11.21
佚名 唐人写经六种 镜心	尺寸不一	943,000	北京匡时	2015.10.16
佚名 王母瑶池图 手卷	29cm×430cm	2,300,000	北京保利	2015.12.07
佚名 文殊菩萨 镜心	66cm×32cm	253,000	北京保利	2015.12.08
佚名 溪山行旅图 立轴	160cm×76cm	195,500	中国嘉德	2015.04.03
佚名 喜安图 立轴	195.5cm×99cm	270,000	上海驰翰	2015.05.09
佚名 仙阁双姝 扇面	26.5cm×28cm	161,000	中国嘉德	2015.05.18
佚名 仙山楼阁图 立轴	139cm×49cm	575,000	中国嘉德	2015.06.28
佚名 写经 镜心	26cm×396cm	1,058,000	中国嘉德	2015.05.17
佚名 雪松逸鹤图 立轴	203cm×97cm	184,000	中国嘉德	2015.04.03
佚名 杨茂勋像 立轴	画心194cm×98cm 题跋40cm×98cm	1,725,000	北京保利	2015.12.07
佚名 长寿图 镜心	83cm×444cm	195,500	北京翰海	2015.07.18
佚名 重岭春色 立轴	106.2cm×85.6cm	2,660,925	纽约佳士得	2015.03.17
佚名　人物 立轴	174cm×296cm	287,500	北京翰海	2015.03.14
周散氏盘拓片 镜片	133.5cm×67cm	1,150,000	上海嘉禾	2015.05.08
素 描				
艾轩 1998年作；2004年作 扎西次仁；荒原父女	38cm×26.5cm 50.5cm×36.5cm	125,000	佳士得（上海）	2015.04.25
艾轩 2003年作 瓦切村的流浪人	38.2cm×26.8cm	126,500	中国嘉德	2015.11.14
巴勃罗·毕加索 Drawn on 2 January 1933 Le peintre et son mod è le	28cm×25.7cm	10,699,750	纽约佳士得	2015.11.09
毕加索 椅上女人	29.6cm×24.2cm	4,945,000	天津同方	2015.11.21
常书鸿 1947年作 戴“三叶帽”的男青年像	39cm×25.2cm	218,500	中国嘉德	2015.11.14
常书鸿 1947年作 哈萨克毡房	27cm×39cm	287,500	中国嘉德	2015.11.14
常书鸿 1947年作 着“库普”的男青年像	39cm×30cm	287,500	中国嘉德	2015.11.14
常玉 背面裸女	44.5cm×28.5cm	135,794	保利香港	2015.10.05
常玉 裸女	24.5cm×32.4cm	102,625	佳士得	2015.11.29
常玉 正面裸女	45cm×27.5cm	87,296	保利香港	2015.10.05
陈箴 1997年作《经轮 – 有钱能使鬼推磨》草图（共四件）	50.2cm×63.2cm	240,300	佳士得	2015.05.31
程亚杰 1992年作 瞬间	37cm×28cm	138,000	北京保利	2015.06.04
丁乙 1995年作 十示 95-10	140cm×160cm	1,150,000	北京保利	2015.12.05
丁乙 1995年作 十示95-7	140cm×160cm.	2,235,840	香港苏富比	2015.10.05
法国巴比松派画家让·法朗索瓦·米勒《逗鸟的年轻女子》素描创作稿	10cm×13cm	172,500	中国嘉德	2015.05.18
法国历史画画家让·里奥·杰洛姆《倚靠萨堤尔雕像的裸女像》铅笔素描	18.3cm×26cm	149,500	中国嘉德	2015.11.16
法国印象派大师毕沙罗画稿	15.6cm×8.9cm 10.8cm×18.5cm	207,000	中国嘉德	2015.05.18
法国著名画家德拉克罗瓦《强健的侍从与柔弱的宫女》素描创作稿	25cm×16cm	207,000	中国嘉德	2015.05.18
法国著名画家德拉克罗瓦《自由引导人民》的底稿之一：1830年7月革命街垒战速写《受伤的人》	19.5cm×23.3cm	345,000	中国嘉德	2015.05.18
法国著名画家德拉克罗瓦卢浮宫阿波罗廊天顶中央雕像临摹稿	31.5cm×58.5cm	517,500	中国嘉德	2015.05.18
法国著名画家亨利·马蒂斯两页铅笔草图	25.7cm×20.4cm	103,500	中国嘉德	2015.05.18
法国著名画家欧仁·德拉克罗瓦铅笔素描《童年好友》肖像画	21cm×16.5cm	126,500	中国嘉德	2015.11.16
法国著名画家雅克·大卫铅笔素描《戴头巾的妇女》	16.5cm×14.7cm	184,000	中国嘉德	2015.11.16

拍品名称	物品尺寸	成交价RMB	拍卖公司	拍卖日期
关良 速写（十帧）	23cm×31.5cm×10	276,000	中国嘉德	2015.11.14
洪救国 裸女	62cm×47cm	56,513	香港苏富比	2015.10.05
李斛 1954年作 邻家少女	39cm×27cm	103,500	北京保利	2015.12.05
刘文涛 2006至2007年作 绘画(一组七张)	(i)(iii)(v)(vi) (vii)57cm×76.5cm, (ii) (iv)51.5cm×66.5cm.	123,300	香港苏富比	2015.10.05
刘文涛 2008年作 无题	200cm×250cm	287,500	北京保利	2015.06.03
鲁道夫·邦尼 南苏拉威西岛的三个民族（望加锡渔民、托雅族农夫及布吉族海员和商人）	152cm×76cm	2,776,080	香港苏富比	2015.04.04
鲁道夫·邦尼 1955年作 峇里女孩–Ni Radji	114.5cm×71cm	580,725	佳士得	2015.05.31
罗中立 钱	52cm×31cm	109,250	北京保利	2015.06.04
罗中立 越南小英雄雨来	29cm×21cm×4	287,500	四川翰雅	2015.10.15
梅忠恕 约1950–1960年作 阳台上的小孩	19cm×25.5cm	41,100	香港苏富比	2015.10.05
奈良美智 2003年作 WHERE ARE YOU	32.9cm×22.7cm	230,000	北京匡时	2015.06.06
奈良美智 2008年作 无题 D–2008–133	24cm×16.5cm	138,000	北京匡时	2015.06.06
奈良美智 似是坏!	29.6cm×21.0cm	170,132	日本伊斯特	2015.05.24
松谷武判 1980–1981年作 直线之黑之1	120cm×80cm	195,244	佳士得	2015.05.30
王华祥 2000年作 垓下之战	49.5cm×109.5cm	207,000	北京保利	2015.12.05
王济远 1930年作 王济远欧游作品一人体速写白描集（十三帧）	封面27cm×24cm 内页 31.5cm×24cm×12	552,000	北京翰海	2015.06.26
王文清 水盆	212cm×122cm	51,375	香港苏富比	2015.10.05
王沂东 2002年作 秋	72.5cm×53cm.	246,600	香港苏富比	2015.10.05
王沂东 2004年作 平安	53cm×37cm	322,000	北京保利	2015.06.04
王沂东 2012年作 蒙山晨雾	92cm×69cm	805,000	北京匡时	2015.06.06
吴大羽 无题（两件）	14.5cm×10.2cm	100,875	香港苏富比	2015.04.05
吴大羽 约1950年作 A：无题II–477；B：无题II–482（两件）	15cm×10.2cm 14.5cm×10cm	267,150	香港苏富比	2015.10.04
吴大羽 约1950年作 无题180	39.4cm×27.4cm	616,500	香港苏富比	2015.10.04
吴冠中 1985/1979/1989年作 风景速写（三件）	21cm×29.5cm×3	34,869	台北艺流	2015.10.10
吴冠中 山东荣成成山角	50cm×101cm	2,012,500	上海敬华	2015.06.30
吴冠中 素描	40.7cm×30.3cm	140,873	纽约苏富比	2015.03.19
吴冠中 速写手稿（七十二开）	20.5cm×48.1cm×72	1,840,000	海德拍卖	2015.06.27
谢南星 1995及1996年作 素描（两张作品）	(i)71cm×102cm (ii)105cm×75cm	92,475	香港苏富比	2015.10.05
徐悲鸿 1921年作 坐在盘石上的女人体	41cm×26cm	287,500	朵云轩	2015.06.19
徐悲鸿 为郑健庐造像	38cm×30cm	172,500	北京保利	2015.08.12
严培明 1990年作 头像	152cm×243cm	977,500	北京保利	2015.12.05
叶浅予 1945年作 康定人	16cm×12cm	11,500	中国嘉德	2015.09.19
叶浅予 1945年作 马帮伙计	16cm×12cm	11,500	中国嘉德	2015.09.19
叶浅予 1945年作 马帮头	16cm×12cm	17,250	中国嘉德	2015.09.19
叶浅予 1945年作 小活佛的随从	16cm×11cm	11,500	中国嘉德	2015.09.19
伊古斯蒂·纽曼·林帕德 罗摩衍那的故事		161,400	香港苏富比	2015.04.05
张书旂 张书旂画作原稿	尺寸不一	425,600	北京荣宝	2015.11.29
张云垚 2013年作 第一场哀悼	186cm×230cm	275,000	佳士得（上海）	2015.10.24
钟泗滨 村庄生活		282,450	香港苏富比	2015.04.05
周春芽 1988年作 藏族男子	120cm×84cm	667,000	北京匡时	2015.06.06
朱沅芷 1927年作 风景	21.5cm×27.8cm	121,050	香港苏富比	2015.04.05
朱沅芷 1928年作 梦中的我	29cm×21cm	96,996	中国嘉德	2015.10.06
版 画				
安迪·沃荷 1967年作 玛丽莲·梦露：一版	91.4cm×91.4cm	562,500	佳士得（上海）	2015.04.25

2015书画拍卖成交汇总

(成交价RMB：15万元以上)

拍品名称	物品尺寸	成交价RMB	拍卖公司	拍卖日期
安迪·沃荷 1967年作 玛丽莲·梦露：一版文艺复兴绘画细节（波提切利1482年画作《维纳斯的诞生》）	63.5cm×94.cm 81.3cm×111.8cm	312,500	佳士得（上海）	2015.04.25
安迪·沃荷 1982年作 美元符号 #1	50.2cm×39.7cm	437,500	佳士得（上海）	2015.04.25
安迪·沃荷 1983年作《濒危物种》	96.5cm×96.5cm	3,150,000	佳士得（上海）	2015.04.25
安迪·沃荷 约1984年作 穆拉蒂大使牌香烟	101.6cm×101.6cm 104.1cm×101.2cm	162,500	佳士得（上海）	2015.04.25
安迪·沃霍尔 Painted in 1981 Gun	177.8cm×228.9cm	75,723,750	纽约佳士得	2015.11.09
草间弥生 1981年作 风野中的帽子	40.4cm×51.8cm	267,150	香港苏富比	2015.10.05
草间弥生 1982年作 南瓜	68.6cm×55cm	103,700	景薰楼	2015.06.21
草间弥生 2005年作 花（两件作品）	66cm×54cm×2	184,950	香港苏富比	2015.10.05
草间弥生 2010年作 南瓜－上海世界博览会记念围巾（两件作品）	83.8cm×83.8cm×2	71,925	香港苏富比	2015.10.05
陈平禄 1940年作 河内年轻女子像	48.5cm×31.5cm	30,825	香港苏富比	2015.10.05
陈庭诗 1971年作 昼与夜5及7	#5：180cm×30cm #7：182cm×30cm	102,750	邦瀚斯	2015.10.03
村上隆 1999年至2001年作 Cube及其他（三张作品）	(i)59cm×59cm(ii)49cm×49cm(iii)49cm×49cm	22,605	香港苏富比	2015.10.05
村上隆 2008至2014年作 花球及其他（六张作品）	直径70cm×6	66,788	香港苏富比	2015.10.05
村上隆 2014年作 红球（及其他共六张作品）		262,275	香港苏富比	2015.04.05
达米安·赫斯特 2010年作 大爱	154.6cm×151cm	250,000	佳士得（上海）	2015.10.24
达米安·赫斯特 2010年作 诗篇：还有多久，我的主	7cm×71.5cm	175,000	佳士得（上海）	2015.10.24
达明安·赫斯特 2010年作 诗篇：我的上帝，我的上帝	74cm×71.5cm	162,500	佳士得（上海）	2015.04.25
达明安·赫斯特 2011年作 你只需要爱	121cm×91cm	162,500	佳士得（上海）	2015.04.25
达宛·都察尼 睡在林里的女孩	125cm×125cm	620,775	佳士得	2015.05.31
范光厚 金玉满堂		171,488	香港苏富比	2015.04.05
方力钧 1997年作 1997 B 系列3号	261.4cm×122.1cm.	97,613	香港苏富比	2015.10.05
方力钧 2000年作 版画系列（四张作品）	each 122cm×82cm	121,050	香港苏富比	2015.04.05
方力钧 2001年作 无题	246.3cm×122.6cm	102,625	佳士得	2015.11.29
芳草与动物 一九五一年作 赵无极	31.5cm×49cm.	66,788	香港苏富比	2015.10.05
费南度·索培尔 摩托车 II	65cm×49cm	20,550	香港苏富比	2015.10.05
费南度·索培尔 纳萨里奥	72.5cm×55.5cm	11,303	香港苏富比	2015.10.05
费南度·索培尔 扑翼飞机 II	53cm×45cm	11,303	香港苏富比	2015.10.05
费南度·索培尔 特里亚纳	54cm×62cm	11,303	香港苏富比	2015.10.05
弗兰西斯·培根 1990年作 斗牛之镜	51cm×38.5cm	500,000	佳士得（上海）	2015.10.24
古元 1952年作 写给敬爱的毛主席	29.5cm×45cm	115,000	西泠拍卖	2015.07.04
古元 1954年作 扫雪	25cm×19cm	149,500	北京匡时	2015.06.06
古元 1954年作 扫雪	25cm×19cm	57,500	北京保利	2015.12.05
古元 1957年作 刘志丹和赤卫军	66cm×51cm	161,000	西泠拍卖	2015.07.04
古元 70年代作 重返延安	59cm×70cm	184,000	西泠拍卖	2015.07.04
韩熙载 夜宴图（一轴）	30cm×339.5cm	805,000	北京保利	2015.12.07
河内美术学院 越南北部乡间雾中风景		100,875	香港苏富比	2015.04.05
江碧波 1961年作 飞夺泸定桥	70cm×97cm	115,000	西泠拍卖	2015.07.04
克丽丝汀·媛珠 2008年作 让我出来 #503	145cm×104cm	125,156	佳士得	2015.05.31
拉笛夫·莫希丁 飞鸟之歌	20cm×16cm×2	20,550	香港苏富比	2015.10.05
拉笛夫·莫希丁 图案	37.5cm×33cm	15,413	香港苏富比	2015.10.05
拉笛夫·莫希丁 棕榄树	45.5cm×30cm	12,330	香港苏富比	2015.10.05

拍品名称	物品尺寸	成交价RMB	拍卖公司	拍卖日期
赖少其 师松龄 陶天月 林之耀 1974年作 淮海战歌	105cm×90cm	195,500	华艺国际	2015.05.24
兰亭修禊图（一轴）	20.9cm×78cm	57,500	北京保利	2015.12.07
郎世宁、王致诚、艾启蒙、安得义 铜版画 乾隆平定西域得胜图（二十二幅）		575,000	北京翰海	2015.06.27
李桦 怒潮组画·挣扎	20cm×27cm	100,800	北京荣宝	2015.06.21
李桦、朱鸣岗、郑野夫、史良勷、麦非等人刻版画		172,500	泰和嘉成	2015.11.22
李焕民 1963年作 初踏黄金路	54cm×48.5cm	138,000	西泠拍卖	2015.07.04
刘小东《我这一家子》	41cm×58cm	300,000	诗婢家	2015.05.17
刘野 2000年作 为蒙德里安流泪	80.2cm×55.5cm	56,513	香港苏富比	2015.10.05
罗伊·利希滕斯坦 Executed in 1964 Crying Girl	116.8cm×116.8cm	84,969,350	纽约佳士得	2015.11.09
梅忠恕 绢之诗		151,313	香港苏富比	2015.04.05
梅忠恕 梳妆	53.5cm×45.5cm	41,100	香港苏富比	2015.10.05
奈良美智 2002年作 Running Nose Brothers；Y.N.（Self–Portrait）；Green Eyes；Night Walker；On the F–word；Rainy Day；Stay Good；Straight Jacket；Spockie；Haze Day；Top of the World；& Become to Thinker（共十二件）	尺寸不一	450,563	佳士得	2015.05.31
日光浴 1950年作 赵无极	34.5cm×24.5cm.	66,788	香港苏富比	2015.10.05
阮嘉智 抽象构图		605,250	香港苏富比	2015.04.05
阮嘉智 河西风景		191,663	香港苏富比	2015.04.05
三濑夏之介 2010年作 我的神	145.7cm×112.2cm×3.3cm	82,200	香港苏富比	2015.10.05
王广义 Coca Cola 及 Time（两张作品）	(i)72.3cm×68.7cm (ii)53.5cm×73cm	26,715	香港苏富比	2015.10.05
王沂东 2003年作 似水花季（一组共八件）	40.5cm×30cm	58,198	保利香港	2015.10.05
谢德庆 一年行为表演 1978–1979（三张作品）	97cm×127cm 44.5cm×28.5 28cm×21.5cm	56,513	香港苏富比	2015.10.05
熊秉明 一九五五至1965年作 松与山景；梨；双翼；松枝；飞鸽；山景；飞鸟与葡萄；静物瓶花；猫头鹰；莲花与鱼（十件）	A45cm×31cm,B30cm×41cm,C41cm×38cm,D47.5cm×38.5cm,E31cm×44cm,F33cm×44cm,G49.5cm×37cm,H32cm×45cm,I47.5cm×34cm,J46.5cm×21cm	66,788	香港苏富比	2015.10.05
徐冰 1979年作 1981年作 1982年作 潮、炕、猎户、新家	7.3cm×7.7cm 7.4cm×7.5cm 7.4cm×8.6cm 7.5cm×7cm	138,000	北京诚轩	2015.05.17
徐冰 1987年作《生命之潭》《一条大河》《移云》（一组三件）	50.5cm×68.5cm 53cm×73.5cm 52cm×72cm	172,500	中国嘉德	2015.05.17
徐匡 1976年作 亲切的教导	80cm×114cm	402,500	北京翰海	2015.06.26
雅丽克丝·艾美园中年轻越南女子		110,963	香港苏富比	2015.04.05
杨先让 1977年作 会师大庆	114cm×182cm	920,000	广东崇正	2015.06.18
应天齐 版画	94cm×122cm×10	805,000	河南鸿远	2015.04.12
圆明园西洋楼铜版画（十一幅）	51cm×88cm×11	138,000	北京保利	2015.12.07
张光荣 1980年作 宿命	15cm×11cm	172,500	北京翰海	2015.06.26
张晓刚 同志们（两张作品）	both36cm×28.7cm	30,825	香港苏富比	2015.10.05
赵无极 1949年作 雪景观	24.5cm×20cm 32.5cm×25cm	184,725	佳士得	2015.11.29
赵无极 1950年作 狼	24.6cm×14.8cm 52cm×35.5cm	225,775	佳士得	2015.11.29
赵无极 1950年作；1953年作；及1953年作 红太阳 绣球花 及沐浴者（共三件）	57cm×38.5cm 50.2cm×65.2cm 43.5cm×58cm	152,362	保利香港	2015.04.06
赵无极 1951年作 动植物	36cm×48.6cm 57.6cm×38.1cm	200,250	佳士得	2015.05.31
赵无极 1960年作无题 无题	47cm×45.5cm	141,225	香港苏富比	2015.04.05

拍品名称	物品尺寸	成交价RMB	拍卖公司	拍卖日期
赵无极 1972年作 比萨诗章	53.5cm×35cm×2.5cm A: 40cm×25cm B: 40cm×25cm C: 32cm×26cm D: 31cm×25cm E: 32.5cm×26cm F: 32cm×26cm G: 40.5cm×25cm H: 31cm×25cm	131,138	香港苏富比	2015.04.05
赵无极 1972年作 池塘（三件）	A,B,C:25.7cm×22.8cm.	82,200	香港苏富比	2015.10.05
赵无极 A：1987年作；B：1973年作 无题（两件）	A:38cm×53.1cm.	113,025	香港苏富比	2015.10.05
赵延年 1985年作 狂人日记（三十八帧）	29.5cm×19.5cm×38	632,500	西泠拍卖	2015.07.04
周韶华 2005年作 不知多少秋声	70cm×140cm	23,000	北京保利	2015.11.01
周韶华 2006年作 硕果胜春色	70cm×70cm	17,250	北京保利	2015.11.01
朱德群 2000年作 雪景	63cm×82cm.	51,375	香港苏富比	2015.10.05
朱德群 2000年作；2000年作；及2001年作 2000B 2000F及瑞雪（共三件）	60cm×75cm 98cm×70cm 71cm×95cm	116,395	保利香港	2015.10.05
朱德群 2006年作 金秋	117cm×77cm.	77,063	香港苏富比	2015.10.05
水粉水彩				
白发一雄 无题	27.0cm×24.0cm	132,325	日本伊斯特	2015.05.24
保罗塞尚 Painted in 1892-1896 (recto)；Drawn in 1890-1892 (verso) L' homme à la pipe (Étude pour un joueur de cartes) (recto)；P è re Alexandre (verso)	48.2cm×32cm	132,619,750	纽约佳士得	2015.11.09
贝英仁 1959年作 庆祝我们伟大的祖国建国十周年	75cm×108cm	299,000	西泠拍卖	2015.07.04
蔡国强 1983年作 港		389,975	佳士得	2015.11.29
蔡国强 1983年作 两个门	55cm×77cm	564,438	佳士得	2015.11.29
蔡国强 1984年作 春之海	55cm×77cm	153,938	佳士得	2015.11.29
草间弥生 1969年作 风野中的帽子	48.9cm×63cm.	719,250	香港苏富比	2015.10.05
草间弥生 1979年作 花	24.2cm×27.2cm	110,963	香港苏富比	2015.04.05
草间弥生 1979年作 夕阳的地平线	51cm×65cm	403,500	香港苏富比	2015.04.05
草间弥生 1980年作 蝶	24.2cm×27.3cm	116,395	保利香港	2015.10.05
草间弥生 1991年作 风雨	24.2cm×27cm	100,875	香港苏富比	2015.04.05
常书鸿 1945年作 九层楼	49cm×39cm	667,000	中国嘉德	2015.11.14
常书鸿 1945年作 莫高窟一隅	29.5cm×43.5cm	345,000	中国嘉德	2015.11.14
常玉 1929年作 穿戴耳环的女人	46cm×31.5cm	513,125	佳士得	2015.11.29
常玉 1930年代年作 立姿裸女	44cm×19cm	315,120	罗芙奥	2015.06.07
常玉 穿黑色外套的仕女 裸男	47cm×32cm	287,350	佳士得	2015.11.29
常玉 约1920-1930年代作 红衣仕女	47cm×32.7cm	969,960	保利香港	2015.10.05
陈坚 2011年作 海岛上的云	55cm×91cm	161,000	北京翰海	2015.06.26
陈平禄 河景	39.5cm×75.5cm	565,125	香港苏富比	2015.10.05
陈文河 1934年作 安宁	55cm×97cm	220,275	佳士得	2015.05.31
陈荫罴 五喜图	49.5cm×99cm	141,225	香港苏富比	2015.04.05
陈勇劲 2008年作 望山	112cm×80cm	402,500	朵云轩	2015.06.19
陈勇劲 2012年作 天空	55cm×77cm	103,500	北京翰海	2015.06.26
陈勇劲 石	57cm×75cm	166,750	天津同方	2015.06.06
晨曦 李德 张杰 佚名 Kao San Lan 1990/N/N/N/1971 湖边水色 海港小镇 城市速写 抽象 人物速写	36.5cm×43.5cm 76.2cm×107.5cm 43.5cm×36.4cm 65.6cm×56cm 52.2cm×39	11,623	台北艺流	2015.10.10
成砺志 1981-1982年作 开国元勋	107cm×74.5cm	690,000	西泠拍卖	2015.07.04
成砺志 1990年作 五福捧寿	106cm×69.6cm	218,500	西泠拍卖	2015.07.04
崔令杰 2007年作 Root of Ese	160cm×116cm	240,300	佳士得	2015.05.31
崔令杰 2010年作 寻找春天	130.4cm×271.4cm	359,188	佳士得	2015.11.29
崔令杰 2011年作 秋瀑抒情	160cm×62.5cm	120,150	佳士得	2015.05.31
丁雄泉 约1987年作 无题	176.6cm×94.7cm	220,275	佳士得	2015.05.31
丁乙 1995年作 十示95-B39	56cm×75cm.	184,950	香港苏富比	2015.10.05
丁乙 1996年作 十示系列96-B39	50cm×65.5cm	253,000	北京翰海	2015.06.26

拍品名称	物品尺寸	成交价RMB	拍卖公司	拍卖日期
董喜春 2010年作 温情	54cm×74cm	287,500	北京保利	2015.12.05
弗兰克-维尔 不详 Louviers，la place du march é（卢维埃，市集广场）	45cm×54cm 画框60cm×69cm	253,000	上海爱莲	2015.11.22
高冬 远山	32cm×48cm	170,200	天津同方	2015.06.06
古元 1970年作 黄河颂	77cm×103cm	517,500	北京翰海	2015.06.26
古元 1972年作 玉渊潭之晨	29cm×38cm	115,000	北京保利	2015.12.05
古元 1977年作 井冈山写生	31.5cm×39cm	109,250	北京匡时	2015.06.06
古元 1978年作 一湾解冻的湖水	32cm×41cm	299,000	北京匡时	2015.06.06
古元 1985年作 春回青海湖	35.9cm×50.6cm	109,250	北京匡时	2015.06.06
古元 50年代至90年代作 水彩作品（一百五十件）	尺寸不一	17,020,000	北京翰海	2015.06.26
古元 詹建俊 1972年作 纪念毛主席《在延安文艺座谈会上的讲话》发表三十周年	103cm×77cm	1,127,000	北京翰海	2015.06.26
顾德新 约1983年作 乳房异形人	17cm×25cm	200,000	佳士得（上海）	2015.04.25
关良 望山	29cm×37.8cm	103,500	北京诚轩	2015.05.17
关维兴 幸福老汉	36cm×50cm	138,000	天津同方	2015.06.06
关维兴 阳光下的渔民	35cm×53cm	155,250	天津同方	2015.11.21
河村严生 Vol 07	35cm×50cm	18,597	台北艺流	2015.10.10
黄永砯 2004年作 无题（里昂当代美术馆金顶草图）	75cm×56.5cm	143,675	佳士得	2015.11.29
黄中羊 2011年作 兵车行——秦陵梦魂	65cm×131cm	322,000	华艺国际	2015.05.24
吉原治良 无题	37.2cm×45.2cm	266,825	佳士得	2015.11.29
吉原治良 约1957年作	26.5cm×19cm	308,250	香港苏富比	2015.10.05
吉原治良 约1957年作	16.3cm×19cm	133,575	香港苏富比	2015.10.05
吉原治良 约1957年作	18.3cm×19cm	133,575	香港苏富比	2015.10.05
吉原治良 约1967年作	17.1cm×21.8cm	1,130,250	香港苏富比	2015.10.05
吉原治良 约1967年作	29.3cm×42.5cm	195,225	香港苏富比	2015.10.05
吉原治良 约1969年作	16.7cm×18cm	195,225	香港苏富比	2015.10.05
吉原治良 约1971年作	26cm×35.5cm	411,000	香港苏富比	2015.10.05
吉原治良 约1971年作	37cm×51cm	287,700	香港苏富比	2015.10.05
加藤良造 山水图	80.5cm×60.5cm	126,500	北京匡时	2015.06.06
蒋昌一 1978年作 颂歌献给毛主席	108cm×79cm	161,000	西泠拍卖	2015.07.04
金梅生 1954年作 可爱的儿童	42.5cm×55.5cm	161,000	西泠拍卖	2015.07.04
金梅生 戏曲人物（八帧）	23.6cm×25.2cm8	747,500	西泠拍卖	2015.07.04
柯法如拜雅斯 峇里地图	34cm×37.5cm	700,875	佳士得	2015.05.31
蓝荫鼎 1961年作 台湾景色	36.7cm×55.6cm	190,238	佳士得	2015.05.31
蓝荫鼎 1963年作 台湾宝岛	39cm×49cm	242,100	香港苏富比	2015.04.05
蓝荫鼎 1965年作 台湾宝岛	40.6cm×50.8cm.	113,025	香港苏富比	2015.10.05
蓝荫鼎 海岸	34cm×50.7cm.	123,300	香港苏富比	2015.10.05
黎谱 1945年作 母爱	41.5cm×27.5cm	1,904,720	佳士得	2015.11.29
黎氏秋 青春	28cm×19.5cm	164,200	佳士得	2015.11.29
李慕白 金雪尘 1954年作 少年队夏令营（八帧）	22.5cm×30cm×8	943,000	西泠拍卖	2015.07.04
李慕白 金雪尘 等 60年代作 祖国万岁	50cm×71.5cm	172,500	西泠拍卖	2015.07.04
李晓林 小学生踏嘉妮	54cm×48cm	155,250	天津同方	2015.11.21
李晓林 转经的老人	76cm×57cm	184,000	天津同方	2015.06.06
李禹焕 1977年作 从点	54.2cm×70.7cm	403,500	香港苏富比	2015.04.05
梁鼎铭 1920-1930年代作 柳浪闻莺	68cm×50.5cm	287,500	西泠拍卖	2015.07.04
林清河 新加坡河上	72cm×26cm	164,200	佳士得	2015.11.29
林子平 驳船码头		383,325	香港苏富比	2015.04.05
刘炜 2006年作 胡萝卜	28cm×23cm	172,500	北京华辰	2015.05.15
刘野 2014年作 无题.铅笔	79.5cm×110cm	400,725	邦瀚斯	2015.10.03
刘云生 2007年作 牧羊女	74cm×112cm	322,000	北京保利	2015.12.05
刘云生 2008年作 丰收歌	74cm×109cm	460,000	北京翰海	2015.06.26
鲁道夫·邦尼 北非人物像	107cm×74cm	226,050	香港苏富比	2015.10.05

拍品名称	物品尺寸	成交价RMB	拍卖公司	拍卖日期
鲁道夫·邦尼 1954年作 沓里农夫（正面）裸体男子素描（背面）	48cm×40cm	120,150	佳士得	2015.05.31
罗尔纯 风景组画	13cm×18cm×10	264,500	北京保利	2015.06.04
马克·夏卡尔 1959年作 恋人与调色盘	62.5cm×48.3cm	1,950,000	佳士得（上海）	2015.10.24
梅忠恕 1942年作 桌边妇女	36cm×26cm	420,525	佳士得	2015.05.31
梅忠恕 1950年作 母与儿童	61cm×50cm	650,813	佳士得	2015.05.31
梅忠恕 1951年作 看书	28cm×36cm	359,188	佳士得	2015.11.29
梅忠恕 1953年作 洗衣	38cm×25.5cm	328,400	佳士得	2015.11.29
梅忠恕 1970年作 儿童音乐剧游行	92cm×32cm	1,806,200	佳士得	2015.11.29
梅忠恕 1971年作 针线	24cm×13cm	112,888	佳士得	2015.11.29
梅忠恕 1972年作 看书	9.5cm×23.5cm	140,175	佳士得	2015.05.31
梅忠恕 1972年作 母与孩子	28cm×19cm	280,350	佳士得	2015.05.31
梅忠恕 1974年作 祈祷	41.5cm×30.5cm	513,125	佳士得	2015.11.29
梅忠恕 1974年作 浣室	27.5cm×11cm	718,375	佳士得	2015.11.29
梅忠恕 茶叙	49cm×60cm	595,950	香港苏富比	2015.10.05
梅忠恕 持花仕女		302,625	香港苏富比	2015.04.05
梅忠恕 鸟笼		110,963	香港苏富比	2015.04.05
梅忠恕 女子坐像	25cm×18cm	123,300	香港苏富比	2015.10.05
梅忠恕 瓶花		131,138	香港苏富比	2015.04.05
梅忠恕 饮茶		655,688	香港苏富比	2015.04.05
梅忠恕 浴者	62cm×44.5cm	637,050	香港苏富比	2015.10.05
梅忠恕 桌前望月	41cm×35cm	359,625	香港苏富比	2015.10.05
米高·柯瓦卢毕亚斯 约1932年作 每夜皆节庆	56cm×37cm	2,038,560	香港苏富比	2015.10.04
木心 2002年至2003年作 月下麦田	6.3cm×54cm	282,450	香港苏富比	2015.04.05
任之玉 风景（二十幅）	尺寸不一	115,000	北京保利	2015.12.05
阮潘正 1933年作 提着水瓮的女人	61.6cm×32.9cm	280,350	佳士得	2015.05.31
沙耆 峨眉山上	60.5cm×37.4cm	103,500	中国嘉德	2015.11.14
沙耆 抚琴赏乐图	38cm×57cm	126,500	中国嘉德	2015.11.14
沙耆 虎群	58.5cm×73cm	103,840	台北中诚	2015.06.14
石冲 2011年作 水，空气与身体	33cm×23.5cm	207,000	北京匡时	2015.06.06
石川钦一郎 雪山江村图	141.2cm×57cm	150,188	佳士得	2015.05.31
孙逊 2006-2010年作 21克	160cm×130cm	562,500	佳士得（上海）	2015.10.24
谭华牧 1946年作 风景I&II（一组两件）	19.5cm×25cm×2	103,500	中国嘉德	2015.11.14
唐蕴玉 1957年作 公园浴场	27cm×30cm	19,399	保利香港	2015.10.05
唐志冈 2010年作 中国童话系列-射击	74cm×105cm	188,800	台北中诚	2015.06.14
陶冷月 1920年作 蔬果（共四幅）	15.2cm×22.7cm×4	138,000	北京诚轩	2015.05.17
童振狮 新加坡河	37.5cm×28cm	20,550	香港苏富比	2015.10.05
王济远 1944年作、1944年作 女人体（一组四件）	29.9cm×47.3cm 35.8cm×43cm 35.8cm×43cm 32.7cm×40.7cm	138,000	中国嘉德	2015.05.17
王济远 1944年作、1944年作 线描女人体（一组四件）	40.7cm×32.7cm 43cm×35.8cm 40.7cm×32.7cm 43cm×35.8cm	138,000	中国嘉德	2015.05.17
王济远 1954年作 盆花	35cm×45cm	157,769	中国嘉德	2015.04.07
王济远 1955年作、1949年作、1965年作、1957年作 清雅 花朝 芝兰两朵 嘉希贡（一组四件）	25.5cm×33cm 49.5cm×60cm 56.5cm×39.6cm 27.2cm×24.3cm	195,500	中国嘉德	2015.05.17
王济远 1959年作 白芍药	33cm×46cm	111,366	中国嘉德	2015.04.07
王济远 红花	36cm×46cm	157,769	中国嘉德	2015.04.07
王济远 花卉	20cm×25cm×2	75,657	中国嘉德	2015.10.07
王济远 金发女人体（一组四件）	28.4cm×38.3cm 43cm×35.8cm 43cm×35.8cm 35.8cm×43cm	149,500	中国嘉德	2015.05.17
王济远 女人体（四件一组）	43cm×35.5cm×2 35.5cm×43cm×2	259,854	中国嘉德	2015.04.06
王济远 人体	30cm×45.7cm	48,498	中国嘉德	2015.10.07
王济远 桃子	35.5cm×45.5cm	50,438	中国嘉德	2015.10.07
王无邪 1978年作 云山之一	58.1cm×85.2cm	201,750	香港苏富比	2015.04.05
王无邪 1978年作 云序之二	135.7cm×66cm	403,500	香港苏富比	2015.04.05
王肇民 1972年作 蜡染布上的苹果	39.5cm×54cm	575,000	华艺国际	2015.05.24
王肇民 1973年作 黑布上的苹果	36cm×54cm	575,000	华艺国际	2015.05.24
王肇民 1975年作 鸡冠花	54cm×39.5cm	644,000	华艺国际	2015.05.24
王肇民 1977年作 牡丹	48.5cm×38.5cm	517,500	中国嘉德	2015.05.17
王肇民 1977年作 西湖烟雨	39cm×53cm	460,000	华艺国际	2015.05.24
王肇民 1978年作 大吉	37cm×53.5cm	552,000	华艺国际	2015.05.24
王肇民 1978年作 桔子	38cm×53cm	644,000	华艺国际	2015.05.24
王肇民 1983年作 卡特兰	32cm×43cm	517,500	华艺国际	2015.05.24
王肇民 1985年作 绿桃	39.5cm×51cm	678,500	华艺国际	2015.05.24
王肇民 1985年作 秋实	39.5cm×54cm	483,000	北京匡时	2015.06.06
王肇民 1985年作 桌上瓶花	58cm×43cm	690,000	华艺国际	2015.05.24
王肇民 1987年作 水仙	64cm×45cm	977,500	华艺国际	2015.05.24
王肇民 1988年作 秋装女像	55cm×45cm	690,000	华艺国际	2015.05.24
王肇民 1989年作 瓶花	77.5cm×53cm	920,000	华艺国际	2015.05.24
王肇民 1994年作 非洲菊	47cm×57cm	690,000	华艺国际	2015.05.24
王肇民 1995年作 蜜桃蜜瓜	56cm×75cm	828,000	中国嘉德	2015.05.17
威廉·杰拉德·贺夫卡 乌布宫殿		1,109,625	香港苏富比	2015.04.05
吴冠中 1954年作 北京钟楼	46cm×29cm.	1,233,000	香港苏富比	2015.10.05
吴冠中 1958年作 北京百货大楼	28cm×38cm	484,980	保利香港	2015.10.05
吴冠中 1961年作 藏族节日	26cm×37cm	480,600	佳士得	2015.06.02
吴冠中 1973年作 盆花静物	37.5cm×43.5	821,870	台北艺流	2015.04.25
武高谈 1933年作 少女肖像	25cm×21cm	246,300	佳士得	2015.11.29
武高谈 1941年作 菊花	44cm×59.5cm	164,200	佳士得	2015.11.29
席德进 1957年作 风景	38.6cm×55.8cm	111,504	罗芙奥	2015.06.07
席德进 1973年作 悠闲时光	58cm×77cm	206,040	罗芙奥	2015.06.07
席德进 1975年作 海棠花	69cm×50cm	123,500	景薰楼	2015.06.21
席德进 1975年作 香港樱花	39.4cm×57.6cm	150,188	佳士得	2015.05.31
席德进 1976年作 芙蓉	111cm×66cm	259,600	台北中诚	2015.06.14
席德进 1976年作 摇曳生姿圣诞红	111cm×66cm	236,000	台北中诚	2015.06.14
席德进 1978年作 竹子	120cm×79.5cm	280,350	佳士得	2015.05.31
席德进 1980年作 淡水河边	46cm×35cm	181,800	罗芙奥	2015.06.07
席德进 1980年作 观音山下	68.5cm×96.5cm	246,900	景薰楼	2015.06.21
席德进 1980年作 埔里山光	66cm×111cm	401,200	台北中诚	2015.06.14
席德进 1980年作 雾笼山村	57cm×76.5cm	283,200	台北中诚	2015.06.14
席德进 1981年作 草屯九九峰	65cm×110.5cm	290,880	罗芙奥	2015.06.07
席德进 1981年作 谷关山色	64.7cm×110cm	307,584	罗芙奥	2015.05.31
席德进 1981年作 梨山风光 Lishan Scenery	65.5cm×110.5cm	363,600	罗芙奥	2015.06.07
席德进 1981年作 山光出峡	57cm×76.5cm	566,400	台北中诚	2015.06.14
萧如松 50年代作 少女	100cm×72.5cm	756,569	保利香港	2015.10.05
萧淑芳 1954年作 瓶花	45cm×33cm	207,000	中国嘉德	2015.05.17
徐乐乐 80年代作 爱穿拖鞋的国王（二十六帧）	尺寸不一	184,000	西泠拍卖	2015.07.04
徐乐乐 80年代作 谁喊"咪呀"！（十八帧）	尺寸不一	103,500	西泠拍卖	2015.07.04
严培明 2007年作 两个帝王（毛和溥仪）（双联作）	154cm×278cm	500,625	佳士得	2015.05.31
颜文樑 潘玉良 雷雨 钱延康 李咏森 张眉孙 刘海粟 陈抱一 吴作人 钱延康 等 百年华彩——二十世纪前辈优秀艺术家水彩作品专辑	尺寸不一	5,520,000	北京保利	2015.06.04
杨益平 1976年作 四五运动	18.5cm×25cm	184,000	北京匡时	2015.06.06
佚名 1968年作 技术革新技术革命	168.5cm×116cm	109,250	西泠拍卖	2015.07.04
袁运甫 1973年作 紫金山天文台	54.5cm×79cm	403,500	香港苏富比	2015.04.05
张光宇 1938年作 家中一角	17cm×24cm	126,500	北京匡时	2015.12.04

拍品名称	物品尺寸	成交价RMB	拍卖公司	拍卖日期
张光宇 1938年作 瓶花	29.5cm×25cm	126,500	北京匡时	2015.12.04
张光宇 1950年代初 匡儿腊梅	19cm×29cm	189,750	北京匡时	2015.12.04
张光宇 1950年代初 无锡风景	27cm×39cm	207,000	北京匡时	2015.12.04
张光宇 1955年作 苏州外宾招待所	29cm×38cm	207,000	北京匡时	2015.12.04
张光宇 1955年作 无锡彩塑艺人	27cm×39cm	368,000	北京匡时	2015.12.04
张光宇 1955年作 无锡风景之一	29cm×38cm	287,500	北京匡时	2015.12.04
张光宇 1955年作 无锡后山湾鱼塘	27cm×38cm	494,500	北京匡时	2015.12.04
张光宇 1955年作 无锡惠泉寄畅园	27cm×39cm	195,500	北京匡时	2015.12.04
张光宇 1955年作 无锡惠泉寺	39cm×27cm	253,000	北京匡时	2015.12.04
张光宇 进军-把法西斯死路当作前途	41cm×55.5cm	140,000	北京荣宝	2015.11.29
赵龙（艺术）大海	60cm×180cm	115,000	天津同方	2015.06.06
赵无极 1950年作 无题	26.3cm×20.9cm.	513,750	香港苏富比	2015.10.05
赵无极 1952年作 海洋	32.5cm×41.1cm	801,000	佳士得	2015.05.31
赵无极 1960年作 无题	55cm×74.3cm	958,313	香港苏富比	2015.04.05
赵无极 1961年作 无题	75cm×57cm	1,762,200	佳士得	2015.05.31
赵无极 1970年作 无题	25cm×19cm	436,482	中国嘉德	2015.10.06
赵无极 1986年作 无题	38cm×28.5cm	420,525	佳士得	2015.05.31
赵无极 1987年作 晨曦	30cm×40cm	533,478	中国嘉德	2015.10.06
赵无极 无题	51cm×47.5cm	461,813	佳士得	2015.11.29
曾海文 1966年作 无题	29.7cm×21cm	150,188	佳士得	2015.05.31
曾海文 1969-1971年作 无题	70cm×100cm	450,563	佳士得	2015.05.31
曾海文 1970-1971年作 无题	70cm×50cm 70cm×100cm	92,146	保利香港	2015.10.05
曾海文 1971年作 无题	70cm×100cm	171,488	佳士得	2015.03.15
曾海文 1972年作 金沙	69.8cm×49.6cm	260,325	佳士得	2015.05.31
曾海文 1972年作 无题	70cm×50cm	322,800	佳士得	2015.03.15
曾海文 1972年作 无题	70cm×50cm	302,625	佳士得	2015.03.15
曾海文 1972年作 无题	69.9cm×50cm	260,325	佳士得	2015.05.31
曾海文 1973年作 无题	100cm×70cm	383,325	香港苏富比	2015.04.05
曾海文 无题（三联作）（四件一组）	17cm×18cm.	41,100	香港苏富比	2015.10.05
曾海文 约1970年作 无题	70cm×50cm	500,625	佳士得	2015.05.30
郑起妙 2000年作 解语	54cm×78cm	184,000	保利厦门	2015.05.03
钟泗宾 1961年作 河景	63cm×42cm	150,188	佳士得	2015.05.31
钟泗宾 1961年作 河畔小村	89cm×45.5cm	194,988	佳士得	2015.11.29
钟泗宾 1961年作 渔村	63cm×44cm	200,250	佳士得	2015.05.31
钟泗宾 1962年作 伦敦圣保罗教堂	55cm×67cm	400,500	佳士得	2015.05.31
钟泗宾 1963年作 抽象	70cm×101cm	821,000	佳士得	2015.11.29
钟泗宾 1963年作 寂寞	53cm×72cm	181,575	佳士得	2015.03.15
钟泗宾 1965年作 乡村风景	67cm×90cm	180,225	佳士得	2015.05.31
钟泗宾 1968年作 狮城界标	92cm×43cm	615,750	佳士得	2015.11.29
钟泗宾 1974年作 两姐妹	95cm×46cm	718,375	佳士得	2015.11.29
钟泗滨 二女子	较长直径63cm	513,750	香港苏富比	2015.10.05
周刚 矿工	105cm×76cm	517,500	天津同方	2015.11.21
周刚 青春困境	57cm×76cm	207,000	天津同方	2015.06.06
周刚 壬辰（2012）年作 邻家阳台上的女孩	106cm×75cm	483,000	保利厦门	2015.05.03
周铁海 1998年作 前卫不怕远征难	171.1cm×387.5cm	453,938	香港苏富比	2015.04.05
朱德群 1980年作 无题	53cm×38cm	350,438	佳士得	2015.05.31
朱德群 2008年作 墨之风暴	40cm×29cm×5 45cm×35cm 41cm×60cm 45cm×70cm	123,150	佳士得	2015.11.29
油画				
Nang Hien 海战	77.5cm×157cm	82,200	香港苏富比	2015.10.05
阿尔费雷多·艾斯奇洛二世 2013年作 灾祸降临	240cm×120cm 240cm×360cm	600,750	佳士得	2015.05.30
阿凡迪 1958年作 芝加哥城市风景	53.7cm×66cm	849,060	佳士得	2015.05.31
阿凡迪 1959年作 阿凡迪与孙儿	119cm×100.5cm	6,279,840	佳士得	2015.05.30

拍品名称	物品尺寸	成交价RMB	拍卖公司	拍卖日期
阿凡迪 1966年作 科巴卡巴那的风筝卖家	81cm×100cm	667,063	佳士得	2015.11.29
阿凡迪 1978年作 向日葵	136cm×96cm	656,594	新加坡33拍卖	2015.06.21
阿凡迪 1978年作 渔夫	130cm×98cm	1,473,840	佳士得	2015.05.31
阿凡迪 1979年作 Leyak	140cm×115cm	945,180	佳士得	2015.05.31
阿凡迪 1980年作 阳光下稻耕	110cm×150cm	564,438	佳士得	2015.11.29
阿凡迪 1981年作 马都拉岛边船队	97.5cm×128.5cm	420,525	佳士得	2015.05.31
阿凡迪 1982年作 海滩	121cm×240cm	2,242,800	佳士得	2015.05.30
阿凡迪 1985年作 婆罗浮屠	94.5cm×145cm	781,807	新加坡33拍卖	2015.01.23
阿凡迪 巴隆	98.7cm×151.7cm	2,827,680	香港苏富比	2015.10.04
阿凡迪 船只	95cm×125cm	616,500	香港苏富比	2015.10.05
阿凡迪 大海	145cm×195cm	873,375	香港苏富比	2015.10.05
阿凡迪 大榕树下的市集	114cm×139cm	3,814,080	香港苏富比	2015.10.04
阿凡迪 斗鸡		907,875	香港苏富比	2015.04.05
阿凡迪 丰收	100cm×130cm	647,325	香港苏富比	2015.10.05
阿凡迪 喝甜酒	120cm×136cm	4,906,560	香港苏富比	2015.04.04
阿凡迪 卡梅尔海	56cm×71.5cm	359,625	香港苏富比	2015.10.05
阿凡迪 辣椒		958,313	香港苏富比	2015.04.05
阿凡迪 裸女	98cm×138.5cm	1,130,250	香港苏富比	2015.10.05
阿凡迪 马车		807,000	香港苏富比	2015.04.05
阿凡迪 卖猪贩		1,210,500	香港苏富比	2015.04.05
阿凡迪 太阳花		857,438	香港苏富比	2015.04.05
阿凡迪 太阳花		807,000	香港苏富比	2015.04.05
阿凡迪 摊档	46cm×60.5cm	77,063	香港苏富比	2015.10.05
阿凡迪 园中马车		605,250	香港苏富比	2015.04.05
阿凡迪 自画像		2,001,360	香港苏富比	2015.04.05
阿凡迪 自画像	120cm×97cm	4,208,640	香港苏富比	2015.10.04
阿利克斯·埃梅 琅勃拉邦的河景	59.7cm×71.4cm	153,938	佳士得	2015.11.29
阿曼德·萨达利 带一丝金色的板块，白色背景	99cm×135cm	3,163,440	香港苏富比	2015.04.04
阿莫索罗 1920年作 老妇人	51cm×40cm	600,750	佳士得	2015.05.31
阿莫索罗 1930-1940年作 树下团圆	70cm×95cm	564,438	佳士得	2015.11.29
阿莫索罗 1934年作 碧瑶市场	47.5cm×65.5cm	919,520	佳士得	2015.11.29
阿莫索罗 1935年作 日落收成	48.5cm×66.5cm	410,500	佳士得	2015.11.29
阿莫索罗 1936年作 憩息	51cm×65.4cm	993,240	佳士得	2015.05.31
阿莫索罗 1946年作 水稻收割	91cm×126cm	1,666,080	佳士得	2015.05.30
阿莫索罗 1948年作 芒果树下	71cm×94cm	461,813	佳士得	2015.11.29
阿莫索罗 1949年作 芒果树下	59cm×81cm	993,240	佳士得	2015.05.31
阿莫索罗 1952年作 男女在草垛上	51cm×61cm	600,750	佳士得	2015.05.31
阿莫索罗 村中集会	50cm×60cm	308,250	香港苏富比	2015.10.05
阿莫索罗 村庄景象	51cm×66.5cm	390,450	香港苏富比	2015.10.05
阿莫索罗 丰收		453,938	香港苏富比	2015.04.05
阿莫索罗 风景画		484,200	香港苏富比	2015.04.05
阿莫索罗 家庭聚会		453,938	香港苏富比	2015.04.05
阿莫索罗 男子与公鸡	33cm×43cm	256,875	香港苏富比	2015.10.05
阿莫索罗 溪边沐浴		322,800	香港苏富比	2015.04.05
阿莫索罗 约1920年作 农夫与公鸡及男子（共两件）	43cm×29.5cm 43.5cm×30cm	300,375	佳士得	2015.05.31
阿莫索罗·费尔南多 波淋·瓦伦丁·佛罗伦萨的肖像	102.0cm×71.5cm	151,229	日本伊斯特	2015.05.24
阿默·萨达里 1966年作 粉红抽象	80cm×60cm	410,500	佳士得	2015.11.29
阿瑞·史密特 赤红的天空	30cm×42cm	102,750	香港苏富比	2015.10.05
阿瑞·史密特 大树	47.5cm×58.5cm	82,200	香港苏富比	2015.10.05
阿瑞·史密特 峇里北部景致		201,750	香港苏富比	2015.04.05
阿瑞·史密特 峇里风光		100,875	香港苏富比	2015.04.05
阿瑞·史密特 林中三人，峇里	47cm×42cm	246,600	香港苏富比	2015.10.05
阿瑞·史密特 林中寺庙		141,225	香港苏富比	2015.04.05

拍品名称	物品尺寸	成交价RMB	拍卖公司	拍卖日期
阿瑞・史密特 庙宇	35cm×46cm	56,513	香港苏富比	2015.10.05
阿瑞・史密特 瓶花		100,875	香港苏富比	2015.04.05
阿瑞・史密特 山坡	92.5cm×95cm	585,675	香港苏富比	2015.10.05
阿瑞・史密特 爪哇男孩		110,963	香港苏富比	2015.04.05
阿图罗・卢兹 1952–1954年作 酒徒	71.5cm×87cm	3,684,600	佳士得	2015.05.30
阿图罗・卢兹 1972年作 白浮雕 #1, #2 及 #3（共三件）	120cm×360cm	350,438	佳士得	2015.05.31
阿旺・达密・阿末 1992年作 Apa Khabar Ledang（文化精华系列）	183.5cm×162cm	350,438	佳士得	2015.05.31
阿旺・达密・阿末 2011年作 Iraga Perjalanan Utara – Jejak Waktu Broken Gate II	107cm×107cm	153,938	佳士得	2015.11.29
埃尔南多・鲁伊斯・奥坎普 舞者	122.5cm×163cm	2,433,120	香港苏富比	2015.10.04
艾利・斯密特 1992年作 月夜	71.5cm×52.5cm	680,850	佳士得	2015.05.31
艾利・斯密特 寺庙	101cm×88cm	1,281,600	佳士得	2015.05.31
艾林・迪维哈坦托・苏纳里奥 在你的客厅狂欢吧 2	169cm×169cm	462,375	香港苏富比	2015.10.05
艾萨克・伊里奇・列维坦 1890年作 小河夏景	46.5cm×32.7cm	2,070,000	际华春秋	2015.05.24
艾轩 1980年代作 白河边的男孩	75.9cm×60.6cm	1,762,200	佳士得	2015.05.31
艾轩 1989年作 冰河牧马人	65cm×80cm	747,500	北京保利	2015.12.05
艾轩 1999年作 冰板	80cm×80cm	2,990,000	北京匡时	2015.06.06
艾轩 2000年作 寒寂二月	100cm×80cm	2,300,000	中国嘉德	2015.05.17
艾轩 2005年作 冬日即将过去	90.2cm×90.1cm	4,025,000	中国嘉德	2015.05.17
艾轩 2005年作 马背上的汉子	42cm×53cm	153,400	台北中诚	2015.06.14
艾轩 2007年作 荒原的黎明	110cm×110cm	5,750,000	华艺国际	2015.05.24
艾中信 天之梦	50cm×60cm	310,500	上海敬华	2015.06.30
艾珠・克里丝汀 层层超越	70cm×110cm	667,875	香港苏富比	2015.10.05
艾珠・克里丝汀 黑色 1 号	200cm×180cm	2,433,120	香港苏富比	2015.10.04
艾珠・克里丝汀 我们三个 #9		453,938	香港苏富比	2015.04.05
艾珠・克里丝汀 我需要你的手 #2		756,563	香港苏富比	2015.04.05
爱德华・德瓦恩・埃德蒙 不详 年轻布列塔尼女子	46cm×37cm	638,000	上海爱莲	2015.11.22
安德烈克・布拉吉利 2013年作 骑马溜达	130cm×162cm	1,470,000	佳士得（上海）	2015.10.24
安德烈克・布拉吉利 1980–2006年作 傍晚的水塘	113.7cm×145.4cm	1,470,000	佳士得（上海）	2015.04.25
安迪斯・巴里奥昆 追逐呐喊		353,063	香港苏富比	2015.04.05
安东尼奥・布兰柯 印度尼西亚女子像	23cm×17cm	61,650	香港苏富比	2015.10.05
安东尼奥・布兰科 巴利女子和玻璃瓶	67.5cm×78cm	968,780	佳士得	2015.11.29
安格百迪 1940年作 吊床上的妇女	189cm×180cm	2,101,760	佳士得	2015.11.29
安格百迪 1942年作 马背上的阿利克斯・埃梅	50.2cm×65.4cm	153,938	佳士得	2015.11.29
安静 2014年作 夏至–绣妹	150cm×120cm	322,000	北京保利	2015.06.04
安纳克・阿贡・格德・索布拉特 舞蹈者和印度尼西亚乐团	100cm×108cm	400,500	佳士得	2015.05.31
安妮塔・马赛赛・何 水果贩	61cm×77cm	2,630,400	香港苏富比	2015.10.05
安妮塔・马赛赛・何 水果小贩		1,807,680	香港苏富比	2015.04.05
安妮塔・马赛赛・何 1977年作 采摘一品红	65cm×91cm	2,915,640	佳士得	2015.05.31
安谈・威华索 我的路没有界限	145cm×200cm	41,100	香港苏富比	2015.10.05
安田悠 2015年作 透	194cm×130.3cm	110,963	香港苏富比	2015.04.05
巴勃罗・毕加索 Painted on 25 July 1969 Homme à l'épée	145.6cm×114.3cm	143,287,750	纽约佳士得	2015.11.09
巴布罗・毕卡索 1969年6月22日作 男人头像	31cm×22cm	2,310,000	佳士得（上海）	2015.04.25
巴德利亚斯基 1971年作 风景	51cm×70cm	575,000	际华春秋	2015.05.24
巴苏基・阿卜杜拉 1993年作 夜光曲	126cm×190cm	547,266	新加坡33拍卖	2015.01.23
巴索奇・阿都拉 海洋		131,138	香港苏富比	2015.04.05
白发一雄 1961年作 T53	130cm×97.2cm	9,436,560	香港苏富比	2015.10.04
白发一雄 1963年作 无题	131cm×162.5cm	8,682,840	佳士得	2015.05.30
白发一雄 1965年作 无题	31.9cm×41.1cm	1,678,560	佳士得	2015.03.15
白发一雄 1968年作 庆长十九年（大阪冬之阵）	173.5cm×366cm	9,163,440	佳士得	2015.05.30
白发一雄 1969年作	41cm×32cm	873,375	香港苏富比	2015.10.05
白发一雄 1974年作 达陀之火	97cm×130.3cm.	5,688,240	香港苏富比	2015.10.05
白发一雄 1974年作 作品C	14.9cm×10.2cm.	174,675	香港苏富比	2015.10.05
白发一雄 1975年作 Tenjnkai	116.5cm×91cm	6,760,440	佳士得	2015.05.30
白发一雄 1977年作 十万八千本护摩行	130cm×162.3cm	19,432,560	香港苏富比	2015.04.04
白发一雄 1986年作 蓝(青)漠	91cm×68cm.	3,222,240	香港苏富比	2015.10.05
白发一雄 1992年作 宝鸡	161.7cm×128.2cm	8,682,840	佳士得	2015.05.30
白发一雄 1992年作 山秋	54.5cm×55cm	484,200	佳士得	2015.03.15
白发一雄 1999年作 秘火	185cm×262.5cm	15,236,160	保利香港	2015.04.06
白发一雄 某个片段	33.5cm×24.3cm	406,427	日本伊斯特	2015.05.24
白发一雄 约1970年作 崇轮	24.5cm×33.4cm.	616,500	香港苏富比	2015.10.05
薄云 2006年作 渴望阳光	Each 170cm×70cm 170cm×210cm	102,750	邦瀚斯	2015.10.03
保罗・高更 Painted in Tahiti, 1891 Jeune homme à la fleur	45.4cm×33.5cm	86,391,750	纽约佳士得	2015.11.09
保罗・詹金斯 西方绿蓝现象	150.0cm×290.0cm	472,590	日本伊斯特	2015.05.24
鲍尔・马丁尼斯 10000年问题	213.5cm×182.5cm	30,825	香港苏富比	2015.10.05
贝尔纳・布菲 1966年作 小丑乔乔	65.7cm×49.8cm	1,830,000	佳士得（上海）	2015.04.25
贝尔纳・布菲 1954年作 水果盆与瓶花	73.2cm×60.5cm	810,000	佳士得（上海）	2015.10.24
贝斯塔・贝斯特黎萨 2015年作 小花不担心		205,250	佳士得	2015.11.29
彼得・吉莫非耶维奇・珐明 1950年作 创作草稿	53.5cm×35cm	1,035,000	际华春秋	2015.05.24
彼得・吉莫非耶维奇・珐明 1956年作 风景	38cm×82.5cm	920,000	际华春秋	2015.05.24
彼得・吉莫非耶维奇・珐明 1971年作 村庄夜晚	35cm×42cm	575,000	际华春秋	2015.05.24
彼得・吉莫非耶维奇・珐明 1977年作 风景	35cm×42cm	517,500	际华春秋	2015.05.24
碧娜里・桑比塔 女性身材	55.5cm×48cm	15,413	香港苏富比	2015.10.05
博波・伊斯康达 白猫	83cm×112cm	41,100	香港苏富比	2015.10.05
卜镝 2014年作 秘色	直径180cm	276,000	中国嘉德	2015.05.17
布迪・库斯塔图 力量（丁字裤系列）	98cm×175cm	82,200	香港苏富比	2015.10.05
布莱恩・宇兴 奖赏之园	123cm×84cm	1,233,000	香港苏富比	2015.10.05
布特・莫达 1969年作 五女子	100cm×100cm	307,875	佳士得	2015.11.29
蔡国强 1983年作 伊犁姑娘	30cm×32cm	205,250	佳士得	2015.11.29
蔡国强 1984年作 未婚妻肖像	89cm×65cm	328,400	佳士得	2015.11.29
蔡国强 1987年作 长城黄昏	24cm×27cm	153,938	佳士得	2015.11.29
蔡豪杰 2010年作 雪后	64cm×84cm	115,000	北京翰海	2015.06.26
蔡吉民 2009年作 田园牧歌	60cm×60cm	172,500	北京翰海	2015.06.26
蔡杰 2014年作 拿海螺的小女孩	60cm×40cm	115,000	北京华辰	2015.05.15
蔡锦 1992年作 美人蕉之八	119.5cm×110cm	368,000	中国嘉德	2015.11.14
蔡锦 美人蕉245号	81cm×66cm.	51,375	香港苏富比	2015.10.05
蔡錦 1995年作 美人蕉 编号0025	79cm×79.5cm	100,000	佳士得（上海）	2015.04.25
蔡景东 2014年作 镜真	120cm×60cm	184,000	北京保利	2015.12.05
蔡亮 少年	17cm×28cm	115,000	天津同方	2015.11.21
蔡名智 1976年作 新加坡牛车水	61cm×98cm	153,205	新加坡33拍卖	2015.06.21
蔡名智 1983年作 新加坡河	61cm×91.5cm	268,047	新加坡33拍卖	2015.01.23
蔡名智 2014年作 劳作与闲聊	61cm×91.5cm	212,205	新加坡33拍卖	2015.01.23
苍鑫 暗意识系列二	直径65cm	126,500	上海敬华	2015.06.30
曹辉 2015年作 瑞现	50cm×60cm	138,000	西泠拍卖	2015.07.04
曹辉 蜜桔	48cm×63cm	207,000	北京保利	2015.12.05
曹俊 2013年作 空间二号---溶	91cm×95cm	1,564,000	北京匡时	2015.06.06

拍品名称	物品尺寸	成交价RMB	拍卖公司	拍卖日期
曹俊 2013年作 空间一号---融	87cm×160cm	1,564,000	北京匡时	2015.06.06
曹俊 2013年作 空间直线---汇	85cm×105cm	1,759,500	北京匡时	2015.06.06
曹力 1991年作 大气污染	35cm×37.7cm	143,750	北京诚轩	2015.05.17
曹力 1992年作 憧憬	50cm×60.5cm	161,000	中国嘉德	2015.05.17
曹力 1993年作 明媚的早晨	60.5cm×70.2cm	172,500	中国嘉德	2015.05.17
曹力 1999年作 原野	45cm×40.1cm	230,000	中国嘉德	2015.11.14
曹力 2000年作 平凡生活	115cm×100cm	552,000	中国嘉德	2015.11.14
曹力 2003年作 逆光	140cm×110cm	1,552,500	上海明轩	2015.06.21
曹力 2004年作 粉色晨风	40.1cm×50.2cm	138,000	中国嘉德	2015.11.14
曹力 2004年作 牧歌	39.5cm×50cm	195,500	中国嘉德	2015.05.17
曹力 2006年作 红野碧空	直径50.7cm 直径60.8cm	322,000	上海明轩	2015.06.21
曹力 2008年作 日·月	100cm×120cm	805,000	北京保利	2015.06.03
曹力 2009年作 精灵的舞蹈	50cm×60cm	195,500	西泠拍卖	2015.07.04
曹力 龙马系列之一	90cm×140cm	690,000	北京翰海	2015.06.26
曹力 五彩原野	60cm×73.5cm	207,000	西泠拍卖	2015.07.04
曹卫国 鹤	115cm×45cm	32,200	四川翰雅	2015.10.15
曹卫国 石头游戏	120cm×180cm	69,000	四川翰雅	2015.10.15
曹卫国 幸福像花儿一样	60cm×80cm	17,250	四川翰雅	2015.10.15
曹涌 1987年作 现代悲剧的图式之二	129cm×182cm	2,530,000	北京翰海	2015.11.27
曹涌 1993年作 大围棋—现代病毒	126cm×156cm	575,000	北京翰海	2015.06.26
曹宗田 2009年作 蝶恋花	120cm×80cm	115,000	北京保利	2015.01.24
草间弥生 1960年作 No. Red B	175.5cm×132.8cm	44,815,440	香港苏富比	2015.10.04
草间弥生 1970年作 无题	53cm×45.5cm	750,938	佳士得	2015.05.31
草间弥生 1970年作 无题	60.3cm×50.6cm.	1,027,500	香港苏富比	2015.10.05
草间弥生 1983年作 有南瓜的静物	50cm×60.6cm	2,691,345	中国嘉德	2015.04.06
草间弥生 1984年作 帽子	45.7cm×53cm	1,008,750	香港苏富比	2015.04.05
草间弥生 1987年作 水色的网	45.5cm×38cm	1,116,560	佳士得	2015.11.29
草间弥生 1988年作 水玉	53cm×45.5cm	1,109,625	香港苏富比	2015.04.05
草间弥生 1989年作 绿发	45.2cm×38cm	1,066,956	保利香港	2015.10.05
草间弥生 1989年作 南瓜	52cm×46cm	1,714,068	保利香港	2015.04.06
草间弥生 1989年作 南瓜	45.7cm×38.2cm.	1,939,920	香港苏富比	2015.10.05
草间弥生 1989年作 星云	65cm×53cm	990,000	佳士得（上海）	2015.04.25
草间弥生 1989年作 野末	38cm×45.5cm	1,987,680	罗芙奥	2015.06.07
草间弥生 1989年作 永恒之夏	38cm×45.5cm	1,260,948	保利香港	2015.10.05
草间弥生 1990年作 大河	91cm×73cm	1,707,680	佳士得	2015.11.29
草间弥生 1990年作 南瓜	53.6cm×65cm	2,715,888	保利香港	2015.10.05
草间弥生 1991年作 南瓜	38.2cm×45.5cm	1,710,840	香港苏富比	2015.04.05
草间弥生 1991年作 南瓜	14cm×18cm	513,125	佳士得	2015.11.29
草间弥生 1991年作 柠檬水	91cm×72.7cm	3,421,680	佳士得	2015.03.15
草间弥生 1992年作 南瓜	60.6cm×72.7cm	3,776,600	佳士得	2015.11.29
草间弥生 1995年作 无限星网	290.5cm×520.4cm	5,874,960	香港苏富比	2015.04.04
草间弥生 1996年作 红南瓜	14.2cm×18cm	375,000	佳士得（上海）	2015.04.25
草间弥生 1997年作 油画19号	65.3cm×53cm	1,315,200	邦瀚斯	2015.10.03
草间弥生 1999年作 南瓜	22.4cm×27.5cm.	770,625	香港苏富比	2015.10.05
草间弥生 1999年作 圆点的积累 绿之季节 圆点的积累 及夕照（共四件）	91cm×290.8cm	5,237,430	保利香港	2015.04.06
草间弥生 2004年作 无限网（2BD）	116.7cm×91cm	1,807,680	香港苏富比	2015.04.05
草间弥生 2005年作 Mt.FUJI (QPWE)	91cm×116.7cm	5,168,700	景薰楼	2015.06.21
草间弥生 2005年作 绿色南瓜 [TOWHT]	45.5cm×53cm	1,954,440	佳士得	2015.05.31
草间弥生 2006年作 无限水玉 HOWE	44.9cm×38.2cm	462,375	香港苏富比	2015.10.05
草间弥生 2012年作 南瓜AA	145.5cm×145.5cm	8,973,840	香港苏富比	2015.04.04
草间弥生 南瓜	15.8cm×22.7cm	472,590	日本伊斯特	2015.05.24

拍品名称	物品尺寸	成交价RMB	拍卖公司	拍卖日期
草间弥生 无限的网	116.7cm×91.0cm	1,701,324	日本伊斯特	2015.05.24
草间弥生 无限的网	15.7cm×22.7cm	245,747	日本伊斯特	2015.05.24
草间弥生 圆点的胁迫 A	27.3cm×22.0cm	264,650	日本伊斯特	2015.05.24
查克·克劳斯 Painted in 2007 Self－Portrait	182.9cm×152.4cm	15,271,750	纽约佳士得	2015.11.09
柴小刚 1985年作 分歧点的原型	55.8cm×40.5cm	345,000	北京保利	2015.06.04
柴小刚 2013年作 逃跑	80cm×100cm	632,500	北京保利	2015.06.04
常青 1998年作 果物物语	105cm×84cm	368,000	北京保利	2015.06.04
常书鸿 1942年作 静物·鸡	85.5cm×105.3cm	6,325,000	中国嘉德	2015.11.14
常书鸿 1973年作 黄河鱼	60cm×80cm	920,000	中国嘉德	2015.11.14
常书鸿 1989年作 从协和医院病房眺望	54cm×45cm	571,356	保利香港	2015.04.06
常书鸿 1990年作 敦煌莫高窟庙会	85cm×100cm	1,840,000	北京保利	2015.06.03
常书鸿 李承仙 1993年作 敦煌春天	200cm×400cm	4,600,000	北京保利	2015.06.03
常玉 1929年作 蔷薇花束	73cm×50cm	48,498,000	保利香港	2015.10.05
常玉 1930年代作 镜前母与子	55cm×46cm	11,500,000	北京保利	2015.12.05
常玉 1940年作 斑马之恋	72.5cm×92cm	19,832,760	佳士得	2015.05.30
常玉 1950年作 蓝色辰星（菊花与玻璃瓶）	75cm×92cm	65,585,880	佳士得	2015.05.30
常玉 约1960年代作 鱼	23cm×35.5cm	5,100,240	香港苏富比	2015.04.04
朝戈 1995年作 秋之阴山	90cm×120cm	402,500	中国嘉德	2015.11.14
朝戈 1997年作 青年肖像	80cm×65cm	402,500	中国嘉德	2015.05.17
朝戈 2006年作 暮	60cm×120cm	517,500	北京翰海	2015.06.26
朝戈 2008年作 虹	25cm×100cm	345,000	北京翰海	2015.11.27
朝戈 2012年作 秋雾	26cm×102cm	345,000	北京华辰	2015.05.15
车建全 2007年作 犹在镜中	230cm×180cm	575,000	华艺国际	2015.05.24
陈安健 2013年作 灌饱	41cm×51cm	184,000	中国嘉德	2015.11.14
陈承卫 2009年作 夜深了	120cm×160cm	402,500	北京保利	2015.06.04
陈承卫 2013年作 大民国系列---秋望	140cm×190cm	920,000	北京匡时	2015.12.04
陈承卫 2014年作 大民国·白玫瑰	160cm×170cm	1,380,000	中国嘉德	2015.05.17
陈承卫 2014年作 大民国·流风回雪	95cm×190cm	943,000	北京匡时	2015.06.06
陈澄波 1928年作 西湖泛舟	80.5cm×130cm	9,929,760	香港苏富比	2015.10.04
陈楚智 1978年作 牛车水 史密斯街	56cm×74cm	120,376	新加坡33拍卖	2015.06.21
陈丹青 1979年作 藏族少女白珍	62cm×41.5cm	1,725,000	北京保利	2015.12.05
陈丹青 1983年作 康巴汉子	100.5cm×75.5cm	4,830,000	中国嘉德	2015.05.17
陈丹青 1999年 书里乾坤	75cm×105cm	920,000	上海明轩	2015.06.21
陈丹青 2014年作 被瓦解的卡拉瓦乔之二	101cm×152cm 101cm×76cm	1,710,000	佳士得（上海）	2015.04.25
陈道明 1994年作 无题	38.5cm×53.5cm	61,650	邦瀚斯	2015.10.03
陈德旺 观音山远眺	52cm×64cm	1,111,100	景薰楼	2015.06.21
陈二夫 2013年作 田园春色	100cm×80cm	212,400	台北中诚	2015.06.14
陈飞 2010年作 坏叔叔—献给安东尼奥尼·米开朗基罗	200cm×150cm	650,813	佳士得	2015.05.31
陈飞 2010年作 夏至	30cm×40.2cm.	82,200	香港苏富比	2015.10.05
陈飞 2010年作 只有傻瓜才悲伤	180cm×130cm	632,500	北京保利	2015.06.03
陈飞 2011年作 小清凉	40cm×30cm	187,500	佳士得（上海）	2015.04.25
陈飞 2012年作 仲夏夜	120cm×200cm	630,474	保利香港	2015.10.05
陈建刚 四度空间002	120cm×170cm	201,600	上海宏大	2015.10.17
陈建钢 喜鹊	120cm×60cm	47,040	上海宏大	2015.10.17
陈景容 1990年作 欧小姐	100cm×80cm	135,800	景薰楼	2015.06.21
陈景容 1993年作 桔梗花	72.5cm×60.5cm	148,100	景薰楼	2015.06.21
陈均德 1991年作 森林	69cm×79cm	207,921	新加坡33拍卖	2015.06.21
陈钧德 1991年作 老茶馆	70cm×60cm	313,600	北京荣宝	2015.06.21
陈钧德 2001年作 欧游小记	60cm×50cm	207,000	西泠拍卖	2015.07.04
陈钧德 2001年作 瓶花	79.5cm×79.5cm	287,500	上海泛华	2015.06.19
陈钧德 2006年作 新加坡总理大楼	68cm×87cm	690,000	西泠拍卖	2015.07.04

(成交价RMB：15万元以上)

拍品名称	物品尺寸	成交价RMB	拍卖公司	拍卖日期
陈钧德 女人体	75cm×100cm	345,000	上海泛华	2015.06.19
陈可 2005年作 爱火	220cm×80cm	453,938	佳士得	2015.03.15
陈可 2005年作 滴答	100.1cm×100.2cm.	308,250	香港苏富比	2015.10.05
陈可 2005年作 一条名叫X的狗之一	50cm×50cm	242,100	香港苏富比	2015.04.05
陈可 2005年作 九层塔	200cm×200cm	575,000	北京保利	2015.12.05
陈可 2007年作 六层塔	215cm×215cm	1,035,000	北京保利	2015.06.03
陈可 2009年作 某月某日，阴转晴	50.1cm×50.1cm.	174,675	香港苏富比	2015.10.05
陈李 2010年作 来访者	110cm×140cm	184,000	北京匡时	2015.06.06
陈留厚 船只	79.5cm×99.5cm	41,100	香港苏富比	2015.10.05
陈流 2007年作 天空界对打系列之双刀与双锤	140cm×200cm	133,320	罗芙奥	2015.06.07
陈流 2008年作 新天空界之天神下凡	200cm×140cm	121,200	罗芙奥	2015.06.07
陈流 2011年作 油彩 画布	100cm×200cm	164,148	新加坡33拍卖	2015.06.21
陈平禄 1933年作 河内端口日落	75cm×50cm	380,475	佳士得	2015.05.31
陈墙 1997年作 1997 4 1	119.1cm×179cm.	30,825	香港苏富比	2015.10.05
陈瑞献 1993年作 熊猫	136cm×67cm	1,264,340	佳士得	2015.11.29
陈树中 2010年作 野草滩·春花烂漫	60.2cm×180cm	330,400	苏富比（北京）	2015.06.02
陈滔 2014年作 苗族系列之一	90cm×60cm	402,500	北京保利	2015.01.24
陈文波 1993年作 王牌	170cm×160cm	805,000	北京翰海	2015.11.27
陈文波 2001年作 One Date 1号，九月九号	215cm×300cm	133,575	香港苏富比	2015.10.05
陈文波 2002年作 乐堂支路	215cm×280cm	161,400	香港苏富比	2015.04.05
陈文骥 2009年作 满意	197.3cm×351.5cm	1,180,000	苏富比（北京）	2015.06.02
陈文骥 2001～2003年作 是·还是	100cm×100cm×2	632,500	上海泛华	2015.06.19
陈文骥 2006年作 一角（二联画）	直径100cm×2	897,000	北京诚轩	2015.05.17
陈文骥 2009年作 黑白换（两联作）	120cm×240cm×2	1,725,000	中国嘉德	2015.11.14
陈文骥 2009年作 横竖	100cm×100cm×2	713,000	北京保利	2015.06.03
陈文骥 2009年作 涵·九识之一	114.5cm×200cm	517,500	北京保利	2015.12.05
陈文骥 2011年作 关于	30cm×300cm	448,500	北京保利	2015.06.03
陈文希 1950年作 渔村	61cm×76cm	718,375	佳士得	2015.11.29
陈文希 1951年作 无题	61cm×76cm	1,047,486	保利香港	2015.04.06
陈文希 60–70年代作 海宫	80cm×100cm	4,170,680	佳士得	2015.11.29
陈文希 村庄	51cm×60.5cm	904,200	香港苏富比	2015.10.05
陈文希 荷花与小鸟		453,938	香港苏富比	2015.04.05
陈文希 静物	40cm×47cm	945,180	佳士得	2015.05.31
陈文希 码头		605,250	香港苏富比	2015.04.05
陈文希 母与子	60.5cm×76cm	2,969,760	香港苏富比	2015.04.04
陈文希 排序一天的渔获	49cm×59cm	930,175	新加坡33拍卖	2015.06.21
陈晓云 2011年作 空间的业余形式如同把潜意识胡乱塞进秋天里	152cm×152cm	106,250	佳士得（上海）	2015.10.24
陈衍宁 1971年作 乐章	53cm×65cm	172,500	北京翰海	2015.11.27
陈衍宁 1987年作 纳凉	59.5cm×74.5cm	180,225	佳士得	2015.05.31
陈衍宁 2008年作 窗口	48.5cm×38.5cm	368,000	西泠拍卖	2015.07.04
陈衍宁 2008年作 红巾	60cm×43.5cm	368,000	西泠拍卖	2015.07.04
陈衍宁 榕树下的小女孩	99cm×74cm	345,000	北京保利	2015.06.04
陈逸飞 1983年作 捕虾人	100cm×140cm	2,990,000	北京匡时	2015.06.06
陈逸飞 1984年作 童年嬉戏过的地方	91.5cm×152.5cm.	3,518,160	香港苏富比	2015.10.05
陈逸飞 1988年作 黄昏中的圣马力诺教堂	56cm×76cm	2,530,000	北京保利	2015.06.03
陈逸飞 1989年作年轻人才	61cm×51cm.	4,208,640	香港苏富比	2015.10.05
陈逸飞 1990年作 排练	76.5cm×81.5cm	5,462,500	北京保利	2015.12.05
陈逸飞 姑苏春晓	60cm×80cm	581,976	保利香港	2015.10.05
陈逸飞 深闺	120cm×150cm	4,830,000	西泠拍卖	2015.07.04
陈逸飞 小瞿	152cm×157cm	2,530,000	西泠拍卖	2015.07.04

拍品名称	物品尺寸	成交价RMB	拍卖公司	拍卖日期
陈荫罴 1950年作 男孩肖像	46cm×35.5cm	105,732	罗芙奥	2015.05.31
陈荫罴 1913～1995 红色意象	134.5cm×133.5cm	2,222,200	景薰楼	2015.06.21
陈荫罴 1950–1960年作 流金岁月	61cm×46cm	285,678	保利香港	2015.04.06
陈荫罴 1950–1960年作 万像	96.5cm×61cm	476,130	保利香港	2015.04.06
陈荫罴 1950–1960年作 心印	127cm×53cm	904,647	保利香港	2015.04.06
陈荫罴 1950–1960年作 雅各躲避拉班	30cm×40cm	190,452	保利香港	2015.04.06
陈荫罴 1950–1960年作 原色漩涡	61cm×51cm	285,678	保利香港	2015.04.06
陈荫罴 1960–1970年作 浮石	91cm×61cm	436,482	保利香港	2015.10.05
陈荫罴 1960–1970年作 字形记载	127cm×82.5cm	727,470	保利香港	2015.10.05
陈荫罴 1960年代作 金石变相II	96.5cm×61cm	436,482	保利香港	2015.10.05
陈荫罴 1960年代作 字形之变VII	90cm×61cm	436,482	保利香港	2015.10.05
陈荫罴 1965年作 江畔渔村	49.7cm×60.5cm	141,225	香港苏富比	2015.04.05
陈荫罴 1970–1980年作 花园之光	234cm×173cm	3,394,860	保利香港	2015.10.05
陈荫罴 1970–1980年作 桃花源	57cm×72cm	361,859	保利香港	2015.04.06
陈荫罴 1975年作 无题	62cm×76cm	368,585	保利香港	2015.10.05
陈荫罴 1980年代作 出航	70cm×121cm	436,482	保利香港	2015.10.05
陈荫罴 20世纪70年代作 笔阵II	119cm×50.5cm	504,379	保利香港	2015.10.05
陈荫罴 20世纪70年代作 浮光	176cm×128cm	1,809,294	保利香港	2015.04.06
陈荫罴 20世纪70年代作 灵动	101.5cm×68.5cm	380,904	保利香港	2015.04.06
陈荫罴 20世纪70年代作 灵飞	124cm×128cm	1,428,390	保利香港	2015.04.06
陈荫罴 20世纪70年代作 摩崖	73cm×59cm	304,723	保利香港	2015.04.06
陈荫罴 20世纪70年代作 无题	132cm×94cm	775,968	保利香港	2015.10.05
陈荫罴 20世纪70年代作 印象组合	118cm×88cm	824,466	保利香港	2015.10.05
陈荫罴 20世纪70年代作 字形之变IV	132cm×124cm	1,648,932	保利香港	2015.10.05
陈荫罴 c.1970–1980s年作 抽象	135cm×119cm	1,333,200	罗芙奥	2015.06.07
陈荫罴 抽象	68cm×58.5cm	180,225	佳士得	2015.05.31
陈荫罴 抽象	100.8cm×55.3cm.	462,375	香港苏富比	2015.10.05
陈荫罴 律动结构	122cm×90cm	630,474	保利香港	2015.10.05
陈荫罴 栖息	71cm×56cm	121,050	香港苏富比	2015.04.05
陈荫罴 青铜之歌	122cm×101cm	713,000	北京保利	2015.12.05
陈荫罴 色彩之舞	123cm×91cm	809,421	保利香港	2015.04.06
陈荫罴 无题	123cm×96cm	714,195	保利香港	2015.04.06
陈荫罴 无题	92cm×61cm	457,085	保利香港	2015.04.06
陈荫罴 无题	91cm×61cm	380,904	保利香港	2015.04.06
陈荫罴 无题	66cm×52cm	266,633	保利香港	2015.04.06
陈荫罴 无题	56cm×40cm	228,542	保利香港	2015.04.06
陈荫罴 无题	126.3cm×182cm	2,070,000	北京保利	2015.06.03
陈荫罴 无题	132cm×68cm	552,000	北京保利	2015.06.03
陈荫罴 无题	70.5cm×56cm	368,000	北京保利	2015.06.03
陈荫罴 无题	71cm×56cm	310,500	北京保利	2015.06.03
陈荫罴 约1950–1960年代作 笔阵IV	61cm×46cm	172,500	北京保利	2015.12.05
陈荫罴 约1950年代作 无尽藏I	76cm×61cm	322,000	北京保利	2015.12.05
陈荫罴 约1960年代早期作 续—圆真竹简	92cm×86cm	678,972	保利香港	2015.10.05
陈荫罴 约1960年代作 能	77cm×56cm	218,500	北京保利	2015.12.05
陈荫罴 约1960年代作 正方色块	101.1cm×66cm	480,600	佳士得	2015.05.31
陈荫罴 约1960年作 浮文	76.5cm×56cm	345,000	北京保利	2015.06.03
陈荫罴 约1960年作 画中书I	122cm×91cm	598,000	北京保利	2015.06.03
陈荫罴 约1960年作 无尽藏III	120cm×76cm	460,000	北京保利	2015.12.05
陈荫罴 约1970–1980年代作 连结	171cm×176cm	1,897,500	北京保利	2015.12.05
陈荫罴 约1970年作 结构II	127cm×125cm	1,104,000	北京保利	2015.06.03
陈荫罴 约1970年作 轻快的乐章	109cm×102cm	598,000	北京保利	2015.06.03
陈荫罴 约1970年作 识语联之蜕变	122cm×91.5cm	513,750	邦瀚斯	2015.10.03
陈荫罴 约1970年作 书法变奏系列	133.5cm×181cm.	1,233,000	香港苏富比	2015.10.05
陈荫罴 约1980年作 香港维多利亚港	56cm×69cm.	102,750	香港苏富比	2015.10.05

拍品名称	物品尺寸	成交价RMB	拍卖公司	拍卖日期
陈荫罴 约20世纪40年代作 人力车；导盲犬（两件）	A:46cm×36cm B:40.5cm×30.5cm	51,375	香港苏富比	2015.10.05
陈荫罴 约20世纪70年代作 海港	61cm×121.6cm	120,150	佳士得	2015.05.31
陈荫罴 约20世纪70年代作 书法-白	68cm×69cm	300,375	佳士得	2015.05.31
陈荫罴 约20世纪70年代作 舞蹈书法	100.5cm×70cm	220,275	佳士得	2015.05.31
陈荫罴 约20世纪70年代作 香港人	95.4cm×85cm	120,150	佳士得	2015.05.31
陈荫罴 约20世纪70年代作 印象中国	120cm×91cm.	205,500	香港苏富比	2015.10.05
陈荫罴 约20世纪70年代作 渔港	76cm×61cm.	102,750	香港苏富比	2015.10.05
陈荫罴 转型	91cm×60cm	436,482	保利香港	2015.10.05
陈银辉 1998年作 艳阳高照	80cm×100cm	234,600	景薰楼	2015.06.21
陈余 2015年作 无题	130cm×100cm	115,000	北京匡时	2015.06.06
陈彧凡 2013-2014年作 衍生物	直径165cm	184,000	北京保利	2015.12.05
陈彧凡 2013年作 化一	124cm×124cm	96,996	中国嘉德	2015.10.06
陈彧凡 2014年作 真实的假像	直径170cm	218,500	北京保利	2015.06.03
陈彧君 2008年作 亚洲地境	130cm×100cm	172,500	北京保利	2015.06.03
陈彧君 2008年作 亚洲地境——1.3平方米	130cm×100cm	126,500	西泠拍卖	2015.07.04
陈彧君 2009年作 亚洲地境－5.2平方米No.20090919	200cm×260cm 30cm×20.4cm	350,000	佳士得（上海）	2015.04.25
陈彧君 2009年作 亚洲地境－6平方米 No.20091218	200cm×300cm	237,500	佳士得（上海）	2015.10.24
陈彧君 2010年作 亚洲地境－5.2平方米 No. 20100415（两张一组）	（i）30cm×40 cm （ii）200cm×260 cm	302,625	香港苏富比	2015.04.05
陈彧君 2010年作 亚洲地境－6平方米 No.20101201	200cm×300cm	300,375	佳士得	2015.05.31
陈彧君 2010年作 亚洲地图1平米	100cm×100cm	106,696	保利香港	2015.10.05
陈彧君 2011年作 临时家庭：No.20110913	200cm×300cm	368,000	中国嘉德	2015.05.17
陈彧君 2011年作 亚洲地境6平方米	200cm×300cm	425,500	北京保利	2015.06.03
陈彧君 2012-2013年作 临时家庭 NO.12130311	200cm×300cm	193,992	中国嘉德	2015.10.06
陈彧君 2012年作 临时家庭 No. 121209	200cm×300cm	266,825	佳士得	2015.11.29
陈彧君 2013年作 临时家庭 No. 130719 (两张一组)	largecanvas: 200cm×300cm. 78¾×118⅛in. smallcanvas: 30cm×40cm.	267,150	香港苏富比	2015.10.05
陈彧君 2013年作 临时家庭——会客厅	150cm×180cm	207,000	上海明轩	2015.06.21
陈彧君 2013年作 临时家庭 No.130406	180cm×260cm 30cm×20cm	287,500	北京保利	2015.12.05
陈彧君 2014年作 502房间-窗台	230cm×160cm	230,000	北京保利	2015.06.04
陈正雄 1994年作 红林系列之五	97cm×145.5cm	1,380,000	朵云轩	2015.06.19
陈正雄 2006年作 丰硕系列之二	89.5cm×130cm	1,150,000	朵云轩	2015.06.19
晨晓 2014年作 彩色树林（4）	80cm×100cm	310,500	中国嘉德	2015.05.17
谌北新 1999年作 Autumn	76.4cm×101.5cm	345,000	北京翰海	2015.06.26
成力 1981年作 向无望的时代作不屈的斗争	76cm×97cm	230,000	北京翰海	2015.06.26
成力 1999年作 叫喊	200cm×150cm	575,000	北京翰海	2015.11.27
成太鎮 2014～2015年作 Is my love coming	120cm×200cm	120,150	佳士得	2015.05.31
成太鎮 2015年作 金刚山UFO	179.7cm×122.1cm	112,888	佳士得	2015.11.29
程丛林 2003年作 风景	46cm×63cm	218,500	西泠拍卖	2015.07.04
程丛林 2005年作 静物	35cm×50cm	149,500	北京翰海	2015.06.26
迟群 2014年作 无彩－8	120cm×80cm	129,800	苏富比（北京）	2015.06.02
迟群 2014年作 向中间一黄绿	150cm×100cm	138,000	北京保利	2015.06.03
川井德宽 2015年作 Animal Whisperer	117cm×117cm	205,250	佳士得	2015.11.29
崔令杰 2015年作 Blossom of Moonlight II	114cm×180cm	174,463	佳士得	2015.11.29
崔令杰 2015年作 春色绽放	177cm×107cm	205,250	佳士得	2015.11.29

拍品名称	物品尺寸	成交价RMB	拍卖公司	拍卖日期
崔小冬 2008年作 冬至	160cm×136cm	10,120,000	山东春秋	2015.04.26
村上隆 2011年作 命运无法躲避，我唯以笑对之	146.9cm×120cm	7,705,000	北京保利	2015.06.03
大庭大介 2008年作 光谱	180.5cm×180.5cm.	195,225	香港苏富比	2015.10.05
大岩幸男 2015年作 彩色的实验室	111cm×227.3cm	225,775	佳士得	2015.11.29
大岩幸男 2015年作 迷失在夜间	137.8cm×177.8cm	160,200	佳士得	2015.05.31
戴平均 2012年作 脚步声	105cm×70cm	184,000	北京保利	2015.06.04
戴平均 2014年作 苗族女孩	100cm×130cm	172,500	北京华辰	2015.05.15
嶋本昭三 1998年作 无题	127.5cm×229cm	4,906,560	香港苏富比	2015.04.04
嶋本昭三 2008年作 Magi 932	160cm×130cm.	1,438,500	香港苏富比	2015.10.05
嶋本昭三 2010年作 无题	144.5cm×142.5cm	2,338,920	佳士得	2015.05.30
嶋本昭三 2010年作 无题	142.9cm×123cm	564,438	佳士得	2015.11.29
邓邦镇 1973年作 新路	138cm×192cm	460,000	北京保利	2015.06.04
邓春和 梅花与白猫	70cm×90cm	49,320	香港苏富比	2015.10.05
邓尔昌 1997年作 连神感到的美丽	163cm×130cm	328,400	佳士得	2015.11.29
邓箭今 1993年作 同室青年	142cm×156cm	701,500	北京翰海	2015.06.26
邓箭今 1993年作 逍遥	190cm×160cm	517,500	北京翰海	2015.11.27
邓箭今 1994年作 都市民谣	160cm×170cm	1,840,000	上海明轩	2015.06.21
邓箭今 2013年作 阴郁的诗人	60cm×50cm	138,000	华艺国际	2015.05.24
邓木奎 1967年作 市场现场	64cm×104cm	431,025	佳士得	2015.11.29
邓木奎 1980年作 海源	100cm×102cm	246,300	佳士得	2015.11.29
刁德谦 1992年作 巴奈特·纽曼：绘画	152.5cm×229cm	484,980	保利香港	2015.10.05
丁方 1988年作 城堡	60cm×60cm	126,500	北京保利	2015.12.05
丁方 1993年作 悼歌（两联）	200cm×170cm×2	11,500,000	中国嘉德	2015.11.14
丁方 2007年作 城	50cm×60cm	112,000	北京荣宝	2015.06.21
丁雄泉 1959年作 无题	139.5cm×125cm	613,600	苏富比（北京）	2015.06.02
丁雄泉 1958年作 红色巨龙	221cm×134.6cm	307,875	佳士得	2015.11.29
丁雄泉 1959-1960年作 抽象	181.61cm×240cm	769,688	佳士得	2015.11.29
丁雄泉 1961年作 连根拔起的动力	116cm×89.2cm	469,100	景薰楼	2015.06.21
丁雄泉 1961年作 太阳	190cm×205cm	282,450	香港苏富比	2015.04.05
丁雄泉 1966-1968年作 多么灿烂的阳光	144.1cm×177.2cm	945,180	佳士得	2015.05.31
丁雄泉 1966年作 新鲜的玫瑰	33cm×59cm	171,488	佳士得	2015.03.15
丁雄泉 1966年作 这是我的领地，这是你的领地	96.5cm×132.1cm	287,350	佳士得	2015.11.29
丁雄泉 1971年作 71年夏日	126.4cm×96.2cm	363,150	佳士得	2015.03.15
丁雄泉 1971年作 彩虹上的流星	178cm×229cm	650,813	佳士得	2015.05.31
丁雄泉 1975年作 世界小姐	222cm×396cm	11,376,640	罗芙奥	2015.06.07
丁雄泉 1977年作 盛开的玫瑰	50.7cm×76cm	150,188	佳士得	2015.05.31
丁雄泉 1979年作 你喜欢我的蝴蝶吗	76.6cm×101.5cm	907,875	香港苏富比	2015.04.05
丁雄泉 1980-1990年代初期作 美人迎夏图	97cm×180cm	361,859	保利香港	2015.04.06
丁雄泉 1980s作 持花双美	46cm×64cm	105,732	罗芙奥	2015.05.31
丁雄泉 1980年代初作 双美骏马图（三联作）	183cm×294cm	1,541,250	香港苏富比	2015.10.04
丁雄泉 1980年代年作 美驹图	98cm×180cm	363,600	罗芙奥	2015.06.07
丁雄泉 1980年作 花果骏马图	91cm×181cm.	513,750	香港苏富比	2015.10.05
丁雄泉 1983年作 来爱我	70.5cm×96cm	742,763	保利香港	2015.04.06
丁雄泉 1985年作 爱我?	52.5cm×71cm	471,500	北京匡时	2015.12.04
丁雄泉 1985年作 春天阳光	60cm×75.5cm	678,720	罗芙奥	2015.06.07
丁雄泉 1986年作 你爱我吗?	119.8cm×190cm	2,003,240	佳士得	2015.11.29
丁雄泉 1986年作 我好温柔	70cm×101cm.	719,250	香港苏富比	2015.10.05
丁雄泉 1986年作 一直等你	125cm×190cm	1,954,440	佳士得	2015.05.31
丁雄泉 1990年代年作 舞者	180cm×96.5cm	290,880	罗芙奥	2015.06.07
丁雄泉 1990年作 红粉三美图	180cm×95cm.	719,250	香港苏富比	2015.10.05
丁雄泉 1991年作 三扇美人图	180cm×97cm	457,085	保利香港	2015.04.06
丁雄泉 1994年作 美丽的阳光	69.8cm×99.6cm	513,125	佳士得	2015.11.29

2015书画拍卖成交汇总

(成交价RMB：15万元以上)

拍品名称	物品尺寸	成交价RMB	拍卖公司	拍卖日期
丁雄泉 1994年作 你喜欢我的红头发吗?	69.8cm×99.8cm	513,125	佳士得	2015.11.29
丁雄泉 二斜躺裸女		383,325	香港苏富比	2015.04.05
丁雄泉 房间里的春色	37.5cm×41cm	27,126	保利香港	2015.10.05
丁雄泉 花下的欢喜	42cm×60cm	61,445	保利香港	2015.10.05
丁雄泉 金鱼与美人	36cm×49cm.	113,025	香港苏富比	2015.10.05
丁雄泉 孔雀	127.5cm×200cm	575,000	北京保利	2015.06.03
丁雄泉 蓝发少女	38.5cm×34.5cm	42,539	保利香港	2015.10.05
丁雄泉 蓝猫	49cm×65cm	43,155	香港苏富比	2015.10.05
丁雄泉 蓝色的猫咪	67cm×94.5cm	48,498	保利香港	2015.10.05
丁雄泉 鲤鱼成对	48.5cm×37cm	30,825	香港苏富比	2015.10.05
丁雄泉 美人图	46cm×58cm	123,794	保利香港	2015.04.06
丁雄泉 美人图	51.5cm×76.5cm	109,510	保利香港	2015.04.06
丁雄泉 美人与红马	24.5cm×39cm	48,498	中国嘉德	2015.10.06
丁雄泉 女人和鹦鹉	96cm×179cm	550,688	佳士得	2015.05.31
丁雄泉 七美人	37cm×49.5cm	100,875	香港苏富比	2015.04.05
丁雄泉 三美图	180cm×96.5cm	339,360	罗芙奥	2015.06.07
丁雄泉 三美图	179cm×96.4cm	492,600	佳士得	2015.11.29
丁雄泉 三名艺妓	177.5cm×97cm	600,750	佳士得	2015.05.31
丁雄泉 仕女图	55.5cm×83.5cm	87,338	香港苏富比	2015.10.05
丁雄泉 仕女与马	120.6cm×244cm	870,260	佳士得	2015.11.29
丁雄泉 仕女与玫瑰	60cm×43cm	41,100	香港苏富比	2015.10.05
丁雄泉 吻	39.5cm×47.5cm	19,399	保利香港	2015.10.05
丁雄泉 斜卧裸女	27.5cm×36.5cm	39,045	香港苏富比	2015.10.05
丁雄泉 原始的恐惧	183cm×129cm	462,375	香港苏富比	2015.10.05
丁雄泉 远方的等待	174cm×96cm	96,996	保利香港	2015.10.05
丁雄泉 约1970年代 女人与鹦鹉	178.5cm×96cm	444,400	景薰楼	2015.06.21
丁雄泉 约1980年代末至1990年代初期间作 团扇舞花图	181.5cm×90.5cm	353,063	香港苏富比	2015.04.05
丁雄泉 约1980年代末至1990年代初期间作 倚榻美人图	97.5cm×180cm	605,250	香港苏富比	2015.04.05
丁雄泉 约1980年代作 仕女与花	79cm×60cm	156,363	新加坡33拍卖	2015.01.23
丁雄泉 坐在飞机上的山姆·弗朗西斯	60.5cm×73.5cm	287,700	香港苏富比	2015.10.05
丁衍庸 1965年作（A）；1967年作（B）女画家；仕女（双面画）	60.8cm×45.8cm	4,011,360	香港苏富比	2015.10.04
丁衍庸 1967年作 梅雀图	46cm×30cm	862,500	北京诚轩	2015.11.14
丁衍庸 1971年作 静物瓶花	45.5cm×30.5cm.	1,791,960	香港苏富比	2015.10.05
丁衍庸 1971年作 柿子柠檬	33cm×24cm	678,972	保利香港	2015.10.05
丁衍庸 1971年作 鱼	33cm×24cm	630,474	保利香港	2015.10.05
丁衍庸 1973年作 笑里藏刀	91.5cm×61cm	2,070,000	中国嘉德	2015.11.14
丁衍庸 钟馗纹瓶子	45cm×29.5cm	1,035,000	北京匡时	2015.12.04
丁乙 1997年作 十示系列：97-41	260cm×80cm	943,000	上海明轩	2015.06.21
丁乙 1997年作 无题	30cm×123.5cm.	267,150	香港苏富比	2015.10.05
丁乙 1997年作 十示	140cm×160cm	1,725,000	北京保利	2015.12.05
丁乙 2000年作 十示	137cm×140cm	1,215,080	佳士得	2015.11.29
丁乙 2005年作 十示之六（一组）	尺寸不一	7,820,000	北京保利	2015.06.03
东方腾弘 初春	60cm×135cm	575,000	四川翰雅	2015.10.15
董春凤 2011年作 双鹤啼鸣	120cm×160cm	115,000	北京匡时	2015.06.06
董春凤 2014年作 绿衣女	160cm×200cm	172,500	北京保利	2015.06.04
董春凤 2015年作 已手留香	160cm×160cm	207,000	北京保利	2015.12.05
董勃 大武生之六	100cm×70cm	56,000	上海宏大	2015.10.17
董勃 大武生之三	61cm×52cm	35,840	上海宏大	2015.10.17
董文通 2013年作 反复涂写的记忆之黑板	120cm×200cm	193,992	保利香港	2015.10.05
董小蕙 2013年作 庭院春晓一粉茶	100cm×80cm	110,963	香港苏富比	2015.04.05
董小蕙 2014年作 素贵清雅一芍药	100cm×79cm.	143,850	香港苏富比	2015.10.05

拍品名称	物品尺寸	成交价RMB	拍卖公司	拍卖日期
董小蕙 2014年作 早春图一粉茶	145.5cm×97cm	221,925	香港苏富比	2015.04.05
杜力 伉俪	60cm×50cm	28,000	上海宏大	2015.10.17
杜力 幽溪	60cm×50cm	19,040	上海宏大	2015.10.17
杜溪 2012年作 阵容坚强 - 杨戬元帅擒悟空	140.5cm×200cm	133,320	罗芙奥	2015.06.07
渡部满 2014年作 直子在博斯的末日审判	162cm×112cm	260,325	佳士得	2015.05.31
渡部满 2015年作 纪子在御舟的花园歌唱	162cm×130cm	513,125	佳士得	2015.11.29
段建伟 1999年作 小孩	130cm×97cm	330,400	苏富比（北京）	2015.06.02
段建伟 1993年作 飞跃运动鞋	160cm×114.5cm	782,000	北京匡时	2015.06.06
段建伟 1994年作 麦客到来	180cm×150cm	4,370,000	中国嘉德	2015.11.14
段建伟 1996年作 发烧	130cm×110cm	920,000	中国嘉德	2015.11.14
段建伟 1996年作 换面	130cm×110cm	747,500	中国嘉德	2015.11.14
段建伟 1997年作 亲爱的叔叔	159.8cm×110.2cm	563,500	上海明轩	2015.06.21
段建伟 1997年作 要大刀的男孩	130cm×97cm	575,000	中国嘉德	2015.05.17
段建伟 2002年作 受伤的拇指	130cm×110cm	460,000	北京保利	2015.06.04
段建宇 2000年作 风景 13号	54.4cm×73.5cm.	143,850	香港苏富比	2015.10.05
段建宇 2006年作 Goodgoodmorning No. 5	110cm×170cm	761,808	保利香港	2015.04.06
段建宇 2007年作 姐姐10	217cm×181cm	1,897,500	北京匡时	2015.06.06
段建宇 2011年作 艺术女神刚刚醒来3	181cm×217cm	1,437,500	中国嘉德	2015.11.14
段建宇 2014年作 梅兰竹菊	180cm×250cm	2,300,000	北京保利	2015.12.05
段江华 2009年作 城09.4	120cm×150cm	207,000	北京保利	2015.12.05
段玉海 1993年作 老板玛斯	200cm×180cm	920,000	北京翰海	2015.11.27
段正渠 1991年作 东方红	125cm×150cm	4,600,000	西泠拍卖	2015.07.04
段正渠 1991年作 扭秧歌	124cm×105cm	575,000	西泠拍卖	2015.07.04
段正渠 1996年作 出门	180cm×90cm	747,500	北京匡时	2015.12.04
段正渠 2000年作 黄河鲤鱼	100cm×80cm	299,000	北京保利	2015.06.04
段正渠 2001年作 黄河遨帆	80cm×100cm	345,000	北京保利	2015.06.04
段正渠 2002年作 大肉	130cm×110cm	701,500	上海明轩	2015.06.21
児岛善三郎 1929年作 裸妇	82.7cm×81.2cm	380,475	佳士得	2015.05.31
児岛善三郎 1953年作 蔷薇	33.4cm×24.3cm	120,150	佳士得	2015.05.31
饭田桐子 2010年作 来自世界的柔软触感	112cm×145.5cm	111,504	罗芙奥	2015.06.07
范安海 夏日	120cm×200cm	102,750	香港苏富比	2015.10.05
范勃 1999年作 疑是故人归（两联作）	175cm×157cm×2	1,725,000	中国嘉德	2015.11.14
范勃 2011年作 花开花落之十七	230cm×120cm	2,185,000	华艺国际	2015.05.24
范光厚 林间家庭	270cm×101cm 90cm×101cm	706,125	香港苏富比	2015.04.04
范明正 2014年作 童话系列之十	121cm×216cm	1,495,000	北京匡时	2015.06.06
范澎 2013年作 乌兰之春	60cm×70cm	172,500	北京保利	2015.06.04
范澎 2013年作 乌兰之春	60cm×60cm	115,000	北京翰海	2015.11.27
范学贤 2015年作 初寒	120cm×70cm	138,000	北京保利	2015.12.05
范娅萍 2010年作 一念之间	200cm×200cm	460,000	北京保利	2015.06.03
范娅萍 2011年作 王妃的葬礼	150cm×100cm	184,000	北京保利	2015.12.05
方景华 爱就是这么的任性	90cm×120cm	95,200	上海宏大	2015.10.17
方君璧 1928年作 湖滨繁樱	42cm×32cm	387,984	保利香港	2015.10.05
方君璧 1955年代 樱花	53.3cm×73.7cm	517,500	北京匡时	2015.06.06
方君璧 奈良寺院	53cm×45cm	253,000	中国嘉德	2015.05.17
方力钧 1996年作 1996.4	180.5cm×230cm	17,495,760	香港苏富比	2015.04.04
方力钧 1998年作 1998.3.25	30.9cm×36.2cm.	226,050	香港苏富比	2015.10.05
方力钧 2002年作 20.06.2002	270cm×120cm	513,750	香港苏富比	2015.10.05
方力钧 2005年作 2005.3.15	270cm×120cm	3,450,000	北京保利	2015.06.03
方力钧 2007年作 气泡	140cm×180cm	1,955,000	西泠拍卖	2015.07.04
方力钧 2007年作 无题	250cm×360cm	13,455,000	朵云轩	2015.06.19
方世聪 专注的安妮	92cm×65cm	287,500	上海敬华	2015.06.30

拍品名称	物品尺寸	成交价RMB	拍卖公司	拍卖日期
费德列可·阿奎拉·艾库阿兹 1968年作 斗鸡	98cm×130cm	877,896	佳士得	2015.05.31
费迪南德·波尔 预言者	70.0cm×53.3cm	170,132	日本伊斯特	2015.05.24
费南度·索培尔 EST	46cm×38cm	308,250	香港苏富比	2015.10.05
费南度·索培尔 阿尔贝奇河	130cm×97cm	1,210,500	香港苏富比	2015.04.04
费南度·索培尔 贝纳·柴尔德画我的肖像		807,000	香港苏富比	2015.04.05
费南度·索培尔 鹏鹰	59cm×59cm	411,000	香港苏富比	2015.10.05
费南度·索培尔 瓜达拉马	100cm×131cm	1,412,250	香港苏富比	2015.04.04
费南度·索培尔 横向风景	46cm×150cm	1,438,500	香港苏富比	2015.10.04
费南度·索培尔 橘黄与赭色		907,875	香港苏富比	2015.04.05
费南度·索培尔 利奥福利奥	50cm×61cm	616,500	香港苏富比	2015.10.05
费南度·索培尔 燃起的残株		807,000	香港苏富比	2015.04.05
费南度·索培尔 双层残株		655,688	香港苏富比	2015.04.05
费南度·索培尔 杏花		403,500	香港苏富比	2015.04.05
费南度·索培尔 亚德里亚蒂卡 II	40cm×60cm	359,625	香港苏富比	2015.10.05
费南度·阿莫索罗 1967年作 溪畔浣衣	66.5cm×86.5cm	226,050	邦瀚斯	2015.10.03
费南度·索维尔 1969年作 目标	81cm×81cm	718,375	佳士得	2015.11.29
费南度·索维尔 1972年作 Jucar	60.5cm×60.5cm	431,025	佳士得	2015.11.29
费南度·索维尔 1980年作 鸢尾 II	80cm×59cm	380,475	佳士得	2015.05.31
费南度·索维尔 1983年作 序幕	81cm×81cm	500,625	佳士得	2015.05.31
费南度·索维尔 约1960年代作 无题	30cm×30cm	380,475	佳士得	2015.05.31
冯法祀 1952年作 控诉	140cm×174.5cm	517,500	西泠拍卖	2015.07.04
冯法祀 1957年作 刘胡兰就义	88cm×69.3cm	483,000	北京翰海	2015.06.26
冯国东 1979年作 帷前仕女	150cm×150cm	625,000	佳士得（上海）	2015.04.25
冯国栋 2003年作 最后的晚餐I	95cm×140cm	575,000	中国嘉德	2015.11.14
冯良鸿 2006年作 两张图片	200cm×170cm	195,500	北京匡时	2015.06.06
俸正杰 1992年作 极目楚天舒	150cm×125cm	1,725,000	北京翰海	2015.11.27
俸正杰 1997年作 中国肖像 No.19	32cm×40cm	138,000	北京保利	2015.12.05
麸子 2014年作 大风景No.149	100cm×200cm	172,500	西泠拍卖	2015.07.04
傅强 1981年作 方圆的赞歌	65.5cm×66.5cm	287,500	北京翰海	2015.06.26
傅庆豊 1991年作 大地儿女	130cm×195cm	101,808	罗芙奥	2015.06.07
高芳 影与带—末摘花NO.2	90cm×70cm	31,360	上海宏大	2015.10.17
高风 2013年作 生物货郎图	200cm×100cm	138,000	北京上和	2015.11.13
高鸣峰 2007年作 中国姑娘	80cm×33cm	253,000	北京保利	2015.06.04
高氏兄弟 完美的复制—蒙娜丽莎	200cm×150cm	1,380,000	北京上和	2015.11.13
高野绫 1997年作 摩羯座	116.4cm×90cm	302,625	佳士得	2015.03.15
高野绫 2003年作 古堡（找寻印加文明的遗迹）	73cm×61cm	285,678	保利香港	2015.04.06
高野绫 2010年作 Isezeki Explodes	181.8cm×227.3cm	805,000	北京保利	2015.06.03
高瑀 2003年作 紫气西来、一夫当关	140cm×120cm	287,500	西泠拍卖	2015.07.04
高瑀 2008年作 达达	200cm×200cm	529,000	北京保利	2015.06.03
高瑀 2013年作 基业长青	直径120cm	138,000	北京保利	2015.12.05
耿建翌 1985年作；1992年作 理发系列之一：《1985年夏季的清洗》（1985年）《大合影》（1992年）	122cm×89cm 122cm×89cm	6,670,000	中国嘉德	2015.11.14
宫立龙 1999年作 探戈	170cm×170cm.	493,200	香港苏富比	2015.10.05
宫立龙 2004年作 妆	97cm×130cm	299,000	华艺国际	2015.05.24
宫立龙 2005年作 男女共舞	189cm×169cm	431,550	邦瀚斯	2015.10.03
辜学耕 毛毛草E5	30cm×40cm	32,200	四川翰雅	2015.10.15
辜学耕 与大人对话	20cm×30cm	13,800	四川翰雅	2015.10.15
辜学耕 玉兰—倾听心声	47cm×62cm	48,300	四川翰雅	2015.10.15
古那弯 1950年作 市场	60cm×46cm	238,065	保利香港	2015.04.06
古那弯 1960年作 议论	194cm×83cm	1,666,080	佳士得	2015.05.31
古那弯 1975年作 梦中情人	136cm×61cm	461,813	佳士得	2015.11.29
古那弯 1980年作 水果小贩	80cm×140cm	2,249,540	佳士得	2015.11.29
古那弯 快乐家庭	96cm×136cm	1,116,560	佳士得	2015.11.29
古那弯 卖鱼小贩	140cm×90cm	993,240	佳士得	2015.05.31
古那弯 在河流边洗涤	138.5cm×97cm	500,625	佳士得	2015.05.31
古斯蒂·亚贡·曼古·普杜拉巴图火山	125cm×200cm	123,300	香港苏富比	2015.10.05
古煜瑾 2015年作 古煜瑾致敬毕加索NO.1	100cm×80cm	172,500	北京上和	2015.11.13
谷弘宇 风中玉米地	69cm×83cm	20,700	四川翰雅	2015.10.15
谷弘宇 普贤菩萨	114cm×59cm	63,250	四川翰雅	2015.10.15
谷弘宇 墙角里的尤克里里	39cm×38cm	25,300	四川翰雅	2015.10.15
谷文达 1982年作 无题	84.8cm×119.8cm	403,500	香港苏富比	2015.04.05
顾德新 1979年作 B16	62.5cm×85.6cm	100,875	香港苏富比	2015.04.05
顾德新 1979年作 B20	38cm×53cm	113,025	香港苏富比	2015.10.05
顾德新 1980年作 A01、A02及无题(三张作品)(三张作品)	(i)57cm×70.1cm (ii)52.1cm×72.4cm (iii)46cm×56.7cm	195,225	香港苏富比	2015.10.05
顾德新 1980年作 B15	49.6cm×72cm	100,875	香港苏富比	2015.04.05
顾德新 1980年作 无题	38.5cm×25.9cm	92,475	香港苏富比	2015.10.05
顾德新 1981年作 B18	76.1cm×52.8cm	246,600	香港苏富比	2015.10.05
顾德新 1981年作 B31	88.4cm×76.5cm	161,400	香港苏富比	2015.04.05
顾德新 1982年作 B13	122cm×86cm	262,275	香港苏富比	2015.04.05
顾德新 1982年作 B34	89.5cm×76cm	226,050	香港苏富比	2015.10.05
顾德新 1983年作 A11	109.1cm×80.7cm	131,138	香港苏富比	2015.04.05
顾德新 1983年作 B19	81cm×57.2cm	322,800	香港苏富比	2015.04.05
顾德新 1983年作 B27	68.8cm×90cm	423,675	香港苏富比	2015.04.05
顾德新 1983至1984年作 B08、B29及B47(三张作品)	(i)64.6cm×49.3cm (iii)69cm×48.4cm (ii)64.6cm×49.7cm	195,225	香港苏富比	2015.10.05
顾德新 约1980年作 D13	94.5cm×77.7cm	205,500	香港苏富比	2015.10.05
顾致农 2008年作 小提琴	139cm×120cm	115,000	华艺国际	2015.05.24
顾祝君 上世纪70年代作 秋	100.5cm×82cm	115,000	北京翰海	2015.06.26
关良 1930年代初作 小庙	24.5cm×29.5cm	322,000	北京诚轩	2015.05.17
关良 1950年代至1960年代作 静物	31cm×24.5cm.	667,875	香港苏富比	2015.10.05
关良 1950年作 杭州灵隐寺	40cm×32cm	1,495,000	北京诚轩	2015.05.17
关良 1957年作 德国风景	50cm×41cm	2,531,160	佳士得	2015.05.30
关良 1957年作 史塔尔桑教堂（德国）	54cm×67cm	2,098,200	香港苏富比	2015.04.04
关良 30-40年代作 果蔬	64cm×78cm	2,185,000	北京保利	2015.12.05
关良 A：唐僧与悟空；B：钟馗（两件）	A：52.5cm×63cm B： 57.5cm×38.5cm	2,582,400	香港苏富比	2015.04.05
关良 窗口静物	33cm×33cm	2,530,000	北京保利	2015.06.03
关良 堤岸风景	28.2cm×35.8cm	460,000	中国嘉德	2015.11.14
关良 静物	30cm×40cm	598,000	广东崇正	2015.06.19
关良 新安水电站	61cm×82.5cm	5,750,000	中国嘉德	2015.05.17
关良 约1940年作 榕树下	38.5cm×52cm	1,380,000	中国嘉德	2015.11.14
关良 轧钢厂	39cm×52cm	1,725,000	北京匡时	2015.12.04
关玉玲 2005年作 追梦女孩	92cm×60cm	126,500	北京保利	2015.08.12
关旨越 2015年作 果8号	75cm×146cm	345,000	北京保利	2015.12.05
关旨越 2015年作 途1号	162cm×103cm	460,000	北京匡时	2015.06.06
关旨越 途3号	146cm×75cm	287,500	北京保利	2015.06.04
关紫兰 1928年作 洋房	37.8cm×45.6cm	3,450,000	中国嘉德	2015.05.17
管伟骏 荷花丛中	100cm×70cm	4,704,000	上海宏大	2015.10.17
管伟骏 集市	160cm×180cm	4,704,000	上海宏大	2015.07.25
管伟骏 江南村姑	100cm×100cm	873,600	上海宏大	2015.07.25
管伟骏 江南情	140cm×160cm	6,272,000	上海宏大	2015.10.17
管伟骏 进城	70cm×60cm	3,472,000	上海宏大	2015.10.17
管伟骏 情	180cm×120cm	4,200,000	上海宏大	2015.07.25
管伟骏 全国人民大团结	99cm×87cm	4,368,000	上海宏大	2015.10.17
管伟骏 云漫江天	92cm×116cm	2,464,000	上海宏大	2015.10.17

拍品名称	物品尺寸	成交价RMB	拍卖公司	拍卖日期
郭柏川 1954年作 鱼	23.9cm×32.5cm	184,000	北京诚轩	2015.05.17
郭柏川 1957年作 螃蟹与青花白盘	34.8cm×42.8cm	253,000	北京诚轩	2015.11.14
郭北平 1993年作 旱冰	129cm×96cm	460,000	中国嘉德	2015.05.17
郭鸿蔚 2008年作 无题	100.5cm×80cm	100,000	佳士得（上海）	2015.10.24
郭晋 2008年作 破晓 第17号	218.5cm×298.5cm	220,275	佳士得	2015.05.31
郭润文 1990年作 藏族男孩·小扎西	52cm×42cm	322,000	华艺国际	2015.05.24
郭润文 1996年作 花环少女	81.5cm×64.5cm	632,500	中国嘉德	2015.11.14
郭润文 1996年作 女孩	90cm×70cm	1,035,000	广东崇正	2015.06.19
郭润文 1996年作 少女	91.5cm×72cm	897,000	西泠拍卖	2015.07.04
郭润文 1997年作 背影	100cm×80cm	862,500	北京华辰	2015.05.15
郭润文 2006年作 遥望	130cm×50cm	4,025,000	北京保利	2015.06.03
郭少宗 南湖大山东峰冬阳	112cm×162cm	230,000	天津同方	2015.06.06
郭少宗 玉山主峰艳阳下	89.5cm×145.5cm	230,000	天津同方	2015.06.06
郭维国 2005年作 沙发的暗语	112cm×145.5cm	242,400	罗芙奥	2015.06.07
郭伟 2006年作 女孩	160cm×100cm	230,000	厦门华辰	2015.06.20
郭伟 2012年作 无题（又名见出版物）	150cm×130cm	460,000	华艺国际	2015.05.24
郭伟 2012年作 永恒的笑	120cm×100cm	460,000	北京保利	2015.06.04
郭希铨 2013年作 白杨沟	60cm×45cm	115,000	西泠拍卖	2015.07.04
郭振昌 1993年作 台湾图像与影像－八家将I	56cm×47cm×8	236,000	台北中诚	2015.06.14
海利·多诺 世界的尽头	150cm×150cm	102,750	香港苏富比	2015.10.05
海日汗 悠远的家 镜框	79cm×59cm×4	345,000	包盈国际	2015.11.15
韩洪伟 2011年作 陶罐与水果	60cm×80cm	161,000	中国嘉德	2015.05.17
韩绍光 2008年作 早安上海 之四	158cm×120cm	218,500	上海泛华	2015.06.19
韩顺子 2013～2015年作 城市	130cm×130cm	100,125	佳士得	2015.05.31
韩伟华 2015年作 韩伟华致敬毕加索NO.1	90cm×110cm	345,000	北京上和	2015.11.13
韩永旭 2009年作 面容	112cm×162cm	576,720	罗芙奥	2015.05.31
韩植墨 母亲	85cm×102cm	345,000	北京翰海	2015.06.26
韩志勋 1973年作 缘障	101.4cm×101.6cm	140,175	佳士得	2015.05.31
韩志勋 蔚蓝海洋中的舢舨	65.1cm×103.5cm	150,188	佳士得	2015.05.31
郝朗 2015年作 圣塞巴斯蒂安	300cm×140cm	109,250	北京保利	2015.06.03
郝丽 2001年作 流动的岁月：自画像	140cm×160cm	230,000	北京上和	2015.11.13
郝俪 1998年作 画室里的自画像	80cm×100cm.	71,925	香港苏富比	2015.10.05
郝俪 2012年作 一个暖阳的下午：自画像	160cm×80cm	242,100	香港苏富比	2015.04.05
何岸 随想曲	80cm×100cm	299,000	华艺国际	2015.05.24
何大桥 林间沐浴	50cm×60.6cm	112,000	北京荣宝	2015.06.21
何多苓 1978年作 人物	53cm×42cm	253,000	北京翰海	2015.06.26
何多苓 1983年作 雪雁	15.4cm×22.7cm	253,000	中国嘉德	2015.05.17
何多苓 1990年作 那曲少女	69cm×64.3cm	761,808	保利香港	2015.04.06
何多苓 1991年作 白衣彝女	86cm×71.5cm	7,130,000	中国嘉德	2015.11.14
何多苓 1992年作 浪花	74cm×77.8cm	476,130	保利香港	2015.04.06
何多苓 1993年作 打黄伞的女人	97cm×80cm	575,000	西泠拍卖	2015.07.04
何多苓 2004年作 偷窥	160cm×130cm	1,150,000	上海泛华	2015.06.19
何多苓 2009年作 失乐园	119.5cm×149.5cm	1,437,500	北京保利	2015.12.05
何多苓 梨花	79cm×59cm	1,440,000	诗婢家	2015.05.17
何红舟 1998年作 斜躺女人体NO.3	75cm×135cm	989,000	北京匡时	2015.06.06
何红舟 2000年作 百合少女	119cm×119cm	195,500	西泠拍卖	2015.07.04
何坚宁 2008年作 三亚写生NO.2	38cm×55cm	103,500	华艺国际	2015.05.24
何杰 2014年作 永痕——寻找红宝石	100cm×200cm	184,000	北京保利	2015.06.03
何杰 2015年作 杂技团	100cm×150cm	172,500	北京保利	2015.12.05
何孔德 1964年作 枕戈待旦	60.4cm×113.5cm	4,025,000	中国嘉德	2015.11.14
何森 1993年作 大锣鼓	185cm×205cm	1,150,000	北京翰海	2015.11.27

拍品名称	物品尺寸	成交价RMB	拍卖公司	拍卖日期
何森 1996年作 填积系列	180cm×140cm	195,500	北京保利	2015.12.05
何森 2008年作 床上的玩具	151cm×199cm	163,404	罗芙奥	2015.05.31
何伟 2009年作 一次奇迹	119.7cm×150.1cm.	41,100	香港苏富比	2015.10.05
何毅（荷译）红格NO.2	150cm×120cm	161,000	上海敬华	2015.06.30
河上·高惠君 2006年作 秋山云起图	160cm×100cm	460,000	北京保利	2015.12.05
河钟贤 1985年作 接合85-66	40.5cm×85.5cm.	123,300	香港苏富比	2015.10.05
河钟贤 2002年作 接合2002-24	119.9cm×180.8cm	897,120	佳士得	2015.05.31
荷西·荷雅 前景	36.5cm×57.5cm	123,300	香港苏富比	2015.10.05
荷西·荷雅 1963年作 海洋风景	70cm×150.5cm	1,473,840	佳士得	2015.05.31
荷西·荷雅 1988年作 龙年	75cm×54.5cm	153,938	佳士得	2015.11.29
荷西·荷雅 1989年作 卡蒂克兰	38.5cm×58.5cm	153,938	佳士得	2015.11.29
贺慕群 1968年作 卖水果	116.4cm×81.6cm	1,840,000	中国嘉德	2015.05.17
贺慕群 1994年作 小孩	91.7cm×73.2cm	368,000	上海明轩	2015.06.21
贺慕群 2001年作 花木系列	200cm×130cm	1,150,000	中国嘉德	2015.11.14
贺慕群 2001年作 织毛衣	130cm×89cm	299,000	北京匡时	2015.06.06
赫南多·鲁伊斯·奥堪波 1978年作 泄露E	61cm×46cm	225,775	佳士得	2015.11.29
亨德拉·古拿温 两人		1,210,500	香港苏富比	2015.04.05
亨德拉·古拿温 面具小贩	227cm×140cm	1,939,920	香港苏富比	2015.10.05
亨德拉·古拿温 摩诃婆罗多：班度的骰子	202cm×386cm	21,369,360	香港苏富比	2015.04.04
亨德拉·古拿温 市集	195.8cm×136cm	7,463,760	香港苏富比	2015.10.04
亨德拉·古拿温 躺卧裸女		2,291,880	香港苏富比	2015.04.05
亨德拉·古拿温 腰果小贩		2,679,240	香港苏富比	2015.04.05
亨德拉·古拿温 濯洗瀑布下	140cm×200cm	7,956,960	香港苏富比	2015.10.04
亨德拉·古那弯 1973年作 海鱼	100cm×145cm	300,939	新加坡33拍卖	2015.06.21
亨利·美治 湖上的冬日晨光	28cm×60.5cm	51,375	香港苏富比	2015.10.05
亨利·美治 午后的布尔戈山谷	28cm×36cm	20,550	香港苏富比	2015.10.05
洪救国 1981年作 无题	87cm×112cm	476,130	保利香港	2015.04.06
洪救国 1981年作 渔夫	88cm×101cm	1,806,200	佳士得	2015.11.29
洪救国 1995年作 瓶子	63cm×123.5cm	600,750	佳士得	2015.05.31
洪救国 母子	30.5cm×27.5cm	143,850	香港苏富比	2015.10.05
洪救国 男人和鱼	89.5cm×32.5cm	462,375	香港苏富比	2015.10.05
洪救国 圣母圣婴	61cm×61cm	411,000	香港苏富比	2015.10.05
洪凌 1991年作 荷塘	80cm×80cm	188,800	台北中诚	2015.06.14
洪凌 1994年作 秋水	200cm×260cm	2,990,000	北京保利	2015.06.03
洪凌 1995年作 携雨山醉图	60cm×60cm	138,000	北京翰海	2015.11.27
洪凌 1998年作 深居瑞雪	60cm×72cm	193,992	中国嘉德	2015.10.06
洪凌 1999年作 秋色	145.7cm×97.5cm	517,500	北京翰海	2015.11.27
洪凌 2000年作 银谷	80cm×99cm	230,000	北京诚轩	2015.11.14
洪凌 2003年作 2006年作 故园	150cm×250cm	1,322,500	北京华辰	2015.05.15
洪凌 2003年作 秋色	30cm×40cm	120,750	北京匡时	2015.06.06
洪凌 2004年作 银谷听梅	70cm×180cm	483,000	上海泛华	2015.06.19
洪凌 2005年作 茂谷梅花	70cm×116cm	371,220	中国嘉德	2015.04.06
洪凌 2011年作 烟锁秋声	185cm×216cm	1,309,446	中国嘉德	2015.10.06
洪凌 2012年作 沁香	80cm×200cm	2,146,680	佳士得	2015.05.31
洪凌 秋山	80cm×120cm	287,500	上海敬华	2015.06.30
洪凌 夕秋	150cm×160cm	2,988,440	佳士得	2015.11.29
洪凌 雪景	50cm×100cm	218,500	上海敬华	2015.06.30
洪瑞麟 1956年作 地底之光	28cm×43cm	228,542	保利香港	2015.04.06
洪瑞麟 1975年作 裸女	45cm×37cm	101,808	罗芙奥	2015.06.07
洪天宇 2014年作 北滨·曾经	122cm×152cm	150,188	佳士得	2015.05.31
洪天宇 2014年作 台北101	174cm×174cm	220,275	佳士得	2015.05.31
侯滨 2007年作 姑娘大了心思多	110cm×60cm	172,500	朵云轩	2015.06.19
侯光飞 2015年作 侯光飞致敬毕加索NO.1	96cm×180cm	345,000	北京上和	2015.11.13
胡博·华士 1910年作 融融泄泄	182.9cm×112.4cm	1,510,640	佳士得	2015.12.02

拍品名称	物品尺寸	成交价RMB	拍卖公司	拍卖日期
胡博·华士 1933年作 慈禧御赐之瓷瓶一	72.2cm×61cm	538,269	中国嘉德	2015.04.06
胡博·华士 1934年作 慈禧御赐之瓷瓶二	72.2cm×61cm	324,818	中国嘉德	2015.04.06
胡博·华士 案上团菊	127cm×86cm	397,684	中国嘉德	2015.10.06
胡博·华士 玫瑰与静物	127cm×86cm	290,988	中国嘉德	2015.10.06
胡建成 韦尔申 1987年作 土地—蓝色的和谐·黄色的和谐（两联作）	185cm×78.5cm×2	4,485,000	中国嘉德	2015.05.17
胡善余 1944年作 国立艺专女学生像	81cm×65cm	2,300,000	中国嘉德	2015.05.17
胡善余 1967年作 河边风情	32cm×44cm	171,407	保利香港	2015.04.06
胡善余 1969年作 杜鹃花	58cm×71cm	552,000	北京诚轩	2015.11.14
胡善余 1984年作 月季	64cm×54cm	460,000	北京保利	2015.06.04
胡善馀 1976年作 西湖桃花	54cm×45.5cm	276,000	北京匡时	2015.06.06
胡善馀 白衣少女	63cm×48cm	322,000	北京匡时	2015.06.06
胡善馀 静物	53cm×65cm	287,500	北京匡时	2015.12.04
华庆 2014年作 思考者	150cm×150cm	230,000	北京保利	2015.12.05
华绍栋 秋韵	80cm×60cm	230,000	天津同方	2015.06.06
黄丹龙 1961年作 高跷上的船和房子	82.25cm×110.75cm	400,500	佳士得	2015.05.31
黄丹龙 1961年作 女孩画像	68.6cm×55.3cm	595,225	佳士得	2015.11.29
黄建南 2015年作 辉煌在即	73.5cm×110cm	3,220,000	北京保利	2015.12.05
黄建南 朝晖	71cm×103cm	3,520,000	杭州佳实	2015.08.02
黄建南 感悟自然	69cm×100cm	3,080,000	杭州佳实	2015.08.02
黄建南 花开富贵 片	68cm×68cm	1,064,000	中联环球	2015.10.23
黄建南 江山如画	57cm×80cm	2,420,000	杭州佳实	2015.08.02
黄建南 金土地	105cm×71cm	7,260,000	杭州佳实	2015.01.11
黄建南 梦乡	79cm×205cm	3,584,000	中联环球	2015.10.23
黄建南 起源	73cm×110cm	3,136,000	中联环球	2015.10.23
黄建南 天际	69cm×120cm	3,300,000	杭州佳实	2015.08.02
黄建南 我心中的家园 片	68cm×68cm	840,000	中联环球	2015.10.23
黄建南 心中的星球	70cm×70cm	3,300,000	杭州佳实	2015.01.11
黄建南 旋律系列 片	68cm×68cm	896,000	中联环球	2015.10.23
黄建南 映丹霞	100cm×68cm	6,380,000	杭州佳实	2015.01.11
黄建南 永恒系列〈二〉	70cm×70cm	1,344,000	中联环球	2015.10.23
黄建南 永恒系列〈一〉	70cm×70cm	1,680,000	中联环球	2015.10.23
黄建南 永恒系列之十	70cm×70cm	1,650,000	杭州佳实	2015.08.02
黄建南 永恒系列之四	70cm×70cm	3,520,000	杭州佳实	2015.01.11
黄茂强 2011年作 龙形器	30cm×30cm	138,000	华艺国际	2015.05.24
黄鸣 2015年作 秋韵之二	50cm×60cm	112,000	北京荣宝	2015.11.29
黄铭昌 2005年作 禾风-水稻田系列	52cm×72cm	118,000	台北中诚	2015.06.14
黄铭昌 2010年作 蕉叶迎风	80cm×116cm	412,080	罗芙奥	2015.06.07
黄铭哲 2013年作 将进酒系列2/10	300cm×100cm	200,600	台北中诚	2015.06.14
黄铭哲 2013年作 将进酒系列3/10	300cm×100cm	200,600	台北中诚	2015.06.14
黄乃源 1979年作 煮饭	29cm×36cm	230,000	北京翰海	2015.06.26
黄荣禧 1981年作 对树说话的男人	153cm×158cm.	174,675	香港苏富比	2015.10.05
黄锐 1984年作 空间结构-17	74cm×74cm	517,500	北京保利	2015.12.05
黄锐 1991年作 红3号(L)	130.1cm×97cm.	822,000	香港苏富比	2015.10.05
黄岩 2015年作 黄岩致敬毕加索NO.1	190cm×250cm	1,840,000	北京上和	2015.11.13
黄药 2012年作 冬	74cm×64.5cm	201,600	北京荣宝	2015.06.21
黄药 2012年作 秋	80cm×80cm	172,500	北京翰海	2015.06.26
黄一山 2011年作 有红色颜料的画室	170cm×230cm	228,542	保利香港	2015.04.06
黄宇兴 2009年作 光芒	85.5cm×151cm	253,000	中国嘉德	2015.11.14
黄宇兴 2013年作 河流	135cm×230cm	575,000	北京保利	2015.06.03
黄宇兴 2013年作 河流	142cm×230cm	475,000	佳士得（上海）	2015.10.24
黄宇兴 2014年作 丢失的气泡	85cm×150cm	389,975	佳士得	2015.11.29
黄中羊 2013年作 试装	102cm×76cm	299,000	华艺国际	2015.05.24
霍刚 1994年作 94-02	50cm×70cm	25,219	保利香港	2015.10.05
霍刚 1998年作 无题	100cm×80cm	102,750	邦瀚斯	2015.10.03
基希纳 Painted in Moritzburg, 1909 Im See badende Mädchen, Moritzburg	91.2cm×120cm	86,391,750	纽约佳士得	2015.11.09
吉格·克鲁斯 剪影与尖叫不安风景中的爵士乐		907,875	香港苏富比	2015.04.05
吉格·克鲁斯 诗歌你好	152.5cm×122cm	431,550	香港苏富比	2015.10.05
吉原通雄 1968年作 作品	41cm×32.1cm.	174,675	香港苏富比	2015.10.05
吉原治良 1971年作	45.6cm×53cm	4,011,360	香港苏富比	2015.10.05
吉原治良 无题	50.0cm×60.8cm	2,079,396	日本伊斯特	2015.05.24
吉原治良 渔夫	22.5cm×16cm	133,413	佳士得	2015.11.29
吉原治良 约1936年作 无题	53cm×45.5cm	873,375	香港苏富比	2015.10.05
吉原治良 约1960年作 无题	194cm×130cm	4,011,360	香港苏富比	2015.10.05
吉原治良 约1960年作 无题	60cm×54.5cm	411,000	香港苏富比	2015.10.05
吉原治良 约1961至1963年作 无题	33.5cm×24.3cm	1,939,920	香港苏富比	2015.10.05
吉原治良 约1964年作 无题	73cm×91cm	2,433,120	香港苏富比	2015.10.05
吉原治良 约1970年作 无题	46cm×53.5cm	3,419,520	香港苏富比	2015.10.05
吉原治良 约1970年作 无题	46cm×53cm	616,500	香港苏富比	2015.10.05
季大纯 1992年作 白云说说	100cm×80cm	161,000	北京华辰	2015.05.15
季大纯 1997年作 宝塔系列	109cm×140cm	207,000	中国嘉德	2015.05.17
季大纯 1999年作 三人行	110cm×110cm	287,500	中国嘉德	2015.11.14
季大纯 1999年作 无题	111cm×111cm	123,300	邦瀚斯	2015.10.03
季大纯 2000年作 3C	106.5cm×106.5cm	345,000	北京保利	2015.06.04
季大纯 2004年作 艺术解剖课	150cm×110cm	287,500	北京保利	2015.12.05
季大纯 2004年作 中南海 1.0	140cm×140cm	361,859	保利香港	2015.04.06
季大纯 2005年作 我的歌星	150cm×110cm	402,500	北京保利	2015.12.05
季大纯 2006年作 小熊	140.5cm×110cm	230,000	中国嘉德	2015.11.14
季大纯 2007年作 毕加索	30cm×25.5cm	149,500	北京匡时	2015.06.06
季大纯 雏鸡	109cm×110cm	207,000	西泠拍卖	2015.07.04
季大纯 清代官员	60cm×50cm	149,500	北京保利	2015.06.04
加藤泉 2006年作 无题	40.5cm×40.5cm.	51,375	香港苏富比	2015.10.05
加藤泉 2009年作 无题	190cm×130.3cm	480,600	佳士得	2015.05.31
贾蔼力 2007年作 无名日 2	267cm×400cm 267cm×200cm	9,390,000	佳士得（上海）	2015.04.25
贾蔼力 2009年作 星尘隐者	70cm×54cm	1,667,500	中国嘉德	2015.05.17
贾蔼力 2009年作 面包车	110cm×400cm	6,210,000	北京保利	2015.12.05
贾蔼力 2010年作 早安，世界（三联作）	200cm×1067cm 200cm×288cm 200cm×406cm 200cm×373cm	10,716,960	香港苏富比	2015.04.04
贾蔼力 2015年作 闪光的世界	130cm×110cm	2,630,400	香港苏富比	2015.10.04
贾蔼力 无名日	27cm×40.2cm	207,000	北京诚轩	2015.05.17
贾涤非 2001年作 无题	190cm×175cm	322,000	上海泛华	2015.06.19
贾恒 祥意3	90cm×90cm	23,520	上海宏大	2015.10.17
贾恒 致远2	90cm×90cm	47,040	上海宏大	2015.10.17
贾科梅蒂 Painted in 1964 James Lord	115.9cm×80.6cm	132,619,750	纽约佳士得	2015.11.09
菅井汲 自动步路	55.0cm×46.0cm	160,681	日本伊斯特	2015.05.24
樫木知子 2008年作 采白花	82cm×129cm	181,575	香港苏富比	2015.04.05
江贤二 2004年作 对永恒的冥想04-01	200cm×200cm	290,988	保利香港	2015.10.05
姜国芳 2008年作 三月春思梦（三联作）	80cm×240.5cm 80cm×27cm×2	5,874,960	香港苏富比	2015.04.05
姜国芳 2015年作 秋叶	108cm×54cm	2,291,880	香港苏富比	2015.04.05
姜亨九 1997年作 萨尔瓦多．达利	193.9cm×130.3cm	359,188	佳士得	2015.11.29
姜亨九 1999年作 邓小平	259cm×194cm	480,600	罗芙奥	2015.05.31
姜亨九 2014年作 达利（眼）	150cm×300cm	718,375	佳士得	2015.11.29
姜建忠 东方女子	102cm×76cm	402,500	天津同方	2015.06.06
姜中立 2006年作 孙中山与黄埔军校	90cm×120cm	172,500	北京翰海	2015.11.27

2015书画拍卖成交汇总

(成交价RMB：15万元以上)

拍品名称	物品尺寸	成交价RMB	拍卖公司	拍卖日期
姜中立 肖像之三	120cm×90cm	172,500	天津同方	2015.06.06
蒋玄佁 母与女	75cm×49cm	218,500	西泠拍卖	2015.07.04
蒋志 2012年作 秘密的自选区域之二	100cm×140cm	133,413	佳士得	2015.11.29
杰夫昆斯 Executed in 1990 Hand on Breast	246.7cm×363.9cm	9,175,750	纽约佳士得	2015.11.09
杰拉德·彼特·阿道夫 市集妇女	60.5cm×73.5cm	97,613	香港苏富比	2015.10.05
杰拉尔·拉恩 1940年作 烟斗静物画	45cm×55cm 画框65cm×73cm	132,000	上海爱莲	2015.11.22
解中才 2008年作 村边的故事	105cm×158cm	207,000	北京保利	2015.12.05
今井 俊满 1992年作 风起	61.0cm×73.0cm	12,190	日本伊斯特	2015.10.17
今井俊满 1963年作 胜利	73cm×60cm	564,438	佳士得	2015.11.29
今井俊满 1979年作 无题	67.5cm×103cm	133,413	佳士得	2015.11.29
今井俊满 1973年作 春之祭典	130.5cm×162.1cm.	1,130,250	香港苏富比	2015.10.05
今井俊满 1982年作 无题	63.2cm×101.2cm.	256,875	香港苏富比	2015.10.05
今井俊满 约1962年作 无题	54.2cm×65.1cm.	1,130,250	香港苏富比	2015.10.05
金昌烈 1977年作 水滴11号	73cm×59.5cm.	462,375	香港苏富比	2015.10.05
金昌烈 1986年作 PA86006	161.3cm×130.5cm.	1,089,360	佳士得	2015.05.31
金昌烈 1990年作 Recurrence P.A.9004	60.3cm×121cm	437,000	北京保利	2015.06.03
金东囿 2013年作 奥黛丽·赫本VS格里高利·帕克	145.5cm×116cm	605,250	佳士得	2015.03.15
金东囿 2013年作 格蕾丝·凯利V S克拉克·盖博	162.2cm×130cm	525,000	佳士得（上海）	2015.04.25
金东囿 2013年作 玛丽莲·梦露VS毛泽东	72.5cm×60.5cm	380,475	佳士得	2015.05.31
金焕基 1956-1958年作 山	46cm×27cm	2,338,920	佳士得	2015.05.30
金焕基 1956年作 蓝山	99.8cm×64.6cm	11,085,840	佳士得	2015.05.30
金焕基 约1957至1959年作 梅花	61cm×91.5cm	3,222,240	香港苏富比	2015.10.04
金焕基 约1966-67年作 无题	107.3cm×35.6cm	1,377,720	佳士得	2015.05.31
金泰浩 2013年作 内在的节奏2013-25	163.5cm×131cm	436,320	罗芙奥	2015.06.07
金泰浩 2013年作 内在的节奏2013-28	163cm×131cm	387,840	罗芙奥	2015.06.07
靳尚谊 1976年作 少女肖像	39cm×29cm	2,070,000	华艺国际	2015.05.24
靳尚谊 1988年作 沉思	65.3cm×53.5cm	5,750,000	上海明轩	2015.06.21
靳尚谊 2000年作 背影	55cm×45cm	1,714,068	保利香港	2015.04.06
靳尚谊 2006年作 背影	80cm×52.5cm	4,600,000	中国嘉德	2015.05.17
靳尚谊 2012年作 舞蹈演员	53cm×53cm	5,692,500	华艺国际	2015.05.24
井上有一 1961年作 阿	92.5cm×172.5cm	307,875	佳士得	2015.11.29
鹫见康夫 1978年作 作品	162cm×130.5cm	480,600	佳士得	2015.05.30
鹫见康夫 1980-86年作 作品	162cm×130.5cm	450,563	佳士得	2015.05.30
居斯塔夫·库尔贝 Painted in 1862 Femme nue couch é e	74.9cm×97.1cm	97,059,750	纽约佳士得	2015.11.09
绢谷 幸二 日月海风富岳	15.5cm×22.0cm	79,235	日本伊斯特	2015.10.17
卡洛斯·维亚鲁斯·弗朗西斯科穆斯林订婚礼	109.5cm×176cm	8,295,960	香港苏富比	2015.04.04
康海涛 2009年作 夜	107cm×77cm	253,000	中国嘉德	2015.11.14
康蕾 2003年作 后台系列之四	90cm×53cm	115,000	北京翰海	2015.11.27
康斯坦丁·马克西莫夫 1970年作 泥泞道路	40cm×69cm	1,380,000	际华春秋	2015.05.24
柯适中 2008年作 风景	91cm×116cm	69,738	台北艺流	2015.10.10
拉迪夫. 莫西汀1997年作 Selumbar：Kulit Kayu（Splinters：Barks）	111cm×122cm	600,750	佳士得	2015.05.30
拉笛夫·莫希丁 零碎小物	89cm×69.5cm	472,650	香港苏富比	2015.10.05
拉笛夫·莫希丁 无题		857,438	香港苏富比	2015.04.05
拉笛夫·莫希丁 无题		242,100	香港苏富比	2015.04.05
拉杜安·曼 武士	213.5cm×265cm	41,100	香港苏富比	2015.10.05
来源 2007年作 寂静之吹拂之七	160cm×150cm	138,000	北京保利	2015.06.04
来源 2012年作 凝视	80cm×60cm	115,000	北京华辰	2015.05.15
莱斯利·德·查韦斯 咒语		171,488	香港苏富比	2015.04.05
赖桂芳 牛车水街景	81.5cm×41cm	186,035	新加坡33拍卖	2015.06.21

拍品名称	物品尺寸	成交价RMB	拍卖公司	拍卖日期
赖威严 摆渡	90cm×116cm	69,738	台北艺流	2015.10.10
兰普·康萨诺 夏日	250cm×300cm	82,200	香港苏富比	2015.10.05
老赫 2015年作 老赫致敬毕加索NO.1	96cm×180cm	356,500	北京上和	2015.11.13
勒迈耶 1929年作 市集	22cm×26.5cm	82,200	香港苏富比	2015.10.05
勒迈耶 河边大溪地女子		3,744,480	香港苏富比	2015.04.05
勒迈耶 威尼斯景观		151,313	香港苏富比	2015.04.05
勒迈耶 威尼斯景观	42.5cm×55cm	154,125	香港苏富比	2015.10.05
勒迈耶 舞者	100cm×119.5cm	16,527,360	香港苏富比	2015.04.04
勒迈耶 约1940年代作 大溪地海滩上的二女子	101cm×121.5cm	3,814,080	香港苏富比	2015.10.04
勒迈耶 约1948年作 荷花池畔九女子图	100cm×120cm	10,916,160	香港苏富比	2015.10.04
勒迈耶·德·莫赫普赫斯 屋里和窗边的峇里女子	73cm×89cm	5,799,240	佳士得	2015.05.30
雷振华 2014年作 天象系列	136cm×108cm	172,500	北京保利	2015.12.05
冷广敏 2012年作 骑云	120cm×160cm	137,500	佳士得（上海）	2015.10.24
冷军 2001年作 匙	40cm×29cm	414,000	上海泛华	2015.06.19
冷军 2013年作 画室中的提琴手	39cm×78cm	2,645,000	北京匡时	2015.06.06
黎谱 白毛茛	59.5cm×59.5cm	102,750	香港苏富比	2015.10.05
黎谱 白衣仕女	79.5cm×98.5cm	246,600	香港苏富比	2015.10.05
黎谱 孩子在花园里	74cm×92cm	194,988	佳士得	2015.11.29
黎谱 花	46cm×27cm	123,150	佳士得	2015.11.29
黎谱 花卉与静物		262,275	香港苏富比	2015.04.05
黎谱 花束	65cm×78cm	133,575	香港苏富比	2015.10.05
黎谱 花艺静物	84cm×62cm	110,138	佳士得	2015.05.31
黎谱 花与仕女	100cm×73cm	154,125	香港苏富比	2015.10.05
黎谱 花园中的彩排	73cm×92cm	220,275	佳士得	2015.05.31
黎谱 母子与两位女士在花园	81.5cm×102cm	320,400	佳士得	2015.05.31
黎谱 瓶花		161,400	香港苏富比	2015.04.05
黎谱 瓶中花	92.5cm×60.5cm	164,148	新加坡33拍卖	2015.06.21
黎谱 仕女与鲜花	87.5cm×127.5cm	256,875	香港苏富比	2015.10.05
黎谱 萱草		141,225	香港苏富比	2015.04.05
黎谱 一束鲜花	92cm×65cm	143,675	佳士得	2015.11.29
黎谱 园中三仕女	82cm×65cm	164,400	香港苏富比	2015.10.05
黎谱 约1950年作 鹦鹉郁金香	34cm×26cm	71,925	香港苏富比	2015.10.05
黎谱 约1956年作 制备花束	45.5cm×26.5cm	240,300	佳士得	2015.05.31
黎氏秋 1932年作 越南少女肖像	44cm×38cm	350,438	佳士得	2015.05.31
黎氏秋 约1969年作 母与孩子	92cm×73cm	380,475	佳士得	2015.05.31
黎文第 三个小男孩		403,500	香港苏富比	2015.04.05
李·阿吉纳多 无题	120cm×115cm	102,750	香港苏富比	2015.10.05
李昌龙 2013年作 继续表演 No. 3	120cm×160cm	133,316	保利香港	2015.04.06
李昌龙 2015年作 白色方体	120cm×160cm	115,000	北京保利	2015.06.03
李成民 2005年作 心耕荷曲50	100cm×80cm	126,500	华艺国际	2015.05.24
李成民 2013年作 清莲（三联画）（三幅）	110cm×107cm×3	713,000	华艺国际	2015.05.24
李德 1983年作 望乡	91cm×116.5cm	1,153,440	罗芙奥	2015.05.31
李锭雄 毛笔	140cm×200cm	218,160	罗芙奥	2015.06.07
李光镐 2015年作 无题 2351	130.3cm×162.1cm	190,238	佳士得	2015.05.31
李光镐 2015年作 无题 2353	130.3cm×162.1cm	180,225	佳士得	2015.05.31
李光镐 2015年作 无题 2357	130.3cm×193.9cm	102,625	佳士得	2015.11.29
李光镐 2015年作 无题 3063	134.8cm×183cm	184,725	佳士得	2015.11.29
李贵君 2010年作 直觉	120cm×67cm	1,380,000	上海明轩	2015.06.21
李华琪 2015年作 塔吉克伴娘之三	120cm×60cm	149,500	北京保利	2015.06.04
李继森 2007年作 智斗	180cm×150cm	121,200	罗芙奥	2015.06.07
李掺哲 2013年作 巴黎圣母院	128cm×147cm	138,000	北京保利	2015.12.05
李掺哲 2014年作 我心光明	128cm×148cm	172,500	北京保利	2015.06.03

拍品名称	物品尺寸	成交价RMB	拍卖公司	拍卖日期
李梁 2015年作 远行	100cm×150cm	149,500	北京保利	2015.11.01
李林倬 2015年作 回家路上	110cm×70cm	460,000	北京保利	2015.12.05
李绫瑄 2009年作 物神 P8	100cm×100cm	600,750	佳士得	2015.05.31
李绫瑄 2013年作 无题	116cm×81cm×3cm	297,975	邦瀚斯	2015.10.03
李绫瑄 丰裕	125cm×175cm	770,625	香港苏富比	2015.10.04
李绫瑄 环绕		353,063	香港苏富比	2015.04.05
李绫瑄 天赋 II	121.5cm×152cm	822,000	香港苏富比	2015.10.05
李曼峰 1944年作 村落	51cm×60cm	266,633	保利香港	2015.04.06
李曼峰 1944年作 金鱼	122cm×42cm	359,188	佳士得	2015.11.29
李曼峰 1950年作 鲶鱼	122cm×60cm	595,225	佳士得	2015.11.29
李曼峰 1951年作 家禽图	98cm×44cm	1,954,440	佳士得	2015.05.31
李曼峰 1957年作 高原风光（印度尼西亚 沙泠岸）	60cm×90cm	769,688	佳士得	2015.11.29
李曼峰 1960年作 破浪	82cm×320cm	6,773,280	香港苏富比	2015.10.04
李曼峰 1971年作 伊罗拉石窟	60cm×70cm	304,723	保利香港	2015.04.06
李曼峰 八条金鱼	70cm×100cm	700,875	佳士得	2015.05.31
李曼峰 白鸽	101.5cm×49.5cm	359,625	香港苏富比	2015.10.05
李曼峰 吹笛牧童		3,357,120	香港苏富比	2015.04.05
李曼峰 纺纱女		907,875	香港苏富比	2015.04.05
李曼峰 公鸡	95cm×40cm	476,130	保利香港	2015.04.06
李曼峰 和平鸽		1,513,125	香港苏富比	2015.04.05
李曼峰 猴子		302,625	香港苏富比	2015.04.05
李曼峰 金鱼		786,825	香港苏富比	2015.04.05
李曼峰 峇里编织女子	122cm×60cm	350,438	佳士得	2015.05.31
李曼峰 峇里女郎	103cm×50cm	714,195	保利香港	2015.04.06
李曼峰 列冈舞姿	119cm×61cm	287,700	香港苏富比	2015.10.05
李曼峰 罗惹小贩	122cm×60cm	2,433,120	香港苏富比	2015.10.04
李曼峰 猫	122cm×60cm	1,335,750	香港苏富比	2015.10.05
李曼峰 瀑布垂帘		1,513,125	香港苏富比	2015.04.05
李曼峰 山羊		453,938	香港苏富比	2015.04.05
李曼峰 双鸽	122cm×60cm	700,875	佳士得	2015.05.31
李曼峰 一对白鸽		383,325	香港苏富比	2015.04.05
李曼峰 一对鲤鱼		958,313	香港苏富比	2015.04.05
李曼峰 鹦鹉	122cm×60cm	350,438	佳士得	2015.05.31
李曼峰 约1950年代作 鸽子	96cm×40cm	428,517	保利香港	2015.04.06
李曼峰 约1960年代作 矗立裸女	104cm×51cm	714,195	保利香港	2015.04.06
李曼峰 约1960年代作 一双一对	104cm×51cm	350,438	佳士得	2015.05.31
李曼峰 捉跳蚤	121.5cm×60cm	637,050	香港苏富比	2015.10.05
李明伟 2015年作 清涧深幽	116cm×89cm	207,000	北京上和	2015.11.13
李慕白 学文化	61.5cm×79.5cm	598,000	北京匡时	2015.12.04
李青 2005年作 英雄归（两图有八处不同）	170cm×130cm×2	345,000	北京匡时	2015.12.04
李青 2006年作 雾海	200cm×158cm 94.5cm×74.5cm	322,000	西泠拍卖	2015.07.04
李青 2010年作 大家来找茬·抓娃娃机（两图有八处不同）	200cm×150cm×2	310,500	北京匡时	2015.06.06
李青 2011年作 互毁而同一的像·女神	170cm×127cm×4	563,500	上海明轩	2015.06.21
李青萍 1980年代末作 登山	40cm×25cm	172,500	北京保利	2015.12.05
李青萍 1980年代中期作 母与子	54cm×39cm	287,500	北京保利	2015.12.05
李青萍 1995年作 天际线	79.5cm×37.5cm	172,500	北京诚轩	2015.05.17
李青萍 1996年作 富士山	31.8cm×72.7cm	115,000	北京诚轩	2015.11.14
李瑞年 1944年作 风景	51cm×43cm	368,000	北京翰海	2015.06.26
李瑞年 1981年作 荷塘	95cm×190cm	1,150,000	中国嘉德	2015.05.17
李山 1988年作 花之十二	109cm×127cm	920,000	中国嘉德	2015.05.17
李山 1990年作 胭脂系列：第七号	105.4cm×114.9cm	615,750	佳士得	2015.11.29
李山（油）1987年作 扩延续集之二	128cm×110cm	1,725,000	中国嘉德	2015.11.14
李山（油）1988年作 阅读系列	110cm×166cm	563,500	上海泛华	2015.06.19

拍品名称	物品尺寸	成交价RMB	拍卖公司	拍卖日期
李山（油）1995年作 胭脂系列	106.5cm×139.5cm	1,035,000	中国嘉德	2015.11.14
李山（油）2005年作 胭脂系列：双人毛泽东	39.4cm×49.5cm	121,050	佳士得	2015.03.15
李善阳 阳光	Φ108cm	287,500	天津同方	2015.06.06
李少宏 2014年作 知秋	120cm×100cm	230,000	北京保利	2015.12.05
李圣子 1956年作 种子	53.4cm×64cm	300,375	佳士得	2015.05.31
李圣子 1958年作 无题	80.3cm×60.6cm	1,412,120	佳士得	2015.11.29
李圣子 1959年作 控制与偶然	50cm×60.5cm	380,475	佳士得	2015.05.31
李圣子 1961年作 另一片土地	46cm×61cm	300,375	佳士得	2015.05.31
李圣子 1962年作 黎明时分的星	91cm×73cm	1,510,640	佳士得	2015.11.29
李圣子 1962年作 热闹的晚上	115cm×81cm	993,240	佳士得	2015.05.31
李圣子 1965年作 自然的震颤	80.7cm×60cm	1,510,640	佳士得	2015.11.29
李圣子 2002年作 我在火星的小旅馆 第4号	129.8cm×161.5cm	300,375	佳士得	2015.05.31
李石樵 1977年作 百合花	40cm×32cm	111,100	景薰楼	2015.06.21
李石樵 1981年作 八斗子渔港	65cm×53cm	395,100	景薰楼	2015.06.21
李石樵 1986年作 海景	29cm×38cm	123,150	佳士得	2015.11.29
李石樵 1987年作 玫瑰	41cm×32cm	205,250	佳士得	2015.11.29
李姝睿 2008年作 灯光No.77	140cm×140cm	149,500	北京保利	2015.06.03
李姝睿 2010年作 北极光 No. 10	239.5cm×180cm	164,200	佳士得	2015.11.29
李姝睿 2012年作 天光11号	140cm×140cm	135,794	保利香港	2015.10.05
李松松 2003年作 生辰纲之一	109cm×159cm	225,775	佳士得	2015.11.29
李天元 1990年作 来信	200cm×150cm	857,034	保利香港	2015.04.06
李天元 1997年作 自由的力量	218.2cm×180cm	690,000	中国嘉德	2015.11.14
李铁夫 1947年作 鱼	60.5cm×73cm	1,265,000	北京匡时	2015.12.04
李铁夫 天津螃蟹	76cm×63cm	345,000	北京匡时	2015.12.04
李铁军 2015年作 李铁军致敬毕加索NO.1	96cm×180cm	345,000	北京上和	2015.11.13
李伟广 2015年作 金碧油画山水NO.26	60cm×180cm	184,000	华艺国际	2015.05.24
李效成 龙门·相	60cm×50cm×4	345,000	北京翰海	2015.06.26
李新建 1987年作 梵呗哲蚌	85cm×114.5cm	1,127,000	北京匡时	2015.06.06
李秀实 2010年作 京华遗韵系列：旧岁风景之一	73cm×92cm	207,000	北京保利	2015.12.05
李胤 风中梦-周末8	200cm×140cm	126,500	上海敬华	2015.06.30
李英培 2006–2007年作 无题	162cm×130cm	153,938	佳士得	2015.11.29
李英培 2006年作 无题	162cm×130cm	153,938	佳士得	2015.11.29
李永斌 2007年作 脸系列16号	160cm×220cm	113,025	香港苏富比	2015.10.05
李禹焕 1978年作 始于线	72cm×91cm	2,723,400	佳士得	2015.05.31
李禹焕 1979年作 始于点	161cm×129.5cm	6,952,680	佳士得	2015.05.30
李禹焕 1980年作 无题	31cm×41cm	550,688	佳士得	2015.05.31
李禹焕 1984年作 东风	116cm×90.5cm	2,723,400	佳士得	2015.05.31
李振可 江南荷塘	90cm×35cm	20,720	河北嘉海	2015.09.13
李振可 油菜花香	90cm×35cm	21,280	河北嘉海	2015.09.13
李仲生 无题	27.1cm×37.1cm	77,597	保利香港	2015.10.05
李仲生 无题	27.1cm×38.6cm	63,047	保利香港	2015.10.05
李卓 2007年作 一个人的冬天	300cm×200cm	115,000	北京保利	2015.12.05
李宗津 1940年代作 瓶花和水果	51cm×61cm	598,000	中国嘉德	2015.11.14
李宗津 1950年代作 自画像	45.5cm×34cm	437,000	中国嘉德	2015.05.17
李宗津 1963年作《金色的季节》创作稿	43cm×33cm	322,000	上海明轩	2015.06.21
李宗津 1965年作 毛泽东像	73cm×60.5cm	5,635,000	上海明轩	2015.06.21
李宗津 1974年作 燕东院风景之二	73cm×60cm	1,150,000	中国嘉德	2015.05.17
理查德·普林斯 Painted in 2002 Heartbreak Nurse #2	182.8cm×113.9cm	28,073,350	纽约佳士得	2015.11.09
理察·度朗多·多哥 不详 Nu à la guitar（拿吉他的裸体女人）	41cm×33.5cm 画框47.5cm×40cm	770,000	上海爱莲	2015.11.22
笠井麻衣子 2013年作 清早的探访者	162cm×162cm	112,888	佳士得	2015.11.29
连雅德·帕拉斯 寻找意义的过程就是意义所在	211cm×183cm	66,788	香港苏富比	2015.10.05

2015书画拍卖成交汇总

(成交价RMB：15万元以上)

拍品名称	物品尺寸	成交价RMB	拍卖公司	拍卖日期
莲轮友子 2013年作 超级英雄	194cm×130.5cm	302,625	香港苏富比	2015.04.05
莲轮友子 2013年作 超级英雄3	146cm×227.5cm.	41,100	香港苏富比	2015.10.05
廉萨·博亚瓦尼库 准备典礼		131,138	香港苏富比	2015.04.05
梁奕棼 2014年作 月琴配美人	160cm×300cm	106,200	台北中诚	2015.06.14
梁远苇 2005年作 某夜的某页之伍	50cm×40cm	190,452	保利香港	2015.04.06
梁远苇 2006年作 某夜的某页之拾	50cm×40cm	190,452	保利香港	2015.04.06
梁远苇 2006年作 生活的五十个片段	12cm×14cm×3	115,000	北京匡时	2015.12.04
梁远苇 2006年作 某夜的某页之拾贰	50cm×40cm	115,000	北京保利	2015.12.05
梁远苇 2011年作 椭圆（两件作品）	40.2cm×50.2cm.	287,700	香港苏富比	2015.10.05
廖继春 1953年作 淡水远眺	53cm×65cm	3,703,700	景薰楼	2015.06.21
廖继春 1971年作 凯旋门	43cm×51cm	1,840,800	台北中诚	2015.06.14
列赫特 1963年作 冬天	50cm×70cm	517,500	际华春秋	2015.05.24
列赫特 1975年作 候车	86cm×87cm	920,000	际华春秋	2015.05.24
列赫特 1992年作 女人体	80cm×50cm	920,000	际华春秋	2015.05.24
林达川 1950年代 上海街景	56.5cm×76.5cm	460,000	北京匡时	2015.06.06
林达川 1979年作 西湖雪景	38cm×55cm	207,000	中国嘉德	2015.11.14
林达川 码头	53cm×63.5cm	207,000	西泠拍卖	2015.07.04
林达川 烟霞洞之二	63.5cm×53cm	207,000	西泠拍卖	2015.07.04
林风眠 20世纪 中国戏曲系列：杨门女将	52.8cm×43cm	8,202,240	佳士得	2015.05.30
林风眠 京剧系列一连环套 镜心	55.5cm×43cm	6,900,000	华艺国际	2015.05.24
林巨 2007年作 风火水（三）	227cm×162cm	153,938	佳士得	2015.11.29
林茂 2015年作 春涧	85cm×131cm	1,150,000	北京保利	2015.12.05
林寿宇 1960年作 有铝板的绘画浮雕	63cm×76cm	704,672	保利香港	2015.04.06
林寿宇 1961年作 绘画浮雕	102cm×76.5cm	969,960	保利香港	2015.10.05
林寿宇 1964年作 画作1964年1月	101.5cm×127cm	1,512,480	邦瀚斯	2015.10.03
林寿宇 1978年至1982年 致KATYA	31cm×41cm	287,500	北京诚轩	2015.11.14
林寿宇 1980年至1982年 1982年四月的一天	46cm×31cm	299,000	北京诚轩	2015.11.14
林寿宇 1980年至1982年 黄与灰	46cm×31cm	299,000	北京诚轩	2015.11.14
林寿宇 2010年作 对比	72cm×72cm	977,500	北京保利	2015.06.03
林寿宇 一九五八年作 单调	56cm×71cm.	154,125	香港苏富比	2015.10.05
林显宗 2003年作 基隆船厂边	60cm×72cm	69,738	台北艺流	2015.10.10
林宪茂 2014年作 百鲤红漾	122cm×152.5cm	212,400	台北中诚	2015.06.14
林宪茂 2014年作 百鲤红漾	90.5cm×116cm	141,600	台北中诚	2015.06.14
林永康 2005年作 女人体	110cm×90cm	207,000	广东崇正	2015.06.19
林永康 小女孩	90cm×70cm	345,000	北京上和	2015.11.13
林子平 2002年作 船	66cm×81.5cm	142,262	新加坡33拍卖	2015.06.21
林子平 驳船码头	109cm×207cm	256,875	香港苏富比	2015.10.05
凌健 2009年作 绿装公主四号	250cm×180cm	913,140	罗芙奥	2015.05.31
刘冰 2014年作 女国王	150cm×130cm	195,500	北京保利	2015.06.03
刘大鸿 1990年作 家庭	34.4cm×34.4cm.	30,825	香港苏富比	2015.10.05
刘锋植 2004年作 文明的结局	145cm×182cm	230,000	北京上和	2015.11.13
刘锋植 2013年作 凤	53cm×75cm	115,000	北京上和	2015.11.13
刘国夫 2013年作 敞23	180cm×150cm	598,000	北京保利	2015.06.03
刘国夫 2014年作 敞18	150cm×130cm	399,949	保利香港	2015.04.06
刘国强 2002年作 父亲也潇洒	180cm×230cm	1,150,000	北京上和	2015.11.13
刘国强 2015年作 WELCOME—美国	80cm×60cm	345,000	北京上和	2015.11.13
刘国枢 2010年作 飞夺泸定桥	131cm×180cm	1,150,000	北京保利	2015.12.05
刘国义 2013～2014年作 快乐无敌组画：11号24号	100cm×80cm×2	138,000	北京上和	2015.11.13
刘海粟 1930年作 翡冷翠	45.9cm×54.8cm	1,008,750	香港苏富比	2015.04.05
刘海粟 1954年作 黄山散花坞云海奇观	68cm×86cm	3,450,000	中国嘉德	2015.11.14
刘玖通 2010年作 中国水乡之水上人家	80cm×160cm	224,200	台北中诚	2015.06.14

拍品名称	物品尺寸	成交价RMB	拍卖公司	拍卖日期
刘玖通 2014年作 浪淘天涯	120cm×240cm	801,000	佳士得	2015.05.31
刘玖通 2014年作 山岛竦峙	120cm×360cm	1,116,560	佳士得	2015.11.29
刘玖通 2014年作 岁老根弥壮 及花枝犹俏（共两件）	130cm×80cm×2	600,750	佳士得	2015.05.31
刘玖通 2015年作 日暖江南春	160cm×130cm	769,688	佳士得	2015.11.29
刘军 2011年作 风花雪夜之四	150cm×200cm	322,000	中国嘉德	2015.11.14
刘抗 1970年作 峇里妇女	55cm×45cm	225,775	佳士得	2015.11.29
刘抗 1975年作 海滩风景	48.5cm×90cm	200,250	佳士得	2015.05.31
刘抗 1983年作 乡村情景	85cm×119cm	564,438	佳士得	2015.11.29
刘抗 1987年作 黄山	80cm×60cm	180,225	佳士得	2015.05.31
刘抗 男子与瓶罐		272,363	香港苏富比	2015.04.05
刘抗 新加坡河	50cm×61cm	225,775	佳士得	2015.11.29
刘孔喜 1996年作 春水	65cm×81cm	172,500	北京翰海	2015.11.27
刘磊 良犬图2	80cm×100cm	28,000	上海宏大	2015.10.17
刘力国 2015年作 香云妙妙之三	150cm×100cm	287,500	北京上和	2015.11.13
刘鹏飞 2015年作 心中的世界NO.1	110cm×73cm	253,000	北京上和	2015.11.13
刘鹏飞 2015年作 心中的世界NO.2	110cm×73cm	233,000	北京上和	2015.11.13
刘群 2015年作 螃蟹	40cm×60cm	172,500	北京上和	2015.11.13
刘荣夫 1936年作 晨	94cm×126cm	632,500	北京匡时	2015.12.04
刘绍荟 菩萨	105cm×104cm	345,000	广东崇正	2015.06.19
刘世健 流奶与蜜之地	60cm×80cm	51,750	四川翰雅	2015.10.15
刘世健 绿风	60cm×90cm	48,300	四川翰雅	2015.10.15
刘世健 云是鹤家乡	60cm×80cm	51,750	四川翰雅	2015.10.15
刘溯 2014年作 色	180cm×100cm	575,000	北京保利	2015.12.05
刘唯艰 2009年作 非典医院	170cm×200cm	230,000	北京匡时	2015.12.04
刘炜 2006年作 风景	199.5cm×200cm	4,130,000	苏富比（北京）	2015.06.02
刘炜 1989年作 西藏	45cm×35cm	402,500	北京保利	2015.12.05
刘炜 1991年作 革命家庭系列	50cm×50cm	2,485,560	香港苏富比	2015.04.05
刘炜 1994年作 游泳	149.8cm×200.2cm	12,888,960	香港苏富比	2015.10.04
刘炜 2000年作 商人	198cm×154cm	3,390,000	佳士得（上海）	2015.04.25
刘炜 2001年作 猴子	252cm×166cm	5,520,000	北京匡时	2015.06.06
刘炜 2001年作 无题	240cm×170cm	1,380,000	北京保利	2015.12.05
刘炜 2004年作 风景	120cm×200cm	1,939,920	保利香港	2015.10.05
刘炜 2004年作 王广义肖像	50.2cm×60.1cm	958,313	香港苏富比	2015.04.05
刘炜 2005年作 无题·黑白风景NO.3	225cm×200cm	1,782,500	北京匡时	2015.06.06
刘炜 2007年作 PORK	150cm×100cm	2,415,000	上海明轩	2015.06.21
刘炜 2007年作 花	55cm×74.5cm	828,000	北京匡时	2015.06.06
刘炜 2007年作 紫气系列	160cm×270cm	2,969,760	香港苏富比	2015.04.05
刘炜 2008年作 紫气	190.3cm×140.3cm	2,910,000	佳士得（上海）	2015.04.25
刘炜 2008年作 紫气系列	180cm×220cm	2,300,000	北京保利	2015.06.03
刘炜 2008年作 紫气系列F1	220cm×180cm	2,776,080	香港苏富比	2015.04.04
刘炜 2009年作 对，这就是全部！三	180cm×250cm	1,035,000	北京保利	2015.06.03
刘炜 2009年作 紫气	180cm×300cm	3,630,000	佳士得（上海）	2015.10.24
刘炜 2009年作 紫气 30033403	300cm×180cm	2,070,000	北京保利	2015.06.03
刘炜 2010年作 N5-1	221cm×221cm	3,492,360	佳士得	2015.05.30
刘炜 2010年作 紫气	220cm×220cm	2,235,840	香港苏富比	2015.10.04
刘韡 2005年作 浪	200cm×420cm	1,437,500	北京保利	2015.12.05
刘文涛 2006年作 无题	148cm×232cm.	102,750	香港苏富比	2015.10.05
刘向东 2014年作 晚秋4	35cm×125cm	1,092,500	中国嘉德	2015.05.17
刘向东 鱼 2006年作	50cm×70cm	207,000	西泠拍卖	2015.07.04
刘小东 1991年作 缠绵	100.5cm×80.5cm	3,186,000	苏富比（北京）	2015.06.02
刘小东 1991年作 白头到老	150cm×120cm	10,350,000	北京保利	2015.12.05

拍品名称	物品尺寸	成交价RMB	拍卖公司	拍卖日期
刘小东 1992年作 行吟诗人	152cm×172cm	4,255,000	北京保利	2015.06.03
刘小东 1993年作 大雨（纽约）	142cm×182cm	11,500,000	中国嘉德	2015.11.14
刘小东 2002年作 车祸	200cm×200cm	1,233,000	香港苏富比	2015.10.05
刘小东 2003年作 离九份不远	76cm×97cm	1,495,000	北京匡时	2015.12.04
刘小东 2009年作 儿子	100cm×90cm	855,420	佳士得	2015.03.15
刘小东 2009年作 三妮	100cm×90cm	874,000	西泠拍卖	2015.07.04
刘小东 2011年作 叶子	140cm×150cm	1,858,320	佳士得	2015.05.31
刘昕 2007年作 画室里的萌萌	110cm×73cm	253,000	西泠拍卖	2015.07.04
刘新华 2008年作 视觉修辞：公文	165cm×120cm	172,500	北京翰海	2015.11.27
刘野 1992年作 窗外	45cm×45cm	575,000	北京诚轩	2015.11.14
刘野 2002年作 阮玲玉之三	60cm×45cm	2,424,900	保利香港	2015.10.05
刘野 2003年作 周璇	60cm×45cm	4,025,000	西泠拍卖	2015.07.04
刘野 2006年作 Boogie Woogie, Little Girl in New York	210cm×210cm	8,943,360	香港苏富比	2015.10.04
刘一菱 1991年作 惠女出嫁	62cm×101cm	345,000	厦门华辰	2015.06.20
刘易斯·罗兰萨纳 棒棒糖万岁	150cm×119.5cm	143,850	香港苏富比	2015.10.05
刘溢 2000年作 "静"镜	121cm×91cm	690,000	北京保利	2015.06.04
刘溢 2006年作 小姜	91 cm×76 cm	384,480	罗芙奥	2015.05.31
刘溢 2008年作 惊蛰	120cm×150cm	3,220,000	北京保利	2015.06.03
刘溢 2010年作 新西兰的花	120cm×150cm	1,150,000	北京保利	2015.12.05
刘云生 2007年作 黄河上游	90cm×82cm	345,000	北京保利	2015.06.04
龙力游 2006年作 小玩伴	50.3cm×60.7cm	138,000	中国嘉德	2015.05.17
龙力游 2012年作 放牧归来	100cm×120cm	1,150,000	北京华辰	2015.05.15
卢加斯·西拉布斯 2014年作 第二却第一	150cm×250cm	140,175	佳士得	2015.05.31
卢克维克·阿勒姆 1936年作 女士肖像	92cm×60cm	748,000	上海爱莲	2015.11.22
卢斯里 市集		141,225	香港苏富比	2015.04.05
鲁得涅夫 2003年作 农妇	50cm×70cm	632,500	际华春秋	2015.05.24
鲁迪·曼度凡尼 阴影中	200cm×200cm	822,000	香港苏富比	2015.10.04
陆琦 1989年作 人·海	101.5cm×157cm	353,063	香港苏富比	2015.04.05
陆新建 2014年作 倒影——浦东不眠夜	200cm×400cm	375,000	佳士得（上海）	2015.10.24
陆逸 静物	74.5cm×60cm	115,000	北京匡时	2015.06.06
路璋 2014年作 伦敦风光	100cm×66cm	138,000	北京保利	2015.06.04
栾小杰 1991年作 干枝·影（三联）	160cm×100cm×3	1,150,000	北京翰海	2015.11.27
罗丹·克鲁兹·文图拉 2012年作 细微之处	122cm×92cm	100,875	佳士得	2015.03.15
罗当·（马诺）·温杜拿 保留		100,875	香港苏富比	2015.04.05
罗尔纯 1993年作 滨海城市	80.5cm×65cm	209,497	保利香港	2015.04.06
罗尔纯 1993年作 乡土	61cm×45.5cm	126,500	中国嘉德	2015.05.17
罗尔纯 2006年作 法国小镇	125cm×135cm	897,000	上海明轩	2015.06.21
罗尔纯 红土地上的老人	84cm×64.7cm	195,500	中国嘉德	2015.11.14
罗尔纯 静物·花	60cm×50cm	310,500	上海敬华	2015.06.30
罗尔纯 勐景兰	53cm×65cm	126,500	北京翰海	2015.06.26
罗尔纯 牛	46.5cm×65.5cm	142,839	保利香港	2015.04.06
罗尔纯 山岗	80cm×65cm	126,500	中国嘉德	2015.11.14
罗尔纯 小镇	48.5cm×58cm	161,000	中国嘉德	2015.05.17
罗杰·孔德不详 塞纳河里的船只	55cm×66cm	242,000	上海爱莲	2015.11.22
罗美欧·塔佩纳 村庄里的驯鹿	59.5cm×89.5cm	97,613	香港苏富比	2015.10.05
罗美欧·塔佩纳 二男子和一只公鸡		100,875	香港苏富比	2015.04.05
罗美欧·塔佩纳 无题		131,138	香港苏富比	2015.04.05
罗美欧·塔佩纳 香蕉小檔	66cm×86.5cm	87,338	香港苏富比	2015.10.05
罗米奥·塔贝纳 1955年作 三个乞丐	53cm×70cm	328,400	佳士得	2015.11.29
罗米奥·塔贝纳 1959年作 节日	61cm×90cm	112,888	佳士得	2015.11.29
罗米奥·塔贝纳 1964年作 母子	110cm×59cm	102,625	佳士得	2015.11.29
罗米奥·塔贝纳 1968年作 吉他与水果	70cm×104cm	133,413	佳士得	2015.11.29

拍品名称	物品尺寸	成交价RMB	拍卖公司	拍卖日期
罗穆尔多·罗格泰利 裸女像		625,425	香港苏富比	2015.04.05
罗穆尔多·罗格泰利 三女子像		423,675	香港苏富比	2015.04.05
罗穆尔多·罗格泰利 约1939年作 峇里岛女孩	155cm×117.5cm	5,951,280	邦瀚斯	2015.10.03
罗穆洛·欧拉索 无题 #162		105,919	香港苏富比	2015.04.05
罗讷德·温杜拿 光环	235cm×366cm	6,359,160	香港苏富比	2015.04.04
罗讷德·温杜拿 光之碎片	152.4cm×122cm	2,630,400	香港苏富比	2015.10.05
罗讷德·温杜拿 喧腾	152cm×213cm	5,786,880	香港苏富比	2015.10.04
罗讷德·文图拉 2006年作 商品	91cm×61cm	353,063	佳士得	2015.03.15
罗讷德·文图拉 2011-2012年作 彩虹冲（2）		431,025	佳士得	2015.11.29
罗荃木 2004年作 山水	175cm×150cm	230,000	西泠拍卖	2015.07.04
罗荃木 2005年作 动物园	150cm×185cm	230,000	中国嘉德	2015.05.17
罗荃木 2008年作 采石	275cm×180cm	529,000	北京保利	2015.06.03
罗荃木 2011-2014年作 养蜂人	100cm×80cm	138,000	北京匡时	2015.12.04
罗荃木 2012-2014年作 养蜂人	180cm×120cm	333,291	保利香港	2015.04.06
罗荃木 2012年作 养蜂人	210cm×130cm	448,500	中国嘉德	2015.05.17
罗荃木 2012年作 养蜂人	210cm×130cm	213,391	中国嘉德	2015.10.06
罗荃木 2014-2015年作 风景	250cm×200cm	345,000	北京保利	2015.12.05
罗伊·利希滕斯坦 Painted in 1964 Nurse	121.9cm×121.9cm	605,567,750	纽约佳士得	2015.11.09
罗展鹏 2009年作 草莓族百鬼夜行4 吸血姬	145cm×145cm	169,680	罗芙奥	2015.06.07
罗展鹏 2009年作 红颜歌5	145cm×145cm	230,688	罗芙奥	2015.05.31
罗中立 1980年作 刻私章	65cm×50cm	1,142,712	保利香港	2015.04.06
罗中立 1980年作 乡情	63cm×75cm	1,537,920	罗芙奥	2015.05.31
罗中立 1982年作 新月	120cm×95.5cm	2,415,000	中国嘉德	2015.05.17
罗中立 1984年作 出生记录	77.5cm×103cm	750,938	佳士得	2015.05.31
罗中立 1994年作 父与子	90.5cm×116.5cm	2,185,000	北京保利	2015.06.03
罗中立 1994年作 浴	99.5cm×130cm	1,707,680	佳士得	2015.11.29
罗中立 1995年作 竞技场	40cm×50cm	425,600	北京荣宝	2015.06.21
罗中立 1998年作 掌灯	96cm×130cm	1,437,500	北京匡时	2015.06.06
罗中立 1999年作 拥抱	54.9cm×39.6cm.	226,050	香港苏富比	2015.10.05
罗中立 2000年作 过河系列之一	120.5cm×95cm	3,450,000	西泠拍卖	2015.07.04
罗中立 2005年作 磨刀	77.5cm×48.3cm	420,525	佳士得	2015.05.31
罗中立 2007年作 过河系列	160cm×200cm	5,286,600	罗芙奥	2015.05.31
罗中立 90年作代后期 持灯女子	51cm×41cm	437,000	上海敬华	2015.06.30
罗中立 河边	53cm×39.2cm	299,000	西泠拍卖	2015.07.04
罗中立 街景	52.5cm×39cm	313,600	北京荣宝	2015.11.29
罗中立 洗脚之三	39cm×54cm	322,000	广东崇正	2015.06.19
吕荣琛 2013年作 紫的记忆	129cm×193cm	135,800	景薰楼	2015.06.21
吕斯百 1950年代 山林	22.5cm×33.5cm	115,000	北京匡时	2015.06.06
吕斯百 1952年作 兰州梨树	20cm×29.4cm	115,000	北京匡时	2015.06.06
吕斯百 1961年作 水坝	41.5cm×50.5cm	540,500	北京匡时	2015.12.04
吕斯百 树林里的八角楼	42cm×52cm	632,500	江苏爱涛	2015.06.29
马常利 1997年作 白帆	60.5cm×72.5cm	103,500	中国嘉德	2015.11.14
马丹 2010年作 白菜给的浪漫	115cm×145.5cm.	43,155	香港苏富比	2015.10.05
马精虎 2015年作 具区林屋女	180cm×90cm	287,500	中国嘉德	2015.11.14
马精虎 2015年作 喜上梅枝	150cm×110cm	322,000	中国嘉德	2015.05.17
马轲 2004年作 我的马	150cm×200cm	322,000	北京保利	2015.12.05
马轲 2006年作 马上封侯之五	150cm×200cm	241,500	北京保利	2015.06.03
马轲 2006年作 英雄时代	200cm×150cm	299,000	上海明轩	2015.06.21
马轲 2009年作 盲	200cm×150cm	402,500	中国嘉德	2015.05.17
马可鲁 1985年作 "无题"之五	90cm×70cm	345,000	北京保利	2015.12.05
马可鲁 2006年作 银锭桥	180cm×160cm	345,000	北京匡时	2015.06.06
马克·奎安 2009年作 苏佛里耶尔火山下	169.5cm×282.5cm	1,590,000	佳士得（上海）	2015.04.25
马克·夏卡尔 约1975-1980年作 粉红花丛	41cm×27cm	3,150,000	佳士得（上海）	2015.04.25

(成交价RMB：15万元以上)

拍品名称	物品尺寸	成交价RMB	拍卖公司	拍卖日期
马琳 1994年作 远方的雷声	155cm×165cm	3,220,000	北京翰海	2015.06.26
马思博 2014年作 红色游泳池	120cm×90cm	68,750	佳士得（上海）	2015.10.24
马文婷 2007年作 在路上之二	147cm×210cm	171,407	保利香港	2015.04.06
马文婷 2011年作 金色的伟人塑像	180cm×250cm	230,000	北京保利	2015.06.03
马元 藏经阁	150cm×150cm	1,702,000	天津同方	2015.11.21
玛丽安·苏菲里纳 日本大分市	80cm×80cm	43,155	香港苏富比	2015.10.05
玛丽娜·克鲁斯 肮脏厨房之延伸	164.5cm×207.5cm	61,650	香港苏富比	2015.10.05
毛栗子 1987年作 缚	80.5cm×103cm	225,000	佳士得（上海）	2015.10.24
毛栗子 1991年作 敦煌壁画	99.5cm×79.5cm	225,000	佳士得（上海）	2015.10.24
毛栗子 2010年作 山水重构	195cm×114cm	1,050,000	佳士得（上海）	2015.04.25
毛栗子 2013年作 花非花	114cm×195cm	287,500	北京匡时	2015.06.06
毛罗·马朗·桑托斯 母子	30.5cm×30.5cm	90,420	香港苏富比	2015.10.05
毛旭辉 1989年作 坐在扶手椅上的人	97cm×67cm	1,163,952	保利香港	2015.10.05
毛旭辉 1990年作 90家长系列（三联）	120cm×90cm×3	3,450,000	中国嘉德	2015.11.14
毛旭辉 1992年作 ‘92 家长（三联作）	180cm×110cm 180cm×330cm	5,874,960	香港苏富比	2015.04.04
毛旭辉 1993、1994、1993年作 关于权利的词汇 第十号；第十一号；及第十三号（共三件）	180cm×130cm 180cm×150cm 180cm×130cm	2,435,040	佳士得	2015.05.30
毛旭辉 1993年作 黑色吉钟四号	162cm×112cm	920,000	北京保利	2015.12.05
毛旭辉 1994年作 日常史诗：靠背椅和钥匙	179cm×149cm	801,000	佳士得	2015.05.31
毛旭辉 2007年作 黑白剪刀一把或半把	180cm×250cm	230,000	中国嘉德	2015.05.17
毛艳阳 2015年作 划过天空的彩虹	137.5cm×213.5cm	103,500	北京保利	2015.12.05
毛焰 1989年作 屏风前的遐思	98.5cm×73.5cm	2,875,000	中国嘉德	2015.11.14
毛焰 1989年作 自画像	49.5cm×44cm	1,955,000	中国嘉德	2015.11.14
毛焰 1995年作 尖角黑玫瑰	200cm×100cm	7,080,708	保利香港	2015.10.05
毛焰 1996年作 记忆或者舞蹈的黑色玫瑰	230cm×150cm	10,350,000	北京保利	2015.06.03
毛焰 1999年作 朋友·鸿的肖像	60.5cm×49.5cm	1,840,000	上海明轩	2015.06.21
毛焰 2000年作 托马斯肖像1号	61cm×50cm	2,127,500	中国嘉德	2015.05.17
毛焰 2001年作 THOMAS的肖像NO.7	61cm×50cm	897,000	上海明轩	2015.06.21
毛焰 2004年作 托马斯肖像NO.5	75cm×60cm	2,415,000	中国嘉德	2015.11.14
毛焰 2005年作 托马斯	36cm×27.5cm	345,000	上海明轩	2015.06.21
毛焰 2006年作 托马斯	27cm×36cm	368,000	北京保利	2015.06.04
毛焰 2011年作 肖像——托马斯	110cm×75cm	1,495,000	西泠拍卖	2015.07.04
毛以岗 2006年作 夏至	120cm×90cm	345,000	北京保利	2015.06.04
梅尔尼科夫 1999年作 风景	40cm×50cm	2,300,000	际华春秋	2015.05.24
梅尔尼科夫 2001年作 河边	49.3cm×49cm	3,220,000	际华春秋	2015.05.24
孟禄丁 2007年作 势系列14	200cm×400cm	2,300,000	北京保利	2015.06.03
孟涛 2009年作 羽咒·冥想	120cm×195cm	690,000	中国嘉德	2015.05.17
孟涛 碧水轻风	90cm×70cm	241,500	四川翰雅	2015.10.15
孟涛 老墙	100cm×80cm	276,000	四川翰雅	2015.10.15
孟涛 桃花故里	100cm×80cm	287,500	四川翰雅	2015.10.15
孟涛 幽梦深蓝	90cm×70cm	126,500	上海敬华	2015.06.30
孟新宇 2014年作 竹林村	78cm×97cm	172,500	北京保利	2015.01.24
孟新宇 2015年作 雪落太行	100cm×100cm	322,000	北京保利	2015.12.05
米巧铭 2012年作《白蛇传》之白素贞与小青	125cm×85cm	1,035,000	北京翰海	2015.06.26
米巧铭 2014年作 贵妃醉酒	124cm×77cm	977,500	北京保利	2015.06.04
米巧铭 2014年作 记忆系列2	60cm×80cm	805,000	中国嘉德	2015.05.17
米巧铭 2014年作 项羽	150cm×94cm	1,058,000	北京保利	2015.12.05
米巧铭 2015年作 马	直径60cm	667,000	北京匡时	2015.06.06
米巧铭 2015年作 夏韵	55cm×75cm	713,000	北京翰海	2015.11.27
米斯尼亚迪 2001年作 最后机会	120cm×120cm	700,875	佳士得	2015.05.31

拍品名称	物品尺寸	成交价RMB	拍卖公司	拍卖日期
米斯尼亚迪 2003年作 花	173.5cm×168.5cm	1,194,360	佳士得	2015.03.15
米斯尼亚迪 2004年作 职业拳击手	145cm×126cm	190,452	保利香港	2015.04.06
米斯尼亚迪 2010年作 司晨之舞	200cm×150cm	2,146,680	佳士得	2015.05.31
米斯尼亚迪 2013年作 在线	200cm×300cm	3,396,240	佳士得	2015.05.30
米斯尼亚迪 别催我	206cm×160cm	2,235,840	香港苏富比	2015.10.04
米斯尼亚迪 米斯尼亚迪俱乐部	135cm×135cm	719,250	香港苏富比	2015.10.05
米斯尼亚迪 一分为二	150cm×150cm	1,412,250	香港苏富比	2015.04.04
莫大风 2015年作 幽径	85cm×150cm	552,000	北京保利	2015.06.04
莫大风 韦兹莱白傍晚	41cm×82cm	184,000	北京保利	2015.12.05
莫迪利安尼 1917-1918年作 侧卧的裸女	59.9cm×92cm	1,086,263,713	纽约佳士得	2015.11.09
莫雄 静物	80cm×100	115,000	西泠拍卖	2015.07.04
莫也 1995年作 涩柿子与叶小姑儿	100.5cm×82cm	392,000	北京荣宝	2015.06.21
墨客 2010年作 抽象	47.5cm×30cm	862,500	北京保利	2015.06.04
墨客 2014年作 静微	20cm×15cm	287,500	北京保利	2015.12.05
墨客 钦引	29cm×19cm	460,000	北京翰海	2015.11.27
默涵 岁月如烟	80cm×65cm	126,500	上海敬华	2015.06.30
木西 2015年作 那片海	80cm×100cm	115,000	北京保利	2015.12.05
纳提·尤塔瑞 2002年作年轻的纸牌作弊者	240cm×200cm	380,475	佳士得	2015.05.31
纳提·尤塔瑞 蓝色士兵	240cm×200cm	770,625	香港苏富比	2015.10.04
纳提·尤塔瑞 麦当劳－蓝系列	199.5cm×180cm	215,775	香港苏富比	2015.10.05
纳提·尤塔瑞 桥	150cm×200cm	807,000	香港苏富比	2015.04.04
纳提·尤塔瑞 沙漠老鼠		191,663	香港苏富比	2015.04.05
纳提·尤塔瑞 2008年作 巴洛克第三号	240cm×200cm	897,120	佳士得	2015.05.30
奈良美智 1987年作 基督1号	36cm×44.8cm	190,452	保利香港	2015.04.06
奈良美智 1990年作 Untitled	85cm×85cm	667,063	佳士得	2015.11.29
奈良美智 1991年作 Submarines Around the Face	45cm×60cm	300,375	佳士得	2015.05.31
奈良美智 1991年作 无题	33cm×27cm	461,813	佳士得	2015.11.29
奈良美智 1993年作 Dog with Coffin	60cm×60.1cm	1,116,560	佳士得	2015.11.29
奈良美智 1993年作 无题	48cm×38cm	322,800	佳士得	2015.03.15
奈良美智 1993年作 无题	23.5cm×15.8cm.	61,650	香港苏富比	2015.10.05
奈良美智 1994年作 O.T.	72cm×78cm	801,000	佳士得	2015.05.31
奈良美智 1995年作 Sunny Day Holy Joy	53cm×65.2cm	1,215,080	佳士得	2015.11.29
奈良美智 1995年作 Yr. Childhood	120cm×110cm	15,795,720	佳士得	2015.05.30
奈良美智 1995年作 不就是不	55cm×65cm	1,808,400	邦瀚斯	2015.10.03
奈良美智 1996年作 Little Red Trooper	33.5cm×27.7cm.	2,038,560	香港苏富比	2015.10.05
奈良美智 1996年作 Mädchen mit den Winkerfaggen	32cm×24cm	1,067,300	佳士得	2015.11.29
奈良美智 1996年作 Untitled	42cm×46cm	2,101,760	佳士得	2015.11.29
奈良美智 1999年作 In the Darkland	120cm×110cm	9,929,760	香港苏富比	2015.10.04
奈良美智 2002年作 Standing Alone	72.5cm×51.2cm.	3,222,240	香港苏富比	2015.10.05
奈良美智 2008年作 Nagoya Girl I	图象 108.5cm×76.5cm 纸120cm×88.5cm	2,435,040	佳士得	2015.05.30
奈良美智 2012年作 Let's Talk About "Glory"	151cm×108.5cm	7,956,960	香港苏富比	2015.10.04
奈良美智 Painted in 2006 The Little Star Dweller	227.3cm×181.3cm	21,672,550	纽约佳士得	2015.11.09
奈良美智 浇水 Give You Water	100.0cm×100.0cm	1,890,360	日本伊斯特	2015.05.24
奈良美智 腮腺炎	60.5cm×50.0cm	1,323,252	日本伊斯特	2015.05.24
奈良美智 拯救丹尼斯	55.8cm×41.7cm	472,590	日本伊斯特	2015.05.24
南宽 1963年作 佳节	128.3cm×160.5cm	1,089,360	佳士得	2015.05.30
南宽 1965年作 古旧（2）	70cm×40cm	174,463	佳士得	2015.11.29
妮妮 2012年作 梦中草原	60cm×80cm	109,250	北京保利	2015.12.05
倪贻德 1960年代初作 建设工地	73cm×60cm	1,955,000	北京匡时	2015.12.04

拍品名称	物品尺寸	成交价RMB	拍卖公司	拍卖日期
倪贻德 南疆集市	48.5cm×64cm	19,759	台北艺流	2015.10.10
倪有鱼 2009年作 无忌桥	120cm×200cm	252,190	保利香港	2015.10.05
聂明 2011年作 白菜	50cm×60cm	230,000	北京保利	2015.12.05
聂鸥 2005年作 菜市场	91cm×73cm	184,000	北京翰海	2015.06.26
聂鸥 2005年作 夏日清凉	97cm×130cm	115,000	广东崇正	2015.06.19
聂鸥 2006年作 夏日	80cm×120cm	253,000	北京翰海	2015.06.26
宁雨菲 彼方	50cm×60cm	10,976	河北嘉海	2015.09.13
纽曼·古纳沙 舞者	95cm×95cm	20,550	香港苏富比	2015.10.05
依那·卡西亚 对话	213.5cm×305cm 213.5cm×152.5cm	453,938	香港苏富比	2015.04.04
依那·卡西亚 无题拍品271	182.5cm×243.5cm	411,000	香港苏富比	2015.10.05
欧阳春 2005年作 呐喊	180cm×250cm	413,000	苏富比（北京）	2015.06.02
欧阳春 2004年作 稻草人之一	250cm×180cm	368,000	中国嘉德	2015.05.17
欧阳春 2004年作 画家狗	200cm×300cm	423,675	香港苏富比	2015.04.05
欧阳春 2005年作 暴君和僧侣	180cm×230cm	437,000	北京匡时	2015.12.04
欧阳春 2005年作 漠视 1	180cm×170cm	250,000	佳士得（上海）	2015.10.24
欧阳春 2005年作 能量棒	200cm×150cm	276,000	上海明轩	2015.06.21
欧阳春 2005年作 深海动物	100cm×243cm 100cm×81cm	425,000	佳士得（上海）	2015.04.25
欧阳春 2005年作 王	150cm×120cm	264,500	北京匡时	2015.06.06
欧阳春 2005年作 自传	280cm×220cm	552,000	北京保利	2015.06.03
欧阳春 2005年作 王者	230cm×180cm	483,000	北京保利	2015.12.05
欧阳春 2006年作 彩色的陨石	180cm×300cm	402,500	西泠拍卖	2015.07.04
欧阳春 2006年作 画家	96cm×96cm	266,633	保利香港	2015.04.06
欧阳春 2006年作 日出	180cm×240cm	230,000	中国嘉德	2015.11.14
欧阳春 2006年作 香蕉妹妹和香蕉弟弟（两联作）	230cm×180cm×2	632,500	中国嘉德	2015.11.14
欧阳春 2006年作 雪人	160 cm×140cm	153,792	罗芙奥	2015.05.31
欧阳春 2006年作 丢弃绘画	180cm×250cm	253,000	北京保利	2015.12.05
欧阳春 2007年作 鲸鱼吃掉坏蛋	130cm×340cm	523,743	保利香港	2015.04.06
欧阳春 2007年作 两个醉鬼（两联作）	160cm×65cm	172,500	中国嘉德	2015.05.17
欧阳春 2007年作 两头鲸	170cm×170cm	264,500	北京诚轩	2015.05.17
欧阳春 2007年作 巫婆与神汉 No.6	180cm×170cm	250,000	佳士得（上海）	2015.10.24
欧阳春 2008年作 匪徒遭坏蛋伏击	80cm×120cm	218,500	北京匡时	2015.06.06
欧阳春 2008年作 疯狗	79cm×179.5cm	228,542	保利香港	2015.04.06
欧阳春 2008年作 精神病院	170cm×130cm	172,500	北京保利	2015.12.05
欧阳春 2009年作 黑牢	114cm×146cm	101,808	罗芙奥	2015.06.07
欧阳春 2009年作 琼楼玉宇	70cm×240cm	598,000	北京保利	2015.06.03
欧阳春 2009年作 王土	130cm×380cm	690,000	北京保利	2015.06.03
欧阳春 2011年作 教室	190cm×150cm	230,000	北京诚轩	2015.11.14
欧阳春 笨鸟怕怕	170cm×260cm	299,000	西泠拍卖	2015.07.04
欧阳春 狂热的绘画之车每晚回到家乡	64cm×91cm 64cm×91cm	164,200	佳士得	2015.11.29
鸥洋 2008年作 秋荷	80cm×100cm	345,000	北京翰海	2015.06.26
潘德海 1989年作 掰开的苞米5号	130cm×160cm	690,000	北京保利	2015.12.05
潘德海 1992年作 蒙娜丽莎	150cm×130cm	575,000	北京保利	2015.12.05
潘德海 1993年作 握手	100cm×170cm	483,000	北京保利	2015.12.05
潘德海 1999年作 肖像	100cm×68cm	153,400	台北中诚	2015.06.14
潘鸿海 夏日	80cm×100cm	121,200	罗芙奥	2015.06.07
潘玉良 1940年代作 巴黎湖景	45.5cm×81.5cm	2,530,000	中国嘉德	2015.05.17
潘玉良 1942年作 蓝衣贵妇	67cm×92	6,574,960	台北艺流	2015.04.25
潘玉良 1944年作 瓶花静物	46cm×55cm	1,412,250	香港苏富比	2015.04.05
潘玉良 窗前自画像	60cm×51cm	1,380,000	江苏爱涛	2015.06.29
潘玉良 孙建中像	40.8cm×32.8cm	300,375	佳士得	2015.05.31
潘玉良 约1940–1943年作 翁弗勒尔风光	16cm×22cm	450,563	佳士得	2015.05.31

拍品名称	物品尺寸	成交价RMB	拍卖公司	拍卖日期
庞均 1997年作；及2003年作 灯下的莫迪里亚尼画册；及阿拉伯壶与果盘（共两件）	27.5cm×22cm 27.5cm×22cm	63,047	保利香港	2015.10.05
庞均 2006年作 羲之爱鹅	72.7cm×60.6cm	145,494	保利香港	2015.10.05
庞均 2007年作 禅意浓	72cm×60cm	205,250	佳士得	2015.11.29
庞均 2010年作 新年到	90cm×71.5	283,200	台北中诚	2015.06.14
庞均 2011年作 甘泉	72.7cm×60.6cm	150,188	佳士得	2015.05.31
庞均 2011年作 三朵叶牡丹	72.7cm×60.6cm	150,188	佳士得	2015.05.31
庞均 2011年作 无限风光	60.6cm×72.7cm	144,180	罗芙奥	2015.05.31
庞均 2014年作 春到人间草木知	72.7cm×91cm	342,814	保利香港	2015.04.06
庞均 2014年作 花间一渔舟	100cm×200cm	1,311,375	香港苏富比	2015.04.05
庞均 2014年作 江南无限好	115cm×180cm	1,115,040	罗芙奥	2015.06.07
庞均 2014年作 江上轻舟	75.5cm×90cm	365,256	罗芙奥	2015.05.31
庞均 2014年作 梦中家园－和庞薰琹所作红屋顶	98.8cm×199.5cm	1,666,080	佳士得	2015.05.31
庞均 2015年作 春风吹过鼓浪屿	200cm×200cm.	1,233,000	香港苏富比	2015.10.05
庞均 2015年作 春风细雨三月花	200cm×200cm	1,806,200	佳士得	2015.11.29
庞茂琨 2012年作 栖息的梦	160cm×120cm	624,780	罗芙奥	2015.05.31
庞茂琨 1988年作 小女孩	68cm×49cm	287,500	中国嘉德	2015.11.14
庞茂琨 1992年作 金色的沉迷	92cm×117cm	897,000	上海明轩	2015.06.21
庞茂琨 1994年作 端坐的裸女	116cm×91cm	761,808	保利香港	2015.04.06
庞茂琨 2002年作 女孩肖像	54cm×45cm	253,000	北京翰海	2015.11.27
庞茂琨 2004年作 OK中国	185cm×140cm	3,335,000	北京匡时	2015.06.06
庞茂琨 2005年作 艳女	150cm×110cm	552,000	北京匡时	2015.06.06
庞茂琨 2009年作 圆梦	200cm×160cm	3,335,000	北京保利	2015.06.03
庞茂琨 2010年作 人物	110cm×80cm	368,000	北京翰海	2015.06.26
庞茂琨 2011年作 女孩之二	160cm×120cm	1,380,000	北京翰海	2015.06.26
庞茂琨 2011年作 女孩之一	160cm×120cm	1,380,000	华艺国际	2015.05.24
庞茂琨 2011年作 细语之五	130cm×90cm	805,000	北京华辰	2015.05.15
庞熏琹 1979年作 杜鹃花	60cm×50cm	3,107,880	佳士得	2015.05.30
庞永杰 2013年作 浮系列之六	80cm×100cm	149,500	北京上和	2015.11.13
庞永杰 2013年作 浮系列之一	210cm×170cm	345,000	北京上和	2015.11.13
裴春派 1962年作 静物	35cm×50cm	113,025	邦瀚斯	2015.10.03
裴春派 河内街道	58cm×78cm	143,675	佳士得	2015.11.29
彭常安 2014年作 云合暮色	60cm×80cm	1,552,500	北京保利	2015.12.05
彭泓智 2013年作 后内经图之枫行	140cm×200cm	345,000	北京保利	2015.06.04
彭斯 2005年作 蝶无语	150cm×150cm	287,500	上海明轩	2015.06.21
彭斯 2005年作 怀殇	148cm×148cm	552,000	中国嘉德	2015.11.14
彭斯 2006年作 MR.洋	50cm×40cm	138,000	上海明轩	2015.06.21
彭斯 2006年作 红觞	138cm×68cm	575,000	西泠拍卖	2015.07.04
彭斯 2006年作 那时花开	188cm×118cm	920,000	北京保利	2015.06.03
彭斯 2007年作 白了少年头	45cm×54cm	77,597	保利香港	2015.10.05
彭斯 2007年作 溪岸清影图	87.5cm×138cm	138,000	北京诚轩	2015.11.14
彭斯 2008年作 秋山与秋草	188cm×110cm	828,000	北京匡时	2015.06.06
彭斯 2008年作 烟云	108cm×138cm	230,000	北京诚轩	2015.05.17
彭斯 2010年作 冬山待友图	80cm×80cm	365,256	罗芙奥	2015.05.31
彭斯 2010年作 老者（华山道士）	70cm×60cm	133,320	罗芙奥	2015.06.07
彭斯 2012～2014年作 树下的果实	46cm×68cm	172,500	西泠拍卖	2015.07.04
片冈 球子 富士山	24.0cm×33.5cm	262,085	日本伊斯特	2015.10.17
平贺敬 1966年作 爱的幻影 贺	50cm×65cm	225,775	佳士得	2015.11.29
平贺敬 1966年作 窗户	116cm×89cm	564,438	佳士得	2015.11.29
平贺敬 1967年作 晕眩的城市	60cm×73cm	318,138	佳士得	2015.11.29
平贺敬 1968–1969年作 H氏的优雅生活	162.3cm×130.6cm	849,060	佳士得	2015.05.30
平贺敬 1968年作 结构	55cm×46cm	161,000	北京匡时	2015.12.04
平贺敬 1973年作 往哪去	89cm×117cm	380,475	佳士得	2015.05.31
平贺敬 结构	55.0cm×46.0cm	103,970	日本伊斯特	2015.05.24
平山 郁夫 泰姬陵	60.5cm×45.0cm	121,900	日本伊斯特	2015.10.17

2015书画拍卖成交汇总

（成交价RMB：15万元以上）

拍品名称	物品尺寸	成交价RMB	拍卖公司	拍卖日期
濮列平 2015年作 濮列平致敬毕加索NO.2	180cm×96cm	345,000	北京上和	2015.11.13
朴栖甫 1972年作 描法No. 62-72	73cm×60.5cm	897,000	北京保利	2015.06.03
朴栖甫 1974年作 描法 No. 9－74	130.5cm×162.5cm	3,123,600	香港苏富比	2015.10.04
朴栖甫 1974年作 描法第77-74号	58.2cm×74.2cm	480,600	佳士得	2015.05.31
朴栖甫 1975年作 描法9号－75	130.3cm×161cm	3,744,480	香港苏富比	2015.04.04
朴栖甫 1978年作 描法第71-78号	91cm×116.5cm	1,666,080	佳士得	2015.05.31
朴栖甫 1985年作 描法第206-85号	149cm×73.2cm	1,954,440	佳士得	2015.05.30
朴栖甫 1992年作 描法 No.920502	102cm×70.5cm	1,035,000	北京保利	2015.06.03
普罗斯培·巴库埃 不详 Cavalier oriental dans un d é cor de ch.teau fortifi é et de mosqu é e（东方骑兵于一有防御式城堡及清真寺的背景里）	45cm×38cm	253,000	上海爱莲	2015.11.22
七户优 2006年作 花园	27.5cm×22cm	161,400	香港苏富比	2015.04.05
七户优 2011年作 无题	91cm×71.5cm	307,875	佳士得	2015.11.29
七户优 2014年作 裁缝女	80.3cm×60.7cm	161,400	香港苏富比	2015.04.05
七户优 2014年作 红星与铜球	57cm×35cm	300,000	佳士得（上海）	2015.04.25
七户优 2015年作 对话	65.2cm×80.3cm	242,490	中国嘉德	2015.10.06
齐鹏 2014年作 花漾系列·四季（四幅）	43cm×58cm×4	135,700	华艺国际	2015.05.24
祁海平 2007年作 氤氲图 No. 65	145.5cm×112cm	101,808	罗芙奥	2015.06.07
祁志龙 1995年作 消费形象37号	100cm×81cm	100,875	香港苏富比	2015.04.05
祁志龙 The Idea of Workers 第二号	162.5cm×129.5cm	161,400	佳士得	2015.03.15
奇斯林 1930年作 塔斯医生的小孩，路易和柔卡	101.5cm×74cm	1,345,680	罗芙奥	2015.05.31
前川强 1991年作 作品	130cm×97.5cm	225,775	佳士得	2015.11.29
前川强 1994年作 无题	100cm×80.5cm.	801,450	香港苏富比	2015.10.05
钱佳华 2013年作 23:35	84.5cm×120cm	118,750	佳士得（上海）	2015.10.24
秦大虎 2006年作 家园	117cm×91cm	1,232,000	山东春秋	2015.04.26
秦大虎 2009年作 阿里女神	130cm×110cm	1,344,000	山东春秋	2015.04.26
秦风 2014年作 欲望风景系列1514（三幅）	300cm×160cm	1,762,200	佳士得	2015.06.01
秦风 2014年作 欲望风景系列9833	160cm×300cm	801,000	佳士得	2015.06.01
秦琦 2000年作 南湖	187.4cm×250cm.	411,000	香港苏富比	2015.10.05
秦琦 2004年作 比赛	180cm×250cm	230,000	北京保利	2015.06.03
秦琦 留言本	190cm×150cm	138,000	西泠拍卖	2015.07.04
秦树明 鸿蒙	94cm×176cm	290,988	保利香港	2015.10.05
秦松 1999年作 光与色	82.5cm×108cm	145,494	保利香港	2015.10.05
秦宣夫 1957年作 和运常青——中苏友好运动会	114cm×146.5cm	1,380,000	中国嘉德	2015.05.17
秦宣夫 1963年作 鱼乐园	55.7cm×77.7cm	575,000	中国嘉德	2015.05.17
丘瑞河 1978年作 在河畔边呼呼叫	66cm×76cm	100,125	佳士得	2015.05.31
丘亚才 男人与酒	132.5cm×72.3cm	380,904	保利香港	2015.04.06
丘亚才 盛装走到三更的原野	160cm×130cm	428,517	保利香港	2015.04.06
邱炯炯 2006年作 学徒	170cm×210cm	190,452	保利香港	2015.04.06
邱瑞敏 1978年作 文化教员	89cm×62cm	172,500	西泠拍卖	2015.07.04
邱世华 1989年作 无题	79.5cm×102.5cm	100,875	香港苏富比	2015.04.05
邱世华 1991年作 无题	112.4cm×162cm	353,063	香港苏富比	2015.04.05
邱亚才 1983年作 红衣男子	130cm×113cm	422,928	罗芙奥	2015.05.31
邱亚才 1988年作 戴花帽的男子	117cm×91cm	600,750	佳士得	2015.05.31
邱亚才 1990年作 绿衬衫	162cm×130cm	615,750	佳士得	2015.11.29
邱亚才 1990年作 娴静	160cm×128cm	993,240	佳士得	2015.05.31
邱亚才 1992年作 男子像	80.5cm×65.5cm	193,992	中国嘉德	2015.10.06
邱亚才 1992年作 月光下的男人	130cm×93cm	630,240	罗芙奥	2015.06.07
邱亚才 1997年作 穿条纹衣的男子	130cm×97cm	387,984	中国嘉德	2015.10.06
邱亚才 1998年作 红黄相间女子	130cm×98cm	401,200	台北中诚	2015.06.14
邱亚才 穿蓝色上衣的男子	162cm×130cm	824,160	罗芙奥	2015.06.07
邱亚才 蓝衣男子	130cm×97cm	533,280	罗芙奥	2015.06.07
邱亚才 男子	80cm×65cm	271,600	景薰楼	2015.06.21
邱亚才 男子画像	80cm×65cm	246,300	佳士得	2015.11.29
邱亚才 绅士肖像	78.5cm×63.5cm	225,775	佳士得	2015.11.29
邱亚才 神气	130cm×97cm	543,200	景薰楼	2015.06.21
邱亚才 仕女肖像	148.9cm×98.1cm.	719,250	香港苏富比	2015.10.05
邱亚才 挺拔	97cm×78cm	380,475	佳士得	2015.05.31
邱亚才 微笑	117cm×90cm	484,800	罗芙奥	2015.06.07
邱亚才 无题	130cm×96.5cm	550,688	佳士得	2015.05.31
邱亚才 音乐家	162cm×130cm	613,600	台北中诚	2015.06.14
邱拙 2010年作 蒸蒸日上 势不可挡	100cm×100cm	460,000	北京翰海	2015.06.26
仇德树 2013年作 裂变山水：紫色调九号	139.5cm×244cm	742,440	中国嘉德	2015.04.06
仇德树 裂变系列	235cm×119cm	299,000	北京匡时	2015.06.06
仇德树 裂变系列	61cm×152cm	207,000	西泠拍卖	2015.07.04
仇晓飞 2008年作 冲印店及客厅（两张作品）	(i) 30cm×39.8cm (ii) 30cm×40cm	212,400	苏富比（北京）	2015.06.02
仇晓飞 2003年作 毛主席接见新疆各族妇女代表玛依努尔等同志	40.2cm×30.4cm.	102,750	香港苏富比	2015.10.05
仇晓飞 2005年作 和平大道	200cm×250cm	1,725,000	北京匡时	2015.06.06
仇晓飞 2005年作 火车站	90cm×120cm	706,125	香港苏富比	2015.04.05
仇晓飞 2005年作 小凉亭	100cm×140cm	403,500	香港苏富比	2015.04.05
仇晓飞 2009年作 既往症	120.3cm×100cm	220,275	佳士得	2015.05.31
仇晓飞 2009年作 看眼睛	200cm×200cm	2,070,000	中国嘉德	2015.05.17
仇晓飞 2009年作 我们知道我们的阴沉	200cm×243cm	1,830,000	佳士得（上海）	2015.04.25
仇晓飞 2009年作 我在盛夏的河流中迷失了自己	131cm×107cm	504,379	中国嘉德	2015.10.06
仇晓飞 2009年作 肢僵硬	280cm×360cm	1,950,000	佳士得（上海）	2015.10.24
曲丰国 2012年作 四季－夜	135cm×200cm	300,000	佳士得（上海）	2015.10.24
曲丰国 2013年作 四季－小满	135cm×200cm	187,500	佳士得（上海）	2015.10.24
全山石 风景	54cm×65cm	138,000	西泠拍卖	2015.07.04
全山石 人民代表	54cm×55cm	126,500	北京保利	2015.12.05
任传文 1993年作 晒阳	65cm×92cm	345,000	西泠拍卖	2015.07.04
任戬 1991-1992年作 集·邮（一组共二十四件）	50cm×50cm	1,428,390	保利香港	2015.04.06
任建辉 2010年作 隐逸宇宙的流浪者系列	210cm×170cm	614,273	新加坡33拍卖	2015.01.23
瑞铎·塔帕亚 2007年作 无题	122cm×91cm	131,138	佳士得	2015.03.15
瑞铎·塔帕亚 2008年作 无题	193cm×152cm	120,150	佳士得	2015.05.31
瑞铎·塔帕亚 2008年作 巨型西瓜		410,500	佳士得	2015.11.29
瑞铎·塔帕亚 2013年作 山岭梦幻		389,975	佳士得	2015.11.29
若兰多·（奥兰）·温杜拿 第14次裁剪后之精华		403,500	香港苏富比	2015.04.05
若兰多·（奥兰）·温杜拿 恍惚的完美女神		123,300	香港苏富比	2015.10.05
萨卡洛夫 1981年作 皇宫	60cm×80cm	920,000	际华春秋	2015.05.24
塞萨·李加斯比 1986年作 高墙	76cm×60.6cm	350,438	佳士得	2015.05.31
沙耆 1930年作 贵妃	42cm×34.5cm	236,000	台北中诚	2015.06.14
沙耆 1930年作 水果静物	38cm×44cm	283,200	台北中诚	2015.06.14
沙耆 1939年作 女子肖像习作	52.5cm×33.5cm	184,000	中国嘉德	2015.11.14
沙耆 1940～46年作 静物	40cm×53cm	517,500	中国嘉德	2015.11.14
沙耆 1940～46年作 桌上静物	54cm×65cm	713,000	中国嘉德	2015.11.14
沙耆 1940年代作 比利时风景	41cm×50cm	345,000	中国嘉德	2015.11.14
沙耆 1940年代作 端坐仕女	80.4cm×70.2cm	1,150,000	中国嘉德	2015.11.14
沙耆 1940年作 巴黎场景	32cm×47cm	102,625	佳士得	2015.11.29
沙耆 1940年作 宫灯	81cm×70cm	1,150,000	中国嘉德	2015.11.14
沙耆 1945年作 比利时女肖像（裸女）	64cm×80cm	1,552,500	中国嘉德	2015.11.14
沙耆 1986年作 静物	34cm×34cm	172,500	广东崇正	2015.06.19

拍品名称	物品尺寸	成交价RMB	拍卖公司	拍卖日期
沙耆 1994年作 裸女的野餐	53cm×45cm	287,500	广东崇正	2015.06.19
沙耆 80年代作 路边的小屋	33cm×43cm	138,000	西泠拍卖	2015.07.04
沙耆 白领男肖像	43cm×37.7cm	172,500	中国嘉德	2015.11.14
沙耆 比利时同学像	80cm×70cm	4,025,000	中国嘉德	2015.05.17
沙耆 读书男子	33.5cm×50.7cm	149,500	中国嘉德	2015.11.14
沙耆 福禄寿三星图	55cm×45.8cm	437,000	中国嘉德	2015.11.14
沙耆 观世音菩萨	47.2cm×33.9cm	287,500	中国嘉德	2015.11.14
沙耆 红衣裸女	78cm×35.5cm	567,900	景薰楼	2015.06.21
沙耆 红衣女肖像	43.5cm×37.5cm	207,000	中国嘉德	2015.11.14
沙耆 静物构图	40cm×80cm	123,150	佳士得	2015.11.29
沙耆 老人肖像	42.7cm×39.5cm	161,000	中国嘉德	2015.11.14
沙耆 林间慢行	22cm×27cm	165,200	台北中诚	2015.06.14
沙耆 面具	43cm×36cm	172,500	中国嘉德	2015.11.14
沙耆 凝望女子像	43.5cm×39.6cm	598,000	中国嘉德	2015.11.14
沙耆 女人与老虎	88cm×45cm	747,500	北京匡时	2015.12.04
沙耆 女子背部坐影	46.5cm×38.5cm	322,000	中国嘉德	2015.11.14
沙耆 三个和尚	40cm×30cm	184,000	中国嘉德	2015.11.14
沙耆 仕女肖像·画室（双面画）	54.5cm×45cm×2	368,000	中国嘉德	2015.05.17
沙耆 戏曲人物	49cm×28.5cm	207,000	中国嘉德	2015.11.14
沙耆 肖像	47cm×36cm	253,000	广东崇正	2015.06.19
沙耆 倚梅文心	48.1cm×34cm	218,500	中国嘉德	2015.11.14
沙耆 婴戏图	51cm×41cm	368,000	中国嘉德	2015.11.14
沙耆 志在千里	80cm×70cm	892,363	中国嘉德	2015.10.06
沙耆 自画像	33cm×26cm	115,000	北京匡时	2015.06.06
沙子鉴 2012年作 2012.06.29	97cm×140cm	103,500	北京华辰	2015.05.15
山本麻友香 2008年作 月光熊	194cm×162cm	181,800	罗芙奥	2015.06.07
山口聪一 2010年作 视线的方向	162cm×162cm	181,800	罗芙奥	2015.06.07
山口长男 点	31.8cm×40.5cm	226,843	日本伊斯特	2015.05.24
山口长男 黑	120.0cm×91.0cm	519,849	日本伊斯特	2015.05.24
山梨备広 2007-2014年作 Largo	80cm×54cm	184,725	佳士得	2015.11.29
山田正亮 作品 C.107	41.0cm×27.0cm	151,229	日本伊斯特	2015.05.24
山田正亮 作品 C.24	33.0cm×24.0cm	132,325	日本伊斯特	2015.05.24
山田正亮 作品 C.301	80.4cm×130.0cm	330,813	日本伊斯特	2015.05.24
商亚冬 2014年作 憩	170cm×50cm	380,800	山东春秋	2015.04.26
上前智佑 1964年作 无题	182cm×92cm	1,762,200	佳士得	2015.05.30
上前智佑 1965至1966年作 无题	72.9cm×60.8cm.	1,335,750	香港苏富比	2015.10.05
上前智佑 1971年作 无题	148cm×115cm	1,281,600	佳士得	2015.05.30
上前智佑 1982年作 无题	35.4cm×24.3cm	151,313	佳士得	2015.03.15
上前智佑 1996年作 无题	170cm×93cm	700,875	佳士得	2015.05.30
尚·沃朗 抽象风景	81cm×100cm	20,550	香港苏富比	2015.10.05
尚扬 1982年作 老哨	100cm×95cm	920,000	北京保利	2015.06.04
尚扬 1987年作 往事一则初稿	30cm×38.7cm	476,130	保利香港	2015.04.06
尚扬 1988年作 灶台	82cm×90cm	2,856,780	保利香港	2015.04.06
尚扬 1990年作 圣山	54cm×64.5cm	581,976	保利香港	2015.10.05
尚扬 1992年作 给朋友们	81cm×100cm	1,357,944	保利香港	2015.10.05
尚扬 1994年作 诊断-3	193cm×153cm	8,050,000	中国嘉德	2015.05.17
尚扬 1994年作 诊断-6	193cm×153.3cm	4,600,000	中国嘉德	2015.11.14
尚扬 1995年作 大风景—秋塬	87cm×130cm	2,300,000	上海明轩	2015.06.21
尚扬 1995年作 95大风景-4	170cm×200cm	5,520,000	北京保利	2015.12.05
尚扬 1997-2007年作 有阳光的大风景-4	100cm×150.5cm	4,025,000	中国嘉德	2015.11.14
尚扬 1998年作 E地风景—6	73cm×92cm	1,495,000	北京保利	2015.06.03
尚扬 1998年作 银色风景	49.5cm×82.5cm	920,000	上海明轩	2015.06.21
尚扬 1999年作 大风景	49cm×83cm	943,000	西泠拍卖	2015.07.04
尚扬 1999年作 H地	51cm×84cm	1,035,000	北京保利	2015.12.05
尚扬 2000年作 水的记忆	61cm×121cm	1,134,000	佳士得（上海）	2015.04.25

拍品名称	物品尺寸	成交价RMB	拍卖公司	拍卖日期
尚扬 2003年作 风化日志-030102	93cm×128cm	1,150,000	中国嘉德	2015.11.14
尚扬 2003年作 风景	39cm×46cm	299,000	北京翰海	2015.06.26
尚扬 2004年作 M地-7	66cm×136cm	1,644,500	上海泛华	2015.06.19
尚扬 2007年作 董其昌计划-7	128cm×416cm	6,440,000	北京保利	2015.06.03
尚扬 2008年作 E地风景-38	63cm×121cm	1,092,500	上海明轩	2015.06.21
尚扬 2010年作 H地－13	29cm×53cm	857,034	保利香港	2015.04.06
尚扬 2011年作 H地－20	28cm×53cm	476,130	保利香港	2015.04.06
尚扬 2012年作 册页—27	89cm×166cm	1,840,000	北京保利	2015.06.03
邵辉 白菜1	50cm×60cm	20,720	河北嘉海	2015.09.13
邵辉 白菜2	65cm×50cm	21,280	河北嘉海	2015.09.13
邵增虎 2014年作 下午的树林	60cm×80cm	575,000	广东崇正	2015.06.19
邵增虎 春霞	62cm×79cm	149,500	华艺国际	2015.05.24
邵增虎 秋风	77cm×91cm	253,000	华艺国际	2015.05.24
申凡 1991年作 1991－M－3	123.7cm×76.5cm	200,000	佳士得（上海）	2015.04.25
申凡 2000年作 OO-P-57-3/3	138.5cm×69.6cm.	24,660	香港苏富比	2015.10.05
申凡 2005年作 山水（三件一组）	112cm×32cm×3	191,663	香港苏富比	2015.04.05
申玲 1998年作 我和你	145cm×112cm	299,000	上海泛华	2015.06.19
申玲 2005年作 水墨情人	180cm×170cm	230,000	上海明轩	2015.06.21
申玲 2007年作 香槟	200cm×210cm	287,500	厦门华辰	2015.06.20
申树斌 2005年作 诺亚方舟	180cm×120cm	189,750	北京匡时	2015.12.04
沈汉武 井旁的女孩	100.5cm×75.5cm	170,213	佳士得	2015.05.31
沈汉武 神圣的故宫	122cm×91.5cm	302,625	香港苏富比	2015.04.05
沈汉武 小花	102cm×76cm	242,100	香港苏富比	2015.04.05
沈敬东 2015年作 沈敬东致敬毕加索NO.2	120cm×60cm	494,500	北京上和	2015.11.13
沈小彤 1999年作 肖像1号	238.5cm×149cm	22,605	香港苏富比	2015.10.05
沈雁 舞蹈混合泳	36cm×214cm	389,975	佳士得	2015.11.29
沈樾 归来	80cm×120cm	33,600	上海宏大	2015.10.17
沈樾 太湖渔港八	170cm×70cm	44,800	上海宏大	2015.10.17
沈哲哉 1980年作 月光少女	80cm×65cm	197,500	景薰楼	2015.06.21
施本铭 2003年作 女人体	110cm×165cm	322,000	上海泛华	2015.06.19
施本铭 2009年作 风景	50cm×40cm	126,500	上海明轩	2015.06.21
石冲 1995年作 欣慰中的年青人	152cm×74cm	37,950,000	中国嘉德	2015.11.14
石冲 2003年作 女人体	100cm×69cm	632,500	朵云轩	2015.06.19
石冲 2003年作 鱼的表情	70cm×130cm	805,000	北京翰海	2015.06.26
石冲 2005年作 物语	40cm×37cm	345,000	中国嘉德	2015.11.14
石冲 物语系列2	27cm×17cm	115,000	北京翰海	2015.11.27
石虎 女孩	71cm×46cm	134,400	北京荣宝	2015.06.21
石虎 无题	73.5cm×73.5cm	114,271	保利香港	2015.04.06
石磊 2008年作 飞系列-10	120cm×130cm	230,000	广东崇正	2015.06.19
石磊 2014-2015年作 老霓虹	100cm×200cm	103,500	北京保利	2015.06.04
石良 1998年作 默	100cm×80cm	483,000	北京翰海	2015.11.27
石田彻也 1998年作 无题	103cm×145.6cm	3,300,120	佳士得	2015.05.30
石田彻也 2004年作 体液	45.5cm×53cm	2,298,800	佳士得	2015.11.29
石至莹 2011-2012年作 海II	200cm×200cm	375,000	佳士得（上海）	2015.10.24
史新骥 2012年作 东园图	150cm×200cm	172,500	北京保利	2015.12.05
舒群 1991年作 世界美术全集系列-美国卷1	108cm×98cm	345,000	中国嘉德	2015.11.14
舒群 1991年作 文化POP系列·崔健B	130cm×120cm	2,185,000	北京匡时	2015.12.04
舒群 1991年作 文化pop系列崔健A（新长征路上的摇滚）	130cm×120cm	1,725,000	北京翰海	2015.11.27
舒群 1995年作 同一性语态·一种后先锋主义？2号B	196cm×160cm	1,265,000	北京匡时	2015.06.06
舒群 1995年作 同一性语态系列·一种后先锋主义七号A	169cm×133cm	908,500	中国嘉德	2015.05.17
司徒立 2002年作 古瓶	100cm×100cm	207,000	上海泛华	2015.06.19

拍品名称	物品尺寸	成交价RMB	拍卖公司	拍卖日期
司徒立 2004年作 银色古堡	113cm×162cm	857,438	香港苏富比	2015.04.05
斯里哈迪. 苏达索诺 1979年作 红景观	100cm×80cm	1,018,040	佳士得	2015.11.29
斯里哈迪．苏达索诺 2013年作 优美的活力	150.5cm×200.5cm	769,688	佳士得	2015.11.29
斯里哈迪·苏达索诺 2015年作 贝达雅·客达望舞蹈–美丽之灵魂	150cm×150cm	656,594	新加坡33拍卖	2015.06.21
斯里哈迪·苏达索诺 抽象风景画	130cm×195cm	1,412,250	香港苏富比	2015.04.04
斯里哈迪·苏达索诺 雷贡舞者		252,188	香港苏富比	2015.04.05
斯里哈迪·苏达索诺 雷贡之魂		282,450	香港苏富比	2015.04.05
斯里哈迪·苏达索诺 美的力量		807,000	香港苏富比	2015.04.05
斯里哈迪·苏达索诺 默拉皮火山：生命的震动		201,750	香港苏富比	2015.04.05
斯里哈迪·苏达索诺 女子坐像		181,575	香港苏富比	2015.04.05
斯里哈迪·苏达索诺 通往大海的巡游		706,125	香港苏富比	2015.04.05
斯里哈迪·苏达索诺 雅典	65.5cm×91.5cm	308,250	香港苏富比	2015.10.05
斯里哈迪·苏达索诺 1971年作 城市	73cm×92cm	1,281,600	佳士得	2015.05.31
斯里哈迪·苏达索诺 1990年作 Kebyar 舞蹈	97cm×130cm	480,600	佳士得	2015.05.31
松谷武判 1965年作 作品 65–W	183cm×138cm	1,185,480	佳士得	2015.05.30
松浦浩之 2011年作 The World Exists in the Head of a Yellow Bear 及 Walk ü re（两张作品）	eachdiameter:110cm.	123,300	香港苏富比	2015.10.05
松山智一 2013年作 Hold on，Stay Home	直径106.5cm	123,150	佳士得	2015.11.29
松山智一 2013年作 I'll Be There without U	直径106.5cm	123,150	佳士得	2015.11.29
宋琨 2012年作 章鱼女	44cm×59cm	118,000	苏富比（北京）	2015.06.02
宋琨 2004年作 南湖NO.3	180cm×140cm	172,500	中国嘉德	2015.11.14
宋琨 2004年作 士兵已老	184cm×140cm	230,000	西泠拍卖	2015.07.04
宋琨 2004年作 无题	180cm×140cm	276,000	北京保利	2015.12.05
宋琨 2006–2012年作 南湖渠自画像—栖息花之催眠	90cm×125cm	322,000	上海明轩	2015.06.21
宋琨 2008年作 怯流年	110.5cm×75.5cm	138,000	北京保利	2015.06.03
宋琨 2014年作 自画像 No. 2	160cm×110cm	250,000	佳士得（上海）	2015.10.24
宋永红 1995年作 公共浴室	150cm×150cm	1,265,000	中国嘉德	2015.05.17
宋元元 2010年作 多面体（双联作）	210cm×361cm	353,063	香港苏富比	2015.04.05
宋元元 2010年作 奶油枪	120cm×160cm	100,875	香港苏富比	2015.04.05
宋元元 2013年作 Alice	110cm×160cm	115,000	中国嘉德	2015.11.14
宋征殷 1979年作 曼陀罗花	81cm×65cm	115,000	中国嘉德	2015.11.14
苏加那·克尔顿 按摩		484,200	香港苏富比	2015.04.05
苏加那·克尔顿 吃肉丸	65cm×95cm	873,375	香港苏富比	2015.10.05
苏加那·克尔顿 丰收	80cm×109.5cm	770,625	香港苏富比	2015.10.05
苏拉彭·苏达纳·纳·阿宇德亚 画家	247cm×148cm	25,688	香港苏富比	2015.10.05
苏天赐 1982年作 漓江	46.5cm×53.5cm	782,000	北京匡时	2015.12.04
苏天赐 1991年作 春声	80cm×100cm	690,000	中国嘉德	2015.05.17
苏天赐 1993年作 漓江新篁	59.5cm×109.5cm	920,000	北京诚轩	2015.05.17
苏天赐 1994年作 裸女	49.6cm×64.7cm	402,500	北京保利	2015.12.05
苏天赐 1998年作 风景	56cm×56cm	299,000	西泠拍卖	2015.07.04
苏天赐 1998年作 水边的幽篁	60cm×110cm	2,530,000	北京保利	2015.06.03
苏宪法 荷花	64cm×91cm	177,000	台湾富德	2015.08.23
苏宪法 丽日马赛	53cm×72.5cm	106,200	台湾富德	2015.08.23
苏笑柏 2006年作 相濡与沫	244cm×194cm	1,745,928	保利香港	2015.10.05
苏笑柏 2006年作 重阳（天演）	160cm×244cm	1,237,938	保利香港	2015.04.06
苏新平 2002年作 街头5号	200cm×130cm	690,000	北京翰海	2015.06.26
苏新平 2003年作 干杯24号	200cm×260cm	1,035,000	北京匡时	2015.06.06
苏新平 2006年作 民工	200cm×130cm	322,000	上海泛华	2015.06.19
苏奕荣 2015年作 男男女女	130.5cm×97cm	517,500	北京翰海	2015.06.26

拍品名称	物品尺寸	成交价RMB	拍卖公司	拍卖日期
苏佐佐诺 1970年作 早晨在 Sirnagalih Megamendung	61cm×101cm	849,060	佳士得	2015.05.31
苏佐佐诺 红房子	40cm×60cm	359,625	香港苏富比	2015.10.05
孙建平 1994年作 弘一法师李叔同	153cm×103cm	460,000	北京翰海	2015.11.27
孙良 1987年作 黑灯光	75.5cm×110cm	1,035,000	西泠拍卖	2015.07.04
孙良 1994年作 梦	32cm×41cm	132,250	北京匡时	2015.06.06
孙良 1999年作 迷幻	91cm×91cm	149,500	北京保利	2015.06.04
孙良 2005年作 浮之一	197.5cm×35cm	253,000	西泠拍卖	2015.07.04
孙良 2008年作 缰	88cm×116cm	345,000	北京翰海	2015.06.26
孙为民 2005年作 果实	65cm×53cm	253,000	北京翰海	2015.06.26
孙为民 风景	50cm×60cm	310,500	上海敬华	2015.06.30
孙逊 2008年作 黑色咒语	140cm×200cm	184,000	中国嘉德	2015.11.14
孙征 朦胧月色 片	136cm×68cm	224,000	中联环球	2015.10.23
孙征 银顶双雄 片	68cm×136cm	246,400	中联环球	2015.10.23
孙宗慰 1943年作 北平苹果	48cm×64cm	483,000	北京匡时	2015.06.06
孙宗慰 1944年作 岁月的记忆	直径45cm	575,000	中国嘉德	2015.11.14
孙宗慰 1946年作 厨房	53.6cm×62.7cm	598,000	中国嘉德	2015.05.17
塔万·杜查尼 帆船		605,250	香港苏富比	2015.04.05
塔万·杜查尼 泰国兰纳农舍	100cm×180cm	907,875	香港苏富比	2015.04.04
谭华牧 1960年代作 越秀山	18.5cm×28cm	218,500	北京匡时	2015.12.04
谭平 2007年作 感动1号	160cm×200cm	837,989	保利香港	2015.04.06
谭平 2008年作 无题	200cm×300cm	1,127,000	中国嘉德	2015.11.14
谭平 2009年作 无题	200cm×300cm×3	3,507,500	北京保利	2015.12.05
唐晖 2008年作 长江大桥和北京站	100cm×150cm×2	437,000	北京匡时	2015.06.06
唐近豪 2003年作 银河0752	122cm×150cm	1,150,000	北京保利	2015.06.03
唐可 2006年作《美丽美丽》系列NO.06《美丽美丽》系列NO.08（二幅）	150cm×80cm 150cm×90cm	161,000	华艺国际	2015.05.24
唐伟民 2013年作 尘烟	180cm×90.4cm	713,000	中国嘉德	2015.11.14
唐伟民 2015年作 薄雾	50cm×40cm	103,500	北京保利	2015.12.05
唐伟民 2015年作 慢慢升起的月儿	147cm×90cm	345,000	北京保利	2015.06.04
唐骁 2013年作 无题–3	120cm×110cm×30cm	241,500	北京保利	2015.06.04
唐一文 雪晴	100cm×140cm	644,000	北京保利	2015.06.04
唐蕴玉 1934年作 女子肖像	44cm×35cm	322,000	中国嘉德	2015.11.14
唐蕴玉 1934年作 同学M君	79cm×59cm	1,725,000	中国嘉德	2015.05.17
唐蕴玉 1940年代作 风景	45.7cm×60.2cm	172,500	中国嘉德	2015.05.17
唐志冈 2003年作 儿童开会	130cm×160cm	615,750	佳士得	2015.11.29
堂本尚郎 1960年作 绘画1960–14	80.5cm×116.7cm.	1,541,250	香港苏富比	2015.10.05
陶冬冬 2007年作 水佛NO.2	186cm×143cm	1,495,000	北京翰海	2015.06.26
天明屋尚 2004年作 鹤	150cm×119cm	500,625	佳士得	2015.05.31
田流沙 2015年作 闺蜜之一	150cm×200cm	1,127,000	北京上和	2015.11.13
田流沙 2015年作 夏天的乐章	150cm×200cm	1,150,000	北京上和	2015.11.13
田中敦子 1970年作 Work P	88.5cm×55cm.	1,742,640	香港苏富比	2015.10.05
田中敦子 1993年作 93C	130cm×193.5cm	5,874,960	香港苏富比	2015.04.04
田中敦子 一九六八年作 无题	27.8cm×22cm.	606,225	香港苏富比	2015.10.05
田中英生 2010年作 春	161.5cm×162cm	133,413	佳士得	2015.11.29
田中英生 2014年作 起点	162cm×162cm	133,413	佳士得	2015.11.29
铁梅 2015年作 铁梅致敬毕加索 NO.2	180cm×96cm	437,000	北京上和	2015.11.13
仝紫云 2014–2015年作 静观	114cm×146cm×3	184,000	北京保利	2015.06.04
童雁汝南 2014年作 姜子爱	41cm×33cm×4	920,000	西泠拍卖	2015.07.04
屠宏涛 2004年作 梦幻剧场	120cm×150cm	115,000	北京保利	2015.06.04
屠宏涛 2004年作 无题	150cm×200cm	310,387	保利香港	2015.10.05
屠宏涛 2005年作 红色舞台	150cm×210cm	345,000	西泠拍卖	2015.07.04
屠宏涛 2006年作 小护士	99cm×79.5cm	116,395	保利香港	2015.10.05
屠宏涛 2006年作 最后一幕	120cm×150cm	195,500	北京匡时	2015.12.04
屠宏涛 2007年作 Silent Mountain	100cm×130cm	172,500	厦门华辰	2015.06.20
屠宏涛 2007年作 床戏	130.5cm×101.5cm.	123,300	香港苏富比	2015.10.05

拍品名称	物品尺寸	成交价RMB	拍卖公司	拍卖日期
屠宏涛 2009年作 一种普通的痛	150cm×120cm	356,500	北京诚轩	2015.05.17
屠宏涛 2011年作 东坡的一封信	180cm×280cm	943,000	中国嘉德	2015.11.14
屠宏涛 2011年作 树下遇到荒木	270cm×210cm	2,185,000	北京保利	2015.06.03
屠宏涛 2011年作 远眺风云卷	150cm×210cm	687,500	佳士得（上海）	2015.04.25
屠宏涛 你和老树	118cm×150cm	1,560,000	诗婢家	2015.05.17
佤山·斯迪克 2012年作 EKA CHAI	200cm×200cm	230,000	北京翰海	2015.11.27
佤山·斯迪克 2012年作 自杀	200cm×300cm	230,000	北京翰海	2015.11.27
万岭（京）2011年作 圣地之光	140cm×105cm	172,500	北京保利	2015.06.04
万岭（京）2015年作 悲伤的玛利亚	140cm×100cm	184,000	北京保利	2015.12.05
汪楚雄 2015年作 冠军	150cm×100cm	138,000	北京翰海	2015.06.26
汪亚尘 1953年作 风景	45.5cm×35.5cm	253,000	北京匡时	2015.12.04
王承昊 风雪渡僧人	60cm×60cm	460,000	北京保利	2015.12.05
王驰 2014年作 揉眼睛	75cm×44cm	184,000	西泠拍卖	2015.07.04
王川 2006年作 No.5	90cm×130cm	230,000	中国嘉德	2015.11.14
王川 2006年作 深圳地图	140cm×200cm	977,500	上海明轩	2015.06.21
王川 2006年作 色身系列之七	140cm×200cm	575,000	北京保利	2015.12.05
王川 2007年作 无题	150cm×180cm	667,000	北京保利	2015.06.03
王岱山 2008年作 花园系列	160cm×120cm	350,000	佳士得（上海）	2015.04.25
王岱山 2012年作 夜色	100cm×67cm	126,500	北京匡时	2015.06.06
王菲 藏娃组画1	60cm×80cm	33,600	上海宏大	2015.10.17
王菲 藏娃组画4	80cm×80cm	24,640	上海宏大	2015.10.17
王光乐 2007年作 寿漆系列071030	60cm×80cm	413,000	苏富比（北京）	2015.06.02
王光乐 2001年作 回家之二	180cm×130cm	380,904	保利香港	2015.04.06
王光乐 2003年作 寿漆系列071103	120cm×140cm	857,438	香港苏富比	2015.04.05
王光乐 2003年作 水磨石 2003.5	180cm×140cm	1,904,520	香港苏富比	2015.04.04
王光乐 2003年作 午后之十	180cm×80cm	659,573	中国嘉德	2015.10.06
王光乐 2005年作 水磨石2005.6/8	180.3cm×150.2cm	2,827,680	香港苏富比	2015.10.04
王光乐 2006年作 水磨石	180cm×140cm	1,840,000	北京匡时	2015.06.06
王光乐 2007年作 寿漆	114cm×116cm	920,000	北京保利	2015.06.03
王光乐 2007年作 寿漆070919	146cm×114.5cm	862,500	中国嘉德	2015.05.17
王光乐 2007年作 水磨石2007.12.27	180cm×130cm	2,875,000	北京保利	2015.06.03
王光乐 2009年作 90906	280cm×180cm	1,904,520	保利香港	2015.04.06
王光乐 2009年作 寿漆091117	180cm×160.5cm	1,380,000	中国嘉德	2015.05.17
王光乐 2011年作 寿漆1 1 0 4 0 9	146cm×146cm	1,230,000	佳士得（上海）	2015.04.25
王光乐 2011年作 寿漆111027	90cm×90cm	713,000	北京诚轩	2015.11.14
王光乐 约2002年作 光·影·手	88cm×123.7cm	428,517	保利香港	2015.04.06
王广义 1987年作 红色理性——文艺复兴衰落原因之分析	89.2cm×64.4cm	2,291,880	香港苏富比	2015.04.04
王广义 1988年作 人体三段式	88.8cm×64.2cm	857,438	香港苏富比	2015.04.05
王广义 1993年作 小批判	100cm×100cm	713,000	北京匡时	2015.12.04
王广义 1994年作 大批判-HINO.XO	149cm×120cm	1,150,000	北京匡时	2015.06.06
王广义 1997年作 大批判系列第2/8号；大批判系列第5/8号；大批判系列第7/8号；及大批判系列第8/8号	50cm×40cm	389,975	佳士得	2015.11.29
王广义 1999及2002年作 信仰系列（三张作品）	50cm×40cm×3	403,500	香港苏富比	2015.04.05
王广义 2002年作 大批判系列：波易斯	200cm×300cm	1,233,000	香港苏富比	2015.10.05
王广义 2003年作 大批判系列：佳士得	40cm×50.2cm	151,313	佳士得	2015.03.15
王广义 2003年作 永放光芒No.5	300cm×200cm	1,035,000	中国嘉德	2015.11.14
王广义 2004年作 大批判－法拉利	300cm×400cm	1,510,640	佳士得	2015.11.29
王广义 2004年作 大批判系列：百事可乐	70.2cm×60cm	190,238	佳士得	2015.05.31

拍品名称	物品尺寸	成交价RMB	拍卖公司	拍卖日期
王广义 2004年作 大批判系列—迪斯尼	60cm×70cm	246,300	佳士得	2015.11.29
王广义 2004年作 人民战争方法论系列	130cm×139.5cm	302,625	香港苏富比	2015.04.05
王广义 2006年作 大批判——艺术和潮流	200.5cm×160cm	747,500	西泠拍卖	2015.07.04
王广义 2007年作 Great Critism-Politics	150cm×120cm	2,185,000	厦门华辰	2015.06.20
王广义 信仰的面孔	40cm×50cm	336,000	诗婢家	2015.05.17
王海洋 2014年作 无题	210cm×300cm	237,500	佳士得（上海）	2015.10.24
王华祥 2014年作 耕种	100cm×300cm	1,380,000	华艺国际	2015.05.24
王怀庆 1992年作 相对有声	130.5cm×143.5cm	11,685,360	香港苏富比	2015.04.04
王怀庆 1999年作 榻	140cm×197cm	8,352,450	中国嘉德	2015.04.06
王慧斌 龙系列45号	1400cm×1600cm	504,000	上海宏大	2015.07.25
王济远 1944年作 线描女人体（一组四件）	58.7cm×45.2cm×4	109,250	中国嘉德	2015.05.17
王济远 1954年作 芳草竞天	35.5cm×45.6cm	184,000	中国嘉德	2015.05.17
王济远 1954年作 瓶中寒梅	76.5cm×63.8cm	460,000	中国嘉德	2015.05.17
王济远 1954年作 纸盒上的苹果	99cm×73.5cm	713,000	中国嘉德	2015.05.17
王济远 1954年作、1958年作、1956年作 香翠 兰草 红芍药·黄芍药 元宵百合（一组四件）	35.5cm×45.5cm 30.4cm×40.9cm 35.5cm×45.5cm 35.3cm×45.5cm	368,000	中国嘉德	2015.05.17
王济远 1956年作 石头	61cm×51cm×3	69,837	中国嘉德	2015.10.07
王济远 1957年作 白英洒德	135cm×69cm	85,356	中国嘉德	2015.10.07
王济远 1958年作 葫芦图	140cm×70cm	379,500	中国嘉德	2015.05.17
王济远 1958年作 蕉叶	136cm×69.5cm	89,236	中国嘉德	2015.10.07
王济远 1958年作 盘发女子像	61cm×45.8cm	230,000	中国嘉德	2015.05.17
王济远 1958年作 瓶花·扶郎花	138cm×70cm	264,500	中国嘉德	2015.05.17
王济远 1958年作 线描女子像	61cm×45.5cm	115,000	中国嘉德	2015.05.17
王济远 1973年作 白荷	152.5cm×91cm	690,000	中国嘉德	2015.05.17
王济远 1973年作 花卉	76cm×63.5cm	96,996	中国嘉德	2015.10.07
王济远 百合	27.7cm×50.7cm	126,500	中国嘉德	2015.05.17
王济远 读书少女	101.5cm×75.7cm	805,000	中国嘉德	2015.05.17
王济远 卷发女子像	16.1cm×21cm	184,000	中国嘉德	2015.05.17
王济远 莲花	74cm×47.5cm	149,500	中国嘉德	2015.05.17
王济远 裸女（一组两件）	18.6cm×23.7cm 20cm×26.7cm	218,500	中国嘉德	2015.05.17
王济远 染坊 工厂（一组两件）	35.8cm×46cm×2	103,500	中国嘉德	2015.05.17
王济远 蔬果写生（一组两件）	50.6cm×76.2cm 50.7cm×61.2cm	126,500	中国嘉德	2015.05.17
王济远 硕果飘香	40cm×50cm	195,500	中国嘉德	2015.05.17
王济远 椅中少女	91.5cm×76cm	379,500	中国嘉德	2015.05.17
王济远 争艳 红衣女子像	57.1cm×40.5cm	414,000	中国嘉德	2015.05.17
王济远 自画像	36cm×46cm	241,500	中国嘉德	2015.05.17
王劼音 1994年作 冬日	60.5cm×73cm	100,000	佳士得（上海）	2015.04.25
王劼音 1994年作 有云的风景	53cm×72cm	207,000	上海明轩	2015.06.21
王劼音 2004年作 原乡	60cm×80cm	109,250	西泠拍卖	2015.07.04
王劼音 2005年作 蓝色幻想	100cm×100cm	149,500	西泠拍卖	2015.07.04
王劼音 2009年作 无题	63.5cm×75.5cm	138,000	西泠拍卖	2015.07.04
王克举 2009年作 漫山遍野的大豆高粱	140cm×160cm	230,000	北京保利	2015.06.04
王克举 2009年作 秋风里的杨树	140cm×160cm	402,500	北京匡时	2015.06.06
王克举 2012年作 阳光下的小树	140cm×160cm	560,000	山东春秋	2015.04.26
王力克 2014年作 博尔塔拉的维族姑娘	80cm×160cm	537,600	山东春秋	2015.04.26
王明月 2004年作 寻香	130cm×110cm	368,000	上海敬华	2015.06.30
王默 2013年作 牡丹起舞	128cm×195cm	207,000	北京保利	2015.08.12
王攀元 1976年作 故乡的月	45.5cm×37.5cm.	154,125	香港苏富比	2015.10.05
王攀元 1996年作 深秋	32cm×40cm.	61,650	香港苏富比	2015.10.05
王攀元 望月	45cm×38cm	123,500	景薰楼	2015.06.21

2015书画拍卖成交汇总

(成交价RMB：15万元以上)

拍品名称	物品尺寸	成交价RMB	拍卖公司	拍卖日期
王其钧 北方佳人	187cm×136cm	1,265,000	北京翰海	2015.11.27
王麒诚 2015年作 王麒诚致敬毕加索NO.1	96cm×180cm	230,000	北京上和	2015.11.13
王清州 2013年作 小黑	50cm×80cm	103,500	北京上和	2015.11.13
王荣 2009年作 梅须逊雪三分白	98cm×78cm	805,000	北京匡时	2015.12.04
王天德 圆系列 No.65	diameter：95cm	123,300	香港苏富比	2015.10.05
王文彬 1961年作 高原民兵	65cm×50cm	172,500	北京保利	2015.06.04
王文彬 1977年作 天安门广场的景观	30.4cm×50cm	218,500	上海明轩	2015.06.21
王小松 2013年作 棱镜	125.5cm×90cm×13.5cm	275,000	佳士得（上海）	2015.04.25
王晓勃 2014年作 胖女王的新构想 No. 3	103cm×113cm	285,678	保利香港	2015.04.06
王晓莉 2015年作 墨系列–白头偕老	60cm×120cm	172,500	北京翰海	2015.11.27
王晓明 2015年作 王晓明致敬毕加索NO.2	180cm×96cm	264,500	北京上和	2015.11.13
王晓明 骏马2	50cm×50cm	19,040	上海宏大	2015.10.17
王晓明 外白渡教堂马	60cm×90cm	35,840	上海宏大	2015.10.17
王兴道 2014年作 海岸山脉风景图	162cm×130cm	120,150	佳士得	2015.05.31
王兴伟 2003年作 八女投江	195cm×300cm	3,068,000	苏富比（北京）	2015.06.02
王兴伟 2005年作 无题（池塘里的海军）	200cm×322.8cm	1,534,000	苏富比（北京）	2015.06.02
王兴伟 1994年作 伤害	210cm×170cm	3,518,160	香港苏富比	2015.10.04
王兴伟 2001年作 HELLOHOWMUCH	276.8cm×327cm	2,776,080	香港苏富比	2015.04.04
王兴伟 2003年作 过继3号	61cm×61cm	161,400	香港苏富比	2015.04.05
王兴伟 2003年作 过继6号	43.3cm×64.3cm	161,400	香港苏富比	2015.04.05
王兴伟 2005年作 无题	80cm×100cm	359,625	邦瀚斯	2015.10.03
王兴伟 2005年作 无题（熊猫与企鹅）	80cm×99.7cm	350,000	佳士得（上海）	2015.04.25
王兴伟 2006年作 无题（小划船）	100.5cm×120cm	870,260	佳士得	2015.11.29
王兴伟 2006年作 移动沙发	100cm×93.5cm	1,210,500	香港苏富比	2015.04.05
王亚彬 2009年作 大象座	200cm×150cm	193,992	保利香港	2015.10.05
王亚彬 2011年作 白船	110cm×110cm	115,000	北京保利	2015.06.04
王亚彬 2012年作 迎客松	132cm×120cm	172,500	北京保利	2015.12.05
王亚彬 2013年作 留影阁–松影道3	150cm×120cm	460,000	北京保利	2015.06.03
王亚彬 2014年作 花	73cm×60cm	195,500	北京诚轩	2015.05.17
王亚彬 2014年作 客从远方来	150cm×180cm	575,000	西泠拍卖	2015.07.04
王岩 远离城市的地方	160cm×175cm	207,000	上海敬华	2015.06.30
王衍成 2005年作 在紫色的光芒	80cm×80cm	353,063	佳士得	2015.03.15
王衍成 2007年作 御黄	150cm×150cm	564,438	佳士得	2015.11.29
王衍成 2009年作 无题	150cm×180cm	1,473,840	佳士得	2015.05.31
王洋 阻	50cm×60cm	31,360	河北嘉海	2015.09.13
王沂东 2008年作 初雪	117cm×78cm	6,325,000	北京保利	2015.06.03
王沂东 2015年作 弯弯的羊肠道	60cm×60cm	2,530,000	北京保利	2015.12.05
王易罡 1994年作 无题42号	199cm×184cm	184,000	上海明轩	2015.06.21
王轶琼 2015年作 王轶琼致敬毕加索NO.2	96cm×180cm	322,000	北京上和	2015.11.13
王音 2000年作 沙尘暴	180cm×290cm	1,207,500	北京保利	2015.06.03
王音 2006及2007年作 无题 (两张作品)	each54.1cm×36.2cm.	164,400	香港苏富比	2015.10.05
王音 2006年作 花	100.4cm×179.8cm	453,938	香港苏富比	2015.04.05
王音 2006年作 花	177cm×237cm	872,964	保利香港	2015.10.05
王音 2006年作 花	90.1cm×90.1cm.	328,800	香港苏富比	2015.10.05
王音 2006年作 无题	36.4cm×52.9cm.	82,200	香港苏富比	2015.10.05
王音 2010年作 父亲Ⅰ	60cm×48.5cm	184,000	中国嘉德	2015.11.14
王音 2011年作 藏女	90.5cm×120cm	402,500	中国嘉德	2015.11.14
王音 2011年作 父亲III	201cm×161cm	1,725,000	中国嘉德	2015.11.14
王勇 2015年作 王勇致敬毕加索NO.1	180cm×96cm	172,500	北京上和	2015.11.13

拍品名称	物品尺寸	成交价RMB	拍卖公司	拍卖日期
王羽天 2004年作 静物	72cm×80cm	632,500	西泠拍卖	2015.07.04
王玉平 1998年作 云上的日子 1	190cm×220cm	690,000	上海明轩	2015.06.21
王玉平 2004年作 鱼	50cm×180cm	172,500	中国嘉德	2015.11.14
王治平 2012年作 村口	100cm×180cm	230,000	北京保利	2015.12.05
王子卫 1996年作 无望	143cm×143.6cm	82,200	香港苏富比	2015.10.05
旺忘望 2015年作 旺忘望致敬毕加索NO.1	180cm×96cm	402,500	北京上和	2015.11.13
威廉·都伊沃尔德 沓里男子与斗鸡	77cm×56cm	667,875	香港苏富比	2015.10.05
威廉·杰拉德·贺夫卡 1933年作 玛利亚·贺夫卡之肖像	120cm×76cm	251,297	新加坡33拍卖	2015.01.23
威廉·杰拉德·贺夫卡 仰卧的妮·古斯蒂·康乎·玛娃	33.5cm×44cm	1,438,500	香港苏富比	2015.10.04
威廉·杰拉德·贺夫卡 1942年作 Poeri Oeboed with Made Toewi	60.5cm×35cm	3,107,880	佳士得	2015.05.30
韦尔申 1990年作 白露	65.2cm×79.8cm	178,250	北京诚轩	2015.11.14
韦尔申 1992年作 裸女	72cm×60.5cm	103,500	北京诚轩	2015.11.14
韦尔申 风景	78cm×98cm	226,000	辽宁建投	2015.08.30
韦嘉 2008年作 货郎途之一	180cm×260cm	649,000	苏富比（北京）	2015.06.02
韦嘉 2006年作 如果能飞，能去往哪里?	250cm×170cm	690,000	中国嘉德	2015.11.14
韦嘉 2007年作 发现	170cm×140cm	287,500	北京诚轩	2015.05.17
韦嘉 2007年作 说再见 NO.6	200cm×250cm	690,000	北京匡时	2015.06.06
韦嘉 2008年作 孩儿面 II	140cm×110cm	219,020	保利香港	2015.04.06
韦嘉 2009年作 通往隐忧之地Ⅰ	220cm×190cm×2	862,500	北京保利	2015.06.03
韦启美 1980年作 植物园的清晨	38cm×53cm	115,000	北京翰海	2015.11.27
韦启美 1980年作 植物园一角	38cm×52cm	103,500	北京翰海	2015.06.26
韦启美 1998年作 蓬山	80cm×100cm	333,500	北京保利	2015.12.05
维参特．席尔瓦．马南萨拉 1980年作 蜡烛小贩	109cm×78.5cm	1,707,680	佳士得	2015.11.29
维参特·马南萨拉 1973年作 斗鸡	84cm×100cm	1,089,360	佳士得	2015.05.31
维达雅 1981年作 观看Sekaten庆典	85cm×145cm	700,875	佳士得	2015.05.31
维达雅 1986年作 动植物	115cm×167cm	700,875	佳士得	2015.05.31
维达雅 1989年作 平原盛开的季节	145cm×200cm	615,750	佳士得	2015.11.29
维达雅 1990年作 Lamuk Temanggung 烟草农场	81cm×120cm	320,400	佳士得	2015.05.31
维达雅 2002年作 山市场	97cm×157cm	307,875	佳士得	2015.11.29
维达雅 白鹭	95.5cm×151.5cm	637,050	香港苏富比	2015.10.05
维达雅 城镇巴士		605,250	香港苏富比	2015.04.05
维达雅 钓鱼		302,625	香港苏富比	2015.04.05
维达雅 明月下的丛林	145cm×85cm	1,027,500	香港苏富比	2015.10.05
维达雅 艺术家嘉年华Ⅰ，1954年	107cm×128.5cm	226,050	香港苏富比	2015.10.05
维达雅 自然生态		807,000	香港苏富比	2015.04.05
维达雅 自然生态	95cm×152.5cm	328,800	香港苏富比	2015.10.05
维克多·米哈伊洛维奇·阿列什尼科夫 1983年作 女艺术家肖像	114cm×97cm	6,670,000	际华春秋	2015.05.24
维克托·瓦萨雷里 维佳–MC	39.0cm×39.0cm	236,295	日本伊斯特	2015.05.24
维勒·图阿松 2009年作 筑造欲望系列与创造之歌	243.5cm×364cm	15,413	香港苏富比	2015.10.05
卫天霖 窗前向日葵	55cm×55cm	1,012,000	中国嘉德	2015.11.14
魏传义 天山北路	60cm×80cm	345,000	保利厦门	2015.05.03
魏东 2007年作 美丽的一天	137cm×206.2cm.	123,300	香港苏富比	2015.10.05
魏东 2007年作 女孩和山羊	137cm×78.4cm.	71,925	香港苏富比	2015.10.05
魏巨川 运河上的钟声	90cm×120cm	101,200	广东崇正	2015.06.19
魏乐唐 1972年作 黄色之春	132.4cm×101.3cm	402,500	中国嘉德	2015.05.17
魏乐唐 2003年作 抽象	152cm×127cm	143,850	邦瀚斯	2015.10.03
魏立刚 2012年作 刘皇叔跃马过檀溪 蔡夫人隔屏听密语 山雪堆僧斋	180cm×86cm	226,050	邦瀚斯	2015.10.03
魏立刚 2014年作 孔雀	180cm×96cm	267,150	邦瀚斯	2015.10.03

拍品名称	物品尺寸	成交价RMB	拍卖公司	拍卖日期
魏野 2010年作《香蕉的性格》之八	200cm×80cm	494,500	北京上和	2015.11.13
文金扬 1943年作 乞丐	57cm×40.5cm	977,500	北京翰海	2015.11.27
文金扬 1958年作 建设中的武汉长江大桥	72cm×91cm	345,000	北京翰海	2015.11.27
文森·席尔瓦·马南萨拉 掰手腕	55.5cm×68.5cm	2,038,560	香港苏富比	2015.10.05
文森·席尔瓦·马南萨拉 丰收	91cm×183cm	3,419,520	香港苏富比	2015.10.04
翁诞宪 2011 从大山中走来	160cm×180cm	440,000	一拍在线	2015.05.30
沃银坤 苏州月色荷韵	120cm×151cm	253,000	上海敬华	2015.06.30
乌拉曼克 1950年作 有长棍面包和水果的静物	50cm×65cm	672,840	罗芙奥	2015.05.31
邬大勇 2015年作 午后有约	180cm×100cm	649,600	山东春秋	2015.04.26
吴波 2014年作 苹果皮之情人节	180cm×200cm	207,000	北京上和	2015.11.13
吴波 2014年作 苹果皮之生命链	180cm×200cm	207,000	北京上和	2015.11.13
吴大羽 1980年作 无题-19	54cm×39cm	10,350,000	北京保利	2015.06.03
吴大羽 1982年作 春在	34.5cm×34.5cm	3,910,000	北京保利	2015.12.05
吴大羽 繁花争艳	45.5cm×32.5cm	5,874,960	香港苏富比	2015.04.04
吴大羽 约1960年作 无题 43	40cm×32.5cm	3,814,080	香港苏富比	2015.10.04
吴大羽 约1980年作 飞羽	45.6cm×33cm	5,865,000	中国嘉德	2015.11.14
吴大羽 约1980年作 谱韵-63	53.7cm×37.3cm	11,500,000	中国嘉德	2015.05.17
吴大羽 约1980年作 无题5	38cm×26.5cm	4,011,360	香港苏富比	2015.10.04
吴德武 2012年作 蝴蝶	200cm×150cm	172,500	北京上和	2015.11.13
吴德武 2015年作 沉睡的维纳斯	150cm×120cm	115,000	北京上和	2015.11.13
吴笛笛 2015年作 隐秘的目的	120cm×240cm	230,000	北京保利	2015.06.04
吴冠中 1959年作 井冈山小景	46cm×61.5cm	5,980,000	北京保利	2015.06.03
吴冠中 1960年作 规划荒山	43.8cm×58.6cm	4,370,000	北京保利	2015.06.03
吴冠中 1960年作 垦荒路上	23cm×47cm	3,105,000	北京保利	2015.06.03
吴冠中 1961年作 大昭寺	46cm×61cm	9,200,000	北京保利	2015.12.05
吴冠中 1972年作 白皮松	34cm×26cm	5,865,000	北京保利	2015.06.03
吴冠中 1972年作 李村树（二）	34cm×26cm	6,068,640	香港苏富比	2015.04.04
吴冠中 1973年作 荷花	60.8cm×50.2cm	27,728,520	香港苏富比	2015.04.04
吴冠中 1973年作 红梅	89.6cm×70cm	53,939,880	香港苏富比	2015.04.04
吴冠中 1973年作 小桃红	61.1cm×46.3cm	36,529,680	香港苏富比	2015.10.04
吴冠中 1973年作 长江三峡	58cm×43cm	9,522,600	保利香港	2015.04.06
吴冠中 1973年作 紫竹院的早春	60cm×81cm	24,725,000	北京保利	2015.12.05
吴冠中 1974年作 绿色的海	24cm×34cm	2,715,888	中国嘉德	2015.10.06
吴冠中 1975年作 滨海城市（青岛）	46cm×61cm	31,424,580	保利香港	2015.04.06
吴冠中 1975年作 木槿	120cm×80cm	69,000,000	北京保利	2015.06.03
吴冠中 1976年作 福禄考	36cm×30cm	3,220,000	北京保利	2015.06.03
吴冠中 1976年作 漓江	44.5cm×44.5cm	2,300,000	北京匡时	2015.06.06
吴冠中 1978年作 江边竹林	44cm×43cm	5,874,960	香港苏富比	2015.04.04
吴冠中 1983年作 风景	52cm×72cm	3,795,000	北京翰海	2015.11.27
吴冠中 1985年作 彩山	46cm×54cm	7,327,560	香港苏富比	2015.04.04
吴冠中 1994年作 北海	40cm×30cm	2,300,000	北京保利	2015.12.05
吴冠中 1994年作 春秋	50cm×60cm	3,006,876	保利香港	2015.10.05
吴冠中 1994年作 墙上秋色	60.5cm×93cm	25,920,840	香港苏富比	2015.04.04
吴冠中 1996年作 嘈嘈皆乡音	46cm×61cm	4,140,000	北京保利	2015.06.03
吴冠中 山城	33cm×26cm	2,875,000	北京上和	2015.11.13
吴昊 1969年作 童趣	36cm×74cm	41,100	邦瀚斯	2015.10.03
吴山专 1990-91年作 红色幽默	289cm×175cm	1,610,000	中国嘉德	2015.11.14
吴威 2013年作 德尔沃之夜	130cm×130cm	172,500	北京保利	2015.06.04
吴威 2015年作 镜里镜外	112cm×112cm	172,500	北京华辰	2015.05.15
吴晓林 2014年作 海带欢歌	138cm×199cm	437,000	北京翰海	2015.06.26
吴燮勋 1982年作 男人体	101cm×118cm	345,000	北京翰海	2015.06.26
吴宇芳 2010年作 鲜瓜地	110cm×100cm	460,000	广东崇正	2015.06.19
吴作人 1939年作 嘉陵江边	70cm×100cm	5,290,000	中国嘉德	2015.05.17
吴作人 1955年作 出浴	82.5cm×60	5,635,680	台北艺流	2015.04.25
吴作人 秋景	15cm×21cm	517,500	上海敬华	2015.06.30
伍步云 1998年作 秋天的水果	63cm×79cm	148,100	景薰楼	2015.06.21
武高谈 1953年作 旺克景观	60cm×72.5cm	123,150	佳士得	2015.11.29
武高谈 1971年作 骑士	50cm×61cm	359,188	佳士得	2015.11.29
武元谈 归来	73cm×60cm	143,850	香港苏富比	2015.10.05
武元谈 果园	65.5cm×92cm	133,575	香港苏富比	2015.10.05
武元谈 母爱		242,100	香港苏富比	2015.04.05
武元谈 神逸	136cm×115cm	359,625	香港苏富比	2015.10.05
武元谈 相遇		131,138	香港苏富比	2015.04.05
武元谈年轻越南女子		171,488	香港苏富比	2015.04.05
西奥. 梅耶 1976年作 JETTLI 和荷花	120cm×100cm	461,813	佳士得	2015.11.29
西奥·迈尔 巴隆舞	150cm×100cm	1,807,680	香港苏富比	2015.04.04
西奥·迈尔 峇里阿贡火山		121,050	香港苏富比	2015.04.05
西奥·迈尔 峇里寺庙典礼		363,150	香港苏富比	2015.04.05
西奥·迈尔 泰国庙宇	70cm×60cm	924,750	香港苏富比	2015.10.05
西奥·梅耶 火山景观	61cm×71cm	180,225	佳士得	2015.05.31
西奥·梅耶 峇里女子（共两件）	137.5cm×57cm 157.5cm×77.5cm	1,185,480	佳士得	2015.05.30
席德进 1964年作 抽象	73.2cm×96.9cm	650,813	佳士得	2015.05.31
细川真希 2010年作 OL@朝	130.3cm×162.2cm	100,875	佳士得	2015.03.15
夏俊娜 2013年作 风雨之后	80cm×60cm	345,000	北京翰海	2015.06.26
夏小万 1996年作 第一号动作	162.5cm×130.3cm	552,000	中国嘉德	2015.05.17
向庆华 2014年作 窗	105cm×260cm	200,000	佳士得（上海）	2015.10.24
向庆华 2014年作 古畲女	160cm×120.5cm	184,000	中国嘉德	2015.11.14
向庆华 2015年作 无题	150cm×120cm	123,150	佳士得	2015.11.29
肖芳凯 2008年作 景·式 0828	200cm×150cm	287,500	上海明轩	2015.06.21
肖芳凯 2013年作 景物 · 园林卷：1301	180cm×150cm	275,000	佳士得（上海）	2015.04.25
肖峰 2010年作 秋	60cm×73cm	392,000	山东春秋	2015.04.26
萧勤 1960年作 抽象	70cm×60cm	242,400	罗芙奥	2015.06.07
萧勤 1962年作 平衡	130cm×65cm	130,163	佳士得	2015.05.31
萧勤 1962年作 无题	80cm×80cm	120,150	佳士得	2015.05.31
萧勤 1963年作 道之变异	80cm×130cm	295,000	台北中诚	2015.06.14
萧勤 1963年作 静定	84cm×108cm	278,415	中国嘉德	2015.04.06
萧勤 1965年作 无题	150cm×150cm	302,625	香港苏富比	2015.04.05
萧勤 1968年作 静观 组件（一组两件）	35cm×38cm×2	116,395	中国嘉德	2015.10.06
萧勤 1969年作 张力 - G	32cm×71cm.	82,200	香港苏富比	2015.10.05
萧勤 1973年作 分割 - 9	55.5cm×80cm	112,888	佳士得	2015.11.29
萧勤 1981年作 Chi - 271	50cm×160cm	130,163	佳士得	2015.05.31
萧勤 1987年作 狂澜	53cm×71cm	48,498	保利香港	2015.10.05
萧勤 1988年作 宇宙风 - 28	70cm×100cm	220,275	佳士得	2015.05.31
萧勤 1990-2012年作 大限外 - 6	73cm×91cm	327,240	罗芙奥	2015.06.07
萧勤 1990年作 无题	98cm×142cm	123,794	保利香港	2015.04.06
萧勤 1994年作 永久的花园-1	110cm×140cm.	873,375	香港苏富比	2015.10.05
萧勤 1995年作 心灵的体现-88	90cm×110cm	247,588	保利香港	2015.04.06
萧勤 1998年作 永恒之境	90cm×110cm	353,063	香港苏富比	2015.04.05
萧勤 2000-2007年作 剧降	100cm×80cm	224,200	台北中诚	2015.06.14
萧勤 2001年作 宇宙之进化 - 2	200cm×200cm	606,000	罗芙奥	2015.06.07
萧勤 2002年作 宇宙漩涡之八八	142cm×77cm.	205,500	香港苏富比	2015.10.05
萧勤 2002年作 宇宙之爆发-4	130cm×100cm	170,213	佳士得	2015.05.31
萧勤 2006年作 智慧心	110cm×170	461,376	罗芙奥	2015.05.31
萧勤 2007年作 大悲心	165cm×130cm	285,678	保利香港	2015.04.06
萧勤 2009年作 盎然	69cm×51cm	211,838	香港苏富比	2015.04.05
萧勤 2009年作 走向永久的花园 - 15	90cm×110cm	282,450	香港苏富比	2015.04.05
萧勤 2013年作 横行	136cm×297cm	590,000	台北中诚	2015.06.14

(成交价RMB：15万元以上)

拍品名称	物品尺寸	成交价RMB	拍卖公司	拍卖日期
萧勤 2014年作 新希望	200cm×270cm	642,000	景薰楼	2015.06.21
小松美羽 2015年作 历史遗迹的守护狮子	160cm×130cm	164,200	佳士得	2015.11.29
小西纪行 2014年作 无题	145.5cm×194cm	161,400	香港苏富比	2015.04.05
小西纪行 2015年作 无题	194cm×146cm.	77,063	香港苏富比	2015.10.05
小泽沙加耶 2007年作 王国	140cm×184.8cm.	61,650	香港苏富比	2015.10.05
谢楚余 2002年作 天籁	120cm×100cm	575,000	华艺国际	2015.05.24
谢楚余 2007年作 井	81cm×65cm	460,000	北京上和	2015.11.13
谢景兰 1961年作 无题	54cm×65cm	280,350	佳士得	2015.05.31
谢景兰 1965年作 穿林过	114cm×145.5cm.	513,750	香港苏富比	2015.10.05
谢景兰 1965至1969年作 无题	96.5cm×146cm.	411,000	香港苏富比	2015.10.05
谢景兰 1967年作 归返	46cm×55cm.	133,575	香港苏富比	2015.10.05
谢景兰 1973年作 烟雨蒙蒙	46cm×61.5cm.	113,025	香港苏富比	2015.10.05
谢景兰 1978年作 不对称与对称	195cm×130cm.	822,000	香港苏富比	2015.10.05
谢景兰 1980至1981年作 观鹤图	60cm×120cm.	308,250	香港苏富比	2015.10.05
谢景兰 A：1980至1981年作；B：1986年作 岛屿；河畔（两件）	A:33.5cm×55.5cm	308,250	香港苏富比	2015.10.05
谢墨凛 2009年作 叠之七	63cm×49cm	195,500	北京诚轩	2015.05.17
谢墨凛 2010年作 棘3	65.5cm×52.5cm	106,696	保利香港	2015.10.05
谢墨凛 2011年作 辙之一	155cm×206cm	690,000	北京诚轩	2015.11.14
谢南星 1997年作 拿枪的自画像	148cm×128cm	504,375	香港苏富比	2015.04.05
谢南星 1997年作 十滴泪和十个自扮像	149.3cm×131cm	484,200	香港苏富比	2015.04.05
谢南星 1999年作 无题系列 NO.4	140cm×178.5cm	4,657,500	北京匡时	2015.12.04
谢南星 2007年作 无题3号	220cm×385cm	1,710,840	香港苏富比	2015.04.05
谢玉谦 1954年作 新加坡河边	65cm×80cm	564,438	佳士得	2015.11.29
谢玉谦 1957年作 槟城	64.8cm×91.4cm	160,200	佳士得	2015.05.31
忻东旺 1999年作 白菜	60cm×50cm	345,000	北京保利	2015.12.05
忻东旺 2005年作 憧憬着的老段	80cm×65cm	437,000	广东崇正	2015.06.19
忻东旺 2005年作 老人肖像	60.2cm×50.2cm	172,500	中国嘉德	2015.11.14
忻东旺 2005年作 朋友	160cm×65cm	598,000	北京保利	2015.06.04
邢健健 红衣少女	101cm×80cm	161,000	南京经典	2015.08.02
邢健健 梦境少女	101cm×80cm	138,000	南京经典	2015.08.02
熊胜强 天使系列之二	80cm×60cm	172,500	北京上和	2015.11.13
熊燕 向梵高致敬	120cm×150cm	48,300	四川翰雅	2015.10.15
熊燕 肖像系列1	100cm×100cm	34,500	四川翰雅	2015.10.15
熊燕 肖像系列2	50cm×60cm	17,250	四川翰雅	2015.10.15
熊宇 2003年作 浸光	150cm×120cm	184,000	北京保利	2015.06.03
熊宇 2003年作 春	140cm×135cm	172,500	北京保利	2015.06.04
熊宇 2015年作 漂流之地	200cm×150cm	345,000	北京保利	2015.06.03
徐波 2009年作 门头	147cm×109cm	172,500	北京翰海	2015.11.27
徐弘 2013年作 墙角的珍珠	80.5cm×170.5cm	138,000	中国嘉德	2015.05.17
徐弘 2014年作 树	118cm×166cm	126,500	中国嘉德	2015.11.14
徐里 1990年作 吉祥雪域之十四	100cm×80cm	345,000	福建运通	2015.11.01
徐里 1999年作 高原吉祥	150cm×80cm	345,000	保利厦门	2015.05.03
徐芒耀 1979年作 藏族青年	53.5cm×38cm	138,000	西泠拍卖	2015.07.04
徐鸣 2012年作 秋枫	100cm×120cm	632,500	北京保利	2015.12.05
徐青巍 2015年作 春分（三联作）	25cm×20cm×3	138,000	中国嘉德	2015.05.17
徐唯辛 1995年作 滚动的光影	100cm×81cm	207,000	华艺国际	2015.05.24
徐唯辛 2007年作 矿工康振国	247.7cm×199.1cm	205,250	佳士得	2015.11.29
徐唯辛 2007年作 七个矿工系列	250.2cm×200.7cm	164,200	佳士得	2015.11.29
徐晓燕 1994年作 城苑系列之二	72cm×90cm	132,250	北京翰海	2015.06.26
徐晓燕 山村之十二	53cm×45cm	109,250	北京翰海	2015.11.27
徐英辉 2007年作 崩	160cm×130cm	402,500	北京上和	2015.11.13
徐英辉 2007年作 悬	180cm×120cm	690,000	北京上和	2015.11.13

拍品名称	物品尺寸	成交价RMB	拍卖公司	拍卖日期
徐震 2010年作 "团结化是一个减损的过程多于增益的过程，'忠诚信徒'永远不会觉得完整，永远不会觉得安全。"系列作品1 没顶公司出品	150cm×159cm	325,000	佳士得（上海）	2015.10.24
徐震 2013年作 天下-20130509	95cm×140cm	632,500	北京保利	2015.06.03
徐震 2013年作 天下-20130513	50cm×70cm	230,000	北京保利	2015.12.05
徐震 天下系列	50cm×70cm	310,500	北京保利	2015.06.03
许汉超 咖啡时光	61cm×76.5cm	242,100	香港苏富比	2015.04.05
许江 1995年作 夏雨（四联幅）	100cm×160cm	678,720	罗芙奥	2015.06.07
许江 2000年作 大北京・紫禁城	180cm×180cm	1,710,000	佳士得（上海）	2015.04.25
许修荣 2013年作 阳山洞 01	180cm×130cm	111,504	罗芙奥	2015.06.07
许尹龄 2014至2015年作 我们在此相遇	207.2cm×305.2cm.	123,300	香港苏富比	2015.10.05
薛峰 2011年作 改造-2	160cm×200cm	300,000	佳士得（上海）	2015.04.25
薛峰 2012年作 背景 2012-18	200cm×160cm	307,875	佳士得	2015.11.29
薛峰 2012年作 改造2012-6	200cm×280cm	299,000	北京保利	2015.12.05
薛广陈 2013年作 满园春色3	50cm×40cm	287,500	北京华辰	2015.05.15
薛广陈 2013年作 问山—山岚	34cm×25cm	253,000	中国嘉德	2015.05.17
薛广陈 2015年作 慢……No.2	50cm×70cm	437,000	中国嘉德	2015.11.14
薛松 1998年作 中国风景及可口可乐（九张作品）	each 61cm×50.5cm	403,500	香港苏富比	2015.04.05
雅丝明・席松 持棍女孩（小老鼠系列）	152cm×91.5cm	61,650	香港苏富比	2015.10.05
雅斯敏・西松 2011年作 拖与拉	200cm×200cm	140,175	佳士得	2015.05.31
闫平 1998年作 清晨的鸡冠花	161cm×141cm	805,000	上海明轩	2015.06.21
闫平 2000年作 宁静的下午	55.5cm×60.2cm	115,000	中国嘉德	2015.05.17
闫平 2000年作 女儿梦	80cm×85cm	598,000	中国嘉德	2015.05.17
闫平 2001年作 学生来访	60cm×55.5cm	115,000	中国嘉德	2015.11.14
闫平 2003年作 陪儿子考大学	80cm×60cm	172,500	中国嘉德	2015.11.14
闫平 2009年作 听风	200cm×180cm	2,530,000	北京保利	2015.06.03
闫平 2013 花儿你慢慢开	100cm×80cm	715,000	一拍在线	2015.05.30
严力 1980年作 迪斯科	104cm×96cm	161,000	北京匡时	2015.06.06
严力 1982年作 我在画画之二	90cm×56cm	253,000	中国嘉德	2015.11.14
严力 1983年作 生长	78.7cm×63.5cm	230,000	中国嘉德	2015.05.17
严力 1983年作 自画像	80cm×65cm	253,000	中国嘉德	2015.11.14
严力 1984年作 冲突	60cm×68cm	230,000	中国嘉德	2015.05.17
严鸥 梦魇	79.5cm×139cm	115,000	四川翰雅	2015.10.15
严鸥 未睡的人	67.6cm×149cm	115,000	四川翰雅	2015.10.15
严鸥 引导	99.6cm×80cm	46,000	四川翰雅	2015.10.15
严培明 2007年作 黑色自画像	350cm×350cm	2,531,160	佳士得	2015.05.31
严智龙 2011年作 游戏中的游戏	120cm×198cm	920,000	北京保利	2015.12.05
颜磊 1995至2001年作 入侵-背（两张作品）	each 189.5cm×138.8cm	282,450	香港苏富比	2015.04.05
颜磊 1995至2001年作 入侵-脸	149.4cm×144.4cm	100,875	香港苏富比	2015.04.05
颜磊 2001年作 国际风景：通道	170cm×130.1cm	71,925	香港苏富比	2015.10.05
颜磊 2002年作 封面系列	157cm×128.7cm	102,750	香港苏富比	2015.10.05
颜磊 2006年作 彩轮	180cm×180cm	805,000	北京保利	2015.06.03
颜文梁 1960年代作 春郊步道	66cm×88cm	453,938	香港苏富比	2015.04.05
颜文樑 1958年作 西郊公园傍晚	28cm×40cm	1,207,500	北京保利	2015.06.04
颜文樑 40年作代末作 雪霁	46cm×61cm	4,025,000	上海敬华	2015.06.30
颜文樑 春天的梦	25cm×36.5cm	632,500	西泠拍卖	2015.07.04
颜文樑 雪霁	31cm×42cm	552,000	北京保利	2015.06.04
颜文樑 颐和园	28cm×40cm	3,450,000	北京保利	2015.06.04
颜文樑 颐和园・荇桥	24.2cm×35.2cm	2,702,500	中国嘉德	2015.05.17
颜文樑 约1940年作 苏州桃花坞	46cm×60.7cm	1,380,000	北京保利	2015.06.03
颜文樑 约1943年作 夕阳	30cm×40cm	109,250	华艺国际	2015.05.24
阳平 大花3	120cm×90cm	109,250	四川翰雅	2015.10.15
杨参军 2009 隐秘的干柿	110cm×80cm	330,000	一拍在线	2015.05.30

拍品名称	物品尺寸	成交价RMB	拍卖公司	拍卖日期
杨参军 2012 大地之二	200cm×300cm	1,980,000	一拍在线	2015.05.30
杨参军 2013年作 沂蒙风景之一	100cm×100cm	328,400	山东春秋	2015.04.26
杨诚 山	100cm×100cm	195,500	天津同方	2015.06.06
杨澄 2013年作 斑斓	120cm×150cm	126,500	北京翰海	2015.06.26
杨登雄 1997年作 台球	162cm×130cm	106,656	罗芙奥	2015.06.07
杨登雄 2006年作 印象中的黄土地	180cm×200cm	115,344	罗芙奥	2015.05.31
杨飞云 1988年作 穿毛衣的女子	52cm×44cm	1,840,000	华艺国际	2015.05.24
杨飞云 1988年作 小学教师	60.5cm×50cm	1,150,000	中国嘉德	2015.11.14
杨飞云 1991年作 红头巾	80.5cm×70.5cm	1,725,000	中国嘉德	2015.05.17
杨飞云 1998年作 方式	162cm×130cm	4,370,000	北京保利	2015.12.05
杨飞云 2004年作 拉大提琴的女人	146cm×97cm	3,335,000	北京匡时	2015.06.06
杨飞云 2010年作 唐韵	180cm×150cm	8,050,000	华艺国际	2015.05.24
杨晖 2015年作 惊蛰	140cm×45cm	126,500	北京保利	2015.12.05
杨诘苍 2012年作 还是花鸟画1912-2012 还是花鸟画1912	97cm×70.5cm 37cm×30cm	380,475	佳士得	2015.06.01
杨黎明 2007年作 2007年 第11r号	90cm×120cm	131,138	佳士得	2015.03.15
杨黎明 2012年作 2012 NO.1R	210cm×160cm	310,500	北京保利	2015.06.03
杨黎明 2012年作 2012 第8r号	200cm×150cm	200,250	佳士得	2015.05.31
杨茂林 1996年作 宝岛花开	116.5cm×80cm 116.5cm×160cm	145,494	保利香港	2015.10.05
杨千 2006年作 手机里的女人NO.5	150cm×200cm	120,750	北京保利	2015.06.04
杨三郎 1959年作 老街后巷	72.5cm×60.5cm	236,000	台北中诚	2015.06.14
杨三郎 1978年作 安平古堡	53cm×65.5cm	172,800	景薰楼	2015.06.21
杨三郎 1982年作 湖畔残雪	60.5cm×72cm	345,700	景薰楼	2015.06.21
杨三郎 淡水小白楼	60.5cm×72.5cm	464,920	台北艺流	2015.10.10
杨三郎 东北角望龟山	50cm×60cm	212,400	台北中诚	2015.06.14
杨三郎 风景	45.5cm×53cm	121,200	罗芙奥	2015.06.07
杨三郎 流金秋雪	97cm×130.5cm	590,000	台北中诚	2015.06.14
杨三郎 野柳渔村	38cm×45.5cm	116,352	罗芙奥	2015.06.07
杨三郎 樱岛火山	45.5cm×53cm	148,100	景薰楼	2015.06.21
杨少斌 1997年作 红	25.5cm×29.5cm×4	287,500	北京匡时	2015.06.06
杨少斌 2009至2010年作 蓝屋36号	194.8cm×217cm	133,575	香港苏富比	2015.10.05
杨少斌 2010年至2011年作 蓝屋系列	195cm×223.2cm	322,800	香港苏富比	2015.04.05
杨识宏 1983年作 白日梦	170cm×220cm	330,400	台北中诚	2015.06.14
杨识宏 1994年作 花之歌	145.5cm×115cm	345,700	景薰楼	2015.06.21
杨识宏 1994年作 桃色气氛	90cm×72cm	207,000	上海泛华	2015.06.19
杨识宏 1998年作 联结	170cm×221cm	550,688	佳士得	2015.05.31
杨识宏 2004年作 负旋律	160cm×111.8cm	236,000	台北中诚	2015.06.14
杨识宏 2005年作 坚毅	88cm×115cm	180,929	保利香港	2015.04.06
杨识宏 2012年作 次日	113cm×162cm	600,750	佳士得	2015.05.31
杨识宏 2012年作 画中诗	88cm×116	431,025	佳士得	2015.11.29
杨述 2007年作 无题2007 12号	180cm×260cm	172,500	北京翰海	2015.06.26
杨学宁 欢悦	100cm×70cm	103,500	四川翰雅	2015.10.15
杨勋 2008年作 游园惊梦 No.3	100cm×150cm	228,542	保利香港	2015.04.06
杨勋 2010年作 碎忆1-6	直径50cm×6	632,500	北京保利	2015.12.05
杨彦 2015年作 杨彦致敬毕加索NO.2	96cm×180cm	345,000	北京上和	2015.11.13
杨永智 2014年作 立秋	90.5cm×180cm	218,500	中国嘉德	2015.11.14
杨云祥 绣花女	100cm×80cm	460,000	北京翰海	2015.11.27
叶恒贵 2013年作 广场	120.5cm×150cm	115,000	中国嘉德	2015.11.14
叶火城 1978年作 雅美得船	80cm×100cm	296,300	景薰楼	2015.06.21
叶列梅耶夫 1960年作 穿蓝色衣服的肖像	99cm×58cm	3,105,000	际华春秋	2015.05.24
叶列梅耶夫 1997年作 晨	101cm×80cm	3,220,000	际华春秋	2015.05.24
叶向明 2011年作 吉祥中国之如意荷	100cm×80cm	241,500	北京保利	2015.12.05

拍品名称	物品尺寸	成交价RMB	拍卖公司	拍卖日期
叶永青 1988年作 回家的羊	56.7cm×43.2cm	571,356	保利香港	2015.04.06
叶永青 1990年作 浮躁	58cm×42cm	138,000	北京翰海	2015.06.26
叶永青 1992年作 大招贴：公共形象的印痕	153cm×92.7cm	1,012,000	中国嘉德	2015.11.14
叶永青 1992年作 月初升	61cm×50cm	571,356	保利香港	2015.04.06
叶永青 2002年作 姿态	110cm×140cm	172,500	北京匡时	2015.06.06
叶永青 2006年作 画鸟	146cm×114cm	336,000	北京荣宝	2015.06.21
叶永青 2006年作 鸟	100cm×80cm	193,520	台北中诚	2015.06.14
叶永青 2006年作 鸟	147cm×147cm	149,500	西泠拍卖	2015.07.04
叶永青 2007年作 鸟	80cm×100cm	213,391	中国嘉德	2015.10.06
叶子奇 1991-1994年作 乡愁在浴室	86cm×218cm	684,400	台北中诚	2015.06.14
叶子奇 1991年作 去夏	30.5cm×51cm	135,800	景薰楼	2015.06.21
叶子奇 1993-2005年作 旧金山的鸽子	66cm×76cm	872,640	罗芙奥	2015.06.07
叶子奇 2005年作 来亨鸡	61cm×61cm	592,600	景薰楼	2015.06.21
叶子奇 2008-2009年作 台东海边·太麻里	50.8cm×243.8cm	618,969	保利香港	2015.04.06
叶子奇 2009-2010年作 雾迷．布洛湾．花莲	77cm×204cm	1,212,000	罗芙奥	2015.06.07
叶子奇 2011-2015年作 雾来·布洛湾·花莲	50cm×102cm	399,949	保利香港	2015.04.06
叶子奇 2011-2015年作 云南情人节	76.5cm×51.5cm	872,640	罗芙奥	2015.06.07
叶子奇 2011年作 台风前的花莲海	130cm×89.5cm	533,280	罗芙奥	2015.06.07
叶子奇 2014-2015年作 雾来．荖溪．花莲	102cm×223.5cm	2,908,800	罗芙奥	2015.06.07
叶子奇 2014-2015年作 香港·太平山	36cm×66cm	145,494	保利香港	2015.10.05
叶子奇 2014年作 独白	50cm×76cm	389,975	佳士得	2015.11.29
伊凡 过去、现在、未来		141,225	香港苏富比	2015.04.05
伊凡 灼热的早上		141,225	香港苏富比	2015.04.05
伊利亚·叶菲莫维奇·列宾 1877年作 小狗帕尔康	38.2cm×29.3cm	2,070,000	际华春秋	2015.05.24
伊灵 2015年作 新青年	160cm×200cm	437,000	北京上和	2015.11.13
佚名 2012年作 风景	200cm×300cm	230,000	北京翰海	2015.11.27
尹朝阳 1997年作 狂想曲	75cm×90cm	184,000	中国嘉德	2015.11.14
尹朝阳 1999年作 伴侣	146cm×114cm	1,012,000	中国嘉德	2015.11.14
尹朝阳 2003年作 光辉	100cm×80cm	115,000	北京翰海	2015.11.27
尹朝阳 2003年作 梦境	50cm×70cm	96,996	保利香港	2015.10.05
尹朝阳 2004年作 郊外系列之二	180cm×100cm	747,500	北京匡时	2015.06.06
尹朝阳 2006年作 领袖	180cm×120cm	460,000	中国嘉德	2015.05.17
尹朝阳 2007年作 辐射之十八	150cm×150cm	1,150,000	北京上和	2015.11.13
尹朝阳 2007年作 天安门广场	150cm×150cm	225,775	佳士得	2015.11.29
尹朝阳 2010年 神话	130cm×150cm	690,000	西泠拍卖	2015.07.04
尹朝阳 2010年作 朋友	150.5cm×100cm	690,000	西泠拍卖	2015.07.04
尹朝阳 2011年作 正面	150cm×130cm	460,000	北京保利	2015.06.04
尹亨根 1975年作 棕色蓝色	130cm×181.3cm	1,666,080	佳士得	2015.05.30
尹亨根 1991年作 焦赭与群青蓝	162.1cm×130.3cm	750,938	佳士得	2015.05.31
尹亨根 1991年作 赭蓝	145cm×89cm.	308,250	香港苏富比	2015.10.05
尹亨根 1997年作 赭蓝系列	227.3cm×191.8cm	1,127,000	北京保利	2015.06.03
尹齐 2004年作 室内	180cm×160cm	195,500	北京匡时	2015.06.06
樱井理惠子 2009年作 与愤怒游戏	162cm×90cm×5cm	121,200	罗芙奥	2015.06.07
应麦可 2013年作 中国式山水NO.3	147cm×147cm	287,500	北京翰海	2015.06.26
尤索夫·加尼 2002年作 同步	124cm×94cm	110,138	佳士得	2015.05.31
游守中 2008年作 家	112cm×145.5	117,410	台北艺流	2015.04.25
游守中 乡城风情	91cm×116.5cm	92,984	台北艺流	2015.10.10
于向溟 2013年作 荒城21—一个人的战争	140cm×225cm	575,000	北京保利	2015.12.05
于小冬 阿依米克	90cm×70cm	322,000	天津同方	2015.11.21

(成交价RMB：15万元以上)

拍品名称	物品尺寸	成交价RMB	拍卖公司	拍卖日期
于小冬年轻歌手	90cm×60cm	322,000	天津同方	2015.06.06
余本 1935年作 晚归	82cm×94cm	6,325,000	中国嘉德	2015.11.14
余本 1939年作 花圃	63cm×75cm	345,000	中国嘉德	2015.11.14
余本 1952年作 鱼	61cm×77cm	437,000	北京匡时	2015.12.04
余本 1960年作 星湖风景	40.6cm×50.6cm	179,200	北京荣宝	2015.06.21
余本 1963年作 小兴安岭森林	54cm×78cm	171,407	保利香港	2015.04.06
余本 1969年作 韶山	55cm×65cm	115,000	华艺国际	2015.05.24
余本 瓶花	39.5cm×49.5cm	126,500	北京保利	2015.12.05
余含兮 2013-2014年作 守望—家园	150cm×200cm	460,000	北京保利	2015.06.04
余继任 马队	145cm×83cm	113,022	澳门中信	2015.11.08
余家乐 西非的姑娘们	66cm×66cm	138,000	北京翰海	2015.06.26
余润德 模糊的光芒之二十五	183cm×95.7cm	345,000	中国嘉德	2015.11.14
余润德 模糊的光芒之三	99cm×80cm	253,000	中国嘉德	2015.05.17
余润德 模糊的光芒之五	140cm×100cm	287,500	北京保利	2015.06.04
余友涵 1986年作 1986-3-1	156cm×131.2cm	3,163,440	香港苏富比	2015.04.04
余友涵 1990-1991年作 1991.1	118cm×167cm	7,427,628	保利香港	2015.04.06
余友涵 1991年作 1991-9	92cm×113.5cm	1,745,928	保利香港	2015.10.05
余友涵 1995年作 毛主席和自由女神	110cm×90cm	1,904,520	保利香港	2015.04.06
余友涵 1998年作 四个女人	190cm×153cm	554,813	香港苏富比	2015.04.05
余友涵 2001年作 焦裕禄	180cm×220cm	1,333,164	保利香港	2015.04.06
余友涵 2002年作 咸若古亭	180cm×223cm	1,350,000	佳士得（上海）	2015.04.25
余友涵 2006年作 毛主席	130cm×110cm	824,466	保利香港	2015.10.05
余友涵 2007年作 毛色块	130cm×110cm	1,117,920	邦瀚斯	2015.10.03
余友涵 2007年作 毛主席和韶山农民谈话	214cm×154cm	7,141,950	保利香港	2015.04.06
俞成浩 2001年作 正在消失的夏天	120cm×60cm	100,125	佳士得	2015.05.31
俞晓夫 1992年作 古典主义	122cm×138.5cm	322,000	上海泛华	2015.06.19
俞晓夫 1998年作 钢琴课	135cm×180cm	5,290,000	北京翰海	2015.06.26
俞晓夫 2002-2004年作 三个人物、双人执扇、人·马、抱婴（一共八件）	45.5cm×53cm×4	264,500	北京保利	2015.12.05
玉里·坎萨库 宝贝别哭	画幅190cm×244cm	61,650	香港苏富比	2015.10.05
喻红 1989年作 有伞的肖像	130cm×97cm	766,026	新加坡33拍卖	2015.06.21
喻红 1991年作 烈日当空	160cm×200cm	1,335,750	香港苏富比	2015.10.05
喻红 1992年作 玩呼啦圈的男子	127cm×96.2cm	460,000	中国嘉德	2015.11.14
喻红 1999年作 黄昏的等待	178cm×152cm	885,500	北京保利	2015.12.05
元永定正 1964年作 作品	91cm×116cm	5,984,160	香港苏富比	2015.10.04
元永定正 1966年作 作品	14cm×18cm	153,938	佳士得	2015.11.29
元永定正 1990年作 无题	193cm×258.5cm	1,904,520	香港苏富比	2015.04.05
元永定正 1995年作 红，三色，朦胧	130.3cm×162cm	718,375	佳士得	2015.11.29
元永定正 作品	18cm×13.9cm	151,313	佳士得	2015.03.15
袁庆一 2014年作 光影	79.5cm×99.5cm	115,000	北京诚轩	2015.05.17
袁庆一 2014年作 光影	100cm×80cm	172,500	北京保利	2015.12.05
袁庆一 2015年作 无题	80cm×100cm	172,500	北京保利	2015.12.05
袁秋萍 2014年作 重新孵化	60cm×80cm	230,000	北京保利	2015.06.04
袁远 2012年作 流动之三	320cm×180cm	967,600	苏富比（北京）	2015.06.02
袁远 2008年作 小鸭嘎嘎的乐园	150cm×170cm	287,500	中国嘉德	2015.05.17
袁远 2009年作 无题	159.8cm×139.8cm	461,813	佳士得	2015.11.29
袁远 2009年作 无翼女神	195cm×175cm	761,808	保利香港	2015.04.06
袁远 2010~2011年作 笼子（三联作）	184.5cm×114.5cm 184.5cm×114cm 184.5cm×114cm	993,240	佳士得	2015.05.31
袁远 2010年作 汗蒸房 III	170cm×180cm	945,180	佳士得	2015.05.31
袁远 2010年作 上海之夜II	160cm×150cm	775,968	保利香港	2015.10.05
袁远 2010年作 游泳池2	118cm×90cm	517,500	北京保利	2015.06.03

拍品名称	物品尺寸	成交价RMB	拍卖公司	拍卖日期
袁远 2011年作 镜子	180cm×138cm	632,500	上海明轩	2015.06.21
袁远 2011年作 无题	206.8cm×150cm	857,438	香港苏富比	2015.04.05
袁远 2011年作 无题	180cm×118.7cm.	390,450	香港苏富比	2015.10.05
袁远 2011年作 忧郁V	126cm×180cm	328,800	邦瀚斯	2015.10.03
袁远 2012年作 城市的秘密	189.5cm×226cm	1,008,750	香港苏富比	2015.04.05
袁远 2012年作 储藏室	84cm×121.5cm	253,000	北京诚轩	2015.05.17
袁远 2012年作 大麦	84.5cm×104cm	253,000	上海明轩	2015.06.21
袁远 2012年作 禁入（三联幅）	195cm×234cm	865,080	罗芙奥	2015.05.31
袁远 2012年作 大麦	84.5cm×104cm	322,000	北京保利	2015.12.05
袁远 2013年作 流动 VI	150cm×100cm	523,743	保利香港	2015.04.06
袁远 2013年作 无题	190cm×150cm	513,125	佳士得	2015.11.29
袁远 2013年作 早餐	160cm×225.8cm.	770,625	香港苏富比	2015.10.05
袁运甫 1981年作 江南水乡	100cm×200cm	2,776,080	香港苏富比	2015.04.04
袁振西 2015年作 夏风	80cm×100cm	345,000	北京上和	2015.11.13
袁正阳 2005年作 中国红之二	130cm×110cm	460,000	北京保利	2015.06.04
岳敏君 1993年作 红墙		615,750	佳士得	2015.11.29
岳敏君 1996年作 99个偶像系列32及35号（两张作品）	25.5cm×20.3cm×2	322,800	香港苏富比	2015.04.05
岳敏君 2004年作 Manipulation No.16	220cm×200cm	690,000	西泠拍卖	2015.07.04
岳敏君 2005年作 帽子系列	78.8cm×78.8cm	870,260	佳士得	2015.11.29
岳小清 2015年作 年华	125cm×60cm	149,500	北京保利	2015.12.05
云尼萨尔 婆罗浮屠	150cm×200cm	133,575	香港苏富比	2015.10.05
斋藤义重 作品	73.0cm×60.0cm	708,885	日本伊斯特	2015.05.24
翟倞 2012年作 怎样促成六边形的逻辑	70cm×90cm	68,750	佳士得（上海）	2015.10.24
詹建俊 1989年作 泉	74cm×92cm	517,500	北京保利	2015.06.04
张保琪 2000年作 红白黄	81cm×61cm×3	402,500	北京翰海	2015.06.26
张濒 1992年作 红色娘子军	120cm×100cm	460,000	北京翰海	2015.11.27
张朝晖 满目飞雪3	90cm×120cm	55,200	四川翰雅	2015.10.15
张朝晖 怒放3	100cm×100cm	48,300	四川翰雅	2015.10.15
张朝晖 怒放6	120cm×90cm	63,250	四川翰雅	2015.10.15
张朝晖（Helen）2015年作 月色印象	100cm×100cm	112,000	北京荣宝	2015.11.29
张大力 2015年作 银河	195cm×124cm	920,000	北京上和	2015.11.13
张大利 2014年作 一位哈萨克母亲	90cm×70cm	138,000	北京翰海	2015.11.27
张德瑞 2015年作 梦·荒野	145cm×130cm	529,000	华艺国际	2015.05.24
张冬峰 高山下的池塘	90cm×115cm	184,000	北京翰海	2015.11.27
张恩利 1995年作 单身	170.3cm×140.5cm	2,485,560	香港苏富比	2015.04.05
张恩利 2000年作 无题	133.4cm×79.1cm	1,510,640	佳士得	2015.11.29
张恩利 2001年作 容器2号	98.1cm×78.7cm.	667,875	香港苏富比	2015.10.05
张恩利 2001年作 吸烟	200cm×220cm	5,750,000	中国嘉德	2015.05.17
张恩利 2002年作 容器	40.7cm×30.4cm.	226,050	香港苏富比	2015.10.05
张恩利 2003年作 火	144.8cm×113.2cm.	873,375	香港苏富比	2015.10.05
张恩利 2006年作 室内	150cm×150cm	1,265,000	中国嘉德	2015.11.14
张恩利 2006年作 树	249.8cm×199.8cm.	1,644,000	香港苏富比	2015.10.05
张恩利 2008年作 冬天的树 2	250cm×200cm	1,510,640	佳士得	2015.11.29
张恩利 2009年作 艺术玻璃	90cm×83cm	264,500	西泠拍卖	2015.07.04
张恩利 2010年作 天空	250cm×300cm	2,630,400	香港苏富比	2015.10.04
张恩利 2011年作 二根皮管	200cm×220cm	1,610,000	北京匡时	2015.06.06
张恩利 2011年作 排水管	170cm×235cm	1,523,616	保利香港	2015.04.06
张恩利 2012年作 无题	230cm×280cm	2,001,360	香港苏富比	2015.04.05
张恩利 2013年作 电线	200cm×210cm	1,745,928	保利香港	2015.10.05
张恩利 2013年作 干掉的果实9号	47.3cm×47.3cm	242,100	香港苏富比	2015.04.05
张恩利 2013年作 局部	42cm×37.5cm	375,000	佳士得（上海）	2015.10.24
张方白 鹰	80cm×66cm	112,000	湖南逸典	2015.02.01
张飞 2012年作 西风碧树	180cm×120cm	345,000	北京匡时	2015.12.04

拍品名称	物品尺寸	成交价RMB	拍卖公司	拍卖日期
张飞 2013年作 白莲	160cm×73cm	287,500	北京匡时	2015.06.06
张广军 2015年作 日出	96cm×190cm	437,000	北京匡时	2015.12.04
张广军 2015年作 阳光	80cm×100cm	322,000	北京保利	2015.12.05
张国龙 1993年作 生命系列	48cm×36cm×15	690,000	北京翰海	2015.11.27
张国勇 雀趣	30cm×40cm	10,640	河北嘉海	2015.09.13
张宏图 1999年作 赵孟俯-莫奈	76.2cm×243.8cm	307,875	佳士得	2015.11.29
张华清 瓶花	65cm×54cm	161,000	南京经典	2015.04.26
张慧 2006年作 请进来	193cm×220cm	575,000	北京保利	2015.06.03
张嘉颖 2009年作 ㄌㄨㄞㄌㄨㄞ人系列	195cm×259cm	242,400	罗芙奥	2015.06.07
张江 2013年作 回眸	162cm×130cm	287,500	中国嘉德	2015.11.14
张杰 2007年作 归之二	130cm×150cm	122,720	台北中诚	2015.06.14
张凯 2014年作 寻觅或遇见你	100cm×100cm	517,500	北京保利	2015.06.03
张礼棠 1968年作 无题	151cm×121cm	190,238	佳士得	2015.05.31
张利 1991年作 裸女	100cm×80cm	285,678	保利香港	2015.04.06
张利 1998年作 戴银饰的爱尼少女	80.5cm×65.5cm.	164,400	香港苏富比	2015.10.05
张利 小女孩	80cm×65cm	977,500	天津同方	2015.06.06
张荔英 自画像	35cm×27cm	2,388,720	香港苏富比	2015.04.04
张耐冬 俩人	46.5cm×36.5cm	15,413	香港苏富比	2015.10.05
张培力 1985年作 仲夏的泳者	173.5cm×170cm	13,676,436	保利香港	2015.10.05
张强 2015年作 张强致敬毕加索NO.1	96cm×180cm	345,000	北京上和	2015.11.13
张书笺 2012年作 牙-1	50cm×70cm	115,000	北京保利	2015.06.03
张伟 1984年作 AC12	221cm×119cm.	924,750	香港苏富比	2015.10.05
张晓刚 1985年作 桃花山 NO.17	28.5cm×28.5cm	920,000	上海明轩	2015.06.21
张晓刚 1988年作 荒原系列1号	25.6cm×19.6cm.	924,750	香港苏富比	2015.10.05
张晓刚 1988年作 荒原系列2号	26.7cm×19.5cm.	873,375	香港苏富比	2015.10.05
张晓刚 1988年作 荒原系列3号	25.7cm×19.5cm.	822,000	香港苏富比	2015.10.05
张晓刚 1988年作 荒原系列4号	19.4cm×27cm.	924,750	香港苏富比	2015.10.05
张晓刚 1989年作 遗梦集：不眠的殉道者	70cm×54cm	718,375	佳士得	2015.11.29
张晓刚 1993年作 天安门3号	100cm×129cm	18,018,240	香港苏富比	2015.10.04
张晓刚 1995年作 血缘——大家庭·全家福	99.5cm×130cm	16,790,000	北京保利	2015.12.05
张晓刚 2005年作 女孩	110cm×130cm	4,605,600	罗芙奥	2015.06.07
张新权 2013年作 月食	180cm×220cm	1,495,000	北京保利	2015.06.04
张业兴 2013年作 午后	160cm×240cm	423,675	香港苏富比	2015.04.05
张义波 1996年作 苗族少女	89.5cm×59cm	18,597	台北艺流	2015.10.10
张义波 2006年作 窗前少女	129cm×96cm	253,000	北京翰海	2015.06.26
张义波 2011年作 午后阳光	123cm×180cm	1,265,000	厦门华辰	2015.06.20
张义波 2013年作 岁月的痕迹	85cm×200cm	862,500	北京保利	2015.06.03
张义波 2014年作 花季	92cm×180cm	1,380,000	北京保利	2015.06.03
张义波 花之语	118cm×97cm	1,035,000	保利厦门	2015.05.02
张雨方 1980年作 人	104cm×86cm	920,000	北京翰海	2015.11.27
张占山 虔诚的信仰	200cm×150cm	3,680,000	保利厦门	2015.05.02
张肇达 2010年作《5012010》	150cm×150cm	1,587,000	北京上和	2015.11.13
张紫玙 苏州耦园	80cm×100cm	184,000	北京匡时	2015.12.04
章剑 1995年作 窗前	200.2cm×139.6cm	483,000	上海明轩	2015.06.21
章军 1984年作 江那边	187.5cm×86cm	153,938	佳士得	2015.11.29
赵半狄 1990年作 涂口红的女孩	170cm×109cm	13,800,000	中国嘉德	2015.11.14
赵博 2014-2015年作 夜之荒原二号	150cm×200cm	118,000	苏富比（北京）	2015.06.02
赵博 2012年作 启示1号	150cm×200cm	138,000	北京保利	2015.06.03
赵博 2013年作 欲望森林-5号	250cm×150cm	225,000	佳士得（上海）	2015.04.25
赵春翔 约1980年代作 四海之内皆兄弟姊妹也	185cm×88cm	350,438	佳士得	2015.05.31
赵刚 2006年作 无题	130cm×155cm	149,500	北京匡时	2015.06.06
赵刚 2009年作 家里没鬼	180cm×230cm	552,000	北京保利	2015.12.05

拍品名称	物品尺寸	成交价RMB	拍卖公司	拍卖日期
赵刚 2009年作 头顶头	155cm×131cm	138,000	上海明轩	2015.06.21
赵立平 2014年作 余音	81cm×116cm	575,000	华艺国际	2015.05.24
赵梦歌 2013年作 蒹葭苍苍	138cm×140cm	460,000	北京保利	2015.06.04
赵梦歌 2014年作 春如旧	95cm×100cm	253,000	北京保利	2015.12.05
赵梦歌 2014年作 内观（四联作）	100cm×95cm×4	1,150,000	中国嘉德	2015.11.14
赵梦歌 2014年作 素娥	100cm×80cm	195,500	中国嘉德	2015.05.17
赵弥 白袍士	160cm×130cm	184,000	四川翰雅	2015.10.15
赵弥 东寺	120cm×80cm	103,500	四川翰雅	2015.10.15
赵弥 远溪	106cm×75cm	20,700	四川翰雅	2015.10.15
赵能智 1993年作 正在上演的节目	185cm×150cm	690,000	北京翰海	2015.11.27
赵容翊 1976年作 无题（76-725）（无图）	61.5cm×130cm	328,400	佳士得	2015.11.29
赵容翊 1977年作 无题（77-91）	161.5cm×130cm	359,188	佳士得	2015.11.29
赵少若 2010年作 赵少若	160cm×200cm	230,000	北京翰海	2015.11.27
赵文华 2007年作 城市影像24	158cm×128cm	322,000	中国嘉德	2015.11.14
赵文华 2009年作 城市影像62	80cm×60cm	115,000	中国嘉德	2015.05.17
赵无极 1948年作 粉红佳人	65.2cm×54cm	5,984,160	香港苏富比	2015.10.04
赵无极 1949年作 绿色风景	33cm×32.5cm	2,969,760	香港苏富比	2015.04.05
赵无极 1949年作 绿色公园与尖塔	33cm×40.5cm	2,969,760	香港苏富比	2015.04.05
赵无极 1950年作 有月亮的风景	38cm×46cm	3,744,480	香港苏富比	2015.04.05
赵无极 1950年作 展翅	12cm×15.5cm	336,000	北京荣宝	2015.11.29
赵无极 1951年作 美满家园	21.7cm×26.8cm	1,714,068	保利香港	2015.04.06
赵无极 1952年作 海港	60cm×72.7cm	14,861,760	香港苏富比	2015.10.04
赵无极 1952年作 双裸女	45.5cm×55cm	13,137,960	香港苏富比	2015.04.04
赵无极 1953年作 归航	60cm×92cm	11,902,560	香港苏富比	2015.10.04
赵无极 1954-1955年作 田野	46cm×61cm	14,549,400	保利香港	2015.10.05
赵无极 1954年作 火鸟	73cm×92cm	14,283,900	保利香港	2015.04.06
赵无极 1955年作 父亲的花园	38cm×46cm	11,566,440	佳士得	2015.05.30
赵无极 1955年作 夜 子夜	54.5cm×46.5cm	14,590,560	香港苏富比	2015.04.04
赵无极 1956年作 热风	46cm×55cm	8,202,240	佳士得	2015.05.30
赵无极 1956年作 夜，深夜	33cm×55cm	12,527,640	佳士得	2015.05.30
赵无极 1959年作 02.04.59	89cm×130cm	26,824,680	香港苏富比	2015.04.04
赵无极 1959年作 16.05.59	73cm×54cm	9,748,560	香港苏富比	2015.04.05
赵无极 1960年作 12.04.60	100cm×80cm	28,803,960	佳士得	2015.05.30
赵无极 1961年作 07.04.61	195cm×114cm	44,901,480	香港苏富比	2015.04.04
赵无极 1961年作 17.06.61	60cm×73cm	13,969,440	佳士得	2015.05.30
赵无极 1961年作 27.05.61	100cm×73cm	7,956,960	香港苏富比	2015.10.04
赵无极 1963年作 05.05.63	50cm×55cm	4,025,000	保利厦门	2015.05.02
赵无极 1965年作 04.02.65	46cm×50cm.	4,800,480	香港苏富比	2015.10.05
赵无极 1966年作 08.03.66	150cm×162cm	19,793,760	香港苏富比	2015.10.04
赵无极 1966年作 19.12.66	195cm×96cm	16,353,920	罗芙奥	2015.06.07
赵无极 1967年作 18.3.67	46cm×50cm	4,800,000	北京匡时	2015.12.04
赵无极 1968年作 18.3.68	95cm×105cm	12,527,640	佳士得	2015.05.30
赵无极 1974-1977年作 07.08.74-24.08.77	95cm×105cm	6,064,000	台北中诚	2015.06.14
赵无极 1974年作 06.02.74	65cm×81.5cm	7,237,176	保利香港	2015.04.06
赵无极 1974年作 19.8.74	73cm×60cm	5,713,560	保利香港	2015.04.06
赵无极 1974年作 14-11-74	47.5cm×56cm	4,945,000	北京保利	2015.12.05
赵无极 1976年作 23.9.76（双联幅）	50cm×84cm	6,302,400	罗芙奥	2015.06.07
赵无极 1977年作 06.02.77	73cm×54cm	4,849,800	保利香港	2015.10.05
赵无极 1981年作 1.10.81	73cm×60cm	5,991,480	佳士得	2015.05.30
赵无极 1982年作 23.3.82	114cm×146cm	6,785,000	北京保利	2015.06.03
赵无极 1984年作 20.8.84	73cm×92cm	5,060,000	北京保利	2015.06.03
赵无极 1988年作 07.06.88	54cm×65cm	4,170,680	佳士得	2015.11.29
赵无极 1991年作 16.9.91	114cm×146cm	16,353,920	罗芙奥	2015.06.07

拍品名称	物品尺寸	成交价RMB	拍卖公司	拍卖日期
赵无极 1993年作 15.2.93	162cm×150cm	10,856,000	苏富比（北京）	2015.06.02
赵无极 1997年作 19.06.97	114cm×195cm	10,716,960	香港苏富比	2015.04.04
赵无极 1998年作 13.01.98	54cm×65cm	2,988,440	佳士得	2015.11.29
赵无极 2004年作 无题	60cm×73cm	3,324,840	佳士得	2015.03.15
赵新雨 2010年作 灵魂的触须	150cm×120cm	138,000	中国嘉德	2015.05.17
赵新雨 2010年作 叶隐芳心	100cm×80cm	138,000	北京华辰	2015.05.15
赵秀勋 冬月	134cm×69cm	80,000	中联环球	2015.10.24
曾传兴 2006年作 逝之二	170cm×100cm	575,000	北京保利	2015.06.04
曾传兴 2015年作 情系夏威夷	130cm×150cm	402,500	华艺国际	2015.05.24
曾梵志 1996年作 三年级一班15，16及24号（三张作品）	48cm×38cm	6,359,160	香港苏富比	2015.04.04
曾梵志 1996年作 西瓜	99.4cm×80cm	1,116,560	佳士得	2015.11.29
曾梵志 1998年作 面具系列	169cm×144.3cm	16,692,840	佳士得	2015.05.30
曾梵志 2001年作 面具系列 2001 No.5	109.5cm×109.5cm	5,819,760	保利香港	2015.10.05
曾梵志 2001年作 无题	220cm×145cm	6,630,000	佳士得（上海）	2015.10.24
曾梵志 2001年作 无题 11	218cm×146cm	6,670,000	北京保利	2015.06.03
曾梵志 2002年作 我们系列：毛泽东	100cm×100cm	7,272,000	罗芙奥	2015.06.07
曾梵志 2003年作 肖像	60cm×60cm	1,840,000	北京保利	2015.06.03
曾梵志 2004年作 无题	80cm×80cm	2,195,040	香港苏富比	2015.04.05
曾梵志 2004年作 肖像	150.5cm×180.5cm	2,875,000	北京保利	2015.12.05
曾梵志 2005年作 肖像	180cm×150cm	3,938,160	香港苏富比	2015.04.05
曾梵志 2006-2007年作 肖像 06-1	219cm×149cm	6,279,840	佳士得	2015.05.30
曾梵志 2006年作 小威	100cm×100cm	5,750,000	上海明轩	2015.06.21
曾梵志 2006年作 自画像（行进者）	215cm×330.5cm	8,570,340	保利香港	2015.04.06
曾梵志 2009年作 无题10-1-2	200cm×400cm	11,902,560	香港苏富比	2015.10.04
曾梵志 马云 2014年作 桃花源	直径79.6cm	34,688,400	香港苏富比	2015.10.04
曾谷朝绘 2007年作 水滴	80.8cm×100.3cm.	226,050	香港苏富比	2015.10.05
曾海文 1966年作 风景	70cm×50cm	253,000	北京匡时	2015.06.06
曾海文 天堂之钥	78.5cm×49.5cm	180,929	保利香港	2015.04.06
曾佑和 1962年作 三峰	121.8cm×61cm 121.8cm×122cm	205,250	佳士得	2015.11.29
曾佑和 1970年作 论语－文为智之本（十张一组）	36cm×46cm	123,300	香港苏富比	2015.10.05
曾佑和 1991年作 距离之间	117cm×60cm	302,625	香港苏富比	2015.04.05
曾灶财 2005年作 皇帝地图	38cm×29.2cm.	133,575	香港苏富比	2015.10.05
赵英辉 江南四月天	50cm×60cm	10,640	河北嘉海	2015.09.13
郑相和 1985年作 无题	161cm×96cm	1,858,320	佳士得	2015.05.30
郑相和 1969年作 作品69-64	115cm×73cm.	667,875	香港苏富比	2015.10.05
郑相和 1978年作 无题 78-2	65cm×50cm	474,113	香港苏富比	2015.04.05
郑相和 1982年作 无题 82-9	157.8cm×123.4cm	3,024,960	香港苏富比	2015.10.04
郑相和 1988年作 无题 88-7-18	116cm×89cm.	1,027,500	香港苏富比	2015.10.05
郑相和 1993年作 无题 93-9-7	100cm×65cm	1,127,000	北京保利	2015.06.03
郑相和 2005年作 无题 05-7-15及05-2-14（两张作品）	162cm×130.6cm	3,938,160	香港苏富比	2015.04.04
郑相和 无题91-8-26	193.5cm×259cm	3,744,480	香港苏富比	2015.04.05
中国外销画 清约1870年 母婴图	108.6cm×70.5cm	716,963	纽约苏富比	2015.09.15
钟飙 2006年作 慢慢飞	199cm×149cm	172,500	西泠拍卖	2015.07.04
钟泗宾 1951年作 马来亚风光	39.5cm×50cm	431,025	佳士得	2015.11.29
钟泗宾 1951年作 码头边	39.5cm×49cm	513,125	佳士得	2015.11.29
钟泗宾 1953年作 峇里舞会	134cm×87.5cm	6,338,120	佳士得	2015.11.29
钟泗宾 1953年作 头人	90cm×60cm	2,338,920	佳士得	2015.05.30
钟泗宾 1955年作 巷	52cm×45cm	849,060	佳士得	2015.05.31
钟泗宾 1962年作 航程	91cm×122cm	1,666,080	佳士得	2015.05.31
钟泗宾 1963年作 马来男子	100cm×80cm	550,688	佳士得	2015.05.31
钟泗宾 1964年作 大自然	81.5cm×100cm	1,412,120	佳士得	2015.11.29

拍品名称	物品尺寸	成交价RMB	拍卖公司	拍卖日期
钟泗宾 1964年作 康瓦尔郡	71cm×41cm	650,813	佳士得	2015.05.31
钟泗宾 1966年作 寂静	101cm×55cm	431,550	邦瀚斯	2015.10.03
钟泗宾 1967年作 平静	99cm×80.5cm	615,750	佳士得	2015.11.29
钟泗宾 1968年作 集中	80cm×100cm	1,569,960	佳士得	2015.05.31
钟泗宾 1976年作 采集	92cm×92cm	1,954,440	佳士得	2015.05.30
钟泗宾 1976年作 嘉禾	92cm×92cm	919,520	佳士得	2015.11.29
钟泗宾 1977年作 抽象景	82cm×100cm	1,215,080	佳士得	2015.11.29
钟泗宾 1977年作 姐妹	85cm×60cm	1,412,120	佳士得	2015.11.29
钟泗宾 1982年作 野渡	109.5cm×78.5cm	1,281,600	佳士得	2015.05.31
钟泗宾 约1951年作 农夫和水牛	50cm×40cm	400,500	佳士得	2015.05.31
钟泗滨 (I) 母子 (II) 姐妹		181,575	香港苏富比	2015.04.05
钟泗滨 沉思		1,311,375	香港苏富比	2015.04.05
钟泗滨 抽象	82cm×50.5cm	328,800	香港苏富比	2015.10.05
钟泗滨 抽象构图	99cm×81cm	976,125	香港苏富比	2015.10.04
钟泗滨 风景		655,688	香港苏富比	2015.04.05
钟泗滨 构图	98cm×81cm	822,000	香港苏富比	2015.10.04
钟泗滨 海边小村		807,000	香港苏富比	2015.04.05
钟泗滨 乐手		242,100	香港苏富比	2015.04.05
钟泗滨 女子肖像	50.5cm×35.5cm	1,513,125	香港苏富比	2015.04.04
钟泗滨 女子与小鸟	101.5cm×66.5cm	226,050	香港苏富比	2015.10.05
钟泗滨 收割	76.5cm×57.5cm	226,050	香港苏富比	2015.10.05
钟泗滨 午休	84cm×84cm	493,200	香港苏富比	2015.10.05
钟泗滨 伊班族少女		958,313	香港苏富比	2015.04.05
冢本智也 2014年作 缤纷丛林 第二号（三联作）		993,240	佳士得	2015.05.31
冢本智也 2014年作 游向黎明	130.5cm×162cm	1,793,760	罗芙奥	2015.06.07
冢本智也 2014年作 圆环 第三号	162cm×130.3cm	801,000	佳士得	2015.05.31
冢本智也 2015年作 Red Yellow Blue（鲤）	112cm×145.8cm	718,375	佳士得	2015.11.29
冢本智也 2015年作 光与影（蓝）；光与影（红）；及光与影（黄）	130.5cm×97cm 整体 130.5cm×291cm	1,116,560	佳士得	2015.11.29
周碧初 1950年代作 杜鹃瓶花	33.4cm×49cm	287,500	中国嘉德	2015.05.17
周碧初 1955年作 村舍（印尼）	45cm×54.5cm	690,000	中国嘉德	2015.11.14
周碧初 1960年作 公园一景	49cm×65cm	436,482	保利香港	2015.10.05
周碧初 1962年作 虞山道上	46cm×55cm	862,500	北京保利	2015.06.03
周碧初 1968-1983年作 北京风景	56cm×81cm	1,150,000	中国嘉德	2015.05.17
周碧初 1975年作 西山矿区	88cm×130cm	2,070,000	北京匡时	2015.06.06
周碧初 1984年作 宋庆龄故居	73cm×92cm	1,150,000	北京保利	2015.06.03
周碧初 湖畔	28cm×43cm	115,000	北京保利	2015.12.07
周春芽 1981年作 青年	55cm×40cm	224,000	北京荣宝	2015.06.21
周春芽 1992年作 红色山石系列—人体	100cm×80cm	1,163,520	罗芙奥	2015.06.07
周春芽 1992年作 女人肖像	53.8cm×39.2cm.	513,750	香港苏富比	2015.10.05
周春芽 1992年作 人体	50cm×40cm	345,000	广东崇正	2015.06.19
周春芽 1993年作 闭着眼睛的头像	72cm×60cm	920,000	北京保利	2015.12.05
周春芽 1994年作 雅安上里五号	100cm×80cm	1,510,640	佳士得	2015.11.29
周春芽 1995年作 黑线条的女人	80cm×100cm	1,380,000	北京翰海	2015.06.26
周春芽 1996年作 奔跑的黑根	200cm×150cm	2,242,500	北京翰海	2015.11.27
周春芽 1996年作 倒着的人体	100cm×80cm	1,298,000	台北中诚	2015.06.14
周春芽 1996年作 山水精神	71.5cm×60cm	575,000	西泠拍卖	2015.07.04
周春芽 1997年作 茶花	72.5cm×60.5cm	552,000	中国嘉德	2015.11.14
周春芽 1997年作 绿色的黑根	149.7cm×120cm.	2,038,560	香港苏富比	2015.10.05
周春芽 1997年作 月下情人（绿狗2号）	250.5cm×200cm	4,906,560	香港苏富比	2015.04.04
周春芽 1998年作 山水精神	100cm×80cm	1,150,000	上海泛华	2015.06.19
周春芽 1999年作 花	100cm×79.9cm	1,710,000	佳士得（上海）	2015.04.25
周春芽 1999年作 山石图	100cm×80cm	1,604,800	台北中诚	2015.06.14
周春芽 1999年作 石头系列	100cm×80cm	1,745,928	保利香港	2015.10.05

拍品名称	物品尺寸	成交价RMB	拍卖公司	拍卖日期
周春芽 1999年作 雅安红石	150cm×120cm	3,460,320	罗芙奥	2015.05.31
周春芽 2000年作 百合	100cm×80cm	575,000	北京诚轩	2015.05.17
周春芽 2000年作 黑根的四个不同方向	150cm×120cm	810,000	佳士得（上海）	2015.10.24
周春芽 2002年作 绿狗	120cm×150cm	1,441,800	罗芙奥	2015.05.31
周春芽 2002年作 绿狗	150cm×118cm	2,001,360	香港苏富比	2015.04.05
周春芽 2002年作 绿狗系列	120cm×150cm	2,133,912	保利香港	2015.10.05
周春芽 2004年作 黑根	100cm×80cm	1,234,600	景薰楼	2015.06.21
周春芽 2004年作 绿狗	80cm×100cm	690,000	北京保利	2015.12.05
周春芽 2007年作 三月桃花开	200cm×150cm	3,220,000	西泠拍卖	2015.07.04
周春芽 2008年作 绿狗	200cm×250cm	6,325,000	上海明轩	2015.06.21
周春芽 2009年作 桃花	150cm×230cm	2,300,000	上海明轩	2015.06.21
周春芽 2013年作 桃花帘外春意暖	150cm×120cm	2,714,000	台北中诚	2015.06.14
周梅元 2011年作 樱桃	80cm×40cm	138,000	北京匡时	2015.06.06
周梅元 2015年作 红珠	直径52cm	109,250	北京匡时	2015.12.04
周世麟 干花	120cm×90cm	195,500	天津同方	2015.06.06
周铁海 1999年作 安慰药系列 五之三	311cm×250cm	164,400	香港苏富比	2015.10.05
周铁海 2006年作 自我计划：辛迪雪曼	199.8cm×149.8cm	201,750	香港苏富比	2015.04.05
周铁伦 2008年作 美丽的外层空间	200cm×180cm	184,725	佳士得	2015.11.29
周长江 1997年作 互补系列	52cm×65cm	126,500	北京保利	2015.06.04
周长江 1999年作 互补９９.２	105cm×75.8cm	750,000	佳士得（上海）	2015.04.25
周长江 1999年作 互补99.4	80cm×99.5cm	400,500	佳士得	2015.05.31
周长江 2002年作 互补	129cm×95.5cm	218,500	中国嘉德	2015.05.17
周长江 2011年作 互补的构图 11.4	100cm×79.8cm	460,000	北京保利	2015.06.03
周长江 2013年作 互补 13.10	85cm×105cm	325,000	佳士得（上海）	2015.10.24
朱春林 2002年作 花开时节	146cm×112cm	207,000	北京保利	2015.06.04
朱春林 静物	73cm×91cm	115,000	天津同方	2015.06.06
朱德群 1959年作 八仙山之秀	100cm×65cm	15,795,720	佳士得	2015.05.30
朱德群 1959年作 第8号构图	64cm×48cm	1,058,000	西泠拍卖	2015.07.04
朱德群 1959年作 构图第十六号	130cm×81cm	7,610,010	中国嘉德	2015.04.06
朱德群 1961年作 No. 78	54.5cm×45.5cm	1,541,250	香港苏富比	2015.10.04
朱德群 1961年作 构图第79号	116cm×81cm	7,721,640	佳士得	2015.05.30
朱德群 1962年 构图 No.127	60.5cm×92.5cm	7,934,100	景薰楼	2015.06.21
朱德群 1964年作 第一七九号：内腑之光	72cm×59cm	2,856,780	保利香港	2015.04.06
朱德群 1968年作 构图 第290号	147.3cm×115cm	16,244,280	佳士得	2015.05.30
朱德群 1970年作 第418号	65cm×50cm	2,531,160	佳士得	2015.05.31
朱德群 1970年作 回忆，1970年5月14日	97cm×162cm	14,283,900	保利香港	2015.04.06
朱德群 1972年作 无题	49.5cm×65cm	1,210,500	香港苏富比	2015.04.05
朱德群 1974年作 No. 549	81cm×65cm	2,582,400	香港苏富比	2015.04.05
朱德群 1975年作 无题	36.5cm×55.5cm	450,563	佳士得	2015.05.31
朱德群 1976年作 红霞傍日	65cm×50cm	630,474	中国嘉德	2015.10.06
朱德群 1976年作 夜光	130.5cm×96.5cm	5,984,160	香港苏富比	2015.10.04
朱德群 1977年作 无题	91cm×65cm	2,627,280	佳士得	2015.05.31
朱德群 1977年作 夏	89cm×116cm	3,680,000	北京保利	2015.12.05
朱德群 1979年作 1979.2.14（情人节）	81.2cm×65cm	3,630,000	佳士得（上海）	2015.10.24
朱德群 1979年作 26.4.1979	33cm×23.5cm	359,188	佳士得	2015.11.29
朱德群 1979年作 构图	33cm×24cm.	822,000	香港苏富比	2015.10.05
朱德群 1979年作 构图	81cm×65cm 整体81cm×195cm	5,607,000	佳士得	2015.05.30
朱德群 1985年作 30.10.1985	46cm×55cm	3,684,600	佳士得	2015.05.31
朱德群 1985年作 冬季苏醒	129.5cm×96cm	18,038,520	佳士得	2015.05.30
朱德群 1985年作 冬之微妙	130cm×100cm	28,128,840	保利香港	2015.10.05
朱德群 1987年作 透明的面纱	72.7cm×59.6cm	1,116,560	佳士得	2015.11.29
朱德群 1988年作 天地交响	116cm×89.5cm	2,832,000	台北中诚	2015.06.14
朱德群 1989年作 光之觉醒	129cm×96cm	1,614,000	香港苏富比	2015.04.05
朱德群 1990年作 黎明幻影	130cm×195cm	12,527,640	佳士得	2015.05.30
朱德群 1990年作 透明灰	161.9cm×130.8cm	4,073,832	保利香港	2015.10.05
朱德群 1990年作 维罗纳之背景	73cm×92cm	2,242,800	佳士得	2015.05.31
朱德群 1991年作 蓝色的沉思	117cm×90.4cm	3,523,362	保利香港	2015.04.06
朱德群 1991年作 希望诞生了	180cm×230cm	10,605,240	佳士得	2015.05.30
朱德群 1992年作 晨曲	66.5cm×82.5cm	1,948,905	中国嘉德	2015.04.06
朱德群 1992年作 扑获之光辉III	46cm×55cm	961,200	罗芙奥	2015.05.31
朱德群 1992年作 实质掌握	162cm×130cm	5,817,600	罗芙奥	2015.06.07
朱德群 1995年作 无题	195cm×130cm	8,280,000	北京保利	2015.06.03
朱德群 1996年作 雏形	72.5cm×91cm	3,105,000	北京保利	2015.06.03
朱德群 1996年作 温和的展望	66.5cm×82.5cm	1,939,920	中国嘉德	2015.10.06
朱德群 1996年作 雪夜	70cm×68cm	723,879	中国嘉德	2015.04.06
朱德群 2003年作 大胆的前进	80.5cm×64cm	1,260,948	保利香港	2015.10.05
朱德群 2004年作 忆中雾	130cm×195cm	9,436,560	香港苏富比	2015.10.04
朱德群 2004年作；2005年作 珍惜的一刻	130cm×195cm	8,280,000	北京保利	2015.06.03
朱德群 2005年作 温馨的回忆	130cm×195cm	11,085,840	佳士得	2015.05.30
朱德群 2006年作 发光的形式	130cm×195cm	8,729,640	保利香港	2015.10.05
朱德群 2006年作 生意盎然	97cm×130cm	4,011,360	香港苏富比	2015.10.04
朱发东 1991年作 方框黑色方格	100cm×80cm	437,000	北京翰海	2015.11.27
朱建成 惠山古镇	60cm×80cm	72,800	上海宏大	2015.10.17
朱建成 暖阳	60cm×80cm	58,240	上海宏大	2015.10.17
朱金石 2005年作 夏荷盛开（四张作品）	30cm×40cm	212,400	苏富比（北京）	2015.06.02
朱金石 2005年作 春与夏（两张一组）	30cm×40cm×2	402,500	北京匡时	2015.06.06
朱明弢 2013年作 园林系列之1306	155cm×155cm	322,000	北京保利	2015.06.04
朱庆光 龙鱼		141,225	香港苏富比	2015.04.05
朱维彬 2013年作 线象系列-17	215cm×100cm×4	230,000	北京保利	2015.06.03
朱新建 1996年作 美人图	80cm×80cm	476,130	保利香港	2015.04.06
朱新建 抱猫美人	100cm×80cm	1,023,500	江苏爱涛	2015.01.10
朱新建 美人图	53cm×64cm	171,407	保利香港	2015.04.06
朱新建 美人图	100cm×80.6cm	175,000	佳士得（上海）	2015.04.25
朱新建 美人图	60cm×50cm	690,000	江苏爱涛	2015.01.10
朱新建 美人图	80cm×60cm	207,000	北京翰海	2015.11.27
朱新建 瓶花	28cm×27cm	207,000	南京经典	2015.01.04
朱新建 三国演义	97cm×138cm	1,357,000	江苏爱涛	2015.01.10
朱新宇 2010年作 黑旗	160cm×160cm	125,000	佳士得（上海）	2015.10.24
朱毅勇 2005年作 晨莺	130cm×113cm	315,120	罗芙奥	2015.06.07
朱膺 1994年作 静物	60cm×72cm	276,000	西泠拍卖	2015.07.04
朱沅芷 1926年作 裸女坐像	27.6cm×20.5cm	1,185,480	佳士得	2015.05.31
朱沅芷 1926年作 双重自画像	28.5cm×42cm	919,520	佳士得	2015.11.29
朱沅芷 1927年作 男人肖像	18cm×14.5cm	266,825	佳士得	2015.11.29
朱沅芷 1928年作 美国少女肖像	29cm×21cm	260,325	佳士得	2015.05.31
朱沅芷 1929年作 自爱	50cm×37cm	450,563	佳士得	2015.05.31
朱沅芷 1955年作 罗杰夫妇画像	74cm×90cm	3,220,000	北京保利	2015.06.03
朱沅芷 裸女	61cm×50cm	943,000	北京保利	2015.06.03
朱沅芷 舞者	92cm×73cm	2,761,554	保利香港	2015.04.06
朱沅芷 约1920年作 戴粉红帽的仕女	23cm×18cm	493,200	邦瀚斯	2015.10.03
朱沅芷 约1926至1927年作 正在阅读的男子	59cm×47cm	7,661,040	香港苏富比	2015.10.04
朱沅芷 约1930至1935年作 无题	46cm×54cm.	822,000	香港苏富比	2015.10.05
朱志刚 春	50cm×60cm	56,000	上海宏大	2015.10.17
朱志刚 淡	60cm×60cm	35,840	上海宏大	2015.10.17

(成交价RMB：15万元以上)

拍品名称	物品尺寸	成交价RMB	拍卖公司	拍卖日期
住田大辅 2008年作 In a Safe Place #3；In a Safe Place #4（共两件）	145.5cm×112cm 130.3cm×162cm	150,188	佳士得	2015.05.31
庄喆 1982年作 山水	107cm×128cm	184,725	佳士得	2015.11.29
庄喆 1983年作 细雪纷飞	98cm×123cm	444,400	景薰楼	2015.06.21
庄喆 1984年作 秋意动人	152cm×126cm	290,880	罗芙奥	2015.06.07
庄喆 1986年作 抽象	90cm×115cm	164,148	新加坡33拍卖	2015.06.21
庄喆 1989年作 抽象	100cm×127.5cm	250,313	佳士得	2015.05.31
庄喆 1991年作 飞扬的卷云	91cm×109cm	103,700	景薰楼	2015.06.21
庄喆 2000年作 交会	126cm×167.5cm	368,585	保利香港	2015.10.05
庄喆 2006年作 山光云影	168cm×406.5cm	848,400	罗芙奥	2015.06.07
庄子 花间集饮绿之二十六	50cm×110cm	23,000	四川翰雅	2015.10.15
諏访敦 2007年作 无题	48.5cm×71cm	287,350	佳士得	2015.11.29
雕 塑				
KAWS 2007年作 同伴（咖啡、黑及灰）（共三件）	52cm×33cm×127cm	339,486	保利香港	2015.10.05
Nam Thai 工作室 约1940年代作 越南裸女像	40cm×27cm×30cm	154,125	香港苏富比	2015.10.05
Nam Thai 工作室 约1940年代作 越南少女头像	30.5cm×18.5cm×19.5cm 7.5cm×16cm×15cm 30.5cm×18.5cm×19.5cm 7.5cm×16cm×15cm	123,300	香港苏富比	2015.10.05
阿曼 双提琴桌子	70cm×70cm×75cm	212,400	台北中诚	2015.06.14
埃瓦里斯特 姜施尔 1935年作 辽国公主萨拉玛妮像	29.5cm×19.5cm×24.5cm	205,500	香港苏富比	2015.10.05
安东尼·葛姆雷 2004年作 领域XXXIX	188cm×63cm×32cm	3,870,000	佳士得（上海）	2015.10.24
保罗·高更 Executed circa1902-1903；unique Th é r è se	高66cm	196,627,750	纽约佳士得	2015.11.09
北川宏人 2008年作 花房丽子	166 (H) cm×29cm×29cm	322,800	香港苏富比	2015.04.05
蔡志松 2005年作 故国颂7	122cm×31cm×121cm	271,589	保利香港	2015.10.05
蔡志松 故国风 第3号	148cm×64cm×29cm	280,350	佳士得	2015.05.31
曹云 2015年作 云羊三叠	72cm×38cm×25cm	149,500	中国嘉德	2015.05.17
草间弥生 1974年作；1994年作 草莓 2	24cm×23cm×20cm	164,200	佳士得	2015.11.29
草间弥生 1988年作 南瓜2号	14.5(H) cm×14.6cm×15.5cm	131,138	香港苏富比	2015.04.05
草间弥生 1988年作；1993年作 南瓜		164,200	佳士得	2015.11.29
草间弥生 1988年作；1994年作 南瓜 2	15.5cm×15.5cm×16cm	112,888	佳士得	2015.11.29
草间弥生 1998年作 南瓜	29.9cm×28.4cm×27.5cm	411,000	香港苏富比	2015.10.05
草间弥生 1998年作 南瓜（一组共三件）	8.3cm×8.7cm×9.7cm	114,271	保利香港	2015.04.06
陈铖 2013年作 迁移的鹿角	100cm×85cm×255cm	103,500	华艺国际	2015.05.24
陈金庆 2014年作 大丰收	170cm×62cm×75cm	207,000	中国嘉德	2015.11.14
陈天灼 2013年作 眼	240cm×240cm×100cm	275,000	佳士得（上海）	2015.10.24
陈志光 账房先生（十件之六）	53cm×50cm×70cm	253,000	上海敬华	2015.06.30
大桥博 2009年作 枕边故事	65cm×64cm×70cm	100,125	佳士得	2015.05.31

拍品名称	物品尺寸	成交价RMB	拍卖公司	拍卖日期
段建宇 2003年作 艺术鸡（一组共十件）	28cm×31cm×16cm 23cm×35cm×20cm 18cm×29cm×14cm 18.5cm×27cm×14cm 19cm×28cm×14cm 26cm×34cm×18cm 37cm×33cm×18cm 23cm×37cm×20cm 26cm×37cm×20cm 21cm×39cm×20cm	304,723	保利香港	2015.04.06
段建宇 2003年作 艺术鸡（一组十件）		425,500	北京保利	2015.12.05
冯国东 1990年代 持吉他的男人	37.5cm×14cm×71cm	356,500	北京匡时	2015.06.06
甘志强 2012年作 大鸟	43cm×77cm×79cm 129cm×30cm×87cm	160,200	佳士得	2015.05.31
甘志强 2015年作 虚实景象：山水二	140cm×28cm×28cm	143,675	佳士得	2015.11.29
河内美术学院 约1920年代作 越南北部山区女子	45.5cm×18.5cm×15.5cm 11cm×15.5cm×16cm	143,850	香港苏富比	2015.10.05
河内美术学院 约1930年代作 弹诗琴的越南人	28.5cm×35.5cm×25.5cm	226,050	香港苏富比	2015.10.05
胡学富 2010年作 阳光下	30cm×43cm×52cm	172,500	华艺国际	2015.05.24
胡学富 2013年作 高原之子	110cm×35cm×50cm	253,000	华艺国际	2015.05.24
黄土水 斗鸡	33cm×24cm×14cm	56,513	香港苏富比	2015.10.05
黄永玉 许鸿飞 2003年作 亚当夏娃	26cm×24cm×32cm×2	575,000	广东崇正	2015.06.19
霍波洋 2013年作 秋风流水	70cm×70cm×22cm	134,400	北京荣宝	2015.06.21
基希纳 Executed in 1913；unique Tänzerin mit gehobenem Bein	高66.5cm	50,831,750	纽约佳士得	2015.11.09
吉姆·兰比 2010年作 金属盒	125cm×187.5cm×30cm	562,500	佳士得（上海）	2015.10.24
加百利·巴雷多 铁丝男子	49cm×84.5cm×37cm	41,100	香港苏富比	2015.10.05
加藤泉 2012年作 无题	50cm×182cm×48cm	450,563	佳士得	2015.05.31
贾科梅蒂 Conceived in 1956-1957 and cast in 1957 Femme debout	高69.2cm	47,275,750	纽约佳士得	2015.11.09
简可菲 2014年作 金色糖果	30cm×30cm×91cm	126,500	北京保利	2015.06.04
渐新世（三千万年前） 法国枫丹白露固结砂岩	54.5cm	141,225	香港苏富比	2015.04.05
江本创 2014、2015年作 Dragon；Microid；Evil Beast；Merman；Coelacanth；Bull Frog；Drape Turtle；European Alraune；& Fishes Collection（共九件）	46.7cm×39.2cm×8.5cm 42.2cm×33cm×8.5cm 46.7cm×39.2cm×8.5cm 20.1cm×34.5cm×8.5cm 25.4cm×42.2cm×8.5cm 42.2cm×33cm×8.5cm 42.2cm×33cm×8.5cm 42.2cm×33cm×8.5cm 30cm×34.8cm×6.7cm	150,188	佳士得	2015.05.31
江本创 2007年作；2007年作；2007年作；2006年作；2002年作；2003年作；2006年作 虫人间（男）；绿龙；虫人间（女）；龙；红翼龙；水栖龙；及色欲	33cm×42cm×9.7cm 43cm×30.7cm×9.5cm 33cm×42cm×9.8cm 53cm×45.5cm×9cm 61.5cm×46.5cm×10.5cm 43cm×30.8cm×10.5cm	123,150	佳士得	2015.11.29
解勇 2013年作 千针万痛	60cm×60cm×127cm	690,000	北京保利	2015.12.05
李光裕 1999年作 拈花	长26cm×宽26cm×高91cm	111,504	罗芙奥	2015.06.07
李红军 2009年作 游离之一	36cm×48cm×8cm 36cm×48cm×17cm 36cm×48cm×25cm	138,000	华艺国际	2015.05.24

拍品名称	物品尺寸	成交价RMB	拍卖公司	拍卖日期
李桓权 2010年作 下雨天（长袜子皮皮）	143.5cm×42cm×40cm	380,475	佳士得	2015.05.31
李遂 2015年作 立	85cm×75cm×25cm	184,000	中国嘉德	2015.11.14
李小超 2014年作 回家	32cm×58cm×66cm	460,000	北京保利	2015.06.04
李小超 2014年作 老中医	40cm×30cm×43cm	402,500	北京保利	2015.12.05
李真 2000年作 白鹭鸶的春天	80cm×63cm×42cm	718,375	佳士得	2015.11.29
李真 2000年作 法界游子	86.5cm×53cm×47cm	769,688	佳士得	2015.11.29
李真 2002年作 飞行乐土	70cm×100cm×150cm	1,954,440	佳士得	2015.05.31
李真 2005年作 清风云露	70cm×50cm×120 cm	1,441,800	罗芙奥	2015.05.31
李真 2009年作 燃灯	165cm×41cm×40.5cm	945,180	佳士得	2015.05.31
李真 2010年作 捻花	55.5cm×46 cm×125.5cm	1,441,800	罗芙奥	2015.05.31
梁硕 2005年作 时尚农民：老七一王福广	175cm×52cm×30cm	161,000	中国嘉德	2015.05.17
林岗 2015年作 砚胆琴心	74cm×37cm×19cm	161,000	朵云轩	2015.06.19
林岗 砚胆琴音	93.5cm×13cm×22cm	184,000	西泠拍卖	2015.07.04
刘力国 2015年作 猪手	135cm×50cm×50cm	230,000	北京上和	2015.11.13
刘士铭 2006年作 劈山引水	89cm×93.5cm×42cm	667,000	北京匡时	2015.12.04
刘彦 2015年作 时间简史	80cm×80cm×40cm	345,000	北京上和	2015.11.13
罗伯特·印第安纳 1966年构思；2002年作 LOVE（金/蓝色）	91.3cm×91.3cm×45.7cm	3,905,880	佳士得	2015.03.15
莫罗·马图林 青铜女性与天使像雕刻灯	高66.1cm×宽17.6cm×直径16.2cm（含底座）	14,628	日本伊斯特	2015.10.17
木下雅雄 2007年作 牛魔王	57.5(H) cm×22cm×10cm	51,375	香港苏富比	2015.10.05
奈良美智 1994年作 Dream	73.3cm×21cm×19cm	615,750	佳士得	2015.11.29
名和晃平 2012年作 PixCell－大弯角羚	100cm×100cm ×173cm	2,926,320	香港苏富比	2015.10.04
奈良美智 2007年作 Sleepless Night（Sitting）	30cm×16cm×15cm	300,375	佳士得	2015.05.31
奈良美智 2007年作 失眠夜（坐着）	30cm×15.9cm×15cm	190,452	保利香港	2015.04.06
奈良美智 2007年作 失眠夜坐着	36cm×26cm×24 cm（箱子）15cm×19cm×28 cm（人物）	211,464	罗芙奥	2015.05.31
奈良美智 2007年作 失眠夜坐着	15cm×19cm×28 cm	259,600	台北中诚	2015.06.14
奈良美智 2007年作 无眠之夜	30cm×16cm×15cm	242,100	佳士得	2015.03.15
奈良美智 2012年作 Mori Girl	30cm×18cm×14.5cm	133,413	佳士得	2015.11.29
内田望 2015年作 鲜奶站	113cm×150cm×56cm	133,413	佳士得	2015.11.29
瞿广慈 2000年作 德福标准像	69.5cm×26cm×14.5cm	109,250	中国嘉德	2015.11.14
权奇秀 2010年作 摘星	101cm×60cm×26cm	100,875	佳士得	2015.03.15
仇晓飞 2011年作 无题（一组两件）	23cm×9cm×23cm×2	184,000	中国嘉德	2015.05.17
任哲 2012年作 望龙庭	118cm×48cm×32.8cm	299,000	中国嘉德	2015.11.14
任哲 2013年作 如虎添翼	102cm×78cm×58cm 含底座 177.5cm×123.5cm ×103cm	172,500	中国嘉德	2015.05.17
萨尔凡多·达利 时间之舞 I	高210cm	2,670,000	佳士得（上海）	2015.04.25
萨尔凡多·达利 1980年作 燃烧中的女人	29cm×24cm×84cm	230,688	罗芙奥	2015.05.31
三宅一树 2011年作 坐着的女孩	72cm×38cm×78cm	200,250	佳士得	2015.05.31

拍品名称	物品尺寸	成交价RMB	拍卖公司	拍卖日期
山崎史生 2013年作 沉默的邻居（共两件）	62cm×23cm×18cm 62.5cm×28cm×15cm	290,363	佳士得	2015.05.31
山崎史生 2013年作 鹿	23cm×20cm×74cm	133,320	罗芙奥	2015.06.07
山崎史生 2014年作 沉默的邻居（共两件）	62.5cm×27cm×23cm 61cm×35cm×23cm	200,250	佳士得	2015.05.31
施力仁 2012年作 哈雷金钢	198cm×60cm×130cm	598,000	北京保利	2015.06.04
施力仁 2015年作 香槟金钢	118cm×29cm×52cm	287,500	北京保利	2015.06.04
施少平 2012年作 莫非·卵	20(d)cm×30cm×10	437,000	上海泛华	2015.06.19
隋建国 1991年作 结构系列—云石	48cm×85cm×64cm	1,265,000	中国嘉德	2015.05.17
隋建国 1992年作 结构	24(H) cm×40.5cm×21cm	242,100	香港苏富比	2015.04.05
隋建国 1992年作 结构系列—开心石	25cm×37cm×22cm	345,000	中国嘉德	2015.05.17
隋建国 1992年作 结构系列—石链子	19cm×53.5cm×22.5cm	368,000	中国嘉德	2015.05.17
隋建国 2000年作 衣钵		205,250	佳士得	2015.11.29
汤姆·韦塞尔曼 1988年作 卧室裸体涂鸦(3－D)	168.9cm×231.1cm ×24.1cm	2,790,000	佳士得（上海）	2015.04.25
田世信 2005年作 唐女	31cm×28.5cm×53cm	126,500	北京匡时	2015.06.06
田世信 2007年作 清女	34cm×38cm×72cm	103,500	北京保利	2015.12.05
土屋仁応 2015年作 鹿	75cm×55cm×22cm	170,213	佳士得	2015.05.31
王克平 1986-7年作 侍者	72cm×44.5cm×33cm	181,575	佳士得	2015.03.15
王克平 1988年作 小妖精	45cm×34cm×27cm	164,200	佳士得	2015.11.29
王克平 1988年作 一家之主	102cm×36cm×22cm	483,000	中国嘉德	2015.11.14
王克平 爱侣	27.5cm×27.8cm ×20.3cm	174,463	佳士得	2015.11.29
王梁益 2014年作 过客	93cm×57.5cm×22cm	112,700	华艺国际	2015.05.24
王思顺 2013年作 错误的身体2	较大 2.5cm×6.8cm×1.2cm 较小 0.7cm×1.1cm×0.4cm	62,500	佳士得（上海）	2015.10.24
魏小明 2014年作 飞黄	71cm×39.5cm×118cm	517,500	北京保利	2015.06.04
武高谈 1956年作 少女	34cm×16cm×12cm	205,250	佳士得	2015.11.29
向京 1996年作 华尔兹	23cm×27cm×60cm	138,000	北京保利	2015.12.05
向京 1998年作 对酒说	高32cm	224,000	北京荣宝	2015.06.21
向京 1998年作 空房间	50cm×44cm×78cm	253,000	北京保利	2015.12.05
向京 1998年作 空房间	72cm×55cm×43cm	310,500	中国嘉德	2015.11.14
向京 礼物	88cm×18cm×35cm	287,500	西泠拍卖	2015.07.04
向京 小璐	20cm×25cm×64cm	172,500	北京保利	2015.12.05
谢克 飞	87cm×48cm×24cm	103,500	中国嘉德	2015.05.17
徐冰 2003年作 鸟语		300,375	佳士得	2015.05.31
徐道濩 2003年作 门	326.5cm×211.5cm ×100cm	2,146,680	佳士得	2015.05.31
许鸿飞 2002年作 梦	50cm×30cm×26cm	138,000	广东崇正	2015.06.19
许鸿飞 2002年作 婷婷	40cm×30cm×70cm	207,000	广东崇正	2015.06.19
许鸿飞 2004年作 睡女	40cm×26cm×18cm	115,000	广东崇正	2015.06.19
许鸿飞 2004年作 一江春水	190cm×135cm×40cm	460,000	广东崇正	2015.06.19
许鸿飞 2006年作 在路上	66cm×48cm×30cm	230,000	广东崇正	2015.06.19
许鸿飞 2010年作 春天的故事	105cm×39cm×59cm	345,000	广东崇正	2015.06.19
许鸿飞 2010年作 大禹	22cm×22cm×35cm	115,000	广东崇正	2015.06.19
杨东鹰 2015年作 蟾宫	31cm×27cm×117cm	115,000	北京保利	2015.12.05
杨茂源 2005年作 往里看系列：（i）帕特农神像（ii）罗马青年（两件作品）	54cm×36cm×25cm 55cm×30cm×35cm	201,750	香港苏富比	2015.04.05
杨茂源 2008年作 面孔	39cm×23cm×20cm	92,475	邦瀚斯	2015.10.03

(成交价RMB：15万元以上)

拍品名称	物品尺寸	成交价RMB	拍卖公司	拍卖日期
杨学军 2010年作 开路先锋	140cm×50cm×150cm	368,000	华艺国际	2015.05.24
杨英风 1962年作 梅花鹿	132.5cm×73cm×73cm	390,450	香港苏富比	2015.10.05
杨英风 1991年作 凤凰来仪（四）	119cm×70cm×101cm	339,360	罗芙奥	2015.06.07
杨英风 1991年作 龙啸太虚（一）	112cm×80cm×112cm	153,400	台北中诚	2015.06.14
展望 2003年作 假山石	102cm×56cm×77cm	460,000	上海明轩	2015.06.21
展望 2005年作 假山石系列98号	80（H）cm×52cm×39cm	706,125	香港苏富比	2015.04.05
展望 2006年作 假山石	60cm×44cm×30cm 16.5cm×34cm×27cm	897,120	佳士得	2015.05.31
展望 2006年作 假山石第94号	51cm×33cm×105cm 28cm×29cm×16cm	1,163,952	保利香港	2015.10.05
展望 2006年作 假山石系列96号	100(H) cm×64cm×36cm.	719,250	香港苏富比	2015.10.05
展望 2006年作 太湖石	100cm×60cm×30cm	655,688	佳士得	2015.03.15
展望 2007年作 假山石 A-63	57cm×49cm×33cm	377,600	台北中诚	2015.06.14
展望 2010年作 假山石 第一百五十号	234cm×90cm×75cm 8.5cm×160cm×94cm	1,954,440	佳士得	2015.05.30
张充仁 齐白石	36cm×31cm×17cm	126,500	广东崇正	2015.06.19
张大力 2015年作 艺术自杀	72cm×65cm×26cm	414,000	北京上和	2015.11.13
张建华 2015年作《黑金》系列之一	60cm×35cm×30cm	402,500	北京上和	2015.11.13
赵梦 "若水"象牙黄釉陶瓷雕塑	51cm×50cm×23cm	237,500	佳士得（上海）	2015.10.24
郑国谷 再锈2000年（一组23件）	尺寸不一	483,000	北京匡时	2015.06.06
周春芽 2006年作 绿狗系列	35cm×70cm×15cm	240,300	佳士得	2015.05.31
周春芽 2006年作 桃园结义	75cm×69cm×50cm	562,500	佳士得（上海）	2015.04.25
周春芽 2007年作 呐喊的黑根	20cm×20cm×32cm	103,500	北京保利	2015.12.05
周春芽 2012年作 桃花绿狗	154.5cm×100cm×76cm	500,625	佳士得	2015.05.31
周春芽 2014年作 桃花	70cm×50cm×80cm 29cm×21cm	862,500	广东崇正	2015.06.19
周春芽 亚米·海因 2012年作 Alive and Kicking	14cm×5cm×8cm（30）53cm×40cm×23cm（外盒）130cm×55cm×81.5cm（玻璃柜）	129,800	台北中诚	2015.06.14
周春芽+亚米·海因 2012年作 绿狗	14cm×5cm×8cm×30 3cm×40cm×23cm 130cm×55cm×82cm	111,504	罗芙奥	2015.06.07
朱炳仁 2012年作 厚德涵韵	62cm×47cm×87cm	300,375	佳士得	2015.05.31
朱发东 2010年作 此人出售	178cm×80cm×80cm	135,700	北京上和	2015.11.13
朱铭 1978年作 水牛与牧童	7.5cm×44cm×18.3cm	252,188	香港苏富比	2015.04.05
朱铭 1981年作 太极系列 — 单鞭下势	16cm×24cm×13cm	857,438	香港苏富比	2015.04.05
朱铭 1983年作 太极系列－掰开太极（一组共两件）	116.5cm×154cm×285cm 120.3cm×154.5cm×286.6cm	3,809,040	保利香港	2015.04.06
朱铭 1984年作 跪乳羔羊310 400	高12cm	23,246	台北艺流	2015.10.10
朱铭 1984年作 太极系列：踢腿	48cm×65cm×39cm	822,000	香港苏富比	2015.10.04
朱铭 1984年作 太极系列：推手	65.5cm×68cm×50cm	719,250	香港苏富比	2015.10.04
朱铭 1988年作 太极系列：玉女穿梭	98cm×72cm×46cm	1,541,250	香港苏富比	2015.10.04
朱铭 1988年作 太极系列：转身蹬脚	72cm×92cm×58cm	1,644,000	香港苏富比	2015.10.04
朱铭 1990年作 公鸡与母鸡（两件）	57.5cm×65cm×27.5cm 37cm×47cm×22.6cm	1,541,250	香港苏富比	2015.10.04
朱铭 1991年作 太极对打	A：35cm×23cm×24cm. B：31cm×30cm×20cm.	756,563	香港苏富比	2015.04.05
朱铭 1991年作 太极系列	46.1cm×23.5cm×28.2cm	412,080	罗芙奥	2015.06.07
朱铭 1991年作 太极系列	38cm×38cm×44cm	2,200,280	佳士得	2015.11.29
朱铭 1991年作 太极系列－单鞭下势	58cm×29.5cm×41.4cm	1,227,200	台北中诚	2015.06.14
朱铭 1991年作 太极系列：对打（共两件）	46.5cm×18cm×19cm 42cm×32cm×29cm	801,000	佳士得	2015.05.31
朱铭 1992年作 太极系列	47.7cm×30.3cm×50cm	1,361,700	罗芙奥	2015.05.31
朱铭 1993年作 1990年作 太极：对招（两件）	50cm×41cm×37cm 42cm×37cm×33cm	4,906,560	香港苏富比	2015.04.04
朱铭 1993年作 太极系列	45cm×25.2cm×42cm	1,975,300	景薰楼	2015.06.21
朱铭 1994年作 水牛与牧童	54cm×66cm×35cm	616,500	香港苏富比	2015.10.04
朱铭 1994年作 太极系列：单鞭下势	122.5cm×189cm×90cm	7,956,960	香港苏富比	2015.10.04
朱铭 1994年作 太极系列：推手	59.5cm×67cm×53cm	1,438,500	香港苏富比	2015.10.04
朱铭 1994年作 太极系列：转身蹬脚	178cm×172cm×150cm	7,956,960	香港苏富比	2015.10.04
朱铭 1995年作 太极 — 十字手	80cm×33cm×84cm	907,875	香港苏富比	2015.04.05
朱铭 1995年作 太极推手	116.5cm×136.5cm×102.5cm	4,422,360	香港苏富比	2015.04.05
朱铭 1995年作 太极系列	37cm×34cm×30cm	450,563	佳士得	2015.05.31
朱铭 1995年作 太极系列	30.2cm×17.3cm×26.2cm	236,000	台北中诚	2015.06.14
朱铭 1995年作 太极系列	68cm×37cm×72cm	921,462	保利香港	2015.10.05
朱铭 1995年作 太极系列：蹬脚前动	109cm×118cm×71cm	4,011,360	香港苏富比	2015.10.04
朱铭 1995年作 太极系列：推手	118.5cm×142cm×95cm	5,984,160	香港苏富比	2015.10.04
朱铭 1995年作 太极系列：云手	31.5cm×19cm×18cm	822,000	香港苏富比	2015.10.04
朱铭 1995年作、1996年作 太极系列	33cm×31cm×57cm 30cm×25cm×59cm	3,107,880	佳士得	2015.05.31
朱铭 1996年作 太极系列－拱门	43cm×12.8cm×23.3cm	755,200	台北中诚	2015.06.14
朱铭 1996年作 太极系列：转身前动	179cm×115cm×134cm	4,011,360	香港苏富比	2015.10.04
朱铭 1997年作 单鞭下势	38.2cm×19.5cm×25.2cm	615,750	佳士得	2015.11.29
朱铭 1997年作 亲情	68cm×26cm×30cm	250,313	佳士得	2015.05.31
朱铭 1998年作 水牛与牧童	40.2cm×23.1cm×37.3cm	129,800	台北中诚	2015.06.14

拍品名称	物品尺寸	成交价RMB	拍卖公司	拍卖日期
朱铭 1998年作 太极系列	49cm×21cm×41cm	533,280	罗芙奥	2015.06.07
朱铭 1999年作 太极系列：转身前动	73c×60cm×39cm	822,000	香港苏富比	2015.10.04
朱铭 2004年作 人间系列—女子	20cm×11cm×33.5cm	108,560	台北中诚	2015.06.14
朱铭 2005年作 人间系列—妇人	21cm×13.5cm×30cm	108,560	台北中诚	2015.06.14
朱铭 2006年作 人间系列	长39cm×宽40.5cm×高61cm	460,560	罗芙奥	2015.06.07
朱铭 2008年作 人间系列：游泳	35.1c×69.6cm×116.3cm	200,250	佳士得	2015.05.31
朱铭 2015年作 太极系列-单鞭下式(限量复制281 300)	高18.2cm	23,246	台北艺流	2015.10.10
朱铭 太极系列	60cm×52cm×55cm	389,975	佳士得	2015.11.29
朱铭 约1983年至1988年作 太极系列 — 单鞭下势	28cm×43cm×23cm	706,125	香港苏富比	2015.04.05
朱铭 约1985年作 太极系列：单鞭下势	45cm×74cm×41.5cm	3,616,800	香港苏富比	2015.10.04
朱铭 约1990年代作 公鸡与母鸡（两件）	35cm×38cm×30cm 41cm×41cm×20cm	976,125	香港苏富比	2015.10.04
朱铭 约1990年代作 太极拱门	56cm×88cm×42cm	678,150	香港苏富比	2015.10.04
朱铭 约1998年作 人间系列	33cm×22cm×19cm	154,125	香港苏富比	2015.10.04
朱伟 2002年作 中国中国	尺寸不一	565,125	香港苏富比	2015.10.05
庄学腾 2014年作 自由公主	75cm×27cm×66cm	234,541	新加坡33拍卖	2015.01.23
摄 影				
赫达·默里逊 1938-1946年作 北平风景（12张）	11.5cm×16cm	115,000	北京华辰	2015.05.15
郎静山 1942年作 云峰鸟语	34cm×24cm	115,000	北京华辰	2015.05.15
刘韡 2004年作 风景（一组六张）		655,688	香港苏富比	2015.04.05
邱志杰 黄岩 邢丹文 庄辉 海波 王劲松 2000年作、1999年作、1995年作、1997年作 纹身系列之三；中国山水·纹身系 列之六；和文化大革命一起出生（一组三件）；公元一九九七年七月 十三日河北省邯郸市阳光集团万达 商场员工合影纪念；三姊妹（一组两件）；及双亲系列（共九件）	100cm×79cm 50.5cm×61.6cm 50.8cm×34 50.8cm×33.7cm 50.8cm×75.2cm 16.2cm×150.2cm 41cm×57.2cm 36.2cm×50.8cm	110,138	佳士得	2015.05.31
王国锋 2011年作 记忆1989（双联作）	199cm×148cm	210,263	佳士得	2015.05.31
王庆松 2000年作 老栗夜宴图		262,275	香港苏富比	2015.04.05
王天德 2006年作 孤山	32cm×163cm×3	230,000	上海泛华	2015.06.19
新闻摄影局 1951年作 中共中央委员与候补委员标准照（68张）	5.5cm×4cm	138,000	北京华辰	2015.05.15
杨福东 2000年作 别担心，会好起来的...7号		126,094	香港苏富比	2015.04.05
杨泳梁 2009年作 雪城系列（四张一组）		221,925	香港苏富比	2015.04.05
佚名 1930-1940年作 国立艺专相册（203张）	最大7cm×19cm 最小2.5cm×4cm	172,500	北京华辰	2015.05.15

拍品名称	物品尺寸	成交价RMB	拍卖公司	拍卖日期
尤金·阿杰特 1900年代作 巴黎街道，第3982号	21.5cm×17.2cm	172,500	北京翰海	2015.06.26
袁广鸣 2002年作 城市失格－西门町：日与夜（一组两张）		131,138	香港苏富比	2015.04.05
张洹 1998年作 泡沫系列（一组十五张）		201,750	香港苏富比	2015.04.05
张洹 1998年作 一半	115.5cm×97.7cm	110,138	佳士得	2015.05.31
张洹 2000年作 鲁本斯	153cm×93cm	109,250	北京匡时	2015.06.06
装 置				
艾未未 2003年作 永久自行车	275cm×450cm	4,652,520	香港苏富比	2015.10.04
蔡国强 2001年作 万花筒——时光隧道	52cm×32cm×13cm×8	230,000	北京保利	2015.12.05
李晖 2007年作 轮回	200cm×110cm×600cm	1,380,000	中国嘉德	2015.11.14
李晖 2007年作 游离	450cm×200cm×1000cm	3,105,000	北京保利	2015.06.03
彭薇 汉宫春色	高69cm	402,500	北京保利	2015.06.04
综合媒材				
Phunk Studio 白日梦 1	各个 139.5cm×100.5cm 整体 139.5cm×301.5cm	46,238	香港苏富比	2015.10.05
阿尔费雷多·艾斯奇洛二世 重生		121,050	香港苏富比	2015.04.05
阿曼德·萨达利 七轮圆月和残余的金色	120cm×110cm	1,130,250	香港苏富比	2015.10.05
阿曼德·萨达利 天定形，风定性	100cm×110cm	1,130,250	香港苏富比	2015.10.04
阿曼德·萨达利 无题	37.5cm×42cm	32,880	香港苏富比	2015.10.05
阿莫索罗 海边的日落		403,500	香港苏富比	2015.04.05
艾可·努谷厚 世界文字系列（耶稣为我们的罪而死，后死而复生）	130.5cm×107cm	123,300	香港苏富比	2015.10.05
艾珠·克里丝汀 小恶棍	120cm×70cm	390,450	香港苏富比	2015.10.05
安谈·威华索 你的能量是我的：漫画书系列		221,925	香港苏富比	2015.04.05
白南准 1993年作 Route 66	130cm×150cm×120cm	2,242,800	佳士得	2015.05.30
白南准 1993年作 秋千上的机器人	152.5(H)cm×117.5cm×91cm.	1,541,250	香港苏富比	2015.10.05
班内蒂托·雷耶斯·卡布雷拉 马尼拉绅士 1900		554,813	香港苏富比	2015.04.05
班内蒂托·雷耶斯·卡布雷拉 人物习作九幅		403,500	香港苏富比	2015.04.05
班内蒂托·雷耶斯·卡布雷拉 衣纹		322,800	香港苏富比	2015.04.05
班内蒂托·雷耶斯·卡布雷拉 桌上的布幔	39cm×35cm	154,125	香港苏富比	2015.10.05
蔡国强 1990年作 胎动一：为外星人作的计划第5号	52cm×67cm	339,486	中国嘉德	2015.10.06
蔡国强 1991年作 胎动二：为外星人作的计划第九号	89cm×66cm	575,000	上海明轩	2015.06.21
蔡国强 2005年作 金圆券-招财平安符	38cm×28cm	48,498	保利香港	2015.10.05
草间弥生 1979年作 午后的雨	23cm×26.5cm	100,875	香港苏富比	2015.04.05
草间弥生 1983年作 南瓜	20.6 (H)cm×17.6cm×16cm	857,438	香港苏富比	2015.04.05

拍品名称	物品尺寸	成交价RMB	拍卖公司	拍卖日期
草间弥生 1984年作 无题（单一件）	9cm×9cm×8cm	181,800	罗芙奥	2015.06.07
草间弥生 1994年作 靴	36.5cm×51.2cm	161,400	香港苏富比	2015.04.05
草间弥生 2010年作 南瓜	129.3cm×131cm ×126.5cm	4,997,760	香港苏富比	2015.10.04
曾佑和 1964年作 聚体	61cm×61cm	151,313	香港苏富比	2015.04.05
曾佑和 1964年作 忠诚的象征	101cm×50cm	100,875	香港苏富比	2015.04.05
曾佑和 约1993年作 有弘仁心	98cm×89cm	205,500	香港苏富比	2015.10.05
陈荫罴 1970年代 回到唐朝	133cm×133cm	3,456,800	景薰楼	2015.06.21
陈荫罴 20世纪70年代作 超于象外（非狂草-I）	133.5cm×131.5cm	1,412,250	香港苏富比	2015.04.05
陈荫罴 20世纪70年代作 绿竹筒	133.2cm×86.3cm	756,563	香港苏富比	2015.04.05
陈荫罴 暗夜	100.5cm×50cm	655,688	香港苏富比	2015.04.05
陈荫罴 约1950年代作 文字变奏系列	144.8cm×77.5cm	605,250	香港苏富比	2015.04.05
陈彧凡 2013年作 化一	200cm×115cm	143,850	邦瀚斯	2015.10.03
崔素荣 2011年作 穿梭砖房中	91.5cm×91.5cm	550,688	佳士得	2015.05.31
崔素荣 2014年作 美食街II	116.5cm×91cm	1,089,360	佳士得	2015.05.31
村上三郎 元永定正 吉原治良 吉原通雄 吉田稔郎 嶋本昭三 白发一雄 1976年作 七位日本具体艺术之作品（一套共七件）	52cm×43cm×7cm×7	706,125	佳士得	2015.03.15
达宛. 都察尼 鹘神	120cm×90cm	300,375	佳士得	2015.05.31
达宛. 都察尼 猎鹰神	90.5cm×120cm	492,600	佳士得	2015.11.29
嶋本昭三 2011年作 无题	38.5cm×57cm	213,391	中国嘉德	2015.10.06
丁雄泉 吻	56.5cm×76cm	205,500	香港苏富比	2015.10.05
丁乙 1993年作 十示 93-17	120cm×140cm	897,120	佳士得	2015.05.31
丁乙 1995年作 十示95-B30	40cm×59cm	172,500	北京诚轩	2015.05.17
丁乙 1996年作 十示96-11	50cm×59.5cm.	164,400	香港苏富比	2015.10.05
丁乙 1996年作 十示之96-33	139cm×160cm	2,760,000	北京保利	2015.06.03
费纳多·坎帕纳 阿贝托·坎帕纳 2005年构思；2007年作 熊猫椅	86.3cm×137.1cm ×107.3cm	262,275	佳士得	2015.03.15
费南度·索维尔 1966年作；约1967年作 La Raya；Cuenca	60cm×26.6cm 32.3cm×30.4cm	302,625	佳士得	2015.03.15
冯杰 2014年作 幽林	120cm×80cm	138,000	北京保利	2015.06.04
冯杰 2014年作 幽林	120cm×80cm	184,000	北京保利	2015.12.05
冯杰 2014年作 幽林	120cm×80cm	184,000	北京保利	2015.12.05
宫岛达男 1996年作 蓝色时间 第七号	57cm×118.5cm ×8cm	180,225	佳士得	2015.05.31
贡嘎嘉措 2009年作 现代香巴拉（四联作）	95.6cm×105.4cm 191.1cm×210.8cm	200,250	佳士得	2015.05.31
管策 2010年作-2011年作 二十四节气（二十四幅）	60cm×24cm×24	517,500	上海敬华	2015.06.30
管策 2011年作 景致-大镜阁	80cm×120cm	310,500	上海敬华	2015.06.30
郭振昌 2007年作 撑	91cm×117cm	172,800	景薰楼	2015.06.21
韩晓亮 不详 喇嘛组图	99cm×99cm×4	968,000	上海爱莲	2015.11.22
韩志勋 1965年作 Hsiang 65-5	105cm×105cm	184,725	佳士得	2015.11.29
韩志勋 无题	76.5cm×76.5cm	150,188	佳士得	2015.05.31
何赛邦 2007年作 金山银石（二幅一组）	155cm×100cm×2	207,000	朵云轩	2015.06.19
何翔宇 2009-2010年作 可乐计划（两件一组）	34cm×23cm ×27cm×2	356,500	北京匡时	2015.06.06
胡宏述 1995年作 嵘	107cm×122cm	139,476	台北艺流	2015.10.10
胡宏述 2002年作 逸	112cm×122	234,820	台北艺流	2015.04.25
黄丹龙 1965年作 蓝色抽象画	69.5cm×69cm	359,188	佳士得	2015.11.29
黄钢 无题	105cm×105cm	130,163	佳士得	2015.05.31
黄钢 云	105cm×105cm	130,163	佳士得	2015.05.31

拍品名称	物品尺寸	成交价RMB	拍卖公司	拍卖日期
黄冠余 2009年作 荷恋	200cm×138cm	423,675	香港苏富比	2015.04.05
黄冠余 2009年作 湖光荷影	200cm×138cm.	359,625	香港苏富比	2015.10.05
季大纯 1998年作 月见草	110cm×108cm	161,000	北京诚轩	2015.11.14
季大纯 2001年作 太湖石	108cm×109cm	195,500	北京诚轩	2015.11.14
季大纯 2002年作 星期天的老头	150cm×110cm	402,500	北京诚轩	2015.05.17
季大纯 2005年作 多利	150cm×150cm	299,000	北京诚轩	2015.05.17
季大纯 2005年作 眼球	149cm×150cm	201,750	香港苏富比	2015.04.05
加藤辽子 2003年作 滑动屏幕与胃（两件一组）	102cm×70cm 122cm×56cm	121,200	罗芙奥	2015.06.07
江贤二 1995年作 百年庙 95	153cm×122.5cm	290,880	罗芙奥	2015.06.07
杰拉丁·哈维尔 顺其自然	213.5cm×213.5cm	513,750	香港苏富比	2015.10.05
金山明 今井祝雄 松谷武判 前川强 田中敦子 浮田要三 堀尾贞治 ヨシダミノル 2003-2012年作 八位日本具体艺术之九件作品（一套共九个）	24cm×24cm ×11cm×9	403,500	佳士得	2015.03.15
金田胜一 2003年作 人类自我演变2	62.3cm×38cm ×32.5cm	30,825	香港苏富比	2015.10.05
克丽丝汀·嫒珠 2010年作 九月玩偶	150cm×125cm	400,500	佳士得	2015.05.31
勒迈耶 八位峇里舞者		403,500	香港苏富比	2015.04.05
勒迈耶 峇里女子	39.5cm×56.5cm	164,400	香港苏富比	2015.10.05
勒迈耶 峇里三女子	28.5cm×36.5cm	143,850	香港苏富比	2015.10.05
勒迈耶 峇里少女		171,488	香港苏富比	2015.04.05
勒迈耶 鱼池旁的妮·帕洛	46.5cm×60.5cm	246,600	香港苏富比	2015.10.05
李东昱 2006年作 Human Boss 及 Drive（两件作品）	(i)26.8(H) cm×15.2(diameter) cm (ii)30(H) cm×16(diameter) cm.	61,650	香港苏富比	2015.10.05
李杰 2011年作 Johnson’s-不再流泪	117cm×126.5cm	353,063	佳士得	2015.03.15
李杰 2011年作 Pears	38cm×34.5cm.	102,750	香港苏富比	2015.10.05
李绫瑄 没有画布		554,813	香港苏富比	2015.04.05
李锡奇 1995年作 后本位	90cm×180cm	232,460	台北艺流	2015.10.10
李锡奇 2009年作 风起水涌0966	120cm×200	469,640	台北艺流	2015.04.25
李义弘 窗外图	29.7cm×41.7cm	51,375	香港苏富比	2015.10.05
李禹焕 1977年作 从线	112cm×145.5cm	5,681,280	香港苏富比	2015.04.04
李禹焕 1978年作 从线	131cm×162cm	7,811,760	香港苏富比	2015.04.04
李禹焕 1985年作 无题（六屏屏风）	174cm×564cm	1,614,000	香港苏富比	2015.04.04
李禹焕 1994年作 信件	291cm×118cm	2,875,000	北京保利	2015.06.03
李梓良 2015年作 桃花源	99cm×233cm	172,500	华艺国际	2015.05.24
梁铨 1987年作 伦敦游客		226,050	邦瀚斯	2015.10.03
梁铨 1988年作 无题	82cm×113cm	587,500	佳士得（上海）	2015.04.25
梁铨 1988年作 无题	55cm×75cm	259,854	中国嘉德	2015.04.06
梁铨 2004年作 无题	70cm×90cm	110,963	佳士得	2015.03.15
梁铨 2006年作 茶禅之三	183cm×100cm	368,585	保利香港	2015.10.05
梁铨 2007年作 老普洱之六	90.5cm×61cm.	123,300	香港苏富比	2015.10.05
梁铨 2008年至2010年 心中的河（三联画）	180cm×120cm×3	1,725,000	北京诚轩	2015.11.14
梁铨 2008年作 大红袍之二	120cm×90cm	285,678	保利香港	2015.04.06
梁铨 2010年作 向陶渊明致敬之2	120cm×90cm	266,633	保利香港	2015.04.06
梁铨 2011年作 无题	62cm×91.5cm	149,500	北京诚轩	2015.05.17
梁铨 2012年作 山中日日试新泉之三	90cm×120cm.	123,300	香港苏富比	2015.10.05
梁铨 2012年作 无题	160cm×120cm	575,000	北京保利	2015.06.03

拍品名称	物品尺寸	成交价RMB	拍卖公司	拍卖日期
梁铨 2014年作 无题	89cm×59cm	126,500	西泠拍卖	2015.07.04
梁铨 2014年作 无题	90cm×60cm	138,000	中国嘉德	2015.05.17
林伯禧 2014年作 愉悦印象	54cm×98cm	164,893	保利香港	2015.10.05
林伯禧 2015年作 清中暖致	54cm×98cm	145,494	保利香港	2015.10.05
林菁菁 2012年作 完美的诺言 第6号	162cm×134cm	300,375	佳士得	2015.05.31
林寿宇 2008年作 无题I	59cm×75cm	281,288	中国嘉德	2015.10.06
林寿宇 2009年作 无题II	59cm×75cm	358,885	中国嘉德	2015.10.06
刘安民 升空 3	183cm×91.5cm	133,575	香港苏富比	2015.10.05
刘安民 影响之下		282,450	香港苏富比	2015.04.05
刘刚 1989年作 遗迹	73cm×59cm	126,500	北京翰海	2015.11.27
刘国松 1966年作 春的传说	58cm×94.5cm	517,500	北京诚轩	2015.11.14
刘国松 1970年作 如来・故乡的月亮	89.3cm×59cm	713,000	北京诚轩	2015.05.17
刘国松 2000年作 西藏组曲－浮动的加林山	75cm×56cm	678,720	罗芙奥	2015.06.07
刘国松 2006年作 四季系列之五十六（四件一组）	30cm×30cm.	154,125	香港苏富比	2015.10.05
刘炜 1997年作 无题	42cm×46cm	368,000	西泠拍卖	2015.07.04
刘炜 新长征路上的摇滚	30cm×27cm	253,000	北京保利	2015.12.05
罗讷德・温杜拿 2005年作 人体系列，编号2、57、64、66、158与复制	each 15.5cm×11.7cm×6	167,527	新加坡33拍卖	2015.01.23
罗氏兄弟 2002年作 欢迎世界品牌（两张作品）	(i)199.5cm×64.2cm ii)199.5cm×65cm	71,925	香港苏富比	2015.10.05
马塞尔・杜尚 Executed in 1924 Monte Carlo Bond (No. 30)	31.1cm×19.4cm	15,271,750	纽约佳士得	2015.11.09
毛栗子 1980年代末作 无题	81cm×65.5cm	350,438	佳士得	2015.05.31
毛栗子 1989-1990年作 无题	80cm×80cm	3,107,880	佳士得	2015.05.31
没顶公司 2010年作 蔓延B-028	100.7cm×155.5cm.	205,500	香港苏富比	2015.10.05
没顶公司 2010年作 蔓延B-050	182cm×320.3cm.	513,750	香港苏富比	2015.10.05
没顶公司 2010年作 蔓延B-057	156cm×235.5cm	605,250	香港苏富比	2015.04.05
没顶公司 2011年作 无题	230cm×353cm	857,438	香港苏富比	2015.04.05
纳提・尤塔瑞披兔皮的木头小兔		302,625	香港苏富比	2015.04.05
奈良美智 1995年作 无题 95-35	14cm×17.4cm	129,800	台北中诚	2015.06.14
奈良美智 1999年作 小朝圣者（梦游娃娃）		1,551,360	罗芙奥	2015.06.07
帕西妲・阿巴德（I）蓝屏（II）红屏	蓝129cm×88.5cm 红128.5cm×94.5cm	82,200	香港苏富比	2015.10.05
帕西妲・阿巴德 花		282,450	香港苏富比	2015.04.05
彭薇 2006年作 LV	84.5cm×158cm	230,000	北京诚轩	2015.05.17
普图・苏塔维贾亚 保护者	119cm×99.5cm	41,100	香港苏富比	2015.10.05
普图・苏塔维贾亚 赞美寂静	200cm×150cm	390,450	香港苏富比	2015.10.05
前川强 1963年作 作品130931	162.5cm×131.5cm	1,762,200	佳士得	2015.05.30
前川强 1983年作 作品	88cm×69.9cm	320,400	佳士得	2015.05.30
前川强 1991年作 无题141202	163.5cm×164cm	801,000	佳士得	2015.05.30
前川强 2013年作 作品	115cm×90cm	400,500	佳士得	2015.05.30
乔文．曼席特 看		161,400	香港苏富比	2015.04.05
秦风 西风东水系列	193cm×95.2cm	184,950	香港苏富比	2015.10.05
秦风 欲望山水系列	199cm×123.2cm	205,500	香港苏富比	2015.10.05
秦松 1998年作 来自山川的意象-见山不山 是川非川	97cm×130cm	139,476	台北艺流	2015.10.10
秦松 2006年作 抽象系列	133.5cm×69	187,856	台北艺流	2015.04.25
邱炯炯 1996-2011年作 我爸爸	120.5cm×100cm	125,000	佳士得（上海）	2015.04.25
邱志杰 玄武不寐听潜雷	168cm×114cm ×50cm	552,000	上海敬华	2015.06.30

拍品名称	物品尺寸	成交价RMB	拍卖公司	拍卖日期
仇德树 1990年作 太极之印	111.3cm×109.2cm	195,500	北京诚轩	2015.05.17
仇德树 2001年作 裂缝第五号	341.3cm×175.5cm	849,060	佳士得	2015.05.31
仇德树 裂变	160cm×100cm	862,500	北京保利	2015.06.03
仇德树 无题	95cm×180cm	345,000	北京翰海	2015.06.26
全光荣 2007年作 聚合系列07-77号	164cm×131cm	403,500	香港苏富比	2015.04.05
阮嘉治 抽象构图	43.5cm×33.5cm	328,400	佳士得	2015.11.29
阮嘉治 农夫	45cm×62.5cm	287,350	佳士得	2015.11.29
沙耆 1940年代初 啸傲东轩下	61cm×98.5cm	149,500	北京诚轩	2015.11.14
沙耆 踏扁芳丛	48cm×70cm	172,500	中国嘉德	2015.11.14
尚扬 2007年作 董其昌计划-10	128cm×248cm	1,150,000	北京保利	2015.06.03
尚扬 2007年作 董其昌计划-4（双联作）	148cm×466cm 148cm×233cm 148cm×233cm	4,504,560	香港苏富比	2015.10.04
尚扬 2008年作 董其昌计划-12	360cm×290cm	6,440,000	北京保利	2015.12.05
申凡 2001年作 Garden-P-2b 及 River-P-20-1 (两张作品)	27.8cm×97.8cm 83.5cm×29cm.	25,688	香港苏富比	2015.10.05
申云 2015年作 霾系列—九日图 NO.1	180cm×96cm	264,500	北京上和	2015.11.13
宋琨 2008年作 再会，再会 NO.1NO.2	35cm×46cm×2	115,000	厦门华辰	2015.06.20
苏纳尔约 1994年作 鱼	125cm×200cm	500,625	佳士得	2015.05.31
苏上舟 至上-和声	145cm×95cm	96,996	保利香港	2015.10.05
苏笑柏 2008年作 卓立不群	220cm×181cm	1,392,075	中国嘉德	2015.04.06
苏笑柏 2009年作 衣襟	A & B: 213.5cm×38.5cm	807,000	香港苏富比	2015.04.05
苏笑柏 2010年作 红帖 II	100cm×200cm	968,780	佳士得	2015.11.29
苏笑柏 供养之六	168cm×180cm	1,035,000	北京保利	2015.06.03
孙逊 2014年作 龙图腾（一组十五件）	26.5cm×38.5cm 24.7cm×35.2cm 25cm×34.5cm 25cm×35cm×2 30cm×42cm×2 29.5cm×41.5cm 30cm×42cm 29.5cm×42cm×2 28.5cm×40.5cm 29.5cm×42cm 28.5cm×40.5cm 26.5cm×38.5cm	402,500	中国嘉德	2015.11.14
谭军 2012年作 游离之七	210cm×78cm	126,095	中国嘉德	2015.10.06
谭军 2014年作 别处	100cm×70cm	109,250	西泠拍卖	2015.07.04
谭军 2014年作 寂 N0.6	89.9cm×162cm	460,000	上海明轩	2015.06.21
谭军 彼岸	95cm×225cm	690,000	北京保利	2015.06.04
谭军 遗忘II	90cm×106cm	287,500	南京经典	2015.01.04
天野喜孝 2008年作 停止（双联幅）	200cm×200cm	290,880	罗芙奥	2015.06.07
田中敦子 1993年作 93E	117cm×91cm	3,024,960	香港苏富比	2015.10.04
屠宏涛 2012年作 梦与睡眠结伴	210cm×320cm	1,950,000	佳士得（上海）	2015.10.24
屠宏涛 2013年作 遒劲登高	218cm×78cm	322,000	北京保利	2015.12.05
王天德 1999年作 中国服装	68.3cm×68.5cm 67.5cm×68.5cm	162,500	佳士得（上海）	2015.04.25
王天德 2001年作 中国服装之十	134.5cm×66cm	242,100	香港苏富比	2015.04.05
王天德 2002年作 数码 No. 14	183cm×33.5cm	113,025	香港苏富比	2015.10.05
王天德 2014年作 后山	178cm×100cm	402,500	上海明轩	2015.06.21
王天德 中国服饰	171cm×74cm	172,500	西泠拍卖	2015.07.04
王天德 中国服装	137cm×68cm	77,597	保利香港	2015.10.05
王小松 2015年作 无题	190cm×140cm	437,000	西泠拍卖	2015.07.04
王亚彬 2012年作 意外的芬芳	150cm×110cm	230,000	北京诚轩	2015.11.14
魏青吉 2006年作 物-像0607	185cm×95cm	345,000	北京匡时	2015.06.06
魏青吉 2007年作 无题 2007A	92cm×43cm	29,099	保利香港	2015.10.05

拍品名称	物品尺寸	成交价RMB	拍卖公司	拍卖日期
魏青吉 2008年作 米奇3	156cm×149cm	423,675	佳士得	2015.03.15
魏青吉 2009年作 好莱坞山上的红旗	180cm×97cm	287,500	上海明轩	2015.06.21
吴大羽 无题 II-059	19cm×13cm	345,000	北京保利	2015.12.05
吴高钟 悬河R-14	102cm×82cm	126,500	上海敬华	2015.06.30
吴雪莲 2009年作 幻-6	111cm×80cm	106,250	佳士得（上海）	2015.04.25
萧勤 1992年作 往永久的花园之9	142cm×77cm.	359,625	香港苏富比	2015.10.05
萧勤 A：1959年作 B：1960年作 无题（两件）	A：58.7cm×39.6 cm. B：55.5cm×38.8 cm	161,400	香港苏富比	2015.04.05
谢墨凛 2013年作 彩条练习1号	50cm×50cm	121,050	香港苏富比	2015.04.05
徐华翎 2011年作 之间之一	42cm×52cm	190,452	保利香港	2015.04.06
徐华翎 2012年作 之·间之十二	44.8cm×80cm	287,500	北京诚轩	2015.05.17
徐牧原 尘蚀图	116cm×116cm	92,000	四川翰雅	2015.10.15
薛松 1997年作 山水之二	108cm×96cm	106,250	佳士得（上海）	2015.10.24
薛松 1998年作 白马	110cm×110cm	161,400	佳士得	2015.03.15
薛松 2002年作 收租院	200cm×130cm	552,000	北京匡时	2015.06.06
薛松 2002年作 走向新生活	148.8cm×178.8cm	302,625	香港苏富比	2015.04.05
薛松 2006年作 下海	150cm×120cm	150,000	佳士得（上海）	2015.10.24
薛松 2006年作 与蒙德里安对话	120cm×100cm	153,400	台北中诚	2015.06.14
薛松 2007年作 新的英雄	150cm×120cm	138,000	中国嘉德	2015.05.17
薛松 2010年作 幼虎	110cm×110cm	195,500	西泠拍卖	2015.07.04
亚旺·达米·阿麦德 篱笆墙	183cm×183cm	359,625	香港苏富比	2015.10.05
亚旺·达米·阿麦德 时间的踪迹 – 季节尾声		282,450	香港苏富比	2015.04.05
塩保朋子 2008年作 跳动的脉搏	304.8cm×154.4cm	585,075	香港苏富比	2015.04.05
杨诘苍 1990年作 构成22号	95.4cm×178cm	201,750	香港苏富比	2015.04.05
杨诘苍 1992–1996年作 千层墨	105cm×180cm	368,585	中国嘉德	2015.10.06
杨诘苍 1992年作 构成（二）	130cm×189.5cm	242,100	香港苏富比	2015.04.05
杨千 2013年作 仿宋新梅图–第五号	直径116cm	282,450	佳士得	2015.03.15
杨千 2013年作 梅兰菊竹系列 No. 3	直径116cm	240,300	佳士得	2015.05.31
叶永青 1996年作 冬天里的九个鸟笼	294.5cm×144cm	1,416,000	苏富比（北京）	2015.06.02
叶永青 1989年作 追寻者	54.5cm×39cm	207,000	北京诚轩	2015.05.17
叶永青 1990年作 奔逃者	53.9cm×38.2cm.	143,850	香港苏富比	2015.10.05
叶永青 1990年作 西沉的太阳和树上的人	55cm×39cm	172,500	西泠拍卖	2015.07.04
叶永青 1991年作 西双版纳	54.8cm×39.5cm	195,500	北京诚轩	2015.05.17
叶永青 1994年作 白日梦（双联）	70cm×20cm×2	218,500	北京保利	2015.06.04
叶永青 1994年作 红屋　困惑　无题	113cm×29.5cm×3	575,000	上海明轩	2015.06.21
叶永青 1998年作 遥远的消息	72.5cm×61cm	310,387	中国嘉德	2015.10.06
叶永青 2010年作 大理手帖–老张的思念	53cm×54cm	67,897	保利香港	2015.10.05
伊凡 到站列车		100,875	香港苏富比	2015.04.05
尹明老 1974年作 裂痕 74–1014	115cm×130cm	718,375	佳士得	2015.11.29
袁远 2009年作 造火车	200cm×180cm	795,367	中国嘉德	2015.10.06
张恩利 2005年作 标靶	直径42cm	302,625	佳士得	2015.03.15
张国龙 方圆 NO.1.5	150cm×150cm	195,500	上海敬华	2015.06.30
张如怡 2014年作 双子塔	79.5cm×129.5cm	87,500	佳士得（上海）	2015.10.24
张闻冰 2014年作 综合装饰《风荷栖美眷》瓷板	52.5cm×116.5cm	460,000	北京保利	2015.06.05
张晓刚 1983年作 深渊	13.2cm×15.6cm	103,500	北京保利	2015.12.05
张晓刚 2002年作 无题	54.7cm×66.8cm	605,250	佳士得	2015.03.15
张修竹 2015年作 似水流年·桃之夭夭NO.36	190cm×160cm	437,000	北京保利	2015.12.05
张雅燕 2001年作 寻找山水：高山流水	114.5cm×34cm	120,150	佳士得	2015.05.31
张雅燕 2015年作 大千世界：三千	130.5cm×49cm	100,125	佳士得	2015.05.31
张羽 2006年作 指印2006.9–3	90.5cm×96cm	290,988	保利香港	2015.10.05
张羽 2008年作 指印，2008.11–2	47cm×73cm	120,647	中国嘉德	2015.04.06
张展 线性2号	140cm×260cm	184,800	上海宏大	2015.10.17
张展 线性一桥	100cm×140cm	91,840	上海宏大	2015.10.17
张震宇 2012年作 灰尘120924	135cm×220cm	152,362	保利香港	2015.04.06
赵露 2007年作 覆膜世界–GIRL NO.3（四联画）	120cm×80cm×4	1,380,000	北京保利	2015.06.04
赵露 2009年作 覆膜世界–沙与沫	60cm×45cm	345,000	北京翰海	2015.06.26
郑国谷 2002年作 彩色黑白耀上海（两张一组）	（i）198.2cm×300 cm （ii）196cm×298 cm	322,800	香港苏富比	2015.04.05
钟泗滨 无题		1,160,063	香港苏富比	2015.04.05
周长江 1990年作 互补–天道与人道	top:361cm×254cm	61,650	香港苏富比	2015.10.05
周长江 1993年作 嵌入黄色的门型管道	overall:292.8cm ×470.4cm	61,650	香港苏富比	2015.10.05
周长江 1996年作 重叠的新译经文（八张一组）	each 121.8（H）cm×105.6cm ×5.4cm	151,313	香港苏富比	2015.04.05
朱德群 李锡奇 1983年作 无题	76cm×76cm	285,678	保利香港	2015.04.06
当代艺术				
阿图罗·卢兹 2012年作 白色空间上的黑色形态	122cm×122cm 122cm×244cm	153,938	佳士得	2015.11.29
艾林·迪维哈坦托 2013年作 爆裂 #2		133,413	佳士得	2015.11.29
艾瑞卡．海斯图．瓦尤尼 2014年作 爱情水族馆		164,200	佳士得	2015.11.29
艾未未 2005年作 三条腿的桌子	125cm×123.5cm ×122cm	1,563,563	香港苏富比	2015.04.05
安迪·沃荷 1981年作 美元符号	40cm×33.5cm	1,872,240	佳士得	2015.03.15
蔡国强 2005年作 黑夜之狼：为德国古根汉美术馆作的草图	97cm×124cm	967,600	苏富比（北京）	2015.06.02
蔡国强 2008年作 小船	152.4cm×203.2cm	1,150,000	北京保利	2015.06.03
蔡国强 2009年作 昼夜草稿 – 百合	56.8cm×101.2cm	359,188	佳士得	2015.11.29
蔡国强 2010年作 尼斯—教堂	300cm×200cm	4,421,520	罗芙奥	2015.05.31
草间弥生 1978年作 冬天的中央公园	27.2cm×24.2cm	181,575	佳士得	2015.03.15
草间弥生 1979年作 山	24.2cm×27.2cm	110,138	佳士得	2015.05.31
草间弥生 1991年作 南瓜 No. 1613，1614，1615	11cm×11cm×7cm 12cm×12cm×5cm	872,640	罗芙奥	2015.06.07
陈建伟 2013年作 欲望的代价	200cm×200cm	307,875	佳士得	2015.11.29
丁雄泉 蒂图玛与维洛妮卡在街上嬉笑		706,125	香港苏富比	2015.04.05
冯明秋 1999年作 光形字：心经（两张作品）	(i) 92cm×95 cm (ii) 53cm×53 cm	110,963	香港苏富比	2015.04.05
耿建翌 2008年作 窗户的世界（A43）	50cm×61cm	118,750	佳士得（上海）	2015.04.25
荷西·李加斯比 无题		100,875	香港苏富比	2015.04.05

拍品名称	物品尺寸	成交价RMB	拍卖公司	拍卖日期
洪易 2013年作 团团圆圆	109cm×67cm×57cm107cm×64cm×66cm	403,500	香港苏富比	2015.04.05
吉原治良 1963年作 无题	21cm×21.9cm	423,675	香港苏富比	2015.04.05
杰夫·昆斯 唐培里侬气球维纳斯（品红色）	行李箱高54.0cm 宽80.0cm 直径51.0cm 雕刻高61.9cm 宽32.4cm 直径35.2cm	264,650	日本伊斯特	2015.05.24
李晖 2007年作 F1	40cm×120cm×370cm	718,375	佳士得	2015.11.29
李晖 2008年作 消失的灵魂		805,000	北京保利	2015.12.05
梁铨 2009年作 无题	87.2cm×117cm	212,400	苏富比（北京）	2015.06.02
梁铨 2007年作 清溪渔隐图	180cm×120cm	529,000	北京匡时	2015.06.06
梁铨 2010年作 祖先的海 2010-3	200cm×150cm×3	2,990,000	上海明轩	2015.06.21
梁铨 2011年作 听雨图	80cm×120cm	299,000	北京匡时	2015.06.06
梁铨 2013年作 月曙气秋	90cm×41cm×2	149,500	北京匡时	2015.06.06
刘小椟 1980年作 陆地	88cm×100cm	253,000	北京翰海	2015.06.26
六岛 2015年作 模糊的蓝色与您	67cm×48cm×7cm	100,875	佳士得	2015.03.15
名坂有子 1963年作 无限	59.5cm×59.5cm	410,500	佳士得	2015.11.29
名坂有子 1963年作 作品	135.6cm×90.4cm	650,813	佳士得	2015.05.30
奈良美智 1998年作 没有人愚蠢	29.5cm×21cm	105,800	北京匡时	2015.12.04
彭靖能 2015年作 称为光的保管	127cm×86.5cm	153,938	佳士得	2015.11.29
秦风 2012年作 四季图	125cm×300cm×4	2,298,800	佳士得	2015.11.30
秦风 2014年作 欲望风景01022	200cm×124cm	492,600	佳士得	2015.11.30
邱志杰 辞典系列	233.7cm×91.4cm	170,213	佳士得	2015.05.31
邵帆 2005年作 2005年作品 第5号	50.5cm×96.2cm×68.6cm	181,575	佳士得	2015.03.15
田中敦子 1980年作 作品	44cm×37.3cm	450,563	佳士得	2015.05.30
田中敦子 2001年作 无题	130cm×97cm	2,397,320	佳士得	2015.11.29
王天德 2005年作 中国服装	162cm×73cm	207,000	上海泛华	2015.06.19
王天德 约2001年作 中国服装	135cm×67cm	151,313	佳士得	2015.03.15
徐冰 2001年作 鸟飞了	23cm×23cm	11,500,000	北京保利	2015.06.03
徐冰 2002年作 新英文书法《春晓》	137cm×68cm	1,725,000	北京保利	2015.06.03
徐冰 2012年作 新英文书法《春江花月夜》	187cm×98cm	5,175,000	北京保利	2015.06.03
徐冰 新英文书法	89cm×69.5cm	207,000	上海明轩	2015.06.21
徐丹 2011年作 盖碗茶	52cm×37.5cm	207,000	北京保利	2015.06.04
塩田千春 2011年作 生存的状态（儿童洋装）	80cm×80cm×90cm	102,625	佳士得	2015.11.29
颜磊 2013年作 彩轮	直径200cm	920,000	厦门华辰	2015.06.20
阳江青年 2002年作（i）将神秘藏在平静里面 （ii）亚洲第一赌后（两张作品）	(i)293cm×115 cm (ii)308cm×113.2 cm	151,313	香港苏富比	2015.04.05
尹明老 2000年作 向谦斋郑敷致敬 M.525	195cm×259cm	1,018,040	佳士得	2015.11.29
元永定正 1965年作 无题	80.5cm×99.5cm	968,780	佳士得	2015.11.29
元永定正 1987年作 无题	172cm×372cm	353,063	佳士得	2015.03.15
张洹 2010年作 人民艺术家一号（齐白石）	71cm×56cm	513,125	佳士得	2015.11.29
赵博 2013年作 欲望森林2号	140cm×250cm	328,400	佳士得	2015.11.29
郑斗和 2015年作 回响	125cm×125cm×5cm	160,200	佳士得	2015.05.31
郑斗和 2015年作 森林一风	72cm×120cm	102,625	佳士得	2015.11.29
郑斗和 2015年作 森林的思考	直径125cm	150,188	佳士得	2015.05.31
钟泗滨 沙滩上的小家庭		191,663	香港苏富比	2015.04.05
周绿云 种子	135cm×68cm	148,488	中国嘉德	2015.04.07
朱德群 2005年作 F29	33.3cm×32cm×8cm	121,050	香港苏富比	2015.04.05
朱德群 气韵隐含	201cm×200cm	165,200	台北中诚	2015.06.14
其他艺术形式				
Kim Lim 1983年作 无题	24.8cm×29cm×15cm	184,950	邦瀚斯	2015.10.03
艾未未 2008至2009年作 中国地图	高88 高90.5 高90.7	9,732,480	香港苏富比	2015.10.04
安其·普班度诺 韩国糖果	130cm×100cm×13cm	20,550	香港苏富比	2015.10.05
鲍蔼伦 1999年作 循环影院		22,605	香港苏富比	2015.10.05
蔡天定 席地女子	58.5cm×42.5cm	41,100	香港苏富比	2015.10.05
草间弥生 1970年作 无题	53cm×45.5cm	769,688	佳士得	2015.11.29
草间弥生 1975年作 蝶精	79.5cm×54.8cm.	267,150	香港苏富比	2015.10.05
草间弥生 1975年作 夜魂	54.5cm×39.3cm.	174,675	香港苏富比	2015.10.05
草间弥生 1979年作 风神	24.1cm×27.2cm.	61,650	香港苏富比	2015.10.05
草间弥生 1979年作 早春，雨	26.5cm×23.4cm.	87,338	香港苏富比	2015.10.05
陈福缘 河畔风景	45cm×36cm	66,788	香港苏富比	2015.10.05
陈进 月下美人	169.4cm×116.1cm	424,800	台北中诚	2015.06.14
弗雷德里克·瓦耶斯洛夫 2012年作 无题（华盖：蓝色与橘色）	130.8cm×195.6cm	500,000	佳士得（上海）	2015.10.24
符罗飞 1939年作 雷雨夜行军	67.5cm×60.5cm	667,000	北京匡时	2015.12.04
顾德新 1983年作 B44、B45及B46（三张作品）	(i)80cm×55.4cm	184,950	香港苏富比	2015.10.05
黄然 2009年作 下一轮才是真实的生活		200,000	佳士得（上海）	2015.10.24
李超士 1960年代作 盆景	43cm×63cm	483,000	北京匡时	2015.12.04
林寿宇 纸本切割	57.3cm×72.5cm.	174,675	香港苏富比	2015.10.05
陆春生 2001年作 会咳嗽的曲线		56,513	香港苏富比	2015.10.05
陆春生 2002年作 都是莱特惹的祸		39,045	香港苏富比	2015.10.05
罗伊·利希滕斯坦 Drawn in 1964 Sleeping Girl (Study)	14.7cm×14.7cm	9,175,750	纽约佳士得	2015.11.09
奈良美智 1987年作 Pu Pu Pu	110cm×80.2cm.	667,875	香港苏富比	2015.10.05
奈良美智 1995年作 无题	23cm×30cm.	133,575	香港苏富比	2015.10.05
奈良美智 1997年作 Standing on the Drum	29.7cm×21cm	389,975	佳士得	2015.11.29
奈良美智 2001年作 飞翔	51cm×36cm	504,375	香港苏富比	2015.04.05
奈良美智 2004年作 Peace on Your Feet	132.4cm×115.9cm.	2,531,760	香港苏富比	2015.10.05
奈良美智 2006年作 无题	33.1cm×23.6cm.	513,750	香港苏富比	2015.10.05
奈良美智 2007年作 无题		461,813	佳士得	2015.11.29
奈良美智 2009年作 花冠瓶	高23cm 直径30cm	368,000	上海明轩	2015.06.21
依那·卡西亚 神圣 III	1）22cm×17.5cm×5cm 2）17cm×12cm×4cm 3）20cm×17cm×4cm 4）21cm×14cm×4cm 5）26cm×18cm×4cm 6）30cm×25cm×4cm 7）26cm×18cm×3.5cm 8）21cm×14cm×4cm 9）19.5cm×17cm×4cm	41,100	香港苏富比	2015.10.05
彭禹 2000年作 流放		24,660	香港苏富比	2015.10.05
千镜子 1968年作 睡梦中的女子	78.7cm×96.5cm	3,185,480	佳士得	2015.11.29

2015书画拍卖成交汇总

(成交价RMB：15万元以上)

拍品名称	物品尺寸	成交价RMB	拍卖公司	拍卖日期
乔十光 南海的落霞	90.0cm × 180.0cm	226,843	日本伊斯特	2015.05.24
邱黯雄 2006年作 雁南		100,875	佳士得	2015.03.15
邱志杰 1999至2002年作 西方		32,880	香港苏富比	2015.10.05
畲金裕 狮子面具	45cm × 193cm	41,100	香港苏富比	2015.10.05
畲金裕 市集	76cm × 76cm	30,825	香港苏富比	2015.10.05
土龙木市应用美术学院 约1945-1950年作 中南半岛丛林	122.5cm × 100cm	102,750	香港苏富比	2015.10.05
汪建伟 2007年作 三岔口		143,850	香港苏富比	2015.10.05
汪建伟 2007年作 征兆		97,613	香港苏富比	2015.10.05
王克平 2000年作 吻	47cm × 25cm × 34cm	143,850	邦瀚斯	2015.10.03
王圣松 2009年作 我要去北京	109cm × 71cm	103,500	北京上和	2015.11.13
威廉·杰拉德·贺夫卡 1941年作 Poerta Tjampoean – Ni Raping and Ni Rinit	46cm × 28cm	300,375	佳士得	2015.05.31
吴大羽 无题	14.8cm × 10.4cm 14.7cm × 10.2cm	287,500	北京匡时	2015.12.04
吴大羽 无题	15cm × 9.9cm × 3	345,000	北京保利	2015.12.05
吴大羽 无题 I-304	14.7cm × 10.2cm	103,500	北京保利	2015.12.05
吴大羽 无题 I-388	14cm × 10cm	138,000	北京保利	2015.12.05
吴大羽 无题 I-554	14.8cm × 10.4cm	103,500	北京保利	2015.12.05
吴大羽 无题 I-639 无题 II-249	10cm × 7.2cm × 2	115,000	北京保利	2015.12.05
吴大羽 无题 II-370 无题I-647 无题I-649	14.8cm × 10.2cm × 3	379,500	北京保利	2015.12.05
吴大羽 无题 II-562	14.8cm × 10.4cm	103,500	北京保利	2015.12.05
吴大羽 无题 II-707	13cm × 8cm	109,250	北京保利	2015.12.05
吴大羽 无题 II-735	13cm × 8cm	184,000	北京保利	2015.12.05
吴大羽 无题11-700	12.5cm × 8cm	172,500	北京匡时	2015.12.04
吴大羽 无题 II -661 无题 II -506（一组两件）	11.7cm × 18.5cm 15cm × 10.5cm	149,500	中国嘉德	2015.05.17
吴大羽 约1950年代作 家园	39.4cm × 27.8cm	460,000	北京保利	2015.12.05
张义 明	90cm × 60.4cm	49,320	香港苏富比	2015.10.05
赵无极 1952年作 无题	27cm × 35cm	1,840,000	北京保利	2015.12.05
中南半岛美术学院 约1939-1945年作 顺化皇城安南帝启程典礼及随从队伍（重要款彩漆画屏）	218.5cm × 242.5cm	1,233,000	香港苏富比	2015.10.05
钟泗滨 三浴女	44.5cm × 64.5cm	77,063	香港苏富比	2015.10.05
朱铭 1983年作 人间系列（福禄寿）（三件）	33cm × 13cm × 12cm 37cm × 15cm × 12cm 37cm × 13cm × 14cm	97,613	香港苏富比	2015.10.04